NOUVEAU

DICTIONNAIR

PORTATIF

DE BIBLIOGRAPHI]

Q.

NOUVEAU
DICTIONNAIRE
PORTATIF
DE BIBLIOGRAPHIE,

CONTENANT

PLUS de VINGT-TROIS MILLE Articles de Livres rares, curieux, estimés et recherchés, avec les marques connues pour distinguer les éditions originales des contrefactions qui en ont été faites, et des notes instructives sur la rareté ou le mérite de certains Livres : on a fixé la valeur d'après les prix auxquels ces Livres ont été portés dans les ventes les plus fameuses ;

PRÉCÉDÉ

D'un Précis sur les Bibliothèques et sur la Bibliographie ;

ET SUIVI

Du Catalogue des Éditions citées par l'Académie de la Crusca, des Collections *cum notis Diversorum in-4°, cum notis Variorum in-8°, ad usum Delphini*, et des éditions imprimées par les Aldes, les Elzevirs, Tonson, Cominus, Baskerville, Barbou, Didot, Herhan, etc., etc.

OUVRAGE INDISPENSABLE

Aux Gens de Lettres, Amateurs de Livres, Bibliothécaires, et particulièrement aux Libraires et à ceux qui se destinent à l'être.

SECONDE ÉDITION,

REVUE ET CONSIDÉRABLEMENT AUGMENTÉE.

FR. IGN. FOURNIER.

Multa paucis.

A PARIS,

CHEZ FOURNIER FRÈRES, LIBRAIRES, RUE POUPÉE, N° 7.

MAI. — M. DCCC. IX.

AVERTISSEMENT.

~~~~~~~~~~~~~~

Le succès qu'a obtenu la première édition de cet ouvrage, épuisée en moins de trois ans, nous a encouragés à en publier une seconde, que nous avons augmentée d'un grand nombre de nouveaux articles et de nouvelles observations, fruits de nos recherches particulières et des secours de plusieurs personnes versées dans la science bibliographique : ainsi nous avons lieu d'espérer que cette nouvelle édition ne sera pas moins bien accueillie des amateurs et des libraires.

Si l'on nous demandait compte des améliorations dont nous venons de parler, nous dirions que notre travail sur les premières éditions, nommées *Princeps*, a été poussé jusqu'à la plus scrupuleuse exactitude, comme les lecteurs pourront s'en convaincre par les notes que nous avons cru devoir y joindre, et au moyen desquelles on pourra, sans beaucoup de peine, les collationner.

Les titres des ouvrages, souvent mal rendus dans quelques Bibliographies, ont été l'objet de notre attention. Pour éviter toute méprise, nous en avons levé le plus grand nombre sur les ouvrages mêmes ; peine que ne se donnent pas toujours certains libraires chargés des ventes publiques ; mais ce n'est point une simple nomenclature de titres, quelqu'exacte qu'elle soit, que nous avons prétendu ériger en *livre*. Ces titres et les dates sont la partie de notre ouvrage que nous regardons comme la moins intéressante. Nous attachons un tout autre degré d'utilité aux notes bibliographiques, littéraires et critiques, que des amateurs ou nos soins nous ont procurées.

La plupart des bibliographes qui ont écrit avant nous ne se sont attachés qu'aux éditions les plus célèbres ou les plus rares des livres dont ils ont fait la description ; mais il est d'autres éditions de ces mêmes livres, qui, sans être fameuses ou rares, sont pourtant recommandables par leur correction et par leur utilité, sur-tout si ces livres sont de nature à être de temps en temps consultés : aussi avons-nous cru faire plaisir aux amateurs de la langue italienne, en leur remettant sous les yeux le catalogue des éditions des livres italiens adoptés par l'Académie de la Crusca, dans son Dictionnaire. Ces éditions, singulièrement recherchées en Italie, s'y vendent très-cher ; et c'est pour la première fois qu'une Bibliographie française est enrichie d'un semblable travail.

Les curieux nous sauront gré d'avoir indiqué les éditions dont il existe des exemplaires imprimés sur vélin, et du zèle que nous avons mis à les découvrir et à les faire connaître.

Il existe dans les bibliothèques un grand nombre de collections dont on avait négligé jusqu'ici de donner le détail au public ; ce qui souvent donnait lieu à la confusion et à l'arbitraire dans le choix des ouvrages qui doivent y entrer. Nous avions déja remédié à cet inconvénient dans notre précédente édition, en publiant une liste détaillée des parties qui composent ces différentes collections. Nous avons perfectionné ce travail, et nous pouvons assurer que, d'après nos recherches, les amateurs peuvent en toute confiance s'en rapporter à notre exactitude.

Ainsi on trouvera rassemblés les classiques latins *ad usum* Delphini, *in-4°*.; ceux qui ont été enrichis des notes de plusieurs savants, et connus sous la dénomination de *Diversorum*, aussi *in-4°*. Cette collection, qui est assez nombreuse et fort belle, manquait aux Bibliographies, soit françaises, soit étrangères. Quant aux *Variorum*, comme plusieurs bibliographes font entrer dans leur collection un grand nombre de classiques grecs et latins imprimés ailleurs qu'en Hollande, et que d'autres persistent à ne reconnaître pour vrais *Variorum* que ceux de Hollande, nous avons désigné ceux-ci par une étoile (*), sans prétendre nous immiscer dans cette querelle bibliographique. Les amateurs des livres imprimés chez les Aldes pourront en toute sûreté faire leur choix dans notre liste, qui a été formée d'après le catalogue raisonné de M. Renouard, et d'après celui qui a paru à Florence sous le titre de *Série des Editions Aldines*.

Le même zèle et les mêmes soins avec lesquels nous avons rédigé les collections précédentes, ont présidé à celles que nous avons déja publiées ou que nous publions pour la première fois, telles que celles des *Elzévirs*, des *Tonson*, des *Cominus*, des *Baskerville*, des *Burbou*, des *Didot*, des *Stéréotypes*, etc.

Pour guider les amateurs dans leurs acquisitions, nous avons joint des prix *approximatifs* aux articles de notre Dictionnaire. Quoique ces prix aient été fixés d'après l'état comparé des adjudications qui ont eu lieu dans les ventes les plus célèbres depuis quarante ans jusqu'à ce jour, nous ne prétendons pas les donner comme une règle certaine à laquelle les amateurs et les libraires doivent se conformer. On sait fort bien qu'en fait d'objets rares ou de pure curiosité, il serait ridicule de vouloir établir une valeur précise et invariable. Plus un livre est rare, plus il est sujet à varier dans son prix; car ce prix dépend du caprice des amateurs, de leur concurrence, de la condition et de la conservation du livre, et de plusieurs autres circonstances que les bibliophiles savent si bien apprécier : mais comme entre le plus haut et le plus bas prix il s'en trouve un moyen qui approche plus ou moins de l'un ou de l'autre, c'est à ce prix que nous nous sommes surtout attachés, et c'est ce prix que nous avons indiqué avec le plus d'exactitude qu'il nous a été possible de le faire.

On sera sans doute étonné de la baisse qu'ont subie depuis quelques années les prix d'un grand nombre d'ouvrages utiles, dans les arts et dans les sciences principalement, tels que ceux qui ont pour objet les mathématiques, la physique, la chimie, la médecine, l'histoire naturelle, la botanique, que les grands noms de leurs auteurs, tels que Tournefort, Linné, Nollet, Bezout, Brisson, Buffon, etc., n'ont pu sauver d'un discrédit absolu, quoique leur prix élevé ait été invariable pendant près d'un demi-siècle. On n'ignore point que les progrès faits par la science depuis vingt ans, ont dû faire baisser le prix de certains ouvrages, en proportion de la faveur que quelques autres ont obtenue. Mais pourquoi ceux qui sont encore utiles, toujours bons à consulter, et dont l'exécution typographique répond à l'importance des matières qu'ils contiennent, pourquoi sont-ils frappés de l'anathème lancé contre les livres, ou inutiles ou mal faits? Pourquoi sont-ils tombés dans une sorte de mépris, et les noms de leurs auteurs brillent-ils encore de tout l'éclat de leur première illustration ?

Ne craignons point d'attribuer cette étrange révolution à certains savants de nos jours, qui, sous le prétexte du perfectionnement de la science et des nouvelles découvertes, voudraient voir anéantir tous les livres qui ont rapport à la science qu'ils cultivent, et qu'il n'y eût de conservés que ceux qui portent leurs noms, ou qu'ils ont adoptés. Le public a beau venger les noms illustres qu'ils affectent de mépriser; d'autres demi-savants ont beau renverser leur domination usurpée, pour se voir bientôt humiliés à leur tour après quelques années de règne, le coup qu'ils ont porté aux bons livres est mortel; et le public, tout en estimant les auteurs, s'accoutume à dédaigner leurs ouvrages.

Si ce que nous venons de dire n'indique pas la vraie cause du discrédit de certains ouvrages et de la baisse que leur valeur a éprouvée, pourquoi les Éléments de botanique de Tournefort, de l'édition de 1694, qui se vendaient, il y a vingt ans, 80 à 96 livres, et qui valaient encore, il y a trois ans, 50 à 60 livres, ne passent-ils pas aujourd'hui la moitié de cette dernière somme? Pourquoi chaque volume des ouvrages de Linné, dont le prix était naguère de 5 à 6 livres, ne se vend-il plus que 2 livres à peine? Pourquoi la Physique de Nollet, qui se soutenait, il y a vingt ans, au prix de 20 à 24 livres, malgré les nouvelles découvertes, ne vaut-elle plus, quoique bien reliée, que 20 à 24 sous le volume au plus? Pourquoi l'Histoire naturelle de Buffon, séparée de tout ce que nos modernes naturalistes y ont ajouté, éprouve-t-elle chaque jour l'humiliation du rabais, malgré le style enchanteur et inimitable de son auteur?

Que les amateurs et les libraires se consolent de cette révolution dans la fortune de certains bons ouvrages. Il en sera comme des mots dont Horace a dit:

Multa renascentur quæ jam cecidere; cadentque
Quæ nunc sunt in honore vocabula, etc.

L'immensité des articles contenus dans cette seconde édition aurait pu sans doute nous autoriser à la publier en

plusieurs volumes ; mais mettant de côté tout motif d'inté-
rêt, nous n'avons consulté que l'avantage et la commodité
des amateurs, et nous avons cru en conséquence devoir rendre
notre ouvrage portatif, en le renfermant dans un seul volume.
A l'égard de la partie typographique, nous n'avons rien
négligé pour la rendre aussi parfaite que possible : on n'en
doutera point quand on jetera les yeux sur la qualité du
papier que nous avons employé, et sur les caractères dont
nous nous sommes servis ; caractères neufs et du plus bel œil
que l'on puisse trouver. Nous n'oublierons point d'annoncer
ici que ces mêmes caractères serviront à l'impression de la
Bibliographie orientale, composée par le savant M. Langlès,
laquelle doit faire suite à celle-ci et à toutes les autres.

D'après tout ce que nous avons dit sur cette seconde édition, nous avons lieu d'espérer qu'elle n'aura pas un moindre
succès que la première; mais si nous réussissons, il est juste
que nous en témoignions notre reconnaissance aux personnes
qui nous ont aidés de leurs lumières, et qui nous ont fait
part d'un très-grand nombre d'articles intéressants que nous
avions omis, et qui avaient été négligés dans les Bibliographies qui ont précédé la nôtre : nous voulons parler de
MM. Clavier, Bosquillon, Hubert de Marseille, Boulard,
Quatremère de Roissy, et sur-tout de M. Jardé, qui nous a
été très-utile par ses conseils.

PRÉCIS
SUR LES BIBLIOTHÈQUES
ET SUR LA BIBLIOGRAPHIE.

Si l'art d'écrire est, comme on n'en saurait douter, presque aussi ancien que la parole, il est permis de croire que les hommes ont fait des livres dès le temps même qu'ils ont pu s'exprimer à l'aide des signes de la pensée. Ce qu'on appelle les *Traditions patriarchales*, n'était donc que des *Mémoires* transmis par les premiers pères de famille à leurs enfants, qui ajoutaient à ces mémoires les événements de leur temps. On a lieu de penser que Noé porta dans son arche tous les ouvrages dont il était propriétaire ou auteur, ainsi que plusieurs autres sur les arts et sur les procédés qu'on y employait avant lui, et pendant la longue carrière qu'il avait parcourue, lorsque le déluge vint anéantir tous les monuments. Sans doute ses enfants, à l'époque de leur dispersion, ne négligèrent point d'emporter avec eux des exemplaires de ces utiles et respectables écrits : l'Egypte, qui en fut la première enrichie, fut aussi le berceau de toutes les sciences, et put, sept cents ans après, fournir à Moïse les matériaux nécessaires pour composer l'histoire de la Genèse, ainsi que la législation des Hébreux.

Aucun monument n'est plus célèbre dans l'antiquité, que la Bibliothèque que le roi Osymandias avait formée dans son palais, moins de quatre siècles après le déluge. Quel qu'ait été le nombre des livres qui composaient cette collection, il est indubitable qu'il existait des livres à une époque antérieure de plusieurs siècles.

Un long espace de temps sépare Osymandias de Pisistrate, qui le premier ouvrit une bibliothèque dans la ville d'Athènes, et y plaça les Œuvres d'Homère qu'il avait fait rassembler avec beaucoup de peine et de dépenses. On sait que Xercès la fit transporter en Perse, et que Séleucus, roi de Syrie, la rendit aux Athéniens.

Jusques à Ptolémée Philadelphe, second roi d'Egypte, de la race des Lagides, aucun prince, sans en excepter Alexandre-le-Grand, n'avait montré plus de zèle, et n'eut plus de moyens que ce monarque pour former une grande bibliothèque. Ami de la paix et des sciences, protecteur des philosophes, des orateurs, et possesseur de grandes richesses, il rassembla dans le temple de Sérapis d'Alexandrie, une telle quantité de livres, que cette bibliothèque devint, sous son règne et sous celui de ses successeurs, le monument le plus riche, le plus important et le plus beau de l'univers. Pour satisfaire ce goût si digne d'un grand prince, qui fait consister le bonheur et la gloire dans les lumières, Ptolémée avait des émissaires dans toute l'Asie et dans toute la Grèce, chargés d'y faire la recherche des livres les plus rares et les plus précieux. Personne n'ignore que c'est à son zèle plein de magnificence, que l'Eglise est redevable de la célèbre version des Livres de Moïse, dite des *Septante*. La bibliothèque d'Alexandrie, composée de sept cent mille volumes, eut un bibliothécaire bien digne d'elle, l'illustre orateur et magistrat athé-

b

nien, Démétrius de Phalère. Un tel choix fait également honneur à Ptolémée et à Démétrius : celui-ci eut pour successeurs dans cette place importante des hommes du plus rare mérite.

La Bibliothèque d'Alexandrie se conserva dans toute sa splendeur
pendant plusieurs siècles, jusqu'à la prise de cette ville par César,
époque funeste pour les sciences, la moitié des livres qui la composaient
ayant été la proie des flammes. L'autre moitié subit le même sort dans
le septième siècle de l'ère chrétienne, et le premier de celle des Mahométans, par les ordres du calife Omar, l'un des successeurs de Mahomet.
Il fallait que le nombre des livres fût bien considérable, puisqu'ils ser-
virent à chauffer les bains d'Alexandrie pendant six mois.

Tous les savants ont vivement déploré la perte d'un si riche dépôt des
productions de l'esprit humain, et voué à l'exécration la superstitieuse
ignorance du calife qui le fit livrer aux flammes, pour ne conserver dans
le monde que le volume du *Koran*. En effet, il est à présumer que cette
Bibliothèque, telle qu'elle existait encore à cette fatale époque, renfermait un très-grand nombre d'ouvrages de la plus haute antiquité, que
nous n'avons plus, ou dont il ne nous reste que les noms ou des fragments.
Que de lumières nous avons perdues sur la connaissance de l'histoire
des premiers empires et des peuples de l'Asie! Que de systèmes de moins
on aurait eu à faire, au sujet des antiquités égyptiennes et grecques!
Que de poëmes, peut-être aussi beaux que l'Iliade; que de discours, peut-
être aussi éloquents que ceux de Démosthènes, nous avons à regretter!
Aujourd'hui, quand les érudits compulsent les ouvrages des anciens,
pour comparer ce qu'ils ont écrit sur les peuples et les événements qui
les ont précédés d'un grand nombre de siècles, il me semble les voir
fouiller les cendres de la Bibliothèque d'Alexandrie.

Après la Bibliothèque d'Alexandrie, celle de Pergame, qui, selon Plutarque, dans la Vie de M. Antoine, renfermait deux cent mille volumes,
était devenue la plus célèbre. Elle avait été fondée et successivement
enrichie par les Eumènes, rois de ce pays, tous zélés pour les progrès
des arts, et à l'un desquels nous devons l'invention du parchemin, *Per-
gamena charta* ; mais aucun d'eux ne montra plus de magnificence que
le célèbre Attale, dont les richesses étaient passées en proverbe chez les
Romains, qu'il institua ses héritiers. Ce prince, attentif à marcher sur
les traces de ses prédécesseurs, croyait ne pouvoir faire un meilleur usage
de ses trésors, que d'en employer une partie à l'acquisition des chefs-
d'œuvre de son siècle. Aussi, quand, après la prise de Corinthe, le consul
Mummius fit exposer en vente une partie des tableaux trouvés dans cette
ville infortunée, ne laissa-t-il pas échapper une si belle occasion, et en
acheta-t-il plusieurs qui avaient une grande réputation, pour un prix
qui effrayerait aujourd'hui des têtes couronnées.

Après la conquête de la Grèce, le goût des livres ne tarda pas à faire
des progrès chez les Romains. Ce peuple qui, sans cesse occupé d'expéditions guerrières, avait montré jusqu'à cette époque peu d'empressement pour la culture des lettres, commença d'y prendre goût, par un
commerce plus fréquent avec les Grecs, dont la littérature et les arts
étaient bien capables d'adoucir ce qui restait de rudesse dans le caractère
de ces vainqueurs du monde. Paul-Émile, après avoir vaincu Persée, roi
de Macédoine, fut le premier qui enrichit la ville de Rome d'une bibliothèque qui, depuis, fut augmentée par Sylla.

À son retour de l'Asie, où il avait heureusement terminé la première
guerre contre Mithridate, ce général, devenu depuis si fameux par ses
proscriptions, se rendit à Athènes avec l'intention d'en emporter les livres
les plus estimés. Ce fut là qu'il eut le bonheur de découvrir les Œuvres
d'Aristote, qui, pendant près de trois cents ans, étaient restées enfouies

dans un souterrain, et n'étaient passées dans la Bibliothèque d'un riche Athénien, nommé Apellicon, que par la pauvreté des descendants de Nélée, qui les avait reçues de Théophraste, disciple d'Aristote.

Si quelque chose peut rendre intéressante la mémoire de l'impitoyable Sylla, c'est l'usage qu'il fit de sa Bibliothèque ; car il la rendit, pour ainsi dire, publique ; et c'est à la complaisance de son bibliothécaire Tyrannion, pour Andronicus le Rhodien, que nous sommes redevables des Œuvres d'Aristote et des sommaires que nous avons maintenant. Ce fut aussi ce même Andronicus qui restitua les endroits des écrits de ce grand philosophe, que le temps avait dévorés.

Un autre vainqueur de Mithridate, Lucullus, si renommé par ses richesses et par le luxe de sa table, ne se distingua pas moins par son goût pour les livres. Ainsi que ses jardins, sa Bibliothèque était ouverte à tous les savants : les Grecs qui séjournaient à Rome, y avaient un accès facile, et y trouvaient, pendant plusieurs heures de la journée, la jouissance qu'ils préféraient à toute autre.

Jules-César, aussi bon littérateur que grand capitaine, succéda à Sylla et à Lucullus dans leurs richesses littéraires, dont il confia le précieux dépôt à M. Varron. Auguste, dont le règne est une époque si célèbre dans les Annales de l'esprit humain, fut redevable à ses favoris, Agrippa et Mécène, de son goût pour la belle littérature, et de la Bibliothèque qui ornait son palais et faisait les délices des Romains. L'illustre Asinius Pollion était son bibliothécaire pour celle du Mont Aventin, qui était la plus nombreuse ; et Mécène, pour celle qu'il avait nommée *Octavienne*, du nom de sa sœur Octavie.

Après la mort d'Auguste, ses successeurs songèrent peu à de grands établissements en ce genre : nous savons pourtant, d'après le témoignage d'Aulu-Gelle et de Suétone, que Tibère, Vespasien, Domitien, avaient formé chacun une Bibliothèque particulière, et que celle de ce dernier, ainsi que le rapporte Eusèbe de Césarée, fut détruite par l'incendie qui consuma le Capitole sous l'empire de Commode.

Outre les Bibliothèques des empereurs, il y en avait dans les principales villes de l'Empire ; et les volumes calcinés que l'on a découverts et que l'on trouve encore de temps en temps dans les ruines d'Herculanum et de Pompeïa, prouvent que les livres étaient communs dans ces villes, et entraient dans la dépense des simples particuliers.

Les irruptions des Barbares, plus terribles et plus destructives que les inondations, les volcans et les tremblements de terre, eurent bientôt fait disparaître de l'Italie les Bibliothèques qui s'y étaient multipliées depuis quatre ou cinq siècles. Celles de l'Orient échappèrent à ce torrent dévastateur ; et Constantinople ainsi qu'Alexandrie conservèrent, jusqu'au temps de la domination d'une autre espèce de Barbares, leurs collections littéraires.

Si, malgré ce désastre universel, nous lisons encore un grand nombre d'ouvrages des auteurs de l'antiquité, dans les langues grecque et latine, c'est à ces moines, aujourd'hui si méprisés, ou du moins si oubliés dans le monde, même catholique, que nous en avons l'obligation. Eux seuls nous ont conservé par des copies, les livres échappés aux ravages qui en avaient détruit tant d'autres ; mais ces copies, faites la plupart par des hommes peu capables de bien lire les originaux, dûrent présenter aux lecteurs, ou beaucoup de fautes ou beaucoup de lacunes. C'est la raison pour laquelle plusieurs écrits des anciens sont en quelques endroits, ou difficiles à comprendre, ou imparfaits.

A cette cause de la conservation des livres, il faut ajouter celle qui résulte du schisme élevé entre l'Eglise grecque et l'Eglise latine. Quoique très-funeste à la religion et à l'unité chrétiennes, ce schisme a puissamment contribué au maintien de la langue grecque et à la transmission des ouvrages écrits dans cette langue, par la ligne de démarcation qu'il a établie, relativement à l'enseignement religieux et littéraire, entre l'Orient et l'Occident. Il est hors de doute que si la langue latine n'a pas absorbé la langue grecque, c'est que l'Église latine n'a pu dominer sur l'Église grecque. Si la première n'avait point eu de rivale, qui oserait nier que sa langue n'eût été adoptée dans tout l'univers chrétien, et qu'un grand nombre d'originaux grecs n'eussent disparu pour faire place aux traductions latines ? Sans doute, les savants fugitifs de Constantinople et de toutes les provinces de la Grèce, au quinzième siècle et au commencement du seizième, au lieu d'apporter en Italie les ouvrages des auteurs païens et chrétiens, écrits en grec, n'auraient eu à présenter aux souverains de cette contrée que ces mêmes auteurs traduits en latin. On peut dire, par la même raison, que si toute l'Europe avait embrassé la doctrine de Luther et de Calvin, la langue latine, exclue des temples, n'aurait pas tardé à être bannie des universités et des colléges. Cette réflexion n'a peut-être pas été faite par M. de Villers.

Nous sommes arrivés à l'époque à jamais mémorable de l'invention de l'imprimerie. Que d'ouvrages ensevelis dans la poussière et l'obscurité des cloî'res vont reparaître au grand jour ! Que de noms illustres, depuis long-temps oubliés, vont jeter le plus vif éclat ! La Grèce tout entière va de nouveau instruire l'Italie, et l'Italie le reste de l'Europe. C'est à Mayence qu'Athènes et Rome ressuscitent, pour devenir encore une fois les maîtresses du monde et les oracles de la raison et du goût. Peu à peu les ténèbres se dissipent, les esprits se réveillent de toutes parts et éprouvent le besoin de s'instruire par l'étude des bons modèles. Les universités se fondent, les savants se réunissent ou correspondent entre eux de tous les pays de l'Europe ; les souverains se déclarent leurs protecteurs, et rassemblent, à leurs propres frais, les livres nécessaires aux travaux de ces hommes précieux, et à l'instruction de leurs sujets.

Un peu plus d'un siècle avant le temps dont nous parlons, le roi Charles V, fils et successeur du roi Jean-le-Bon, jeta les fondements de la Bibliothèque royale (aujourd'hui impériale) en ajoutant neuf cents volumes environ aux dix que son père lui avait laissés. Le plus grand nombre de ces livres, parfaitement écrits sur vélin, furent ornés de belles miniatures de la main de Jean de Bruges, l'un des plus anciens peintres modernes.

Mais ce fut sur-tout sous le règne de François I.er, surnommé le Père des Lettres, à cause de l'éclatante protection qu'il accorda aux savants, et de l'établissement d'une imprimerie royale, que la Bibliothèque royale, qui avait été dissipée en grande partie pendant le séjour des Anglais en France, prit des accroissements par la réunion de plusieurs Bibliothèques des rois prédécesseurs de ce monarque, à celle de Fontainebleau.

Le siècle de François I.er est celui des Aldes et des Juntes en Italie ; des Gryphes, des Colines et des Etiennes en France. Le grand nombre d'ouvrages publiés par ces savants imprimeurs est une preuve incontestable de l'empressement du public à acquérir leurs éditions, et du goût d'un grand nombre de personnes pour les Bibliothèques.

Pendant un siècle et demi au moins, les lumières eurent à lutter contre l'ignorance ; et les guerres de religion ne purent que détourner nos rois du goût qu'avait eu François I.er pour les lettres et les arts. Nous voyons cependant Henri IV profiter du loisir que la paix lui laissait, pour faire transférer à Paris la Bibliothèque de Fontainebleau, dont il confia la garde à l'illustre président de Thou.

Enfin le règne de Louis XIV, tel qu'un astre brillant, se lève sur la France. Colbert, digne ministre de ce nouvel Auguste, et passionné pour les livres et pour les arts, porte ses regards créateurs sur la Bibliothèque royale qui ne contenait que dix-huit mille volumes. Il veut que cette Bibliothèque devienne digne du plus grand monarque de l'univers. A sa voix, l'Orient nous livre ses manuscrits ; les plus riches dépôts de la France lui sont ouverts et lui payent tribut ; et les presses royales ornent à l'envi ces tablettes devant lesquelles nous nous promenons souvent, sans trop penser au monarque et au ministre auxquels nous sommes redevables d'une partie des trésors qu'elles supportent.

Oublierons-nous cet illustre abbé Bignon, qui, marchant avec éclat sur les traces de son illustre aïeul, a mérité, par son zèle infatigable à augmenter, à enrichir le précieux dépôt qui lui avait été confié, que ses traits fussent reproduits sur le marbre par le ciseau, pour fixer les regards des générations reconnaissantes ?

Depuis cette époque si consolante, si honorable pour les lettres et pour ceux qui les cultivent, la Bibliothèque royale, toujours gardée par des hommes aussi zélés qu'habiles, n'a fait que recevoir de nouveaux accroissements ; et c'est à leurs soins éclairés, à leurs travaux assidus qu'elle doit la splendeur dont elle jouit aujourd'hui comme Bibliothèque impériale. Il faut cependant convenir que cette Bibliothèque n'a été, dans aucun temps, enrichie de livres plus précieux, imprimés et manuscrits, que depuis les dernières conquêtes des armées françaises ; car, sans parler des nombreux et riches tributs qu'elle a levés sur les Bibliothèques des corporations monastiques supprimées, et des émigrés, qui peut apprécier les trésors que lui ont fournis les Bibliothèques du Vatican, de Venise, de Turin, de Milan, de Florence, de Wolfembutel, etc. ?

En même temps que la Bibliothèque royale se formait, s'augmentait, s'enrichissait aux seizième, dix-septième et dix-huitième siècles, d'autres Bibliothèques devenaient célèbres en Europe. Celle du Vatican recevait son éclat et ses richesses des papes Nicolas V, Sixte IV, Clément VII, Sixte-Quint, et de leurs successeurs. Sans vouloir parler de toutes celles qui s'élevèrent en France, nous devons nommer la Bibliothèque de Sorbonne, l'une des plus riches de la capitale en manuscrits, qui fut augmentée, au dix-septième siècle, de celle de son fondateur, le cardinal de Richelieu ; de celle de l'Abbaye de Saint-Victor, la première qui ait été publique à Paris, et dont l'origine remontait à François I.er ; de celle du cardinal de Mazarin, dont le célèbre Naudé était bibliothécaire, et qui était la plus belle qu'on eût encore vue en France, avant que les livres les plus rares et les plus précieux en eussent été en grande partie détournés. C'est sur ses débris que fut élevée celle que l'on voit aujourd'hui aux *Quatre-Nations*.

Mais aucune Bibliothèque ne se fait plus regretter que celle du Monastère de St.-Germain-des-Prés, qu'un incendie a détruite en 1794. Elle avait été formée de plusieurs Bibliothèques particulières. On y remarquait beaucoup de manuscrits de la plus haute antiquité ; entre autres, plusieurs ouvrages de saint Augustin, écrits sur du *Papyrus* d'Egypte, et dont l'âge remontait au sixième siècle. Heureusement ces manuscrits si précieux ont été sauvés des flammes, et transportés au Cabinet de la Bibliothèque impériale.

Si les bornes d'un simple précis nous permettaient de nous étendre, nous ferions ici le dénombrement des Bibliothèques publiques et particulières qui embellissaient la ville de Paris avant la révolution, et qui ont changé de nom, ou n'existent plus. Nous ferions l'éloge de celle de Sainte-Geneviève, dite aujourd'hui du Panthéon ; de la Bibliothèque des Avocats, qui était située dans une des galeries de l'Archevêché, et où l'on voyait les portraits de plusieurs magistrats illustres et de quelques avocats fameux ; de celle de la Ville, donnée à l'Institut de France ; de celle de l'Université, recommandable par le nombre des volumes et par la rareté des éditions ; de celle de la Faculté de Médecine, dont le Cabinet d'Anatomie était infiniment curieux ; de celle de l'Académie d'Architecture, fondée par le grand Colbert, et placée dans une des salles du Louvre. Nous passerons sous silence les Bibliothèques des Monastères, et autres maisons religieuses, dont les plus riches étaient celles des Augustins de la Place des Victoires, des Oratoriens de la rue Saint-Honoré, des Feuillants et des Dominicains de la même rue, des Récolets du faubourg St.-Martin, etc.

Depuis deux siècles et plus, la France, et Paris sur-tout, n'étaient pas devenus moins riches en Bibliothèques appartenant à de simples particuliers. Une des plus anciennes et des plus précieuses que l'on puisse citer, soit pour le choix des éditions, soit pour le luxe des reliures, c'est celle de Grolier de Lyon, Trésorier de France, dont le Roi Charles IX acheta le cabinet d'antiquités. Tout le monde a entendu parler de celle de MM. de Thou, fondée par l'illustre auteur de l'Histoire universelle d'une partie du seizième siècle, et dont presque tous les livres étaient du meilleur choix, de la plus belle conservation, et la plupart reliés en maroquin. C'est encore aujourd'hui faire l'éloge d'un livre, que de l'annoncer comme ayant appartenu à cette célèbre Bibliothèque. Cet éloge s'applique à celle de Grolier dont nous venons de parler, et à celle de Colbert, dont les livres imprimés furent vendus à l'enchère en 1728, et dont les manuscrits, aussi précieux que nombreux, furent achetés par ordre de Louis XV, pour la Bibliothèque royale.

La Bibliothèque de MM. de Thou, acquise par le président de Ménars, fut achetée, à la mort de celui-ci, par un cardinal de Rohan, en 1706, et devint le fondement de celle de Soubise, vendue, en 1789, après le décès du dernier prince de ce nom.

Nous ne finirions point, si nous voulions parler de toutes les Bibliothèques qui avaient quelque célébrité avant la révolution, cette époque si funeste aux Bibliothèques et à la Librairie française. Alors les grands seigneurs, les femmes du plus haut rang (*) le disputaient, en fait de collections de livres, aux savants et aux gens de lettres les plus aisés, comme ils rivalisaient souvent avec eux pour le goût et les connaissances littéraires. Alors on ne voyait point de fils ingrats, par ignorance ou par cupidité, livrer, aussitôt après la mort de leurs pères, à un encan public, la Bibliothèque qui avait fait leur gloire et leurs délices ; mais les riches collections de livres, souvent plus respectées qu'un domaine, et toujours plus appréciées que les trésors d'un coffre-fort, passaient inviolables d'une génération à la génération suivante, et s'enrichissaient, d'année en année, des chefs-d'œuvre de la littérature et de l'imprimerie françaises et étrangères. Il fallait, pour ainsi dire, qu'une tempête violente s'élevât dans le sein d'une famille, et en désunît les membres, pour que les livres, vénérables monuments du goût, de la sagesse et de la science de leurs ancêtres, fussent enlevés de leurs antiques tablettes, pour être livrés comme une proie à l'avidité des amateurs et des libraires. A peine dans l'espace de soixante années, avant l'époque que nous avons citée, compte-t-on trente catalogues de Bibliothèques un peu considérables qui soient devenues la propriété du public ; encore le plus grand nombre de ces dernières avaient-elles appartenu à des personnes mortes sans héritiers directs. Nous n'entrerons dans aucun détail sur les Bibliothèques privées, dans le cours du dix-huitième siècle, dont celles du comte d'Hoym, de Rothelin, de de Boze, de Falconet, de Gaignat, du duc de La Vallière, du marquis de Paulmy, d'Aguesseau, du prince de Soubise, de Lamoignon, du cardinal de Brienne, etc., étaient les plus nombreuses et les plus recomman-

---

(*) Entre autres la comtesse de Verrue, les duchesses de Choiseul et de Grammont, la princesse de Lamballe, la dernière duchesse d'Orléans, mad. de Montesson, etc.

dables. Nous citerons encore celle de madame de Pompadour, pour faire remarquer aux dames de notre temps, qu'une femme de la cour, qu'une femme livrée à tous les genres de plaisir et de dissipation, que la favorite d'un roi de France aimait les livres, protégeait les gens de lettres, et donnait à tout son sexe l'exemple du goût et du zèle pour le progrès des lumières.

La mode, si je puis m'exprimer ainsi, la mode des Bibliothèques n'était point particulière aux grands seigneurs et aux femmes de la cour ; elle avait passé jusques dans les classes inférieures de la société. Depuis les princes jusqu'aux bourgeois, depuis les archevêques jusqu'aux simples habitués de paroisse, depuis le chancelier jusqu'au procureur, depuis les ministres jusqu'aux moindres employés, un grand nombre d'individus, dans leur passion éclairée pour les livres, achetaient, conservaient, lisaient même ceux qui avaient le plus de rapports avec leur goût et leur profession. Il est vrai que l'amour immodéré du luxe et des plaisirs n'empêchait pas alors les personnes aisées de se procurer les objets nécessaires ou utiles à leur instruction.

Combien les temps sont changés ! Cinq ou six années ont suffi pour anéantir une grande partie de nos richesses littéraires, et avec elles, le goût de la lecture et de l'étude. Quels ravages l'esprit de parti, les assignats, l'émigration, le vandalisme, l'ignorance, l'avarice, ont causés dans toutes les Bibliothèques de la France ! Il est vrai, de nouvelles collections, formées des débris des anciennes, se sont élevées, mais c'est le Gouvernement qui les a faites ; peut-être les a-t-il trop multipliées ; et un grand nombre de particuliers dépourvus de moyens ou dégoûtés, ne peuvent plus ou ne veulent plus réunir assez de livres pour mériter à leurs collections le nom de *Bibliothèque.*

Si nos renseignemens ne nous trompent point, nous pouvons assurer qu'aujourd'hui la capitale de l'Empire ne renferme pas douze Bibliothèques dignes d'être comparées aux anciennes du second ordre, si l'on en excepte celles qui sont ouvertes au public, et quelques autres, telles que celles du Corps législatif, de l'Institut, de l'Ecole de Médecine, etc.

Ce qui doit sur-tout affliger les amis des livres, c'est qu'il est presque certain que toutes les ventes publiques et tous les magasins d'ancienne librairie pourraient à peine fournir assez de bons ouvrages pour assortir trois Bibliothèques comparables à celle du duc de La Vallière. Que sont donc devenues nos richesses en ce genre ? Comment se sont-elles échappées des nos mains ? Veut-on le savoir ? C'est à l'aide du papier-monnaie et du honteux agiotage qui en a été le résultat, que l'Angleterre, l'Allemagne et la Russie se les sont appropriées, pendant six années consécutives. Veut-on en savoir plus ? Elles restent et resteront peut-être encore long-temps enfouies, en partie, dans un grand nombre de dépôts, improprement nommés Bibliothèques, qui ont été établis dans les Départemens et dans les Edifices assignés aux grandes administrations. Si le reproche que l'on fait à l'imprimerie, d'avoir multiplié les livres outre mesure, est fondé, que doit-on penser de ceux qui ont semé, pour ainsi dire, les Bibliothèques sur toute la surface de la France ?

Ce que nous venons de dire des Bibliothèques, nous conduit naturellement à parler de l'art qui les arrange, de la science qui préside au choix des livres et de leurs éditions. Cet art, cette science, s'appellent Bibliographie.

Un grand nombre de personnes, même de celles qui ont du goût et de l'instruction, même les gens de lettres et les savans, s'imaginent qu'il suffit d'acheter des livres et de les ranger sur des tablettes pour former une Bibliothèque, et n'ont égard, dans leurs acquisitions, qu'au mérite intrinsèque des ouvrages. Si ces personnes avaient quelque connaissance de la Bibliographie, elles sauraient que tel ouvrage qu'elles jugent digne de leur estime, d'après sa réputation, ou d'après leurs connaissances particulières, est défectueux sous le rapport de l'édition ; que tel autre dont le prix les effraye, joint à un mérite réel, ou celui de la rareté ou celui d'une grande correction ; enfin que des livres placés sans ordre, les uns auprès des autres, formeront une collection, mais non pas une Bibliothèque.

Ce peu de mots suffit pour donner une juste idée de la science bibliographique, qui, pour être assez généralement regardée comme une affaire de mémoire et d'habitude, suppose néanmoins dans ceux qui la cultivent avec succès, des connaissances étendues en fait de littérature et d'histoire, et sur-tout l'intelligence des langues anciennes et de quelques-unes des modernes ; un goût sûr, un discernement assez rare, même parmi les littérateurs; et cet esprit d'ordre qui est nécessaire dans tout ce que l'on fait, mais principalement dans la classification des productions de l'esprit, classification qui touche de si près à l'arbitraire et à la confusion.

Si quelqu'un doutait de cette assertion, il nous serait aisé de prouver que les bibliographes les plus connus des deux derniers siècles, et de celui qui commence, ont joint la connaissance des livres à celle des lettres, dans laquelle plusieurs d'entr'eux ont excellé. Citer les Allatius, les Naudé, les Lambecius, les Maittaire, les Fabricius, etc., c'est nommer l'érudition elle-même. Citer encore les abbés Saas, Rive, Laire, Mercier de Saint-Léger ; les savants Villoison, Morelli de Venise ; les libraires Gab. Martin, Debure, Barrois, Née de la Rochelle, James Payne (de Londres) (*), etc. MM. Vanpraët, l'un des premiers bibliographes de l'Europe, Capperonier qui soutient avec honneur un nom célèbre dans la littérature ; Sylvestre de Sacy, Langlès, si versés dans les langues orientales ; MM. Larcher, Coray, Bast, Bosquillon, Clavier, Chardon de la Rochette, les oracles de la langue grecque en France : je le demande, est-ce là nommer des hommes sans lumières, qui n'ont placé dans leur mémoire que des titres, de sèches subdivisions et de stériles nomenclatures ?

Pourquoi donc les bibliographes sont-ils moins considérés qu'ils ne devraient l'être, et pourquoi, quand on fait leur éloge, oublie-t-on de parler de leur science bibliographique ? En réfléchissant sur l'indifférence du public à leur égard, nous en trouverons la cause dans l'habitude où il est de les confondre avec les bibliomanes. C'est en effet parce qu'on a connu et qu'on connaît des hommes qui, sans lumières, sans goût, sans discernement, et guidés uniquement par un instinct aveugle et une folle manie, achètent, achètent toutes sortes de livres bons et mauvais, par la raison que ces livres portent une date ou n'en portent point ; qu'ils ont été publiés par tel imprimeur, sur tel papier, ou qu'ils ont été reliés par tel ou tel relieur, etc. En cela, semblables à ces ridicules amateurs d'objets de curiosités, qui fréquentent les ventes publiques, les magasins, et parcourent les quais, pour entasser dans leurs cabinets les tableaux, les dessins, les gravures, les bronzes, les médailles, les terres cuites, les émaux, les ivoires, les laques, les poissons, les papillons, les minéraux et tout ce qui leur paraît remarquable ou pour la matière ou pour la forme ; ces bibliomanes, dis-je, qui ne lisent jamais, ne considèrent un livre que comme un ornement, un meuble où ils n'aperçoivent d'autres défauts que celui qui attaque le matériel de l'ouvrage, tel qu'une déchirure, une tache ou des mouillures. On remarque souvent dans les ventes de livres, des hommes de ce caractère ; les libraires les voyent aussi entrer quelquefois dans leurs magasins. Plusieurs d'entr'eux, ennemis jurés et vrais fléaux du commerce de la librairie, comme ils le sont du bon goût, s'immis-

---

(*) Mort à Paris en mars 1809, à l'âge d'environ quarante-trois ans. C'était l'homme qui, par ses connaissances, ses voyages et ses correspondances avait donné en Europe la plus grande impulsion au commerce des livres anciens. Il avait dans sa tête toutes les éditions du 15.e siècle et du commencement du 16.e, et il en avait vu les plus beaux exemplaires.

cent, soit par oisiveté, soit par avarice, dans une sorte de brocantage vil et clandestin, et causent ainsi un dommage réel aux marchands de profession, qui supportent les charges d'un commerce public et loyal. Le croira-t-on ? tel avide spéculateur fait annuellement un bénéfice plus considérable, par les livres qu'il brocante, ou par les commissions dont il se charge, que tel libraire qui n'a que son commerce pour moyen d'existence. Quand ces brocanteurs se mettent à discourir dans les sociétés, sur le mérite et sur la valeur des livres, que de sottises leur ignorance leur fait débiter ! Que de bévues, que d'erreurs, que de méprises, dont la honte rejaillit sur les véritables connaisseurs ! Aussi le nom d'amateur, autrefois si considéré, est-il tombé dans une sorte d'avilissement depuis que de riches ignorants se sont permis de prononcer sur les productions de l'esprit.

Pour faire l'éloge de la Bibliographie, il suffit donc d'établir la différence qui existe entre elle et la Bibliomanie ; il suffit donc de faire remarquer que celle-ci n'est autre chose qu'une passion vive, irréfléchie et bizarre pour les livres ; et qu'au contraire celle-là suppose un goût éclairé et perfectionné par l'étude. et une instruction aussi solide que variée, dans ceux qui s'y appliquent. Si la première est le flambeau des savants ; si elle conserve et fait connaître les bons livres et leurs bonnes éditions ; si elle favorise et hâte le progrès des connaissances humaines ; si elle assure le triomphe du bon goût et de la bonne littérature, la seconde n'a jamais fait et ne fera jamais aucun bien à la société, aux sciences, aux lettres et aux arts.

En effet, quel est l'objet de la Bibliographie ? C'est d'observer un ordre méthodique dans le classement de ce nombre infini de compositions littéraires, scientifiques, historiques, et même religieuses et morales, dont l'imprimerie a enrichi les nations policées ; c'est d'indiquer les bonnes éditions des livres, ainsi que leur degré de mérite et de rareté. Quelle tâche importante et difficile ! et, pour être bien remplie, à quels bons esprits, à quels hommes éclairés elle doit être confiée !

Voilà trois cent mille volumes et cent mille ouvrages, sur tous les objets des connaissances humaines. Cette multitude innombrable de productions de tant d'esprits différents est placée confusément sur les tablettes d'une salle immense. Les savants, les gens de lettres arrivent successivement ; chacun cherche péniblement l'ouvrage qu'il desire de consulter, mais nul ne trouve à se satisfaire. Il faudrait parcourir toutes les tablettes et jeter les yeux sur tous les titres. Quel travail ! On prend le catalogue sur lequel tous ces ouvrages sont inscrits ; même confusion, même fatigue, et toujours peines perdues. D'ailleurs, pour trouver le seul volume dont on a besoin, le moyen de parcourir un registre où il s'en trouve trois cent mille ! Un homme instruit, laborieux et patient, un bibliographe survient. Bientôt il porte la lumière dans cette nuit profonde ; il débrouille ce chaos ; il crée des divisions ou des familles d'ouvrages : tous ceux qui ont quelque rapport entre eux, ou sont liés les uns aux autres par l'identité de la matière, il les assemble, il les classe, il les ordonne ; il partage les divisions générales ou familles, en plusieurs subdivisions ou branches (c'est ainsi que les plantes ont été disposées en familles par le savant Adanson.) A la tête de toutes les divisions, il place avec respect les livres sacrés de la religion chrétienne, qui est la plus belle, la plus sublime, la plus nécessaire de toutes les doctrines. A quelques degrés plus bas, il réunit à regret les volumes composés en faveur des fausses religions ou des erreurs qui attaquent la véritable ; et à la suite de ceux-ci, la foule impure des productions enfantées par l'incrédulité ou l'athéisme.

Par une transition naturelle, il passe aux traités qui exposent et qui développent les principes du droit humain, et des loix naturelles ou positives,

lesquelles en sont le résultat , comme les préceptes de l'Evangile le sont du
droit divin. Les livres qui traitent des sciences et des arts , ou nécessaires
ou utiles à l'homme, appellent ensuite son attention. C'est le même ordre,
le même discernement, la même sagacité, qui brillent dans les divisions
supérieures. Les productions littéraires forment la division suivante. Les
plus utiles occupent le premier rang ; et celles qui sont utiles et agréables
à-la-fois devancent celles qui ne sont que frivoles. Par cet arrangement,
le bibliographe apprend à tous ceux qui cultivent les lettres, qu'ils doivent
donner à ce qui est utile, la préférence sur ce qui offre seulement de
l'agrément. Les livres historiques terminent cette sage ordonnance, parce
que la connaissance des événements passés est plus, que toute autre , du
ressort de la mémoire, la dernière de nos facultés, et qu'elle est comme
le complément de notre instruction.

Lorsque cet utile travail est achevé, les savants et les gens de lettres re-
viennent à la recherche des ouvrages que d'abord ils n'avaient pu trouver.
Quel est leur étonnement, quand sans peine, et du premier coup d'œil,
ils les aperçoivent, et n'ont qu'à étendre le bras pour les saisir ! Combien
ils admirent la sagesse et les lumières de notre bibliographe ! Le monde
est bientôt instruit de cette manière toute nouvelle de classer les productions de la pensée humaine. Le bibliographe rédige le catalogue des cent
mille ouvrages, d'après les principes qui l'ont guidé dans leur arrangement, et publie en même temps une exposition raisonnée de ces principes.
Les savants et les gens de lettres les approuvent de concert, et l'usage est
généralement reçu de s'y conformer dans la formation des bibliothèques.

Mais un embarras non moins pénible que le premier, se présentait encore à toutes les classes de lecteurs, et résultait de la multiplicité des
éditions d'un même ouvrage. L'homme du monde courait journellement
le risque de se méprendre dans leur choix, et d'acquérir des copies incor-
rectes et fautives, sans avoir le moyen de s'éclairer par la comparaison.
L'édition originale vaut-elle mieux que les suivantes? Telle édition donnée
par tel savant, est-elle préférable à celle qu'un autre savant a publiée?
Dans le choix des éditions, faut-il avoir égard à la date qu'elles portent?
Quatre éditions ont paru successivement en différents pays : qu'elle est la
plus estimable? A quels signes, à quels caractères peut-on reconnaître
une bonne édition, et la distinguer d'une belle et spécieuse contrefaction?
Enfin, quelle somme à-peu-près faut-il débourser pour se procurer une
bibliothèque choisie? Quel prix doit-on mettre aux ouvrages que le commerce ne possède plus, et qu'une heureuse occasion peut seule présenter à
l'amateur?

Telles étaient les questions qu'un grand nombre de personnes se fai-
saient sans doute, avec inquiétude, avant l'invention de la méthode bibliographique. Cette méthode claire et facile les a toutes résolues. Avec un tel
secours, on connaît et on apprécie tous les bons ouvrages, d'une extrémité
de l'Europe à l'autre. C'est, pour ainsi dire, une langue universelle entre
les libraires et les savants, et le guide assuré de quiconque aime les livres
et cherche à s'en former un bon choix.

Nota. *Ce Précis nous a été communiqué par M. Jardé.*

NOUVEAU
DICTIONNAIRE
PORTATIF
DE BIBLIOGRAPHIE.

ABÆLARDI (Petri) et Heloïsæ, Opera, ex edit. Andr. Quercetani. *Parisiis*, 1616, in-4. 12 l.—Gr. pap. 24 l.

Il y a des exemplaires qui portent, les uns la date de 1606, et d'autres celle de 1626; mais c'est toujours la même édition.

—Eorumd. Epistolæ, ex recens. Ric. Rawlinson. *Lond.* 1718, in-8. 7 l. — Gr. pap. 15 l.

—Lettres d'Héloïse et d'Abailard, trad. en franç. avec le texte latin, par J. Fr. Bastien. *Paris*, 1782, 2 vol. in-12. 6 l. — Pap. fin (50 exempl.), 15 l. — Pap. de Holl. (12 exempl.), 24 l.

On a tiré de cette édition des exemplaires sur vélin.

—Les mêmes, avec le texte latin et une nouvelle Vie par Delaulnaye. *Paris*, Fournier, 1796, 3 vol. in-4. pap. vélin, avec 8 fig. de Moreau le jeune, 90 l. — Gr. pap. vélin, fig. avant la lettre, 180 l.

Cette édition, imprimée par M. Didot le jeune, est supérieurement exécutée. Le petit papier a été tiré à 250 exemplaires, et le grand à 90 seulement.

Dict. Bibl. I.

—Lettres d'Héloïse à Abailard, en angl. , franç. et allemand. 1804, in-4. pap. vélin, 4 grav. 24 l.

ABANO vel de Apono (Pet. de) Conciliator differentiarum Philosophorum et præcipuè Medicorum. *Mantuæ*, L. Septemcastrensis et J. Burster de Campidonià, 1472, in-fol. 100 l.

Première édition très-rare et fort recherchée. On fait peu de cas de celles qui l'ont suivie.

On a du même auteur : *Tractatus de Venenis.* Mantuæ, 1472, in-fol. de 7 feuillets, et *Phisonomia.* Paduæ, Pet. Maufer, 1474, in-4.

Ces deux ouvrages sont très-rares.

ABDOLLATIPHI Compendium memorabilium Ægypti, arabicè. E cod. msto. Bodlejano edid. J. White. *Tubingæ*, 1789, in-4. 10 l.

ABDUENSIS (Ferd.) Opera et Fragmenta. *Venetiis*, Aldus, 1546, in-8. *rare.*

ABELA. (Giov. Fr.) Malta illustrata, ovvèro della Descrizione di Malta, con le sue Antichità, etc. libri iv. *In Malta*, 1647, in-fol. fig. 12 l.

Livre curieux et assez rare.

1

ABELINI (Joan. Philip.) Theatrum Europæum, continens Gesta memorabilia per Europam, ab anno 1617 ad 1665. *Francof.* 1643 et seqq. 10 vol. in-fol. cum fig. Meriani, 36 l. Ouvrage peu estimé. On en trouve difficilement des exemplaires complets.

ABHONTHEIM (Joan. Nic.) Historia Trevirensis diplomatica et pragmatica, ab anno 1418 ad ann. 1745. *Augustæ Vindelicor.* 1750, 3 vol. in-fol. 15 l.

ABRESCH (Frid. Lud.) Dilucidationes Thucydideæ. *Trajecti ad Rhenum*, 1753, 1755, 2 vol. in-8. 7 l. Il est bon de joindre cet ouvrage aux éditions de Thucydide, parce qu'il est savant et utile.

ABUDACNI (Jos.) Historia Jacobitarum seu Coptorum in Ægypto, Lybià, etc., habitantium. *Oxonii*, 1675, in-4. 7 l.

—Eadem, ex edit. Sig. Havercampi. *Lugd. Bat.* 1740, in-8. 10 l.

ABULFEDA (Ismaël) de Vità et Rebus gestis Mohamedis, arab. et lat., cum notis J. Gagnier. *Oxonii*, 1723, in-fol. 24 l. Ouvrage estimé.

—Bohadini Abulfedæ et Amadoddini Vita et Res gestæ Sultani Saladini, arab., cum vers lat. Alb. Schultens. *Lugd. Batav.* 1732, in-fol. 18 l. On trouve des exemplaires de cette édition sous la date de 1755.

—Ejusd. Abulfedæ Tabula Syriæ, arab. et lat. *Lipsiæ*, 1766, in-4. 7 l.

—Ejusd. Descriptio Ægypti, arab. et lat., cum notis Jo. Dav. Michaëlis. *Gottingæ*, 1776, in-4. 5 l.

—Ejusd. Annales Muslemici, arab. et lat., edente J. J. Reiske. *Hafniæ*, 1789, 4 vol. in-4. 120 l.

—Ejusd. Africa, arabicè, cum notis lat. J. G. Eichhorn. *Gottingæ*, 1791, in-8. 7 l.

ABULPHARAGII (Greg.) Specimen Historiæ arabum, arab. et lat., cum notis Edw. Pocockii. *Oxonii*, 1650, in-4.

—Ejusd. Historia Dynastiarum orientalis, arab. et lat., operà Pocockii. *Oxonii*, 1663 et 1672, 2 vol. in-4. Ces deux ouvrages sont fort estimés, et ne se séparent pas, 36 l.

—Ejusd. Chronicum syriacum, arab. et lat., ex vers. et cum notis P. J. Bruns et G. Guill. Kirsch. *Lipsiæ*, 1789, 2 vol. in-4. 36 l.

—Chronici syriaci Abulpharagiani, è scriptor. græcis emendati, illustrati Specimen, aut. A. J. Arnolds. *Marburg*, 1805, in-4.

ABUNDANCE. (Jean d') Moralité, Mystère et Figures de la Passion de N. S. J., nommée *Secundùm legem debet mori*, et est à 11 personnaiges. *Lyon*, B. Rigaud, sans date, in-4. lettres rondes. Ce Mystère est attribué à J. d'Abundance. Les exemplaires en sont très-rares, 30 l. environ.

ABUS (de l') des Nudités de gorge (par Jac. Boileau). *Paris*, 1677, in-12. 5 l.

ACADEMIA Cæsarea naturæ Curiosorum, scilicet : Miscellanea curiosa, sive Ephemeridum medico-physicarum germanicarum Academiæ Curiosorum naturæ Decuria Ia. *Lipsiæ et Jenæ*, 1670 - 1680, 10 vol. in-4. fig.— Decuria IIa. *Norimbergæ*, 1683 - 1692, 10 vol. in-4. fig.—Decuria IIIa. *Lipsiæ et Francof.*, 1695 - 1706, 10 vol. in-4. fig. — Academiæ Cæsareo-Leopoldinæ naturæ Curiosorum Ephemerides, sive Observationum medico-physicarum Centuriæ decem. *Norimb.* et *Augustæ - Vindelicor.* 1712 - 1722, 10 vol. in-4. fig. — Acta physico-medica Academiæ Cæsareæ naturæ Curiosorum. *Norimb.* 1730 - 1754, 10 vol. in-4. fig. — Nova Acta physico-medica Academiæ Curiosorum naturæ. *Norimb.* 1757 - 1783, 7 vol. in-4. Il faut joindre à cette Collection :

—Index generalis, etc. Rerum memorabilium et notabilium dec. 1 et 2 Ephemeridum germ. Acad. nat. Curiosorum, ab an. 1670 usque ad an. 1692. *Norimb.* 1695, in-4.

—Index Rerum dec. 3, ab ann. 1693 usque ad ann. 1706. *Francof. ad Mœnum*, 1713, in-4.

—Synopsis Observationum medicarum et physicarum quas dec. 3 ac centuriæ 10 Ephemeridum Acad. nat. Curiosorum continent, à Guill. A. Kelluero. *Norimb.* 1739, in-4.

—Academiæ sacri romani Imperii naturæ Curiosorum Historia, conscripta ab Andr. Eliâ Buchnero. *Halæ*, 1755, in-4.

On ne trouve que très-difficilement des exemplaires complets de cette Collection, qui vaut 3 à 400 l.

ACADEMIÆ Scientiarum imperialis Petropolitanæ Commentarii. *Petropoli*, 1726-1751, 14 vol. in-4. (années 1725-1746.)— Novi Commentarii Acad. Sc. imper. Petropolitanæ. *Petropoli*, 1750-1776, 21 vol. in-4. le tome xive est divisé en 2 parties (années 1747 à 1775.)— Acta Acad. Sc. imperialis Petropolitanæ. *Petropoli*, 1778 à 1786, 6 tom. 12 vol. in-4. (années 1777-1782.)— Nova Acta Acad. Sc. imper. Petropolitanæ. *Petropoli*, 1787 et seqq. 18 vol. in-4. (années 1783 à 1800.)

On joint à cette collection l'article suivant :

— Sermones in primo solemni Academiæ Scientiarum imper. conventu die 27 decembris anni 1725, publicè recitati, *Petropoli*, in-4.

En tout 66 vol. 500 liv.

On ne trouve souvent que des parties séparées de cette Académie.

ACADEMIE des Sciences (Histoire de l'), depuis son établissement en 1666, jusqu'à son renouvellement en 1699. *Paris*, 1733 et ann. suiv. 11 tom. 14 vol. in-4. fig.

— Academiæ Scientiarum Historia, à J. B. Duhamel. *Parisiis*, 1701, in-4.

— Académie des Sciences (Histoire de l') , depuis son renouvellement en 1699, jusques et compris l'année 1790. *Paris*, 1718 et ann. suiv. 93 vol. in-4.

Cette collection académique n'est complète qu'avec les ouvrages suivants :

— Recueil des Pièces qui ont remporté les prix de l'Académie des Sciences. *Paris*, 1752, 9 vol. in-4. fig.

Les 6 premiers vol. de ce Recueil sont fort rares , et ne valent pas moins de 3 à 400 l.

— Recueil des Machines et Inventions approuv. par l'Acad. des Sciences, avec leurs descriptions par Gallon. *Paris*, 1735 et suiv. 7 vol. in-4. fig.

— Grandeur de la Terre, *Paris*, 1720, in-4. fig.

— Eléments de la Géométrie de l'infini. *Paris*, 1727, in-4. fig.

— Traité physique de l'Aurore Boréale, par Dortous de Mairan. *Paris*, 1754, in-4. fig.

— Eléments d'Astronomie , par Cassini. *Paris*, 1740, in-4.

— Table astronomique du Soleil, par Cassini. *Paris*, 1740, in-4.

— La Méridienne de l'Observatoire de Paris, par Cassini. *Paris*, 1740, in-4.

— La Figure de la Terre, déterminée par les observations faites par Bouguer et de la Condamine, aux environs de l'équateur. *Paris*, 1749, in-4. fig.

— Justification des Mémoires de l'Académie des Sciences, de 1744, et du Livre de la Figure de la Terre, par Bouguer. *Paris*, 1752, in-4.

— Mémoires de mathématique et de physique, par divers Savants étrangers. *Paris*, 1750, 11 vol. in-4. fig.

— Tables alphabétiques des matières contenues dans les Mémoires de l'Académie des Sciences, par Godin et Demours. *Paris*, 1734, 9 vol. in-4.

— Nouvelle Table des articles contenus dans les vol. de l'Académie des Sciences, par Rozier. *Paris*, 1775, 4 vol. in-4.

En tout 156 volumes in-4. 1200 l.

ACADEMIE (Mémoires de l') des Inscriptions et Belles-Lettres, depuis 1701 jusqu'en 1784. *Paris*, 1717 et suiv. 46 vol. in-4. fig.

Première édition. Il faut annexer à ces Mémoires les deux articles suivants :

— Tableau général des Ouvrages contenus dans le Recueil de l'Académie des Inscriptions et Belles-Lettres, par de l'Averdi. *Paris*, Didot, 1791, in-4.

— Notices et Extraits des Manuscrits de la Bibliothèque du roi. *Paris*, 1787 et suiv. 7 vol. in-4.

En tout 54 vol. 600 l.

Incessamment paraîtront les 5 derniers vol. des Mémoires de cette Académie.

ACADEMIE de Londres.— Philosophical Transactions giving some accompt of the present undertakings, studies and labours of the ingenious in many considerable parts of the world. From 1665 to 1807, 103 vol in-4. 1200 à 1500 l.

Les premiers vol. de cette Collection sont presque introuvables.

Tous les vol. qui ont été donnés depuis l'année 1665 jusqu'en 1750, doivent contenir 497 numéros.

Les années 1665 à 1762 forment 52 volumes.

Depuis 1763, on a régulièrement publié 1 vol. tous les ans.

Comme pendant les années 1679, 1680, 1681 et 1682; 1688, 1689 et 1690, on n'a donné aucun volume, il faut mettre à la place les 7 numéros publiés par Robert Hooke, sous le titre de *Philosophical Collection.*

Les tomes 44, 48, 49, 50, 51 et 52, sont partagés chacun en deux parties.

On joint à cette Collection les 4 ouvrages suivants ·

— The History of the royal Society of London, for the improving of natural Knowledge, by Th. Sprat, Late lord Bishop of Rochester. *Lond.* 1734, in-4.

— The History of the royal Society of London, for improving of natural knowledge, from ist firts rise, as a supplement to the philosophical Transactions, by Th. Birch. *Lond.* 1756 and 1757, 4 vol. in-4.

— A general Index to the Philosophical Transactions, from I.st to the end of the 70 th. volume, by P. H. Maty. *Lond.* 1787, in-4.

— A Review of the Works of the royal Society of London, by John Hill. *Lond.* 1751, in-4.

Critique des ouvrages de la Société.

— Transactions (Philosoph.) and Collection from the end of the year 1665 to 1750, abridged and disposed under general heads, by John Lowthorp and J. Martyn. *Lond.* 1749-1756, 10 vol. in-4. fig. 72 l.

— Transactions philosophiques de la Société royale de Londres, trad. de l'angl. par de Brémond et Demours. *Paris*, 1738, 9 vol. in-4. 66 l.

— Transactions philosoph. (Abrégé des) de la Société royale de Londres, traduit par Gibelin. *Paris*, 1787, 14 vol. in-8. fig. 30 l.

ACADEMIE DE LEIPSIC. — Acta Eruditorum publicata Lipsiæ ab ann. 1682 ad ann. 1731, 50 vol. in-4. — Nova Acta. 1732 à 1776, 45 vol. in-4. — Supplementa. 1692 à 1734, 10 vol. in-4. — Nova Supplementa. 1735 à 1757, 8 vol. in-4. — Indices ab initio ad ann. 1745, 6 vol. in-4.

En tout 119 vol. 350 liv. environ.

Collection estimée. On n'en trouve pas facilement des exemplaires complets. Les dernières années sont rares.

ACADEMIE royale des Sciences et Belles-Lettres de Berlin, (Histoire de l') depuis son renouvellement en 1744, jusqu'en 1769, 26 vol. in-4.

— Nouveaux Mémoires de l'Académie des Sciences et Belles-Lettres de

Berlin, depuis 1770 jusqu'en 1785, 15 vol. in-4.

— Mémoires de l'Acad. des Sciences et Belles-Lettres de Berlin, depuis l'avènement de Frédéric-Guillaume II au trône, août 1786, jusqu'en 1791, 3 vol. in-4.

Il faut joindre à cette Collection :

— Miscellanea Berolinensia ad incrementum scientiarum, ex scriptis Societatis regiæ Scientiarum exhibitis edita. *Berolini*, 1710 à 1743, 7 vol. in-4.

— Histoire de l'Acad. des Sciences et Belles-Lettres de Berlin, depuis son origine jusqu'à présent. *Berlin*, 1752, in-4.

En tout 52 vol. 400 l.

Cette Académie est rare.

ACADEMIE des Scienc. de Gœttingue. — Commentarii Societ. reg. Scientiarum Gœttingensis, ab ann. 1751 ad ann. 1754. *Gœttingæ*, 1752 et ann. seqq. 4 vol. in-4. fig. — Novi Commentarii Soc. reg. Scient. Gœttingensis, ab ann. 1769 usque ad ann. 1777. *Gœttingæ*, 1771-1778, 8 vol. in-4. fig. — Commentationes Soc. reg. Scient. Gœttingensis, ab ann. 1778 usque ad ann. 1794. *Gœttingæ*, 1779-96, 12 vol. in-4. fig.

A ces 12 vol. on joint les suivants :

— S. Chr. Hollmanni Commentationum in reg. Scient. Societ. indè ad ann. 1756 recensitarum, Sylloge. *Gœttingæ*, 1765, in-4. fig.

— Ejusd. Commentationum in reg. Scient. Societ. Gœttingæ, ann. 1753 et 1754 recensitarum, Sylloge altera. *Francof.* et *Lipsiæ*, 1775, in-4.

Cette Collection est fort rare, 80 l.

ACADEMIE DE BOLOGNE. — De Bononiensi Scientiarum Instituto atque Academià Commentarii. *Bononiæ*, 1731 et ann. seqq. 10 vol. gr. in-4. fig. 40 l.

ACADEMIE DE TURIN. — Mémoires de l'Académie royale des Sciences de Turin. *Turin*, 1784 et suiv. 12 vol. in-4. fig. 80 l.

ACADEMIE (Mémoires et Prix de l') de Chirurgie de Paris. *Paris*, 1768 et suiv. 14 vol. in-4. fig. 90 l.

ACADEMIQUE, (Collection) composée de Mémoires, Actes, etc., des plus célèbres Académies, par Ber-

·ryat et autres. *Dijon*, 1755 et suiv. 29 vol. in-4. et 33 avec les tables de Rozier, 150 l.

ACCADEMICI della Crusca, Stacciata prima, cioè, Difesa dell' Orlando Furioso dell' Ariosto contro il Dialogo dell' epica Poesia di C. Pellegrini. *Firenze*, D. Manzani, 1584, in-8. 7 l.

Edition citée dans le Vocabulaire de l'académie de la Crusca.

ACCIAIOLI. (Maddalena Salvetti) Il David perseguitato ovvero fuggitivo, poema eroico. *In Fiorenza*, 1611, in-4. *rare*, 15 l.

ACCURSII Pisani (Boni) Vocabularium lat.-græcum. Opus impress. *Regii*, per Dionysium de Berto-·chis, ann. 1497, in-4. 30 l.

Edition rare.

ACCURSII (Mariangeli) Diatribæ in Ausonium; necnon ejusd. Accursii Tractatus cui titulus est : *Testudo. Romæ*, 1524, in-fol. 7 l.

Belle édition, recherchée et peu commune.

ACERBI (J.) Voyage au Cap-Nord, par la Suède, la Finlande et la Laponie, trad. de l'angl. par J. Lavallée, *Paris*, 1804, 3 vol. in-8. et atlas in-4. 20 l. — Pap. vélin, 40 l.

L'édition anglaise de ce voyage a paru à *Londres* en 1802, et forme 2 vol. in-4. pap. vélin, avec cartes et portraits, 50 l.

ACHARII (L.) Methodus quâ omnes detectos lichenes, secundùm organa carpo-morpha ad genera, species et variet. redigere, atque observ. illustrare tentavit. 2 vol. in-8. cum tab. æneis icones nov. specierum et fig. charact. genericorum exhibentibus. 1803. 27 l. — Pap. fin, 36 l. — Lichenographiæ Suecicæ Prodromus. *Lincopiæ*, 1798, in-8. 10 l.

ACHILLES TATIUS. Vid. TATIUS.

ACHILLINI (Alex.) Opera philosophica. *Venetiis*, 1545, in-fol. 10 l.

Ce vol. n'est pas rare, mais on le recherche pour le joindre aux *OEuvres de Pomponace*, imprimées en 1525, in-fol.

ACONCE. (J.) Les Ruses de Satan, trad. du lat. *Basle*, 1565, in-4. 8 l.

Bonne édition.

ACOSTA. (Christ.) Tratado de las Drogas y Medicinas de las Indias Orientales. *En Burgos*, 1578, in-4. fig. 8 l.

Ouvrage recherché. Les exemplaires en sont assez rares.

ACOSTA. (Jos. de) Historia natural y moral de las Indias. *En Sevilla*, 1590, in-4. 7 l.

ACROPOLITA. Vid. BYZANTINE.

ACTA Eruditorum Lipsiæ. Voy. ACADEMIE.

ACTUARIUS de Actionibus et Affectibus spiritûs animalis, græcè. *Parisiis*, 1557, pet. in-8. *rare*, 15 l.

ACUNA. (Christ. de) Nuevo Descubrimiento del gran Rio de las Amazonas. *En Madrid*, 1641, pet. in-4. 150 l.

Cette édition, l'originale de ce livre, a été supprimée avec tant de rigueur, qu'on n'en connaît que 3 ou 4 exemplaires.

Cet ouvrage a été traduit en français par de Comberville. *Paris*, 1682, in-4. ou 2 vol. in-12.

ADAM (M.tre) (BILLAUT): ses Chevilles. *Paris*, 1644, in-4. ou *Rouen*, 1654, in-8. 9 à 12 l. — Le Villebrequin du même. *Paris*, 1662 ou 1663, in-12. 9 l.

Quelques personnes ont prétendu qu'il existait un troisième Recueil de poésies de cet auteur, intitulé, le *Rabot*; mais jusqu'à présent on n'en connait aucun exemplaire.

ADAMI (Melch.) Vitæ virorum eruditorum cùm Germanorum, tùm exterorum. *Francof. ad Mœnum*, 1705, 2 vol. in-fol. 9 l.

ADAMO. (Ant. di) Annotomia della Messa et del Messale. 1552, in-4. de 142 feuillets.

Volume très-rare. Vendu 96 l. chez La Vallière.

ADAMS. (G.) Essays on the Miscroscope, containing a general History of Insects and a descript. of 379 animalculæ. *Lond.* 1787, 2 vol. in-4. avec 31 pl. 36 l.

ADAMS. (John) A Defense of the constitutions of government of the United States of America. *Lond.* 1787, 2 vol. in-8. 15 l.

ADAMS. (R.) Ruins of the palace of the emper. Diocletian at Spalatro in Dalmatia. *Lond.* 1764, in-fol. max. fig. 100 l.

ADANSON. Histoire naturelle du Sénégal. *Paris*, 1757, in-4. fig. 10 l. — Gr. pap. 30 l. — Familles des Plantes. *Paris*, 1763, 2 vol. in-8. fig. 10 l.

ADDISSON : (Jos.) Works. *Bir-*

mingham, J. Baskerville, 1761, 4 vol. gr. in-4. fig. 100 l.
— Voy. STEELE.

ADDY. (Guill.) Stéganographie, ou l'Art d'écrire en abrégé. *Lond.* 1695, in-12. 6 l.
Peu commun.

—Ejusd. Vetus et Nov. Testamentum, angl. ; litteris tachygraphicis impressum. *Lond.* 1627, in-16. *très-rare*, 12 l.

ADLER (J. G. Ch.) Collectio nova Numorum cuficorum, seu Arabicorum veter. *Altonæ*, 1795, in-4. 9 l.

—Museum cuficum Borgianum Velitris (seu Nummi et Sigilla cufica) illustr. J. G. C. Adler. *Romæ*, 1782, in-4. fig. 10 l.

ADRIANI. (Giov. Batt.) Historia de' suoi tempi, dall' anno 1536 al 1574. *In Firenze*, Giunti, 1583, in-fol. 15 l.
Cette édition est la plus belle de ce livre. Les exemplaires n'en sont pas communs.

ADRIANI Card. Venatio. *Venetiis*, Aldus, 1505, in-8. *rare*.

ADRIANI Carthusiani, Liber de Remediis utriusque Fortunæ. *Coloniæ*, Arn. Therhoernen, 1471, in-4. goth. 30 l.
Edition très-rare et imprimée à longues lignes, sans signatures ni réclames. C'est le premier livre où l'on ait fait usage des chiffres.

—Idem. *Cremonæ*, 1492, in-fol. 18 l.
Cet Ouvrage, attribué faussement à Pétrarque, a été traduit en langue italienne, par Marco Remigio. *Venise*, 1549, in-8.

ADRICHOMII (Christ.) Theatrum Terræ Sanctæ. *Coloniæ*, 1682, in-fol. fig. 6 l.
Toutes les éditions de ce Livre sont également bonnes.

ADVISE (Bien) mal-Advisé, mystère à 59 personnaiges. *Paris*, A. Vérard, in-fol. goth.
Livre extrêmement rare. Vendu 180 l. chez La Vallière.

ÆGIDII Romani de Regimine principum libri iij. *Absque loci et typogr. indicat.* 1473, in-fol.
Cette édition est si rare que plusieurs bibliographes ont douté de son existence. Elle est imprimée en lettres rondes, sur deux colonnes, sans chiffres, signatures ni réclames. Le volume est composé de 139 feuillets.

—Iidem. *Romæ*, Steph. Planck, 1482, in-fol. *très-rare*, 24 l.

—Iidem. *Venetiis*, 1498, in-fol. *rare*, 15 l.

ÆGINETÆ (Pauli) Opera medica, gr. *Venet.* Aldus, 1528, in-fol. 18 l.
Édition assez rare et la première de ce livre. Elle a été réimprimée par les Alde, en 1553 et 1558, de format in-8.

ÆLIANI (Claudii) de Naturâ Animalium lib. xvij, gr. lat., cum animadv. Conr. Gesneri et Dan. Wilh. Trilleri ; cur. Abrah. Gronovio. *Lond.* 1744, 2 vol. in-4. 30 l. — Gr. pap. 72 l.

—Iidem, gr. lat., edente Schneider. *Lipsiæ*, 1784, in-8. 10 l. — Pap. fort, 13 l.

—Ejusd. Cl. Æliani variæ Historiæ, gr. *Romæ*, 1545, in-4. 20 l.
Première édition grecque de ce livre. Elle est fort bien exécutée et assez rare.

—Eædem, gr. lat., ex vers. Just. Vulteii, cum comment. Jac. Perizonii et notis Varior. *Lugd. Bat.* 1701, in-8. 12 l.
Cette édition entre dans la collection des *Variorum.*
Il est à remarquer que Perizonius, après l'édition donnée, publia quelques dissertations en réponse à différentes critiques, dont une est intitulée : *De morte Judæ.* Il faut avoir soin d'examiner si ces dissertations se trouvent dans le livre, parce qu'ayant été publiées séparément, elles manquent dans beaucoup d'exemplaires.

—Eædem, gr. lat., ex eâdem J. Vulteii interpr., cum notis J. Schefferi et Joach. Kuhnii, stud. et labore J. H. Lederlini. *Argentor.* 1713, in-8. 6 l.
Il est bon d'annexer cette édition à la collection des *Variorum*, à cause des notes de Scheffer et de Kuhn, qui ne se trouvent pas dans celle de 1701.

—Eædem, gr. lat., cum notis Varior., ex edit. et cum animadv. Abrah. Gronovii. *Amst.* 1731, 2 vol. in-4. 30 l. — Gr. pap. 100 l.
Cette édition est la meilleure que nous ayons de ce livre.

—Eædem, cum notis Varior. et Kuhnii. *Lips.* 1780, 2 vol. in-8. 18 l.

—Eædem, gr., adnot. J. Perizonii imprimis, curavit, edidit, notas adj. G. B. Lehnert. *Lipsiæ*, 1794, 2 vol. in-8. 9 l.

—Elien, Héraclide et Nicolas de Damas, tout en grec, avec des notes, par M. Coray. *Paris*, 1806, in-8. 13 l.

—Histoires diverses d'Elien, trad.

du grec, avec des remarq. par M. Dacier. *Paris*, 1772, in-8. 5 l.

ÆMYLIANI (Joan.) Historia naturalis de Ruminantibus et Ruminatione. *Venetiis*, 1584, in-4. 5 l.

ÆMYLII (Pauli) de Rebus gestis Francorum lib. x, cum Chronico J. Tilii ad ann. 1539. *Parisiis*, Vascosan, 1539, in-fol. 9 l.
Cette édition est la plus recherchée de ce livre.

ÆNEÆ Platonici de Immortalitate Animorum, deque corporum resurrectione, aureus libellus, cui titulus est, Theophrastus, (è gr. in lat. transl. ab Ambrosio Camaldulensi.) *Venetiis*, 1513, in-8.
Exemplaire imprimé sur vélin.

ÆNEÆ SYLVII PICCOLOMINI Epistolæ. *Mediolani*, Zarotus, 1473, in-fol. 5o l.
Cette édition, qui est très-rare, ne renferme que les Lettres que l'auteur a écrites pendant son cardinalat. Le volume ne porte ni chiffres, ni signatures, ni réclames.

— Eædem. *Romæ*, J. Schurener de Bipordìà, 1475, in-fol. 36 l.
Édition assez estimée et peu commune.

— Ejusd. Epistolæ familiares. *Coloniæ*, J. Koelhoff de Lubeck, 1458 (1478,) in-fol. 8o l.
Cette édition est fort recherchée des curieux, non-seulement à cause de sa grande rareté, mais encore parce qu'elle est la première où tous les genres de lettres écrites par Æneas Sylvius, se trouvent rassemblés.

— Eædem. *Nurimbergæ*, A. Koburger, 1481, in-fol. 5o l.

— Eædem. *Lovanii*, J. de Westphalia, 1483, in-fol. 100 l.
Ces deux éditions sont entières et assez rares. Celle de 1483 est la plus recherchée, à cause de sa belle exécution en lettres rondes.

— Ejusd. de duobus Amantibus Eurialo et Lucretia opusculum. *Edit. vetustiss. absque loci et anni indicat.*, in-4. litteris quadratis, 6o l.
Cette édition, que quelques bibliographes font sortir des presses d'Ulric Zel, vers l'année 1470, est très-rare, et imprimée à longues lignes, au nombre de 27 sur chaque page entière.

— L'Histoire de Eurialus et de Lucrèce, vrais amoureux, transl. du lat. en rithme franç. *Paris*, A. Vérard, 1493, in-fol.
Édition extrêmement rare.
Ce Roman a aussi été traduit en italien

(*Bologne*, 1492, in-4.), en espagnol, *Séville*, 1512, in-4.), et en allemand, in-4. Cette dernière version est de Nic. de Wile.

— Ejusd. Historia Rerum ubique Gestarum. *Venetiis*, Joannes de Colonia et socius, 1477, in-fol.
Édition très-rare et la première de ce livre. Le vol. n'a ni chiffres, ni signatures, ni réclames.

ÆSCHINIS Socratici Dialogi tres, gr. lat., ex vers. et cum notis Jo. Clerici. *Amst.* 1711, in-8. 8 l.

— Iidem, gr. lat., cum notis Pet. Horræi. *Leovardiæ*, 1718, in-8. 8 l.
On joint ces deux éditions à la collection des *Variorum*.

— Iidem, gr., tertiùm edidit, explicavit, indicemque verbor. græcor. adjecit Jo. Fr. Fischer. *Lipsiæ*, 1786, in-8. 6 l. — Pap. fort, 8 l.

ÆSCHINIS in Ctesiphontem, et DEMOSTHENIS de Coronâ Orationes, gr. lat., ex recens. P. Foulkes et J. Freind. *Oxonii*, (1695), in-8. 8 l. — Gr. pap. 15 l.

— Eædem, gr. lat., ex recens. P. Foulkes et J. Freind. *Oxonii*, 1715, in-8. 8 l.

— Eædem, gr. lat., cum notis J. Stock. *Dublinii*, 1769, 2 vol. in-8. 16 l.

— Eædem, gr., cum delectu annotat. *Oxonii*, 1801, in-8. 9 l.

— Vid. DEMOSTHENES.

ÆSCHYLI Tragœdiæ sex, gr., ex recogn. Andr. Asulani. *Venetiis*, Aldus, 1518, in-8. 72 l.
Belle édition et la première de ce livre. Elle est recherchée et très-rare.

— Eædem, gr., ex recogn. Adr. Turnebi. *Parisiis*, 1552, in-8. 12 l.
Édition fort correcte et très-bien imprimée.

— Ejusd. Æschyli Tragœdiæ vij, gr., cum scholiis gr. Fr. Robortelli. *Venetiis*, 1552, in-8. 10 l.
Première édition complète des Tragédies d'Æschyle.

— Eædem, gr., cum scholiis gr. curâ Pet. Victorii emendatis, necnon observat. H. Stephani. *Parisiis*, Henr. Steph. 1557, in-4. 20 l.
Édition estimée.

— Eædem, gr., operâ Guill. Canteri. *Antuerp.* Plantin, 1580, in-18. 6 l.

— Eædem, gr. lat., cum scholiis gr.

et comment. Th. Stanleii. *Lond.*
1663 , in-fol. 8o à 100 l.

Édition rare et fort estimée.

Il faut avoir soin d'examiner si l'Épître dédicatoire au roi Charles II , se trouve dans
le volume.

— Eædem , gr. lat. , cum comment.
Th. Stanleii et annot. Fr. Robortelli , Turnebi , etc. , ed. J. Cor. de
Paw. *Hagæ-Comit.* 1745 , 2 vol.
in-4. 60 l.

Édition estimée.

— Eædem , gr. lat. , cum variant. lectionibus. *Glasguæ* , Foulis , 1746 ,
2 vol. in-8. 15 l.

Jolie édition.

— Eædem , gr. lat. *Glasguæ* , Foulis ,
1746 , in-4. 9 l.

— Eædem , gr. lat. , ex recens. C. G.
Schütz. *Halæ* , 1782—94 , 3 tom.
6 vol. in-8. 24 l.

Il a été tiré de cette édition des exemplaires
en pap. de Hollande : ils valent 48 a 60 l.

— Eædem , gr. lat. , ex recens. Ch.
G. Schütz : nova editio. *Halæ* ,
1799—1807 , 3 vol. in-8. 30 l.

— Eædem , denuò recens. et vers. lat.
adjecit C. G. Schütz. *Halæ*, 1800 ,
2 vol. in-8. 12 l. — Pap. fin , 19 l.

Cette édition ne renferme ni commentaires
ni scolies. Elle est très-correcte et bien
exécutée.

— Eædem , gr. , cum emend. et novis
lectionibus. *Glasguæ*, 1795, in-fol.
fig. de Flaxman.

Édition peu commune en France. Il y a des
exempl. en grand pap., mais ils sont rares.

— Æschyli, Sophoclis et Euripidis
Tragœdiæ selectæ, gr. lat. , ex re-
cens. H. Stephani. *Typ. ejusd.
Steph.* , 1567 , 3 vol. in-12. 10 l.

Cette petite édition est estimée.

— Æschyli Tragœdiæ : Prometheus,
Persæ, et septem Duces ad Thebas ;
Sophoclis Antigone ; Euripidis Me-
dea , gr. , stud. R. F. P. Brunck.
Argentor. 1779 , in-8. 8 l. — For-
mat in-4. 18 l.

Cette édition est devenue rare.

— Æschyli Dramata quæ supersunt
et deperditorum Fragmenta , gr.
lat. ex recens. F. H. Bothe. *Lipsiæ,*
1805 , in-8. 12 l. — Pap. fin , 16 l.

— Les Tragédies d'Æschyle, trad. en
franç. par Le Franc de Pompignan.
Paris, 1770. in-8. 5 l. —Pap. fin.9 l.

— Théâtre d'Æschyle , en grec et en
franç. , trad. avec des notes par F.

J. G. de la Porte du Theil. Première
part. , cont. les sept tragédies entières. *Paris* , 1795, 2 vol. in-8. 10 l.
— Papier vélin , 18 l.

La seconde partie contiendra toutes les notes.

ÆSOPI fabulatoris Vita , à Rimicio
scripta. *Mediolani* , Ant. Zarotus,
1476 , in-fol. *rare* , 40 l.

— Ejusd. Vita et Fabulæ, gr. , cum
lat. vers. Rinutii Thessali , ex recens. Boni Accursii Pisani. (*Mediolani* , circà 1480) , in-4. 100 l.

La plupart des bibliographes pensent que
cette rare édition a dû être imprimée à
Milan , vers l'année 1480.

— Ejusd. Fabulæ, gr. et lat. , interpr.
Rynucio Thettalo , stud. Boni
Accursii Pisani. *Regii* , D. Ber-
tochus, 1497, in-4. 72 l.

Édition très-rare.

— Ejusd. Vita et Fabulæ, gr. *Absque
loci , anni et typogr. indicatione,
(sed Venetiis , 1498,)* in-4. 200 l.

Cette édition n'est pas moins rare que la précédente. Un privilège du Sénat de Venise,
daté de 1498, qui s'y trouve inséré , fait
présumer qu'elle a été imprimée dans le
cours de cette année.

— Ejusd, Fabulæ, in lat. conversæ.
Romæ , in domo J. P. de Lignamine , 1473, in-4.

Première édition latine des Fables d'Ésope.
Elle est extrèmement rare.

— Ejusd. Fabulæ , carmine elegiaco
lat., interpr. vet. anonymo, *Romæ,*
Wendellinus de Wila , 1475 , in-4.
rare.

— Ejusd. Fabulæ , lat. carmine redditæ. *Monteregali,* 1481, in-4. 30 l.

— Ejusd. Fabulæ, lat., cum ital. vers.
metricà Accii Zuchi. *Veronæ* , G.
Alvise , 1479 , in-4. 30 l.

On ne trouve pas facilement des exemplaires de cette édition.

— Ejusd. Vita et Fabulæ, lat. , cum
vers. ital. et allegoriis Fr. Tuppi.
Neapoli , 1485 , in-fol. fig.

Édition très-rare et fort recherchée des curieux. Elle est imprimée en caractères
ronds, sans chiffres , signatures ni réclames. Vendu 180 flor. de Holl. chez Crevenna , et 600 l. , en 1791 , chez Loménie
de Brienne.

— Ejusd. Vita et Fabulæ , lat. et germanicè , unà cum Fabulis Aviani
Doligami, Aldefonsi, ac Poggii Facetiis. *Ulmæ* , Jo. Zeyner , circà
1480 , in-fol. cum fig. ligno incisis.

Édition très-rare et la première de cette traduction allemande. Elle est imprimée en lettres gothiques, sans chiffres, signatures ni réclames. La totalité du vol. est de 275 feuillets.

— Ejusd. Æsopi et Gabriæ Fabulæ, gr. lat. : Phurnutus, Palæphatus, Heraclides Ponticus, etc., gr. *Venetiis*, Aldus, 1505, in-fol. 150 l.
Edition supérieurement exécutée et fort rare. La totalité du vol. est de 150 feuillets.

— Ejusd. Æsopi Vita et Fabulæ plures et emendat., gr., ex vetustiss. codice Biblioth. regiæ. *Ex officinâ Rob. Stephani*, 1546, in-4. 9 l.
Edition peu commune.

— Ejusd. Æsopi Fabulæ græcæ, cum notis Mich. Heusinger. Edit. auctior; curavit Ch. Ad. Klotzius. *Isenaci et Lipsiæ*, 1776, in-8. 3 l.
Edition commune, mais très-estimée. Elle a été réimprimée plusieurs fois.

— Ejusd. Æsopi et alior. Fabulæ, gr. lat. *Antuerp.* Plantin, 1567, in-16. 7 l.
Jolie édition.

— Æsopicarum Fabularum Delectus, gr. lat., ex recens. A. Alsop. *Oxonii*, 1698, in-8. 9 l.—Gr. pap. 15 l.

— Fabularum Æsopicarum Collectio, gr. lat. *Oxonii*, 1718, in-8. 12 l.

— Fabulæ Æsopicæ selectæ, gr. lat. *Amst.* 1726, in-8. 8 l.

— Æsopicarum Fabularum Collectio, gr. lat., edit. Jo. Gott. Hauptmann. *Lipsiæ*, 1741, in-8. 8 l.

— Æsopi Fabulæ, gr. et lat. *Parmæ*, Bodoni, 1800, in-4. 36 l.— Gr. pap. vélin in-fol. 80 l.
Très-belle édition.

— Mythologia Æsopica in quâ Æsopi et Gabriæ Fabulæ auctiores, gr. lat. Adjiciuntur Phædri, Aviani, Abstemii Fabulæ; operâ et stud. Is. Nic. Neveleti. *Francof.* 1610, in-8. cum fig. ligno incisis et elegantiss.
Collection la plus ample des fabulistes anciens. Elle n'est pas commune. Cette édition se trouve aussi sous la date de 1664.

— Les Fables d'Esope. *Lyon*, Matth. Husz, 1486, in-fol. goth. 24 l.
Cette traduction est de *Julien Macho*. Les exemplaires en sont rares.

— Les 33 Apologues d'Ésope, écrits en lat. par Laur. Valla, et trad. en franç. par Guill. Tardif. In-fol. goth. sans aucune indication.
On ne recherche guère de cette édition que les exemplaires imprimés sur vélin.

— Les Fables et la Vie d'Esope, trad.

Dict. Bibl. I.

en franç. *Anvers*, Plantin, 1593, in-16. 7 l.
Cette édition est ornée de fort jolies petites figures.

— Esope en belle humeur, ou trad. de ses Fables en prose et en vers. *Bruxelles*, 1700, 2 vol. in-8. fig. 9 l.

— Les Fables d'Esope et de plusieurs autres excellents Mythologistes, avec des réflex. par de Lestrange, trad. de l'angl. *Amst.* 1714, in-4. fig. de Barlow, 12 l.

— Fables diverses tirées d'Esope et d'autres auteurs, avec des explicat. par Raph. Dufresne. *Paris*, 1659, in-4. fig. de Sadeler, 12 l.

— Favole di Esopo, ridotte in sonetti per Accia Zucco. *In Verona*, G. Alvise, 1478, in-4.
Première traduction des Fables d'Esope en vers italiens. Elle est très-rare.

— Æsopi Vita et Fabulæ, germanicè. *Augustæ Vindelicor.*, Ant. Sorg, 1483, in-fol. cum fig. ligno incisis.
Edition très-rare.

— The Fables of Esop, Avian, Alphonsus and Poggius. *Westminster*, 1484, in-fol. fig.
Cette édition est très-rare. La totalité du vol est de 142 feuillets.

— Fables of Esop, with his Life in english, french and lat. *Lond.* 1666, in-fol. fig. de Barlow, 40 l.

— The same. *Lond.* 1797, pet. in-12. pap. vélin, fig. 18 l.

— Select Fables of Esop and other Fabulists, in three books. *Birmingham*, Baskerville, 1764, in-8. 18 l.
Jolie édition, ornée de fig. en taille-douce.

— Æsopi Fabulæ, russicè et lat. 1700, in-12. fig. 15 l.
Ce petit volume est très-rare en France.

— Æsopus in Europâ, tweeden druk, volgens de romeinsche copy. *In s'Gravenhage*, 1738, in-4. fig. 10 l.

AETII AMIDENI Libri Medicinales primi viij, græcè. *Venetiis*, Aldus, 1534, in-fol. 15 l.
Les huit derniers livres de cet ouvrage n'ont pas été imprimés.

AFFO.(Ireneo) Saggio di Memorie su la tipographia Parmense del secolo xv. *Parma*, (Bodoni), 1791, in-4. 10 l.

— Memorie degli Scrittori e Letterati Parmigiani, raccolte dal P. Ir. Affò. *Parma*, Bodoni, 1789, 5 vol. in-4. 48 l.

2

AGATHIAS. *Voy.* BYZANTINE.

AGIUS DE SOLDANIS. (G. P. F.) Della Lingua punica presentamente usata da Maltesi. *In Roma*, 1750, in-8. 12 l.

AGNESI. (M. Gaetana) Instituzioni aualitiche. *Milano*, 1748, 2 vol. in-4. fig. 10 l.

AGOBARDI (S.) Opera, ex edit. Steph. Baluzii. *Parisiis*, 1666, 2 vol. in-8. 6 l.

AGOTY. (A. E. Gautier d') Anatomie des parties de la génération de l'homme et de la femme, peintes en couleurs natur. *Paris*, 1773, in-fol. 20 l.

— Collection des Plantes usuelles et étrangères, selon le système de Tournefort et Linnéus. *Paris*, 1767, in-fol. fig. color. 30 l.

— Observations sur l'histoire naturelle, la physique et la peinture, par Gautier d'Agoty et Toussaint. *Paris*, 1752 — 57, 6 vol. in-4. fig. en coul. 70 l.

AGREMENTS (les) de la campagne, ou remarq. sur la construction des maisons de campagne, jardins, etc. *Leyde*, 1750, in-4. 10 l.

AGRICOLÆ (Georg.) de Re Metallicâ lib. xij. *Basileæ*, 1546, 1556, 1558, 1561, in-fol. fig. 9 l.
Ces 4 éditions sont les meilleures de ce livre. Il faut y joindre le traité suivant :

— Ejusd. de Ortu et Causis Subterraneorum lib. v. *Basileæ*, 1558, in-fol. 5 l.
Belle édition.

— Ejusd. de Mensuris et Ponderibus Romanorum et Græcorum lib. v. *Basileæ*, 1550, in-fol. 5 l.

AGRIPPÆ (Henr. Corn.) de Incertitudine et Vanitate Scientiarum Declamatio invectiva. *Coloniæ*, 1527, in-12. 7 l.

— Ejusd. De occultâ Philosophiâ libri tres. *Mechliniæ*, 1533, in-fol. 10 l.
Edition recherchée.

— Ejusd. Opera omnia. *Lugd.*, apud Beringos fratres, absque anni notâ, 3 vol. in-8. Edit. litteris ital. excusa, 18 l.
Bonne édition, et la plus rare de ce livre. Il faut que les 3 vol. ne portent point de date et qu'ils soient d'un caractère égal.
La contrefaction de cet ouvrage est exécutée en lettres rondes.

— Déclamation de l'Incertitude et

Vanité des Sciences, trad. du lat. par L. Turquet, 1582, in-8.
Bonne édition, 7 l.

— La Philosophie occulte, trad. du lat. *La Haye*, 1727, 2 vol. in-8. fig. 15 l. — Gr. pap. *rare*, 40 l.
Bonne édition, peu commune.

AGUIRRE (Jos. Saënz de) Collectio maxima Conciliorum Hispaniæ et novi Orbis. *Romæ*, 1693 et 1694, 4 vol. in-fol. 40 l.
La dernière édition de ces Conciles, donnée en Italie, est plus ample que celle-ci.

AGUSTIN. (Fray Miguel) Libro de los Secretos de Agricoltura, Casa de campo y pastoril. *Barcelona*, 1722, in-4. fig. 16 l.

AHMEDIS Arabsiadæ Vitæ et Rerum gestarum Timuri, qui vulgò Tamerlanes dicitur, Historia, arab. lat., cum notis S. H. Manger. *Leovardiæ*, 1767, 3 vol. pet. in-4. 24 l.

AINWORTH (Rob.) Thesaurus Linguæ lat. compendiarius; or a compendious of the latin tongue, first published by Ainworht : a new edit., with great addit. by Th. Morell. *Lond.* 1796, in-4. de 1600 pag. non numérotées, 50 à 60 l.

AKENSIDE. (Mark) The Poems. *London*, 1772, gr. in-4. pap. de Hollande, 24 l.

ALAIN CHARTIER : (M.tre) ses Paraboles, en vers, avec des comment. *Paris*, Ant. Vérard, 1492, in-fol.
Exemplaire imprimé sur vélin.

— Les Faicts, Dictes et Ballades du même. *Paris*, P. le Caron, sans date (1484), in-fol. goth.
Exemplaire imprimé sur vélin.

— Les Œuvres complètes du même, tant en rime qu'en prose. *Paris*, Gall. Dupré, 1529, in-8. lettres rondes, 20 l.
Cette édition est rare et estimée.

— Les mêmes, avec des annotations par André Duchesne. *Paris*, 1617, in-4. 10 l.

ALAMANDINI. Istorica Descrittione di tre regni Congo, Matamba e Angola. *In Milano*, 1690, in-4. fig.
Cet ouvrage est rare et assez cher, 24 l. environ.

ALAMANNI : (Luig.) Opere toscane. *In Firenze*, Giunti, 1532, e in

Lione, Gryphio, 1553, 2 vol. in-8.
24 l.

Edition rare et la plus estimée de ce livre.
Il en a été tiré des exemplaires sur vélin.

— Le medesime. In Venegia, 1542,
2 vol. in-8. 20 l.

Edition citée par l'Académie de la Crusca.

— Gyrone il Cortese. In Parigi,
1548, in-4. 24 l.

Edition faite sous les yeux de l'auteur. Elle
est citée par l'Académie de la Crusca.
La réimpression de Venise, 1549, in-4. est
peu estimée.

— La Coltivazione. In Parigi, Rob.
Stefano, 1546, in-4. 24 l.

Première édition de ce poëme. Elle est mentionnée par l'Académie de la Crusca.
Il faut avoir soin d'examiner si l'errata se
trouve à la fin du vol., parce que cette partie manque dans beaucoup d'exemplaires.

— La medesima, con le Api di Giov.
Ruccellai. In Fiorenza, Giunti,
1549, in-8. 8 l.

— La medesima, con le Api di G.
Ruccellai. In Fiorenza, Giunti,
1590, in-8. 8 l.

— La medesima, con le Api di G. Ruccellai. In Padoua, 1718, in-4. 20 l.
Edition correcte et assez rare.

— La medesima, con le Api del Ruccellai. Verona, 1745, gr. in-8. 4 l.

— L'Avarchide, poema in ottava rima.
In Fiorenza, Giunti, 1570, in-4.
18 l.

Bonne édition. Elle est citée par la Crusca.

ALANI (Nic.) Tractatus brevis de
Santonum Regione et illustrib. Familiis, cur. Joan. Alano. Santoni-
bus, 1593, in-4. 6 l.

Traité singulier et assez rare.

ALBANI. (Annib.) Memorie concer-
nenti la città d'Urbino. Roma,
1724, in-fol. fig. 15 l.

ALBANI (F.) Picturæ in Æde Veros-
piâ. Romæ, 1704, gr. in-fol. 30 l.

ALBATENII (Mahometis) de Scientiâ
Stellarum liber, cum addit. J. Regiomontani. Bononiæ, 1645, in-4.

Vendu 80 l. chez M. de la Lalande.

ALBERTANO Giudice da Brescia,
Trattati scritti in ling. latina dall'
anno 1235 all' ann. 1246, e transl.
ne' medesimi tempi nel volgar fiorentino. Firenze, Giunti, 1610,
in-4. 10 l.

Edition citée par l'Académie de la Crusca.

ALBERTI MAGNI (B.) Opera, stud.
Pet. Jammy. Lugd. 1651 et ann.

seqq. 21 vol. in-fol. 36 l.

Cette Collection a beaucoup perdu de son ancienne valeur.

— Ejusd. de Mineralibus libri v. Paduæ, P. Maufer, 1476, in-fol.
Edition originale fort rare.

— Ejusd. de Animalibus lib. xxvj. Romæ S. N. de Luca, 1478, in-fol. 90 l.
Première édition très-rare.

— Iidem. Mantuæ, P. Joannes de Buts-
chbach, 1479, in-fol. maj. 100 l.
Cette seconde édition est aussi très-rare.
Elle est imprimée en lettres gothiques
sur deux colonnes.

— Ejusd. de Secretis Mulierum liber.
Absque loci et typogr. notâ,
1478, in-4. très-rare.
Cette édition est la première de ce livre.
Elle est exécutée en lettres gothiques,
sans chiffres, signatures ni réclames.
La totalité du vol. est de 56 feuillets.

— De le Virtu de l'herbe, animali,
pietre pretiose e di molte maravigliose Cose del mondo. Torino,
1508, in-4.
Ce Traité ne contenant que 26 feuillets, est
très-rare.

ALBERTI (Leon. Bapt.) de Re ædi-
ficatoriâ lib. x. Florentiæ, N. Laurentius, 1485, in-fol. 20 l.
Edition originale, rare et recherchée. Elle
est imprimée à longues lignes, sans chiffres ni réclames, avec signatures.

— Libro d'Architettura di L. B. Alberti, trad. in ling. volgare da Cosimo Bartoli. In Firenze, 1550,
in-fol. fig. 15 l.
Traduction du livre précédent.

— De Amore liber. 1471, in-4. de 20
feuillets, très-rare, 72 l.
Cette édition, l'originale de ce livre, ne
porte ni nom de ville, ni nom d'imprimeur. Elle est exécutée en lettres rondes
et à longues lignes, au nombre de 25
sur chaque page entière, sans chiffres,
signatures ni réclames.

— Opus de Amoris Remedio. 1471,
in-4. de 20 feuillets, 72 l.
Première édition, en tout semblable pour
l'exécution à la précédente. Les exemplaires en sont très-rares.
Ces deux ouvrages sont écrits en italien ; l'intitulé et la souscription seuls, sont en latin.

ALBERTI DE VILLENEUVE. (Fr.)
Dictionnaire ital.-français, et franç.-
italien. Nice, 1778, 2 vol. in-4.
Cette édition n'est pas commune aujour-
d'hui, 40 à 50 l.

— Le même, ital.-franç. et franç.-ital.
Marseille, 1796, 2 vol. in-4. 36 l.

ALBERTI (Mich.) Introductio in

Mediciuam practicam. *Halæ*, 1721,
2 vol. in-4. 10 l.

— Tractatus de Hæmorrhoïdibus. *Halæ*, 1722, 2 part. 1 vol. in-4. 15 l.

ALBIN. (Éléazar) Histoire naturelle
des Insectes, avec leur explication
en angl. *Lond.* 1736 et suiv. 4 tom.
2 vol. in-4. fig. 40 l.

Ouvrage estimé. Les amateurs font beaucoup
de cas des exemplaires dont les figures
sont enluminées.

— A natural History of Birds. *Lond.*
1731, 3 vol. in-4. fig. color. 150 l.

— Histoire naturelle des Oiseaux,
trad. de l'angl. avec des remarques
par W. Derham. *La Haye*, 1750,
3 vol. in-4. avec 306 pl. 90 l. — Fig.
enlum. 200 l.

— A natural History of Spiders, ou
Histoire naturelle des Araignées.
Lond. 1736, in-4. avec 33 pl. en-
luminées, 30 l.

ALBINI (Bern. Siegfr.) Explicatio
Tabularum anatomicarum Barth.
Eustachii. *Lugd. Bat.* 1744, in-
fol. fig. 15 l.

— Ejusd. Tabulæ Sceleti et Musculorum corporis humani. *Lugd. Bat.*
1747, seu *Lond.* 1749, gr. in-fol.
fig. 60 l.

— Ejusd. Tabulæ Ossium humanorum. *Lugd. Bat.* 1753, gr. in-fol.
fig. 60 l.

— Historia Musculorum hominis, cum
notis J. J. Hartenkeil. *Bamberg*,
1796, in-4. 12 l.

On a encore du même auteur plusieurs autres bons ouvrages, tels que : *Dissertatio
de Arteriis et Venis intestinorum hominis.* Leydæ, 1736, in-4. fig. color. —
*Dissertatio de sede et causâ coloris
Æthiopum et cæterorum hominum.*
Leydæ Bat. et Amst. 1737, in-4. fig.
color.

ALBINI (Jo.) de Gestis Regum Nea-
politanorum ab Aragoniâ lib. iv,
ad ann. usque 1495. *Neapoli*, 1589,
in-4. 10 l.

Ce petit ouvrage est curieux et assez rare.

ALBULMASAR de magnis Conjunc-
tionibus auuorum, revolutionibus
ac eorum profectionibus. *Venetiis*,
1515. — Introductorium in Astronomiam Albulmasaris Abalachi.
Venetiis, 1506, in-4. goth. fig.
en bois, 24 l.

Peu commum.

ALCIATI (Andr.) Emblematum Libellus. *Venetiis*, Aldus, 1546,
in-8. *rare.*

— Livret des Emblêmes de M.e André Alciat, mis en ryme franç. par
J. Le Fèvre. *Paris*, 1536, in-8.
goth. fig.
Il y a de ce livre des exemplaires imprimés
sur vélin.

ALCIPHRON. Voy. BERKELEY.

ALCIPHRONIS Epistolæ, gr. lat.,
ex edit. Steph. Bergleri. *Lipsiæ*,
1715, in-8. 7 l.

— Eædem, gr. lat., ad edit. Steph.
Bergleri. *Ultrajecti*, 1791, in-8.
6 liv.

— Eædem, ex edit. J. A. Wagner.
Lipsiæ, 1798, 2 vol. in-8. 12 l.

— Lettres grecques, par le rhéteur
Alciphrou, trad. en franç. (par de
Richard.) *Paris*, 1785, 3 vol.
in-12. 6 l.

ALCORAN (l') de Louis XIV, ou
Testament politique du cardinal
Mazarin. *Rome*, 1695, in-12. 12 l.

Peu commun.

ALCORANI, seu Legis Mahometi
et Evangelistarum Concordiæ liber.
Parisiis, 1543, in-12. 6 l.

ALCORANO di Macometto. Vedi
ARRIVABENE.

ALCORANUS Franciscanorum lat.-
gallicus. *Genevæ*, 1578, in-8. 6 l.

La première édition de cette satire a paru
en 1542, in-8.

— L'Alcoran des Cordeliers, tant en
lat. qu'en franç. *Amst.* 1734, 2 vol.
in-12. fig. de Bernard Picart, 10 l.

Édition recherchée par rapport aux figures
dont elle est décorée. Il faut y joindre un
petit vol. intitulé : *La Légende dorée.*

ALCUINI (Beati Flacci Albini)
Opera, ex edit. Andr. Quercetani.
Parisiis, 1617, in-fol. 15 l.

— Eadem, ex edit. Frobonii. *Ratisbonæ*, 1777, 2 vol. in-fol. 18 l.

ALCYONII (Pet.) Medices legatus
de Exsilio. *Venetiis*, Aldus, 1522,
in-4.

Ouvrage fort estimé, et dont il y a des
exemplaires en grand papier, qui sont
très-rares.

ALDEBRANDIN (Le Livre de M.tre)
pour la santé du corps garder. In-
fol. goth. sans nom de ville, d'imprimeur, et sans date, 20 l.

Cet ouvrage a paru vers l'année 1475.

ALDERETE. (Bern.) Origen y prin-

cipìo de la Lengua castellana. *En
Madrid*, 1682, in-fol. 10 l.

L'édition de *Rome*, 1606, et celle de 1674,
sont également bonnes.

—Varias Antiguedades de Espana,
Africa y otras provincias. *En Amberes*, 1614, in-4. 10 l.

Cet ouvrage est fort intéressant. Les exemplaires n'en sont pas communs.

ALDERMANI. Grammaire turque.
Constantinople, 1730, in-4. 30 l.

Cette grammaire est rare en France.

ALDI MANUTII Romani grammaticæ Institutiones græcæ. *Venetiis,
Aldus*, 1515 ; in-4.

Cette grammaire grecque est très-rare.

—Rudimenta grammatices latinæ linguæ. *Venetiis*, Aldus, 1501, in-4.

Cette édition, la première de ce livre, est
très-rare. Les Alde l'ont réimprimée
en 1508, 14, 23 de format in-4., et en
1558, 61, 64, 68, 75, 76 de format in-8.

ALDI MANUTII, Pauli F. Orthographiæ Ratio. *Venetiis*, Aldus,
1561, in-8.

—Idem opus. *Venetiis*, Aldus, 1566,
in-8.

Cette édition est plus ample que la précédente. Elle a été réimprimée en 1591.

—Epitome Orthographiæ Aldi Manutii Pauli F. *Venetiis*, Aldus,
1575, in-8.

Cet abrégé a été réimprimé en 1590.

—Eleganze della Lingua latina e toscana. *Venetia*, Aldo, 1558, in-8.

Réimprimé par les Alde en 1559, 61, 63,
65, 70, 75, 80, 86, 94. Cette dernière
édition est la plus ample de toutes.

—Locutioni dell' Epistole di Cicerone, scielte da Aldo Manutio. *In
Venetia*, Aldo, 1575, in-8.

Réimprimé en 1582, 85, 87 et 94.

Nous avons encore du même plusieurs autres
traités, tels que : *De Quæsitis per Epistolam*, *lib. iij.* Venetiis, 1576, in-8. —
De Togâ et Tunicâ Romanorum. Venetiis, 1576, in-8. — *Il perfetto Gentil'
huomo.* Venet. 1584, in-4.—*Vita di Cosimo de' Medici.* In Bologna, 1586, in-fol.

Il y a de ce dernier ouvrage des exemplaires en grand papier.

ALDINI (Tobiæ) Descriptio Plantarum Horti Farnesiani. *Romæ*, 1625,
in-fol. fig. 10 l.

ALDINI. (G. A.) Instituzioni glitto-
grafiche osia della maniera di co-
noscere la qualità e natura delle
gemme incise, etc. *In Cesena*,
1785, in-8. 12 l.

ALDRICH (H.) Elementa Architec-

turæ civilis. *Oxonii*, 1789, gr. in-8.
fig. 12 l.—Pap. vélin, 20 l.

ALDROVANDI (Ulyssis) Opera
omnia, scilicet : Musæum metalli-
cum. *Bononiæ*, 1648. — Dendro-
logia. *Ibid.* 1668.— De Quadrupedibus digitatis viviparis, et digitatis oviparis. *Ibid.* 1637.— De Quadrupedibus solidipedibus. *Ib.* 1639.
— De Quadrupedibus bisulcis. *Ib.*
1642.—Ornithologiæ vol. tria. Vol.I.
Ibid. 1599. Vol. II et III, 1637. —
De Piscibus et de Cetis. *Ibid.* 1638.
— De reliquis Animalibus exangui-
bus. *Ibid.* 1642. — De Animalibus
insectis. *Ibid.* 1638. — Serpentum
et Draconum Historia. *Ibid.* 1640.
—Monstrorum Historia. *Ib.* 1642.

En tout 13 vol. in-fol. fig. 150 l.

Cet ouvrage est très-estimé. Il faut avoir
soin d'examiner 1.° si tous les volumes
sont de l'édition de Bologne, parce qu'il
y en a plusieurs qui ont été réimprimés à
Francfort ; 2.° si le volume qui renferme
l'Histoire des Monstres, contient aussi les
Suppléments à l'Histoire des Animaux :
cette partie manque quelquefois.

Les volumes rares de cette collection sont
ceux des *Métaux* et de la *Dendrologie.*

ALDZREITTER (Jo.) et And. Brun-
neri Annales Boïcæ Gentis, ex edit.
God. Guill. Leibnitzii. *Francof.*
1710, in-fol. 8 l.

ALEMAN. (Mateo) Vida y Hechos
del picaro Gusman de Alfarache. *En
Amberes*, 1681, in-8. fig. 7 l.

Edition originale.

ALES (magister Alex. de) super tertium Sententiarum. *Venetiis*, Joh.
de Colonia et Jo. Manthem de Gheretzem, 1475, in-fol. goth.

Vendu, exemplaire sur vélin, 400 l. chez
La Vallière.

ALETHÆI (Theophil.) Polygamia
triumphatrix, cum notis Ath. Vincentii. *Lond.* 1682, in-4. 7 l.

Le véritable auteur de cet ouvrage est Joh.
Lyserus.

ALEXANDER Aphrodisiensis de Fato, gr. lat. *Lond.* 1658, in-12. 4 l.

—Ejusd. in Topica Aristotelis Commentarii, gr. *Venetiis*, Aldus,
1513, in-fol. 24 l.

—Ejusd. in priora Analytica Aristotelis Commentaria, gr. *Venetiis*,
Aldus, 1520, in-fol. 10 l.

—Ejusd. in Sophisticos Aristotelis
Elenchos Commentaria, gr. *Venetiis*, Aldus, 1520, in-fol. 10 l.

ALEXANDRI (Nat.) Theologia moralis et dogmatica. *Parisiis*, 1703,
2 vol. in-fol. 12 l. — Gr. pap. 20 l.
— Ejusd. Historia ecclesiastica veteris
et novi Testamenti. *Parisiis*, 1699
seu 1714, 8 tom. 7 vol. in-fol. 30 l.
Bonne édition. Celle de *Lucques*, 1734, 9 vol.
in-fol. , n'est pas estimée.

ALEXANDRI Galli , vulgò de VILLA
DEI Doctrinale , seu Grammatica
latina. *Venetiis*, 1473, in-fol. 50 l.
Seule édition de ce livre dont les curieux
fassent quelque cas.

ALEXANDRI AB ALEXANDRO
Genialium Dierum libri sex , cum
notis Varior. *Lugd. Bat.* 1673, 2
vol. in-8. 15 l.
Cette édition se joint à la Collection des auteurs dits *cum notis Variorum*.

ALEXANDRI TRALLIANI , me-
dici , lib. xij de Re medicâ , gr. ,
cum castigat. Jac. Goupyli. *Parisiis* , Rob. Steph. 1548, in-fol.
Ouvrage estimé, et dont on ne trouve pas facilement des exemplaires , 18 l.

ALEXII (Sim.) de Origine novi Dei
Missatici , dialogi vij. (*Genevæ*),
1558, in-8. 15 l.
On ne trouve que peu d'exemplaires de ce
livre , parce qu'il fut supprimé avec soin.

ALEXIS Piémontais : ses Secrets.
Anvers . Plantin , 1568, in-8. 6 l.

ALEXIS. (Guill.) Le grand Blason
des Faulses Amours , en rime franç.
Paris , le Caron , sans date , in-4.
goth. 10 l.
—Le même. *Paris* , le Noir , 1501 ,
in-4. 7 l.
— Le Passe-temps de tout Homme et
de toute Femme , en rime franc.
Paris , Vérard , sans date , in-4.
goth. 12 l.
Il y a de ce livre des exemplaires sur vélin.

ALFIERI. (Vittor.) Tragedie. *Parigi* , Didot l'aîné , 1788, 6 vol.
in-8. 48 l.
—Le stesse. *Parma* , 1801, 5 vol.
in-8. 24 l.
—Opere postume del med. *Lond.*
1804 , 6 vol. in-8. 16 l. — Pap. fin ,
18 l. — Pap. superfin , 24 l.
— Œuvres dramatiques du comte Alfieri, trad. de l'ital. et accompagnées
de réflexions sur chaque pièce, par
C. B. Petitot. *Paris* , 1802, 4 vol.
in-8. 12 l.

ALGAROTTI. Il Newtonianismo per
le Dame , ovvero dialoghi soprà la

luce e i colori. *Napoli*, 1737 , in-4.
5 liv.
M. Du Perron de Castera a donné une trad.
française de cet ouvrage en 2 vol. in-12.
—Il Congresso di Citera del medesimo. *Parigi* , Prault , 1768 , pet.
in-12. 3 l.

ALIBERT. Description des maladies
de la peau observées à l'hôpital S.-
Louis. *Paris* , 1806, 5 livraisons
in-fol. fig. coloriées , pap. vélin.
Ce superbe ouvrage formera 12 livraisons.
Chaque cahier se vend 5 l.
— Nouveaux Eléments de Thérapeu-
tique et de matière médicale; 2.e
édit. *Paris* , 1808, 2 vol. in-8. 13 l.

ALLACCI.(L.) Poeti antichi raccolti
da codici MSS. *Napoli*, 1661, in-8.
rare , 15 l.
Edition citée par la Crusca.

ALLÆI (Fr.) Arabis Christ. (Yvo-
nis Parisini Capucini) Astrologiæ
nova Methodus. *Rhedonis* , 1654 ,
in-fol. fig. 15 l. — Gr. pap. 30 l.
Edition originale et la meilleure de ce livre.
Il en existe deux contrefactions : la première a paru sous le même date de 1654 ,
mais sans indication de ville ; et la seconde en 1658. On fait peu de cas de ces
réimpressions, parce qu'elles sont tron-
quées.

ALLATII (Leon.) Liber de perpe-
tuà utriusque Ecclesiæ in Dogmate
de Purgatorio consensione. *Romæ*,
1655, in-8. 6 l.
— Confutatio Fabulæ de Joannâ Pa-
pissà , ex monumentis græcis. *Coloniæ Agrippinæ* . 1645, in-8. 7 l.
Cette édition est la plus recherchée de ce
livre , parce qu'elle renferme différentes
pièces qui ne se trouvent pas dans les
autres.
— Græciæ orthodoxæ Scriptores. *Romæ* , 1652 - 1659 . 2 vol. in-4. 9 l.
— Excerpta varia græcorum Sophistarum ac Rhetorum , gr. lat. *Romæ* , 1641. in-8. rare , 9 l.

ALLEGRE. (Ant.) Du Mépris de la
Cour, et de la Louange de la vie rus-
tique , trad. de l'espagnol en franç.
Lyon , 1545, in-8. 6 l.
Peu commun.

ALLEGRI. (A.) Lettere et Rime piacevoli , raccolte da O. Morandi . e
date in luce da F. Allegri. *Verona
e Firenze*, 1605—1607, 1608 e 1613.
in-4. rare , 18 l.
— Lettere di Ser Poi Pedante nella

corte de' Donati. *Bologna* , 1613 ,
in-4. 25 l.

Cet opuscule , de huit feuillets, est très-rare.

— Fantastica Visione di Pari da Pozzolatico moderno Poderajo in pian
di Giullari. *Lucca* , 1613, in-4. 25 l.

Cet opuscule, de quatre feuillets seulement ,
est très-rare.

Ces trois ouvrages sont mentionnés par l'Académie de la Crusca.

ALLEN. (William) Traité politique,
où il est prouvé , par l'exemple de
Moyse , que tuer un tyran (*titulo
vel exercitio*) n'est pas un meurtre.
Lugd. 1658 , in-16. rare , 12 l.

Ce petit Traité , attribué à M. de Marigny ,
a été réimprimé en l'an deux : on a tiré de
cette réimpression quelques exemplaires
sur papier de la Chine , et deux sur vélin.

ALLIONII (Car.) Flora Pedemon-
tana. *Augustæ-Taurinorum*, 1785,
3 vol. in-fol. avec 92 pl. 50 l.

— Stirpium præcipuarum littoris et
agri Nicænsis Enumeratio methodica. *Parisiis* , 1757 , in-8. 8 l.

ALLUT. (Jean) Plan de la justice
de Dieu sur la terre, dans ces derniers jours , etc. (*Hollande*), 1714.

— Quand vous aurez saccagé , vous
serez saccagés, etc. *Ibid.* 1714, in-8.
rare , 20 l.

Il faut que ces deux Traités se trouvent réunis dans le même volume.

ALMANACH du Diable, cont. des
prédictions très-curieuses pour les
années 1737 et 1738. *Aux Enfers,*
in-24.

L'abbé Rive attribue ce livre à un nommé
Quesnel , fils d'un quincaillier de Dijon ,
mort à la Bastille.

— La Clef de l'Almanach du Diable,
pour l'année 1738. *Aux Enfers* ,
in-12.

Ces deux petites brochures ne se séparent
pas ordinairement. L'une et l'autre sont
rares , 15 l.

ALMELOVEEN (Theod. Jansonii
ab) Fastorum Romanorum consularium libri duo. *Amst.* 1740 , in-8.
Ouvrage intéressant et utile , 3 l.

— De Vitis Stephanorum Dissertatio
epistolica. *Amst.* 1683 , in-8. 5 l.

ALONSO DE FONTECHA.(Juan)
Diez Privilegios para Mugeres pre-
nadas , con un Diccionario medico
de las piedras , plantas , etc. *En
Alcala de Henares* , 1606 , in-4.
rare , 15 l.

On trouve beaucoup d'exemplaires de cet

ouvrage , dans lesquels la partie du Dictionnaire manque entièrement.

—Alphabeta Linguarum orientalium
et aliarum, in-4.

Ce livre est imprimé sans nom de ville , d'imprimeur , ni date , et est rare.

ALPHONSI à Castro Zamorensis
(Fr.) adversùs omnes Hæreses libri xiv. *Parisiis* , 1534 , in-fol. 8 l.

Cette édition est la meilleure de ce livre.

ALPINI (Prosp.) de Medicinâ Ægyptiorum lib. iv , et Jac. Bontii de
Medicinâ Indorum lib. *Parisiis* ,
1645 , in-4. 8 l.

—Ejusd. de Plantis Ægypti liber ,
cum notis Jo. Veslingii. — Ejusd.
de Balsamo Dialogus. *Patavii*,1640,
in-4. fig. 10 l.

L'édition de *Venise*, 1592, in-4. vaut 7 à 8 l.

— Ejusd. de Plantis exoticis lib. ij.
Venetiis , 1656 , in-4. fig. 6 l.

— Ejusd. de præsagiendâ Vitâ et
Morte ægrotantium lib. vij. *Lugd.
Bat.* 1710 , in-4. 12 l.

L'édition d'*Hambourg* , 1734, vaut 5 à 6 l.

—Ejusd. Medicina methodica ; edit.
secunda.*Lugd.Bat.* 1719, in-4. 12 l.

—Ejusd. Historia Ægypti naturalis.
Lugd. Bat. 1735, 2 vol. in-4. fig.
18 l. — Gr. pap. 24 l.

ALSAHARAVII , arab. medici , Liber theoricæ necnon practicæ, qui
vulgò *Açararius* dicitur. *Augustæ
Vindelicor.* 1519 , in-fol. 12 l.

Ouvrage recherché et assez rare.

ALSTORPHII (Joh.) Dissertatio
de Lectis et de Lecticis veterum.
Amst. 1704, in-12. 4 l.

ALTAMURA (Ambr. de) Bibliotheca Dominicana , ad ann. 1600
producta. *Romæ*, 1677, in-fol. 10 l.

ALTER (Fr. Ch.) sur la Langue
tagalienne. *Vienne* , 1803, in-8. 15 l.

ALVAREZ de Colmenar. (Juan)
Les Délices de l'Espagne et du Portugal. *Leyde* , 1707 , 5 vol. in-8.
fig. 24 l.

— Les mêmes. *Leyde* , 1715 , 6 vol.
in-12. fig. 15 l.

— Annales d'Espagne et de Portugal.
Amst. 1741, 4 vol. in-4. fig. 27 l.

— Les mêmes. *Amst.* 1741 , 8 vol.
in-12. fig. 18 l.

ALUNNO. (Fr.) Le Ricchezze della
Lingua volgare. *In Vinegia*, Aldo,
1543 , in-fol.

Première édition de ce livre.

— Le stesse. *In Vinegia*, Aldo , 1551 , in-fol.
Seconde édition. Elle est plus ample que la précédente.

ALWURDTWEIN (Steph.) Bibliotheca Moguntina , libris sæculo primo typographiæ Moguntiæ impressis instructa , hinc inde additâ inventæ typogr. hist. *Augustæ Vindelic.* , 1787, in-4. 12 l.

ALYON. Cours de botanique , cont. les plantes indigènes et exotiques employées dans les arts et dans la médecine. *Paris*, 1787 , in-fol. fig. enluminées.

AMADIS des Gaules , (Les XXI premiers Livres du Roman d') trad. en franç. par N. de Herberay , sieur des Essarts , Cl. Colet, J. Gohorry, G. Aubert de Poitiers et G. Chappuys. *Lyon et Paris*, 1577 et suiv. 21 vol. in-16.

— Les XXII , XXIII et XXIV.e Livres du même Roman. *Paris* , 1615 , 3 vol. in-8. — Le Trésor des XXI premiers Livres du même Roman. *Lyon* , 1606 , 2 vol. in-16.
Ces trois articles réunis forment la collection complète du Roman d'Amadis des Gaules. Il est difficile d'en trouver des exemplaires bien conservés , 100 l.
On fait peu de cas des autres éditions de ce Roman, parce qu'elles ne sont pas entières.

AMADODDINUS. Vide ABULFEDA.

AMADUTII (J. Chr.) Alphabetum Barmanum seu Bomanum regni Avæ finitimarumque regionum. *Romæ* , 1786 , in-8. 8 l.

AMBASSADE de la Compagnie des Indes Orient. des Provinces-Unies vers les empereurs du Japon. *Amst.* 1680 , in-fol. fig. 12 l.

AMBLIMONT.(M. le comte d') Tactique navale. *Paris* , Didot le j.e , 1788, in-4. fig. 12 l.—Gr. pap. fig. coloriées , 72 l.

AMBOISE , seigneur de Chevillon. (Mich. d') Les Epitres vénérieunes de l'Esclave fortuné , privé de la cour d'Amours. *Paris* , 1532 ou 1534 ou 1536 , in-8. 7 l.
Ces trois éditions sont également bonnes.

— Le Secret d'Amours , en rime et en prose. *Paris* , 1542 , in-8. 6 l.

AMBRA (Fr. d') i BERNARDI. Commedia in versi. *Firenze*, Giunti , 1564 , in-8. 5 l.

— Il Furto , commedia in prosa. *Firenze* , Giunti , 1564 , in-8. 5 l.
Les Giunti ont donné dans la même année deux éditions de cette Comédie. Celle que l'Académie de la Crusca cite dans son Vocabulaire , a la préface de Frosino Lapiui imprimée eu caractère rond.

— La stessa. *Venezia* , 1567 , in-12. assez rare , 10 l.

— La Cofanaria , commedia in versi, con gl' intermedj di G. B. Cini. *Firenze* , Giunti , 1593 , in-8. 7 l.
Toutes ces éditions sont citées par l'Académie de la Crusca.

AMBROSII (S.) Opera , ex edit. Jac. du Frische et Nic. Le Nourry. *Parisiis* , 1686 et 1690 , 2 vol. in-fol. 60 liv.
Bonne édition.

— Vide BREVIARIUM.

AMBROSII (B.) Camaldulensis abbatis Hodœporicon , ann. 1431 ad Capitulum gen. ejusd. ordinis susceptum , et ex bibl. Medicea edit. à N. Bartholini. *Florentiæ* , 1680 , in-4. 8 l.
On ne trouve que difficilement des exemplaires de ce livre.

AMBROSINI (Hyac.) Hortus studiosorum Bononiæ consitus. *Bononiæ* , 1657. — Historia novarum Plantarum hactenùs non sculptarum. *Ibid.* 1657 , in-4. fig. 12 l.

— Ejusd. Phytologia , hoc est de Plantis. *Bononiæ* , 1666, in-fol. 10 l.

AMELOT de la Houssaye. (Abrah. Nic.) Histoire du gouvernement de Venise. *Amst.* 1705. 3 vol. in-12. 6 l.

AMERVAL. Voy. DAMERVAL.

AMICO et STATELLA (Viti M.) Lexicon topographicum Siculum. *Panormi*, 1757, 3 vol. in-4. fig. 40 l.

AMIRÆ (G. Mich.) Grammatica syriaca sive chaldaïca. *Romæ* , 1696 , in-4. 10 l.
Bonne grammaire syriaque. Elle n'est pas commune.

AMMAESTRAMENTI degli antichi , raccolti e volgarizzati da Fra Bartolommeo da S. Concordio. *Firenze* , 1661 , in-12. rare , 10 l.

— Gli stessi , col testo lat. di riscontro. *Firenze* , 1734 , in-4. 15 l.
Ces deux éditions sont indiquées dans le Vocabulaire de l'Académie de la Crusca.

AMMAN (Jo. Conradi) Dissertatio de Loquelâ. *Amst.* 1700, in-8. 5 l.
Ouvrage curieux.

AMMANI (Jo.) Stirpium rarior. Imperii Rutheni Icones , cum descript. *Petropoli* , 1739, in-4. fig. 8 l.

AMMIANI MARCELLINI Rerum gestarum Libri qui extant , ex recogn. A. Sabini. *Romœ*, G. Sachsel et B. Golsch , 1474 , in-fol.

Edition très-rare et fort recherchée. Prix arbitraire.

— Iidem , ex emendat. et cum notis Henr. Valesii. *Parisiis* , 1681 , in-fol. 12 l. — Gr. pap. 24 l.

Edition fort estimée , et dont les exemplaires en grand papier sont très-rares.

— Iidem , ex emendat. et cum notis Fr. Lindenbrogii , Henr. Hadrianique Valesiorum , etc., ex edit. et cum animadv. J. Gronovii. *Lugd. Bat.* 1693, in-4. fig. 27 l.—Gr. pap. 80 l.

Cette édition est la meilleure de ce livre.

— Iidem , ex recens. Valesio-Gronovianà, in lucem emisit A. G. Ernesti. *Lipsiæ* , 1773 , in-8. 9 l. — Pap. fin, 12 l.

Excellente édition.

— Ammiano Marcellino delle Guerre de' Romani, trad. per Remigio Fiorentino. *In Venezia*, 1550, in-8. 10 l.

Seule traduction italienne de cet auteur. Elle est estimée.

—Ammien Marcellin , ou les 18 Livres de son Histoire, trad. en franç. *Berlin* , 1775 , 3 vol. in-12. 9 l.

Cette traduction est de M. de *Moulines*.

AMMIRATO. (Scipione) Istorie Fiorentine , dopo la fondazione di Firenza insin' all' anno 1574; con l'Aggiunta di Scipione Ammirato il Giovane. *In Firenze* , 1647 , 3 vol. in-fol. 18 l. — Gr. pap. 50 l.

AMMONIUS de adfinium Vocabulorum Differentià , ex emendat. et cum notis Lud. Casp. Valckenaer; acced. Opuscula nondùm edita. *Lugd. Bat.* 1739 , 2 vol. in-4. 10 l.

— Idem opus , cum notis Ch. F. Ammon. *Erlángæ* , 1787, in-8. pap. fin, 6 l.

Belle édition.

— Ejusd. Commentaria in Librum Peri Hermenias. Margentini (Magentini) , archiep. Mitylenensis in eundem Enarratio , gr. *Venetiis* , Aldus , 1503 , in-fol.

—Ejusd. in Prædicamenta Aristotelis

Commentarius. Aristotelis Vita , gr. *Venetiis* , Aldus , 1546 , in-8.

Il y a de ce livre des exemplaires en grand papier.

—Ejusd. in Aristotelis de Interpretatione Librum Commentarius , gr. *Venetiis*, Aldus , 1546 , in-8.

— Ejusd. in quinque Voces Porphirii Commentarius , gr. *Venetiis* , Aldus , 1546 , in-8. *rare.*

On a tiré de ce vol. des exemplaires en grand papier.

On réunit ordinairement ces trois Traités.

AMOUR (l') échappé , ou les diverses Manières d'aimer. *Paris* , 1669 , 3 tom. 2 vol. in-12. 8 l.

AMOURS (les) d'Anne d'Autriche , épouse de Louis XIII , avec le cardinal de Richelieu. *Cologne* , 1692 , in-12. *rare*, 24 l.

— Les mêmes. *Lond.* 1738 , in-12. *rare*, 15 l.

AMOURS (les) du grand Alcandre (Henri IV) , (par M.lle de Guise), avec des annot. et la Clef. *Paris* , 1652 , in-4. 6 l.

— Les mêmes. *Paris* , Didot l'aîné , 1786 , in-12. pap. vélin , 10 l.

AMOURS (les) de Henri IV, avec ses Lettres galantes. *Amst.* 1743 , in-12. 6 l.

—Les mêmes , avec ses Lettres galantes et les Réponses de ses maîtresses. *Cologne* , 1740 , in-12. 8 l.

AMOURS (les) de Messaline , cidevant reine d'Albion. *Villefranche* , 1691 , in-12. 6 l.

AMPHILOCHII (S.) Opera , gr. lat., ex edit. Fr. Combefisii. *Parisiis* , 1644 , in-fol. 15 l. — Gr. pap. 30 l.

AMUSEMENTS des eaux d'Aix-la-Chapelle, (par de Poellnitz). *Amst.* P. Mortier, 1736, 3 vol. in-12. fig. 8 l.

AMUSEMENTS des eaux de Spa , (par de Poellnitz). *Amst.* P. Mortier , 1734 , 2 vol. in-12. fig. 6 l.

AMUSEMENTS de ma Solitude , Mélanges de Poésies , par d'Ey.... *Paris* , 1802 , 2 vol. in-12.

Ouvrage tiré à 250 exemplaires.

AMYOT. Art militaire des Chinois , composé avant l'ère chrétienne , par diff. généraux chinois ; trad. en franç. par Amyot , et publ. par de

Dict. Bibl. I.   3

Guignes. *Paris*, 1772, in-4. fig. 7 l.
Il manque dans beaucoup d'exempl. de ce
livre un petit supplément publié en 1782.

— Dictionnaire tartare - mantchou-
français. *Paris*, Didot l'aîné, 1789,
3 vol. in-4. 30 l.
On a tiré de ce Dictionnaire 3 exemplaires
sur papier vélin.

AMYOT. (J.) Voy. LONGUS et PLU-
TARCHUS.

AMYRAULT. (Moyse) La Vie de
François, seigneur de la Noue, *dit*
Bras-de-Fer. *Leyde*, Jean Elzevir,
1661, in-4. 6 l.

ANACREONTIS Teii Odæ et Carmina, gr. lat., ex vers. et cum observat. Henr. Stephani. *Parisiis*,
H. Steph. 1554, in-4. 12 l.
Edition bien imprimée et la première de ce
poète.

—Anacreontis et alior. aliquot Lyricorum Odæ, et in eas H. Stephani
observat. *Parisiis*, 1556, in-8. 8 l.
Peu commun.

— Ejusd. Anacreontis Odæ, græcè.
Parisiis, Libert, 1624, in-8. *très-
rare*, 15 l.

—Eædem, gr., cum scholiis gr. Jo.
Ar. Buthillerii (de Rancé). *Parisiis*, 1639, in-8. 6 l.—Gr. pap. 15 l.

—Eædem, gr. lat., cum notis et variis accessionibus, etc.; ex edit.
Jos. Barnès. *Cantabrigiæ*, 1705,
in-12. fig. 12 l.
Jolie édition, fort estimée. On doit trouver
trois portraits au commencement du volume.

—Eædem, gr. lat., ex vers. et cum
notis Wilh. Baxter. *Lond.* 1710,
in-8. 10 l.

— Ejusd. Anacreontis Carmina, gr.
lat., curâ Jos. Barnès. *Cantabrig.*
1721, in-8. 10 l.

—Eadem, gr. lat., edente Mich.
Maittaire. *Lond.* 1725 seu 1740,
in-4. 24 l.
Ces deux éditions ont été tirées à un petit
nombre d'exemplaires.

— Eadem, cum Sapphonis et Alcæi
Fragmentis, gr. *Glasguæ*, Foulis,
1761, in-8. 5 l.

—Ejusd. Anacreontis Odæ et Fragmenta, gr. lat., ex edit. et cum
notis Jos. Corn. de Paw. *Trajecti
ad Rhenum*, 1732, in-4. 6 l.
On fait peu de cas de cette édition.

—Ejusd. Carmina, gr. lat., stud. Jos.
Barnès. *Lond.* 1734, in-8. 8 l.

—Eadem, gr., lat. et italicè, cur.
Salvinii. *Venet.* 1736, in-4. 8 l.

— Eadem, gr. lat. *Florentiæ*, 1742,
in-8. 6 l.

—Eadem, cum Sapphonis et Alcæi
Fragmentis, gr. *Glasguæ*, Foulis,
1751, in-32, vel 1744, in-12, vel
1757, in-8. 4 à 5 l.
Il y a de l'édition de 1751, in-32. des exemplaires imprimés sur vélin.

—Eadem, gr., ex recens. Guill. Baxteri, cum H. Stephani et Fabri notis, curav. Jo. Fr. Fischerus. *Lipsiæ*, 1754, in-8. 8 l.

—Eadem, gr., ex recens. Guill. Baxteri, cum animadv. Jo. Fr. Fischeri. *Lipsiæ*, 1776, in-8. 8 l.

—Ejusd. Anacreontis Symposiaca,
Semiiambia, gr., tab. æneis incisa
et iconib. ornata, ed. Jos. Spa-
letti. *Romæ*, 1781, in-fol. max. 48 l.

—Ejusd. Odaria, gr. *Parmæ*, Bodoni, 1784, pet. in-4. 72 l.
Cette belle édition n'a été tirée qu'à 60
exemplaires, plus, un ou deux sur papier
de Hollande.

—Eadem, gr. *Parmæ*, Bodoni, 1785,
gr. in-4. 36 l.
Belle édition, entièrement exécutée en lettres capitales. On en a tiré quelques exemplaires sur papier fin.

—Eadem, gr. *Parmæ*, Bodoni, 1791,
pet. in-8. 18 l.
Cette édition est pareillement exécutée en
lettres capitales, et a été tirée à 212 exemplaires (dont 12 sur papier vélin), plus,
quelques-uns sur peau de vélin.

—Eadem, gr. *Parmæ*, Bodoni, 1791,
in-16. 6 l.
Il y a de cette charmante édition des exemplaires sur vélin.

—Anacreontis Carmina ; acced. Selecta quædam è Lyricorum reliquiis, gr., ed. Rich. Fr. Philip.
Brunck. *Argentor.* 1786, in-16. 3 l.
On a tiré de cette jolie petite édition des
exemplaires sur peau de vélin.

—Ejusd. Carmina, gr. et ital. *Parmæ*, Bodoni, 1793, in-4. 18 l.
Cette édition est supérieurement imprimée.
M. Bodoni a aussi donné en 1793, une
édition in-8. des Poésies d'Anacréon, en
vers italiens, de laquelle il a tiré des
exemplaires sur vélin.

—Eadem, gr., ex recens. Baxteri, et
cum animadv. J. F. Fischeri. *Lipsiæ*, 1793, in-8. 12 l.
Excellente édition, la plus complète de toutes.

— Anacreontis et Sapphùs Carmina ,

gr., cum notis Varior., et ex recens. Fred. Gott. Born. *Lipsiæ*, 1789, in-8. 5 l. — Papier fin, 9 l.

— Les Poésies d'Anacréon et de Sapho, en grec, avec la trad. en vers franç. et des remarq. par H. B. de Requeleyne, baron de Longepierre. *Paris*, 1684, in-12. 5 l.

— Les mêmes, en grec, avec la trad. en vers franç. et des remarq. par le Poète Sans - Fard (Fr. Gacon.) *Amst.* 1712, in-12. 4 l.

— Les mêmes, trad. en vers franç. par Mérard de Saint-Just. *Paris*, 1798, in-8.

On a tiré de cette version deux exemplaires sur peau de vélin.

— Anacréon, Sapho, Bion et Moschus, trad. par Jul. Jac. Moutonnet de Clairfons. *Paris*, Leboucher, 1773. — Héro et Léandre, poëme de Musée, trad. par le même. *Paris*, Leboucher, 1774, 2 part. 1 vol. in-8. fig. 12 l. — Gr. pap. 24 l.

Beaucoup moins cher quand le Poëme de Musée manque. On a tiré de ce vol. des exemplaires de format in-4. 30 l.

Les figures de cette édition qui porte le nom du libraire Leboucher, sont de premières épreuves.

— Les mêmes et de la même traduct. *Paris*, Lamy, 1782, 2 vol. in-4.

Exemplaire imprimé sur papier de Hollande, et decoré des dessins originaux d'Eisen, de 28 tableaux peints en miniature sur vélin, et des figures premières épreuves.

— Odes d'Anacréon, avec une trad. lat. et franç., par J. B. Gail. *Paris*, 1795, 4 vol. in-18. pap. vélin, fig. 6 liv.

— Les mêmes, trad. en franç. avec le texte grec, la vers. latine, des notes lat., critiq., etc., par J. B. Gail. *Paris*, 1799, in-4. pap. vélin, 12 l.

— Anacreonte, trad. in versi ital. da varj, con la giunta del testo gr. e della vers. lat. di G. Barnès. *Venezia*, 1734, in-4.

Belle édition, assez rare.

ANALECTA veter. Poetarum græcorum. Editore R. F. Ph. Brunck. *Argentorati*, 1772-76, vel 1785, (titulo renovato), 3 vol. in-8. 45 l. — Gr. pap. 72 l.

ANANIÆ Tabernatis (Jo. Laur.) de

Naturâ Dæmonum lib. iij. *Venetiis*, Aldus, 1581, in-8.

La seconde édition de cet ouvrage, donnée en 1589, est fort rare.

ANASTASE (l') de Marcoussi, ou Recherches sur son origine, etc. *Paris*, 1694, in-12. *rare*, 10 l.

ANASTASII, Bibliothecarii, Vitæ romanorum Pontificum, à Beato Petro ad Nicolaum I, ex edit. et cum notis F. Blanchini. *Romæ*, 1718, 4 vol. in-fol. 50 l. — Gr. pap. 100 l.

Ouvrage estimé.

— Voy. BYZANTINE.

ANCHARANO (Jac. de) seu de THERAMO Liber Belial seu Processus Diaboli contrà Christum. *Augustæ Vindelicor.* Jo. Schussler, 1472, in-fol. 30 l.

Première édition fort rare. Elle est exécutée à longues lignes, sans chiffres, signatures ni réclames. La totalité du volume est de 115 feuillets.

Il y a plusieurs autres éditions de ce livre imprimées dans le 15.ᵉ siècle, sans aucune indication, dont les amateurs font encore assez de cas.

— Le Procès de Bélial, procureur d'Enfer, à l'encontre de Jésus, transl. du lat. par P. Ferget. *Lyon-sur-le-Rhosne*, 1482, in-fol. goth. 30 l.

Première traduction française de cet ouvrage. Les exemplaires en sont rares.

— Le même. *Lyon*, Math. Huss, 1484, in-4. goth. 24 l.

— Liber de Processu Satanæ tenebrarum Princip. contrà Christum. *Item* de justo Christi Triumpho, etc., ex lat. sermone J. de Ancharano in germanicum transl. *Augustæ Vindelicor.* Geintherus Zeiner Reutlingen, 1472, in-fol.

Édition très-rare.

— Processus Juris joco-serius, in quo continentur : 1.º Processus Satanæ contrà D. Virginem, coram Judice Jesu, cum annot. U. Tengleri. — 2.º Jac. de Ancharano Processus Luciferi contrà Jesum, cum annot. J. Ayereri. — 3.º M. Averni Arresta Amorum, sive Processus inter Amantes, etc. *Hanoviæ*, 1611, in-8.

Ce Recueil est assez recherché. On en trouve peu d'exemplaires complets, 24 l.

ANCILLON. Traité des Eunuques. *Hollande*, 1707, in-12. 5 l.

ANCROIA (il libro intitolato, la Regina), poema. *In Vinegia ,* 1533, in-4.

Ce poëme est rare de cette édition. Vendu 39 l. chez Guignat.

ANDALONIS de Nigro , opus Astrolabii. (*Ferrariæ*), J. Picardus, 1473, in-fol. 180 l.

Édition très-rare et la première de ce livre. Elle est imprimée en lettres gothiques.

ANDERSON'S, (James) Essays relating to Agriculture and rural affairs. *Edinburg ,* 1784 , 2 vol. in-8. fig. 16 l.

ANDERSON'S. (A.) An historical and chronological deduction of the Origin of Commerce from the earliest accounts to the present time. *Lond.* 1764 , 2 vol. in-fol. 45 l.

— The same. *Lond.* 1801 , 4 vol. in-4. 100 l.

ANDERSON'S. (Rob.) The Works of british Poets. *Lond.* 1795 , 13 vol. gr. in-8. papier vélin , 140 l.

ANDOCIDES. Vid. Antiphon.

ANDRADE. Luz da liberal e nobre arte da Cavallaria. *Lisboa ,* 1790 , 2 vol. in-fol. 193 pl. 50 l.

ANDREA da Bergamo (Piet. Nelli Sanese). Il primo e secondo libro delle Satire alla Carlona. *In Venegia,* 1546 e 1547, 2 vol. in-8. rare, 15 l.

Quoique toutes les éditions de ces poésies soient également bonnes , cependant les connaisseurs accordent la préférence à celle-ci.

ANDREÆ (Gusm.) Lexicon islandicum, sive gothicæ-runæ, vel linguæ septentr. Dictionar. *Hauniæ,* 1683 , in-4. 20 l.

Assez rare.

ANDREÆ de Ysernia Constitutiones regni Siciliæ , cum comment. *Neapoli ,* 1472 , in-fol.

Première édition de cet ouvrage. Les exemplaires en sont rares.

ANDREINI Fiorentino. (Giov. Bat.) L'Adamo, sacra rapresentazione. *In Milano ,* 1613 , in-4. fig.

Volume rare. Vendu 132 l. chez La Valière ; mais aujourd'hui , 60 à 72 l.

— L'Olivastro , poema fantastico. *In Bologna ,* 1642 , in-4. 8 l.

Poëme singulier et assez rare.

ANDRELINI (Pub. Fausti) Elegiæ. *Parisiis ,* G. Mercator , 1496 , in-4. 8 l.

Édition rare et recherchée.

ANDREOSSI. Histoire du Canal du Midi ; nouv. édit. *Paris ,* 1804 , 2 vol. in-4. fig. 36 l.

ANDRES. (Giov.) Origine , progressi e stato attuale d'ogni Letteratura. *Parma ,* Bodoni , 1783 , 7 vol. gr. in-4. 60 l. — Gr. pap. 80 l.

Il existe une traduction espagnole de cet ouvrage , imprimée à *Madrid,* en 1784, en 8 vol. in-4.

ANDRONICI Rhodii Ethicorum Nichomacheorum Paraphrasis , gr. et lat., ex vers. Dan. Heinsii. *Cantabrigiæ ,* 1679 , in-8. 12 l.

Cette édition fait partie de la Collection des *Variorum.* Il en a été tiré des exemplaires sur papier fin , mais ils sont rares , et valent au moins 30 l.

ANDROUET   DU   CERCEAU. (Jacq.) Recueil des plus excellents Bâtiments de France , avec des explications et leurs descript. *Paris ,* 1576 ou 1607 , 2 tom. 1 vol. in-fol. fig. 15 l.

Ces deux éditions sont bonnes.

ANEAU. (Barth.) Alector ou le Coq , histoire fabuleuse , trad. en franç. d'un fragment grec. *Lyon ,* 1560 , in-8. 15 l.

Ouvrage curieux et assez rare.

— Lyon marchant , satire franç. sur la comparaison de Paris, Rouen , Lyon , Orléans , etc., en rime franç. et par personnaiges mystiques. *Lyon,* 1542 , pet. in-8.

Ce petit ouvrage est extrêmement rare

— Chant natal , contenant sept noëlz, ung Chant pastoural , etc. *Lyon ,* 1539, in-4. goth. 30 l.

ANGELI. (Bonav.) Historia della città di Parma. *In Parma ,* 1591 , in-4. 18 l.

Livre estimé et recherché. Il faut voir si les pages 527 et 530 ne sont pas réimprimées , ce que l'on aperçoit facilement au changement de caractère.

ANGELI à Sancto Joseph (Pet.) Gazophylacium Linguæ Persarum, triplici linguar. Clavi , ital. , lat. , gallicæ , necnon specialibus præceptis ejusd. linguæ reseratum. *Amst.* 1684 , in-fol. 18 l.

Ouvrage assez estimé.

— Ejusd. Pharmacopæa persica , ex idiomate persico in lat. conversa. *Lat.* 1681 , in-8. 8 l.

ANGELI (Baldi) de admirabili Viperæ Naturà, et de Mirificis ejus-

dem facultatibus Tractatus. *Ur-bini*, 1589, in-4. 4 l.
Traité singulier et peu commun.

ANGELII (Pet.) Poemata omnia. *Florentiæ*, apud Juntas , 1568, in-8. 12 l.

ANGELII (Nic.) Liber de Re rus-ticâ , cum Indice et exposit. om-nium diction. Catonis, Varronis , etc., quæ aliquâ enucleatione indi-gebant. *Florentiæ*, 1521 , in-8. 20 l.
Ce volume est rare.

ANGELIS. (Dom. de) Le Vite de' Letterati Salertini. *In Firenze* , 1710 , 2 vol. in-4. fig. 12 l.

ANGELIS (Pauli de) Descriptio Basilicæ Sanctæ Mariæ Majoris de urbe. *Romæ* , 1621 , in-fol. fig. 9 l. — Gr. pap. 15 l.

ANGELO. (N.) L'Ecole des Armes, avec l'explication des attitudes et positions concernant l'Escrime. *Lond.* 1763 , in-fol. obl. fig. 12 l.

ANGELONI. (Fr.) Historia di Terni. *In Roma* , 1646, in-4. 4 l.
— L'Historia Augusta da Giulio Ce-sare a Constantino il Magno, illus-trata con la verità dell' antiche Medaglie. *In Roma* , 1685, in-fol. fig.
Cette édition est la seconde de ce livre, et la plus estimée.

ANGOULEVENT : (cadet) ses Sa-tyres bastardes et autres Œuvres poétiques et folastres. *Paris* , 1615, in-12. 8 l.

ANIMAUX (les) à mamelles repré-sentés au naturel. *Erlang* , 1775, 4 vol. in-4. fig. coloriées , 72 l.

ANNALES Typographiæ Augustanæ ab ejus origine 1466 - 1530 , cum notis litter. Zapf. *August. Vind.* 1778 , in-4. 9 l.

ANNALES de Calais et du pays re-conquis. *S.-Omer* , 1715, in-4. 8 l.

ANNALES de Chimie , par MM. Guyton , Monge , Berthollet , etc. *Paris* , 1789 à 1809 , 70 vol. in-8. 280 l.
Il paraît régulièrement quatre volumes de ces Annales par année.

ANNALES du Muséum d'histoire naturelle , par les professeurs de cet établissement. *Paris* , 1803— 1808 , six années , formant 12 vol. in-4. fig. 360 l. — Pap. gr.-raisin vélin , 720 l. Prix de l'éditeur.
La suite de cette Collection se donne par li-

vraisons , dont douze forment 2 vol. in-4.

ANNALES des Arts et Manufactures, par O'Reilly et autres. *Paris* , an 8 et suiv. 30 vol. in-8. fig. y compris la table des matières analytique et raisonnée des 26 premiers.
Il paraît quatre volumes de ces Annales par année. Le prix de la souscription est de 30 l.

ANNII Viterbiensis (Jo.) de Anti-quitatibus volumen. *Romæ* , E. Silber , 1498 , in-fol. 30 l.
Première édition. Elle est exécutée en lettres gothiques , et assez rare.

ANNOTAZIONI e Discorsi sopra alcuni luoghi del Decamerone del Boccacio , fatti da' Deputati soprà la correzione di esso Boccacio stam. l'anno 1573. *Firenze*, Giunti, 1574, in-4. 12 l.
Edition citée par l'Académie de la Crusca.
—Gli stessi. *Firenze* , Giunti , 1603 , in-8. 6 l.

ANONYMI Introductio anatomica , et Hypatus de Partibus corporis , gr. lat. *Lugd. Bat.* 1744 , in-4.

ANONYMI Philosophi antiquiss. Isagoge anatomica , gr. lat. , à P. Laurembergero. *Hamb.* 1616 , in-4. 5 l.

ANONYMI Ravennatis Geographia , ex edit. Plac. Porcheron. *Parisiis*, 1688 , in-8. 5 l.

ANONYMI Scriptoris Historia sacra, ab orbe condito ad Valentinianum imp. , à Biancono, gr. lat. *Bono-niæ* , 1779 , in-fol. 15 l.

ANQUETIL. (Louis Pier.) L'Esprit de la Ligue. *Paris* , 1771 , 3 vol. in-12. 7 l.
— L'Intrigue du cabinet sous Henri IV et Louis XIII , terminée par la Fronde. *Paris* , 1780 , 4 vol. in-12. 8 l.
— Louis XIV, sa Cour et le Régent. *Paris* , 1789, 4 vol. in-12. 8 l.
— Vie du maréchal de Villars. *Paris*, 1784 , 4 vol. in-12. 8 l.
— Précis de l'Histoire universelle. *Paris* , 1807 , 12 vol. in-12. 36 l.
— Histoire de France, depuis l'éta-blissement des Gaules , jusqu'à la fin de la monarchie. *Paris* , 1807 , 14 vol. in-12. 40 l.

ANQUETIL-DU-PERRON. (Abrah. Hyacinthe) Zend-Avesta , Ouvrage de Zoroastre , contenant les idées théologiq. , physiq. et morales de ce législateur. *Paris* , 1771 , 3 vol. in-4. 36 l.

— Législation orientale. *Amst.* 1778, in-4. 10 l.

— L'Inde en rapport avec l'Europe. *Paris* , 1790 , 2 vol. in-8. 9 l.

— Oupnek'hat. Theologia et Philosophia Indiæ. *Parisiis* , 1804 , 2 vol. in-4. 36 l.

— Voy. BERNOUILLI.

ANSELME de Ste.-Marie. (le P.) Histoire généalogiq. de la Maison de France. *Paris* , 1726 et suiv. 9 vol. in-fol. 40 l. — Gr. pap. 60 l.

ANSELMI (S.) Opera , ex edit. Gabr. Gerberon. *Parisiis* , 1721 , in-fol. 15 l.

ANSON. (Georg.) Voyage autour du monde, en 1740 et 1744, trad. de l'angl. (par Gua de Malves.) *Amst.* 1749 , in-4. fig. — Voyage à la Mer du Sud. *Lyon*, 1756 , in-4. fig. 10 l.

Ces deux Voyages sont ordinairement reliés en un seul volume.

ANTHOLOGIA persica in lat. transl. à Cæs. regià linguar. orient. Academià , persicè et lat. *Viennæ*, 1778, in-4. 16 l.

— Eadem , persicè et lat. *Viennæ* , 1778 , in-12. 5 l.

ANTHOLOGIA Sententiarum arabicarum , cum scholiis Zamachsjarii , arab. et lat. , edid. H. Alb. Schultens. *Lugd. Bat.* 1772 , in-4. 12 liv.

ANTHOLOGIA Epigrammatum græcorum , seu Epigrammatum libri vij , græcè , ex edit. Jo. Lascaris Ryndaceni. Editio litteris capitalibus impressa. *Florentiæ* , Laur. Fr. de Alopa Venet. 1494 , in-4. 200 l.

Edition originale , extrèmement rare et fort recherchée des curieux.

La plupart des exemplaires qui nous en sont restés , sont imparfaits d'un cahier entier de sept feuillets , contenant l'Epigramme grecque de Lascaris, avec sa préface latine, à la fin de laquelle se trouve le nom de la ville et la date de l'impression de l'ouvrage. Il y a des exemplaires imprimés sur vélin.

ANTHOLOGIA, seu Florilegium diversor. Epigrammatum græcorum in septem libros distinctum et diligenti castigat. emendatum. *Venetiis* , Aldus, 1503, in-8. 18 l.

Cette édition est la plus belle et la plus rare de ce livre.

Il en a été tiré quelques exemplaires sur vélin.

— Idem opus. *Venetiis*, Aldus , 1521, in-8. *rare* , 12 l.

— Idem opus. *Venetiis* , Aldus , 1550 (1531) in-8. 15 l.

Cette édition n'est ni aussi belle ni aussi rare que les deux précédentes ; mais elle a l'avantage d'être beaucoup plus correcte et de renfermer quelques augmentations.

— Idem opus. *Florentiæ* , 1519, in-8. 9 l.

ANTHOLOGIA , sive Epigrammatum græcorum lib. vij , græcè. *Parisiis* , Henr. Stephanus, 1566 , pet. in-fol. 15 l.

Édition très- correcte et fort estimée.

ANTHOLOGIA , sive Epigrammatum græcorum libri vij , gr. , cum scholiis græcis necnon annotat. J. Brodæi, V. Obsopæi et H. Stephani. *Francof.* Wéchel, 1600, in-fol. 18 l.

Les savants font beaucoup de cas de cette édition.

ANTHOLOGIA, seu Florilegium omnium veter. græcorum Poetarum Epigrammatum , gr. lat. , interpr. Eilh. Lubino. 1604 , in-4. 15 l.

ANTHOLOGIA græca , cum vers. lat. Hug. Grotii , edita ab Hier. de Bosch. *Ultraj.* 1795 , 3 vol. in-4. pap. de Holl. 72 l.—Pap. de Holl. gr. in-4. 120 l.—(Gr. pap. de Holl. in-fol. 250 l. — Très-gr. pap. in-fol. dont il n'a été tiré que 12 exemplaires , prix arbitraire.

On attend avec impatience le 4e vol., qui se composera des notes de M. Bosch. Cet ouvrage est supérieurement exécuté.

ANTHOLOGIA græca , cum vers. italianà. *Neapoli*,1790 ,4 vol. in-4. 72 l.

ANTHOLOGIA græca, sive Poetarum græcor. lusus, ex recens. Brunckii , cum notis F. Jacobs. *Lipsiæ*, 1794, 12 vol. in-8. 80 l.

ANTHOLOGIÆ græcæ , à Constantino Cephalâ conditæ , lib. iij , lat. , cum comment. et notitiâ poetarum , curâ J. J. Reiske. *Lipsiæ* , 1754 , in-8. 10 l.

— Iidem , gr. , ad edit. J. J. Reiske expressi. *Oxonii* , 1766 , in-8. 9 l.

ANTHOLOGIA (Ex) Epigrammata selecta , ab H. Stephano , cum ejusd. interpr. lat. , gr. lat, *Typis ejusd. H. Steph.* , 1570 , in-8. 9 l.

ANTHOLOGIA (Ex) MS. Carmina sepulchralia delecta , à Leichio , gr. lat. *Lipsiæ* , 1745 , in-4.
6 liv.

ANTHOLOGIA veterum latinorum
Epigrammatum , etc. , cum notis
Varior., curâ P. Burmanni. *Amst.*
1759—73 , 2 vol. in-4. 20 l. — Gr.
pap. 45 l.

ANTICHITA (le) d'Ercolano , es-
poste con qualche spiegazioni. *In
Napoli* , 1757 et suiv. 9 vol. in-fol.
max. 700 l.
Superbe collection.

ANTI-CHRIST (l') remontré en
latin au pape Alexandre VII , par
raisons nouv. et arguments non encore ouis. *Amst.* 1661 , in-8. 9 l.
Peu commun.

ANTIGONUS Carystius. Vid. SCRIP-
TORES Rerum mirabilium.

ANTI-MARTYRE (l') de Jac. Clément , avec une belle rémontrance
aux Français. 1590 , in-8. avec la
fig. 15 à 18 l.
Assez rare.

ANTIPHONIS , ANDOCIDIS et
ISÆI Orationes xxx , gr. lat. , interpr. Alph. Miniato. *Hanoviæ* ,
1619 , in-8. 9 l.

ANTIQUITATUM Puteolis , Cu-
mis , Baiis , existentium Reliquiæ.
Neapoli , 1767 , in-fol. max. fig.
27 l.

ANTIQUITÉS sacrées et profanes
des Romains , expliquées par M.
A. V. N. *La Haye* , 1726 , in-fol.
fig. 15 l.

ANTIQUITÉS d'Herculanum , gravées par Piroli et publiées par F.
et P. Piranesi frères. *Paris* , 1804 ,
6 vol. in-4. 150 l. — Pap. vélin ,
300 l. Prix de l'éditeur.

ANTIQUITIES of S.-Peter's of
Westminster. *Lond.* 1722 , 2 vol.
in-8. fig. 15 l.

ANTIVIGILMI. (Corn. Spas.) La
Biblioteca Aprosiana. *In Bologna*,
1673 , in-12.
Volume rare.

ANTONINI Augusti Itinerarium.
Parisiis , in domo H. Stephani ,
1512 , in-12.
Cette édition , exécutée en lettres rouges et
noires , n'est pas commune. On en a
tiré des exemplaires sur vélin.

—Idem , cum notis Varior. , cur. Pet.
Wesselingio. *Amst.* 1735 , in-4.
36 l. — Gr. pap. 80 l.
Excellente édition. Les exemplaires en
grand papier sont fort rares et très-ro-
cherchés.
Quelques savants font encore cas de l'édition
de 1600 , in-8. Elle n'est pas commune.

—Ejusd. Iter Britannicum , à Th.
Gale. *Lond.* 1709 , in-4. 8 à 9 l.

ANTONINI archiepisc. Florentini
Chronicon. *Nurembergæ* , A. Coburger , 1484 , 3 vol. in-fol. 60 l.
Cette édition , exécutée en lettres gothiques
sur deux colonnes , est assez rare.

— Ejusd. Summa Theologiæ. *Venetiis* , 1571 , 4 vol. in-4. 30 l.
Cette édition est plus recherchée que celle
donnée en 1478 , en 4 vol. in-fol. goth.

ANTONINI LIBERALIS Transfor-
mationum Congeries , gr. lat. , ed.
Th. Munckero. *Amst.* 1676, in-12.
4 liv.

—Idem opus , gr. lat. , cum notis
Varior. , ed. H. Verheyk. *Lugd.
Bat.* 1774 , in-8. 7 l.
Bonne édition pour la Collection des auteurs
cum notis Variorum.

ANTONINI. (Ann.) Dictionnaire
italien , latin et franç. , et franç.
latin et italien. *Lyon* , 1770 , 2 vol.
in-4. 15 l.
Dernière édition.

ANTONINI Imper. (Marci Aurelii)
de Rebus suis lib. xij , gr. *Tiguri* ,
1558 , in-8. 15 l.
Première édition.

—Iidem , gr. lat. *Cantabrig.* 1652 ,
in-4. 7 l.

—Iidem , gr. lat. *Lond.* 1697, in-4. 7 l.
—Gr. pap. *rare*, 50 l.

—Iidem , gr. lat. *Oxon.* 1704, in-8. 9 l.
Ce volume entre dans la Collection des *Variorum.*

— Iidem , gr. lat. , cum comment.
et ex edit. Th. Gatakeri. *Lond.*
1707 , in-4. 12 l.
Bonne édition.

— Iidem , gr. lat. , cum notis J. R.
Glasguæ , Foulis , 1744 , in-8. 7 l.
— Iidem , cum indice græco. *Lip-
siæ* , 1775 , in-8. 7 l.
— Réflexions morales de Marc-Aur.
Antonin , trad. avec des remarq.
par Dacier. *Paris* , 1691 , ou *Amst.*
1707 , 2 vol. in-12. 5 l.

— Les mêmes, trad. par de Joly. *Paris*, 1770, in-8. 5 l.

— Les mêmes, trad. par de Joly. *Paris*, Renouard, 1796, in-8. pap. vélin, 12 l.

On a tiré de cette jolie édition 50 exemplaires en grand papier, plus, un sur peau de vélin.

— Les mêmes, trad. par Dacier. *Paris*, Didot le jeune, 1800, gr. in-4. pap. vélin, fig. de Moreau, 20 liv.

Les exemplaires avec figures avant la lettre valent quelque chose de plus.

ANTONINO. (Filip.) Delle Antichità di Sarzina, e de' Costumi romani nel trionfo e nel triclinio antico. *Sarzina*, 1607, in-4. fig. 8 à 9 liv.

ANTONIO (Nic.) Bibliotheca Hispana vetus, cur. J. Saenz, cardin. d'Aguirre. *Romæ*, 1696, 2 vol. in-fol.—Bibliotheca Hispana nova. *Romæ*, 1672, 2 vol. in-fol. 40 l.

Ouvrage très-estimé.

— Eædem, cum notis Franc. Perezii Bayerii. *Matriti*, 1783—88, 4 vol. in-fol. 90 l.

Edition bien imprimée et fort estimée.

ANYSII (Jani) varia Poëmata et Satyræ. *Neapoli*, 1531, in-4. 24 l.

— Ejusd. Tragœdia, cui titulus: Protogonos. *Neapoli*, 1536, in-4. Peu commun, 12 l.

ANYSII (Cosmi) Poëmatum lib. iv. *Neapoli*, 1533, in-4. 24 l. Peu commun.

APHTHONII Sophistæ Progymnasmata, gr. lat., ed. Dan. Heinsio. *Lugd. Bat.* 1626, in-8. 7 l.

—Aphthonius et Hermogenes. gr. *Florent.* apud Juntas, 1515, in-8. 5 l. Peu commun.

— Vid. RHETORES græci.

APIANI (P.) Astronomicum Cæsareum. *Ingolstadi*, 1540, in-fol. fig. color. 16 l.

APICII (Cœlii) de Re coquinariâ. *Mediolani*, Guil. Signerre, 1498, in-4.

Première édition très-rare. Elle est exécutée à longues lignes et en lettres rondes, sans chiffres ni réclames, avec des signatures.

—Idem opus, cum notis Varior., à Listero. *Lond.* 1705, in-8.

Edition tirée à 120 exemplaires seulement, 24 liv.

—Idem opus, cum notis Mart. Lister et Varior. *Amst.* 1709, in-8. 10 l.

—Gr. pap. très-rare, 36 l.

Cette édition fait partie des *Variorum* in-8.

—Idem opus, ex edit. Bernholdi. *Barenthiæ*, 1791, in-8. 9 l.

APOLLINARIS Interpretatio Psalmorum. gr. lat. *Parisiis*, Turnebe, 1552, in-8. 7 l.

Première édition de ce livre.

APOLLODORI Athenien. Bibliothecæ lib. iij, gr. lat., interpr. B. Œ. Spoletino. *Romæ*, 1555, in-8. 20 liv.

Edition originale. Les exemplaires en sont rares.

—Iidem, gr. lat., cum notis Tanaquilli Fabri. *Salmurii*, 1661, pet. in-8. 4 l.

—Iidem, gr. lat., ex recens. C. G. Heyne. *Gœttingæ*, 1782—1783, 4 vol. in-8. 18 l.

—Iidem. Curis secundis illustr. Ch. G. Heyne. *Gottingæ*, 1803, 2 vol. in-8. 20 l. —Pap. fin, 30 l.

—Bibliothèque d'Apollodore l'Athénien, trad. nouv. avec le texte grec, par F. Clavier. *Paris*, 1805, 2 vol. in-8. 15 l. — Pap. vél. 30 l.

Excellente traduction.

APOLLONII Pergæi Conicorum libri octo, gr. lat., edent. Edm. Halleio. *Oxonii*, 1710, in-fol. fig. 30 l.

Il a été tiré de cette édition des exemplaires en grand papier, qui sont rares et chers, 80 liv.

— Ejusd. de Sectione Rationis libri duo, gr. lat. *Bononiæ*, 1566, in-fol. 10 l.

—Iidem, gr. lat. *Oxonii*, 1706, in-8. 8 l.

—Iidem, gr. lat., ed. Halleio. *Oxonii*, 1710, in-fol. 24 l.

—Ejusd. Locorum planorum lib. duo, restituti à R. Simpson. *Glasguæ*, Foulis, 1749, in-4. 10 l.

—Ejusd. Inclinationum libri duo, gr. lat., restituti à Sam. Horsley. *Oxonii*, 1770, in-4. fig. 12 l.

APOLLONII Rhodii Argonauticon libri iv, gr., cum scholiis gr. *Florentiæ*, L. Fr. de Alopa, 1496, in-4. 150 l.

Edition très-rare et la première de ce livre. Le texte est imprimé en lettres capitales. Il y a des exemplaires sur vélin.

—Iidem , gr. *Venetiis* , Aldus, 1513, in-8.
Edition citée par Harvood.

—Iidem , cum comment. gr. *Venetiis* , Aldus , 1521 , in-8. 20 l.
Belle édition. Les exemplaires en sont rares.

— Iidem , gr. , cum scholiis græcis. *Parisiis* , 1541 , in-12. *très-rare* , 24 liv.

— Iidem , gr. *Francof.* 1546 , in-12. 12 liv.

—Iidem , gr. , cum scholiis græcis. *Basileæ* , 1572 , in-8. 5 l.

—Iidem , gr. , cum scholiis , ab H. Stephano. 1574 , in-4. 7 l.

—Iidem , gr. lat. , ex vers. J. Hoelzlini , cum ejusd. comment. et notis. *Lugd. Bat.* Elzevir, 1641, in-8. 18 l.
Edition peu estimée. Elle entre dans la Collection des *Variorum.*

—Iidem , gr. lat. , cum annot. Jo. Shaw. *Oxonii* , 1777 , in-4. 30 l.

—Iidem , gr. lat. , cum annot. Jo. Shaw. *Oxonii* , 1779 , in-8. 8 l. — Gr. pap. 15 l.

—Iidem , gr. , cum notis R. F. P. Brunck. *Argentor.* 1780 , in-8. 6 l. — Gr. pap. in-4. 12 l.

—Iidem , gr. lat. , edente C. D. Beckio. *Lipsiæ* , 1791 , in-8. 6 l.

—Iidem , gr. lat. , edente C. D. Beckio. *Lipsiæ* , 1797 , 2 vol. in-8. 12 l.

— L'Expédition des Argonautes , ou la Conquête de la toison d'or, poëme , trad. du grec par J. J. A. Caussin. *Paris* , 1802 , in-8. 5 l.

APOLLONII Alexandrini de Constructione Orationis, et Basilii Mag. de Grammaticâ Exercitatione , gr. *Florentiæ* , apud Juntas , 1515 , in-8. 10 l.

—Ejusd. de Syntaxi seu Constructione orat. lib. iv , à Fr. Porto correcti , et notis illustr. ab A. Schotto , gr. lat. *Francof.* 1590, in-4. 18 l.

APOLLONII Sophistæ Lexicon græcum Iliadis et Odysseæ, cum vers. lat. et notis J. B. Gasp. d'Ansse de Villoison. *Lutetiæ Parisior.* 1773, 2 vol. in-4. 12 l. — Gr. pap. 18 l. — Très-gr. pap. in-fol. 36 l.

—Idem , gr. , ex edit. Parisiensi repetiit recens. et illustravit Toilius. *Lugd. Bat.* 1788, in-8. 9 l.
Bonne édition.

APOLLONIUS DYSCOLUS. Vide Scriptores Rerum mirabilium.
Dict. Bibl. I.

APONO. Vid. Abano.

APOSTOLII (Mich.) Parœmiæ, gr. *Basileæ* , 1538 , in-12.
Ce volume est extrêmement rare , 24 l.

—Eædem , gr. lat. , per Pet. Pantinum. *Lugd. Bat.* 1619 , in-4. 10 l.

— Centuriæ xxj Proverbiorum , ex optimis autor. græcis collectæ , gr. lat. , cum notis Varior. , ex recens. P. Pantini. *Lugd. Bat.* J. et D. Elzevir , 1653 , in-4. 12 l.

APPIANI Alexandrini Historiarum romanarum libri , gr. *Parisiis* , Car. Stephanus , 1551 , in-fol.
Première édition , assez rare , 24 l.

—Iidem , gr. lat. , cum annot. Henr. Stephani. *Typis ejusd. Stephani,* 1592 , in-fol. 12 l.

—Iidem , gr. lat., cum emend. Alex Tollii. *Amst.* 1670, 2 vol. in-8. 20 l.
Mauvaise édition , qui n'a pas d'autre mérite que de faire partie de la Collection des *Variorum.*

— Iidem , gr. lat. , ex recens. et comment. Schweighæuseri. *Lipsiæ* 1782 et 1785 , 3 vol. in-8. 48 l. — Pap. fort , 150 l.

—Iidem , è græco lat. redditi , interpr. Petro Candido. *Venetiis* , per Vindelinum de Spira , 1472 , in-fol. 150 l. — Gr. pap. 250 l.
Première édition latine de cette histoire. Elle est imprimée en caractères ronds , sans chiffres , signatures ni réclames. Les exemplaires en sont rares.

—Iidem , ex eâdem P. Candidi interpr. *Venetiis* , Er. Ratdolt et P. Loslein , 1477 , in-fol. 30 l. — Gr. pap. 100 l.
Magnifique édition. Elle est imprimée à longues lignes et en lettres ronds , sans chiffres ni réclames , avec signatures.

— Histoire des Guerres civiles de la République romaine , trad. du grec par J. J. Combes-Dounous. *Paris* , 1808 , 3 vol. in-8. 20 l.

— Istoria delle Guerre civili e esterne de' Romani , trad. in ling. volgare. *In Vinegia* , Aldo , 1545 , in-8.
Cette version est d'Aless. Braccio.

— La stessa. *In Vinegia* , Aldo , 1551 , 3 part. 1 vol. in-8.
Cette édition et la précédente sont assez rares.

— La stessa. *In Vinegia* , Guerra , 1567 , 3 vol. in-8. 18 l.
Edition revue et augmentée par G. Ruscelli.

4

— La stessa. *Verona* , 1730 , 3 vol. in-4. 20 l.

APPIER , dit Hauzelet (Jean) et Fr. THYBOUREL. Recueil de plusieurs Machines de guerre, etc. *Pont-a-Mousson* , 1620 , in-4. fig. 5 liv.

APRÈS de Mannevillette. (d') Le Neptune Oriental. *Paris* , 1775 , 2 vol. in-fol. max. 60 l.

— Routier des côtes des Indes orientales et de la Chine. *Paris* , 1745 , in-4. 6 l.

APULEII (Lucii) Madanrensis Opera omnia, ex recogn. Jo. Andreæ, et cum ejusd. Præfat. ad Paulum II. *Romæ* , in domo Petri de Maximo , 1469 , in-fol.

Cette édition , la première d'Apulée , est extrèmement rare. Les savants et les curieux en font le plus grand cas , parce qu'elle est la seule qui n'ait pas été tronquée. Vendu 306 l. chez Guignat , 1520 l. chez La Vallière , et 850 l. chez Loménie de Brienne.

Après cette édition. celles de *Rome* , 1472 , de *Venise* , 1473 , de *Vicence* , 1488, in-fol. sont les plus recherchées.

—Eadem, à Tuccio. *Florentiæ*, 1512, in-8. 7 l.

—Eadem , cum quibusdam Alcinoi. gr. *Venetiis*, Aldus, 1521 , in-8. 15 liv.

Édition estimée et assez rare.

— Eadem, à Bern. Philomathe. *Florentiæ* , 1522, in-8. 6 l.

— Eadem , cum notis Varior. *Lugd.* 1614, 2 vol. in-8. 10 l.

— Eadem , cum interpr. et notis Jul. Floridi ; ad usum Delphini. *Parisiis* , 1688 , 2 vol. in-4. 30 l.

Cette édition entre dans la Collection des auteurs latins *ad usum Delphini*.

— Eadem. *Altenburgi* , 1778 et 1780, 2 vol. in-12. 6 l.

Jolie édition , avec un Recueil de variantes.

— Eadem , ad optimas edit collata. *Biponti* , 1788 , 2 vol. in-8. 4 l.

— Metamorphoseon libri xj , cum annot. J. Pricæi et Indice scriptor. qui apud Hesychium laudantur. *Goudæ* , 1650 , in-8. 15 l.

Édition enrichie de savantes notes. Elle entre dans la Collection des *Variorum*.

— Iidem , cum notis integris Colvii et alior., cum animadv. Oudendor-

pii ; ed. Ruhnkenio. *Lugd. Bat.* 1786 , in-4. 18 l.

Il a été tiré de cette édition, dont on fait beaucoup de cas , des exemplaires en grand papier : ils valent 36 à 40 l.

— Iidem. *Parisiis*, Renouard, 1796, 3 vol. in-18. pap. vélin, 9 l.

On a tiré de cette jolie petite édition un exemplaire sur peau de vélin.

— Psyches et Cupidinis Amores, ex Apuleio. T. Petronii Arbitrii Matrona Ephesiaca. *Parisiis* , Renouard , 1796 , in-18. pap. vélin , 3 liv.

Ce volume n'a été tiré qu'à 90 exemplaires , plus , un sur peau de vélin.

— Apologia recognita et nonnullis notis ac observationibus illustrat. à Jo. Pricæo. *Parisiis* , 1635 , in-4.

Édition peu commune , mai bie d'un savant commentaire et de plusieurs gravures de monuments antiques.

— Les Métamorphoses, ou l'Asne d'or d'Apulée , trad. du lat. en franç. par J. Louveau. *Paris* , 1586, in-16. 4 l.

— Les mêmes, trad. en franç. avec fig. de Crispin de Pas. *Paris* , 1623 ou 1631 , in-8. 8 l.

Ces deux éditions ne sont recherchées qu'à cause des figures dont elles sont décorées.

— Les mêmes , trad. en franç., avec des notes et des comment. *Paris* , 1648, in-8. fig. de Mich. Lasne, 8 l.

— Les mêmes , trad. en franç. *Paris*, Bastien, 1787 , 2 vol. in-8. fig. 12 l.

Bonne édition.

— La Fable de Psyché , trad. en franç. avec le texte lat. en regard de la trad. *Paris* , an 11 (1802) , in-4. pap. vélin , 24 l.

Cette superbe édition de la Fable de Psyché d'Apulée , est ornée de 32 figures gravées un simple trait d'après les dessins de Raphaël. Elle n'a été tirée qu'à 300 exemplaires.

—Lucio Apuleio dell' Asino d'oro , trad. per Agn. Firenzuola. *In Firenze*, Giunti, 1598 o 1603 , in-8. 6 liv.

Ces deux éditions sont citées dans le Vocabulaire de l'Académie de la Crusca. Celle de 1603 est mal exécutée et très-incorrecte.

— Lo stesso. *Venezia* , 1550 , in-12. 6 liv.

Édition estimée , rare et assez belle.

AQUILANO. Voy. Seraphico.

AQUINO (Car. de) Lexicon militare. *Romæ*, 1724, 2 vol. in-fol. 18 liv.

ARATI Phænomena, cum Theonis scholiis, gr. *Parisiis*, 1559, in-4. 18 liv.

—Idem opus, gr. *Oxonii*, 1672, in-8.
Cette édition n'est pas commune, 12 l.

— Idem opus, gr., edit. A. M. Bandinio. *Florentiæ*, 1765, in-8. 7 l.

—Idem opus, gr. lat., à Grotio. *Antuerp.* 1600, in-4. fig. 5 l.

— Idem opus, gr. lat., cur. Buhle. *Lipsiæ*, 1793-1801, 2 vol. in-8. 18 l. — Pap. fin, 24 l.
Excellente édition.

ARAUJO. (Bachar. Doming. de) Grammatica latina e portuguesa, publicada por A. F. Mendes. *Lisboa*, 1737, in-8. 8 l.

ARBEAU. (Thoy.) Orchésographie, ou Méthode et théorie pour apprendre à danser, etc. *Langres*, 1596, in-4. fig. 10 l.
Cet ouvrage est attribué à Jean Tabourot, official de Langres. Les exemplaires en sont assez rares.

ARBOGAST. Du Calcul des dérivations. *Strasbourg*, 1800, in-4. fig. 15 liv.

ARCANGELO da Borgonuovo. Voy. Borgonuovo.

ARCÈRE. (L. Est.) Histoire de la ville de la Rochelle et du pays d'Aunis. *La Rochelle*, 1757, 2 vol. in-4. fig. 10 l.

ARCHIMEDIS Opera, gr. lat., cum comment. Eutocii, ex recens. Venatorii. *Basileæ*, 1544, in-fol. 30 l.
Première édition.

—Eadem, gr., ex recens. F. Commandini. *Venetiis*, Aldus, 1558, in-fol. 18 l.

— Eadem, gr. lat., ex edit. Dav. Rivalti à Florantiâ. *Parisiis*, 1615, in-fol. 18 l. — Gr. pap. 60 l.
Bonne édition.

— Eadem, gr. lat. *Parisiis*, 1626, in-fol. 15 l.

—Eadem, gr., cum novâ vers. lat., ex edit. Jo. Torelli. *Oxonii*, 1792, in-fol. 40 l. — Gr. pap. 80 l.

—Ejusd. Archimedis Arenarius et Dimensio Circuli, gr. lat., à Wallis. *Oxonii*, 1676, in-8. 5 l.

— Les Œuvres d'Archimède, trad.

en franç. par M. Peyrard, avec un comment. *Paris*, 1807, in-4. fig. 48 l. — Pap. vélin, 96 l. — Pap. gr.-raisin fin, 60 l. — Pap. gr.-raisin vélin, 120 l. Prix de l'éditeur.

—Les mêmes, et de la même trad. *Paris*, 1808, 2 vol. in-8. fig. 20 l. — Pap. vélin, 40 l. Prix de l'éditeur.

ARCHINTI (Oct.) Collectanea Antiquitatum. *Absq. loco et ann.* in-fol. 12 l.
Collection d'antiquités fort curieuse.

ARCHITRENII (Jo.) Poëmatum libri ix, ex recogn. A. Badii. *Parisiis*, 1517, in-4. 12 l.
Ces Poésies sont estimées. Les exemplaires n'en sont pas communs.

ARCUDII (Pet.) Liber cui titulus : Utrùm detur Purgatorium, et an illud sit per ignem. *Romæ*, 1632, in-4. 10 l.

— De Purgatorio Igne adversùs Barlaam Pet. Arkudii, gr. lat. *Romæ*, 1637, in-4. 6 l.
Ces deux Traités sont assez recherchés. Le premier est plus rare que le second.

ARDUINI (Pet.) Animadversionum botanicarum Specimen. *Patavii*, 1759, in-4. fig. 18 l.

ARENA (Ant. de) Meigra Entreprisa Catoliqui imperator., quando de ann. D. 1536, veniebat per Provensam benè corrozatus, in postam prendere Fransam, cum villis de Provensa. *Avenione*, 1537, in-12. 24 liv.
Cette édition, l'originale de ces Poésies macaroniques, est très-rare et fort recherchée. La réimpression de Lyon, 1760, in-8. est moins estimée, et ne vaut pas plus de 8 à 10 l.

—Ant. de Arena ad suos Compagnones studiantes qui sunt de persona friantes, etc. 1670, in-12.
Cette édition est la plus ample et la meilleure de cet ouvrage, 12 l.

ARETÆ et **ŒCUMENII** Opera, gr. lat., ex edit. Fed. Morelli. *Parisiis*, 1631, 2 vol. in-fol. 18 l. — Gr. pap. 30 liv.

ARETÆI Cappadocis Ætiologica, Semeiotica et Therapeutica, sive de Morborum acutorum et diurnorum causis, etc., lib. iv., gr. lat., cum notis Jo. Wigan. *Oxonii*, 1723, in-fol. 16 l.

—Idem opus, gr. lat., cum notis Variorum, cur. Her. Boerhaave.

Lugd. Bat. 1735, in-fol. 18 l. —
Gr. pap. 30 l.
— Idem opus, lat. ; edit. Wigan et
Haller. *Viennæ*, 1790, in-8. 6 l.
ARETIN (J. C. lib. Bar. de) Catalogus Codicum manuscriptor. Bibliothecæ regiæ Bavaricæ. *Monachii*, 1806, tom. 1-3 in-4. pap. vélin, 96 l.
ARETINI (Leon.) Liber de Bello italico adversùs Gothos. *Fulginei*, Em. de Orsinis et Socii, 1470, in-fol. 100 l.
Édition très-rare et la première de ce livre.
— Idem. *Venetiis*, Nic. Jenson, 1471, in-fol. 72 l.
Édition bien exécutée et fort rare.
—La Historia Fiorentina di L. Aretino, trad. del lat. in ling. toscana da Donato Acciaioli. *In Vinegia*, J. de Rossi, 1476, in-fol. rare, 40 l.
Première édition. Le vol. n'a ni chiffres ni réclames, mais seulement des signatures, qui commencent à la lettre *a* et finissent à la lettre *x*.
Cette Histoire de Florence de Léon. Arétin, se joint ordinairement à celle du Pogge. *Voy.* ce nom.
— Ejusd. L. Aretini Epistolarum familiarium lib. viij. 1472, in-fol.
Première édition de ces Lettres. Les exemplaires en sont assez rares.
— Ejusd. Comœdia de Calphurnià et Gurgulione. *Opus impress. in Monasterio Sortensi*, 1478, in-fol. de 28 pag.
Pièce très-rare, 40 l.
ARETINO (Piet.) Salmi sette de la Penitentia di David. *Edizione senza luogho ne anno*, in-8.
Bonne édition, 6 l.
—La Genesi del med., con la Visione di Noë. *Venet.* 1545, in-8. 6 l.
Cet ouvrage a été traduit en franç. par J. de Vauzelles. Lyon, 1542, in-8. 6 l.
—I tre libri de la Umanità di Cristo. *In Venet.* 1535, in-4.
Le même J. de Vauzelles a traduit ce livre en français. Lyon, 1539, in-8. 6 l.
—I tre primi Canti di Bataglia. *In Vineg.* 1587, in-8. 12 l.
Ce Poëme est fort recherché des curieux.
Après cette édition, celle sans date, publiée vers 1588, est la plus estimée. Toutes deux sont également rares.
—I due primi Canti dell' Angelica. *In Genoa*, 1538, in-8. 8 l.

—Delle Lagrime dell' Angelica. 1538, in-8. 8 l.
—I tre primi Canti di Marfisa. *In Venet.* 1544, in-8. 8 l.
Ces trois derniers Poëmes de l'Arétin sont estimés et peu communs.
—Ternari di P. Aretino, in gloria di Giulio III, pontef. 1551, in-8. 8 l.
—Capitoli di P. Aretino, L. Dolce, Fr. Sansovino e d'altri. 1540 o 1541, in-8.
Ces deux éditions sont bonnes, 7 l.
—L'Orazia, tragedia. *In Venezia*, 1546, in-8. 8 l.
—Il Filosofo, comedia. *In Venet.* 1546, in-8. rare, 8 l.
—La Cortigiana, comedia. *In Venet.* 1535, in-8. rare, 8 l.
—Il Marescalco, comedia. *In Venet.* 1536, in-8. 8 l.
—Lo Ipocrito, comedia. 1542, in-8. 8 l.
—La Talanta, comedia. 1542, in-8. rare, 8 l.
Toutes ces Pièces de l'Arétin sont assez rares.
—Dialogo della Nanna e della Antonia, fatto in Roma sotto una ficaia. 1534, in-8.
Édition originale très-rare. Ce volume renferme la première partie des *Raggionamenti*.
—Dialogo di P. Aretino, nel quale la Nanna insegna a la Pippa a esser Puttana. *In Torino*, 1536, in-8. 50 l.
Ce volume forme la seconde partie des *Raggionamenti*, et n'est pas moins rare que le précédent. On trouve quelquefois des exemplaires de cette édition, sous la date de *Venise*, 1540.
—Raggionamento di P. Aretino, nel quale figura quattro de i suoi Amici che favellano delle Corti, del Mondo, etc. *In Novara*, 1538, in-8. 15 l.
Ce volume renferme la troisième partie des *Raggionamenti*. Il est moins rare que les deux précédents.
Au défaut de cette édition, on peut prendre celle qui a paru en 1539, sans indication de lieu ni d'imprimeur. Cette réimpression est assez commune.
—Dialogo di P. Aretino, nel quale si parla del Gioco, etc. *In Vinegia*, 1545, in-8. 8 l.
Ce volume se joint aux trois *Raggionamenti* précédents, comme en étant la suite.
—Raggionamenti di P. Aretino, *cioè*,

la parte prima e seconda, con il Commento delle Fiche, e il Raggionamento del Zoppino. 1584, in-8. *lettres italiq.*

Edition correcte, quoique mal exécutée. Les exemplaires n'en sont pas rares.

— Raggionamenti di P. Aretino, *cioë,* la parte prima e seconda; il commento delle Fiche, e il Raggionamento del Zoppino, con annot., e la Puttana errante del med. Aretino. *In Cosmopoli (Amst.* Elzevir), 1660, in-8. 3o l.

Jolie édition, mais très-incorrecte. Les exemplaires en sont rares.

Il faut voir si la *Puttana errante* se trouve dans le vol., parce que cette pièce manque quelquefois.

Nous observerons qu'il existe une contrefaction de cette partie ; mais comme on s'est servi pour l'imprimer d'un caractère plus gros que celui des *Raggionamenti*, il est facile de la reconnaître.

— Coloquio de las Damas, trad. en leng. espanola, por Fr. Xuarès. 1607, in-12. 8 l.

Traduction espagnole de la première partie des *Raggionamenti*.

Nous avons aussi une version latine de ce livre, par *G. Barthius*, sous le titre de *Pornodidascalus*, imprimée en 1623, et réimprimée en 1660. Cette dernière édition est la plus recherchée.

— XIII Capitoli di P. Aretino, intitolati : *Il Manganello. Senza luogho ne anno,* in-12.

Petite pièce fort rare, que l'on attribue à l'Arétin.

— XLVI Dubbii amorosi di P. Aretino, con XXVI Sonetti del med. *Senza luogho ne anno,* in-8.

On présume que ce livre est sorti de la plume de l'Arétin. Il est imprimé en lettres italiques.

— Dialoghi di Ginevra e Rosana. *In Bengodi,* 1584, in-8. avec le portrait de l'Arétin grav. en bois.

Très-rare. La totalité du vol. est de 121 pages.

— Dialogo intitolato: *la Cazzaria :* dell' Arsiccio Intronato. *Senza luogho ne anno,* in-8. 10 l.

Quelques personnes attribuent ce petit traité à l'Arétin, et d'autres a Ant. Vignali de' Bonagiunti.

— Tariffa delle Puttane, in versi. 1535, in-8.

Petit ouvrage fort rare. On le croit de l'Arétin.

— Essortatione alla Pace tra l'imperatore e il re di Francia. *In Roma,* 1524, in-4.

— Opera nuova di P. Aretino, laqual scuopre le astuzie, frode, etc., ch' usano le cortigiane per ingannar li simplici giovani. *In Napoli,* 1534, in-8. 20 l.

Volume fort rare.

— L'Alcibiade fanciullo a scola. *Oranges,* 1652, in-12. ou pet. in-8. *très-rare,* 60 l.

Cette édition originale a été contrefaite sous la même date et dans le même format. On reconnaît la contrefaction à son intitulé, où le mot de L'ALCIBIADE forme deux lignes, tandis que dans la première édition il n'en fait qu'une seule.

— Abbattimento poetico del Div. Aretino. 1540, in-4.

Petit volume de 4 feuillets. Il est extrêmement rare.

— Lettere di P. Aretino. *In Parigi,* 1609, 6 vol. in-8. 15 l.

Recueil curieux.

— Lettere scritte a P. Aretino da molti Sign., raccolte e divise in due libri. *In Venegia,* 1551 e 1552, 2 vol. in-8. 45 l.

Ce Recueil de lettres est rare et recherché.

— La Vita di S. Catherina Vergine. *In Venetia,* 1541, in-8. 7 fr.

— La Putain errante, ou Dialogue de Magdelaine et de Julie, trad. de l'ital. en franç. *Sans date,* in-12. 6 l.

— Tromperies dont usent les mieux affectées courtisannes à l'endroit d'un chacun, principalement des jouvenceaux débauchés, qu'elles attirent dans leurs filets, faisant que, sous propos emmiélés, perdent honneur et chéent en pauvreté, trad. de l'ital. en franç. *Paris,* 1580, in-18. 16 l.

Peu commun.

— Histoire des Amours feintes et dissimulées de Laïs et Lamia, récitée par elle-même, trad. de l'ital. en franç. *Paris,* 1595, in-12. 15 l.

ARGELATI (Philip.) Bibliotheca Scriptorum Mediolanensium; cui accedit Joan. Ant. Saxii Historia litteraria - typographica Mediolanensis. *Mediolani,* 1745, 4 vol. in-fol. 20 l.

On fait beaucoup de cas de l'ouvrage de *Saxius*, contenu dans cette Bibliothèque.

— Dissertationes variorum illustrium

virorum de Monetis Italiæ, curâ et
stud. P. Argelati. *Mediolani,* 1750,
4 vol. in-4. 36 l.

ARGENSOLA. (Balth. Leon. de)
Voy. CURITA.

ARGENTRE (Lud. Car. d') Collectio
judiciorum de novis Erroribus,
qui ab initio xij sæculi ad annum
1632 in Ecclesià proscripti sunt.
Parisiis, 1724, 3 vol. in-fol. 15 l.
—Gr. pap. 24 l.

ARGENTRÉ (Bert. d') Commentarii
in Britonum Leges et Consuetudi-
nes Ducatûs Britanniæ. *Parisiis,*
1621, in-fol. 12 l.
Bonne édition.

ARGENVILLE. Voy. DÉZALIER.

ARGOTE DE MOLINA. (Gonçalo)
Libro de la Monteria. *En Sevilla,*
1582, in-fol. fig. 20 l.
Ouvrage rare et recherché.

—Nobleza del Andaluzia. *En Sevilla,*
1588, in-fol. 10 l.

— Historia del gran Tamerlan. *En
Sevilla,* 1582, petit in-fol. 100 l.
Ce Livre est fort recherché des curieux. Les
exemplaires en sont rares.

ARIAS DE AVILA. (Don Juan)
Discurso para estar a la Gineta,
con gratia y hermosura. *En Madrid,* 1590, in-8. 6 l.

ARIAS MONTANUS. Vid. BIBLIA.

ARIGONI. (Hon.) Numismata quædam cujuscumque formæ et me-
talli, è musæo H. Arigoni. *Tarvisii,* 1741, 3 tom. 1 vol. in-fol. 18 l.
—Gr. pap. 30 l.

ARINGHI (P.) Roma subterranea,
post A. Bosium, Jo. Severanum
et alios auctior. *Romæ,* 1651. seu
Coloniæ, 1659, 2 vol. in-fol. 12 l.
Voy., pour le Supplément de cet ouvrage,
M. P. BOLDETTI.

ARIOSTO : (Lod.) Opere. *In Venezia,* 1730, 2 vol. in-fol. fig. 40 l.
Belle et rare édition.

—Le medesime. *In Venezia,* 1772,
8 vol. in-fol. fig. 100 l.

—Orlando furioso. *In Ferrara,* 1515,
in-4.
Cette édition, la première de ce fameux
poëme, ne contient que 40 chants. Les
exemplaires en sont très-rares.

—Il medesimo. *In Venetia,* 1530,
in-4. 15 l.

— Il medesimo, con l'aggiunta di

Stanze nove d' Ariosto. *In Vinegia,* 1537, in-4.

— Il medesimo, con l'aggiunta di
cinque Canti del med. Ariosto. *In
Vineg.* Aldo, 1545, in-4. 80 l.
Bonne édition. Les exemplaires en sont très-
rares.

—Il medesimo. *In Vineg.* 1567, in-4.
Edition très-estimée en Italie.

— Il medesimo, riveduto e ristam-
pato soprà le correzioni di G. Ruscelli. *In Lione,* 1570, pet. in-12. 6 l.
L'édition de *Ferrare,* 1532, in-4., celle
de *Rome,* 1543, in-4., de *Venise,* 1551,
gr. in-8., de *Venise,* 1556, in-4., de *Venise,* 1566, in-4., sont fort estimées des
Italiens. Les exemplaires n'en sont pas
communs ; 20 l. environ.

— Il medesimo, con le annot. di G.
Ruscelli. *In Venetia,* 1584, pet.
in-fol. ou gr. in-4., con le fig. di G.
Porro, 200 l.
Cette édition est la plus rare et la plus recherchée de ce livre.
Il faut examiner la suite des figures, parce
que la XXXIVe. manque fort souvent,
ou se trouve remplacée par celle du
XXXIIIe. chant, qui pour lors est em-
ployée deux fois.

—Il medesimo. *Venezia,* 1603, in-4.
con fig. in legno, 20 l.
Edition correcte. Elle est citée par la Crusca.

— Il medesimo. *Birmingham,* J.
Baskerville, 1773, 4 vol. gr. in-8.
fig. 96 l.

—Il medesimo. *Birmingham,* J. Baskerville, 1773, 4 vol. gr. in-4. fig.
de Bartolozzi, 300 l.
Ces deux éditions sont magnifiquement exécutées. Les exemplaires en sont rares.

—Il medesimo, riveduto dall'abbate
Antonini. *In Parigi,* Prault, 1768,
4 vol. in-12. 12 l.

—Il medesimo. *In Parigi (Orléans),*
1788, 5 vol. in-4. pap. de Hollande,
36 liv.
Edition très-bien exécutée et fort correcte.

—Il medesimo. *In Parigi,* Plassan,
1795, 4 vol. gr. in-8. fig. 27 l. —
Pap. vélin, 40 l. — Gr. pap. in-4.
48 l. — Pap. vélin, 76 l.

— Satire del med. Ariosto. *In Venezia,* 1546, in-8. 8 l.

—Le stesse. *In Venezia,* 1554, in-8.
12 liv.
L'une des meilleures éditions de cet ouvrage.

—Le stesse. *In Vinegia,* 1560, in-12.
5 liv.

— Le stesse, ediz. data da P. Rolli. *In Londra*, 1716, in-8. 6 l.

— Le stesse. *In Milano*, L. Mussi, 1807, gr. in-4. 12 l.

Belle édition.

— Rime di L. Ariosto. *In Venezia*, 1552, in-8. 15 l.

Edition peu commune. Elle est mentionnée par l'Académie de la Crusca.

— Commedie in versi di L. Ariosto. *Firenze (Napoli)*, 1724, in-16. 7 l.

Edition citée par l'Académie de la Crusca.

— Opere varie di L. Ariosto. *Parigi*, 1776, 3 vol. pet. in-12. 10 l.

Il y a des exemplaires en papier de Hollande. L'édition de 1785 est la même.

— Vedi SETTE libri di Satira.

— Roland furieux, poëme, trad. de l'italien par de Mirabeau. *La Haye* (*Paris*), 1741, 4 vol. in-12. 12 l. — Gr. pap. 30 l.

Les exemplaires en grand pap. sont rares.

— Le même, trad. par d'Ussieux. *Paris*, 1775, 4 vol. gr. in-8. avec 93 fig. 36 l. — Pap. de Hollande, 45 l. — Gr. pap. in-4. 60 l.

— Le même, trad. par Panckouke et Frameri. *Paris*, 1787, 10 vol. in-18. 24 l.

— Orlando furioso, transl. from the ital. of L. Ariosto, with notes by Joh. Hoole. *Lond.* 1799, 5 vol. in-8. fig. pap. vélin.

Belle édition

— Orlando furioso, trad. in romance castellano, por don J. de Vrrea. *A Lyon*, 1550, in-4.

Première traduction de ce poëme en langue espagnole. Les exemplaires en sont rares.

ARISII (Franc.) Cremona litterata. *Parmæ*, 1702 et 1706, 2 vol. in-fol. 15 liv.

ARISTARCHUS de Magnitudine Solis et Lunæ, gr. lat. *Pisar.* 1572, in-4. 30 l.

Premiè.e édition.

— De magnitudinibus et distantiis Solis et Lunæ, et Pappi Fragmentum è secundo libro Collectionis Mathemat., à Wallis, gr. lat. *Oxonii*, 1676, in-8. 10 l.

ARISTEÆ Historia de Septuagintà, gr. lat., à Gabritio. *Basileæ*, 1561, in-8. 8 l.

Première édition.

— Ejusd. Historia de S. Scripturæ Interpretibus, gr. lat. *Oxonii*, 1692, in-8. 5 l.

ARISTENÆTI Epistolæ, à J. Sambuco, gr. lat. *Antuerp.* 1566, in-8. 7 l.

Première édition.

— Eædem, gr. lat., ex interpr. et cum notis Joan. Sambuci. *Parisiis*, 1610, in-8. 6 l.

— Eædem, gr., cum vers. lat. et notis J. Mercerii, cur. J. C. de Paw. *Trajecti ad Rhenum*, 1737, in-8. 5 liv.

— Eædem, gr., cum notis Varior., cur. Frid. Lud. Abresch. *Zwollæ*, 1749, in-8. 10 l. — Gr. pap. 18 l.

A ce volume doivent se trouver joints les deux suivants :

F. L. Abresch Lectionum Aristenætea rum libri duo. *Zwollæ*, 1749, in-8.

Virorum aliquot eruditorum in Aristenætum Conjecturæ. *Zwollæ*, 1752, in-8.

— Eædem. *Vindobonæ*, 1803, in-8. 5 l.

Mauvaise édition, publiee par Polyzoïs Kontou, Grec de nation.

ARISTIDIS (Ælii) Orationes, gr. *Florentiæ*, apud Juntas, 1517, in-fol. 30 l.

Cette édition, la première de cet auteur, est rare et fort estimée.

— Eædem, gr. *Venetiis*, Aldus, 1527, in-fol. 20 l.

— Eædem, gr. lat., ex recens. Canteri. *Genevæ*, P. Stephanus, 1604, 3 vol. in-8. 18 l.

Edition très-exacte.

— Ejusd. Æ. Aristidis Opera omnia, gr. lat., cum notis Varior., ex recens. Sam. Jebb. *Oxonii*, 1722 et 1730, 2 vol. in-4. 48 l. — Gr. pap. 120 l.

Edition brillante par l'exécution typographique ; mais fautive, au point que des lignes entières sont omises.

— Ejusd. Oratio adversùs Leptinem ; Libanii Declamatio pro Socrate ; Aristoxeni rhythmicorum elementor. Fragmenta. Ex bibl. venetâ D. Marci nùnc primùm edid. J. Morellius. *Venet.* 1785, in-8. 8 l. — Gr. pap. 24 l.

Il en existait un exemplaire imprimé sur vélin dans la bibliothèque de Pinelli.

ARISTOPHANIS Comœdiæ ix, gr., ex recogn. Mar. Musuri, cum scholiis græcis. *Venetiis*, Aldus, 1498, in-fol 100 l.

Edition très-rare et la première de cet auteur. Elle est supérieurement exécutée,

— Eædem, gr., cum commentariis antiq. græcis. *Florentiæ*, per hæredes Ph. Juntæ, 1525, in-4. 24 l.
Edition estimée, et dont on ne trouve pas facilement des exemplaires.

— Eædem, gr. lat., cum scholiis, à Biseto et Porto. *Aurel. Allobr.* 1607, in-fol. 10 l.
Il existe de cette édition 100 exemplaires en papier fin, sous le titre de *Paris*; 24 l.

— Eædem, auctoritate libri præclarissimi sæculi decimi emendatæ à Invernizio, cum animadv., etc. *Lipsiæ*, 1794, 2 vol. in-8. 18 l.

— Ejusd. Aristophanis Comœdiæ xj, gr. lat., cum observat. Jos. Scaligeri, et notis Tanaquilli Fabri. *Amst.* 1670, in-16. 10 l.
Jolie édition, peu commune. Elle est préférée à celle de 1624.

— Eædem, gr. lat., cum scholiis antiq. gr., ex recens. et cum notis necnon indicibus Ludolphi Kusteri. *Amst.* 1710, in-fol. 76 l. — Gr. pap. 200 l.
Edition très-bien exécutée, et dont les exemplaires deviennent rares.

— Eædem, gr. lat., cum notis Steph. Bergleri, cur. Pet. Burmanno Secundo. *Lugd. Batav.* 1760, 2 vol. in-4. 48 l. — Gr. pap. 130 l.
Bonne édition.

— Eædem, gr., cum notis et vers. lat. R. F. P. Brunck. *Argentorati*, 1781-1783, 4 tom. 3 vol. in-8. 36 l.
Excellente édition. On en a tiré 10 exemplaires sur papier de Hollande, et 10 de format in-4.

— Ejusd. Aristophanis Comœdia Plutus, gr., cum notis Tiberii Hemsterhuis. *Harlingæ*, 1744, in-8. 9 l.
Bonne édition

— Idem, cum notis Varior., cur. Th. Ch. Harles. *Norimb.* 1776, in-8. 31 l.

— Idem, gr., cum comment. J. F. Fischeri, ed. Ch. Th. Küncel. *Giessæ*, 1804-1805, 2 vol. in-8. 9 l.
Edition incorrecte.

— Ejusd. Aristophanis Nubes, cum scholiis antiquis, ex recens. L. Kusteri, cum Præfat. Jo. Aug. Ernesti. *Lipsiæ*, 1753, in-8. 6 l.

— Eædem, gr. lat. *Glasguæ*, Foulis, 1755, in-8. 5 l.
Jolie édition.

— Eædem, gr. lat., cum scholiis gr. et animadv. Harles. *Lipsiæ*, 1788, in-8. 5 l.

— Eædem, ex recens. J. A. Ernesti, et cum notis G. Hermanni. *Lipsiæ*, 1799, in-8. 6 l.

— Ejusd. Aristophanis Plutus et Nubes, gr. lat., cum scholiis. *Lond.* 1695 vel 1732, in-8. 7 l.

— Eædem Comœdiæ, gr., ex edit. Hager. *Nuremberg.* 1791, in-8. 5 l.

— Ejusd. Aves, gr., ex recens. Beck. *Lipsiæ*, 1782, in-8. 4 l.

— Ejusd. Lysistrata et Thesmophoriazulæ comœdiæ x et xj, gr. *Florentiæ*, apud Juntas, 1515, in-8.
Petit volume de la plus grande rareté, et édition première de ces deux pièces.

— Aristologia Euripidea, gr. lat., à M. Leandro. *Basileæ*, 1559, in-8. 7 liv.

— Théâtre d'Aristophane, trad. en franç. par L. Poinsinet de Sivry. *Paris*, 1784, 4 vol. in-8. 18 l.

— Le Plutus et les Nuées d'Aristophane, trad. avec des remarq. par Mademoiselle Lefebvre. *Paris*, 1684, in-8. 4 l.

— Aristophane Comedie, trad. del greco in lingua commune d'Italia, per B. e P. Rosibini. *In Venezia*, 1545, in-8. 6 l.

ARISTOTELIS Philosophi Opera, gr., ex recens. Aldi Manutii. *Venetiis*, Aldus, 1495, 1498. 6 vol. in-fol. 350 l.
Cette édition, la première d'Aristote, est assez rare. Il en a été tiré des exemplaires sur vélin.

— Eadem, gr., stud. J. B. Camotii. *Venetiis*, Aldus, 1551, 52-53. 6 vol. in-8.
Edition estimée. On en trouve rarement des exemplaires complets.

— Eadem, græcè, stud. Frid. Sylburgii. *Francofurti*, 1587. 44 pages.
Cette première partie contient la préface et la vie d'Aristote.

— Organon. *Ibid.* 1585. 542 pages.
— Rhetorica et Poetica, 1584. 342 pag.
— Ethica ad Nicomachum, 1584. 232 pag.
— Ethica magna, etc. 1584, 322 pag.
— Politica et Œconomica, 1587. 350 pag.
— Animalium Historia, 1587, 484 pag.
— De Animalium partibus, etc. 1585. 412 pag.
— Physicæ auscultationis lib. viij, et alia Opera, 1596, 204 pag.
— De Cælo lib. iv, *sans titre*, 168 pag.
— De Generatione et Corruptione, *sans titre*, 60 pag.
— De Meteoris lib. iv, *sans titre*, 132 pag.
— De Mundo, *sans titre*, 31 pag.

— De Animâ , *sans titre* , 78 pag.

— Parva naturalia , *sans titre* , 111 pag.

— Varia Opuscula , 1587 , 398 pag.

— Aristotelis , Alexandri et Cassii Problemata , 1585 , 493 pag.

— Aristotelis et Theophrasti Metaphysica , 1585 , 318 pag.

En tout 8 vol. in-4. 150 l.

Chacune de ces parties est accompagnée de notes et de deux tables, l'une des principaux mots, et l'autre des matières. Il y en a quelques-unes qui ont été réimprimées plusieurs fois, mais sans aucune différence. Cette édition est la meilleure de tous les ouvrages d'Aristote , et il est rare de la trouver complète ; c'est pourquoi nous sommes entrés dans tous ces détails. Elle est singulièrement recherchée en Angleterre , où elle se paye jusqu'à 10 guinées.

— Eadem , gr. lat., ex edit. et cum notis Guill. Duval. *Parisiis*, typis regiis , 1619, 2 vol. in-fol. 30 l. — Gr. pap. 50 l.

— Eadem , gr. lat., Guill. Duval tertiò recogn. *Parisiis* , 1629, 2 vol. in-fol. 25 l. — Gr. pap. 40 l.

Les deux éditions suivantes, *Paris* , 1639 et 1654, 4 vol. in-fol., ne sont que des réimpressions de celle de 1629 , et sont à peu près du même prix.

— Eadem , gr. lat., edidit J. C. Buhle, cum notis. *Biponti* , 1791 , 5 vol. in-8. 25 l. — Pap. fin , 50 l.

Il ne paraît encore de cette édition que les 5 premiers vol.

— Eadem , lat., Averroë interpr. *Venetiis* , 1472-1473 , 4 vol. in-fol. 360 liv.

Première édition latine. Elle est très-rare.

— Ejusd. Aristotelis Opera aliqua, latinè. *Venetiis*, apud Andream de Asula , 1483, 3 vol. in-fol. 100 l.

L'exemplaire de Pinelli , imprimé sur vélin ; a été vendu à Londres , 25 guinées. Il serait vendu beaucoup plus cher aujourd'hui.

— Ejusd. Aristotelis Ethicorum liber, latinè redditus, interpr. Leon. Aretino. *Editio vetus (circà ann. 1475), absque ullá loci et anni indicatione*, in-4. 20 l.

— Ejusd. Ethicorum interpretatio latina vetus et nova L. Aretini. *Lovanii*, Conr. Braem, 1476 , in-fol.

Edition infiniment rare et peu connue. Elle est exécutée sur deux colonnes, de 32 lignes sur chaque page entière , sans chiffres, signatures ni réclames.

— Ejusd. Ethica, gr. lat. *Parisiis*, Turnebius, 1555, in-fol. min. 7 l.

— Eadem , gr. lat. , à Dan. Heinsio. *Lugd. Bat* , 1607, in-8. 7 l.

Dict. Bibl. I.

— Eadem , gr. lat. , cum notis Guill. Wilkinson. *Oxonii*, 1716, in-8. 8 l.

On a tiré de cette édition quelques exemplaires en grand papier, 48 l.

— Ejusd. Aristotelis Rhetorica , gr. lat., ex recens. Beattie. *Cantabrig.* 1728, in-8. 10 l.

— Eadem , gr., cum variis lectionib. et notis. *Oxonii*, 1759, in-8. 10 l. — Gr. pap. 20 l.

— Ejusd. Politicorum libri viij, cum comment. divi Thomæ de Aquino, etc. *Romæ* , 1492 , in-fol.

Il y a de cette édition des exemplaires sur vélin.

— Iidem , gr. lat. , cum Paraphrasi lat. Dan. Heinsii. *Lugd. Bat.* Elzevir , 1621 , in-8. 9 l.

— Ejusd. Aristotelis ex Politicor. libris Capita quæd. græcè , cum annot. critic. Reitzii. *Lipsiæ*, 1777, in-8. 5 l.

— Ejusd. Aristotelis Problemata , è gr. lat. reddita , interpr. Theod. Gazâ. *Mantuæ* , J. Vurster de Campidonia (circà ann. 1472), in-4. 40 l.

Première édition très-rare. Elle est exécutée à longues lignes , sans chiffres, signatures ni réclames.

— Ejusd. Poëtica, gr. Eadem , per Alex. Paccium in lat. conversa. *Venetiis*, Aldus , 1536 , in-8.

Ce volume est très-rare.

— Eadem, gr., ex vers. Theod. Goulstoni et cum notis Varior. *Cantabrig.* 1696, in-8. 10 l.

— Eadem , gr. lat. *Glasguæ*, Foulis , 1745, in-8. 7 l.

Jolie édition.

— Eadem, gr. lat., cum notis. *Oxonii*, 1760, in-8. 6 l. — Gr. pap. 24 l.

— Eadem , gr. lat. , ex edit. Theod. Goulstoni, et cum observat. T. Winstanley. *Oxonii*, 1780 , in-8. 9 l. — Gr. pap. 40 l.

— Eadem , gr. lat. , cum animadv. Th. Ch. Harles. *Lipsiæ* , 1780 , in-8. 5 l.

Bonne édition.

— Eadem , gr. lat., edid. Th. Thyrwhitt. *Oxonii*, 1794 , in-8. 8 l.

On a tiré de cette édition quelques exemplaires sur grand papier format in-4. 54 l.

— Eadem , cum comment. G. Her-

5

manni. *Lipsiæ*, 1803, in-8. 7 l. —
Pap. fin, 8 l.
Excellente édition.

— Idem Aristoteles de Animalibus,
et Theophrastus de Plantis, cum
aliis Tractatibus. *Venetiis*, Aldus,
1504, in-fol.
Cette édition a été réimprimée, sans augmentations, en 1513, dans le même format.

—Ejusd. de Animalibus libri, è
græco lat. redditi, interpr. Theod.
Gazâ. *Venetiis*, per Joan. de Colonia et Jo. Manthen de Gherretzem,
1476, in-fol. 60 l. — Gr. pap. 140 l.
Edition très-rare et fort recherchée. On en
a tiré des exemplaires sur vélin.

—Ejusd. de Animalium Generatione,
cum Philoponi comment., gr. *Venetiis*, 1526, in-fol. 18 l.

— Ejusd. Liber de Mirabilibus auscultationibus explicatus à J. Beckmann. *Gottingæ*, 1786, in-4. pap.
fin, 15 l.
Bonne édition.

— Ejusd. de Mundo liber, cum vers.
lat. G. Budæi, gr. lat. *Glasguæ*,
Foulis, 1745, in-12. 5 l.

— Idem, cum notis J. Ch. Kappii.
Altenb. 1792, in-8. pap. fin, 8 l.

—Ejusd. Heroüm homericorum Epitaphia, gr. lat. *Basileæ*, 1566, in-4.
5 liv.

— Eadem, gr. lat., ex recens. Canteri. *Antuerp.* 1571, in-8. 7 l.

—Ejusd. Definitiones Virtutum et Vitiorum, gr. *Parisiis*, 1529, in-8.
Il y a de ce livre des exemplaires imprimés
sur vélin.

—Ejusd. Artis theoreticæ lib. tres, gr.
Lipsiæ, 1771, in-8. 5 l.

— Vide AMMONIUS, BESSARION, EUSTRATIUS, JOANNES grammaticus,
OLYMPIODORUS, ALEXANDER APHRODISIENSIS, SIMPLICIUS, VICTORIUS.
(Pet.)

— Les Éthiques d'Aristote, mises en
franç. et commentées par N. Oresme. *Paris*, Ant. Vérard, 1488,
in-fol. goth. 12 l.

— La Rhétorique d'Aristote, trad.
par Cassandre. *La Haye*, 1718,
in-12. 4 l.

— Le Livre des Politiques d'Aristote,
trad. en franç. par N. Oresme.
Paris, Ant. Vérard, 1489, in-fol.
18 l.

— La Politique d'Aristote, la Répu-

blique, etc., trad. en franç. avec
des annot. par Loys le Roi, dit
Regius. *Paris*, 1600, in-fol. 15 l.
Excellente traduction, au style près, qui
est très-suranné. Elle est préférable aux
deux suivantes.

— La Politique d'Aristote, trad. par
Champagne. *Paris*, 1797, 2 vol.
in-8. 6 l.

— La même, avec des notes, trad. par
Ch. Millon. *Paris*, 1803, 3 vol.
in-8. 12 l.

— La Poétique d'Aristote, trad. en
franç. avec des remarques, par
Dacier. *Paris*, 1692, in-4. 6 l.

— Histoire des Animaux d'Aristote,
trad. en franç. avec le texte à côté,
par Camus. *Paris*, 1783, 2 vol. in-4.
20 l. — Pap. fin, *rare*, 60 l.

—L'Etica d'Aristotile, trad. da Bern.
Segni. *Firenze*, 1550, in-4. 15 l.
Cette édition n'est pas commune.

— La stessa. *Venezia*, 1551, in-8.
6 l.
Cette édition et la précédente sont citées
par l'Académie de la Crusca.

— L'Etica d'Aristotile e la Rettorica
di M. Tullio. *Firenze*, 1734, in-4.
7 l.
Édition mentionnée par l'Académie de la
Crusca.

— La Rettorica e la Poetica d'Aristotile, trad. da Bern. Segni. *Firenze*, 1549, in-4. 15 l.
Edition citée par la Crusca.
Nous avons aussi une traduction italienne de
la Rhétorique d'Aristote, par Annibal
Caro. *Venise*, 1570, in-4.

— La Poetica d'Aristotile, volgarizzata e sposta per Lod. Castelvetro.
In Vienna d'Austria, 1570, in-4.
Edition originale, et la plus recherchée,
parce qu'elle n'a éprouvé aucun changement. Les exemplaires en sont rares.

— La medesima, volgarizzata e sposta
per il medesimo. *In Basilea*,
1576, in-4. 15 l.

—Trattato de' Governi, trad. da Bern.
Segni. *Firenze*, 1549, in-4. 12 l.
Edition citée par la Crusca.

—Ethicas de Aristoteles. *En Sevilla*,
M. Ungut et Lanz Polono, 1493,
in-4. de 90 feuillets.
Cet livre est très-rare.

— La Poetica de Aristoteles, trad. en
lengua castellana, con el texto
griego, por D. C. Florez. *En Madrid*, 1778, in-8. 7 l.

ARLOTTO. (Piovano) Motti, Fa-

cetie , Burle , etc. *In Firenze* , senza anno , in-4. 15 l.
Bonne édition.

— Gli stessi. *In Vinegia* , 1538 , in-8. 6 l.

Les éditions de *Venise* , 1520 et 1525 , et de *Milan* , 1523 , in-8. sont également bonnes.

ARMINII (Jac.) Opera theologica. *Francof.* 1635 , in-4. 5 l.
Peu commun.

ARNAUD (G. d') Lectiones græcæ , in quibus Græcorum Scripta illustrantur. *Hagæ* , 1730 , in-8. 5 l.

— Ejusd. de Diis Paredroïs , seu Adsessoribus. *Hagæ* , 1732 , in-8. 5 l.

ARNAULD. (Ant.) La Perpétuité de la Foi touchant le S. Sacrement de l'Eucharistie , avec la continuation de Renaudot. *Paris* , 1670, 1711 et 1713 , 5 vol. in-4. 24 l.

— Œuvres complètes du même. *Paris (Lausanne)*, 1775 , 45 vol. in-4. 130 l. — Gr. pap. 200 l.

— Voy. LANCELOT. (Cl.)

ARNAULD D'ANDILLY. (Rob.) Œuvres de sainte Thérèse, trad. de l'espagnol. *Paris* , 1670 , in-4. 6 liv.
Bonne édition.

— La Vie des SS. Pères des Déserts et de quelques Saintes, trad. en franç. par le même. *Paris* , 1653 , 2 vol. in-4. 10 l.

— La même. *Paris* , 1668, 3 vol. in-8. 10 l.

Ces deux éditions sont estimées.

— Les Vies des SS. Pères des Déserts et d'Orient et d'Occident. *Amst.* ou *Anvers* , 1714 , 4 vol. in-8. fig. 20 l. — Gr. pap. 45 l.

On recherche cette édition par rapport aux figures dont elle est décorée.

— Voy. JOSEPH. (Flavius)

ARNAULD : (Fr.-Thom.-Mar. de Baculard d') ses Œuvres complètes. *Paris* , 1803 , 12 vol. gr. in-8. fig. 80 liv.

Cette Collection doit contenir : Les Epreuves du sentiment, 5 vol. — Le Théâtre , 2 vol. — Les Amants malheureux , 2 vol. —Et les Nouvelles historiques, 3 vol.

— Délassements de l'Homme sensible, ou Anecdotes diverses. *Paris* , 1786, 24 part. en 12 vol. in-12. 24 liv.

— Sargines , ou l'Elève de l'Amour ,

nouv. franç. *Paris* , 1793 , in-18.
Exemplaire imprimé sur vélin.

— Les Amants malheureux. *Paris* , 1793 , in-18.
Exemplaire imprimé sur vélin.

ARNOBII Disputationum adversùs Gentes libri , ex edit. Fausti Sabæi. *Romæ* , 1542 , in-fol. 10 l.
Edition estimée.

— Iidem , cum diversor. Commentariis , ex recens. Ant. Thysii. *Lugd. Bat.* 1651 , in-4. 9 l.

Dernière édition de cet ouvrage important pour la connaissance de la religion païenne. Un savant hollandais , M. Water , en prépare une nouvelle qu'on attend avec impatience.

ARNOLDI (Nic.) Religio sociniana racoviana major refutata , cum ipsius Catecheseos contextu. *Amst.* 1554 , in-4. 7 l.

ARNOLDS. (A. J.) Vid. ABULPHARAGIUS.

ARPHE DE VILLAFANE. (Juan) Quilatador de la Plata , oro y piedras. *En Valladolid* , 1572 , in-4.
Edition originale d'un livre fort curieux et recherché.

— El mismo. *En Madrid* , 1598 , in-8. 15 l.

Cette édition est beaucoup moins rare que la précédente ; mais comme elle contient des augmentations , il est bon de les avoir toutes deux.

ARRIANI de Ascensu Alexandri , gr. *Venetiis* , 1535 , in-8.
Cette première édition d'Arrien est fort rare.

— Ejusd. Tactica, Acies contrà Alanos, etc. gr. lat., cum notis Varior., ed. Nic. Blancardo. *Amst.* 1683 , in-8. 7 l.

Cette édition fait partie de la Collection des auteurs dits *cum notis Variorum.*

— Idem opus , gr. lat. , cum notis Varior., ex recens. Nic. Blancardi. *Amst.* 1750 , in-8. 8 l.

Même édition que la précédente , sous un titre renouvelé.

— Ejusd. Arriani de Expeditione Alexandri Magni libri vij , et Historia Indica , gr. lat., interpr. Bonav. Vulcanio, cum notis Varior. , ex recens. Nic. Blancardi. *Amst.* 1668 , 2 tom. 1 vol. in-8. 9 l.

— Iidem , gr. lat. , cum notis Jac. Gronovii. *Lugd. Batav.* 1704 , in-fol. 15 l. — Gr. pap. 24 l.
Edition estimée.

—Iidem , gr. lat., cum notis Varior.; ex recens. Georg. Raphælii. *Amst.* 1757 , in-8. 12 l.

On sait aussi cas de cette édition , qui entre dans la Collection des *Variorum.* Elle est plus ample que celle de 1668.

—Iidem , gr. , cum notis F. Schmieder. *Lipsiæ* , 1798 , in-8. 8 l.—Pap. fin , 11 l.

—Ejusd. Arriani Opera , gr. , ad optimas editiones collata , studio A. C. Borheck. *Lemgoviæ* , 1792 , 2 vol. in-8. 12 l.

—Ejusd. Historia Indica , cum B. Vulcanii interpr. lat. , et notis F. Schmieder. *Halæ* , 1798 , in-8. 6 l. — Pap. fin , 7 l.

—Ejusd. de Venatione liber , gr. lat. , à Luc. Holstenio. *Parisiis* , 1644 , in-4. 5 l.

— Ejusd. Ponti Euxini et Maris Erythræi Periplus , gr. lat. , à J. G. Stuckio. *Genevæ* , 1577 , in-fol. 9 l.

—Les Guerres d'Alexandre , trad. du grec d'Arrien en franç., avec des remarq. par N. Perrot d'Ablancourt. *Paris* , 1664 , in-12. 4 l.

—Histoire des Expéditions d'Alexandre, trad. nouv. par P. J. B. Chaussard. *Paris* , 1802 , 3 vol. in-8. et atlas , 24 l.

—Arriano. Dei Falti d'Alessandro Magno , trad. da Piet. Lauro. *Venezia* , 1544 , in-8.

Traduction estimée. Elle a été réimprimée à *Vérone* , en 1730 , in-4.

ARRIGHETTO , o sia volgarizzamento d'un trattato dell'avversità della fortuna d'Arrigo da Settimello , lat.-ital. *Firenze* , 1730 , in-4. 5 l.

Édition citée par la Crusca.

ARRIVABENE. (Andr.) L'Alcorano di Macometo , trad. dal arabo in lingua italiana. 1547 , in-4. 15 l.

Cette traduction est fort estimée. Les exemplaires en sont rares.

ARS memorandi notabilis per figuras Evangelistarum , vel Memoriale quatuor Evangelistarum; in-fol. parvo.

Cet ouvrage , gravé en bois , est exécuté dans le genre du *Speculum humanæ salvationis.* Les exemplaires en sont très-rares et fort recherchés des curieux. Le volume renferme 30 planches imprimées d'un seul côté; savoir , 15 pour les figures, et 15 pour le texte. Ces planches sont quelquefois collées deux à deux les unes avec les autres.

ARS moriendi(aut. Mathæo Cracovia). Petit in-fol. gravé en bois.

Ouvrage célèbre par sa singularité et plus encore par son extrême rareté. Il est exécuté dans le goût de la *Biblia pauperum ,* du *Speculum humanæ salvationis* , et autres livres d'estampes gravées grossièrement en bois. Les feuillets sont collés deux à deux l'un contre l'autre. Vendu 1610 l. chez La Vallière , et 1280 l. chez Camus de Limars. *Voy.* pour plus amples détails , l'excellent ouvrage de M. le baron de Heinecken , intitulé: *Idée d'une Collection complète d'estampes.*

ARSENIUS. Vid. Dicta (Præclara) Philosophor.

ART (l') de mourir , trad. du latin. *Paris* , Ant. Vérard , in-fol. goth. 30 liv.

Il y a des exemplaires imprimés sur vélin.

ART (l') d'assassiner les rois , enseigné par les Jésuites , etc. *Lond.* *(Hollande),* 1696 , in-12. 10 l.

Peu commun.

ART (l') et Science de Rhétorique , pour faire rithmes et ballades. *Paris* , Ant. Vérard , 1493 , in-fol. 15 liv.

ARTEDI (Pet.) Ichthyologia , sive Opera omnia de Piscibus; ed. C. Linnæo. *Lugd. Bat.* 1738 , in-8. 10 liv.

Ce volume renferme 5 parties , qui ont chacune un titre particulier. Les exemplaires n'en sont pas communs.

— Synonymia Piscium , gr. lat. , et eorum Hist., à J. G. Schneider. *Lipsiæ* , 1789 , in-4. fig. 12 l.

ARTEMARI (Dom. Ant. ab) de Vinaceorum facultate et usu. *Neapoli* , 1562 , in-4. 10 l.

ARTEMIDORI de Somniorum Interpretatione lib. v , gr. *Venetiis* , Aldus , 1518 , in-8. 18 l.

Première édition très-rare.

— Artemidori et Achmetis Oneirocritica , seu liber de Divinatione per somnia , gr. lat., ex vers. Jani Cornari et Jo. Leunclavii , cum notis N. Rigaltii. *Parisiis* , 1603 , in-4. 12 liv.

Traité curieux.

— Idem opus , cum notis N. Rigaltii et J. J. Reiskii , cur. J. G. Reiff. *Lipsiæ* , 1805 , 2 vol. in-8. 20 l.

Bonne édition.

Ce livre a été traduit en italien , par P. Lauro. *Venise* , 1542 , in-8.

ARTEPHIUS et SYNESIUS. Trois Traités singuliers de la Philosophie naturelle , avec des figures hiéroglyph. de N. Flamel. *Paris* , 1612 , in-4. 5 l.

ARTIS medicæ Principes , post Hippocratem et Galenum , ex edit. Henr. Stephani. *Parisiis* , H. Stephanus, 1567, in-fol.
Ouvrage estimé et assez rare , 60 l.

ARTIS medicæ Principes , curâ P. R. Vicatii, et cum præfat. A. de Haller. *Lausannæ* , 1787, 11vol. in-8. 45 liv.

ARTIS Poeticæ latinæ lib. iv, à M. C. D. Jano. *Halæ* , 1778 , in-8. 5 l.

ARTOIS. (Collection d') Voy. Collection.

ARTS et METIERS, (Descriptions des) savoir: Amidonier , Ancres , Ardoisier , Bourrelier , Brodeur , Cartier , Cartonnier , Chamoiseur , Chandelier , Chapelier , Charbonnier , Charbon de bois (Suppl.), Charbon de terre , et Table des matières (6 *part.*), Chaufournier , Cirier , Colles , Cordonnier , Corroyeur , Coutelier (4 *part.*) , Couvreur , Criblier , Cuirs - dorés , Cuivre jaune , Distillateur d'eaux fortes , Distillateur - liquoriste , Drapier , Epinglier , Etoffes de soie (8 *part.*), Etoffes de laine (2 *part.*), Forges et Fourneaux à fer, et Table des matières (4 *part.*), Fil d'archal, Hongroyeur , Indigotier , Instruments de Mathématiq. , Instruments d'Astronomie, Layetier, Lingère , Maçon , Maroquinier , Mégissier , Menuisier (6 *part.*), Meûnier , Vermicellier et Boulanger , Orgues (4 *part.*), Papetier , Parcheminier , Paulmier et Raquetier, Pêches (13 *part.*), Peinture sur verre et Vitrier, Perruquier , Pipes à tabac , Plombier et Fontainier , Porcelaine , Potier d'étain , Potier de terre , Raffinage du Sucre , Ratine de laine , Relieur , Savonnier, Serrurier , Tailleur , Tanneur , Tapis de la Savonnerie , Tenture en soie , Tonnelier , Tourneur , Tuilier et Briquetier , Vaisseaux , Mâture , Voilure , Velours de coton. En tout 111 cahiers , gr. in-fol. fig. 450 liv.
Les 13 parties des Pêches sont rares.

— Les mêmes Descriptions des Arts et Métiers ; nouvelle édition. *Neufchâtel* , 1771 - 1782, 19 vol. in-4. fig. 150 l.
Cette Collection est moins ample que la précédente ; mais on y trouve des Descriptions qui ne sont pas dans la première.

ARTUS de Bretagne. Voy. Roman.

ASCANIUS. Icones Rerum naturalium , ou Figures enluminées d'Histoire naturelle du Nord. *Copenhague* , 1772, in-fol. 15 l.

ASCHER (R. Jacob ben) Arba turrim , seu quatuor ordines , hebraïcè. *Plebisacii* , 1475 , in-fol.
Edition très-rare. On prétend que c'est le premier livre imprimé en hébreu.

ASCLEPIADIS Bithyni Fragmenta , cur. Ch. G. Gumpert. *Vimar*, 1794, in-8. 4 l.

ASCOLI (Cecco d') Opere poetiche. *In Venetia*, Philip. da Piero , 1476, in-4.
Première édition très-rare et fort recherchée. Elle est imprimée à longues lignes, au nombre de 24 sur chaque page entière, sans chiffres , signatures ni réclames.

—Le medesime. *In Venezia* , Philip. da Piero , 1478, in-4.
Cette seconde édition est aussi fort rare.

— Le medesime. *In Milano* , Ant. Zaroto , 1484 , in-4. rare , 30 l.

— Le medesime. *In Venezia* , Bapt. de Tortis , 1484 , in-4. rare , 30 l.

— Le medesime. *In Venezia* , Bern. de Novara , 1487, in-4. 18 l.

—Le medesime. *In Venezia* , Sessa , 1516 , in-4. 60 l.
Cette édition est la plus complète et la plus estimée de ce livre. Les exemplaires en sont rares.

—Le medesime. *In Venezia* , 1519, in-8. 10 l.

—Le medesime. *In Venezia* , 1550 , in-8. 10 l.

ASH. (J.) The new and complete Dictionary of the english language. *Lond.* 1775 , 2 tom. 1 vol. in-8. 18 liv.

ASHMOLE. (Elias) The Institution , Laws and Ceremonies of the most noble Order of the Garter. *Lond.* 1672 , in-fol. fig. 24 l.
Livre curieux et peu commun. Il faut avoir soin de collationner les figures , parce qu'on trouve des exempl. où celles gravées par Hollar ont été enlevées.

ASSARACHI SARRACHI (Andr.) Trivultias , sive Historiæ novæ ac veteres, à Francisci Sfortiæ temporibus ad Franciscum I, reg. Francorum, dialogo elegiaco comprehensæ. *Mediolani*, 1516, petit in-fol. 15 l.

Ouvrage estimé et assez rare.

ASSASSINAT (l') du roi, ou Maximes du vieil de la Montagne. 1615, in-8. 12 l.

Volume rare.

ASSEMANI (Jos. Sim.) Bibliotheca Orientalis Clementino - Vaticana, recensens MSS. codices syriacos, arabicos, etc. ex Oriente jussu Clementis XI conquisitus, etc. *Romæ*, 1719 et seqq. 4 vol. in-fol. 80 l.

Ouvrage fort estimé et recherché.

— Ejusd. Kalendaria Ecclesiæ universæ. *Romæ*, 1755, 6 vol. in-4. 40 liv.

—Idem Liber. *Romæ*, 1777, 6 vol. in-4. 48 l.

ASSEMANI (Steph. Evodii) Catalogus Codicum Orientalium Manusc. Bibliothecæ Mediceæ Laurentianæ et Palatinæ, studio A. F. Gori. *Florentiæ*, 1742, in-fol 18 l.

— Acta SS. Martyrum Orientalium et Occidentalium, ed. S. E. Assemano. *Romæ*, 1748, 2 vol. in-fol. 20 l.

ASSEMANNI. (abbate Sim.) Saggio sull' origine, culto, letteratura e costumi degli Arabi avanti il pseudoprofeta Maometto. *Padova*, 1787, in-8. 10 l.

— Catalogo de' Codici manoscritti orientali della biblioteca Naniana. *In Padova*, 1787, 2 vol. in-4. 30 l.

ASTLE'S. (Th.) Origin and progress of writing, as well hieroglyphic, as elementary, illustrated by engravings. *London*, 1784, in-4. 15 l.

ASTRONOMICI veteres, partim græci, partim lat., in unum corpus collecti. *Venetiis*, Aldus, 1499, in-fol. 200 l.

Cette édition, la première de cette Collection, est supérieurement exécutée et fort rare.

Il faut avoir soin d'examiner ce livre de près, parce qu'on en rencontre assez souvent des exemplaires où les ouvrages imprimés en grec, manquent totalement.

ASTRUC. (Jean) Mémoires pour ser-

vir à l'Histoire naturelle du Languedoc. *Paris*, 1737, in-4. fig. 7 l.

— Ejusd. de Morbis Venereis lib. ix. *Parisiis*, 1740, 2 vol. in-4. 12 l.

ASULANUS. (Andr.) Vide BIBLIA græca.

ATANAGI. (Dionigi) Le Rime di diversi Poeti toscani, raccolte da lui. *In Venezia*, 1565, in-8. 7 à 8 l.

Belle édition, estimée.

— Lettere facete e piacevole di diversi grand' uomini, raccolte da D. Atanagi e Fr. Turchi. *In Venezia*, 1561 e 1575, 2 vol. in-8. 9 l.

ATHANASII (S.) Opera, gr. lat., ex edit. Bern. de Montfaucon Benedict. *Parisiis*, 1698, 3 vol. in-fol. 120 l. — Gr. pap. 200 l.

Bonne édition, peu commune.

A cet ouvrage on joint ordinairement la Collection suivante :

—Collectio nova Patrum græcorum Eusebii Cæsariensis, Athanasii et Cosmæ Ægyptii, gr. lat., cum notis B de Montfaucon. *Parisiis*, 1706, 2 vol. in-fol. 48 l. — Gr. pap. 72 l.

ATHENÆI Deipnosophistarum lib. xv, gr. *Venetiis*, Aldus, 1514, in-fol. 30 l.

Première édition de ce livre. Elle est très-bien exécutée et fort rare.

—Iidem, cum notis Casauboni. *Lugd.* 1598, in-fol. 15 l.

—Iidem, gr. lat., ex interpr. et cum notis Jac. Dalechampii, et animadv. Isaaci Casauboni. *Lugd.* 1612, 2 vol. in-fol. 36 à 40 l.

Quoique cette édition passe pour la meilleure de Casaubon, cependant il y a des personnes qui lui préfèrent celle de *Lyon*, 1657 in-fol., parce qu'elles ont remarqué qu'elle était un peu plus ample.

—Iidem, gr., curavit, emend., notas adj. G. H. Schæfer. *Lipsiæ*, 1796, tom. 1 en 3 part. in-8.

Cette édition formera 3 vol. divisés en 9 parties.

—Iidem, gr. lat., cum notis Varior. et S. Schweighæuzeri. *Argentorati*, 1801-1807, 14 vol. in-8. 188 l. Prix de l'éditeur.

Bonne édition.

—Les xv livres des Deipnosophistes d'Athénée, trad. en franç. par Mich. de Marolles. *Paris*, 1680, in-4.

On ne recherche cette traduction que parce

que les exemplaires en sont rares, 36 à 40 l. Vendu, en grand papier, 180 l. chez Gaignat.

— Banquet des Savants d'Athenée, trad. par J. B. Lefebvre de Ville-brune. *Paris*, Didot le jeune, 1785, 5 vol. in-4. 76 l. —Gr. pap. vélin, 120 l.

On a tiré de ce livre deux exemplaires sur peau de vélin.

ATHENAGORAS de Resurrectione, gr. *Parisiis*, 1541, in-8. 5 l.

Première édition.

— Ejusd. Legatio pro Christianis, gr. *Basileæ*, 1551, in-8. 5 l.

Première édition.

—Ejusd. Apologia pro Christianis, et de Resurrectione mortuorum, gr. lat. H. Stephanus, 1557, pet. in-8.

Peu commun.

— Idem liber, gr. lat. *Oxon.* 1682, in-8. 5 l.

— Idem liber, gr. lat., stud. Edw. de Chair. *Oxonii*, 1706, in-8. 7 l.

— Gr. pap. 15 l.

— Idem liber, ex recens. Lindneri *Lipsiæ*, 1774, in-8. 6 l.

—Apologie des Chrétiens et Traité de la Résurrection des morts, trad. par Arnaud du Ferrier. *Bourdeaux*, 1577, in-8. *rare*, 8 l.

— Della Resurrettione de' Morti, trad. in ling. ital. da Gir. Faleti. *In Venetia*, Aldo Manuzio, 1556, in-4.

Livre rare.

— Du vrai et parfait Amour, roman écrit en grec par Athénagoras, et trad. en franç. par Fumée de Genillé. *Paris*, 1612, in-12. 5 l.

Ce Roman, faussement attribué à Athena-goras, est de Philander.

ATHIAS. Vid. Biblia hebraïca.

ATLAS russien, contenant une carte générale et 19 particulières de l'Empire de Russie, en lat. et en franç., par l'Académie des Scienc. de St.-Pétersbourg. *Pétersbourg*, 1745, in-fol. max. 40 l.

ATTABALIPPA. (Adr. BANCHIERI) La Nobiltà dell' Asino. *In Venezia*, 1599, in-4. 15 l.

Assez rare.

— La noblesse, excellence et antiquité de l'Asne, trad. de l'ital. *Paris*, 1606, in-8. 6 l.

ATTILA (La Hystoria di), dicto *Flagellum Dei. In Venetia*, Gabr. de Piero, 1472, in-fol.

Ce vol., composé de 48 feuillets, est ex-trêmement rare. Il est exécuté en lettres rondes, et n'a ni chiffres, ni signatures, ni réclames.

AUBERT DE VERSÉ. (Noël) L'Impie convaincu, ou Dissert. contre Spinosa. *Amst.* 1684, in-8. 5 l.

— Le Platonisme dévoilé. *Cologne*, 1700, in-8. 6 l.

AUBÉRY Sr. DU MAURIER. (L.) Voy. HISTOIRE.

AUBIGNÉ. (Théod. Agrippa d') Histoire universelle, contenant ce qui s'est passé de plus mémorable en France depuis 1550 jusqu'en 1610. *Maillé (Saint-Jean-d'Ange-li)*, 1616, 1618 et 1620, 3 tom. 1 vol. in-fol. 12 l.

Cette édition étant très-satirique est la plus recherchée, quoique moins ample que celle qui parut en 1626.

AUBIN. Dictionnaire de Marine. *Amst.* 1736.—La Connaissance des pavillons ou bannières que la plupart des nations arborent en mer. *La Haye*, 1737, in-4. fig. 10 l.

AUBIN. (le sieur) Voy. BRANDT. (Gérard)

AUBLET. (Fusée) Histoire des Plantes de la Guiane française. *Paris*, Didot le jeune, 1775, 4 vol. in-4. avec 400 pl. 50 l. —Gr. pap. 100 liv.

AUBRY DE LA MOTRAYE. Voyages en Europe, Asie et Afrique. *La Haye*, 1727-32, 3 vol. in-fol. fig. 24 l.— Gr. pap. 45 l.

AUBRY. Les Oracles de Cos. *Paris*, 1781, in-8. 5 l.

AUBRY. Mémoires sur différentes questions de la science des Constructions publiques et économiques. *Lyon*, 1786, in-4. fig. 6 l.

AUCTORES (Varii) græci, arab. et lat. de Febribus. *Venetiis*, 1576, in-fol. 12 l.

AUCTORES vetustissimi nuper in lucem editi. *Venetiis* 1498, in-4. 15 liv.

AUCTORES græci minores. *Lipsiæ*, 1796, 2 vol. in-8. 11 l.

Collection mal imprimée.

AUCTORES Musicæ antiquæ, gr.,

ex edit. et cum notis Meursii. *Lugd. Bat.* 1616, in-4. 7 l.

Première édition.

—Iidem, gr. lat., cum notis Marc. Meibomii. *Amst.* Elzevir, 1652, 2 vol. in-4. 36 l. — Gr. pap. 72 l.

Livre estimé. Les amateurs font beaucoup de cas des exemplaires en grand papier.

AUCTORES (Rei agrariæ) Legesque variæ, curà Wihl. Goesii, et cum notis N. Rigaltii. *Amst.* 1674, in-4. 20 l. — Gr. pap. 50 l.

Cette édition est la meilleure de ce livre. Les exemplaires en grand papier sont rares.

AUCTORES classici Romanorum; studiis Societatis Bipontinæ. *Biponti* et *Argentorati*, 1779 - 1787, 104 vol. in-8. 440 l. Prix de l'éditeur.

Cette Collection, destinée aux jeunes gens et aux amateurs peu fortunés, est précieuse, parce qu'elle offre une suite d'éditions extrêmement correctes. Elle contient :
Ammianus Marcellinus, 2 vol. — Apulejus, 2 vol. — Ausonius, 1 vol. — Jul. Cæsar, 2 vol. — Catullus, Tibullus, Propertius cum Galli Fragmentis, 1 vol.—Corn. Celsus, 2 vol. — Cicero, 13 vol. — Claudianus, 1 vol. — Curtius, 2 vol. — Valerius Flaccus, 1 vol. — Florus et Ampelius, 1 vol. — Frontinus, 1 vol. — Aulus Gellius, 2 vol. — Horatius, 1 vol. — Justinus, 1 vol. — Lactantius, 2 vol. — Titus Livius, 13 vol. — Lucanus, 1 vol. — Lucretius, 1 vol. — Macrobius, 2 vol. — Martialis, 2 vol. — Corn. Nepos, 1 vol. — Persius, Juvenalis et Lucilii Fragmenta, 1 vol.—Petronius, 1 vol. — Phædrus, Publius Syrus, Avianus, 1 vol. — Plautus, 3 vol. — Plinii Hist. nat. 5 vol. — Plinii Epistolæ et Panegyricus, 2 vol. — Quinctilianus, 4 vol. —Sallustius, 1 vol. — Scriptores Historiæ Augustæ minores, 2 vol. — Scriptores Hist. rom. minores, 1 vol. — Scriptores Rei rusticæ, 4 vol. — Seneca philosophus, 4 vol. — Senecæ Tragœdiæ, 1 vol. — Silius Italicus, 1 vol. —Solinus, 1 vol. — Statius, 1 vol. — Suetonius, 1 vol. — Tacitus, 4 vol. — Terentius, 2 vol. — Valerius Maximus et Julius Obsequens, 2 vol. — Varro de Linguâ latinâ, 2 vol. — Vegetius, 1 vol. — Vellejus Paterculus, 1 vol. Vitruvius, 1 vol. —Virgilius, 2 vol.

AUCTORES classici Romanorum, curà J. P. Milleri. *Berolini*, 1748, 33 vol. in-12. 176 l. Prix de l'éditeur.

Cette petite Collection est fort bien imprimée. Elle contient : Ciceronis Opera rhetorica, 4 vol. — Ciceronis Opera phi-

losophica, 4 vol. — Curtius, Florus; Horatius, Justinus, Juvenalis, chacun en 1 vol. — Ovidius, 4 vol. — Phædrus, 1 vol. — Plautus, 3 vol. — Plinii Hist. nat. 5 vol. — Sallustius, Suetonius, Tacitus, Terentius, Valerius Maximus, Vellejus Paterculus, Virgilius, chacun en 1 vol.

On a placé à la suite de chaque ouvrage un *Index*, qui tient lieu de Commentaire.

AUCTORES classici Romanorum. Collection de M. A. A. Renouard. *Paris*, 1796, 16 vol. in-18. pap. vélin, 80 l. Prix de l'éditeur.

Cette Collection est bien imprimée et ornée de jolis portraits. Elle contient :
Apuleii Metamorphoses, 3 vol. — Psyches et Cupidinis Amores, ex Apulejo, et Petronii Matrona Ephesiaca, 1 vol. — Ciceronis in Catilinam Orationes, 1 vol. — Ciceronis de Senectute liber, et Somnium Scipionis, 1 vol. — Ciceronis de Amicitiâ liber et Paradoxa, 1 vol. — Eutropius et Sextus Rufus, 1 vol. — C. Nepos, 1 vol. — Petronius, 2 vol.— Plinii Panegyricus, 1 vol. — Sallustius, 2 vol. — Taciti Germania et Agricola, 1 vol.

AUCTORES classici latini. *Vindob.* J. V. Degen, 8 vol. in-12. pap. fin, 40 l. Prix de l'éditeur.

Cette jolie Collection, imprimée par M. Degen, comprend : Horace, 1 vol. Ovide, 3 vol. Catulle, Tibulle et Properce, 1 vol. Martial, 2 vol. et Perse et Juvenal, 1 vol.

AUCTORES latini minores, cum notis Varior., edid. C. H. Tzschucke. *Lipsiæ*, 1790 - 1793, 3 vol. in-12. 9 liv.

AUCTORES Linguæ lat. in unum corpus redacti et notis illustr. à D. Gothofredo, cum Isidori Gloss. *Genevæ*, 1602, in-4. 7 l.

AUCTORES antiqui (Grammaticæ latinæ), operâ et stud. H. Putschii. *Hanoviæ*, 1605, in-4. 60 l.

Recueil fort estimé et peu commun. Il y a des exemplaires en papier fin, qui sont très-rares, 200 l.

Cet ouvrage fait suite au précédent.

AUCTORUM vetustiss. Fragmenta historica. *Basil.* 1530, in-4. 5 l.

AUDEBERT. (J. B.) Histoire naturelle des Singes et Makis, suivie de celle des Galéopithèques. *Paris*, Crapelet, 1799, gr. in-fol. pap. vélin, composé de 10 livraisons, avec 60 pl. impr. en couleurs, 360 l. Prix de l'éditeur.

Ce superbe ouvrage est admiré des connaissemrs, tant pour les figures qui sont peintes au naturel avec une vérité frappante, que pour la partie typographique qui est exécutée avec beaucoup de goût et de soin.

— Histoire natur. et génér. des Colibris, Oiseaux-Mouches, Jacamars, Promerops et Grimpereaux; suivie de celle des Oiseaux-de-Paradis, par J. B. Audebert et L. P. Vieillot. *Paris*, Crapelet, 1801, gr. in-fol. pap. vélin, fig. impr. en couleur, 32 livraisons (ouvrage complet), 1150 l. — Format in-4. pap. vélin, fig. color. 672 l. Prix de l'éditeur.

Cet ouvrage ne le cède en rien au précédent pour la belle exécution des figures et de l'impression. On en a tiré quelques exemplaires de format grand in-fol., dont le texte est imprimé en lettres d'or ; plus, un sur peau de vélin.

AUDIFREDI Catalogus historicocriticus romanarum Editionum sæculi XV, in quo præter editiones à Maitterio, Orlandio ac P. Lærio relatas, plurimæ aliæ recensentur ac describuntur. *Romæ*, 1783, in-4. 15 l.

AUDOENUS. Vid. OWEN.

AVERROIS Opera medica. *Venetiis*, 1496, in-fol. 10 l.

AUGEARD. (Matth.) Arrêts notables de différents tribunaux du royaume sur des questions de droit civil, etc. *Paris*, 1756, 2 vol. in-fol. 20 l.

AUGER : (J. Ath.) ses Œuvres posthumes, cont. la Constitution des Romains sous les rois et aux temps de la république; la Vie et les Discours de Cicéron. *Paris*, 1792, 10 vol. in-8. 50 l.

AUGERIUS. (Edm.) Breviarium romanum, cum rubricis gallicis, (vulgò Breviarium Henrici III,) cum Præfat. gallicâ Ed. Augerii. *Parisiis*, 1588, 2 vol. in-fol. gr. pap. 40.

AUGURELLI (Jo. Aur.) Opera poëtica, ex recens. Aldi Manutii. *Venetiis*, Aldus, 1505, in-8. 8 l.

L'édition originale de ce livre, imprimée à *Vérone*, en 1491, est également estimée et assez rare.

AUGUSTINI Archiep. Tarraconensis (Ant.) Constitutionum Provin-

Dict. Bibl. I.

cialium Ecclesiæ Tarraconensis lib. v, cum notis. *Tarracone*, 1580, in-4. 12 liv.

Cette édition, la première de ce livre, est rare et recherchée. On ne fait aucun cas de la réimpression qui en a été donnée à *Tarragone*, en 1593, in-4.

—Ejusd. Canones pœnitentiales. *Tarracone*, 1581, in-4. 10 l.

Edition rare, et la seule de ce livre dont on fasse quelque cas.

— Ejusd. de Emendatione Gratiani Dialogorum lib. duo. *Tarracone*, 1587, in-4. 24 l.

Première édition de cet ouvrge. Les exemplaires n'en sont pas communs.

—Ejusd. Juris Pontificii veteris Epitome. *Tarracone*, 1587, et *Romæ*, 1611, 3 tom. 2 vol. in-fol.

On ne trouve que très-difficilement des exemplaires complets de cet ouvrage. Le tome premier, imprimé en 1587, est fort rare.

—Antiquæ Collectiones Decretalium, cum notis Ant. Augustini et Jac. Cujatii. *Parisiis*, 1609, in-fol. 8 l.

Bonne édition.

— Dialogos xj de Medallas, Inscriciones y otras Antiguedades, por Ant. Agostino. *En Tarracone*, 1587, in-4. fig. 150 l.

Edition originale, fort rare. On doit trouver dans le volume 72 planches gravées en taille douce. On fait peu de cas de la réimpression de ce livre, publiée à *Madrid*, en 1744, par Gonzalès de Baria.

—Discorsi di Ant. Agostini soprà le Medaglie, divisi in xj Dialoghi, trad. dallo spagnolo. *In Roma*, 1648 o 1650, in-fol. fig. 8 l.

Ces deux éditions sont également bonnes.

—Vid. TAURELLUS.

AUGUSTINI Florentini Historiæ Camaldulensium lib. iij. *Florentiæ*, 1575, in-4. 8 l.

— Ejusd Operis pars posterior, in quâ describuntur Monasteriorum exordia. *Venetiis*, 1579, in-4. 18 l.

Ces deux ouvrages doivent être réunis. La seconde partie est plus rare que la première.

AUGUSTINI o AGOSTINI. (Leonardi) Le Gemme antiche. *In Roma*, 1657, 2 vol. in-4. 18 l.

— Gemmæ et Sculpturæ antiquæ depictæ à L. Augustino, cum explicat. Jac. Gronovii. *Franequeræ*, 1694, 2 tom. 1 vol. in-4. fig 8 l.

6

AUGUSTINI (S.) Opera, **ex edit.**
Benedictinorum. *Parisiis*, 1679 et
seqq. 11 tom. 8 vol. in-fol. 80 l.
—Gr. pap. 130 l.
Il existe deux éditions de cet ouvrage On
préfère celle où il n'y a que 5 lignes à la
première page de la Préface du tome premier.

—Appendix Augustiniana, **ex edit.**
Joan. Clerici. *Antuerpiæ*, 1703,
in-fol. 8 l.
Cet *Appendix* se joint aux 8 volumes précédents.

— De Civitate Dei lib. xxij. 1467,
in-fol. 400 l.
Edition extrêmement rare et la première de
ce livre. Elle ne porte ni nom de ville ni
d'imprimeur. On la croit exécutée dans le
monastère de Soubiac, par Sweynheym et
Pannartz.

—Iidem *Romæ*, Conrad. Sweynheym
et Arnold. Pannartz, 1468, in-fol.
200 liv.
Seconde édition de ce livre. Les exemplaires
en sont fort rares.

—Iidem. *Romæ*, Conr. Sweynheym
et Arn. Pannartz, 1470, in-fol.
Edition fort rare.

— Iidem. *Venetiis*, per Vindelinum
de Spira, 1470, in-fol. 100 l.
Cette édition est aussi fort rare et très-recherchée des curieux. Il en existe un
exemplaire imprimé sur vélin dans la Bibliothèque impériale.

— Iidem, cum comment. Th. Valois
et Nic. Triveth. *Moguntiæ*, P.
Schoyffer de Gernzheym, 1473,
2 vol. in-fol. *rare*, 40 l.
Première édition avec Commentaires. On en
conserve un exemplaire sur vélin dans la
Bibliothèque impériale.

—Ejusd. S. Augustini Confessionum
libri. *Lugd. Bat.* Elzevir, 1675,
in-12. 18 l.
Jolie édition. Elle n'a pas été contrefaite.
La première édition des Confessions de
Saint Augustin, a paru à *Milan*, en 1475,
in-4 lettres rondes.

—Ejusd. de Singularitate Clericorum.
Moguntiæ, Ulricus Zel de Hanau,
1467, in-4. 300 l.
Première édition très-rare.

— Ejusd. S. Augustini Regula, cum
Exposit. Hug. de S. Victore, lat.
et ital. *Venet.* 1561, in-4.
Exemplaire imprimé sur vélin.

— La Cité de Dieu, transl. en franç.

par Raoul de Praesles. *Abbeville*,
1486, 2 vol. in-fol. goth. 70 l.
Première traduction française de ce traité,
et le premier livre imprimé à Abbeville.
Les exemplaires en sont fort rares.

— La même, et de la même traduction. *Paris*, 1531, 2 vol. in-fol.
goth.
Il y a de cette édition des exemplaires imprimés sur vélin.

— La même, trad. en franc. avec des
remarques, par Pier. Lombert. *Pa-*
ris, 1675, 2 vol. in-8. 8 l.
Bonne édition.

—La Città di Dio. *In Venezia*, 1475,
in-fol.
Première traduction italienne de ce livre.
Les exemplaires en sont très-rares.

—La stessa, lat. et ital. *Venezia*,
1742, 2 vol. in-4. 18 l. — Gr. pap.
24 liv.

—S. Agostino Sermoni a lui attribuiti,
volgarizz. da Fr. Agost. da Scarperia. *Firenze*, Manni, 1731, in-4.
6 l.
Cette édition est citée par la Crusca.

AVIANI (Flavii) Fabulæ. *Daven-*
triæ, 1494, in-4. 24 l.
Première édition très-rare.

—Eædem, cum notis Variorum, ex
recens. Henr. Cannegieter. *Amst.*
1751, in-8. 10 l.

— Eædem, cum notis Varior., edente
Nodell. *Amst.* 1787, in-8. 7 l.

AVIANO, capucin. (Marc d') La
Marmite rétablie par les Miracles
du P. M. d'Aviano. *Cologne*, 1684,
in-12. fig. 8 l.

AVICENNÆ Opera, sive Canonis
lib. v, lat. Gerardo Cremonensi
interpr. *Mediolani*, Philippus de
Lavagnia, 1473, in-fol
Première édition complète de cet ouvrage.
Elle est exécutée en lettres rondes et
à longues lignes, sans chiffres, signatures ni réclames. Les exemplaires en sont
très-rares.

— Eadem. 3 vol. in-fol.
Autre édition fort rare, et dont il est difficile de trouver des exemplaires complets. Elle est imprimée sur deux colonnes, de 56 lignes chacune, sans chiffres,
signatures ni réclames. On la croit sortie
des presses de Mentel, célèbre imprimeur
de Strasbourg.

— Eadem. *Patavii*, 1476 et 1478,
3 vol. in-fol. max. 300 l.
Cette édition n'est guère moins rare que les
précédentes.

— Eadem, ex arabico lat. redditi. *Venetiis*, Pet. Maufer et Nic. de Contengo, 1483, in-fol. *rare*, 15 l.

— Eadem, arab. conscripta. *Romæ*, 1593, in-fol. *rare*, 30 l.

— Eadem, ex arab. latinè reddita, cum observat. et notis J. P. Mongii et Jo. Costæi. *Venetiis*, 1564, 2 tom. 1 vol. in-fol. 10 l.

— Eadem, ex arab. lat. reddita, cum observat. diversorum. *Venetiis*, apud Juntas, 1608, 2 vol. in-fol. 18 liv.

AVIENI (Rufi Festi) Descriptio Orbis terræ, cum notis Varior. *Amst.* 1786, in-8. 6 l. — Pap. fin, 12 l.

AVIS fidèle aux véritables Hollandais, touchant ce qui s'est passé dans les villages de Bodegrave et de Swamerdam, et les cruautés qui y ont été exercées par les François. *Hollande*, 1673, in-4. fig. 18 l.

Ce volume n'est pas commun.

AVISO piacevole dato alla bella Italia soprà la Mentita data dal Rè di Navarra al Papa Sisto V. *Monaco*, 1586, in-4. *rare*, 30 l.

AULI GELLII Noctes Atticæ, cum Epistolâ Jo. Andreæ, episcopi Aleriensis. *Romæ*, in domo Pet. de Maximis, 1469, in-fol.

Cette édition, la première d'Aulu-Gelle, est extrèmement rare et fort chère, 500 à 600 l.

—Eædem. *Romæ*, in domo Petri de Maximis, 1472, in-fol. *très-rare*, 400 l.

Les curieux font encore beaucoup de cas de cette seconde édition de Rome.

— Eædem. *Venetiis*, Nic. Jenson, 1472, in-fol. 100 l.

Edition bien exécutée et très-rare.

—Eædem. *Romæ*, Conr. Sweynheym et Arn. Pannartz, 1472, in-fol. 80 l.

Edition assez rare. On fait peu de cas des autres impressions de ce livre, publiées dans le quinzième siècle.

— Eædem, à Car. Aldobrandino. *Florentiæ*, Junta, 1513, in-8. 8 l.

— Eædem. *Venetiis*, Aldus, 1515, in-8. 9 l.

Edition estimée et assez rare.

—Eædem, ab H. Stephano; cujus acced. Noctes aliquot Parisinæ Atticis A. Gellii Noctibus seu Vigiliis invigilatæ; adj. L. Carrionis an-

not. *Paris*. H. Stephanus, 1585, in-8.

Livre très-rare.

— Eædem. *Amst.* Elzevir, 1651, in-12. 7 l.

Jolie édition.

— Eædem, cum notis Varior., ex recens. A. Thysii et Jac. Oiselii. *Lugd. Bat.* 1666, in-8. 8 l.

Edition estimée. Elle entre dans la Collection des *Variorum*.

— Eædem, cum interpr. et notis Jac. Proust; ad usum Delphini. *Parisiis*, 1681, in-4. 12 l.

Cette édition fait partie de la Collection des auteurs *ad usum Delphini*.

— Eædem, cum notis Variorum, ed. Jo. Fred. Gronovio. *Lugd. Bat.* 1687, in-8. 12 l.

— Eædem, cum notis Jo. Fred. et Jac. Gronovii. *Lugd. Bat.* 1706, in-4. 16 l.

Bonne édition.

— Eædem, cum notis Longolii. *Curiæ Regnitianæ*, 1741, in-8. 9 l.

— Eædem, ed. J. Lud. Conrado. *Lipsiæ*, 1762, 2 vol. in-8. 15 l.

Réimpression de l'édition de 1706, in-4.

— Eædem. *Biponti*, 1784, 2 vol. in-8. 5 l.

—Les Nuits attiques d'Aulu-Gelle, trad. en franç. avec un commentaire, par J. Donzé de Verteuil. *Paris*, 1776, 3 vol. in-12. 8 l.

AURELIANI (Cœlii) Tardarum passionum lib. iv. Oribasii Euporiston lib. iij. Medicinæ Compendium, Curationum liber, Trochiscorum Confectio, à J. Sichardo. *Basileæ*, 1529, in-fol. 15 l.

Première édition.

— De Morbis acutis et chronicis lib. viij, cum notis Theod. Janss. ab Almeloveen et J. Conr. Amman. *Amst.* 1709, in-4. 10 l.

—Iidem, cum notis eorumd. *Amst.* 1722 vel 1755, in-4. 7 l.

—Iidem, ex recens. Alb. de Haller. *Laus.* 1774, 2 vol. in-8. 7 l.

AURELIUS VICTOR. (Sex.) Vid. VICTOR.

AURIVELLII (C.) Dissertationes ad sacras litteras et Philol. oriental. pertinentes. *Gotting.* 1790, in-8. 5 liv.

AUROGALLI (Matth.) Grammatica

hebræa chaldæaque. *Basileæ,* 1539, in-8. *rare,* 8 l.

AURPACHII (J.) Poëmatum lib. duo. *Patavii ,* 1557, in-8. 5 l.

AUSONII Peonii Epigrammatum liber; Versus paschales; Epistolæ, etc. *Venetiis ,* 1472, pet. in-fol.

Première édition, excessivement rare , et d'un prix considérable dans le commerce. Vendu 700 l. chez La Vallière.

— Ejusd. Opera quæ extant , ex recens. Æmilii Ferrarii Novariensis. *Mediolani ,* Uldericus Scinzenzeller , 1490, in-fol.

Edition rare et recherchée. Elle est regardée comme la première qui ait été donnée séparément des poésies d'Ausone.

— Eadem , ex recens. Julii Æmilii Ferrarii Novariensis. *Venetiis ,* Joan. de Ceveto, 1494, in-fol. *rare,* 24 l.

— Eadem, ex recens. Alexandri. *Parisiis ,* 1513, in-4. 24 l.

— Eadem , cur. Frid. Comit. Valmontonii. *Florent.* Junta , 1517, in-8. 24 l.

Edition très-rare.

— Eadem , ex recogn. Avancii Veronensis. *Venetiis ,* Aldus , 1517, in-8. 9 l.

— Eadem , edente Vineto. *Burdigalæ ,* 1580, in-4. 5 l.

— Eadem, cum notis Varior., ex edit. et cum notis Jac. Tollii. *Amst.* 1671 , in-8. 12 à 15 l.

Cette édition entre dans la Collection des *Variorum.*

— Eadem, cum interpr. et notis Juliani Floridi ; ad usum Delphini ; ex recens. et cum animadv. J. B. Souchay. *Parisiis,* 1730, in-4. 12 l.

— Gr. pap. 24 l.

Cette édition fait partie de la Collection des auteurs *ad usum Delphini.*

— Les Œuvres d'Ausone , trad. en franç. avec le texte latin à côté, par Jaubert. *Paris ,* 1769, 4 vol. pet. in-12. 10 l.

AUTELZ. (Guill. des) Repos du plus grand travail , ou Poésies diverses. *Lyon ,* 1550, in-8.

— Réplique de Guill. des Autelz aux furieuses défenses de Louis Maigret, en prose. *Lyon ,* 1551 , in-8.

— Mythistoire baragouyne de Fan-

freluche et Gaudichon. *Lyon,* 1574, in-16.

— Les amoureux Repos de G. des Autelz. *Lyon ,* 1553 , in-8.

Tous ces ouvrages de Guill. des Autelz ne sont pas communs; 6 l. chaque.

AUTHORES de Balneis apud Græcos , Latinos et Arabos Medicos. *Venet.* apud Juntas, 1553 , in.fol. 50 l.

Collection rare et précieuse.

AUTHORUM (vetustiss.) Georgica , Bucolica et Gnomica poëmata quæ supersunt ; gr. lat. *Genevæ ,* 1569, in-16. 10 l.

AUVRAY : (J.) son Théâtre et autres Œuvres poétiques. *Paris ,* 1628 et 1631 , in-8. 6 l.

AUZANET : (Barth.) ses Œuvres, contenant ses Commentaires sur la Coutume de Paris. *Paris ,* 1708, in-fol. 12 l.

Bonne édition.

AXIOCHUS , sive Dialogus de Morte, gr. , ex recens. J. F. Fischeri. *Lipsiæ ,* 1758, in-8. 5 l.

AXTII (Jo. Conr.) Tractatus de Arboribus coniferis et pice conficiendâ aliisque ex illis arboribus provenientibus. *Jenæ,* 1679, in-12. fig. 6 l.

AYALA (Gabr.) Popularia Epigrammata medica. Ejusd. Carmen pro verâ Medicinâ. *Antuerp.* 1562, in-4. 7 l.

AYALA. (Don Ped. Lopez d') Cronica de los reyes de Espana. *En Madrid ,* 1779, 4 vol. in-4. 40 l.

AYMON. (les quatre Fils) Voy. HISTOIRE.

AYRAULT. Des Procès faits aux cadavres , aux cendres , à la mémoire , aux bêtes brutes, etc. *Angers ,* 1591 , in-8. 8 l.

AYTON. (Will.) Hortus Kewensis, or a Catal. of the plants cultivated in the royal bot. garden at Kew. *London ,* 1789, 3 vol. in-8. fig. 60 liv.

AZZARA.(Don Felix d') Voyages dans l'Amérique Méridionale, publiés par C. A. Walckenaer , avec des notes de G. Cuvier. *Paris ,* 1809, 4 vol. in-8. et atlas , 36 l.

B

BACCHINI (Benedicti) Dissertatio de Sistris veterum , cum notis Jac. Tollii. *Trajecti ad Rhenum* , 1696 , in-4. 6 l.

BACCII (Andr.) de naturali Vinorum Historià , de Vinis Italiæ, et de Conviviis antiquor. lib. vij. *Romæ* , 1596 , in-fol.

Ce volume est rare , 3o à 4o l.

— Ejusd. de Thermis libri vij. *Venetiis* , 1571 , in-fol. 24 l.

Cette édition est la meilleure de ce livre.

— Iidem. *Venetiis* , 1588 , in-fol. 18 liv.

Après l'édition précédente , celle-ci est la plus recherchée.

—Iidem. *Paduæ* , 1711 , in-fol. 15 L.

Cette édition est augmentée d'un huitième livre.

— Le dodici Pietre preziose da And. Bacci. *In Roma* , 1587 , in-4. 15 l.

— Ejusd. de Gemmis et Lapidibus pretiosis eorumq. viribus et usu , Tractatus , ex ital. in lat. conversus à Wolf. Gabelchovero. *Francof.* 1643 , in-8. 5 l.

— Ejusd. de Venenis et Antidotis Prolegomena. *Romæ* , 1586 , in-4. 7 liv.

— Del Tevere di A. Bacci lib. tre, ne' quali si tratta della natura dell' acque, e specialmente del Tevere. *In Venezia* , 1576 , in-4. 8 l.

— Della natura dell' Alicorno e delle sue virtù. *Fiorenza* , 1573 , in-4. 10 l.

BACHAUMONT. (Louis Petit de) Mémoires secrets pour servir à l'Histoire de la République des lettres en France. *Londres* , 1777 , 36 vol in-12. 5o l.

BACHAUMONT (Fr. Le Coigneux de) et autres. Voyages en France. *Paris* , 1798 , 4 vol. in-18. pap. vélin , fig. 20 l.

BACHSTROM. (Jean Fred.) L'Art de nager. *Amst.* 1741 , in-8. 6 l.

BACKER. (Georg. de) Dictionnaire des Proverbes français , avec l'explicat. de leurs significations , etc. *Bruxelles* , 1710 , in-12. 5 l.

BACON : (Fr.) Works. *Lond.* 1740 , 4 vol. in-fol. 36 l.

— The same. *Lond.* 1765 , 5 vol. in-4. 100 l.

— F. Baconis Opera philosophica. *Wurceb.* 1780 , 3 vol. in-8. 15 l.

— Les Œuvres de Fr. Bacon , trad. par Ant. Lasalle , avec des notes critiq. , etc. *Dijon* , an 8 (1800), 16 vol. in-8. 5o l.

On a tiré de cet ouvrage quelques exemplaires en grand papier , 8o l.

BACON. (Natanael) An historical and political Discourse on the Laws and Government of England. *London* , 1739 , in-fol. 15 l.

BACONIS (Rog.) Opus majus, nunc primùm edidit S. Jebb. *Lond.* 1733 , in-fol. 12 l.

— De la Pierre philosophale , trad. en franç. par J. Girard de Tournay. *Paris.* , 1529 , in-8. 7 l.

— Recueil de plusieurs Traités d'Alchimie , savoir : le Miroir d'Alchimie de R. Bacon , la Table d'Esmeraude de Hermès Trismégistes , etc. , etc. *Lyon* , 1557 , in-12.

Ce Recueil n'est pas commun , 12 l.

BACON-TACON. (P. J. J.) Recherches sur les Origines celtiques. *Paris*, Didot l'aîné , an 6 , 2 vol. in-8. fig. 12 l.

BACQUET : (Jean) ses Œuvres , avec les notes de Cl. Jos. de Ferrière. *Lyon* , 1744 , 2 tom. 1 vol. in-fol. 15 l.

BAEST. Tableau de la Grande Bretagne , de l'Irlande et des possessions anglaises dans les quatre parties du monde. *Paris* , an 8 , 4 vol. in-8. fig. 18 l.

BAFFO. (Giorg.) Opere poetiche. *Cosmopoli* , 1789 , 4 vol. in-8. 12 l.

BAGELLARDI à Flumine (Pauli) Libellus de infantium ægritudinibus ac remediis. *Patavii* , Martinus de Septem arboribus , 1472 , in-4. 12 l.

Ouvrage assez rare.

BAGLIVI (Georg.) Opera omnia medico-practica et anatomica. *Bassani* , 1737 , in-4. fig. 8 l.

— Eadem. *Norimb.* 1738 , in-4. 6 l.

— Eadem , cum notis Pinel. *Parisiis* , 1788 , 2 vol. in-8. 10 l.

BAIARDO da Parma (Andr.) Trattato amoroso de Hadriano e de Narcissa , in ottava rima , intitolato : *il Philogine* , in-4. 18 l.

Ancienne édition, sans indication de lieu ; sans nom d'imprimeur et sans date. Les exemplaires en sont rares.

Ce volume renferme la première partie d'un poëme qui n'a pas été achevé.

BAIERI (J. J.) Monumenta Rerum petrificatarum præcipua , Oryctographiæ Noricæ supplementi loco jungenda, interpr. Fr. Jac. Baiero. *Norimbergæ* , 1757 , in-fol. fig. 27 l.

— Ejusd. Horti med. Altorf. Historia. *Altorfi* , 1727, in-4. fig. 6 l.

BAIF : (Jean. Ant. de) ses Œuvres , en rime, cont. ix livres de Poëmes, vij livres des Amours, v livres des Jeux , et v livres des Passe-temps. *Paris* , 1573, 2 vol. in-8. 15 l.

— Etrenes de Poezie fransoeze , en vers mezurés. *Paris* , 1574 , in-4.

Exemplaire imprimé sur vélin.

— Les Mimes , Enseignements et Proverbes du même. *Paris* , 1597, in-12. 5 l.

BAII (Mich.) Opera varia , ex edit. Gabr. Gerberon. *Coloniæ* , 1696 , in-4. 4 l.

BAILEY. (N.) Dictionarium britannicum. *Lond.* 1736 , in-fol. 12 l.

— A new universal etymological english Dictionary, revised by Jos. Nic. Scott. *Lond.* 1764, in-fol. 36 l.

— The Advancement of Arts , Manufactures and Commerce, or Description of the useful Machines and Models contained in the Repository of the Society of Arts and Commerce. *Lond.* 1772 , in-4. fig. 18 l.

— Gr. pap. 36 l.

BAILLET. (Adr.) Les Vies des Saints. *Paris*, 1701 et suiv. 17 vol. in-8. 24 l.

Bonne édition.

— Les mêmes. *Paris* , 1704 , 4 vol. in-fol. 15 l. — Gr. pap. 24 l.

— Les mêmes. *Paris* , 1739, 10 vol. in-4. 24 l.

BAILLY. (J.Silv.) Essai sur la théorie des Satellites de Jupiter , avec les Tables de Jupiter , par E. Séb. Jeaurat. *Paris*, 1766, in-4. 12 l.

en commun .

— Lettres sur l'origine des Sciences

et sur celle des peuples de l'Asie. *Paris* , 1777 , in-8. 4 l.

— Lettres sur l'Atlantide de Platon, et sur l'ancienne histoire de l'Asie. *Paris* , 1805 , in-8. 4 l.

— Histoire de l'Astronomie ancienne, depuis son origine jusqu'à l'établissement de l'École d'Alexandrie. *Paris* , 1781 , in-4.

— Histoire de l'Astronomie moderne, depuis la fondation de l'Ecole d'Alexandrie jusqu'en 1782. *Paris*, 1785 , 3 vol. in-4.

On a donné , il y a quelques années, un Abrégé de ces deux ouvrages , eu 2 vol. in-8. 8 l.

— Histoire de l'Astronomie indienne et orientale. *Paris* , 1787 , in-4.

Ces trois derniers ouvrages sont fort estimés , et ne se séparent pas, 60 l.

— Discours et Mémoires de J. S. Bailly. *Paris* , 1790 , 2 vol. in-8. pap. vélin , 10 l.

BAKER (H. J.) Essai sur l'Histoire naturelle du Polype insecte , trad. par Demours. *Paris* , 1744 , in-8. fig. 7 l.

BAKERI Medulla Poetarum romanorum, lat. et angl. *Lond.* 1737 , 2 vol. in-8. 9 l.

BALBI (Hier.) Opera poëtica, oratoria ac poëtica-moralia, à Ketzer. *Viennæ*, 1792, 2 vol. in-8. 8 l.

BALBI. Vid. JOANNES DE JANUA.

BALBINI (Bohuslai) Epitome historica Rerum Bohemicarum. *Pragæ*, 1677 , in-fol.

— Ejusd. Miscellanea historica Regni Bohemiæ , in duas decades disposita. *Pragæ* , 1679 et seqq. 3 vol. in-fol.

Ces deux ouvrages sont rares et recherchés. Il est difficile d'en trouver des exemplaires bien complets, 120 l.

BALDE (Jac.) Carmina , cum notis J. C. Orelii. *Turici* , 1805 , in-8. 7 l. — Pap. vélin , 10 l.

BALDINUCCI. (Filip.) Comminciamento e Progresso dell' arte d'intagliare in rame. *In Firenze* , 1686, in-4. 12 l.

Ouvrage intéressant et peu commun.

BALDINUS. (Clem.) Pinax iconicus antiq. ac variorum in sepulturis rituum , ex Lilio Gregorio excerptus à Cl. Baldino. *Lugd.* 1556 , in-8. fig. 7 l.

BALDUINI (Bened.) de Calceo antiquo, et J. NEGRONI de Caligâ veterum lib. singulares, cum observ.
J. Fred. Nilant. *Lugd. Bat.* 1711,
in-8. fig. 6 l.
Bonne édition.

BALEI (Joan.) Bibliotheca Scripto-
rum illustrium majoris Britanniæ.
Basileæ, 1557, in-fol. 8 l.
Ouvrage estimé et rare.

BALINGHEM. (Ant. de) Les Après-
dinées et Propos de table contre
l'excès au boire et au manger.
Lille, 1615, ou *St.-Omer,* 1624,
in-8. 18 l.
Petit ouvrage singulier et peu commun.

BALLONII (Guill.) Opera medica,
ed. Tronchin. *Genevæ,* 1762, 2 vol.
in-4. 10 l.

BALUZII (Steph.) Miscellanea, seu
Collectio veterum Monumentorum
quæ hactenùs latuerant in variis
cod. et bibliothecis. *Parisiis,* 1678
et seqq. 7 vol. in-8. 24 l.
Cette Collection a été réimprimée à *Lucques,*
en 1761, en 4 vol. in-fol. par les soins
de Mansi; et on doit préférer cette
dernière édition, qui est beaucoup augmentée.

—Ejusd. Capitularia Regum Francorum, cur. P. de Chiniac. *Parisiis,*
1780, 2 vol. in-fol. 18 l. — Gr. pap.
36 l.
Bonne édition, préférée à celle de 1677.

— Ejusd. Vitæ Paparum Avenionen-
sium ab ann. 1305 ad ann. 1394.
Parisiis, 1693, 2 vol. in-4. 10 l.
Ouvrage estimé.

— Histoire généalogique de la maison
d'Auvergne. *Paris,* 1708, 2 vol.
in-fol. 8 l. — Gr. pap. 12 l.

BANCK (Laur.) de Tyrannide Papæ
in reges et principes christianos;
cui in fine addita est L. Vallæ
Declamatio. *Franequeræ,* 1649,
in-12. 8 l.
Peu commun.

BANDELINI (Aug. Mar.) Catalogus
Codicum MSS. Bibliothecæ Mediceæ Laurentianæ, varia continens
Opera Græcorum patrum. *Florentiæ,* 1764, 3 vol. in-fol. 54 l.

BANDELIS (Vinc. de) Tractatus de
singulari puritate et prærogativà
Conceptionis Salvatoris D. N. J. C.

Bononiæ, Ugo de Rugeriis, 1481,
pet. in-4. 100 l.
Edition originale, d'une rareté extraor-
dinaire.
Cet ouvrage a été réimprimé de format in-4.
et in-12. sous la même date; mais il est
facile de reconnaître ces deux réimpressions, parce qu'elles portent sur le titre
qu'elles ont été faites *juxtà exemplar
Bononiense anni* 1481.

— Ejusd. Libellus recollectorius, de
Veritate Conceptionis Beatæ Virginis Mariæ. *Mediolani,* Valda-
fer, 1475, in-4. goth. 100 l.
Première édition très-rare.

BANDELLI de Castronovo (F. M.)
Titi Romani et Egesippi Athenien-
sis amicorum Historia, in lat. versa.
Mediolani, 1509, pet. in-4. 50 l.
Ouvrage très-rare.

BANDELLO. (Matt.) Canti xj e le
tre Parche. *In Guienna,* nella città
d'*Agen,* 1545, in-8. 220 l. — Gr.
pap. 500 l.
Livre extrêmement rare, sur-tout en grand
papier. La totalité du volume est de 203
feuillets.

— Le prime tre parti delle Novelle
del medesimo. *In Lucca,* Bus-
drago, 1554, 3 vol. in-4. — La
quarta parte delle Novelle del medesimo. *In Lione,* de Marsilii,
1573, in-8. 250 l.
Edition originale. La IVᵉ Partie, imprimée à *Lyon,* en 1573, de format in-8.,
est extrêmement rare, et vaut seule autant
que les trois premières.
L'édition de *Milan,* 1560, 3 vol. in-8. et
celle de *Venise,* 1566, 3 vol. in-4., sont
peu recherchées, parce qu'on y a supprimé
mé un grand nombre de Nouvelles.

— Le medesime Novelle, di nuovo
ristampate, con la quarta Parte.
In Londra, Harding, 1740, 4 vol.
in-4. 100 l.
Cette édition est fort recherchée, non-seulement à cause de sa belle exécution, mais
encore parce qu'elle a été faite, sans aucun
changement, sur l'édition originale citée
ci-dessus. Les exemplaires en grand papier sont fort rares et très-chers, 250 l.

— Le medesime (con la quarta
Parte). *Londra (Livorno),* 1791,
9 vol. in-8. portrait, 27 l.
Edition entière et très-correcte. Elle a été
publiée par les soins de M. G. Poggiali,
qui en a fait tirer un exemplaire sur papier bleu et un autre sur peau de vélin.

BANDINI. (Ang. Maria) Dell' Obelisco di Cesare Augusto, scavato dalle rovine del Campo Marzo, con dissert. *In Roma*, 1759, in-fol. con quattro fig. 10 l.

La Bibliothèque impériale possède un exemplaire de ce livre imprimé sur papier bleu.

BANDINUS (Ang. Mar.) de Florentinâ Juntarum typographiâ, ejusque censoribus. *Lucæ*, 1791, 2 vol. in-8. 10 l.

— Specimen Litteraturæ Florentinæ sæculi xv. *Florentiæ*, 1751, 2 vol. in-8. 7 l.

BANDURI. (D. Ansel.) Voy. Byzantine.

BANGII (Th.) Cœlum Orientis et prisci mundi Triade exercitationum litterar. repræsentatum, seu Exercitationes de litteris antiquis. *Hauniæ*, 1657, in-4. 7 l.

BANIER. (Ant.) La Mythologie et les Fables expliquées par l'histoire. *Paris*, 1738, 3 vol. in-4. 24 l.

— La même. *Paris*, 1738, 8 vol. in-12. 24 liv.

BAR. (Jacq. Charl.) Recueil de tous les Costumes religieux et militaires. *Paris*, 1778-1798, 56 cahiers, formant 6 vol. in-fol. fig. color. 380 liv.

Recueil bien exécuté et rarement complet.

BARBA. (Alv. Alonso) Arte de los Metales. *En Madrid*, 1640, in-4. 30 liv.

Edition originale, rare et fort estimée.

La réimpression de *Madrid*, 1729, in-4. quoiqu'augmentée d'un traité d'Alonso Carillo Lasso, sur les anciennes Mines d'Espagne, est beaucoup moins recherchée que la première édition.

BARBARI (F.) de Re uxoriâ libri duo. *Amst.* 1639, in-16. 5 l.

Petit traité rare et singulier.

BARBARI (Fr.) et aliorum Epistolæ, diatriba præliminaris earum Epistolarum. *Brixiæ*, 1741-43, 2 vol. in-4. 15 l.

BARBARI (Hermolaï) Castigationes Plinianæ. — *Item* Emendationes variæ in Pomponium Melam, etc. *Romæ*, Euch. Argenteus, 1493, in-fol. 15 l.

Edition recherchée et assez rare.

BARBARO. (Iosafat) Vedi Viaggi.

BARBASAN. (Etienne) Fabliaux et Contes des Poètes français des xje,

xije, xiije, xive et xve siècles. *Paris*, 1756, 3 vol. in-12. 12 l.

— Les mêmes; nouv. édit., revue par M. Méon, *Paris*, 1808, 4 vol. in-8. fig. 36 l. — Pap. fin, 40 l.

— Pap. vélin, fig. av. la lettre et eaux fortes, 108 l. — Pap. de Holl., fig. av. la lettre et eaux fortes, 108 l. — Pap. de Holl., fig. av. la lettre, 78 l.

Cette édition est bien imprimée. On en a tiré un exemplaire sur vélin.

— L'Ordene de chevalerie. *Paris*, 1759, pet. in-8. 5 l.

— Le Castoyement, ou Instruction d'un père à son fils. *Paris*, 1760, pet. in-8. 5 l.

BARBAUT. (Jean) Les plus beaux Monuments de Rome ancienne, dessinés par lui-même. *Rome*, 1761, gr. in-fol. 128 pl. 36 à 40 l.

— Les plus beaux Edifices de Rome moderne, dessinés par le même. *Rome*, 1763, gr. in-fol. fig. 48 l.

— Recueil de divers Monuments anciens de l'Italie, dessinés par le même, et gravés en 166 pl. *Rome*, 1770, gr. in-fol. fig. 50 à 60 l.

— Monuments antiques, ou Collection choisie d'anciens Bas-Reliefs égyptiens, grecs, etc. *Rome*, 1788, in-fol. fig. 15 à 20 l.

BARBELLINI. Roma antica e moderna. *In Roma*, 1741, 2 vol. pet. in-8. fig. 16 l.

BARBERINO.(Fr.) Documenti di Amore. *Roma*, 1640, in-4. fig. rare, 24 l.

Edition mentionnée par la Crusca.

BARBEYRAC.(Jean) Voy. Cumberland, Grotius et Puffendorff.

BARBIER. (Ant. Alex.) Catalogue de la bibliothèque du Conseil d'Etat. *Paris*, imprim. impériale, an 11, 2 vol. in-fol. 45 l.

Ce Catalogue n'a été tiré qu'à un petit nombre d'exemplaires. L'exécution en est belle.

— Dictionnaire des Ouvrages anonymes et pseudonymes, composés, trad. ou publiés en français. *Paris*, 1806, 2 vol. in-8. 12 l.

— Voy. Desessarts. (N. L. M.)

BARBOSÆ (Aug.) Dictionarium lusitanico - latinum. *Bracharæ*, 1611, in-4. 12 l.

— Ejusd. Opera omnia in Jus Pontificum. *Lugd.* 1716 et seqq. 16 tom. 10 vol. in-fol. 40 l.

Peu recherché aujourd'hui.

BARBUT. (Jacq.) Les genres des Insectes de Linné , constatés par divers échantillons d'Insectes d'Angleterre. *Lond.* 1781, gr. in-4. fig. color. 60 l.

— Les mêmes , en angl. et en franç. *Lond.* 1783 , gr. in-4. fig. color. 30 liv.

— Les genres des Vers de Linné , dessinés d'après nature , avec une explicat. en angl. et en franç. *Lond.* 1788, gr. in-4. fig. color. 30 l.

BARCELLO. Voy. Skinner.

BARCHUSEN (Jo. Conr.) Elementa Chemiæ. *Lugd. Bat.* 1718, in-4. fig. 5 l.

BARCLAII (Joan.) Satyricon , necnon Conspiratio anglicana , cum Clave. *Lugd. Bat.* Elzevir , 1637 , in-12. 5 l.

—Idem , cum Clave et notis Varior. *Lugd. Batav.* 1674 , in-8. 6 l.

— Idem. *Viennæ* , 1772 , in-8. 6 l.

—Ejusd. Argenis, cum Clave. *Lugd. Batav.* Elzevir, 1630 , in-12. 4 l.

— Idem, cum Clave et notis Varior. , necnon Continuat. T. Bugnotii. *Lugd. Bat.* 1664 et 1669 , 2 vol. in-8. 10 l.

— Vid. Morisotus. (C. B.)

BARCLAII (Rob.) Apologia Theologiæ veræ christianæ. *Lond.* 1676, in-4. 4 l.

On a donné un traduction française de cet ouvrage à *Londres* , en 1702 , de format in-8. 1 vol.

— An Apology for the true christian divinity , by R. Barclay. *Birmingham*, Baskerville, 1765, in-4. 15 l.

BARDET DE VILLENEUVE. Cours de la Science militaire à l'usage de l'infanterie. *La Haye*, 1740 , 5 vol. in-8. fig. 15 l.

BARDI. (Giov. , de' Conti di Vernio) Discorso de Giuoco del Calcio fiorentino. *Firenze* , 1673, in-4. 4 liv.

— Lo stesso. 1688 , in-4. 6 l.

Ces deux éditions sont citées par la Crusca.

BARDON. (Dandré) Costumes des anciens peuples , à l'usage des artises. Nouv. édit., rédigée par Co-

Dict. Bibl. I.

chin. *Paris* , 1784 , 4 vol. in-4. 30 liv.

L'édition de 1772 , est recherchée pour les figures , 24 l.

BARDON DE BRUN. (Bernard) Saint Jacques , tragédie en 5 actes et en vers, représentée publiq. à Limoges. *Limoges* , 1596 , in-8. 30 l.

Pièce rare et recherchée.

BARELETTE (Fr. Gabr.) Sermones quadragesimales , de Sanctis , de Adventu , et alii. *Lugd.* 1502 vel 1536 , in-8.

Ces Sermons , écrits dans le genre de ceux de Maillard , sont remplis de plates bouffonneries et de passages ridicules et indécents.

BARETTI. (Jos.) A Dictionary of the english and italian languages. *London* , 1778 , 2 vol. in-4. 24 l.

—The same. *Lond.* 1790 , 2 vol. in-4. 30 liv.

— Dictionary spanish and english, and english and spanish. *Lond.* 1800 , in-4. 24 l.

BARGÆI (Pet. Ang.) Poëmata , ab ipso recogn. et aucta. *Florentiæ* , apud Juntas, 1568 , in-8. 6 l.

BARINGII (Dan. Eberh.) Clavis diplomatica, specimina veter. Scriptur. tradens , Alphabeta varia, etc. *Hanoveræ* , 1754 , 2 tom. 1 vol. in-4. 18 l.

L'édition de 1737 vaut 10 à 12 l.

BARLÆI (Casp.) Historia Rerum in Brasiliâ et alibi gestarum sub præfecturâ J. Mauritii Nassaviæ comitis. *Amst.* 1647 , in-fol. 10 l. — Gr. pap. 15 l.

Cet ouvrage est orné de beaucoup de figures gravées en taille douce.

BARNESII (Josuæ) Historia Estheræ , cum scholiis , gr. lat. *Lond.* 1679 , in-8. 5 l.

BARNET. (Jean) Histoire tragique de la Pucelle d'Orléans , mise en rime franç. et par personnaiges. *Nancy* , 1581 , in-4. 7 l.

Volume assez rare , et presque toujours mal conservé.

BARO: (Balth.) son Théâtre. *Paris*, 1651 , 2 vol. in-4. 10 l.

BARONII Cardin. (Cæs.) Annales Ecclesiastici. *Romæ* , 1588 et seqq. 12 vol. in-fol.

— Odorici Raynaldi Annales Ecclesiastici post Baronium. *Romæ* , 1646 et seqq. 10 vol. in-fol.

7

— Iidem Od. Raynaldi Annales in Epitomen redacti. *Romæ*, 1667, in-fol.

— Jac. de Laderchis Continuatio Annalium Ecclesiast. C. Baronii et Od. Raynaldi. *Romæ*, 1728, 3 vol. in-fol.

— Ant. Pagi Critica historico-chronologica in universos Annales Eccl. C. Baronii. *Antuerp.* (*Genevæ*), 1705, 4 vol. in-fol.

— Apparatus Annalium Eccl. C. Baronii, cum Criticâ A. Pagi, Continuatione Od. Raynaldi, necnon notis G. J. Dom. Mansi in Pagium et Raynaldum. *Lucæ*, 1740, in-fol.

Ces six articles réunis forment la Collection complète des *Annales Ecclésiastiques* du cardinal Baronius, 100 l.

L'édition de Rome est préférée à celle de *Lucques*, publiée en 1740, en 38 vol. in-fol.

BARRE. (J. de la) Antiquités de la ville, Comté et Chastellenie de Corbeil. *Paris*, 1647, in-4. 5 l.

BARRE. (Joseph) Histoire générale d'Allemagne. *Paris*, 1748, 10 tom. 11 vol. in-4. 45 l. — Gr. pap. 72 l.

BARRELETTE (Jos.) Voy. BARELETTE.

BARRELIERII (Jacobi) Plantæ per Galliam, Hispaniam et Italiam observatæ, accur. Ant. de Jussieu. *Parisiis*, 1714, in-fol. fig. 20 l. — Gr. pap. 36 l.

BARROS. (Joan de) Decadas III. de Asia, en que se tratan os Feitos dos Portugueses no descobrimento e conquista dos mares e terras Orient. *En Lisboa*, 1552, 1553 et 1563, 3 vol. in-fol.

— Decada IV. de Asia, por seguir a Jo. de Barros, por Diego do Couto. *En Lisboa*, 1602, in-fol.

Il faut joindre à cette Décade la nouvelle édition qui en a été publiée à *Madrid*, en 1615, par J. B. Lavenha, parce qu'elle contient des notes intéressantes.

☞ Decada V. de Asia. *En Lisboa*, 1612, in-fol.

— Decada VI. de Asia. *En Lisboa*, 1614, in-fol.

Cette Décade est rare.

— Decada VII. de Asia. *En Lisboa*, 1616, in-fol.

— Decadas VIII, IX et X. de Asia. *En Lisboa*, 1673, in-fol.

Ces trois Décades se trouvent ordinairement manuscrites.

— Decada XI. de Asia. Manuscrit in-fol.

Cette onzième Décade n'a point été imprimée.

— Cinco libros da Decada XII. de Asia. *En Paris*, 1645, in-fol.

Les cinq derniers livres de cette Décade n'ont point été imprimés.

— Decada XIII. de Asia, o Decada I. de Ant. Boccarro, por seguir Jo. de Barros et Diego do Couto. Manuscrit in-fol.

Cette première Décade de Boccarro est la seule qu'il ait faite. Elle n'a point été imprimée.

Ces neuf articles forment la Collection des Histoires asiatiques de Jean de Barros et de Diego de Couto. On les rassemble très-difficilement.

— Asia Portuguesa, en que se tratan (segun el orden de las Decadas de Barros y do Couto, y por continuar las) los hechos y conquist. de los Portugueses in Asia y Africa, desde 1412-1640. *En Lisboa*, 1666, 1674 et 1675, 3 vol. in-fol.

Ces trois volumes se joignent aux onze précédents; 250 l.

BARROW. Abrégé chronologique, ou Histoire des Découvertes des Européens, trad. par J. B. Targe. *Paris*, 1766, 12 vol. in-12. 30 l.

BARROW. (John) An Account of Travels in to the interior of southern Africa in the years 1797-98. *Lond.* 1801, in-4. fig. pap. vélin, 24 l.

— Voyage dans la partie méridionale de l'Afrique, fait en 1797-98, trad. de l'angl. avec des notes. *Paris*, 1801, 2 vol. in-8. fig. 10 l. — Pap. vélin, 20 l.

— Nouveau Voyage dans la partie méridionale de l'Afrique, trad. de l'angl. *Paris*, 1806, 2 vol. in-8. 10 l. — Pap. vélin, 20 l.

— Voyage à la Cochinchine, par les îles de Madère, de Téneriffe et du Cap-vert, le Brésil et l'île de Java, trad. de l'angl. avec des notes, par Malte-Brun. *Paris*, 1807, 2 vol. in-8. et atl. in-4. de 18 pl. 15 l. — Pap. vélin, 30 l.

BARRY'S. (Edward) Observations historicals, criticals and medicals on the Wines of the ancients, and the analogy bet-ween them and moderns Wines. *London*, 1775, in-4. 30 l.

BARTHÉLEMY. (Nic.) Apologie du Banquet sanctifié de la veille des Rois. *Paris*, 1664, in-12. 5 l.
Peu commun.

BARTHÉLEMY. (J. J.) Réflexions sur l'Alphabet et sur la Langue dont on se servait autrefois à Palmyre. *Paris*, 1754, in-4. 10 l.
Peu commun.

— Voyage du jeune Anacharsis en Grèce. *Paris*, Debure, 1788, 4 vol. in-4. et atlas, 50 l, — Gr. pap. vélin, 150 l.
Première édition.

— Le même. *Paris*, Debure, 1788 ou 1789 ou 1790, 7 vol. in-8. et atlas in-4. 54 l. — Pap. vélin, 84 l.
Ces trois éditions sont également bonnes.

— Le même. *Paris*, Didot le jeune, an 7 (1799), 7 vol. gr. in-4. pap. vélin, et atlas gr. in-fol. fig. 200 l.
Cette édition est la plus belle et la plus correcte que l'on ait faite jusqu'à présent de cet excellent ouvrage. Elle contient plusieurs Mémoires qui ne se trouvent pas dans les éditions précédentes.
On en a tiré 18 exemplaires sur grand papier in-fol.

— Le même. *Paris*, Didot le jeune, an 7 (1799), 7 vol. in-8. et atlas in-4. fig. 66 l.
Il en a été tiré 50 exemplaires sur papier de Hollande, 150 l.

— Travels of Anacharsis the younger in Grece, translated in tho english. *Lond.* 1794, 7 vol. in-8. et atlas in-4. 72 l.

— Explication de la Mosaïque de Palestrine. *Paris*, 1760, in-4. 6 l.

— Voyage en Italie. *Paris*, 1801, in-8. fig. 7 l.
On a tiré de ce Voyage 10 exemplaires sur papier vélin.

— Œuvres diverses de J. J. Barthélemy (publiées par de Sainte-Croix.) *Paris*, 1798, 2 vol. in-8. 8 l.

BARTHEZ. (J. M.) Nouveaux Éléments de la science de l'homme; 2.e édit. *Paris*, 1806, 2 vol. in-8. 12 liv.
Du même : *Théorie du beau dans la nature et les arts.* Paris, 1807, in-8. 5 l. — *Nouv. Mécanique des mouvements de l'homme, etc.* 1798, in-4. 4 l. — *Traité des maladies goutteuses*, an x, 2 vol. in-8. 9 l.

BARTHOLDY. (J. L. S.) Voyage en Grèce dans les années 1803-1804,

trad. du l'allem. par A. du C***. *Paris*, 1807, 2 vol. in-8. 15 pl. 12 l. — Pap. vélin, 24 l.

BARTHOLI DE SAXO FERRATO Lectura in iij libros Codicis. *Neapoli*, Sixtus Riessinger, absq. ann., sed circà 1471, in-fol.
Première édition très-rare. Elle est exécutée sur deux colonnes, sans chiffres, signatures ni réclames.

— Ejusd. Lectura in secundam Justiniani Codicis partem. *Neapoli*, Sixtus Riessinger, 1471, in-fol.
Ces deux articles ne se séparent pas.

— Ejusd. Commentarii juridici. *Venetiis*, Vindelinus de Spira, 1471, in-fol.
Ces trois ouvrages ne sont recherchés que pour leur date.
Les Œuvres complètes de cet auteur ont été imprimées à *Lyon*, en 10 vol. in-fol.

BARTHOLINI (Richardi) de Bello Norico Austriados lib. xij. *Argentorati*, 1516, in-4. 15 l.
Peu commun,

BARTHOLINI (Th.) et Henr. MEIBOMII Tractatus de usu Flagrorum in Re medicà et venereà. *Francofurti*, 1670, in-12. 12 l.
Bonne édition d'un traité rare et singulier.

— Ejusd. T. Bartholini Acta medica et philosophica Hafniensia. *Hafniæ*, 1671 et 1672, 5 part. en 3 vol. in-4. quelquefois reliés en un seul, 6 liv.

— Ejusd. de insolitis Partùs humani viis Dissertatio nova, cum observ. anatom. J. Vesselingii. *Hafniæ*, 1664, in-8. 4 l.

— Ejusd. de Medicinà Danorum Dissertationes x. *Hafniæ*, 1666, in-12. 4 liv.

— Ejusd. de Nivis usu medico Observationes; cum Dissert. Erasmi Bartholini de Figurà Nivis. *Hafniæ*, 1661, in-8. 4. l.

— Ejusd. de Armillis veterum. *Amst.* 1676, in-12. fig. 3 l.

— Ejusd. Antiquitates Danicæ *Hafniæ*, 1689, in-4. 20 l.

BARTHOLINI (Casp.) de Tibiis veterum. *Amst.* 1679, in-12. fig. 3 l.

BARTHOLOMÆI DE LAS CASAS (D.) erudita et elegans Explicatio Quæstionis : *Utrùm Reges vel Principes*, *jure aliquo vel titulo*, *et salvâ conscientiâ, cives ac subditos à regiâ coronâ alienare et*

*alterius domini particularis ditioni
subjicere possint ?* » curâ et stud.
Vol¹. Griesstetteri. *Francof. ad
Mœnum*, 1571, in-4. 25 à 30 l.

Livre devenu très-rare par la suppression
exacte qui en fut faite. Quelques personnes
préfèrent la réimpression de *Tubinge*,
1625, in-4., qui est aussi fort rare, parce
qu'on y trouve un petit traité de Mont-
ferrat, intitulé : *de Successione Regum*,
qui n'est pas dans la première édition.

— Las Obras de D. Bartolomeo de las
Casas sobre la Destruycion de las
Indias. *En Sevilla*, 1552, 5 part.
1 vol. in-4. goth. 24 à 30 l.

Edition originale. Il est difficile d'en trouver
des exemplaires complets. La contrefaction de ce livre est exécutée en lettres
rondes.

— Ejusd. Narratio verissima Regionum Indicarum per Hispanos quosdam devastatarum, ex hispan. lat.
versa. *Opeinheimii*, 1598, in-4.
fig. de J. Théod. de Bry, 20 l.

Version latine de l'ouvrage précédent. Elle
est recherchée par rapport aux figures de
J. Théodore de Bry, dont elle est décorée.
L'édition de 1614 est peu estimée.

—Tyrannie et cruautés des Espagnols
perpétrées aux Indes Occidentales,
trad. du castillan par Jac. de Mig-
grode. *Anvers*, 1579, in-8. ou 1582,
in-12. 10 l.

— Le même ouvrage, trad. par Bel-
legarde. *Paris*, 1697, in-12. 5 l.

— Le Miroir de la cruelle et horrible
tyrannie espagnole perpétrée aux
Pays-Bas par le duc d'Albe, et celle
perpétrée aux Indes Occidentales.
Amst. 1620, in-4. fig. 15 l.

BARTHOLOMÆI DE PISIS Ser-
mones quadragesimales de Contemptu mundi. *Mediolani*, 1498,
in-4. 8 l.

Edition originale. Les exemplaires en sont
rares.

—Ejusd. Liber Conformitatum Vitæ
Sancti Francisci ad Vitam Dom.
Nostri Jesu Christi, ex recens. F.
Zenonis. *Mediolani*, Ponticus,
1510, in-fol. *charactere quadrato*.

Cette édition, l'originale de ce livre, est
extrèmement rare, et vaut 250 à 300 l. La
réimpression de *Milan*, 1513, in-fol. caractères gothiques, est aussi fort rare et
assez chère, 100 à 150 liv.
On fait peu de cas de la troisième édition de
cet ouvrage, donnée à *Bologne*, en 1590,

in-fol. lettres rondes, parce qu'on y a fait
beaucoup de suppressions.

BARTHOLOMÆI venerab. à Mar-
tyribus Opera, stud. Dom. Inguim-
berti. *Romæ*, 1734, 2 vol. in-fol.
15 l.

BARTHOLOMÆUS Anglicus (de
Glanvilla) de Proprietatibus Rerum. 1482, in-fol. *très-rare*.

— De la Propriété des Choses, trad.
par Jean Corbichon. *Lyon*, 1485,
in-fol. 15 l.

BARTOLI. Réflexions sur le progrès
réel ou apparent que les Arts et les
Sciences ont fait dans le xviije. siècle. *Paris*, 1780, in-8. 5 l.

BARTOLINI. (Biagio) Catalogo delle
Piante che nascono spontaneamente
intorno alla città di Siena. *In Siena*, 1776, in-4. 16 l.

BARTOLOCCII (Julii) Bibliotheca
magna rabbinica de Scriptoribus et
Scriptis hebraïcis. *Romæ*, 1675, 4
vol. in-fol.

— Caroli Jos. Imbonati Supplementum Bibliothecæ Rabbinnicæ J. Bartoloccii. *Romæ*, 1694, in-fol.

Ces deux ouvrages réunis, 72 l. environ.

BARTON. (Phil.) Voy. PLUTARQUE.

BARTSCH. (Adam) Catalogue raisonné de toutes les Estampes qui
composent l'Œuvre de Rembrandt.
Vienne, 1797, 2 vol. in-4. 18 l.

BASAN. (Fr.) Dictionnaire des Graveurs anciens et modernes. *Paris*,
1767, 3 vol. in-12. fig. 9 l. — Gr.
pap. 18 l.

—Le même. *Paris*, 1789, 2 vol. in-8.
fig. 15 l.

—Recueil de 650 Estampes de différents sujets, gravées d'après les
meilleurs maîtres des trois écoles,
par F. Basan. *Paris*, 6 vol. in-fol.
500 l.

On ne trouve que fort difficilement des
exemplaires complets de ce Recueil.

— Recueil de 123 Estampes grav. d'a-
près les tableaux du cabinet de M.
le duc de Choiseuil, par F. Basan.
1771, in-4. 50 l.

BASILE EUTHYMION. Histoire sy-
noptique de la Grèce, composée
en angl. par un anonyme, trad.
en allemand, et de l'allemand en
grec vulgaire. *Vienne*, 1807, in-8.
9 l.

BASILICA (la) di San Marco di Venezia, colle Notizie del suo innalzamento, sua architettura, musaïci, etc. con fig. disegnate da A. Visentini. *Venezia*, 1761, gr. in-fol.

BASILII Magui (S.) Opera, gr. et lat., ex edit. Juliani Garnier Benedict. *Parisiis*, 1721 et seqq. 3 vol. in-fol. 40 l. — Gr. pap. 60 l.

BASINGHEM. (Abot de) Traité des Monnaies, en forme de Dictionnaire. *Paris*, 1764, 2 vol. in-4. 18 l.

BASNAGE.(Jacq.) Histoires du vieux et du nouveau Testament, représentées en figures, avec des explicat. *Amst.* 1704, in-fol. fig. de Romain de Hooge, 18 l.
Edition recherchée par rapport aux figures dont elle est décorée.

— Les mêmes. *Amst.* Mortier, 1706, in-4. fig. 10 l.

— Histoire de l'Eglise, depuis J.-C. jusqu'à présent. *Rotterdam*, 1699, 2 vol. in-fol. 12 l. — Gr. pap. 18 l.

— La même. *La Haye*, 1723, 2 vol. in-fol. 12 l. — Gr. pap. 18 l.
Cette seconde édition est également bonne.

— Histoire des Juifs, depuis J.-C. jusqu'à présent, pour servir de suite à l'Histoire de Josephe. *La Haye*, 1716, 15 vol. in-12. 18 l.
Bonne édition.

— Antiquités judaïques. Vid. CUNÆUS.

BASNAGE (Sam.) Annales politicoecclesiastici, à Cæsare Augusto usque ad Phocam. *Roterod.* 1706, 3 vol. in-fol. 12 l.
Ouvrage peu recherché aujourd'hui.

BASSIS (Pet. And. de) Labores Herculis. *Ferrariæ*, Aug. Carnerius, 1475, in-fol.
Première édition fort rare. Cet ouvrage se trouve quelquefois relié avec la Théséïde de Boccace, imprimée à *Ferrare*, en 1475.

BASSUS. Vid. GEOPONICORUM sive de Re Rusticâ, lib. xx.

BASTERI (Job.) Opuscula subseciva, Observat. miscellaneas de animalculis et plantis quibusdam marinis, eorumque ovariis et seminibus continentia. *Harlemi*, 1762, 2 vol. in-4. fig. 18 l.

BASTIEN. (Jean Fr.) La nouvelle Maison rustique, édition entièrement refondue. *Paris*, an 6 (1798), 3 vol. in-4. avec 60 pl. 36 l.

BATALLIER. Voy. VORAGINES.

BATELERII (Jac.) Vindiciæ Miraculorum, per quæ fides Christi fuit consummata, adversùs Spinosæ Tractatus theolog.-politic. *Amst.* 1673, in-12. 6 l.

BATTARA (J. Ant.) Fungorum agri Ariminensis Historia. *Faventiæ*, 1759, in-4. fig. 18 l.

— Rerum naturalium Historia, nempè, Quadrupedum, Insectorum, Piscium, etc., ac præsertim Testaceorum existentium in Museo Kircheriano, edita jam à P. P. Bonanno, nunc verò novo methodo distributa à J. A. Battara. *Romæ*, 1773, in-fol. fig. color. 50 l.

BATTEUX. (Charles) Morale d'Epicure, tirée de ses écrits. *Paris*, 1758, pet. in-8. 4 l.
Peu commun.

— Histoire des Causes premières. *Paris*, 1768-1769, 2 vol. in-8. 8 l.

— Les quatre Poétiques d'Aristote, d'Horace, de Vida et de Despréaux, avec les trad. et des remarq. *Paris*, 1771, 2 vol. in-8. 12 l.

— Principes de Littérature. *Paris*, 1774, 5 vol. in-12. 9 l. — Gr. pap. 30 l.

BATTHENEY. L'Archiviste français, ou Méthode sûre pour apprendre à arranger les Archives et déchiffrer les anciennes écritures. *Paris*, 1775, in-4. fig. 20 l.

BAUDELOCQUE. (J.L.) L'Art des Accouchements; 4e. édit. *Paris*, 1807, 2 vol. in-8. fig. 12 l.

BAUDII (Dom.) Amores, edente P. Scriverio. *Amst.* Elzevir, 1638, in-12. rare, 24 l.
Dans quelques exemplaires le titre porte, *Lugduni Batavorum, apud Fr. Hegerum et Hackium*, et sur un feuillet séparé à la fin, *Lugduni Batavorum, typis Georg. Abrah. van der Murre*, 1638. Il est aisé de voir au caractère usé que cet ouvrage n'a pas été imprimé par les Elzévirs.

BAUDOT DE JUILLY. Histoire de Charles VI, publiée par Marguer. de Lussan. *Paris*, 1756, 9 vol. in-12. 15 l.

BAUHINI (Casp.) de Hermaphroditorum monstrosorumque partuum Naturâ libri duo. *Opeinheimii*, 1614, in-8. fig. 6 l.

— Pinax Theatri botanici, sive Index

in Theophrastum , Dioscoridem , Plinium et botanicos. *Basileæ* , 1671, in-4. 8 l.

BAUHINI (J.) et Jo. Henr. CHER-LERI Historia Plantarum universalis, ex recens. D. Chabræi, edit. verò Fr. Lud. à Graffenried. *Ebroduni*, 1650 et seq. 3 vol. in-fol. 36 l.
Ouvrage estimé et peu commun.

— Traité des Animaux ayant ailes , qui nuisent par leurs piqûres ou morsures, avec les remèdes, etc. *Montbéliart* , 1593 , in-12. 10 l.

BAUMÉ. (Ant.) Chimie expérimentale et raisonnée. *Paris* , Didot le jeune , 1773 , 3 vol. in-8. 15 l.
—Éléments de Pharmacie théorique et pratique. *Paris* , 1797 , 1 tom. 2 vol. in-8. 9 l.

BAUMES. Traité élémentaire de Nosologie. *Paris* , 1806 , 4 vol. in-8. 15 l.

BAUMGAERTNER (F. G.) Recueil d'idées pour la décoration des Jardins et des parcs, dans le goût angl., gothiq. , chinois , etc. *Leipsig* , 1807, 50 cahiers in-fol. cont. 500 grav. 330 l.

BAUNE. (Jac. de la) Vid. PANEGE-RICI veteres.

BAURN (J.G.) Iconographia à Melch. Kysell incisa. *Augsbourg*. 1682, in-fol. obl. fig. 24 l.

BAXTER (Wilh.) Glossarium Antiquitatum romanarum. *Lond.* 1731 , in-8. 5 l.
— Ejusd. Glossarium Antiquitatum britannicarum. *Lond.* 1733 , in-8. 5 liv.

BAYERI (Theoph. Sigef.) Musæum Linguæ Sinicæ. *Petropoli* , 1730 , 2 vol. in-8. 18 l.
— Ejusd. Historia Osrhoëna et Edessena, nummis illustrata. *Petropoli*, 1734, in-4. 10 l.
— Ejusd. Historia Regni Græcorum Bactriani, etc. ; accedit C. T. Waltheri Doctrina temporum indica , cum paralipomenis. *Petropoli* , 1738, in-4. 10 l.

BAYERI Rhainani (Jo.) Uranometria , omnium Asterismorum continens Schemata. *AugustæVindelicorum* , 1603, vel *Ulmiæ* , 1723 , in-fol. fig. 15 l.

BAYERI (Fr. Perezii) de Nummis

hebræo - samaritanis. *Valentiæ-Edetanorum* , 1781 , gr. in-4. fig. 27 l.
— Ejusd. Nummorum hebræo-samaritanorum Vindiciæ. *Valentiæ-Edetanorum* , 1790 , gr. in-4. 24 l.
Cet ouvrage se joint au précédent.

BAYLE. (Pierre) Dictionnaire historique et critiq. , revu par Prosp. Marchand. *Rotterdam*, 1720, 4 vol. in-fol. 84 l. — Gr. pap. 400 à 500 l.
Bonne édition.
On trouve des exemplaires d'éditions peu estimées de ce Dictionnaire , dans lesquels on a substitué à la place de leurs véritables frontispices, ceux de 1720. Pour n'être point dupe de cette supercherie, il suffira d'examiner , 1°. si l'intitulé de l'E-pître dédicatoire y est imprimé rouge et noir ; 2°. si l'article qui concerne *David*, *roi des Juifs* , est employé deux fois, la première en 3 pages , et la seconde en 6 , distinguées par un astérique.
Vendu , en grand papier , chez M. Méon , en décembre 1803, 1173 l. Cet exemplaire était de la plus grande beauté.

— Le même. *La Haye* , 1740, 4 vol. in-fol. 60 l.
Quoique l'édition de 1720 soit réputée la meilleure, cependant quelques savants lui préfèrent celle de 1740 , parce qu'ils ont remarqué qu'elle était un peu plus ample.

— Le même. *La Haye* , 1730, 4 vol. in-fol. 40 l.
—Le même. *La Haye (Trévoux ,)* 1734, 5 vol. in-fol. 36 l.
On joint ordinairement au Dictionnaire de Bayle, les remarques critiques sur cet ouvrage, par Joly. *Paris* , 1748-1752 , 2 tom. 1 vol. in-fol.

— A general Dictionary historical and critical , translated by J. Bernard , Th. Birch and John Lockman. *Lond.* 1734, 10 vol. gr. in-fol. 240 l.
— Œuvres diverses de Bayle. *La Haye* , 1727 , 4 vol. in-fol. 40 l. — Gr. pap. 70 l.
Bonne édition. La réimpression de *Trévoux*, 4 vol. in-fol. n'est pas recherchée.

— Voy. CHAUFEPIÉ (Jac. Georg. de) et MARCHAND. (Prosper)

BAZIN. Observations sur les Plantes, et leur analogie avec les Insectes. *Strasbourg*, 1741, in-8. 6 l.

BEATIANO. Le Rime volgari. *In Venegia*, Giolito de Ferrari, 1551, in-8. 12 l.
Petit volume fort recherché et assez rare.

BEATTIE. (James) Essays on poetry and music. *Edinburgh*, 1778, in-8. 10 l.

Il existe une traduction française de cet ouvrage., en 1 vol. in-8.

BEAU : (C. le) ses Aventures, ou Voyage curieux parmi les Sauvages de l'Amérique septentrionale. *Amst.* 1738, 2 vol. in-8. fig. 10 l.

Ce Voyage, loin d'être imaginaire, comme l'ont prétendu certaines personnes, est très-réel.

BEAU. (le) Code des Prises. *Paris*, impr. de la rép. an 8, 3 vol. in-4. 24 l.

BEAU. (Charles le) Histoire du Bas-Empire, depuis Constantin - le-Grand, continuée par Ameilhon. *Paris*, 1757 et suiv. 26 vol. in-12. 66 l.

BEAUFORT. (Louis de) Histoire de la République romaine, ou Plan général de l'ancien Gouvernement de Rome. *La Haye*, 1776, 2 vol. in-4. fig. 15 l.

— Le grand Porte-Feuille politique. *Paris*, 1789, in-fol. atlas, 10 l.

BEAUHARNAIS. (M.me de) Mélanges de poésies et de prose sans conséquence. *Paris*, 1776, in-8. pap. de Holl. fig. 6 l.

BEAUMARCHAIS: Collection complète de ses Œuvres. *Paris*, 1809, 6 vol. in-8. 20 grav. au trait, 36 l. —Sans fig. 30 l. — Pap. vélin, fig. avant la lettre (50 exempl.), 60 l. Prix de l'éditeur.

BEAUMONT (Francis) and J. FLETCHER'S Works, with notes by Theobald. *Lond.* 1778, 10 vol. in-8. 54 l.

— The same. *Lond.* 10 vol. in-12. 36 l.

BEAUMONT. (J. Albanis) Travels through the maritime Alpes, from Italy to Lyons, across the Col de Tende, etc. *Lond.* 1795, in-fol. fig. 100 l.

— Description des Alpes grecques et Cottiennes, ou Tableau historiq. et statistiq. de la Savoie, sous les rapports de son ancienneté, de son étendue, de sa population, etc., etc. *Paris*, 1802, 4 vol. in-4. cartes et pl. 120 l.

BEAURAIN. (Jean de) Histoire militaire de Flandres depuis 1690 jusqu'en 1694, publiée sur les Mé-

moires de M. Vaultier et du maréch. de Luxembourg. *Paris*, 1756, 3 vol. in-fol. avec cartes, 76 l.

BEAURAIN, fils du précédent. Histoire de la Campagne du prince de Condé en Flandres, en 1674. *Paris*, 1774, in-fol. avec cartes, 40 l.

— Histoire des quatre dernières Campagnes du maréchal de Turenne, en 1672 - 1675. *Paris*, 1782, gr. in-fol. avec cartes, 50 l.

BEAUSOBRE (Nic. de) et Jacq. LENFANT. Le Nouveau Testament, trad. en franc. avec des notes littérales. *Amst.* 1718, 2 vol. in-4. 8 l. — Gr. pap. 15 l.

— Remarques historiq., critiq. et philologiques sur le Nouv. Testament. *La Haye*, 1741, in-4. 5 l.

— Histoire critique de Manichée et du Manichéisme. *Amst.* 1734, 2 vol. in-4. 18 à 24 l.

Peu commun.

BEAUZÉE. (Nic.) Grammaire générale. *Paris*, 1767, 2 vol. in-8. 27 l.

BEBELII (Henr.) Facetiarum lib. iij. *Tubingæ*, 1542, in-8.

Toutes les éditions de ces Facéties ont quelque valeur, 5 à 6 l.

— Ejusd. Triumphus Venereus, et alia Poëmata. *Tubingæ*, 1508, in-4. 50 à 60 l.

Ce volume est annoncé dans plusieurs catalogues, comme très-rare.

BECCARIA. (Cesare) De i Delitti e delle Pene. *Senza luogho nè stampatore*, 1764, in-4. 6 l.

— Il medesimo. *In Parigi*, Didot magg. 1780, gr. in-8. 15 l.

On a tiré de cette édition des exemplaires sur vélin.

— Il medesimo. *In Parigi*, Didot magg. 1781, gr. in-4. 50 l.

Edition tirée à 14 exemplaires seulement.

— Il medesimo, ital. e franc. *Parigi*, Boiste, 1796, in-4.

Il y a de cette édition des exemplaires en papier vélin.

— Traité des Délits et des peines, en grec moderne, avec des notes, par M. Coray. *Paris*, 1802, in-8. 5 l.

BECKIUS. (M. F.) Ephemerides Persarum juxtà epochas celebr. Orientis, persicè, cum vers. lat. et notis M. F. Beckii. *Aug. Vind.* 1615-1616, in-fol. 12 l.

BECKMAN. (Dan.) A Voyage to and from the Island of Borneo in the east Indies. *Lond.* 1718, in-8. fig. 18 l.

BEDÆ (Venerabilis) Opera omnia. *Coloniæ,* 1612, 8 tom. 4 vol. in-fol. 15 liv.

Collection peu recherchée aujourd'hui.

— Liber Bedæ de Schemate et Tropo. Ejusd. Liber de Figuris et Metris. Comment. Sergii de Litterâ. Comment. Maximini Victorini de Ratione Metrorum, etc. *Mediolani,* Ant. Zarotus, 1473, in-4. 100 l.

Cette rare édition, la première de ce livre, est exécutée à longues lignes, sans chiffres, signatures ni réclames.

— Ejusd. Bedæ Historiæ Ecclesiasticæ Gentis Anglorum lib. v, à Jo. Smith. *Cantabr.* 1722, in-fol. 7 l.

BEDOS DE CELLES. (Fr.) La Gnomonique-pratique, ou l'Art de tracer avec précision les cadrans solaires. *Paris,* 1790, in-8. avec 39 fig. 7 l.

BEEVERELL. (James) Les Délices de la Grande-Bretagne et de l'Irlande. *Leyde,* 1707, 8 vol. in-12. fig. 24 l.

BEGERI (Laur.) Bellum et Excidium Trojanum, ex antiquitatum reliquiis. *Berolini,* 1699, in-4. fig. 18 l.

Livre curieux, recherché et assez rare.

— Thesaurus Brandenburgicus selectus, à L. Begero. *Coloniæ-Marchicæ,* 1696, 3 vol. in-fol. fig. 40 l.

— Thesaurus ex Thesauro Palatino selectus, à L. Bergero. *Heidelbergæ,* 1685, in-fol. fig. 15 l.

— Spicilegium Antiquitatis, exhibente L. Begero. *Coloniæ Brandenburg.* 1692, in-fol. fig. 8 l.

— De Nummis Cretensium serpentiferis, Disquisitio antiquaria, operâ L. Begeri. *Coloniæ Marchicæ,* 1702, in-fol. fig. 8 l.

— Lucernæ veter. Sepulchrales iconicæ. *Berol.* 1702, in-fol. 8 l.

— Contemplatio Gemmarum Dactyliothecæ A. Gorlæi. *Berol.* 1697, in-4. 5 l.

— Regum et imperator. romanor. Numismata aurea, argentea, ærea, etc., cum comment. Alb. Rubenii. *Berol.* 1710, in-fol. 7 l.

— Hercules Ethnicorum, ex variis antiquitatum reliquiis, delineatus à L. Bergero. 1705, in-fol. fig. 10 l.

BEHRIUS (Chr. A.) de Juventutis educandæ atque instituendæ ratione præstantiss. *Lipsiæ,* 1797, in-8. pap. de Holl. 12 l.

BEIGEL Lexicon græcum, germ. et ital. *Lipsiæ,* 1796, in-8. 15 l.

BEKKER. (Balth.) Le Monde enchanté. *Amst.* 1694, 4 vol. in-12. 9 liv.

On joint à cet ouvrage l'article suivant.

— Traité des Dieux et des Démons du Paganisme, avec des remarq. critiq. sur le système de Bekker, par Benj. Binet. *Delft,* 1696, ou *Amst.* 1699, in-12.

BELIANIS de Grèce. Voy. HISTOIRE.

BELIDOR. (Bern.) Le Bombardier français, ou nouvelle Méthode de jeter les Bombes avec précision. *Paris,* 1731, in-4. fig. 10 l. — Gr. pap. 18 l.

— Architecture hydraulique, ou l'Art de conduire les eaux. *Paris,* 1737 et 1753, 4 vol. in-4. fig. 100 l.

Excellent ouvrage.

— La Science des ingénieurs dans la conduite des travaux de fortification et d'architecture militaire. *Paris,* 1749, gr. in-4. fig. 36 l.

BELII (Matth.) Notitia Hungariæ novæ historico-geographica, divisa in partes iv. *Viennæ Austriæ,* 1735 et seqq. 4 vol. in-fol. fig. 80 l.

Ouvrage estimé, et rempli de recherches curieuses et intéressantes.

— Scriptores Rerum hungaricarum veteres et gemini, collect. M. Belio, recens. Jo. Georg. Schwandtnero. *Vindobonæ,* 1746 et seqq. 3 vol. in-fol. fig. 80 l.

On fait beaucoup de cas de ce livre.

— Hungariæ antiquæ et novæ Prodromus. *Norimbergæ,* 1723, in-fol. 12 liv.

Abrégé des deux articles précédents.

— De vetere Litteraturâ hunno-scythicâ Exercitatio. *Lipsiæ,* 1718, in-4. 24 liv.

Peu commun.

BELINZONE Fiorentino. (Bern.) Le Rime diverse. *In Milano,* Philip. de Mantegazi, 1493, in-4. 30 l.

Livre rare.

BELL. (Benj.) A Systeme of surgery. *Edinb.* 1783-86, 6 vol. in-8. fig. 40 l.

— Cours complet de chirurgie théoriq. et pratiq., trad. de l'angl. par M. Boš-

quillon. *Paris*, 1796, 6 vol. in-8.
99 pl. 20 l. — Pap. vélin, 40 l.
— Traité théoriq. et pratique des ul-
cères, trad. par M. Bosquillon. *Pa-*
ris, 1803, in-8. 5 l.
On a tiré de ce livre un exemplaire sur papier rose pâle.
— Traité des Maladies vénériennes,
trad. de l'angl. par M. Bosquillon.
Paris, an 10, 2 vol. in-8. 12 l.
BELLARMINI (Rob.) Disputationes
de Controversiis fidei, adversùs hujus temporis hæreticos. *Pragæ*,
1721, 4 vol. in-fol. 20 l.
Bonne édition.
BELLAY, seign. de Langey. (Guill.
du) Instructions sur le fait de la
guerre. *Paris*, Vascosan, 1548,
in-fol.
Exemplaire imprimé sur vélin et orné de
miniatures.
BELLEFOREST (Fr. de) et P.
BOAISTUAU. Histoires prodi-
gieuses, extraites de plusieurs au-
teurs. *Paris*, 1598, 6 tom. 3 vol.
in-16. 15 l.
— Histoires tragiques, extraites des
Œuvres italiennes de Bandel, et
mises en franç. par les mêmes.
Lyon, 1616, 7 vol. in-16. 18 l.
BELLENDENI (Guill.) de tribus
Luminibus Romanorum libri xvj.
Parisiis, 1634, in-fol. 24 l.
Bellendenus s'étant attaché dans cet ouvrage,
qui est une espèce d'histoire romaine, à ne se
servir que des termes propres de Cicéron,
l'a rendu presque inintelligible.
Les exemplaires en sont rares.
— Cicero consul, senator, senatus-
que romanus, per G. Bellendenum.
Parisiis, 1612, in-8. 5 l.
BELLENDENI (Guill.) de Statu
lib. iij. *Lond.* 1787, in-8. por-
traits, 12 l.
BELLEVILLE. (Philip. de) Théâ-
tre d'Histoires, ou les grandes
Prouesses et Aventures du chev.
Polimantes, prince d'Arfine, *Bru-*
xelles, 1610 ou 1613, in-4. fig. 6 l.
BELLI. (P. J.) Il Santo Libro de la
Genesi difeso da' nuovi assalti de'
moderni libri pensatori. *Parma*,
Bodoni, 1789, 3 vol. in-4. 30 l.
BELLIN. (Nic.) Le Neptune fran-
çais, ou Recueil de Cartes mari-
nes. *Paris*, 1753, gr. in-fol. 30 l.
Recueil fort estimé. Cette édition a fait
tomber celle de 1693.

Dict. Bibl. I.

— Le petit Atlas maritime, ou Re-
cueil de Cartes et Plans des quatre
parties du monde. *Paris*, 1764,
5 vol. in-4. 80 l. — Gr. pap. 120 l.
— L'Hydrographie française, ou Re-
cueil de Cartes pour le service des
vaisseaux du roi. *Paris*, 1756, gr.
in-fol. 70 l.
— Essai géographique sur les îles
Britanniques. *Paris*, 1757, in-4.
cartes, 8 l.
— Description géographique des îles
Antilles, possédées par les Anglais.
Paris, 1758, in-4. cartes, 8 l.
— Description géographique de la
Guiane. *Paris*, 1763, in-4. cartes,
12 liv.
— Description des débouquements
qui sont au nord de l'île de Saint-
Domingue. *Paris*, 1766, in-4.
cartes, 10 l.
— Description géographiq. et histo-
rique de l'île de Corse. *Paris*, Di-
dot, 1769, in-4. 9 l.
— Description géographiq. du golfe
de Venise et de la Morée. *Paris*,
1771, in-4. 9 l.
BELLINCIONI. (Bern.) Sonetti,
Canzoni, Capitoli, Sestine, ed
altre rime. *Milano*, 1493, in-4. 90 l.
Recueil très-rare.
BELLINGEN. (Fleury de) L'Etymologie, ou Explication des Proverbes franç. *La Haye*, 1656,
in-8. 8 l.
Bonne édition.
BELLONII (Pet.) de Arboribus coniferis, resiniferis, aliisque semper
virentibus. *Parisiis*, 1553, in-4.
fig. 6 l.
— Ejusd. de Aquatilibus lib. duo.
Parisiis, 1553, in-8. oblong. fig.
6 liv.
— Histoire naturelle des étranges
poissons marins. *Paris*, 1551, in-4.
fig. en bois, 8 l.
— De la nature et diversité des Poissons. *Paris*, 1555, in-8. obl. fig.
8 liv.
— Histoire de la nature des Oiseaux,
div. en vij liv. *Paris*, 1555, in-fol.
fig. 15 l. — Fig. enluminées, 27 l.
Ouvrage estimé et peu commun.
— Portraits d'oiseaux, animaux, serpents, herbes, hommes et femmes

8

d'Arabie et d'Egypte, avec une explication en rime franç. *Paris*, 1557, in-4. fig. en bois, 12 l. — Fig. enluminées, 24 l.

Recueil recherché et assez rare.

— Observations sur plusieurs singularités et choses mémorables, trouvées en Grèce, Asie, Judée, etc., en iij liv. *Paris*, 1588, in-4. fig. 8 l.

BELLORIUS. (J. Pet.) Admiranda romanarum Antiquitatum ac veteris Sculpturæ vestigia, à P. Sante Bartoli delineata, cum notis J. P. Bellorii. *Romæ*, 2 vol. in-fol. obl. fig. 50 l.

— Columna Antoniana, à P. Sante Bartoli delineata, cum notis J. P. Bellorii, in-fol. obl. 40 l.

— Le Pitture antiche del sepolcro de' Nasoni, disegnate da P. Sante Bartoli, e descritte da G. P. Bellori. *In Roma*, 1680, in-fol. fig. 20 l.

— Picturæ antiquæ Cryptarum romanarum et Sepulchri Nasonum, delineatæ à P. Sante Bartoli, et descriptæ à J. P. Bellorio et M. A. Causseo. *Romæ*, 1738, in-fol. fig. 15 l. — Gr. pap. 30 l.

Cet ouvrage a été réimprimé en 1791, in-fol. fig.

— Le Pitture antiche delle grotte di Roma e del sepolcro de' Nasoni, disegnate da P. Sante Bartoli, e descritte da G. P. Bellori. *In Roma*, 1719, in-fol. fig. 25 l.

— Le antiche Lucerne sepolcrali, disegnate da P. Sante Bartoli, con le osservat. di G. P. Bellori. *In Roma*, 1691, in-fol. fig. 15 l.

— Lucernæ veterum sepulchrales iconicæ, collectæ à Pet. Sante Bartoli, cum observ. J. P. Bellorii. *Coloniæ*, 1702, in-fol. fig. 12 l.

— Fragmenta vestigii vet. Romæ, ex lapidib. Farnesianis, cum notis J. P. Bellorii. *Romæ*, 1673, in-fol. fig. 10 l.

— Veteres Arcus triumphales Augustorum, cum notis J. P. Bellorii. *Romæ*, 1690, in-fol. fig. 10 l.

— Veterum illustrium philosophorum, poëtarum, etc., Imagines, ex nummis desumptæ à J. P. Bellorio. *Romæ*, 1685, in-fol. 15 l.

— Le Vite de' pittori, scultori ed

architetti moderni, da G. P. Bellori. *In Roma*, 1672, in-4. 8 l.

BELLOVISII (Armandi) Declaratio difficilium Terminorum theologiæ, philosophiæ atque logicæ. *Venetiis*, Aldus, 1586, in-8.

Seule édition de ce livre imprimée par les Aldes.

BELLOY : (Pier. Laur. Buyrette du) ses Œuvres complètes. *Paris*, 1779, 6 vol. in-8. fig. 18 l. — Pap. d'Holl. 40 l.

BELL'S. New Pantheon ; or historical Dictionary of the gods, dimigods, heroes and fabulous personages of antiquity. *Lond.* 1790, 2 vol. gr. in-4. 48 l.

BELLSZTENCEZ (Jo.) Gazophylacium latino-illyricorum Onomatum. *Zagrabiæ*, 1740, in-4. 30 l.

Volume rare.

BELON. Vid. BELLONIUS.

BELYARD. (Sim.) Le Guysien, ou perfidie tyrannique commise par Henri de Valois ès personnes du cardinal et duc de Guise, tragédie en rime franç. *Troyes*, 1592. — *Charlot*, églogue pastorelle sur les misères de la France. *Ibid.* 1592, in-8. 25 l.

Ces deux Pièces sont rares.

BEMBO. (Piet.) Le Prose, nelle quali si ragiona della volgar lingua. *In Venezia*, 1525, in-fol. 12 l.

Cette edition, la première de ce livre, est bien imprimée. Les exemplaires n'en sont pas communs.

— Le stesse. *Firenze*, 1549, in-4. rare, 9 l.

Edition revue, corrigée et augmentée par Bened. Varchi. Elle est citée par la Crusca.

— Le stesse, colle Giunte di Lod. Castelvetro. *Napoli*, 1714, 2 vol. in-4. 9 l.

Edition fort estimée en Italie.

— Le Rime di P. Bembo. *In Vinegia*, 1535, in-4. 9 l.

Il y a de cette excellente édition des exemplaires sur vélin.

— Le stesse. *In Roma*, 1548, in-8. 9 l.

On a tiré de cette édition des exempl. sur papier bleu.

— Le stesse. *In Vinegia*, 1564, in-12. rare, 15 l.

Edition très-correcte. Elle est citée par la Crusca.

— Historiæ Venctæ lib. xij. *Venetiis,* Aldus, 1551, in-fol. 18 l.

Première édition fort belle et assez rare. On en a tiré des exemplaires sur un papier plus grand et plus fort.

— Historia Veneziana volgarmente scritta. *Venezia*, 1552, in-4. 8 l.

Edition mentionnée par la Crusca.

— La stessa, pubblicata da J. Morelli. *Venezia*, 1790, 2 vol. in-4. 20 l.

— Gli Asolani. *In Venezia*, Aldo, 1505, in-4. 18 l.

Première édition très-rare. Les exemplaires où l'Epître dédicatoire adressée à Lucrèce Borgia, manque, sont moins chers.

— Gli stessi. *In Venezia*, Aldo, 1515, in-8. 12 l.

Copie de l'édition précédente.

— Gli stessi. *Venezia*, 1530, in-4. 9 l.

Bonne édition. Elle est citée par la Crusca.

— Les Asolains, de la nature d'amour, trad. par J. Martin. *Paris*, Vascosan, 1547, in-8. 7 l.

— De Ætnà, ad Angelum Chabrielem liber. *Venetiis*, Aldus, 1495, in-4. Volume très-rare et fort bien imprimé. On en a tiré des exemplaires sur vélin.

— Lettere di P. Bembo. *Roma*, tom. I. 1548, in-4. Tom. II. *Venezia*, Aldo, 1550, in-8. Tom. III et IV. *Venezia*, 1552, in-8.

— Le stesse, con la giunta della Vita del Bembo. *Venezia*, 1575, 2 vol. in-8. 12 l.

Edition citée par la Crusca.

— Tutte le Opere di P. Bembo. *In Venezia*, 1729, 4 vol. in-fol. 20 l.
— Gr. pap. 40 l.

— Vid. Carmina V. illustrium poëtarum italor.

BEMECHOBI episc. et martyris Liber continens Prophetias et Revelationes, dictus *Liber mirabilis*, cum secundà parte quæ Prophetias gallicas complectitur. *Sine loco et anno*, in-8. lettres goth. *trèsrare*, 15 l.

BENAVEN. Le Caissier italien, ou l'Art de connaître toutes les Monnaies actuelles d'Italie, etc. *Lyon*, 1787, 2 vol. in-fol. fig. 40 l. — Pap. vélin, *rare*, 120 l.

BENIVIENI : (Girol.) Opere poetiche. *In Firenze*, 1500, in-fol. 30 l.

Edition fort rare et l'originale de ce livre. Elle est exécutée en lettres rondes.

— Le stesse, col commento di G. Pico Mirandolano. *In Firenze*, Giunti, 1519, in-8. *assez rare*, 10 l.

Les réimpressions de *Venise*; 1522 et 1524, in-8. valent 7 à 8 l. chaque.

BENJAMINI Itinerarium, per Const. Lempereur, hebr. lat. *Lugd. Bat.* Elzevir, 1633, in-8. 5 l.

— Le même, trad. en franç. par J. P. Baratier. *Amst.* 1734, 2 vol. in-12. fig. 8 l.

BENOIST. (Elies) Mélanges de remarques historiq., critiq., etc., sur deux Dissert. de Toland, intitulées, l'une l'*Homme sans superstition*, et l'autre, *les Origines judaiques. Delft*, 1712, in-8. 10 l.

Ce volume n'est pas commun.

BENTER. (Ant.) La Cronica de toda Espana. *En Valencia*, 1604 et 1613, 2 tom. 1 vol. in-fol. 10 l.

BENTIVOGLI. (Ercole) Il Sogno amoroso. *In Vinegia*, 1530, in-4. 6 l.

BENTIVOGLIO. (Il card. Gui) Della Guerra di Fiandra. *In Colonia*, 1633, 1636 e 1639, 3 vol. in-4. 24 l.

Ouvrage estimé et peu commun. Après cette édition, la meilleure et la plus belle, est celle qui parut dans les années 1635, 1636 et 1640, en 3 vol. in-8.

BENTLEII (Ric.) Dissert. de Phalaridis, Themistoclis, Socratis, aliorumque Epistolis, omnia ex angl. in lat. convertit J. D. à Lennep. *Groningæ*, 1777, 2 vol. in-4. 25 l.

BENTOTIS, fils de George. Lexique franç. et grec. *Vienne*, 1804, 2 vol. in-4. 60 l.

BENVENUTI. (G.) Istituzioni di Mineralogia. *Parma*, Bodoni, 1790, in-8. 5 l.

BERCHII Grammatica latino-tamuldica. *Tramgambariæ*, 1738, in-8. 20 l.

BERENGER'S. (Rich.) History and Art of Horsemanship. *Lond.* 1771, 2 vol. in-4. fig. 24 l.

BERGANI BENACUS (G. Jodoci) Poëma. *Veronæ*, 1546, in-4.

Petit Poëme curieux et assez rare. Vendu 24 l. chez M. de Villoison.

BERGER (Chr. Henr. de) Commentatio de Personis, vulgò Lar-

vis, seu Mascheris. *Francof.* 1723,
in-4. fig. 10 l.

BERGERET DE FROUVILLE. La
Phytonomatotechnie universelle, ou
l'Art de donner aux plantes des
noms tirés de leurs caractères. *Paris*, Didot le jeune, 1783, 2 vol.
in-fol. fig. 40 l. — Fig. color. 72 l.
—Pap. de Hollande, *rare*.

Cet ouvrage n'est pas achevé.

BERGERON. Manuel du Tourneur.
Paris, 1792, 2 vol. in-4. 72 pl.
45 liv.

BERGERON. Voyages en Asie, dans
les xij, xiij, xiv et xve siècles, recueillis par Bergeron. *La Haye*,
1735, in-4. 15 l.

BERGIER. (Nic.) Histoire des
grands Chemins de l'Empire romain, avec des remarq. *Bruxelles*,
1728, 2 vol. in-4. fig. 33 l. — Gr..
pap. 54 l.

Bonne édition d'un ouvrage curieux et
plein d'érudition.

— La même. *Bruxelles*, 1736, 2
vol. in-4. fig. 24 l.

Edition moins bien exécutée que la précédente, mais tout aussi ample.

— Histoire des Antiquités de la ville
de Rheims. *Rheims*, 1635, in-4.
6 l.

BERGIER. (Nic. Silv.) Eléments
primitifs des Langues. *Paris*, 1764,
in-12. 3 l.

— Traité historiq. et dogmatique de
la vraie Religion. *Paris*, 1780,
12 vol. in-12. 20 l.

—Dictionnaire de Théologie. *Liége*,
1789, 8 vol. in-8. 24 l.

BERGII (Pet. J.) Descriptiones
Plantarum ex Capite Bonæ-Spei,
cum differentiis specificis, nominibus, etc. *Stockhol.* 1767, in-8.
fig. 10 l.

— Materia medica è regno vegetabili.
Stockholmiæ, 1782, in-8. 8 l.

—Nomenclature et Description des
Insectes du comté de Hanau (en
allemand). *Hanau*, 1778, 4 part.
1 vol. in-4. fig. color.

BERGMAN (M.Tob.) Opuscula physica et chimica. *Upsaliæ*, 1783,
3 vol. in-8. fig. 15 l.

—Opuscules chimiques et physiques,

trad. par de Morveau. *Dijon*, 1780,
2 vol. in-8. fig. 8 l.

— Manuel du minéralogiste, trad.
par Mongez. *Paris*, 1792, 2 vol.
in-8. 6 l.

BERGSTRAESSERI (H. Will.)
Sphingum Europæarum Larvæ
quotquot adhuc innotuerunt (en
allemand). *Hanau*, 1782, in-4.
fig. color.

BERGSTRAESSERI (J. A. B.) Icones Papilionum diurnorum quotquot adhuc in Europâ occurrunt
(en allemand). *Hanoviæ*, 1779,
3 part. in-4. fig. color.

BERINGI (Viti) Florus Danicus.
Hauniæ, 1709, in-fol. 8 l.

Edition préférable à celle de 1698.

BERINGTON. (J.) The Hist. of the
reign of Henry II, and of Richard
and John, his sons ; with the events
of the period from 1154-1216. *Basil.*
1793, 3 vol. in-8. 9 l.

BERKELEY. (G.) Alciphron, ou
le petit Philosophe, contenant une
Apologie de la religion chrét., trad.
de l'angl. (par de Joncourt.) *La
Haye*, 1734, 2 vol. in-12. 4 l.

BERKENHOUT (J.) Synopsis of
the natural history of Great-Britain
and Ireland. *Lond.* 1789, 2 vol.
in-8. 16 l.

BERLINGHIERI Fiorentino. (Fr.)
La Geografia, in terza rima e ling.
toscana. *In Firenze*, Nicolo To-
desco, (circà 1482), in-fol. 30 l.

Il est assez difficile de trouver des exemplaires complets de cette édition, qui
est la première de ce poëme. Le vol.
renferme 31 cartes géographiques, et
est imprimé sur deux colonnes de 51
lignes chacune dans les pages entières.

BERNARD. (le R.P.) Le Fouet divin
des jureurs et blasphémateurs du
très-saint nom de Dieu. *Douay*,
1618, in-12. 7 l.

BERNARD. (J.) Sauve-garde de la
Fumée. *Dijon*, 1621, in-8. *rare*,
4 à 5 l.

BERNARD : (Pierre-Joseph) ses
Œuvres complètes. *Paris*, Didot
le jeune, 1795, gr. in-8. pap. vélin,
fig. 7 l.

L'Opéra de Castor ne se trouve que dans
35 exemplaires.

— Les mêmes. *Paris*, Didot l'aîné,

1797, gr. in-4. pap. vélin, fig. 36 l.
— Fig. av. la lettre, 66 l.

Les exemplaires qui ont les figures avant
la lettre renferment de plus que les autres, les Opéra de Bernard, et quelques
pièces de poésie.

On a tiré de cette édition un seul exemplaire sur peau de vélin, auquel sont
joints les dessins originaux, aussi sur
vélin, exécutés entièrement à la plume.

BERNARDI (S.) Opera. *Parisiis*,
è typ. reg. 1642, 6 vol. in-fol. 30 l.

Cette édition des OEuvres de Saint Bernard
est peu recherchée aujourd'hui.

— Eadem, ex edit. et secundis curis
Jo. Mabillon Benedict. *Parisiis*,
1690, 2 vol. in-fol. 24 l. — Gr. Pap.
36 l.

Bonne édition.

— Eadem, tertiis curis Jo. Mabillon.
Parisiis, 1719, 2 vol. in-fol. 18 l.

Après l'édition précédente, celle-ci est la
plus recherchée.

— Ejusd. Sermones. *Moguntiæ*, Pct.
Schoyffer de Gernzheym, 1475,
in-fol. 40 l.

Cette édition, qui n'est recherchée que pour
sa date, a beaucoup perdu de son ancienne valeur. En général tous les livres
de cette classe, imprimés vers la fin du
quinzième siècle, se vendent aujourd'hui
bien moins cher qu'autrefois.

— Ejusd. Tractatus de Planctu B.
Virginis Mariæ. *Coloniæ*, Olricus
Zel de Hanau, 1470, in-4. *très-rare*.

BERNARDI (Edw.) de Mensuris et
Ponderibus antiq. lib. iij. *Oxonii*,
1688, in-8. 5 l.

BERNARDINO. Trattato delle Piante ed Imagini di sacri Edificii de
terra santa, disegnati in Jerusa-
leme. *Roma*, 1612, in-fol.

Livre curieux et assez rare.

BERNARDO di Parigi. (Il Padre)
Vocabolario italiano-turchesco. *In
Roma*, 1665, 3 vol. in-4. 20 l.

BERNDTII (J. G.) Lexicon Homericum. *Stendal*, 1795, in-8. 10 l.

BERNEGGERI (Matth.) Hypoboly-
mæa divæ Mariæ Dei-Paræ Camera, seu Idolum Lauretanum dejectum. *Argentor.* 1619, in-4. 6 l.

BERNIA, del Mauro, di Giov. della
Casa, del Bino, etc. etc. (Tutte le
Opere del). 1542, in-8. 40 l.

Ce Recueil de Poésies est divisé en trois
parties, dont les deux premières cou-

tiennent *Tutte le Opere del Bernia* et le
terze Rime di Giov. de la Casa, ed altri.
La troisième partie renferme *Le terze Rime
del Molza, del Varchi*, etc. Le volume
doit être terminé par une petite pièce de
15 feuillets d'impression, intitulée : *Dialogo contrà i Poeti del Bernia.* Cette
partie manque dans beaucoup d'exemplaires.

L'édition de 1545, in-8. est également
très-rare.

— Opere burlesche di Fr. Berni, della
Casa, del Varchi, del Mauro, etc.
Firenze, Giunti, 1548 e 1555,
2 vol. in-8. 72 l. .

Cette édition est beaucoup plus ample que
celles de 1542 et 1545. Les exemplaires
en sont fort rares.

Il est bon de s'assurer si les deux vol.
portent les dates que nous avons indiquées, parce que le tome premier a été
réimprimé deux fois, savoir : en 1550 et
1552.

L'édition de *Venise*, Giglio, 1564 et 1566,
est assez estimée.

— Le stesse, colla data di Londra,
accresciute di un tomo terzo, colla
data di *Firenze* (mà *Napoli*), 1723,
3 vol. in-8. 18 l.

Cette édition et la précédente sont citées
par l'Académie de la Crusca.

— Le stesse, ediz. data alla luce da
Ant. Rolli. *In Londra*, 1721 e
1724, 2 vol. in-8. 24 l.

Peu commun.

— Sonetti del Bernia in diversi sog-
getti, scritti da Fr. Sansovino.
1540, in-8. de 20 feuillets.

Ce mince volume est très-rare et fort recherché.

— Stanze amorose soprà gli orti delle
Donne, e la Lode della Menta. La
Caccia d'Amore del Bernia. *In Ve-
nezia*, 1574, in-12. fig. 12 l.

Petit volume fort rare.

— Catrina, atto scenico rusticale.
Firenze, 1567, in-8. 18 l.

Edition assez rare. Elle est citée par la Crusca.

BERNIER. (Jean) Histoire de la ville
de Blois. *Paris*, 1682, in-4. 6 l.

BERNIER : (Fr.) ses Voyages, con-
tenant la Description des Etats du
Grand-Mogol, de l'Indoustan, etc.
Amst. 1699, 2 vol. in-12. fig. 8 l.

BERNIS : (le card. Fr.-Joach.-
Pier. de) ses OEuvres complètes.
Paris, Didot l'aîné, 1797, in-8.
pap. vélin, 10 l. — Gr. pap. 20 l.

Belle édition.

—La Religion vengée, poëme. *Parme,* Bodoni, 1795 , pet. in-8. 10 l. — In-4. 24 l. — In-fol. 45 l.

On a tiré de chacun de ces trois formats des exemplaires sur peau de vélin.

BERNOULLI (Jac.) Ars conjectandi; acced. Tractatus ejusd. de Seriebus infinitis, et Epistola, gallicè scripta, de Ludo pilæ reticularis. *Basileæ,* 1713 , in-4. 8. l.

— Ejusd. Opera. *Genevæ,* 1744 , 2 vol. in-4. 18 l.

BERNOULLI (Jo.) Opera. *Lausannæ,* 1742 ,.4 vol. in-4. 18 l.

BERNOULLI (Dan.) Hydrodynamica. *Argentor.* 1738 vel 1767 , in-4. fig. 8 l.

BERNOULLI. (J.) Description historiq. et géograph. de l'Inde, par J. Tieffenthaler. — Recherches historiq. et géograph. sur l'Inde , par Anquetil du Perron, publ. par J. Bernoulli. *Berlin* , 1785 , 3 vol. in-4. fig. 20 l.

Le texte est en allemand.

— Le même ouvrage, trad. en franç. *Berlin* , 1786, 5 part. 3 vol. in-4 fig. 48 l.

BEROALDE de Verville. (Fr.) Le Moyen de parvenir , avec une Dissertation préliminaire de B. de la Monnoye. *Chinon,* de l'impr. de F. Rabelais, l'année Pantagrueline. (*Hollande*), sans date , 2 tom. 1 vol. in-12. *très-rare,* 12 à 15 l.

— Le même. (*Paris* , Barbou), 100070057, 2 vol. pet. in-12. 5 l.

— Pap. de Holl. 24 l.

BERQUEN. (Rob.) Les Merveilles des Indes orientales et occidentales, ou Traité des pierres précieuses et des perles. *Paris* , 1669 , in-4. 9 l.

On doit trouver au commencement du volume le portrait de mademoiselle d'Orléans. Cette estampe manque dans beaucoup d'exemplaires.

Cet ouvrage se joint ordinairement à celui de Pierre de *Rosnel*, intitulé, le *Mercure Indien.* Voy. *Rosnel.*

BERQUIN : ses Œuvres complètes , rangées dans un meilleur ordre par Renouard. *Paris* , an 11 (1803),20 vol. in-18. pap. fin, avec 18 grav. 30 l.

— Les mêmes, avec 212 grav. 60 l.

— Les mêmes, 17 vol. gr. pap. vélin, fig. 120 l.

Cette Collection renferme les ouvrages suivants :

L'Ami des enfants et de l'adolescence , 7 vol. — Le Livre de Famille, 1 vol. — La Bibliothèque des villages, 2 vol. — Choix [de Lectures et Contes , 2 vol. — Introduction à la connaissance de la Nature , avec le Système du monde, 1 vol. — Sandford et Merton, et le Petit Grandisson , 3 vol. — Idylles , Romances et autres poésies, 1 vol. — Historiettes du premier âge, trois parties, avec un quatrième volume de Contes choisis de l'Ami des enfants.

Il existe plusieurs autres éditions des œuvres de Berquin, mais la plupart sont mal exécutées.

BERRET. (Jac.) La Fortification, Architecture , Perspective et Artifices de Jac. Berret. *Paris* , 1594, in-fol. fig. 30 l.

Assez rare.

BERRETINI da Cortona. (Piet.) La Galeria del principe Panfilio , intagliata da Carlo Cesio. *In Roma* , gr. in-fol. 24 l.

— Ejusd. Tabulæ anatomicæ, cum notis Cajetani Petrioli Romani. *Romæ* , 1741 , in-fol. fig. 12 l.

BERRUYER. (le P. Isaac-Joseph) Histoire du Peuple de Dieu , depuis son origine jusqu'à la naissance du Messie. *Paris* , 1728 , 7 vol. in-4.

Cette première édition est préférée à la seconde , publiée en 1734 , en 8 vol.

— Supplément à la première édition de l'Histoire du Peuple de Dieu , tiré de la nouvelle édition de 1734. *Paris* , 1734 , in-4.

— Histoire du Peuple de Dieu , depuis la naissance du Messie jusqu'à la fin de la Synagogue. *La Haye* (*Paris*), 1755 , 4 vol. in-4.

— Paraphrase littérale des Epîtres des Apôtres. *La Haye* (*Paris*), 1757 , 2 vol. in-4.

Ces quatre articles réunis , 40 à 50 l. ; et en grand papier , 60 à 72 l.

BERRYAIS. (l'abbé le) Traité des Jardins , ou le nouveau la Quintinye. *Paris,* 1775 , 2 vol. in-8. fig. 10 liv.

BERTCHOLD. (Leop.) An Essay to direct and extend the inquiries of patriotic travellers, etc. *Lond.* 1789 , 2 vol. in-8. 12 l.

BERTEREAU. (Mart. de) La Restitution de Pluton, ou Traité des Mines et Minières de France. *Paris* , 1640 , in-8. 5 l.

BERTHAUD et SCARRON. La ville de Paris, en vers burlesques. *Paris*, 1664, in-12. 7 l.

Toutes les éditions de cette satire ont quelque valeur.

BERTHELIN. Abrégé du Dictionnaire franç.-latin, vulgairement appelé Dictionnaire de Trévoux. *Paris*, 1762, 3 vol. in-4. 15 l.

Dictionnaire estimé.

BERTHELOT. La Mécanique appliquée aux arts, aux manufactures, etc. *Paris*, 1782, 2 vol. gr. in-4. fig. 24 l.

BERTHELSON. (Andr.) An english and danish Dictionary. *Lond.* 1754, in-4. 12 l.

BERTHIER. (le P. Guill. Fr.) Les Pseaumes, trad. avec des réflexions. *Paris*, 1785, 8 vol. in-12. 36 l.

Bonne édition, peu commune.

— Isaïe, trad. en franç. *Paris*, 1789, 5 vol. in-12. 12 l.

— Réflexions spirituelles. *Paris*, 1790, 5 vol. in-12. 12 l.

BERTHOLLET. Eléments de l'art de la Teinture ; nouv. édit. *Paris*, 1804, 2 vol. in-8. fig. 12 l.

— Essai de statique chimique. *Paris*, 1803, 2 vol. in-8. 12 l.

BERTHOUD. (Ferd.) Essai sur l'Horlogerie. *Paris*, 1763, 2 vol. in-4. 38 pl. 30 l.

— Le même. *Paris*, 1786, 2 vol. in-4. fig. 27 l.

— Traité des Horloges marines. *Paris*, 1773, in-4. 27 pl. 12 l.

— De la Mesure du temps, ou Supplément au Traité des Horloges marines, etc. *Paris*, 1787, in-4. 17 pl. 12 l.

— Histoire de la Mesure du temps par les Horloges. *Paris*, 1802, 2 vol. in-4. 23 pl. 27 l.

— Eclaircissements sur l'invention, la théorie, etc., des nouvelles Machines proposées en France pour la détermination des ongitudes en mer par la mesure du temps. *Paris*, 1773 in-4. 8 l.

— Les Longitudes par la mesure du temps. *Paris*, 1775, in-4. 1 pl. 9 l.

— La Mesure du temps appliquée à la navigation. *Paris*, 1782, in-4. 8 l.

— L'Art de conduire et de régler les pendules et les montres. *Paris*, 1779, petit in-12. fig. 4 l.

Peu commun.

— Traité des Montres à longitudes. *Paris*, 1792, in-4. 7 pl. 8 l.

— Suite du Traité des Montres à longitude. *Paris*, 1797, 1 vol. in-4. 2 planch.

— Supplément au Traité des Montres à longitude. *Paris*, 1807, in-4. 1 pl.

BERTOLI. (Giamdom.) Le Antichità d'Aquileja profane e sacre. *In Venezia*, 1739, in-fol. fig. 7 l.

BERTONDELLI. (Girol.) La Istoria della città di Feltre. *In Venezia*, 1673, in-4. 6 l.

BERTRAND. Le Réveil-matin pour réveiller les prétendus savants Mathématiciens de l'Académie royale de Paris. *Hambourg*, 1674, in-12. 7 liv.

BERTRAND et autres. (Léon.) L'illustre Orbandale, ou l'Histoire ancienne et moderne de la ville de Châlons-sur-Saône. *Châlons*, 1662, 2 vol. in-4. 8 l.

BERTRAND. (M. E.) Dictionnaire universel des Fossiles propres et des Fossiles accidentels. *La Haye*, 1763, 2 vol. in-8. 7 l.

— Recueil de divers Traités d'Histoire naturelle et des Fossiles. *Avignon*, 1766, in-4. gr. pap. 15 l.

BERTRAND. Développement de la partie élémentaire des Mathématiques. *Genève*, 1778, 2 vol. in-4. fig. 15 l.

— Nouveaux principes hydrauliques appliqués à tous les objets d'utilité, et particulièrement aux rivières. *Paris*, 1787, in-4. 8 l.

BERYNUS. (Le chev.) Voy. HISTOIRE.

BESLERI (Bas.) Hortus Eystettensis, sive omnium Plantarum, Florum, etc., quæ in hoc horto conspiciuntur Repræsentatio. *Norimb.* 1613, 2 vol. in-fol. max. avec 366 pl. 120 l.

— Fig. enluminées, 500 l.

Cette édition, qui est l'originale de ce livre, n'est pas commune. Les exemplaires dans lesquels la partie des plantes d'hiver manque, ont beaucoup moins de valeur. Les réimpressions de 1640 et de 1750, sont peu recherchées, parce que les épreuves des figures en sont médiocres.

— Fasciculus Rariorum varii generis

quæ collegit B. Beslerus. *Noribergæ*, 1616, in-4. fig. obl. 10 l.

Ce petit ouvrage est estimé.

— Icones Florum et Herbarum , in gratiam herbarum cultorum promulgatæ. 1622, in-fol. fig. 30 l.

BESLERI (Mich. Ruperti) Gazophylacium Rerum naturalium , è regno vegetabili , animali et minerali depromptarum. *Norimbergæ*, 1642, in-fol. fig. 12 l.

Bonne édition.
La réimpression de *Leipsick*, 1716, est peu estimée.

— Rariora Musæi Besleriani, olim à Bas. et Mich. Rupert. Besleris collecta, æneisq. tab. incisa, et denuò luci publicæ commissa à M. F. Lochnero. 1716, in-fol. fig. 12 l.

BESLY. Histoire des Comtes de Poitou et Primats de Guyenne. *Paris*, 1747, in-fol. 6 l.

BESOLDI (Christ.) Virginum sacrarum in ducatu Wirtembergico Monumenta. *Tubingæ*, 1636, in-4.

— Ejusd. Documenta rediviva Monasteriorum præcipuorum in ducatu Wirtembergico sitorum. *Tubingæ*, 1636, in-4. 15 l.

Ces deux ouvrages, ordinairement reliés en un seul volume, sont estimés.

BESSARIONIS card. Sabini Libri v adversùs Calumniatores Platonis ; acced. ejusd. Liber de Naturà et Arte adversùs G. Trapezuntium Cretensem , Calumniatorem Platonis. *Romæ*, Arn. Pannartz et Conr. Sweynheym, circà 1470, in-fol.

Première édition , rare et recherchée des curieux. Elle est imprimée à longues lignes, sans chiffres , signatures ni réclames.
On présume qu'elle a dû paraître en 1469, ou au plus tard en 1470.

— Ejusd. in Calumniatorem Platonis lib. iv ; cum aliis ejusd. autor. Opusculis. *Venetiis*, Aldus, 1503, in-fol. 60 l.

L'édition de 1516 est beaucoup moins rare que celle-ci ; mais elle a l'avantage d'être augmentée de deux ouvrages.

— Ejusd. Epistolæ et Orationes. *In Parisiorum Sorbonâ*, absque ullâ anni indic. in-4. 50 l.

Cette rare édition a été imprimée par Gering et ses associés , vers l'année 1472.

BESSON (Jac.) Theatrum Machina-

rum et Instrumentorum. *Lugd.* 1578, in-fol. fig. 7 l.

BÉTHUNE , duc de Sully : (Maximilien de) ses Mémoires , depuis 1572 jusqu'en 1610 , avec une suite jusqu'à la prise de la Rochelle , en 1628 (publ. par J. le Laboureur). *Amst.* aux V verts , 1662 , 4 vol. in-fol. 15 l,

Edition originale , et tombée en discrédit.

— Les mêmes. *Amst.* (*Trévoux*), 1725 , 12 vol. in-12. 20 l.

— Les mêmes, avec des remarq. (par de Lécluse). *Lond.* (*Paris*), 1745, 3 vol. in-4. fig. d'Odieuvre , 20 l.

— Gr. pap. 50 l.

BETTINI da Siena. (Ant.) Monte santo di Dio. *Florentie*, N. di Lorenzo, 1477, in-fol. fig.

Premier ouvrage imprimé où l'on trouve des figures gravées en taille douce. Les exemplaires en sont rares et recherchés.

BEVEREGIUS. (Guill.) Pandectæ Canonum SS. Apostolorum et Conciliorum ; gr. lat. , cum annot. Beveregii. *Oxonii* , 1672, 2 vol. in-fol. 30 l. — Gr. pap. 60 l.

Ouvrage estimé et peu commun.

BEVERLANDI (Hadr.) Peccatum originale philologicè elucubratum à Themidis alumno. *Eleutheropoli*, 1678, in-8. 4 l.

Cette édition , la première de ce livre , est la plus estimée. On fait peu de cas de la traduction française, donnée en 1714, in-12.

— Ejusd. de stolatæ Virginitatis jure Lucubratio academica. *Lugd. Bat.* 1680, in-8. *rare*, 3 l.

— Ejusd. de Fornicatione cavendà Admonitio. *Lond.* 1697, in-8. 3 l.

L'édition de 1698 est également bonne.

BEUF. (Jean le) Mémoires concernant l'Histoire d'Auxerre. *Paris*, 1743, 2 vol. in-4. 8 l.

— Histoire de la ville et de tout le diocèse de Paris. *Paris*, 1754, 15 vol. in-12. 24 à 30 l.

Ouvrage recherché aujourd'hui avec raison.

— Dissertations sur l'Hist. ecclésiastique et civile de Paris. *Paris*, 1739, 3 vol. in-12. fig.

— Recueil de divers écrits pour servir d'éclaircissements à l'Histoire de France. *Paris*, 1738 , 2 vol. in-12. fig. 5 l.

BEXON. Application de la théorie

de la législation pénale. *Paris*, 1807, in-fol. 30 l.

BEY DE BATILLY. (Denis le) Traité de l'origine des anciens Assassins, Porte-couteaux, etc. *Lyon*, 1603, in-8. 5 l.

BEYERI (August.) Memoriæ historico-criticæ Librorum rariorum. *Dresdæ* et *Lipsiæ*, 1734, in-8. 5 l.
Petit ouvrage fort intéressant.

BEZÆ (Theod.) Confessio christianæ fidei, cum papisticis hæresibus. *Ex typ. J. Bonæ-Fidei*, 1560, in-8. 4 l.

— Traité de l'autorité du magistrat en la punition des hérétiques, trad. du lat. par Nic. Colladon. *Genève*, 1560, in-8. 5 l.
Traduction préférée à l'édition latine.

— Ejusd. Tractatio de repudiis et divortiis; accedit Tractatus de Polygamiâ. *Genevæ*, 1590, in-8. 4 l.

—Ejusd. Poëmata juvenilia. *Absque loci et anni indicat.*, *ad insigne Capitis mortui*, in-16. 4 l.

—Ejusd. Poëmata. *Lutetiæ*, Conr. Badius, 1548, in-8. 6 l.

— Eadem. *Henr. Stephanus*, 1569, in-8. 4 l.

— Eadem, ex tertiâ edit. *Henr. Stephanus*, absque anni notâ, in-8. 4 l.

— Eadem. *Henr. Stephanus*, 1597, in-4. In eodem volum. Lectii Jac. Jonah, seu poëtica Paraphrasis ad eum vatem. *Henr. Stephanus*, 1597, in-4. 7 l.

— Eadem. *Absque loci notâ* (*Genevæ*), Stoer, 1599, in-16. 6 l.
Edition la plus complète des poésies de Théod. de Beze, et la seule où se trouve la traduction du Cantique des Cantiques.

— Theod. Bezæ, Mar. Ant. Mureti et Joannis Secundi Juvenilia. *Parisiis*, Barbou, 1757, in-12. 4 l.
La seconde édition, sous la date de 1779, a pour titre : *Amœnitates poeticæ*, et a l'avantage d'être augmentée de la *Pancharis* de Bonnefons et des *Juvenilia* de Joachim du Bellay : 5 l.

— Le Réveil-matin des Français et de leurs voisins, par Eusebe Philadelphe (T. de Beze). *Edimbourg*, 1574, in-8. 6 l.

— Histoire de la Mappemonde papistique, par Frandigelphe Escorchemesses. *Impr. à Luce nouvelle*, 1567, in-4. 15 l.
Ouvrage peu commun. Il n'est pas certain que Théod. de Beze en soit l'auteur.

Dict. Bibl. I.

— L'Origine et Commencement de ceste Mappe-Monde papistique, et comment elle a esté trouvée. In-fol. forme d'atlas, fig.
Ce volume, orné de figures singulières gravées en bois, semble devoir appartenir à l'article précédent.
Vendu, rel. en maroq., 460 l. chez La Vallière.

Histoire ecclésiastique des Eglises réformées au royaume de France. *Anvers* (*Genève*), 1580, 3 vol. in-8. 7 l.
Peu commun, et peu recherché aujourd'hui.

BEZOUT. (Etienne) Théorie générale des Equations algébriques. *Paris*, 1779, in-4. fig. 12 l.

— Cours complet de mathématiques à l'usage des gardes du pavillon de la marine, de l'artillerie, du commerce, etc. ; édit. revue et augm. par Garnier. *Paris*, an 14, 8 vol. in-8. 34 l.

BIANCHI (J. B.) Historia hepatica. *Genevæ*, 1725, 2 vol. in-4. fig. 18 liv.

BIANCHINI. (Fr.) Del Palazzo de' Cesari. *In Verona*, 1738, gr. in-fol. fig. 18 l.

—Camera ed Inscrizioni sepolcrali de' liberti ed ufficiali della casa d'Augusto, con le annot. di F. Bianchini. *In Roma*, 1727, in-fol. fig. 15 l.

— La Istoria univ. provata con monumenti e figurata con simboli degli antichi. *In Roma*, 1697, in-4. fig. 8 l.

BIBIENA. (Ferd. Gal.) Architetture prospettive. *Augustæ*, 1740, in-fol. gr. pap. 20 l.

BIBLIA sacra Polyglotta veteris et novi Testamenti, stud. et impensis Card. Fr. Ximenès de Cisneros. *Compluti*, 1514, 1515 et 1517, 6 vol. in-fol. 5 à 600 l.
Cette Polyglotte, la première qui ait été faite, est très-rare. Elle ne contient que quatre langues, savoir, l'hébreu, le chaldéen, le grec et le latin.
Il y a des exemplaires sur vélin.

BIBLIA sacra Polyglotta, Philippi II, Hispaniarum regis jussu edita ac impressa, curâ Bened. Ariæ Montani. *Antuerpiæ*, 1569-1572 8 vol. in-fol.
Cette Bible est la moins chère et la moins

9

estimée des Polyglottes. Elle ne vaut pas plus de 100 à 120 l.
La Bibliothèque publique de Turin en possède un exemplaire imprimé sur vélin.

BIBLIA sacra Polyglotta, stud. Guy Mich. le Jay. *Parisiis*, A. Vitray, 1628-1645, 10 vol. in-fol. max. 150 l.
Cette Polyglotte est magnifiquement exécutée. Elle serait beaucoup plus recherchée, si son format était plus commode.

BIBLIA sacra Polyglotta, complectentia textus originales, hebr., chald., gr., etc., cum textuum et vers. orient. translat. lat. Edidit Br. Waltonus. *Lond.* 1657, 6 vol. in-fol.
Cette Polyglotte est une réimpression de la précédente, mais augmentée. Elle est fort recherchée à cause de la commodité de son format. Il faut y joindre l'article suivant.

— Lexicon Heptaglottou, hebraïcum, chaldaïcum, etc., aut. Ed. Castello. *Lond.* 1669, 2 vol. in-fol.
Les 8 volumes réunis, 230 à 250 l.; et en grand papier, dont il n'y a que 12 exemplaires, 8 à 900 l.
Le Lexicon de Castel séparément, vaut de 72 à 80 l.

BIBLIA sacra quadrilingua Vet. Testamenti hebraïci, cum vers. è regione positis, scilicet, gr., lat. et germ. Lutheri; curâ M. C. Reineccii. *Lipsiæ*, 1750, 3 vol. in-fol. 40 à 50 l.

— Biblia sacra quadrilingua, hebr., gr., lat. et germ.—Nov. Testament. gr., gr. vulg., syr., lat. et germ., à Reineccio. *Lipsiæ*, 1750, 3 vol. in-8. 36 l.

BIBLIA hebraïca, cum punctis et accentibus. *Soncini*, 1488, in-fol.
Cette Bible hébraïque est extrêmement rare et fort recherchée. La totalité du vol. est de 380 feuillets imprimés sur deux colonnes. Vendu 500 flor. de Holl. chez Crevenna, en 1790.

— Eadem. *Absque anni, loci et typogr. indicat.* in-fol.
Suivant M. de Rossi, cette rare édition a dû être imprimée à *Naples*, vers l'année 1491.

— Eadem. *Brixiæ* 1494, in-8.
Edition fort rare. La totalité du volume est de 585 feuillets.

— Eadem. *Pisauri*, 1517, in-fol.
Excessivement rare.

— Eadem, cum comment. *Venetiis*, 1517, 2 vol. in-fol.

— Eadem. *Venetiis*, 1518, in-4. 15 l.

— Eadem, cum var. comment. *Venetiis*, 1525-26, 4 vol. in-fol.

— Eadem, cum punctis. *Parisiis*, Rob. Stephanus, 1539-1544, 2 vol. in-4. 18 l.

— Eadem, cum punctis. *Parisiis*, Robertus Stephanus, 1544, 8 vol. in-16. 24 l.
Cette édition est préférée à la précédente, parce qu'elle est plus correcte.

— Eadem cum comment. Rabbinorum, et cum Præfat. R. J. F. Hhaïim. *Venetiis*, Bomberg, 1549, 4 vol. in-fol. 70 l.
Cette édition, connue sous le nom de *Bible de Bomberg*, est fort recherchée, tant pour sa belle exécution, que pour son exactitude.

— Eadem. *Venet.* 1551, 2 vol. in-4. 24 l.

— Eadem. *Antuerp.* Plantin, 1566, 2 vol. in-8. 15 l.

— Eadem, cum comment. Aben-Ezra. *Venet.* 1568, 2 vol. in-fol. 36 l.

— Eadem, sine punctis. *Antuerp.* Plantin, 333 (1573), in-8. 5 l.
Edition imprimée en très-petits caractères.

— Eadem, per El. Hutterum. *Hamburgi*, 1587, in-fol. 15 l.

— Eadem. *Leydæ*, 1595, 4 vol. in-16. 15 l.

— Eadem, per El. Hutterum. *Coloniæ*. 1603, in-fol. 18 l.

— Eadem. *Hanoviæ*, 1610, 3 vol. in-24. 15 l.
Edition exécutée en petits caractères.

— Eadem Santis Pagnini et Ariæ Montani, cum interpret. interlineari. Plantin, 1613, 5 vol. in-8. 18 l.

— Eadem, cum notis Lombrosi. *Venetiis*, 1639, 2 vol. in-4. *très-rare*, 20 l.

— Eadem, ex recens. Jablonskii. *Berolini*, 1699, 2 vol. in-4. 15 l.

— Eadem, sine punctis, à Leusden et Desmarets recensita. *Amst.* 1701, in-12. 8 l.

— Eadem, cum punctis, secundùm ultimam Jo. Athiæ (an. 1667) à Jo. Leusden recognita, aliosque cod. optimos recensita, variisq. notis illustrata, ab Everh. Vander Hoogt. *Amst.* 1705, 2 vol. in-8. 27 liv.
Cette édition est préférable à celles de 1661 et 1667.

— Eadem, ex recens. Opitii. *Kilonii,* 1709, in-4. maj. 10 l.

— Eadem, è Clodii, Leusdiuii, Jablonski et Opitii collatione. *Francof.* 1716, in-4. 15 l.

—Eadem, cum var. lect. ac not. Michaëlis. *Halæ Magdeb.* 1720, 2 vol. in-fol. 24 l.

— Eadem, cum comment. critico Norzii. *Mantuæ,* 1742, 2 vol. in-4. 15 l.

— Eadem, ex recens. C. Reineccii. *Lipsiæ,* 1756, 2 vol. in-8. 15 l.

— Eadem, ex recens. C. Reineccii, cum lect. var. ex codd. hebr. à Kennicot et de Rossi collat. Edente J. C. Boderlein et J. H. Meisner. *Lipsiæ,* 1793, in-8. 24 l. — Pap. fin, 36 l. — Gr. pap. in-4. 48 l.

— Eadem, cum Novo Testamento græco et Præfat. Michaëlis. *Zuillichau,* 1741, in-4. 12 l.

— Eadem, cum vers. lat. S. Schmidii. *Lipsiæ,* 1740, in-4. 10 l.

— Eadem, sine punctis, accur. Nath. Forster. *Oxonii,* 1750, 2 vol. in-4. 20 l.

— Eadem, hebr. et chald., edente J. Buxtorfio. *Basileæ,* 1620, 4 tom. 5 vol. in-fol. 30 l.

BIBLIA hebraïca, id est, Vetus Testamentum, hebr. et lat., curâ et stud. Lud. de Biel. *Viennæ Austriæ,* 1743, 4 vol. in-8. 40 l.
Édition bien exécutée et fort commode. Elle est ornée de jolies vignettes gravées en taille douce.

BIBLIA hebraïca manualia, ad Hooghtianam edit. à Jo. Simone edita. *Amst.* 1753, 2 vol. in-8. 15 l.

— Pentateuchus, cum Targ. ac comment. Jarchi, hebraïcè. *Bononiæ,* 1482, in-fol.
Exemplaire sur vélin.

—Idem, hebr., cum Targ. et comment. Raschi ac Naehm. *Thessal.* 1516, in-fol.
Livre d'une rareté extrême.

—Idem, hebr., cum comment. Varior. *Constantinopoli,* 1522, in-fol.
Édition très-rare.

—Idem, hebr., cum Targ. pag. alternis. *Sabion.* 1557 vel 1558, in-8.
Ces deux éditions sont très-rares. Il en existe des exemplaires sur vélin.

— Idem, hebr., chald., arab., pers., cum comment. Jarchi. *Constantinop.* 1546, in-fol. *très-rare.*

— Idem, hebr., chald., hisp. ac græcobarbar., cum comment. Jarchi. *Constantinop.* 1547, in-fol. *rare.*

— Cantici, Ruth, Joshua, Lamentationes, Ecclesiast., Esther, hebr., cum comment. Jarchi. *Neapoli,* 1491, in-fol. min.
Livre extrêmement rare. Il en existe des exemplaires sur vélin.

— Proverbia, hebr., cum comment. Kav. Venaki. *Thessal.* 1522, in-fol. *très-rare.*
Il y a des exemplaires sur vélin.

BIBLIA sacra, gr., lat., hebr. et chald. *Lugd.* apud Griphium, 1550, 2 vol. in-fol. 24 à 36 l.

— Eadem, hebr., gr. et lat., cum annot. Vatabli et A. Montani. *Commelin,* 1596, 2 vol. in-fol. 15 l.

BIBLIA græca, lxx interpr., curis Andreæ Asulani edita. *Venetiis,* Aldus, 1518, in-fol. 120 l.
Cette Bible grecque est très-bien exécutée et fort rare. Il en existe un exemplaire imprimé sur vélin dans la bibliothèque du Vatican.

— Eadem, gr. *Francof.* 1597, in-fol. 9 l.

— Eadem, et Nov. Testament., gr. *Lond.* sub signo Campanæ, 1653, in-4. 12 l. — Gr. pap. 30 l.
Cette Bible est connue parmi les Bibliographes sous le nom de *Bible de la Cloche.* Les exemplaires en sont rares, sur-tout en grand papier.

— Eadem, gr. lat., cum Novo Testamento, gr. lat., operâ et stud. Jo. Morini. *Parisiis,* Ant. Stephanus, 1628, 3 vol. in-fol. 18 l. — Gr. pap. 30 l.
Édition estimée. Les exemplaires datés de *Paris,* Piget, 1641, ne diffèrent de ceux de 1628, que par le frontispice, qui a été renouvelé.

— Eadem, gr. *Cantabrig.* 1665, 2 vol. in-12. 6 l.

— Eadem, gr. *Amst.* 1683, in-8. 5 l.

— Eadem, cum libris apocryphis, curâ Chr. Reineccii. *Lipsiæ,* 1757, in-8. 5 l.

BIBLIA sacra latina vulgata. *Editio primæ vetustatis, æneis characteribus; absq. loci et anni notâ, sed typis Moguntinis Jöh. Fust evulgata.* 2 vol. in-fol.
Édition excessivement rare. On la croit imprimée vers les années 1450, 56 ou 60.

—Eadem, *Moguntiæ,* Joh. Fust et

P. Schoyffer de Gernzheym , 1462 ,
2 vol. in-fol.

Cette célèbre édition de la Bible , une des
premières productions de l'imprimerie ,
est supérieurement exécutée , et très-rare.
Il en existe deux sortes d'exemplaires ;
les uns imprimés sur papier , et les autres
sur vélin : quoique les premiers soient infiniment plus rares que les seconds , ils
ne sont cependant pas à beaucoup près
aussi chers, 1000 l. et sur vélin , 2400 l.

— Eadem, *Romæ*, Conr. Sweynheym
et Arn. Pannartz , 1471 , 2 vol.
in-fol. 150 l.

C'est la première Bible imprimée à *Rome.*
Les exemplaires en sont très-rares.

— Eadem. *Moguntiæ* , Pet. Schoyffer de Gernzheym , 1472 , 2 vol.
iu-fol. 300 l.

Cette édition est aussi rare que celle de
1462 , qui lui a servi de copie.

— Eadem. *Absque loci , anni et typogr. notâ*, in-fol. 100 l.

Cette très-rare édition est imprimée sur
deux colonnes , de 56 lignes chacune dans
les pages entières, et n'a ni chiffres ni
signatures ni réclames. Les intitulés sont
écrits à la main , ce qui fait croire qu'elle
est une des premières productions de l'imprimerie.
Les uns la font sortir des presses de Zainer
de Reutlingen , imprimeur à Augsbourg ,
et d'autres de celles de Mentel de Strasbourg.

— Eadem. *Absque loci, anni et typogr. indicatione* , in-fol. goth.
150 l.

Edition tout aussi rare que la précédente , et
que Braun attribue à Mentel de Strasbourg. Elle est exécutée sur deux colonnes,
de 49 lignes chacune , sans chiffres , signatures ni réclames. Les lettres initiales
sont écrites à la main. La totalité du
vol. est de 427 feuillets.

— Eadem. *Venetiis* , 1475 , 2 vol.
in-fol. goth. *rare* , 100 l.

— Eadem. *Nurembergæ*, 1475, in-fol.

Edition très-rare.

— Eadem. *Placentiæ* , Jo. Pet. de
Ferratis , 1475 , in-4. 50 l.

Le principal mérite de cette édition est
d'être le premier ouvrage typographique
exécuté à Plaisance.

— Eadem. *Parisiis* , Ulricus Gering,
etc. anno (ut creditur) 1476 , 2 vol.
in-fol. 400 l.

Cette Bible est la première que l'on ait imprimée à Paris. Elle est exécutée sur deux colonnes , en lettres gothiques, sans chiffres,
signatures ni réclames.

— Eadem. *Venetiis*, Nic. Jenson ;
1476, in-fol. 50 l.

Autre édition fort rare , imprimée sur deux
colonnes , sans chiffres , signatures ni
réclames.
Il y a des exemplaires sur vélin.

— Eadem. *Neapoli*, Matth. Moravus,
1476 , in-fol.

On fait encore assez de cas de cette édition.
Elle est exécutée sur deux colonnes ,
sans chiffres , signatures ni réclames.
On en a tiré des exemplaires sur vélin.

— Eadem. *Venetiis*, per Joan. de
Colonia et Nic. Jenson , 1481 , 4 vol.
in-fol.

On ne recherche de cette Bible que les
exemplaires imprimés sur vélin.

— Eadem. *Parisiis*, Colinæus , 1527
et seqq. 9 vol. in-16. 12 l.

Jolie édition , très-correcte , et recherchée
des étrangers.

— Eadem, ex emend. Rob. Stephani.
Parisiis , Rob. Stephanus , 1540,
in-fol. 10 l. — Gr. pap. 18 l.

Cette Bible se vendait plus cher autrefois.

— Eadem , cum præfat. Jo. Hentenii.
Antuerpiæ , Plantin , 1565 , 5 vol.
in-16. 12 l.

Bible recherchée pour la commodité de
son format. Elle est quelquefois reliée
en 7, 8 , 9 ou 10 volumes.

— Eadem , ex recogn. Theologorum
Lovaniensium. *Antuerpiæ* , Plantin, 1583, in-fol. fig. 24 l.

— Eadem , jussu Sixti V recognita et
edita. *Romæ* , 1590 , in-fol. 250 l.

Cette Bible , connue sous le nom de *Bible
de Sixte Quint*, ayant été supprimée
par les ordres de Grégoire XIV , les
exemplaires en sont devenus fort rares.
Elle a été réimprimée en 1592. Cette réimpression est rare ; mais elle l'est
beaucoup moins que l'édition originale :
aussi a-t-on quelquefois substitué au vrai
frontispice un faux frontispice de 1590 ;
mais il sera facile de reconnaître ces deux
éditions au nombre de leurs pages. Elles
sont chiffrées jusqu'à 1141 dans l'édition
de 1590 , et dans celle de 1592 , elles ne
le sont que jusqu'à 1131 seulement : après
quoi suit immédiatement un *appendix* de
23 pages.
Il a été tiré de ces deux éditions des exemplaires en grand papier ; ceux de 1590 ,
par leur extrême rareté , sont infiniment
précieux.
La réimpression vaut environ 60 à 80 l. ; et
en grand pap. 150 à 200 l.

— Eadem. *Coloniæ Agrippinæ*, 1630,
in-12. 12 l.

Cette petite édition de la Bible est connue

dans le **commerce** sous le nom de *Bible des Evêques*. Les exemplaires n'en sont pas communs.

—Eadem. *Parisiis*, è typ. reg. 1642, 8 vol. in-fol. 5o l.
Belle édition.

—Eadem. *Parisiis*, Sebast. Martin, 1656 , in-12. 18 l. — Pap. moyen, 3o l. — Gr. pap. 5o l.
Cette Bible, imprimée en très-petits caractères, est connue sous le nom de *Bible de Richelieu*, parce qu'elle a été faite aux dépens d'un seigneur de cette famille. Les exemplaires n'en sont pas communs.

—Eadem, ad institutionem Delphini. *Parisiis*, Didot, 1785, 2 vol. in-4. pap. vélin, 42 l.
Édition tirée à 250 exemplaires ; plus ; quelques-uns dédiés au Clergé de France. Ces derniers sont moins chers.
Il y a un exemplaire imprimé sur vélin.

—Eadem , ad institutionem Delphini. *Parisiis*, Didot, 1785 , 8 vol. in-8. papier vélin , 36 l.
Édition tirée à 350 exemplaires ; plus , quelques-uns dédiés au Clergé de France.
Il y a des exemplaires sur vélin.

— La sainte Bible , transl. en franç., (revue par les pasteurs de Genève). *Lyon*, 1557, in-fol.
On ne recherche de cette Bible que les exemplaires imprimés sur vélin.

— La même (de la version de Genève). *Sedan*, Jannon, 1633, 2 vol. in-12. 6 l.

— La même. *Anvers*, (Jean Loe), 1548, 2 vol. in-fol. goth.
Exemplaire imprimé sur vélin.

BIBLIA in lingua italiana, trad. per Nic. di Malermi. *In Venetia*, (Vindelin de Spira,) 1471, 2 vol. in-fol. 200 l.
Première traduction de la Bible en langue italienne. Elle est très-bien exécutée et fort rare.

— La stessa. 1471 , 2 vol. in-fol.
Édition très-rare , et imprimée à longues lignes , au nombre de 5o sur chaque page entière. Le texte de cette version diffère en beaucoup d'endroits de celui de la précédente.
Il y a des exemplaires sur vélin.

BIBLIA en lingua toscana , laquale contiene il Vecchio Testamento , trad. del ebreo, con commento da Ant. Bruccioli. *In Venet.* 1546 e seg., 7 tom. 3 vol. in-fol. 7o l.
On trouve difficilement des exemplaires complets de cette Bible.

BIBLIA en Lengua espanola , trad. palabra por palabra , de la verdad hebraïca, por muy excellentes letrados (los Judeos Espanoles). *En Ferrara* , 5313 (de Christo 1553), in-fol. charactere goth.
Il existe deux différentes sortes d'exemplaires de cette fameuse édition de la Bible, connue sous le nom de *Bible de Ferrare*. Les uns ont été faits pour l'usage des Juifs portugais, et les autres pour celui des Chrétiens espagnols. Au rapport de Debure , ces exemplaires ne diffèrent entre eux que par l'Epître dédicatoire qui se trouve placée au verso du feuillet de l'intitulé, et dans la souscription de l'année , qui est à la fin du volume.
L'Epître dédicatoire de l'édition des Juifs, est adressée à *Sennora Donna Gracia Nacy* , et la souscription porte à la fin l'année de 5313. Au contraire , celle de l'édition à l'usage des Chrétiens espagnols, est adressée à *Dom Hercules d'Est, quatrième duc de Ferrare*, et la souscription porte 1553.
Ces deux sortes d'exemplaires sont extrêmement rares et fort recherchés des curieux.

BIBLIA, (la) transladada en espanol (por Cass. Reyna.) 1569, in-4. 5o l.
Édition originale , rare, et préférée à toutes celles qui l'ont suivie. Elle est connue sous le nom de *Bible de l'Ours*.

BIBLIA en dos colunas, hebrayco y espanol. *Amst.* 5522 (1762), in-fol.
Édition bien exécutée.

BIBLIA germanicè. *Editio vetus*, in-fol. max.
Cette rare édition a été publiée vers l'année 1470. Elle est exécutée sur deux colonnes, de 6o lignes chacune dans les pages entières, sans chiffres , signatures ni réclames. Les sommaires des livres et des chapitres, ainsi que les lettres initiales , sont faits à la main.

—Eadem. *Absque ullá indicat.* in-fol. max.
Édition aussi rare et aussi ancienne que la précédente. Elle est imprimée sur deux colonnes, de 61 lignes chacune dans les pages entières , sans chiffres, signatures ni réclames. Les sommaires des livres, des chapitres et les lettres initiales sont faits à la main. La totalité du vol. est de 405 feuillets.

—Eadem, cum figuris ligno incisis , in-fol. *rare*.
La totalité du volume est de 456 feuillets, lesquels ne portent ni chiffres ni signatures ni réclames. Il renferme 57 figures gravées en bois.

B I B

— Eadem. *Augustæ Vindelicor.* 1477, 2 vol. in-fol.

Edition extraordinairement rare et fort re-cherchée des curieux. Elle est regardée comme la première Bible allemande im-primée avec date.

— Eadem. *Augustæ Vindelicor.*, Ant. Sorg, 1477, in-fol. cum fig. ligno incisis, *très-rare.*

On a employé dans cette édition les figures qui ont été faites pour celle sans date, dont nous avons parlé ci-dessus.
La totalité du vol. est de 542 feuillets.

BIBLIA pauperum, sive Historiæ vet. et novi Testamenti figuris represen-tatæ. Petit in-fol. 8 à 900 l.

Cet ouvrage, exécuté dans le goût du *Specu-lum humanæ Salvationis*, est très-re-cherché des curieux, à cause de sa grande rareté et de son ancienneté. Le vol. renferme 40 planches gravées en bois, et imprimées à la manière des estampes, c'est-à-dire sur un seul côté de chaque feuillet. Il y a des exemplaires où ces 40 planches sont collées deux à deux, ce qui en réduit le nombre à 20 seu-lement. Cette Bible des pauvres, ainsi que plusieurs autres ouvrages du même genre, ont été exécutés vers l'année 1470. *Voy.*, pour plus amples détails, l'ouvrage du Baron de Heinecken, intitulé : *Idée d'une collection complète d'Estampes.*

BIBLE. (The Holy) *Cambrige*, John Baskerville, 1763, in-fol. gr. pap. 120 l.

Très-belle édition.

BIBLE en langue hollandaise. *Delft*, 1477, in-fol.

Cette Bible est la première qui ait paru en langue hollandaise. Les exemplaires en sont rares.

— La même. *Antwerpen*, J. van Liesvelt, 1542, in-fol. *rare.*

J. Liesvelt a été décapité en 1545, pour avoir publié cette édition de la Bible.

BIBLIA sacra, danicè, ad ductum versionis Lutheri. *Hafniæ*, 1550, in-fol. 12 l.

BIBLIA sacra, suecicè. *Stockhol-miæ*, 1703, in-fol. 12 l.

BIBLIA bohemicè. *Pragæ*, 1488, in-fol.

Edition très-rare. Elle est imprimée sur deux colonnes. Le volume renferme 610 feuillets.

BIBLIA linguà saxonicà inferiori im-pressa. *Lubecæ*, Steph. Arndes, 1494, in-fol.

Bible très-rare, et ornée de figures en bois.

BIBLIA hungarica. *Basileæ*, 1751, in-12. 12 l.

BIBLIA sacra, lithuanicè. *Konis-berg*, 1755, in-8. 10 l.

BIBEL polonische. *Konisberg*, 1738, in-8. 12 l.

BIBLIA sacra, islandicè, cum Præ-fat. Lutheri. *Holum*, 1649, in-fol. 15 liv,

BIBLIA sacra, finnonicè. *Stockhol-miæ*, 1642, in-fol. 24 l.

BIBLIA Slavonica. *Ostrosi*, 1581, in-fol.

Bible très-rare. Vendu, 300 l. chez M. de Soubise.

BIBLIA Armena. *Amst.* 1666, in-4. 24 l.

— Eadem. *Constantinopoli*, 1705, in-4. 36 l.

— Eadem. *Venetiis*, 1733, in-fol. fig. *très-rare*, 60 l.

BIBLIA sacra arabica et lat. vulgata, S. Congregat. de Propagandà Fide jussu edita, ad usum ecclesiast. orientalium. *Romæ*, 1671, 3 vol. in-fol. 50 l.

Cette Bible a été supprimée. Les exem-plaires en sont rares.

BIBLIA Americana, per J. Eliot. *Cantabrig.* 1685, in-4. *très-rare*, 30 l.

BIBLIA Malaïca. Sumptibus socie-tatis Batav. Indiar. Orient. 1733, in-4. maj.

— Eadem. 1731, in-4.

— Eadem. *Bataviæ*, 1758, 5 vol. in-8. 60 à 72 l.

— Ex Biblià malaïcà Genesis, interpr. Dan. Browerio, cum vers. belgicà. *Amst.* 1662 vel 1687, in-4. *rare.*

BIBLIA Damulica, stud. Barth. Zie-genbachii. *Tranquebariæ*, in lit-tore Coromandelino, typis et sump-tibus Missionis Danicæ, 1723 vel 1726 vel 1727, in-4. — Libri Apocryphi, stud. B. Ziegenbachii et Benj. Schulzii. *In eodem loco*, 1728, in-4. — Nov. Test. J. C., stud. Ziegenbachii et J. E. Grand-leri. *In eodem loco*, 1714-1715, in-4. *très-rare.*

BIBLIA Indostanicà (Ex) Geneseos quatuor priora, à B. Schulzio, ed. H. Callenbergio. *Halæ*, 1745, in-8.

— Pentateuchus, sive quinque libri Mosis in ling. ægypticâ descripti ac lat. versi à Dav. Wilkins. *Lond.* 1731, in-4. 15 l.

BIBLIANDRI (Theod.) Machumetis, Saracenorum principis, ejusq. successorum Vitæ, doctrina ac ipse Alcoran. 1550, in-fol. 9 l.

— Machumetis Alcoran et Vita, ex arab. lat., cum Melancthonis Præfat. et Bibliandri notis et Apologia. *Basileæ*, 1543, in-fol. 10 l.

— Muhammedis Testamentum, sive Pacta cum Christianis in Oriente inita, et T. Bibliandri Apologia pro editione Alcorani. *Rostochii*, 1638, in-4.

BIBLIOTHECA Askeviana, sive Catalogus Librorum rariss. Ant. Askew. *Lond.* 1775, in-8. cum pretiis, 8 l.

On a tiré de ce Catalogue quelques exemplaires en grand papier, 12 à 15 l.

BIBLIOTHÈQUE des Philosophes chimiques (par Guill. Salmon); édit. revue (par Maugin de Richebourg). *Paris*, 1740, 3 vol. in-12. fig. 24 l.

— Bibliothèque des Philosophes alchimiques. *Paris*, 1754, tome iv.

Ce tome iv n'ayant été tiré qu'à un petit nombre d'exemplaires, est rare et cher : 20 l.

BIBLIOTHEQUE universelle des Dames. *Paris*, 1785, 154 vol. in-18. 150 l.

BIBLIOTHÈQUE universelle des Romans, depuis juillet 1775 jusqu'au mois de juin 1789, 112 vol. Reprise en l'an 6, 112 autres vol. En tout 224 vol. 240 l.

BIBLIOTHÈQUE des Romans grecs, trad. en franç. *Paris*, 1797, 12 vol. in-16. 12 l. — Pap. fin, 20 l.

Cette Collection a été publiée par feu M. Mercier, abbé de Saint-Léger.

BIBLIOTHÈQUE physico-économique, instructive et amusante, depuis son origine en 1782, jusqu'en décembre 1808, 34 vol. in-12. fig. 110 liv.

Les 24 premiers vol. ont été rédigés par MM. Parmentier et Deyeux, et les 10 autres, par M. Sonnini.

Cette Bibliothèque paraît par cahiers, le premier de chaque mois : douze cahiers forment 2 vol.

BIBLIOTHÈQUE britannique, ou Recueil extrait des ouvrages anglais, périodiques et autres. *Genève*, 1796 et suiv., 70 vol. formant les 10 premières années ; table, 2 vol. En tout 72 vol. in-8. 250 l. Prix de l'éditeur.

Ce Journal paraît régulièrement tous les mois, par cahier de 18 à 20 feuilles d'impression.

BIBLIOTHÈQUE portative des Voyages. *Paris*, Lepetit, an 7 et suiv. 40 vol. in-18 et 7 atlas de fig. 85 l.—Pap. vélin, fig. av. la lettre, 186 l. — Pap. nom-de-jésus d'Angoulême, 174 l. — Pap. nom-de-jésus vélin, fig. av. la lettre, 360 l. Prix de l'éditeur.

Cette charmante collection est composée des Voyages suivants : Voyage en Chine et en Tartarie, par lord Macartney, trad. de l'angl. par Breton, 7 vol. et atlas. — Voyage de John Barrow en Chine, trad. de l'angl. par le même, 5 vol. et atlas. — Voyage aux sources du Nil, par Bruce, 9 vol. et atlas. — Voyage en Egypte et en Nubie, par Norden, 4 vol. et atlas. — Premier, second et troisième Voyages de Cook, 15 vol. et 3 atlas.

BIBLIOTHÈQUE portative du Voyageur, ou Collection des meilleurs Ouvrages français, en prose et en vers. *Paris*, Fournier frères, 1800 et suiv. 41 vol. in-36.

Cette Collection est composée des Ouvrages suivants :

Conjuration des Espagnols contre Venise, et Conjuration des Gracques, par Saint-Réal, 1 vol. — Contes de la Fontaine, 2 vol. — OEuvres de Piron, 2 vol. — La Pucelle, 1 vol. — Lettres persanes, et le Temple de Gnide, 2 vol. — OEuvres choisies de Gresset, 1 vol. — OEuvres de Boileau, 1 vol. — Fables de La Fontaine, 2 vol. — Les Amours de Psyché et de Cupidon, par La Fontaine, 1 vol. — OEuvres de Racine, 4 vol. — La Henriade, 1 vol. — OEuvres choisies de Vergier et Grécourt, 1 vol. — Les Amours de Daphnis et Chloé, d'Abrocome et d'Anthia, 1 vol. — Histoires du petit Jehan de Saintré, et de Gérard de Nevers, par Tressan, 1 vol. — Mémoires de Grammont, 2 vol. — OEuvres choisies de Bernis, 1 vol. — Grandeur des Romains, 1 vol. — OEuvres choisies de Bernard, 1 vol. — Théâtre choisi de Voltaire, 5 vol. — Histoire de Gil-Blas de Santillane, par Le Sage, 5 vol. — Théâtre de P. Corneille, 5 vol.

Cette charmante collection, destinée particulièrement aux personnes qui voyagent, est très-bien imprimée sur beau papier. Chaque vol., broché, se vend 25 s. ; et en papier vélin, dont on n'a tiré qu'un très-petit nombre d'exemplaires, 3 liv.

BICHAT. (Xavier) Anatomie générale appliquée à la physiologie et à la médecine. *Paris*, an 10, 4 vol. in-8. 16 l.

—Anatomie descriptive. *Paris*, 1801, 5 vol. in-8. 24 l.

Du même : *Recherches physiologiques sur la vie et sur la mort*, 1802, in-8. 4 l. — *Traité des membranes en général*, 1802, in-8. 4 l.

BIDLOO (Godef.) Anatomia corporis humani. *Amst.* 1685, in-fol. avec 105 fig. de G. de Lairesse, 70 l. — Gr. pap. impérial, *rare*, 120 l.

Superbe ouvrage.

On rencontre quelquefois des exemplaires de cette édition, dans lesquels on a inséré à la fin du volume, les augmentations faites dans les deux éditions suivantes. Ces sortes d'exemplaires valent quelque chose de plus que les autres.

— Eadem, aucta à Guill. Cowper, cur. Guill. Dundass, cum supplemento. *Ultrajecti*, 1750, gr. in-fol. fig. 60 l.

Édition plus ample que celle de 1685 ; mais les épreuves des figures en sont moins bonnes.

L'édition de 1739, vaut 45 à 50 l.

BIEL. (Lud. de) Vide BIBLIA hebraïca.

BIENVENU. (Jacq.) Le Triomphe de Jésus-Christ, comédie apocalyptiq. trad. du latin de Jean Foxus, Anglais, en rithme franc., et augment. d'un discours sur la Maladie de la Messe. *Genève*, 1562, in-4. 50 l.

Pièce rare et recherchée.

BIGI (Lud.) Hymnorum et Epitaphiorum liber, necnon Epigrammatum lib. duo. *Ferrariæ*, 1514, in-4. 8 l.

Volume peu commun.

BIGOTHERII (Cl.) Rapina, seu Raporum (des Raves) Encomium. *Lugd.* 1540, in-8. 6 l.

Traité singulier et assez rare.

BILLAUT. Voy. ADAM.

BILLON. (Franç. de) Le Fort inexpugnable de l'honneur du sexe féminin. *Paris*, 1555, in-4. fig. 18 l.

Traité rare et singulier.

BINET. (Benj.) Traité historique des Dieux et des Démons du Paganisme, avec des remarq. critiq. sur le Système de Bekker. *Delft*, 1696, ou *Amst.* 1699, in-12. 5 l.

Cet ouvrage se joint ordinairement au *Monde enchanté de Bekker*.

BINET. (Est.) Abrégé des Vies des princip. fondateurs des religions de l'Église, repr. dans le chœur de l'abbaye de S.-Lambert de Liesse en Hainaut. *Anvers*, 1634, in-4. fig.

Les belles figures dont ce vol. est décoré, en font le principal mérite.

BINGHAMI (Jos.) Origines, sive Antiquitates ecclesiasticæ, ex angl. lat. conversæ per Henr. Grischovium. *Halæ*, 1724 et seqq. 10 vol. in-4. 36 l.

—Eædem. *Halæ*, 1751 et seqq. 11 tom. 8 vol. in-4. 45 l.

L'édition originale de ce livre a paru en 1710, et forme 8 vol. in-8. 30 l.

BION. (Nic.) Usage des globes célestes, terrestres, et des sphères, suivant les différents systèmes. *Paris*, 1751, gr. in-8. fig. 9 l.

— Traité de la construction et usage des principaux Instruments de mathématiques. *Paris*, 1752, in-4. fig. 12 l.

Bonne édition.

BIONIS et MOSCHI Idyllia quæ extant, hactenùs non edita, gr. lat., tam solutâ oratione quàm carmine reddita, et scholiis illustrata, curâ Mekerchi. *Brugis Flandrorum*, 1565, in-4. *rare*.

—Eadem, gr. lat., cum notis Varior., à Schwebelio. *Venet.* 1746, in-8. 6 l.

— Eadem, gr. lat., cum notis Joan. Heskin. *Oxonii*, 1748, in-8. 10 l.

— Eadem, gr. et lat., ex recens. M. Jo. Ad. Schier. *Lipsiæ*, 1752, in-8. 8 l.

— Eadem, gr. lat., cum animadv. G. C. Harles. *Erlangæ*, 1780, in-8. 6 l.

—Eadem, gr., illustrata et emendata

à Wakefield. *Londini*, Bensley, 1795, gr. in-8.

— Les Idylles de Bion et Moschus, trad. du grec en vers franç. par le baron de Longepierre. *Paris*, 1686, in-12. 3 l.

—Les mêmes, trad. par Gail. *Paris*, 1795, in-18. fig. pap. vélin, 3 l.

BIOT. (J. B.) Traité élémentaire d'astronomie physique. *Paris*, 1805, 2 vol. in-8. fig. 10 l.

— Essai de Géométrie analytique appliqué aux courbes et aux surfaces du second ordre ; 3°. édit. *Paris*, 1808, in-8. 5 l.

BIRAGO. Voy. SIRI. (Vittorio)

BIRCH. (Th.) Les Hommes illustres d'Angleterre, avec leurs éloges, en angl. *Lond.* 1743 - 1752, 2 vol. in-fol. fig. grav. par Houbraken et Vertue, 150 l. — Gr. pap. 300 l.

Superbe ouvrage. On doit trouver à la fin du vol. un petit supplément qui manque dans beaucoup d'exemplaires.

BIRCHERODII (Jani) Breviarium equestre, seu de Ordine Elephantico Tractatus. *Hauniæ*, 1704, in-fol. fig. 18 l.

BIRGITTA. (Sancta) Vid. BRIGITTA.

BIRINGOCCIO. (Vannuc.) Diece libri della Pirotechnia. *In Venegia*, 1559, in-4. fig. 20 l.

BITAUBÉ. (P. J.) Joseph, poëme. *Paris*, Didot l'aîné, 1786, 2 vol. in-18. fig. 4 l. — Pap. vélin, 8 l.

— Le même. *Paris*, Didot l'aîné, 1786, in-8. 5 l. — Pap. vélin, 9 l.

On a tiré de cette édition des exemplaires sur peau de vélin.

— Œuvres complètes de Bitaubé. *Paris*, 1804, 9 vol. in-8. 45 l. — Pap. gr.-raisin, 66 l. —Pap. vélin, 90 l.—Pap. gr.-raisin vélin, 130 l. Prix de l'éditeur.

Cette édition est bien imprimée.

—Voy. HOMÈRE.

BIVERI (Pet.) Sanctum sanctuarium Crucis et patientiæ Crucifixorum. *Antuerpiæ*, 1634, in-4. fig. 8 liv.

BIZZARI (Pet.) varia Opuscula. *Venetiis*, Aldus, 1565, in-8. Volume rare.

BLACKSTONE. (Will.) Commen-

taires on the Laws of England. *Oxford*, 1768, 4 vol. in-4. 72 l.

— The same. *London*, 1787, 4 vol. in-8. 36 l.

— Commentaires sur les Lois anglaises, trad. de l'angl. *Bruxelles*, 1774, 5 vol. in-8. 30 l.

BLACKWEL. (Elizabeth) Recueil de Plantes usuelles, au nombre de 252, avec leur explication en anglais. *Londres*, 1737, 2 vol. in-fol. fig. 80 l. — Fig. enluminées, 200 l.

— A curious Herbal, containing five hundred cuts, of the most useful plants. *London*, 1751, 2 vol. in-fol. 200 l. — Fig. enluminées, 350 l.

— Herbarium Blackwellianum, emendatum et auctum, cum Præfat. Christ. Jac. Trew. *Norimbergæ*, 1757, 6 vol. in-fol. avec 600 pl. coloriées, 400 l.

Ces trois ouvrages sont estimés et bien exécutés.

BLACKWELL'S. (Th.) Memoirs of the Court of Augustus. *Basil.* 1794, 7 vol. in-8. 20 l. — Pap. fin, 30 l.

—An Enquiry into the Life and Writings of Homer. *Lond.* 1735, in-8. fig. 8 l.

Cet ouvrage a été traduit en français par M. Q. de Roissy. *Paris*, an 7, in-8.

BLAEU. (Jean) Le grand Atlas, ou Cosmographie Blaviane. *Amst.* 1667, 12 vol. gr. in-fol. 150 à 200 l. Ouvrage peu recherché aujourd'hui par les changements opérés dans la géographie.

— L'Atlas céleste, par Cellarius. *Amsterd.* 1661, gr. in-fol.

—L'Atlas de mer, ou le Monde aquatique. *Amst.* 1667, gr. in-fol. Ces deux ouvrages se joignent aux 12 vol. de Blaeu, 40 l. L'Atlas céleste est rare.

— Novum ac magnum Theatrum Urbium Belgicæ regiæ. *Amst.* 1649, 2 vol. in-fol. 18 l.

—Le nouveau Théâtre d'Italie. *Amst.* 1704, 4 vol. gr. in-fol. fig. col. 70 l.

—Le même. *La Haye*, 1724, 4 vol. gr. in-fol. fig. 70 l.

Ouvrage recherché par rapport aux gravures dont il est décoré.

BLAIR. (H.) Sermons. *Lond.* 1800, 5 vol. in-8. 50 à 60 l.

— Sermons de H. Blair, trad. en franç. par Tressan. *Paris*, 1807, 5 vol. in-8. 21 l.

— Lectures on Rhetoric and Belles-lettres. *Lond.* 1801, 3 vol. in-8. 24 l.

— The same. *Basil.* 1800, 3 vol. in-8. 16 l.

— Leçons de Rhétorique et de Belles-lettres , trad. par Cantwell. *Paris* , 1797, 4 vol. in-8. 12 l.

— Les mêmes, trad. par Prevost. *Genève* , 1808 , 4 vol. in-8. 12 l.

— Lezioni di Retorica e Belle-lettere, trad. e commentate da Fr. Soave. *Parma* , Bodoni, 1801 , 3 vol. gr. in-8. pap. fin , 18 l.

BLAIR'S. (John) Chronological Tables and maps, etc. *Lond.* 1768 , in-fol. 30 l.

— The same. *Lond.* 1790, in-fol. 36 l.

— Tables chronolog. de l'Histoire univ. , depuis la création jusqu'en 1768 ; traduites de l'angl. par Chantreau , et contin. jusqu'en 1795. *Paris*, 1795, gr. in-4. 18 l.

BLANC. (Fr. le) Traité historique des Monnaies de France , depuis le commencement de la monarchie jusqu'à présent. *Paris* , 1690 , in-4. fig. 12 l. — Gr. pap. 30 l.

Ouvrage estimé.

— Dissertation historique sur quelques Monnaies de Charlemagne, et autres frappées dans Rome. *Paris,* 1689 , in-4. fig.

Cette Dissertation doit se trouver à la fin de l'ouvrage précédent.

— Le même Traité des Monnaies. *Amst.* Mortier, 1692 , in-4. fig. 12 l. — Gr. pap. 30 l.

Réimpression des deux traités précédents.

BLANCARDI (Nic.) Onomasticon atticum , gr. , cum animadv. et notis Jo. Steph. Blancardi. *Lugd. Bat.* 1757 , in-8.

BLANCHARD. (Edme) Traité de la Coupe des bois. *Paris*, 1729 , in-4. fig. 8 l.

BLANCHARD. (Guill.) Compilation chronologique des Ordonnances des rois de France. *Paris*, 1715, 2 vol. in-fol. 15 l.

BLANCHI (Fr.) Dictionarium latino-epiroticum , cum nonnullis usitat. loquendi formulis. *Romæ* , 1635, in-8. 12 l.

BLANCHINI (Fr.) Dissertationes de Calendario et Cyclo Cæsaris , et

de Paschali Canone S. Hippolyti. *Romæ*, 1703 , in-fol. 15 l.

— Circi maximi antiqui Imperator. romanorum Palatii Iconographia *Romæ* , 1728 , in-fol. gr. pap. 12 l.

— Astronomicæ ac geographicæ Observationes selectæ , curâ Eustach. Manfredi. *Viennæ*, 1737 , in-fol. 10 l.

— De tribus generibus Instrumentorum Musicæ Veterum organicæ Dissertatio. *Romæ* , 1742, in-4. fig. 6 l.

BLANCHINI (Jos.) Evangeliarium quadruplex latinæ versionis antiquæ, seu vers. ital. *Romæ* , 1748 , 4 vol. in-fol. 30 l. — Gr. pap. 50 l.

— Vindiciæ canonicarum Scripturarum vulgatæ latinæ editionis. *Romæ* , 1740, in-fol. 15 l.

BLANCHINI (Fr. et Josephi) Demonstratio Historiæ ecclesiasticæ quadripartitæ , comprobatæ monumentis pertinentibus ad fidem temporum et gestorum. *Romæ*, 1752, 3 tom. 1 vol. in-fol. fig. d'Ant. Jos. Barbazza , 15 l.

BLANKAART. (Et.) Recherches sur les Chenilles, les Vers et les Insectes rampants et volants, trad. du hollandais par J. Chr. Rodochs. *Leipsick* , 1700 , in-8. fig. 12 l.

BLARRORIVO (Pet. de) Opus Nanceidos, seu de Bello Nanceiano lib. vj. *Impressum in Pago S. Nicolai de Portu*, 1518 , in-fol. 15 l.

Ouvrage rare et recherché.

BLASII (Gerardi) Anatome Animalium. *Amst.* 1681 , in-4. fig. 7 l.

BLESSEBOIS : (Corneille de) son Théâtre, contenant 38 pièces de comédies. *Cologne*, sans date , in-12. fig. 8 l.

— Œuvres satyriques du même. *Leyde* , 1676, in-12. 8 l.

— Le Lion d'Angélie, histoire amoureuse et tragique. *Cologne*, 1676, 2 part. 1 vol. pet. in-12. 8 l.

Petit ouvrage recherché.

— La Pudeur éteinte. *Leyde* , 1676 , 3 part. 1 vol. in-12. 24 l.

Livre très-rare.

BLIGHS. (Will.) Voyage to the south sea, undertaken by command of his majesty, for the purpose of conveying the bread-fruit

tree to the West Indies. *London*,
1792, in-4. fig. 18 l.

BLOCH. (Marc-Eliezer) Ichthyologie,
ou Histoire des Poissons (en allemand). *Berlin*, 1782-1795, 12 vol.
in-4. 432 pl. enlum.

Première édition.

— La même. *Berlin*, 1785-1797, 12
part. en 6 vol. in-fol. 432 pl. enluminées, 400 l.—Pap. de Holl. 800 l.

Ouvrage magnifiquement exécuté.

— La même. *Berlin*, 1796, 12 vol.
in-8. fig. color. 200 l.

— Systema Ichthyologiæ, iconib. 90
color. illustrat., post obitum autor.
opus inchoatum absolvit, correxit,
interpolavit J. G. Schneider. *Berolini*, 1801, in-8. 50 l.

BLOIS. (Théod. de) Histoire de Rochefort. *Blois*, 1733, in-4. 5 l.

BLOND (le) et LA CHAU. Description des principales Pierres gravées
du cabinet du duc d'Orléans. *Paris*,
1780-1784, 2 vol. pet. in-fol. 72 l.—
Gr. pap. de Hollande, *rare*, 150 l.

On rencontre quelquefois des exemplaires
de cet ouvrage, dans lesquels on a inséré une suite d'estampes représentant
des Médailles Spinthriennes. Ces sortes
d'exemplaires sont un peu plus chers
que les autres.

BLONDEAU et autres. (Cl.) Journal du Palais. *Paris*, 1755, 2 vol.
in-fol. 15 l.

BLONDEL. (Fr.) Recueil des quatre
principaux problêmes d'architecture. *Paris*, impr. roy., 1673,
in-fol. 20 l.

— Cours d'Architecture enseigné dans
l'Académie royale d'Architecture.
Paris, 1698, 2 vol. in-fol. fig. 40 l.

BLONDEL. (Jac. Fr.) L'Architecture moderne, ou l'Art de bien bâtir. *Paris*, 1728, 2 vol. in-4. fig.
30 l.

— De la Distribution des maisons de
plaisance, et de la Décoration des
Édifices en général. *Paris*, 1738,
2 vol. in-4. fig. 33 l.

— Architecture française, ou Recueil
de plans, élévations, coupes, etc.,
des maisons royales, palais, etc., de
Paris, *Paris*, 1751, 4 vol. gr. in-fol.
200 l.

— Cours d'Architecture, ou Traité
de la décoration, distribution, etc.,

des bâtiments. *Paris*, 1771, 9 vol.
in-8. fig. 48 l.

BLONDEL. (David) Des Sibylles célèbres, tant par l'antiquité païenne que par les SS. Pères. *Charenton*, 1649, in-4. 5 l.

BLONDI (Mich. Ang.) Libellus de
Canibus et Venatione. *Romæ*,
1544, in-4. 10 l.

BLONDI (Flavii) Italiæ illustratæ
lib. viij, ex edit. Gasp. Blondi, filii. *Romæ*, in domo J. P. de Lignamine, 1474, in-fol. *rare*, 100 l.

Première édition de ce livre. Elle est imprimée en lettres rondes et à longues
lignes, sans chiffres, signatures ni réclames.

Le véritable nom de l'auteur est *Biondo*.

BLUET d'Arbères, comte de Permission etc. : (Bernard de) ses Œuvres. *Sans indication de ville*, 1600,
in-12. 130 l.

Livre singulier, excessivement rare, et
presque toujours incomplet. Il doit renfermer 103 pièces fugitives et séparées.
Il faut avoir soin d'examiner si la soixante quinzième se trouve dans le vol.,
parce que cette pièce manque quelquefois, ou se trouve mutilée dans la figure
attachée au commencement, qui représente une vision licencieuse.

Plusieurs personnes ont prétendu qu'il existait une 104.ᵉ partie à cet ouvrage; mais
jusqu'à présent on n'a pu parvenir à en
découvrir des exemplaires.

— Le Testament de Bern. de Bluet
d'Arbères. *Impr. sans nom de lieu
ni d'imprimeur*, 1606, in-8. de 24
pages, 20 l.

Petite pièce assez rare, qu'on joint aux
Œuvres de l'auteur.

BLUMENBACH. (J. F.) Manuel
d'Histoire naturelle, trad. de l'allem. par Soulange Artaud. *Paris*,
1803, 2 vol. in-8. fig. 10 l.

BLUTEAU. (P. Raphaël) Vocabulario portuguez è latino. *En Coimbra*,
1712-1721, 8 vol. in-fol. 100 l.

— Supplemento ao Vocabulario portuguez è latino que acabou de sa-
hir à luzanno de 1721. *En Lisboa
Occidental*, 1727 et 1728, 2 vol.
in-fol. 30 l.

BOANIN (Ant. Jo.) Antiquitates urbis et ecclesiæ Lulionensis. *Fon-
teniali*, 1656, in-4. 8 l.

BOATE. (G.) A natural History of
Ireland, *Dublin*, 1755, in-4. fig.
10 l.

BOBALI. (Savino) Rime amorose e
pastorali, e Satire. *Venetia*, Aldo,
1589, in-4.

BOCAGE : (M.me du) ses Œuvres.
Lyon, 1764, 3 vol. in-8. 8 l.

BOCACCI de Certaldo (Joan.) Opus
de Montibus, Sylvis, Fontibus,
Lacubus, etc. *Venetiis* (per Vindelinum de Spira), 1473, in-fol.
60 l.

Edition originale, rare et recherchée

— De Genealogià Deorum Gentilium
lib. xv. *Venetiis*, per Vindelinum
de Spira, 1472, in-fol. 60 l.

Première édition fort rare. Cet ouvrage et
le précédent se trouvent quelquefois reliés ensemble.

— La Généalogie des Dieux, trad. en
franc. *Paris*, A. Vérard, 1498,
in-fol. fig.

Il y a de ce livre des exemplaires imprimés sur vélin.

— Opera di Giov. Bocaccio, trad. in
lingua volgare, da N. Liburnio,
dove si tratta de' monti, selve,
boschi, etc. *In Fiorenza*, Giunti,
1598, in-8. 8 l.

— Il Decamerone. *Per Christ. Valdarfer, Ratisponensem, excusa.*
(*Venetiis*), 1471, in-fol.

Cette édition, que la plupart des Bibliographes regardent comme la première
de ce fameux ouvrage, est extraordinairement rare.
Vendu à Londres, dans une vente publique, 100 guinées ou 2400 l. environ.

— Il medesimo. *Mantuæ*, Pet. Adam
de Michaëlibus, 1472, in-fol.

Cette rare édition est imprimée en caractères ronds, et à longues lignes,
sans chiffres, signatures ni réclames.

— Il medesimo. *Mediolani*, Ant. Zarotus Parmensis, 1476, in-fol. 300 l.
Edition rare et recherchée.

— Il medesimo. *Bononiæ*, Balthasar
de Azoguidis, 1476, in-fol 300 l.
Cette édition est aussi très-rare.

— Il medesimo. (*In Vicenza*), Giovanni da Reno, 1478, in-fol. *rare*,
150 l.

On fait encore cas des éditions données
à *Venise*, en 1481, 1484 et 1492.

— Il medesimo. *Firenze*, Filippo
Giunta, 1516, in-4. 24 l.

— Il medesimo. *In Venetia*, 1516,
in-8. magg. 16 l.

— Il medesimo. *In Venetia*, 1518,
in-fol. 20 l.

Ces trois dernières éditions ne sont pas
communes. On y a ajouté trois Nouvelles, que l'on attribue à Bocace.

— Il medesimo. *In Venetia*, Aldo e
Asulano, 1522, in-8. magg. 120 l.

Edition très-rare, et la plus recherchée après
celle de 1527.

— Il medesimo, nuovamente corretto.
In Firenze, Giunti, 1527, in-8.
magg.

Cette excellente édition, qui est extrêmement rare et fort chère (elle vaut 5 à 600
liv.), ayant été contrefaite à Venise, sous
la même date et dans le même format,
nous allons indiquer quelques signes auxquels on pourra la reconnaître.
Dans l'édition originale, fol. 1, après l'intitulé *Prohemio* et à la 14.e ligne du
recto de ce feuillet, on lit ces deux mots,
Rifrigerio già. Dans la contrefaction
ces deux mots n'en font qu'un, et ou
lit *Rifrigeriogià*. Dans l'édition originale, fol. 33 verso, l'intitulé de la
page est écrit *Giornata*, et dans la contrefaction il y a *Giornada*.
On a tiré de l'édition originale des exemplaires sur vélin.
La contrefaction, dont il y a aussi des
exemplaires sur vélin, vaut 20 à 24 l.

— Il medesimo, nuovamente istoriato
per Ant. Bruccioli. *In Venetia*,
1538, in-4. 9 l.

— Il medesimo, corretto per A. Bruccioli. *In Venetia*, 1542, 2 vol.
in-16. 8 l.

— Il medesimo, riveduto dal medesimo. *In Venetia*, 1546, in-4. 10 l.

— Il medesimo. *In Vinegia*, 1550,
in-4. 10 l.

— Il medesimo, riveduto per Gir.
Ruscelli, con diverse dichiarazioni,
etc. *In Venetia*, 1550, in-4. 10 l.

— Il medesimo, riveduto da Lod.
Dolce. *In Venegia*, Giolito de
Ferrari, 1552, in-4. 10 l.

— Il medesimo, ridotto alla sua in-
tera lezzione per Girol. Ruscelli.
In Venetia, Valgrisio, 1552, in-4.
10 l.

— Il medesimo, con le annot. del
Bembo. *In Lione*, 1555, petit
in-12. 10 l.

Fort jolie édition, peu commune.

— Il medesimo, corretto per Lionardo
Salviati. *Firenze*, Giunti, 1587,
in-4. 18 l.

Cette édition et la suivante sont citées
par la Crusca.

— Il medesimo. *Amst.* (*Napoli*), 1718, 2 vol. in-8. 16 l.

Il existe une contrefaction de ce livre, et comme elle imite assez bien l'edition originale, nous allons donner quelques signes qui pourront servir à la reconnaître. Tom. I. de l'édition originale, page 17, lig. 40, on lit *ciascun.* Dans la contrefaction il y a *chiascun.* Tom. II. pag. 23, lig. 30 de la première édition, il est écrit *Firenze*, et dans la contrefaction on lit *Firennze.*

— Il medesimo. (*In Amsterdamo*, Elzevir), 1665, in-12. 12 l.

Très-jolie édition.

— Il medesimo, pubblicato da M. Paolo Rolli. *In Londra*, 1725, in-4. 20 l.

Edition fort correcte. On en a tiré des exemplaires de format in-fol. grand pap.

— Il medesimo. (*In Amsterdamo*), 1726, 2 vol. in-12. 10 l.

Jolie édition, assez recherchée.

— Il medesimo, con la Vita di Bocaccio. *In Londra* (*Parigi*), 1757, 5 vol. in-8. magg. fig. 48 l.

Belle édition.

— Il medesimo, tratto dall' ottimo testo scritto da Fr. Damaretto. *In Fiorenza*, 1761, in-4. 27 l.

— Il medesimo, con le osservazioni di V. Martinelli. *In Londra*, 1762, in-4. 8 l. — Gr. pap. 15 l.

— Il medesimo. *Parigi*, Prault, 1768, 3 vol. petit in-12. 10 l.

— Il medesimo. *Londra* (*Livorno*), 1789-90, 4 vol. in-8. portrait, 24 l.

On doit cette belle et excellente édition aux soins de M. Gaetano Poggiali, qui en a fait tirer un exemplaire sur papier bleu, et un autre sur peau de vélin.

— Le Cento Novelle di G. Bocaccio, ridotte in ottava rima da M. Vincenzo Brugiantino. *In Venezia*, 1554, in-4. de 552 pag. 100 l.

Ouvrage fort rare, et le seul qui renferme les Cent Nouvelles de Bocace, mises en vers.

— Les Cent Nouvelles de Bocace, trad. en franç. par Laurent du Premier-Faict. *Paris*, A. Vérard, sans date, in-fol. goth. 30 l.

Première traduction française du Décaméron. Il en existe des exemplaires imprimés sur vélin.

— Le Décaméron de Bocace, trad. en franç. par Ant. le Maçon. *Paris*, 1545, in-fol. 12 l.

Cette édition est rare.

— Le même, de la trad. précédente. *Lyon*, 1560, in-16. 6 l.

— Le même, de la trad. précédente. *Paris*, 1569, in-16. 10 l.

Ces deux petites éditions ne sont pas communes.

— Le même, de la trad. précédente. *Londres* (*Paris*), 1757, 5 vol. gr. in-8. fig. 60 l.

Belle édition.

— Le même, trad. en franç. par A. Sabatier de Castres. *Paris*, 1800, 11 vol. in-8. avec 133 figures, 30 l. — Papier fin, 50 l. — Pap. vélin, fig. avant la lettre, 70 l.

— Nouvelles de Bocace, trad. libre, par Mirabeau. *Paris*, 1802, 4 vol. in-8. fig. de Marillier, 15 l.

Il y a des exemplaires sur papier vélin.

— Contes et Nouvelles de Bocace, trad. libre. *Amst.* 1697, 2 vol. in-8. fig. de Romain de Hooge, 18 l.

Bonne édition. Celles de 1699, 1712 ou 1732, quoique moins estimées, ont cependant une certaine valeur, 10 à 12 l.

— Las ciento Novelas de Bocaccio. *En Sevilla*, 1496, in-fol. goth.

Cette édition, la première de ce livre en langue espagnole, est si rare, qu'elle est restée inconnue à nos meilleurs Bibliographes. Elle est imprimée sur deux colonnes.

— L'Amorosa Fiammetta. *Absque anni, loci et typographi indicatione ullá.* Petit in-fol., charactere quadrato et optimo.

Debure regarde cette rare édition comme la première de ce livre, et pense qu'elle à dû être mise au jour par Nic. Jenson, vers l'année 1470. Le volume n'a ni chiffres ni réclames, mais seulement des signatures.

— La medesima. *Patavii*, Martinus de Septem Arboribus, 1472, in-4. 200 l.

Quelques Bibliographes prétendent que cette édition est antérieure à la précédente. Les exemplaires en sont très-rares.

— La medesima. *Editio anni* 1480, in-4. 15 l.

— La medesima. *In Venetia*, per Philippo di Piero, 1481, in-4. 20 l.

On a cru long-temps que cette édition était la première de ce Roman.

— La medesima. *In Venetia*, per Max. de Papia, 1491, in-4. 20 l.

— La medesima. *In Firenze*, Giunti, 1533, in-8. 6 l.

— La medesima. *In Firenze*, Giunti, 1594, in-8. 6 l.

Ces deux éditions sont citées par l'Académie de la Crusca.

— Il Philocopo, ò il Libro degli amori di Florio e di Bianzafiora. *In Venetia*, Gabr. di Piero e Maestro Philipo, 1472, in-fol. 300 l.

Cette édition est généralement regardée comme la première de ce livre. Les exemplaires en sont très-rares. Le volume est imprimé en caractères ronds, à longues lignes, sans chiffres, réclames ni signatures.

— Il medesimo. *In Firenze*, Jo. Pot. de Maguntia, 1472, in-fol. 300 l.

Cette édition n'est pas moins rare que la précédente; peut-être même lui est-elle antérieure.

— Il medesimo. *In Milano*, per Domenico da Vespola, 1476, in-fol.

Edition fort rare et très-bien exécutée.

— Il medesimo. *In Milano*, Philip. de Lavagnia, 1478, in-fol. 72 l.

Il faut que cette édition soit bien rare; car la plupart des Bibliographes n'en parlent pas.

— Il medesimo. *Napoli*, Sixtus Riessinger, 1478, in-fol. 100 l.

Edition aussi peu connue que la précédente.

— Il medesimo. *In Venetia*, 1485, in-fol. rare, 60 l.

— Il medesimo, con la Vita di Bocaccio, da Hierony. Squarzafico d'Alessandria. *In Venetia*, 1488, in-fol. rare, 60 l.

— Il medesimo. *In Firenze*, Giunti, 1594, in-8. 7 l,

Edition citée par l'Académie de la Crusca. On fait encore cas des éditions de *Venise*, 1520, et de *Milan*, 1524, in-4.

— Le Philocope, cont. l'Histoire de Fleury et Blanchefleur, div. en vij livres, trad. en franç. par Adrien Sevin. *Paris*, 1575, in-16. 8 l.

— Il Corbaccio, *ovvero* il Laberinto d'Amore, con una Epistola confortatoria a M. Pino de' Rossi, *In*

Firenze, Giunti, 1516, in-8. 8 l.

Edition estimée et peu commune.

— Il medesimo. *Firenze*, Giunti, 1594, in-8. 10 l.

Edition citée par l'Académie de la Crusca.

— Il medesimo, con le note di Jac. Corbinelli. *In Parigi*, 1569, in-8. 6 liv.

On fait assez de cas de cette édition, à cause des notes de Corbinelli.

Il n'existe qu'une seule édition de ce livre imprimée dans le quinzième siècle. Elle a pour titre : *Il Corbaccio o Laberinto d'Amore. Firenze*, B. di Francesco, 1487, in-4. lettres rondes.

— Il Ninfale fiesolano, nel quale si contiene l'innamoramento d'Africo e Mensola, etc. *In Fiorenza*, 1578, in-4. fig. 10 l.

— Il medesimo, poema in ottava rima. *Parigi*, 1778, in-12.

On a tiré de cette édition des exemplaires sur vélin.

La première édition de ce Poëme a paru à *Venise*, en 1477, in-4.

— Le Ninfe di Ameto, commedia. *In Venetia*, 1478, in-4.

— Le medesime. *In Trevigi*, M. Manzolin, 1479, in-4.

Ces deux éditions sont très-rares.

— Le medesime. *In Milano*, 1520, in-4. 6 l.

— Le medesime. *Firenze*, Giunti, 1521, in-8. 6 l.

Edition adoptée par la Crusca.

— Amorosa Visione. *Venezia*, 1549, in-8. 6 l.

— La medesima. *Venezia*, 1558, in-8. 5 l.

Edition mentionnée par la Crusca.

— Opera jucundissima, nuovamente ritrovata, intitolata l'URBANO, composta da G. Bocaccio. *Editio vetus, absque ullá loci et anni indicat.* (*circà* 1480), in-4.

Edition originale, rare.

— Lo stesso libro. *Firenze*, Giunti, 1598, in-8. 7 l.

L'Académie de la Crusca indique cette édition dans son Vocabulaire.

— Urbain le Mescognu, fils de l'empereur Frédér. Barberousse, qui, par la finesse de certains Florentins, surprit la fille du Souldan; transl. en franç. *Lyon*, sans date, in-4. goth.

Traduction de l'ouvrage précédent.

—La Teseide , poema , dichiarato da Andrea de' Bassi. *In Ferrara, Aug.* (Carnerius) , 1475 , in-fol.

Edition très-rare et la première de ce poëme. Elle est exécutée sur deux colonnes , dont l'une pour le texte , et l'autre pour le commentaire. La totalité du vol. est de 161 feuillets.

Vendu , chez Crevenna , 213 flor. de Holl.

—La medesima. *Senz' anno , luogho e nome di stampatore* , in-4. picc. 150 l.

Edition imprimée en caractères gothiques. Elle est très-rare.

— La medesima , revista da Tizzone Gaetano di Pofi. *Venezia* , 1558 , in-4. *assez rare* , 21 l.

—La Théséide , contenant les Amours de deux chevaliers thébains, Areite et Palémon , trad. de l'ital. par D. C. C. *Paris* , 1597 , in-12. 6 l.

— Filostrato. *Senza nota di anno e di luogho , per Maestro Lucca* , in-4.

Cette rare édition est imprimée en caractères ronds. On présume qu'elle a été mise au jour vers 1480 ou 1483.

— Il medesimo. *Parigi* , Didot, 1789 , in-8. 7 l.

— Opus de Casibus Virorum illustrium ; accedit Compendium de præclaris Mulieribus. *Editio vetus, absque ullâ loci et anni indic.* (*circà* ann. 1472) , in-fol. 90 l.

Edition rare et recherchée.

— Opus de claris Hominibus et Mulieribus. *Ulmæ* , Jo. Zainer de Reutlingen , 1473 , in-fol. 140 l.

Edition très-rare et la première de ce livre. Elle est imprimée à longues lignes et en caractères gothiques. Le volume est orné de figures en bois , dont l'une d'elles représente la papesse Jeanne accouchant au milieu d'une procession , et entourée de plusieurs cardinaux.

La première version espagnole de ce livre , a été imprimée à *Zarragosse* , par Paul Hurus , en 1495 , in-fol.

— Le Livre intitulé du Déchiet des nobles hommes et femmes , trad. du lat. en franç. *Bruges* , Colard Mansion , 1476 , in-fol. goth. 30 l.

Première et très-rare édition. C'est le premier livre imprimé à *Bruges*.

—Le Livre de J. Bocace, des Nobles malheureux, trad. du lat. en franç. (par Laurent de Premier-Faict.) *Pa-*

ris , pour Ant. Vérard, 1494, in-fol.

Vendu , imprimé sur vélin, avec 10 miniatures , 36 l. chez La Vallière.

BOCCHII (Achillis) symbolicarum Quæstionum lib. v. *Bononiæ*, 1555, in-4. fig. 18 l.

Edition originale , rare. Cet ouvrage est remarquable par une estampe représentant le modèle de l'instrument de mort des condamnés , qu'on appelle *guillotine*.

— Iidem. *Bononiæ* , 1574 , in-4. 10 l.

Edition moins estimée que la précédente.

BOCCONE (Pauli) Icones et Descriptiones rarior. Plantarum Siciliæ , Melitæ, Galliæ , etc. *Oxonii* , 1674 , in-4. fig. 9 l.

—Museo de' Piante rare della Sicilia, Malta , Corsica , etc. *In Venetia* , 1697 , in-4. fig. 15 l.

Ouvrage estimé et peu commun.

— Museo di Fisica e di Sperienze , decorato d'osservazioni naturali. *In Venetia* , 1697, in-4. fig. 10 l.

Assez rare.

BOCHARTI (Sam.) Opera , curis Jo. Leusden et Pet. Villemandy. *Lugd. Bat.* 1712, 3 vol. in-fol. 45 l.

Bonne édition.

—Ejusd. Hierozoicon , seu bipartitum opus de Animalibus sacræ Scripturæ, edente F. C. Rosenmuller. *Lipsiæ* , 1793 - 96 , 3 vol. in-4.

BOCHAT. (Louis de) Mémoires critiques pour servir d'éclaircissements sur divers points de l'Histoire ancienne de la Suisse. *Lausanne* , 1747, 3 vol. in-4. 15 l.

BOCKLERI (Georg. Andr.) Architectura curiosa nova , lat. reddita à J. Christ. Sturmio. *Norimbergæ*, 1664 , in-4. fig. 12 l.

— Theatrum machinarum , è germ lat. redditum ab Henr. Schmitz. *Coloniæ Agrippinæ* , 1662, in-fol. fig. 18 l.

Ouvrage estimé et peu commun.

BODE (J. Elerti) Uranographia , sive Astrorum Descriptio xx tab. æneis incisa , ex recentiss. et absolutiss. astronomorum observat. *Berolini* , 1801 , in-fol. atl. 100 l.

BODINI (Joan.) universæ Naturæ Theatrum. *Lugd.* 1596, in-8. 6 l.

Cet ouvrage a été supprimé.

—Le Théâtre de la Nature , trad. du

lat. par Fr. de Fougerolles. *Lyon* , 1597 , in-8. 6 l.

BOEHMERI (Georg. Rudolphi) Bibliotheca Scriptorum Historiæ naturalis systematica. *Lipsiæ* , 1785-1789 , 9 vol. in-8. 5o l.

— Comment. physico-botanica de Plantarum Semine. *Wittebergæ* , 1785 , in-8. 12 l.

— Flora Lipsiæ indigena. *Lipsiæ* , 1750, in-8. 5 l.

BOERHAAVE (Herm.) Elementa chimiæ; cui accesser. ejusd. autor. Opuscula quædam. *Parisiis*, 1733, 2 vol. in-4. 8 l.

— Index Plantarum horti Academici. *Lugd. Batav.* 1720, in-4. fig. 15 l.

— Historia anatomica infantis cujus pars corporis inferior monstrosa. *Petropoli*, 1754 vel 1757, in-4. fig. 12 liv.

— Methodus studii medici, locupletata ab Alb. Haller. *Amst.* 1751, 2 vol. in-4. 15 l.

BOETII (Ann. Man. Torq. Sev.) de Consolatione philosophiæ liber. Acced. versio germanica. *Nurembergæ* , A. Coburger, 1473, in-fol. max. 25o l.

Première édition très-rare. Le vol. est divisé en deux parties, dont la première, imprimée à deux colonnes, renferme le texte de Boèce, avec les commentaires attribués à Saint Thomas d'Aquin. La seconde partie est exécutée à longues lignes, et contient le texte latin en vers de Boèce, suivi alternativement de la version allemande.

— Ejusd. de Consolatione philosophiæ libri v. *Savonæ*, J. Bonus, 1474, in-4. 15o l.

Edition aussi rare que la précédente. Elle est la première de cet ouvrage de Boèce, sans le commentaire.

— Iidem, cum comment. S. Thomæ de Aquino. *Nurembergæ* , 1476 , in-fol. 100 l.

Edition très-rare. Elle est exécutée en lettres gothiques, sans chiffres, signatures ni réclames.

— Iidem, lat. et belgicè, cum comment. belgicè. *Gandavi*, Arn. Cæsaris, 1485, in-fol. max.

Cette édition, imprimée sur deux colonnes, sans chiffres, signatures ni réclames, est fort rare.

— Iidem , et de Disciplinà scholasticà, à Nic. Crescio. *Florentiæ*, Junta , 15o7 vel 1513 vel 1521, in-8. 6 à 9 l.

— Iidem , cum notis Varior. et Pet. Bertii præfat. *Lugd. Bat.* 1671, in-8. 12 l.

— Iidem , cum interpr. et notis Pet. Callyi, ad usum Delphini. *Parisiis*, 1680, in-4. 18 l.

Ce vol. entre dans la Collection des auteurs *ad usum Delphini.*

— Iidem , cur. J. Ant. Vulpio. *Patavii*, Cominus , 1721 , in-8. 5 l.

— Iidem. *Glasguæ*, Foulis, 1751, in-4. 8 liv.

Edition bien imprimée.

— Iidem, edente Jo. Eremità (Debure de Saint-Fauxbin.) *Parisiis*, 1783, petit in-12. 3 l. — Gr. pap. 6 l.

On a tiré de cette édition des exemplaires sur vélin.

— Iidem, anglo-saxon. redditi ab Alfredo. *Oxoniæ* , 1698, in-8. maj. *rare* , 15 l.

— Ejusd. Boetii Opera omnia, cum comment. diversor. *Basileæ*, Henr. Petrus, 1570, in-fol. 18 l.

— Ejusd. Arithmetica , cum comment. Gher. Rufi. *Parisiis* , 1521, in-fol. *très-rare.*

— Le grand Bœce de Consolation, transl. du lat. en franç. par Jean de Meung. *Paris* , Vérard , 1494, in-fol.

Exemplaire imprimé sur vélin, et orné de miniatures.

—Consolation philosophique de Boëce, nouv. trad. avec des remarq. (par de Francheville). *La Haye* , 1744, 2 vol. pet. in-8. 5 l.

— Boecio de Consolacion e Vergel de Consolacion, trad. por A. de Ginebreda. *En Sevilla*, 1497, in-fol.

Edition rare, et la première de cette version espagnole.

—Della Consolazione filosofica, trad. in volgare fiorentino da B. Varchi. *Firenze*, 1551, in-4. 9 l.

Cette édition et la suivante sont citées par l'Académie de la Crusca.

—Lo stesso, volgarizzamento di maestro Alberto Fiorentino. *Firenze*, 1735, in-4. 6 l.

—Lo stesso, trad. da B. Varchi. *Venezia*, 1737, in-8. col ritratto di Boezio, 6 l.

— Lo stesso, col testo lat. e vers ital.

del Varchi. *Parma*, Bodoni, 1798, 2 vol. in-4.

Magnifique édition.

BOFFRAND. (Germain) Livre d'Architecture, contenant les principes généraux de cet Art. — Description de la Statue équestre de Louis XIV. *Paris*, 1745, in-fol. fig. 30 l.

Ces deux ouvrages sont ordinairement reliés ensemble. Il est bon de s'assurer si l'estampe qui représente le *four* dans lequel on a fondu d'un seul jet la statue équestre de Louis XIV, se trouve dans le volume, parce qu'elle manque assez souvent.

BOGEL. (Christ.) Histoire des Oiseaux (en allemand.) *Nuremberg*, 1772. — Représentation des Nids de différents Oiseaux, par Smidels (en allemand). *Nuremberg*, 1772, in-fol. fig. coloriées.

Ces deux ouvrages réunis, 80 l.

BOHADINUS. Vid ABULFEDA.

BOHADSCH (Jo. Bapt.) de quibusdam Animalibus marinis, eorumque proprietatibus vel nondùm vel minùs notis, liber. *Dresdæ*, 1761, in-4. fig. 7 l.

BOILEAU DESPRÉAUX : (Nic.) ses Œuvres, avec des remarq. par Cl. Brossette. *Amst.* Mortier, 1718, 2 vol. in-fol. fig. de Bernard Picart, 50 liv.

Belle édition. On n'en a tiré qu'un si petit nombre d'exemplaires en grand papier, qu'on a douté fort long-temps s'il en existait. Un de ces exemplaires a été poussé dans une vente publique, au prix exorbitant de 2,400 l.

— Les mêmes. *Amst.* Mortier, 1729, 2 vol. in-fol. fig. de Bern. Picart, 30 l. — Gr. pap. 70 l.

Cette édition est moins recherchée que la précédente, parce que les épreuves des figures en sont médiocres.

— Les mêmes, avec les mêmes remarq. *La Haye*, 1722, 4 vol. in-12. fig. de Bern. Picart, 30 l.

Jolie édition, peu commune.

La réimpression de 1729, 4 vol. in-12, est beaucoup moins recherchée.

— Les mêmes, avec les mêmes remarq., édit. revue par J. B. Souchay. *Paris*, 1740, 2 vol. in-4. fig. de Cochin, 10 l. — Gr. pap. in-fol. 30 liv.

Belle édition.

— Les mêmes, avec des notes par

Dict. Bibl. I.

Lefebvre de Saint-Marc. *Paris*, 1747, 5 vol. in-8. fig. 50 l. - Papier fin, 75 l. — Papier de Holl. 150 l.

Édition généralement estimée.

Les exemplaires en papier de Hollande sont fort rares.

— Les mêmes, avec les notes de Lefebvre de Saint-Marc. *Amst.* 1772, 5 vol. in-8. fig. 30 l.

Cette édition est moins belle que la précédente.

— Les mêmes, avec les notes de Lefebvre de Saint-Marc. *Amst.* 1775, 5 vol. in-12. fig. 16 l.

— Les mêmes. *Paris*, Didot l'aîné, 1781, 2 vol. in-18. 12 l.

On a tiré de cette édition des exemplaires sur vélin.

— Les mêmes, pour l'éducation du Dauphin. *Paris*, Didot l'aîné, 1788, 3 vol. in-18. pap. vélin, 15 l.

Jolie édition, tirée à 500 exemplaires.

— Les mêmes, pour l'éducation du Dauphin. *Paris*, Didot l'aîné, 1789, 2 vol. in-4. 60 l.

Belle édition, tirée à 250 exemplaires.

—Les mêmes. *Paris*, Crapelet, 1798, in-4. gr. pap. 9 fig. 18 l.

—Les mêmes. *Paris*, Bastien, 1805, 2 vol. in-8. 7 fig. 9 l.

(BOIS D'ANNEMETS.) (Daniel de) Mémoires d'un favori de M. le duc d'Orléans, Gaston de France, frère de Louis XIII. *Leyde* (Elzevir), 1668, in-12. 9 l.

Ces Mémoires, que l'on attribue à de Bois d'Annemets, ne sont pas communs.

BOIS : (Guill. du) ses Œuvres. *Paris*, 1606, in-12. 24 l.

Petit ouvrage rare et singulier. Il renferme quelques pièces extravagantes dans le goût de celles de Bluet d'Arbères.

BOISARD : ses Fables, 2e. édit. *Paris*, 1777, 2 vol. in-8. pap. de Holl. 12 l.

BOISSARDI (Jani Jac.) de Divinatione et magicis Præstigiis, Tractatus. *Oppenheimii*, Gallerus, absque notâ anni, in-fol. fig. de Théod. de Bry, 12 l.

Ouvrage curieux.

— Ejusd. Parnassus biceps, etc. *Francofurti*, 1627, in-fol. fig. de Théod. de Bry.

Cet ouvrage se joint au précédent, 10 l.

— Ejusd. Theatrum Vitæ humanæ. 1596, in-4. fig. de Théod. de Bry, 8 liv.

11

— J. J. Boissardi et aliorum Antiquitates romanæ. *Francof.* 1597 et
seqq. 6 tom. 3 vol. in-fol. fig. de
Théod. de Bry, 50 l.

Bonne édition. On en trouve rarement des
exemplaires complets.

— Ejusd. Icones et Vitæ Virorum illustrium, etc. *Francofurti*, 1597
et 1598, 2 vol. in-4. fig. de Théod.
de Bry, 12 l.

Ouvrage recherché pour les figures dont il
est décoré.

— Bibliotheca, sive Thesaurus vir-
tutis et gloriæ, in quo continentur
illustrium Virorum Effigies et Vitæ, à J. J. Boissardo. *Francof.*
1628, 2 vol. in-4. fig. de Th. de
Bry, 10 l.

— Ejusd. Vitæ et Icones Sultanorum,
Turcicorum, etc. *Francof.* 1596,
in-4 fig. de Théod. de Bry, 9 l.

BOISSIER DE SAUVAGE. Mé-
moires sur l'éducation des Vers à
soie. — Traité sur la culture des
mûriers, et de l'origine du miel.
Nismes, 1763, in-8. 4 l.

— Nosologia methodica, sistens Morborum classes juxtà Sydenham.
Amst. 1768, 3 vol. in-4. 24 l.

BOISSY : (L. de) ses Œuvres de
théâtre. *Paris*, 1766, 9 vol. in-8.
20 l.

BOISTE. (P. C. V.) Nouv. Dictionnaire univ. de la langue franç. avec
le lat., 3.e édit. *Paris*, 1808, 2
vol. in-8. obl. 16 l. — In-4. 21 l.
— In-4. pap. vélin, 42 l.

— Dictionnaire de Géographie universelle. *Paris*, 1806, 1 gros vol.
in-8. et atlas in-4. obl. 19 l. — Le
même, avec l'atlas colorié, 24 l.

BOIZARD. (Jean) Traité des Monnaies. *Paris*, 1692, in-12. 5 l. —
Gr. pap. 10 l.

Le Traité de l'alliage manque dans cette
édition.

— Le même. *Paris*, 1711, 2 vol.
in-12. 8 l.

Bonne édition, peu commune.
Il y a des exemplaires sous la date de
Paris, 1714.

BOJARDO, conte di Scandiano,
(Matteo Mar.) Orlando innamorato. *In Milano*, 1518, in-4. goth.
8 liv.

La première édition de ce poëme a paru à

Venise, en 1500, de format petit in-fol.
On en fait peu de cas.

— Il medesimo, con gli tre libri aggiunti da Nic. degli Agostini. *In
Vinegia*, 1532 ou 1539, in-4. fig.
12 l.

— Il medesimo, rifatto tutto di nuovo da Fr. Berni. *In Venetia*, 1541,
in-4. 50 l.

Édition très-rare.

— Il medesimo, rifatto da Fr. Berni.
In Milano, 1542, in-4. 18 l.

— Il medesimo, rifatto da Fr. Berni.
In Venetia, gli heredi di L. A. di
Giunta, 1545, in-4. 60 l.

Édition très-rare, et la plus estimée des
connaisseurs. La totalité du vol. est de
238 feuillets.

— Il medesimo. *Firenze (Napoli)*,
1725, in-4. 15 l.

Les éditions de 1541, 1545 et 1725 sont
toutes trois citées par l'Académie de la
Crusca.

— Il medesimo, riformato da Domenichi, con i tre libri di Nic.
degli Agostini. *In Vinegia*, 1553,
in-4.

On fait cas de cette édition. Elle est bien
exécutée.

— Il medesimo, rifatto da Fr. Berni.
In Parigi, 1768, 4 vol. in-12. 12 l.
— Pap. de Holl. 18 l.

— Sonetti e Canzoni del med. Bojardo. *In Reggio*, Fr. Mazalo, 1499,
pet. in-4.

Édition rare, et la première de cet ouvrage.

— Roland l'Amoureux, trad. de l'ital.
en franç. par Fr. de Rosset. *Paris*,
1619, in-8. fig. 7 l.

BOLDETTI. (Mar. Ant.) Osservazioni soprà i Cimiterii de' SS. Mar-
tiri, ed antichi Cristiani di Roma.
In Roma, 1720, in-fol. 10 l.

Ce volume se joint, en forme de supplément, à l'ouvrage de *P. Aringhi*, intitulé : *Roma subterranea*. Voy. *Aringhi*.

BOLFAMER. (J. Christ.) Les Hes-
pérides de Nuremberg, ou Description des Orangers et des Citron-
niers qu'on peut cultiver dans cette
ville (en allem.) *Nuremb.* in-fol.
250 pl. 50 l.

BOLLANDI (Joan.) Acta Sanctorum omnium, ex latinis et græcis
monumentis collecta, et notis illustr. à PP. Societatis Jesu. *An-*

tuerpiæ, 1643 et seqq. 53 vol. in-
fol. 1000 à 1200 l.

A ce Recueil on joint ordinairement les
deux articles suivants :

— Exhibitio errorum quos Daniel
Papebrochius suis in notis ad Acta
Sanctorum commisit, per Seb. à
Sancto Paulo. *Coloniæ Agrippi-
næ*, 1693, in-4.

—Examen juridico-theologicum præ-
ambulorum Seb. à Sancto Paulo ad
exhibitionem errorum D. Papebro-
chio ab illo imputatorum, auct.
Rayæo, cum respousionibus D. Pa-
pebrochii. *Antuerp.* 1698, 4 vol.
in-4.

Cette volumineuse Collection n'est pas achevée, et ne le sera probablement jamais.
Suit la note des volumes qui la composent.
Janvier, 2 vol. — Février, 3 vol. — Mars ,
3 vol. — Avril , 3 vol. — Mai , 8 vol. —
Juin, 7 vol. — Juillet, 7 vol. — Août,
6 vol. — Septembre , 8 vol. — Octobre ,
5 vol. — Martyrologium Usuardi , 1 vol.
Les derniers volumes sont fort rares, parce
qu'ils ont été mis à la rame.

BOLSECI (Hier.) Hist. de J. Calvini
Vità , Moribus et Morte , ex gall.
lat. reddita. *Coloniæ*, 1632, in-8.
7 l.
Livre rare.

BOLTEN (Joach. Fred.) Epistola
de novo quodam Zoophytorum genere. *Amst.* 1771 , in-4. fig. color.
7 liv.

BOLTON. (James) Filices Britannicæ , an History of the british proper ferns, etc. *Lond.* 1785 and
1790 , 3 part. 1 vol. in-4. avec 46
pl. color. 50 l.

— History of Fungusses growing
about Halifax. *Huddersfield,* 1788-
1791 , 3 vol. in-4. with the Appendice , 1 vol. in-4. 182 pl. color.
50 liv.

BOLYNGBROCKE : (Pawlet de
Saint-Jean , vicomte de) Works ,
published by David Mallet. *Lond.*
1754 , 5 vol. gr. in-4. 90 l.
Bonne édition.

— The same. *Lond.* 9 vol. in-8. 60 l.

BOLZANI URBANI Grammatica
græca. *Venetiis* , Aldus Manutius
Rom. 1497 , in-4.
Edition extrêmement rare.

—Eadem. *Venetiis*, P. Manutius ,
Aldi F. , 1557 , in-8.
Edition plus correcte et beaucoup plus am-
ple que la précédente.

—Eadem. *Venetiis*, Aldus , 1560 ,
in-8.

Réimpression de l'édition de 1557. On fait
peu de cas de celle de 1566 , in-8. parce
qu'elle est assez mal imprimée et fautive.

BOMARE. (Valmont de) Dictionnaire raisonné univ. d'Histoire naturelle. *Lyon* , 1793 , 8 vol. in-4.
72 l. — Gr. pap. 150 l.

— Le même. *Lyon* , 1791 , 15 vol.
in-8. 50 l.
Bonne édition.

BOMBARDINI (Ant.) de Carcere
et antiquo ejus usu Tractatus.
Patavii , 1713 , in-8. 4 l.

BONADA (Fr. Mar.) Anthologia ,
seu Collectio omnium vet. inscriptionum poëticar. , tàm gr. , quàm
lat. , in antiq. lapidibus sculptarum , in x classes distributa. *Romæ* , 1751 , 2 vol. in-4. 10 l.

— Carmina ex antiq. lapidibus dissertationibus ac notis illustrata à
P. Fr. Bonada. *Romæ*, 1751, 1753,
2 vol. in-4. 10 l.

BONÆ (Jo.) Opera. *Parisiis*, 1677,
3 vol. in-8. , vel *Antuerpiæ*, 1677,
in-4. 8 l.

— Eadem , ex recogn. R. Sala. *Augustæ Taurinor.* 1747, in-fol. 8 l.

BONANNI. (Filippo) Recreazione
dell' occhio e della mente nell'
osservazioni delle Chiocciole. *In
Roma* , 1681 , in-4. fig. 7 l.

— Ejusd. Recreatio mentis et oculi
in observatione animalium testaceorum, ex ital. lat. *Romæ*, 1684,
2 part. 1 vol. in-4. fig. 12. l.

— Ejusd. Observationes circà Viven-
tia quæ in rebus non viventibus
reperiuntur. *Romæ* , 1691 , in-4.
fig. 20 l.

—Gabinetto armonico, pieno d'istrumenti sonori, dal med. *In Roma,*
1722 , in-4. fig. 20 l,

— Ejusd. Historia summorum Pontificum , à tempore Martini V ad
ann. 1699, per numismata. *Romæ*,
1699, 2 vol. in-fol. 18 l. — Gr. pap.
30 l.

— Ejusd. Numismata summorum Pontificum templi Vaticani fabricam
indicantia , cum explicat. *Romæ*,
1715 , in-fol. 10 l. — Gr. pap. 20 l.
L'édition de 1696 est également bonne.

— Ejusd. Catalogus Ordinum religio-

sorum, lat. et ital. *Romæ*, 1706, 1707 et 1708, 3 vol. in-4. 15 l.

BONARELLI. (Gui Ubaldo) La Filli di Sciro, favola pastorale. *In Amst.* Elzevir, 1678, in-24. fig. de Sébast. le Clerc, 7 l.

— La medesima. *Glascow*, Foulis, 1763, in-8. 6 l.

— La medesima. *In Londra*, 1800, 2 tom. 1 vol. in-8. pap. vélin, 10 l. Jolie édition.

BONARELLI. (Prosp.) Il Solimanno. *In Roma*, 1632, in-4. fig. de Giac. Calloti, 6 l.

BONAROTA. (M. A.) Voy. MADERNI.

BONAVENTURÆ (S.) Opera. *Romæ*, 1588, 7 tom. 6 vol. in-fol. 50 l. Bonne édition.

— La Vita di San Francesco. *In Milano*, Ant. Zaroto, 1477, in-fol. 8 l. Edition rare.

BONELLI (Georg.), *Lib. Sabbati*, *N. Murtelli*, et *C. Sabbati* Hortus romanus, juxtà systema Tournefortianum distributus. *Romæ*, 1772 et seqq. 8 vol. in-fol. avec 800 pl. color. 3 à 400 l. Ouvrage bien exécuté.

BONET. (Juan Pablo) Reduccion de las letras y arte para ensenar a hablar los mudos. *En Madrid*, 1620, in-4. fig. 12 l. Ce petit traité, rare et curieux, donne la manière d'apprendre à épeler aux muets.

BONETI (Theoph.) Mercurius compitalitius, sive Index medico-practicus. *Genevæ*, 1682, in-fol. 12 l.

— Medicina septentrionalis collatitia, etc. *Genevæ*, 1685, 2 vol. in-fol. fig. 15 l.

— Polyalthes, sive Thesaurus medico-practicus. *Genevæ*, 1691, 3 vol. in-fol. 15 l.

— Sepulchretum, sive Anatomia practica, cum comment. et observ. J. J. Mangeti, etc. *Lugd.* 1700, 3 vol. in-fol. 40 l. Bonne édition.

BONFADII (Jac.) Annales Genuensium, ab anno 1528, ubi desinit Folieta, ad annum 1550. *Papiæ*, 1586, in-4. 6 l.

BONGARSIUS. (Jac.) Vide Byzantine.

BONICHI. (Bindo da Siena) Rime antiche, con altre attribuite a Ro-

berto, re di Gerusalemme. *Roma*, 1642, in-fol. 8 l. Cette édition est citée dans le Vocabulaire de l'Académie de la Crusca.

BONIFACCIO. (Giov.) L'Arte de Cenni, con la quale formandosi favella visibile, si tratta della muta eloquenza. *Vicenza*, 1616, in-4. 10 l. Ouvrage curieux sur l'art d'apprendre à parler par signes. Les exemplaires n'en sont pas communs.

— Della Historia Trivigiana lib. xij. *In Trivigi*, 1591, in-4. 5 l.

BONIFACII VIII, pont. max. Liber sextus Decretalium, cum glossis. *Moguntiæ*, Jo. Fust et P. Schoyffer de Gernsheym, 1465, in-fol. Edition très-rare, et la première de ce livre. Elle est exécutée sur deux colonnes, sans chiffres, signatures ni réclames. Il en a été tiré des exemplaires sur vélin.

— Idem, cum apparatu Joh. Andreæ. *Moguntiæ*, Pet. Schoyffer, 1470, in-fol. Cette édition, qui est la seconde de ce livre, est très-rare.

— Idem, cum glossis Jo. Andreæ. *Romæ*, Udalricus Gallus et Simon de Luca, 1472, in-fol. max. Cette édition est aussi très-rare et fort recherchée des curieux.

— Idem. *Romæ*, Leonardus Pfflugel et Georg. Laver, 1472, in-fol. *très-rare*. Vendu, chez Crevenna, 80 fl. de Hollande.

— Idem, cum apparatu Jo. Andreæ. *Moguntiæ*, Pet. Schoyffer, 1473, in-fol. 300 l. On a tiré de cette rare édition des exemplaires sur vélin.

— Idem, cum apparatu Jo. Andreæ. *Romæ*, Udalricus Gallus, 1474, in-fol. max. Edition rare.

— Idem, cum glossis Jo. Andreæ. *Moguntiæ*, Pet. Schoyffer, 1476, in-fol. *rare*. Vendu 260 l. chez La Vallière. On fait peu de cas des autres éditions de ce livre, imprimées dans le 15.e siècle.

BONNET. (Charl.) Traité d'Insectologie, ou Observat. sur quelques espèces de vers d'eau douce. *Paris*, 1745, 2 vol. in-8. fig. 10 l.

— Recherches sur l'usage des feuilles dans les plantes. *Gottingue*, 1754, in-4. fig. 10 l.

— Essai analytique sur les Facultés

de l'ame. *Copenhague*, 1760, in-4.
6 l.

— Considérations sur les Corps organisés. *Amst.* 1762, 2 tom. 1 vol.
in-8. 6 l.

— Contemplation de la Nature. *Hambourg*, 1782, 3 vol. in-8. 9 l.

— Œuvres d'Histoire naturelle et de Philosophie de Ch. Bonnet. *Neuchâtel*, 1779, 8 vol. in-4. fig. 72 l.

— Les mêmes. *Neuchâtel*, 1779, 18 vol. in-8. fig. 60 l.

BONNEVILLE. (de) Esprit des Lois de la Tactique. *La Haye*, 1762, 2 vol. in-4. 10 l.

BONNEVILLE. (P. F.) Traité des Monnaies d'or et d'argent, qui ont cours chez différents peuples. *Paris*, 1806, in-fol. 189 pl. 74 l. — Pap. vélin, 174 l. Prix de l'éditeur.

BONNOR. (Honoré) L'Arbre des Batailles. *Lyon*, 1481, in-4. goth. 15 l.
Bonne édition.

— Le même. *Paris*, Ant. Vérard, 1493, in-fol. goth. fig.
Exemplaire imprimé sur vélin.

BONNYCASTLE. (J.) An Introduction to Astronomy. *Lond.* 1796, in-8. fig. 10 l.

BOODT (A. Boetii de) Gemmarum et Lapidum Historia. *Hanoviæ*, 1609, in-4. seu *Lugd. Bat.* 1647, in-8. 4 l.
Deux éditions également bonnes.

— Le parfait Jouaillier, ou Histoire des Pierreries, trad. du lat. par J. Bachon, enrichie des notes d'Andr. Toll. *Lyon*, 1644, in-8. 6 l.
Ouvrage curieux et recherché.

BOQUINI (Pet.) Apodeixis Antichristianismi, quâ Christianismum veram Religionem, Pharisaismum christianismo contrarium, et Papismum Pharisaismo simillimum esse ostenditur. *Genevæ*, 1583, in-8. 6 l.

BORCH. (le comte de) Lettres sur la Sicile et sur l'île de Malte. *Turin*, 1782, 2 vol. in-8. et 1 vol. in-4. de pl. 15 l.

BORDA. (Charles) Tables trigonométriques décimales, publiées par J. B. Delambre. *Paris*, impr. de la républ. an 9 (1801), in-4. 15 l.
— Voy. PINGRÉ.

BORDE. (J. Benj. de la) Choix

de Chansons mises en musique.
Paris, 1773, 4 vol. gr. in-8. fig.
de Moreau, 40 l.

— Essai sur la Musique ancienne et moderne. *Paris*, 1780, 4 vol. in-4. fig. 40 l.

— Tableaux topographiques et pittoresques de la Suisse. *Paris*, 1780, 4 vol. gr. in-fol. fig. 550 l.
Ouvrage bien exécuté.

— Voyage pittoresque ou Description de la France. *Paris*, 1781, 12 vol. gr. in-fol. fig. 1000 l.
Beaucoup d'exemplaires de ce Voyage étant incomplets, on fera bien de le collationner sur l'*Elenchus*, qui doit se trouver à la fin du dernier volume.

— Mémoires historiques sur Raoul de Coucy, et le Recueil de ses Chansons en vieux langage. *Paris*, 1781, in-8. fig. 6 l.
Il y a de ce livre des exemplaires imprimés sur vélin.

— Mélanges de Poésies dédiées à sa femme. *Paris*, Didot l'aîné, 1782, in-18. *très-rare*, 10 l.

— Lettres sur la Suisse, par un Voyageur français. *Genève* (*Paris*, Didot l'aîné), 1782, 2 vol. in-8. 8 l.
— Pap. fin, 15 l.

— Recueil de quelques vers, dédié à Adélaïde, par le plus heureux des époux (M. de la Borde.) *Paris*, Didot l'aîné, 1784, in-8.
On a tiré de ce petit Recueil un exemplaire sur peau de vélin.

— Essai sur l'Histoire chronologique de plus de 80 peuples de l'antiquité. *Paris*, Didot l'aîné, 1788, 2 vol. gr. in-4. 24 l. — Pap. vélin, 40 l.

— Histoire abrégée de la Mer du Sud. *Paris*, Didot l'aîné, 1791, 3 vol. gr. in-8. et atlas in-4. 24 l. — Pap. d'Annonay, 36 l.

— Recueil de Pensées et de Maximes. *Paris*, Didot l'aîné, 1791, in-18. pap. vélin, 10 l.
Ouvrage tiré seulement à quelques exemplaires.

BORDE. (Alex. de la) Voyage pittoresque et historique de l'Espagne. *Paris*, 1807, 70 livraisons in-fol. atl. fig.
Il ne paraît encore de ce bel ouvrage que 14 livraisons. Chaque cahier en pap. fin, se vend 21 l., en pap. vélin, 36 l., et avec les figures avant la lettre, 60 l.

— Description d'un pavé en mosaïque découvert dans l'ancienne ville d'I

talica, aujourd'hui le village de
Santiponce. *Paris*, Didot l'aîné,
1802, 1 vol. gr. in-fol. forme d'atlas, pap. vélin, 18 pl. 200 l.
Ouvrage tiré à 160 exemplaires numérotés.

BOREL. (Pier.) Antiquités, raretés,
plantes, minéraux, etc., de la ville
et comté de Castres. *Castres*, 1649,
in-8. 8 l.

— Trésor des Recherches et Antiquités gauloises et françaises. *Paris*,
1655, in-4. 5 l.
Ces deux ouvrages sont recherchés.

BORELLI (Joan. Alph.) de Motu
animalium. *Romæ*, 1680, 2 vol.
in-4. 7 l.
Bonne édition.

BORGHINI. (Raffaello) Il Riposo
della Pittura ed Scultura. *Fiorenza*, 1584, in-8. *assez rare.*
Cette édition et la suivante sont citées par la
Crusca.

— Lo stesso. *Firenze*, 1730, in-4.
18 liv.
Bonne édition, publiée par C. A. M. Biscioni.

BORGHINI. (Vinc.) Discorsi raccolti e dati in luce da' Deputati per
suo testamento. *Firenze*, Giunti,
1584-85, 2 vol. in-4. *rare*, 27 l.
Edition citée par la Crusca. Il faut avoir soin
de collationner les deux vol., parce qu'ils
sont souvent incomplets.
La réimpression de *Florence*, 1755, 2 vol.
in-4. avec des remarques, est aussi assez
recherchée, 18 l.

— Discorso intorno al modo del fare
gli Alberi delle famiglie nobili fiorentine. *Firenze*, Giunti, 1602,
in-4. *assez rare*, 15 l.
Cet opuscule de 19 pages seulement, est
mentionné par la Crusca.

BORGONUOVO. (Il R. P. Archang.
da) Lo Specchio di salute, ovvero
Dichiarazione soprà il Nome di
Giesu secondo gli Ebrei, Cabbalis-
tici, Greci, etc. *In Ferrara*, 1557,
in-8. fig. 8 l.
Traité rare et singulier.

BORHECK. (A. Ch.) Apparatus ad
Herodotum intelligendum et inter-
pretandum. *Lemgov.* 1795, 5 vol.
in-8. 35 l.

BORIONI (Ant.) Collectanea Antiquitatum romanarum, cum notis
Rodulph. Venuti. *Romæ*, 1736,
in-fol. fig. 20 l. — Gr. pap. 36 l.

BORLASE. (Will.) The natural

History of Cornwal. *Oxford*, 1758,
in-fol. fig. 50 l.

— Antiquities historical and monu-
mental of the county of Cornwal.
London, 1769, in-fol. fig. 20 l.

BORLINGTON. (Il conte di) Fabriche antiche, disegnate da Andr. Palladio. *Lond.* 1730, in-fol. fig. 200 l.
Ouvrage peu commun en France.

BORN. (Ignat. à) Testacea Musæi
Cæsarei Vindobonensis, jussu Ma-
riæ-Theresiæ disposita et descripta.
Vindobonæ, 1780, in-fol. fig. eu-
luminées, 60 l.

— Méthode d'extraire les Métaux parfaits de minerais et autres subs-
tances métalliques par le mercure.
Vienne, 1788, in-4. fig. 10 l.

BORRI. (Giuseppe Fr.) La Chiave
del Gabinetto. *Colonia*, 1681,
in-12. 5 l.
Bonne édition d'un livre rare.

BORROMEO. (A. M.) Notizia de'
Novellieri italiani, con alcune Novelle inedite. *Bassano*, 1794, gr.
in-8. pap. fin, 12 l.

BORRON. (Rob.) Voy. ROMAN de
Saint Gréaal. — ROMAN de Merlin
l'Enchanteur.

BORY-SAINT-VINCENT. Voyage
dans les quatre principales îles des
mers d'Afrique, en 1801-1802. *Paris*, 1804, 3 vol. in-8. et atlas, 36 l.

— Essai sur les Iles Fortunées et sur
l'antique Atlantique, ou Abrégé
gén. de l'histoire de l'Archipel des
Canaries. *Paris*, an 11, in-4. avec
pl. et cartes, 8 l. — Pap. gr.-raisin,
12 l. — Pap. gr.-raisin vélin, 18 l.

BOS (Lamberti) Ellipses græcæ,
cum notis Varior., ex recens. Nic.
Schwebelii. *Norimbergæ*, 1763,
in-8. 7 l.

— Eædem, cum nov. observat. C. B.
Michaëlis. *Halæ*, 1765, in-8. 7 à 8 l.

— Eædem, cum notis Varior., ex recens. G. H. Schæfer. *Lipsiæ*,
1808, in-8. 18 l.

— Ejusd. Antiquitates græcæ, cum
observat. Jo. Frid. Leisneri. *Lipsiæ*,
1767, in-12. 4 l.

— Eædem, curà Jo. Car. Zeunii. *Lipsiæ*, 1787, in-8. 5 l.
Cet ouvrage a été traduit en anglais, en un
vol. in-8., et en français, par Lagrange, en
un vol. in-12.

BOSCHÆ (Pet. Pauli) de Origine et

Statu Bibliothecæ Ambrosianæ Hemidecas. *Mediolani*, 1672, in-4. 5 l.

BOSCHIUS. (Pet.) Vide Byzantine.

BOSCOWICH (Rog. Jos.) Opera pertinentia ad opticam et astronomiam. *Bassani*, 1785, 5 vol. in-4. 60 l.

—Ejusd. Dissert. quinque ad Dioptricam pertinentes. *Vindob.* 1767, in-4. fig. 5 l.

—Ejusd. Theoria Philosophiæ naturalis. *Viennæ*, 1759, in-4. 5 l.

—Les Eclipses poëme, en six chants; trad. en franç., avec le texte lat. par l'abbé de Barruel. *Paris*, 1779, in-4. 6 l.

— Voyage astronomique et géographique dans l'Etat de l'Eglise, par les PP. Maire et Boscowich. *Paris*, 1770, in-4. fig. 8 l.

BOSIO. (Ant.) Roma sotterranea, opera postuma d'A. Bosio, ed accresciuta da Giov. Severi di San Severino. *In Roma*, 1632, gr. in-fol. fig. 18 l.

Ouvrage intéressant. Voyez *Aringhi*.

BOSIO. (Giacomo) Istoria della sacra Religione ed illustri Militia di S. Giovanni Gierosolimitano. *In Roma*, 1621, 1629 e 1684, 3 vol. in-fol. 20 l.

Ouvrage curieux et intéressant. Il est difficile d'en trouver des exemplaires complets.

BOSSCHE (G. Vanden) Historia medica in quâ libris quatuor animalium Natura et eorum Medica tractautur. *Bruxellis*, 1639, in-4. 5 l.

BOSSE, (Abrah.) Nic. ROBERT et L. DE CHASTILLON. Recueil de Plantes dessinées et gravées par ordre de Louis XIV. 2 vol. grand in-fol. fig. 200 l.

Superbe collection. Elle doit contenir 319 planches.

M. Anisson Duperron a fait faire pour ce Recueil des titres et une espèce de préface, dont il n'a tiré que 4 ou 5 exemplaires, au plus.

BOSSE. (Abrah.) La pratique du Trait à preuves de Désargues, pour la coupe des pierres. *Paris*, 1643, in-8. 7 l.

—Traité de la Gravure en taille douce. *Paris*, 1645, in-8. 6 l.

—La Manière de graver à l'eau-forte et au burin, et de la gravure en

manière noire. *Paris*, 1658, in-8. fig. 8 l.

— Moyen universel de pratiquer la Perspective. *Paris*, 1653, in-8. 5 l.

BOSSI (Matth.) Sermo in Passionem Jesu-Christi. *Bononiæ*, Plato de Benedictis, 1495, in-4. 8 l.

— Ejusd. Recuperationes Fesulanæ. *Bononiæ*, Plato de Benedictis, 1493, in-4. 15 l.

Edition très-bien exécutée.

—Ejusd. Disputationes de instituendo Sapientiâ animo. *Bononiæ*, Plato de Benedictis, 1495, in-4. 8 l.

— Ejusd. Opera varia. *Mantuæ*, V. Bertochus, 1498, in-fol. 24 l.

Edition originale, rare.

BOSSII (Donati) Chronica temporum, ab orbis initio usque ad ejus tempora. *Mediolani*, Ant. Zarotus, 1492, in-fol. 12 l.

BOSSUET : (Jacq.-Bénigne) ses Œuvres. *Paris*, 1743 et suiv. 20 vol. in-4. 200 l. — Gr. pap. 300 l.

Bonne édition. Les Œuvres posthumes n'ont point été tirées en grand papier.

— Les mêmes, revues par dom Deforis. *Paris*, Lamy, 1768, 21 vol. in-4. 80 l.

Cette seconde édition n'est point achevée.

— Les mêmes. *Nismes*, 1785, 8 vol. in-4. 30 l.

On fait peu de cas de cette édition.

—Discours sur l'Histoire universelle. *Paris*, Cramoisy, 1681, in-4. 8 l. — Gr. pap. 18 l.

Edition originale, recherchée.

Les exemplaires en grand papier sont rares.

— Le même, pour l'éducation du Dauphin. *Paris*, Didot l'aîné, 1784, in-4. pap. vélin, 80 l.

Edition tirée à 200 exemplaires, et l'une des moins communes de la Collection du Dauphin, imprimée par M. Didot l'aîné.

Les exemplaires brochés sont fort chers, 180 l. environ.

— Le même, pour l'éducation du Dauphin. *Paris*, Didot l'aîné, 1786, 2 vol. in-8. pap. vélin, 20 l.

Edition tirée à 350 exemplaires; plus, un ou deux sur peau de vélin.

—Le même, pour l'éducation du Dauphin. *Paris*, Didot l'aîné, 1784, 4 vol. in-18. pap. vélin, 20 l.

Jolie édition, tirée à 450 exemplaires.

—Le même. *Paris*, Renouard, 1796, 4 vol. in-18. pap. vélin, 12 l.

— Histoire des Variations des Eglises protestantes, etc. *Paris*, Cramoisy, 1688, 2 vol. in-4.

— Les six Avertissements aux Protestants, sur les Lettres de M. Jurieu, contre l'Histoire des Variations. *Paris*, Cramoisy, 1689, in-4.

Ces deux ouvrages n'ont de valeur qu'autant qu'ils sont réunis, 18 l.

— Politique tirée des propres paroles de l'Ecriture-Sainte; ouvrage posthume. *Paris*, 1709, in-4. 5 l. — Gr. pap. 10 l.

— Oraisons funèbres de Bossuet. *Paris*, 1747, in-12. 3 l.

— Sermons de Bossuet. *Paris*, 1772, 9 vol. in-8. 36 l.

BOSSUIT. (Francis van) Cabinet de l'art de Sculpture, exécuté en ivoire, etc., d'après les dessins de Baraut Graat, par Mattys Pool. *Amst.* 1727, 103 pièces in-4. 40 l.

BOSSUT. (Charles) Cours de Mathématiques. *Paris*, 1800, 1802, 1808, 3 vol. in-8. 15 l.

— Traité théorique et expérimental d'Hydrodynamique. *Paris*, an 4, 2 vol. in-8. fig. 10 l.

— Traités de Calcul différentiel et de calcul intégral. *Paris*, an 6, 2 vol. in-8. fig. 8 l.

— Recherches sur la construction la plus avantageuse des Digues. *Paris*, impr. roy. 1786, gr. in-4. fig. 5 l.

BOTANIQUE (la) médicinale, ou l'Herbier des plantes médicinales du Collège de physique de Londres, avec leurs noms en neuf langues (en angl.) *Londres*, 1759, in-fol. avec 118 pl. enlum. 45 l.

BOTRA. Voy. DAWKINS.

BOTTAIO. (Capriccidel) Vid. GELLI.

BOTTARI (Jo.) Musæum Capitolinum, philosophorum, poëtarum, virorumque illustrium Hermas continens, cum animadv. *Romæ*, 1750, 2 vol. in-fol. 40 l.

BOUCHARD. (Allain) Les Chroniques et Annales d'Angleterre et de Bretaigne, depuis Brutus jusqu'au trépas du feu duc de Bretaigne. *Paris*, 1531, in-fol. goth.

Vendu, exemplaire sur vélin, avec 13 miniatures et les lettres capitoles peintes en or et en couleurs, 120 l. chez La Vallière.

BOUCHAUD. Commentaire sur la Loi des 12 tables. *Paris*, impr. de la républ. 1803, 2 vol. in-4. 18 l.

BOUCHE. (Honoré) La Chorographie ou Description de la Provence, et l'Histoire chronologique du même pays. *Aix*, 1664, 2 vol. in-fol. 24 l. — Gr. pap. 40 l.

C'est la meilleure Histoire de Provence que nous ayons. Les exemplaires en sont rares. On doit trouver à la fin de chaque vol. un petit supplément.

— Essai sur l'Histoire de Provence, suivi d'une notice des Provençaux célèbres. *Marseille*, 1785, 2 vol. in-4. 15 l.

BOUCHER : (Franç.) son Œuvre, dont quelques Estampes gravées par lui et par les plus habiles artistes. In-fol. 261 pièces, 150 l.

BOUCHER(J.) de justà Henricii III Abdicatione è Francorum regno, lib. iv. *Parisiis*, 1589, in-8. *rare*, 6 l.

Edition originale.

— Sermons de la simulée Conversion et nullité de la prétendue absolution de Henry de Bourbon, prince de Bearn. *Paris*, 1594, in-8. 30 l.

Edition originale, rare et recherchée.

— Apologie pour Jean Châtel, par François de Vérone (J. Boucher.) *Paris*, 1595, in-8. 12 l.

Cette édition, l'originale de ce livre, est rare et recherchée. La réimpression de 1610 étant mal exécutée, a peu de valeur. Cet ouvrage a été traduit en latin.

— La Vie de Henry de Valois, avec le Martyre de J. Clément. *Troyes*, sans date (avec la figure). — Lettre de l'Evêque du Mans, avec la Réponse à icelle. *Paris*, 1589, in-8. 30 l.

Pièces rares.

BOUCHER DE LA RICHARDERIE. Bibliothèque univers. des Voyages. *Paris*, 1808, 6 vol. in-8. 30 l.

BOUCHET, sieur de Broncourt. (G. du) Les Sérées. *Lyon*, 1614, ou *Rouen*, 1635, 3 tom. 1 vol. in-8. 8 l.

BOUCHET, (Jean) surnommé le *Traverseur des Voyes périlleuses.* Les Regnards traversant les Voyes périlleuses des folles fiances de ce Monde, par Séb. Brandt (J. Bouchet.) *Paris*, Vérard , sans date , in-fol. goth. 3 l.

Cette édition, l'originale de ce livre, est rare et recherchée. La Bibliothèque impériale en possède un exemplaire imprimé sur vélin.

— Les mêmes. *Paris*, 1530, in-4. goth. 12 l.

— La Déploration de l'Eglise militante en ses persécutions , en ryme franç. *Paris*, 1512, in-8. 6 l.

Il y a de ce livre des exemplaires imprimés sur vélin.

— Le Labyrinthe de Fortune , et le Séjour des trois nobles Dames , en ryme franç. *Paris*, sans date, in-4. goth. 10 l.

— Le Temple de bonne Renommée , en ryme franç. *Paris*, 1518, in-4. goth. 10 l.

— Le Triumphe de la noble et amoureuse Dame, et l'Art de honnestement aimer. *Paris*, 1539, in-8. goth. 9 l.

— Le même, en vers et en prose. *Paris*, Galliot Dupré, 1535, in-fol. goth.

Exemplaire imprimé sur vélin.

Il existe plusieurs autres éditions de cet ouvrage , mais elles sont peu recherchées,

— Les Angoises et Remèdes d'amour. *Poitiers*, 1536, in-4. goth. 8 l.

— Rondeaux et Ballades différentes , en ryme franç. *Paris*, 1536, in-16. goth. 6 l.

— Jugement poétic de l'honneur du sexe féminin , etc. *Poitiers*, 1538, in-8. 8 l.

— Opuscules du même Traverseur des Voyes périlleuses , contenant l'Epître de justice, le Chapelet des princes, etc., en ryme franç. *Poitiers*, 1525, in-4. goth. 12 l.

— Epîtres morales et familières, en ryme franç. *Poitiers*, 1545, in-fol. 12 l.

— Le Panégyrique du Chevalier sans Reproche, Louis de la Trémoille. *Poitiers*, 1527, in-4. goth. 8 l.

— Les Annales d'Aquitaine, qui traitent des Faits et Gestes des rois de France et d'Angleterre, augment. par Abrah. Mounin. *Poitiers*, 1644, in-fol. 8 l.

Bonne édition.

— Anciennes et modernes Généalogies

Dict. Bibl. I.

des rois de France, et mesmement du roi Pharamond, avec leurs épitaphes et effigies. *Paris*, Galliot Dupré , 1536, in-16. 18 à 20 l.

Joli volume, imprimé en lettres rondes , et orné de figures en bois.

BOUFLERS : (Stanislas) ses Œuvres. *Londres* (*Paris*), 1786, in-12.

On a tiré de ce livre des exemplaires sur plusieurs sortes de papiers de couleur.

BOUGAINVILLE. (de) Traité du Calcul intégral. *Paris*, 1754 et 1756, 2 vol. in-4. 12 l.

— Voyage autour du monde, en 1766-1769. *Paris*, 1771, in-4. avec cartes, 8 l.

— Le même, avec le Journal du Voyage fait par MM. Banks et Solander, en 1768 - 1771. *Paris*, 1772, 3 vol. in-8. avec cartes , 12 l.

BOUGÉANT. (Guill. Hyacinthe) Histoire du Traité de Westphalie. *Paris*, 1744, 3 vol. in-4. 12 l.

BOUGES. (le P.) Histoire de Carcassonne, avec les preuves. *Paris*, 1741, in-4. 6 l.

BOUGHTON ROUSE. (Ch. W.) Diss. concerning the landed property of Bengale. *Lond.* 1791, in-8. pap. vélin, 8 l.

BOUGOUINC. (Simon) L'Espinette du jeune prince conquérant le royaume de bonne Renommée , en ryme franç. *Paris*, Ant. Vérard, 1508, ou M. Le Noir, 1514, in-fol. 10 l.

Deux éditions également bonnes. Il existe de celle de 1508 , un exemplaire sur vélin dans la Bibliothèque impériale.

— L'Homme juste et l'Homme mondain, avec le Jugement de l'Ame dévote, etc. *Paris*, Vérard, 1508, in-4. goth. 60 l.

Volume très-rare.

BOUGUER (Pier.) et DE LA CONDAMINE. La Figure de la terre déterminée par leurs observations, avec une Relation de leur Voyage. *Paris*, 1749, in-4. 9 l.

— Traité du Navire, de sa construction et de ses mouvements, par Bouguer. *Paris*, 1746, in-4. 12 l.

— Nouveau Traité de Navigation , contenant la théorie et la pratique du pilotage. *Paris*, 1753, in-4. 10 l.

—Le même, avec les additions de Jér. de La Lande. *Paris*, 1792, in-8. fig. 7 l.

—La Manœuvre des vaisseaux. *Paris*, 1757, in-4. 12 l.

—Traité d'optique. *Paris*, 1760, in-4. 10 l.

BOUHIER. (Jean) Traité de la dissolution du Mariage pour cause d'impuissance. *Luxembourg*, 1735, in-8. 5 l.

BOUILLART. (Jacq.) Histoire de l'Abbaye de St.-Germain-des-Prez. *Paris*, 1724, in-fol. fig. 6 l. — Gr. pap. 12 l.

BOVILLI (Car.) Dialogi tres de Animæ immortalitate, de Resurrectione, et de Mundi excidio ac illius instauratione. *Lugd.* 1552, in-4. 8 l.

BOUILLON-LAGRANGE. Manuel d'un Cours de Chimie, 4e. édit. *Paris*, 1808, 3 vol. in-8. fig. 16 l.

Du même. *Manuel du Pharmacien*, 1803, in-8. 5 l. — *Art de composer les liqueurs facilement et à peu de frais*, 1805, in-8. fig. 6 l.

BOUIS. (J. B.) Histoire de l'ancien royaume d'Arles. *Avignon*, 1641, in-4. 5 l.

BOULAINVILLIERS. (Henri de) Etat de la France, dans lequel on voit tout ce qui regarde le gouv. ecclésiastiq., politiq., etc. de ce royaume. *Londres*, 1727, 3 vol. in-fol. 15 liv.

— La Vie de Mahomet. *Lond.* 1730, in-8. fig. 5 l. — Gr. pap. 10 l. Ou *Amst.* 1731, in-12. fig. 5 l.

BOULANGER : (Nic. Ant.) ses Œuvres complètes. *Paris*, Bastien, 1792, 8 vol. in-8. 24 l.

— Les mêmes. *Paris*, 1793, 6 vol. in-8. 18 l.

Cette édition est imprimée en plus petit caractère que la précédente.

BOULAY. (César-Egasse du) Le Trésor des Antiquités romaines. *Paris*, 1650, in-fol. fig. 10 l.

BOULENCOURT. (le Jeune de) Description de l'Hôtel des Invalides. *Paris*, 1683, in-fol. fig. 10 l.

BOULLAY. (Edmond du) Le Combat de la Chair et de l'Esprit, en ryme franç. et par personnaiges.

Paris, 1549, petit in-8. de 72 feuillets, 15 l.

Ce petit ouvrage se rencontre difficilement complet.

BOUQUET, (Dom Martin) J. B. et Charl. HAUDIQUIER et autres. Recueil des Historiens des Gaules et de la France. *Paris*, 1738 et suiv. 15 vol. in-fol. 240 l. — Gr. pap. 450 l.

Les tom. 14 et 15 se vendent séparément, 30 l. chaque, et en pap. fin, 60 l.

BOURDALOUE : (Louis) ses Sermons, publiés par le P. Bretonneau. *Paris*, Rigaud, 1707 et suiv. 16 vol. in-8. 72 l.

Bonne édition.

—Les mêmes. *Paris*, Rigaud, 1718, 18 vol. in-12. 36 l.

BOURDEILLES, seign. de Brantome : (Pier. de) ses Œuvres, contenant la Vie des hommes illustres de son temps, etc., avec des remarq. *La Haye*, 1740, 15 vol. in-12. 24 l.

— Les mêmes. *Paris*, Bastien, 1787, 8 vol. in-8. 30 l.

BOURDOT DE RICHEBOURG. (Charl. Ant.) Le nouveau Coutumier géneral, avec les notes de Toussaint de Chauvelin, J. Brodeau, etc. *Paris*, 1724, 8 tom. 4 vol. in-fol. 30 l.

Cet ouvrage était beaucoup plus cher autrefois.

BOURGEZ. (Jean de) Le Cure-dent du Roi de la Febve, historié de l'antiquité du Roi-boit. *Paris*, 1602, in-8. 8 l.

Pièce rare.

BOURGOIN DE VILLEFORE. (Fr. Jos.) Vies des SS. Pères des Déserts et des SS. Solitaires d'Orient et d'Occident. *Amst.* 1714, 4 vol. in-8. fig. 20 l. — Gr. pap. 45 l.

Edition recherchée pour les figures.

BOURGOING. (J. Fr.) Tableau de l'Espagne moderne, 4e. édition, revue et augmentée. *Paris*, 1807, 3 vol. in-8. et atlas in-4. 24 l. — Pap. vélin, 48 l.

BOURGUET. (Louis) Lettres philosophiq. sur la formation des Sels et des Crystaux, et sur la génération des Plantes et des Animaux. *Amst.* 1729, in-12. 4 l.

— Traité des Pétrifications. *Paris* 1742, in-4. fig. 9 l.

—Le même. *Paris*, 1778, in-8. fig. 5 l.

BOURGUET. (J. B. E.) Traité de Navigation. *Paris*, 1808, in-4. fig. 20 l.

BOURGUEVILLE. (Charl. de) Recherches et Antiquités de la province de Neustrie. *Caen*, 1588, in-4. 8 l.

BOURRIT. (Marc Théod.) Descript. des Vallées de glace et des hautes Montagnes qui forment la chaîne des Alpes pennines et rhétiennes. *Genève*, 1783, 2 vol. in-8. fig. — Descript. des Glacières et des Glaciers de Savoie. *Genève*, 1785, in-8. fig. 12 l. — Gr. pap. 25 l.

BOUSMARD. Essai général de fortifications, d'attaque et de défense des places. *Berlin*, 1799, 4 vol. in-4. et atlas de pl. in-fol. 60 l.

BOUSSARD (Matth. No.) de Continentià Sacerdotum sub hàc quæstioue novà : *Utrùm Papa possit cum sacerdote dispensare ut nubat? Parisiis*, 1505, in-4. 8 l.

Petit traité singulier et assez rare.

BOUSSUETI(Fr.) de naturà Aquatilium Carmen. *Lugd.* 1558, 2 tom. 1 vol. in-4. fig. 8 l.

BOUTCHER'S. (Will.) Treatise on Forest-Trees. *Edinburgh*, 1778, in-4. 18 l.

BOUTEROUE. (Cl.)Recherches curieuses des Monnaies de France, depuis le commencement de la monarchie. *Paris*, 1666, in-fol. 60 l. — Gr. pap. *rare*, 100 l.

Ce livre n'est pas commun aujourd'hui.

BOUVELLES.(Charl. de) Proverbes et Dicts sententieux, avec l'interpr. d'iceux. *Paris*, 1557, in-12. 10 l.

BOUVERIE. Voy. DAWKINS.

BOUVET. (J.) L'Etat présent de la Chine, en figures. *Paris*, 1697, in-fol. avec 43 fig. 30 l.

BOWLES. (G.) Introduccion a la Historia natural y a la geografia fisica de Espana. *En Madrid*, 1775, in-4. 12 l.

—Istoria naturale e geografia fisica di Spagna, trad. in ital. da Fr. Milizia. *Parma*, Bodoni, 1783, 2 vol. in-8. pap. fin, 8 l.

Il existe une traduction française de cet ouvrage en 1 vol. in-8. *Paris*, 1776.

BOWREY. (Th.) A Dictionary english and malayo, malayo and english. *London*, 1701, in-4. 12 l.

BOXHORNII (Marci Zuerii) Originum gallicarum liber ; accedit antiq. Linguæ britannicæ Lexicon britannico-latinum. *Amst.* 1654, in-4. 5 l.

— Vide POETÆ satyrici minores, et SCRIPTORES Historiæ Augustæ.

BOYARDO. Voy. BOJARDO.

BOYDEL. (John) A Collection of prints engraved after the most capital paintings in England, with a description of each picture in english and french. *London*, 1769, 2 vol. gr. in-fol. 5 à 600 l.

Cette superbe collection renferme 114 estampes.

— Catalogue raisonné d'un Recueil d'estampes d'après les plus beaux tableaux qui sont en Angleterre. *Londres*, 1779, in-4. fig. 12 l.

BOYER. (Abel) Dictionnaire anglais-français et français-anglais. *Lyon*, 1756 ou 1780 où 1792 ou 1802, 2 vol. in-4. 24 l.

— Le même. *Londres*, 1796, 2 vol. in-4. 36 l.

—Le même. *Paris*, 1802, 2 vol. gr. in-8. 15 l.

— Le même. *Lyon*, 1808, 2 vol. in-8. 15 l.

BOYER d'Aguilles. (J. B.) Recueil des tableaux de son cabinet. *Aix*, 1709, in-fol. 40 l.

— Recueil d'Estampes gravées d'après ses tableaux , par Jacq. Coëlemans, avec une description par Mariette. *Paris*, 1764, gr. in-fol. 60 l.

BOYER, marquis d'Argens. (J. B.) Vide JULIANUS imperator. — OCELLUS LUCANUS. — TIMÉE DE LOCRES.

BOYER (J. B. Nic.) Codex medicamentarius, sive Pharmacopœa Parisiensis. *Parisiis*, 1758, in-4. 20 liv.

BOYER. (A.) Traité complet d'anatomie, ou Description de toutes les parties du corps humain. *Paris*, 1803, 4 vol. in-8. 18 l.

— Maladies des os, rédigées en un Traité complet de ces maladies, par Richerand. *Paris*, 1803, 2 vol. in-8. 7 l.

BOYLE: (Rob.) Works. *Lond.* 1772, 6 vol. in-4. 70 l.

BOYVIN, baron de Villars : (Fr.) ses Mémoires sur les Guerres faites en Piémont, Monferrat, etc.; avec la continuation (de Cl. Malingre). *Paris*, 1630, 2 vol. in-8. 6 l.

BRACCI (Dom. August.) Commentaria de antiquis Sculptoribus qui sua nomina inciderunt in gemmis et cammeis. *Florentiæ*, 1784, 2 vol. in-fol. fig. 84 l.

BRACCIOLINI dell' Api (Fr.) Lo Scherno degli Dei, poema. *In Firenze*, Giunti, 1618, in-4. 8 l.

— Il medesimo. *In Roma*, 1626, in-12. 15 l.

Cette édition est la plus ample et la plus recherchée de ce livre.

BRADLEY. (James) Astronomical Observations made at the royal observatory at Greenwich. *Oxford*, 1798, 3 part. 1 vol. in-fol. 40 l.

BRADLEY. (Rich.) Relation philosoph. des Ouvrages de la Nature et de ses différentes gradations dans les minéraux, les plantes et les animaux (en angl.) *Lond.* 1721, in-fol. 20 l.

— Nouvelles expériences sur la culture des Plantes (en angl.) *Lond.* 1718, in-fol. 12 l.

BRADWARDINI (Th.) de Causâ Dei contrà Pelagium et de Virtute Causarum lib. iij, ex edit. Henr. Savilii. *Lond.* 1618, in-fol. 15 l.
Ouvrage curieux et assez rare.

BRANCA. (Giov.) Le Machine artificioze diverse. *In Roma*, 1629, in-4. fig. 9 l.

BRANDER (Gustav.) Fossilia hantoniensia in museo britannico deposita *Londini*, 1766, in-4. fig. 8 l. — Gr. pap. 15 l.

BRANDT (Seb.) Navis stultifera mortalium, è germanico sermone in lat. conversa per Jac. Locher. *Editio primaria, per Jac. Zachoni de Romano, anno* 1488 (1498,) *excusa*, in-4.

Edition est rare et recherchée. On en rencontre difficilement des exemplaires bien conservés.

— Idem opus. *Parisiis*, Godefr. de Marnef, 1498, in-4. 24 l.

Il y a de cette édition, plus belle, mais moins rare que la précédente, des exemplaires imprimés sur vélin, dont les curieux font beaucoup de cas.

— La Nef des Fols du monde, transl. du lat. de l'ouvrage précédent, et mise en ryme française. *Paris*, de Marnef, 1497, in-fol. 20 l.

Il y a de cette rare édition des exemplaires sur vélin.

— La même, transl. de ryme franç. en prose, par J. Drouyn. *Lyon*, 1498, in-fol. 30 l.

Peu commun.

On a imprimé à *Londres*, en 1509, une traduction anglaise de ce livre, dont on a tiré des exemplaires sur vélin.

— Ejusd. S. Brandt Carmina. *Basileæ*, Joh. Bergman de Olpe, 1498, seu *Argentinæ*, 1498, in-4. 10 l.

— Ejusd. de Moribus et Facétiis mensæ, lat. germ. *Basileæ*, 1490, in-4. rare, 9 à 12 l.

— Ejusd. Hexasticon in memorabiles Evangelistarum figuras : Th. Phorcensis, cognomento Anshelmi tradidit. 1502, in-4. rare.

BRANDT (Jo.) clarorum Virorum Epistolæ centum ineditæ, de vario eruditionis genere. *Amst.* 1702, in-8. 4 l.

BRANDT. (Gerard) Vie de Michel de Ruiter, amiral de Hollande, trad. du holl. par Aubin. *Amst.* 1698, in-fol. fig. 12 l.

BRANTOME. Voy. BOURDEILLES.

BRARD. (C. Prosper) Traité des Pierres précieuses, des Porphyres, Granits, Marbres, etc. *Paris*, 1808, 2 vol. in-8. fig. 9 l. — Papier vélin, 15 liv.

BRASCHII (Jo. Bapt.) de vero Rubicone quem Cæsar contrà Romanum interdictum trajecit, Dissertatio. *Romæ*, 1733, in-4. 8 l.

BRASSEY HALHED'S. (Nath.) Grammar of the Bengal Language. *In Bengal*, 1778, in-4. rare, 36 l.

BREDENBURGII (J.) Enervatio Tractatûs theologico-politici Ben. Spinosæ, unà cum demonstratione geometr., Naturam non esse Deum. *Roterodami*, 1675, in-4. 4 l.

Ce vol. se joint ordinairement aux ouvrages de Spinosa.

BREDIN LE COCU. Formulaire fort récréatif de tous contrats, donations, actes, etc., passés par devant notaires. *Lyon*, 1594, in-16. 12 l.

Petit ouvrage fort gai et singulier. Toutes les éditions en sont bonnes.

BREISLAK. Voyages physiques et
lithologiques dans la Campanie,
trad. de l'ital. par Pommereuil.
Paris, 1801, 2 vol. in-8. 10 l. —
Pap. vélin cartes coloriées, 18 l.

BREMOND. (le sieur) Le double
Cocu, histoire du temps. *Paris*,
1678, in-12. 6 l.

BREMONT. (F. de) Voy. ACADÉ-
MIE de Londres.

BRENNERI (Æliæ) Thesaurus Nummorum Sueo - Gothicorum. *Holmiæ*, 1731, in-4. fig. 12 l.

BREQUIGNY et LA PORTE DU
THEIL. Diplomata, Chartæ, Epist.
et alia monumenta ad res francicas
spectantia. *Parisiis*, 1791, 3 vol.
in-fol. 30 l.

BREREWOOD. (Ed.) Recherches
sur la diversité des Langues et des
Religions dans les principales parties du monde, trad. de l'angl. par
J. de la Montagne. *Paris*, 1640 ou
1663, in-8. 7 l.
Ouvrage curieux et savant. Ces deux éditions sont bonnes.

BRET. (Henr. le) Histoire de la ville
de Montauban. *Montauban*, 1668,
iu-4. 7 l.

BRETON. (N. le) Manuel de Botanique, à l'usage des amateurs et
des voyageurs. *Paris*, 1787, in-8.
fig. 6 l.

BRETON. (Raymond) Petit Catéchisme et Grammaire, trad. du
franç. en caraïbe. *Auxerre*, 1664,
in-8. 10 l.

BREVAL. (J.) Remarques et observations sur les Monuments les plus
remarq., faites dans un voyage d'Europe (en angl.) *Londres*, 1738, 2
vol. in-fol. 30 l.

BREVENTANO. (Stefano) Istoria
della città di Pavia. *Pavia*, 1570,
in-4. 7 l.
Petit ouvrage curieux et assez rare.

BREUIL. (Jacq. du) Théâtre des Antiquités de Paris. *Paris*, 1612, iu-4.
L'article suivant fait partie de cet ouvrage.
— Supplementum Antiquitatum Parisiensium. *Parisiis*, 1614, in-4.
8 liv.

BREVIARIUM ad usum ecclesiæ Cameracensis. *Parisiis*, Ulricus Gering, 1497, 2 vol. in-8. goth.
Il existe de ce livre des exemplaires sur
vélin.

BREVIARIUM romanum ex decreto
sacro-sancti Concilii Tridentini restitutum, Pii V jussu editum. *Romæ*, 1568, in-fol. 20 l.

BREVIARIUM romanum. *Antuerpiæ*, 1754, 2 vol. in-8. 12 l.

BREVIARIUM romanum, correctum
et editum curis G. de Spathariis.
Venetiis, N. Jenson, 1478, in-fol.
ch. mag.
Exemplaire imprimé sur vélin, avec fig.
peintes en or et en couleurs.

BREVIARIUM Ambrosianum. *Mediolani*, Christ. Waldarfer, 1475,
in-4. 80 l.
Cette édition est la première de ce Bréviaire.
Les exemplaires en sont très-rares.

— Idem. *Mediolani*, 1487, in-fol.
On a tiré de cette édition des exemplaires
sur vélin.

BREVIARIUM Illerdense. *Illerdæ*,
H. Botel, 1479, in-4.
On ne connaît qu'un seul exemplaire de ce
Bréviaire, lequel est imprimé sur vélin.

BREVIARIUM Parisiense. *Parisiis*,
1492, in-fol.
Il existe de ce Bréviaire des exemplaires sur
vélin.

— Idem. *Parisiis*, 1745, 4 vol. in-8.
18 à 24 l.

BREVIARIUM Mozarabes. Vid. OR-
TIZ.

BRÉVIAIRE (le) de Paris, trad. en
français. *Paris*, 1742, 8 vol. in-4.
72 liv.

BREYDENBACH (Bern. de) Pere-
grinatio in Montem Syon et Civi-
tatem Hierusalem. *Moguntiæ*, Erh.
Reuwich, 1486, in-fol. goth. 30 l.
Première édition.

— Idem opus. *Impr. per P. Drach*,
1490, in-fol. fig. 15 l.

— Voyage et Pèlerinage au S. Sépul-
cre de Hiérusalem, transl. du lat.
par J. de Hersin. *Lyon*, 1489, in-fol.
fig. 12 l.
Cet ouvrage a aussi été traduit en flamand, et
imprimé par *Reuwich*, en 1488, de format in-fol.

BREYNII (Jac.) exoticarum aliarumque minùs cognitarum Plantarum
centuria prima. *Gedani*, 1678 vel
1691, in-fol. fig. 25 l.

BREYNII (Jo. Philip.) Historia naturalis Cocci radicum tinctorii,
quod Polonicum vulgò audit. *Gedani*, 1731, in-4. fig. 5 l.

— Dissertatio physica de Polythala-
miis, novà Testaceorum classe, etc.
Gedani, 1732, in-4. fig. 5 l.
—Fasciculi rariorum Plantarum. *Gedani*, 1739, in-4. 4 l.
BREZ. La Flore des Insectophiles.
Utrecht, 1791, in-8. 5 l.
BRIANVILLÉ. (Oronce Finé de)
Histoire sacrée, en tableaux, avec
des explicat. tirées des SS. Pères,
et des remarq. *Paris*, 1670, 1671 et
1675, 3 vol. in-12. fig. de Sébast.
le Clerc, 20 l.
    Cette édition est la première et la plus
    estimée de ce livre.
    La réimpression de 1693, est peu recher-
    chée, parce qu'elle est mal exécutée.
BRIDEL. (Ph. S.) Voyage pittoresque de Bâle à Bienne, par les val-
lons de Moutier-Grandval : les pl.
dessinées par P. Birmann. *Bâle*,
1802, in-fol. obl. 36 pl. pap. vélin, 200 l. Prix de l'éditeur.
BRIENNE : (H. Aug. de Loménie
de) ses Mémoires, depuis 1613
jusqu'en 1681. *Amst.* 1719, 3 vol.
in-12. 6 l.
BRIETII (Philip.) Parallela Geographiæ veteris et novæ. *Parisiis*,
1648 et 1649, 3 vol. in-4. avec
cartes, 12 l.
    Ouvrage estimé, mais point terminé.
BRIEUX. (Charl. Etienne) L'Art de
bâtir les maisons de campagne. *Paris*, 1743, 2 vol. in-4. fig. 20 l.
— Traité du beau essentiel dans les
Arts, appliqué particul. à l'architecture. *Paris*, 1752, 2 tom. 1 vol.
in-fol 18 l.
BRIGGI (H.) et Adr. ULACQ Trigonometria, et Tabulæ logarith-
micæ. *Goudæ*, 1633, in-fol. 8 l.
— H. Briggii et H. Gellibrand Trigonometria britannica. *Goudæ*,
1633, in-fol. 9 l.
    Ces deux articles ne sont pas communs.
BRIGITTÆ (Sanctæ) Revelationes.
Nurimbergæ, 1521, in-fol. charactere goth. 12 l.
— Eædem, altera edit. *Romæ*, 1527,
in-fol. litteris quadratis, 8 l.
    Ces deux éditions sont les plus recher-
    chées de ce livre, parce qu'elles sont
    entières. La première est plus rare que
    la seconde.
BRILLON, (Pier.-Jacq.) Diction-

naire des Arrêts. *Paris*, 1727, 6
vol. in-fol. 18 l.
BRIOT. (Pier.) Voy. RICAUT. (Paul)
BRISSON. (Matth. Jacq.) Ornithologie, ou Méthode contenant
la division des oiseaux par ordres, sect., etc. *Paris*, 1760 et suiv.
6 vol. in-4. fig. 40 l. — Gr. pap. 72 l.
    Il y a de ce livre des exemplaires avec
    figures coloriées, mais ils sont rares
— Pesanteur spécifique des corps. *Paris*, impr. roy. 1787, in-4. 7 l.
— Traité élementaire ou Principes de
physique. *Paris*, 1803, 3 vol. in-8.
fig. 16 l.
— Éléments ou Principes physico-
chimiques, pour servir de suite aux
Principes de physique. *Paris*,
1803, in-8. fig. 5 l.
— Dictionnaire raisonné de physique.
Paris, an 8 (1800), 6 vol. in-8. et
atlas in-4. 24 l.
— Le même. *Paris*, an 8 (1800), 3 vol.
in-4. fig. 20 l. — Fig. color. 40 l.
BRISSONII (Barn.) de regio Persarum Principatu lib. iij ; curà Jo.
H. Lederlini. *Argentorati*, 1710,
in-8. 4 l.
— De Significatione Verborum quæ
ad jus pertinent. *Lipsiæ*, 1721,
in-fol. 12 l.
— De veteri Ritu et Jure Connubio-
rum, cum comment. Ant. et Fr.
Hotmanorum. *Lugd. Batav.* 1641,
in-12. fig. 5 l.
— Commentarius de Spectaculis et
de Feriis. *Lugd. Bat.* 1697, in-12.
3 liv.
BRISSOT - WARVILLE. (J. P.)
Nouv. Voyage dans les Etats-Unis
de l'Amérique septentrionale. *Paris*, 1791, 3 vol. in-8. 10 l.
BRITANNIA illustrata. *Lond.* 1714,
2 vol. gr. in-fol. fig. 25 l.
BRITISH Zoology, (the) illustrated
with one hundred and seven copper plates, colorated. *London*,
1766, in-fol. 130 l.
BRITO. (Bern. de) Monarchia Lusitana. *En Lisboa*, 1597-1683, 7
vol. in-fol. 60 l.
    Beaucoup d'exemplaires de ce livre sont
    incomplets.
BRITO. (Fr. de) Nova Lusitania,
Hist. da Guerra Brasilica desde 1624-
1638. *En Lisboa*, 1675, in-fol. 8 l.

BRITONIS (Guill.) Philippidos lib. xij, versibus lat. conscripti, cum comment. Casp. Barthii. *Cigneæ*, 1657, in-4. 7 l.
Ouvrage curieux, et peu commun.

BRIXIANI (Theoph.) Carmina varia et Hymni, ex recogn. Eliæ Capreoli. *Brixiæ*, 1496, in-4. 24 l.
Première édition. Les exemplaires en sont rares.

BROCHAND. Traité élémentaire de Minéralogie, suiv. les principes de Werner. *Paris*, an 9, 2 vol. in-8. 10 liv.

BRODÆUS. (Jo.) Vid. ANTHOLOGIA.

BROGIOTTO. (Andr.) Indice de' Caratteri esistenti nella Stampa Vaticana. *In Roma*, 1628, pet. in-4.
Peu commun.

BROMETS (Christ. Henr.) Dissertatio de Cellis sacris veterum Christianorum. *Longo-Salissæ*, 1710, in-4. 6 l.

BRONGNART. (Alex.) Traité élémentaire de Minéralogie. *Paris*, 1807, 2 vol. in-8. 16 pl. 12 l.

BROOCMANNI (Car. Frid.) Lexicon latino-suecanum. *Norcopiæ*, 1739, in-4. 12 l.

BROOK'S. (Fr.) Navigation faite en Barbarie, trad. de l'angl. *Utrecht*, 1737, in-8. 8 l.

BROOKES'S Natural History. *Lond.* 1790, 6 vol. in-8. fig. color. 150 l.
Ouvrage peu commun en France.

BROSSES. (Charl. de) Histoire des Navigations aux terres australes. *Paris*, 1756, 2 vol. in-4. fig. 12 l.
— Gr. pap. 24 l.
— Traité de la formation mécanique des Langues. *Paris*, 1765, 2 vol. in-12. 12 l.
— Le même. *Paris*, an 9, 2 vol. in-12. 7 l. — Pap. vél. 12 l.
— Lettres historiques et critiques sur l'Italie. *Paris*, an 7, 3 vol. in-8. 12 liv.

BROVANT. (J.) Traité de l'Eau-de-vie, ou Anatomie théoriq. et pratiq. du vin. *Paris*, 1646, in-4. fig. 6 l.

BROUE. (Salomon de la) Le Cavalier français, ou l'Art de monter à cheval. *Paris*, 1610, in-fol. fig. 8 liv.
Il y a plusieurs éditions de cet ouvrage ; toutes sont également bonnes.

BROUGHTON. (W. R.) Voyage de Découvertes dans la partie septentrionale de l'Océan Pacifique, pendant les années 1795-98, trad. de l'angl. par J. B. B. E***. *Paris*, 1807, 2 vol. in-8. fig. et cartes, 10 l. — Pap. vélin, 20 l.

BROUKHUSII (Jani) Poëmatum libri xvj, curâ Dav. Hoogstratani. *Amst.* 1711, in-4. 5 l.

BROUSSONNET (P. M. A.) Ichthyologia, sistens Piscium descriptiones et icones. gr. in-4. fig. 8 l.

BROWERI (Christ.) et Jac. MASENII Antiquitatum et Annalium Trevirensium lib. xxv. *Leodii*, 1670, 2 vol. in-fol. 18 l.
La première édition de ce livre, publiée à *Cologne*, en 1626, in-fol., ayant été supprimée, les exemplaires en sont devenus rares.

BROWERI de Niedek (Math.) de Populorum veterum ac recentiorum adorationibus Dissertatio. *Amst.* 1713, in-8. fig. 4 l.

BROWN (Edwardi) Fasciculus rerum expetendarum et fugiendarum. *Londini*, 1690, 2 vol. in-fol. 15 l.
— Gr. pap. 30 l.
Bonne édition d'un ouvrage intéressant.

BROWN (Thom.) Religio medici. *Lugd. Batav.* 1644, in-12. 3 l.
— La Religion du Médecin, trad. en franç. avec des remarq. Impr. en (*Hollande*), en 1668, in-12. 4 l.
Cette traduction est préférée à l'édition latine, à cause des remarques qu'elle renferme.

BROWN. (J.) Traité des Muscles du corps humain (en angl.) *Londres*, 1681, in-4. avec 40 pl. 8 l.

BROWNE'S. (Patr.) Civil and natural History of Jamaïca. *London*, 1756, in-fol. fig. 60 l.
— The same. *London*, 1789, in-fol. fig. 60 l.
— Nouvelles illustrations de Zoologie, contenant 50 pl. enlum. d'Oiseaux curieux et de Quadrupèdes qui n'ont point été décrits, avec une descript. (angl.-franç.) *Londres*, 1776, in-4. 60 l.

BROWNE'S. (W. G.) Travels in Africa, Egypt and Syria, in 1792-1798. *London*, 1799, in-4. avec cartes, 18 l.

— Voyage dans la Haute et Basse
Egypte , la Syrie , le Dar-Four ,
trad. de l'angl. par Castera. *Paris*,
1800, 2 vol. in-8. 10 l. — Pap. vélin , 18 l.

BRUCCIOLI. (Ant.) Vid. BIBLIA
en lengua toscana.

BRUCE'S. (James) Travels to dis-
cover the source of the Nile , in the
years 1768-73. *Edinburgh* , 1790 ,
5 vol. gr. in-4. fig. 120 l.

— Voyage aux sources du Nil , en
Nubie et Abyssinie , en 1768-73 ,
trad. de l'angl. par J. H. Castera.
Paris , 1790 et 1791 , 5 vol. in-4.
et atlas , avec 87 pl. 60 l.

— Le même. *Paris* , 1790 et 1791 ,
10 vol. in-8. et atlas in-4. 48 l.

BRUCKERI (Jac.) Historia critica
Philosophiæ. *Lipsiæ* , 1742 , 43
et 1744 , 5 vol. in-4. 40 l.

Pour compléter cette édition , il faut y ajouter le tome vj de l'édition suivante.

—Eadem. *Lipsiæ* , 1767 , 6 vol. in-4.
60 l. — Gr. Pap. 100 l.

BRUCKMANNI (Fr. Ernesti) Centuriæ tres Epistolarum itineraria-
rum , et Thesaurus subterraneus
ducatûs Brunswigii. *Wolfenbu-
tellæ* , 1745 , 6 vol. in-4. fig. 40 l.

BRUEYS, Escuyer d'Aix. (Cl.)
Jardin deys Musos provensalos ,
divisat en quatre partidos. *Aix*,
1628 , 4 part. 1 vol. in-8. 10 l.

Recueil de pièces singulières.

BRUGIANTINO. (Vencenzo) Angelica innamorata , poema in ottava
rima. *In Vinegia* , 1553 , in-4. 20 l.

Poëme estimé. L'édition que nous annonçons est bien exécutée , et les exemplaires
en sont assez, rares.

BRUHL. (Le comte de) Recueil d'Estampes gravées d'après ses tableaux.
Dresde , 1754 , in-fol. 60 l.

Ce Recueil , composé de 50 pièces, est assez
estimé.

BRUMOY. (Pier.) Le Théâtre des
Grecs , avec des augment. et des
observat., par Guill. de Rochefort
(Fr.-Jean-Gabr. de la Porte Du-
theil et Prévost.) *Paris* , 1785 et
1789 , 13 vol. in-8. fig. pet. pap.
50 l. — Pap. fin , 76 l. — Pap. vélin , 120 l. — Pap. vélin , format
in-4. 250 l.

L'édition de 1730, 3 vol. in-4. n'a plus

qu'une valeur ordinaire , 18 l. et en grand
papier , 24 l.

BRUN. (Ch. le) La grande Galerie de
Versailles, dessinée par J. B. Massé.
Paris, imprim. roy. , 1752 , in-fol.
200 liv.

— Le grand Escalier du château de
Versailles. *Paris*, in-fol. contenant
24 pièces , 60 l.

—La Galerie du président Lambert ,
gravée d'après les dessins de Picart.
1711 , in-fol. 50 l.

— L'Œuvre de Charl. le Brun , contenant 109 pièces de l'ancien et du
nouveau Testament et de l'Histoire
profane, in-fol. 160 l.

BRUN. (le) Galerie des Peintres flamands , hollandais et allemands.
Paris , 1792 , 3 vol. gr. in-fol. avec
201 pl. 120 l.

Il existe quelques exemplaires de cette Collection avec figures avant la lettre , mais
il n'y en a pas plus de 4 ou 5 complets ,
parce que l'ouvrage était commencé lorsqu'on a imaginé d'en tirer ; alors on n'a pu
compléter les premières livraisons qu'en
recherchant les épreuves d'essai qui étaient
restées chez les graveurs. Ces exemplaires
sont fort rares , et valent 700 à 800 l. , si
même on peut en déterminer le prix.

BRUN. (Pier. le) Explication historiq., littérale, etc. des Prières et Cérémonies de la Messe. *Paris* , 1726,
4 vol. in-8. fig. 15 l.

Bonne édition d'un ouvrage estimé et peu
commun.

— Histoire critiq. des pratiques superstitieuses qui se sont introduites
dans l'Eglise. *Paris* , 1732 , 4 vol.
in-12. 10 l.

BRUNCK. (Rich. Fr. Ph.) Vide AN-
THOLOGIA.—ANALECTA vet. Poetar.
gr. — GNOMICI poetæ græci. — POE-
TÆ græci minores.

BRUNELLESCHI (Filip.) e Dom.
da PRATO. El libro del Birria e del
Gieta , composto in rima, in-4.

Edition très-rare et publiée vers l'année
1476. Elle est imprimée à longues lignes ,
au nombre de 24 à la page entière , sans
chiffres ni réclames, mais avec signatures.

Vendu 105 l. chez La Vallière.

BRUNET. (Jean Louis) Le parfait
Notaire apostolique. *Paris* , 1730
ou *Lyon*, 1770 , 2 vol. in-4. 12 l.

BRUNET , Lazariste. Parallèle des
Religions. *Paris*, 1792, 5 vol. in-4.
24 liv.

BRUNETTO Latini, di Firenze. Il
Tesoro, div. in tre parti, le quale
trattano di cose diverse, naturale,
morale, etc. *In Triviso,* 1474, pet.
in-fol. 36 l.

Cette édition, la première de ce livre, est
exécutée sur deux colonnes et en lettres
semi-gothiques. La totalité du volume est
de 125 feuillets, lesquels ne portent ni
chiffres, ni signatures, ni réclames. On
fait beaucoup de cas de cet ouvrage en
Italie.

— Il medesimo. *In Venezia,* 1533,
in-8. 10 l.

Cette édition, citée par l'Académie de la
Crusca, fourmille de fautes.

BRUNI (Fr.) de Indiciis et Torturâ
Tractatus. *Lugd.* 1553, in-8. 5 l.

BRUNI da Pistoia. (Domenicho)
Opera intitolata: *Difese delle Donne. In Firenze,* Giunti, 1552, ou
in Milano, 1559, in-8. 8 l.

BRUNI. (Ant.) Épistole eroiche. *In
Venetia,* 1636, in-12. avec une fig.
à chaque épitre, 6 l.

BRUNNERUS. Vide Aldzreitter.

BRUNNICHII (M. Th.) Entomologia, sistens Insectorum tabulas sys-
tematicas. *Hafniæ,* 1764, in-8. fig.
5 liv.

BRUNO: (S.) sa Vie, grav. d'après
Eust. le Sueur, par Fr. Chauveau,
avec des vers latins. *Paris,* 1617,
in-fol. 9 l.

BRUNO Nolano. (Giordano) Spaccio
della Bestia trionfante, proposto
da Giove, effettuato dal consego,
revelato da Mercurio, etc., div. in
tre dialoghi, subdiv. in tre parti.
In Parigi, 1584, in-8. de 261 pages, 200 l.

Livre très-rare et fort recherché des curieux.
Il a été supprimé.

— La Cena delle Ceneri, descritta
in v dialoghi. 1584, in-8. de 128
pages, 100 l.

Ce volume n'est pas moins rare que le
précédent, auquel il se joint ordinairement.

— Della causa, principio ed uno, in
v dialoghi. *In Venetia,* 1584,
in-8. 24 l.

— Dell' Infinito universo e mundi,
in v dialoghi. *In Venetia,* 1584,
in-8. 24 l.

Ces deux ouvrages sont suite aux précédents,
et complètent le système de l'auteur.

Dict. Bibl. I.

— De triplici Minimo, et Mensurâ
lib. v. *Francof.* 1591, in-8. fig. 8 l.

— De Monade, numero et figurâ, necnon de Universo et Mundis lib. viij.
Francof. 1591 vel 1614, in-8. 8 l.

— Libri tij de Imaginum, Signorum
et Idearum Compositione. *Francofurti,* 1591, in-8. 6 l.

— De Umbris Idearum, Ars memoriæ, et Cantus circœus. *Parisiis,*
1582, in-8. 6 l.

— De Specierum Scrutinio et de lam-
pade combinatoriâ Raymundi Lullii. *Pragæ,* 1588, in-8. 6 l.

— Acrotismus, seu Rationes Articu-
lorum Physicorum adversùs Peri-
pateticos Parisiis propositorum.
Wittebergæ, 1588, in-8. 6 l.

— Summa Terminorum Metaphysi-
corum. *Marpurgi,* 1609, in-8. 6 l.

— Artificium per orandi. *Francofurti,*
1612, in-8. 6 l.

— Ars reminiscendi et in phantastico
campo exarandi. *Absque notâ editionis,* in-8. 6 l.

— De compendiosâ Architecturâ, et
Complemento Artis Lullii Tractatus. *Parisiis,* 1582, in-16. 5 l.

— Candelaio, comedia. *In Parigi,*
1582, in-12. rare, 18 l.

— Boniface et le Pédant, comédie en
prose, trad. de l'ouvrage précédent.
Paris, 1633, in-8. rare, 10 l.

— Degli heroïci furori, dialoghi x. *In
Parigi,* 1585, in-8. rare, 40 l.

Quelque ce vol. porte la date de *Paris,*
on le croit imprimé à *Londres,* où il
fut composé.

— Cabbala del Cavallo Pegaseo, con
l'aggiunta dell' Asino Cilenico. *In
Parigi,* 1585, in-8. 100 l.

Cet ouvrage est l'un des plus rares de
Brunus Nolanus.

BRUNSFELSII (Oth.) Herbarum
vivæ eicones, cum Appendice. *Argentorati,* 1532 et 1536, 2 tom.
1 vol. in-fol. 10 l.

On préfère cette édition à celle de 1530.

BRUNZWIG de Strasbourg. (Jér.)
Von dem Cyrurgicus Durch Joh.
Gruniger Ghedruckt und volendt
zu Strasburg uf dinstag nach S. Pe-
ter und Paul dag 1397; ou du Chi-
rurgien, etc. *Strasbourg,* 1397
(1497), in-fol. fig. en bois et enlum. 30 l.

Ouvrage singulier et fort rare.

13

BRUSCAMBILLE : ses Œuvres , contenant ses Fantaisies, etc. *Rouen*, 1615, 2 vol. in-16. ou 1635 , in-12. 5 l.

BRUSONII (L. Domitii) Facetiarum et Exemplorum lib. vij. *Romœ*, 1518, in-fol. 24 l.
Cette édition , l'originale de ces Facéties , est très-recherchée , parce qu'elle est la seule qui soit entière.

BRUTI (Steph. Junii) (Hub. LANGUET) Vindiciæ contrà Tyrannos , sive de Principis in Populum, Populique in Principem legitimâ Potestate. *Edimburgi* , 1579, in-8. 4 l.
L'édition de *Francfort*, 1608, in-12. , et celle d'*Amst.* 1660, in-12. sont également bonnes.

— De la Puissance légitime du Prince sur le Peuple , et du Peuple sur le Prince , trad. du lat. 1581, in-8. de 264 pages , 8 l.
Traduction préférée à l'édition latine.

BRUTI (Jo. Mich.) Historiæ Florentinæ lib. viij priores. *Lugd.* 1562, in-4. 8 l.
Les derniers Livres de cette Histoire n'ont point été imprimés.

BRUYÈRE. (La) Voy. THÉOPHRASTE.

BRUYN. (Corneille le) Voyage au Levant , c'est-à-dire dans l'Asie mineure, en 1674-1693 , trad. du flamand. *Delft* , 1700, in-fol. 24 l.
— Gr. pap. 48 l.
Bonne édition.
L'édition originale de ce Voyage , en hollandais , vaut 72 l. environ.

— Le même. *Paris*, 1714, in-fol. 15 l.
— Gr. pap. 40 l.
Les exemplaires en grand papier de cette seconde édition sont rares.

— Le même , revu par l'abbé Banier. *Paris* (*Rouen*) , 1725, 5 vol. in-4. 18 l. — Gr. pap. 27 l.

— Voyage par la Moscovie, en Perse, et aux Indes Orientales , en 1701-1708. *Amst.* 1718 , 2 vol. in-fol. avec 320 pl. 30 l. — Gr. pap. 60 l.

BRUYS. (Fr.) Histoire des Papes , depuis S. Pierre jusqu'à Benoît xIII. *La Haye* , 1732, 5 vol. in-4. 15 l.
— Gr. Pap. 45 l.

BRUZEN de la Martinière. (Aug.) Recueil des Epigrammatistes français , anciens et modernes. *Amst.* 1720 , 2 vol. in-12. 6 l.

— Dictionnaire géographique , historique et critique. *La Haye* , 1726 et suiv. 9 tom. 10 vol. in-fol. 30 l.
— Gr. pap. 60 l.
Première édition.

— Le même. *Paris* , 1768, 6 vol. in-fol. 30 à 36 l.
Ce Dictionnaire est peu recherché aujourd'hui.

— Histoire de la Vie et du Règne de Louis xIV. *La Haye* , 1740, 5 vol. in-4. fig. 15 l.

BRY (J. Th. et J. Isr. de) Alphabeta et Characteres jam indè à creato mundo ad nostra usque tempora in ære efficii. *Francofurti* , 1596 , in-4. oblong. 12 l.

— Florilegium novum, hoc est, rariorum Florum ac Plantarum eicones. *Absq. notâ urbis* , 1612, in-fol. 8 l.

BRY. (Gilles) Histoire du comté du Perche et d'Alençon. *Paris* , 1620 et 1621, 2 vol. in-4. 8 l.

BRY. (de) Vid. COLLECTIO.

BRYANT'S. (Jacq.) New System or an Analysis of ancient Mythology. *London* , 1773, 3 vol. in-4. fig. 70 l.
Il faut voir si la figure des Noces de Cupidon et de Psyché, de Cipriani , se trouve dans l'exemplaire.

BRYDONE'S. (P.) A Tour through Sicily and Malta. *London* , 1774 , 2 vol. in-8. 12 l.

— Voyage en Sicile et à Malte , trad. de l'angl. par Demeûnier. *Paris* , 1775, 2 vol. in-8. fig. 8 l.

BUACHE DE LA NEUVILLE. (J. N.) Géographie élémentaire , ancienne et moderne. *Paris* , 1772, 2 vol. in-12. 6 l.
Peu commun.

BUCHANANI (Georg.) Opera , cur. Th. Rudimanno. *Lugd. Bat.* 1725, 2 vol. in-4. 9 l.
Bonne édition.

— Ejusd. Poëmata. *Lugd. Bat.* Elzevir , 1628, in-16. 4 l.

— Le Cordelier de Buchanan. *Sedan*, 1599, in-8. *rare*, 5 l.

BUCHAN'S. (Will.) Domestic Medecine. *London* , 1794 , in-8. 9 l.

— La Médecine domestiq. , trad. de l'angl. par J. D. Duplanil. *Paris* , 1789, 5 vol. in-8. 24 l. — Pap. vélin , 40 l.
L'édition de 1802 est un peu plus ample que celle-ci, mais elle est beaucoup moins belle.

BUC'HOZ. (Pier. Jos.) Histoire universelle du Règne végétal. *Paris*, 1772, 25 parties qui se relient ordinairement en 8 ou 12 vol. in-fol. avec plus de 1,200 pl. color. 140 l.

— Collection précieuse et coloriée des Fleurs les plus rares et les plus curieuses, qui se cultivent tant en Chine qu'en Europe. *Paris*, 1776-1779, 2 vol. in-fol. 200 pl. color. 80 liv.

— Herbier colorié des Plantes médicinales de la Chine. *Paris*, 1788-1791, in-fol. pap. de Holl. avec 100 pl. coloriées, 60 l.

— Dons merveilleux et diversement coloriés de la nature dans le Règne végétal. *Paris*, 1779-1783, 2 vol. in-fol. pap. de Holl. avec 200 pl. coloriées, 120 l.

— Dons merveilleux et diversement coloriés de la nature dans le Règne animal. *Paris*, 1781-1797, 2 vol. in-fol. pap. de Holl. avec 160 pl. coloriées, 120 l.

— Dons merveilleux et diversement coloriés dans le Règne minéral. *Paris*, 1782-1797, 2 vol. in-fol. avec 120 pl. coloriées, 100 l.

— Collection des plus belles variétés de Tulipes que l'on cultive dans les jardins des Fleuristes. *Paris*, 1781-1797, in-fol. pap. de Holl. avec 60 pl. coloriées, 40 l.

— Le Jardin d'Éden, le Paradis terrestre renouvelé dans le Jardin de la Reine à Trianon. *Paris*, 1783-1785, 2 vol. in-fol. pap. de Holl. avec 200 pl. coloriées, 100 l.

— Le grand Jardin de l'univers. *Paris*, 1785-1791, 2 vol. in-fol. pap. de Hollande, avec 200 pl. coloriées, 80 liv.

Tous ces ouvrages ne sont pas communs.

BUCKINGHAM: (The duke of) Works in verse and prose. *London*, 1723, 2 vol. in-4. 20 l.

BUCK'S. Antiquities of venerable ruins of castles, monasteries, palaces, etc., in England and Wales. *Lond.* 1774, 3 vol. in-fol. fig. 100 l.

BUCOLICORUM Autores xxxviij. *Basileæ*, 1546, in-8. 12 à 15 l.

Collection estimée.

BUDAN. Nouvelle Méthode pour la résolution des équations numériques

d'un degré quelconque. *Paris*, 1807, in-4. 6 l.

BUDDÆI (Jo. Fr.) Theses theologicæ de Atheismo et Superstitione. *Jenæ*, 1717, in-8. 6 l.

— Traité de l'Athéisme et de la Superstition, avec des remarques de Louis Philon, et mis au jour par J. C. Fischer. *Amst.*, Mortier, 1740, in-8. 4 l.

BUDDÆI (Guill.) Commentarii Linguæ græcæ, ab ipso auct. recogn. et tertià parte aucti. *Parisiis*, Rob. Stephanus, 1548, in-fol. 18 à 24 l.

Bonne édition, peu commune.

— De Asse et partibus ejus, lib. v. *Venetiis*, Aldus et Andr. Asulanus, 1522, in-4. 18 à 24 l.

Edition rare et bien exécutée. On en a tiré des exemplaires sur vélin.

— Trattato delle Monete e valuta loro, ridotte dal costume antico, all' uso moderno, trad. per G. B. Gualandi. *Fiorenza*, 1562, in-8.

Haym dit que cet ouvrage est fort rare.

— Ejusd. G. Buddæi Opera omnia. *Basileæ*, 1557, 4 vol. in-fol. *très-rare*, 36 à 48 l.

BUDELII (Reneri) de Monetis et Re Numaria lib. duo. *Coloniæ Agrippinæ*, 1591, in-4. 8 l.

BUDOWEITZ (Wencesl.) Circulus Horologii lunaris et solaris. *Hanov.* 1616, in-4. *très-rare*.

— Ejusd. Gnomon Apologeticus Circuli Horologii. *Hanov.* 1618, in-4. *très-rare*.

BUFFON, (Georg. Louis Leclerc, comte de) DAUBENTON, MONTBEILLARD et LACÉPÈDE. Histoire naturelle, générale et particulière. *Paris*, impr. roy., 1749 et suiv. 44 vol. in-4 fig. 5 à 600 l.

Détail des parties qui composent cette édition. Théorie de la terre, Histoire de l'Homme, Quadrupèdes, 15 vol. — Suppléments, 7 vol. — Oiseaux, 9 vol. — Minéraux, 5 vol. — Ovipares et Serpents, 2 vol. — Poissons, 5 vol. — Cétacées, 1 vol. Les exemplaires où les *errata* sont placés à la fin de chaque volume, sont ceux que l'on recherche le plus, parce qu'ils renferment ordinairement de bonnes épreuves.

— Œuvres complètes de Buffon, etc *Paris*, impr. roy. 1774 et suiv., 36 vol. in-4. fig. 300 l.

Cette édition est divisée ainsi qu'il suit :

Matières générales, 6 vol. — Quadrupèdes, 8 vol. — Oiseaux, 9 vol. — Minéraux, 5 vol. — Ovipares et Serpents, 2 vol. — Poissons, 5 vol. — Cétacées, 1 vol.
La partie anatomique ne se trouve pas dans cette édition.

— Histoire naturelle, générale et particulière de Buffon, etc. *Paris*, impr. roy., 1752 et suiv. 89 vol. in-12. fig. avec la partie anatomique, 240 l.
Détail des parties. — Théorie de la terre, Histoire de l'Homme, Quadrupèdes, 31 vol. — Suppléments, 14 vol. — Oiseaux, 18 vol. — Minéraux, 9 vol. — Ovipares et Serpents, 4 vol. — Poissons, 11 vol. — Cétacées, 2 vol.

— La même, sans la partie anatomique, 71 vol. in-12. fig. 170 l.

— La même. *Aux Deux-Ponts*, 1785-91, 54 vol. in-12. fig. color. 90 l.
Il manque plusieurs parties dans cette édition, telles que les Ovipares, les Serpents, les Poissons, etc. Elle est d'ailleurs très-mal exécutée. Les figures seules la font rechercher de quelques personnes. Il y a des exemplaires en papier fin.

— La même, mise dans un nouvel ordre, par M. Lacépède. *Paris*, Saugrain, an 7 (1799) et suiv. 74 vol. in-18, 830 pl. 120 l.—Fig. enlum. 200 l.
Cette jolie édition est divisée ainsi qu'il suit : Théorie de la terre, Epoques de la nature, Histoire des Minéraux, Histoire de l'Homme, etc., 24 vol. — Histoire des Quadrupèdes, 14 vol. — Histoire des Oiseaux, 18 vol. — Histoire des Ovipares et des Serpents, par M. Lacépède, 4 vol. — Histoire des Poissons par le même, 14 vol.
Il y a des exemplaires en papier vélin, avec figures coloriées.

— Cours complet d'Histoire naturelle; édit. mise en ordre par MM. Castel et Patrin. *Paris*, 1799-1802, 80 vol. in-18. fig. noires, 217 l. — Fig. color. 351 l. — Pap. vélin, fig. color. 532 l. — Pap. vélin, figures noires et coloriées (6 exemplaires), 640 l. Prix de l'éditeur.
Détail des parties qui composent cette édition :
OEuvres de Buffon, 31 vol. — Histoire naturelle des Poissons, 10 vol. — Histoire naturelle des Reptiles, 4 vol. — Histoire naturelle des Insectes, 10 vol. — Histoire naturelle des Coquilles, des vers et des crustacés, 10 vol. — Histoire naturelle des Végétaux, 15 vol.
Chaque partie se vend séparément.

— Cours complet d'Histoire naturelle, édit. mise en ordre par M. Sonnini. *Paris*, Dufart, 1799 et suiv. 126 vol. in-8. fig. noires, 567 l. — Fig. color. 1134 l. — Pap. vélin, fig. noires et coloriées, 2,520 l. Prix de l'éditeur.
Détail des parties :
Théorie de la terre, 3 vol. — Epoques de la nature, 1 vol. — Introduction aux minéraux, 1 vol. — Partie expérimentale, 1 vol. — Partie hypothétique, 1 vol. — Histoire des Minéraux, 9 vol. — Histoire des Animaux, 1 vol. — Histoire de l'Homme, 4 vol. — Histoire des Quadrupèdes, 13 vol. — Histoire des Singes, 2 vol. — Histoire des Oiseaux, 28 vol. — Histoire des Mollusques, 6 vol. — Histoire des Plantes, 18 vol. — Histoire des Insectes, 14 vol. — Histoire des Poissons, 13 vol. — Cétacées, 1 vol. — Histoire des Reptiles, 8 vol. — Tables, 2 vol.
Toutes ces parties se vendent séparément.

— Les Œuvres de Buffon, réduites à ce qu'elles contiennent de plus instructif et de plus intéressant, par P. Bernard. *Paris*, 1804, 11 vol. gr. in-8. 185 fig. 72 l. — Fig. enlum. 100 l. — Pap. vélin, fig. av. la lettre, 150 l. — Pap. vélin, fig. color. 200 l. Prix de l'éditeur.

— Histoire naturelle des Oiseaux. *Paris*, impr. roy., 1771 et suiv. 10 vol. gr. in-4. avec 1008 pl. enlum. 360 l.

— La même. *Paris*, impr. roy., 1771 et suiv. 10 vol. gr. in-fol. 1008 pl. coloriées, 1100 l.
Ces deux éditions sont magnifiquement exécutées. On a tiré de la seconde 4 exemplaires sur papier de Hollande.

BUGNY. (L. P.) Pollion, ou le Siècle d'Auguste. *Paris*, 1808, 4 vol. in-8. 20 l.

BULÆI (Cæsar. Egass.) Historia Universitatis Parisiensis, ab ann. 800 ad ann. 1600. *Parisiis*, 1665 et seqq. 6 vol. in-fol. 15 l.

BULLARIUM (Magnum) romanum, à beato Leone Magno, usque ad Benedictum XIV. *Luxemburgi*, 1742, 19 tom. 12 vol. in-fol. 50 l.

BULLART. (Isaac) Académie des Sciences et des Arts, contenant les Vies des hommes illustres. *Amst.* 1682, ou *Bruxelles*, 1695, 2 vol. in-fol. fig. 15 l.

BULLET. (J. B.) Mémoires sur la Langue celtique, avec un Dictionnaire celtique. *Besançon*, 1754, 1759, 1760, 3 vol. in-fol. 40 à 50 l.

BULLI (Georg.) Opera, ex edit. J. Ernesti Grabe. *Lond.* 1703, in-fol. 8 l. — Gr. pap. 16 l.

BULLIALDI (Ism.) Astronomia philolaïca. *Parisiis*, 1645, in-fol. 16 l.

BULLIARD (N.) Flora Parisiensis, ou Description des Plantes qui croissent aux environs de Paris. *Paris*, Didot le jeune, 1774 et suiv. 6 vol. in-8. avec 640 pl. enlum. 180 l. — Gr. pap. in-4. 350 l.

— Dictionnaire élémentaire de Botanique. *Paris*, 1783 ou 1797, pet. in-fol. fig. tirées en couleurs.

— Herbier de la France, ou Collection des Plantes indigènes de ce royaume, etc. *Paris*, 1780-1793, 151 cah. pet. in-fol.

Chaque cahier contient 4 planches ; le dernier seulement n'en renferme que deux.

— Histoire des Champignons de la France. *Paris*, 1791, in-fol. fig. tom. I.

— Histoire des Plantes vénéneuses et suspectes de la France. *Paris*, 1784, in-fol.

Ces quatre articles réunis, 350 l. Il est fâcheux que cet excellent ouvrage ne soit pas achevé.

BULLOCI (Georg.) Œconomia methodica Concordantiarum Scripturæ sanctæ. *Antuerpiæ*, Plantinus, 1572, in-fol. 10 l.

BUNZELIUS (J. Georg.) de Gigantibus. *Altdorfii*, 1698, in-4. 7 l.

BUONAROTI (Filip.) Osservazioni sopra alcuni Fragmenti di Vasi antichi di vetro. *In Firenze*, 1716, in-4. 15 l.

— Osservazioni istoriche sopra alcuni Medaglioni antichi del cardin. Carpegna. *In Roma*, 1698, in-4. 7 l.

BUONARROTI. (Michelagnolo il vecchio) Rime, raccolte da Michelagnolo suo nipote. *Firenze*, Giunti, 1623, in-4. 7 l.

Edition citée par la Crusca. La réimpression de *Florence*, 1726, in-8. est un peu plus ample, 4 à 5 l.

BUONARROTI. (Michelagnolo il giovine) La Tancia. *Firenze*, Giunti, 1612, in-4. 6 l.

Opuscule de 62 pag., cité par la Crusca.

— La Fiera, commedia urbana, e la Tancia, commed. rusticale. *Firenze*, 1726, in-fol. 15 l.

Cette édition est aussi mentionnée par la Crusca.

BURCHIELLO. (Giov.) Li Sonetti. *Bononiæ*, 1475, in-4. Prix arbitraire.

Cette édition, la première de ce livre, est extrêmement rare. La totalité du vol. est de 91 feuillets.

— Gli stessi. *In Venetia*, Tomaso d'Alexandria, 1477, in-4. 120 l.

Cette édition, qui est aussi très-rare, a été regardée pendant long-temps comme la première de cet ouvrage, que les uns attribuent à Ant. Molino, et d'autres, avec plus de fondement, à Domenicho Giovanni.

— Gli stessi. *Editio vetus, absque loci et anni indicat. sed antè ann.* 1500 *excusa*; pet. in-4. charactere quadrato, 30 l.

Édition également fort rare. On la croit imprimée à *Florence*.

— Gli stessi. *In Venezia*, Ant. de Strata da Cremona, 1485, in-4. rare, 24 l.

— Gli stessi. *In Venetia*, Bastiano de Verolengo, 1492, in-4. 20 l.

— Gli stessi Sonetti del Burchiello e di messer Ant. Alamanni, alla Burchiellesca, di nuovo rivisti, etc. *In Firenze*, Giunti, 1552, in-8. assez rare, 21 l.

Cette édition et celle de 1568, ci-après, sont citées par la Crusca.

— Gli stessi, comment. dal Doni. *In Venegia*, 1553, in-8. 6 l.

— Gli stessi, comment. dal Doni. *In Venetia*, 1566, in-8. 6 l.

— Gli stessi, comment. dal Doni. *In Firenze*, Giunti, 1568, in-8. rare, 12 l.

Toutes ces éditions sont estimées.

BURCK. (Will.) An Account of the European Settlements in America. *Lond.* 1757, 2 vol. in-8. fig. 12 l.

BURGI (Jo. Pet.) Commentarius de Bello suecico. *Leodii*, 1643, in-4. très-rare.

BURIGNY. (De) Histoire générale de Sicile. *La Haye*, 1745, 2 vol. in-4. 8 l.

— Théologie païenne, ou Sentiments des Philosophes et des Peuples païens sur Dieu, sur l'Ame, etc. *Paris*, 1754, 2 vol. in-12. 4 l.

— Histoire des Révolutions de l'Empire de Constautinople. Voy. Byzantine.

BURLEY (Walth.) Liber de Vità ac Moribus Philosophorum veterum. *Coloniæ*, Arn. Therhoernen, 1472, in-4. goth.

Première édition très-rare. Elle est imprimée à longues lignes, au nombre de 27 sur chaque page entière, sans chiffres, signatures ni réclames.

— Idem. (*Coloniæ*, Ulricus Zel de Hanau), circà 1470, in-4. goth. *rare*.

Quelques Bibliographes prétendent que cette édition est antérieure à la précédente. Elle est exécutée en lettres rondes et à longues ligues, sans chiffres, signatures ni réclames.

Vendu 330 l. chez La Vallière.

Les curieux recherchent encore une autre édition de ce livre, publiée à *Nuremberg*, en 1477, de format in-fol.

BURMANNI (Jo.) rariorum Africanarum Plantarum decades x. *Amst.* 1738 et 1739, 10 part. 1 vol. in-4. fig. 27 l.

— Thesaurus Zeilanicus, exhibens Plantas in insulà Zeilanà nascentes. *Amst.* 1737, iu-4. fig. 18 l.

Ces deux ouvrages sont estimés et recherchés. Le premier est rare.

BURMANNI (Nic. Laur.) Specimen botanicum de Geraniis. *Lugd. Bat.* 1759, in-4. fig. 15 l.

— Flora Indica; cui accedit Series Zoophytorum Indicorum. *Lugd. Bat.* et *Amst.* 1768, in-4. fig. 15 liv.

BURMANNI (Pet.) Vectigalia Populi romani. *Leydæ*, 1734, in-4. 6 liv.

— Ejusd. Poëmatum libri iv. *Amst.* 1746, in-4. 7 l.

— Ejusd. Orationes. *Hagæ - Comitum*, 1759, in-4. gr. pap. 7 l.

— Vide ANTHOLOGIA. — GRONOVIUS. — POETÆ lat. minores. — SYLLOGE Epist. div. illustr. Virorum.

BURMANNUS. (Casp.) Adrianus VI, sive Analecta historica de Hadriano VI, Papa Romæ, cum notis C. Burmanni. *Trajecti ad Rhenum*, 1727, in-4. 4 l. — Gr. pap. 9 liv.

BURNET. (Gilbert) Défense de la Religion, tant naturelle que révelée, trad. de l'angl. *La Haye*, 1738, 6 vol. in-8. 12 l.

— Histoire des Révolutions d'Angleterre, depuis 1660 jusqu'en 1704, trad. de l'angl. *La Haye*, 1725, 2 vol. in-4. 8 l.

BURNETII (Th.) de statu Mortuorum et Resurgentium Tractatus. *Lond.* 1726, in-8. 4 l.

— Traduction française de cet ouvrage, par J. Bion. *Rotterdam*, 1731, in-12. 3 l.

— Ejusd. Telluris theoria sacra. *Amst.* 1699, in-4. 5 l.

Bonne édition.

— Fasciculus var. ac curiosor. scriptor. Burneti, Calixti, Bebelii et alior. de Animæ post solutionem à corpore statu, loco, cultu, immortalitate, etc. *Francof.* 1692, 2 vol. in-8. 24 l.

Collection curieuse, recherchée et assez rare.

BURNEY'S (Charl.) General History of Music, from the earliest ages to the present period. *London*, 1776, 5 vol. in-4. fig. 60 l.

BURNEY'S. (Miss) Evelina, or the History of a young lady entrance in to the world. *London*, 1783, 3 vol. in-12. 10 l.

— Cecilia, or Memoirs of an Heiress. *Lond.* 1785, 5 vol. in-12. 18 l.

BURRI (Magist. Pet.) moralium Carminum lib. novem. *Parisiis*, 1503, in-4. typis rotundis, *rare*, 24 liv.

BURSATI. (Lucrezio) La Vittoria delle Donne. *In Venetia*, 1621, in-12. 6 l.

BURSIUS. (Adam.) Dialectica Ciceronis quæ dispersé in scriptis reliquit, cum comment. A. Bursii. *Samoscii*, 1604, in-4.

Livre fort rare. On prétend que la plus grande partie de l'édition en a été submergée. Vendu 79 l. en mar., chez La Vallière.

BURTII Parmensis (Nic.) Musices Opusculum, cum Defensione Guidonis Aretini. *Bononiæ*, 1487, in-4. goth. 12 l.

Livre rare et recherché. La musique est gravée en bois.

BURTIN. (Fr. Xav.) Oryctographie de Bruxelles. *Bruxelles*, 1784, in-fol. fig. color. 18 l.

Il a été tiré de ce livre quelques exemplaires sur papier de Hollande avec fig. col. 120 l.

BURTON. (J.) Pentalogia, sive Tragœd. græc. Delectus, gr., cum annot. J. Burton, observ. adj. Th. Burgess. *Oxonii*, 1779, 2 vol. in-8. 15 liv.

BURTON. (Guill.) Description de la province de Leycester, avec ses Antiquités (en angl.) *Londres*, 1622, in-fol. fig. 15 l.

— Historia Linguæ græcæ; acced. Hist. veteris Linguæ persicæ à Th. Hyde. *Lond.* 1657, in-8. 5 l.

— veteris Linguæ persicæ, cum notis J. H. Seelen. *Lubecæ*, 1720, in-8.

Tous les ouvrages de cet auteur sont estimés.

BURY (Rich. de) Phylobyblon de Querimoniis librorum, omnis litterarum amatoribus perutile. *Spiræ*, 1473, in-4.

Ouvrage rare et singulier.

BUSBEQUII (Aug. Gisl.) Opera. *Lugd. Batav.* Elzevir, 1633, in-16. 4 l.

BUSCHING. Géographie universelle, trad. de l'allemand. *Strasbourg*, 1789, 16 vol. in-8. pet. pap. 30 l.

Cet ouvrage est tombé en discrédit.

BUSSI-RABUTIN. (Roger, comte de) Histoire amoureuse des Gaules. *Liège*, sans date, in-12. 4 l.

Édition originale. On la joint à la Collection des Elzevirs.

— Mémoires de Bussy-Rabutin. *Paris*, 1696, 2 vol. in-4. 8 l. — Gr. pap. 12 l.

— Lettres du même. *Amst.* 1711, 5 vol. in-12. 15 l.

BUSSON-DESCARS. Essai sur le Nivellement. *Paris*, 1805, in-8. fig. 7 l.

BUTE. (John Earl of) Botanical Tables, containing the different family of British Plants. *London*, 9 vol. in-4. fig. color.

Ouvrage tiré seulement à 12 exemplaires et supérieurement exécuté.

BUTET. (P. R. F.) Abrégé d'un Cours complet de Lexicographie et de Lexicologie. *Paris*, 1800, 2 vol. in-8. 8 l.

BUTII (Vinc.) de calido, frigido ac temperato antiquorum Potu, dissertatio singularis. *Romæ*, 1653, in-4. 8 l.

Traité singulier et assez rare.

BUTKENS. (Christ.) Les Trophées sacrés et profanes du duché de Brabant. *La Haye*, 1724, 4 vol. in-fol. fig. 40 l. — Gr. pap. 60 l.

— Le grand Théâtre sacré du duché de Brabant. *La Haye*, 1729, 2 tom. 3 vol. in-fol. fig. 40 l. — Gr. pap. 60 l.

BUTLER (Car.) Horæ biblicæ. *Oxonii*, 1799, 2 vol. in-8.

M. Boulard vient de faire paraître une traduction de cet ouvrage, intitulée, *Horæ biblicæ*, ou Recherches sur les plus anciennes éditions ou traductions de la Bible. *Paris*, 1809, in-8. 5 l.

BUTLER'S. (Alban) The Lives of the Fathers, Martyrs and others Saints. *Dublin*, 1779 and 1780, 12 vol. in-8. 60 l.

— Vies des Pères, des Martyrs et des autres principaux Saints, trad. de l'angl. par Godescard. *Ville-Franche-de-Rouergue*, 1762, 12 vol. in-8. 70 l.

Il faut ajouter à cette édition un treizième volume qui contient les additions publiées dans la réimpression suivante.

— Les mêmes, trad. de l'angl. par Godescard. *Paris*, Barbou, 1784, 12 vol. in-8. 70 l.

Ces Vies sont estimées.

BUTLER'S. (Sam.) Hudibras, a poeme in three parts, with large anuotations by Z. Gray. *London*, 1772, 2 vol. in-8. 15 l.

— The same. *London*, 1770, 3 vol. in-12. 12 l.

— The same, with note by the rev. Dr. Nash. *Lond.* 1793, 3 vol. in-4. fig. 72 l.

Belle édition, peu commune en France.

— Hudibras, poëme, trad. de l'angl. en vers franç. *Lond.* 1757, 3 vol. in-12. 12 l.

BUTRON. (Juan de) Discursos apologeticos de la Pintura. *En Madrid*, 1626, in-4. 10 l.

Volume fort rare.

BUTTET, Savoisien: (Marc. Cl. de) ses Poésies. *Paris*, 1561, in-8. 6 l.

— Epithalame, ou Noces de très-illustre prince Emmanuel Philibert, duc de Savoie, et de Marguerite de France, etc. *Paris*, Robert Etienne, 1559, in-4.

Exemplaire imprimé sur vélin.

BUTTNERS (Dav. Sigism.) Coralliographia subterranea. *Lipsiæ*, 1714, in-4. fig. 7 l.

BUXBAUM (Joan. Christ.) Plantarum minùs cognitarum Centuriæ iv, complectentes Plantas circà Byzantium et in Oriente observatas. *Petropoli*, 1728 et seqq. 5 tom. 2 vol. in-4. fig. 20 l. — Gr. pap. 36 l.

BUXTORFII (Joh.) Lexicon chaldaïcum, talmudicum et rabbinicum. *Basileæ*, 1639, n-fol. 12 l.

— Concordantiæ Bibliorum hebraïcæ et chaldaïcæ. *Basileæ*, 1632, in-fol. 10 l.

— Vid. BIBLIA.

BYNÆI (Ant.) de Calceis Hebræorum libri duo. *Dordarci*, 1695, in-4. fig. 5 l. vel 1682, in-12. fig. 4 l.

BYZANTINÆ, (Corpus Historiæ) scilicet :

Acominati Choniatæ (Nicetæ) Historia, gr. lat., edente Cor. Annib. Fabroto. *Parisiis*, typ. reg 1647, in-fol. gr. pap.

Acropolitæ (Georg.) Historia Byzantina, gr. lat., cum notis Th. Douzæ. *Parisiis*, typ. reg. 1651, in-fol. gr. pap.

Agathiæ scholastici de Rebus gestis Imper. Justiniani lib. v, gr. lat., cum notis Bonav. Vulcanii. *Parisiis*, typ. reg. 1660, in-fol. gr. pap.

Anastasii Bibliothecarii Historia ecclesiastica, gr. lat., cum notis C. Annib. Fabroti. *Parisiis*, typ. reg. 1649, in-fol. gr. pap.

Banduri (Anselmi) Imperium orientale. *Parisiis*, 1711, 2 vol. in-fol. fig. gr. pap.

Cantacuzeni (Jo.) Historiarum lib. iv, gr. lat., cum notis Jac. Gretseri. *Parisiis*, typ. reg. 1645, 3 vol. in-fol. gr. pap.

Cedreni (Georg.) Compendium Historiarum, gr. lat., cum notis Jac. Goar et C. Annib. Fabroti. *Parisiis*, typ. reg. 1647, 2 vol. in-fol. gr. pap.

Chalcondylæ (Laonic.) Historiæ Turcarum lib. x, gr. lat., ed. C. Annib. Fabroto. *Parisiis*, typ. reg. 1650, in-fol. gr. pap.

Chronicon Orientale, ex arab. versum ab Abrah. Ecchellensi. *Parisiis*, typ. reg. 1651, in-fol. gr. pap.

Chronicon paschale, à mundo condito ad imperator. Heraclium, gr. lat., cum notis Car. Dufresne dom. du Cange. *Parisiis*, typ. reg. 1688, in-fol. gr. pap.

Cinnami (Jo.) de Rebus gestis à Jo. et Manuele Comnenis lib. vj, gr. lat., cum notis Car. Dufresne dom. du Cange. *Parisiis*, typ. reg. 1670, in-fol. gr. pap.

Codini Curopalatæ (Georg.) de Officiis magnæ ecclesiæ et aulæ Constantinopoli-

tanæ liber, gr. lat., edente Jac. Goar. *Parisiis*, typ. reg. 1648, in-fol. gr. pap.

Comnenæ (Annæ) Alexias, gr. lat., cum notis Dav. Hoeschelii. *Parisiis*, typ. reg. 1651, in-fol. gr. pap.

Ducæ Mich. Ducæ nepotis Historia Byzantina, gr. lat., cum notis Ism. Bullald. *Parisiis*, typ. reg. 1649, in-fol. gr. pap.

Dufresne, dom. du Cange (Car.) Historia Byzantina. *Parisiis*, 1680, in-fol. gr. pap.

Volume rare en grand papier.

Genesii (Jos.) et aliorum Historia Byzantina, gr. lat. *Venetiis*, 1733, in-fol. gr. pap.

Gesta Dei per Francos, sive Orientalium et regni Francor. Hierosolymitani Historia, ex recens. Jac. Bongarsii. *Hanoviæ*, 1611, 2 vol. in-fol.

Glycæ (Mich.) Annales, gr. lat., cum not. Philipp. Labbe. *Parisiis*, typ. reg. 1660, in-fol. gr. pap.

Gregoræ (Niceph.) Historia Byzantina, gr. lat., cum notis Jo. Boivin. *Parisiis*, typ. reg. 1702, 2 vol. in-fol. gr. pap.

Historiæ Byzantinæ Scriptores post Theophanem, gr. lat., cum notis Fr. Combefisii. *Parisiis*, typ. reg. 1685, in-fol. gr. pap.

Labbe (Ph.) de Historiæ Byzantinæ Scriptoribus publicandis protrepticon, etc. *Parisiis*, typ. reg. 1648, in-fol. gr. pap.

Manassis (Const.) Breviarium historicum, gr. lat., cum notis Bern. Medonii. *Parisiis*, typ. reg. 1655, in-fol. gr. pap.

Pachymeris (Georg.) Historia, gr. lat., cum notis Petri Possini. *Romæ*, 1666 et 1669, 2 vol. in-fol. gr. pap.

Porphyrogenetæ (Const.) libri duo de Cæremoniis aulæ Byzantinæ, gr. lat., operâ J. J. Reiskii. *Lipsiæ*, 1751, in-fol. gr. pap.

Procopii Historiarum sui temporis lib. viij, gr. lat., cum notis Cl. Maltreti. *Parisiis*, typ. reg. 1662, 2 vol. in-fol. gr. pap.

Quien (R. P. F. Mich. le) Oriens Christianus in iv patriarchatus digestus. *Parisiis*, typ. reg. 1740, 3 vol. in-fol. gr. pap.

Syncelli (Georg.) Chronographia, gr. lat., cum notis Jac. Goar. *Parisiis*, typ. reg. 1652, in-fol. gr. pap.

Theophanis (S.) Chronographia, gr. lat., cum notis Franc. Combefisii. *Parisiis*, typ. reg. 1655, in-fol. gr. pap.

Theophylacti archiep. Bulgariæ Institutio regia, ad Porphyrogenetam Constantinum, græcè, interpr. Pet. Possino. *Parisiis*, typ. reg. 1651, in-4.

Ville-Hardouin. (G. de) Histoire de l'Empire de Constantinople sous les Empereurs francais, avec les notes de Ch. du Cange. *Paris*, impr. roy. 1657, in-fol. gr. pap.

Volume très-rare en grand papier.

Zonaræ (J.) Annales, gr. lat., cum notis

Car. Dufresue dom. du Cange. *Parisiis*, typ. reg. 1686, 2 vol. in-fol. gr. pap.

On joint ordinairement à cette Collection les ouvrages suivants :

Banduri (Anselmi) Numismata Imperatorum romanorum à Trajano Decio ad Palæologos. *Parisiis*, 1718, 2 vol. in-fol. gr. pap.

Boschii (P.) Tractatus historico-chronologicus de Patriarchis Antiochenis. *Venetiis*, 1748, in-fol. *pièce.*

Corporis Historiæ Byzantinæ nova Appendix , Opera G. Pisidæ , Theodosii Diaconi et Corripi , gr. lat. , ex recens. Pet. Franc. Fogginii. *Romæ* , 1777 , in-fol. gr. pap.

Cuperi (Guill.) Tractatus historico-chronologicus de Patriarchis Constantinopolitanis. *Venetiis* , 1751 , in-fol. *pièce.*

Dufresne dom. du Cange (Car.) Dissertatio de Imperatorum Constantinopolitanorum , seu inferioris ævi vel imperii numismatibus. *Romæ* , 1755 , in-4.

Labbe (Philip.) Notitia Dignitatum Imperii romani. *Parisiis* , typ. reg. 1651 , in-12.

Histoire de Constantinople , trad. sur les originaux grecs de Procope , d'Agathias et autres , par L. Cousin. *Paris* , 1672 et suiv. 8 vol. in-4.

Buriguy. (L'Evesque de) Histoire des Révolutions de Constantinople , depuis sa fondation jusqu'en 1453. *Paris* , 1750 , 3 vol. in-12.

Cette Collection vaut , en la supposant bien complète et avec tous les vol. rares en grand papier , 1000 à 1200 l. ; et 8 à 900 l. lorsque les Familles Byzantines et l'Histoire de Constantinople ne sont qu'en petit papier.

—Idem Corpus Historiæ Byzantinæ, gr. lat. *Venetiis* , 1722-29 , 28 vol. in-fol. 250 l.

Edition peu estimée.

C

CAAB BEN ZOHEIR Carmen panegyricum in Laudem Muhammedis et Amralkeisi Moallakah , cum scholiis et vers. Levini Warneri; acced. Sententiæ arabicæ imper. Ali , et nonnulla ex Hamasa et Diwan Hudeilitarum , à G. J. Lette, arab. lat. *Lugd. Bat.* 1748, in-4.

CABANIS. (P. J. G.) Des Rapports du physique et du moral de l'homme. *Paris* , 1805 , 2 vol. in-8. 12 l.

Du même. *Du Degré de certitude en médecine* , in-8. 5 l. — *Coup d'œil sur la révolution et sur la réforme de la médecine* , in-8. 5 l.

Dict. Bibl. I.

CABINET DU ROI. (Collection d'Estampes , connue sous le nom de)

Cette belle Collection est composée des morceaux suivants : Tableaux du roi , 38 sujets , tom. 1. — Batailles d'Alexandre , 5 sujets , tom. 2. — Médaillons antiques , 41 pl. — Médailles du Bas-Empire , 17 pl. — Médailles et Monnaies , 11 pl. ; en tout 69 pl. tom. 3.

Ce volume est également complet avec les 41 premières planches seulement.

Le Louvre et les Tuileries , 40 pl. tom. 4. — Plans , Elévations et Vues du château de Versailles , 29 pièces , tom. 5. — Grotte, Labyrinthe , etc. , de Versailles , 89 pl. tom. 6. — Statues antiques et modernes , 48 pl. tom. 7. — Thermes, Bustes, Sphinx Vases de Versailles , 51 pl. tom. 8. — Tapisseries , 48 pièces , tom. 9. — Carrousels , Courses de têtes et de bagues , 47 sujets , tom. 10. — Fêtes données à Versailles , 20 pl. tom. 11. — Plans, Elévations , etc. , de l'Hôtel des Invalides , 22 pl. tom. 12. — Plans, profils, etc., des différentes maisons royales, 29 pl. tom. 13. — Profils et Vues de quelques lieux de remarque , etc. , 32 pl. tom. 14. — Plans et profils , appelés communément les Petites Conquêtes , 40 pl. tom. 15. — Vues, Marches , Entrées , etc. , servant à l'Histoire de Louis XIV , 28 pl. tom. 16. — 29 Planches , tom. 17. — 98 Planches sur 41 feuilles ou demi-feuilles , tom. 18. — Plans , Profils et Vues de camps , etc., servant à l'Histoire de Louis XIV , années 1643-1697 , 151 pl. divisées en 5 vol. tom. 19 à 23.

En tout 23 volumes , 1500 à 2000 l.

Les exemplaires composés de volumes hauts et bas , sont ceux dont les amateurs font le plus de cas , à cause de la beauté des épreuves des figures.

On joint ordinairement à ce Recueil le Catalogue des Estampes composant le Cabinet du roi. *Paris* , imprim. roy. 1743 , petit in-fol. très-mince.

CABINET des Fées, ou Collection choisie des Contes des Fées , etc. *Paris* , 1785 , 41 vol. in-8. fig. 100 l.

CABINET (le) satirique, ou Recueil parfait des vers piquants et gaillards de ce temps. 1666 , 2 vol. in-18. 20 l.

Jolie édition , bien moins commune que la suivante.

— Le même. *Impr. (en Hollande) au Mont-Parnasse* , 1697, 2 vol. in-12. 15 l.

CADAMUSTUS (Dom. Mar. Ant.) Compendium in usum et operationes Astrolabii Messahallach. *Mediolani* , 1507 , in-4.

Exemplaire imprimé sur vélin.

14

CADET. Dictionnaire de Chimie. *Paris*, 1803, 4 vol. in-8. 20 l.

CÆSALPINI (Andr.) de Metallicis lib. iij. *Romæ*, 1596, seu *Norimbergæ*, 1602, in-4. 12 l.

Ces deux éditions sont estimées.

— Ejusd. de Plantis lib. xvj. *Florentiæ*, 1583, in-4. 20 l.

Ouvrage rare et estimé.

— Ejusd. Quæstionum peripateticarum libri v, necnon Dæmonum Investigatio peripatetica : acced. Quæstionum medicarum lib. ij, et de Medicamentorum facultatibus libri ij. *Venetiis*, apud Juntas, 1596, in-4. 8 l.

CÆSARIS (Caii Julii) Commentariorum libri, ex recogn. J. Andreæ. *Romæ*, in domo Petri de Maximis, 1469, in-fol. 800 l.

Première édition, très-précieuse, extrêmement rare, et d'un prix considérable dans le commerce.
Il en existe un exemplaire imprimé sur vélin.

— Iidem. *Venetiis*, N. Jenson, 1471, in-fol.

Cette seconde édition est aussi très-rare et fort recherchée des curieux. Elle est exécutée en lettres rondes.

— Iidem. *Romæ*, in domo Petri de Maximis, 1472, in-fol. 200 l.

Cette édition est encore très-rare et fort recherchée des curieux

— Iidem. *Romæ*, 1476, in-fol.

Edition au moins aussi rare que la précédente.

— Iidem, cum Indice novo rerum et verborum, à Raymundo Marliano conscripto. *Mediolani*, per A. Zarothum, 1477, in-fol. 100 l.

Cette édition est estimée et recherchée, à cause de l'*index* des villes, rivières, etc., qui s'y trouve imprimé pour la première fois.

— Iidem, cum eodem Indice Raymundi Marliani. *Mediolani*, per P. Lavagnia Mediolanensem, 1478, in-fol. 36 l.

— Iidem, cum eodem Indice Raymundi Marliani, et ex recogn. Hierony. Bononii Tarvisini. *Tarvisii*, Mich. Manzolinus, 1480, in-fol. 30 l.

— Julius Celsus de Vitâ Julii Cæsaris, et ejusd. Jul. Cæsaris Com-

mentarii. 1473, *absque nomine typogr.* in-fol.

Edition extraordinairement rare. Le vol. est composé de 153 feuillets, lesquels ne portent ni chiffres, ni signatures, ni réclames.

— Ejusd. J. Cæsaris Commentarii. *Venetiis*, Aldus, 1513 seu 1519, in-8. 12 l.

Les Alde nous ont encore donné 10 autres éditions des Commentaires de César, savoir, en 1559, 61, 64, 66, 69, 70, 71, 75, 76 et 88, in-8.

— Iidem. *Florentiæ*, Junta, 1514, in-12.

Exemplaire imprimé sur vélin.

— Iidem, à J. Jucundo. *Florentiæ*, Junta, 1520 vel 1522, in-8. 8 à 10 l.

— Iidem, ex emend. Jos. Scaligeri. *Lugd. Bat.* Elzevir, 1635, in-12. 18 l.

Jolie édition, peu commune. La page 149 doit être cotée 153.

— Iidem, cum interprete græco vetere, et diversorum Comment., ex recens. Gothof. Jungermanni. *Francof.* 1606 seu 1669, in-4. 8 l.

Ces deux éditions sont recherchées par rapport à la version grecque qu'elles renferment.

— Iidem, cum notis Varior., stud. Arn. Montani. *Amst.* Elzev. 1670, in-8. 8 l.

— Iidem, cum interpr. et notis Jo. Goduini, ad usum Delphini. *Parisiis*, 1678, in-4. 20 l.

Edition estimée, et l'une des moins communes de la Collection des auteurs *ad usum Delphini*.

— Iidem, à J. G. Grævio. *Amst.* 1697, in-8. fig. 8 à 9 l.

— Iidem, ex recens. J. Davisii, cum ejusd. et aliorum notis; accessere Metaphrasis græcæ libri vij de Bello gallico. *Cantabrigiæ*, 1706, vel 1727, in-4. 12 l.

— Iidem, cum Indice et annot. Clarke. *Londini*, J. Tonson, 1712, gr. in-fol. fig. 300 l. — Gr. pap. 1200 l.

Livre rare et magnifiquement exécuté. Il contient 87 planches qu'il faut avoir soin de collationner, parce que la 42e, représentant un Taureau sauvage, manque quelquefois.
Les exemplaires en grand papier sont fort rares.

— Iidem, cum notis Varior., edente

Georg. Grævio. *Lugd. Bat.* 1713, in-8. fig. 18 à 24 l.

Ce volume entre dans la Collection des *Variorum*, et n'est pas commun.

— Iidem, cum Indice copioso. *Londini*, Tonson, 1716, in-12. 6 l. — Gr. pap. 18 l.

Edition recherchée pour l'*Index* qu'elle renferme.

— Iidem, cum notis Variorum; edente Fr. Oudendorpio. *Lugd. Bat.* 1737, 2 vol. gr. in-4. 36 l. — Gr. pap. 80 l.

Edition très-estimée.

— Iidem, cum notis et vers. italicâ, ed. Hermol. Albritio. *Venetiis*, 1737, in-4. 8 à 10 l.

— Iidem, à Fr. Oudendorpio. *Lugd. Bat.* 1740, in-8. 5 à 6 l.

— Iidem, à Th. Bentleio. *Londini*, 1742, in-8. 5 à 6 l.

— Iidem. *Londini*, Brindley, 1744, 2 vol. in-18. 4 l.

— Iidem, ex recens. Sam. Clarke, cum Indicibus. *Glasguæ*, Foulis, 1750, pet. in-fol. 15 l.

Edition recherchée pour sa belle exécution. On en a tiré des exemplaires de format in-4. et gr. in-fol. Ces derniers ne sont pas communs.

— Iidem. *Parisiis*, Barbou, 1755, 2 vol. in-12. 8 l.

— Iidem, juxtà editionem Oudendorpii; curâ Mori. *Lipsiæ*, 1780, in-8. 5 l. — Gr. pap. 12 l.

— Iidem, ex edit. Oudendorpii. *Oxonii*, 1780, in-8. 6 à 7 l.

— Iidem, ex editione H. Homeri. *Londini*, Th. Payne, 1790, 2 vol. in-8. pap. vélin, 18 l. — Gr. pap. 60 l.

— Iidem, curâ J. J. Oberlini. *Lipsiæ*, 1805, in-8. 12 l. — Pap. fin, 15 l.

Excellente édition. On la joint ordinairement à la Collection des *Variorum*.

— Portus Iccius Jul. Cæsaris demonstratus per Jo. Jac. Chifletium. *Antuerpiæ*, 1627, in-4. 5 l.

— C. J. Cæsaris Portus Iccius illustratus, sive G. Somneri Responsio ad Chifletii Librum de Portu Iccio. C. Dufresne Dissertatio de Portu Iccio, etc. *Oxonii*, 1694, in-8. 8 l.

— Les Commentaires de César, transl. de latin en franç., par Estienne de Laigue et Robert Gaguin, revus

par Ant. du Moulin. *Lyon*, 1555, 2 vol. in-16. 7 l.

Peu commun.

— Les mêmes, trad. en franç. (par J. B. le Mercier.) *La Haye*, 1743, ou *Amst.* 1755, 2 vol. in-12. 8 liv.

— Les mêmes, trad. par Perrot d'Ablancourt, avec des notes, cartes, etc., par J. B. Bourguignon Danville. *Amst.* 1763, 2 vol. in-12. fig. 7 liv.

— Les mêmes, en lat. et en franç., publiés par de Wailly. *Paris*, Barbou, 1775, 2 vol. in-12. 6 l.

— Les mêmes, en lat. et en franç., avec des notes historiq. etc., par Lancelot Turpin de Crissé. *Montargis*, 1785, 3 vol. gr. in-4. fig. 40 l.

— Les mêmes, avec des notes historiq. par Lancelot Turpin de Crissé. *Amst.* 1787, 3 vol. in-8. fig. 18 l.

— Les mêmes, trad. nouv. par M. de Vandrecourt. *Paris*, 1787, 2 vol. in-8. 10 l.

— Les mêmes, en lat. et en franç., trad. revue, etc., par N. F. de Wailly. *Paris*, 1788, 2 vol. in-12. 5 l. — Pap. fin, 12 à 15 l.

C'est la traduction de d'Ablancourt.

— La Guerre des Suisses, trad. du premier livre des Commentaires de César, par Louis XIV. *Paris*, impr. roy. 1651, in-fol. fig. 12 l. — Gr. pap. 20 l.

Les exemplaires sans figures n'ont pas de valeur.

— La Guerre de Jules César dans les Gaules, avec des notes, par M. de Pecis. *Parme* (Bodoni), 1786, 3 vol. gr. in-8. fig. 25 l.

Belle édition.

— I Commentarj di C. G. Cesare, trad. del lat. in volgar lingua per Agost. Ortica della Porta Genovese. *In Venetia*, 1547, in-8. *rare*.

Bonne édition.

— I medesimi, con le figure d'Andr. Palladio. *In Venet.* 1575, in-4. 10 l.

Edition recherchée pour les figures dont elle est décorée. On fait peu de cas de la réimpression de 1618, parce que les épreuves des gravures en sont médiocres.

— Los Commentarios de Gayo Julio Cesar, traducidos por Don Diego

Lopez de Toledo. *En Toledo*, 1498, in-fol.

Première traduction des Commentaires de César en langue vulgaire de l'Europe. Les exemplaires en sont très-rares.

CÆSII (Bern.) de Mineralibus lib. v. *Lugd.* 1636, in-fol. 8 l.

CAGNOLI. (Ant.) Trigonometria piana e sferica. *In Bologna*, 1804, in-4. fig. 15 l.

— Traité de Trigonométrie rectiligne et sphérique, trad. de l'ital. par Chompré. *Paris*, 1786, in-4. 10 l.

— Le même, 2.° édit. *Paris*, 1808, in-4. 16 l.

CAII (Jo.) Britanni, de Canibus britannicis lib. unus; de rariorum Animalium et Stirpium Historià lib. unus, etc. *Lond.* 1570 seu 1729, in-8. 6 l.

CAILLE. (Jean de la) Histoire de l'Imprimerie et de la Librairie, jusqu'en 1689. *Paris*, 1689, in-4. 7 liv.

CAILLE (Nic. Lud. de la) Astronomiæ Fundamenta, etc. *Parisiis*, 1757, in-4. 30 à 36 l.

Cet ouvrage est assez rare, l'auteur n'en ayant fait tirer qu'un petit nombre d'exemplaires pour donner à ses amis.

— Cœlum australe stelliferum. *Parisiis*, 1763, in-4. 6 l.

— Tables de Logarithmes pour les sinus et tangentes de toutes les minutes du quart de cercle, etc., revues par l'abbé Marie. *Paris*, an 7 (1799), pet. in-8. 5 l.

— Leçons élémentaires d'Astronomie, avec des notes, par J. de la Lande. *Paris*, 1780, in-8. 6 l.

On a encore du même: *Cours élémentaire et complet de Mathématiques pures*, 1807, in-8. 5 l. — *Leçons élémentaires de Mécanique*, in-8. 5 l. — *Leçons d'optique*, 1808, in-8. 5 l. — *Leçons de Navigation*, in-8. 4 l.

CAILLEAU. Voy. Duclos.

CALABRI (Quinti) Derelictorum ab Homero libri xiv, gr. *Aldus*, absque anni notà, in-8. 30 l.

Suivant M. Renouard cette rare édition a dû être mise au jour vers l'année 1504. Il en a été tiré des exemplaires sur vélin.

— Iidem, gr, cum vers. lat. et emend. Laur. Rhodomanni, cur. J.

Corn. de Paw. *Lugd. Bat.* 1734, in-8. 16 l.

Cette édition passe pour la meilleure de ce livre.

— Iidem, gr., lat. et ital. ab Aug. Mar. Bandinio. *Florentiæ*, 1765, in-8. 7 l.

— Guerre de Troie depuis la mort d'Hector jusqu'à la ruine de cette ville, poëme, faisant suite à l'Iliade, trad. en franç. par P. Tourlet. *Paris*, an xi, 2 vol. in-8. 8 l.

CALASIO (Marii de) Concordantiæ Bibliorum, hebr. et lat. *Romæ*, 1621, 4 vol. in-fol. 36 l.

— Eædem, editæ à Guliel. Romaine. *Londini*, 1747 et seqq. 4 vol. in-fol. 60 l.

Bonne édition, et la plus complète de ce livre.

CALCAGNI. (Diego) Memorie istoriche della città di Recanati. *In Messina*, 1711, in-fol. 5 l.

CALCEOLARI. (Fr.) Vid. Museum.

CALCHI (Tristani) Historiæ Mediolanensis lib. xx, ad ann. 1313. *Mediolani*, 1626, in-fol.

— Ejusd. Residua, nempè, Historiæ Mediolanensis lib. xxj et xxij, ad ann. 1322, editore Jo. Pet. Puricello. *Mediolani*, 1644, in-fol.

— Jos. Ripamontii Historiæ Mediolanenses ab anno 1314, quo Calchus desinit, usque ad excessum Caroli V. *Mediolani*, 1648, 5 vol. in-fol. 18 l.

Ces deux ouvrages sont estimés et ne se séparent pas.

CALDERON DE LA BARCA. (Don Ped.) Obras. *En Madrid*, 1685, 15 vol. in-4. 50 l.

— Comedias de don Ped. Calderon. *Madrid*, 1760, 10 vol. in-4. 40 l.

CALENTII (Elisii) Opera omnia. *Romæ*, 1503, in-fol. 40 l.

Cet ouvrage a été supprimé. Les exemplaires en sont fort rares.

CALEPINI (Ambr.) Dictionarium octo-lingue. *Patavii*, 1758, 2 vol. in-fol. 24 l.

Cette édition, revue par Jacq. Facciolati est la meilleure que nous ayons de ce Dictionnaire, qui n'est presque plus en usage aujourd'hui.

CALIXTUS (Georg.) de Conjugio Clericorum, etc. *Helmestadii*, 1631, in-4. 5 l.

CALIXTUS. Vide BURNETIUS.

CALLET. (Fr.) Tables portatives de Logarithmes. *Paris*, Firmin Didot, 1806, 2 tom. 1 vol. gr. in-8. 12 l. — Gr. pap. in-4. 20 l.

CALLIACHII (Nic.) de Ludis scenicis mimorum et pantomimorum Syntagma, ex recens. Maderi. *Patavii*, 1713, in-4. 8 l.

CALLIMACHI Hymni, gr., cum scholiis gr., ex recens. Jo. Lascaris. *Editio absque loci et anni indicat.* in-4. très-rare.

Première édition, exécutée en lettres capitales. On présume qu'elle a été imprimée à *Florence*, vers 1497.

—Iidem, gr., cum scholiis. *Parisiis*, 1541, in-8. *très-rare.*

—Iidem, gr. lat. *Parisiis*, H. Stephanus, 1577, in-4. 7 à 9 l.

— Ejusd. Hymni, Epigrammata et Fragmenta, gr. lat. Accesserunt Bionis et Moschi Idyllia, gr. lat., ex recens. et cum annot. Bonav. Vulcanii. *Antuerpiæ*, Plantinus, 1584, in-16. 6 l.

—Iidem, gr. lat., necnon ejusd. Poëmata de Comâ Berenices à Catullo lat. versib. redditum, cum annot. et indice Annæ Tanaquilli Fabri filiæ. *Parisiis*, 1675, in-4. 10 l.

On peut joindre ce volume à la Collection des auteurs *ad usum Delphini*.

— Iidem, gr. lat., cum notis Varior. et J. G. Fr. Grævii, necnon comment. et adnot. Ezech. Spanheimii. *Ultrajecti*, 1697, 2 vol. in-8. fig. 20 l. — Gr. pap. 160 l.

Bonne édition. Elle fait partie de la Collection des auteurs *cum notis Variorum.*
Les exemplaires en grand papier sont très-rares et fort chers.

—Iidem; acced. Theognidis Carmina et Epigrammata clxxvj ex Anthologiâ, gr. lat., cum notis. *Lond.* 1741, in-8. 12 à 15 l.

—Iidem, gr. lat., à Bentleio. *Lond.* 1741, in-8. 5 à 6 l.

— Iidem, gr. *Glasguæ*, 1755, in-4. 10 l.

— Iidem, gr. lat., curavit J. F. Stubelius. *Lipsiæ*, 1741, in-8. 8 l.

—Iidem, gr. lat., cum notis Varior., ex recens. Jo. Aug. Ernesti. *Lugd. Batav.* 1761, 2 vol. in-8. 18 l. — Gr. pap. 45 l.

—Iidem, gr. lat., à C. F. Loesnero. *Lipsiæ*, 1774, in-8. 3 l.

—Ejusd. Callimachi Hymni, gr., cum lat. interpr., et ital. vers. Ant. Mar. Salvini, et notis Varior. selectis. *Florentiæ*, 1763, in-8. 5 l.

— Ejusd. Elegiarum Fragmenta, cum Elegiâ Catulli callimacheâ, cum notis Walckenaer. *Lugd. Batav.* 1799, in-8. 8 l.

— Callimaco, greco-italiano. *Parma*, Bodoni, 1792, gr. in-fol. 60 l.

Belle édition, exécutée en lettres italiques, et tirée à 162 exemplaires, dont quelques-uns avec vignettes et arabesques. Il y a des exemplaires sur peau de vélin.

— Il medesimo, greco-ital. *Parma*, Bodoni, 1792, gr. in-fol. *rare*, 150 liv.

Fort belle édition, exécutée en lettres capitales, et tirée seulement à 162 exemplaires; plus, un ou deux sur très-beau vélin d'Allemagne.

— Il medesimo, greco-ital. *Parma*, Bodoni, 1792, in-4. 20 l.

M. Bodoni a aussi tiré de cette édition des exemplaires sur peau de vélin.

—Les Hymnes de Callimaque, grecq. et franç., avec des notes par Fr. J. Gabr. de la Porte du Theil. *Paris*, impr. roy. 1775, in-8. 7 l.

— Les mêmes, nouv. édit. grecq. et franç., par F. J. G. de la Porte du Theil. *Paris*, 1795, 2 vol. in-18. 3 liv.

CALLISTI (Niceph.) Historiæ ecclesiasticæ lib. xviij, à Christo nato ad ann. 610; gr. lat., ex vers. J. Langii, et recogn. Frontonis Ducæi. *Parisiis*, Cramoisy, 1630, 2 vol. in-fol. 12 l.

Bonne édition.

CALLOET. (Querbrat) Advis qu'on peut élever en France des chevaux aussi beaux et aussi bons qu'en Allemagne et ailleurs. *Paris*, 1666, in-4.

Exemplaire imprimé sur vélin.

—Moyens pour augmenter les revenus du royaume de plusieurs millions. *Paris*, 1667, in-4.

Exemplaire imprimé sur vélin.

CALMET. (Dom August.) La Sainte Bible, en lat. et en franç., avec un comment. littéral. *Paris*, 1724, 8 tom. 9 vol. in-fol. 60 l. — Gr. pap. 120 l.

Cette Bible était beaucoup plus chère autrefois.

— La même. *Paris*, 1707, 26 vol.
in-4. 50 l. — Gr. pap. 80 l.

A ces 26 vol. il faut ajouter l'article suivant:

—Dissertations qui peuvent servir de
prolégomènes de l'Ecriture Sainte,
par le même. *Paris*, 1720, 3 vol.
in-4. 15 l.

—Dictionnaire historique et critique
de la Bible. *Paris*, 1730, 4 vol.
in-fol. avec 300 fig. 80 l.—Gr. pap.
120 l.

Bonne édition.

— Histoire civile, ecclésiastique et
politique de Lorraine. *Nancy*,
1728 et suiv. 7 vol. in-fol. 18 l.

—Histoire universelle, sacrée et profane, depuis le commencement du
monde jusqu'en 960. *Strasbourg*,
1735 et suiv. 7 vol. in-4. 24 l.

— Histoire de l'ancien et du nouveau
Testament, servant d'introd. à
l'Histoire ecclésiastique de Fleury.
Paris, 1737, 4 vol. in-4. 12 l.

CALPHURNIJ Carmen Bucolicum,
et Hesiodi Georgicorum lib. ij
dicti, *Opera et Dies*, è gr. lat.
transl. per Nicol. de Valle. *Romæ*,
absq. anni indicat., Cour. Sweynheym et Arn. Pannartz, circà
1471, in-fol.

Edition originale très-rare. On trouve assez
souvent ce volume relié avec l'*Ovide* de
Rome, 1471, ou avec le *Silius Italicus*
donné dans la même édition.

—Ejusd. Carmen Bucolicum. *Parmæ*,
1478, in-4. *très-rare*.

—Ejusd. Eclogæ, cum Nemesiano,
ex Cod. Thad. Rigoleti, *Absque
ullâ notâ*, 1487, in-4. *rare*.

CALPRENEDE. (Gautier de Costes,
sieur de la) Le Roman de Cassandre. *Paris*, 1642 et suiv. 10 vol.
in-8. 15 l.

— Le Roman de Cléopâtre. *Paris*,
1656 et suiv. 12 vol. in-8. 21 l.

—Faramond, ou l'Histoire de France.
Paris, 1661 et suiv. 12 vol. in-8.
21 liv.

Le tom. 10 est rare.

Ces Romans ne sont plus guère recherchés
aujourd'hui.

CALVINI (Jo.) Opera theologica.
Amst. 1671 et seqq. 9 vol. in-fol.
24 à 36 l.

Vendu, en grand pap., chez Soubise, 119 l.

—La Sainte Bible, transl. en franc.
par Rob. Pier. Olivétan (aidé de J.

Calvin.) *Neuchâtel*, 1535, in-fol.
goth. 40 l. — Gr. pap. 80 l.

Première Bible publiée par les Protestants.
Elle est rare et recherchée des curieux.
Il est difficile d'en trouver des exemplaires
complets et en bon état.

— La Sainte Bible, en laquelle sont
contenus tous les livres canoniques
de l'Ecriture Sainte, etc., transl. en
franç. de la vers. de Rob. Pier.
Olivétan, revue par Jehan Calvin.
(*Genève*, à l'Epée), 1540, pet.
in-4.

Cette édition de la Bible, connue sous le
nom de *Bible de l'Epée*, est encore plus
rare et plus recherchée que la précédente.
On en trouve difficilement des exemplaires bien entiers et sans défauts.

— La Bible française, de la vers. de
Genève, avec des notes marginales
et une Préface de J. Calvin. De
l'impr. de Rob. Etienne (*Genève*),
1560, in-fol. 18 l.

—Traité des Reliques. *Genève*, 1599,
in-8. 7 l.

Petit Traité assez rare. Toutes les éditions
en sont bonnes.

— Psychopannychie, ou Traité par
lequel il est prouvé que les ames
veillent et vivent après qu'elles
sont sorties des corps. *Paris*, 1558,
in-8. 6 l.

Traité singulier et peu commun.

— Defensio orthodoxæ Fidei de sacrâ
Trinitate, contrà prodigiosos er-
rores Mich. Serveti. *Olivâ Rob.
Stephani*, 1554, in-8. 7 l.

— Défense de la Trinité contre les
erreurs de Mich. Servet, trad. du
lat. *Genève*, 1554, in-8. 15 l.

On préfère cette traduction à l'édition latine.

CAMBIS. (Jos. L. D. de) Catalogue
raisonné des principaux manuscrits
de son cabinet. *Avignon*, 1770,
in-4. 50 l.

Catalogue tiré à un petit nombre d'exemplaires. Le volume, pour être complet,
doit contenir 766 pages.

CAMBRAY. (Louis Guill. de) Description d'une machine à feu,
construite pour les salins de Castiglione. *Parme*, 1766, in-4. 10 l.

CAMDENI (Guill.) Britannia, sive
Regnorum Angliæ Scotiæ, Hiberniæ, etc., Descriptio chorogra-
phica. *Lond.* 1607, in-fol. 8 l.

—Britannia, or a chorographical description of Great Britain and Ireland. *London*, 1772, 2 vol. in-fol. fig. 40 l.

— The same, continued to the present time by Gough. *London*, 1789, 3 vol. in-fol. fig. 60 l.

— Anglica Normanica, Hibernica, etc., à veteribus scripta, ex edit. G. Camdeni. *Francof.* 1603, in-fol. 8 liv.

CAMELI (Fr.) Nummi antiqui Consulum, August., Regum, etc., in Thesauro Christinæ reginæ Romæ asservati. *Romæ*, 1690, in-4. *rare*, 24 l.

CAMERARII (Joach.) Symbolorum et Emblematum Centuriæ iij; prima, ex Herbis et Stirpibus; secunda, ex Animalibus quadrupedibus; tertia, ex Volatilibus et Insectis. Accessit Centuria quarta ex Aquatilibus et Reptilibus. 1605, in-4. fig. color. 15 l.

Peu commun.

—Arithmologia, seu Indicationes variæ de Moribus, gr. *Basileæ*, 1551, in-8. 4 à 5 l.

— Opuscula poëtica, scilicet, Erratum, Æolia, Phænomena, etc., gr. *Basileæ*, 1576, in-8. 5 à 6 l.

—Eclogæ et alia Poëmatia. *Lipsiæ*, 1568, in-8. 4 à 5 l.

CAMERON'S. (Ch.) Baths of the Romans, explained and illustrated, with the restorations of Palladio (angl. et franc.) *London*, 1772, in-fol. fig. 100 l.

Ouvrage supérieurement exécuté.

CAMOENS. (Luis de) Los Lusiadas, traduzidos in ottava rima castellana por Benito Caldera. *En Alcala*, 1580, in-4. 20 l.

Edition assez rare.

— Lusiadas, commentadas por Manuel de Faria. *En Madrid*, 1639, 2 vol. in-fol. 20 l.

Edition estimée.

— Rimas varias de L. de Camoens. *Lisboa*, 1686, 2 vol. in-fol. 30 l.

— Obras de L. de Camoens. *Paris*, Didot, 1759, 3 vol. in-12. 20 l.

— La Lusiade, poëme héroïque, trad. du portugais avec des remarq. par du Perron de Castera. *Paris*, 1735, 3 vol. in-12. 8 l.

— La même, trad. (par J. Fr. de la Harpe.) *Paris*, 1777, 2 vol. in-8. fig. 9 l. — Pap. fin, 24 l.

— The Lusiade, transl. by Will. Jul. Mickle. *Oxford*, 1776, in-4. 15 liv.

CAMPANELLÆ (Th.) Atheismus triumphatus. *Parisiis*, 1636, in-4. 4 liv.

CAMPANI (Jo. Ant.) Opera, curâ Mich. Ferni; cum Vitâ Campani. *Romæ*, E. Silber, 1495, in-fol. 18 liv.

Première édition, peu commune.

CAMPBELL Vitruvius britannicus, ou l'Architecture britanniq. comprise en 200 pl. avec des explicat. *Londres*, 1715, 3 vol. gr. in-fol. fig. 80 l.

— Vitruvius britannicus, or the british Architect. *London*, 1767 and 1771, 5 vol. in-fol. max. 170 l.

Cet ouvrage est bien exécuté et peu commun en France.

CAMPBELL. The Philosophy of Rhetoric. *Lond.* 1801, 2 vol. in-8. 15 liv.

CAMPEGII (Bened.) Italidis lib. x, lat. carmine conscripti. *Bononiæ*, 1553, in-fol. 12 l.

Livre rare et recherché.

CAMPEGIUS (Thom.) de Auctoritate et Potestate romani Pontificis, et alia Opuscula. *Venetiis*, Aldus, 1555, in-8. 18 à 24 l.

CAMPE. Bibliothèque géographique et instructive des jeunes gens, trad. de l'allem. de Campe et de l'angl. par J. B. J. Breton. *Paris*, 1802, 72 vol. in-18. fig. et cartes, 100 l.

CAMPER (Pet.) Demonstrationum anatomico-pathologicarum libri duo. *Amst.* 1760, in-fol. gr. pap. fig. 15 l.

— Dissert. physique sur les différences réelles que présentent les traits du visage chez les hommes de différents pays, etc. — Sur le beau qui caractérise les Statues antiq. etc. — Proposit. d'une nouvelle méthode pour dessiner toutes sortes de têtes humaines, trad. du holl. par D. B. Quatremère d'Isjonval. *Utrecht*, 1791, in-4. fig. 8 l.

— Discours sur la manière de représenter sûrement les diverses passions du visage. — Sur l'étonnante conformité qui existe entre les quadrupèdes, les oiseaux, les poissons et l'homme, etc. trad. du holl. par Quatremère d'Isjonval. *Utrecht*, 1792, in-4. fig. 8 l.

—Description anatomique d'un Eléphant mâle. *Paris*, 1802, in-fol. 20 pl. 15 l.

—Œuvres physiologiques, anatomiq. etc., de P. Camper. *Paris*, 1803, 3 vol. in-8. et atlas in-fol. de 34 pl. 24 l.

CAMPHARI (Jac.) de Immortalitate Animæ in modum dialogi: opus ital. conscript. 1473, *in domo J. Philippi (de Lignami) Familiaris*, in-fol.

Edition très-rare et citée par Maittaire.

CAMPI. (Piet. Mar.) Istoria di Piacenza ed altre Città d'Italia sin' all'anno 1435. *In Piacenza*, 1651 e 1662, 3 vol. in-fol. 15 l.

CAMPO. (Ant.) Cremona fidelissima città,etc., rappresentata in disegno col suo Contado, ed illustrata d'una breve Istoria delle cose le più notabili appartenenti ad essa. *In Cremona*, 1582, in-fol. fig. d'Augustin Carrache, 70 l.

Cette édition, l'originale de ce livre, est fort rare. Les exemplaires datés de 1585, ne different de ceux de 1582 que par le frontispice, qui a été renouvelé.

CAMUS. (Ch.-Etienne-Louis) Cours de Mathématique. *Paris*, 1768, 4 vol. in-8. fig. 12 l.

CAMUS, gentilhomme lorrain. (de) Traité des Forces mouvantes. *Paris*, 1722, in-8. fig. 6 l.

CAMUS. (A. G.) Mémoires sur la Collection des grands et petits Voyages (de Th. de Bry,) et sur les Collections de M. Thévenot. *Paris*, 1802, in-4. 7 l.

CAMUZAT Tricassini, (Nic.) Promptuarium Antiquitatum Tricassinæ diœcesis.*Aug. Trecarum*, 1610, in-8. 10 l.

Petit ouvrage curieux et assez rare. On doit trouver à la fin du volume un *Auctuaire* composé de 40 feuillets.

CANCIONERO de varias Coplas devotas. *En Zaragoza*, Paulo Hurus, 1492, petit in-fol. avec fig. en bois.

Ce Recueil renferme plusieurs pièces de poé-

sie des meilleurs auteurs espagnols du quinzième siècle. Les exemplaires en sont très-rares.

Il a été réimprimé par le même P. Hurus en 1496.

CANGE. (du) Voy. DUFRESNE.

CANINI. (Giov. Ang.) Iconographia, cioë disegni d'Imagini de' famosiss. monarchi, regi, poeti, etc., dell' antichità, con alcune annot. di M. A. Canini. *In Roma*, 1669, in-fol. fig. 8 l.

—Les Images des Héros et des grands Hommes de l'antiquité, par J. A. Canini, trad. de l'ital en franç. par de Chevrières. *Amst.* 1731, in-4. fig. de Bern. Picart, 15 l.—Gr. pap. 36 liv.

Belle édition. Les exemplaires en grand papier sont rares.

CANISII (Henr.) Thesaurus Monumentorum ecclesiasticorum et histor., cum notis Jac. Basnage. *Antuerpiæ*, 1725, 7 tom. 4 ou 5 vol. in-fol. 30 l.

Collection estimée.

CANISII (Pet.) Catechismus, à Georg. Mayr græcè redditus. *Augustæ*, 1613, in-12. avec 103 jolies fig. grav. en bois, 7 l.

CANNES. (Fr.) Diccionario'espanol-latino-arabisco. *En Madrid*, 1787, 3 vol. in-fol. gr. pap. 80 l.

CANONES et Decreta sacro-sancti Concilii Tridentini. *Romæ*, Paulus Manutius, 1564, in-fol. rare, 40 l.

Edition originale. Il en existe quelques exemplaires parafés des secrétaires même du Concile de Trente

CANONHERII (Pet. Andr.) de admirandis Vini Virtutibus lib. iij. *Antuerpiæ*, 1627, in-8. 4 l.

CANTACUZENUS. (Joan.) Vid. BYZANTINE.

CANTELII (Pet. Jo.) de Romanà Republicà, sive de Re militari et civili Romanorum ad explicandos auctor. antiq. *Ultrajecti*, 1707, in-12. fig. 4 l.

CANTILLON. (de) Délices du Brabant et de ses Campagnes. *Amst.* 1757, 4 vol. in-8. 12 l.

CANUTI LEEMII de Laponibus Finmarchiæ, eorumque linguà, vità et religione pristinà Commentatio; cum notis J. E. Grunneri. *Risbenhaun*, 1767, in-4. 36 l.

Ce volume est rare.

CANZONIERE di diversi Bergamaschi in morte d'un Cane. *Bergamo*, 1782, in-8.

Exemplaire imprimé sur vélin.

CAOURSIN (Guill.) Stabilimenta Rhodiorum Militum. *Ulmæ*, Joan. Reger de Kemnat, in-fol. fig. 30 l.

Edition rare et recherchée.

CAPACII (Jul. Cæs.) Historia Neapolitana. *Neapoli*, 1771, 2 vol. in-4. fig. 9 à 12 l.

CAPELLA. (Galeazzo) L'Anthropologia. *In Venetia*, Aldo, 1533, in-8.

Il y a des exemplaires en grand papier.

CAPELLÆ (Mart.) De Nuptiis Philologiæ et Mercurii libri duo, et de septem Artibus liberalibus lib. vij, à Fr. Vitale Bodiano. *Vincentiæ*, 1499, in-fol.

Première édition fort rare.

—Iidem, cum notis H. Grotii. *Lugd. Bat.* 1599, in-8. 18 à 20 l.

Le vol. doit renfermer les portraits d'un prince de Condé et de Grotius.

—Iidem, cum notis J. Ad. Goez. *Norimb.* 1794, in-8. 7 l.

CAPELLI (Guarini) Sarsinas, Macharonea in Cabrinum Gagamagæ seu Gagamagogæ regem composita. *Arimini*, 1526, in-12. 8 l.

Petit ouvrage singulier et assez rare.

CAPELLUS. (Lud.) Vid. CRITICI SACRI.

CAPICII (Scip.) de Principiis Rerum lib. ij. *Venetiis*, Aldus, 1546, in-8.

CAPILUPI. (Camillo) Il Stratagema di Carlo IX contra gli Hugonoti. *In Roma*, 1572, in-4. 8 l.

— Le Stratagême de Charles IX contre les Huguenots, trad de l'ital. 1594, in-8. 10 l.

CAPILUPORUM (Hippolyti, Lælii, Camilli, Alphonsi et Julii) Carmina, ex edit. Jos. Castalionis. *Romæ*, 1590, in-4. 20 l.

Ce Recueil est estimé et assez rare. Il faut y joindre le volume suivant.

— Lælii Capilupi Cento ex Virgilio, de Vità Monachorum, et Gallus. *Venetiis*, 1550, in-8. 8 à 10 l.

Cette pièce manque dans le Recueil précédent.

CAPITE FONTIUM (Christ. de) varii **Tractatus et Disputationes** de

Dict. Bibl. I.

necessariâ Theologiæ scholasticæ correctione. *Parisiis*, 1586, in-8. 30 liv.

Première partie d'un ouvrage qui n'a pas été achevé. Les exemplaires en sont très-rares. Il faut voir si la feuille signature E, page 33 à 40, appartient au volume, parce qu'il existe des exemplaires où cette feuille est remplacée par celle d'un autre traité, qui n'a aucun rapport avec celui-ci.

— Réponse familière à une Epître écrite contre le libéral Arbitre. *Paris*, 1571, in-8. 4 l.

— Chrétienne Confutation du Point d'honneur, sur lequel la noblesse fonde aujourd'hui ses querelles. *Paris*, 1579, in-8. 4 l.

— Defensio catholica Virginitatis Mariæ, et Josephi sponsi ejus. *Lugd.* 1578, in-8. 4 l.

— Epitome novæ illustrationis christianæ Fidei adversùs impios, etc. *Parisiis*, 1586, in-8. 4 l.

— Défense de la Foi que nos ancêtres ont eue en la présence réelle du corps de N. S. J. C. au saint sacrement de l'autel, trad. du lat. *Paris*, 1586, in-8. 4 l.

CAPMANY (D. Ant. de) y de **MONTPALAU.** Memorias historicas sobre la marina, commercio y artes de la antig. ciudad de Barcelona. *Madrid*, 1779-92, 4 vol. in-4. 30 l.

CAPMARTIN de Chaupy. Découverte de la Maison de campagne d'Horace. *Rome*, 1767, 3 vol. in-8. fig. 9 à 12 l.

CAPPONI. Vid. SOLLECITO.

CARAFA. (Ant.) Vid. TESTAMENTUM. (Vetus)

CARBURI. (de) Monument élevé à la gloire de Pierre-le-Grand. *Paris*, 1777, in-fol. fig. 6 l.

CARCANI. (Gaetano) Raccolta di varj Epigrammi (greche-ital.) *In Napoli*, 1788-90, 2 vol. in-4. gr. pap. 18 l.

CARDANI (Hierony.) Opera, ex edit. Sponii. *Lugd.* 1663, 10 vol. in-fol. 24 à 30 l.

Collection peu recherchée.

— De Rerum varietate lib. xvij, cum appendice. *Basileæ*, 1557, in-fol. 15 l.

Edition originale. Les exemplaires en sont rares.

15

— De Subtilitate lib. xxj. *Norim-berga*, 1550, in-fol. 15 l.
Edition rare. Celle de *Basle*, 1553, est également bonne.

— De la Subtilité et subtiles inventions, ensemble les Causes occultes et raisons d'icelles, trad. par Rich. le Blanc. *Paris*, 1556, in-4. 10 l.
Traduction estimée.

CARDINE. L'Enfer de la mère Cardine, traictant de l'horrible Bataille qui fut aux Enfers entre les Diables et les Maquerelles de Paris, aux noces du Portier Cerberus et de Cardine. *Paris*, 1583, pet. in-8.
Première édition de cette satire. Les exemplaires en sont extrêmement rares.

— Le même. *Impr. sans nom de lieu ni d'impr.* 1597, in-8.
Cette seconde édition n'est guère moins rare que la précédente. Plusieurs bibliographes l'ont annoncée faussement sous la date de 1598.

— Le même. *Paris*, Didot l'aîné, 1793, in-8. pap. vélin, 12 l.
Edition tirée à 100 exemplaires ; plus, 8 sur peau de vélin.

CARDONNEL. (Adam de) Picturesque antiquities of Scotland. *London*, 1788, 2 vol. in-8. papier vélin, fig. 15 l.

CARILLO LASSO. (D. Alonso) De las antiguas Minas de Espana. *En Cordoua*, 1624, in-4. 25 l.
Edition recherchée et la première de ce livre. Les exemplaires en sont rares.

CARITEO : Sonetti e Canzoni. *Napoli*, 1509, in-4. rarissime.

CARLIER. (Cl.) Traité des Bêtes à laine, ou Méthode d'élever et de gouverner les troupeaux aux champs et à la bergerie. *Compiègne*, 1770, 2 vol. in-4. fig. 18 l.

CARMINA novem illustr. Feminarum, Sapphûs, etc., et Lyricorum Alcmanis, etc., Elegiæ Tyrtæi et Mimnermi. Bucolica Bionis et Moschi, lat. versu à L. Gambara expressa. Cleanthis, Moschionis, aliorumq. Fragmenta nunc primùm edita ; ex edit. F. Ursini, gr. *Antuerp.* 1568, in-8. 15 l.
Recueil estimé et peu commun.

— Sapphûs Poëtriæ Lesbiæ, Fragmenta et Elogia quotquot in auctoribus antiq. gr. lat. reperiuntur,

cum notis Varior., curâ et stud. J. C. Wolfii. *Hamburgi*, 1733, in-4. 15 à 18 l. — Gr. pap. 50 l.

— Poëtriarum octo, Erinnæ, Myrûs, Myrtidis, Corinnæ, Telesillæ, Praxillæ, Nossidis, Anytæ Fragmenta et Elogia, gr. lat., cum notis Varior., curâ et stud. J. C. Wolfii. *Hamburgi*, 1734, in-4. 15 à 18 l. — Gr. pap. 50 l.

— Mulierum græcarum quæ oratione prosâ usæ sunt Fragmenta et Elogia, gr. lat., cum notis Varior., cur. J. C. Wolfio. *Lond.* 1739, in-4. 15 à 18 l. — Gr. pap. 50 l.
On réunit ordinairement ces trois ouvrages. Ils ne sont pas communs.

CARMINA V. illustrium Poëtarum Italorum, scilicet, P. Bembi, A. Naugerii, B. Castilioni, J. Cottæ et M. A. Flaminii. *Venetiis*, 1548, in-8. 9 l.

— Eadem. *Florentiæ*, 1552, in-8. ou in-12. 6 à 8 l.

— Eadem. *Venetiis*, 1558, in-8. 5 l.

CARMINA V. Hetruscorum Poëtarum Fr. Vinthæ, Fab. Seguii, Fr. Bernii, Ben. Accolti, Ben. Varchii. *Florentiæ*, Junta, 1562, in-8. très-rare, 15 à 18 l.

CARMINA illustrium Poëtarum Italorum. *Florentiæ*, 1719 et seqq. 11 vol. in-8. 40 à 50 l.
On a retranché dans cette édition les *Obscœna*.

CARMINA et Fragmenta Carminum familiæ Cæsareæ, id est : Cæsaris Germ., C. J. Cæs., Oct. Aug. Neronis Claud., cum notis Varior., ex recens. J. C. Schwartz. *Coburgi*, 1715, pet. in-8. 10 à 15 l.
On fait entrer ce volume dans la Collection des *Variorum* in-8.

CARMINA Ethica, ex diversis autoribus collegit Ant. Aug. Renouard. *Parisiis*, 1795, in-12. pap. vélin, 4 l.
On a tiré de ce volume 15 exemplaires en grand papier, et quelques-uns sur peau de vélin.

CARMINUM Poëtarum novem lyricæ poëseos principum Fragmenta. *Parisiis*, H. Stephanus, 1560, in-12. 6 l.

CARNOT. (L. M. N.) Géométrie de position, à l'usage de ceux qui se destinent à mesurer des terrains.

Paris, Crapelet, 1803, in-4. 15 l.
— Pap. vélin, 30 l.

— Principes fondamentaux de l'équilibre et du mouvement. *Paris*,
1803, in-8. fig. 4 l.

Nous avons encore du même auteur : *Mémoire sur la relation qui existe entre
les distances respectives des cinq points
quelconques pris dans l'espace*. 1806,
in-4. — *De la Corrélation des figures
de géométrie*. *An* 9, in-8. — *Réflexions
sur la métaphysique du calcul infini-
tésimal*. 1797, in-8. fig.

CARO: (Annib.) Rime. *In Venetia*,
Aldo, 1569, in-4.

On trouve ordinairement dans le même vol. :
*Due Orationi di Gregorio Nazanzeno
theologo*. *In Venezia*, Aldo, 1569,
in-4.
Il y a des exemplaires en grand papier.

— Le stesse. *In Venetia*, Aldo,
1572, in-4.

— Lettere familiari. *In Venezia*,
Aldo, 1572 e 1575, 2 vol. in-4. 15 l.

— Le stesse. *In Venezia*, Giunti,
1581, 2 vol. in-4. 12 l.

— Le stesse. *Padova*, 1725, 2 vol.
in-8. 9 l.

Cette édition et celle de 1581, sont citées
par la Crusca.

— Le stesse. *Padova*, 1734-35, 3 vol.
in-8. 16 l.

— Le stesse. *Padova*, 1765, 6 vol.
in-8. 15 l.

— Gli Straccioni, commedia. *Venetia*, Aldo, 1582, in-12.

Cette édition a été réimprimée par les Alde
en 1589, in-12.

— (Annib. Caro) Commento di ser
Agresto da Ficaruolo sopra la prima
Ficata del Padre Siceo. *In Bal-
dacco*, 1539, in-4.

Exemplaire imprimé sur vélin.

CARON. (Cl.) Traité des bois servant à tous usages. *Paris*, 1740,
2 vol. in-8. 12 l.

CARON. Voy. COLLECTION.

CARPENTIER. (Jean le) Histoire de
Cambrai et du Cambresis, avec
l'Histoire généalog. des familles.
Leyde, 1664, 2 vol. in-4. 24 l.

On trouve quelquefois des exemplaires de
cette édition sous la date de 1668.
Pour que ce livre soit bien complet, il
faut que la troisième partie contienne
1110 pages.

CARPENTIER (D. P.) Alphabetum
tironianum. *Lutetiæ Parisiorum*,
1747, in-fol. 10 l.
— Vid. DUFRESNE DU CANGE.

CARRACCI. (Annib.) Argomento
della Galeria Farnese, depinta da
Annib. Carracci, disegnata ed intagliata da Car. Cesio. *In Roma*,
1657, in-fol. fig. 20 l.

— Galeriæ Farnesianæ Icones, ab
Annib. Carraccio coloribus expressæ, à P. Quila delineatæ. *Romæ*,
in-fol. max. 60 l.

— Ædium Farnesiarum Tabulæ, ab
Annib. Carraccio depictæ, à C.
Cæsio æri insculptæ, atque à Philar-
chæo explicat. illustratæ. *Romæ*,
1753, in-fol.

— Gli Arti di Bologna, disegnati da
Annib. Carracci, ed intagliati in
rame da Sim. Guilini ed Aless.
Algardi. *In Roma*, 1740, in-fol.
12 l.

CARRANZA. (Alonzo) El Ajusta-
miento y proporcion de Monedas
de oro, plata, i cobre. *En Madrid*,
1629, in-fol. 18 l.

Ouvrage intéressant et assez rare.

CARRERA. (Piet.) Memorie istoriche della città di Catania, etc.
In Catania, 1639 e 1641, 2 vol.
in-fol. 12 l.

CARRERI. (Gemelli) Voyage autour
du monde, trad. de l'ital. en franç.
par le Noble. *Paris*, 1727, 6 vol.
in-12. fig. 10 l.

CARRIÈRES. (Louis de) La Sainte
Bible, en lat. et en franç. avec un
comment. littéral. *Paris*, 1701-
1716, 24 vol. in-12. 24 l.

— La même. *Paris*, 1750, 6 vol. in-4.
fig. 30 à 36 l.

CARTE. (Th.) Catalogue des Rôles
gascons, normands et français,
conservés dans les archives de Londres. *Londres (Paris)*, 1743, 2 tom.
1 vol. in-fol. 9 l.

CARTER. (Fr.) A Journey from Gibraltar to Malaga. *Lond*. 1780, 2 vol.
in-8. fig. 16 l.

CARTEROMACO. (Nic.) Voy. FOR-
TINGUERRA.

CARTER'S. Specimens of ancient
Sculpture and Painting in England.

Lond. 1794, 2 vol. in-fol. fig. 200 l.
Ouvrage très-bien exécuté.

CARVALHO DA COSTA. (Ant.) Corografia portugueza e Descripçam topographica do Reyno de Portugal. *En Lisboa*, 1706, 1708 et 1712, 3 vol. in-fol. 24 l.
Ouvrage estimé.

CARVER'S. (Jonathan) Travels through the interior parts of north America, in the years 1766, 1767 and 1768. *London*, 1781, in-8. fig. color. 12 l.
Il existe une traduction française de ce Voyage en un vol. in-8.

CARUSII (Jo. Bapt.) Bibliotheca historica Regni Siciliæ. *Panormi*, 1723, 2 vol. in-fol. 12 l.

CARY. Hist. des rois de Thrace et d" ceux du Bosphore Cimmérien, éclaircie par les médailles. *Paris*, 1752, in-4. fig. 9 l.

CARYOPHILI (Blasii) de antiquis Marmoribus Opusculum, cui accedunt etiam Dissertationes iv. *Vindobonæ*, 1738, in-4. 9 l.
— De veterum Clypeis Opusculum. *Lugd. Batav.* 1751, in-4. fig. 8 l.
— Opusculum de antiquis auri, argenti, stanni, æris, ferri, plumbique fodinis. *Viennæ*, 1757, in-4. 8 l.

CASA : (Giov. della) le Rime e Prose. *In Venegia*, 1558, in-4. 12 l.
— Le medesimo. *In Fiorenza*, Giunti, 1564, in-8. 10 l.
— Le medesime. *In Firenze*, Giunti, 1572, in-8. 8 l.
Ces trois éditions des Poésies de J. de la Case sont estimées. Celle de 1558 est la plus rare.
— Le Opere del med. *Firenze*, 1707, 3 vol. in-4. 24 l.
Edition citée dans le Vocabulaire de la Crusca.
— Le medesime, con aggiunte. *Venezia*, 1728-29, 5 vol. in-4. 21 l.
Bonne édition, plus ample que la précédente.
— Le medesime, accresciute di cose inedite. *Napoli*, 1733, 6 vol. in-4. 30 l.
— Il Galateo. *Firenze*, Giunti, 1564, in-8. 5 l.
Bonne et rare édition.

— Il medesimo, lat.-ital. *Padova*, 1728, in-8. 4 l.

CASALI (Fratris Ubertini de) Liber qui intitulatur, *Arbor Vitæ crucifixæ Jesu. Venet.* per Andr. de Bonettis de Papia, 1485, in-fol. 100 l.
Ouvrage fort rare.

CASALII (J. B.) liber de profanis et sacris veterum Ritibus. *Romæ*, 1644 et 1645, 2 vol. in-4. fig. 10 l.
— De veteribus sacris Christianorum Ritibus Explanatio. *Romæ*, 1647, in-fol. fig. 6 l.

CASAS. (Bartolomeo de las) Voyez BARTOLOMEO.

CASAUBONI (Isaaci et Merici) ad viros eruditos Epistolæ. *Amst.* 1709, in-fol. 7 à 9 l.
— Vide SCRIPTORES Historiæ Augustæ.

CASEARIUS (Jo) Hortus Indicus Malabaricus. Vide VAN-RHEEDE.

CASENEUVE. (Pier. de) Le Franc Alleu de la province de Languedoc. *Tolose*, 1645, in-fol. 8 l.

CASIRI, Syro-Maronitæ, (Mich.) Bibliotheca arabico-hispana Escurialensis. *Matriti*, 1760, 3 vol. in-fol. 120 l.

CASSAS. Voyage pittoresque de la Syrie, de la Phénicie, de la Palestine, etc. *Paris*, impr. de la républiq. an 6 (1798), 3 vol. in-fol. figures.
Il ne paraît encore de cet ouvrage, imprimé aux frais du Gouvernement, que 30 livraisons. Le prix de chacune est de 30 l.
Il y a des exemplaires avec fig. avant la lettre.
— Voyage historique et pittoresque de l'Istrie et de la Dalmatie, rédigé par J. Lavallée. *Paris*, an 7 (1799), gr. in-fol. 69 pl. 160 l.—Pap. vélin, 250 l.
Ce Voyage est bien imprimé, et les figures en sont belles.

CASSEBOHM (Jo. Frid.) Tractatus vj anatomici de Aure humanà. *Halæ Magdeburg.* 1734 et 1735, in-4. fig. 6 l.

CASSERII (Jul.) Pentæsthesion, hoc est, de quinque Sensibus liber organorum fabricam, actionem et usum accur. explicans. *Venetiis*, 1609, seu *Francofurti*, 1610, in-fol. fig. 8 l.
— De Vocis Auditûsque organis His-

toria anatomica bipartita. *Ferra-riæ*, 1600, in-fol. fig. 12 l.

CASSIANI (Jo.) Opera , cum comment. Alardi Gazæi. *Lipsiæ* vel *Francof.* 1722 , in-fol. 6 à 8 l.

CASSINI. (Jean Dominiq.) Le Neptune français , ou Atlas nouveau des Cartes marines. *Paris* , 1693 , in-fol. — Suite du Neptune français , publiée par d'Ablancourt. *Amst.* P. Mortier , 1700 . in-fol. Ces deux Atlas réunis , 36 l.

CASSINI. (Jacq.) Voy. ACADÉMIE des Sciences.

CASSINI de Thury. (César Fr.) Relation de deux Voyages faits en Allemagne pour déterminer la grandeur des degrés de longitude. *Paris* , 1763 , in-4. fig. 6 l.

— Carte de la France , publiée sous la direction de l'Académie des Sciences, 182 feuilles : 300 à 350 l. — Fig. color. , collée sur toile ou sur tabis , 1000 à 1200 l.

En faveur des personnes qui ne voudraient que des parties séparées de cette carte, qui est fort estimée et assez rare , nous allons en donner la description.

NUMÉROS d'assemblage.	de publicat.	LIEUX PRINCIPAUX de chaque feuille.
1	1	Paris , Versailles.
2	2	Beauvais , Compiègne.
3	11	Amiens , Montdidier.
4	12	Abbeville , Arras.
5	19	St.-Omer , Béthune.
6	14	Dunkerque , Calais.
7	3	Fontainebleau , Melun.
8	10	Orléans , Montargis.
9	34	Gien , Briare.
10	48	Bourges , Issoudun.
11	83	La Châtre , St.-Amand.
12	56	Evaux , Guéret.
13	66	Aubusson.
14	158	Mauriac , Ussel.
15	151	Aurillac.
16	144	Rhodez , Villefranche.
17	113	Alby , Gaillac.
18	111	Castres , S.-Pons.
19	115	Carcassonne , Limoux.
20	139	Montlouis , Prades.
20 ou 177	149	Puycerda.
21	17	Pas-de-Calais.
22	16	Boulogne , Montreuil.
23	15	Dieppe.
24	30	Forges , Yvetot.
25	8	Rouen , Louviers.
26	7	Evreux , Dreux.
27	9	Chartres , Nogent.
28	45	Vendôme , Châteaudun.
29	47	Blois , Chambord.
30	81	Loches.
31	84	Le Blanc , Châteauroux.
32	85	Le Dorac , Bellac.
33	126	Limoges , Bourganeuf.
34	154	Tulle , Brives.
35	155	Sarlat , Gourdon.
36	150	Cahors.
37	108	Montauban.
38	106	Toulouse , Muret.
39	107	St.-Lizier , Foix.
40	140	Ax , Andorre , Tarascon
40 ou 178	179	Vallée d'Andorre.
41	18	Lille , Douay.
42	26	Cambray , Avesne.
43	13	Laon , St.-Quentin.
44	5	Soissons , Chât.-Thierry.
45	4	Meaux , Coulommiers.
46	6	Sens , Nogent.
47	24	Auxerre , Joigny.
48	35	Cosne , Clamecy.
49	42	Nevers.
50	67	Moulin.
51	79	Gannat.
52	110	Clermont , Ambert.
53	89	Issoire , Brioude.
54	127	St.-Flour.
55	128	Mende , Florac.
56	114	Nant , Milhau.
57	112	Lodève.
58	109	Narbonne.
59	132	Perpignan , Pont-Vendre.
59 ou 176	133	Bellegarde.
60	20	Le Havre.
61	27	Lizieux , Bernay.
62	57	Argentan , Falaise.
63	91	Alençon , Mortagne.
64	76	Le Mans , St.-Calais.
65	78	Tours , Baugé.
66	75	Richelieu , Saumur.
67	92	Poitiers , Chatellerault.
68	104	Charroux , Confolens.
69	117	Angoulème.
70	121	Périgueux , Biberac.
71	163	Bergerac.
72	159	Castillonez , Marmende.
73	160	Agen , Nérac.
74	96	Auch , Mirande.
75	98	Tarbes , St.-Gaudens.
76	141	Bagnères.
77	40	Rocroy , Givet.
78	43	Mézières , Charleville.
79	39	Rheims , St.-Menehould.
80	25	Châlons, Vitry-le-François.
81	31	Troyes , Bar-sur-Aube.
82	33	Tonnerre , Châtillon.
83	29	Semur , Avallon.
84	32	Autun , Beaune.
85	36	Châlons , Charolles.
86	54	Mâcon , Roane.

NUMÉROS d'assemblage.	de publicat.	LIEUX PRINCIPAUX de chaque feuille.
87	53	Lyon, Montbrison.
88	80	St.-Marcelin, St.-Etienne.
89	143	Privas, le Puy.
90	123	Viviers, l'Argentière.
91	138	Nismes, Uzès.
92	116	Montpellier, Arles.
93	21	La Hougue.
94	38	Bayeux, St.-Lô.
95	82	Avranches, Domfront.
96	90	Mayenne, Fougères.
97	87	Laval, Chât.-Gontier.
98	100	Angers, Segré.
99	102	Mortagne, Beaupreau.
100	94	Luçon, Fontenay.
101	97	La Rochelle, Niort.
102	103	Saintes, Cognac.
103	152	Blaye, Jonsac.
104	164	Bordeaux, Libourne.
105	166	Bazas.
106	167	Roquefort, Mt.-de-Marsan.
107	99	Orthès, Adour.
108	118	Pau, Argelès.
* 108 ou 179	142	Cautères.
* 109 ou 174	62	St.-Hubert.
109	68	Montmédy.
110	46	Verdun, Briey.
111	41	Toul, Bar-sur-Ornain.
112	65	Joinville.
113	52	Langres, Chaumont.
114	28	Dijon, Gray.
115	61	Dôle, Poligny.
116	44	Lons-le-Saunier.
117	71	Bourg, Nantua.
118	63	Belley, la Tour-du-Pin.
119	120	Grenoble, St.-Marcelin.
120	119	Valence, Die.
121	136	Vaison, Nyons.
122	122	Avignon, Orange,
123	130	Aix.
124	129	Marseille.
125	22	Cherbourg.
126	23	Coutance.
127	27	St.-Malo.
128	175	Dinan, Rennes.
129	176	Châteaubriand.
130	170	Paimbœuf, Ancenis.
131	168	Nantes, Montaigu.
132	93	Les Sables d'Olonne.
133	86	Isle de Ré.
134	88	Isle d'Oléron.
135	153	Côtes de Médoc.
136	165	la Tête-de-Buck.
137	161	Cazeau.
138	162	Vieux Boucaut.
139	101	Bayonne, St.-Palais.
140	105	St.-Jean Pied de Port.
# 141 ou 175	69	Luxembourg.
141	73	Metz, Thionville.
142	51	Nancy, Lunéville.
143	64	Mirecourt, Epinal.
144	55	Luxeuil, Remiremout.
145	40	Vesoul, St.-Hypolite.
146	60	Besançon, Pontarlier.
147	50	Nozeroy.
148	58	Genève, Bonneville.
149	180	Montmélian, Chambéry.
150	137	Ft. Barreaux.
151	124	Briançon.
152	125	Embrun, Barcelonnette.
153	145	Digne, Castellane.
154	146	Lorgnes, Draguignan.
155	155	Toulon.
* 155 ou 182	131	Tour de Camarat.
156	178	Tréguier, St.-Brieux.
157	171	Uzel, Loudéac.
158	172	Vannes, l'Orient.
159	169	Belle-Isle.
160		Voy. Isle de Noirmoutiers N.° 131.
161	74	Veissembourg, Landeau.
162	95	Strasbourg, Saverne.
163	59	Colmar, Barr.
164	77	Neuf-Brisach.
165	70	Porentruy, Basle.
166 ou 180	134	Quéiras.
167 ou 181	135	L'Arche.
168 ou 166	47	Vence.
169 ou 167	148	Antibes.
170 ou 168	156	St.-Pol-de-Léon.
171 ou 169	173	Carhaix, Quimper.
172 ou 170	177	I. de Croix, Quimperlé.
173 ou 171	72	Philipsbourg.
174 ou 172	157	I. d'Ouessant.
175 ou 173	174	Rade-de-Brest.

— Cassini Méchain et le Gendre. Exposit. des Opérations faites en France en 1787, pour la jonction des Observatoires de Paris et de Greenwich. *Paris*, 1790, in-4. fig. 12 liv.

CASSIODORI (Aurel.) Opera. *Parisiis*, 1588, in-4.
Première édition

— Eadem, ex edit. Jo. Garetii, benedict. *Rothomagi*, 1679, 2 tom. 1 vol. in-fol. 18 l. — Pap. fin, 24 l.
Bonne édition.

CASTAGNE. (Le R. P. de) Le grand Miracle de la Nature métallique, avec l'Œuvre philosoph. de J. Saunier. *Paris*, 1615, in-8. 8 l.

CASTALIONIS (Seb.) Dialogorum sacrorum lib. iv. *Basileæ*, 1557, in-8. 5 l.

CASTANHEDA. (Fernand Lopez de) Historia do descobrimento e conquista da India por los Portu-

guescs. *En Coimbra* , 1554 , 8 vol.
in-fol. 36 l.

Ouvrage estimé.

— Le premier livre de l'Histoire de
l'Inde , contenant comment l'Inde
a été découverte par le commandement du roi Emmanuel , trad. en
franç. par Nic. de Grounchy. *Paris* , Vascosan , 1553 , in-4. 15 l.
— Le Istorie dell' Indie Orientali ,
scoperte e conquistate da' Porto-
ghesi , trad. in ital. da Alfonso Ulloa. *In Venetia* , 1578 , 2 vol. in-4.
18 l.

Cette traduction est recherchée.

CASTEL. (René Rich.) Voyez
BUFFON.
CASTEL. (Jehan de) Le Mirouer
des Pécheurs et Pécheresses , en
rime franç. *Sans date* , in-4. goth.

La Bibliothèque impériale possède un exemplaire de ce livre imprimé sur vélin.

CASTELLAMONTE. (Amedeo di)
La Venaria reale. *In Torino* , 1674,
in-fol. fig. 30 l.
CASTELLANI. (Ant.) Stanze in
lode delle gentili Donne di Faenza.
Bologna , A. Manutio , 1557 , in-4.

Pièce très-rare.

CASTELLI (Edmundi) Lexicon
syriacum , cum notis Jo. Dav. Michaëlis. *Gœttingæ* , 1788 , 2 vol.
in-4. 30 l.
— Lexicon Heptaglotton. Vide BIBLIA
Polyglotta.
CASTELLI (Barth.) Lexicon medicum , gr. lat. *Genevæ* , 1746 ,
in-4. 12 l.

Édition préférable à celle de *Leipsick* ,
1713 , parce qu'elle est plus ample.

CASTELLI (Pet.) Hortus Messanensis. *Messanæ* , 1640 , in-4. 5 l.
CASTELNAU : (Mich. de) ses Mémoires , publiés par son fils Jacq.
de Castelnau , avec des remarq. par
J. le Laboureur. *Bruxelles* , 1731,
3 vol. in-fol. 18 l. — Gr. pap. 36 l.

Cette édition est la meilleure de ces Mémoires.

CASTERA. (J.) Histoire de Catherine II , impératrice de Russie. *Paris* , an 8 , 3 vol. in-8. fig. 12 l. —
Pap. vélin , 24 l.
CASTI. (Giam Batista) Gli Animali
parlanti , poema in venti-sei canti.

Parigi , Didot jeune , 1802 , 3 vol.
in-8. 15 l. — Gr. pap. vélin , 30 l.
— Novelle galanti in ottava rima.
Londra (Parigi) , 1793 , in-8.

On a tiré de cet ouvrage des exemplaires
sur vélin.

CASTIGLIONE. (Bald.) Il libro del
Cortegiano. *In Venetia* , Aldo ,
1528 , in-fol. 24 l.

Cette édition , la première de ce livre , est
rare , bien exécutée et fort recherchée en
Italie. Elle est mentionnée par la Crusca.
Les mêmes imprimeurs ont donné quatre
autres éditions de cet ouvrage , savoir :
en 1533 , 1541 , 1545, in-fol. , et en 1547
in-8. Cette dernière est la meilleure de
toutes.

— Lo stesso. *Venezia* , 1559 , in-8.
rare , 9 l.

Cette édition est aussi citée dans le Vocabulaire de l'Académie de la Crusca.

— Stanze pastorali di B. Castiglione
e Ces. Gonzaga ; con le Rime di A.
G. Corso. *In Vinegia* , Aldo , 1553 ,
in-8.
— Opere volgari e latine del Casti-
glione. *Padova* , 1733 , in-4. rare,
18 l.
CASTILLO. (Fernando del) Voy.
FERNANDO.
CASTILLO. (Juan Fernandez de)
Voy. FERNANDEZ.
CASTRO. (Alphousus à) Vid. AL-
PHONSUS.
CASTRO. (Sebast. Gonzalez de)
Voy. GONZALEZ.
CAT. (Cl. Nic. le) Traité des sensa-
tions et des passions en général , et
des sens en particulier. *Paris* ,
1767 , 3 vol. in-8. 15 l.
— Traité de la Couleur de la peau humaine en général , de celle des Nè-
gres en particulier , etc. *Amst.*
1765 , in-8. 4.
CATALOGO della Libreria Capponi.
In Roma , 1747 , in-4. 9 à 12 l.
CATALOGUE des Monnaies en or
qui composent une partie du cabinet de l'Empereur , depuis les plus
grandes pièces jusqu'aux plus petites. *Vienne* , 1759 , in-fol. fig.
CATALOGUE des Monnaies en argent qui composent une partie
du cabinet de l'Empereur , depuis
les plus grandes pièces jusqu'au
florin inclusiv. *Vienne*, 1769, in-fol.
figures.

Ces deux ouvrages réunis , 100 l.

CATALOGUE des Médailles antiques et modernes, en or, argent, etc. du cabinet de M. d'Ennery (par Gosselin et de Tersan.) *Paris*, (Didot le jeune), 1788, in-4. 10 l. et avec les prix, 18 l.

CATALOGUE de la Bibliothèque du roi. Voy. SALLIER.

CATALOGUE des Livres de M. de Boze. *Paris*, impr. roy. 1745, in-fol.
Ce Catalogue n'a été tiré qu'à 50 exemplaires, lesquels furent donnés en présent. Il a été réimprimé de format in-8. en 1753.

CATALOGUE des Livres imprimés et manuscrits de la bibliothèq. du P. Lamoignon, avec une table analytiq. des auteurs et des anonymes, par Delatour. *Paris*, 1770, in-fol. 50 à 60 l.
Edition tirée seulement à 15 exemplaires sur papier de coton.

CATALOGUE des Livres de M. L. C. D. L. (Camus de Limare.) 1779, in-12.
Tiré à un petit nombre d'exemplaires.

CATALOGUE des Livres en très-petit nombre, qui composent la bibliothèque de M. Mérard de Saint-Just. *Paris*, Didot l'aîné, 1783, in-12. pap. fin d'Annonay.
Ce catalogue n'a été tiré qu'à un petit nombre d'exemplaires.

CATALOGUE des Livres du cabinet de monseig. comte d'Artois. *Paris*, Didot l'aîné, 1783, gr. in-8. ou petit in-4.
Volume tiré à très-petit nombre.

CATALOGUE des Livres du cabinet de M. A. B. Caillard. *Paris*, 1805, gr. in-8. pap. de Holl.
Catalogue tiré à 25 exemplaires seulement.

CATALOGUS impressorum Librorum Bibliothecæ Bodleianæ. *Oxonii*, 1738, 2 vol. in-fol. 20 l.

CATALOGUS Codicum MSS. Bibliothecæ regii Taurinensis Athenæi, per Linguas digesti, ex recens. et cum animadv. J. Pasini, A. Rivautellæ et F. Bertæ. *Taurini*, 1749, 2 vol. in-fol. 12 l. — Gr. pap. 21 l.

CATALOGUS Bibliothecæ Harleianæ. *Lond.* 1743, 5 vol. in-8. 30 l.

CATALOGUS Codicum manuscriptorum Angliæ et Hiberniæ. *Oxonii*, 1697, 2 vol. in-fol. 12 à 15 l.

CATALOGUS Bibliothecæ Lugd.-Batav. ; accedit incomparabilis Thesaurus Libr. orient. præcipuè MSS. *Lugd. Bat.* Elzevir, 1674, in-4. 5 à 6 l.

CATALOGUS Libr. tàm impressor. quàm manuscript. Biblioth. publicæ Universitatis Lugd. - Batav. *Lugd. Bat.* 1716, in-fol. 6 à 7 l.

CATALOGUS Biblioth. Firmianæ, sive Thesaurus Libr. comitis Car. de Firmian. *Mediolani*, 1773, 9 vol. in-4. 30 à 36 l.

CATALOGUS Libror. Jos. Smithii Angli. *Venetiis*, 1755, in-4. 30 à 36 l.

CATALOGUS Plantarum, tùm exoticarum, tùm domesticarum, quæ in hortis haud procul à Londino sitis in venditionem propagantur. *Lond.* 1730, in-fol. 24 l.

CATARACTES de l'imagination, Déluge de la scribomanie, Vomissement littéraire, Hémorrhagie encyclopédique, Monstre des Monstres, par Epiménide l'Inspiré. *Paris*, 1779, 4 vol. in-12. 15 à 20 l.
Livre très-rare, ayant été supprimé.

CATECHESIS, sive Rudimenta fidei christianæ, ed. H. Stephano, gr. lat. Typis H. Stephani, 1575, in-16. 4 l.

CATECHISME (Petit) en langues servienne, valache et allemande. *Vienne*, in-8.
Vendu 36 l. chez M. Villoison.

CATECHISMO secondo il Concilio di Trento. *Venetia*, Aldo Manuzio, 1567, in-4.
Réimprimé à *Venise*, par le même, en 1568, 1569, 1571, 1573, 1575 et 1582 du format in-8. Cette dernière édition est ornée de figures en bois.

CATECHISMUS, ex decreto Concilii Tridentini ad Parochos, jussu Pii V, Pont. Max. editus. *Romæ*, Paul. Manutius, 1566, in-fol. 15 l.
Edition rare et recherchée. Les Alde l'ont réimprimée à *Rome*, en 1566, in-8. et in-4. 1567, 1569, et à *Venise*, en 1575 et 1582, in-8. Cette dernière édition renferme des figures en bois.

CATECHUMENORUM Liber juxtà rituum curiæ romanæ, moresque patriarchales Venetiarum. *Venetiis*, 1520, in-4.
Exemplaire imprimé sur vélin.

CATELAN. (Laur.) Histoire de la

nature, chasse, propriété et usage de la Lycorne. *Montpellier*, 1624, in-8. 8 l.

Traité rare et singulier.

CATESBY. (Marc) Histoire naturelle de la Caroline, de la Floride et des îles de Bahama (angl. franç.) *Lond.* 1731 et 1743, 2 vol. gr. in-fol. avec 220 pl. color. y compris l'Appendix, 420 l.

Première édition. Elle est la plus rare et la plus estimée de ce livre.

— La même (angl. franç.) *Londres*, 1754, 2 vol. gr. in-fol. fig. col. 320 l.

Seconde édition.

— La même (angl. franç.) *Londres*, 1771, 2 vol. gr. in-fol. fig. coloriées, 280 l.

Troisième édition.

— Hortus Britanno - Americanus, anglicè. *Londini*, 1763, in-fol. fig.

— Hortus Europæ Americanus. *Londini*, 1767, in-fol. fig. color.

CATHERINA DA SIENA, suora della Penitenza di Santo Domenicho : la Legenda. *In Firenze*, 1477, in-4. charactere goth. 200 l.

Première édition très-rare et fort recherchée des curieux. La totalité du vol. est de 158 feuillets.

— La medesima, composta in lat. dal beato Padre Frate Raymoudo da Capua, e trad. in ling. volgare toschana da Padre Frate Ambrosio Catherino de Politi da Siena. *In Siena*, 1524, in-4. 30 l.

Edition rare et recherchée.

— La medesima. *In Vinegia*, 1556, in-8. 10 l.

On fait encore cas de cette édition.

— Opere di Catherina da Siena, nel quale si contiene Capitoli, Sonetti, Épistole, etc. *In Siena*, 1505, in-8. 10 l.

Edition rare et recherchée.

— Epistole devotissime de Santa Catherina da Siena. *Venetia*, Aldo Manuzio, 1500, in-fol. *très-rare*, 80 l.

Cette édition, citée par l'Académie de la Crusca, est imprimée en lettres rondes, sur du très-beau papier. Les exemplaires en sont presque toujours mal conservés.

— Le medesime. *Lucca*, 1721 e *Siena*, 1713, 2 vol. in-4. 12 l.

Dict. Bibl. I.

CATHERINOT : (Nic. de) ses Opuscules, *c'est-à-dire*, Recueil de différentes pièces, dont un grand nombre concernent l'Histoire de Berry. Impr. à *Bourges*, dans le xvij.º siécle, publié en div. années, in-4. 50 l.

Recueil très-rare. On en trouve peu d'exemplaires complets.

CATO. (M.) Vide SCRIPTORES Rei rusticæ.

CATONIS (Dionysii) Disticha de Moribus, latinè reddita. *Augustæ Vindelic.* 1475, in-4. goth.

Cette édition, l'originale de ce livre, est très-rare, et exécutée à longues ligues, au nombre de 24 à la page entière, sans chiffres, signatures ni réclames. La totalité du volume est de 8 feuillets seulement.

Il y a des exemplaires sur vélin.

— Idem opus, lat. *Casselæ*, Jo. Fabri, 1477, in-4. *très-rare.*

— Idem opus, cum comment. Philippi Bergomensis. *Augustæ Vindelicor.* 1475, in-fol.

On attribue l'impression de cette rare édition à Ant. Sorg d'Augsbourg. Le volume est exécuté à longues ligues, sans chiffres, signatures ni réclames.

— Idem opus, gr. lat., cum notis Varior., ex recens. Ott. Arntzenii. *Amst.* 1754, in-8. 10 l.

— Idem opus, gr. lat. *Amst.* 1759, in-8. 12 l.

Bonne édition.

— Historia critica catoniana, per singulorum seriem consuetam Dionysii Catonis Distichorum ex ordine deducta, cum Max. Planudis Metaphrasi græcà, cum notis Varior. *Amst.* 1759, in-8. 12 l.

Ce volume fait suite au précédent. Les deux réunis, 24 à 30 l.

CATULLI, TIBULLI et PROPERTII Opera ; necnon Pub. Pap. Statii Sylvæ. *Edit. primaria anni 1472 ; absque loci et typogr. nomine*, in-4. charactere quadrato et optimo. Prix arbitraire.

Edition extrêmement rare et la première de ce livre. On présume qu'elle est sortie des presses de Vindelin de Spira.

Vendu, exemplaire sur vélin, 2000 l. chez Loménie de Brienne.

— Eadem, et P. P. Statii Sylvæ. *Venetiis*, Joh. de Colonia et J.

Manthem de Gherrethzen , 1475 , in-fol. Prix arbitraire.

Cette édition est aussi très-rare et fort recherchée. Elle paraît avoir été faite sur la précédente.

—Eadem. *Opus impressum Regii*, *auctoribus Prosp. Odoardo et Alb.* *Mazali Regiensibus*, 1481, in-fol. *rare*, 30 l.

On fait encore assez de cas de l'édition de *Vicence* , 1481 , à laquelle on a joint les *Statii Sylvæ*.

—Eadem. *Venetiis*, Aldus, 1502, in-8. 12 l.

Il existe de cette édition , qui est estimée , des exemplaires imprimés sur vélin.

—Eadem. *Venetiis*, Aldus , 1515 , in-8. 12 l.

Réimpression de l'édition précédente.

— Eadem , cum comment. M. A. Mureti. *Venetiis*, Aldus , 1558 , in-8. 5 à 6 l.

Cette édition a été réimprimée par le même en 1562 , in-8.

— Eadem , necnon Corn. Galli Fragmenta , cum annot. *Antuerpiæ* , Plantinus , 1560 , in-16. litteris quadratis , 8 l.

On recherche peu les autres éditions de ce livre données par Plantin.

—Eadem , cum notis Jos. Scaligeri. *Parisiis*, M. Patisson, 1577, in-8. 5 à 6 l.

— Eadem , cum comment. necnon notis et observ. in unum congestis. *Parisiis*, 1604, in-fol. 8 l.

Édition assez estimée à cause des commentaires et des notes qu'elle renferme. Les exemplaires en grand papier sont extrêmement rares , 150 l.

— Eadem , cum comment. Jo. Passeratii. *Parisiis*, 1608, in-fol. 9 à 12 l. — Gr. pap. *très-rare*.

—Eadem , cum notis Varior. et Gabbema. *Ultrajecti*, 1659 , in-8. 12 l.

Édition en lettres italiques, recherchée et peu commune.

— Eadem , cum notis Varior. , ex recens. Jo. Georg. Grævii. *Trajecti ad Rhenum* , 1680 , in-8. 24 à 36 l.

Bonne édition, peu commune. Elle fait partie de la Collection des *Variorum*.

—Eadem , cum interpr. et notis Philip. Sylvii , ad usum Delphini. *Parisiis* , 1685 , 3 part. 1 vol. in-4. 24 à 30 l.

Édition estimée. Elle fait partie de la Collection des auteurs *ad usum Delphini*.

—Eadem , cum variis lect. et comment. *Cantabrigiæ*, Tonson, 1702, gr. in-4. 20 l.

Édition fort bien imprimée.

—Eadem , cur. Mich. Maittaire. *Londini* , Tonson , 1715 , in-8. 7 l. — Gr. pap. 15 l.

— Eadem. *Lugd. Batav.* (*Parisiis*, Coustelier) , 1743 , in-12. 6 l. — Pap. de Holl. 9 l.

Édition fautive. On en a tiré des exemplaires sur vélin.

—Eadem. *Lond.* Brindley , 1749 , in-18. 3 l.

—Eadem. *Parisiis* , Barbou , 1754 , in-12. 4 l.

—Eadem. *Birminghamiæ* , Jo. Baskerville , 1772 , in-4. 24 l.

Belle édition.

— Eadem. *Birminghamiæ* , Jo. Baskerville , 1772 , in-8. 9 l.

—Eadem. *Parmæ* , Bodoni , 1794 , in-fol. 75 l.

Belle édition , tirée à 175 exemplaires , dont 25 sur pap. vélin.

CATULLI (Caii Valerii) Opera , cum observat. Isaaci Vossii. *Lond.* 1684 , vel (titulo renovato) *Ultrajecti* , 1691 , in-4. 12 l.

L'insertion prétendue du fameux Traité de Beverland *de Prostibulis veterum* , est une fable accréditée mal à propos par les bibliographes.

Il existe de cette édition des exemplaires en grand papier , mais ils sont extraordinairement rares , et valent 100 à 120 l.

—Eadem , à Jo. Ant. Vulpio. *Patavii* , Cominus , 1737 , in-4. fig. 24 à 30 l. — Gr. pap. 60 l.

On joint ordinairement à cette édition de Catulle , le Tibulle et le Properce , publiés par le même Volpi. Vid. *Tibullus* et *Propertius*.

—Eadem , cum notis criticis Jo. Fr. Corradini de Allio. *Venetiis*, 1738, in-fol. *rare*, 12 à 15 l.

Édition détestable , dont le texte est bouleversé , au point que Catulle n'est plus reconnaissable ; et c'est ce texte que Langlet Dufresnoy a adopté dans son édition de Coustelier, 1743 , in-12.

— Eadem , cum adnotat. à Doring. *Lipsiæ* , 1788-1792 , 2 vol. in-8. 12 liv.

Bonne édition.

—Catullus, cum comment. M. A. Mureti. *Venetiis*, Aldus, 1554 , in-8.

— Idem, cum commentatio Achillis Statii Lusitani. *Venetiis*, Aldus, 1566, in-8.

On a tiré de cette édition des exemplaires en papier fort.

— Catulle, Tibulle et Gallus, trad. en prose, avec le texte, par l'auteur des Soirées helvétiennes (Masson de Pezay). *Paris*, 1771, 2 vol. gr. in-8. fig. 12 l.

— Poésies de Catulle et Gallus, avec des notes critiq., historiq., trad. en franç. par Fr. Noël. *Paris*, Crapelet, 1803, 2 vol. in-8. fig. 10 l. — Pap. vélin, 20 l.

CAVACIO PATAVINO (Jac.) Illustrium Anachoretarum Elogia, sive religiosi viri Musæum. *Venetiis*, 1625, in-4. fig.

Edition originale, et la plus recherchée, à cause des belles gravures dont elle est décorée.

CAVALCA. (Fr. Dom.) Specchio di Croce. *Roma*, 1738, in-8. *rare*, 5 liv.

— Pungilingua. *Roma*, 1751, in-8. 5 liv.

— Frutti della Lingua. *Roma*, 1754, in-8. 7 l.

— Medicina del cuore, o Trattato della pazienza. *Roma*, 1756, in-8. 6 liv.

— Disciplina degli spirituali. *Firenze*, 1569, in-4. *rare*, 12 l.

Edition très-correcte.

— La stessa, col Trattato delle trenta Stoltizie. *Roma*, 1757, in-8. 7 l.

— Esposizione del Simbolo degli Apostoli. *Roma*, 1763, in-8. 6 l.

CAVALCANTI. Voyez DANTE.

CAVALLERIIS (J. B. de) Statuæ antiquæ urbis Romæ. *Romæ*, 1585, in-4. fig. 18 l.

CAVANILLES (A. J.) Monadelphiæ classis Dissertationes x. *Matriti*, 1790, 2 vol. in-4. 296 pl. 150 l.

— Icones et Descriptiones Plantarum quæ spontè in Hispanià crescunt. *Matritii*, 1791 et seqq. 6 vol. in-fol. 500 l.

Ce bel ouvrage, décoré de 600 planches, n'est pas commun en France.

CAVE (Guill.) Scriptorum ecclesiasticorum Historia litteraria, à Christo nato usque ad sæculum xiv. *Oxonii*, 1740, 2 vol. in-fol. 15 l. — Gr. pap. 30 l.

CAVENDISCH, duke of Neuwcastle's. (Vill.) General System of horsemanship, in all is branches. *London*, 1743, 2 vol. gr. in-fol. fig. 60 l.

Edition recherchée pour les figures.

— Méthode et Invention nouvelle de dresser les Chevaux, trad. de l'angl. *Anvers*, 1658, in-fol. fig. de Diepenbeck, *rare*, 80 l.

— La Méthode de dresser et de travailler les Chevaux. *Lond*. Brindley, 1737, in-fol. fig. 30 l. — Gr. pap. 60 l.

CAUMARTIN. (Le Febvre de) Recherche de la Noblesse de Champagne. *Chálons*, 1673, gr. in-fol. forme d'atlas, souvent divisé en 2 vol., fig. enluminées.

Cet ouvrage était fort cher autrefois. Les exemplaires imprimés sur vélin sont très-rares.

CAUS. (Salom. de) Les raisons des Forces mouvantes. *Francfort*, 1615, in-fol. fig. 8 l.

— La Perspective, avec la raison des Ombres et Miroirs. *Londres*, 1612, in-fol. fig. 9 l.

— Hortus Palatinus, cum figuris Fr. Theod. de Bry. *Francofurti*, 1620, in-fol. fig. 10 l.

CAUSEO DE LA CHAUSSE. (Mich. Ang.) Le Gemme antiche figurate, con annot. *In Roma*, 1700, in-4. 10 l.

— Musæum romanum, sive Thesaurus eruditæ antiquitatis. *Romæ*, 1746, 2 vol. in-fol. 24 l. — Gr. pap. 40 l.

Bonne édition.

— Le grand Cabinet romain, ou Recueil d'antiquités romaines, avec les explicat. *Amst.* 1706, in-fol. fig. 12 l.

CAUTAS BENITEZ. (D. Ped. de) Escrutinio de Maravedises y Monedas de oro antiguas, su valor, reduccion y cambio a las monedas corrientes. *En Madrid*, 1763, in-4. 15 l.

CAUVET. (P.) Recueil d'Ornements à l'usage des jeunes artistes qui se destinent à la décoration des bâtiments. *Paris*, 1787, in-fol. fig. 15 l.

CAYET. (Pier. Vict. Palma) Chronologie Novennaire, ou Histoire de la guerre sous Henri iv, depuis

1589-1598. *Paris*, 1608, 3 vol. in-8. *rare.*

Cet ouvrage, qui forme la tête du Mercure français, est estimé, parce qu'il renferme des anecdotes du temps fort intéressantes.
Il faut y joindre les deux articles suivants

— Chronologie septennaire, ou Histoire de la paix entre les rois de France et d'Espagne, depuis 1598-1604. *Paris*, 1605, in-8.

— Le Mercure français, ou suite de l'Histoire de la paix, depuis 1605-1644. *Paris*, 1611 et suiv. 25 vol. in-8.

Nous observerons que dans la plupart des exemplaires du tome xix de cette suite, il y a une lacune depuis la page 925 jusqu'à celle cotée 1040.
La Collection complète, c'est-à-dire les 29 volumes, valent 72 l. environ.

CAYLUS (Anne Cl. Philip. de Tubière, de Grimoard, de Pestels, de Lévi, comte de) et P. MARIETTE. Recueil de Peintures antiques, imitées pour les couleurs et pour le trait d'après les dessins color. de Piet. Sante Bartoli, avec une Description. *Paris*, 1757. — La Mosaïque de Palestrine expliquée par Barthélemy. *Paris*, 1760, gr. in-fol.

Ce Recueil, remarquable par sa belle exécution, n'ayant été tiré qu'à 30 exemplaires seulement, est fort rare et très-cher, 800 à 1000 l.

— Le même. *Paris*, 1783, 2 vol. in-fol. avec 54 pl. — Histoire de la Pyramide de Caïus Cæstius, in-fol. avec 6 pl.

Cette seconde édition a été tirée à 100 exemplaires sur papier d'Annonay, et 17 sur vélin. Ces derniers sont très-précieux.

— Recueil d'Antiquités égyptiennes, étrusques, grecques et romaines, avec des explications. *Paris*, 1752 et suiv. 8 vol. in-4. fig. 240 l.

Quelques personnes ajoutent à cet excellent Recueil, les Antiquités de la Gaule, par de la Sauvagère, 1 vol. in-4.

— Numismata aurea Imperatorum romanorum, è Cimelio regis christianissimi, in-4.

Livre très-rare, sur-tout en grand papier.

— Recueil de Médailles du cabinet du roi, in-4. 250 l.

Recueil très-rare.

— Dissertation sur le Papyrus. 1758, in-4. fig. 12 l.

— Les Etrennes de la St.-Jean, édit: revue. *Troyes*, 1742, in-12. gr. pap. 10 l.

Il y a des exemplaires imprimés sur vélin.

— Les Ecosseuses ou les Œufs de Pâques. *Troyes*, 1745, in-12. gr. pap. 10 l.

— Tableaux tirés de l'Iliade, de l'Odyssée d'Homère et de l'Enéide de Virgile, avec des observat. sur le costume. *Paris*, 1757, 2 part. 1 vol. in-8. 8 l.

— Œuvres badines. *Paris*, 1787, 12 vol. in-8. fig. 48 l.

CAYLUS : (Madame de) ses Souvenirs. *Paris*, in-12. fig.

On a tiré de ce vol. des exemplaires sur vélin.

CAZOTTE : ses Œuvres badines et morales. *Lond.* (*Paris*), 1798, 3 vol. in-12. pap. vélin, fig. 12 l.

CEBETIS Thebani Tabula; Basilii Magni Sermo; Plutarchi Opusculum, et Xenophontis Hieron seu de Tyrannide, græcè. *Absque ullâ indicat.* in-8. de 73 feuillets. Prix arbitraire.

Première édition très-rare. On la croit imprimée à *Venise* ou à *Rome*, vers l'année 1490.

— Ejusd. Tabula, gr. lat., à Jac. Gronovio. *Amst.* 1689, in-8. 5 l.

Edition très-correcte.

— Eadem, gr. lat., operâ Th. Johnson. *Londini*, 1720, in-8. 5 l. — Gr. pap. 18 l.

— Eadem, gr. lat., à Th. Nugent. *Lond.* 1745, in-8. 5 l.

— Vid. EPICTETUS.

CECCHI. (Giammaria) Commedie in prosa. *Venezia*, 1550, in-12. *rare*, 16 l.

— Commedie in versi sciolti. *Venezia*, Giunti. 1585, in-8. 9 l.

— Il Servigiale, commedia nuov. stampata, con gl' intermedj. *Firenze*, Giunti, 1561, in-8. 5 l

— L'Esaltazione della Croce, con i suoi intermedj. *Firenze*, 1592, in-8. 4 liv.

Ces 4 ouvrages se trouvent cités dans le Vocabulaire de l'Académie de la Crusca.

CECCO D'ASCOLI. Vid. ASCOLI.

CEDRENUS. (Georg.) V. BYZANTINE.

CELLARII (Christoph.) Notitia Or-

bis antiqui. *Lipsiæ*, 1773, 2 vol.
cum appendice triplice. *Lipsiæ*,
1776, in-4. fig. 27 à 36 l.

Ouvrage fort estimé pour la géographie ancienne. Après cette édition, la meilleure
est celle de *Leipsick*, 1731 : 18 l.

— Geographia antiqua in compendium redacta, à F. Tirolio et J. B.
Ghisio amplioribus tab. aucta. *Romæ*, 1774, in-fol. obl. 24 à 30 l.

— Breviarium Antiquitatum romanarum, accur. Hierony. Freyero. *Veronæ*, 1739, in-4. 4 l.

CELLARIUS. (Audr.) Vid. BLAEU.

CELLIER. (Dom Remy) Histoire
générale des Auteurs sacrés et ecclésiastiques. *Paris*, 1729 et suiv.
23 vol. in-4. 100 l.

CELLINI. (B.) Due Trattati, uno
dell' Orificeria, l' altro della Scultura. *Firenze*, 1731, in-4. 10 l.

Bonne édition, citée par la Crusca.

— Vita di B. Cellini, scritta da lui
medesimo. *Colonia*, senza anno
(*Napoli*, 1728), in-4. 18 l.

Rare édition. Elle a été contrefaite en 1792.

CELSI de Rosinis Lycæum Latera-
nense. *Cæsenæ*, 1649, in-fol. 10 l.

CELSI (Corn.) de Medicinà lib. viij.
Florent. 1475, in-fol. 100 à 150 l.

Edition rare, et la première de ce livre.

— Iidem. *Florentiæ*, 1478, in-fol.
60 à 72 l.

Edition rare, et la seconde de ce livre.

— Iidem. *Mediolani*, Leon. Pachel
et Uld. Siuczenzeler, 1481, in-fol.
rare, 30 l.

— Iidem. *Venetiis*, Aldus, 1528,
in-4. 30 à 36 l.

Edition estimée.

— Iidem. *Lugd.* 1549 vel 1554, in-16.
4 liv.

— Iidem, ex edit. Jo. Ant. Vander Linden. *Lugd. Batav.* Elzevir, 1657,
in-12. 9 à 12 l.

Fort jolie édition, peu commune.

— Iidem, cum scholiis Isaaci Casauboni, etc., accur. Th. J. ab Almeloveen. *Amst.* 1713, in-8. 8 l.

— Iidem, cur. Th. J. ab Almeloveen.
Patavii, 1722, in-8. 8 l.

— Iidem, cum notis Varior., curâ Th.
J. ab Almeloveen. *Lugd. Batav.*
1746, in-8. 8 l.

— Iidem, cum notis Varior., cur.

Th. J. ab Almeloveen. *Roterodami*, 1750, in-8. 9 l.

Cette édition entre dans la Collection de.
Variorum in-8.

— Iidem, cum variis lect. et animadv-
Krause. *Lipsiæ*, 1766, in-8. 9 l.

— Iidem, ex recens. Leon. Targæs
Patavii, 1769, 2 vol. in-4. 15 à 18 l.

— Iidem, ex recens. Jo. Valart. *Parisiis*, 1772, in-12. pap. fort, 5 l.

— Iidem, ex recens. Leonis Targæ.
Lugd. Batav. 1785, in-4. 30 l.

Bonne édition. Les exemplaires en grand
papier sont rares, 60 l.

La Médecine de Celse a été traduite en français par Henri Ninin. *Paris*, 1753, 2 vol
in-12. 6 l. — Pap. fort, 12 à 15 l.

CELTI. (Franc.) Storia naturale di
Sardegna. *Sassari*, 1774, 3 vol.
in-8. fig. 18 l.

CELTIS (Conradi) Opera poëtica.
Norimbergæ, 1502, pet. in-fol.
fig. *fort rare*, 72 l.

On trouve difficilement des exemplaires complets de ce Recueil.

CENSORINUS de Die Natali, ex recens. et cum notis Henr. Lindenbrogii. *Cantabrigiæ*, 1695, in-8.
7 liv.

Ce volume fait partie de la Collection des
Variorum.

— Idem, cum notis Varior., ex recens. Sigism. Havercampi. *Lugd.
Batav.* 1743, in-8. 9 l

Il y a des exemplaires de cette édition qui
portent la date de 1767.

— Idem, ex recens. et cum annot. F.
S. Gruber. *Norimb.* 1805, in-8. 4 l.

La première édition du Censorinus a paru à
Bologne, en 1497, in-fol. Elle n'est recherchée que pour sa date.

CENT (les) Nouvelles nouvelles, cont.
cent Histoires nouv. *Paris*, Ant.
Vérard, sans indicat. d'année,
in-fol. goth.

Première édition de ce livre. Les exemplaires en sont rares, et presque toujours mal
conservés.

— Les mêmes, ornées de fig. en taille
douce, par Romain de Hooge.
Amst. 1701, 2 vol. in-8. 24 l.

Jolie édition. Les exemplaires que l'on recherche le plus, sont ceux où les figures,
au lieu d'être imprimées dans le texte, sont
tirées sur un feuillet séparé. Ces sortes
d'exempl. valent 45 l. environ.

CENTRE (le) de l'Amour découvert
sous divers emblêmes galants et fa-

cétieux. *Paris*, chez Cupidon, in-4. fig. 20 l.

CEPHALÆ (Const.) Anthologiæ græcæ lib. iij , gr. , ex edit. J. J. Reiske. *Oxonii* , 1766 , in-8.

Cet article est déja cité au mot *Anthologia*. Nous le répétons ici pour annoncer qu'il en existe des exemplaires en grand papier. Vendu tel , 80 l. à la vente des doubles de M. Firmin Didot.

CÉRÉMONIES religieuses. Voy. Pi-cart. (Bern.)

CERTOSINI di Roma. (P.) Meda-glioni antichi , ch' adesso si tro-vano nel tesoro Cesareo, a Vienna. in-fol. fig. 30 l.

CERVALLOS. (D. Ped. Ordones de) Viage del Mundo. *En Madrid* , 1614 , in-4. 15 l.

CERVANTES SAAVEDRA. (Mi-guel de) Historia del ingenioso hi-dalgo Don Quixotte de la Mancha. *En Madrid* , 1608 , in-4. 12 l.

Édition estimée.

— La misma. *En Amberes* , 1673 ou 1697 , 2 vol. in-8. fig. 12 l.

Deux éditions également bonnes.

— La misma. *En Londres* , J. Ton-son , 1738 , 4 vol. in-4. fig. 60 l.— Gr. pap. 100 l.

Édition bien exécutée , et ornée de belles figures.

— La misma. *En Haya* , 1744, 4 vol. in-8. fig. de Folkema , d'après Coy-pel , 18 l.

— La misma. *Amst.* 1755, 4 vol. in-8. fig. 18 l.

— La misma. *En Madrid* , Ibarra , 1780 , 4 vol. in-4. fig. de Cornizero, grav. par Carmona et autres , 100 l.

Cette édition est la plus belle que l'on ait faite de ce Roman ; la partie typographique sur-tout est très-soignée.

— La misma. *En Madrid* , Ibarra , 1782 , 4 vol. pet. in-8. fig. 36 l.

— La misma , corregida di nuovo , y con la Vita del autor, por Don J. A. Pellicer. *En Madrid* , 1798-1800 , 9 part. pet. in-8. avec de jolies vignettes, 36 l.

— Histoire de l'admirable Don Qui-chotte de la Manche , trad. de l'es-pagnol (par Filleau de St.-Martin.) *Amst.* 1696, 5 vol. pet. in-12. fig. 20 liv.

Jolie édition.

— La même , avec les Nouvelles du

même auteur. *Amst.* 1768 , 8 vol. in-8. fig. de Coypel , 40 à 50 l.

— La même. *Paris* , Dufart, 1798 , 4 vol. in-8. fig. 18 l. — Gr. pap. vélin , 36 l.

— La même , trad. par Florian. *Pa-ris* , Didot l'aîné , 1802 , 3 vol. in-8. avec 24 fig. 15 l.—Pap. vélin , 30 l.

— La même , trad. par Florian. *Pa-ris* , Didot l'aîné , an 7 , 6 vol. in-18. pap. vélin , 24 fig. 30 l.— Pap. gr.-raisin vélin , fig. av. la lettre, 60 l.

Jolie édition.

— Les principales Aventures de Don Quichotte. *La Haye* , 1746 , in-fol. fig. grav. par Bern. Picart sur les dessins de Coypel, 120 l. — For-mat in-4. 36 l.

Cette édition n'est recherchée que pour les figures de Bernard Picart dont elle est décorée.

— The Life and Exploits of Don Quixote de la Mancha , by Charl. Jarvis. *London* , 1742 , 2 vol. in-4. gr. pap. fig. 24 l.

— Los seis libros de Galatea. *En Ma-drid* , 1784 , 3 vol. in-8. fig. 20 l.

— Los Trabajos de Persiles y Sigis-mnnda , historia setentrionale. *En Madrid*, 1781, 2 vol. in-8. fig. 15 l.

— Les Travaux de Persilis et Sigis-monde , histoire setentrionale , trad. de l'espagnol par Daudiguier. *Paris* , 1626 , in-8. 5 l.

— Novelas exemplares. *En Madrid* , 1783 , 2 vol. in-8. fig. 10 l.

CESAROTTI:(Melch.) Opere. *Pisa*, 1805 , 19 vol. in-12. 72 l. — In-8. 90 liv.

CESSART. (Louis Alex. de) Des-cription de ses travaux hydrauli-ques. *Paris* , 1806 , 2 vol. in-4. 67 pl. 60 l.

On a tiré de cet ouvrage 50 exemplaires sur papier vélin.

CESSOLE.(Fr. Jac. da) Volgarizza-mento del Giuoco degli Scacchi. *Firenze* , 1493 , in-4. fig. in ligno, 24 l.

CHABERT. (de) Voyage fait par ordre du roi en 1750 et 1751 , dans l'Amérique septentrionale. *Paris* , impr. roy. 1753 in-4. fig. 8 l.

CHABRÆI (Dom.) Stirpium Icones, et Sciagraphia. *Genevæ* , 1677 , in-fol. 9 l.

CHALCONDYLA. (Laonicus) Vide
Byzantine.

CHALLAND. Vocabulaire franç.-
malgache, et malgache-franç. *A
l'Isle-de-France*, 1773, in-8. 8 l.

CHALLEY. (Henry) The historical
Antiquities of Hertfordshire. *London*, 1700, in-fol. fig. 27 l.

CHAMBAUD et ROBINET. Dic-
tionnaire angl.-franç., et franç.-an-
glais. *Amst.* 1776, 2 vol. in-4. 24 l.

CHAMBERLAYNII (Jo.) Oratio
dominica in diversas omnium ferè
gentium linguas versa, et propriis
cujusque linguæ characteribus expressa. *Amst.* 1715, in-4. 20 l.

CHAMBERS. Encyclopedia, or the
Dictionary of Arts and Sciences.
Dublin, 1742, 2 vol. in-fol. fig.
—Supplement. *Dublin*, 1753, 2
vol. in-fol. 50 l.
— The same. *London*, 1778, 4 vol.
in-fol. fig. 60 l.
— The same, published by Rees.
London, 1788, 5 vol. in-fol. fig.
90 l.

CHAMBERS. (Will.) Plans, Elevations and perspective Views of
the gardens and buildings at Kew
in Surry. *Lond.* 1763, gr. in-fol.
fig. 20 l.
Cet ouvrage est décoré de 43 pl., qui représentent les plus belles vues du Jardin
de Kew.

CHAMBERS. Dessins des édifices,
meubles, habits, machines, etc.,
des Chinois. *Lond.* 1757, in-fol.
60 l.
Bonne éd'tion.

CHAMBON. Maladies des Enfants,
2 vol. ; des filles, 2 vol. ; de la grossesse, 2 vol. ; des femmes eu couches, 2 vol. ; des Maladies chroniques, à la cessation des règles,
2 vol. *Paris*, an 7. En tout 10 vol.
in-8. 36 l.

CHAMBRAY. (Roland Fréard de)
Parallèle de l'Architecture antique
avec la moderne. *Paris*, 1702,
iu-fol. gr. pap. 20 l.

CHAMPIER. (Symphorien) Les
grands Chroniques des princes de
Savoye et Piémont, etc. *Paris*,
1516, in-fol. goth. fig. 8 l.

CHAMPIGNY. (de) Réflexions sur
le gouvernement des femmes. *Londres*, 1770, in-8. 5 l.

CHANDLER (Ricardi) Marmora
Oxoniensia, regi Magnæ Britanniæ
Georgio III dicata. *Oxoniæ*, 1763,
gr. in-fol. fig. 120 l.
Cette édition est beaucoup plus ample et
mieux exécutée que celle de 1732 ; mais
comme cette dernière renferme un Commentaire qui ne se trouve pas dans l'édition de 1763, il est bon de les avoir toutes
deux.
— Inscriptiones antiquæ, pleræque
nondùm editæ, in Asià minori et
Græcià collectæ. *Oxonii*, 1774,
in-fol. 20 l.
— Ionian Antiquities, published with
permission of the society of Bille-
trany. *London*, 1769, in-fol. fig.
gr. pap. 100 l.
— Travels in Greece and in Asia minor. *Oxfort and London*, 1776,
2 vol. in-4. 20 l.
— Voyage dans l'Asie mineure et en
Grèce, en 1764-66, trad. de l'angl.
par Servois et Barbié Duboccage.
Paris, 1806, 3 vol. in-8. 12 l.

CHANORIER. La Légende dorée
des prestres et des moines découvrant leurs impiétés secrètes. 1560,
in-8. 18 à 20 l.
Ce volume est fort rare.

CHANTELOUVE. (Fr. de) La Tragédie de feu Gasp. de Coligny,
jadis Amiral de France. 1575,
in-8. 10 l.
— La Tragédie de Pharaon, avec
plusieurs autres Œuvres poétiques.
Lyon, 1582, in-16. lettres rondes,
12 l.
Petite pièce assez rare.

CHANVALLON. (Thibault de)
Voyage à la Martinique. *Paris*,
1763, in-4. fig. 5 l.

CHAPPE D'AUTEROCHE. (Jean)
Voyage en Sibérie, fait en 1761.
Paris, 1768, 3 vol. gr. in-4. fig.
et atlas in-fol. 100 l.
Moitié moins de valeur quand l'Atlas
manque.
On a du même auteur un Voyage en Ca-
lifornie, in-4.

CHAPPUIS. (Ant.) Voy. Simeoni.

CHAPPUIS.(Cl.) Panégyrique récité
au très-chrétien roi François Ier, à
son retour de Provence, en 1538.
Paris, 1538, in-8.
Exemplaire imprimé sur vélin.

CHAPPUIS Tourangeau. (Gabr.) Les

étranges Aventures et Amours ex-
trêmes d'un Chevalier de Séville ,
dit Luzman , à l'endroit d'une belle
demoiselle appelée Arholéa, trad.
de l'espagnol de Hiérôme de Con-
tréras. *Lyon* , 1580 , in-16. 4 l.

— Les facétieuses Journées , contenant cent certaines Nouvelles
advenues de notre temps. *Paris*,
1584 , in-8. 6 l.

Il existe du même auteur plusieurs autres
petits ouvrages , mais ils sont peu recherchés.

CHAPPUZEAU. Le Cercle des femmes, ou les Secrets du Lit nuptial,
entretiens comiques. *Paris* , 1663 ,
in-12. 6 l.

CHAPTAL. (J. A.) Eléments de
Chimie, 4.e édit. *Paris* , 1803, 3 vol.
in-8. 12 l.

— Traité théorique et pratique sur la
culture de la Vigne , avec l'Art de
faire le Vin , etc. *Paris* , an 9 (1801),
2 vol. in-8. fig. 10 l.

— La Chimie appliquée aux Arts.
Paris, 1807 , 4 vol. in-8. fig. 24 l.
— Pap. fin , 30 l.

Du même. *L'Art de faire le Vin.* 1807,
in-8. fig. 5 l. — *L'Art de la teinture
du coton en rouge* .007 , in-8. fig. 3 l.

CHARAS. (Moïse de) La Pharmacopée. *Lyon* , 1753 ou 1758, 2 vol.
in-4. 8 l.

— La Thériaque d'Andromachus.
Paris , 1668 , in-12. 4 l.

CHARDIN. (Jean) Voyages en Perse
et autres lieux de l'Orient. *Amst.*
1735 , 4 vol. in-4. fig. 240 l.

Edition rare et recherchée. Celle de 1711,
3 vol. in-4. est bien moins chère , 50 l. environ.

— Les mêmes. *Amst.* 1711, 10 vol.
in-12. fig. 50 l.

On fait assez de cas de cette petite édition,
mais on n'en trouve pas facilement des
exemplaires en bon état.

— Les mêmes. *Paris* , 1723 , 10 vol.
in-12. fig. 30 l.

On annonce une nouvelle édition de ce
Voyage , laquelle sera revue par M.
Langlès , et formera plusieurs vol. in-8.
avec un atlas in-4. de figures , gravées par
les meilleurs artistes de Paris.

CHARITEO. Opera nuova ed amorosa di Chariteo in laude della sua
amante , cioë , Sonetti , Canzone ,

etc. *Stamp. da Zorzi de Rusconi* ,
1519 , in-8. 6 l.

CHARITONIS Aphrodisiensis Amatoriarum Narrationum de Chæreà
et Callirrhoë lib. viij , gr. lat., cum
animadv. et notis Jac. Philip. d'Orville. *Amst.* Mortier , 1750 , in-4.
20 à 24 l.

Cette édition est excellente , et c'est un des
ouvrages les moins communs des *Diversorum* in-4.
Il en a été tiré des exemplaires en grand
papier , qui sont fort rares : 80 l.

— Iidem , gr. lat. , cum animadv. Jac.
Philip. d'Orville , curà Jo. Jac.
Reiske. *Lipsiæ* , 1783 , in-8. 9 l.
Bonne édition. Il en existe des exemplaires
en papier de Hollande , qui sont assez
rares : 24 à 36 l.

— Histoire des Amours de Chéréas et
de Callirrhoé , trad. du grec par
Larcher. *Paris*, 1763 , 2 tom. 1 vol.
pet. in-8. 5 l.—Pap. superfin , 9 l.
— La même , trad. du grec par Fal-
let. *Paris* , 1775 , gr. in-8. fig. 5 l.

CHARLETONI (Gualth.) Exercitationes de differentiis et nominibus
Animalium , etc. *Oxonii* , 1677 ,
in-fol. fig. 12 l.
Edition recherchée.

CHARLEVOIX. (Pier. Fr. Xavier
de) Histoire de l'Ile espagnole ou
de Saint-Domingue. *Paris* , 1730 ,
2 vol. in-4. fig. 15 l. — Gr. pap.
30 l.

— La même. *Amst.* 1733, 4 vol. in-12.
fig. 10 l.

— Histoire et Description générale du
Japon. *Paris* , 1736 , 2 vol. in-4.
fig. 15 l. — Gr. pap. 30 l.

— La même. *Paris* , 1736 , 6 vol.
in-12. fig. 12 à 15 l.

— Histoire et Description générale de
la Nouvelle France. *Paris* , 1744 ,
3 vol. in-4. 18 l. — Gr. pap. 36 l.

— La même. *Paris* , 1744 , 6 vol.
in-12. fig. 12 l.

— Histoire du Paraguai. *Paris* , 1756,
3 vol. in-4. 18 l. — Gr. pap. 36 l.

— La même. *Paris* , 1757 , 6 vol.
in-12. 12 l.

En supprimant les détails minutieux des
missions , tous les ouvrages historiques de
ce jésuite ne sont pas sans mérite.

CHARLIER. Vid. GERSONIUS. (Joan.)

CHARPENTIER. Eléments de la
Langue russe. *St. - Pétersbourg* ,
1768, in-8. *rare* , 15 l.

CHARPENTIER. (Fr.) Le Voyage du Vallon tranquille, nouvelle historique. *Paris*, 1796, in-12. pap. vélin.

Il en a été tiré des exemplaires sur papier de couleur, et deux seulement sur peau de vélin grande forme.

CHARRIER. Discours traitant de l'antiquité, utilité, excellence, etc., de la Pelleterie et Fourrure. *Paris*, 1634, in-8. 15 l.

Ouvrage estimé.

CHARRON. (Pierre) Les trois Vérités contre tous athées, hérétiques, etc. *Bordeaux*, 1595, in-8. 6 l.
— De la Sagesse, trois livres. *Bourdeaux*, 1601, in-8. 6 l.

Il y a une réimpression de même format et sous la même date; dans celle-ci l'Epître dédicatoire ne fait que trois pages au lieu de cinq.

— La même. *Leyde*, Elzevir, sans date, in-12. 36 l.

Cette édition est regardée comme la meilleure que les Elzevirs aient imprimée. Certaines personnes cependant accordent la préférence à la suivante.

— La même. *Leyde*, Elzevir, 1646, in-12.

Édition aussi bien exécutée que la précédente, et à peu près du même prix.

— La même. *Amst.* L. et Dan. Elzevir, 1658 ou 1662, in-12. 10 l.
— La même. *Paris*, Bastieu, 1783, in-8. 7 l.—Pap. de Holl. 15 à 20 l.
— Format in-4. 12 à 15 l.
— La même. *Paris*, Didot l'aîné, 1789, 3 vol. in-12. pap. vélin, 12 l.

Jolie édition.

— La même, avec les variantes de l'édition de Bordeaux, 1601. *Dijon*, 1801, 4 vol. in-12. pap. vélin, 15 l.
—Pap. de Holl. 25 l.

Il existe de cette édition des exemplaires sur vélin.

— Œuvres diverses de Charron, savoir : de la Sagesse; Discours chrétiens; les trois Vérités, etc. *Paris*, 1635, 2 vol. in-4. 15 l.

CHARTIER. Voy. ALAIN.

CHASTEL : (Jean) sa Procédure, pour le parricide par lui attenté sur la personne du roi Henri IV, etc. *Paris*, 1595, in-8. 10 l.

CHASTELET. (Gabr.-Emilie de Breteuil, marq. du) Principes mathématiques de la philosophie natu-

Dict. Bibl. I.

relle. *Paris*, 1756, 2 vol. in-4. 10 l.

CHASTELET. (Paul Hay du) Histoire de Bertrand du Guesclin, connétable de France, avec les preuves. *Paris*, 1666, in-fol. 10 l.

CHASTELUX. (de) Voyage dans l'Amérique septentrionale. *Paris*, 1786, 2 vol. in-8. 10 l.

CHASTILLON. (Louis de) Voy. BOSSE.

CHATEAUBRIAND. (Fr. Aug.) Génie du Christianisme, ou Beautés de la religion chrétienne. *Paris*, 1803, 4 vol. in-4. pap. vélin, avec 9 grav. av. la lettre, 108 l. Prix de l'éditeur.

Il y a aussi de cet ouvrage une édition en 5 vol. in-8. papier vélin, avec 9 gravures.

CHAU. (la) Dissertation sur les Attributs de Vénus Anadyomène. *Paris*, 1776, in-4. fig. 12 l. — Avec la fig. de Vénus, avant la lettre et avant la coquille, 20 l.
— Pierres gravées. Voy. BLOND. (le)

CHAUCER : (Geoffroi) the Works. *Lond.* 1721, in-fol. fig. gr. pap. 40 l.

CHAUDON. (Louis) Voy. DICTIONNAIRE.

CHAUFEPIÉ. (Jac. Georg. de) Dictionnaire historiq. et critiq. pour servir de suite à celui de Bayle. *La Haye*, 1750, 4 vol. in-fol. 40 l.

Ouvrage estimé.

CHAVIGNY. Commentaire sur les Centuries et Pronostications de Mich. Nostradamus. *Paris*, 1596, in-8. 8 l.

CHAULIEU : (Guill. Amfrye de) ses Œuvres. *Paris*, 1774, 2 vol. in-8. 8 l. — Pap. de Holl. 24 l.

CHAUSSART. Les Fêtes des Courtisanes de la Grèce, pour servir de suite aux Voyages d'Anacharsis et d'Antenor. *Paris*, 1800, 4 vol. in-8. 12 l. — Pap. vélin, 18 l.

CHAUSSÉE : (Pierre Cl. Nivelle de la) ses Œuvres. *Paris*, 1762, 5 vol. pet. in-12. 12 l.—Pap. de Holl. 24 l.

CHAUVINI (Steph.) Lexicon philosophicum. *Leovardiæ*, 1713, in-fol. fig. 15 l. — Gr. pap. 30 l.

Bonne édition d'un ouvrage estimé.

CHEFFONTAINES. Vid. CAPITE FONTIUM.

CHEMEREAU. Géographie pratiq., ou Instr. suffisantes à rendre assez

17

habile pour dresser soi-même des Cartes. *Amst.* 1715, in-4. 8 l.

CHEMISE (la) sanglante de Henri IV. *Paris*, 1615, in-8. 10 l.

Petite pièce assez rare.

CHENAYE DES BOIS. Voy. DESBOIS.

CHÉNIER. (de) Recherches historiq. sur les Maures, et Histoire de l'Empire de Maroc. *Paris*, 1787, 3 vol. in-8. 12 l.

CHÉNIER : (Mar. Jos.) son Théâtre. *Paris*, Didot l'aîné, 2 vol. in-18. pap. vélin, 10 l.

Fort jolie édition, tirée à 250 exemplaires.

CHERBURY. Voy. HERBERT.

CHERTABLON. (le sieur de) La manière de se bien préparer à la Mort, représentée par des figures. *Amst.* 1700, in-4. 8 l. — Gr. pap. 15 liv.

Les figures dont ce livre est orné en font tout le mérite.

CHÉRUBIN D'ORLÉANS. (le P.) La Dioptrique oculaire. *Paris*, 1671, in-fol. fig. 8 l.

—Traité de la Vision parfaite. *Paris*, 1677 et 1681, 2 vol. in-fol. fig. 8 l.

Ces deux ouvrages sont quelquefois reliés en un seul volume.

CHESELDEN. (Will.) Osteographia, or the Anatomy of the Bones. *London*, 1733, iu-fol. fig. 36 l.

CHESNAYE. (Nic. de la) La Nef de santé, avec le Gouvernail du corps humain, etc., (moralité à 38 personnaiges.) *Paris*, Ant. Vérard, sans date, in-4. ou pet. in-fol. goth. fig. 12 l.

Édition rare et l'originale de ce livre. La Bibliothèque impériale en possède un exemplaire imprimé sur vélin et décoré de miniatures.

— La même, mise par personnaiges. *Paris*, J. Jehannot, sans date, in-4. goth. 8 l.

CHESTERFIELD'S : (Stanhope, Earl of) Letters and miscellaneous Works, with Memoirs of his life by Matty. *London*, 1778, 4 vol. gr. in-4. 66 l.

— The same. *London*, Dodsley, 1775, 8 vol. in-8. 54 l.

CHEVALET. (Cl.) Le Mystère ou Moralité de Saint-Christophle, en rime française et par personnaiges.

Grenoble, 1530, in-4. lettres rondes. Prix arbitraire.

Cette édition est la seule que l'on connaisse de ce Mystère. Les exemplaires en sont extraordinairement rares, et très-recherchés des curieux. Vendu 331 l. chez Gaignat.

CHEVALIER. (Nic.) Description de la Pièce d'Ambre gris que la Chambre d'Amsterdam a reçue des Indes Orientales, pesant 182 livres, etc. *Amst.* 1700, in-4. fig. 8 l. ou *Paris*, 1661, 2 vol. in-16. 8 l.

—Recherches curieuses d'Antiquités venues d'Italie, de la Grèce, etc. et trouvées à Nimègue et autres lieux. *Utrecht*, 1709, in-fol. 12 l.

CHEVILLARD. (Louis) Le Nobiliaire de Normandie, gr. in-fol. gravé.

Exemplaire imprimé sur vélin.

CHEVILLIER. (Andr.) L'Origine de l'Imprimerie de Paris. *Paris*, 1694, in-4. 6 à 9 l.

CHIABREBRA :(Gabr.)Rime e Poesie. *Venezia*, 1730, 4 vol. in-8. 15 liv.

Cette édition est plus complète que celle de *Rome*, 1718, 3 vol. in-8.

CHIFFLETII (Jo. Jac.) Vesontio, civitas imperialis libera, Sequanorum Metropolis. *Lugd.* 1618 seu 1650, iu-4. 6 l.

CHILDREY. Histoire des Singularités naturelles d'Angleterre, d'Ecosse, etc., trad. de l'angl. par M. P. B. *Paris*, 1667, in-12. fig. 8 l.

CHIONIS Platonici Epistolæ, gr., à Jo. Theoph. Cobero. *Dresdæ* et *Lipsiæ*, 1765, in-8. 4 à 5 l.

CHIPPENDALE. (Th.) Le Guide du Tapissier, de l'Ebéniste et de tous ceux qui travaillent en meubles. *Lond.* 1762, in-fol. cont. 200 pl. *rare*, 30 l.

CHISHULL (Edmund.) Antiquitates asiaticæ christianam æram antecedentes descriptæ. *Lond.* 1728, in-fol. 30 à 36 l.

Ouvrage curieux, estimé et assez rare. Il n'est point terminé.

— Travels in Turkey and Back to England. *Lond.* 1747, in-fol. 10 l.

CHOIN. (Louis Alb. Joly de) Instruction sur le Rituel. *Lyon*, 1790, 3 vol. in-4. 30 à 36 l.

CHOISEUL GOUFFIER. Voyage

pittoresque de la Grèce. *Paris*, 1782, tom. 1.er in-fol. fig. 220 l.

Le second volume de cet intéressant ouvrage, doit paraître incessamment.

CHOISI. (Fr. Timoléon de) Histoire de l'Eglise, depuis la naissance de J. C. jusqu'à présent. *Paris*, 1703 ou 1740, 11 vol. in-4. 18 l.

CHOIX de nouveaux Opuscules sur toutes sortes de sujets intéressants et amusants, par une Société danoise. *Copenhague*, 1771, 2 vol. in-8. 12 l.

CHOLIERES. (le seign. de) Les neuf Matinées. *Paris*, 1585, in-12. 8 l.

— Les Après-Dînées du même. *Paris*, 1587, in-12. 8 l.

— La Guerre des mâles contre les femelles, etc. *Paris*, 1588, in-12. 8 liv.

CHOMEL. (Noël) Dictionnaire économique. *Amst.* 1732-40, 4 vol. in-fol. gr. pap. impérial, fig. de B. Picart, 40 à 50 l.

— Le même. *Paris*, 1740, 2 vol. in-fol. — Supplément. *Paris*, 1743, 2 vol. in-fol. 30 l.

— Le même, édition augmentée par de la Marre. *Paris*, 1767 _ 3 vol. in-fol. 50 l.

CHOMPRÉ. (Pierre) Dictionnaire portatif de la Fable, augment. par M. Millin. *Paris*, an 9 (1801), 2 vol. pet. in-8. 7 l. — Pap. vélin (50 exempl.)

CHORIER. (Nic.) Histoire générale du Dauphiné. *Grenoble*, 1661, et *Lyon*, 1672, 2 vol. in fol. 24 l.

Le tome second est rare.

— Antiquités de la ville de Vienne. *Lyon*, 1659, in-12. 4 l.

— J. Meursii Elegantiæ latini sermonis, seu Aloïsia Sigææ Toletana de Arcanis Amoris et Veneris. *Lugd. Batav.* (*Parisiis*, Barbou), 1757, in-8. 10 à 15 l.

— Eædem, cum Priapeiis. *Parisiis*, Barbou, 1774, 2 vol. petit in-12. 7 à 9 l.

— Eædem. *Lugd.* 1774, in-8. 6 à 7 l.

On a une traduction de ce livre sous le titre d'*Académie des Dames*, 2 vol. in-12.

CHORUS Poëtarum classicorum. *Lugduni*, 1616, in-4. 10 l.

Ce volume contient les auteurs du *Corpus poetarum*, mais corrigés.

CHOUL. (Guill. du) Discours de la Religion des anciens Romains ; de la Castramétation et Discipline militaire d'iceux. *Lyon*, 1556, in-fol. ou 1567 ou 1581, in-4. 5 l.

— De Castrametatione et Disciplinâ militari Romanorum ; necnon de eorumd. Romanorum Religione in sacris. *Amst.* 1648 vel 1685, in-4. fig. 5 l.

Traduction latine de l'ouvrage précédent.

— Discorso della Religione antica de' Romani, trad. in toscano da G. Simeoni. *Lione*, 1555 ou 1559, in-fol. fig. 6 l.

CHOUL (Jo. du) de variâ Quercûs Historia. Accessit Pilati Montis Descriptio. *Lugd.* 1555, in-8. 12 l.

Petit Traité singulier et assez rare.

— Dialogus formicæ, muscæ, aranei et papilionis. *Lugd.* 1556, in-8. 6 l.

CHOYSELAT.(Prudent le) Discours économique, montrant comme de 500 l. une fois employées, on peut en tirer par an 4500 l. d'un profit honnête. *Paris*, 1572, in-8. 6 l.

Cette édition est la meilleure de ce petit Traité singulier.

CHRESTOMATHIA patristica græca, cum notis Varior. græco-lat. et scholiis lat. J. Fr. Burgii et alior. *Wratislaviæ*, 1756, 2 vol. in-8.

Vendu 44 l. chez M. Villoison.

CHRESTOMATHIA comica gr.-latina, à Volborth. *Gottingæ*, 1778, in-8. 4 à 5 l.

CHRESTOMATHIA tragica gr.-latina, à Volborth. *Gottingæ*, 1776, in-8. 4 à 5 l.

CHRIST. Dictionnaire des monogrammes, chiffres, logogryphes, etc., sur lesquels les plus célèbres Peintres ont dessiné leurs noms, trad. de l'allem. *Paris*, 1750, in-8. fig. *rare*, 9 à 12 l.

CHRISTINE de Pise ou Pisan. Le Trésor de la Cité des Dames, contenant plusieurs Histoires, etc. *Paris*, Ant. Vérard, 1497, in-fol. goth.

Exemplaire imprimé sur vélin et orné de figures peintes en or et en couleurs.

— Le même. *Paris*, 1536, in-4. 5 l.

— Les cent Histoires de Troyes, avec

l'Epître de Othea. déesse de prudence, envoyée à l'esprit chevale-
reux d'Hector de Troyes, en rime
franç. *Paris*, Pigou·het, sans
date, in-fol., goth. fig. 8 l.

Les éditions de 1519 et 1522 ne sont pas recherchées.

CHRISTOPHE. Dictionnaire pour
servir à l'intelligence des auteurs
classiques grecs et latins. *Paris*,
an 13, 2 vol. in-8. 10 l.

CHRONICON Paschale. Voy. BYZAN-
TINE.

CHRONIQUES de Judas Machabéus.
Voy. SAINT-GELAIS. (Ch. de)

CHRONIQUES (les grandes) de Bretagne, depuis le roi Brutus jusqu'au
temps de Cadvaladrus. *Caen*, 1518,
in-fol. goth. 15 l.

Bonne édition, assez rare.

CHRONIQUES (les grandes) de
France, depuis les Troyens jusqu'à la mort de Charles VII. *Paris,*
Pasq. Bonhomme, 1476, 3 vol. in-
fol. goth. 250 l.

Première édition très-rare.

Ces Chroniques sont connues sous le nom de
Chroniques de Saint Denis.

— Les mêmes. *Paris*, A. Vérard,
1493, 3 vol. in-fol. 100 l.

Cette édition est bien moins rare que la précédente ; mais elle est beaucoup mieux
exécutée.
Il en existe un superbe exemplaire sur vélin,
lequel est décoré de 953 miniatures d'une
fraicheur et d'une conservation parfaites.
Chaque lettre capitale est peinte en or.

— Les mêmes, continuées jusqu'en
1514. *Paris*, Eustace, 1514, 3
vol. in-fol. 70 l.

Il y a des exemplaires tirés sur vélin.

CHRYSOLORÆ Erotemata, gr. in-4.
extrêmement rare, 240 l.

Cette édition, que quelques personnes regardent comme la première de ce livre,
ne porte ni date d'année, ni nom de ville, ni
d'imprimeur. Elle est exécutée à longues
lignes, au nombre de 19 dans les pages entières, sans chiffres, signatures ni réclames. La totalité du vol. est de 88 feuillets.

—Idem opus, gr. *Absque loci, anni
et typogr. indicatione*, in-4. 200 l.

Ce volume n'est pas moins rare que le précédent. Il est imprimé à longues lignes,
au nombre de 22 sur chaque page entière.

— Idem opus, gr. et lat. *Venetiis*,
Peregrinus (de Pasqualibus),
1484, in-4. *très-rare.*

—Idem opus, gr. lat. *Absque anni*,
loci et typogr. notâ, in-4. 220 l.

Très-rare édition, imprimée sur deux colonnes, dont l'une pour le grec, et l'autre
pour le latin.

— Idem opus, gr. lat. *Vincentiæ*,
Leon. de Basileâ, 1490, in-4. 150 l.

Edition très-rare.

— Idem opus. *Florentiæ*, Junta,
1516, in-8. 9 à 12 l.

—Chrysoloræ Grammatica gr. *Parisiis*, 1507.—Alphabetum græcum,
Regulæ pronuntiandi, etc., gr. *Parisiis*, 1507, in-4. 36 l.

Cette édition est assez rare.

— Ejusd. Erotemata Linguæ græcæ,
in Compendium redacta à Guarino
Veronensi. *Ferrariæ*, 1509, in-8.
120 l.

Edition extrêmement rare.

— Erotemata Chrysoloræ. De Anoma-
lis verbis. De Formatione temporum, ex lib. Chalcondylæ. Quartus
Gazæ de Constructione. De Encli-
ticis, etc., gr., ex recens Aldi Manutii. *Venetiis*, Aldus, 1512, in-8.

Edition fort rare, et dont il y a des exemplaires sur vélin.
Les réimpressions de 1517 et 1549, in-8.
sont un peu plus amples.

CHRYSOSTOMI (S. Johan.) Opera,
gr., ex edit. H. Savillii. *Etonæ*,
1612, 8 vol. in-fol. 36 à 48 l.

Edition recommandable par son exactitude,
aux yeux des vrais hellénistes, mais dé-
daignée du commun des acheteurs, qui ne
recherchent que les livres grecs accompagnés d'une version latine, tant bonne que
mauvaise.

—Eadem, gr. lat., ex recens. et cum
notis Frontonis Ducæi. *Parisiis*,
1536, 12 tom. en 8 ou 10 vol. in-fol.
36 l. —Gr. pap. 60 à 72 l.

Quoique beaucoup moins ample que la suivante, cette édition a encore ses partisans.

—Eadem, gr. lat., ex novâ Bern. de
Montfaucon, Benedict. editione.
Parisiis, 1718 et seqq. 13 vol.
in-fol. 180 l.—Gr. pap. *très-rare*,
300 à 400 l.

Bonne édition.

— S. Chrysostomi Homiliæ in Matthæum, lat., Georg. Trapezuntio
interprete. *Moguntiæ*, Joh. Fust,
1468, in-fol.

Wurdtwein, dans sa *Biblioth. Mogunt.*,

doute de l'existence de cette édition , que
Debure a citée d'après Maittaire et le P.
Le Long.

— Ejusd. Liber super Matthæum ,
lat. , Georg. Trapezuntio interpr,
(*Argentinæ* , typis Mentellianis ,
circà ann. 1470) , in-fol.

Edition très-rare. Elle est imprimée à longues ligues, au nombre de 41 dans les pages
entières , sans chiffres , signatures ni réclames. La totalité du volume est de 251
feuillets.

— Ejusd. Homeliæ in Evangelium S.
Johannis, lat. , Fr. Aretino interpr.
Romæ , in Sti. Eusebii Monasterio,
1470 , in-fol.

Edition très-rare et fort recherchée des curieux. On la croit sortie des presses de
Georges Laver , qui imprimait pour le
monastère de Saint-Eusèbe , en 1472.

— Ejusd. Sermones in Justum et Bea-
tum Job de Patientià , lat. , Lilio
Tifernate interpr. (*Coloniæ* , Udal.
Zel, circà 1470) , in-4. 30 à 40 l.

Cette édition, dont les exemplaires sont fort
rares , est imprimée à longue lignes , au
nombre de 27 dans les pages entières, sans
chiffres, signatures ni réclames. On la
croit exécutée par Ulr. Zel.

— Ejusd. Homeliæ in Pauli Epistolas.
Veronæ , 1529 , 4 vol. in-fol.

Exemplaire imprimé sur vélin.

— Homélies de S. J. Chrysostôme,
Discours , Lettres , etc. , trad. du
grec par Athanase Auger. *Paris* ,
1785 , 4 vol. in-8. 24 à 30 l.

CIACONII (Alphons.) Vitæ et Res
gestæ Pontificum romanorum et
Cardinalium , ad Clementem IX, ex
recogn. A. Oldoini. *Romæ* , 1677 ,
4 vol. in-fol. 40 l.

L'édition de 1630 n'est pas estimée. Pour
compléter celle que nous annonçons , il
faut y joindre l'ouvrage suivant.

— Guarnacci (Mar.) Vitæ et Res
gestæ Pontificum romanorum , à
Clemente X ad Clementem XII. *Romæ* , 1751 , 2 vol. in-fol. 20 l.

Les deux articles réunis , 60 à 70 l.

— Historia utriusque Belli Dacici ,
in Columnâ trajanâ expressi. *Romæ* , 1616, in-fol. oblong, fig. 20 l.

CIACONII (Pet.) liber singularis de
Triclinio romano. Acced. Appendix Fulvii Ursini et Hier. Mercurialis de Accubitûs in cœnâ antiq. origine, Dissert. *Amst.* 1689 ,
in-12, 5 l.

CIAMPINI (Jo.) Examen libri pontificalis , sive Vitarum romanor.
Pontificum , quæ sub nomine Anastasii bibliothec. circumferuntur ,
cum Parergo. *Romæ* , 1688 , in-4.
6 liv.

On fait cas des remarques critiques contenues dans cet ouvrage.

— Vetera Monimenta , in quibus mu-
siva opera, etc., iconibus illustrantur , per J. Ciampinum. *Romæ* ,
1690 , 3 tom. 2 vol. in-fol. 20 l.

— Synopsis historica de sacris Ædificiis à Constantino magno construc-
tis , etc. *Romæ* , 1691 et 1693 , 2
tom. 1 vol. in-fol. fig. 10 l.

CICCI : (Luisa) Poesie. *Parma* ,
Bodoni , pet. in-8.

On a tiré de ce volume des exemplaires sur
vélin.

CICERONIS (Marci Tullii) Opera
omnia in unum collecta. *Mediolani*, Alex. Minutianus , 1498 et 1499,
4 tom. 2 vol. in-fol. 250 l. — Gr.
pap. 500 l.

Première édition des OEuvres complètes de
Cicéron. Les exemplaires en sont extraordinairement rares.

— Eadem, Pet. Victorii castigationi-
bus illustrata. *Venetiis* , L. A.
Junta , 1534 , 1536 et 1537 , 4 vol.
in-fol. *très-rare* , 250 à 300 l.

Edition bien exécutée et fort correcte.

Vendu 1485 l. chez M. de Cotte , mais
l'exemplaire était de la plus grande beauté.

— Eadem. *Venet.* apud Aldum , scilicet : Libri Oratorii , 1514 , in-4.
tantùm. Orationes, 1519, 3 vol. in-8.
Epistolæ ad Atticum , 1513 , in-8.
Epistolæ ad familiares , 1502 vel
1512 , in-8. Opera philosophica ,
1523, 2 vol. in-8. De Officiis , 1517
vel 1519 , in-8.

Un exemplaire complet et bien conservé de
cette édition , est un chose de toute rareté.
Prix arbitraire.

— Eadem, ex Pet. Victorii Codicibus
maximâ ex parte descripta, studio
ac labore Rob. Stephani rediute-
grata. *Parisiis* , Rob. Stephanus ,
1539, 2 vol. in-fol. 30 l.—Gr. pap.
50 liv.

Cette édition est recherchée des personnes
qui ne peuvent atteindre le prix de la précédente.

— Eadem , edente Paulo Manutio,
Aldi filio. *Venetiis* , Aldus , 1540,
1541 et 1546, 10 vol. in-8. 50 à 60 l.
Edition très-correcte.

—Eadem , ex edit. P. Manutii, cum variis lect. *Parisiis*, Rob. Steph. 1543-49 , 9 vol. in-8. 18 à 24 l.

— Eadem. *Parisiis ,* Colinæus , 1543 et seqq. 11 vol. in-16. 24 l.

On ne recherche guère de cette édition que les exemplaires bien conservés.

—Eadem, ex edit. Car. Stephani. *Parisiis*, Car. Stephanus , 1555, 2 vol. in-fol. 15 l.

— Eadem , Manutiorum comment. illustrata. *Venetiis*, Aldus, 1582 et seqq. 10 tom. 4 ou 6 vol. in-fol. 120 l.

Cette édition , exécutée en lettres italiques, est moins recherchée en France que chez l'étranger.

—Eadem , cum optimis exemplaribus collata. *Lugd. Batav.* Elzevir, 1642 , 10 vol. in-12.

Fort jolie édition , 60 l. et beaucoup plus quand les exemplaires sont bien conservés et grands de marges.

Ces 10 volumes n'ont point été contrefaits , seulement celui des Offices a été réimprimé sous la même date.

C'est à tort que plusieurs bibliographes ont prétendu qu'il fallait avoir ces deux éditions des Offices en double , parce qu'on trouvait dans l'une le *Somnium Scipionis* qui n'est pas dans l'autre. Ce Traité existe dans le 10.ᵉ volume, parmi les Fragments.

— Eadem. *Amst.* Blaeu , 1659, 10 vol. in-12. 15 à 18 l.

℮ Edition correcte.

— Eadem, cum Jani Guliel. Gruteri et selectis varior. notis et indicibus, edente Corn. Schrevelio. *Amst.* Elzevir, 1661 , 2 vol. in-4. 24 l.

Edition bien imprimée , et recherchée pour les variantes dont elle est enrichie.

— Eadem , studio Jani Gulielmi et Jani Gruteri. *Londini* , 1681 , 2 vol. in-fol. 20 l. — Gr. pap. 36 l.

On ne recherche cette édition que pour sa belle exécution.

Les exemplaires en grand papier sont rares.

—Ejusd, Ciceronis Opera varia , cum notis Varior. , ex editione Joan. Georg. Grævii. *Amst.* 1677 , 1684 , 1688 et 1699, 8 tom. 11 vol. in-8.

A ces 11 vol. il faut ajouter les articles suivants.

De Divinatione et de Fato, cum notis Varior. , ex recens. J. Davisii. *Cantabrigiæ,* 1730, in-8. — Academica , cum notis Varior. , ex recens. J. Davisii. *Can-*

tabrig. 1736 , in-8. — Tusculanarum Quæstionum libri v , cum notis Varior. , commentar. J. Davisii , et emendat. Rich. Bentleii. *Cantabrig.* 1738, in-8. — De Finibus bonorum et malorum libri , cum notis Varior. , ex recens. J. Davisii. *Cantabrig.* 1741, in-8. — De Naturâ Deorum libri iij , cum notis Varior. , ex recens. J. Davisii. *Cantabrig.* 1744, in-8. — De Legibus libri tres , cum notis Varior. , ex recens. J. Davisii. *Cantabrig.* 1745, in-8. — Rhetoricorum ad Herennium libri iv , et de Inventione libri ij , cum D. Lambini , Fulv. Ursini , J. Gruteri , Jac. Gronovii notis , cum animadv. J. G. Grævii , et curante P. Burmanno Secundo, etc. *Lugd. Batav.* 1761, in-8. — Ad Quintum fratrem Dialogi tres de Oratore , cum notis Zachariæ Pearce. *Londini ,* 1771, in-8. — Epistolæ ad Brutum. *Hagæ-Comitum ,* 1725 , in-8. — Liber de claris oratoribus , interpretat. et notis illustravit Jac. Proust, ad usum Delphini *Oxonii* , 1716 , in-8. (les exempl. en gr. pap. sont très-rares.) — J. Aug. Ernesti Clavis Ciceroniana. *Halæ* , 1777 , in-8. — Epistolæ ad Convers Midleton , Vitæ M. T. Ciceronis scriptorem , in quâ , ex locis ejus operis quàm plurimis , recens. Ciceronis Epistolar. ad Atticum et Q. fratrem desiderari ostenditur , auctore J. Tunstall. *Cantabr.* 1741 , in-8. — Ciceronianum Lexicon græco-latinum , etc. *Augustæ-Taurinorum ,* 1743 , in-8. — Th. Wolkens Lectiones Tullianæ. *Amst.* 1730 , in-8.

On rassemble assez difficilement ces 25 vol. , qui forment le Cicéron, dit *cum notis Variorum.* Les éditions que nous avons indiquées sont les meilleures , 250 à 300 l.

—Ejusd. Ciceronis Opera omnia, cum notis Jani Gulielmi et Jani Gruteri, denuò recogn. à Jac. Gronovio. *Lugd. Batav.* 1692 , 2 vol. in-4. 18 liv.

— Eadem , cum notis Varior. , ex edit. Pet. Verburgii. *Amst.* 1724 , 2 vol. in-fol. 60 l.

— Eadem , ex eâdem P. Verburgii editione. *Amst.* 1724 , 4 vol. in-4. 60 liv.

— Eadem , ex eâdem Pet. Verburgii editione. *Amst.* 1724 , 12 vol. in-8. 50 liv.

Ces trois éditions de Verburge sont estimées.

La plus recherchée est celle en 4 vol. in-4.

— Eadem , cum delectu commentariorum Jos. Oliveti. *Parisiis ,* 1740 et seqq. 9 vol. in-4. 250 à 280 l. — Gr. pap. petit in-fol. 1800 l.

Excellente édition , fort bien exécutée et peu commune. Les exemplaires en grand papier sont très-rares.

—**Eadem**, ex câdem Oliveti editione.
Glasguœ, Foulis, 1748, 20 vol.
in-12. 60 l. — Pap. fin, 80 l.—Pap.
fort, *très-rare*, 120 à 150 l.
Jolie édition.

—**Eadem**, ad exempl. Lond. edita.
Berolini, 1748, 4 vol. in-12. 18 à
24 l.
Jolie édition.

—**Eadem**, ex edit. Jos. Oliveti. *Patavii*, 1753, 9 vol. in-4. 60 à 80 l.
Édition correcte et bien exécutée.

— **Eadem**, ex edit. Jos. Oliveti *Ge-
nevœ*, 1758, 9 vol. in-4. 120 l.
Cette édition, quoique plus ample, est
moins recherchée que celle de *Paris*, 1740.

— **Eadem**, ex recens. J. N. Lallemand. *Parisiis*, Barbou, 1768,
14 vol. in-12. 80 l.—Pap. fin, 120 l.
—Pap. de Holl. Prix arbitraire.
Édition estimée.

—**Eadem**, ex recens. J. Aug. Ernesti.
Halœ, 1757, 6 vol. in-8. 40 l.

—**Eadem**, ex eâdem recens. Jos. Aug.
Ernesti, cum Clave ciceronianâ.
Halœ-Saxon. 1776-77, 8 vol. in-8.
72 liv.
La première édition du Cicéron d'Ernesti a
paru en 1737.

—**Eadem**, ex recens. Oliveti. *Venetiis*, 1772, 9 vol. in-4. 50 à 60 l.

—**Eadem**, cum notis selectis, ex
edit. Oliveti. *Patavii*, 1773, 16
vol. in-8. 36 à 40 l.

— **Eadem**, cum notis Varior. *Neapoli*, 1777 et seqq. 16 vol. in-8.
40 à 50 l.
Il est fâcheux que cette édition, bien exécutée, n'ait point été terminée.

— **Eadem**, cum indicibus et variis
lect. *Oxonii*, 1783, 10 vol. gr. in-4.
130 à 150 l.

— **Eadem**, ad optimas editiones collata. *Biponti*, 1780, 13 vol. in-8.
40 liv.

— **Ejusd.** Ciceronis Rhetoricorum li-
bri ad Herennium et de Inventione.
Venetiis, Nic. Jenson, 1470, in-fol.
100 l.
Première édition très-rare et fort recherchée.
Il en a été tiré des exemplaires sur vélin.

— **Iidem.** *Mediolani*, Ant. Zarotus,
1474, in-fol. 100 l.
Cette édition et celle de *Rome*, 1474,
sont aussi fort rares.

— **Iidem.** *Parisiis*, Ulricus Gering,
1477 vel 1478, in-fol. 40 l.
Ces deux éditions sont encore assez rares.

— **Iidem.** *Florentiœ*, Junta, 1514
vel 1516, in-8. 7 à 8 l.

— **Ejusd.** Ciceronis de Oratore lib.
iij. (*In Monasterio Sublacensi*,
*Conr. Sweynheym et Arn. Pan-
nartz, circà* 1466), in-4. 300 l.
Cette rarissime édition, la première de ce
livre, ne porte ni nom de ville, ni nom
d'imprimeur, ni date; mais comme les
caractères dont on s'est servi pour l'imprimer, ont une parfaite ressemblance avec
ceux du *Lactance* de 1465, exécuté dans
le Monastère de Soubiac, par Sweynheym
et Pannartz, il y a tout lieu de croire
qu'elle est sortie des presses de ces célèbres imprimeurs.
La totalité du volume est de 108 feuillets,
lesquels n'ont ni chiffres, ni signatures,
ni réclames.

— **Iidem.** *Romœ*, Ulr. Han de
Wienna, 1468, pet. in-fol. 150 l.
Première édition avec date. Les exemplaires en sont extraordinairement rares
et fort recherchés des curieux.

— **Iidem**, necnon de Oratore ad Brutum, et de perfecto genere dicendi
liber. *Romœ*, in domo Petri de
Maximo, 1469, in-fol. 100 l.
Édition très-rare et fort recherchée.

— **Iidem.** *Venetiis*, Christ. Valdarfer,
1470, in-fol. 100 l.
Cette édition, la première production de
Christ. Valdarfer, est très-rare et fort
bien exécutée. Le volume n'a ni chiffres,
ni signatures, ni réclames.

—**Iidem.** *Venetiis*, Vindel. de Spira,
1470, in-fol. *très-rare*.

— **Iidem.** *Romœ*, Conr. Sweynheym
et Arn. Pannartz, 1471, in-fol.
très-rare.

— **Iidem.** *Venetiis*, Christ. Valdarfer, 1471, in-fol. *très-rare*.

— **Iidem**, cum comment. J. L. Sto-
bæl. *Parisiis*, Vascosan, 1540,
in-fol. 15 l.

—**Iidem**, cum ital. interpr. Jos. Ant.
Cantovæ. *Mediolani*, 1771, 3 vol.
in-8. 9 à 12 l.

— **Iidem**, ex recens. Z. Pearce. *Cantabrigiæ*, 1732, vel *Londini*, 1746
vel 1771, in-8. 8 l.
Ces trois éditions sont également bonnes.

— **Ejusd.** Ciceronis Topica et Parti-
tiones, ex recogn. Gabr. Fontanæ
Placenti; 1472, in-4.

— Ejusd. omnes qui ad Artem Oratoriam pertinent libri, cum interpr. et notis Jac. Proust, ad usum Delphini. *Parisiis*, 1687, 2 vol. in-4. 24 à 36 l.

Edition estimée, et l'une des moins communes de la Collection des auteurs *ad usum Delphini.*

— Ejusd. Orationes. *Venetiis*, Christ. Valdarfer, 1471, in-fol. 250 l.

Edition très-rare Elle passe pour la première de ce livre et pour antérieure à celle de *Rome*, imprimée dans la même année, dont nous allons parler.
Il en existe des exemplaires sur vélin.

— Eædem, ex edit. Joh. Andreæ Episcopi Aleriensis. *Romæ*, Conr. Sweynheym et Arn. Pannartz, 1471, in-fol. 200 l.

Cette édition passe communément pour la seconde de ce livre. Les exemplaires en sont très-rares.

— Eædem. 1472, in-fol. 150 l.

Les uns attribuent l'impression de cette édition à Adam de Ambergau et d'autres à Adam Rot. Les exemplaires en sont fort rares.

— Ejusd. Ciceronis Orationes Philippicæ, cum præfat. Jo. Ant. Campani ad Franciscum, Card. Senensem. *Romæ*, Udalr. Gallus, *absque anni indicat. ullâ*, in-fol. 250 l.

Première édition très-rare. On présume qu'elle a paru vers l'année 1470.

— Eædem. *Venetiis*, Joh. de Colonia et Joh. Manthen de Gherretzem, 1474, in-fol. 200 l.

Cette édition est encore assez rare. On fait peu de cas des autres impressions de cet ouvrage publiées après l'année 1474.

— Ejusd. Ciceronis Orationes, cum interpr. et notis Caroli de Merouville; ad usum Delphini. *Parisiis*, 1684, 3 vol. in-4. 30 à 36 l.

Ces trois volumes font partie de la Collection des auteurs *ad usum Delphini.*

— Ejusd. Orationes Verrinæ, ex recens. et cum animadv. Th. Ch. Harles. *Erlang.* 1784, 2 vol. in-8. 10 l.

— Ejusd. Orationes in Catilinam. *Parisiis*, Renouard, 1796, in-18. pap. vélin.

On a tiré de cette jolie édition deux exemplaires sur peau de vélin.

— Ejusd. Orationes pro S. Roscio

Amerino, et in Catilinam iv ; pro Lege Manilia, etc. etc. ; cum notis Hotomani, Abramii, Mureti, etc.; curâ J. A. Otto. *Magdeb.* 1800, 3 vol. in-8. 12 l.

— Ciceronis quæ vulgò feruntur Orationes iv : post reditum in Senatu, ad Quirites post reditum, etc., cum animadv. J. Marklandi, J. M. Gesneri et F. A. Wolfii. *Berolini*, 1801, in-8. 7 l.

— Ejusd. Orationes xij selectæ, curâ J. J. Bellarmini. *Erford*, 1806, in-8. 3 l.

— Ejusd. Orationes xiij selectæ., pro Roscio Amerino, pro Lege Manilia, etc., cum animadv. B. Weiske. *Lipsiæ*, 1807, in-8. 7 l.—Pap. fin, 9 l.

— Q. Asconii Pædiani Enarrationes in M. T. Ciceronis Orationes. — G. Trapezuntius de Artificio Ciceronianæ Orationis pro Q. Ligario, etc. *Venetiis*, Joh. de Colonia et et Joh. Manthen de Gherretzem, 1477, in-fol. 80 l.

Première édition de ce livre. Les exemplaires en sont assez rares.

— Q. Asconii Pædiani Comment. in aliquot Ciceronis Orationes. *Lugd. Bat.* 1644, in-12. 6 l.

On joint quelquefois ce volume à l'édition du Cicéron imprimée par les Elzevirs, en 10 vol. in-12.

— Paulli Manutii Comment. in M. T. Ciceronis Orationes. Curavit Ch. G. Richterus. *Lipsiæ*, 1783, 2 vol. in-8. 16 l.

— Ejusd. Ciceronis Epistolæ ad familiares. *Romæ*, Conrad. Sweynheym et Arn. Pannartz, 1467, in-4. 500 l.

Cette première édition est d'une rareté excessive et d'un prix considérable dans le commerce. C'est le premier ouvrage imprimé à Rome où les noms de Sweynheym et de Pannartz se trouvent consignés. Le vol. est de format in-4. et non in-fol.

— Eædem, ex recogn. Joh. Andreæ, Episc. Aleriensis. *Romæ*, Conr. Sweynheym et Arn. Pannartz, 1469, in-fol. 200 l.
Edition fort rare.

— Eædem. *Venetiis*, Joh. de Spira, 1469, in-fol. 500 l.

Cette édition, première production de Jean de Spire, est extrêmement rare. Il en existe un exemplaire imprimé sur vélin dans la bibliothèque du roi d'Angleterre.

— Eædem. *Venetiis*, Joh. de Spira, 1469, in-fol. *très-rare.*

Seconde édition sous la date de 1469. Il est facile de la distinguer de la première par la souscription qui commence ainsi :

Hesperiæ quondam Germanus quisque libellos
Abstulit: an plures ipse daturus adest.

— Eædem. *Editio anni* 1470, in-fol. *absque loci et typogr. nomine,* 100 l.

Cette rare édition est imprimée à longues lignes, au nombre de 40 sur chaque page entière, sans chiffres, signatures ni réclames. Les caractères qui ont servi à son exécution ayant beaucoup de ressemblance avec ceux du *Ciceronis Orationes,* de Valdarfer, 1470, il est probable qu'elle est sortie des presses de cet artiste.

— Eædem. *Editio anni* 1471, *absque loci et typogr. nomine,* in-fol.

Cette édition, qui est aussi fort rare, est attribuée à Vindelin de Spire. Elle est exécutée à longues lignes, au nombre de 41 dans les pages entières, sans chiffres, signatures ni réclames. La totalité du volume est de 135 feuillets.

— Eædem. *Fulginei,* Joan. Numeister, *absque anni indicat. (sed ut creditur, anno* 1470,) in-fol.

Edition rare.

— Eædem. *Venetiis,* Nic. Jenson, 1471, in-fol. 80 l.

Belle édition, mais moins rare que les précédentes.

On attribue au même Nic. Jenson une autre édition de ce livre, imprimée en 1475, sans nom de ville ni d'imprimeur. Un exemplaire de cette date, sur vélin, a été vendu 1801 liv. chez Loménie de Brienne.

— Eædem. *Mediolani,* Philip. Lavagnia, 1472, in-fol.

Edition très-rare.

— Eædem. *Romæ,* Conrad. Sweynheym et Arnold. Pannartz, 1472, in-fol.

Cette édition est encore rare.

— Eædem. *Mediolani,* A. Zarotus Parmensis, 1476, in-fol.

Première édition de ce livre imprimée à Milan.

— Eædem. *Venetiis,* Aldus, 1502, in-8.

Volume très-rare.

— Eædem. *Venetiis,* Aldus, 1533, in-8.

Il y a de cette édition des exemplaires en grand papier.

Dict. Bibl. I.

— Eædem, cum interpr. et notis Philib. Quartier, ad usum Delphini. *Parisiis,* 1685, in-4. 9 l.

Ce vol. est l'un des plus communs de la Collection des auteurs *ad usum Delphini.*

— Eædem, ex recens. J. G. Grævii. *Amst.* 1693, 2 vol. in-8. 18 l.

— Eædem. *Cantabrigiæ,* 1749, 2 vol. in-8. 10 l.

— Eædem, stud. Gott. Cortii. *Lipsiæ,* 1771, in-8. 6 l.

— Ejusd. Ciceronis Epistolæ ad Atticum, Brutum et Quintum fratrem. *Romæ,* Conrad. Sweynheym et Arn. Pannartz, 1470, in-fol. 100 l.

Edition très-rare et fort recherchée.

— Eædem. *Venetiis,* Nic. Jenson, 1470, in-fol. 90 l.

Edition rare et bien exécutée. Il en existe des exemplaires sur vélin.

— Eædem, ex recogn. Barth. Saliceti Bononiensis et Ludovici Regii. *Romæ,* Eucharius Silber, 1490, in-fol.

On ne recherche de cette édition que les exemplaires sur vélin.

— Ejusd. Ciceronis Ep'stolæ ad diver-ooo, ex recens. J. Ch. F. Wetzel. *Lignitii,* 1794, in-8. 8 l.

— Ejusd. Epistolarum libri xvj, cum notis criticis T. F. Benedict. *Lipsiæ,* 1795, 2 vol. in-8. 13 l.

— Paulli Manutii Commentarius in M. T. Ciceronis Epistolas ad diversos. Curavit Ch. G. Richterus. *Lipsiæ,* 1779, 2 vol. in-8. 14 l.

— Ejusd. Ciceronis de Officiis lib. iij ; et Paradoxa. *Moguntiæ,* Jo. Fust et Pet. Schoyffer de Gernsheym, 1465, pet. in-fol. 450 l.

Première édition, excessivement rare, et d'un prix considérable dans le commerce. La totalité du volume est de 87 feuillets.

Maittaire prétend que cette édition et celle de 1466 ci-après, ne diffèrent entre elles que dans la souscription de date d'année, et que le reste du livre est parfaitement conforme. David Clément, au contraire, assure que non-seulement ces deux éditions sont tout à fait dissemblables, mais même qu'il y en a eu deux différentes imprimées en 1465, la première de format petit in-fol. et l'autre de format in-4.

Il y a de l'édition que nous annonçons, des exemplaires sur vélin, qui peuvent être regardés comme des morceaux extrêmement précieux.

— Iidem. *Moguntiæ*, Joh. Fust et Pet. Schoyffer de Gernsheym, 1466, in-fol. 300 à 400 l.

Les exemplaires de celle seconde édition, imprimés soit sur papier ou sur vélin, sont également très-rares.

— Iidem ; Paradoxa ; de Amicitià et Senectute ; et Versibus xij Sapientium. *Romæ*, Conrad. Sweynheym et Arn. Pannartz, 1469, pet. in-fol. 250 l.

Edition très-rare.

— Iidem ; Paradoxa; de Amicitià et Senectute ; Somnium Scipionis ; et Versibus xij Sapientium. *Venetiis*, Vindelinus de Spira, 1470, in-fol. 150 l.

Edition rare.

— Iidem ; Paradoxa ; de Amicitià et Senectute ; Tusculanæ Quæstiones, etc., etc. *Romæ*, Conrad. Sweynheym et Arnold. Pannartz, 1471, in-fol. 100 l.

Edition rare.

— Iidem ; de Amicitià et de Senectude ; Somnium Scipionis, etc., ex recens. Guill. Fichæti et Jo. de Lapide. (*Parisiis*, Ulricus Goring, 1471.) in-fol. 400 l.

On présume que cette rare édition, imprimée à longues lignes, au nombre de 31 dans les pages entières, sans chiffres, signatures ni réclames, a été publiée vers la fin de l'année 1471.

— Iidem ; Cato Major , sive de Senectute, de Amicitià, Somnium Scipionis. *Venetiis*, Aldus, 1517, in-8.

Il y a de cette édition des exemplaires imprimés sur vélin.

— Iidem. *Oxonii*, 1695, in-8. 6 l.
— Iidem, cum notis Varior., ex recens. J. G. Grævii. *Lugd. Batav.* 1710, in-8. 8 l.
— Iidem, cum notis Th. Tooly. *Oxonii*, 1717, in-8. 6 l.
— Iidem, cum notis Th. Tooly. *Oxonii*, 1729, in-8. 6 l.
— Iidem, cum notis Zach. Pearce. *Lond.* Tonson, 1745, in-8. 8 l. — Gr. pap. 24 l.
— Iidem. *Parisiis*, Barbou, 1773, in-32. 4 l.
— Iidem, cum annotat. J. F. Heusinger. *Brunswig.* 1783 , in-8. 10 l.
— Iidem, ex edit. Oliveti Parisiis

vulgata. *Lond.* Th. Payne, 1791, in-12. pap. vélin.

Jolie édition.

— Iidem. *Parisiis*, Didot junior, 1796 , in-4. pap. vélin , 30 l.

Edition tirée à 163 exemplaires , 4 sur grand papier ; plus , 4 sur peau de vélin.

— Iidem. Notulis atque Indicibus ornavit F. G. Born. *Lipsiæ* , 1799, in-8. 9 l.

— Ejusd. Ciceronis de Amicitià et de Senectute. *Parisiis*, Renouard , 1796, 2 vol. in-18. pap. vélin, 6 l.

On a tiré de ce vol. 3 exemplaires sur peau de vélin.

— Ejusd. de Amicitià d'alogus , ex recens. Jo. Georg. Grævii. *Parisiis*, 1750, in-24. 4 l.

Jolie petite édition.

— Idem. *Parisiis*, Barbou, 1771 , in-32. 4 l.
— Ejusd. Ciceronis Tusculanarum Quæstionum libri. *Romæ*, Ulricus Han de Wienna, 1469, pet. in-fol. 130 l.

Première édition fort rare.

— Iidem. *Venetiis*, Nic. Jenson , 1472 , in-fol. 80 l.

Il y a de cette belle et rare édition des exemplaires imprimés sur vélin.

— Ejusd. Ciceronis Quæstiones Academicæ, Tusculanæ, de Finibus bonorum et malorum, et de Fato ; ad edit. Gronovii. *Vindobonæ*, 1786, in-8. 6 l.

Edition publiée par M. Alter.

— Ejusd. Ciceronis Libri de Divinatione, ex recens. et cum notis J. J. Hottingeri. *Lipsiæ* , 1793, in-8. 5 l.
— Ejusd. de Naturà Deorum libri iij , necnon de Divinatione , Fato et Legibus , etc. *Venetiis* , Vindelinus de Spira , 1471, in-fol. 200 l.

Première édition très-rare.

— Ejusd. de Naturà Deorum libri iij , ex recens. Ernestianà, et cum notis Ch. V. Kindervater. *Lipsiæ*, 1796, in-8. 5 l.
— Ejusd. de Finibus Bonorum et Malorum , lib. v. *Editio vetus Joh. Fust Moguntinensis , absque ullà anni indicat.* , in-4. 200 l.

Première édition , extrèmement rare. On la croit imprimée à *Mayence* , par J. Fust et Pierre Schoyffer.

—Iidem. *Venetiis*, Joan. de Colonia, 1471, in-fol. 130 l.

Première édition avec date. Les exemplaires en sont aussi très-rares.

—Iidem, cum notis Varior., à Jo. Davisio. *Cantab.* 1728, in-8.

Les exemplaires en grand papier de cette édition, sont très-rares.

—Iidem, ex recens. J. Davisii, edid. R. G. Rath. *Halis-Saxon.* 1804, in-8, 10 l.

— Ejusd. Ciceronis Opera philosophica. *Romæ*, Conr. Sweyuheym et Arn. Pannartz, 1471, in-fol. 150 l.

Édition très-rare.

—Eadem, cum interpr. et notis Franc. L'Honoré, ad usum Delphini. *Parisiis*, 1689, in-4. 250 l.

Ce volume est l'un des plus rares de la Collection des auteurs *ad usum Delphini*. Il a été contrefait sous la même date et dans le même format. Dans l'édition originale, la pagination de chaque Traité commence par le chiffre 1; au lieu que dans la réimpression, les chiffres se suivent sans interruption, depuis 1 jusqu'à la fin du volume.

La contrefaction vaut 72 à 80 l.

— Eadem, ad exempl. Loud. edita. *Berolini*, 1772, 4 vol. in-12. 8 l.

—Ejusd. Ciceronis Cato major, Somnium Scipionis et Paradoxa. *Parisiis*, 1796, 2 vol. in-18. pap. vélin, 6 l.

— La Rhétorique de Cicéron, ou les trois Livres du Dialogue de l'Orateur, trad. par Cassagne. *Lyon*, 1692, in-12. *rare*, 4 à 5 l.

— Traduction du Traité de l'Orateur de Cicéron, avec des notes, par Colin. *Paris*, 1751, in-12. 3 l.

— Le même, en lat. et en franç., trad. par M. Daru. *Lyon*, 1788, in-12. 3 l.

Traduction estimée.

— Entretiens sur les Orateurs illustres de Cicéron, avec des notes, par Jos. Fr. Bourgoing de Villefore. *Paris*, 1726, in-12. *rare*, 7 à 9 l.

— Traduction des Partitions oratoires de Cicéron (par Charbury.) *Paris*, 1756, in-12. 4 l.

— Œuvres de Cicéron (ouvrages de rhétorique), trad. en franç. par Desmeunier, Clément et Gueroult frères. *Paris*, 1783, 3 vol. in-4. gr. pap. 18 l.

On a tiré de ce livre quelques exemplaires sur très-grand papier. Vendu tel, 151 l. 19 s. chez Mirabeau l'aîné.

—Les mêmes. *Paris*, 1783, 8 vol. in-12. 18 à 24 l.

—Oraisons de Cicéron, trad. par Jos. Fr. Bourgoing de Villefore. *Paris*, 1732, 8 vol. in-12. 18 à 24 l.

—Oraisons choisies de Cicéron, trad. de Villefore, revue par Noël Fr. de Wailly, avec le latin à côté et des notes. *Paris*, 1772 ou 1801, 3 vol. in-12. 12 l.

— Les Philippiques de Démosthène, et les Catilinaires de Cicéron, par d'Olivet. *Paris*, 1736, in-12. 3 l.

— Discours de Cicéron, traduits et analysés par Henry; lat. franç. *Paris*, 1808, in-12. tom. I er

L'auteur a le projet de donner la suite.

— Discours choisis de Cicéron, en lat. et en franç., par Auger. *Paris*, 1786, 3 vol. in-12. 6 à 9 l.

— Nouv. Trad. des Catilinaires et des Discours de Cicéron, pour Marcellus et Ligarius, en lat. et en franç., par Busnel. *Rouen*, 1774, in-12. 3 l.

— Epîtres familières de Cicéron, trad. par Etienne Dolet. *Lyon*, 1542, in-8. 10 à 12 l.

Première édition très-rare.

—Les mêmes, en lat. et en franç., trad. par Ant. Prévot. *Paris*, Didot, 1745, 5 vol. in-12. 45 à 50 l.

— Gr. pap. 80 l.

Cette édition est rare et chère.

— Les mêmes, et de la même trad. Edition revue par Goujon. *Paris*, an 9 (1801), 12 vol. in-8. 60 l. — Pap. fin, 72 l.

Cette édition renferme toutes les Lettres de Cicéron.

—Lettres de Cicéron à Atticus, avec le texte lat. et des remarq., par Nicolas Hubert de Montgault. *Paris*, 1738, 6 vol. in-12. 36 à 40 l.

Bonne édition. Les réimpressions de 1775 et 1787, valent 9 à 10 l.

— Lettres de Cicéron à Brutus, et de Brutus à Cicéron, avec des notes par Ant. Prévot. *Paris*, Didot, 1744, in-12. 6 l.

Bonne édition.

— Les Académiques de Cicéron, en lat. et en franç., trad. avec des remarq. par D. Durand. *Lond.* 1740, pet. in-8. 24 à 36 l.

Cette édition est très-rare.

— Les mêmes, et de la même trad. ; suiv. du commentaire lat. de Pierre de Valence, trad. par de Castillon. *Paris*, Barbou, 1796, in-12.

On n'a tiré que 25 exemplaires sur papier fin, et deux sur peau de vélin. Le reste de l'édition est sur d'assez mauvais papier.

— Les Questions Tusculanes de Cicéron, trad. par Est. Dolet. *Lyon*, Est. Dolet, 1543, petit in-8. 6 à 7 l.

Dolet composa cette traduction pendant qu'il était en prison à Lyon, et la dédia à François Ier. Cette dédicace manque dans quelques exemplaires.

— Les mêmes, trad. par J. Bouhier et Jos. Thoullier d'Olivet. *Paris*, 1737, 3 vol. in-12. 8 l.

— Les Offices de Cicéron, trad. nouv. avec le lat. ; seconde édit., revue par de Barrett. *Paris*, 1768, in-12. 3 liv.

— Les mêmes, en lat. et en franç., par Gallon de la Bastide. *Paris*, 1806, 2 vol. in-12. 5 à 6 l. — Pap. vélin, 10 à 12 l.

— Des Devoirs, ouvrage trad. de Cicéron, avec le texte à côté, par E. Brosselard. *Paris*, 1801, 2 vol. in-12. 3 l. — Pap. vélin. 8 à 10 l.

— Entretiens de Cicéron sur la nature des Dieux, trad. par Bouhier et d'Olivet. *Paris*, 1721, 3 vol. in-12. 7 à 9 l.

— Les mêmes, et de la même trad. *Paris*, Barbou, 1766, 2 vol. in-12. 6 liv.

— Entretiens de Cicéron sur les vrais biens et les vrais maux, par Fr. Séraph. Regnier Desmarais. *Paris*, Barbou, 1721, in-12. 5 l.

— Traités sur la Vieillesse et l'Amitié, de Cicéron, trad. en franç. par Mignot. *Paris*, Didot l'aîné, 1780, in-12.

Ce volume n'a été tiré qu'à 50 exemplaires pour le traducteur et ses amis.

— Traités de la Vieillesse, de l'Amitié, les Paradoxes, le Songe de Scipion, etc., trad. nouv. par de Barrett. *Paris*, 1776, in-12. 3 l.

— Traduction nouv. des Traités de la Vieillesse, de l'Amitié et des Paradoxes de Cicéron, par Gallon Labastide. *Paris*, 1804, in-12. 3 l.

— De la Vieillesse et de l'Amitié,

trad. par le Bailli de Resseguier. *Marseille*, 1780, in-12. 3 l.
Traduction estimée.

— Les deux Livres de la Divination de Cicéron, trad. en franç. par Regnier Desmarais. *Paris*, 1710, in-12. 4 à 5 l.

— Les mêmes, suivis du Traité de la Consolation, par Morabin. *Paris*, 1795, in-12. 3 l.

— Traité de la Consolation de Cicéron, trad. par Morabin. *Paris*, 1753, in-12. 4 l.

— Le Songe de Scipion, trad. par Geoffroy. *Paris*, 1725, in-12. 4 à 5 l.

— Traité des Lois par Cicéron, trad. en franç. par Morabin, avec des notes. *Paris*, 1777, in-12. 3 l.

— De la République, ou des meilleurs Gouvernements, ouvrage de Cicéron, trad. en franç., avec le texte latin, par Bernardi. *Paris*, 1807, 2 vol. in-12. 7 l.

— Pensées de Cicéron, par d'Olivet. *Paris*, 1764, in-12. 3 l.

— Les mêmes, trad. nouv., par Le Roi. *Paris*, 1802, 3 vol. pet. in-12. 3 à 4 l.

— Œuvres philosophiques de Cicéron. *Paris*, Didot jeune, 1796, 10 vol. in-18. pap. vélin, 30 l.

— Histoire raisonnée des Discours de Cicéron, par Fréval. *Paris*, 1765, in-12. 4 l.
Livre estimé et rare.

— The Letters of Cicero, to several of his friends, with remarks by W. Melmoth. *Lond.* 1799, 3 vol. in-8. 24 l.

— Voy. MIDDLETON. (Convers)

CIECO da Ferrara. (Fr.) Libro d'Arme e d'Amore, nomato MAMBRIANO. *In Ferrara*, 1509, in-4.
Edition originale, 30 l.

— Il medesimo, nuovamente corretto. *In Venetia*, 1533, in-8. 8 l.

CIENFUEGOS (Alb.) Ænygma theologicum, seu Quæstiones de Trinitate divinâ. *Viennæ Austriæ*, 1717. 2 vol. in-fol. 12 l.

CIMARELLI. (Vinc. Maria) Istorie dello Stato d'Urbino. *In Brescia*, 1642, in-4. 5 l.

CINNAMUS. (Jo.) Voy. BYZANTINE.

CINO da Pistoia. Voy. DANTE.

CINONIO. Osservazioni della Lingua

Italiana. *Verona*, 1721, 2 vol. in-4.

CLAIRAC. (L. Andr. de la Mamye)
L'Ingénieur en campagne. *Paris*,
1749, in-4. fig. 8 l.

CLAIRAUT. (Alexis Cl.) Théorie
de la figure de la terre. *Paris*,
1808, in-8. fig, 10 l.

—Eléments d'Algèbre, 6.ᵉ édit. revue
par Garnier. *Paris*, 1801, 2. vol.
in-8. 8 l.

— Théorie de la lune, 2.ᵉ édit. *Paris*, 1765, in-4. 6 l.

Nous avons aussi du même auteur des Eléments de géométrie, in-8. et des Recherches sur les courbes à double courbures, in-4.

CLAIREVILLE. (de)L'illustre Naufrage de Mélicandre ou Ameliute.
Paris, 1642, in-8. 5 l.

CLAMADÈS. (le chev.) Voy. Histoire.

CLARENDON. (Edouard Hyde,
Earl of) The History of the Rebellion and civil wars in England.
Oxford, 1717, 6 vol. in-8. 36 l.
— The same. *Basil.* 1798, 12 vol.
in-8. pap. vélin, 48 l.

— Histoire de la Rebellion et des
Guerres civiles d'Angleterre, depuis 1641—1660. *La Haye*, 1704,
6 vol. pet. in-8. 18 à 24 l.

CLARICI. (P. Barth.) Istoria e coltura delle Piante che sono più distinte per ornare un giardino. *In Venezia*, 1726, in-4. 18 l.

CLARKE. (Sam.) Traité de l'existence de Dieu, trad. de l'angl. par
Ricottier. *Amst.* 1727, 3 vol. in-8.
8 liv.

CLAUBERGII (Jo.) Metaphysica de
Ente. *Amst.* Elzevir, 1664, in-12.
3 liv.

CLAUDIANI (Claudii) Opera, ex
recogn. Barnabæ Celsani. *Vicentiæ*,
Jac. Dusensis, 1482, in-fol. 240 l.

Première édition très-rare. Elle est imprimée à longues lignes, sans chiffres ni réclames, mais avec signatures.

— Eadem, ex emend. Ant. Francini.
Florentiæ, Junta, 1519, in-8. 6 l.
— Eadem, ex recogn. Fr. Asulani.
Venetiis, Aldus, 1523, in-8. 20 l.
— Eadem, ex edit. et cum comment.
Casp. Barthii. *Francofurti*, 1650,
in-4. 9 l.
Edition estimée.

— Eadem, ex recens. et cum notis
Nic. Heinsii. *Lugd. Batav.* Elzevir,
1650, in-12. 10 l. Bien conservé, 18
à 24 l.

Fort jolie édition. La contrefaction de ce livre est in-16. et d'un format plus petit que les Elzevirs ordinaires.

— Eadem, ex recens. Nic. Heinsii,
cum notis Varior., accur. Corn.
Schrevelio. *Amst.* Elzevir, 1665,
in-8. 15 à 18 l.

Bonne édition, assez rare. Elle fait partie des *Variorum*.

—Eadem, cum interpr. et notis Guill.
Pyrrhonis; ad usum Delphini. *Parisiis*, 1677, in-4. 36 l.

Ce volume est l'un des moins communs de la Collection des auteurs *ad usum Delphini*.

—Eadem, cum variis lect. Jo. Matth.
Gesneri. *Lipsiæ*, 1759, 2 vol. in-8.
12 liv.
Excellente édition.

— Eadem, cum notis Varior., ex
recens. Pet. Burmanni Secundi.
Amst. 1760, in-4. 20 l. — Gr. pap.
60 liv.

— De Raptu Proserpinæ, cum comment. J. Parrhasii. *Mediolani*,
1501, in-fol.
Vendu, imprimé sur vélin, 130 l. chez La Vallière.

— Œuvres complètes de Claudien,
trad. en franç. avec le texte à côté
et des notes (par Latour.) *Paris*,
an 6 (1798), 2 vol. in-8. 10 l.

Première traduction française de cet auteur. Elle est estimée.

CLAUDII (Jo. Jac.) Dissertatio de
Salutationibus Veterum; cui addita
est diatribe de Nutricibus et Pædagogis. *Ultrajecti*, 1702, in-12. 4 l.

CLAVES. (Est. de) Traité des Pierres et des Pierreries. *Paris*, 1635,
in-8. 4 l.

CLAVIERE. Voy. Recueil.

CLAVIJO y Don Jos. DE VIERA.
Noticias de la Historia general de
las Islas de Canaria. *En Madrid*,
1772, 2 vol. in-4. 30 l.

CLAUSTRE. (de) Voy. Declaustre.

CLAYTON (Jo.) Flora Virginica,
à Jo. Fred. Gronovio disposita.
Lugd. Batav. 1762, in-4. 12 l.

CLEDE. (de la) Histoire générale de
Portugal. *Paris*, 1735, 2 vol. in-4.
18 liv.

— La même. *Paris*, 1735, 6 vol. in-8. 20 l.

CLEF (la) du Sanctuaire. Voy. SPI-NOSA.

CLEMENGIS vel de CLAMENGIS (Nic. de) Opera , cum notis J. M. Lydii. *Lugd. Bat.* 1618, in-4. 6 à 9 l.

CLÉMENT. (Fr.) L'Art de vérifier les dates des faits historiques, etc. *Paris*, 1770 , in-fol. 27 l. — Gr. pap. 50 l.

—Le même, troisième édition, considérablement augmentée. *Paris*, 1783—1787, 3 vol. in-fol. 160 l. — Gr. pap. de Holl. *très-rare*, 400 l.

Cet ouvrage est regardé comme le chef-d'œuvre de l'érudition.

CLEMENT. (David) Bibliothèque curieuse, historiq. et critiq., ou Catalogue raisonné des Livres rares. *Gottingen*, 1750 et suiv. 9 vol. in-4. 50 liv.

C'est dommage que cet ouvrage estimable soit resté incomplet. Il est par ordre alphabétique, et l'auteur en est resté à la lettre H.

— Specimen Biblioth. hispano-Majansianæ, sive Idea novi Catalogi crit. Operum scriptor. hispanor. quæ hab·· in suâ Bibl. Georg. Manjansius. *Hau.* 1753 , in-4. 6 l.

CLEMENTINI. (Cesare) Raccolto istorico delle fondazioni di Rimino. *In Rimino*, 1617 e 1627, 2 vol. in-4. 15 l.

Ouvrage recherché en Italie, mais difficile à trouver complet.

CLEMENTIS Alexandrini (S.) Opera, gr. lat., ex novâ J. Potteri editione. *Oxonii*, 1715, 2 vol. in-fol. 60 l. — Gr. pap. 140 l.

Bonne édition. Saint Clément d'Alexandrie a été imprimé, pour la première fois, en grec, à *Florence*, en 1550, in-fol. 9 à 12 l.

CLEMENTIS (S.) Romani ad Corinthios Epistolæ duæ, gr. lat., ex recens. Henr. Wotton. *Cantabrigiæ*, 1718, in-8. 5 l. — Gr. pap. 10 l.

Édition estimée.

CLEMENTIS V. Constitutionum Codex , cum Apparatu Jo. Andreæ, episc. Aleriensis. *Moguntiæ*, Joh. Fust et Pet. Schoyffer de Gernsheym , 1460, in-fol.

Première édition, excessivement rare. On en a tiré des exemplaires sur vélin.

— Idem, cum Apparatu Joh. Andreæ, episc. Aleriensis. *Moguntiæ*, Pet. Schoyffer de Gernsheym, 1467, in-fol. *très-rare*.

Il y a des exemplaires sur vélin.

— Idem, cum Apparatu Joh. Andreæ, episc. Aleriensis. *Moguntiæ*, Pet. Schoyffer de Gernsheym, 1471, in-fol. *très-rare.*

Il y a des exemplaires sur vélin.

— Idem, cum Apparatu J. Andreæ, ex recens. Alex. de Nævo. *Venet.* Nic. Jenson , 1476, in-fol.

Il y a de cette édition des exemplaires sur vélin.

CLEOMEDIS Cyclicæ Considerationis in Meteora libri duo. *Parisiis*, 1539, in-4. 4 à 5 l.

— Iidem , gr. lat., cum comment. Roh. Balforii. *Burdigal.* 1605 , in-4. 5 à 6 l.

CLERC. (Sébast. le) Pratique de la Géométrie sur le papier et sur le terrain. *Paris*, 1669, in-12. fig. 5 liv.

— Traité de Géométrie théorique et pratique. *Paris*, 1774, in-8. avec 57 pl. de Cochin, et augment. des pl. originales de Sébast. le Clerc, 8 liv.

—Œuvres choisies de Sébast. le Clerc, cont. 229 estampes. *Paris*, 1784, in-4. 18 l.

CLERC. (le) Histoire physique, morale, civile, etc. de la Russie. *Paris*, 1786, 6 vol. in-4. et atlas in-fol. 50 liv.

— Atlas du Commerce de la Russie. *Paris*, 1786, gr. in-fol. 20 l.

CLERC. (Daniel le) Histoire de la médecine, où l'on voit l'origine et les progrès de cet art. , etc. *La Haye*, 1729, in-4. 24 l.

Ouvrage estimé, et assez rare aujourd'hui.

CLERCK (Car.) Aranei Suecici, descriptionibus et figuris æneis illustrati, ad genera subalterna redacti, speciebus ultra lx determinati; suecicè et lat. *Stocholmiæ*, 1757, in-4. fig. enluminées, *très-rare*, 250 l.

On a tiré de ce magnifique ouvrage quelques exemplaires sur papier de Hollande.

— Icones Insectorum rariorum, cum nominibus eorum trivialibus locisque è C. Linnæi allegatis, suecicè et lat. *Holmiæ*, 1759, in-4. 55 pl. enlum. 250 l.

Ce volume ne le cède en rien au précédent

pour la belle exécution. Il est également
très-rare.

CLERICI (Jo.) Harmonia evangelica, gr. lat., cum Paraphrasi necnon Hist. Christi ; cum Dissert.
Amst. 1700, in-fol. 10 l.

— Ars critica, in quâ ad studia Linguarum latinæ, græcæ et hebraïcæ
via munitur. *Amst.* 1712 vel 1730,
3 vol. in-8. 7 l.

— Commentarius in Genesim, in vetus Testamentum, et Epist. SS.
Apostol. *Amst.* et *Francof.* 1693,
1714 et 1731, 5 vol. in-fol. 20 l.

—Histoire des XVII Provinces-unies
des Pays-Bas. *Amst.* 1728, 3 vol.
in-fol. fig. 18 l. — Gr. pap. 3o l.

On fait peu de cas de cet ouvrage.

— Bibliothèque univ. et historique,
depuis 1686-1693, avec tables.
Amst. 1702, 26 vol. in-12. 27 l.

— Bibliothèque choisie, pour servir
de suite à la précédente, depuis
1703-1713. *Amst.* 1712, 28 vol.
in-12. 3o l.

—Bibliothèque ancienne et moderne,
pour servir de suite aux deux précédentes, depuis 1714-1727, avec
tables. *La Haye*, 1726, 29 vol.
in-12. 3o l.

CLERISSEAU. Antiquités de la
France. Monuments de Nismes. *Paris*, 1778, in-fol. fig. 5o l.

— Les mêmes, avec un texte historique et descriptif, par Legrand. *Paris*, Didot, 1802, 2 vol. gr. in-fol.
fig. 18o l.—Pap. vélin, 3oo l. Prix
de l'éditeur.

CLEYTON. (Rod.) Introduction à
l'Histoire des Juifs, trad. de l'angl.
en franç. *Leyde*, 1752, in-4. 6 l.

CLICHTOVEI (Jod.) de necessitate
peccati Adæ, et felicitate culpæ
ejusdem. *Parisiis*, Henr. Stephanus, 1519, in-4. 8 l.

CLODII (Jo. Chr.) Compendiosum
Lexicon lat.-turcico-germanicum ;
accessit Grammatica turcica. *Lipsiæ*, 1730, in-8. 18 l.

CLOPINEL. Voy. MEUNG.

CLOS. (Choderlos de la) Les Liaisons dangereuses. *Lond.* (*Paris*,)
1796, 2 vol. gr. in-8. fig. 12 l. —
Pap. vélin, 20 l.

CLOTZII (D. Steph.) de Jesu-
Christi Sudore sanguineo Exercita-

tiones phil. theol., ed. J. A. Fa-
bricio. *Hamb.* 1710, in-4. rare,
10 à 12 l.

CLUSII (Car.) rariorum Plantarum
Historia. *Antuerpiæ*, Plantinus,
1601, in-fol. fig. 15 l.

— Ejusd. Exoticorum lib. x. — P.
Bellonii Observationes. — N. Mo-
nardi lib. iij, scilicet I. de Lapide
Bezaard et Herbâ Scorzonnera. II.
De Ferro ejusque facultatibus.
III. De Nive ejusq. commodis, ab
eodem Clusio lat. donati. *Lugd.
Bat.* 1605, in-fol. fig. rare, 25 l.

Il faut examiner si le volume contient
tous les Traités annoncés.

CLUVERII (Philip.) Introductio in
Geographiam tam veterem quam
novam, cum notis Jo. Brunonis,
cur. Aug. Bruzen de la Martinière.
Amst. 1729, in-4. avec cartes, 8 l.

On fait cas de cet ouvrage.

— Italia antiqua. *Lugd. Batav.* 1624,
2 vol. in-fol. fig. 15 l.

— Sicilia antiqua, Sardinia, et Corsica. *Lugd. Batav.* 1619, in-fol.
fig. 10 l.

— Germania antiqua. *Lugd. Batav.*
Elzevir, 1616 vel 1631, in-fol. fig.
12 l.

Ces trois ouvrages acquièrent plus de valeur lorsqu'ils sont réunis : 45 à 5o l.
Le dernier volume est rare.

CNAPII (Gregor.) Thesaurus Polono-lat.-græcus, sive Promptuarium Linguæ lat. et græcæ, in
tres tom. div. *Cracoviæ*, 1621 vel
1643, in-fol. 15 l.

Ouvrage recherché.

— Dictionarium polono-latinum. *Gedani*, 1705, in-8. 7 l.

— Thesaurus polono-latino-germanic-
us. *Warsoviæ*, 1778-80, 2 vol.
in-4. 36 à 48 l.

COCCIUS. (Hieron.) Thermæ Diocle-
tiani, ad rivum à fundo usque descriptæ per Sebast. ab Oya, delineatæ et in æs incisæ ab H. Coc-
cio. *Antuerpiæ*, 1658, gr. in-fol.

Ouvrage rare et recherché.

COCHIN. (Ch. Nic.) Voyage pittoresque d'Italie, ou Recueil de Notes
sur les Ouvrages de peinture et de
sculpture des principales villes
d'Italie. *Paris*, 1756, 2 vol. in-8.
24 l. — Gr. pap. in-4. 36 l.

— Iconologie par figures. Voy. GRA-
VELOT.

COCHIN : (Henri) ses Œuvres de
Jurisprudence. *Paris*, 1751 et
suiv. 6 vol. in-4. 36 l.

COCHON (le) mitré, dialogue entre Scarron et l'abbé Furetière.
1689, in-12. 12 l. et avec la figure,
18 l.

On a tiré de ce petit ouvrage des exemplaires sur vélin.

CODE des prises (par Chardon.)
Paris, impr. roy. 1784, 2 vol.
in-4. 15 l.

CODICILLES de Louis XIII, adres-
sés à son très-cher fils aîné et successeur. 1643, in-16. 140 l.

Livre singulier et très-rare.

CODINUS. (Georg.) Vid. BYZANTINE.

CODRI URCEI (Ant.) Collectio
Operum, *scilicet*, Orationes, Epistolæ, Sylvæ, etc., et Vita autor.
per Barth. Blanchinum. *Bononiæ*,
1502, in-fol. 30 l.

Edition rare, et la plus recherchée de cette
Collection, parce qu'elle renferme des
morceaux obscènes qui ont été corrigés
ou supprimés dans les réimpressions de
Venise, 1506 et de *Bâle*, 1540. in-4.

CŒLIUS. (Apicius) Vid. APICIUS.

COGNATI (Gilb.) Opera omnia.
Basileæ, 1562, in-fol. *très-rare*,
15 à 18 l.

COHAUSEN (Jo. Henr.) Dissertatio
satyrica de Picà nasi, sive Tabaci
sternutatorii moderno abusu et
noxa. *Amst.* 1716, in-12. 3 à 4 l.

— Ejusd. Raptus Estaticus in montem Parnassum, in eoquè visus
Satyrorum lusus cum nasis taba-
co-prophoris. *Amst.* 1726, in-12.
3 à 4 l.

— Ejusd. Hermippus redivivus, sive
Exercitatio physico-medica curiosa
de methodo rarà ad cxv annos pro-
rogandæ senectutis, per Anheli-
tum Puellarum, ex veteri monu-
mento romano deprompta. *Francofurti*, 1742, in-8. 7 à 9 l.

COINTE (Car. le) Annales ecclesiastici Francorum, ab anno Christi
235 ad ann. 845. *Parisiis*, typ.
reg. 1665 et seqq. 8 vol. in-fol. 40 l.

COKER. A Survey of Dorsetshire,
containing the Antiquities and natural History of that County. *Lond.*
1732, in-fol. fig. 20 l.

COLARDEAU : (Char. Pier.) ses
Œuvres. *Paris*, 1779, 2 vol. gr.
in-8. fig. 15 l. — Pap. de Holl. 36 l.
— Le Temple de Gnide, mis en vers.
Paris, in-8. 6 l.

COLETI (Giand.) Dizionario stori-
co-geografico dell' America merid.
In Venezia, 1771, 2 tom. 1 vol.
in-4. cartes, 12 l.

COLLADI (Fr. Didaci) Dictionarium Linguæ japonicæ.—Ars grammaticæ japonicæ Linguæ. *Romæ*,
1632, in-4. 30 l.

Ce volume est rare.

COLLADON. Voy. BEZE.

COLLECTANEA Malaïca Vocabu-
laria; hoc est, Congeries omnium
Dictionariorum malaïcorum hactenùs editorum. *Bataviæ*, 1707, in-4.
très-rare.

COLLECTIO Bullarum SS. Basilicæ
Vaticanæ, à S. Leone ad Benedictum XIV, cum notis. *Romæ*, 1747-
1752, 3 vol. in-fol. 30 l.

COLLECTIO Poëtarum elegiacorum,
stylo et sapore Catulliano, ex recens. Car. Michaëler. *Viennæ*,
1784-1789, 4 vol. pet. in-8. 15 l.
—Eadem, ex recens. Car. Michaëler.
Vindobonæ, 1790, 2 vol. in-8. 15 l.

COLLECTIO Epistolarum græcarum.
Venetiis, Aldus, 1499. Vid. EPIS-
TOLÆ.

COLLECTIO Pisaurensis omnium
Poëmatum, Carm., Fragment. lat. à
primâ lat. ling. ætate, etc. *Pisauri*,
1766, 6 vol. in-4. 60 l.

Cette édition, quoique moins bien exécutée,
est beau oup plus complète que le *Corpus
poetarum* de Maittaire, 1713 ou 1721,
et sous ce rapport, elle a son mérite aux
yeux des vrais littérateurs.

COLLECTIO (Siciliæ et Insular. adjacent. vetor. Inscript.), cum
Auctuario nummor., populor., urbium et regum Siciliæ. *Panormi*,
1769-89, 2 vol. in-fol. fig. 50 l.

COLLECTION académique. Voyez
ACADÉMIE.

COLLECTION choisie de Plantes
et Arbustes, avec un abrégé de
leur culture. *Zurich*, 1786, in-4.
pap. vélin, fig. color. 36 l.

COLLECTION des Peintures antiques qui ornaient les palais, thermes, etc., des empereurs, Tite,
Trajan et autres, tant à Rome

qu'aux environs. *Rome* , 1781 , in-fol. fig. 24 l.

COLLECTION de Livres rares, dont les éditions ont été renouvelées par M. P. Caron. *Paris*, 1799 et suiv. 9 vol. petit in-8. papier ordinaire, 75 l. environ.

Cette Collection est composée des ouvrages suivants :
Sottie à dix personnages, jouée à Genève le dimanche des Bordes, l'an 1523 , 1 vol. —Morlini Novellæ, Fabulæ et Comœdiæ, 2 vol. — Le *Mystère du chevalier qui donna sa femme au Diable*, à dix personnages, 1 vol. — Recueil de plusieurs farces tant anciennes que nouvelles , 1 vol. — Nouvelle Moralité d'une pauvre Villageoise, laquelle aima mieux avoir la tête coupée par son père , que d'être violée par son seigneur , 1 vol. — La Farce de la querelle de Gaultier-Garguille et de Perrine sa femme , 1 vol. — Le Plat de Carnaval, ou les Beignets apprêtés par Guillaume Bonnepâte , 1 vol. — Le Jeu du Prince des sots et de Mère sotte , 1 vol.
Ces 9 vol. n'ont été tirés qu'à 55 exemplaires, dont 12 sur papier vélin, 2 sur papier rose, 2 sur papier bleu, et 39 sur papier ordinaire. De ces 39 derniers exemplaires , 25 ont été détruits.
Il y a un exemplaire sur peau de vélin.

COLLECTION de 95 portraits de personnes illustres des Pays-Bas , pendant ce siècle , grav. par Houbraken. *Amst.* 1761 , in-4. gr. pap. 140 l.

COLLECTION univ. de Mémoires particuliers relatifs à l'Histoire de France. *Paris*, 1785 , 70 vol. in-8. 160 à 180 l.

Une société avait formé le projet de continuer cette Collection , mais n'ayant pas trouvé le débit des volumes qu'elle fit paraître , elle l'a abandonné.

COLLECTION des Moralistes anciens. *Paris*, Didot l'aîné, 1782-1795 , 18 vol. in-18. 24 l. — Pap. d'Annonay et papier vélin , 100 l.

Cette jolie Collection, dont il y a des exemplaires sur peau de vélin, est composée des ouvrages suivants :
Manuel d'Epictète , 1 vol. — Pensées de Confucius , 1 vol. — Pensées de div. auteurs chinois , 1 vol. — Pensées d'Isocrate , 1 vol. — Pensées de Sénèque , 3 vol. — Pensées de Cicéron , 1 vol. — Les Caractères de Théophraste , 1 vol. — Les Sentences de Théognis , 1 vol. — Entretiens de Socrate , 2 vol. — Apophthegmes des Lacédémoniens , 1 vol. — Pensées de Plutarque , 2 vol. — Vies et Apoph-

Dict. Bibl. I.

thegmes des Philosophes grecs , 1 vol. — Morale de Jésus-Christ, 2 vol.

Il n'y a de cette Collection que les Apophthegmes des Lacédémoniens , les Pensées de Plutarque , et la Morale de J. C. , qui aient été tirés sur papier vélin ; le reste est en papier fin d'Annonay.
La Morale de J. C., édition de 1785 , est très-rare en papier vélin, et vaut seule , brochée , 18 à 24 l.

—Voy. NOEL.

COLLECTION connue sous le nom de *Collection de Bleuet* , 20 vol. in-18. pap. vélin , ornés de 124 fig. 115 l. —Gr.-raisin vélin , fig. av. la lettre , 219 l. Prix de l'éditeur.

Elle contient :
Gulliver, 4 vol. — Manon Lescaut , 2 vol. — Ollivier , 2 vol.—Lettres Péruviennes, 2 vol. — Zélomir , 1 vol. —Primerose, 1 vol.—Psyché et Adonis , 2 vol. — Temple de Gnide et Arsace , 1 vol. — Télémaque , 4 vol. — Maximes de Larochefoucauld , 1 vol.
Cette petite Collection est bien imprimée.

COLLECTION d'ouvrages français imprimés par ordre du comte d'Artois. *Paris* , Didot l'aîné, 1780 , 64 vol. in-18. papier fin.

Cette Collection est composée des ouvrages suivants :
Le Temple de Gnide , 1 vol. — Acajou et Zirphile , 1 vol. — Ismène et Isménias , 1 vol. — Zayde , hist. espagnole , 3 vol. — La princesse de Clèves , 2 vol. —Histoire du petit Jehan de Saintré , 1 vol. — Contes moraux de Marmontel , 2 vol. — Lettres de la comtesse de Sancerre , 2 vol. — Ollivier , poëme , 2 vol. — Le Berceau de la France , 2 vol. — Lettres de Milady Juliette Catesby , 1 vol. — Gerard de Nevers , 1 vol. — Contes et Romans de Voltaire , 6 vol. — Les Amours de Daphnis et Chloé , 1 vol. — Histoire d'Aloyse de Livarot , 1 vol. —Les Amours de Roger et Gertrude , 1 vol. — Histoire de Tristan de Leonnois , 1 vol. — Histoire de Manon Lescaut , 2 vol. —Les Confessions du comte de*** , par Duclos , 2 vol. — Sargines , nouvelle , 1 vol. — Lettres péruviennes , 2 vol. — Le Siège de Calais , 2 vol. — Lorezzo , nouvelle , 1 vol. — Don Carlos , nouvelle historique , 1 vol. — Conjuration des Espagnols contre Venise , 1 vol. — Mémoires du comte de Grammont , 3 vol. — OEuvres choisies de Boileau , 1 vol. — Les Fables de la Fontaine , 2 vol. —OEuvres choisies de Gresset , 1 vol. — Les Aventures de Télémaque , 4 vol. — Les Contes d'Hamilton , 3 vol. — Les Jardins , par Delille , 1 vol. — Lettres persanes , 3 vol. — Les Amours de Psyché et de Cupidon , 2 vol. —Tom-Jones , 4 vol.

On trouve peu de Collections aussi bien exécutées. Il est fâcheux qu'elle soit composée en partie d'ouvrages aussi futiles. Elle a été tirée à 60 exemplaires sur papier superfin, avec les écussons du comte d'Artois; plus, à un certain nombre sur papier ordinaire, pour le compte de M. Didot. Les premiers valent 12 à 1500 l., et les seconds, 350 à 450 l.

Il y a 4 exemplaires sur peau de vélin, qui sont des morceaux infiniment précieux.

COLLECTION classique grecque, publiée par J. B. Gail. *Paris*, 1788, 4 vol. in-12. 10 l.

COLLECTION d'auteurs grecs, publiés par J. B. Gail. *Paris*, 1795, 14 vol. in-18. fig. 18 l. — Pap. vélin, 24 l. — Gr. pap. vélin, 54 l.

Cette jolie Collection contient : Bion et Moschus, 1 vol. — Théocrite, 2 vol. — Républiques de Sparte et d'Athènes, et Traité de la chasse par Xénophon, 2 vol. — Mythologie dramatique de Lucien, 3 vol. — Callimaque, 2 vol.—Anacréon, 4 vol.

COLLECTION de Mammifères du Muséum d'histoire naturelle, dessinés par Huet fils et grav. par J. B. Huet jeune. *Paris*, 1808, in-4. cont. 55 pl. fig. noires, 40 l. — Fig. color., pap. gr.-raisin vélin, 84 l.

COLLECTIONES Peregrinationum in Indiam Orientalem et Indiam Occidentalem xxv partibus comprehensæ. Opus illustratum figuris æneis fratrum de Bry et Meriani. *Francof. ad Mœnum*, 1590-1634, 7 vol. in-fol. fig. 1500 l.

Ce Recueil, dont le mérite et la grande rareté sont bien constatés, est connu parmi nous sous le nom de *Collection des grands et des petits Voyages*. Cette dénomination lui est venue de ce que les XIII parties séparées qui concernent les Indes occidentales, sont imprimées sur un format un peu plus grand que les XII qui concernent les Indes orientales.

Comme une description détaillée de ce Recueil nous mènerait beaucoup trop loin, nous renvoyons nos lecteurs à Debure et particulièrement à l'ouvrage de M. A. G. Camus, intitulé, *Mémoires sur la Collection des grands et petits Voyages et sur la Collection des Voyages de M. Melchisedech Thevenot*. *Paris*, 1802, in-4.

COLLERYE. Voy. ROGER.

COLLET. (Cl.) Histoire Palladienne, traitant des gestes et généreux faits d'armes et d'amours, de plusieurs grands princes, et principal. de Palladien. *Paris*, 1555, in-fol. 15 l.

Roman estimé et assez rare.

COLLII (Fr.) de Sanguine Christi lib. v. *Mediolani*, 1617, in-4. 15 l.

Ce Livre est rare.

—De Animabus Paganorum lib. v. *Mediolani*, 1622 et 1633, 2 vol. in-4. *rare*, 27 l.

Cet ouvrage était beaucoup plus cher autrefois. L'édition de *Milan*, 1738, est aussi assez rare.

COLLIN D'HARLEVILLE:(J. F.) son Théâtre et ses Poésies fugitives. *Paris*, 1805, 4 vol. in-8. 15 l.

On a tiré de ce livre quelques exemplaires sur papier vélin, 30 l.

COLLINS. Cartes marines des Côtes de la Grande-Bretagne. Voyez GREENVILLE.

COLLINS. (Ant.) Discours sur la liberté de penser, trad. de l'angl. avec la Lettre d'un médecin arabe. *Lond.* 1714, in-8. 5 l. — Gr. pap. 10 l.

Les exemplaires qui ne renferment pas la Lettre du Médecin arabe, ont peu de valeur.

Cette édition est préférée à celles de 1717 et 1766.

COLLINS : (W.) the poetical Works. *Lond.* Bensley, 1800, gr. in-12. pap. vélin, fig. 7 l.

COLMENAR. (Juan Alvarez de) Voy. ALVAREZ.

COLONIA. (le P. de) Histoire littéraire de la ville de Lyon, etc. *Lyon*, 1728, in-4. 6 l. — Gr. pap. 12 l.

—Théâtre du P. de Colonia. *Lyon* 1693 et ann. suiv. 2 vol. in-12. *rare*, 7 à 9 l.

COLONNA, marchesa di Pescara: (Vittoria) Rime. *In Parma*, 1538, in-8. 8 l.

Poésies estimées. Cette édition en est la meilleure.

COLONNE. (Guido Giudice, dalle) Volgarizzamento della Storia della guerra di Troja. *Venezia*, 1481, in-fol. *assez rare*, 48 l.

COLONNE. (Fr. Mar. Pompée) Histoire naturelle génér. de l'Univers, publiée par de Gosmond. *Paris*, 1734, 4 vol. in-12. fig. 10 l.

COLUMBI Cremonensis (Realdi) de Re anatomicâ lib. xx. *Venetiis*, 1559, in-fol. fig. 20 l.

Edition estimée et peu commune.

COLUMBI (Jo.) incerti Scriptoris græci Fabulæ aliquot Homericæ de Ulixis erroribus, gr. lat. *Lugd. Batav.* 1745, in-8. 5 à 7 l.

L'édition de *Stockholm*, 1678, vaut de 4 à 5 l.

COLUMELLA. (Lucius Jun. Mod.) Vide SCRIPTORES Rei rusticæ.

COLUMNÆ (Fabii) Phytobasanos, sive Historia Plantarum. *Neapoli*, 1592, in-4. fig.

—Ejusd. Ecphrasis, seu Historia Stirpium minùs cognitarum, necnon ejusd. aquatilium animalium Historia, et Opusculum de Purpurâ. *Romæ*, 1616, 3 tom. 1 vol. in-4. fig.

Ces deux ouvrages de *Fabius Columna* ne se séparent pas. Ils sont très-rares et fort chers de l'édition originale : 100 à 150 l.

Quand on les trouve séparément, le premier vaut 60 l. et le second 36 l.

Quoique le volume du premier Traité ait été réimprimé à *Milan*, en 1744, in-4. cette dernière édition n'a fait aucun tort à la première, qui est toujours très-recherchée.

On doit trouver à la suite du second Traité un petit ouvrage intitulé *de Purpurâ*; quand cette partie manque, le volume perd beaucoup de sa valeur.

— Opusculum de Purpurâ, cum annot. Jo. Dan. Majoris. *Kiliæ*, 1675, in-4. 12 l.

Cette réimpression du Traité *de Purpurâ*, se joint aux deux ouvrages précédents, parce qu'elle renferme quelques augmentations.

COLUMNA (Fr.) Hypnerotomachia Poliphili : Opus italicâ linguâ conscriptum. *Venetiis*, Aldus Manutius, 1499, in-fol. fig. *rare*, 60 l.

Edition originale.

Les exemplaires imprimés sur vélin sont extrêmement précieux, 400 à 500 l.

En assemblant les premières lettres des 38 chapitres qui composent cet ouvrage, on a le nom de l'auteur qui ne s'est pas fait connaître autrement :

Poliam frater Franciscus Columna peramavit.

La figure du sixième feuillet, cahier M, représentant un Priape, est souvent grattée ou tachée d'encre.

—La medesima. *Venetiis*, Aldus, 1545, in-fol. fig. 18 l.

Cette édition est bien moins recherchée que la précédente.

—Hypnérotomachie, ou Discours du songe de Poliphile, déduisant comme amour le combat à l'occasion de Polia, trad. de l'ital., mis en lumière par J. Martin. *Paris*, 1661, in-fol. fig. 12 l.

COLUMNA, Messanensis (Guidonis de) Historia Trojana, seu Destructionis Trojæ. *Coloniæ*, Arn. Therhoernem, 1477, in-4.

Edition originale, très-rare. On en a tiré des exemplaires sur vélin.

— Eadem. *Argentinæ*, 1486, in-fol. goth. 20 l.

Cette édition est moins rare que la précédente.

— Eadem, ital. conversa ab authore incerto. *Venetiis*, Ant. d'Alessandria della Paglia, 1481, in-fol. 30 liv.

Edition fort rare, et recherchée, parce qu'elle est la première de ce livre en langue italienne.

COLUTHI Raptus Helenæ, gr. lat., ex recens. Jo. Dan. à Lennep. *Leovardiæ*, 1747, in-8. 12 l.

Ce volume fait partie de la Collection des auteurs *cum notis Variorum.*

—Idem, gr. lat., cum metricâ interpr. ital. A. M. Salvini. *Florentiæ*, 1765, in-8. 6 l.

—Idem, gr., lat. et ital. *Parmæ*, Bodoni, 1795, pet. in-fol. 36 l.

Belle édition. Les exemplaires sur papier vélin sont rares et chers.

— L'Enlèvement d'Hélène, trad. du grec, avec des remarq. (par Char. Dumolard.) *Paris*, 1742, in-12. 12 l.

Volume rare.

COLYN (Mich.) omnium penè Gentium Habitus, ære incisi. in-4. obl. *sine anno*, 9 à 12 l.

COMASCHI. (Vinc.) Saggio sopra l'Epigramma italiano. *Parma*, Bodoni, 1793, in-8. 6 l.

Ouvrage tiré à 200 exemplaires seulement.

COMBE. (Car.) Nummorum veterum populorum et urbium qui in musæo G. Hunter asservantur Descriptio. *Londini*, 1782, in-4. fig. 30 l.

COMBE. (Fr. la) Dictionnaire du

vieux Langage français. *Paris*, 1766 et 1767, 2 vol. in-8. 9 l.

COMBEFISII (Fr.) Bibliotheca Patrum concionatoria. *Parisiis*, 1662, 8 vol. in-fol. 60 l.

—Scriptores post Theophanem. Vid. BYZANTINE.

COMENII (Jo. Amos) Admonitio de Irenico Irenicorum. *Amst.* 1660, in-8. 5 l.

— Janua Linguarum reserata, quatuor Ling. *Lugd. Batav.* Elzevir, 1644, in-8. 4 l.

COMESTOR, Trecensis. Catena temporum, seu Rudimentum Novitiorum. *Lubecæ*, L. Brandis de Schasz, 1475, 2 vol. in-fol. fig. 120 liv.

On attribue cet ouvrage à Pierre Comestor ; il est fort rare, et exécuté sur deux colonnes, sans chiffres, signatures ni réclames, avec des figures en bois qui quelquefois sont coloriées.

—La mer des Histoires, traduct. de l'ouvrage précédent. *Paris*, Pierre le Rouge, 1488, 2 vol. in-fol.

Il y a plusieurs autres éditions de cette traduction, mais celle-ci est la plus recherchée des amateurs.

— La même, et de la même traduction. *Paris*, Vérard, sans date, 2 vol. in-fol.

Nous ne faisons mention de cette édition que pour annoncer qu'il en a été tiré des exemplaires sur vélin.

COMIERS. (Cl.) Traité de la Parole, des Langues et Ecritures, et l'Art d'écrire et de parler occultement. *Liége*, 1691, in-12. *rare*, 6 l.

COMMELINI (Joan.) rariorum Plantarum horti medici Amstelodamensis Descriptio et Icones, curâ Frid. Ruyschii, et Fr. Kiggelaer lat. donata. *Amst.* 1697 et 1701, 2 vol. in-fol. fig. 50 l.

Ouvrage estimé. Les exemplaires avec figures enluminées sont rares et chers : 300 à 400 l.

COMMELINI (Caspar.) Plantæ rariores et exoticæ, cum Dissert. *Lugd. Batav.* 1715, in-4. fig. 8 l.

— Præludia botanica, ad publicas Plantarum exotic. demonstr. *Lugd. Batav.* 1703 seu 1715, in-4. fig. 9 l.

—Flora Malabarica. Vid. VAN RHEEDE.

COMMENTARII Societatis regiæ scientiarum Gœttingensis. Voyez ACADÉMIE.

COMMINES : (Philip. de) ses Mémoires, corrigés par Denys Sauvage. *Leyde*, Elzevir, 1648, in-12. 24 à 36 l.

Jolie édition, peu commune. Celle de 1649, impr. roy. n'est presque plus recherchée.

— Les mêmes, édition augment. par Godefroy. *Bruxelles*, 1723, 5 vol. in-8. 15 l.

— Les mêmes, revus par Lenglet du Fresnoy. *Paris*, 1747, 4 vol. in-4. 20 l. — Gr. pap. 40 l.

Il y a des exemplaires de ces Mémoires dans lesquels l'éditeur a inséré une préface au Maréchal de Saxe, mais ils sont en petit nombre.

COMNÈNE. (J.) Description du Mont Athos, en grec moderne. *Venise*, 1745, in-8.

Vendu 78 l. chez M. Villoison.

COMNENA. (Anna) Vid. BYZANTINE.

COMŒDIÆ et Tragœdiæ aliquot, ex novo et veteri Testamento desumptæ. *Basileæ*, 1540, in-12. 10 l.

COMOS. (Pet.) Vid. Testamentum. (Novum J. C.)

COMPAGNI. (Dino) Cronica fiorentina dall'ann. 1280 sin' al 1312. *Firenze*, 1728, in-4. 6 l.

Edition citée par la Crusca.

COMPAGNIA del Mantellaccio, con la giunta nuov. stampata. *Fiorenza*, 1572, in-4. *assez rare*, 15 l.

L'Académie de la Crusca fait mention de cette édition.

COMPENDIUM Deprecationum, cum multis Orationibus noviter additis. *Venetiis*, 1505, in-16. 9 à 12 l.

Ce volume renferme un assez grand nombre de prières, plus propres à exciter le rire que la piété.

COMPIEGNE DE VEIL (Lud.) Catechismus Judæorum, hebr. et lat. *Lond.* 1679, in-8. 8 l.

COMPLAINTE et Chanson de la grande paillarde Babylonienne de Rome, sur le chant de Pienne. 1561, in-8. *rare*, 20 l.

COMPONIMENTI per le Nozze di Stefano Sanvitale et di Luisa Gonzaga. *Parma*, Bodoni, 1787, in-4.

Volume bien imprimé et orné d'une gravure de Morghen. Il a été tiré à un très-petit nombre d'exemplaires.

COMTE. (le P. Louis le) Nouveaux

Mémoires sur l'état présent de la Chine. *Paris*, 1701 et 1702, 3 vol. in-12. fig. 10 l.

CONCA. (Ant.) Descrizione odeporica della Spagna. *Parma*, Bodoni, 1793, 3 vol. in-8. 21 l.

CONCILIORUM omnium Collectio regia. *Parisiis*, 1648 et seqq. 37 vol. in-fol. 150 l.

Cette volumineuse collection est peu recherchée.

CONDAMINE. (Charl. Mar. de la) Relation abrégée d'un voyage fait dans l'intérieur de l'Amérique méridionale. *Paris*, 1745 et 1746, in-8. fig. 8 l.

Il faut examiner si à la fin du volume se trouve la Lettre sur l'émeute de Cuença, au Pérou.

— Journal du Voyage fait par ordre du roi à l'Equateur. *Paris*, impr. roy. 1751, 3 tom. 1 vol. in-4. fig. 12 l.

— Mesure des trois premiers degrés du Méridien, dans l'hémisphère austral. *Paris*, impr. roy. 1751, in-4. 8 l.

CONDÉ : (Louis de Bourbon, prince de) ses Mémoires, augment. de plusieurs pièces, avec des notes historiques par D. Fr. Secousse, et un suppl. par Lenglet du Fresnoy. *Lond.* (*Paris*), 1743, 6 vol. in-4. 30 l. — Gr. pap. 50 l.

CONDILLAC. (Etienne Bonnot de) Cours d'étude pour l'instruction du prince de Parme. *Aux Deux-Ponts*, 1782, (*Parme*, Bodoni, 1775), 13 vol. gr. in-8. presque carrés, pap. fin, 90 l.

Edition originale.

— Le même. *Parme*, impr. roy. (*Aux Deux-Ponts*), 1776, 16 vol. in-8. 60 l.

C'est la contrefaction de l'édition précédente. On l'a prise assez long-temps pour l'originale, que des plaintes de la cour d'Espagne empêchèrent de paraître pendant 7 ans, et dont le débit ne fut permis qu'à la charge de faire des cartons et de nouveaux frontispices pour la date et l'indication de la ville.

Les exemplaires qui n'ont subi aucun changement sont précieux et rares : on n'en compte que trois ou quatre.

— Œuvres complètes de Condillac. *Paris*, an 6 (1798), 23 vol. in-8.

90 l. — Pap. fin, 130 l. — Pap. vélin, 250 l.

Ce dernier papier n'a été tiré qu'à 25 exemplaires.

— Les mêmes. *Paris*, 1798, 35 vol. in-18. 36 l.

— Les mêmes. *Paris*, 1803, 31 vol. in-12. 42 l.

CONDORCET. (Marie-Jean-Ant. Nic. de Caritat, marquis de) Essais d'Analyse. *Paris*, 1768, in-4. 10 l.

— Essai sur l'application de l'analyse à la probabilité des Décisions rendues à la pluralité des voix. *Paris*, impr. roy. 1785, in-4. 8 l.

La Collection des OEuvres de Condorcet forme 21 vol. in-8. imprimés à *Genève* : 90 à 100 l.

CONDORCET, PEYSSONNEL et le CHAPELIER. Bibliothèque de l'homme public, ou Analyse raisonnée des principaux ouvrages sur la politique, la législation, le commerce, etc. *Paris*, Buisson, 28 vol. in-8. 72 l.

Collection estimée.

CONFORMITÉS (les) des Cérémonies modernes avec les anciennes (par Pier. Mussard.) *Genève*, 1667, in-8. 5 l.

CONFUCIUS Sinarum Philosophus, sive Scientia Sinensis, lat. exposita, stud. et operâ Prosp. Intorcetta et alior. *Parisiis*, 1687, in-fol. 12 l.

— Gr. pap. 24 l.

Ouvrage curieux.

— La Morale de Confucius ; avec la Lettre sur la morale de Confucius, par Cousin. *Amst.* sans date, in-12. 4 liv.

— Abrégé historiq. des principaux traits de la vie de Confucius, orné de 24 estamp. grav. par Helmann. *Paris*, in-4. fig. 15 l.

CONGREVE : (Will.) Works. *Birmingham*, Joh. Baskerville, 1761, 3 vol. in-8. fig. 24 l.—Pap. de Holl. 45 l.

Bonne édition.

CONNOR (Bern.) Evangelium medici, seu Medicina mystica, de suspensis naturæ Legibus. *Lond.* 1697 seu *Amst.* 1699, in-8. 9 l.

Ces deux éditions sont également bonnes et peu communes

CONONIS Narrationes quinquag.,

gr., et Parthenii Narrationes ama- toriæ, gr., cum annot. J. A. Kanne. *Gottingæ*, 1798, in-12. 8 l.

CONQUESTE (la) que fit le grand roi Charlemaigne du pays des Espai- gnes, etc. *Paris*, Bonfons, in-4. goth. ou *Lyon*, 1536, in-4. goth. 10 l.

CONQUESTE (la) de l'Empire de Trebizonde et de l'Asie, faite par Regnauld de Montauban, etc. *Paris*, sans date, in-4. goth. 10 l.

CONSTANT. (Pierre) Les Abeilles et leur état royal. *Paris*, 1600, in-8.

Exemplaire imprimé sur papier bleu.

CONSTANTINI (Rob.) Lexicon græ- co-lat., cur. Fr. Porto. (*Genevæ*), 1592, in-fol. 72 à 80 l.

Il y a des exemplaires datés de 1607, à *Genève*, et d'autres de 1637, à *Lyon*; mais c'est toujours la même édition de 1592.

CONTARINI. (Ambr.) Vide VIAGGI.

CONTES théologiques, suiv. des Li- tanies des catholiques du xviij^e siècle; recueil de poésies erotico- philosoph. *Paris* (*La Haye*), 1783, in-8. 2 l.

CONTES orientaux, tirés de la biblio- thèque du roi de France (par le comte de Caylus). *La Haye*, 1743, 2 vol. in-12. fig. 8 l.

CONTES (les nouveaux) orientaux. *Paris*, 1780, 2 tom. 1 vol. in-12. fig. 6 l.

CONTES (nouveaux) à rire et Aven- tures plaisantes de ce temps. *Colo- gne*, 1702, in-8. fig. 8 l.

CONTI. (Giusto de') La bella Mano, libro ristorato per J. Corbinelli. *Parigi*, 1595, in-12. 18 l.

— La stessa, con annot. *Firenze*, 1715, in-12. 3 l.

Ces deux éditions sont citées par la Crusca.

— La stessa. *Verona*, 1753, in-4. con fregi e fig. 8 l.

La première édition de ce livre a paru en 1472, sans indication de lieu, in-8. ou petit in-4.

CONTI. (Armand de Bourbon, prince de) Les Devoirs des Grands, avec son Testament, et autres pièces. *Paris*, 1779, 2 vol. in-12.

On a tiré de ces deux volumes un exem- plaire sur vélin.

CONTINI (Franc.) Pianta della villa Tiburtina d'Adriano Cesare, di- segnata da P. Ligorio. *Roma*, 1751, in-fol. fig. 12 l.

CONSTITUTIONES Sententiæ ar- bitrariæ Congregationum Reverendi Cleri Venetiorum. *Venetiis*, 1581, in-fol.

Il existe de cet ouvrage des exemplaires sur vélin.

CONSTITUTIONES Ordinis Vel- leris aurei, è gallico in latinum conversæ. *Sine anno*, in-4.

Il existe de ce livre des exemplaires sur vélin.

CONTREDITS du prince des Sots, autrement des Songes-Creux. *Pa- ris*, Galliot Dupré, 1530, in-8. 8 l.

COOK (James) HAWKES- WORTH'S. An account of the Voyages undertaken for making discoveries in the southern hemi- sphere, and successively performed by commodore Byron, capt. Wal- lis, Carteret and Cook. *Lond*. 1773, 3 vol. in-4. 23 pl. et cartes.

— A Voyage towards the south pole, and round the world, in the years 1772. *London*, 1777, 2 vol. gr. in-4. 62 pl.

George Forster, compagnon du capitaine Cook dans cette expédition, a donné sa relation particulière de ce voyage sous le titre suivant:

A Voyage round the world, commanded by Captain James Cook, during the years 1772-1775. *London*, 1777, 2 vol. in-4.

Le volume suivant se joint aux deux re- lations.

Forster's (John Reinold) Observations made during a voyage round the world, on physical geography, natural history, and ethic philosophy. *London*, 1778, in-4.

— Cook and James King. A Voyage to the pacific Ocean, undertaken for making discoveries in the nort- hern hemisphere, etc., in the years 1776-1780. *London*, 1784, 3 vol. gr. in-4. 87 pl.

— The Life of the captain James Cook, by Dr. Kippis. *London*, 1788, in-4.

Cette édition anglaise n'est pas commune en France. Les 12 vol. réunis, 400 à 450 l. ou les 8 vol. seulement de Cook, avec sa vie, 300 l.

— Relation des Voyages entrepris pour faire des découvertes dans l'hémisphère méridional, trad. de l'angl. (par Suard). *Paris*, 1774, 4 vol. in-4. fig. 48 à 60 l.

Premier voyage.

— Voyage dans l'hémisphère austral et autour du Monde, fait en 1772, 1773, 1774 et 1775, trad. de l'angl. (par Suard). *Paris*, 1778, 5 vol. in-4. 65 pl., la dixième double, 60 à 72 l.

Second Voyage.

Dans celui-ci la relation de Georg. Forster est réunie à celle du capitaine Cook : chaque passage se trouve renfermé entre des guillemets.

— Voyage à l'Océan pacifique, pour faire des découvertes dans l'hémisphère du nord, fait en 1776, 1777, 1778, 1779 et 1780 ; trad. de l'angl. (par Desmeunier). *Paris*, 1785, 4 vol. in-4. 87 pl. non compris la mort du capitaine Cook, 72 à 84 l.

Troisième Voyage.

— Vie du capitaine Cook, trad. de l'angl. de Kippis, par Castera. *Paris*, 1788, in-4. 7 à 9 l.

Ces trois Voyages réunis, en y comprenant la Vie du capitaine Cook, 230 à 250 l.

— Les mêmes. *Paris*, 1773, 18 vol. in-8. et atlas in-4. fig. 130 à 150 l. On joint ordinairement à cette édition la Vie de Cook en 2 vol. in-8.

Le premier voyage forme 8 vol. souvent reliés en 4 ; le second 6 vol., sans les observat. de Forster ; et le troisième 8 vol. Les planches de l'édition in-4. ont servi à celle-ci.

COPERNICI (Nic.) de Revolutionibus orbium cœlestium lib. xj. *Basileæ*, 1566, in-fol. 15 l.

COPPÆ (Jac.) Epigrammata et Elegiæ. *Parthenope*, 1542, in-4. très-rare.

COPPETTA. (Fr. Beccuti, detto il) Rime burlesche, accresciute e corrette da Vinc. Cavallucci. *Venezia*, 1751, in-4. 6 l.

COQUILLART : (Guill.) ses Œuvres. *Paris*, G. du Pré, 1532, in-16. 9 à 12 l.

Jolie édition en lettres rondes.

— Les mêmes. *Paris*, A. Urb. Coustelier, 1723, in-8. 4 l.

On a tiré de cette édition des exemplaires sur vélin.

COQUILLE : (Guy) ses Œuvres. *Bordeaux*, 1703, 2 vol. in-fol. 12 l.

L'édition de 1665 se vend à peu près le même prix.

CORBAUX Junior.(Fr.) Dictionnaire des Arbitrages, de Changes entre toutes les villes qui ont une correspondance mutuelle. *Paris*, 1802, 2 vol. gr. in-4. 30 l.

CORBOLII (Pet.) Remedium contrà Concubinas et Conjuges. *Absque anno*, in-4. goth.

Ce Traité est ordinairement précédé d'un autre, intitulé : *Invectiva cœlus fœminei*; et suivi d'un troisième, intitulé : *de Arte stigmatizandi*.

Ces trois Traités réunis ensemble, ont été vendus 50 l. 19 s. chez La Vallière.

CORDI (Eurici) Epigrammatum libri duo. *Effordiæ*, 1517, in-4. 9 à 12 l.

CORDINER. (Charl.) Remarkable Ruins, and romantic Prospects of north Britain, etc. *Lond.* 1788-1795, in-4. 100 pl. 24 l.

CORINTHII (Greg.) de Dialectis, cum Grammatici Leidensis et Meermanniani Opusculis de Dialectis, à Gisberto Koen, gr. *Lugd. Bat.* 1766, in-8. 7 à 9 l.

CORIO. (Bern.) La Istoria di Milano, continente, dal' origine di Milano, tutti gli gesti e le cose memorande milanesi ; con il Repertorio de Fratelli da Legnano. *In Milano*, 1503, in-fol. max. 72 l.

Cette édition, l'originale de ce livre, ayant été supprimée avec beaucoup de soin, les exemplaires en sont devenus très-rares. Il faut avoir soin d'examiner si le premier cahier des pièces préliminaires se trouve dans le volume, parce que cette partie manque presque toujours. Les exemplaires sans le Répertoire ont peu de valeur. Après cette édition, la meilleure est celle publiée à *Venise*, par Bonelli, en 1554, in-4.

CORMON. (Barth.) Dictionnaire portatif et de prononciation ital.-franç. et franç.-ital. *Lyon*, 1802, 2 vol. in-8. 12 à 15 l.

CORNAZANI (Ant.) de Vità Christi, et de Creatione hominis, poëmata varia, partim ital., partim lat. conscripta. 1472, in-4. 36 l.

Edition rare.

— Discorsi in versi della Creazione del Mondo, sin' alla venuta di J. C. *Absque loci et typogr. nomine*, 1472, in-4.

Edition rare, 30 l.

— La Vita di Nostra-Donna, in terza

rima. *Editio anni* 1472, *absque loci et typogr. nomine*, in-4. *très-rare*, 40 l.

— Opere d'A. Cornazano, sopra l'Arte militar, in terza rima. *In Venetia*, Benalio, 1493, in-fol. de 60 feuillets, 30 l.

Première édition rare.

— Le medesime. *In Firenze*, gli heredi di Philip. Giunta, 1520, in-8. 8 liv.

Edition estimée et bien exécutée.

— De Proverbiorum Origine. *Mediolani*, 1503, in-4.

Volume excessivement rare.

— Proverbi in facetie d'A. Cornazano, con tre altri Proverbi aggiunti e due dialoghi in disputa. *In Venezia*, 1526, in-8. fig.

Ce livre renferme de petits contes fort libres.

— Sonetti e Canzoni del med. *Venezia*, 1502 ou 1503, in-8. *très-rare*.

CORNEILLE. (Pierre et Thomas) Œuvres dramatiques. *Paris*, 1738, 11 vol. in-12. 21 l.

— Les mêmes. *Amst.* 1740, 11 vol. in-12. fig. 27 l.

— Les mêmes. *Paris*, 1747, 11 vol. in-12. 27 l. — Gr. pap. 40 à 00 l.

Les exemplaires en grand papier sont rares.

CORNEILLE : (Pierre) ses Œuvres dramatiques, avec des comment. par Voltaire. *Genève*, 1764, 12 vol. in-8. fig. de Gravelot, 76 à 84 l.

Edition préférable à la suivante.

— Les mêmes, avec des comment. par Voltaire *Paris*, 1765, 12 vol. in-8. fig. 48 à 54 l.

L'édition en 10 volumes est peu estimée.

— Les mêmes, avec des comment. par Voltaire. *Genève*, 1774, 8 vol. in-4. fig. 40 l.

On fait peu de cas de cette édition. Elle se joint ordinairement aux OEuvres de Voltaire, en 30 vol. in-4.

— Les mêmes, avec les comment. de Voltaire. *Paris*, 1797, 12 vol. in-8. fig. 45 l. — Gr. pap. vélin, 60 à 72 l.

— Les mêmes, avec les comment. de Voltaire. *Paris*, Didot l'aîné, 1796, 10 vol. in-4. pap. vélin, 250 à 300 l.

Très-belle édition, tirée seulement à 250 exemplaires. Elle peut entrer dans la Collection du Dauphin.

— Les mêmes, avec les comment. de

Voltaire, et des observat. critiq: sur ces comment., par Palissot. *Paris*, Didot l'aîné, an 10 et 11 (1802), 12 vol. gr. in-8. pap. ord. 60 l. — Pap. fin, 96 l. — Pap. velin, 180 l. Prix de l'éditeur.

Belle édition.

— Théâtre choisi de Pier. Corneille. *Paris*, Didot l'aîné, 1783, 2 vol. gr. in-4. pap. fin d'Annonay, 27 l.

— Les Chefs-d'Œuvre de Pier. Corneille, avec le jugement des savants à la suite de chaque pièce. *Oxford*, 1746, in-8. 18 à 24 l. — Gr. pap. *très-rare*, 36 à 48 l.

Volume bien imprimé et assez rare.

— Rodogune, princesse des Parthes, tragéd. *Au Nord* (*à Versailles*, dans l'appartement et sous les yeux de Mde de Pompadour), 1760, in-4. fig. dessinée par Boucher, 15 l.

CORNELII (Ant.) Infantium in limbo clausorum Querela adversùs divinum Judicium ; Apologia div. Judicii ; Responsio Infantium, et æqui Judicii sententia. *Parisiis*, Wéchel, 1531, pet. in-4. 50 l.

Cet ouvrage singulier renferme diverses propositions hasardées qui le firent supprimer si rigoureusement, que les exemplaires en sont devenus extraordinairement rares. Il fut, si non la cause, du moins l'époque de la ruine du fameux imprimeur Wéchel.

CORNELII (Flaminii) Creta sacra, sive de Episcopis utriusque Ritûs græci et latini in insulà Cretæ. *Venetiis*, 1755, 2 vol. in-4. 15 l.

CORNELII NEPOTIS Vitæ excellentium imperatorum. *Venetiis*, Nic. Jenson, 1471, in-fol. Prix arbitraire.

Edition très-rare et la première de ce livre. Le volume est composé de 52 feuillets, lesquels n'ont ni chiffres ni signatures, ni réclames.

— Eædem, cum interpr. et notis Nic. Courtin; ad usum Delphini. *Parisiis*, 1675, in-4. 6 l.

Cette édition fait partie de la Collection des auteurs *ad usum Delphini*.

— Eædem, cum notis Varior. *Lugd. Bat.* 1675, in-8. 8 l.

— Eædem, à Vulpiis fratrib. *Patavii*, 1720 vel 1721-27-33, in-8. 4 à 5 l.

— Eædem, cum notis Varior., cur,

Aug. van-Staveren. *Lugd. Bat.*
1734 vel 1773, in-8. 9 l.

Ces trois éditions entrent dans la Collection
des *Variorum* in-8. ; celle de 1773 est la
plus ample.

— Eædem , et Aristomenis Vita.
Oxoniæ , 1708 , in-8. 5 à 6 l. —
Gr. pap. 10 à 12 l.

Edition correcte et bien exécutée.

— Eædem , cur. Mich. Maittaire.
Lond. Tonson , 1715, in-12. 5 l.
—Gr. pap. 9 l.

— Eædem. *Lond.* Brindley , 1744 ,
in-12. 3 l.

— Eædem. *Parisiis* , A. U. Coustelier , 1745 , in-12. 5 à 6 l. — Pap. de
Holl. 8 à 9 l.

— Eædem. *Glasguæ*, 1749 vel 1761
vel 1777 , in-8. 5 à 6 l.

— Eædem , cum notis Herm. Essenii ,
ed. H. Westerhovio. *Amst.* 1746 ,
in-8. 4 à 5 l.

— Eædem , cum notis Mich. Heu-
singeri. *Irenaci* , 1747 , in-8.

— Eædem , à J. P. Millero, lat. gall.
Berol. 1756, in-12. 4 à 5 l.

Jolie édition.

— Eædem. *Parisiis* , Barbou, 1754
vel 1767 , in-12. 4 l.

—Eædem, et Aristomenis Vita, lat. ,
ex Pausanià. *Parisiis* , Renouard ,
1796 , 2 vol. in-18. pap. vélin , 6 l.
—Pap. fin de Holl. 10 l. —Gr. pap.
vélin , 12 l.

On a tiré de cette jolie édition trois exemplaires sur peau de vélin.

— Eædem , cum animadv. A. van-
Staveren, cur. Th. Ch. Harles.
Erlangæ , 1800 , in-8. 6 l.

— Eædem , cum notis C. H. Paufler.
Lipsiæ , 1804, in-8. 4 l.

— Eædem , cum animadv. J. A. Bo-
sii et notis J. F. Fischeri. *Lipsiæ* ,
1806 , in-8. 10 l. — Pap. fin , 13 l.

Réimpression fort augmentée d'une édition
qui a paru à *Leipsick*, en 1759.

—Eædem. *Mediolani* , Aloy. Mussi,
1807 , in-fol. 38 l.

Superbe édition.

M. Bodoni de Parme, nous a aussi donné
une très-belle édition du Cornelius Nepos de format in-fol. sur papier vélin.

— Cornelio Nepote , degli Uomini illustri di Grecia , trad. per Rimi-

Dict. Bibl. I.

gio Fiorentino. *Verona* , 1734 ,
in-4.

Cette version est préférée à celle du Père
Alex. Bandiera , imprimée à *Venise* ,
en 17.., in-8.

CORNUTI (Jac.)Canadensium Plantarum Historia, cui adject. est ad
calcem Enchiridion Botanicum Parisiense. *Parisiis* , 1635 , in-4. fig.
7 liv.

CORONELLI. (le P.) Description
géographique et historiq. de la Morée. *Paris* , 1686, in-8. fig. 5 l.

— La même. *Paris* , 1687 , in-fol.
fig. 8 l.

CORPUS Juris civilis , cum Glossis.
Lugd. Sequanorum , 1595 , 4 vol.
in-4.

Edition avec les rubriques en rouge. Elle
est très-commode et bien exécutée.

—Idem , cum Glossis et Indice Daoyz.
Lugd. 1627 , 6 vol. in-fol. 24 l.

Edition connue sous le nom du *Lion mon-
cheté.* Elle est préférée à celle de 1618.
L'*Index* de Daoyz forme le tom. VI. Il y a
des exemplaires où cette partie manque.

—Idem , cum notis Dion. Gothofredi.
Parisiis , Vitray , 1628 , 2 vol.
in-fol. 24 à 36 l. — Gr. pap. 60 l.

Edition la meilleure de celles qui ont été
données avec les notes de Godefroy.

— Idem , cum notis ejusdem , ex
edit. Sim. van-Leeuven. *Amst.*
Elzevir , 1663 , 2 vol. in-fol. 80 l.

Edition estimée et fort bien exécutée. Les
exemplaires n'en sont pas communs.

—Idem. *Amst.* Elzevir , 1664 , 2 vol.
in-8. 54 à 72 l.

Cette édition , qui ne contient que le texte ,
est recherchée pour sa belle exécution.
Les exemplaires n'en sont pas communs.
Les réimpressions de 1681 et 1700 sont
moins estimées , 36 à 45 l.

— Idem , è cod. veter. MSS. et opt.
editionibus recens. G. C. Gebaver,
et post ejus obitum G. A. Span-
genberg. *Gœttingæ* , 1777 - 97 , 2
vol. gr. in-4. 90 l.

Cette édition , dans laquelle les Pandectes
ont été revues avec soin sur le célèbre
manuscrit de Florence , est jusqu'à présent la meilleure du Corps de Droit.

CORPUS omnium veterum Poëtarum latinorum , cum eorumd. ital.
versione metricâ. *Mediolani* , 1731
et seqq. 36 vol. in-4. 120 l.

Cette Collection n'a point été achevée.

CORRADINI (Pet. Marcel.) et Jos.

20

ROCCI VULPII *vetus Latium*
prof. et sacrum. *Romæ*, 1704-
1745 , 11 vol. in-4. fig. 100 l.
— De primis antiqui Latii Populis.
Romæ , 1748 , 2 vol. in-4. 15 l.

CORRIPI (Flav. Cresconii) Africani
de Laudibus Justini Augusti minoris lib. iv , cum notis Varior. , ex
recens. A. Goetzii. *Altdorfi* ,
1743 , in-8. 9 l.
— Iidem , cum notis Varior. , à Pet.
Fr. Foginio. *Romæ* , 1777 , in-4.
8 à 10 liv.

CORSINI (Eduardi) Fasti attici ,
cum observat. *Florentiæ* , 1744 et
seqq. 4 vol. in-4. 40 l.
— Dissertationes iv Agonisticæ. *Florentiæ*, 1747, in-4. 5 l.
— Eædem. *Lipsiæ* , 1752 , in-8. 5 l.
— Notæ Græcor. collectæ et illustr.
in æreis et marmoreis tabulis ab
Ed. Corsino. *Florent.* 1749 , 2
tom. 1 vol. in-fol. fig. 12 l.

CORSINI. (Bart.) Il Torrachione
desolato. *Lond.* (*Parigi*) , Prault,
1768 , 2 vol. pet. in-12. 7 l.

CORSO. (A. G.) Voy. CASTIGLIONE.
(B.)

CORSUCCI. (Giov. Andr.) Il Ver-
micello dalla Seta. *In Rimino* ,
1581 , in-4. 6 l.

CORTE. (Girol. dalla) La Istoria
di Verona. *In Verona* , 1596 , 2
vol. in-4. 15 l.
Bonne édition.

CORTICELLI. (Salv.)Regole ed Osservazioni della Lingua toscana, ridotte a metodo. *Bologna* , 1754 ,
in-8.
Cette Grammaire est estimée.

CORYCIANA, seu Carminum libri
tres , à Blossio Palladio collecti.
Romæ, 1524 , in-4. rare , 18 l.

COSMOPOLITE. (Recueil de Pièces
choisies rassemblées par les soins
du) *Anconne* , Vriel Bandant ,
1735 , in-4. 300 l.
Ce volume n'a été tiré qu'à 7 ou 12 exemplaires au plus.
Dans le nombre des pièces qu'il renferme ,
il y en a qu'on rencontrerait difficilement ailleurs , et d'autres qu'on ne trouve
absolument que là. L'Epître et la Préface
sont de Moncrif.
Les uns attribuent ce Recueil à la princesse de Conti douairière , et d'autres à un
duc d'Aiguillon.

COSSALI. (P.) Storia critica dell'
Algebra. *Parma*, Bodoni, 1797 ,
2 vol. in-4. 24 l.

COSSARTIUS. Vide LABBE.

COSTA. (Emman. Mendès da) Elements of Conchology. *London* ,
1776 , in-8. fig. coloriées , 15 l.

COSTANZO. (Angelo di) La Istoria del Regno di Napoli. *In Aquila*,
1581 , in-fol. 5 l.
Cet ouvrage était beaucoup plus cher autrefois.

COSTARD. (G.) The History of
Astronomy , with its applicat. to
Geography , History , etc. *Lond.*
1767 , in-4. 9 l.
— An account of the rise and progress of Astronomy amongst the
antients. *Oxford* , 1748 , in-8. 9 l.

COSTE. (Guill.) Les Bergeries de
Vesper , ou les Amours d'Antonin
Florelle et autres Bergers et Ber-
gères de Placemont et Beau-Séjour.
Paris , 1618 , in-12. 6 l.

COSTUMS (the) of China illustrated by 60 engravings , with ex-
planation english and french. *Lond.*
1800 , gr. in-4. pap. vélin , 120 l.
On trouve peu d'exemplaires de cet ouvrage
en France.

COTESII (Rog.) Harmonia Mensu-
rarum. *Cantabrig.* 1722 , in-4.
rare , 20 l.

COTTÉ. (le P.) Traité de Météorologie. *Paris*, impr. roy. 1774 , in-4.
8 liv.
— Mémoires sur la Météorologie.
Paris, imp. roy. 1785 , 2 vol. in-4.
12 l.
On réunit ordinairement ces deux ouvrages.

COTTELERII (J. B.) Opera Sanctorum Patrum , qui temporibus
apostolicis floruerunt , gr. lat. , ex
edit. Jo. Clerici. *Amst.* 1724 , 2
vol. in-fol. 36 l.
Bonne édition , recherchée.
— Ecclesiæ græcæ Monumenta, gr.
lat. , ex edit. J. B. Cottelerii. *Parisiis* , 1677, 1681 et 1686 , 3 vol.
in-4. 24 l.
Ouvrage estimé et peu commun. On y joint
ordinairement les *Analecta græca* du P.
Montfaucon. *Paris* , 1688 , in-4.

COUILLARD : (Ant.) ses Contredits aux fausses et abusives Prophéties de Nostradamus, etc. *Paris* , 1560 , in-8. 7 l.
Petit ouvrage singulier.

COULON (Lud.) Lexicon Homericum , gr. lat. *Parisiis* , 1643 , in-8. 7 liv.

— Description historique des Rivières de France. *Paris* , 1644 , 2 vol. in-8. 6 l.

COURAYER. (Pier. Fr. le) Voyez SARPI. (Fra Paolo)

COURRIER (le) breton , ou Discours adressé au roi Louis XIII sur la mort de Henry le Grand ; 1630 , in-8.

Pièce rare.

On préfère cette édition à celle de 1626 , parce qu'elle renferme des augmentations.

COURTALON. (l'abbé) Atlas de l'empire d'Allemagne. *Paris* , 1774, in-4. 15 l.

COUSIN. (Louis) Trad. franç. de l'Hist. de l'Eglise , écrite en grec par Eusèbe, Socrate, Sozomène, etc. *Paris* , 1675, 4 vol. in-4. 15 à 18 l.

— La même. *Amst.* 1685 , 6 vol. in-12. 12 à 15 l.

Jolie édition.

— Histoire de Constantinople , trad. en franç. sur les auteurs grecs qui ont écrit l'Hist. Byzantine. *Paris* , 1672, 8 vol. in-4. 24 à 36 l.

— La même. *Amst.* 1685 , 10 vol. in-12. 20 à 25 l.

Jolie édition.

— Hist. romaine , écrite par Xiphilin , Zonare et Zosime , trad. du grec. *Paris* , 1678, in-4. 6 à 9 l.

— La même. *Amst.* 1685 , 2 vol. in-12. 6 à 8 l.

Jolie édition.

Nous avons cru devoir réunir ici les traductions données par cet auteur , d'autant plus qu'on les vend ordinairement ensemble , quand les volumes sont uniformes de reliure , soit in-4. soit in-12.

— Histoire de l'Empire d'Occident , cont. la Vie de Charlemagne par Eginard , les Annales d'Eginard , la Vie de Louis-le-Débonnaire par Tegan , etc. , trad. par L. Cousin. *Paris* , 1684, 2 vol. in-12. *très-rare* , 9 à 12 l.

COUSIN. Introduction à l'étude de l'Astronomie physique. *Paris* , 1787, in-4. fig. 10 l.

— Traité du Calcul différentiel et du Calcul intégral. *Paris* , 1796, 2 vol. in-4. fig. 18 l.

COUTO. (Diego do) Voy. BARROS. (Joan de)

COWPER (Guill.) Myotomia reformata, ou Anatomie des Muscles (en angl.) *Lond.* 1724, in-fol. 18 l.

— Vid. BIDLOO.

COXE'S. (Will.) Account of Russian discoveries between Asia and America. *Lond.* 1780, in-4. 18 l.

— Nouvelles Découvertes des Russes entre l'Asie et l'Amérique , trad. de l'angl. *Paris* , 1781 , in-4.

— Travels in to Poland , Russia , Sweden and Danemark. *Lond.* 1784 , 3 vol. in-4. fig. 48 l.

— The same. *Lond.* 1792 , 5 vol. in-8. 36 l.

— Voyage en Pologne, Russie, Suède et Danemarck, trad. de l'angl., augmenté d'un Voyage en Norwège , par Mallet. *Genève* , 1786 , 2 vol. in-4. fig. 24 l.

— Le même. *Genève*, 1786 , 4 vol. in-8. fig. 18 l.

— Travels in Switzerland and in the country of the Grisons. *London* , 1790 ou 1794 , 2 vol. gr. in-4. fig. 36 liv.

— The same. *Basil.* 1802 , 3 vol. in-8. 15 l. — Pap. fin , 24 l.

— Lettre de W. Coxe sur l'état politique , civil et naturel de la Suisse, trad. de l'angl. *Paris*, 1781, 2 vol. in-8. 7 l.

CRAIG (Jo.) Theologiæ christianæ Principia mathematica. *Londini* , 1699, in-4. *très-rare* , 30 à 40 l.

Ouvrage singulier par l'originalité du système de l'auteur.

CRAMER. (Matth.) Le Monde dans une noix , ou Abrégé de l'Hist. univ. chronolog. des évènements remarq. du monde, représentés par tables et fig., trad. de l'allem. *Nuremberg* , in-4. 30 l.

CRAMER. (Pierre) Papillons exotiques des trois part. du monde, l'Asie, l'Afrique et l'Amérique (en hollandais.) *Amst.* 1775, in-4. fig. color. 50 l.

— Les mêmes , en hollandais et en franç. *Amst.* 1779 , 4 vol. in-4. fig. coloriées, 400 l.

On joint à ces quatre vol. , formant 36 cahiers , un Supplément de sept autre cahiers donnés par Maximilien Stoll.

CRAMER. (Gabr.) Introduction à l'Analyse des lignes courbes algébriques. *Genève*, 1750, in-4. fig. 40 l.

Volume rare.

CRANTZ (Henr. Jo. Nep.) Institutiones Rei herbariæ , cum supplementis. *Viennæ* , 1766, 3 vol. in-8. fig. 12 l.

— De duobus Draconis arboribus Botanicorum. *Viennæ*, 1768 , in-4. 6 l.

— Stirpium Austriacarum fasciculi sex. *Viennæ* , 1769, 2 vol. in-4. fig. 24 l.

CRANTZ. (David) The History of Greenland. *Lond.* 1767, 2 vol. in-8. fig. 15 l.

CRASSO. (Lorenzo) Istoria de' Poeti greci, etc. *Napoli*, 1678, in-fol. 8 l.

CRAVEN'S. (Lady) Journey through the Crime to Constantinople. *Lond.* 1789, in-4. 15 l.

— Voyage en Crimée et à Constantinople, trad. de l'angl. (par Guedon de Berchère.) *Paris*, 1789, in-8. fig. 8 l.

CRÉBILLON : (Prosp. Jolyot de) ses Œuvres. *Paris*, impr. roy. 1750 , 2 vol. in-4. 10 l.

Il faut voir à la fin du tome II , si le *Triumvirat* s'y trouve. Cette pièce n'a pas été imprimée au Louvre.

— Les mêmes. *Paris*, 1785, 3 vol. in-8. fig. de Marillier, 18 l.

Il y a des exemplaires en grand papier avec figures avant la lettre ; mais ils sont rares, 40 à 50 l.

— Les mêmes. *Paris*, Didot jeune, 1797, 2 vol. in-8. pap. vélin , fig. de Peyron, 24 l.

On a tiré de cette édition 50 exemplaires sur grand papier vélin ; plus , un ou deux sur peau de vélin. Il existe un exemplaire unique sur grand-raisin vélin , avec les figures en noir avant la lettre, celles en couleurs avec la lettre , les eaux fortes, plus, les dessins originaux.

CRÉBILLON fils : (Claude Prosper Jolyot de) ses Œuvres. *Lond.* (*Bruxelles*), 1772, 7 vol. in-12. 24 l.

CRECCELLII Descriptio et Refutatio Ceremoniarum Gesticulationumque Pontificiæ Missæ. *Magd.* 1603 , in-12. *rare*, 6 à 7 l.

CREMER (Bern. Sebast.) Antiquitates mosaïco-typicæ. *Amst.* 1733, 2 vol. in-4. fig. 15 l.

CRENII (Th.) de Furibus Librariis Dissertatio. *Lugd. Batav.* 1705 vel 1716 , in-12. 4 l.

Cet ouvrage ne concerne que les plagiaires.

— Observationes philologicæ et criticæ. *Lugd. Bat.* 1697-1720 , 19 part. in-8.

— Musæum criticum et philologicum, à T. Crenio collect. *Lugd. Bat.* 1699-1700 ,2 vol. in-8.

— Analecta philologica , critica et historica, à T.Crenio collect. *Amst.* 1699, in-8.

CRESCENTIIS (Pet. de) Ruralium commodorum lib. xij. *Augustæ Vindelicorum* , Joh. Schuszler , 1471 , in-fol. 250 à 300 l.

Première édition très-rare. Elle est imprimée à longues lignes, sans chiffres, signatures ni réclames. La totalité du vol. est de 209 feuillets.

— Iidem. *Lovanii* , Joh. de Westphalia , 1474, in-fol. 120 l.

Cette édition n'est pas moins rare que la précédente. Elle n'a ni chiffres ni signatures ni réclames.

— I xij libri dell' Agricoltura , trad. del lat. in lingua ital. *Fiorenza,* 1478 , in-fol. 60 l.

Première traduction italienne de ce livre. Les exemplaires en sont rares.

— Gli stessi. *Firenze* , Giunti, 1605 , in-4. *assez rare* , 18 l.

Edition citée par la Crusca.

— Gli stessi. *Napoli*, 1724, 2 vol. in-8. 9 l.

Edition beaucoup plus correcte que les précédentes.

— Le livre des Prouffits champestres et ruraulx , transl. du lat. en lang. franç. *Paris*, Ant. Vérard , 1486 , ou J. Bonhomme, même date, in-fol. 18 l.

Ces deux éditions sont également bonnes.

CRESCIMBENI. (Giov. Mar.) Istoria della volgar Poesia. *In Venezia*, 1731 , 6 vol. in-4. 36 l.

CRESTONI seu CRASTONI (Joan.) Lexicon seu Vocabularium græcum, cum interpr. lat. , ex edit. Bon. Accursii Pisani. *Absque ullá loci et anni indicat*, circa 1480, in-fol. *rare* , 100 l.

Cette édition , qui est bien exécutée, est fort recherchée des curieux. Elle est imprimée sur deux colonnes, dont la première contient le texte grec ; et la seconde le texte latin.

Ce Dictionnaire a été réimprimé à *Vicence*, en 1483.

— Psalterium græcum, cum lat. vers., ex recogn. Joan. Crestoni. *Mediolani*, 1481, pet. in-fol.

On ne recherche cette édition que parce qu'elle est la première de ce Psautier. Vendu 216 l. chez La Vallière.

CRÉTIN. (Guill. du Bois, *dit*) Chants royaulx, et autres petits Traités en rime franc., et mis au jour par Fr. Charbonnier. *Paris*, Galliot Dupré, 1527, in-8. goth. 7 l.

— Œuvres de G. Crétin. *Paris*, Coustelier, 1723, pet. in-8. 4 l.

Il y a de ce vol. des exemplaires sur vélin.

CREVENNA. (Pier. Ant. Bolongaro-) Catalogue raisonné de ses Livres. *Amst.* 1775, 6 vol. in-4. 80 l.

— Catalogue des Livres composant la Bibliothèque de M. P. A. Bolongaro-Crevenna. *Amst.* 1789, 4 vol. in-8. 18 l.

On a tiré de ce Catalogue 50 exemplaires sur papier superfin de Hollande format in-4.

CREVIER. (J. B. Louis) Histoire des Empereurs romains, depuis Auguste jusqu'à Constantin. *Paris*, 1750, 6 vol. in-4. 36 l. — Gr. pap. 50 l.

— La même. *Paris*, 1763, 12 vol. in-12. 27 l.

CRISTIANI. (Gir. Fr.) Delle Misure d'ogni genere antiche e moderne. *Brescia*, 1760, in-4. fig. 12 l.

CRITICI Sacri. *Amst.* 1698, 9 vol. in-fol.

Edition préférée à celle de 1660. Il faut y joindre les trois volumes suivants :

— Thesaurus theologico-philologicus. *Amst.* 1701, 2 vol. in-fol.

— Lud. Capelli Critica sacra. *Parisiis*, Cramoisy, 1650, in-fol.

Les 12 volumes réunis, 100 l. environ.

CROCE. (Ireneo della) Istoria della città di Trieste. *In Venezia*, 1698, in-fol. 15 l.

CROCCE e Camillo SCALIGERO. (Giul. Cesare) Bertoldo con Bertoldino, e Cacasenno, poema in ottava rima, con annot. div. *In Bologna*, 1736, in-4. 8 l. — Gr. pap. 30 l.

On ne recherche guère de cette édition que les exemplaires en grand papier.

— Il medesimo. *In Bologna*, 1740, 3 vol. in-12. fig. 12 l.

— Histoire de Bertholde, etc. trad. de l'ital. *La Haye*, 1750, in-8. 8 l.

Bonne édition.

CROESII (Gerardi) Historia Quakeriana. *Amst.* 1696, in-8. 4 à 5 l.

— Ejusd. Homerus hebræus, sive Historia Hebræorum ab Homero exposita. *Dordraci*, 1704, in-8. 5 à 6 l.

CROISET. (Jean) Exercices de Piété, pour tous les jours de l'année. *Lyon*, 1738, 18 vol. in-12. 50 l.

CROIX. (la) Dictionnaire historiq. des Cultes religieux. *Paris*, 1775, 3 vol. pet. in-8. fig. 12 l.

— Dictionnaire historiq. des Sièges et Batailles mémorables. *Paris*, 1770, 3 vol. pet. in-8. 12 à 15 l.

CROIX. (de la) Constitutions des principaux Etats de l'Europe et des Etats-unis de l'Amérique. *Paris*, 1793-1801, 6 vol. in-8. 24 l.

CROIX. (S. Fr. la) Traité du Calcul différentiel et du calcul intégral, etc. *Paris*, 1800, 3 vol. in-4. fig. 45 l.

— Œuvres de S. F. la Croix. *Paris*, 1807, 7 vol. in-8. 28 l.

Ces 7 vol. contiennent : Traité élémentaire d'arithmétique, 1 vol. — Eléments d'algèbre, 1 vol. — Eléments de géométrie, 1 vol. — Traité élémentaire de trigonométrie rectiligne et sphérique, 1 vol. — Complément des Eléments d'algèbre, 1 vol. — Complément des Eléments de géométrie, ou Eléments de géométrie descriptive, 1 vol. — Traité élémentaire du calcul différentiel et du calcul intégral, 1 vol.

CROIX-DU-MAINE. (Fr. Grudé de la) Voy. RIGOLEY DE JUVIGNY.

CRONICHETTE antiche di varij Scrittori del buon secolo della Lingua toscana. *Firenze*, 1733, in-4. 6 l.

Cette édition est citée dans le Vocabulaire de la Crusca.

CROTTI (Barth.) Epigrammatum Elegiarumque Libellus ; accedit M. M. Boiardi Bucolicon Carmen. *Regii*, per Ugonem Rugerium, 1500, in-4. *excessivement rare*.

CROY. (Fr. de) Les trois Conformités, à savoir, l'harmonie et convenance de l'Eglise romaine avec le

Paganisme, Judaïsme et Hérésies anciennes. 1605, in-8. 4 l.

CROZAT. (Jos. Ant.) Recueil d'Estampes grav. d'après les plus beaux tableaux du cabinet du roi, du duc d'Orléans, etc., vulgairement appelé le *Cabinet de Crozat. Paris*, impr. roy. 1729-1742, 2 vol. gr. in-fol. 200 à 250 l.

CROZE. (Math. Veysière de la) Lexicon ægyptiaco - latinum, edent. Christ. Scholtz et Car. God. Woide. *Oxonii*, 1775, in-4. 30 l.

— Thesaurus Epistolicus La Crozianus, à J. L. Vhlio editus. *Lipsiæ*, 1742, 3 vol. in-4. 12 à 15 l.

— Histoire du Christianisme des Indes. *La Haye*, 1724, in-8. 4 l.

— Histoire du Christianisme d'Ethiopie et d'Arménie. *La Haye*, 1739, in-12. 4 l.

CRUCIGERI (M. Georg.) Harmonia Linguarum quatuor cardinalium hebr., gr., lat. et germanicæ. *Francof.* 1616, in-fol. *rare.*

CRUSII (Mart.) Annales suevicæ Gentis. *Francofurti*, 1596, 4 tom. 2 vol. in-fol. 20 l.

— Ejusd. Poëmatum græcorum lib. duo, cum interpr. lat. *Basil.* 1566, in-4. 6 à 7 l.

CRY et Proclamation publique faite pour jouer le mystère des Actes des Apôtres en la ville de Paris, le 16 décembre 1540. Impr. en 1541, in-8.
Pièce de 4 feuillets très-rare.

CUBA (Jo.) Hortus sanitatis, de herbis et plantis; de animalibus, de avibus, de piscibus, etc. *Moguntiæ*, Jac. Meydenbach, 1491, in-fol. goth. fig. en bois.
Edit. rare et la plus recherchée de ce livre.

— Le Traité des bêtes, oiseaux, poissons, pierres, etc., du Jardin de santé, trad. du lat. en franç. *Paris*, Ant. Vérard, in-fol. goth.
Il y a de ce volume des exemplaires imprimés sur vélin.

CUDWORTHI (Radulphi) Systema intellectuale hujus universi. *Jenæ*, 1723, 2 vol. in-fol. 8 à 12 l.

— Idem opus, Jo. Laur. Moshemius lat. vertit. *Lugd. Batav.* 1773, 2 vol. in-4. 24 à 30 l.
Edition préférée à la précédente, parce qu'elle est un peu plus ample.

CUEVA. (Alphonso de la) Scrutinio della Libertà veneta. *Mirandola*, 1612, in-4. 8 l.
Cet ouvrage fit beaucoup de bruit lorsqu'il parut.

CUJACII (Jac.) Opera, ex edit. Car. Annib. Fabrotti. *Lutetiæ Parisiorum*, 1658, 10 vol. in-fol. 76 l. — Gr. pap. 120 l.

— Ejusd. Epistolæ græcanicæ mutuæ diversor., gr. lat. *Aurel. Allobr.* 1606, in-fol. 12 à 15 l.

CULLEN. Synopsis Nosologiæ methodicæ. *Edinb.* 1780, 2 vol. in-4. 10 l.

— Eadem. *Edinb.* 1795, 2 vol. in-8. 24 l.
Sixième édition.

— Eléments de Médecine pratique, trad. de l'angl. par M. Bosquillou. *Paris*, 1785-87, 2 vol. in-8. 12 l.
Il y a de cet ouvrage plusieurs contrefactions. Le traducteur ne reconnaît que l'édition dans laquelle se trouvent à la fin du second vol. un *errata*, l'approbation, le privilège du roi, et le nom de Stoupe l'imprimeur.

— Materia medica. *Londini*, 1789, 2 vol. in-4. 30 l.

— La Matière médicale, trad. de l'angl. par M. Bosquillon. *Paris*, 1790, 2 vol. in-8. 10 l.

CUMBERLAND (Ricardi) de Legibus Naturæ disquisitio philosophica, adversùs Philosophiam Hobbianam. *Lond.* 1672, in-4. 8 l.
Ouvrage estimé.

— Traité philosophique des Lois naturelles, trad. du lat. avec des notes, par J. Barbeyrac. *Amst.* 1744, in-4. 7 l. — Gr. pap. 15 l.

— Considération sur l'Origine des nations, en angl. *Lond.* 1724, in-8. 8 l.

CUNÆUS. (Pierre) La République des Hébreux, trad. du lat. en franç. *Amst.* 1705 ou 1713, 3 vol. in-8. fig.
Ces deux éditions sont bonnes, la première sur-tout.

— Antiquités judaïques, ou remarq. critiq. sur la République des Hébreux, par Basnage. *Amst.* 1713, 2 vol. in-8. fig.
Cet ouvrage fait suite au précédent. Les exemplaires n'en sont pas communs: 24 l.

CUPERI (Gisberti) Harpocrates, et

Monumenta antiqua. *Trajecti ad Rhenum*, 1687, in-4. fig. 7 l.

— De Elephantis in nummis obviis, Exercitationes duæ. *Hagæ Comit.* 1718, in-fol. fig. 10 l.

— Lettres de critique, d'histoire et de littérature, écrites à divers savants de l'Europe, publ. par M. de B***. *Amst.* 1742, in-4. 6 l.

CUPERUS. (Guill.) Vid. BYZANTINE.

CUPIDO triumphans, vel Ratio cur sexus muliebris omni amore et honore sit dignissimus. *Rheno Traj.* 1644, in-12. 12 l.

Peu commun.

CURCELLÆI (Steph.) Opera theologica. *Amst.* Elzevir, 1675, in-fol. 10 liv.

C U R I E L (Hier. de) Tractatus de Concilio generali, de Matrimonio Henrici VIII, etc. etc. *Salmanticæ*, 1546. —Didaci ab Alava et Esquivel, de Conciliis Tractatus. *Granatæ*, 1552, in-fol. 18 l.

Ces deux ouvrages ne se séparent pas. Le premier est plus rare que le second.

CURIONIS (Cœlii Secundi) de Amplitudine beati Regni Dei Tractatus. *Basileæ*, 1550, in-8. 5 l.

Edition originale, assez rare, et préférable à la réimpression de 1614.

— Pasquillorum tomi duo. *Eleutheropoli (Basileæ)*, 1544, 2 tom. 1 vol. in-8. *très-rare*, 100 l.

On attribue communément ce Recueil satirique et singulier à Cœlius Secundus Curio. Sa grande rareté provient de ce qu'il a été supprimé presque aussitôt qu'il parut.

— Pasquillus extaticus, unà cum sanctis pariter et lepidis Dialogis. *Absque loci et anni indicat.* in-8. 10 liv.

—Pasquillus extaticus, non ille prior, sed totus planè alter, auctus et expolitus cum aliquot pariter sanctis et lepidis Dialogis. *Genevæ*, 1544, in-8. 12 l.

Ces deux ouvrages ne sont pas communs. Le dernier a été réimprimé à *Genève*, en 1667, de format ordinaire petit in-12. On réunit ordinairement les deux éditions, parce qu'on trouve dans la réimpression un traité intitulé, *Pasquillus theologaster*, qui n'est pas dans l'édition de 1544.

— Pasquino in estasi nuovo, e molto più pieno ch' il primo, etc. *In Roma*, senza anno, in-8. 15 l.

Petit Traité assez rare. On le joint aux précédents.

— Les Visions de Pasquille, avec le Jugement d'icelui. 1547, pet. in-8. 10 liv.

— Araueus, seu de Providentiâ Dei, libellus. *Basileæ*, 1544, in-8. 8 l.

— Thesaurus Linguæ latinæ, seu Forum romanum. *Basil.* 1561, 3 vol. in-fol. 18 à 24 l.

— Epistolæ et Orationes. *Basileæ*, 1553, in-8. 4 l.

Recueil curieux et peu commun.

ÇURITA. (Gerony.) Annales de la Corona de Aragon. *En Çarragoça*, 1610, 7 vol. in-fol.

Quoiqu'assez estimé, cet ouvrage est peu recherché.

Les deux articles suivants en sont la continuation.

— Historias ecclesiasticas y seculares de Aragon, por Vinc. Blasco de Lanuza. *En Çarragoça*, 1622, 2 vol. in-fol.

— La primera parte de los Annales de Aragon, por Barth. Leon de Argensola. *En Çarragoça*, 1630, in-fol.

Cette première partie est la seule qui ait été publiée.

Les trois ouvrages réunis, 30 à 36 l.

Ils se vendaient beaucoup plus cher autrefois.

CUROPALATA. (Joan. Scylitza) Vid. BYZANTINE.

CURTII (Bened.) Arresta Amorum, cum explanat. *Lugd.* 1533, in-4. 8 liv.

Cette édition passe pour l'originale de ce livre.

—Les Droits nouveaux et Arrêts d'amour, publiés par MM. les Sénateurs du temple de Cupido, sur l'état et police d'Amour, avec l'Ordonnance sur le fait des Masques. *(A Paris,)* sans nom d'impr., 1540, in-8. *rare*, 12 l.

— Les Arrêts d'Amour, etc., avec les comment. de Benoît le Court, et un glossaire par Nic. Lenglet Dufresnoy. *Amst.*, Changuion, 1731, in-12. 8 l.

L'édition de *Paris*, Gandouin, 1731, est la même; il n'y a que le frontispice de changé. Comme le vol. est épais, souvent, au moyen d'un autre titre, on le partage en deux, dont le second commence à la page 291. Le Glossaire des anciens termes, qui doit se trouver à la fin, manque dans beaucoup d'exemplaires.

CURTII (Lancini) Silvarum libr x. *Mediolani*, 1521 , in-fol. 8 à 10 l.

CURTII RUFFI (Q.) de Rebus Gestis Alexandri Magni libri. (*Romæ*), Georgius Laver, *absque anni notá*, in-4. max. 5 à 600 l.

Cette rarissime édition est communément regardée comme la première de cet auteur. On présume qu'elle a été imprimée vers 1470, dans le Monastère de Saint-Eusèbe.

— Iidem. *Venetiis*, Vindelinus de Spira (circà 1470), in-fol. de 149 feuillets.

Cette édition, qui n'est pas moins rare que la précédente, est imprimée à ongues lignes, sans chiffres, signatures ni réclames. Quelques bibliographes la regardent comme la première de ce livre, et d'autres comme postérieure à celle de Laver.

C'est sans fondement qu'on a annoncé une seconde édition de Quint-Curce, imprimée par Vindelin de Spira, en l'année 1471.

— Iidem. *Mediolani*, Ant. Zarotus, 1481 , in-fol. 20 l.

— Iidem , ab A. Francico. *Florentiæ*, Junta, 1517, in-8. 7 à 9 l.

— Iidem. *Venetiis*, Aldus, 1520, in-8. 12 à 15 l.

Belle édition, assez rare.

— Iidem , cum emendat. Jani Rutgersii *Lugd. Batav.*, Elzevir, 1633, in-12. 12 à 15 l.

Il faut que la vignette de la Dédicace, et celle qui se trouve à la première page du Discours, représentent la tête d'un Bufle, et qu'à la page 81, qui ne doit pas être cottée , il y ait la figure du temple de Jupiter Ammon.

— Iidem , cum interpr. et notis Mich. le Tellier ; ad usum Delphini. *Parisiis* , 1678, in-4. 16 l.

Cette édition fait partie de la Collection des auteurs *ad usum Delphini*.

— Iidem , cum notis Varior. *Ultrajecti*, 1685 vel 1693, seu *Lugd. Bat.* 1696 , in-8. fig. 15 à 18 l.

— Iidem , cum notis Varior. , edente Sam. Pitisco. *Hagæ - Comitum* , 1708, 2 vol. in-8. fig. 18 l.

Ces quatre dernières éditions sont également bonnes. Elles font partie de la Collection des *Variorum*.

— Iidem , edente Mich. Maittaire. *Lond.* Tonson , 1716 , in-12. gr. pap. 8 l.

— Iidem , cum notis Variorum, ex edit. Henr. Snakenburg. *Delphis*

et *Lugd. Batav.* 1724 , 2 vol. in-4. 30 l. — Gr. pap. 72 l.

Excellente édition, et la plus complète de toutes celles qui ont été publiées jusqu'à présent de cet auteur.

— Iidem. *Parisiis* , Barbou, 1757, in-12. 4 l.

— Iidem. *Lond.* Brindley , 1746 , 2 vol. in-18. 4 l.

— Iidem, cum Suppl. J. Freinsheimii. *Berolini* , 1770, in-12. 6 l.

Cette petite édition est accompagnée de la traduction française de Vaugelas et de celle des Suppléments par du Ryer.

— Iidem , cum Suppl. J. Freinsheimii. *Argentorati* , 1801 , 2 vol. in-8. 5 l.

— De la Vie et des Actions d'Alexandre le Grand, trad. en franç. par Cl. Favre de Vaugelas, avec les Suppl. de J. Freinshémius, par P. du Ryer. *La Haye* , 1727 , 2 vol. in-12. 8 l.

— Le même, en lat. et en franç., trad. par Mignot. *Paris* , Didot jeune, 1781 , 2 vol. in-8. 18 à 24 l.

— Le même, en lat. et en franç., trad. par de Beauzée. *Paris*, 1781 , 2 vol. in-8.

— Le même , trad. nouv., édit. retouchée. *Paris* , Barbou , 1789, 2 vol. in-12. 6 l.

— Quinto Curzio de' Fatti d'Alessandro Magno, trad. del lat. in ital. da Piet. Candido. *Fiorenza*, Jac. de Ripoli, 1470, in-fol. 60 l.

Première édition fort rare.

— Lo stesso, trad. da P. Candido. *Fiorenza*, 1478, in-fol. 45 l.

Cette édition est aussi fort rare. Elle est imprimée sans chiffres ni réclames, mais avec signatures.

— Lo stesso, trad. da Tomaso Porcacchi, etc. *In Venetia*, 1558, in-4. 10 l.

Traduction estimée. Il y a des exemplaires qui portent la date de 1559.

— La Istoria d'Alessandro Magno, zoe del suo nascimento , e delle soe prosperose battaglie, etc. *In Treviso* , 1474 , in-4.

Édition rare et recherchée des curieux.

CURTIS (Will.) Flora Londinensis. *Londini*, 1777 et suiv. 72 fascicules en 2 vol. in-fol. fig. color.

Chaque fascicule renferme 6 planches. On

trouve peu d'exemplaires de ce bel ouvrage en France.

— The botanical Magazin. *London*, 1787-1795, 9 vol. in-8. avec 324 pl. color.

CUVIER. (G.) Leçons d'Anatomie comparée, recueillies par C. Duméril. *Paris*, an 14 (1805), 5 vol. in-8. fig. 30 l.

— Tableau élémentaire d'Histoire naturelle des animaux. *Paris*, an 7, in-8. fig. 7 l.

CUYCKII (Henr.) Speculum Concubinariorum sacerdotum, monachorum ac clericorum. *Coloniæ*, 1559, in-8. ou pet. in-4. 10 l.

CYNTHIO delli Fabritii. (Aloyse) Libro della origine delli volgari Proverbi. *In Vinegia*, Bernardino e Matth. de i Vitali, 1526, in-fol.

Ce rare volume est composé de 194 feuillets, non compris dans ce nombre les quatre premiers, qui contiennent une table des proverbes, une préface, etc. Il est imprimé en lettres italiques sur deux colonnes, 120 l.

CYPRIANI (S.) Opera, ex recogn. Steph. Baluzii, cum præfat., etc. per Prudentium Maran, benedict. *Parisiis*, è typ. reg. 1726, in-fol. 18 liv.

— Ejusd. Epistolæ, ex recogn. Joan. Andreæ, episcop. Aleriensis. *Romæ*, Conr. Sweynheym et Arn. Pannartz, 1471, in-fol. 80 l.

Edition rare et recherchée des curieux.

— Eædem. *Venetiis*, Vindelinus de Spira, 1471, in-fol.

On a tiré de cette édition, encore plus rare que la précédente, des exemplaires sur vélin.

CYRAN. (J. Duverger de Hauranne, abbé de Saint-) Voy. DUVERGER.

CYRILLI Alexandrini (S.) Opera, gr. lat., ex edit. Jo. Auberti. *Parisiis*, è typ. reg. 1638, 6 tom. 7 vol. in-fol. 72 l. — Gr. pap. 100 l.

Peu commun.

CYRILLI Hierosolymit. (S.) Opera, gr. lat., curà Ant. August. Touttée (et D. Prud. Maran.) *Parisiis*, 1720, in-fol. 15 l. — Gr. pap. 30 l.

CYRILLI (Dom.) Tabulæ botanicæ Elementares quatuor priores, sive Icones partium quæ in fundamentis botanicis describuntur. *Neapoli*, 1790, in-fol. fig. 18 l.

Dict. Bibl. I.

D

D'ABUNDANCE. Voy. ABUNDANCE.

DACHERII (Luc.) Spicilegium vet. aliquot Scriptorum qui in Galliæ bibliothecis latuerunt, ex recogn. Steph. Baluzii et Edm. Martenne. *Paris.* 1723, 3 vol. in-fol.

L'ouvrage suivant se joint à celui-ci.

— Vetera Analecta, ex edit. et cum notis Joan. Mabillon. *Parisiis*, 1723, in-fol.

Les deux articles réunis, 24 à 30 l. et davantage lorsqu'ils sont en grand papier. Ils étaient plus chers autrefois.

DACIER. (André) Bibliothèque des anciens philosophes. *Paris*, 1771, 5 vol. in-12.

A ces 5 vol. il faut joindre les suivants.

— République de Platon, trad. par Grou. *Amst.* 1763, ou *Paris*, 1765, 2 vol. in-12.

L'édition d'*Amst.* est préférable.

— Lois de Platon, trad. par Grou. *Amst.* 1769, 2 vol. in-12.

— Dialogues de Platon, trad. par Grou. *Amst.* 1770, 2 vol. in-12.

— Le Manuel d'Épictète et les Commentaires de Simplicius, trad. par Dacier. *Paris*, 1776, 2 vol. in-12. Ces 13 vol. réunis, 30 à 40 l.

DAGAR. (C. H.) Voy. FERRIÈRE.

DAGOTY. Voy. AGOTY.

D'AGREDA. (Mar.) La Cité mystique de Dieu, ou Hist. de la très-sainte Vierge, trad. de l'espagnol par Crozet. *Bruxelles*, 1715, 3 vol. in-4. 15 à 18 l.

D'AGUESSEAU : (Henri Fr.) ses Œuvres. *Paris*, 1787-1789, 13 vol. in-4. 90 l.

— Discours sur la vie et la mort, le caractère et les mœurs de M. d'Aguesseau, conseiller d'état. *Imprimé au château de Fresne*, en 1720, in-8.

Livre extrêmement rare, n'ayant été tiré qu'à 12 exemplaires seulement. Vendu 60 l. chez Mirabeau l'aîné.

DAHL (J. Ch. G.) Chrestomathia philoniana, sive loci illustres ex Philone Alexandr. decerpti et cum animadv. editi. *Hamb.* 1800, 2 vol. in-8. 12 l.

DAIGUE, seign. de Beaulvais en Berry. (Estienne) Traité contenant la propriété des tortues, escargotz, grenoilles et artichaultz. *Paris*, Galliot Dupré, 1530, pet. in-4. 18 liv.

Ouvrage singulier et peu commun.

DAIRE. (le P.) Histoire de la ville d'Amiens. *Paris*, 1757, 2 vol. in-4. 10 liv.

DALE. (Sam.) The History and Antiquities of Harwich and Dovercourt. *Lond.* 1730, gr. in-4. fig. 18 l.

DALECAMPII (Jac.) Historia generalis Plantarum in lib. xviij. *Lugd.* 1587, 2 vol. in-fol. fig. 15 l.

— Histoire générale des plantes, en xviij livres, trad. du lat. en franç. par Jean des Moulins. *Lyon*, 1653, 2 vol. in-fol. fig. 24 l.

Cette traduction est préférée à l'édition latine.

D'ALEMBERT. (Jean le Rond) Réflexions sur la cause générale des vents. *Paris*, 1744, in-4. 15 l.

Ce volume est rare.

— Recherches sur la précession des équinoxes, et sur la nutation de l'axe de la terre dans le système newtonien. *Paris*, 1749, in-4. fig. 7 liv.

— Essai d'une nouvelle théorie de la résistance des fluides. *Paris*, 1752, in-4. 8 l.

— Recherches sur différents points importants du système du monde. *Paris*, 1754, 3 vol. in-4. fig. 25 l.

— Traité de Dynamique. *Paris*, 1758, in-4. fig. 8 l.

Ce volume a été réimprimé il y a quelques années.

— Traité de l'équilibre et du mouvement des fluides, pour servir de suite au Traité de Dynamique. *Paris*, 1770, in-4. fig. 8 l.

Bonne édition.

— Opuscules mathématiques. *Paris*, 1762 et suiv. 8 vol. in-4. fig. 70 liv.

— Eléments de musique théorique et pratique. *Lyon*, 1779, in-8. 5 l.

Assez rare.

— Œuvres philosophiques, historiq. et littéraires de d'Alembert. *Paris*,

Bastien, 1808, 18 vol. in-8. fig. 100 liv.

Edition tirée à 500 exemplaires; plus, 25 sur papier vélin.

DALENCÉ. (Martin) Traité de l'Aiman. *Amst.* 1687, in-12. fig. 5 liv.

— Traité des Baromètres, Thermomètres, Notiomètres, etc. *Amst.* 1688, in-12. fig. de Schoonebeck, 6 liv.

DALRÉ. (Marc Ant.) Maisons de plaisance, ou Palais de campagne de l'Etat de Milan. *Milan*, 1737, in-fol. fig. 30 l.

DALRYMPLE. (John) Memoirs of Great-Britain and Ireland, from the dissolution of the last parliament of Charles II until the sea Battle of la Erogue. *Lond.* 1771, 2 vol. in-4. 30 l.

DALTON. (Rich.) Antiquities and Views in Greece and Egypte; with the manners and customs of the inhabitants. *Lond.* 1791, gr. in-fol. fig. color. 42 l.

DAMASCENUS. (S. Joannes) Vid JOANNES.

D'AMBOURNEY. Recueil de procédés et d'expériences sur les Teintures. *Paris*, 1786, gr. in-4. avec le Supplément, 15 l.

DAMERVAL. (Eloy) Le Livre de la Déablerie, en rime et par personnages. *Paris*, 1508, in-fol. goth. 15 liv.

Peu commun.

L'édition de *Paris*, 1531, in-4. goth. n'est pas plus chère.

DAMIANI (B. Pet.) Opera. *Parisiis*, 1663, in-fol. 8 l.

Les éditions de 1642 et 1664 sont également bonnes.

DAMM (Christ. Tob.) Novum Lexicon græcum, etymologicum et reale. *Berolini*, 1765, 2 tom. 1 vol. gr. in-4. 24 l.

Peu commun.

Il y a des exemplaires qui portent la date de 1774.

DAMPIERRE. (Guill.) Voyage autour du monde. *Amst.* 1711, 5 vol. in-12. 12 l.

Peu commun.

DAN. (Pierre) Le Trésor des Merveilles de la Maison royale de Fon-

tainebleau , contenant ses Antiquités , etc. *Paris* , 1642 , in-fol. fig.
de Bosse, 6 l.

Ouvrage peu recherché.

DANDOUILLE. Les Regrets et
Peines des Malavisés. *Lyon*, 1542,
in-16. goth. *rare* , 6 l.

DANDRADA. Voy. PAYVA.

DANEAU. (Lambert) Traité contre
les Bacchanales ou Mardi-gras.
1582 , in-8.

Traité singulier et peu commun.

— Traité touchant les Sorciers, les
Jeux de cartes et de dez. *Paris* ,
1579 , in-8. 6 l.

DANETII (Pet.) Dictionarium Antiquitatum romanarum et græcarum ; ad usum Delphini. *Parisiis* ,
1698 , in-4. 9 à 12 l.

—Radices, seu Dictionarium linguæ
latinæ. *Parisiis* , 1677, in-8. *très-
rare* , 15 à 18 l.

DANFRIE. (Philip.) Déclaration de
l'usage du Graphomètre, par la
pratique duquel on peut mesurer
toutes distances. *Paris*, 1597,in-8.
fig. 6 l.

DANIEL. (Gabr.) Histoire de France,
depuis le commencement de la monarchie jusqu'à la mort de Henri
IV. *Paris*, 1755, 17 vol. in-4. 54 l.
— Gr. pap. 84 l.

— La même, *Amst.* 1742 , 24 vol.
in-12. 24 à 36 l.

Cette édition n'a point subi de retranche-
ments.

— Histoire de la Milice française.
Paris, 1721 , 2 vol. in-4. fig. 15 l.
— Gr. pap. 24 l.

Ouvrage estimé.

DANSE (la) aux Aveugles. Voyez
MICHAULT.

DANSE (la grant) Macabre des hommes et des femmes , représent. par
des fig. grav. en bois , avec le texte
lat. et des explicat. en rime franç.,
attribuées à Mich. Marot. *Paris* ,
Guyot Marchant, 1486, in-fol. goth.

Première édition très-rare : 40 à 50 l.

— La même , augment. de beaulx
ditz en latin, avec le Débat du
corps et de l'ame ; la Complainte de
l'ame damnée, etc. etc. ; le tout en
rime franç. *Troyes* , N. le Rouge ,
sans date, in-fol. goth. 12 l.

Cette édition est encore assez recherchée.

— La même. *Genève*, 1503 , in-4.
8 l.

— La même , sans figures , représentée en 68 huictains. *Paris* ,
1589 , in-8. *lettres rondes* , 7 l.

DANSE (la) des Morts. Voy. VIEN.

DANT. (J.) Le Chauve ou le mépris
des cheveux. *Paris* , 1621 , in-8. 8 l.

Traité singulier et peu commun.

DANTE Alighieri , M. CINO da Pistoia , Guido CAVALCANTI , ed
altri. Sonetti e Canzoni , in x lib.
raccolti. *In Firenze* , gli heredi di
Philip. Giunta, 1527 , in-8. 6 l.

Bonne édition , préférée à celle de *Venise* ,
1532.

—La Divina Commedia di Dante ,
cioë : Inferno , Purgatorio e Paradiso. (*Fulginei*), Joh. Numeister,
1472 , in-fol. 500 à 600 l.

Cette édition , la première de ce poëte
célèbre , est excessivement rare. Elle es t
imprimée à longues lignes , sans chiffres , signatures ni réclames. Les uns la
croient imprimée à Mayence , et d'autres
à Foligno , petite ville de l'Ombrie.
Le P. Audiffredi fait mention d'une édition du Dante imprimée par Frédéric de
Véronne, en 1472, in-4. mais comme jusqu'à présent on n'a pu parvenir à en découvrir des exemplaires , il est probable
qu'elle est imaginaire.

— La medesima. *Mantuæ* , Georgius
et Paul. Teutonici , 1472, in-fol.
200 l.

Cette édition , qu'on peut regarder comme
la seconde de ce livre , est aussi très-rare.
Elle est imprimée sur deux colonnes.

— Il medesimo Dante , col Commento
da Benvenuto da Imola , e la Vita
di Dante per G. Boccacio. *In Venetia*, per Vindelin. de Spira , 1477 ,
in-fol. 80 l.

Édition rare et recherchée. Elle est imprimée en lettres gothiques.
Les quinze premiers feuillets, qui contiennent la Vie du Dante, par Jean Boccace,
manquent dans beaucoup d'exemplaires.

— Il medesimo, col Commento di
Jacopo Lana, di Mart. Paolo Ni-
dobeato, etc. *In Milano*, per Lud.
et Albert. Pedemontanos, 1478,
in-fol. 80 l.

Il y a de cette rare édition, des exemplaires
sur vélin.

— Il medesimo , col Commento di
Christ. Landino Fiorentino. *In
Firenze*, N. di Lorenzo della Ma-
gna , 1481, gr. in-fol. 80 l.

Première édition avec les Commentaires de

Landino. Les exemplaires en sont rares et recherchés.

— Il medesimo, col Commento di C. Landino. *In Vinegia*, Octav. Scoto, 1484, in-fol. *rare*, 70 l. Belle édition.

— Il medesimo, col Comment. di C. Landino. *In Brescia*, 1487, in-fol. fig. en bois.

— Il medesimo, con un Dialogo circa il sito, forma e misure dell'Inferno. *Fiorenza*, Giunti, 1506, in-8. *rare*, 6 à 10 l.

— Il medesimo, col Comment. di C. Landino, riveduto per P. da Figino. *In Venetia*, 1512, in-4. 15 l. Les deux feuillets séparés qui suivent celui de la souscription, et qui renferment le *Credo*, l'*Oraison Dominicale* et la *Salutation angélique*, mise en rime italienne par le Dante, manquent dans beaucoup exemplaires de cette édition.

— Il medesimo, col Commento di Landino e d'Aless. Velutello, riveduto per Fr. Sansovino. *In Venetia*, 1564 ou 1578 ou 1596, in-fol. 20 l. Ces trois éditions sont estimées. Elles sont connues sous la dénomination d'éditions du *Chat*.

— Il medesimo. *In Vinegia*, Aldo, 1502, in-8. Il y a des exemplaires imprimés sur vélin.

— Il medesimo. *In Vinegia*, Aldo, 1515, in-8. Ces deux éditions des Alde sont fort estimées et assez rares.

— Il medesimo, con l'esposit. d'Aless. Velutello. *In Vinegia*, Fr. Marcolini, 1544, in-4. 8 l. Bonne édition, bien exécutée.

— Il medesimo, con l'esposit. di Bern. Dan. da Lucca. *In Venetia*, Piet. da Fino, 1568, in-4. 12 l.

— Il medesimo, con argomenti, etc. *In Lione*, 1547, pet. in-12.

— Il medesimo, con argomenti, etc. *In Lione*, 1552 ou 1571 ou 1575, pet. in-12.

— Il medesimo, con argomenti, etc *In Venetia*, 1555, petit in-12. Ces petites éditions n'ont de valeur qu'autant que les exemplaires en sont bien conservés : 5 à 6 l.

— Il medesimo, ridotto a miglior lezzione dagli Accademici della Crusca. *In Firenze*, 1595, in-8.

— Il medesimo, accresciuto di un

doppio Rimario e di tre Indici copiosissimi, per opera di G. A. Volpi. *Padova*, 1727, 3 vol. in-8. fig. 24 l. Cette édition est beaucoup plus correcte que la précédente, sur laquelle elle a été faite. Elles sont toutes deux citées par l'Académie de la Crusca.

— Il medesimo, con dichiarazione del senso letterario. *Venezia*, 1739, 3 vol. in-8. 10 l.

— Il medesimo. *Parigi*, Prault, 1768, 2 vol. petit in-12. 8 l.

— Il medesimo. *Parma*, Bodoni, 1796, 3 vol. in-4. 72 l. Belle édition. Les exemplaires de format in-fol. sont rares et chers.

— Il medesimo, con illustrazioni. *Pisa*, 1804, 3 vol. in-fol. avec 2 portraits par Morghen, 180 l. Prix de l'éditeur. Très-belle édition, tirée à 230 exemplaires.

—Tutte le Opere di Dante, con varie annot. e copiosi rami, etc. dal conte Don Christ. Zapata de Cisneros. *In Venetia*, A. Zatta, 1757, 5 vol. in-4. fig. 70 l. — Gr. pap. ordin. 110 l. — Gr. pap. fin, 150 l. Cette édition est la plus complète et la plus estimée de ce poète.

— La Comédie du Dante, intitulée : de l'Enfer, du Purgatoire et du Paradis, mise en rime franç. et comment. par M. B. Grangier. *Paris*, 1596 et 1597, 3 vol. in-12. 12 l. Cette traduction est assez recherchée.

—L'Enfer, poëme, trad. de Moutonnet de Clairfons. *Paris*, 1776, in-8. 6 à 7 l. — Pap. de Holl. *très-rare*.

—L'Enfer, poëme, trad. nouv. par Rivarol. *Paris*, Didot le jeune, 1785, in-8. 6 l. Les exemplaires en papier de Hollande sont rares et chers. Le poëme du Dante a été traduit en vers latins, par le P. d'Aquin. *Naples*, 1728, 3 vol. in-8.

— L'Amoroso Convivio. *In Firenze*, Bonacorsi, 1490, in-4. 15 l. Première édition de ce livre. Elle est rare et recherchée.

— Il medesimo. *In Venetia*, 1529, in-8. 6 l.

— Il medesimo, edizione revista ed

emend. *In Vinegia*, 1531, in-8.
6 liv.

Edition citée par la Crusca.

— La Vita di Dante da Giov. Boccacio. *In Roma*, 1544, in-8. *assez
rare*, 12 l.

— La Vita nuova di Dante, con xv
Canzoni del medesimo e la Vita
di esso Dante da Giov. Boccacio.
In Firenze, 1576, in-8. 8 l.

Ces deux éditions sont bonnes. L'Académie
de la Crusca a adopté celle de 1576.

D'ANVILLE. (J. B. Bourguignon)
Atlas général. in-fol. max.

Cet Atlas est composé de cartes publiées
séparément par d'Anville, tant pour ses
propres ouvrages que pour d'autres.

— Proposition d'une mesure de la
terre, dont il résulte une diminu-
tion considerable dans sa circonfé-
rence sur les parallèles. *Paris*,
1735, in-12. carte.

— Mesure conjecturale de la terre sur
l'équateur, en conséquence de l'é-
tendue de la mer du Sud. *Paris*,
1736, in-12. carte.

Volume composé de 75 pages.

— Lettre au P. Castel, jésuite, au
sujet des pays de Kamstchatka et
Jeco. *Paris*, 1737, in-12. carte.

Pièce de 48 pages.

— Réponse au Mémoire envoyé à l'A-
cadémie des Sciences, contre la
mesure conjecturale des degrés de
l'équateur. *Paris*, 1738, in-12.

Pièce de 48 pages.

— Eclaircissements géographiques sur
l'ancienne Gaule. *Paris*, 1741,
in-12. 2 cartes, 7 l.

Volume rare.

— Analyse géographique de l'Italie.
Paris, 1744, in-4. 2 cartes, 10 l.

— Dissertation sur l'étendue de l'ancienne Jérusalem et son temple.
Paris, 1747, in-8. avec le plan, 4 l.

— Eclaircissements géographiques sur
la Carte de l'Inde. *Paris*, impr. roy.
1753, in-4. 2 cartes, 10 l.

— Mémoire pour la Carte intitulée
Canada, Louisiane, et les Terres
anglaises. *Paris*, 1755, in-4. carte.

— Analyse de la Carte intitulée les
côtes de la Grèce et de l'Archipel.
Paris, impr. roy. 1757, in-4. carte,
10 l.

— Notice de l'ancienne Gaule, tirée

des monuments romains. *Paris*,
1760, in-4. carte, 12 l.

— Mémoire sur l'Egypte ancienne et
moderne, etc. *Paris*, impr. roy.
1766, in-4, 5 cartes, 15 l.

— Géographie ancienne abrégée. *Paris*, 1768, 3 vol. in-12. cartes, 9 l.

— La même. *Paris*, 1769, in-fol.
max. 9 gr. cartes, 36 l.

— Traité des Mesures itinéraires anciennes et modernes. *Paris*, 1769,
in-8. 5 l.

— Etats formés en Europe après la
chûte de l'Empire romain en Occident. *Paris*, impr. roy. 1771, in-4.
carte, 15 l.

— L'Empire turc considéré dans son
établissement et dans ses accroissements successifs. *Paris*, impr. roy.
1772, in-12. 4 l.

— L'Empire de Russie, son origine,
et ses accroissements. *Paris*, impr.
roy. 1772, in-12. 4 l.

— Antiquités géographiques de l'Inde
et de plusieurs autres contrées de la
Haute Asie. *Paris*, impr. roy. 1775,
in-4. 3 cartes, 12 l.

— Mémoires sur la Chine. *Paris*, 1776,
in-8. de 47 pages.

— Considérations générales sur l'é-
tude et les connaissances que demande la composition des ouvrages
de géographie. *Paris*, 1777, in-8.
5 l.

— Mémoire sur la Mer caspienne.
Paris, impr. roy. 1777, in-4. carte.

Pièce de 18 pages.

— Mémoire sur les Cartes de l'ancienne Gaule, dressées par d'Anville. *Paris*, impr. roy. 1779, in-4.

Pièce de 11 pages.

— L'Euphrate et le Tigre. *Paris*,
impr. roy. 1779, in-4. carte, 10 l.

On rassemble difficilement tous ces ouvrages
de d'Anville.

D'APPER. (d'Olfred) Description des
Iles de l'Archipel, etc., trad. du
flamand. en franç. *Amst.* 1703,
in-fol. fig. 15 l. — Gr. pap. *très-
rare*.

— Description de l'Afrique. *Amst.*
1686, in-fol. fig. 12 à 15 l. — Gr.
pap. *très-rare*.

D'APRES de Mannevillette. Voyez
APRÈS.

DARÈS PHRYGIUS. Vid. DICTIS
CRETENSIS.

DARET (Pierre) et L. BOISSE-
VIN. Les Tableaux historiques où
sont grav. les illustres Français et
étrangers de l'un et de l'autre sexe.
Paris, 1652, in-4. 8 l.

DARGENTRÉ. (L. C.) Voy. AR-
GENTRÉ.

DARINEL, pasteur des Amadis. La
Sphère des deux mondes, glosée
par Gilles Boisleau. *Anvers*, 1555,
in-4. fig. et cartes, 15 l.
Volume rare.

DARNALT. (Jean) Antiquités de
la ville d'Agen. *Paris*, 1606, in-8.
6 liv.

D'ARRAS. Voy. JEAN D'ARRAS.

DART. (M. J.) The History and Antiquities of te Cathedral church
of Canterbury, and the once-ad-
joining Monastery. *London*, 1726,
in-fol. fig. 40 l. — Gr. pap. *rare*,
120 l.

D'ASSY. (Fr.) Dialogue intitulé le
Pérégrin, traitant de l'honnête
et publique amour, trad. en franç.
Paris, Galliot Dupré, 1527, in-4.
goth. 10 l.

DASYPODIUS catholicus, *hoc est :*
Dict. lat.-germ.-polonicum, germ.-
latinum, et polono-lat.-germani-
cum, à P. Dasypodio. *Dantisci*,
1642, in-4. 12 l.

DATHI Senensis (Augusti) Opera
varia, edita à Nic. Datho. *Senis*,
1503, in-fol. 12 l.
Edition peu commune.

DATI (August.) Elegantiolæ latini
sermonis. *Ferrariæ*, per Aud. Gallum Ferrariensem, 1471, in-4.
Première édition de ce livre. Les exemplaires en sont rares.

DATI. (Carlo) Vite de' Pittori antichi
da lui scritte ed illustrate. *Firenze*,
1667, in-4. 7 l.
Edition mentionnée par la Crusca.
— Le stesse. *Napoli*, 1730, in-4. 5 l.

DAVANZATI. (Bern.) Scisma d'Inghilterra, con altre operette. *Firenze*, 1638, in-4. 6 l.
Edition citée par la Crusca.
—Lo stesso. *Padova*, 1727, in-8. 5 l.

DAUBENTON. (Louis Jean Mar.)
Instruction pour les Bergers et les
propriétaires de troupeaux; 3.e édit.,
avec des notes, par Huzard. *Paris,*
impr. de la républ., an 10, in-8.
avec 22 pl. 5 l.

D'AUBIGNÉ. Voy. AUBIGNÉ.

DAUDIFFRET. (Nic.) La Géographie ancienne, moderne et historique. *Paris*, 1689 et suiv. 3 vol.
in-4. 7 l.
Cet ouvrage n'est point achevé.

DAUDIN. (F. M.) Histoire naturelle
des Rainettes, des Grenouilles et
des Crapauds. *Paris*, an XI, in-4.
fig. 12 l.—In-fol. fig. 15 l.—In-fol.
pap. vélin, fig. color. 40 l.
— Traité élémentaire d'Ornithologie,
ou Hist. natur. des Oiseaux. *Paris*, an 8, 2 vol. in-4. 29 fig. en
noir, 16 l. — Pap. vélin, fig. en
noir, 30 l. — Pap. vélin, fig. color.
40 liv.

DAVENNE. (Fr.) Harmonie de l'a-
mour et de la justice de Dieu
(adressée au roy, à la royne et à
MM. du parlement). 1650, in-12.
40 liv.
Cet ouvrage, le plus considérable et le plus
rare de cet auteur, a été réimprimé sous la
même date et dans le même format. La réimpression porte sur le titre : *Juxcte la copie imprimée à Paris en 1650.* Les exemplaires de la première édition sont plus
rares que ceux de la seconde, parce qu'ils
furent supprimés avec beaucoup de soin.
— Tragédies saintes, en trois théâtres, ou les Evangiles de J. C. mis
en poëme. *Paris*, 1652, in-12.
rare, 40 l.
Ce volume fut supprimé avec autant de rigueur que le précédent.
Il y a des exemplaires qui portent la date
de 1660.

DAVID. Salmi de la Penitentia,
trad. dal' hebr. in ling. ital. *Parigi*, 1573, in-32.
Exemplaire imprimé sur vélin.

DAVID. (N.) Les Antiquités d'Herculanum, grav. par lui, avec des
explicat. par P. Sylvain Maréchal.
Paris, 1780-1798, 12 vol. in-4.
854 pl. au bistre sanguin.
— Les mêmes, 12 vol. in-8. fig.
— Antiquités étrusques, grecques et
romaines, avec leurs explicat. par
d'Hancarville. *Paris*, 1785-1788,
5 vol. in-4. 360 pl. au bistre.
— Les mêmes, 5 vol. in-8. fig.
— Muséum de Florence, avec une
explicat. par Mulot et Maréchal.
Paris, 1787-1796, 8 vol. in-4.
553 pl.

—Les mêmes, 8 vol. in-8. fig. au bistre.

— Histoire d'Angleterre représentée en fig., avec un précis historiq. par Le Tourneur et l'abbé Guyot. *Paris*, 1784-1800, 3 vol. in-4. 111 pl.

— Histoire de France représentée en figures, avec un précis historiq. par Guyot et Maréchal. *Paris*, 1787-1796, 5 vol. in-4. 140 pl.

— Histoire de Russie représentée en fig., avec un précis historiq. par Blin de Sainmore. *Paris*, 1799, 3 vol. in-4. fig.

En tout 36 vol in-4.

Les beaux exemplaires de cette Collection, c'est-à-dire ceux dont les figures sont de premier tirage, ne valent pas moins de 8 à 900 l.

DAVILA. (Henrico Caterino) Istoria della Guerra civile di Francia, dopo l'anno 1559-1598. *In Parigi*, nella stamp. reale, 1644, 2 vol. gr. in-fol. 30 à 36 l.

Excellente édition, la plus estimée de ce livre.

—La medesima, con la Vita dell'autore, e le annot. di Giov. Balduino. *In Venetia*, 1733, 2 vol. gr. in-fol. 15 à 18 l.

Édition recherchée par rapport aux augmentations qu'elle renferme. Elle est bien imprimée.

— La medesima. *In Londra*, 1755, 2 vol. gr. in-4.

— La medesima. *Lond.* 1801, 8 vol. in-8. pap. vélin, 30 l. — Pap. vélin superfin, 48 l.

— Histoire des Guerres civiles de France, trad. de l'ital. en franç. par Mallet, avec des notes. *Amst.* (*Paris*), 1757, 3 vol. in-4. 12 l. — Gr. pap. 20 l.

DAVILA. Voy. ROMÉ DE LISLE.

DAVILER. (A. C.) Cours d'architecture, avec des comment. et le supplément. *Paris*, 1750 et 1755, 2 tom. 1 vol. in-4. fig. 24 l.

Les éditions de 1710 et de 1738 sont encore assez estimées : 12 l.

DAUVIGNY. Les Vies des hommes illustres de la France, avec la continuat. de Pérau et Turpin. *Paris*, 1739 et suiv. 27 vol. in-12. 54 l.

Ouvrage estimé.

DAWKINS, Rob. WOOD, BOTRA et BOUVERIE. Les Ruines de Palmyre autrement dite Tedmor au désert. *Lond.* 1753, gr. in-fol. fig. 80 liv.

— Les Ruines de Balbec, autrement dite Héliopolis dans la Cœlosyrie. *Lond.* 1757, gr. in-fol. fig. 80 l.

DÉBAT (le) de deux chevaliers (Vasquiran et Flamyan) sur le fait d'amours. *Paris*, 1541, in-8. 10 l.

Peu commun.

DEBRIEUX. Les Origines de quelques coutumes anciennes et façons de parler triviales. *Caen*, 1672, in-12. 6 l.

DE BROSSES. (de) Voy. BROSSES.

DEBURE (Guill. Fr.) Musæum typographicum. *Parisiis*, 1755, in-12. rare, 15 à 18 l.

—Bibliographie instructive, ou Traité de la connaissance des Livres rares et singuliers. *Paris*, 1763, 7 vol. in-8. 36 à 40 l. — Format in-4. 72 à 80 l.

Ouvrage estimé.

— Supplément à la Bibliographie instructive, ou Catalogue des Livres du cabinet de L. J. Gaignat. *Paris*, 1769, 2 vol. in-8. 18 à 20 l. — Format in-4. 50 l.

Ces deux vol. ne sont pas communs.

— Table des Anonymes, par Née de la Rochelle. *Paris*, 1782, in-8. formant le dixième vol. 3 l. — Gr. pap. rare, 12 à 15 l.

Ces dix vol. réunis, 60 à 70 l. — Format in-4. 120 à 150 l.

— Catalogue des Livres de Girardot de Préfond. *Paris*, 1757, in-8. 7 l. — Gr. pap. 20 l.

Les exemplaires en grand papier sont rares.

— Catalogue des Livres du duc de la Vallière. *Paris*, 1767, 2 vol. in-8. 8 l. — Gr. pap. 15 l.

DEBURE (Guill.) et VAN PRAET. Catalogue des Livres rares et précieux du duc de la Vallière; première partie. *Paris*, 1783, 3 vol. in-8. avec les prix, 15 l. — Format in-4. 54 l

Les exemplaires de format in-4. ont été tirés pour servir de suite aux exemplaires de la Bibliographie instructive de Guill. Franç. Debure, imprimés dans ce format. Ce Catalogue renferme une collection considérable de livres précieux dans tous les genres.

La seconde partie du Catalogue de la Bibliothèque du duc de la Vallière a été dressée par M. Nyon l'aîné, en 6 vol. in-8.; mais les livres qu'elle contenait ne furent pas vendus en détail, comme ils devaient l'être, parce que le comte d'Artois les acheta en totalité.

Nous regrettons que ce Catalogue ne soit point accompagné d'une table des auteurs.

— Catalogue des Livres rares et précieux de M***. (Camus de Limare). *Paris*, 1786, in-8. avec les prix, 5 l.

Une justice à rendre à M. Debure, c'est que ses Catalogues sont très-bien faits, et les titres bien exacts.

DÉCANDOLLE (A. P.) Plantarum succulentarum Historia : ou Histoire des Plantes grasses, avec fig. en coul. dessinées par P. J. Redouté. *Paris*, 1799 et suiv. gr. in-4. pap. vélin, 28 livraisons.

Chaque livraison de ce bel ouvrage se vend 12 l. pour l'in-4. et 30 l. pour le format in-fol. papier vélin

— Monographie des Astragales, avec 50 pl. dessinées par P. J. Redouté. *Paris*, 1802, pet. in-fol. 72 l.

On a tiré des exemplaires sur grand papier vélin.

DECKERI (Conr.) de Staurolatriâ romanâ lib. ij. *Hanoviæ*, 1617, in-8. 6 l.

DÉCLAUSTRE.(l'abbé)Voy. SALLO. (Denys de)

DÉCOR PUELLARUM. Vid. LIBER moralis.

DÉE, Angli, (Joan.) Opera, cum Præfat. Casauboni. *Lond.* 1659, in-fol. fig. 60 l.

Livre rempli de rêveries, et fort rare. Il est imprimé en anglais sous le titre suivant :
A True et faithful Relation of what passed for many years betwen Dr. John Dee and some Spirits. London, Garthwait, 1659.

DEGRANDPRÉ. (L.) Voyage à la Côte occidentale d'Afrique, en 1786-87. *Paris*, 1801, 2 vol. in-8. fig. et cartes, 10 l. — Pap. vélin, fig. av. la lettre, 20 l.

— Voyage dans l'Inde et au Bengale, en 1789-90. *Paris*, 1801, 2 vol. in-8. fig. 9 l. — Pap. vélin, fig. av. la lettre, 20 l.

DÉGUILLEVILLE. (Guill.) Voy. GUILLEVILLE. (de)

DEIDIER. (l'abbé) La Science des Géomètres. *Paris*, 1739, in-4. fig. 7 l.

— La Mécanique générale, contenant

la Statique, l'Airométrie, l'Hydrostatique, etc. *Paris*, 1741, in-4. fig. 9 l.

— Le parfait Ingénieur français, contenant la fortification régulière et irrégulière, etc. avec l'Attaque et la Défense des places. *Paris*, 1757, in-4. fig. 16 l.

DELAMBRE. Méthodes analytiques pour la détermination d'un arc du méridien. *Paris*, 1798, in-4. fig. 5 liv.

— Voy. BORDA.

DELATOUR (L. Fr.) Essais sur l'Architecture des Chinois, sur leurs jardins, leurs principes de médecine, etc. *Paris*, 1803, in-8. fig.

Volume tiré à 36 exemplaires.

DÉLICES (les) de la Hollande. *La Haye*, 1710, 2 vol. in-12. fig. 7 l.

DÉLICES (les) des Pays-Bas (par Chrystyn, F. et Pier. Foppens.) *Bruxelles*, 1720 ou 1743, 4 vol. in-8. fig. 15 l.

— Les mêmes, augm. de remarq. par le P. Griffet. *Liège*, 1769, 5 vol. in-12. fig. 7 à 10 l.

DÉLICES (les) de la Suisse. Voy. KYPSELER.

DÉLICES (les) satiriques. *Paris*, 1620, in-12. 7 l.

DELILLE : (Jacq.) ses Œuvres complètes. *Paris*, 1804-1808, 16 vol. in-18. pap. fin gr.-raisin, 30 fig. 57 l. — Pap. vélin, 32 fig. 133 l. — Pap. vélin satiné, 34 fig. av. la lettre, 168 l. — 15 vol. in-8. pap. gr.-raisin, 27 fig. 92 l. — 16 vol. in-8. pap. vélin, 39 fig. 245 l. — Pap. vélin satiné, 47 fig. avant la lettre, 301 l. — 15 vol. in-4. pap. vélin superfin, 37 fig. 953 l. — Pap. vélin satiné, fig. avant la lettre, 1231 l. Prix de l'éditeur.

Cette Collection contient : L'Imagination, poëme, en 8 chants, 1 vol. Poésies fugitives, 1 vol. Dithyrambe sur l'immortalité de l'ame, suivi du Passage du Saint-Gothard, poëme, trad. de l'angl., 1 vol. Les Jardins, poëme, en 4 chants, 1 vol. L'Homme des champs, poëme, en 4 chants, 1 vol. La Pitié, poëme, en 4 chants, 1 vol. Les Géorgiques de Virgile, trad. en vers franç., 1 vol. L'Enéide de Virgile, trad. en vers franç., 4 vol. Le Paradis perdu de Milton, trad. en vers franç., 3 vol.

Les trois Règnes de la nature, poëme, en 8 chants, 2 vol.

Chacun de ces ouvrages se vend séparément.

DELISLE DE SALLE. Philosophie de la Nature. *Paris*, 1804, 10 vol. in-8. fig. 27 l. — Pap. fin, 36 l. — Pap. vélin, 48 l.

— Histoire philosophique du monde primitif, 4e. édit. *Paris*, 1796, 7 vol. in-8. et atlas, 27 l. — Pap. fort, 40 l.

— Histoire gén. et particul. de la Grèce. *Paris*, 1783, 13 vol. in-8. 24 à 36 l.

— Delisle de Salle, Mayer et L. S. Mercier. Histoire des Hommes. *Paris*, 1781, 53 vol. in-8. et 3 vol. d'atlas in-fol. 150 à 200 l.

L'édition in-12. 53 vol. et 3 vol. d'atlas in-4. vaut 80 à 100 l.

DELITIÆ CC. italorum Poëtarum hujus superiorisque ævi illustrium, collect. Ranutio Ghero (Jano Grutero.) *Francofurti*, 1608, 2 vol. in-16. souvent reliés en 4 vol. 15 l.

DELITIÆ C. Poëtarum gallorum hujus superiorisque ævi illustrium, collect. Ranutio Ghero (Jano Grutero.) *Francofurti*, 1609, 3 vol. in-16. souvent reliés en 6 vol. 21 l.

DELITIÆ Poëtarum belgicorum hujus superiorisque ævi illustr., collect. Ranutio Ghero (Jano Grutero.) *Francofurti*, 1614, 4 vol. in-16. souvent reliés en 6 vol. 21 l.

DELITIÆ Poëtarum germanorum hujus superioris que ævi illustr., collect. A. F. G. G. (Antuerpiano filio Guill. Gruteri, id est, Jani Gruteri.) *Francofurti*, 1612, 6 vol. in-16. souvent reliés en 12 vol. 36 à 48 l.

DELITIÆ Poëtarum hungaricorum, à Joh. Philip. Paero. *Francofurti*, 1619, in-16. *très-rare*, 15 l.

DELITIÆ Poëtarum scotorum hujus ævi illustr., collect. Arturo Jonstono. *Amst.* 1637, 2 vol. pet. in-12. 7 à 9 l.

DELITIÆ quorumdam Poëtarum danorum, collectæ à Fred. Rostgaard. *Lugd. Batav.* 1693, 2 vol. pet. in-12. 12 à 15 l.

Cette Collection est estimée et peu commune: 150 l. environ, et en papier collé, *très-rare*, 300 à 360 l.

DELIUS. (Traug.) Traité de l'exploitation des mines, tant théori-

Dict. Bibl. I.

que que pratique (en allemand.) *Vienne*, 1773, in-4. fig. 8 l.

— Le même Ouvrage, trad. par Schreiber. *Paris*, 1788, 2 vol. in-4. fig. 24 l.

DELLA BELLA. (Il Pad.) Dizionario italiano - latino - illirico. *In Venezia*, 1728, in-4. 20 l.

DELOLME'S. Constitution of England. *London*, 1788, in-8. 7 l.

Il y a une traduction française de cet ouvrage, en 2 vol. in-8. 6 l.

DELPHINI Veneti, (Pet.) Generalis Ordinis Camaldulensis, Epistolarum lib. xij, in lucem editi curis et operâ Jac. Brixiani. *Venetiis*, B. Benalius, 1524, in-fol. 3 à 400 l.

La rareté de ce Recueil de Lettres de Pierre Dauphin est telle, qu'il a été porté dans plusieurs ventes publiques au prix exorbitant de 600 l.

Il faut avoir soin d'examiner si l'intitulé et l'errata se trouvent dans le volume.

DELUC. (J. Ant.) Recherches sur les modifications de l'atmosphère. *Genève*, 1772, 2 vol. in-4. fig. 20 l.

L'édition de *Paris*, 1784, 4 vol. in-8. fig. se vend à-peu-près le même prix.

— Lettres physiques et morales sur l'Histoire de la terre et de l'homme. *La Haye*, 1779, 5 tom. 6 vol. in-8. 50 liv.

— Introduction à la physique terrestre. *Paris*, 1803, 2 vol. in-8. 10 l.

— Idées sur la Météorologie. *Lond.* 1786, 2 tom. 3 vol. in-8. 18 l.

DEMANDRE. Dictionnaire de l'Elocution française, édit. revue par Fontenay. *Paris*, an 10 (1802), 2 vol. in-8. 12 l.

L'ancienne édition, en 2 vol. petit in-8. est moins chère.

DEMARNES. Histoire Sacrée, représentée en fig. avec le texte lat. et le franç. au bas. *Paris*, 1728, 3 vol. in-4. avec 500 pl. 24 à 30 l. — Gr. pap. 48 à 60 l.

DEMENCE de Mde de Phanor. *Paris*, 1796, in-18. pap. vélin, 7 à 8 l.

Tiré à 25 exemplaires.

DEMETRII Chalcondylæ Erotemata Linguæ græcæ, seu Grammatica græca. *Editio vetus, absque loco et anno; sed Mediolani*, 1493, pet. in-fol. 5 à 600 l.

Édition très-rare et la première de ce livre. Elle est imprimée à longues lignes.

22

DEMETRII Phalerei, de Elocutione sive Dictione rhetoricâ liber, gr. editus ; cum Epist. P. Victorii edit. *Parisiis,* typ. reg. 1555, in-8. 6 liv.

Fort jolie édition, très-correcte.

—Idem, gr. lat.; nova edit. *Glasguæ,* Foulis, 1743, in-8. 7 à 9 l. — Gr. pap. in-4. 12 à 15 l.

— Idem, gr. ; curavit Schneider. *Altenburgi,* 1779, in-8. 6 l.

—Demetrio Falereo della Locuzione, volgarizzato da Piet. Segni. *Firenze,* Giunti, 1603, in-4. *rare,* 8 l.

Seule édition de cette traduction. Elle est citée dans le Vocabulaire de la Crusca.

— Vide Vɪᴄᴛᴏʀɪᴜs. (Pet.)

DÉMÉTRIUS. (Aletheïus) Voy. Oғ-ғʀᴀʏ ᴅᴇ ʟᴀ Mᴇᴛᴛʀɪᴇ.

DEMOCRITUS ridens, sive Campus recreationum honestarum , etc. *Amst.* 1655, in-12. 4 l.

DÉMONSTRATIONS élémentaires de Botanique. Voy. Gɪʟɪʙᴇʀᴛ.

DEMOSTHENIS Orationes, et in eas ipsas Libanii Sophistæ argumenta. Vita Demosthenis per Libanium, etc., gr. *Venetiis,* Aldus, 1504, in-fol. 100 l.

Première édition grecque de ce livre. Elle est fort bien exécutée et très-rare.

MM. Reiske et Renouard pensent qu'il y a eu deux éditions du Démosthène d'Alde sous la même date de 1504, sans aucune différence que dans la manière dont le nom d'Alde est disposé des deux côtés de l'ancre.

—Eædem , gr. (stud. J. B. Feliciani.) *Venetiis,* Fr. Brucioli, 1543, 3 vol. in-8.

Édition très-rare. Vendu 140 l. chez M. Villoison.

—Ejusd. Demosthenis Opera omnia, gr. *Parisiis,* typ. reg. 1570, in-fol. 12 à 18 l. — Gr. pap. *très-rare,* 80 à 100 l.

— Eadem, gr. lat., edente Jo. Taylor. *Cantabrigiæ,* 1748, tom. II et III in-4.

Belle édition. Le tom. I.ᵉʳ n'a jamais paru.

— Ejusd. Orationes. *Venetiis,* Aldus, 1554, 3 part. 1 vol. in-8. *rare.*

Édition peu estimée, parce qu'elle est remplie de fautes typographiques. On en a tiré des exemplaires en grand papier, qui sont très-rares.

— Eædem, gr. lat., à Jo. Vincen-

tio Luchesinio adnotatæ. *Romæ,* 1712, in-4. 12 l.

Édition assez recherchée, quoique peu correcte.

— Ejusd. selectæ Orationes, gr. lat., ex recens. et cum notis Ric. Mounteney. *Cantabrigiæ,* 1731, in-8. 8 l. — Gr. pap. 30 l.

Les exemplaires en grand papier sont rares.

—Eædem, gr. lat., ex eâdem recens. R. Mounteney. *Lond.* 1748, 1764, 1771, vel *Etonæ,* 1755, 1771, in-8.

Ces cinq éditions valent 8 à 10 l. chaque.

— Ejusd. Orationes Philippicæ , gr. lat., ex recens. Jos. Stock. *Dublini,* 1773, 2 vol. in-8. 20 l.

— Eædem, gr.; adjecta est in fine versio lat. Wolfii. *Glasguæ,* Foulis, 1750 vel 1762, in-8. 6 l.

— Orationes duæ, una Demosthenis contrà Midiam, altera Lycurgi contrà Leocratem, gr. lat., ex recens. Jo. Taylor. *Cantabrigiæ,* 1743, in-8. 7 l. — Gr. pap. *rare,* 20 liv.

— Ejusd. Demosthenis Oratio de Coronâ, gr. lat., cum notis, ex edit. Th. Ch. Harles. *Altenb.* 1769, in-8. 4 l.

—Eadem, gr. lat. *Glasguæ,* 1782, in-8. 4 à 5 l.

— Ejusd. Oratio pro pace, gr.; cur. Ch. D. Beckius. *Lipsiæ,* 1799, in-8. pap. fin, 7 l.

Jolie édition.

— Ejusd. Orationes tres Olynthiacæ, gr., à J. Chæradamo. *Parisiis,* 1528, in-4. *très-rare.*

— Ejusd. Orationes de Republicâ xij, ex edit. et cum notis J. V. Luchesinii, à G. Allen, gr. lat. *Lond.* 1755, 2 vol. in-8. 12 à 15 l.

— Ejusd. Orationes quatuor, contrà Philippum, à Paulo Manutio lat. donatæ. *Venetiis,* Aldus, 1549, in-4.

Traduction estimée, et assez rare. La réimpression de 1551, est également bonne.

— Oratione di Demosthene contra la legge di Lettine. *In Vinegia,* 1553, in-8.

Cette traduction est de Girol. Ferro.

— Vide Uʟᴘɪᴀɴᴜs.

DEMOSTHENIS et ÆSCHINIS Opera, gr. lat., interpr. Hierony. Wolfio, cum comment. Ulpiani, ex recens. et cum variis lect. Wolfii. *Francofirti*, 1604, in-fol. 48 à 72 l.

Reiske préfère à cette seconde édition, celle de *Francfort*, chez Oporinus, 1572.

—Eadem, cum vers. novâ et notis Athanasii Auger. *Parisiis*, Didot natu major, 1790, in-4. tome 1.er pap. ordin. 12 l.— Pap. vélin, 30l.

Cette édition n'est pas achevée.

—Eorumd. Orationes de falsâ Legatione ; cum notis Varior., ab Henr. Broke, gr. lat. *Oxonii*, 1721, in-8. 6 à 8 l.

— Eorumd. de falsâ Legatione et de Coronâ sermones, gr. lat., edente Jo. Taylor. *Cantabrig.* 1769, 2 vol. in-8. 15 l. — Gr. pap. *très-rare.*

—Demosthenis et Ælii Aristidæ Orationes adversùs Leptinem, edidit F. A. Wolf. *Halæ*, 1789, in-8. 7 l.

— Les Philippiques et autres Harangues de Démosthène et d'Æschine, trad. en franç. avec des remarq., par Jacq. de Toureil, édition donnée par G. Massieu. *Paris*, 1721, 2 vol. in-4.

— Œuvres complètes de Démosthène et d'Æschine, trad. en franç. par Ath. Auger. *Paris*, 1777, 5 vol. in-8. 30 l.

Cette édition a été réimprimée à *Paris*, en 1788-1795, et à *Angers*, en 1804, en 6 vol. in-8. 20 l.

— Due Orationi, l'una di Eschine contra di Tesifonte, l'altra di Demosthene a sua difesa, di gr. in volgare nuov. trad. per un gentiluomo fiorentino. *In Venegia*, Aldo, 1554, in-8.

On attribue cette traduction à Girol. Ferro, 24 liv.

— Cinque Orationi di Demosthene, e una di Eschine, trad. in ling. ital. *In Venetia*, 1557, in-8.

Cette édition est fort rare.

DEMOURS. Voyez ACADÉMIE de Londres.

DEMOUSTIER. Lettres à Emilie sur la Mythologie ; nouv. édition. *Paris*, 1804, 6 vol. in-18. pap. fin, 37 fig. 8 l. — Pap. vélin, 18 l. — In-12. pap. vélin, 21 l.

—Les mêmes. *Paris*, 1808, 6 vol. in-8. minc. fig. 24 l.

— Œuvres de Demoustier. *Paris*,

1803, 2 vol. in-8. portrait, 10 l.

— Pap. vélin, 6 portaits, 24 l.

—Les mêmes. *Paris*, an 12 (1804), 5 vol. in-12. et in-18.

On a tiré du format in-12. deux exemplaires sur papier rose, et un sur vélin.

DEMPSTERI à Muresk (Th.) de Etruriâ regali lib. vij, cur. Th. Coke. *Florentiæ*, 1723 et 1724, 2 vol. in-fol. 36 l.

DENALII Poëmata. *Bononiæ*, 1563, in-4. 7 à 9 l.

DENINA. (Carlo) Delle Rivoluzioni d'Italia lib. venti-quattro. *Torino*, 1769, 5 vol. in-4.

Un exemplaire de ce livre, imprimé sur vélin, a été vendu 300 l. chez le duc de la Vallière.

—Istoria litteraria della Grecia libera. *Venezia*, 1784, 4 vol. in-8. 15 liv.

— Rivoluzioni della Germania. *Firenze*, 1804, 6 vol. in-8. 24 l.

DENIS. (Mich.) Voy. MAITTAIRE.

DENISART. (J. B.) Collection de Décisions nouvelles et de Notions relatives à la jurisprudence ; 8.e édition, mise dans un nouvel ordre, corrigée et augm. par Calenge. *Paris*, 1783 et suiv. 13 vol. in-4.

Cette Collection formera 20 vol. Chaque volume se vend 18 l. et en grand pap. 24 l.

L'édition de *Paris*, 1771, 4 vol. in-4. vaut 18 à 24 l.

D'ENNERY. Voy. CATALOGUE.

DENON. Voyage dans la Basse et Haute Egypte pendant l'expédition du général Bonaparte. *Paris*, Didot l'aîné, 1802, 2 vol. in-fol. atlantiq. 360 l. — Pap. vélin, 700 l.

Ouvrage bien exécuté.

— Le même, 2.e édit. *Paris*, Didot l'aîné, 1 vol. in-4. et 1 vol. de pl. gr. in-fol. au nombre de 145 ; 140 l.

DE PARCIEUX. (Ant.) Traité de Trigonométrie rectiligne et sphérique, avec un Traité de Gnomonique. *Paris*, 1741, in-4. fig. 12 l.

— Essai sur les Probabilités de la durée de la vie humaine. *Paris*, 1746.

—Supplément, 1760, in-4. 24 l.

DERHAM. (Guill.) Théologie physique, ou Démonstration de l'existence de Dieu. *Roterdam*, 1730, in-8. 5 l.

— Théologie astronomique, ou Dé-

monstration de l'existence de Dieu.
La Haye, 1729, in-8. 5 l.

DERHAN. (le P.) L'Architecture
des voûtes. *Paris*, 1742, in-fol.
fig. 15 l.

L'édition de 1643 a conservé quelque valeur, 10 l.

DERODON. (David) L'Athéisme
convaincu. *Oranges*, 1659, in-8.
4 liv.

— Le Tombeau de la Messe. *Genève*,
1662, in-8. ou *Amst.* 1682, in-12.
5 liv.

— Dispute de la Messe, ou Discours
sur ces paroles : *Ceci est mon corps.*
Genève, 1662, in-8. 4 l.

On a encore du même auteur plusieurs autres petits Traités dans le genre de ceux-
ci ; tels que la *Dispute sur l'eucharistie;*
l'Imposture de la prétendue Confession
de foi de S.-Cyrille ; la Messe trouvée
dans l'Écriture ; Disputatio de Liber-
tate et de Atomis, etc. etc. ; mais tous
ces ouvrages ont peu de valeur, 3 à 4 l.
chaque.

DESAGULIERS. (J. T.) A Course
of experimental philosophy. *Lon-*
don, 1743, 2 vol. in-4. fig. 12 l.

— Cours de physique expérimentale,
trad. par l'Ézenas. *Paris*, 1751, 2
vol. in-4. 8 l.

DESAULT : (Pierre Jos.) ses Œuvres chirurgicales. *Paris*, 1801, 2
vol. in-8. 8 l.

— Traité des Maladies des voies uri-
naires. *Paris*, 1805, in-8. 5 l.

— Cours théoriq. et pratiq. de clinique externe, publ. par Cassius.
Paris, an 12, 2 vol. in-8. 8 l.

DESBILLONS (Fr. Jos.) Fabulæ
æsopicæ. *Glasguæ*, Foulis, 1754,
in-8. 4 l.

— Eædem. *Manhemii*, 1768-1792,
3 vol. in-8. fig. 12 l.

— Eædem. *Parisiis*, Barbou, 1778,
in-12. 5 l.

DESBOIS. (Fr. Alex. la Chenaye)
Dictionnaire raisonné et univ. des
Animaux. *Paris*, 1759, 4 vol.
in-4. 15 l. — Gr. pap. 30 l.

— Dictionnaire de la Noblesse, etc.
Paris, 1770 et suiv. 15 vol. in-4. 90 l.

Le supplément de cet ouvrage, donné par
Badier, est très-rare, ayant été mis à la
rame pendant la révolution.

DESCAMPS. (J. B.) Vies des Peintres flamands, hollandais et alle-

mands, etc. *Paris*, 1753, 5 vol.
in-8. fig. 36 l.

Les *Vies* ne forment que 4 vol. Le cinquième
est le *Voyage pittoresque de la Flandre*
et du Brabant.
On a réimprimé un ou deux vol., moins estimés, parce que le second tirage des
Portraits ne vaut pas le premier.

DESCARTES (Renati) Opera philosophica, tàm latinè conscripta
quàm latinè ex gallico conversa.
Amst. 1672 et seqq. 8 vol. in-4.
40 à 50 l.

— Œuvres de René Descartes, trad.
en franç. *Paris*, 1723, 13 vol.
in-12. 20 l.

DESCRIPCIONES de las Islas Pi-
thiusas y Baleares. *Madrid*, Ibarra,
1787, in-4. 12 l.

DESCRIPTIO historica utriusque
Fortunæ Maximiliani Emmanuelis.
Pedeponti, 1715, in-fol. 8 l.

DESCRIPTION (vive) de la tyrannie
et des tyrans. 1577, in-24.

Petit Traité extrêmement rare, 20 l.

DESCRIPTION des Chasses de toutes sortes d'animaux. *Ausbourg*,
1740, in-fol. fig. color. 45 l.

DESCRIPTION (la) philosoph.,
forme et nature des Bêtes, tant privées que sauvages, avec le sens moral comprins sur le naturel et condition d'iceux. *Paris*, 1568, in-4.
fig. en bois, 8 l.

— La même. *Paris*, 1605, in-8. fig. 6 l.
Ces deux éditions sont bonnes.

DESCRIPTION des Pompes à
boyaux, pour les incendies (en
hollandais.) *Amst.* 1690, in-fol. fig.
24 liv.

DESCRIPTION des Médailles et des
Monnaies qui se trouvent dans le
Muséum royal de Copenhague (en
danois.) *Copenhague*, 1791, 2
gros vol. in-fol. fig. 400 l.

Cet ouvrage est rare en France. Le tom. premier contient le texte, et le second renferme les médailles.

DESCRIPTION de toutes les Nations
de l'Empire de Russie, etc., trad. de
l'allemand. *Saint - Pétersbourg*,
1776 et suiv. 6 vol. in-4. avec 75 pl.
coloriées, 150 l.

Ouvrage rare en France.

DESCRIPTION du Monastère du
Megaspolacon et de l'Image de la
Ste. Vierge, peinte par l'évangé-

liste saint Luc, en grec moderne.
Venise, 1765, in-4. 12 l.

DESCRIPTION des Arts et Métiers.
Voy. ARTS ET MÉTIERS.

DESCRIPTION de la France. Voyez
BORDE. (la)

DESCRIPTION de l'Hôtel des Invalides. Voyez BOULENCOURT.

DESCRIPTION de l'Eglise des Invalides. Voy. FÉLIBIEN. (J. Fr.)

DESCRIZIONE odeporica della
Spagna, e delle cose spettanti alle
belle arti degne dell' attenzione del
curioso viaggiatore. *Parma*, Bodoni, 1793-95, 4 vol. in-8. 3o l.

DESCRIZIONE della Raccolta di
Stampe di J. Durazzo. *Parma*,
Bodoni, 1784, in-4. 24 l.

Cet ouvrage n'a été tiré qu'à 140 exemplaires, lesquels furent tous distribués en présents.

DESESSARTS. (N. L. M.) Les Siècles littéraires de la France. *Paris*,
an 8 (1800). 7 vol. in-8. 3o l. —
Pap vélin, 60 l.

— Nouv. Bibliothèque d'un homme
de goût, par Desessarts et A. A.
Barbier. *Paris*, 1808, 5 vol. in-8.
25 l. — Pap. fin, 3o l.

DESFONTAINES (Renati) Flora
atlantica, sive Historia Plantarum
quæ in Atlante, agro Tunetano et
Algeriensi crescunt. *Parisiis*, 1798,
2 vol. gr. in-4. avec 263 pl. grav. par
Redouté, Maréchal et autres, 120 l.
— Pap. vélin, 200 l.

Le papier ordinaire a été tiré à 5oo exemplaires, et le papier vélin à 1oo.
Cet ouvrage est bien exécuté.

DESGODETS. (Ant.) Les Edifices
antiques de Rome. *Paris*, 1682,
in-fol. fig. 8o l.

Ouvrage fort estimé des connaisseurs. Les exemplaires n'en sont pas communs.

—Les mêmes. *Paris*, 1779, gr. in-fol.
fig. 72 à 8o l.

Réimpression assez belle.

DESHOULIÈRES : (Antoinette du
Ligier de Lagarde) ses Œuvres, et
celles d'Ant. Thérèse de Lagarde
Deshoulières. *Paris*, Crapelet, an
7 (1799), 2 vol. in-8. pap. vélin,
12 l. — Gr. pap. vélin.

Fort belle édition.

— Vers allégoriques à ses enfants.
(*Paris*, Didot l'aîné), in-4. 12 l.

Petit article très-rare qui n'a point été im-

primé pour être vendu. Il était destiné à
l'éducation des enfants du comte d'Artois.

DESIRE. (Artus) Le moyen de voyager sûrement par les champs, sans
être détroussé des larrons et des voleurs, etc. *Paris*, 1575, in-8. 6 l.

— Le ravage et déluge des Chevaux
de louage, etc. *Paris*, 1578, in-8.
5 liv.

— Les Combats du fidèle Papiste,
contre l'apostat Priapiste. *Rouen*,
155o, in-16. 6 l.

On a encore du même auteur plusieurs autres ouvrages dans le genre de ceux-ci, mais ils sont peu recherchés.

DESLANDES. (Henry Fr. Boureau)
Histoire critique de la Philosophie.
Amst. 1756, 4 vol. in-12. 10 l.

L'édition d'*Amst.* 1737, 3 vol. in-8. est également bonne. Il y a de cette dernière des exemplaires en grand papier.

DESLONGCHAMPS (J. L. A. Loiseleur) Flora gallica, seu Enumeratio plantarum in Gallià spontè
nascentium. *Parisiis*, 1806, 2 vol.
in-12. fig. 12 l.

DESMARETS. (Sam. et Henry) La
Sainte Bible, contenant le vieux et
le nouveau Testament, trad. en
franç. avec des notes. *Amst.* L. et
D. Elzevir, 1669, 2 vol. in-fol. 10 l.
— Gr. pap. 20 l.

On ne recherche guère de cette édition que les exemplaires en grand papier.

DESMARETS. (A. Gaét.) Histoire
naturelle des Tangaras, des Nanakins et des Todiers. *Paris*, 1805,
12 livraisons in-fol. fig. en couleur,
3oo l.

Ouvrage supérieurement exécuté dans toute ses parties.

DESMARETS de Saint-Sorlin. (J.)
Le Combat spirituel, ou de la Perfection de la vie chrétienne, trad.
faite en vers. *Impr. au château de
Richelieu*, 1654, pet. in-8. 4 l.
— Voyez EPICTETE.

DESMONCEAUX. Traité des Maladies des yeux et des oreilles, avec
les remèdes curatifs. *Paris*, 1786, 2
vol. in-8. fig. 8 l.—Pap. de Holl.
15 l.

DESMOULINS. (Laur.) Le Catholicon des Mal-advisés, ou le Cimetière des malheureux, en rime
franç. *Paris*, 1511 ou 1513, in-8.
goth. 8 l.

Ces deux éditions sont également bonnes.

DESMOULINS. (Guyars) Voyez GUYARS.

DESORMEAUX. Histoire de la Maison de Bourbon. *Paris*, impr. roy. 1772, 5 vol. in-4. 20 l.
Plus cher autrefois.

DESPAGNET. Voy. ESPAGNET.

DESPEISSES : (Ant.) ses Œuvres. *Lyon*, 1750, 3 vol. in-fol.
Bonne édition.

DESPERRIERS, (Bonav.) valet-de-chambre de Marguerite de France, reine de Navarre. Recueil de ses Œuvres poétiques. *Lyon*, 1544, in-8. 8 l.

— Les nouvelles Récréations et joyeux Devis de B. Desperriers (ou plutôt Jac. Pelletier, N. Denisot et autres.) *Lyon*, 1561, in-4. 5 l.

— Les mêmes, avec les notes de la Monnoye. *Amst.* 1735, 3 vol. in-12. 8 liv.

— Cymbalum mundi : en français, contenant quatre dialogues poétiques fort antiq., joyeux et facétieux. *Paris*, J. Morin, 1537, pet. in-8.
Ce livre fut supprimé avec tant de soin lorsqu'il parut, qu'il ne nous en est resté qu'un ou deux exemplaires. Vendu, chez M. Gaignat, 350 l. et chez le duc de la Vallière, 120 l.

— Le même. *Lyon*, Benoist Bonyn, 1538, pet. in-8. goth. 60 l.
Cette seconde édition est également très-rare.

— Le même, avec une Dissert. de Prosp. Marchand, contenant l'hist., l'analyse et l'apologie de ce livre, avec des notes (par Falconnet et Lancelot.) *Amst.* (*Paris*), 1732, in-12. 5 l.
Il est bon d'annexer cette édition aux deux précédentes, à cause de la dissertation curieuse de Prosper Marchand, qui se trouve placée en tête du volume. On en a tiré des exemplaires sur vélin.

DESPLANCHES. Voy. TABOUROT.

DESPONT (Philip.) Bibliotheca maxima veterum Patrum, curis ejus edita. *Lugd.* 1677 et seqq. 27 vol. in-fol.

— Index Bibliothecæ maximæ veterum Patrum, à Simeone à Sanctâ Cruce digestus. *Genuæ*, 1707, in-fol.

— Apparatus ad Bibliothecam maximam veterum Patrum, à Nic. le

Nourry digestus. *Parisiis*, 1703 et 1715, 2 vol. in-fol.
Cette Collection est peu recherchée aujourd'hui, 250 à 300 l. Les deux volumes de l'*Apparatus* de le Nourry sont rares, et valent seuls 80 à 100 l.

DESTERREICH. (Matth.) Description de l'intérieur des Palais de Sans-Souci, de Postdam et de Charlottenbourg. *Postdam*, 1773, in-4. fig. 6 l.

DESTOUCHES : (Philip. Néricault) ses Œuvres dramatiques. *Paris*, impr. roy. 1757, 4 vol. in-4. 30 l.

— Les mêmes. *Paris*, Prault, 1758, 10 vol. in-12. 20 l.

— Les mêmes. *Paris*, 1772, 10 vol. in-12. 16 l.

DETERMINATIO Theolog. Facultatis Parisiensis super Doctrinam lutherianam. *Parisiis*, Badius, 1521, in-4.
Exemplaire imprimé sur vélin.

DETTONVILLE. Voyez PASCAL. (Blaise)

DEVAUX. (Jean) Le Médecin de soi-même, ou l'Art de se conserver la santé par l'instinct. *Leyde*, 1682, in-12. 4 l.

DEZALLIER D'ARGENVILLE. (Ant. Joseph) L'Histoire naturelle éclaircie dans deux de ses part. principales, la Lithologie et la Conchyliologie. *Paris*, 1742, in-4. fig. 16 l.

— L'Histoire nat. éclaircie dans une de ses part. principales, l'Oryctologie. *Paris*, 1755, in-4. 26 pl. 21 l.

— L'Histoire nat. éclaircie dans une de ses part. principales, la Conchyliologie, édit. augment. de la Zoomorphose. *Paris*, 1757, in-4. gr. pap. fig. 24 l. — Fig. enlum. 72 à 80 l.

— La Conchyliologie, ou Hist. nat. des Coquilles de mer, d'eau douce, etc., édit. augment. par de Favanne de Montcervelle, etc. *Paris*, 1780, 3 vol. in-4. gr. pap. fig. 60 liv.
Les exemplaires avec figures coloriées sont beaucoup plus chers.
Cet ouvrage n'est pas achevé.

— Abrégé de la Vie des plus fameux Peintres, avec leurs portraits. *Paris*, 1745, 3 vol. in-4 fig. 30 l.

—Le même, nouvelle édit. , augment. *Paris* , 1762 , 4 vol. in-8. fig. 40 à 50 l.

DIALOGI X varior. Autorum , Isidori , Jeronimi , Barthifaccii , Senecæ , etc. etc. *Absque loci et typogr. indicat.* 1473 , in-fol.

Première édition, exécutée sur deux colonnes de 35 lignes chacune , sans chiffres, réclames ni signatures. Vendu 200 l. chez La Vallière.

DIALOGUS Creaturarum moralizatus. *Goudæ*, Gerard Leeu, 1480, in-fol. fig. 100 l.

Edition très-rare et la première de cet ouvrage. Elle est exécutée à longues lignes , au nombre de 34 dans les pages entières , sans chiffres ni réclames, avec signatures. Chaque Fable est accompagnée d'une figure en bois.

— Idem opus , belgicè. *Goudæ*, Gerard Leeu , 1481 , in-fol. 80 l. Edition rare et assez recherchée.

DIAZ. (Bern.) Historia de Mexico. *Madrid* , 1632 , in-fol. 20 l.

DICÆI (Ger.) Progymnasmatôn Libellus. *Lucæ* , 1523 , in-4. *très-rare.*

DICCIONARIO de la Lengua castellana , por la real Academia espanola. *En Madrid* , 1770 , 6 vol. in-fol. 72 l.

On a donné à *Madrid*, en 1783, un abrégé de ce Dictionnaire , en 1 vol. in-fol. 24 l.

DICCIONARIO (Novo) francez-portuguez , composto segundo os mais celebres Diccionar.os. *Lisboa* , 1803 , in-4. 16 l.

DICKINSONI (Edm.) Delphi Phœnicizantes, cum Diatribâ de Noë in Italiam adventu, necnon de Origine Druidum. *Oxonii* , 1655, in-8. 6 liv.

Petit Traité savant et peu commun.

DICTA (Præclara) philosophorum , imperator. , oratorumque et poëtarum , ab Arsenio collecta. *Romæ*, (Caliergi), in-8.

Cet ouvrage est rare.

DICTIONARIUM græcum , cum interpr. lat. Cyrilli Opusculum de Dictionibus. Ammonius de Differentià Dictionum , etc. *Venetiis*, Aldus, 1497 , in-fol. 36 l.

Première édition, bien exécutée et fort rare. Cet ouvrage a été réimprimé par les Alde , en 1524 , in-fol. , mais cette réimpression, quoique plus ample que la première édition , est peu recherchée des curieux.

DICTIONARY (a new and general Biographical), containing the lives and writings of the most eminent persons, in every nation. *London* , 1786 , 12 vol. in-8. 60 l.

— The same. *London* , 1798 , 15 vol. in-8. 120 l.

Cette édition est beaucoup plus ample que la précédente.

DICTIONNAIRE de l'Académie française. *Paris*, 1762 , 2 vol. in-fol. 15 l.

Dernière édition originale.

— Le même. *Nismes* , 1778 , 2 vol. in-4. 18 à 24 l.

— Le même. *Paris* , an 6 (1798) , 2 vol. in-4. 30 l. — Format in-fol. 48 l.

On a tiré de ce dernier format 25 exemplaires sur papier vélin.

— Le même. *Paris* , Moutardier, an 10 (1802), 2 vol. in-4. 72 l.

Cette édition est rare aujourd'hui.

DICTIONNAIRE grammatical de la Langue française. *Paris* , 1766 , 2 vol. in-8. 8 l.

DICTIONNAIRE des Locutions vicieuses corrigées d'après l'Académie et les meilleurs grammairiens. *Paris* , 1807, in-12.

Il existe de ce livre deux exemplaires sur papier rose et deux sur papier bleu.

DICTIONNAIRE roman , wallon , celtique et tudesque, pour servir à l'intelligence des anciennes lois et contrats , etc., par un religieux bénédictin de la congrég. de S. Vannes. *Bouillon*, 1777, in-4. 15 l.

Ce Dictionnaire est de D. Jean François.

DICTIONNAIRE languedocien-francais. *Nimes* , 1756 , in-8. 6 l.

DICTIONNAIRE français et portugais. *Barcelone* , 1772 , in-4. 20 l.

DICTIONNAIRE univ. franç.-lat. dit de Trévoux. Voy. FURETIÈRE.

DICTIONNAIRE français-allemand et allemand-franç., à l'usage des deux nations ; 6e. édit. *Strasbourg*, an 8 (1804) , 2 vol. in-4. 24 l.

— Le même. 2 vol. gr. in-8. 18 l.

DICTIONNAIRE français, allemand, latin et russe. *Saint-Petersbourg*, 1762 , 4 vol. in-8. 72 l.

DICTIONNAIRE des Proverbes français. *Bruxelles* , 1710 , in-12. 5 l.

DICTIONNAIRE des Proverbes danois, trad. en franç. avec le texte. *Copenhague* , 1757 , in-4. 9 l.

DICTIONNAIRE des Origines. *Paris*, 1777, 6 vol. in-8. 18 l.

DICTIONNAIRE historique de tous les hommes qui se sont fait un nom par des talents, des vertus, etc. (par L. M. Chaudon et F. A. Delandine.) *Caen*, 1789, 9 vol. in-8. Supplément. 1804, 4 vol. in-8. 60 l.

— Le même, nouv. édit. *Lyon*, 1804, 13 vol. in-8. 80 l.

Il est fâcheux que les éditeurs de cet ouvrage n'y aient point inséré une table des Livres, à l'instar de celle du Dictionnaire historique de L'Advocat, et qu'ils soient restés en arrière de plus de 30 ans, pour les éditions grecques et latines.

DICTIONNAIRE universel des Arts et des Sciences, trad. de l'angl. *Avignon*, 1756, 2 vol. in-4. 12 l.

DICTIONNAIRE (Nouveau) d'Histoire naturelle, appliquée aux arts, principalement à l'agriculture et à l'économie rurale et domestique, par une société de Naturalistes et d'Agriculteurs. *Paris*, Déterville, 1803-1804, 24 vol. in-8. ornés de 264 pl. 200 à 240 l.

Cet excellent ouvrage, peut-être un peu trop volumineux, a été réimprimé mot pour mot, à Venise, dans le même format et avec de nouvelles figures. Cette réimpression, qui est bien exécutée, forme également 24 vol. in-8.

DICTIONNAIRE raisonné et abrégé d'Histoire naturelle, par d'anciens professeurs. *Paris*, Fournier frères, 1807, 2 forts vol. in-8. 16 l.

Cet ouvrage, vraiment utile, est très-bien imprimé sur beau papier.

DICTIONNAIRE univ. de Commerce, banque, manufactures, douanes, etc., par une société de négocians, etc. *Paris*, 1806, 2 gros vol. in-4. 40 l.

DICTIONNAIRE univ., géographiq., statistique, etc. de la France, par une société de gens de lettres. *Paris*, 1805, 5 vol. in-4. 50 l.

DICTYS Cretensis Ephemeridos Belli Trojani lib. vj (è graeco in lat. sermonem redditi.) *Editio primaria vetustissima, absque ullá loci et anni indicat., sed ut creditur typis Moguntinis excusa, circá* 1470, petit in-4.

Edition originale, très-rare. Elle est imprimée en lettres gothiques, et d'un caractère

à-peu-près semblable aux éditions de Schoyffer, publiées à Mayence.

— Iidem, necnon Daretis Phrygii de Ex⸤idio Trojae Libellus; cum praefixà Epistolà Maselli Beneventani ad Barth. Calchum, ducalem secretarium. *Mediolani*, 1477, in-4. lettres rondes.

Edition très-rare. On la croit sortie des presses d'Ant. Zarot.

— Iidem, necnon Dares Phrygius de Excidio Trojae, ex edit. et cum Epist. praefat. Fr. Faragonii. *Messanae*, 1498, in-4. 10 l.

— Iidem, et Dares Phrygius de Excidio Trojae, cum interpr. et notis Annae, Tanaquilli Fabri filiae; ad usum Delphini. *Parisiis*, 1680, in-4. 36 l.

Ce volume est l'un des plus rares de la Collection des auteurs *ad usum Delphini*. On le remplace quelquefois par l'édition de Perizonius, publiée avec des augmentions, à *Amst.* en 1702, in-4.

— Iidem, et Dares Phrygius de Excidio Trojae, cum notis Annae, Tanaquilli Fabri filiae, et Varior., edente Jac. Perizonio, qui suas adjecit adnot. *Amst.* 1702, in-8. 12 l.

Cette édition entre dans la Collection des *Variorum*.

— Ditte Candiotto, e Darete Frigio della Guerra Trojana, trad. per Tomaso Porcacchi. *In Venetia*, 1570, in-4.

Cette traduction est très-estimée, et les exemplaires en sont fort rares.

DIDEROT (Denys) et Jean le Rond D'ALEMBERT. Encyclopédie, ou Dictionnaire raisonné des sciences, des arts, etc., par une société de gens de lettres, mis en ordre par Diderot et d'Alembert. *Paris*, 1751-1772, 28 vol. in-fol. 11 de pl.

— Supplément à l'Encyclopédie. *Amst.* (*Paris*), 1776-1777, 5 vol. in-fol. 1 de pl.

— Table analytique et raisonnée des matières contenues dans les 33 volumes in-fol. de l'Encyclopédie (par M. Mouchon.) *Paris*, 1780, 2 vol. in-fol.

Ces 35 vol. réunis valent 600 à 650 l.

Les exemplaires en grand papier sont rares: 2000 l.

Les 28 premiers volumes de cette Encyclopédie ont été réimprimés à *Genève*, sous la date de l'édition de Paris ; mais au moyen des indications suivantes , il sera facile de reconnoître la réimpression.

Premier vol. du discours de l'édit. originale, page 241, au bas de la deuxième colonne, le mot *différence* n'est imprimé qu'à moitié ; dans la contrefaction il l'est en entier. Tome viij des planches, en place du portrait de Louis XV, qui se trouvait à l'article *monnaie* de la première édition, on a mis celui de Louis XVI à celle de Genève.

La réimpression vaut environ 450 l.

Le Supplément et les Tables sont rares.

— La même. *Livourne*, 1770, 35 vol. in-fol. fig. 2 à 300 l.

— La même. *Genève*, 1777, 45 vol. in-4. dont 6 de tables et 3 de pl. 320 l.

— La même. *Lausanne*, 1780, 39 vol. gr. in-8. 3 de pl. 200 l.

— La même. *Yverdun*, 1778, 58 vol. in-4. 10 de pl. 400 l.

Cette édition est plus complète que les deux précédentes, et n'est pas commune.

— Encyclopédie méthodique. Voyez ENCYCLOPÉDIE.

DIDEROT : (Denys) ses Œuvres, publiées par Naigeon. *Paris*, Crapelet, 1798, 15 vol. in-8. 72 l. — Gr.-raisin vélin, 300 l.

Ce grand papier n'a été tiré qu'à 25 exemplaires.

L'édition en 15 vol. in-12. fig. se vend 36 l. environ.

— L'Histoire et le Secret de la Peinture en cire. 1755, in-12.

Ouvrage tiré à un petit nombre d'exemplaires.

— Dictionnaire de Médecine. Voyez JAMES.

DIDOT, fils aîné. (Pierre) Essai de Fables nouvelles, etc. *Paris*, Didot l'aîné, 1786, in-12.

On a tiré de ce vol. des exemplaires sur vélin.

DIDYMI Taurinensis (Th. Caluso Valpergæ) litteraturæ copticæ Rudimentum. *Parmæ*, (Bodoni), 1783, pet. in-4. 15 l.

DIECMANNI (L. Jo.) Schediasma de Naturalismo, cum alior. tùm maximè Jo. Bodini ex opere ejus manuscripto, de abditis rerum sublimium Arcanis. *Jenæ*, 1700, in-4. 5 liv.

DIEDO. (Giacomo) Istoria della Republica di Venezia, dalla sua fundazione sin' al anno 1747. *In Venezia*, 1751, 2 vol. in-4. 12 l.

Dict. Bibl. I.

DIETERICUS. (Jo. Georg.) Phytantoza iconographia, sive conspectus aliquot millium Plantarum, etc. à Jo. Guill. Weinmanno collectarum, ed. G. N. Dieterico. *Ratisbonæ*, 1737. 4 vol. in-fol. avec 1025 pl. coloriées, 300 l. — Gr. pap. *rare*, 4 à 500 l.

Ouvrage remarquable par sa belle exécution. Les exemplaires dont les planches ont été tirées sur un papier plus petit que celui du texte, sont peu recherchés, parce qu'ils n'ont pas été enluminés avec autant de soin que les autres.

DIETERLIN. (Wendelin) Œuvres d'Architecture, avec des explicat. en allem. *Nuremberg*, 1598, in-fol. fig. 15 l.

DIETRICH. Description des gîtes de minerai et des bouches à feu de la France. *Paris*, Didot le jeune, 1786 et suiv. 6 part. 3 vol. in-4. fig. 36 l. — Fig. coloriées, 60 l.

DIEU (Lud. de) Historia Christi, persicè conscripta, à Pat. Hierony. Xavier lat. reddita, et cum animadv. *Lugd. Bat.* Elzevir, 1639, in-4. 7 l.

DIGESTORUM seu Pandectarum lib. L. ex florentinis Pandectis repræsentati. Vid. TAURELLUS.

DILLENII (Jo. Jac.) Catalogus Plantarum circà Gissam nascentium. *Francofurti*, 1719, in-8. fig. 10 l. — Hortus Elthamensis. *Lond.* 1732, 2 vol. in-fol. fig. 90 l.

— Historia Muscorum, in quâ circiter sexcentæ species veteres et novæ describuntur. *Oxonii*, 1741, in-4. fig. *très-rare*, 400 l.

Cette édition, la première de cet excellent ouvrage, n'a été tirée qu'à 250 exempl. ; plus, 50 sur papier fin.

La réimpression de *Londres*, 1763, est bien moins chère : 70 à 80 l.

DILLON. (John Talbot) Travels through Spain with a View for illustrate the natural history of that Kingdom. *Lond.* 1780, gr. in-4. fig. 20 l.

DINO. Tutte le Opere del innamoramento de Rinaldo da Monte-Albano, poema. *In Milano*, 1521, in-4. 20 l.

Edition rare et recherchée.

— Il medesimo, in ottava rima. *In*

23

Venezia, 1537, ou *in Siena*, 1576, in-12. 6 l.

On fait encore cas de l'édition de ce Poëme, publiée à *Venise*, en 1553, in-4.

DIODORI Siculi Bibliotheca historica, gr., à Vinc. Obsopœo. *Basil.* 1539, in-4. *rare.*

Première édition.

—Eadem, gr., ab H. Stephano. Excudebat H. Stephanus, 1559, in-fol. 36 l.

Edition belle et correcte.

—Eadem, cum Fragmentis, gr. lat., interpr. Laur. Rhodomano. *Hanoviæ*, 1604, in-fol. 18 à 24 l.

L'édition de Wesseling a fait tomber celle-ci.

—Eadem, cum Fragmentis, gr. lat., ex recens. Pet. Wesselingii, et cum notis Varior. *Amst.* 1746, 2 vol. in-fol. 84 l. — Gr. pap. 3 à 400 l.

Cette édition est fort estimée.

—Eadem, gr. lat., ex recens. P. Wesselingii. Nova edit., cum comment. ill. C. G. Heyne, et cum argumentis J. N. Eyringii. *Biponti* et *Argent.* 1793, 10 vol. in-8. 80 l.

Edition estimée et fort bien imprimée.

— Eadem, gr. lat., ex edit. Pet. Wesselingii, et cum notis Varior., cur. H. C. A. Eichstædt. *Hallæ*, 1800, 2 vol. in-8. 28 l. — Pap. fin, 33 l.

Cette édition n'est point terminée.

— Bibliothecæ historicæ lib. vj, lat., interpr. Fr. Poggio. Acced. C. Taciti Libellus de situ et moribus Populorum Germaniæ. *Bononiæ*, 1472, in-fol. 100 l.

Edition rare et recherchée. Le petit traité intitulé *De Moribus Germaniæ*, manque dans quelques exemplaires.

— Iidem, altera editio. *Venetiis*, 1476, in-fol.

Cette seconde édition est moins recherchée que la première.

— Les trois premiers Livres de l'Histoire de Diodore de Sicile, transl. de lat. en franç. per Ant. Macault. *Paris*, 1535, in-4.

Exemplaire imprimé sur vélin.

—Histoire univ. de Diodore de Sicile, trad. en franç. par J. Terrasson. *Paris*, 1737 et suiv. 7 vol. in-12. 24 l.

Réimprimée en 1777.

—Istoria, ovvero Libreria istorica di

Diodoro Siciliano, trad. di greco in lat., da div. autori, ed in ital., da Fr. Baldelli. *In Venezia*, 1575, 2 vol. in-4. 15 l.

Cette traduction est entière et fort estimée.

DIOGENES LAERTIUS de Vitis Philosophorum, græcè. *Basileæ*, Froben, 1533, in-4.

Première édition de cet ouvrage.

— Idem, gr. lat. Henr. Stephanus, 1570 vel 1594, pet. in-8. 12 à 15 l.

Quelques exemplaires de la seconde édition portent la date de 1593.

—Idem, gr. lat., à Th. Aldobrandino. *Romæ*, 1594, in-fol. 9 à 12 l.

—Idem, gr. lat., à Jo. Pearson. *Lond* 1664, in-fol. 15 à 18 l. —Gr. pap. 36 à 48 l.

Bonne édition.

— Idem, gr. lat., cum annot. Isaaci et Merici Casaubonorum, etc. animadv. Ægidii Menagii, et notis Joach. Kuhnii. *Amst.* 1692, 2 vol. in-4. 60 l.

Edition très-correcte et fort estimée.

Les exemplaires en grand papier sont extrêmement rares : 250 à 300 l.

— Ægidii Menagii in Diogenem Laërtium observationes et emendationes; ejusd. addenda et mutanda : præmittitur Epistola Ægidii Menagii ad Emericum Bigotium. *Parisiis*, Martin, 1663, gros in-8.

Ouvrage excessivement rare, tiré à douze exemplaires seulement, aux frais de Ménage, pour des amis qu'il jugeoit dignes de lui fournir de judicieuses observations sur son commentaire de Diogène Laërce, qu'il leur soumettait.

— Diogenes Laërtius de Vitis philosophorum, gr. lat., à Paul. Dan. Longolio. *Curiæ - Regnitianæ*, 1739, 2 vol. in-8. 15 l.

Edition bien exécutée et estimée.

—Idem, gr. lat. *Lipsiæ*, 1759, in-8. 9 l. — Pap. fin, 12 à 15 l.

Edition commode, mais mal exécutée.

— Idem, è gr. lat. redditi, interpr. Ambrosio Camaldulensi, ex recogn. verò Bened. Brognoli. *Venetiis*, Nic. Jenson, 1475, in-fol., très-rare, 100 l.

Première édition latine de cet ouvrage. Elle est exécutée à longues lignes, sans chiffres, signatures ni réclames.

— Les Vies des plus illustres Philosophes de l'antiquité, trad. du grec en franç. *Amst.* 1758, 3 vol. in-12. fig. 15 l.

Il y a de ces Vies une édition de *Rouen*, sous la date d'*Amst.* 1761, 3 vol. in-12. fig. , qui vaut 7 à 9 l.

— Les mêmes. *Paris*, 1796, 2 vol. in-8. pap. vélin, 18 l.

— Vite de' Philosophi e delle loro Sententie, extracte da D. Laertio e da altri auctori. *Venetiis*, 1480, in-4. *fort rare.*

Première traduction italienne de Diogène Laërce. Vendu 100 l. chez La Vallière. L'édition de *Florence*, 1488, in-4. est aussi assez rare.

DIOMEDIS Opus de Arte grammaticâ. *Venetiis*, Nic. Jenson, absque ullâ anni indicat. in-fol. 80 l.

Edition originale, rare et recherchée.

— Idem. *Parisiis*, J. Petit, 1498, in-4. *rare*, 15 l.

DIONIS CASSII Historiæ romanæ libri xlvj, græcè. *Parisiis*, Rob. Stephanus, 1548, in-fol.

Première édition de cet auteur. Elle est fort belle et assez rare.

— Iidem, gr. lat., ab H. Stephano. *Parisiis*, H. Stephanus, 1592, in-fol. 15 l.

— Iidem, gr. lat., ex vers. Guill. Xylandri, à Jo. Leunclavio recogn., cum ipsius notis et alior. *Hanoviæ*, 1606, in-fol. 18 l.

— Iidem, gr. lat., cum annot. Henr. Valesii, etc., edente Herm. Sam. Reimaro. *Hamburgi*, 1750-52, 2 vol. in-fol. 90 l.

Excellente édition.

— Dion Cassius de Nicée, abrégé par Xyphilin, trad. en franç. par B. G. (Pier. le Pesant de Bois Guillebert.) *Paris*, 1674, 2 vol. in-12. 8 l.

Traduction assez rare.

— De' Fatti de' Romani dalla guerra di Candia, sin' alla morte di Claudio, imperat., trad. in volgare soprà la vers. lat. di Xylandro, per Fr. Baldelli, con la *Vita* dell' autore da Tom. Porcacchi. *In Venetia*, 1567, in-4.

Il existe plusieurs autres éditions de cette traduction ; mais celle-ci est regardée comme la meilleure. Il faut y joindre l'article suivant.

— Epitome di Dione, da Pompeo Magno, sin' ad Alessandro figliuolo di Mammea, trad. da greco di Xy-

philino dal medesimo Baldelli. *In Vinegia*, 1562, in-4.

Les deux ouvrages réunis, 20 l.

DIONIS CHRYSOSTOMI Opera, gr. edita. *Mediolani*, Diony. Paravisinus, 1476, in-4.

Edition très-rare, et qui est restée longtemps inconnue.

— Ejusd. Orationes, gr. *Venetiis*, Aldus, 1551 in-8. 6 l.

— Eædem, gr. *Venetiis*, Fed. Turrisanus, absque anno, in-8. 6 l.

Peu commun.

— Eædem, gr. lat., ex recens. et cum notis Fed. Morelli, necnon Isaaci Casauboni Diatribâ. *Lutetiæ Parisiorum*, 1604, in-fol. 15 l.

— Gr. pap. 250 l.

Cette édition est la plus estimée de ce livre. Les exemplaires en grand papier sont très-rares et fort chers.

— Eædem, gr. lat., ex recens. Jo. Jac. Reiske. *Lipsiæ*, 1784, 2 vol. in-8. 15 l. — Pap. fin, 24 l.

DIONIS DU SÉJOUR. (Achille Pier.) Traité analytique des mouvements apparents des corps célestes. *Paris*, 1786-1789, 2 vol. in-4. fig. 24 l.

Ouvrage estimé.

— Essai sur les Comètes. *Paris*, 1775, in-8. 4 l.

— Essai sur les Phénomènes relatifs aux disparitions de l'anneau de Saturne. *Paris*, 1776, in-8. 4 l.

DIONYSII AREOPAGITÆ (S.) Opera, gr. lat., cum scholiis S. Maximi, ex recogn. G. Morellii. *Parisiis*, 1562, in-8.

Exemplaire imprimé sur vélin.

— Eædem, gr. lat., cum scholiis S. Maximi, ex edit. Balth. Corderii. *Antuerpiæ*, 1634, 2 vol. in-fol. 15 liv.

DIONYSII CARTHUSIANI contrà Alchoranum et Sectam machometicam lib. v. etc. *Coloniæ*, 1533, in-8. 8 l.

Traité singulier et assez rare.

DIONYSII HALICARNASSEI de Structurâ Orationis liber, gr. lat., ex recens. Jac. Upton, cum notis Frid. Sylburgii, etc. *Londini*, 1702, in-8. 8 l. — Gr. pap. 20 l.

Les éditions de 1728 et de 1747 sont également bonnes, 8 l.

—De Collocatione Verborum lib., gr. lat., interpr. Sim. Bircovio. *Samosis*, 1604, in-4. 6 l.

— De priscis Scriptoribus Tractatus, gr. lat., ex recens. et cum notis G. Holwell, *Lond.* 1766, in-8. 8 l. — Gr. pap. 36 l.

Les exemplaires en grand papier sont très-rares.

— Archæologiæ romanæ, quæ ritus romanos explicat, Synopsis, cum animadv. Grimm. *Lipsiæ*, 1786, in-8. 8 l. — Pap. fin, 12 l.

—Epistola ad Pompeium et alia Opuscula, gr. lat. Ex officinâ H. Stephani, 1554, in-8.

Première édition de ce Traité.

— Antiquitatum romanarum lib. x, gr. *Lutetiæ*, Rob. Stephanus, 1546, in-fol. 18 l.

Première édition grecque de ce livre.

—Antiquitatum romanarum lib. quotquot supers., gr. lat., ex edit. et cum annot. Jo. Hudsoni. *Oxonii*, 1704, 2 vol. in-fol. 140 l.—Gr. pap. 4 à 500 l.

Excellente édition, très-estimée. Les exemplaires en grand papier sont fort rares et chers.

L'édition de Sylburge, imprimée à *Francfort*, chez Wéchel, en 1586, in-fol. a conservé quelque valeur : 18 à 20 l.

— Ejusd. Dionysii Halic. Opera omnia, gr. lat., cur. Jo. Jac. Reiske. *Lipsiæ*, 1774-77, 6 vol. in-8. 70 l.

Bonne édition. Les exemplaires tirés sur papier de Hollande sont fort rares.

—Origines, seu Antiquitates romanæ, è gr. lat., interpr. Lappo Birago. *Tarvisii*, Bern. Celerius de Luere, 1480, in-fol.

Première édition latine de ce livre. Elle est imprimée à longues lignes, sans chiffres ni signatures.

H. Glareanus assure y avoir trouvé plus de six mille fautes.

— Les Antiquités romaines de Denys d'Halicarnasse, trad. du grec en franç. avec des remarq. (par Fr. Bellanger.) *Paris*, 1723, 2 vol. in-4. 24 à 30 l. — Gr. pap. 36 à 40 l.

— Les mêmes et de la même trad. ; nouv. édit. *Paris*, 1806, 6 vol. in-8. 18 liv.

Édition mal imprimée.

La traduction de le Jay est peu estimée : 6 à 8 l.

— The roman Antiquities of Diony-

sius Halicarnass., transl. into english, with notes, by Edw. Spelman. *Lond.* 1758, 4 vol. in-4. 48 l.

— Dionisio Alicarnasseo delle Cose antiche della città di Roma, trad. in toscano da Fr. Venturi Fiorentino. *In Venezia*, 1545, in-4. 8 l.

Traduction estimée.

DIONYSII ALEXANDRINI Geographia, lat. reddita per Ant. Becchariam Veronensem. *Venetiis*, 1477, in-4. 12 l.

Première traduction latine de la Géographie de Denys Périégète. Après cette édition, la meilleure est celle imprimée à *Venise*, en 1478, par Renner de Hailbrun, in-4. sans chiffres ni réclames, 10 l.

—Eadem, gr. lat., ex recens. et cum notis Edw. Wells. *Oxonii*, 1704, in-8. 10 l.

Cette édition est moins ample que celle de 1710, mais comme il y a des cartes qui ne se trouvent pas dans cette dernière, on la lui préfère pour cette raison.

— Dionysii Alexandrini et Pomponii Melæ Orbis Descriptio. *Parisiis*, H. Stephanus, 1577, in-4. 12 l.

Peu commun.

DIOPHANTI ALEXANDRINI Arithmetica, gr. lat., à Cl. Casp. Bacheto. *Parisiis*, 1621, in-fol.

— Eadem, gr. lat., à P. de Fermat. *Tolosæ*, 1670, in-fol. 24 à 30 l.— Gr. pap. 36 à 48 l.

Édition rare.

Les exemplaires en grand papier sont plus communs que ceux en petit.

DIOSCORIDIS Opera, gr., et Nicandri Theriaca et Alexipharmaca, gr., cum scholiis gr. *Venetiis*, Aldus, 1499, in-fol. *très-rare*, 100 l.

Cette édition, la première de cet auteur en grec, a été réimprimée par le même en 1518, in-4.

— Ejusd. Opera, cum castigat., gr. lat. *Parisiis*, 1549, in-8. 9 à 12 l.

— Eadem, gr. lat., cum comment. Ant. Saraceni. *And. Wecheli Hæredes*, 1598, in-fol. 36 l.

Excellente édition, très-rare.

— Dioscorides, latinè, cur. Petro Paduensi. *Colle*, Jo. Allemanus de Medemblich, 1478, in-fol. *fort rare*.

Première version latine de cet auteur. Elle est imprimée sur deux colonnes, sans chiffres, réclames ni signatures.

DIPLOMATIQUE (Nouveau Traité de) par des Bénédictins. *Paris* , 1750, 6 vol. in-4. fig. 90 l.—Gr. pap. 150 l.

DIPORTI del Crescente. *Brussela* , 1656, in-4.

L'empereur Léopold est l'auteur de cet ouvrage. Quand il devint vieux , il fit son possible pour en ramasser tous les exemplaires, et par cette raison ils sont devenus extrêmement rares.

DIRECTORIUM humanæ Vitæ (interpr. Joanne de Capua). *Edit. vet.* , *circà ann.* 1480, in-fol. fig. en bois.

Première édition latine de cet ouvrage. Elle est exécutée en lettres gothiques , sans chiffres ni réclames.

DISCOURS facétieux des hommes qui font saller leurs femmes parce qu'elles sont trop douces, mis en rime franç. et par personnaiges. *Rouen* , sans date , in-8.

Petite pièce singulière et assez rare.

DISSERTAZIONE soprà tre bassi rilievi di marmo biancho rappresentante le teste di Pentesilea , di Claudia, etc. *Palermo* , 1778 , in-4. fig. 12 l.

DIVERSORUM veterum Poëtarum in Priapum Lusus. *Venetiis* , Aldus, 1517 , in-8.

Il y a de ce rare volume des exemplaires en grand papier , dont les curieux font beaucoup de cas.

Cet ouvrage a été réimprimé par les Alde en 1534, in-8.

DIURNALE , seu Liber Precum. *Venetiis* , 1478 , in-24.

Exemplaire imprimé sur vélin.

DIXON'S. (Georg.) Voyage round the world , but more particulary to the north-west coast of America, performed in 1785-88. *Lond.* 1789, in-4. fig. 18 l.

— Voyage autour du monde , et principalement à la côte nord-ouest de l'Amérique, en 1785-1788 , trad. de l'angl. par Lebas. *Paris* , 1789, 2 vol. in-8. fig. 10 l.

DIZIONARIO (nuovo) istorico, trad. in ital., e notabilmente arricchito. *Bassano* , 1796 , 22 vol. in-8. 72 l.

Il y a dans ce Dictionnaire beaucoup d'articles sur la littérature italienne , qu'on ne trouve pas dans la nouvelle édition française, en 13 vol. in-8.

DOBRIZHOFFER Historiæ de Abiponibus, æquestri bellicosàque Baraquariæ Natione. *Viennæ* , 1784, 3 vol. in-8. maj. fig. 15 l.

DOBSON. The Life of Petrarch. *Lond.* 1799, 2 vol. in-8. fig. 18 l.

DOCTRINE chrétienne à l'usage des élèves des Jésuites dans l'île de Chio , en grec moderne. *Zanclise* , 1754 , in-12. 8 l.

DODART. (Denys) Mémoires pour servir à l'histoire des Plantes. *Paris* , impr. roy. 1676 , gr. in-fol. fig. 24 l.

Ces Mémoires ont été réimprimés en *Hollande* en 4 vol. in-4. , avec l'Histoire naturelle des animaux de Cl. Perrault. Cette seconde édition est assez recherchée, parce qu'elle est bien exécutée et ornée de belles figures : 30 l. environ.

DODONÆI (Remberti) Stirpium Historiæ pemptades vj, sive lib. xxx. *Antuerpiæ* , 1616 , in-fol. 10 l.

Toutes les éditions de ce livre publiées soit avant ou après celle-ci , sont également bonnes; on doit cependant accorder la préférence aux dernières.

—Histoire des Plantes , trad. de basaleman en franç. par Charl. de l'Ecluse. *Anvers* , 1557 , in-fol. 15 l.

Seule traduction française de cet ouvrage. Les exemplaires en sont assez rares.

DODSON. (James) The anti-logarithmic Canon. *Lond.* 1742 , in-fol. 12 l.

DODSWORTH (Rogeri) et Guill. DUGDALE Monasticon Anglicanum , sive Pandectæ Cœnobiorum , Benedictinorum, etc. à primordiis ad earum usque dissolutionem ; cum Appendice. , etc. , *Lond.* 1655 , 1661 et 1673, 3 vol. in-fol. fig. 250 à 300 l.

Cet ouvrage étant devenu rare du moment même qu'il parut , les Anglais en tentèrent , en 1682 , une seconde édition, dont ils ne publièrent que le tome premier seulement. Ce volume renfermant un *index locorum* et une *Liste* des monastères , etc. , en quatre feuillets d'impression, qui ne se trouvent pas dans l'édition originale, quelques amateurs le joignent, pour cette raison, aux trois vol. ci-dessus.

On fera bien de collationner cet ouvrage avec soin , parce qu'on en rencontre beaucoup d'exemplaires imparfaits dans la partie des figures.

—The History of the ancient Abbays, Monasteries , etc. in two vol. to sir

Will. Dugdale *Monasticon angli-*
canum , by John Stevens. *Lond.*
1722 et 1723, 3 tom. 2 vol. in-fol.
fig. 100 l.

Cet ouvrage est plutôt une traduction en anglais de l'original latin , rangée dans un
nouvel ordre avec des augmentations ,
qu'un supplément , comme quelques bibliographes l'ont annoncé. Ce qui peut
confirmer ceci , c'est que la plupart des
planches de la première édition se trouvent employées dans la seconde.

Le tome premier contient 538 pages, le
second 279 , et le troisième ou l'Appendix , 388 , non compris les pièces préliminaires.

On joint communément ces trois vol. aux
trois précédents.

DODWELLI (Henr.) Dissertationes de veteribus Græcorum Roma-
norumque Cyclis , etc. , etc. *Oxo-*
nii , 1701, in-4. 12 à 15 l.

—Annales Thucydidei et Xenophon-
tei , etc. *Oxonii* , 1702 , in-4. 8 l.

— Annales Velleiani , Quintiliani ,
Statiani. *Oxonii* , 1698, in-8. 4 à 5 l.

—Geographiæ vet. Scriptores græci
minores , gr. lat. , cum annot. H.
Dodwelli , ex edit. J. Hudson et
alior. *Oxoniæ* , 1698, 1703 et 1712,
4 vol. in-8. 250 l.

Cette Collection, connue sous le nom de
Petits Géographes , est estimée et recherchée. Nous n'entrerons dans aucun
détail sur les trois premiers vol. , qui ne
demandent pas de description , nous nous
permettrons seulement quelques réflexions
sur le quatrième pour le choix des éditions.
Ce 4ᵉ vol. est composé principalement de la
Géographie de Denys Périégète, qui avait
été imprimée dès 1697 , mais beaucoup
moins ample qu'elle n'a été donnée en
1710. Il faut donc bien se garder de
prendre pour le 4ᵉ vol. de cette collection
l'édition de 1697. On prétend cependant qu'elle contient des différences , et
quelques personnes la joignent , pour
cette raison , à l'édition de 1710 , réimprimée en 1712 pour servir de 4ᵉ vol.
aux *Petits Géographes* ; mais ces différences n'en valent pas la peine. On se
contente ordinairement de cette édition
de 1712 , qui est regardée comme la
bonne. Ce même vol. a été réimprimé
en 1717 , mais sans aucune différence.

On a tiré de cette excellente Collection
des exemplaires en grand papier, mais ils
sont fort rares, et valent 7 à 800 l.

On annonce trois éditions des Petits Géographes ; l'une par M. Penzel , l'autre par
M. Friesemann , et la troisième par M.
Bredow. Cette dernière est attendue avec
impatience.

DŒRING (F.) Eclogæ vet. Poëtarum latinor. , cum adnot. *Gothæ,*
1793 , in-8. 3 l.

DOLCE. (Lud.) Cinque primi Canti di Sacripante. *In Vinegia*, 1536,
in-4. 9 l.

—Le Transformazioni. *In Vinegia* ,
1553 , in-4. fig. 6 l.

Il y a des exemplaires imprimés sur papier bleu.

—L'Achille e l'Enea. *In Vinegia* ,
1572 , in-4. fig. 8 l.

— Stanze di div. Poeti illustri, raccolte da L. Dolce. *In Vinegia* ,
1560 , 2 vol. in-16. 8 l.

Bonne édition , recherchée.

— Dialogo piacevoli di M. L. Dolce
nel quale P. Aretino parla in difesa de' male avventurati Mariti.
In Vinezia, 1542 , in-8. 10 l.

Pièce assez rare.

—Dialogo della Pittura, intitolato :
l'*Aretino*. *In Vinegia* , 1557 , in-8.
de 60 feuillets , 8 l.

Ouvrage singulier.

—Dialogue sur la Peinture, intitulé :
l'*Arétin*, etc. , trad. en franç. avec
le texte ital. à côté, *Florence* ,
1735 , in-8. 6 l.

DOLETI (Steph.) lib. tres de Officio Legati , etc. *Lugd.* 1541 ,
in-4. 8 l.

Ouvrage recherché et peu commun.

— Ejusd. de Re navali liber. *Lugd.*
1537 , in-4. 12 l.

Traité curieux.

—Ejusd. Commentariorum Linguæ
latinæ volumina duo. *Lugd.* Gryphius , 1536 et 1538 , 2 vol. in-fol,
200 à 250 l.

Ouvrage non terminé, très-rare, et recherché
par certains amateurs pour les obscénités
chirurgicales qui s'y trouvent. Les matières ne sont point confondues ; chacune
fait un article , sous lequel se trouvent les
mots qui lui sont propres. Cet ouvrage devait être suivi d'un troisième volume , où
Dolet avait le projet de traiter de la tour-
nure des phrases latines , des différents
nombres oratoires , et de leurs combinai-
sons , avec un traité de Prosodie latine ;
mais ce troisième volume , au grand regret des gens de lettres , n'a pas paru.

—Ejusd. Formulæ latinarum locu-
tionum illustriorum , in tres partes
divisæ. *Lugd.* Gryphius , 1539,
in-fol.

Ce volume a été réimprimé plusieurs

fois; mais de toutes les éditions qu'on en a faites, celle que nous indiquons est la meilleure. On le joint communément à l'article précédent.

— Ejusd. Commentariorum Linguæ latinæ Epitome duplex. *Basileæ*, 1537 et 1539, 2 vol. in-8. 20 l.

Cet abrégé est encore assez recherché, parce qu'on y a conservé en partie les passages obscènes qui se trouvent dans le grand ouvrage. Le tome second est fort rare.

— Ejusd. Phrases et Formulæ Linguæ latinæ elegantiores. *Argentorati*, 1576, iu-8. 5 l.

— Ejusd. Dialogus de Imitatione ciceronianâ, adv. Desiderium Erasmum, pro C. Longolio. *Lugd.* 1535, in-4. 10 l.

Traité curieux. Les exemplaires n'en sont pas communs.

— Ejusd. Liber de Imitatione ciceronianâ, adversùs Floridum Sabinum; Confutatio maledictorum; et varia Epigrammata. *Lugd.* 1540, in-4. 55 pages; *très-rare*.

— Ejusd. Carminum libri iv. *Lugd.* 1538, in-4. 10 l.

— Ejusd. Orationum, Epistolarum et Carminum libri. *Absque nominis et anni notâ* (1533), pet. in-8. 5 l.

— Cato christianus, id est, Decalogi Expositio, Accessio ad præcepta legis ex Christi doctrinâ, etc. 1538, in-8. de 38 pages, *excessivement rare*.

— Traduction de deux Dialogues de Platon, l'un intitulé : *Axiochus*, et l'autre *Hypparchus*. *Lyon*, 1544, in-16. 5 à 6 l.

Ce petit ouvrage a été la cause ou le prétexte de la condamnation à mort de Dolet.

— La Manière de bien traduire d'une langue en aultre. De la Ponctuation françoyse; des Accents d'icelle. *Lyon*, 1540, in-4. *très-rare*.

— Genethliacum Cl. Doleti, Steph. Doleti filii, auth. Doleto patre. *Lugd.* 1539, in-4. 10 l.

Ces deux volumes de Poésies de Dolet ne sont pas communs.

— L'Avant-Naissance de Claude Dolet, fils de Est. Dolet, premièrement composé en lat. par le Père, et maintenant pat ung sien amy trad. en langue franç. *Lyon*, 1539, in-4. *très-rare*.

— Francisci Valesii, Gallorum regis,

Fatorum lib. iij, carminibus lat. conscripti, Steph. Doleto autore. *Lugd.* 1539, in-4. 8 l.

— Les Gestes de François de Valois, transl. du lat. en Franç. par E. Dolet. *Lyon*, 1540, in-4. 8 l.

On préfère cette version française à l'édition latine.

— Voy. CICÉRON.

DOMAT. (Jean) Les Lois civiles dans leur ordre naturel. Le Droit public, et le *Legum delectus*; nouv. édition. *Paris*, 1777, in-fol. 24 l.

L'édition de 1756, avec le Supplément et le *Legum delectus*, a conservé quelque valeur: 12 à 15 l.

DOMBAY (F. de) Grammatica Linguæ mauro-arabicæ juxtà vernaculi idiomatis usum. *Vindob.* 1800, in-4. 6 l.

DOMENICHI. (Lod.) Rime diverse di molti eccellentissimi Autori, nuov. raccolte da L. Domenichi. *In Venetia*, 1546 e 1547, 2 vol. in-8. 12 l.

— Raccolta di Facetie, Motti e Burle di diversi signori e persone private, da Lod. Domenichi, con una nuova aggiunta di Motti, raccolti da T. Porcacchi. *In Vinegia*, 1581, in-8. 15 liv.

L'édition de *Florence*, 1564, in-8. est également bonne.

La traduction française de ces Poésies, forme 1 vol. in-16. 4 à 5 l.

DOMINIS (M. Ant. de) de Republicâ ecclesiasticâ lib. x. *Lond.* 1617 et 1620, et *Francofurti*, 1658, 3 vol. in-fol. 20 l.

— Tractatus de Radiis visus et lucis in vitris perspectivis et iride. *Venetiis*, 1611, in-4.

Petit livre très-rare.

— Euripus, seu sententia de fluxu et refluxu maris. *Romæ*, 1624, in-4. *très-rare*.

DONATI. (Vit.) Essai sur l'histoire naturelle de la Mer-Adriatique, trad. de l'ital. *La Haye*, 1748, in-4. fig.

On ne recherche de ce livre que les exemplaires dont les figures sont enluminées, 20 liv.

DONATI (Alex.) Roma vetùs ac recens, utriusque ædificiis illustrata. *Amst.* 1695, in-4. fig. 15 l.

DONATO. (Ant.) Trattato de Semplici, Pietre e Peschi marini che nascono nel letto di Venetia. *In Venetia*, 1631, in-4. fig. 6 l.

DONATUS. (Sebast.) Vid. MURA-TORI.

DONI. (Ant. Fr.) I Mondi celesti, terrestri ed infernali. *In Vinegia*, 1552 ed 1553, 2 tom. 1 vol. in-4. fig. en bois.

Pour compléter cette édition, il faut y joindre la suivante.

—I medesimi Mondi, *cioë* : il Mondo piccolo, grande, misto, risibile, etc. etc. *In Vinegia*, 1562, in-8. 10 l.

— Les Mondes célestes, terrestres et infernaux ; le Monde petit, grand, imaginé, risible, etc. etc., trad. en franç. par Gabr. Chappuys; édit. augment. *Lyon*, 1583, in-8. 10 l.

— La Zucca, del med. Ant. Fr. Doni. *In Vinegia*, 1551 e 1552, in-8.

— I Marmi, del med. *In Vinegia*, 1552, in-4. fig.

Cet ouvrage est divisé en 4 parties, dont les deux dernières manquent dans beaucoup d'exemplaires.

DONI (J. B.) de Præstantiâ Musicæ veteris lib. iij. *Florentiæ*, 1647, in-4.

— Ejusd. Inscriptiones antiquæ, edit. et notis illustr. ab A. F. Gorio. *Florentiæ*, 1731, in-fol. fig. 8 liv.

—Ejusd. Lyra barberina amphichordos. Acced. ejusd. Opera, pleraque nondùm edita, ad veter. musicam illustrandam pertinentia, ex autorgr. collegit et in lucem proferri curavit A. F. Gorius, absolutâ verò operâ et stud. J. B. Passerii. *Florentiæ*, 1763, 2 vol. in-fol. 48 l.

Cet ouvrage est estimé, et les exemplaires n'en sont pas communs.

DOOLIN DE MAYENCE. Roman de ce nom. Voy. ROMAN.

DORAT: (Cl. Jos.) ses Œuvres complètes. *Paris*, 1764-1780, 20 vol. in-8. fig. 60 l.—Gr. pap. 120 l.

Edition peu estimée, parce qu'elle contient une infinité de pièces assez médiocres. Les exemplaires en grand papier sont fort recherchés.

— Les Baisers, précédés du mois de mai, poëme, avec le suppl. *Paris*, 1770, in-8. fig. 8 l. — Papier de Holl, 12 l.

— Fables nouvelles. *Paris*, 1773, 2 vol. in-8. fig. 8 l. — Gr. pap. 12 l.

DORÉ. (Pierre) Les Allumettes du feu divin, pour faire ardre les cœurs humains en l'amour de Dieu. *Paris*, 1575, in-16. 5 l.

D'ORLÉANS. (le P.) Voy. CHÉRUBIN.

D'ORLÉANS. (le Père Jos.) Histoire des Révolutions d'Espagne, revue par les PP. Rouillé et Brumoy. *Paris*, 1734, 3 vol. in-4. 12 l. — Gr. pap. 24 l.

— Histoire des Révolutions d'Angleterre. *Paris*, 1693, 3 vol. in-4. 10 l.

D'ORLÉANS. (Louis) Le Banquet et Après-disné du comte d'Arète, où il est traité de la dissimulation du roy de Navarre, et des mœurs de ses partisans. *Paris*, 1594, in-8. *grosses lettres*, 8 l.

On fait peu de cas des éditions de cette satire imprimées en petit caractère.

DORMAY. (Cl.) Histoire de la ville de Soissous, de ses rois, etc. *Soissons*, 1663, 2 vol. in-4. 7 l.

DORNAVII (Casp.) Amphitheatrum Sapientiæ socraticæ joco - seriæ. *Hanoviæ*, 1619 vel 1670 (titulo renovato), in-fol. 24 à 36 l.

DORT. (John) Westmonasterium, or the History and Antiquities of the Abbey Church S.-Peters Westminster. *Lond.* 2 vol. gr. in-fol. fig. 130 liv.

Ouvrage très-bien exécuté dans toutes ses parties. Il est rare en France.

D'ORVILLE (Jac. Philip.) Sicula, in quo opere Siciliæ veteris Rudera, additis Antiquitatum tabulis, illustr. ; cum comment. P. Burmanni Secundi. *Amst.* 1764, in-fol. 36 liv.

Ouvrage fort estimé.

D'ORVILLE. (Contant) Histoire des différents peuples du monde. *Paris*, 1770, 6 vol. in-8. 18 l.

DORUT. (D.) Méthode pour faire une infinité de dessins différents avec les carreaux mi-partis de deux couleurs, par une ligne diagonale. *Paris*, 1722, in-4. fig. 15 l.

D'OVERBEKE. Voy. OVERBEKE.

DOULTREMAN. (Andr. et Pierre) Histoire de la Ville et Comté de Valenciennes. *Douay*, 1639, in-fol. 8 l.

DOW. (Alex.) The History of Hindostan , transl. from the persian , by Al. Dow. *Lond.* 1770 , 3 vol. in-4. fig. 40 l.

DOYEN. Géométrie de l'Arpenteur. *Paris* , 1769 , in-8. fig. 7 l.

DRABICIUS. Vid. KOTTERUS.

DRAGONCINO. (G. B.) Marphisa bizarra , poema. *In Vinegia* , 1532, in-4. 7 l.

DRAKE. (Fr.) Eboracum , or the History and Antiquities of the city of York. *Lond.* 1730 , in-fol. fig. 36 l.

DRAMATA sacra , seu Collectio Tragœdiarum è vet. Testamento desumptarum , et ex div. autoribus excerptarum. *Basileæ* , 1547 , 2 vol. in-8. 24 l.

Cette Collection doit contenir 16 pièces. Les exemplaires n'en sont pas communs.

DRAMATUM sacrorum Collectio altera , scilicet : Comœdiæ cui titulus Joseph , Nabal, et aliæ ; variis locis et annis editæ. *Absque notâ edit.* 2 vol. in-8. 30 l.

Cette Collection est plus rare que la précédente.

DRAPARNAUD. (J. P. R.) Hist. natur. des Mollusques terrestres et fluviatiles de la France. *Paris* , 1 vol. gr. in-4. 13 pl. 15 l. — Pap. vélin , 30 l.

DREVES et HAYNE. Choix de Plantes d'Europe , décrites et dessinées d'après nature. *Leipzig* , 1802 , 5 vol. gr. in-4. avec 125 pl. color. 90 l.

Cet ouvrage n'est pas terminé.

DREUX DU RADIER. L'Europe illustre, cont. les Vies abrégées des souverains , princes, etc., qui se sont distingués depuis le xv.e siècle jusqu'à présent. *Paris*, 1755 , 6 vol. gr. in-8. fig. d'Odieuvre, 50 à 60 l. — Format in-4. 90 à 120 l. —Gr. pap. in-fol. 150 à 200 l.

— Le même. *Paris* , Nyon, 1777 , 6 vol. gr. in-8. fig. d'Odieuvre, 40 à 50 l. — Format in-fol. 80 à 100 l. — Gr. pap. in-fol. 120 à 150 l.

—Mémoires historiq. et Anecdotes des Reines et Régentes de France. *Paris* 1776 , 6 vol. in-12. 10 l.

DRINKWATHER. A History of the late Siege of Gibraltar. *Lond.* 1786 , gr. in-4. fig. 18 l.

Dict. Bibl. I.

DROUIN. (Gabr.) Le royal Sirop de pommes , antidote des passions mélancholiques. *Paris*, 1615, in-8. 8 liv.

Petit Traité curieux et assez rare.

DROZ. (J.) Essai sur l'Art d'être heureux. *Paris* , 1806 , in-12.

On a tiré de ce volume des exemplaires sur vélin.

—Extraits de divers moralistes anciens et modernes. An 4, in-12. de 93 pages.

Tiré à 36 exemplaires.

DRUDONIS (Hilarii) Practica Artis amandi. *Amst.* 1652 , in-12. 5 l.

DRURY. (D.) Histoire naturelle des Insectes (angl. franç.) *Lond* 1770 , 1773 et 1782 , 3 vol. gr. in-4. avec 150 pl. color. 120 l. — Pap. de Holl. 220 l.

Ouvrage très-bien exécuté. Les exemplaires en papier de Hollande sont rares.

DRUTHMARI (Christ.) Expositio in Matthæum Evangel. familiaris, luculenta et lectu jucunda , etc. *Argentorati* , 1514 , in-fol.

Cette édition et celle de *Haguenau* , 1630 , ont été supprimées. Toutes deux sont rares.

DRYANDER (Joan.) Catalogus Bibliothecæ historico-naturalis Josephi Banks. *Lond.* 1796- 1800 , 5 vol. gr. in-8. papier vélin.

DRYDEN'S : (John) the Comedies Tragedies and Operas. *Lond.* Tonson , 1701 , 3 vol. in-fol.

— Dramatic Works of J. Dryden. *Lond.* Tonson, 1735 , 6 vol. in-12. fig. 20 l.

— Miscellaneous Works of J. Dryden. *Lond.* 1760 , 4 vol. in-8. 27 l.

— Critical and miscellaneous Works of J. Dryden , with his life by Malone. *Lond.* 1800, 4 vol. in-8. 36 liv.

— Fables of J. Dryden. *Lond.* Bensley , 1797 , pet. in-fol. fig. papier vélin , 48 l.

Fort belle édition.

DUBOIS. (Abrah.) La Géographie moderne , nat. , historiq., etc. *Leyde*, 1729 ou 1736 , 4 tom. 2 vol. in-4. cartes , 7 l.

On ne recherche ce livre que pour les cartes qu'il renferme.

DUBOS. (J. B.) Histoire critique de

24

l'Etablissement de la monarchie française dans les Gaules *Paris*, 1734, 3 vol. in-4. ou 1742, 2 vol. in-4. 12 l. — Gr. pap. 20 l.

— Histoire de la Ligue de Cambrai. *Paris*, 1728, 2 vol. in-12. 7 l.

— Réflexions critiques sur la Poésie et sur la Peinture. *Paris*, 1755, 3 vol. in-12. 7 l. — Format in-4. 24 l.

DUBREUIL. (le P.) La Perspective pratique, nécessaire à tous peintres, graveurs, etc. *Paris*, 1679, 3 vol. in-4. fig. 24 l. — Gr. pap. 48 l.

Il y a de ce livre et de cette même édition, des exemplaires sous différentes dates.

DUBREUIL. (Jacq.) Voy. Breuil.

DUBUAT. Principes d'hydraulique. *Paris*, 1786, 2 vol. in-8. fig. 13 l.

DUBUISSON. (F. A.) Des Mines de Freiberg en Saxe, et de leur exploitation. *Leipsic*, 1802, 3 vol. in-8. fig. 12 l.

DUBUT. (L. A.) Architecture civile, maisons de ville et de campagne, projetées pour être construites sur des terrains de différentes grandeurs. *Paris*, an 10, 15 livraisons in-fol. fig. 72 l.

DUBY. (Tobiesen) Traité des Monnaies des barons et prélats. *Paris*, impr. roy. 1790, 3 vol. in-4. fig. 48 l.

— Recueil général des pièces obsidionales et de nécessité. *Paris*, 1786, in-4. fig. 9 à 12 l.

DUCAREL. (Andr. Coltee) Anglo-Gallic, or Norman and Aquitain Coins of the antient Kings of England. *Lond.* 1757, in-4. fig. 36 l.

DUCAS, nepos Mich. Ducæ. Vid. Byzantine.

DUCERCEAU : (Jean Antoine) ses Poésies. *Paris*, Didot le jeune, 1785, 2 vol. in-12. 4 l. — Pap. vélin, 8 l.

DUCHESNE (Andr.) Historiæ Francorum Scriptores coætanei, ab ipsius gentis origine ad Philippi IV tempora, seu ad ann. 1286. *Parisiis*, Cramoisy, 1636 et seqq. 5 vol. in-fol. 40 l. — Gr. pap. 80 l.

Collection estimée.

— Historiæ Normannorum Scriptores antiqui, ab ann. Christi 838 ad ann. 1220. *Lutetiæ Parisiorum*, 1619, in-fol. 36 l. — Gr. pap. 72 l.

Collection estimée. Les exemplaires en sont rares.

DUCHOUL. Voy. Choul.

DUCLOS. (Charl. Dineau) Considérations sur les Mœurs de ce siècle. *Paris*, 1764, in-12. pap. de Holl. rare, 8 l.

— Œuvres complètes de Duclos. *Paris*, 1806, 10 vol. in-8. 40 l. — Pap. vélin, 70 l.

DUCLOS et CAILLEAU. Dictionnaire bibliographique historiq. et critique des Livres rares. *Paris*, 1790, 3 vol. in-8. — Supplément. *Paris*, an 10 (1802), in-8. 21 l.

— Le même. *Liége*, 1791, 3 vol. in-8. 10 à 12 l.

DUDLEO, duca di Nortumbria e conte di Warwick. (Rob.) Arcano del Mare. *In Firenze*, 1647 et seqq. 6 vol. in-fol.

Cet Atlas se relie quelquefois en trois, quatre, cinq ou six volumes.

Il est difficile d'en trouver des exemplaires complets, 60 l.

DUFRESNE, dom. DU CANGE, (Car.) Glossarium ad Scriptores mediæ et infimæ græcitatis, gr. lat. *Lugd.* 1688, 2 vol. in-fol. 36 l. — Pap. fin, 60 l.

— Glossarium ad Scriptores mediæ et infimæ latinitatis; ex novâ edit. Monachorum ordinis S. Bened. congr. S. Mauri. *Parisiis*, 1733 et seqq. 6 vol. in-fol. 40 l.

On doit trouver à l'article *Monnaies*, un cahier de dix feuillets, contenant les empreintes des différentes monnaies des princes souverains, etc.

On a tiré de ces 6 vol. un exemplaire sur vélin, et plusieurs sur grand papier.

— Glossarium novum ad Scriptores medii ævi; collegit et digessit D. P. Carpentier. *Parisiis*, 1766, 4 vol. in-fol. 60 l.

Supplément de l'article précédent, et dont on ne connaît pas d'exemplaires en grand papier.

Le célèbre Adelung a donné un abrégé de ce Glossaire, en 6 vol. in-8. à *Halle*, en 1772 : 75 l.

— Illyricum vetus et novum, sive Hist. regnorum Dalmatiæ, Serviæ, Bulgariæ, etc. locupletissimis accessionibus aucta, atque à primis temporibus usque ad nostram ætatem continuata. *Pasonii*, 1746, in-fol. 10 l.

On joint quelquefois ce volume au corps de la Byzantine.

— Voy. Byzantine.

DUFRESNOY. Voy. Lenglet Dufresnoy.

DUGDALE (Guill.) Historia Ecclesiæ Cathedralis S. Pauli Londinensis (anglicè.) *Londini*, 1658,
in-fol. fig. 18 l.

Édition moins ample que celle de 1716,
mais les épreuves des figures en sont
plus belles.
Ce vol. se joint ordinairement au *Monasticon anglicanum.*

— Les Antiquités du comté de Warwick (en angl.) *Lond.* 1656, in-
fol. fig. 5o l.

Ouvrage rare et recherché. L'édition de 1765
est moins chère.

— Le Baronage et Noblesse d'Angleterre (en anglais.) *Londres*,
1675 et 1676, 3 tom. 2 vol. in-fol.
fig. 100 l.

Livre rare.

— Histoire des Troubles d'Angleterre, depuis 1638-1659 (en angl.)
Oxfort, 1681, in-fol. 10 l.

Peu commun.

DUGUAY - TROUIN : (René) ses
Mémoires, jusqu'à la mort de Louis
XIV. *Paris*, 1740, in-4. fig. 6 l.
— Gr. pap. 12 l.

DUGUET. (J. J.) Lettres sur divers
sujets de morale et de piété. *Paris*,
1708, 10 vol. in-12. 15 l.

— Conférences ecclésiastiques. *Cologne (Paris)*, 1742, 2 vol. in-4.
12 l.

Cet ouvrage était beaucoup plus cher autrefois.

DU HALDE. (le P. J. B.) Description géographiq. et historiq. de la
Chine. *Paris*, 1735, 4 vol. in-fol.
fig. 60 l.

— La même. *La Haye*, 1736, 4 vol.
in-4. et atlas, 4o à 5o l.

Cette édition, quoique moins belle, est
préférable pour les additions.

DUHAMEL. (Henri-Louis) Traité
de la fabrique des Manœuvres pour
les vaisseaux, ou l'Art de la corde-
rie perfectionné. *Paris*, impr. roy.
1747, in-4. fig. 15 l.

— Les Eléments de l'Architecture navale, ou Traité pratiq. de la Construction des vaisseaux. *Paris*,
1752, in-4. fig. 15 l.

— Traité de la culture des terres, suivant les principes de M. Tull. *Paris*, 1753 et suiv. 6 vol. in-12. fig.
36 l.

Peu commun.

— Traité de la Conservation des
grains, etc. *Paris*, 1753, in-12.
fig.

Ce volume n'est pas commun. Il faut y
joindre un Supplément donné en 1765 :
6 liv.

— Traité des Arbres et Arbustes qui
se cultivent en France en pleine
terre. *Paris*, 1755, 2 vol. in-4.
fig. 72 l.

— Le même, nouv. édition, considérablement augmentée. *Paris*,
1804, 4o livraisons in-fol. fig. de
P. J. Redouté.

Chaque livraison se vend, sur carré fin,
figures en noir, 9 l. — Sur carré vélin,
figures en couleurs, 25 l. — Sur nom-de-
jésus, figures en couleurs, 4o l.
La totalité de ce bel ouvrage formera au
moins 6o livraisons.

— La Physique des Arbres, où il est
traité de l'anatomie des plantes et
de l'économie végétale. *Paris*,
1758, 2 vol. in-4. fig. 2o l.

— Des Semis et Plantations des arbres, et de leur Culture. *Paris*,
1760, in-4. fig. 12 l.

— Traité de l'exploitation des bois,
ou moyen de tirer un parti avan-
tageux des taillis, demi-futaies,
etc. *Paris*, 1764, 2 tom. 1 vol.
in-4. fig. 12 l.

— Du Transport, de la Conservation
et de la Force des bois, etc. *Paris*,
1767, in-4. fig. 10 l.

— Traité des Arbres fruitiers, contenant leur figure, leur description,
etc. *Paris*, 1768, 2 vol. in-4. gr.
pap. fig. 8o l.

On nous promet une nouvelle édition de cet
ouvrage, pour faire suite à la nouvelle édition du *Traité des Arbres et Arbustes*,
dont nous avons parlé plus haut. Elle sera
tirée sur trois papiers différents, et ornée
de figures en couleurs, par P. J. Redouté.

— Eléments d'Agriculture. *Paris*,
1762 ou 1779, 2 vol. in-12. fig. 6 à
7 l.

DUJARDIN et PEYRILHE. Histoire de la Chirurgie, depuis son
origine jusqu'à nos jours. *Paris*
impr. roy. 1774-1780, 2 vol. in-4.
fig. 15 l.

DU LACQ. Théorie nouvelle sur le mécanisme de l'artillerie. *Paris*, 1741, in-4, fig. 8 l.

DUMARSAIS. (César Chesneau) Exposition d'une méthode raisonnée pour apprendre la langue latine. *Paris*, 1722, in-8. 7 l.

—Des Tropes, ou des différents sens dans lesquels on peut prendre un même mot dans une même langue. *Paris*, 1757, in-8. 5 l.

— Logique, ou Réflexions sur les opérations de l'esprit. *Paris*, 1762, in-12, ou 1769, 2 vol. in-12. 5 l.

— Œuvres complètes de Dumarsais. *Paris*, an 5 (1797), 7 vol. in-8. 28 liv.

DUMAS. Principes de Physiologie. *Paris*, 1806, 4 vol. in-8. 20 l.

DUMÉRIL. (Constant) Traité élémentaire d'histoire naturelle. *Paris*, 1807, 2 vol. in-8. 33 pl. 9 l.

DU MONSTIER (Arturi) Neustria pia. *Rhotomagi*, 1663, in-fol. 18 l.

DUMONT. (Jean) Corps univ. diplomatique du Droit des gens. *Amst.* 1726 et suiv. 8 tom. quelquefois reliés en 16 vol. in-fol.

— Supplément au Corps univers. diplomatique du Droit des gens, par J. Dumont et J. Rousset. *Amst.* 1739, 5 vol. in-fol.

— Histoire des Traités de paix du xviie siècle, depuis la paix de Vervins jusqu'à celle de Nimègue, par J. Y. de S. Prest. *Amst.* 1725, 2 vol. in-fol.

— Négociations secrètes touchant la paix de Munster et d'Osnabrug, depuis 1642-1648. *La Haye*, 1725, 4 vol. in-fol.

Ces quatre articles forment la Collection complète du *Corps diplomatique* : 300 à 400 l. et en grand papier, 600 l.

— J. Dumont et Rousset. Histoire militaire du prince Eugène de Savoie, et autres, avec des explicat. historiq. *La Haye*, 1729-47, 3 vol. gr. in-fol. fig. 100 l.

DUMONT. Voyages en France, en Italie, en Allemagne, à Malte et en Turquie. *La Haye*, 1699, 4 vol. in-12. fig. 10 l.

DUMONT. (Gabr. Mart.) Détails des plus intéressantes parties d'ar-

chitecture de la Basilique de St.-Pierre de Rome. *Paris*, 1763, 3 vol. in-fol. gr. pap. fig. 60 l.

DUMONT DE COURSET. Le Botaniste cultivateur. *Paris*, 1802-1805, 5 vol. in-8. 24 l.

DUMORTOUX. Histoire des Conquêtes de Louis XV, tant en Flandre que sur le Rhin. *Paris*, 1759, in-fol. fig. 10 l.

DUMOULIN. Voy. MOULIN.

DUNOD. (Fr. Ign.) Histoire des Séquanois et de la Province séquanoise des Bourguignons. *Dijon*, 1735 et 1737, 2 vol. in-4. 10 l.

— Histoire de l'Eglise, Ville et Diocèse de Besançon. *Besançon*, 1750, 2 vol. in-4. 8 l.

DUNS SCOTUS. (Jo.) Vid. SCOTUS.

DU PATY. La Science et l'Art de l'équitation. *Paris*, Didot l'aîné, 1776, in-4. fig. 8 l. — Gr. pap. 15 l.

DU PATY. (le Présid.) Lettres sur l'Italie. *Lond.* 1785, in-8. 4 l.

— Les mêmes. *Paris*, 1788, 2 vol. in-8. 7 l.

DUPIN. (Louis Ellies) Bibliothèque des Auteurs ecclésiastiques, jusques et y compris le xviiie siècle, avec la Continuat. de Cl. Pierre Goujet. *Paris*, 1688 et suiv. 57 vol. in-8. 70 l.

Les 4 vol. des *Hétérodoxes* sont rares.

DUPIN. (Cl.) Œconomiques. *Carlsruhe*, 1743, 3 vol. in-4.

Tiré à 12 ou 15 exempl.

—Observations sur un Livre intitulé, De l'Esprit des lois, div. en trois part. (*Paris*, 1757-58), 3 vol. in-8.

Il n'existe que 30 exemplaires de ce livre ; le reste de l'édition a été détruit. Vendu 120 l. chez d'Hangard.

DUPLANIL. Voy. BUCHAN.

DUPONT, Seign. de Drussac. (Gratien) Les Controverses des Sexes masculin et féminin, poëme en trois liv. 1536 ou 1539, sans nom de ville ni d'imprimeur, in-16. *lettres rondes*, fig. en bois, 12 l.

— Les mêmes. *Paris*, P. Sergent, 1541, in-8. *lettres rondes*, fig. en bois, 15 l.

Ces trois éditions sont rares et recherchées. On doit trouver à la fin du volume une petite pièce séparée, intitulée : *Requeste du sexe masculin contre le sexe féminin*. Ce morceau manque quelquefois.

DUPRE. (Jehan) Le Palais des nobles Dames, auquel sont déclarées plusieurs histoires et fictions, etc. en rime franç. *Paris*, sans date, in-8. goth. 12 l.

DUPRE DE SAINT-MAUR. Essai sur les Monnaies, ou Réflexions sur le rapport entre l'argent et les denrées. *Paris*, 1746, in-4. 6 l.

DUPUIS. (C.) Cours de Géométrie-pratique, d'architecture militaire, de perspective, etc. *Paris*, 1773, in-4. fig. 7 l.

DUPUIS. (Pier.) Histoire de l'Ordre militaire des Templiers, édit. revue et augment. *Bruxelles*, 1751, in-4. 10 l.
L'édition de 1713, 2 vol. in-8. vaut 5 à 6 l.

DUPUY. (N.) Origine de tous les Cultes. *Paris*, 1793, 3 vol. in-4. et un vol. de fig. 24 à 30 l.—Pap. vélin, 36 à 48 l.
—Les mêmes. *Paris*, 1793, 12 vol. in-8. et 1 vol. in-4. de fig. 24 à 27 l.
On a donné une critique de cet ouvrage en un vol. in-8. 3 l.

DUQUESNE. (Arnaud Bern. d'Icar) L'Evangile médité. Voy. GIRAUDEAU.

DURAND. L'Art de vérifier les dates. Voy. CLÉMENT.

DURAND. (David) Voy. PLINE le naturaliste.

DURAND. (J. N. L.) Recueil et et Parallèle des édifices en tout genre, anciens et modernes. *Paris*, an 9, gr. in-fol. fig. 160 l.
Ouvrage bien exécuté.
— Précis de Leçons d'Architecture données à l'Ecole polytechnique. *Paris*, 1802, 2 vol. in-4. 32 pl. 40 l.

DURAND. (J. B. Léonard) Voyage au Sénégal en 1785-86. *Paris*, 1802, 2 vol. in-8. et atl. in-4. de 44 pl. 24 l.— Pap. vélin, 50 l. — Format in-4. 30 l.

DURANDI (Guill.) Rationale divinorum Officiorum. *Moguntiæ*, Joh. Fust et Pet. Schoyffer de Gernzheym', 1459, in-fol. Prix arbitraire.
Première édition extrêmement rare. Elle est imprimée sur deux colonnes, de 63 lignes chacune dans les pages entières, sans chiffres, réclames ni signatures.
La totalité du volume est de 160 feuillets.
Il y a des exemplaires sur vélin.
On fait peu de cas des autres éditions de ce livre.

DURANTI DE LIRONCOURT. Instruction sur la Construction pratique des vaisseaux. *Paris*, 1771, in-8. 7 l.

DURAZZO. (J.) Voy. DESCRIZIONE.

DURER. (Albert) Les Chars de Triomphe, fête intéressante imaginée sur la fin de sa vie, par l'empereur Maximilien I.er, grav. sur les dessins d'Albert Durer et de Jean Burgkmair, en 1517, in-fol. très-gr. pap. fig. en bois.
Avant que l'on eut retrouvé les planches de cet ouvrage, qu'on croyait avoir été consumées à Augsbourg, il se vendait extrêmement cher, par la difficulté de s'en procurer des exemplaires; mais ces planches ayant été tirées de la bibliothèque impériale de Vienne, où elles restaient dans l'oubli, on en a fait faire des épreuves, et depuis ce volume est bien moins rare et cher.
Les nouveaux exemplaires portent la date de *Vienne*, 1799.
—De Symmetriâ partium humanorum corporum lib. iv. *Norimb.* 1534, in-fol. fig. 12 à 15 l.
— Les iv Livres de la proportion des parties et portraits des corps humains, trad par L. Maigret. *Arnheim*, 1614, in-fol. fig. 12 l.

DURET. (Cl.) Thrésor de l'Histoire des Langues de cet Univers. *Yverdon*, 1619, in-4. 8 l.

DURETI (Lud.) Interpretationes et Enarrationes in Hippocratis Coacas Prænotiones. *Lugd Batav.* 1737, in-fol. 10 l.

DUROI. (J. Phil.) L'Art d'élever les arbustes du nord de l'Amérique. *Brunswick*, 1772, 2 vol. in-8. fig. (en allem.) 12 l.

DURYER. (Andr.) L'Alcoran de Mahomet, transl. d'arabe en franç. *La Haye*, 1683 ou 1685, in-12. 9 l.
Jolie édition. On la fait entrer dans la Collection des Elzévirs.
— Rudimenta grammatices Linguæ turcicæ. *Parisiis*, Vitré, 1630 vel 1663, in-4. 7 l.

DUSAULX. (J.) De la Passion du jeu. *Paris*, Didot le jeune, 1779, in-8. 4 l. — Gr. pap. de Holl. 10 l.
—Voyage à Barège et dans les Hautes Pyrénées. *Paris*, Didot le jeune, 1796, 2 tom. 1 vol. in-8. 4 l. — Pap. vélin, 8 l.
— Voyez JUVÉNAL.

DUTENS. (Louis) Des Pierres précieuses et des Pierres fines, etc. *Paris*, Didot l'aîné, 1776, in-18. 18 l.

On a tiré de ce volume des exemplaires sur vélin.

— Origine des Découvertes attribuées aux modernes. *Paris*, 1776, 2 vol. in-8. 10 l.

— Explication de quelques Médailles de peuples, de villes et de rois, grecques et phéniciennes. *Lond.* 1776, in-4. fig. 15 l. — Gr. pap. 30 liv.

— Le Tocsin, troisième édit. *Paris*, 1763, in-12.

Il y a de ce volume des exemplaires sur vélin.

— La Logique ou l'Art de raisonner. *Paris*, 1773, in-12.

Il y a également de ce livre des exemplaires sur vélin.

DU TERTRE. (J. B.) Histoire générale des Iles Antilles habitées par les Français. *Paris*, 1667 et 1671, 4 tom. 3 vol. in-4. fig. 21 l.

DUVAL. (Pierre) Le Puy du souverain Amour, tenu par la Déesse Pallas, mis en rime franç. *Rouen*, N. de Burges, sans date, in-8. *lettres rondes*, 6 l.

DUVERDIER. (le sieur) Le Romant des Romans, où l'on verra la suite et la conclusion de Don Bélianis de Grèce, du Chev. du Soleil, etc. *Paris*, 1626 et suiv. 7 vol. in-8.

Ouvrage peu estimé, mais qu'on recherche parce qu'il donne la suite de plusieurs romans qui n'ont point été terminés.

DUVERDIER, Sr. de Vauprivas. (Ant.) Voy. RIGOLEY DE JUVIGNY.

DUVERGER de Hauranne, abbé de St.-Cyran. (Jean) Question royale et sa Décision, là où est montré en quelle extrémité, principalement en temps de paix, le subject pourroit être obligé de conserver la vie du prince aux dépens de la sienne propre. *Paris*, 1609, in-12. 7 l.

Édition originale et la plus recherchée de ce petit Traité.

DUVERNAY. Traité de l'organe de l'Ouie. *Paris*, 1683, in-12. fig. 5 l.

Ouvrage estimé.

DUVERNET. Principes de sagesse, ou les Epîtres d'Horace, trad. en vers, par M. du V. *Versailles*, 1788, pet. in-12. de 108 pages.

Volume tiré à 60 exempl.

DUUN. (Sam.) A new Directory for the east Indies. *Lond.* 1780, in-4. 24 l.

DYCHE. (Th.) A new general english Dictionary. *Lond.* 1771, in-8. 7 liv.

— Nouveau Dictionnaire des Arts et des Sciences, trad. de l'angl. *Avignon*, 1756, 2 vol. in-4. 12 l.

E

EARLOM'S. (Rich.) Collection of two hundred Prints, after the original Designes of Claude le Lorrain, in the collection of the duke of Devonshire. *London*, 1779, 2 vol. in-fol. 100 l.

EBERMAYER (Jo. Mart. ab) Thesaurus Gemmarum affabrè sculptarum, ex recens. Jo. Jac. Baieri. *Norimbergæ*, 1720, in-fol. fig. 18 l.

— Capita Deorum et illustr. hominum, necnon hieroglyphica, abraxea, etc. in gemmis incisa, quæ collegit J. M. ab Ebermayer; serv. illustr. Erh. Reusch. *Francof.* 1721, in-fol. fig. 30 l.

ECCARDI (Jo. Georg.) Leges Francorum salicæ et ripuariorum, cum notis. *Francofurti*, 1720, in-fol. 10 liv.

Ouvrage estimé.

— Corpus Historicorum medii ævi collect. ab J. G. Eccardo. *Lipsiæ*, 1723, 2 vol. in-fol. 18 l.

— Commentarii de Rebus Franciæ orientalis et Episcopatûs Wirceburgensis, etc. *Wirceburgi*, 1729, 2 vol. in-fol. 18 l.

ECCHELLENSIS (Abrahamus) Chronicon orientale. Vid. BYZANTINE.

ECHARD. Voy. QUÉTIF.

ECHARD. (Laur.) The Roman History. *London*, 1734, 5 vol. in-8. 24 l.

— Histoire romaine, trad. de l'angl. par Dan. de la Roque et Guyot des Fontaines. *Paris*, 1728 et suiv. 16 vol. in-12. 36 l.

Ouvrage estimé.

ECKHEL. (l'abbé) Choix des Pierres gravées du cabinet impérial des an-

tiques. *Vienne*, 1788, in-4. avec
40 pl. 45 l. — Gr. pap. 80 l.

Les gravures dont cet ouvrage est décoré,
sont de la plus grande beauté.

—Doctrina Numorum veterum *Vindobonæ*, 1792-1797, 8 vol. in-4.
150 liv.

Ouvrage peu commun en France.

—Numi veteres anecdoti, ex museis
Cæsareo-Vindobonensi Florentino,
etc. à J. Eckhel. *Viennæ Austr.*
1775, 2 tom. 1 vol. in-4. 12 l.

ECLOGÆ veter. Poëtarum latinorum, cum adnot. F. Doering. *Gothæ*, 1793, in-8. 5 l.

ECLUSE. (l') Voy. VADÉ.

EDIPUS. Roman de ce nom. Voy.
ROMAN.

EDRISI Africa. Cur. J. M. Hartmann. *Gottingæ*, 1796, in-8. 9 l.

EDWARDS. (Georg.) Histoire naturelle d'Oiseaux peu communs et
d'autres Animaux rares, consistant
en quadrupèdes, reptiles, etc. (en
angl.) — Glanures d'hist. nat. consistant en figures de quadrupèdes,
oiseaux, etc. avec une description
en angl. et en franç. *Lond.* 1743-
1758, 7 tom. 4 vol. in-4. gr. pap.
fig. coloriées, 400 l.

Ouvrage très-bien exécuté.

EDWARD'S. (John) British Herbal, containing 100 plates of the
most beautiful and scarce flowers,
and useful medicinal plants, which
blow in the open air of the Great
Britain. *Lond.* 1770, in-fol. avec
100 pl. color. 160 l.

EDWARD'S. (Bryan) The History civil and commercial of the
British Colonies in the west Indies.
Lond. 1794, 2 vol. in-fol. 36 l.

EDWARD'S. (Georg.) The royal
and constitut. Regeneration of
Great-Britain. *Lond.* 1790, 3 vol.
in-4. pap. fin, 30 l.

EFFIGIES Pictorum illustrium,
quos Belgium habuit, ad vivum
delineatæ. *Antuerpiæ*, Gallæus,
in-4. 15 l.

EFFIGIES Virorum ac Fœminarum
illustrium, quibus in græcis aut
latinis Monumentis, aliqua memoriæ pars datur. *Lugd. Batav.*
P. Vander Aa, in-fol. 12 l.

EGGEDE (Pauli) Dictionarium

groenlandico-danico-latinum. *Hafniæ*, 1750, in-12. 6 l.

—Grammatica groenlandico-danicolatina. *Hafniæ*, 1760, in-8. 6 l.

—Description et Histoire naturelle
du Groënland, trad. par Desroches. *Copenhague*, 1763, in-8.
fig. 5 liv.

EGGELINGII (Henr.) de Miscellaneis Germaniæ Antiquitatibus Dissertationes. *Bremæ*, 1694, 3 vol.
in-4. 24 l.

EGINHARTUS de Vitâ et Gestis
Caroli Magni, cum comment. Jo.
Fred. Besselii, et notis Jo. Bollandi.
Trajecti ad Rhenum, 1711, in-4.
8 liv.

— Idem opus, cum adnot. G. G.
Bredow. *Helmstadii*, 1806, in-8.
5 liv.

— Voyez COUSIN. (Louis)

EGNATIUS. (J. B.) Vide SCRIPTORES Historiæ Augustæ.

EHRET. (Georg. Dion.) The History and Analysis of the parts of
Jessamine which flowered in the
curious garden of R. Warner at
Woodfort. 1759, gr. in-fol. fig.
color. 70 l.

Ce volume est rare.

EICHHORN (J. G.) Monumenta
antiquiss. Historiæ Arabum, post
A. Schultensium collegit ediditque,
cum lat. vers. et animadv. *Gothæ*,
1775, in-8. 10 l.

— Poeseos asiaticæ commentat. libri,
cum append. à G. Jones, curâ J.
G. Eichhorn. *Lipsiæ*, 1777, in-8.
10 liv.

EISENBERG. (le baron d') L'Art
de monter à cheval, avec la Description du manège moderne. *La
Haye*, 1733, in-4. oblong, fig. de
B. Picart, 10 l.

EISENBERGER. (N. F.) Piscium,
Serpentum, Insectorum Imagines,
quas M. Catesby in Carolinæ Hist.
nat. tradidit; additis verò imaginibus piscium tàm nostratium
quàm aliar. reg., vivisque color.
depictis, edid. N. F. Eisenberger
et G. Lichtensteger. *Norimbergæ*,
1750, gr. in-fol. fig. color. 50 l.

EISENSCHMIDII (Jo. Casp.) Disquisitio de Ponderibus et Mensuris veter. Romanorum, Græcorum

et Hebræorum. *Argentorati*, 1708
vel 1737, in-8. 7 l.

ELEUTHÉRII (August.) Tractatus
de Arbore Scientiæ boni et mali,
ex quo Adamus mortem comedit.
Mulhusii, 1561, in-8. 12 l.
Petit Traité rare et curieux.

ELGUETA y VIGIL. (Don Ant.
de) Cartilla de la agricultura de
Moreras para la cria de la seda. *En
Madrid*, 1761, in-4. fig. 12 l.

ELIE (Martin) et J. J. RIDENGER.
Représentations des Animaux selon
leur grande variété et leurs belles
couleurs. *Nuremberg*, 2 tom. 1
vol. in-fol. fig. color. 60 l.

ELIOT. (Joh.) Vid. BIBLIA americana.

ELIZALDE (Mich. de) Forma veræ
Religionis inquirendæ. *Neapoli*,
1662, in-4. *rare*, 12 l.

ELLIS. (G.) Specimens of the
early english poets, with an historical Sketch of the rise and progress of the english poetry and language. *Lond.* 1801, 3 vol. in-8.
pap. vélin, 27 l.

ELLIS. (John) An Essay towards a
natural History of the Corallines.
Lond. 1753, in-4. fig, 15 l.
— Essai sur l'Histoire naturelle des
Corallines, trad. de l'angl. *La
Haye*, 1756, in-4. fig. color. 9 l.
— Gr. pap. 18 l.
— The natur. History of curious
Zoophytes, collected from various
parts of the globe, systematically
arranged by Dan. Solander. *Lond.*
1786, in-4. avec 63 pl. 36 l. — Gr.
pap. 60 l.

ELMACINI (Georg.) Historia sara-
cenica, arab. lat., edente Th. Er-
penio. *Lugd. Batav.* 1625, in-fol.
12 l. — Gr. pap. 18 l.
Ouvrage bien exécuté et peu commun.

ELOGE (l') de l'Enfer. *La Haye*,
1759, 2 vol. in-12. fig. 6 l.

ELOGE de Suger, abbé de Saint-
Denis (par le marquis de Menou
Romance.) *Amst.* et *Paris*, 1779,
in-8. *rare*.
Tiré à petit nombre.

ELOY. (F. D.) Dictionnaire historique de la Médecine ancienne et
moderne. *Mons*, 1778, 4 vol. in-4.
20 liv.

EMERIGON. Traité des Assurances et

des Contrats à la grosse. *Marseille*,
1783, 2 vol. in-4. 24 l.

EMILIE ou les Joueurs, comédie en
cinq actes et en vers (par le marquis de Montesquiou Fezenzac.)
Paris, Didot aîné, 1787, in-18.
pap. vélin.
Cette pièce n'a été tirée qu'à 50 exemplaires.

EMPEDOCLES AGRIGENTINUS
de Vità et Philosophià ejus expo-
suit, carminum reliquias ex antiq.
script. collegit, recens. F. G. Sturz.
Lipsiæ, 1805, 2 vol. in-8. 17 l. —
Pap. fin, 21 l.
Bonne édition.

ENCYCLOPÆDIA britannica, or a
Dictionary of Arts, Sciences, etc.
Edimburg, 1778, 10 vol. in-4. fig.
150 liv.

ENCYCLOPÆDIA britannica, or a
Dictionary of Arts and Sciences.
Lond. 1789-1797, 36 part. en 18
vol. in-4. fig. — Supplement, by
Gleig. *Lond.* 1801, 4 part. 2 vol.
in-4. fig.
Cette Encyclopédie n'est pas commune en
France.

ENCYCLOPÉDIE, ou Dictionnaire
raisonné des Sciences et des Arts.
Voy. DIDEROT.

ENCYCLOPÉDIE méthodique, ou
par ordre de matières, par une société de Gens de Lettres. *Paris*,
Panckouke, 254 part. in-4. dont
36 de pl., formant en tout 72 livraisons, 1000 à 1200 l.
1re livraison, 3 vol.—IIe 3 vol.—IIIe 2 vol.
1 de pl.—IVe 4 vol.—Ve 2 vol.—VIe 2 vol.
1 de pl.—VIIe 4 vol.—VIIIe 3 vol.—IXe
2 vol. 1 de pl. — Xe 3 vol. — XIe 4 vol.—
XIIe 2 vol. 1 de pl. —XIIIe 2 vol.—XIVe
4 vol. — XVe 3 vol.—XVIe 2 vol.—XVIIe
1 vol. 1 de pl. — XVIIIe 4 vol. — XIXe 4
vol.—XXe 4 vol.—XXIe 2 vol. 1 de pl.—
XXIIe 4 vol. — XXIIIe 4 vol. — XXIVe 4
vol. 1 d'atlas.—XXVe 4 vol.—XXVIe 4 vol.
—XXVIIe 4 vol.—XXVIIIe 4 vol. 1 de pl.
—XXIXe 4 vol. — XXXe 4 vol. 1 d'atlas.—
XXXIe 3 vol. — XXXIIe 4 vol. 1 de pl.—
XXXIIIe 2 vol. 1 de pl.—XXXIVe 4 vol.—
XXXVe 4 vol.—XXXVIe 3 vol.—XXXVIIe
1 vol. 1 de pl.—XXXVIIIe 2 vol. 1 de pl.—
XXXIXe 4 vol.—XLe 2 vol. 1 de pl.—XLIe
4 vol. — XLIIe 2 vol. 1 de pl. — XLIIIe 4
vol.—XLIVe 2 vol. 1 de pl.—XLVe 3 vol.
—XLVIe 4 vol. 1 de pl.—XLVIIe 4 vol. 1
de pl. — XLVIIIe 4 vol. 1 de pl. — XLIXe
4 vol. 1 de pl.—Le 3 vol. 1 de pl. —LIe 3
vol. 1 de pl.—LIIe 4 vol.—LIIIe 3 vol. 1
de pl.—LIVe 4 vol. — LVe 2 vol. 1 de pl.

LVIe 4 vol. — **LVII**e 2 vol. 1 de pl. — **LVIII**e 2 vol. 1 de pl.—**LIX**e 4 vol.—**LX**e 2 vol. 1 de pl. — **LXI**e 2 vol. 1 de pl. — **LXII**e 2 vol. 1 de pl. — **LXIII**e 2 vol. 1 de pl.—**LXIV**e 2 vol. 1 de pl.—**LXV**e 3 vol. 1 de pl.—**LXVI**e 2 vol. 1 de pl.—**LXVII**e 2 vol. 1 de pl. — **LXVIII**e 3 vol. — **LXIX**e 2 vol. 1 de pl. — **LXX**e 2 vol. 1 de pl. — **LXXI**e 3 vol.—**LXXII**e 3 vol.

Note des volumes que contient chacune des matières séparément.

Agriculture. 4 tom. 7 part. — Amusements des Sciences. 1 vol.—Antiquités. 5 vol. 10 part. 1 vol. de pl. — Architecture. 2 vol. 3 part.—Art Militaire. 4 tom. 8 part.—Art aratoire. 1 vol. et 1 vol. de pl. — Arts et Métiers. 8 vol. 16 part. et 8 vol. de pl. — Assemblée nationale. le tom. 2 (Débats) (le tom. I.er n'a pas encore paru.)—Beaux-Arts. 2 vol. 4 part. 1 vol. de pl. — Botanique. 8 vol. 13 part. et 9 part. de pl. — Chasse. 1 vol. — Chimie. 5 vol. 7 part. — Chirurgie. 2 tom. 4 part. 1 vol. de pl. — Commerce. 3 tom. 5 part.—Economie politique. 4 tom. 8 part. — Encyclopédiana. 1 vol. — Equitation, Escrime, etc. 1 vol. — Finances, 3 tom. 4 part. — Forêts et Bois, tom. 1. 1.re part. — Géograph. ancienne. 3 vol. 6 part. — Géographie moderne, 3 tom. 6 part. 2 d'atlas. — Géographie physique. 2 tom. 4 part. — Grammaire et Littérature. 3 vol. 6 part. — Histoire. 6 vol. 12 part. — Histoire naturelle, 7 vol. 14 part. et 10 part. de pl. — Histoire naturelle, Vers. tom. 1. 2 part. et 2 part. de pl. —Jeux mathématiques. 1 vol. —Jurisprudence, Police et Municipalité. 10 vol. en 18 part. (La 2.e part. du tom. 8 n'a pas encore paru.) — Logique. 4 vol. 8 part. — Manufactures, etc. 3 tom. 5 part. — Marine. 3 tom. 6 part. — Mathématiques. 3 tom. 5 part. — Médecine. 8 vol. 15 part. — Musique. tome 1. 1re part. — Pêches. 1 vol. et 1 de pl. — Philosophie ancienne et moderne. 3 tom. 6 part. — Physique. tome 1. 1re part. — Système anatomique. tom. 2. (le premier n'a pas encore paru.) Théologie. 3 vol. 6 part.

ENCYCLOPÉDIE philologique, à l'usage des amateurs de la langue grecque ; en grec. *Venise*, 1710, 4 vol. in-8. 24 l.

ENFIELD. (Will.) An Essay towards the History of Lever-Pool, drawn up from papers left by M. G. Perry. *Warrington*, 1773, in-fol. fig. 15 l.

ENNII (Q.) Fragmenta quæ supersunt, ex recogn. Fr. Hesselii. *Amst.* 1707, in-4. 10 l. — Gr. pap. 30 l.
Bonne édition.

ENOC. (Pier.)Opuscules poétiques. *Genève*, 1572, in-8. 6 l.

EPHÆSTIO Alex. Vid. HEPHÆSTIO.

EPHREM Syri (S.) Opera, gr., syriac. et lat., ex novâ edit.Ang. Mârcardin. Quirini. *Romæ*, 1732-46, 6 vol. in-fol. 72 à 96 l.

EPICTETI Enchiridion, cum comment. Simplicii, gr. *Venet.* 1528, in-4. 6 à 7 l.
—Idem, gr. lat., à Th. Naogeorgio. *Argent.* 1554, in-8. 5 à 6 l.
—Idem, cum comment. Simplicii, gr. lat., et Cebetis Tabulâ, gr., lat. et arabicè, à Cl. Salmasio. *Lugd. Bat.* 1646, in-4. fig. 9 à 12 l.
La figure du tableau de Cébès manque quelquefois.
—Idem, et Cebetis Tabula ac Theophrasti Characteres, gr. lat. *Oxoniæ*, 1670, in-8. 7 à 9 l.
—Idem, et Cebetis Tabula, gr. lat., ex edit. et cum notis Abrah. Berkeliiet Varior. *Lugd. Batav.* 1670, in-8. fig. 9 l.
Bonne édition. Elle entre dans la Collection des *Variorum.*
— Idem, cum Cebetis Tabulâ, gr. lat. *Lugd. Batav.* et *Amst.* 1670, in-24. 5 l.
Petite édition fort jolie.
—Idem, cum Cebetis Tabulâ, gr. lat., cum notis Varior., ex recens. Abrah. Berkelii. *Delphis*, 1683, in-8. fig. 9 l.
Excellente édition.
— Idem ; Theophrasti Characteres ethici, gr. lat., edidit C. Aldrich. *Oxonii*, 1707, in-8. 9 l.—Gr. pap. 24 liv.
— Idem, cum Cebetis Tabulâ, gr. lat., cum notis Varior., ex recens. Schroderi. *Delphis*, 1723, in-8. fig. 5 liv.
— Idem, Cebetis Tabula, Prodici Hercules, et Theophrasti Characteres ethici, gr. lat., cum notis Jos. Simpson. *Oxonii*, 1739, in-8. 8 l. — Gr. pap. 18 l.
Edition correcte et bien imprimée.
—Idem, gr. *Glasguæ*, Foulis, 1751, in-24. 5 l.
Jolie édition, très correcte.
— Idem, ex edit. J. Upton, et Cebetis Tabulâ, cum interpr. lat., ex edit. J. Gronovii, gr. lat. *Glas-*

guæ, Foulis, 1747-48, in-12. 5 l.
Jolie édition, très-correcte.

—Idem, gr. lat., cum scholiis græcis.
Cur. C. G. Heyne. *Dresdæ*, 1756,
in-8. 5 l.

— Idem, gr. lat., cum scholiis gr. et
novis animadv. Curavit Chr. Got.
Heyne. *Varsaviæ*, 1776, in-8. 6 l.
Édition préférable à celle de 1756.

—Idem, cum Cebetis Tabulà, gr. lat.,
edente Jo. Schweighæuser. *Lipsiæ*,
1798, gr. in-8. 9 l.—Pap. fin, 13 l.
Cette édition est enrichie de notes très-éten-
dues. Elle a été réimprimée sans notes, en
1 vol. petit in-8.

— Idem, cum Tabulà Cebetis, gr.,
cum vers. lat. M. Meibomii, curà
Adr. Relandi. *Traject. Batav.*
1711, in-4. 9 l. — Gr. pap. *rare*,
30 l.

—Idem, gr., latinis versibus adum-
bratum, per Ed. Ivie. *Oxonii*,
1715, in-8. 8 l.

—Epicteteæ philosophiæ Monumenta,
gr. lat., cum notis J. Schweighæuseri. *Lipsiæ*, 1799, 5 vol. in-8.
pap. ordin. 66 l.—Pap. fin, 80 l.—
Pap. de Holl. *très-rare*, 120 à 150 l.
Cette édition contient le Manuel d'Épictète,
le Commentaire de Simplicius, les Dissertations d'Arrien, avec les notes d'Upton et celles de l'éditeur.

—Ejusd. Epicteti Dissertationes quæ
supersunt, ab Arriano collectæ;
Enchiridio Fragmentisque in fine
adjectis, gr. lat., ex recens. et cum
notis Uptoni. *Lond.* 1739, 2 vol.
in-4. 27 l. — Gr. pap. 120 l.
Belle édition. Les exemplaires en grand
papier sont fort recherchés.

— Manuale, græco-ital. *Parma*,
(Bodoni), 1793, in-4. 24 l.
Fort belle édition, tirée seulement à 100
exemplaires; plus, quelques-uns sur
étoffe de soie.

— Il medesimo, græco-ital. *Parma*,
(Bodoni), 1793, pet. in-8. 10 l.
Volume tiré à 250 exemplaires; plus, quel-
ques-uns sur peau de vélin.

— Les Morales d'Épictète, Socrate,
Plutarque et Sénèque, trad. en
franç. (par J. Desmarets de St.-
Sorlin.) *Au Château de Riche-
lieu*, 1653, in-8. 15 l.
Petite édition recherchée et peu commune.
Les exemplaires où se trouvent les Por-

traits des quatre Philosophes valent quelque chose de plus : 20 à 24 l.

— Le Manuel d'Épictète, le Commentaire de Simplicius, et autres
Traités, trad. du grec en franç.
avec des remarq. et la Vie d'Épictète, par Andr. Dacier. *Paris*,
1715, 2 vol. in-12. 8 l.

— Le même, et de la même trad.,
avec une Préface de Louis Dutens. *Paris*, Didot l'aîné, 1775,
in-18. 4 l.
On a tiré de cette édition des exemplaires
sur peau de vélin.

— Le même, en grec, avec la trad.
franç. de le Febvre de Villebrune.
Paris, 1783, in-18.
Il existe de cette édition des exemplaires
imprimés sur vélin.

— Le même, et le Tableau de Cebès,
en grec, avec la trad. de le Febvre de Villebrune. *Paris*, an 3
(1795), 2 vol. in-18. 4 l.
On a tiré de cette petite édition des exemplaires sur vélin.

— Le même, trad. en franç. par
Camus. *Paris*, 1799, 2 vol. in-18.
pap. vélin, 4 à 5 l.

— Nouveau Manuel d'Épictète, extrait des Commentaires d'Arrien,
et trad. du grec par Debure Saint-
Fauxbin. *Paris*, 1784, 2 vol.
in-18. pap. vélin, 6 l.
On a tiré de cette édition deux exemplaires
sur peau de vélin.

—All the Works of Epictetus, transl.
from the orig. greek by E. Carter,
with notes. *Lond.* 1758, gr. in-4.
20 liv.

EPIGRAMMATA antiquæ Urbis.
Romæ, 1521, in-fol. fig. 10 l.

EPIGRAMMATA et Poematia vetera, nunc primùm pleraque collecta, ed. Pet. Pithœo. *Parisiis*,
1590, in-12. *rare*, 18 à 24 l.

EPIGRAMMATUM delectus, ex
omnibus tùm veter. tùm recent.
poëtis; cum Dissert. P. Nicole,
de verà Pulchritudine. *Lond.* 1711,
in-12. 6 l.
Les éditions de *Paris*, 1659, et *Londres*,
1683, ont à-peu-près la même valeur.

EPIPHANII (S.) Opera, gr. lat.,
ex edit. Diony. Petavii. *Parisiis*,
1622, 2 vol. in-fol. 24 l. — Gr.
pap. 50 l.
Édition préférée à celle publiée en Allemagne.

EPISCOPII (Simonis) Opera theologica , curis Steph. Curcellæi edita. *Amst.* 1650, et *Goudæ*, 1665 , 2 vol. in-fol. 20 l.
Bonne édition.

EPISTOLÆ cynicæ varior. authorum , Bruti , Cratis , Phalaridis, etc. , cum Præf. Raimitii seu Rainutii. *Parisiis*, Ulricus Gering , absque anni indicat. in-4.
Edition fort rare. Elle a été publiée vers l'année 1470.

EPISTOLÆ diversor. Philosophorum , Orator., etc. sex et viginti, græcè. *Venetiis*, Aldus , 1499.— Epistolæ Basilii Mag. , Libanii, Chionis platonici , Æschinis , etc. gr. *Venetiis*, Aldus , 1499 , 2 part. 1 vol. in-4. 80 à 96 l.
Collection estimée et assez rare. On en trouve difficilement des exemplaires bien complets.

EPISTOLÆ clarorum Virorum , selectæ de quamplurimis optimæ , ad indicandam nostrorum tempor. eloquentiam. *Venetiis*, P. Manutius , 1556 , in-8.

EPISTOLÆ (clarorum Virorum) latinæ , gr. et hebraïcæ , variis temporibus missæ, ad Jo. Reuchlin. *Tubingæ*, 1514 , in-4. 6 l.

EPISTOLÆ principum et illustrium Virorum , ex præcipuis scriptor. tàm antiq. quàm recent. collectæ , et in unum editæ. *Amst.* Elzevir , 1644 , in-12. 6 l.
Jolie édition.

EPISTOLÆ clar. Virorum , quæ inter Ciceronis Epistolas servatæ exstant , in unum vol. redactæ et duplici comment. illustr. à B. Weiskio. *Lipsiæ*, 1792, in-8. 5 l.

EPISTOLÆ obscur. viror. , conciliabulum theologistarum , de generibus ebriosorum , de fide meretricum , et de fide concubinarum, etc. *Francof.* 1599, in-8. 6 à 8 l.
—Eædem , cum opusculis ut suprà. *Francof.* 1757, 2 vol. in-8. fig. 8 l.

EPISTOLÆ obscurorum Virorum , ad Ortuinum Gratium. *Venetiis* , Aldus , absq. notà anni , in-4.
Quoique incomplète , cette édition est recherchée , parce qu'elle est la première de ce livre. Il faut y joindre celle donnée par les mêmes imprimeurs , en 1556 , attendu qu'elle est plus ample.

L'édition de ces Lettres , publiée à *Londres*, en 1710, in-12. est assez estimée , et vaut 5 à 6 l.

EPITHALAMIA exoticis linguis reddita. *Parmæ*, Bodoni , 1775 , gr. in-fol. fig. *rare* , 80 l.
Livre supérieurement exécuté , et remarquable par la quantité de caractères étrangers , dont il peut servir , pour ainsi dire , de *Specimen*. Il a été publié par M. J. B. de Rossi.

EQUICOLA d'Alveto. (Mario) Cronica di Mantoa. *In Mantoa*, 1521, in-4. 12 l.
Edition originale et la meilleure de ce livre.
— Apologie contre les médisants de la nation française, trad. du lat. par Mich. Roté. *Paris*, 1550 , in-8.
Il y a de ce volume des exemplaires sur vélin.

ERASMI (Desiderii) Opera, cum notis ; ex editione J. Clerici. *Lugd. Bat.* Vander Aa , 1703 , 10 tom. 11 vol. in-fol. 90 l. — Gr. pap. 150 l.
Belle édition.
— Encomium Moriæ. *Venetiis*, Aldus , 1515 , in-8.
Edition très-rare.
— Idem, cum Gerardi Listrii comment. *Basileæ*, 1676, in-8. fig. de J. Holben , 12 l.
Bonne édition. Elle fait partie de la Collection des *Variorum*.
— Idem. *Parisiis*, Barbou , 1763 , in-8. mince , 5 à 6 l. —Pap. fin , 8 à 9 l.
— Idem. *Parisiis*, Barbou , 1777 , in-12. 5 l.
— L'Eloge de la Folie, trad. du lat. en franç. par Pier. Gueudeville. *Amst.* 1728, in-8. fig. 6 l.
Bonne édition.
— Le même, et de la même trad., édition revue par Querlon , avec notes. *Paris*, 1751, in-8. fig. 4 l. — Gr. pap. in-4. 18 l.
Jolie édition.
— Erasmi Adagiorum Chiliades tres, ac Centuriæ ferè totidem. *Venetiis*, Aldus , 1508 , in-fol.
Cette édition et celle de 1520 , donnée par le même imprimeur , sont assez rares.
—Ejusd. Adagiorum Chiliades quatuor , cum sesquicenturià , et H. Stephani animadv. *Olivà Rob. Stephani*, 1558 , in-fol.
Jolie édition , imprimée en lettres rondes , et plus ample que celle d'Alde.

— Ejusd. Adagiorum Epitome, editio emend. et aucta. *Amst.* Elzevir, 1650, in-12. 12 l.

Petite édition fort jolie et peu commune.

— Ejusd. Epistolæ omnes, cum accuratis indicibus. *Lugd. Bat.* Vander Aa, 1706, in-fol. 9 l.

—Ejusd. Colloquia. *Lugd. Bat.* Elzevir, 1636, in-12. 15 à 18 l.

Cette édition et celle publiée par les mêmes Elzevirs en 1643, sont bien imprimées et recherchées.

— Eadem, cum notis Variorum, accur. Corn. Schrevelio. *Lugd. Bat.* 1664, in-8. 9 l.

— Eadem, cum notis P. Rabi. *Roterodami*, 1693, pet. in-8. 8 l.

— Eadem, cum notis Varior. *Delphis*, 1729, in-8. 10 l.

— Selecta Colloquiorum Erasmi Fragmenta. *Parisiis*, typ. reg. 1784, in-8. 8 l. — Pap. vélin, 12 l.

Choix bien fait.

— Les Colloques d'Erasme, trad. du lat. en franç. par Gueudeville. *Leyde*, Vander Aa, 1720, 6 vol. in-12. fig. 15 l.

Les Colloques d'Erasme ont été traduits en italien, par Pierre Lauro. *Venise*, 1549, in-8. Cette édition n'est pas commune.

— Erasmi Opuscula. *Venetiis*, Aldus, 1518, in-8.

Volume très-rare.

— The Life of Erasmus (by Jortin.) *Lond.* 1758, 2 vol. in-4. 40 l.

ERATOSTHENIS Catasterismi, gr. lat., cur. Jo. Conr. Schaubach. *Gottingæ*, 1795, in-8. 9 l.

ERCILLA y ZUNIGA. (Don Alonzo de) La Araucana, poema. *En Madrid*, 1776, 2 vol. in-8. 7 l.

ERIZZO. (Seb.) Le sei Giornate, mandate in luce da L. Dolce. *In Venetia*, 1567, in-4.

M. G. Poggiali de Livourne, a donné dans ces dernières années, une réimpression de cet ouvrage, de laquelle il a tiré un exemplaire sur papier bleu et un autre sur peau de vélin.

— Discorso soprà le Medaglie degli antichi. *In Vinegia*, 1571, in-4. 8 liv.

On trouve quelquefois des exemplaires de cette édition sans date d'année, et portant, *Venetia, per Giov. Varisco e Paganino Paganini.*

ERNESTI (J. A.) græcum Lexicon manuale, tribus part. constans, hermeneutica, analytica, synthetica. *Lipsiæ*, 1796, 3 vol. in-8. 24 l.

ERNESTI (J. Ch. Th.) Lexicon technologiæ Græcorum rhetoricæ, cum animadv. *Lipsiæ*, 1795, in-8. 7 liv.

— Lexicon technologiæ Latinorum rhetoricæ, cum animadv. *Lipsiæ*, 1797, in-8. 7 l.

ERNST. Papillons d'Europe, peints d'après nature, et décrits par Engramelle. *Paris*, 1779-1793, 29 cahiers gr. in-4. avec 346 pl. color. 250 l.

Ouvrage fort bien exécuté. Les 29 cahiers se relient ordinairement en 8 vol.

— Explication de l'ouvrage précédent. 1786, in-4.

Cette explication, rédigée par madame de Genlis, pour l'éducation des enfants d'Orléans, est extrêmement rare.

EROTIANI, Galeni et Herodoti Glossaria in Hippocratem, gr. lat., ex recens. H. Stephani, et cum animadv. J. G. F. Franzii. *Lipsiæ*, 1780, in-8. 11 l.

EROTOPOEGNION, sive Priapeia veter. et recentior. (ed. Natale). *Lut. Parisior.* 1798, in-8. 4 à 5 l.

ERPENII (Th.) Proverbiorum arabicorum centuriæ duæ, arab. lat. *Lugd. Batav.* 1623, in-8. 6 l.

— Rudimenta Linguæ arabicæ, edente Alb. Schultens. *Lugd. Bat.* 1733 vel 1770, in-4. 10 l.

— Grammatica arabica, edente Alb. Schultens. *Lugd. Bat.* 1748, in-4. 12 l.

— Eadem. *Lugd. Bat.* 1767, in-4. 15 à 18 l.

ESCHENBACHII (And. Christ.) Epigenes de Poesi Orphicà, in priscas Orphicorum carminum memorias comment. *Norimb.* 1702, in-4. 5 à 7 l.

ESCHENBURG. Manuel de littérature classique ancienne, trad. de l'allem. par Cramer. *Paris*, an 10, 2 vol. in-8. 9 l.

ESCLAVONIE. (Georg. de) Le Château de Virginité, composé pour le salut et édification de dame Ysabel de Ville-Blanche. *Paris*,

Ant. Vérard , 1505, in-4. Exempl. imprimé sur vélin , 5o l.

Il y a aussi des exemplaires imprimés sur vélin d'une édition in-8. goth. publiée en la même année et par le même imprimeur.

ESCORCHE-MESSE. (Frandigel.) Voy. Beze (Théod. de)

ESPAGNET. (le Présid. d') La Philosophie naturelle rétablie en sa pureté, où l'on voit à découvert toutel'économie de la nature. *Paris*, 1651, in-8. 10 l.

Volume peu commun.

ESPER. (Eug. J. Christ.) Collection des Papillons d'Europe (en allemand.) *Erlange*, 1777, 5 vol. in-4. fig. enlum. 170 l.

— Plantes marines, peintes d'après nature, avec leur description (en allemand.) *Nuremberg*, 1788-1790 , in-4. fig. enlum. 5o l.

ESPER (J. Fred.) Description des Zoolithes nouvellement découvertes, d'animaux quadrupèdes inconnus, et des cavernes qui les renferment, etc., trad. de l'allem. par J. Fred. Isenflamm. *Nuremberg*, 1774, in-fol. avec 14 planch. enlum. 3o l.

— Traité sur les Pétrifications (en allemand.) *Nuremberg*, 1774, in-fol. fig. color. 3o l.

ESPINACE. (le chev. de l') Traité sur la théorie et la pratique du nivellement. *Avignon*, 1768 , in-4. fig. 7 l.

ESPINAR. (Alonso Martinès de) Voy. Martinès.

ESPRIT, gentilhomme provençal. Histoire du prince Aprius, extr. des fastes du monde, depuis sa création, trad. en franç. *Constantinople*, 1728, ou *La Haye*, 1729, in-12. avec la Clef impr. 5 l.

Cette Histoire est attribuée à M. de Beauchamps.

ESSAI sur les Apanages, ou Mémoire historiq. de leur établissement (par L. F. du Vaucel.) Sans date, ni nom de ville ni d'imprimeur, 2 vol. in-4.

Ouvrage tiré à 12 exemplaires seulement.

ESSAI sur la Minéralogie des Monts-Pyrénées, avec un Catalogue des Plantes observ. dans ces montagnes. *Paris*, 1781, in-4. fig. 9 l.

ESSAIS littéraires, par une société de jeunes gens (par MM. Ch. Nodier, Ch. Weiss, Compagny, Baud et Monnot. *Besançon*, in-12.

Volume tiré à 5o exemplaires.

ESTAÇO. (Gaspar) Varias Antiguedades de Portugal. *En Lisboa*, 1625, in-fol. 12 l.

ESTATUTOS y Constitutiones reales de la imperial y regia Universidad de Mexico. *En Mexico*, 1668, in-fol. 361.

Ce livre est fort rare.

ESTIENNE. (Fr.) Traité des Danses, auquel est résolu la Question, savoir s'il est permis aux Chrétiens de danser? 1579, in-8. 7 l.

Toutes les éditions de ce livre sont bonnes.

— Remontrance charitable aux dames et demoiselles de France sur leurs ornements dissolus, pour les induire à laisser l'habit du paganisme, et prendre celui de la femme pudique, etc. *Paris*, 1585, in-8. 9 l.

ESTIENNE. (Charl.) La Comédie du sacrifice des professeurs de l'Académie sénoise, dits les *Intronati*, trad. du toscan en rime franç. *Lyon*, 1543, in-16. 4 l.

Peu commun.

ESTIENNE.(Henri et Robert.) Voy. Stephanus.

ETAT de la France sous Charles IX, depuis 1570-1574. *Middelbourg*, 1578, 3 vol. in-8. 9 l.

On rencontre difficilement des exemplaires complets de ces Mémoires. On doit trouver à la fin du tome III, une petite pièce intitulée : *Mémoires de la troisième guerre civile.*

ETRURIA (l') Pittrice, ovvero Storia della Pittura toscana dedotta dai suoi monumenti che si esibiscono in stampa dal secolo x , fino al presente. *Firenze*, 1791, in-fol. fig. 54 l.

ETTMULLERI (Mich.) Opera medica theoretico-practica, ex recens. Mich. Ern. Ettmulleri filii. *Francofurti*, 1708 , 3 vol. in-fol. 24 l.

L'édition d'*Amsterdam*, 1696, également en 3 vol., est un peu moins chère, 12 l.

EVAGRIO. (Leone) Le Virtù del trono, cantata. *Parma*, Bodoni, 1796, in-fol. pap. vélin, 12 l.

Ouvrage tiré seulement à 5o exemplaires.

EUCLIDIS Megarensis, Elementorum lib. xv, gr., cum Procli gr.

comment., ex recens. Sim. Grynæi.
Basileæ , 1533 , in-fol. 18 l.

Première édition grecque des Eléments d'Euclide. Les exemplaires bien conservés ne sont pas communs.

—Iidem , gr. lat. , à Conr. Dasypodio. *Argent.* 1571 , in-8. 5 l.

Bonne édition.

—Iidem , gr. ital. , ab Aug. Caiano. *Romæ* , 1545 , in-8. *rare*, 15 à 18 l.

— Euclidis quæ supersunt omnia, gr. lat. , ex recens. et cum notis Dav. Gregorii. *Oxoniæ* , 1703 , in-fol. 50 l. — Gr. pap. 120 l.

Cette édition est la meilleure que nous ayons de cet auteur.

—Ejusd. Elementorum lib. xv , lat., cum Ant. Campani comment. *Venetiis* , Erhardus Ratdolt , 1482 , in-fol. goth. fig. 30 l.

Première édition latine de ce livre. Il en existe des exemplaires imprimés avec une encre qui imite la couleur d'or , et d'autres tirés sur vélin. Ces deux sortes d'exemplaires sont très-rares.

— Ejusd. Elementorum lib. vj priores, *item* undecimus et duodecimus , ex vers lat. Fed. Commandini, *Oxonii* , 1715 vel 1747 , in-8. 8 l.

—Iidem , *item* undecimus , ex vers. lat. Fed. Commandini , cur. Rob. Simson. *Glasguæ* , Foulis , 1756 , in-4. 8 l.

— Ejusd. Elementorum lib. xv , ex edit. Georg. Frid. Burmanni. *Lipsiæ* , 1769 , in-8. 7 l.

— Ejusd. Elementorum geometricorum libri xiij , arabicè. *Romæ* , 1594, in-fol. 24 à 30 l.

— Rudimenta Musices, gr. lat. , à J. Pena. *Parisiis* , 1557 , in-4.

Edition rare.

— Eléments de Géométrie d'Euclide, trad. avec des notes , par F. Peyrard. *Paris* , 1804 , in-8. 6 l.

Euclide a été traduit en italien , par Nic. Tartalea. *Venise* , 1543 , in-fol.

EUGYPPII , abbatis, (D.) Thesaurus ex S. Augustini Operibus editus , cum aut. Vità , per Joh. Herold. *Basileæ* , 1542 , 2 tom. 1 vol. in-fol. 12 l.

Ce volume contient un abrégé de la Doctrine de S. Augustin. Les exemplaires n'en sont pas communs.

EULERI (Leonhardi) Dissertatio physica de sono. *Basileæ* , 1727 , in-4. 8 l.

—Mechanica , sive motûs scientia analyticè exposita. *Petropoli*, 1736, 2 vol. in-4. fig. 30 l.

Ces deux vol. sont rares.

— Anleitung zur Arithmetic. *Petersbourg* , 1738 , 2 vol. in-8. 10 l.

—Tentamen novæ theoriæ Musicæ , ex certissimis harmoniæ principiis dilucidè expositæ. *Petropoli* , 1739, in-4. 15 l.

—Methodus inveniendi lineas curvas maximi minimive proprietate gaudentes. *Lausannæ* , 1744, in-4. fig. 24 l.

Peu commun.

— Theoria motuum planetarum et cometarum. *Berolini* , 1744 , in-4. 10 l.

— Beantwortung verschiedener Fragen über die Beschaffenheit, Bewegung und Vürkung der Cometen. *Berolini* , 1744 , in-8. 5 l.

— Fortsetzung dieser Beantwortung. *Berolini* , 1744 , in-8. 4 l.

—Neüe Grundsatze der Artillerie , aus dem Englischen des Hern B. Robins übersezt , und mit Anmerkungen begleitet. *Berlin* , 1745 , in-8. 4 l.

— Varia Opuscula. *Berolini* , 1746 , 1750 et 1751, 3 vol. in-4. 30 à 36 l.

— Novæ et correctæ Tabulæ ad loca lunæ computanda. *Berolini* , 1746, in-4. 6 l.

— Tabulæ astronomicæ solis et lunæ. *Berolini* , 1746, in-4. 6 à 8 l.

—Gedanken von den Elementen der Körper. *Berolini* , 1746, in-4. 6 l.

—Rettung der Offenbahrung gegen die Eiu würfe der Freygeister. *Berolini* , 1747 , in-8. 5 l.

—Introductio in analysin infinitorum. *Lausannæ* , 1744 , 2 vol. in-4. 24 l.

—Introduction à l'Analyse infinitésimale , trad. du lat. en franc. , avec des notes, etc. , par J. B. Labey. *Paris* , 1798, 2 vol. in-4. fig. 21 l.

— Scientia navalis, seu Tractatus de construendis ac dirigendis navibus. *Petropoli*, 1749, 2 vol. in-4. fig. 36 l.

— Théorie complète de la Construction et de la Manœuvre des vaisseaux. *St. - Pétersbourg*, 1773, in-8. 6 l.

— Theoria motuum lunæ, exhibens omnes corporum inæqualitates, cum additamento.' *Berolini*, 1753, in-4. 10 l.

— Dissertatio de principio minimæ actionis, unà cum examine objectionum Cl. Prof. Kœnigii contrà hoc principium factarum. *Berolini*, 1753, in-4. 7 l.

— Institutiones calculi differentialis, cum ejus usu in analysim infinitorum ac doctrinâ serierum. *Berolini*, 1755, in-4. *rare*, 18 l.

—Constructio Lentium objectivarum ex duplici vitro. *Petropoli*, 1762, in-4. fig. 8 l.

— Meditationes de perturbatione motûs cometarum ab attractione planetarum ortâ. *Petropoli*, 1762, in-4. fig. 8 l.

— Theoria motûs Corporum solidorum seu rigidorum. *Rostochi*, 1765, in-4. 9 l.

— Institutiones calculi integralis. *Petropoli*, 1768-1770, 3 vol. in-4. 40 liv.

— Eædem, editio altera, correctior. *Petropoli*, 1792-1793, 4 vol. in-4. 60 liv.

— Lettres à une princesse d'Allemagne, sur quelques sujets de physique et de philosophie. *Pétersbourg*, 1768-1772, 3 vol. in-8. fig. 20 liv.

Ces Lettres ont été réimprimées à *Berne*, en 1778, et à *Paris*, en 3 vol. in-8. 12 à 15 liv.

— Anleitung zur Algebra. *Pétersbourg*, 1770, 2 vol. in-8. 12 l.

—Dioptrica. *Petropoli*, 1769-1771, 3 vol. in-4. fig. 48 l.

—Recherches et Calculs sur l'orbite de la Comète de 1769. *Pétersbourg*, 1770, in-4. 9 l.

— Theoria motuum lunæ novâ methodo pertractata, unà cum tabulis astronom. unde ad quodvis tempus loca lunæ expeditè computare licet. *Petropoli*, 1772, in-4. 10 l.

— Novæ Tabulæ Lunares, singulari methodo constructæ. *Petropoli*, 1772, in-8. 7 l.

—Eléments d'Algèbre, trad. de l'allemand par Bernouilli, avec des notes, etc. par Lagrange. *Lyon*, 1774, 2 vol. in-8. fig. 9 l.

—Les mêmes, nouv. édit., revue par Garnier et Lagrange. *Paris*, 1807, 2 vol. in-8. 12 l.

— Instruction détaillée pour porter les Lunettes au plus haut degré de leur perfection, calculée sous la direction d'Euler, par N. Fuss. *Pétersbourg*, 1774, in-4. 10 l.

— Eclaircissements sur les Caisses Mortuaires, calculés sous la direction d'Euler, par N. Fuss. *Pétersbourg*, 1776, in-4. 10 l.

— Opuscula analytica. *Petropoli*, 1783, 2 vol. in-4. 21 l.

On a encore de cet auteur une infinité de pièces savantes qui se trouvent insérées dans les Mémoires des Académies étrangères, de Paris, etc.

EUNAPII Vitæ philosophorum et sophistarum, ab Hadr. Junio, gr. lat. *Antuerpiæ*, 1568, in-8. 5 l.

Première édition.

—Eædem, à Hier. Commelino, gr. lat. *Heidelb.* 1598, in-8. 5 l.

EURIPIDIS Tragœdiæ iv, gr. *Editio vetus et primaria*, *litteris capit. impressa antè ann.* 1500, *absque loci et anni indicat.* in-4. 100 à 150 l.

Edition extrêmement rare, et exécutée en lettres capitales. On la croit sortie des presses de Laur. Fr. de Alopa, imprimeur à Florence, vers 1496 ou 1497.

— Ejusd. Tragœdiæ xvij, gr., ex recogn. Aldi. *Venetiis*, Aldus, 1503, in-8. quelquefois relié en deux vol. 80 à 96 l.

On a tiré de cette rare édition des exemplaires sur vélin. Au lieu de dix-sept tragédies annoncées sur le titre, le volume en renferme dix-huit.

— Ejusd. Tragœdiæ xix, gr., ex edit. et cum notis Guill. Canteri. *Antuerpiæ*, Plantin, 1571, in-16. 9 liv.

Belle édition, fort correcte.

— Eædem, gr. lat., à Guill. Cantero. *Heidelb.* Commel. 1597, 2 vol. in-8. 12 à 15 l.

Edition correcte.

— Eædem, gr. lat., ex vers. Guill. Canteri, cum schol. gr. varior.

Parisiis, Paulus Stephanus, 1602, in-4. 30 l.

Il y a de cette édition des exemplaires sur papier collé qui sont fort rares.

— Ejus.. Tragœdiæ quæ extant , gr. lat. , cum schol. gr. et annot. Josuæ Barnès. *Cantabrigiæ*, 1694, in-fol. 100 l.

Excellente édition , bien exécutée et fort recherchée.

— Eædem , gr. lat. , cum schol. græcis , ex recens. et cum notis Sam. Musgravii. *Oxonii*, 1778, 4 vol. in-4. 110 l.

— Eædem , gr. lat. , ex recens. Musgravii. *Glasguæ*, 1797, 10 vol. in-8. 60 à 72 l.

Il y a des exemplaires en grand papier.

— Eædem , gr. et ital., à Mich. Ang. Carmeli. *Patavii*, 1743, 20 vol. in-8. 60 l.

—Ejusd Euripidis Tragœdiæ, Fragmenta , Epistolæ , gr. lat , ex edit. J. Barnesii nunc recusa , curà Beckii. *Lipsiæ*, 1778-1788 , 3 vol. in-4. 66 l.—Pap. fort , *très-rare*.

— Ejusd. Tragœdiæ iv , gr. lat. , cur. Th. Morell. *Lond.* 1748, 2 vol. in-8. 12 l.

— Eædem , gr. , cum notis R. F. P. Brunck. *Argentorati* , 1780 , in-8. 8 liv.

Il existe de cette édition des exemplaires tirés de format in-4.

—Ejusd. Supplices Mulieres, gr. lat., à Jo. Marckland. *Lond.* 1763, in-4. 6 à 9 l.

— Ejusd. Supplices Mulieres , gr. lat. , cum notis W. H. *Lond.* 1775, in-8. 8 l.

Bonne édition.

— Ejusd. Iphigenia in Aulide , Iphigenia in Tauris, gr. lat., ex recens. Jer. Marckland. *Lond.* 1771, in-8. 12 liv.

—Ejusd. Medea , gr. lat. , cum scholiis. *Lond.* 1734, in-4. 7 à 9 l.

—Eadem , gr. lat. *Glasguæ*, 1775 , in-4. 6 à 7 l.

—Ejusd. Medea et Alcestis, gr. lat. , ex versione lat. Georg. Buchanani. *Edimburg*, 1722, in-12. 6 à 8 l.

Edition correcte.

—Ejusd. Medea et Phœnissæ, gr. lat. , cum schol. gr. , ex recens. Wilh.

Piers. *Cantabrigiæ*, 1703, in-8. 9 l.

Il y a des exemplaires en grand papier, mais ils sont rares.

—Eædem , gr. lat. , à Jos. Barnesio. *Lond.* 1715 , in-8.

— Ejusd. Hecuba, Orestes et Phœnissæ, gr. lat. , ex recens. et cum notis Jo. King. *Cantabrigiæ*, 1726, 2 vol. in-8. 12 l.

Il existe des exemplaires en grand papier : 60 liv.

— Ejusd. Hecuba , cum annot. Ch. F. Ammon. *Erlangæ* , 1789 , in-8. 6 liv.

—Ejusd. Hecuba et Iphigenia in Aulide , in lat. tralatæ , Erasmo Roterod. interprete. *Venetiis*, Aldus , 1507, in-8.

Ce volume est fort rare.

—Ejusd. Hecuba , G. Hermanni , ad eam et ad R. Porsoni notas, animadv. *Lipsiæ*, 1800 , in-8. 4 l. —Pap. fin , 5 l.

— Ejusd. Phœnissæ, gr. lat. , ex recens. L. Casp. Valckenaer. *Franequeræ*, 1755, in-4. 10 l.

—Eædem , gr. lat. , cum scholiis gr. , à Chr. Gottfr. Schütz. *Halæ* , 1772, in-8.

—Eædem , cum notis Valckenaer, gr. lat. *Lugd. Bat.* 1802 , in-4. 15 à 18 l.

—Ejusd. Phœnissæ , gr. , cum notis , edente Ric. Porson. *Lond.* 1799 , in-8.—Ejusd. Orestes , gr., cum notis , ed. eod. *Londini* , 1798 , in-8. —Ejusd. Medea , gr. , cum notis , edente eod. *Cantab.* 1801 , in-8. —Ejusd. Hecuba , gr. , cum notis , edent. eod. *Cantab.* 1802, in-8. 24 l.

— Eædem Tragœdiæ , ex edit. R. Porson , cum notis et indicibus completissimis , græcè. *Lipsiæ* , 1807 , in-8. pap. fin , 13 l.

— Ejusd. Iphigenia in Aulide , gr. , ex recens. J. G. Ch. Hœpfner. *Halæ*, 1795 , in-8. 6 l.

Bonne édition critique.

—Ejusd. Electra, gr. , à Pet. Victorio. *Romæ*, 1545, in-8. *rare*, 30 l.

Cette pièce se joint à l'édition des Alde, et la complète.

— Ejusd. Orestes , adjecta est ad finem vers. lat. , ex edit. Jos. Barnès. *Glasguæ*, Foulis, 1753, in-8.

Belle édition , très-correcte.

— Ejusd. Hippolitus , gr. , à Sam. Musgrave. *Oxonii*, 1756, in-4.

— Idem , gr. lat., cum annot. L. C. Valckenaer. *Lugd. Bat.* 1768, in-4. 15 l.

On doit trouver dans le vol. la Diatribe sur les Fragments d'Euripide.

—Idem, gr. lat., stud. H. F. Egerton. *Oxonii*, 1796, in-4. pap. vélin, 30 l.

— Ejusd. Cyclops, gr. , cum adnot. J. G. Ch. Hœpfner. *Lipsiæ* , 1799, in-8. 5 l.

Edition correcte, avec un Commentaire savant et détaillé.

— In Euripidis Tragœdias septem Scholia , ex antiq. exempl. ab Arsenio collecta, gr. *Venetiis*, Junta, 1534, in-8. *rare* , 24 à 30 l.

— La Tragédie d'Euripide nommée l'Iphigénie, tournée du grec en vers franç. par Th. Sibillet. *Paris,* 1549, in-8. 7 l.

— La Tragédie d'Euripide nommée Hécuba , trad. du grec en rhythme franç. par Laz. de Baïf. *Paris,* Rob. Estienne , 1550, in-8. 8 l.

Ces deux traductions ne sont point communes.

— Tragédies d'Euripide , trad. en franç. par Prevost. *Paris,* 1796, 4 vol. in-12. 6 à 7 l.

EUSEBII PAMPHILI Præparatio et Demonstratio evangelica, græcè. *Parisiis*, Rob. Stephanus, 1544, in-fol.

On joint ordinairement le volume suivant à celui-ci.

Eusebii et alior. Historia ecclesiastica, græcè. *Parisiis*, Rob. Stephanus, 1544, in-fol. Ces deux volumes sont la première édition de ces deux ouvrages, et ce sont les premiers livres imprimés avec les caractères grecs de Garamond : 18 à 24 l.

—Ejusd. Præparatio et Demonstratio evangelica, gr. lat. , ex vers. et cum notis Fr. Vigeri. *Parisiis*, 1628, 2 vol. in-fol. 40 l. — Gr. pap. 72 l.

Bonne édition. Les exemplaires en grand papier sont très-recherchés.

—Ejusd. Præparatio evangelica, lat., Georg. Trapezuntio interpr. *Venet.* N. Jenson, 1470, in-fol.

Première édition très-rare et fort bien exécutée.

— Ejusd. Historia ecclesiastica, gr. lat. , ex vers. et cum notis Henr. Valesii , et observat. crit. Guill. Reading. *Cantabrigiæ* , 1720, 3 vol. in-fol. 45 l. — Gr. pap. 72 l.

Belle édition , et la plus estimée de ce livre.

Dict. Bibl. I.

— Ejusd. Historia ecclesiastica , à Christi nativitate ad ann. 324 , è gr. lat. reddita , interpr. Rufino , presbytero Aquilegiensi. *Absque loci et impressoris nomine ,* 1474 , *in-fol. fort rare*, 60 l.

Cette édition , la première de cette Histoire, est imprimée à longues lignes, au nombre de 31 dans les pages entières, sans chiffres, signatures ni réclames. On en donne l'impression à Nic. Ketelaer et G. de Leempt.

— Eadem. *Romæ,* per Joh. Philipp. de Lignamine, Messanensem, 1476, in-fol. 50 l.

Cette édition est aussi fort rare.

— Eadem. *Mantuæ,* per Joh. Schallum Germanicum, 1479, in-fol.

On fait peu de cas des autres éditions de ce livre imprimées dans le xv.e siècle.

— Thesaurus temporum, seu Chronicorum Canonum omnimodæ Historiæ lib. ij , gr. lat., ex interpr. Hieronymi, et cum notis Jos. Scaligeri. *Amst.* 1658, in-fol. 15 l.

EUSTACHII (Barth.) Tabulæ anatomicæ, cum notis Jo. Mar. Lancisii. *Romæ ,* 1714 , in-fol. 15 l.

L'édition d'*Amst.* 1722, est moins chère.

— Eædem, cum Præfat. et notis Jo. Mar. Lancisii. *Venetiis*, 1769, in-fol. fig.

Il y a de ce livre des exemplaires imprimés sur vélin.

EUSTATHII de Ismeniæ et Ismenes amoribus lib. xj , gr. lat., ex vers. et cum notis Gilb. Gaulmin. *Lutetiæ Parisiorum*, 1618, in-8. 12 l.

— Iidem, gr. et lat. ; curavit Teucher. *Lipsiæ*, 1792, in-8. 5 l.

— Les Advantures amoureuses d'Ismènes et d'Isménie, trad. du grec en franç. par G. Colletet. *Paris,* 1625 , in-8. 5 l.

— Les mêmes, trad. du grec en franç. par de Beauchamps. *La Haye (Paris,* Coustelier), 1743, pet. in-8. fig. 6 l.

On a tiré de cette édition des exemplaires sur vélin.

—Les mêmes. *Paris,* 1797, in-4. fig. enlum. 10 l.

— Gli Amori d'Ismenio , trad. del greco in ital. da Lelio Carani. *In Venetia*, 1560, in-8. 5 l.

EUSTRATII et alior. insignium peripateticorum Commentaria in li-

26

bros x Aristotelis de Moribus ad Nicomachum, gr. *Venetiis,* Aldus, 1536, in-fol.

On a tiré de cette édition des exemplaires sur vélin.

EUTERPILIA, ou mes Bucoliques aux armées (par M. J. A. Marc de Ves....) *En Arcadie,* an 8, gr. in-8. pap. vélin , carte.

Ouvrage imprimé par l'auteur au nombre de 18 exemplaires.

EUTHYMII ZIGABENI Commentarius in quatuor evangelistas , gr. lat. , ex edit. Ch. F. Matthæi. *Lipsiæ,* 1792, 3 vol. in-8. 24 l.

EUTRAPEL. Voyez FAIL.

EUTROPIUS et Paulus DIACONUS de HistoriisItalicæ Provinciæ et Romanorum. *Romæ,* 1471 , pet. in-fol.

Première édition de cet ouvrage. Elle est très-rare et fort recherchée.

— Breviarium Historiæ romanæ , cum Metaphrasi græcà Pæanii, et notis Chr. Cellarii. *Cizæ,* 1678 et *Jenæ,* 1697, in-8.

Bonne édition.

— Idem, cum notis et emendat. Annæ, Tanaquilli Fabri filiæ; ad usum Delphini. *Parisiis,* 1683, in-4. 6 l.

Ce vol. appartient à la Collection des auteurs *ad usum Delphini.*

— Idem, cum Pæanii Metaphrasi græcà, etc., ex recens. Th. Hearne. *Oxonii,* 1703, in-8. 7 l. — Gr. pap. 21 liv.

— Idem, cum Pæanii Metaphrasi græcà et notis Varior. ; ex recens. Sigeb. Havercampi. *Lugduni Batav.* 1729, in-8. 10 l.

— Idem, cum Pæanii Metaphrasi græcà et notis Varior.; ex recens. Henr. Werheyk. *Lugd. Batav.* 1762, in-8. 12 l.

On préfère cette édition à la précédente. L'une et l'autre entrent dans la Collection des *Variorum.*

— Idem. *Parisiis,* Mérigot, 1746 vel Barbou , 1754, in-12. 4 l.

— Idem, à Jo. Frid. Grunero. *Coburgi,* 1765, in-8. 7 l.

— Idem, cum notis Havercampi et Henr. Werheyk. *Lugd. Batav.* 1793, in-8. 12 l.

— Idem, ex recens. et cum notis Tzschucke. *Lipsiæ,* 1796, in-8. 10 l. — Pap. fin, 12 l.

— Historiæ romanæ Epitome. Sexti Rufi Breviarium. *Parisiis,* Crapelet, 1796, in-18. 5 l.

On a tiré de cette jolie édition un exemplaire sur peau de vélin.

— Abrégé de l'Hist. romaine d'Eutrope, trad. par Lezéau, lat. franç. *Paris,* 1717, in-12. 3 l.—Gr. Pap. 12 à 15 l.

—L'Historia d'Eutropio, trad. di lat. in ling. italiana. *Venetia,* 1544, in-8. 5 l.

On ignore le nom du traducteur.

—Abrégé de l'Histoire romaine d'Eutrope, trad. du lat. en grec ancien par Pæanius, et de là dans la langue moderne, par Neophyte Doucas. *Vienne,* 1807, 2 vol. in-8. 18 l.

EUTYCHII, PatriarchæAlexandrini, Annales, arabicè et lat. , ex interpr. Edwardi Pocockii. *Oxonii,* 1658 et 1659, 2 vol. in-4. 18 l.

— Ecclesiæ Alexandrinæ Origines, arab. et lat., ex interpr. et cum comment. Jo. Seldeni. *Lond.* 1642, in-4. 7 l.

EVELYN. (John) Silva : or a Discourse of forest trees, and the propagation of timber in his majesty's dominious. *York,* 1776, in-4. fig. 24 liv.

—The same, with notes by A. Hunter. *York,* 1786, 2 vol. gr. in-4. fig. 40 liv.

EXAMEN (l') de Conscience du bien et du mal de l'Ame. *Rouen,* Jean le Bourgeois, sans date, in-fol. goth.

Cet ouvrage, dont on ne recherche que les exemplaires imprimés sur vélin, a paru vers 1488 ou 1490.

EXEMPLARIO contra los Enganos, y Peligros del mundo. *En Burgos,* 1498, in-fol.

Version espagnole des Fables de Pilpai. Les exemplaires en sont très-rares.

EXERCITIUM super Pater noster, cum figuris ligno incisis, in-fol.

Cet ouvrage, qui ne renferme que dix planches gravées en bois et imprimées sur un seul côté des feuillets, avec une explication au bas de chaque estampe, est regardé par M. de la Serna Santander comme d'une haute antiquité. Voyez la description qu'il en donne dans son Dictionnaire bibliographique du xve. siècle.

EXPILLY. (l'abbé) Dictionnaire géo-

graphiq., historiq. etc. des Gaules et
de la France. *Paris*, 1762 et 1770,
6 vol. in-fol. 36 l.

Ce Dictionnaire n'est point achevé.

EYB (Alberti de) Margarita poëtica
Noribergæ, Ant. Coburger, 1472,
in-fol. 60 l.

Edition très-rare et la première de ce livre.
Elle est imprimée à longues lignes,
sans chiffres , signatures ni réclames.

— Eadem. *Romæ*, Udalric. Gallus,
1474, in-fol. 50 l.

On fait peu de cas des autres éditions de
ce livre.

EYMAR. (D') Voy. AMUSEMENTS.

EYQUEM, (Matth.) sieur DE MAR-
TINEAU, Bourdelais. Le Pilote de
l'onde vive, ou le Secret du flux et
reflux de la mer : ouvrage d'alchy-
mie. *Paris*, 1678, in-12. 4 l.

Peu commun.

F

FABLES (Recueil de) en allemand,
autrement appelé : *Liber Similitu-
dinum*. *Bamberg*, 1461, in-fol.

Ce Recueil de fables est extrêmement rare
et fort précieux par son antiquité. Le
volume renferme 101 estampes ou vignettes gravées en bois , chacune accompagnée d'un discours en vers rimés allemands , imprimé en caractères mobiles.

FABLIER (le) français, ou Elite des
meilleures Fables depuis La Fontaine. *Paris*, 1771, in-12. 4 l.

FABRE. Essai sur la manière la plus
avantageuse de construire les machines hydrauliques, et en particulier les moulins à blé. *Paris*,
1783, gr. in-4. fig. 12 l.

— Essai sur la théorie des torrents et
rivières. *Paris*, 1797, in-4. fig.
8 à 10 l.

FABRETTI (Raph.) Inscriptiones
antiq. quæ in ædibus paternis asservantur explicatio et additamen-
tum, cum explicationib. Gruteria-
nis aliquot. *Romæ*, 1702, in-fol.
18 l.

— De Columnâ Trajani Syntagma.
Romæ, 1683 seu 1690, in-fol. fig.
9 liv.

— De Aquis et Aquæductibus urbis
Romæ Dissertationes tres. *Romæ*,
1680, in-4. fig. 9 l.

FABRI jurisconsulti (Ant.) Opera.
Lugd. 1658 et seqq. 10 vol. in-fol.

L'article suivant se joint à ces 10 volumes.

— Hierony. Borgiæ Investigationes
Juris civilis, in Conjecturas Ant.
Fabri. *Neapoli*, 1678, 2 vol. in-fol.

Les douze volumes réunis , 36 à 48 l.

FABRI (Basilii) Thesaurus erudito-
nis scholasticæ, ex novâ edit. Jo.
Matth. Gesneri. *Hagæ-Comitum*,
1735, 2 vol. in-fol. 15 l.

— Idem, edente Jo. Henr. Leichio.
Francof. 1749, 2 vol. in-fol 24 l.

FABRI Stapulensis (Jac.) quintu-
plex Psalterium : gallicum, romanum, hebraïcum, vetus et conciliā-
tum ; cum Præfat. *Parisiis*, Henr.
Stephanus, 1509 vel 1513, in-fol.
8 liv.

Ce Psautier a été supprimé.
Il y a de l'édition de 1513 des exemplaires
sur vélin.

— Agones Martyrum mensis Januarii.
*Editio litteris quadratis excusa,
absque loci et typogr. nomine,
necnon indicat. anni.* in-fol.

Ce volume ne contient que les Actes originaux des martyrs pour le mois de janvier. Il en a été tiré des exemplaires
sur vélin.

FABRI (P. Jo.) Operum chimico-
rum vol. duo. *Francof.* 1652, 2 vol.
in-4. 9 l.

FABRI (Pet.) Agonisticon, sive de
Re athleticâ vet. Tractatus. *Lugd.*
1595, in-4. 6 l.

FABRICII (Joan. Alb.) Codex Pseu-
depigraphus veteris Testamenti ,
cum animadv. *Hamburgi*, 1722 et
1723, 2 vol. in-8.

— Codex Apocryphus novi Testamenti , gr. lat., ex edit. et cum animadv. J. Alb. Fabricii. *Hamburgi*,
1719, 3 tom. 2 vol. in-8.

On réunit ordinairement ces deux ouvrages.
Ils sont recherchés : 36 l. environ.

— Bibliotheca græca, sive Notitia
Scriptorum veterum græcorum ,
etc., gr. lat., cum brevibus notis.
Hamburgi, 1718 et seqq. 14 vol.
in-4. 60 l.

— Eadem, cur. G. Ch. Harles.

Hamburgi, 1790, 10 vol. in-4. 275 l.

Cette nouvelle édition n'est pas encore achevée.

— Bibliotheca latina , sive Notitia Auctorum veterum latinorum, etc. *Venetiis*, 1728, 2 vol. in-4. 18 l.

—Eadem , nunc meliùs delecta , rectiùs digesta et aucta , diligentiâ J. A. Ernesti. *Lipsiæ*, 1773-74, 3 vol. in-8. 18 l.

Cette édition devait être suivie d'un 4e vol. de table , mais il n'a point paru.

— Bibliotheca latina mediæ et infimæ ætatis , cum Suppl. Chr. Schoettgenii , ex edit. et cum notis J. D. Mansi. *Patavii* , 1754 , 6 vol. in-4. 45 l.

Bonne édition.

—Bibliotheca antiquaria. *Hamburgi*, 1716 seu 1760 , in-4. 9 l.

L'édition de 1760 est beaucoup plus ample que celle de 1716.

— Bibliotheca ecclesiastica , ex recens. J. Alb. Fabricii. *Hamburgi*, 1718 , in-fol. 10 l.

— Delectus argumentorum et syllabus scriptorum qui veritatem religionis christianæ adversùs atheos , etc. lucubrationibus suis asseruerunt. *Hamb.* 1725, in-4. 9 à 12 l.

— Opusculorum historico-critico-litterariorum Sylloge. *Hamburgi*, 1738 , in-4. 10 l.

—De Veritate Religionis. *Hamburgi*, 1725 , in-4. 5 l.

FABRICII (Joan.) Historia Bibliothecæ Fabricianæ. *Wolffenbuttelii*, 1717-24, 6 vol. in-4. 18 à 24 l.

FABRICII ab Aquapendente (Hieronyn.) Opera chirurgica. *Lugd. Batav.* 1723 , in-fol. fig. 20 l.

— Ejusd. Opera anatomica et physiologica , cum Præfat. Bern. Sigefr. Albini. *Lugd. Bat.* 1738 , in-fol. fig. 18 l.

Bonne édition.

— De Visione , Voce et Auditu. *Venetiis* , 1600 , in-fol. 9 l.

FABRICII (J. Ch.) Systema Entomolo.iæ, sistens Insectorum classes , ordines , genera , species , adj. synonymis , locis , descript. , observ. *Flensb.* 1775, in-8. 10 l.

— Entomologia systematica emendata et aucta, secundùm classes , ordi-

nes , genera , species , adj. synonymis , locis , observ. , descript. *Hafniæ* , 1792 - 99, 9 vol. in-8. 50 l.

— Systema Rhyngotorum secundùm ordines , genera , species , adj. synonymis , locis , observ. , descript. *Brunswigæ* , 1803, in-8. 9 l.

— Systema Piezatorum , secundùm ordines , genera , species , adj. synonymis , locis , observ.,descript., cum indice. *Brunswigæ* , 1804 , in-8. 13 l.

— Systema Eleutheratorum , secundùm ordines , genera , species , adj. synonymis , locis , observat. , descript. *Kiliæ* , 1801 , 2 vol. in-8. 25 l.

— Voyage en Norwège (en allem.) *Hamb.* 1779, in-8. 12 l.

FABRICII (Guilh.) Opera medicochirurgica quæ exstant omnia. *Francof. ad Mœnum* , 1682, 2 tom. 1 vol. in-fol. 20 l.

FABRICY. (Gabr.) Recherches sur l'Equitation et les Chars antiques. *Marseille*, 1764, 2 vol. in-8. 7 l.

FABROTTI (Car. Annib) Basilicon lib. lx , gr. lat. *Parisiis*, Cramoisy, 1647 , 7 vol. in-fol. 76 l. — Gr. pap. 150 l.

Livre estimé

On joint ordinairement à cet ouvrage un Supplément publié par David Ruhnkenius , en 1765 , in-fol.

FABULISTES , (les trois) Esope , Phèdre et La Fontaine, par Champfort , Selis et Gail. *Paris*, 1797, 4 vol. in-8. 12 l. — Pap. fort , 21 l.

FACCIOLATI (Jac.) Epistolæ latinæ. *Patavii* , 1765 , in-8. 5 l.

— Totius latinitatis Lexicon , curâ Jac. Facciolati , stud. Ægidii Forcellini. *Patavii* , 1771 , 4 vol. in-fol. 120 l.

Cet excellent Dictionnaire se réimprime en ce moment à Padoue.

FACETIÆ Facetiarum, hoc est Jocoseriorum Fasciculus. *Francofurti*, 1613 , in-12. 6 l.

FAERNI (Gabr.) Fabulæ centum ex div. authoribus delectæ , et carminibus explicatæ. *Romæ* , Luchinus , 1564 , in-4. fig. 60 l.

Première édition fort rare. On en trouve difficilement des exemplaires bien conservés.

— Eædem. *Antuerpiæ*, Plantin, 1567 seu 1573, in-16. fig. 5 l.

Ce deux petites éditions sont assez recherchées.

— Eædem, cum vers. gallicà. *Lond.* 1743, in-4. fig. 10 l.

La version française est de Perrault.

— Eædem. *Parmæ*, Bodoni, 1793, in-4. 15 l.

Edition tirée à 100 exemplaires.

FAIFEU: (Pier.) sa Légende joyeuse, composée en ryme franç., et rédigée par Ch. Bourdigné. *Angers*, 1532, in-4. 7 l.

—La même, avec les Poésies diverses de Jehan Molinet. *Paris*, A. U. Coustelier, 1723, in-8. 5 l.

Il y a de cette édition des exemplaires sur vélin.

FAIL, sieur de la Hérissaye. (Noël du) Les Contes et les Discours d'Eutrapel, revus et augment. *Rennes*, 1586, in-8. 5 l.

Toutes les éditions de ce livre sont bonnes.

— Les ruses et finesses de Ragot, jadis capitaine des gueux, etc. *Lyon*, 1576, in-16. *rare*, 5 à 6 l.

FAILLE. (Germain la) Annales de la ville de Toulouse, avec un abrégé de l'ancienne Hist. de cette ville. *Toulouse*, 1687 et 1701, 2 vol. in-fol. 12 l.

FAITS (les) et Gestes du chev. Geoffroy-à-la-grand-Dent. Voyez Ro-MAN.

FALDA. (G. B.) Li Giardini di Roma, con le loro piante, alzate e vedute in prospettiva. *In Roma*, 1683, in-fol. max. oblong. fig. 18 l.

— Le Fontane delle piazze e luoghi pubblici della città di Roma, disegnate per il medesimo. *In Roma*, 1691, 4 part. 2 vol. in-4. oblong. fig. 24 l.

— Palazzi di Roma de' più celebri Architetti; il libro primo disegnato da P. Ferrerio, ed il secondo da G. B. Falda. *In Roma*, 2 vol. in-fol. oblong. fig. 30 l.

FALETI (Hier.) de Bello Sicambrico lib. iv, et ejusd. alia Poëmata, lib. viij. *Venetiis*, Aldus, 1557, in-4.

Ce volume est bien imprimé et assez rare.

— Ejusd. Orationes xij. *Venetiis*, Aldus, 1558, in-fol.

FALISCI (Gratii) Cynegeticon, et M. Aurelii Olympii Nemesiani Cynegeticon, cum notis Titii, Barthii, Burmanni, etc. *Mittau*, 1775, in-8. 5 l.

FALK. (J. P.) Mémoires concernant la topographie de la Russie (en allem.) *St.-Pétersbourg*, 1785, 3 vol. in-4. fig. 50 l.

FALLOURS. (Sam.) Histoire natur. des plus rares curiosités de la mer des Indes; poissons, écrevisses, crabes, de diverses couleurs et figures extraordinaires, que l'on trouve sur les côtes des Iles Moluques et des terres australes, peints au naturel. *Amst.* 1718, 2 tom. 1 vol. in-fol. fig. 60 l.

Le tom. premier renferme 43 planches, et le second 57.

On prétend que les figures et les enluminures sont fort éloignées du naturel.

FANCAN. (le sieur) Discours pour et contre les Romans. *Paris*, 1626, in-8. 10 l.

Petit Traité assez rare. Il y a des exemplaires qui portent l'intitulé suivant : *Le tombeau des Romans, ou il est discouru pour et contre les Romans.*

FANELLI. (Fr.) Atene attica descritta da suoi principii all' anno 1687, colla relazione de' suoi rè, principi, etc. *Venezia*, 1707, in-4. fig. 21 l.

FARCE nouvelle très-bonne et fort joyeuse de deux Savetiers, par personnaiges, in-8. goth. *rare*.

FARIN. (Fr.) Histoire de la ville de Rouen, etc. *Rouen*, 1738, 2 vol. in-4. 7 l.

Cette Histoire existe aussi en 6 vol. in-12. 8 liv.

F A R I N A T O R I S, Carmelitæ, (Matth.) Liber Moralitatum, *dictus* Lumen Animæ. 1479, in-fol. 15 liv.

Cet ouvrage n'est recherché que pour sa date.

FARSYETII (Jos.) Carmina. *Parmæ*, Bodoni, 1776, gr. in-8.

FATALITÉ (la) de Saint-Cloud. Voy. GUYARD.

FAVARD. Répertoire de la législation du Notariat. *Paris*, 1807, in-4. 12 l.

FAVART D'HERBIGNI. Dictionnaire d'Histoire natur. , qui concerne les Testacées ou les Coquillages de mer , etc. *Paris* , 1775 , 3 vol. in-8. 9 l.

FAVART : (Charles Simon) son Théâtre. *Paris* , 1763 , 10 vol. in-8. 4o liv.

FAUCHET. (Cl.) Recueil de l'origine de la Langue et Poésie franç. rime et romans. *Paris* , 1581 , in-4. 10 l.
Ouvrage estimé et peu commun.

—Œuvres de Cl. Fauchet , contenant principal. ses Antiquités gauloises, etc. *Paris* , 1610 , in-4. 15 l.
On doit trouver dans le vol. le Traité de la Langue et Poésie franç.

FAUJAS DE SAINT-FOND. (B.) Recherches sur les Volcans éteints du Vivarais et du Velay. *Paris* , 1778 , in-fol. fig. 27 l.
—Minéralogie des Volcans , ou Description de toutes les substances produites ou rejetées par les feux souterrains. *Paris* , 1784 , in-8. 7 l.
— Histoire natur. de la province de Dauphiné. *Grenoble* , 1781 , in-8. fig. 5 l.
— Description de la Machine aérostatique de Montgolfier. *Paris* , 1783 , 2 vol. in-8. fig. 7 l.
— Voyage en Angleterre , en Ecosse et aux îles Hébrides. *Paris* , 1797 , 2 vol. in-8. fig. 16 l.—Format in-4. 3o liv.
— Histoire naturelle de la Montagne de Saint-Pierre , de Maëstricht. *Paris* , 1799, in-4. 54 pl. 70 l. — Pap. vélin (100 exempl.) 140 l.

FAULCONNIER. (Pier.) Description historiq. de Dunkerque. *Bruges* . 1730 , 2 vol. in-fol. fig. 15 l.

FAUSTE. (Jean) Hist. prodigieuse et lamentable de J. Fauste, grand magicien , avec son Testament , etc. *Cologne* , 1712 , in-12. 4 l.

FAVYN. (Andr.) Le Théâtre d'honneur et de chevalerie. *Paris* , 1620 , 2 vol. in-4. fig. 8 l.

FAYETTE et DE TENCIN : (Mesdames de la) leurs Œuvres complètes. *Paris* , 1804, 5 vol. in-8. fig. 24 à 27 l.
Il y a des exemplaires en papier vélin.

FAYI (Jac.) Defensio religionis , necnon Mosis et Gintes judaïcæ ;

contrà duas Dissert. Joh. Tolandi. *Ultrajecti* , 1709 , in-8. 6 l.
Réfutation de l'*Adeisidæmon*.

FAZIO degli Uberti. Dicta mundi , poema. *In Vicenza* , 1474 , in-fol. *très-rare*, 15o l.
Cette édition , la première de ce livre , est imprimée sur deux colonnes en lettres rondes , sans chiffres ni réclames , avec signatures. Les curieux ne font aucun cas des autres impressions de cet ouvrage.

FEBVRE. (le) Histoire générale et particulière de la ville de Calais et du Calaisis. *Paris*, 1766 , 2 vol. in-4. fig. et cartes , 15 l.
Cette édition est la plus ample et la plus recherchée de ce livre.

FEBVRE d'Estaples. (Jac. le) .
FABER Stapulensis.

FEBVRE. (Jehan le) Le Respit de la mort , en rime franç. *Paris* , Ant. Vérard , 1506 , in-4.
On attribue cette pièce de Poésie à Jehan Lefebvre.
Il y a des exemplaires sur vélin.

FÉLIBIEN (Jac.) Pentateuchus historicus. *Parisiis* , 1704 , in-4.
Cet ouvrage a été supprimé par arrêt du Conseil. Il faut que les cartons retranchés se trouvent à la fin du volume : 8 à 9 l.

FÉLIBIEN. (Andr.) Principes d'architecture , de sculpture , de gravure, etc. *Paris* , 1690 , in-4. 8 l.
— Entretiens sur les Vies et sur les Ouvrages des plus excellents Peintres anciens et modernes. *Paris* , Cramoisy , 1685 , 5 part. 3 vol. in-4. 12 l.
— Tableaux du cabinet du roi , Statues et Bustes antiq. des maisons royales , avec l'explicat. *Paris* , impr. roy. 1677 , in-fol. 3o l.

FÉLIBIEN. (Jean Fr.) Recueil historiq. de la Vie et des Ouvrages des plus célèbres architectes. *Paris* , Cramoisy , 1687 , in-4. 4 l.
On joint ce vol. aux *Entretiens sur la Vie des Peintres* , par Andr. Félibien.
— Description de l'Eglise des Invalides. *Paris*, 1706 ou 1756, in-fol. 10 l.

FÉLIBIEN. (D. Mich.) Histoire de l'Abbaye de Saint-Denis en France. *Paris*, 1706, in-fol. fig. 10 l. — Gr. pap. 2o l.

—Histoire de la ville de Paris, continuée et publ. par Dom Lobineau. *Paris*, 1725, 5 vol. in-fol. 20 l. — Gr. pap. 36 l.

Cette histoire de Paris, quoique fort intéressante, est, comme une infinité d'autres bons livres, peu recherchée.

FELICIS (Ant.) de Ovis Cochlearum Epist., cum Jo. Jac. Harderi Epist. aliquot de Partibus genitalibus Cochlearum. *Augustæ Vindelicorum*, 1684, in-8. 5 l.

FELLER. Dictionnaire historique. *Liège*, 1797, 8 vol. in-8. 66 à 80 l.

Ce Dictionnaire est rare et recherché.

FENELON : (Fr. de Salignac de la Motte) ses Œuvres spirituelles. *Rotterdam*, 1738, 2 vol. in-fol. 15 l. — Gr. pap. 24 l.

L'édition en 4 vol. in-12. vaut 10 à 12 l.

— Démonstration de l'existence de Dieu et de ses Attributs. *Paris*, 1718, in-12. 3 l.

— Réfutation des Erreurs de Benoît Spinosa, par de Fénélon, le P. Lamy et le comte de Boulainvilliers; avec la vie de Spinosa par J. Colerus. *Bruxelles*, 1731, in-12. 9 l.

Cette réfutation a été supprimée.

— Œuvres complètes de Fénélon. *Paris*, Didot l'aîné, 1787-1792, 9 vol. in-4. fig. 96 l. — Gr. pap. d'Annonay (180 exempl.), 180 l.

Belle édition.

— Les Aventures de Télémaque, fils d'Ulysse, avec des notes critiq. et historiq. *Rotterdam*, 1719 ou 1725, in-12. fig.

Ces deux éditions sont estimées par rapport aux notes qu'elles renferment. Celle de 1719 est préférable pour le premier tirage des figures, 18 à 24 l.

— Les mêmes. *Paris*, 1730, 2 tom. 1 vol. in-4. fig. 12 l. — Gr. pap. 24 liv.

— Les mêmes, avec les imitations des poètes grecs et latins, par David Durand. *Hambourg (Lond.)* 1733, in-12. très-rare, 24 à 36 l.

— Les mêmes. *Amst.* 1734, in-4. fig. de Bernard Picart, 40 l. — Gr. pap. in-fol. rare, 150 à 200 l.

Depuis que nous possédons les belles éditions du Télémaque de MM. Didot, celle-ci a un peu perdu de son ancien prix. Les amateurs font beaucoup de cas des exemplaires en grand papier. La réimpression de 1761 est peu recher-

chée, à cause de la médiocrité des épreuves des figures : 24 à 36 l.

— Les mêmes. *Londres*, Dodsley, 1738, 2 vol. in-8. fig. 100 l.

Belle et rare édition. Les figures dont elle est décorée ont été faites sur celles de Bernard Picart.

— Les mêmes. *Paris*, Didot l'aîné, 1781, 4 vol. in-18. pap. fin d'Annonay, 40 l.

Charmante édition, dont il n'existe que 60 exemplaires en papier fin, tirés séparément de la Collection d'Artois. Ils ne sont distingués de ceux qui font partie de cette Collection que par le fleuron du frontispice.

— Les mêmes, pour l'éducation du Dauphin. *Paris*, Didot l'aîné, 1783, 4 vol. in-18. pap. vélin, 40 l.

Jolie édition, tirée à 450. Les exemplaires brochés sont rares et chers.

— Les mêmes, pour l'éducation du Dauphin. *Paris*, Didot l'aîné, 1783, 2 vol. gr. in-4. pap. vélin, 100 l.

Belle et rare édition. Elle n'a été tirée qu'à 200 exemplaires seulement.

— Les mêmes, pour l'éducation du Dauphin. *Paris*, Didot l'aîné, 1784, 2 vol. in-8. pap. vélin, 40 l.

Édition tirée à 350 exemplaires ; plus, un ou deux sur peau de vélin.

— Les mêmes. *Paris*, de l'imprimerie de Monsieur (Didot le jeune), 1785, 2 vol. gr. in-4. papier vélin, 60 l.

On joint ordinairement à cette belle édition les figures gravées par Tilliard : 120 l, et davantage lorsqu'elles sont avant la lettre. Il y a des exemplaires dans lesquels on a inséré les figures gravées au lavis, d'après Moëtte.
Les figures de Tilliard séparément valent 40 à 48 l.
On a tiré de ces deux volumes, quatre exemplaires au moins sur peau de vélin. Un de ces exemplaires où se trouvaient les figures peintes sur vélin par Marchais, a été vendu 3000 l.

— Les mêmes. *Paris*, Didot le jeune, 1790, 2 vol. gr. in-8. papier vélin, 24 l.

Les figures qu'on destinait à cette édition n'ayant point été terminées, on les remplace quelquefois par celles de Marillier, faites pour l'édition suivante : 40 l.

— Les mêmes. *Paris*, Crapelet, 1796, 2 vol. in-8. pap. vélin, fig. de Marillier, 36 l. — Gr. pap vélin, figures avant la lettre, 54 l.

— Les mêmes. *Paris*, Renouard, 1795, 2 vol. in-4. pap. vélin (avec le portrait en médaillon), 30 l.

Edition tirée à 270 exemplaires ; plus , 4 sur un papier supérieur.

— Les mêmes, avec des variantes, des notes critiq. etc. par Bosquillon. *Paris* an 7, 2 vol. in-18. 5 l.

—Pap. fin, grand in-12. 9 à 10 l.

— Gr. pap. vélin , 15 à 18 l.

Il y a des exemplaires sur papier vélin bleu.

— Les mêmes. *Paris* , Bleuet (Didot l'aîné), 1796, 4 vol. in-18. fig. 7 l. — Pap. vélin, 15 l. — Gr. pap. vélin , fig. avant la lettre , 30 l.

— Les mêmes, suivies d'Aristonoüs. *Paris*, Renouard , 1802 , 2 vol. in-18. et in-12. fig.

Il en a été tiré 3 exempl. sur papier rose et 2 sur vélin , dont l'un est enrichi des dessins originaux, et l'autre des fig. tirées sur papier de la Chine.

— Les mêmes, trad. en grec vulgaire. *Bude* , 1801 , 2 vol. in-8. fig.

—Les mêmes, trad. en vers allemands par B. Neukirch. *Anspach* , 1739, 3 tom. 2 vol. in-fol. fig. de B. Picart, 24 l.

— Fata Telemachi , latino carmine reddita. *Berolini* , 1743, in-8. fig. 15 liv.

Cette traduction n'a d'autre mérite que sa rareté.

— Fata Telemachi , gall. et latinè. *Ulmæ* , 1755 , in-8. rare , 12 à 15 l.

— Telemachiados libr. xxiv, è gall. sermone in lat. carmen transtulit Steph. Alex. Viel. *Parisiis*, Didot natu maj. 1808 , in-12. 3 l.

Cette traduction a été bien reçue.

—Le Avventure di Telemaco, trad. in ling. ital. *Parigi*, 1785 , 2 vol. in-12. 6 l.

—Le Avventuras de Telemaco , trad. en leng. espanola. *Paris*, 1733 , 2 vol. in-12. 9 l.

—Histoire de Fénélon , composée sur des MSS. originaux , par M. L. F. de Beausset ; 2ᵉ édit. *Paris*, 1808 , 3 vol. in-8. portrait , 15 à 18 l.

— Pap. vélin , 24 à 30 l.

FENOLLAR. (Bern.) Certamen poetich, en lohor de la Concecio. *En Valencia*, 1474, in-4.

Ce volume , qui est fort rare , est regardé comme le premier livre imprimé en Espagne, avec date certaine.

FERBER. (J. J.) Traité physique et

métallurgique de l'Exploitation des mines en Bohême et en Hongrie (en allemand.) *Berlin* , 1774-1780, 2 vol. in-8. fig. 12 l.

— Lettres sur la Minéralogie et sur divers autres Objets de l'Hist. natur. de l'Italie, trad. avec des notes, par Diétrich. *Strasbourg* , 1776 , in-8. fig. 7 l.

FERGUSON'S. (Adam) The History of the progress and fall of the roman Republic. *Lond.* 1783, 3 vol. in-4. 54 l.

—The same. *Basil.* 1791 , 6 vol. in-8. pap. fin , 30 l.

—The same. *Edinburg* , 1799, 5 vol. in-8, pap. vélin , cartes , 40 à 45 l.

— Histoire des progrès et de la chûte de la république romaine , trad. de l'angl. par Desmeunier. *Paris* , 1784 . 7 vol. in-8. 30 l. ou 7 vol. in-12. 18 l.

— Moral Science. *Lond.* 1792 , 2 vol. in-4. 36 l.

FERGUSSON'S. (J.) A Dictionary of the Hindostan. *Lond.* 1773, in-4. 120 l.

Livre très-rare. Une partie de l'édition a péri en mer, et le surplus a été gâté et presque perdu.

FÉRIOL. (de) Recueil de cent Estampes représentant les différentes modes des nations du Levant, avec des explicat. historiq. *Paris* ,1714, in-fol. 27 l. — Gr. pap. 54 l.

Les exemplaires avec figures coloriées sont chers , 100 l.

FERMIN. (Ph.) Histoire naturelle de la Hollande équinoxiale, ou Description de Surinam. *Amst.* 1765 , in-8. fig. 6 l.

FERNANDEZ DE CASTILLO. (Juan) Tratado de Ensayadores. *En Madrid* , 1623, in-4. 15 l.

Traité curieux et peu commun.

FERNANDEZ. (Diego) Historia del Perù. *Sevilla*, 1771 , in-fol. 21 l.

FERNANDO DEL CASTILLO. Cançoniero general de los mas principales Trobadores de Espana. *En Toleda*, 1517, in-fol. 12 l.

Bonne édition , assez rare.

FERNELII (Jo.) universa Medicina, cum notis, observ. et remediis secretis Heurnii. *Trajecti*, 1656, in-4. 7 liv.

Ouvrage estimé.

—Vide MEDICI antiqui omnes.

FERRAND. (Jac.) Traité de la Maladie d'Amour, ou de la Mélancolie érotique, avec les remèdes. *Paris*, 1623, in-8. 15 l.

Peu commun.

FERRAND. (Ant.) L'Esprit de l'Histoire, ou Lettres politiques et morales d'un père à son fils sur la manière d'étudier l'hist. en général. *Paris*, 1809, 4 vol. in-8. 18 l. — Pap. fin, 24 l.

Ouvrage excellent, quoiqu'en disent les éditeurs de la nouvelle Bibliothèque d'un homme de goût.

FERRANT. (Louis) Traité du tabac en sternutatoire. *Bourges*, 1655, in-4. 12 l.

Ce volume est très-rare.

FERRANTE IMPERATO. Vide IMPERATO.

FERRARII (Fr. Bern.) de Ritu sacrarum Concionum lib. duo. *Mediolani*, 1620, in-4. 8 l.

Edition originale.

— De veterum Acclamationibus et Plausu lib. vij. *Mediolani*, 1627, in-4. 6 l.

FERRARII (Jo. Bapt.) Hesperides, sive de Malorum aureorum Culturâ et Usu lib. iv. *Romæ*, 1646, in-fol. fig. de Bloemaërt, 15 l.

Ouvrage estimé.

— Flora, seu de Florum Culturâ lib. iv, edit. nova, accur. Bern. Rottendorfio. *Amst.* 1646, in-4. fig. 8 liv.

Toutes les éditions de ce livre sont bonnes. Il a été traduit en italien par Perugino. *Rome*, 1638, in-4. fig. 6 l.

FERRARII (Octav.) Origines Linguæ italicæ. *Patavii*, 1676, in-fol. — De Re Vestiariâ lib. vij. *Patavii*, 1685, in-4. cum appendice, fig. 6 à 8 l.

FERRERAS. (Jean de) Histoire générale d'Espagne, trad. de l'espagnol en franç. avec des notes, par d'Hermilly. *Paris*, 1751, 10 vol. in-4. 24 à 30 l. — Gr. pap. 48 l.

FERRERII (Zach.) Hymni novi ecclesiastici, juxtà veram metri et latinitatis normam; accedit Breviarium ecclesiasticum ab eodem editum. *Romæ*, 1525, in-4. 5 l.

FERRETII (Jo. Bapt.) Musæ Lapidariæ antiquorum. *Veronæ*, 1672, in-fol. 10 l.

FERRIER : (N.) son Théâtre. *Paris*, 1697, in-16. 6 à 9 l.

FERRIERE. (Cl. de) La Jurisprudence du Code de Justinien, du Digeste et des Novelles. *Paris*, 1684, 6 vol. in-4. 20 l.

FERRIÈRE. (Cl. Jos. de) La Science parfaite des notaires mise en harmonie avec les dispositions du Code civil, par A. J. Massé. *Paris*, 1807, 2 vol. in-4. 30 l.

— Le nouveau Ferrière, ou Dictionnaire de droit et de pratique civil, commercial, criminel et judiciaire, par C. H. Dagar. *Paris*, 1807, 3 vol. in-4. 36 l.

FERTEL. (Mart. Dominiq.) La Science pratique de l'Imprimerie. *Saint-Omer*, 1723, in-4. fig. 12 l.

Peu commun.

FESSLERI (N.) Anthologia hebraïca, cum vers. lat. et animadv. *Leopoli*, 1787, in-4. 5 à 7 l.

FESTIN joyeux, ou la Cuisine en musique, en vers libres. *Paris*, 1738, in-12. 5 l.

FESTUS. (Sextus Pompeius) Vide POMPEIUS.

FEUILLÉE. (Le P. Louis) Journal des Observat. physiques, mathématiq. et botaniques, faites sur les côtes orientales de l'Amérique méridionale. *Paris*, 1714-1725, 3 vol. in-4. fig. 24 l.

— Description des Plantes médicinales usitées dans l'Amérique méridionale, etc. (en allemand). *Nuremberg*, 1756, 2 tom. 1 vol. in-4. fig. color. 50 l.

FEUILLET et DESAIS. La Chorégraphie, ou l'Art de décrire la Danse. *Paris*, 1713, in-4. gravé, 8 liv.

L'édition de 1725 vaut le même prix.

FEVRE. (Raoul le) Voy. RAOUL LE FEVRE.

FEVRE (Jeh. le) Voy. MATHÉOLUS.

FEYJOO. (B. Ger.) Teatro critico universal. *En Madrid*, 1777, 18 vol. in-4. 60 l.

FICHETI (Guill.) Rhetoricorum libri iij. Acced. ejusd. Panegyricus à Rob. Gaguino versibus compositus. *In Parisiorum Sorbonâ*, Ul-

ricus Gering, Mart. Crantz et Mich.
Friburger, 1471, in-4. 100 l.

Édition extrêmement rare, et l'un des premiers ouvrages imprimés à Paris, par Ulric Géring. Il en existe des exemplaires sur vélin, qui sont très-précieux.

— Epistolæ ad Cardinalem Bessarionem et alios. *In Parisiorum Sorboná, absque anni notá*, in-4.

Cette édition est également fort rare. On présume qu'elle a été imprimée vers 1471.

FICINI (Marsilii) Theologia Platonica, sive de Immortalitate Animarum lib. xviij. *Florentiæ*, Miscominus, 1482, in-fol. 12 l.

Cette édition, la première de ce livre, n'a d'autre mérite que sa date.

FICORONI. (Fr. de') Le Maschere sceniche e le Figure comiche degli antichi Romani. *In Roma*, 1736, in-4. fig. 15 l. — Pap. fort, 24 l.

— Dissertatio de Larvis scenicis et Figuris comicis antiq. Romanorum, ex ital. in lat. linguam versa. *Romæ*, 1750, in-4. fig. 12 l. — Gr. pap. 20 l.

Traduction latine de l'ouvrage précédent. L'édition de 1754 est moins estimée.

— I Piombi antichi. *In Roma*, 1740, in-4. fig. 8 l. — Gr. pap. 15 l.

— I Vestigi e Rarità di Roma antica. *In Roma*, 1744, gr. in-4. 7 l.

— I Tali ed altri strumenti lusorj degli antichi Romani. *Roma*, 1734, in-4. fig. 8 l.

— Gemmæ antiquæ litteratæ, aliæque rariores; acced. vetera Monumenta ejusd. ætatis reperta, cum annot. Nic. Galeotti. *Romæ*, 1757, in-4. 10 l.

FIELDING'S : (Henry) Works. *London*, 1762, 8 vol. in-8. 50 l.

— The same. *Lond.* 1766, 12 vol. in-12. 45 l.

— The same. *London*, 1784, 8 vol. in-8. 50 l.

— The History of Tom Jones, a Foundling. *Lond.* 1769, 4 vol. in-12. 15 l.

— The same. *Paris*, Didot l'aîné, 1780, 4 vol. in-8. 15 l. — Gr. pap. 24 l.

— The same. *Basil.* 1791, 4 vol. in-8. 15 l.

— Tom Jones, trad. de l'angl. par de la Place. *Paris*, 1767, 4 vol. in-12. gr. pap. 10 l.

— Le même, trad. de l'angl. par L. C. Chéron. *Paris*, an 12 (1804,) 6 vol. in-12. 12 l.

Cette traduction est meilleure que la précédente.

Il y a des exemplaires sur papier vélin.

FIELLSTRON (P.) Dictionarium sueo-laponicum. *Stockholm*, 1738, in-8. 12 l.

— Grammatica laponica. 1738. — Accedit Ganandri Grammatica laponica. *Stockholm*, 1743, in-12. 12 l.

FIENI (Th.) de Viribus Imaginationis Tractatus. *Lugd. Batav.* Elzevir, 1635, in-18. 4 l.

Bonne édition.

FIER - A - BRAS. Roman de ce nom. Voy. ROMAN.

FIGARUELAS. (D. Vinc. di) Museo de las Medallas desconocidas espanolas. *En Saragoça*, 1644, in-4. fig. 18 l.

FIGRELII (Edm.) de Statuis illustrium Romanorum liber singularis. *Holmiæ*, 1656, in-8. 5 l.

FIGULI (Car.) Dialogus qui inscribitur : Botano - Methodus, sive Herbarum Methodus. *Coloniæ*, 1540, pet. in-4. sans chiffres, *rare*, 12 l.

— Ichthyologia, seu Dialogus de Piscibus. *Coloniæ*, Eucharius, 1540, in-4. de 8 feuillets non chiffrés, *rare*, 18 à 24 l.

On trouve quelquefois dans le même volume un autre petit traité, intitulé : *Mustela*.

FIGURES de l'Histoire de la république romaine, d'après les dessins de S. D. Mirys, accompagnées d'un précis historiq. *Paris*, an 8, 15 livraisons in-4. de 12 pl. chacune, pap. vélin.

Chaque cahier se vend 15 l.

FILANGIERI. (Gaetano) La Scienza della Legislazione. *Filadelfia*, 1799, 5 vol. in-8. ritratto, 24 à 30 l.

— La Science de la Législation, trad. de l'ital. *Paris*, 1791, 7 vol. in-8. 20 l.

FILASTRE, évêque de Tournay. (Guill.) L'Histoire du noble Ordre de la Toison d'Or. *Paris*, 1530, 2 tom. 1 vol. in-fol. goth. 15 l.

L'édition de 1517, 2 tom. 1 vol. in-fol. goth. se vend à-peu-près le même prix.

FILHOL. Cours historiq. et élémentaire de Peinture, ou Galerie complète du Musée Napoléon, publ. par Filhol, et rédigé par J. Lavallée. *Paris*, 1801, 66 livraisons gr. in-8. chaque 8 l., et sur pap. vélin, 12 l.

Cette Collection est fort bien gravée.

FILICAJA: (Vinc.) Poesie Toscane. *Firenze*, 1707, in-4. col ritratto dell' aut. 24 l.

Edition très-rare, et citée par la Crusca.

— Le stesse. *Livorno*, 1781, 2 vol. in-12. fig. 9 l.

Cette petite édition renferme quelque chose de plus que la précédente.

FILIPPINI. (Ant. Piet.) Istoria di Corsica insin' al anno 1594, raccolta da div. autori. *In Turnone*, 1594, in-4. 10 l.

FILLASSIER. Eraste ou l'Ami de la jeunesse. *Paris*, 1775, 2 vol. pet. in-8. 5 l.

Il y a six exemplaires en papier de Hollande, 15 l.

— Le même. *Paris*, 1803, 2 vol. petit in-8. 5 à 6 l.

— Dictionnaire historiq. d'éducation. *Paris*, 1784, 2 vol. pet. in-8. 8 l.

Il y a six exemplaires sur pap. de Holl. 20 l.

FIORE di Virtù, ridotto alla sua vera lezione. *Roma*, 1740, in-8. 5 l.

FIORETTI (Opera la qual si chiama LI) de Miser santo Francesco, asemiliativa a la vita e la passione de Jesu xpo, e tutte le soe sante Vestigie. *In Venetia*, N. Girardengo da Noue, 1480, in-4. 20 l.

Edition rare et recherchée des curieux. Celle de *Venise*, 1495, in-4. est moins estimée.

— Lo stesso libro. *Firenze*, 1718, in-4. 5 l.

Cette édition est citée par la Crusca.

FIORETTI. (Carlo, da Vernio) Considerazioni intorno a un Discorso di G. Ottonelli da Fano soprà la Gerusalemme del Tasso. *Firenze*, 1586, in-8. 4 l.

Edition adoptée par l'Académie de la Crusca.

FIORI. (Giov. di) L'Histoire d'Aurelio et d'Isabelle, en franç., ital., espagnol et anglais. *Bruxelles*, 1608, in-8. 10 l.

Cette édition est la seule de ce livre que l'on

recherche. Les exemplaires n'en sont pas communs.

FIRENZUOLA: (Agnolo) Rime, date in luce da Lor. Scala. *In Fiorenza*, B. Giunti, 1549, in-8. rare, 15 l.

L'Académie de la Crusca fait mention de cette édition dans son Vocabulaire.

— Le Prose del medesimo, nelle quale si contingono Discorsi degli Animali, Ragionamenti div., etc. *In Fiorenza*, 1552, in-8. 10 l.

Edition citée par la Crusca.

— Opere del med. *Firenze (Napoli)*, 1723, 3 vol. in-8. 16 l.

Il manque dans cette édition, qui contient l'*Asino d'oro*, le *Prose* et le *Rime*, de Firenzuola, deux comédies en prose, l'une intitulée, *I Lucidi*, et l'autre, *La Trinuzia*. Ces deux pièces ont été imprimées séparément par les Giunti, la première en 1549, et la seconde en 1551, in-8.

Ces trois ouvrages sont cités par la Crusca.

— Le stesse Opere di Firenzuola. *Firenze (Venezia,)* 1763-66, 4 vol. in-8. 10 l.

Cette édition est augmentée de quelques Nouvelles.

FISCHER. (E. G.) Physique mécanique, trad. de l'allem. par Biot. *Paris*, 1806, in-8. 5 l.

FISCHERI (J. F.) Commentarius in Xenophontis Cyropædiam, edidit Ch. Th. Kuinœl. *Lipsiæ*, 1803, in-8. 12 l.

FISCHERI (J. Eberh.) Quæstiones Petropolitanæ de Origine Ungr., Tataror., Shinar., et de Hyperboreis, ed. A. L. Schlœzer. *Gottingæ*, 1770, in-8. 10 l.

FISCHERS. (Jean Bern.) Essai d'une Architecture historique, contenant quelques Bâtiments antiques, juifs, égyptiens, etc. *Leipsic*, 1725, in-fol. oblong. 30 l.

FITTE-CLAVE. (la) Eléments de Castramétation et fortification passagère. *Constantinople*, 1787, 2 vol. in-4. fig. 50 l.

Cet ouvrage, écrit en langue orientale, est très-rare en France.

FLACCUS ILLYRICUS (Matth. FRANCOWITZ.) Missa latina, quæ olim ante Romanam circà an. D. 700 in usu fuit, edita à Matth. Flacco Illyrico, cum addit. ejusd.

argumenti. *Argentinæ*, Mylius, 1557, in-8. 200 l.

La grande rareté de cet ouvrage provient de ce qu'il a été supprimé avec beaucoup de soin. La totalité du vol. est de 117 pages.

— De mysticâ sacramentalique Præsentiâ et Manducatione Corporis Christi in Cœnâ. 1554, in-8. 6 l.

— Demonstrationes de Essentiâ Imaginis Dei et Diaboli. *Basileæ*, 1569, in-8. 6 l.

— De Occasionibus vitandi errorem in essent. justit. original. *Basileæ*, 1569, in-8. 6 l.

— De Injustitiâ aut Peccato originali. *Basileæ*, 1568, in-8. 8 l.

— Defensio sanæ Doctrinæ, de Originali justitiâ, ac injustitiâ aut peccato. *Basileæ*, 1570, in-8. 6 l.

— Consensus nuaninis primitivæ Ecclesiæ, de non scrutando Divinæ Generationis Filii Dei modo. *Basileæ*, 1560, in-8. 6 l.

— Ejusd. Apologia pro suis demonstrationibus, in Controversiâ sacramentariâ, contrâ Theod. Bezæ Cavillationes, 1566, in-8. 18 l.

Il faut ajouter à ce volume, une petite pièce de 8 feuillets seulement, intitulée : *Repetitiones Apologiæ M. Flacci Illyrici, de logo et aliis quibusdam. Jenæ*, 1561, in-8.

— Scripta quædam Papæ et Monarcharum, de Concilio Tridentino, cum Præfat. Flacci Illyrici. *Basileæ*, absque anni notâ, in-8. 8 l.

— De Sectis, Dissensionibus, Contradictionibus, etc. Doctrinæ et Religionis Pontificiorum liber. *Basileæ*, 1565, in-4. 12 l.

— Notæ quædam clarissimæ et veræ, de fals. Relig. quibus etiam rudiores statuere queunt, Papistarum esse falsam Religionem. *Magdeburgi*, 1549, in-8.

Ces deux ouvrages sont rares.

— Contrà Papatum romanum, à Diabolo inventum, et edit. à Flacco Illyrico. 1545, in-8. 24 l.

Satire fort vive, qu'on attribue à Flaccus Illyricus.

— Contre la Principauté de l'Evêque romain, trad. du lat. *Lyon*, 1564, in-8. 24 l.

Cette traduction de l'article précédent est rare et chère.

— Antilogia Papæ : *hcc est*, de corrupto Ecclesiæ statu et totius Cleri Papistici perversitate, edita cum Præfat. Wolf. Wuissemburgii. *Basileæ*, 1555, in-8. 18 l.

Volume rare.

— Varia doctorum piorumque virorum de corrupto Ecclesiæ Statu poëmata, ante nostram ætatem conscripta et edita, cum Præfat. Flacci Illyrici. *Basileæ*, 1557, in-8. 18 l.

Volume très-rare.

— Sylvula carminum aliquot, à diversis piis et eruditis viris conscriptorum, quibus variæ de Religione sententiæ et controversiæ breviss. explicantur. 1553, in-8. 12 l.

Petite pièce de 16 pages, qu'on croit sortie de la plume de Flaccus Illyricus. On la trouve souvent à la suite d'autres Traités du même genre.

— Sylva carminum in nostri ævi corruptelas, præsertim religionis ; sanè quàm salsa et festiva, ex diversis aut. collecta. 1553, in-8. de 127 pages, *rare*.

Cet ouvrage est attribué à Flaccus Illyricus. Il a été réimprimé dans le même format, sans indication d'année.

— Carmina vetusta ante 300 annos scripta, quæ deplorant inscitiam Evangelii, et taxant abusus Cæremoniarum ; edita cum Præfat. Flacci Illyrici. *Wittebergæ*, 1548, in-8. 20 l.

Pièce satirique fort rare.

— Historia Certaminum inter romanos Episcopos, et Sextam Carthaginensem Synodum, Africanasque Ecclesias, de primatu seu potestate Papæ. *Basileæ*, 1554, in-8. *rare*, 20 l.

Il existe encore plusieurs autres Traités du même Flaccus Illyricus ; mais nous ne les rapporterons point ici, parce qu'ils sont peu recherchés.

FLACOURT. (le sieur de) Histoire des Iles de Madagascar. *Paris*, 1661, in-4. fig. 15 l.

FLAMEL : (Nic.) ses Figures hiéroglyphiques. Voy. ARTEPHIUS.

— De la métallique Transformation, en rime franç., contenant trois Traités, savoir : La Fontaine des Amoureux de Science ; les Remontrances de dame Nature à l'Alchymiste errant , et le Sommaire philosophique de N. Flamel. *Lyon* , 1590 , in-16.

Ce petit Traité singulier a été réimprimé plusieurs fois de format in-8. et in-16. Les éditions in-16. sont les meilleures.

FLAMSTEEDII (Joan.) Historia cœlestis britannica , exhibens Catalogum Stellarum fixarum , etc. *Lond.* 1725 et seqq. 3 vol. gr. in-fol. fig. 120 l.

Ouvrage estimé et peu commun. en France.

— Ejusd. Atlas cœlestis. *Lond.* 1729 vel 1753 , gr. in-fol. 20 l.

Ce volume se joint aux trois précédents.

— Atlas céleste de Flamsteed , édit. publ. par de la Lalande et Méchain. *Paris* , 1795 , in-4. 15 l.

FLAYDERUS (Fred. Her.) de Arte volandi. 1628 , in-12. 6 l.

Peu commun.

FLÉCHIER : (Esprit) ses Panégyriques et autres Sermons. *Paris* , 1696 , in-4. 5 l.

— Les mêmes. *Lyon* , 1774 , 5 vol. in-12. 8 l.

— Histoire de l'empereur Théodose-le-Grand. *Paris* , 1679 , in-4. 6 l.

— Oraisons funèbres de Fléchier , Mascaron , Bourdaloue , etc. *Paris* , Didot l'aîné , 1803 , 2 vol. in-12. pap. vélin , 7 l.

On a tiré de cette édition deux exemplaires sur peau de vélin.

FLEUREAU. (Basile) Les Antiquités de la ville d'Estampes , etc. *Paris* , 1683 , in-4. 12 l.

Ouvrage estimé et assez rare.

FLEURET. L'Art de composer des Pierres factices aussi dures que le caillou. *Paris* , 1807 , in-4. et atl. de 267 fig. 40 l.

FLEURIEU. (Deveux de) Voyage fait en 1768 et 1769 , en différentes parties du monde , pour éprouver les Horloges marines. *Paris* , impr. roy. 1773 , 2 vol. in-4. 18 l.

— Découvertes des Français en 1768 et 1769, dans le Sud-est de la Nouvelle Guinée , etc. *Paris* , impr. roy. 1790 , in-4. 12 cartes 10 l.

FLEURY. (Cl.) Histoire ecclésiastique , depuis la naissance de J. C. jusqu'en 1414 , et continuée jusqu'en 1595, par J. Cl. Fabre. *Paris* ,

1691 et suiv. 37 vol. in-4. 72 l.— Gr. pap. 140 l.

L'édition en 40 vol. in-12. , y compris les Tables , vaut 48 à 50 l.

FLISCI de Soncino (Steph.) Synonyma et variationes verborum , lat. et gallicè. *Taurini* , Faber , 1480 , in-fol. 24 l.

Cette édition et celle de *Milan* , 1480 , quoiqu'assez rares , sont cependant peu recherchées.

FLITNERUS. (Jo.) Nebulo Nebulonum ; hoc est , joco-seria modernæ Nequitiæ Censura , quâ hominum scelera , fraudes , doli , ac versutiæ æri aërique exponuntur publicè , carmine iambico adornata à J. Flitnero. *Francofurti* , 1620 , in-8. fig. 8 l.

Petit Traité singulier et peu commun.

FLORES. (Juan de) Il libro de los Amores de Grisel y Mirabella. *En Sevilla* , 1524 , in-4. goth. 10 l.

Volume assez rare.

FLOREZ. (Henr.) Elogio del santo rey Fernando , en hebreo y arabigo ; con las inscript. lat. y castell. *Madrid* , 1754 , in-4. 18 l.

Ouvrage important pour fixer l'ère de l'Espagne.

FLOREZ. (Fr. Henriq.) Medallas de las Colonias , municipios y pueblos antig. de Espana. *Madrid* , 1757-73 , 3 vol. in-4. fig. 40 à 50 l.

FLORI (Lucii Annæi) de totâ Historiâ Titi Livii Epitome. (*In Parisiorum Sorbonâ* , Ulricus Gering, Mart. Crantz et Mich. Friburger , absque anni notâ), in-4. 600 à 700 l.

Edition très-rare. On présume qu'elle a dû paraître vers l'année 1470.

— Epitomarum in Titum Livium lib. *Editio vetus , absque loci et anni indicat. ullâ (sed ut creditur, per Nic. Jenson, circà 1470 impressa)*. in-fol. 150 l.

Cette édition est restée long-temps inconnue aux bibliographes.

Voyez , pour l'édition de l'Histoire romaine de *Florus* , imprimée par Conrad Sweynheym, en 1472 , *Justinus*.

— Historia romana , ex edit. Cl. Salmasii. *Lugd. Batavor.* Elzevir , 1638 , in-12. 12 l.

Il y a deux éditions sous la même date. On

préfère celle qui n'a point de *Masque* en tête de la Préface.

—Eadem , cum interpr. et notis Annæ,Tanaquilli Fabri filiæ; ad usum Delphini. *Parisiis,* 1674 , in-4. 9 l.

Ce volume fait partie de la Collection des auteurs *ad usum Delphini*.

— Eadem , cum notis Varior. , ex recens. Jo. Georg. Grævii. *Amst.* 1702 , 2 tom. 1 vol. in-8. 9 l.

Edition estimée. Elle entre dans la Collection des *Variorum*.

— Eadem, cum notis Varior. , ex edit. Laur. Begeri. *Coloniæ-Marchicæ* , 1704 , in-fol. fig. 18 l.

Cette édition est enrichie de commentaires fort intéressants.

— Eadem, cum indice copioso, et L. Ampelii Libro memoriali. *Lond.* Tonson, 1715 , in-12. 5 l. — Gr. pap. 15 l.

— Eadem , cum notis Varior., ex recens. Car. And. Dukeri. *Lugd. Bat.* 1722 , in-8. 10 l.

— Eadem , cum notis Varior., ex recens. Car. And. Dukeri. *Lugd. Batav.* 1744 , in-8. 15 l.

—Eadem. *Birminghamiæ*. Vid. Sallustius. Ces deux auteurs sont réunis en un seul volume.

— Abrégé de l'Histoire romaine de L. Florus, trad. par l'abbé Paul. *Paris* , Barbou, 1774 , in-12. 3 l.

Cette traduction est la meilleure que nous ayons de l'Histoire de Florus.

— Historie romane di Lucio Floro , trad. da Santi Conti. *In Roma* , 1672 , in-12. 4 l.

FLORIAN: (J. P. Claris de) ses Œuvres complètes. *Paris,* Didot l'aîné , 1784-99, 22 vol. in-18. fig. 5o à 6o l. — Pap. vélin, 120 l.

Ces 22 vol. contiennent : Galatée , 1 vol. — Estelle, 1 vol. — Numa Pompilius , 2 vol. — Gonzalve de Cordoue, 3 vol. — Théâtre , 3 vol. — Fables , 1 vol. — Les Six Nouvelles , 1 vol. — Les Nouvelles nouvelles , 1 vol. — Mélanges , 1 vol. — Traduction de Don Quichotte, 6 vol. — Guillaume Tell , 1 vol.—Eliézer et Nephtaly , 1 vol. (Ces deux derniers volumes n'ont point été imprimés par M. Didot). Les nouvelles réimpressions de celle collection sont moins chères , parce qu'elles sont mal exécutées et fautives.

— Les mêmes. *Paris* , Didot l'aîné , 1784-99 , 11 vol. in-8. 40 l. —Pap. vélin, *rare,* 100 l.

On joint à ces 11 vol. les Œuvres pos-

thumes de l'auteur , contenant Guillaume Tell , Eliézer et Nephtaly. *Paris* , Guilleminet , an 10 , in-8.

— Galatée , roman pastoral , imité de Cervantes. *Paris* , Didot l'aîné , 1784 , in-8.

On a tiré de cette édition des exemplaires sur vélin.

— La même. *Paris* , Defer de Maisonneuve , de l'imprimerie de Didot le jeune, 1793 , in-4. fig. en couleur , pap. vél. 24 l.

— Les Fables de Florian. *Paris* , Didot l'aîné , 1792 , in-18. fig.

On a tiré de cette petite édition un exemplaire sur peau de vélin , lequel est décoré des dessins originaux.

— Voy. Cervantes. (Mich.)

FLORII Florentini (Franc.) de Amore Camilli et Emiliæ Aretinorum Liber ; item alius Libellus de duobus Amantibus , per Leon. Aretinum in latinum ex Boccacio transfiguratus , in-4.

Edition très-rare , imprimée à longues lignes , au nombre de 24 dans les pages entières , sans chiffres , signatures ni réclames. On présume qu'elle est sortie des presses d'Ulric Géring , ou de celles de Pierre Cesaris et Jean Stol , imprimeurs à Paris , vers l'année 1475. La totalité du vol. est de 49 feuillets.

— Le livre des deux Amants , Guisgard et Sigismunde , fille de Tancrédus , trad. du lat. de Léon. Arétin , en vers franç. par J. Fleury dit Floridus. *Paris* , sans date, in-4. goth. 20 l.

FLORILEGIUM renovatum. Flora , sive Florum cultura. *Francofurti* , 1641 , in-fol. fig. 18 l.

FLOSI. (Claro) L'Opinione tiranna , moralmente considerata negli affari del mondo. *In Modovi* , 1691 , in-12. 12 l.

Petit Traité rare et singulier.

FLUDD.) alias de FLUCTIBUS (Rob.) Collectio Operum. *Oppeinheimii et Goudæ* , 1617 et seqq. 5 vol. in-fol. fig. 5o l.

Cette Collection se trouve rarement complète.

—Tractatus theologico-philosophicus de Vità , Morte et Resurrectione, dedicatus fratribus à Cruce Roseà. *Oppeinheimii* , 1617 , in-4. 8 l.

Ce Traité ne se trouve pas dans la Collection précédente : il est rare.

FODÉRÉ. Traité de médecine légale et d'hygiène publique. *Paris*, an 7, 3 vol. in-8. 10 l.

— Essai de physiologie positive. *Avignon*, 1806, 3 vol. in-8. 10 l.

FOE. (Daniel de) The Life and Adventures of Robinson Crusoë, with serious reflections of the same. *London*, 1790, 2 vol. in-8. pap. vélin, fig. 24 l.
Édition bien exécutée.

— La Vie et les Aventures de Robinson Crusoë, trad. de l'angl. par Juste van-Effen. *Amst.* 1720, 3 vol. in-12. fig. 18 l.

—Les mêmes Aventures de Robinson Crusoë, trad. en franç. par Thémiseul de Saint-Hyacinthe. *Paris*, Panckouke, an 8, 3 vol. in-8. avec 19 grav. d'après Stothart, 18 l.
On a tiré de cette édition des exemplaires sur papier vélin.

— Les mêmes, en angl. avec la version franç. interlinéaire. *Impr. au château de Dampierre*, 1797, 2 vol. gr. in-8. pap. de Holl.
Cette édition, tirée à un petit nombre d'exemplaires, ne s'est jamais vendue.

FOGGINIUS. (Pet. Fr.) Vid. Byzantine.

FOLENGI (Theoph.) (Merlini Cocaii), Poët. Mantuani, Opus Macaronicorum. *Tusculani*, 1521, in-12. fig. 40 l.
La première édition de ces Poésies, imprimée en 1517, est moins complète que celle que nous annonçons, laquelle est exécutée avec des caractères singuliers et ornée de figures en bois.
Nous ferons remarquer qu'on doit trouver à la fin du vol., 8 feuillets non chiffrés, contenant une *Epître* adressée à Paganini, avec la réponse de cet imprimeur, un *Errata*, une Table des Facéties, et un Sonnet de 14 vers.

—Idem. *Amst.* (*Napoli*), 1692, in-8. fig. 24 à 36 l.—Gr. pap. *très-rare*. Prix arbitraire.

—Idem, cum notis et vocabulario. *Amst.* (*Mantuæ*), 1771, 2 vol. in-4. fig. 18 à 24 l.

— Histoire Macaronique de Merlin Cocaie; avec l'horrible Bataille des Mouches et des Fourmis, trad. en franç. *Paris*, 1606, in-12. 6 l.
Édition originale. L'auteur de cette traduction est inconnu.

— La même. (*Paris*), 1734, 2 vol. in-12. 7 l.
On ne recherche de cette édition que les exemplaires imprimés sur vélin, lesquels sont ordinairement divisés en 6 volumes.

— L'Orlandino, poema da Limerno Pitocco da Mantoa composto (Teofilo Folengi.) *In Vinegia*, 1526 ou 1539 ou 1550, in-8. 12 l.
Ces trois éditions sont également bonnes. Celle de 1550 a été contrefaite; on reconnoît la réimpression à ces trois lettres qui se trouvent sur le titre : Z. A. V.

— Il medesimo, con annot. *Londra* (*Parigi*), Molini, 1773, in-8.
Il y a des exemplaires imprimés sur vélin.

— Caos del tri per uno da Limerno Pitocco (Teof. Folengi). *In Vinegia*, 1527, in-8. 30 l.
Volume composé de 121 feuillets non chiffrés. Cette édition est préférée à la suivante. L'une et l'autre sont rares.

— Il medesimo. *In Vinegia*, 1546, in-8. *rare*, 24 l.

FOLIETÆ (Uberti) Historiæ Genuensium lib. xij, ab origine gentis ad ann. 1528. *Genuæ*, 1585, in-fol. 6 liv.

FOLKES'S. (Mart.) Table of english Silver and Coins first published. *Lond.* 1763, gr. in-4. fig. 15 l.

FONSECA. (P. José da) Diccionario portuguez e latino. *Lisboa*, 1791, in-fol. 24 à 36 l.

FONTAINE. (Jean de la) Voy. La Fontaine.

FONTAINES. (Charl.) La Victoire et Triumphe d'Argent contre Cupido, dieu d'Amours, en rime franç., avec la réponse. *Lyon*, 1537, in-16. 5 l.

FONTANA. (Carlo) Il Tempio Vaticano e la sua origine. *In Roma*, 1694, gr. in-fol. fig. 24 l.

— Trattato dell' acque corrente. *In Roma*, 1696, in-fol. fig. 12 l.

— L'Anfiteatro Flavio, descritto e delineato da C. Fontana. *Nel Haia*, 1725, gr. in-fol. fig. 18 l.

FONTANA. (Domenicho) Della trasportazione dell' Obelisco Vaticano. *In Roma*, 1690, in-fol. 12 l.

FONTANA. (Félix) Traité sur le venin de la vipère, sur les poisons américains, sur le laurier-cérise, etc. etc. *Florence*, 1781, 2 vol. in-4. fig. 24 à 36 l.

FONTANINI (Just.) de Antiquitatibus Hortæ Coloniæ Etruscorum
lib. iij. *Romæ*, 1723, in-4. fig. 8 l.
— Biblioteca dell' Eloquenza italiana, con le annot. d'Apostolo
Zeno. *In Venezia*, 1753, 2 vol.
in-4. 15 à 20 l.
— Historiæ litterariæ Aquilegensis
lib. v. *Romæ*, 1742, in-4. 7 l.
— Catalogus Librorum Bibliothecæ
Jos. Renati Imperialis, cardin.
secundùm auctorum cognomina,
ordine alphab. dispositus. *Romæ*,
1711, in-fol. 12 l.
FONTANON. (Ant.) Edits et Ordonnances des rois de France, avec
les augment. de Gabr. Michel. *Paris*, 1611, 4 tom. 3 vol. in-fol. 15 l.
FONTECHA. Voy. ALONSO.
FONTENAI. Dictionnaire des Artistes. *Paris*, 1776, 2 vol. in-8. 9 l.
FONTENELLE : (Bern. le Bovier de)
ses Œuvres diverses. *La Haye*,
1728, 3 vol. in-fol. fig. de Bern.
Picart, 60 l. — Gr. pap, 4 à 500 L
Ouvrage bien exécuté, et dont les exemplaires en grand papier sont très-rares.
Il y a une autre édition de ce livre en
3 vol. in-4. dans laquelle on a inséré
les figures de l'édition précédente, mais
elle est peu recherchée, parce que les
épreuves des gravures en sont faibles.
— Les mêmes. *Paris*, 1752, 11 vol.
in-12. 21 l.
— Les mêmes. *Paris*, Bastien, 1790,
8 vol. in-8. 42 l.
Bonne édition.
— Entretiens sur la pluralité des
mondes. *Dijon*, P. Causse, an 2
(1793), pet. in-8. pap. vélin,
On a tiré de cette édition un exemplaire
en grand papier, et cinq sur peau de vélin.
— Les mêmes. *Paris*, Defer de Maisonneuve, de l'impr. de Didot le
jeune, 1796, gr. in-4. fig. pap.
vélin, 18 l.
— Les mêmes, en grec moderne.
Venise, 1794, in-8. 8 l.
— Relation de l'Ile de Bornéo (avec
des additions et la clef). *En Europe*
(*Paris*,) 1807, in-12. de 48 pag.
Belle édition, tirée à 94 exemplaires sur
papier vélin, 2 sur papier rose, 2 sur
papier bleu, 3 sur vélin, et un sur satin.
On a ajouté à 60 exempl. une Lettre
de Fontenelle au marquis de la Lafare,
sur la *résurrection*.

FONTETTE. (Fevret de) Bibliothèque historique de la France,
avec des notes critiq., etc. par
J. Lelong, édit. revue par Barbeau
des Bruyères. *Paris*, 1768, 5 vol.
in-fol. 54 l.
On assure qu'il n'y a eu que deux exemplaires de cet ouvrage tirés sur grand
papier de Hollande.
FOPPENS (J. Fr.) Bibliotheca Belgica. *Bruxellis*, 1739, 2 vol. in-4.
fig. 9 l.
FORBONNAIS. (de) Recherches et
Considérations sur les Finances de
France. *Bâle*, 1758, 2 vol. in-4.
12 l.
FORCE. (Charlotte-Rose Caumont de
la) Histoire secrète de Bourgogne.
Paris, Didot l'aîné, 1782, 3 vol.
in-12. pap. fin d'Annonay, 10 l.
— Histoire de Marguerite de Valois,
reine de Navarre. *Paris*, Didot
l'aîné, 1783, 6 vol. in-12. pap. fin
d'Annonay, 20 l.
Pour compléter la Collection des Romans
historiq. de l'édition de Didot, il faut
joindre à ces deux ouvrages les Amours
du Grand Alcandre, 2 vol. Bianca Ca-
pello, 2 vol. et le Prince de Condé de
Boursault, 2 vol.
FORCELLINI. Voy. FACCIOLATI.
FOREST (la) et Description des
grands et sages Philosophes du
temps passé ; contenant doctrines
et sentences pour toutes sortes de
gens. *Pierre le Verd*, 1529, in-8.
goth. 10 l.
Ce volume n'est pas commun.
FORESTI (Pet.) Opera. *Rothomagi*,
1653, 4 tom. 2 vol. in-fol. 27 l.
FORFAIT. Traité élémentaire de la
Mâture des vaisseaux. *Paris*, 1788,
in-4. 10 l.
FORMAT-BUCHLEIN, ou Tableau
de tous les formats d'imprimerie,
depuis l'in-fol. jusqu'au format
in-128. 1673, in-4. obl. 8 l.
FORMULAIRE de Bredin le Cocu.
Voy. BREDIN.
FORMULARIUM instrumentorum.
Romæ, J. N. Hanheymer de Oppenheim, etc. 1474, in-fol. de 260
feuillets.
Cette rare édition, imprimée à longues
lignes, au nombre de 39 à la page, ne
porte ni chiffres, ni signatures, ni réclames. Vendu 250 florins chez Crevenna.

FORMY. (Pierre) Traité de l'Adianthon ou Cheveu de Vénus, avec la Description de cette Plante. *Montpellier*, 1644, in-8. *rare*, 15 l.

On trouve difficilement des exemplaires de ce livre en bon état.

FORNACIUS (Amat.) Amator ineptus. *Palladii*, 1633, in-12. 15 l.

Volume fort rare.

FORREST. (Th.) A Voyage to New-Guinea and the Mollucas, from Balambangan , during the years 1774-1776. *Lond.* 1779 , in-4. avec 27 pl. 18 l.

— Voyage aux Moluques et à la Nouvelle-Guinée, fait en 1774-1776, trad. de l'angl. *Paris*, 1780, in-4. fig. 15 l.

FORSKAL. (P.) Voy. NIEBUHR. (Carsten)

FORSTER. (J. et G.) Characteres generum plantarum, quas in itinere ad Insulas Maris australis collegerunt, descripserunt Joan. et Georg. Forster. *Lond.* 1776, in-4. 75 pl. 20 l. — Gr. pap. in-fol. 36 l.

Les exemplaires en grand papier sont rares.

FORSTER. (Georg.) Voyage du Bengale à Pétersbourg à travers les provinces septentrionales de l'Inde, le Kachmir , la Perse , etc. trad. de l'angl. par L. Langlès. *Paris*, 3 vol. in-8. 15 l. — Gr. pap. (60 exempl.) 24 l.

FORSTER. (John Reinold) Voy. COOK.

FORSTERI (Jo.) Dictionarium hebraïcum. *Basileæ*, 1557, in-fol. 12 l.

FORT DE LA MORINIÈRE. (Adr. Cl. le) Bibliothèque poétique, avec des remarq. *Paris*, 1745, 4 vol. in-4. 24 l.

— Choix de Poésies morales et chrétiennes. *Paris*, 1747, 3 vol. in-4. 15 l. — Gr. pap. 24 l.

Ce Recueil existe aussi en 3 vol. in-8.

FORTII (Leon.) Libellus de Re militari et variis instrumentis bellicis , quorum expressæ sunt imagines , metris conscriptus in vulgari lingua græca. *Venet.* 1531 , in-8. *très-rare*.

FORTIN. (John.) Tracts philological, critical, etc. *Lond.* 1790 , 2 vol. in-8. 18 l.

Dict. Bibl. I.

FORTINGUERRA. (Nic. Carteromaco) Il Ricciardetto , poema in ottava rima. *Parigi (Venezia)*, 1738, gr. in-4. fig. 15 l.

Bonne édition.

— Il medesimo. *Parigi*, 1767, 3 vol. in-12. 8 l.

— Richardet , trad. en vers franç. par du Mourrier. *Paris*, 1766, 2 vol. in-8. 7 l.

— Le même , trad. en vers franç. par Mancini-Nivernois. *Paris*, Didot le jeune, 1797, 2 vol. in-8. pap. de Holl.

Il n'existe que deux exemplaires de ce Poëme, tirés séparément des OEuvres du traducteur.

FORTUNATI (Venant.) Opera , à Mich. Aug. Luchi. *Romæ*, 1786, 2 vol. in-4. 9 à 12 l.

FORTUNIO. (Fr.) Regole grammaticali della volgar Lingua. *In Vinegia*, Aldo, 1541 , in-8.

Réimprimé par le même, en 1545 et 1552. Fortunio est le premier qui ait donné des règles sur la langue italienne.

FOSCARINI. (Marco) Della Litteratura veneziana. *In Padoua*, 1752, in-fol. 8 l.

FOSSATI. (Georg.) Raccolta di varie Favole delineate ed incise in rame da lui. *In Venezia*, 1744, 6 vol. gr. in-4. 50 à 60 l.

Ce Recueil se relie quelquefois en trois volumes.

Il y a des exemplaires en grand papier, avec les figures tirées en couleur. Vendu tel, rel. en maroq. 140 l. 4 s. chez Mirabeau l'aîné.

FOSSE. (la) Cours d'Hippiatrique , ou Traité complet de la Médecine des chevaux. *Paris*, 1772 , gr. in-fol. avec 65 pl. 80 l.

Ouvrage fort bien exécuté , et qui a ruiné son auteur. Les exemplaires avec figures coloriées sont plus chers , 120 l.

— Dictionnaire raisonné d'Hippiatrique , cavalerie , manège , etc. *Paris*, 1775 , 4 vol. in-8. 15 l.

FOSSE. (Jean Charl. de la) Nouvelle Iconologie historique , ou Attributs hiéroglyphiques qui ont pour objets les quatre éléments , les quatre saisons, etc. *Paris*, 1768, in-fol. fig. 12 l.

FOSSE. Idées d'un militaire pour la disposition des troupes confiées

28

aux jeunes officiers dans la défense et l'attaque des petits postes. *Paris*, Didot l'aîné, 1783, gr. in-4. fig. color. 18 l. — Pap. vélin, 3o liv.

FOUCHER D'OBSONVILLE. Bagavadam, ou Doctrine divine, ouvrage indien, canonique, sur l'Être Suprême, etc. *Paris*, 1788, in-8. 6 liv.

FOUET (le) des paillards, par M. L. P., curé du Mesnil Jourdain. *Rouen*, 1623 ou 1628, in-12 5 l.
Le nom de l'auteur est Mathurin le Picart·

FOUILLOUX :(Jacq. du) sa Venerie, avec la Fauconnerie de J. des Franchières. *Paris*, 1585, in-4. 6 liv.
Toutes les éditions de ce livre sont bonnes.

FOUQUET. (Madame) Recueil de préceptes choisis, expérimentés, etc. pour la guérison des maladies. *Ville-Franche*, 1665, in-12. 10 liv.
Cette édition, la première de ce livre, est celle que l'on recherche le plus. Les exemplaires n'en sont pas communs.

FOURCROY(A. F.)Entomologia Parisiensis, sive Catalogus Insectorum quæ reperiuntur in agro Parisiensi. *Parisiis*, 1785, 2 vol. in-12. 5 l.
— La Médecine éclairée par les sciences physiques. *Paris*, 1791, 4 vol. in-8. 15 l.
— Système des Connaissances chimiques. et de leur application aux phénomènes de la nature et de l'art. *Paris*, an 9 (1800), 11 vol. in-8. 5o à 6o l.
La Table forme le onzième volume.
— Le même. *Paris*, an 9 (1800), 6 vol. in-4. 6o l. — Pap. vélin, 8o l.
On a encore du même auteur : *Philosophie chimique*, 1806, in-8. — *Analyse chimique de l'eau sulfureuse d'Enghien*, 1788, in-8. — *Tableaux synoptiques de chimie. Paris*, 1806, in-fol.

FOURMONT (Steph.) Meditationes sinicæ. *Parisiis*, 1737, in-fol. 12 l.
Ce volume n'est pas commun.
— Linguæ Sinarum mandarinicæ hieroglyphicæ Grammatica duplex. *Parisiis*, 1742, in-fol. 15 l.
Cet ouvrage et le précédent se joignent ordinairement ensemble.
— Réflexions critiques sur les Histoires des anciens Peuples chal-

déens, hébreux, etc. jusqu'au temps de Cyrus. *Paris*, 1735, 2 vol. in-4. 15 l.

FOURMONT.(Cl. Louis)Description historiq. et géogr. des plaines d'Héliopolis et de Memphis. *Paris*, 1755, in-12. 6 à 7 l.

FOURNEAU. (N.) L'Art du Trait de Charpenterie. *Paris*, Didot, 1802, 4 part. 1 vol. in-fol. fig. 4o l.

FOURNIER. (Georg.) Hydrographie, contenant la théorie et la pratique de toutes les parties de la navigation, etc. *Paris*, 1667, in-fol. fig. 6 l.
Cet ouvrage était bon pour son temps.

FOURNIER le jeune. (Pier. Simon) Manuel typographique. *Paris*, 1764 et 1766, 2 vol. pet. in-8. fig. 24 l. — Pap. de Holl. *très-rare*.
Beaucoup d'exemplaires de cet excellent ouvrage n'ont pas de figures.
— Epreuves de deux petits caractères nouvellement gravés et exécutés dans toutes les parties typographiques. *Paris*, 1757, in-16. 8 l.
— Recueil de différents Traités sur l'imprimerie et les caractères. *Paris*, 1758, in-8. *très-rare*, 15 à 18 l.
— Traité sur l'origine et les progrès de l'Imprimerie. *Paris*, 1764, in-8. 6 liv.
Les divers ouvrages sur la fonte des caractères d'imprimerie, et sur l'imprimerie elle-même, publiés par M. Fournier, sont encore aujourd'hui ce que nous avons de mieux sur ces arts.

FOXUS. Voy. BIENVENU.

FRACASTORII (Hierony.) Opera, inter quæ Poëma quod inscribitur : *Syphilis. Venetiis*, Junta, 1584, in-4. 9 l.
Bonne édition.
— Ejusd. Syphilis, sive Morbus gallicus. *Veronæ*, 1530, in-4.
Nous ne faisons mention de cette édition que pour annoncer qu'il en existe des exemplaires sur vélin.
— Ejusd. Carmina ; accesser. reliquiæ Carminum Jo. Cottæ, Jac. Bonfadii, Ad. Fumani et Nic. Archii comit. à Jo. Ant. Vulpio. *Patavii*, 1718, in-8. 5 à 7 l.
— Ejusd. Carmina ; acced. Ad. Fumani et Nic. Archii comit. Carmina et alia, à Vulpiis fratribus. *Patavii*, 1739, 2 vol. in-4. 9 à 12 l.

FRAGMENTA Poëtarum vet. latinorum quorum Opera non extant,
ed. Henr. et Rob. Stephanis. *Parisiis*, H. Stephanus, 1564, in-8.
12 l.

FRANC, (Mart.) secrétaire du pape
Félix V. Le Champion des Dames,
contenant la défense des Dames
contre Mallebouche et ses consors,
en rimes franç. *Edition ancienne,
sans date*, pet. in-fol. goth.
Exemplaire imprimé sur vélin.

— Le même, revu de nouveau. *Paris*,
Galliot Dupré, 1530, in-8. fig. en
bois.
Edition rare et exécutée en lettres rondes :
25 l.

FRANC DE POMPIGNAN. (J. J. le)
Poésies sacrées et philosophiq. tirées
des Livres saints. *Paris*, 1763,
in-4. fig. 6 l.

— Œuvres de le Franc de Pompignan.
Paris, 1784, 6 vol. in-8. 18 à 24 l.

FRANÇAIS. (Le) Eléments de la
langue russe. *S.-Pétersbourg*, 1768,
in-8. 15 l.

FRANCHINI (Fr.) Poëmata et Epigrammata. *Romæ*, 1554, in-8.
très-rare, 12 à 18 l.

FRANCI DE FRANKENAU (D.
Georg.) de Palingenesiâ sive Resus-
citatione artificiali plantarum, hominum et animalium è suis cineri-
bus lib. *Halæ*, 1717, in-4. 8 l.

— Ejusd. Satyræ medicæ xx. *Lipsiæ*,
1722, in-8. 4 à 6 l.

FRANCKII (J. M.) Catalogus bibliothecæ Bunavianæ. *Lipsiæ*, 1750,
7 tom. 5 vol. in-4. 40 l.

FRANCO: (Nicolo) Rime contra
Piet. Arctino, e della Priapeia del
medesimo. 1548, in-8. de 225 pages,
12 l.
Satire contre l'Arétin. Elle est rare.

— Dialoghi piacevoli del medesimo.
In Vinegia, 1542, in-8. 6 l.

— Dialogo del med., dove si ragiona
delle Bellezze. *In Casale de Mon-
ferrato*, 1542, in-4. 6 l.
Edition originale.

FRANCO (Matteo) e L. PULCI : Sonetti, con la Confessione, ed altre
Rime del Pulci. 1759, in-8. 6 l.

FRANCŒUR. (L. B.) Traité élémentaire de mécanique. *Paris*, 1807,
in-8. 7 l.

FRANÇOIS. (le P. Jean) L'Art des

Fontaines, c'est-à-dire, pour trouver, distribuer et conduire les
sources dans les lieux publics, etc.
Rennes, 1665, in-4. fig. 12 l.
Livre curieux et rare.

FRANÇOIS. (J.) Vocabulaire aus-
trasion, pour servir à l'hist. des
monuments du moyen âge. *Metz*,
1773, in-8. 15 l.

FRANCOWITZ. Voy. FLACCUS IL-
LYRICUS.

FRANCS (les) fripons dans le Libraire banqueroutier et le Mercure
au gibet. *Cologne*, 1684, in-12.
fig. 12 à 18 l.
Satire très-rare.

FRANGIDELPHE ESCORCHE-
MESSES. Voy. BEZE. (Théod. de)

FRANKLIN : (Benjamin) ses Œuvres, trad. par Barbeu Dubourg.
Paris, 1773, 2 tom. 1 vol. in-4.
fig. 15 l.

— Les mêmes, trad. en franç. par
J. Castera. *Paris*, an 6, 2 vol.
in-8. pap. vélin, 10 l.

— La Science du Bonhomme Richard, en angl. et en franç. *Dijon*,
Causse, 1795, in-8. pap. vélin, 6 l.
On a tiré de ce vol. six exemplaires sur
grand papier, et huit sur peau de vélin.

— Opuscules de Franklin, en angl.
et en franç. 1795, in-8.

— Observations sur les Sauvages.
(1795), in-8.
On a tiré de ces deux ouvrages des exemplaires sur vélin.

FRASSEN (Cl.) Disquisitiones
biblicæ. *Parisiis*, 1682 vel 1711,
in-4. 6 l.
Ces deux éditions sont bonnes.

— Ejusd. Scotus academicus, sive
Doctoris subtilis theologica Dogmata. *Parisiis*, 1672, 4 vol. in-fol.
20 l.

FRÉDERIC II du nom, roi de Prusse.
Mémoires pour servir à l'Histoire
de la Maison de Brandebourg.
Berlin, 1751, in-4. gr. pap. 8 l.

— Œuvres de Frédéric II. *Berlin*,
1789, 20 vol. in-8. 42 l. — Pap.
vélin, 72 l.

— Eloge du Prince Henry, par Sa
Majesté le Roi de Prusse, avec
une traduct. anglaise. *Birmingham*,
Baskerville, 1 vol. in-8.
Volume tiré à 25 exemplaires.

FREGOSO : (Phileremo Ant.) Opere

poetiche. *In Milano* , 1515, in-4.
— Opera nuova del medesimo. *In Milano* , 1525 , in-4.

On réunit ordinairement ce volume au précédent : 15 l.

FREHERI (Pauli) Theatrum Virorum eruditione clarorum , cum figuris. *Noribergæ* , 1688 , 2 vol. in-fol. 15 l.

FREHERUS. (Marq.) Vid. Scriptores.

FREIND. (Jean) Histoire de la Médecine , trad. de l'angl. par Coulet. *Leyde* , 1727 , in-4. 10 l.
— Ejusd. Opera medica. *Londini* , 1733 , in-fol. 18 l.

FRESNE, Dom. DU CANGE. (Car. du) Voy. Dufresne.

FRESNOY. (Charl. Alphonse du) L'Art de la Peinture , trad. en franç. avec le texte latin à côté (par Roger de Piles.) Edit. augment. d'un Dialogue sur le Coloris , et de Figures grav. par Sébast. le Clerc. *Paris* , 1673 , in-12. fig. 12 l.

Cette édition est la plus recherchée de ce livre. Les mêmes figures ont servi à une réimpression peu estimée, faite en 1684.

FRESNOY. (Nic. Lenglet du) Voy. Lenglet.

FREYTAG (F. G.) Apparatus litterarius , ubi Libri partim antiq., partim rari recensentur. *Lipsiæ* , 1752, 3 vol. in-8. 10 à 12 l. — Pap. collé , 16 l.
— Ejusd. Analecta historica de libris rarioribus. *Lipsiæ* , 1750 , in-8. 6 l.

FREZIER. (Améd. Fr.) Relation d'un Voyage de la Mer du Sud aux côtes du Chily et du Pérou, en 1712-1714. *Paris* , 1716 , in-4. fig. 6 l.
— Théorie et pratique de la Coupe des pierres et des bois. *Strasbourg* , 1737 , 3 vol. in-4. fig. 42 l.

Excellent ouvrage. L'auteur en a publié un abrégé sous le titre d'*Eléments de Stéréotomie. Paris* , 1759 , 2 vol. in-8. 12 l.

— Traité des Feux d'artifice pour le spectacle ; édit. augment. *Paris* , 1747 , in-8. fig. 5 l. — Format in-4. 8 liv.

FREZZI. (Federico) Il Quatriregio del decurso della Vita humana. *In Peruscia* , per Stefano Arns Alamano , 1481 , in-fol. 80 l.

Première édition fort rare.

C'est mal-à-propos que quelques critiques ont attribué cet ouvrage à *Nicolas Malpigli* , Bolonnais. Il est certain que *Frédéric Frezzi* en est le véritable auteur : c'est le sentiment des bibliographes italiens.

— Il medesimo , con annot. *Foligno* , 1725 , 2 vol. in-4. 10 l.

Cette édition est la meilleure de ce livre.

FRICH. (Jean Léonard) Histoire des Insectes (en allemand.) *Berlin* , 1730 , in-4. fig.
— Histoire naturelle de plusieurs Oiseaux , avec des explicat. en allem. *Berlin* , 1734 et suiv. 2 vol. in-fol. avec 223 pl. enlum. 80 l.

Ouvrage peu commun en France.

FRICK. (F.) Le château de Marienbourg en Prusse. *Berlin* , 1803 , in-fol. 300 l.

Cet ouvrage , qui représente les ruines du château de Marienbourg , est supérieurement exécuté en manière d'*aquatinta*.

FRIEDEL. Nouveau Théâtre allemand. *Paris* , 1782 et suiv. 12 vol. in-8. 40 l.

FRISCHLINI (N.) Operum poëticorum pars scenica , pars epica , et Orationes. *Argent.* 1595-98, 2 vol. in-8. 15 à 18 l.
— Ejusd. Comœdiæ v et Tragœdiæ ij. (*Argent.*) apud B. Johinum , 1585 , 2 vol. in-8. 15 l.

FRISII (Pauli) Cosmographia physica et mathematica. *Mediolani* , 1774 , 2 vol. in-4. fig. 18 l.
— Ejusd. de Gravitate universali Corporum lib. iij. *Mediolani* , 1768 , in-4. fig. 9 l.
— Ejusd. Opera mathematica. *Mediolani* , 1782 , 2 vol. gr. in-4. fig. 14 l.
— Traité des Rivières et des Torrents , trad. de l'ital. par Deserrey. *Paris* , 1774 , in-4. fig. 9 l.

FROELICH (Erasmi) Tentamina iv in Re nummariâ vetere. *Viennæ Austriæ* , 1737 , in-4. 9 l.
— Annales Regum et Rerum Syriæ , per Numismata. *Viennæ Austriæ* , 1744 , in-fol. 20 l.
— Dubia de Minnisari aliorumque Armeniæ regum Numis et Arsacidarum Epochâ , nuper vulgatis , proposita per Er. Froëlich. *Viennæ Austriæ* , 1754 , in-4. 8 l.
— Notitia elementaris Numismatum

antiquorum. *Viennæ*, 1758, in-4. 10 liv.

— Specimen Archontologiæ Carinthiæ. *Viennæ*, 1758, in-4. fig. 6 à 8 l.

FROISSART. (Jehan) Les grandes Chroniques de France, d'Angleterre et autres lieux, depuis 1326-1400, et continuées jusqu'en 1498, par un anonyme. *Paris*, Vérard, sans date, 4 vol. in-fol. goth.

Cette édition, l'originale de ces Chroniques, est assez recherchée. On en a tiré des exemplaires sur vélin.

—Les mêmes. *Paris*, G. Eustace, 1514, 4 vol. in-fol.

|| On ne recherche guère de cette édition que les exemplaires imprimés sur vélin.

— Les mêmes, revûes et corrigées par Denys Sauvage. *Lyon*, 1559 et suiv. 4 tom. 2 vol. in-fol. 30 l.

— Les mêmes, revues et corrigées par Denys Sauvage. *Paris*, 1574, 4 tom. 2 vol. in-fol. 20 l.

FRONTINI (Sexti Julii) de Aquæductibus urbis Romæ comment., operâ et stud. Jo. Poleni. *Patavii*, 1722, in-4. fig. 15 l.

— Idem, cum notis Alder. *Altonæ*, 1792, in-8. 4 l.

—Ejusd. Stratagematum lib. iv, cum notis Varior., cur. Fr. Oudendorpio. *Lugd. Batav.* 1731 vel 1779, in-8. 9 l.

Ces deux éditions entrent dans la Collection des *Variorum*. La seconde est plus ample que la première.

—Iidem, ex recens. J. Vallart. *Parisiis*, 1763, in-12. pap. fin, 4 l.

— Iidem, cum notis Oudendorpii et alior., cur. N. Schwebelio. *Lipsiæ*, 1772, in-8. 6 l.

— Les Stratagêmes de Frontin, ou Ruses de guerre, trad. en franc. *Paris*, Didot l'aîné, 1772, in-8. 4 liv.

Cet ouvrage a été traduit en italien, par M. A. Gandino. *Venise*, 1574, in-4.

FROUMENTEAU. (Nic.) Le Cabinet du roi de France, dans lequel il y a trois pierres précieuses et d'inestimable valeur. 1581 ou 1582, in-8. 18 l.

Ouvrage satirique, que l'on attribue à Nicolas Froumenteau. Les deux éditions indiquées sont également bonnes.

— Le grand Trésor des Trésors de France, c'est-à-dire, le secret des finances de France, etc. 1581, 3 tom. 1 vol. in-8. 6 l.

Les exemplaires où le nom de l'auteur est imprimé sur le titre, sont les plus recherchés.

FRUGONI: (Innoc.) Opere poetiche. *Parma*, Bodoni, 1779, 9 vol. in-8. pap. fin, 60 l.

FUCHSII (Leonh.) de Historiâ Stirpium commentarii. *Basileæ*, 1542, in-fol. fig. 15 l.

Ouvrage estimé et peu commun.

Les exemplaires avec figures enluminées sont très-rares et fort chers : 60 à 80 l.

Cette Histoire des Plantes a été traduite en français, par Le Maignan. *Paris*, 1549, in-fol. fig. 5 à 7 l.

FUESSLY. (J. Gasp.) Description des Insectes de la Suisse (en allemand.) *Zurich*, 1775, gr. in-4. fig. enlum.

— Magasin entomologique (en allemand.) *Zurich*, 1778, 4 vol. in-8. fig. enlum. 30 l.

—Archives de l'Histoire des Insectes, publiées en allemand, et trad. en franç. *Winterthow* ou *Zurich*, 1794, in-4. avec 54 pl. color. 36 l.

L'édition allemande de ce livre a paru en 1781-1785, et forme 8 fascicules in-4.

FULGENTII (S.) Opera. *Parisiis*, 1684, in-4. 6 l.

FULGOSI (Bapt.) Anteros, seu Disputatio de amore, italicè scripta. *Mediolani*, Leon. Pachel, 1496, in-4. 18 l.

Dissertation rare et singulière.

—De Dictis Factisque memorabilibus collectanea. *Mediolani*, 1509, in-fol. 10 l.

Ouvrage curieux, et communément appelé le *Valère Maxime moderne*. Les exemplaires en sont assez rares.

FUNCCIUS de Virilitate linguælatinæ. *Marb. Cat.*, 1727, in-4. 5 l.

— De Origine et Pueritiâ latinæ linguæ; de imminenti latinæ linguæ Senectute. *Marb. Cat.*, 1736, 3 vol. in-4. 15 à 18 l.

FURETIERE. (Ant.) Dictionnaire univ. de la langue française, avec les augment. de H. Basnage de Beauval, etc. *La Haye*, 1725, 4 vol. in-fol. 30 l.

Bonne édition.

— Dictionnaire français-latin , dit *Dictionnaire de Trévoux. Paris,* 1771 , 8 vol. in-fol. 70 l.

Cette édition est la meilleure de ce Dictionnaire.

— Le Dictionnaire des Halles , ou extrait du Diction. de l'Académie française. *Bruxelles* , 1696 , in-12. 5 liv.

FURGOLE. (J. B.) Traité des Testaments, Codiciles , etc. *Paris ,* 1745 , 4 vol. in-4. 16 l.

Ces 4 vol. ont été réimprimés en 1779.

FUSCONI : (P. Lorenz.) Poesie e Prose. *Parma* , Bodoni, 1783 , 4 vol. in-8. 18 l.

FUSI. (Ant.) Voy. Grevé. (Victor)

FUZELIER et le Présid. HÉNAUT. Cornélie, Vestale, tragédie ; édit. donnée par Hor. Walpole. *Strawberry-Hill,* 1768, in-8. 12 l.

Pièce rare.

G

GABIANI. Collection de Pensées ou Dessins. *Rome* , 1786, gr. in-fol. 18 l.

GABRIAS. Vid. Æsopus.

GÆRTNER (Jos.) de Fructibus et Seminibus Plantarum. *Stuttgardiæ* , 1788, et *Tubingæ* , 1791 , 3 vol. in-4. fig. 72 l.

GÆRTNER (C. F.) Carpologia , seu Descriptiones et Icones fructuum et seminum Plantarum , seu Continuatio operis J. Gærtner de Fructibus et Seminibus. *Lipsiæ* , 1805, part. 1 , 2 et 3 in-4. 50 l.

GAFFARELLI (Jac.) Curiositates inauditæ, de Figuris Persarum Talismanicis, cum notis Greg. Michaëlis. *Humburgi,* 1676, 2 vol. in-12. fig. 8 l.

Bonne édition.

GAFORI vel GAFURI (Franchini) Theoricum opus musicæ disciplinæ. *Neapoli,* 1480, in-4. *très-rare.*

Cet ouvrage , l'un des premiers traités qui ait paru sur la musique moderne , est imprimé à longues lignes , sans chiffres, signatures ni réclames, avec figures.

GAGUINI (Rob.) Epistolæ et Orationes de Conceptione B. Virginis

Mariæ, necnon Epigrammata , etc. *Parisiis* , 1498 , in-4. 12 l.

On doit trouver à la fin du volume une petite pièce de vers , intitulée : *De variis Vitæ humanæ incommodis Rob. Gaguini Elegiæ.*

— Compendium R. Gaguini super Francorum Gestis , ab ipso recogn. et auctum. *Parisiis* , 1500 in-fol.

Exemplaire imprimé sur vélin.

— Les grands Chroniques des excellents Faits, etc. des roys de France. *Paris,* 1514 , in-fol.

Nous ne faisons mention de cet ouvrage que pour annoncer qu'il en existe des exemplaires sur vélin.

— Trad. de la Chronique de Turpin. Voy. ce nom.

GAIETANI de Tienis in iv Aristotelis Meteororum libros Expositio , latinè. *Paduæ,* P. Maufer , 1476 , in-fol.

Edition originale , rare.
On doit trouver à la suite de ce Traité un ouvrage d'Albert-le-Grand sur les minéraux.

GAILLARD. (G. H.) Histoire de la Rivalité de la France et de l'Angleterre. *Paris* , 1798 , 11 vol. in-12. 30 l.

— Histoire de la Rivalité de la France et de l'Espagne. *Paris,* 1801 , 8 vol. in-12. 16 l.

GALANTI. (G. M.) Nuova Descrizione storica e geogr. delle Sicilie. *Napoli,* 1786 , 2 vol. in-8. 8 l.

GALATEI. (A.) Liber de Situ Elementorum. *Basileæ,* 1558, in-8. 12 l.

Cet ouvrage est assez rare.

GALATINI (Pet.) Opus de Arcanis catholicæ Veritatis , seu Comment. in loca difficiliora vet. Testamenti, ex libris hebr. *Orthonæ-Maris* , 1518, in-fol. 18 l.

Ouvrage savant et peu commun.

GALE. (Th.) Vide Scriptores. (Historiæ poëticæ) — Scriptores xv. (Hist. Britann. etc.) — Rhetores selecti. — Opuscula Mythologica.

GALENI (Cl.) Opera, gr., ex recens. Andr. Asulani , adjuvante J. B. Opizono Papiensi. *Venetiis,* Aldus, 1525 , 5 vol. in-fol. 80 l.

Il a été tiré de cette édition des exemplaires en grand papier , qui sont fort rares.

— Eadem , gr. *Basileæ* , 1538 , 5 vol. in-fol. 36 l.

Bonde édition.

— Eadem , lat. , stud. Aug. Ricci. *Venetiis* , 1541 , 10 vol. in-8. 36 l.

On trouve rarement des exemplaires complets de cette édition.

— Eadem , latinè , cum Indice. *Venetiis* , apud Juntas, 1625, 6 vol. in-fol. 40 l.

— Therapeuticorum lib. xiv , et ad Glaucum lib. ij , gr. *Venetiis*, 1500, in-fol. max.

Première édition , exécutée en lettres rouges et noires. Elle est fort rare.

— Vid. HIPPOCRATES.

GALERIA Giustiniana del marchese Vinc. Giustiniani. *In Roma*, 1640, 2 vol. gr. in-fol. 160 l.

Cette Collection est composée de 321 pièces exécutées par Corn. Bloemaert , Cl. Mellan , et autres.

Il faut prendre garde de confondre cette édition, qui est l'originale , avec les réimpressions qu'on en a données , parce que les exemplaires de ces dernières impressions ne renferment que des épreuves médiocres.

GALERIE du Palais du Luxembourg, peinte par Rubens , grav. sur les dessins de Nattier. *Paris*, 1710 , gr. in-fol.

Les exemplaires d'anciennes épreuves sont assez rares , 100 l.

GALERIE de Rubens, dite du Luxemboug. *Paris* , Crapelet, 1808 , 13 livraisons gr. in-fol. pap. vélin satiné , fig. en noir , 104 l. — Fig. en couleur, 208 l. — Fig. av. la lettre , en noir (dont on n'a tiré que 12 exempl.) 234 l. — Fig. av. la lettre , en couleur (dont il n'y a que 12 exempl.) 468 l. Prix de l'éditeur.

Magnifique Collection. Les estampes en couleur représentent autant que possible les superbes couleurs de Rubens. Le texte , rédigé par M. Moithei , a été revu par M. Castel.

GALERIE de Dresde , (Recueil d'Estampes d'après les plus célèbres Tableaux de la) contenant 100 pièces , avec une Description de chaque tableau en franç. et en ital. *Dresde*, 1753-1757 , 2 vol. très-gr. in-fol. 450 l.

Il faut avoir soin d'examiner si le portrait du roi de Pologne se trouve dans l'exemplaire , parce que ce portrait seul vaut

mieux que tout le reste ; il est très-cher sur-tout avant la lettre.

GALERIE électorale de Dusseldorff, contenant 365 estampes gravées par Chr. de Méchel : ouvrage composé dans un nouveau goût, par Nic. de Pigage. *Basle*, 1778 , 2 vol. in-4. obl. 120 à 140 l.

GALERIE de Florence et du palais Pitti , dessinée par Wicar , et grav. sous la direction de M. Lacombe , avec des explicat. de Mongéz. *Paris*, Didot le jeune , 1789 et suiv. 40 livraisons , gr. in-fol.

Très-belle Collection , 700 l. — Figurés av. la lettre , 1400 l.

GALERIE du Palais royal , grav. par J. Couché , avec une description de chaque tableau , par Fontenay. *Paris* , 1786-1801; 59 livr. gr. in-fol. 450 l. Ouvrage complet.

L'exécution de cette Galerie est bien moins belle que celle de la précédente. Les exemplaires avec figures avant la lettre sont rares.

GALERIE historique des illustres Germains, depuis Arminius. *Paris*, 1806, gr. in-fol. pap. vélin, 31 grav. 130 l. Prix de l'éditeur.

Bel ouvrage , tiré seulement à 200 exemplaires.

GALERIE de Versailles. Voyez LE BRUN.

GALERIE des Peintres flamands. Voy. LE BRUN.

GALIEN RESTAURÉ. Voy. HISTOIRE.

GALILEI: (Galileo) Opere. *Bologna*, 1656 , 2 vol. in-4. rare , 24 l.

Cette édition et la suivante sont citées par la Crusca.

— Le stesse , con aggiunta di varj trattati del med. autore. *Firenze*, 1718, 3 vol. in-4. fig. 30 l.

Cette édition , due aux soins du Bottari , est très-correcte.

— Le stesse. *In Padova*, 1744, 4 vol. in-4. 36 l.

— Dialogo soprà i due sistemi del mondo Tolemaico e Copernicano. *Firenze* , 1632 , in-4. rare , 12 l.

Edition citée par la Crusca.

— Lo stesso. *Firenze* (*Napoli,* 1710), in-4. 7 l.

Edition correcte.

— Lettera a madama Cristina di Lo-

rena. *Aug. Treboc* ; 1636, in-4.
très-rare , 36 l.

Edition mentionnée par la Crusca.

GALLÆI (Servat.) Dissertationes de
Sibyllis earumque Oraculis. *Amst.*
1688 , in-4. 8 l.

— Sybillina Oracula. *Amst.* 1689,
in-4. fig. 8 l.

On réunit ordinairement ces deux ouvrages.

GALLAND. (Ant.) Les Contes et
Fables indiennes de Bidpaï et de
Lokman , trad. d'Ali Tchelebi-ben-
Saleh. *Paris*, 1724, 2 vol. in-12.
fig. 8 l.

GALLEOTTI. (N.) Vid. Museum
Odescalcum.

GALLITZIN. (le prince D. de)
Traité abrégé et méthodique des
Minéraux. *Neuw.* 1794 , in-4. 6 l.

GALLO. (Alonso) Declaracion del
valor del oro. *En Madrid*, 1613,
in-8. 15 l.

Volume rare.

GALLONIO. (Ant.) Trattato degli
Istrumenti di martirio. *In Roma*,
1591 , in-4. fig. d'Ant. Tempeste,
12 l.

Volume recherché pour les figures dont
il est décoré.

Parmi les différentes éditions latines de ce
livre, celle de *Rome*, 1594, in-4., est la
plus estimée. Pour en avoir un bel exemplaire , il faut y joindre les gravures de
Tempeste , faites pour l'édition italienne
de 1591.

GALLOYS (Jo.) Breviarium ab eo
dispositum ad usum J. B. Colbert,
regni administri. *Parisiis* , 1679 ,
in-8. 8 à 10 l.

Ce Bréviaire, sans renvois, a été tiré à un
petit nombre d'exemplaires.

GALLUCCII (Angeli) Commentarii
de Bello Belgico ab anno 1593 ad
inducias anni 1609. *Romæ* , 1671 ,
2 vol. in-fol. 12 l.

GALLUS. (Optatus) Vid. Hersent.

GALTHERI (Philip.) Alexandreidos
lib. x. *Lugduni*, 1558, in-4. *Opus
excusum typis singularibus cur-
sivis:* 21 l

GAMACHES. (Est. Sim. de) Astronomie physique, ou Principes généraux de la nature appliqués au
mécanisme astronomique. *Paris* ,
1740, in-4. fig. 8 l.

GAMBIGLIONIBUS (Aug. de) de
Arctio super titulo , de Actionibus Institutionum. *Tholosæ*, 1480,
in-fol. goth. 18 à 24 l.

GAMBOA. (Fr. Xav. de) Commentarios a las ordenanzas de Minas. *En
Madrid* , Ibarra , 1761 , in-fol. 12 l.

GAMELIN. Recueil d'Ostéologie et
de Myologie , dessiné d'après nature. *Toulouse* , 1779 , gr. in-fol.
24 l.

GANASSONI (Andr. Bened.) Opuscula quædam Juris civilis. *Venetiis* , 1768 , in-4.

Exemplaire imprimé sur vélin.

GARAT. Précis historiq. de la Vie
de M. de Bonnard. *Paris* , Didot
jeune , 1785 , in-18. pap. d'Annonay , 10 à 12 l.

Tiré à très petit nombre.

GARCILASSO DE LA VEGA. Historia general del Perù. *En Madrid*,
1722 et 1723, 2 tom. 1 vol. in-fol.
12 l.

— La misma. *Madrid* , 1800 , 13 vol.
in-18. 24 l.

— Historia de la Florida. *Madrid* ,
1803 , 4 vol. in-12. 10 l.

— Hist. des Yncas, rois du Pérou ,
trad. de l'espagnol en franç. par J.
Baudouin ; avec l'Hist. de la Conquête de la Floride , trad. par P.
Richelet. *Amst.* 1737 , 2 vol. in-4.
fig. de Bern. Picart, 21 l. — Gr. pap.
60 l.

GARDE. (Guy de la) L'Histoire et
Descript. du Phœnix , composées à
l'honneur et louange de Mme Marguerite de France , sœur du roi.
Paris , 1550 , in-4.

Exemplaire imprimé sur vélin.

GARDETTE. (C. M. de la) Les
Ruines de Pæstum ou Posidonia.
Paris , an 7, gr. in-fol. 14 pl. 24 l.

GARDIEN. Traité d'Accouchements,
de Maladies des femmes, de l'Edu-
cation médic. des enfants , etc,
Paris , 1807 , 4 vol. in-8. 20 l.

GARDIN DUMESNIL. Synonymes
latins. *Paris* , 1787, in-8. 5 à 6 l.

GARDINER. (Guill.) Tables des
logarithmes (en angl.) *Lond.* 1742 ,
2 vol. in-4. 36 l.

— Tables des Logarithmes , trad. de
l'angl. *Avignon* , 1770, in-4. 18 l.

GARDINER. (J.) Observations on

the animal œconomy and on the causes and cure of discases. *Edinburgh*, 1784, in-8. 10 l.

GARDNOR'S. Wiews taken on and near the river Rhine at Aix-la-Chapelle, and on the river Maese. *Lond.* 1788, gr. in-fol. fig.

GARIBAY. (Estevan) Compendio hist. de las Chronicas y univ. Historia de todos los reynos de Espana hasta 1517. *En Amberes*, 1571 à 1628, 4 vol. in-fol. 36 l.

GARIDEL. (Pierre) Histoire des Plantes qui naissent aux environs d'Aix en Provence. *Aix*, 1715, ou *Paris*, 1723, in-fol. fig. 18 l.

Les exemplaires avec figures coloriées sont rares et chers : 80 l.

GARIEL. (Pier.) Idée de la ville de Montpellier. *Montpellier*, 1665, in-fol. *rare*, 36 l.

Ce volume est divisé en quatre parties ; la première forme 263 pages, la seconde 156, la troisième 296, et la quatrième 191.

A l'égard de la troisième partie, nous ferons observer qu'elle ne commence dans tous les exemplaires qu'au folio 75. On ignore ce qui a pu donner lieu au deficit des 74 premières pages.

GARMANNI (L. Chr. Frid.) de Miraculis mortuorum lib. iij ; cum præmissâ Dissert. de Cadavere et Miraculis in genere ; ex edit. L. Im. Henr. Garmanni auct. filii. *Dresdæ*, 1709, in-4. 10 l.

GARMBADO. (Geoff.) An Academy to grown Horsemen, containing the completes Instructions for walking, trotting, etc. *London*, 1788, gr. in-4. pap. vél. fig. 24 l.

GARNIER : (Rob.) ses Tragédies. *Paris*, 1585, in-12. 5 à 6 l.

GARNIER. (J. G.) Eléments d'Algèbre. *Paris*, 1806. —Analyse algébrique. *Paris*, 1804, 2 vol. in-8. 8 l.

— Eléments de Géométrie analytique. *Paris*, 1808, in-8. 4 l.

GARON. (N.) La sage Folie, fontaine d'allégresse, mère des plaisirs. *Rouen*, 1635, 2 vol. in-12. 6 à 8 l.

—Le Chasse-Ennui des bonnes compagnies. *Lyon*, 1628, ou *Paris*, 1641, in-12. 4 à 5 l.

GARSAULT. (Fr. Ant. de) Notionnaire, ou Mémorial de ce qu'il y a

d'utile et d'intéressant dans toutes les connaissances. *Paris*, 1761, in-8. fig. 8 l.

Il a paru dernièrement une nouvelle édition de cet ouvrage, en 2 vol. in-8. avec 25 planches : 10 l.

— Le Nouveau parfait Maréchal. *Paris*, 1797, ou an 13 (1805), in-4. fig. 12 l.

Les anciennes éditions de ce livre sont moins chères.

GARZONI. (Maur.) Grammatica e Vocabolario della Lingua kurda. *Roma*, 1787, in-8. 12 l.

GASPARINI Pergamensis Epistolarum liber. *In Parisiorum Sorbonâ*, *Ulricus Gering et Mart. Crantz*, *absque anni notâ*, in-4. 36 l.

Edition rare. On présume qu'elle a paru vers l'année 1470.

GASSENDI (Pet.) Opera. *Lugd.* 1658, 6 vol. in-fol. 24 l. —Gr. pap. 40 l.

Cette Collection n'est pas rare.

GASTON PHŒBUS. Le Miroir de Phœbus des déduits de la chasse aux bestes sauvaiges et oiseaulx de proie. *Paris*, in-4. goth. sans date, 6 à 9 l.

GASTALDI (Hieron.) de avertendâ et profligandâ Peste Tractatus politico-legalis. *Bononiæ*, 1684, in-fol. fig. 8 l.

GAST'S. (J.) History of Greece, from Alexander, till its final subjection to the Roman power. *Basil.* 1797, 2 vol. in-8. 8 l.

GATAKER (Th.) Opera critica. *Trajecti ad Rhenum*, 1698, 2 vol. in-fol. 15 l.

GATTEL. Nouveau Dictionnaire espagnol français, et français espagnol. *Lyon*, 1790, 4 vol. in-8. 15 l.

— Nouveau Dictionnaire portatif de la langue française. *Lyon*, 1803, 2 vol. in-8. 15 l.

GATTENHOF Stirpes agri et horti Heidelbergensis. *Heidelb.* 1782, in-8. 5 l.

GAUBIL. (le Père) Histoire de Genghizcan et de toute la Dynastie des Mongous, ses successeurs, conquérants de la Chine, trad. en franç. *Paris*, 1739, in-4. 6 l.

— Le Chou-King, un des livres sacrés des Chinois, trad. par le P. Gaubil, et revu sur le texte chi-

in-8. pap. vélin , avec 51 fig. d'après
Moreau le jeune , 54 l.

Il y a des exemplaires en grand papier vélin et d'autres en papier de Hollande ,
avec figures avant la lettre.
On a aussi tiré deux exemplaires de cette
édition sur peau de vélin.

— La Mort d'Abel , trad. de l'allemand (par Hubert.) *Paris* , De-
ler de Maisonneuve , de l'impr. de
Didot le jeune , 1793 , gr. in-4.
fig. en couleur , 18 l. — Pap. vélin , 30 l.

GESSNERI Tigurini (Jo. Jac.) Specimen Rei numariæ. *Tiguri* ,
1735 , 2 vol. in-fol. 30 l.

— Numismata regum Macedoniæ.
Tiguri , 1738 , 2 vol. in-fol.

Cet ouvrage , orné d'un grand nombre de
planches , est très-difficile à trouver
complet.

GESTA Dei per Francos, etc. ed.
Jac. Bongarsio. *Hanoviæ* , 1611 ,
2 tom. 1 vol. in-fol.

Nous revenons sur cet article , indiqué à la
Byzantine , page 104 , pour faire observer
qu'il en existe des exemplaires en grand
papier , beaucoup plus rares que ceux des
familles Byzantine et du Ville-Hardouin.
MM. Bosquillon et Jardé , libraire ,
dont le témoignage est respectable , nous
ont assuré en avoir vu un exemplaire.

GESTA Christi. *Editio vetus , absque ullâ loci et anni indicat. , sed
circà* 1472 (*Spiræ*) *excusa.* in-fol.
Ce volume est extrêmement rare.

GEVARTIUS. (Casp.) Pompa Introi-
tûs Ferdinandi Austriaci, Hispaniarum Infantis, etc. in urbem
Antuerpiam , anno 1635 , cum figuris P. P. Rubenii , et comment.
C. Gevartii. *Antuerpiæ* , 1641 ,
in-fol. 16 l.

Il y a de ce livre des exemplaires imprimés sur vélin , mais ils sont très-
rares et fort chers.

GEYLER (Jo.) Navicula , sive Speculum fatuorum , à Jac. Othero
collect. complectens Sermones quadragesimales. *Argentinæ* , 1511 ,
vel 1513 , in-4. 8 l.

GHEYN. (Jacq. de) Le Maniement
des armes , arquebuses , mousquets
et piques , représenté en fig. enlum.
La Haye , 1607 , in-fol. 8 l.

GHIRARDACCI. (Cherub.) Della
Historia di Bologna parte prima ,
dalla sua fondazione sin' all' anno

1320 ; seconda parte dall' anno
1321-1425 , data in luce dal P. Aur.
Agost. Solimani. *In Bologna* ,
1596 e 1669 , 2 vol. in-fol. 24 l.
Ces deux parties ne se séparent pas.

GIACOMINI TEBALDUCCI-MA-
LESPINI. (Lorenzo) Orazioni e
Discorsi. *Firenze* , 1597 , in-4. 6 l.
Edition citée par la Crusca.

GIAMBULLARI. (Piet. Fr.) Il
Gello , delle Origine della lingua
fiorentina. *Fiorenza* , 1546 , in-4.
10 l.

—Lo stesso. *Firenze* , 1549 , in-8. 7 l.

— Istoria d'Europa, dall' anno 800
fino al 913. *Venezia* , 1566 , in-4.
16 l.
Ces trois ouvrages sont cités par la Crusca.

GIAMBULLARI. (Bern.) Voyez
Pulci.

GIANNINI (P.) Opuscula mathematica. *Parmæ* , Bodoni , 1773 ,
in-4. fig. 6 l.

GIANNONE. (Piet.) Historia civile
del Regno di Napoli. *In Napoli* ,
1723 , 4 vol. in-4. 18 l. — Gr. pap.
40 l.
Ce livre a été brûlé à Rome, en 1726.

— Opere postume del medesimo
Giannone. *In Lausanna* , 1760 ,
in-4. 7 l.
On joint cet article à l'ouvrage précédent ,
parce qu'il en est la défense.

— Histoire civile du royaume de Naples , trad. de l'ital. en franç. avec
des remarq. *La Haye* , 1742 , 4
vol. in-4. 15 l. — Gr. pap. 24 l.
Cette traduction n'est recherchée que par
rapport aux remarques qu'elle renferme.

GIARDINI (Jo.) Promptuarium artis argentariæ. *Romæ* , 1750 , in-
fol. fig. 16 l.

GIBBON'S. History of the decline
and fall of the roman Empire. *Lond.*
1777 , 6 vol. in-4. 100 l.
Bonne édition.

— The same. *Lond.* 1797 , 12 vol.
in-8. 96 l.

— The same. *Basil.* 1789 , 14 vol.
in-8. 54 l.

— Histoire de la décadence et de la
chûte de l'Empire romain, trad.
de l'angl. par Le Clerc de Sept-
Chênes, Boulard et Gauthier. *Paris* , 1788 , 18 vol. in-8. 80 l.

— Gibbon's miscellaneous Works and Memoirs. *Lond.* 1796, 2 vol. in-4. 36 l.

— The same. *Basil.* 1796, 7 vol. in-8. 30 l.

GIBLIN. Voy. ACADÉMIE de Londres.

GIBSON (Edm.) Chronicon Saxonicum. Opus lat. et saxonicè conscript. *Oxonii*, 1692, in-4. 15 l.

Ouvrage savant et peu commun.

GIGANTOLOGIA. Histoire de la grandeur des Géants. *Paris*, 1618, in-8. 5 l.

GIGGEII (Ant.) Thesaurus Linguæ arabicæ, seu Lexicon arab.-lat. *Mediolani*, 1632, 4 vol. in-fol. 150 l.

GIGLAN. Roman de ce nom. Voy. ROMAN.

GILBERT. (Cl.) Histoire de Calejava, ou l'Ile des hommes raisonnables, etc. (*Dijon*, Jean Ressaire, 1700), in-12.

L'édition entière de ce livre a été brûlée à l'exception d'un seul exemplaire qui fut vendu 120 l. chez le duc de La Vallière.

GILIBERT. (J. E.) Démonstrations élémentaires de Botanique; quatrième édit. *Lyon*, 1796, 4 vol. in-8. et 2 vol. in-4. de pl. 54 l.

— Histoire des Plantes de l'Europe, ou Eléments de Botanique-pratique. *Lyon*, 1798, 2 vol. pet. in-8. fig. 9 liv.

GILII (Philip. Aloy.) romana Ornithologia. *Romæ*, 1781, in-4. fig. 12 l.

GILLES. (Nic.) Annales et Chroniques de France. *Paris*, Gallyot Dupré, 1552, 2 vol. in-8. 10 l.

Edition assez rare.

— Les mêmes. *Paris*, Gallyot Dupré, 1525, 2 vol. in-fol. goth.

Il y a des exemplaires sur vélin.

— Les mêmes. *Paris*, Gallyot Dupré, 1547, 2 vol. in-fol.

Exemplaire imprimé sur vélin.

GILLIES'S. (John) History of ancient Greece, its Colonies and Conquest. *Lond.* 1786, 2 vol. in-4. 36 l.

— The same. *London*, 1792, 4 vol. in-8. 30 l.

— The same. *Basil.* 1790, 5 vol. in-8. 21 l.

Cette Histoire de l'ancienne Grèce a été traduite en français, par Carra, en 6 vol. in-8. *Paris*, 1787; 24 l.

GILLOT. (C. L.) Traité de Fortification souterraine, ou des Mines offensives et défensives. *Paris*, 1805, in-4. 10 l.

GILPIN. (W.) Observations made in year 1772, on several parts of England. *Lond.* 1788, 2 vol. in-8. fig. color. 40 l.

— Observations pittoresques sur différentes parties de l'Angleterre. *Breslau*, 1801, 2 vol. in-8. pap. vélin, fig. en couleur, 20 l.

— Observations on the river Wye and several parts of soouthe Wales. *Lond.* 1789, in-8. fig. color. 20 l.

— Observations sur le Cours de la Wye. *Breslau*, 1800, in-8. pap. vélin, fig. 7 l.

— Observations made in year 1776, on several parts of Great-Britain, particulary the highlands of Scotland. *Lond.* 1789, 2 vol. gr. in-8. fig. color. 40 l.

— Recueil des Ouvrages de Gilpin sur la Peinture et sur la Gravure, trad. en français. *Breslau*, 1801, 5 vol. gr. in-8. pap. vélin, avec 52 fig. 60 l.

— Essai sur le beau pittoresque, sur les Voyages pittoresques, etc. *Breslau*, 1800, in-8. pap. vélin, fig. 7 l.

— Essai sur la Gravure. *Breslau*, 1800, in-8. 7 l.

GIMMA. (D. Giacinto) La Storia naturale delle Gemme, delle Pietre e di tutti i Minerali. *In Napoli*, 1730, 2 vol. in-4. 15 l.

— Dissertationes academicæ de Hominibus et Animalibus fabulosis, et de Brutorum animâ et vitâ. *Neapoli*, 1714, 2 vol. in-4. 10 l.

— Elogj accademici della Società degli Spensierati di Rossano. *Napoli*, in-4. fig. 10 l.

GIORDANO (Beato fra) da Rivalto: Prediche. *Firenze*, 1739, in-4. 7 l.

GIOVANNI. (Il Cancelliero) Discorso breve soprà le sette Pistole scritte a le sette Chiese dell' Asia. 1560, in-8. 8 l.

Volume rare.

GIOVANNI, Fiorentino. Il Pecorone, nel quale si contengono cinquanta Novelle antiche, date in luce da L.

in-12. — Mademoiselle¹ de Clermont, in-18. — Madame de Maintenon, 2 vol. in-12. — Monuments religieux, in-8. — Nouveaux contes moraux, 6 vol. in-12. —Nouvelle méthode d'enseignement pour la première enfance, in-12. — Les Mères rivales, 4 vol. in-12. — Les petits Emigrés, 2 vol. in-12. — Le petit Labruyère, in-12. — Souvenirs de Félicie L. 2 vol. in-12. — Le Siège de la Rochelle, 2 vol. in-12. — Les Vœux téméraires, 3 vol. in-12. — Bélisaire, 2 vol. in-12. — Nouvelles heures, in-18.—Saint-Clair, in-18. — Alphonse, ou le Fils naturel, 2 vol. in-12.

On a tiré de plusieurs de ces ouvrages des exemplaires de format in-8.

GENNETÉ. Connaissance des Veines de houille, ou charbon de terre, et leur exploitation, avec l'origine des Fontaines. *Nancy*, 1774, in-8. 6 liv.

GENSII (Jac.) Victimæ humanæ Gentilium, opus complectens modos, cerem. et tempora quibus olim homines Diis suis immolabant et humanum sanguinem libabant. *Groningæ*, 1675, in-12. 12 à 15 l.

Excessivement rare.

GENSSANE. (de) Histoire naturelle de la Province de Languedoc. *Montpellier*, 1776, 3 vol. in-8. 12 l.

—Traité de la fonte des Mines par le charbon de terre. *Paris*, 1770-1776, 2 vol. in-4. fig. 18 l. — Pap. de Holl. 30 l.

GENTIL DE LA BARBINAIS. (le) Voyage autour du monde, avec une Description de l'Empire de la Chine. *Paris*, 1728, 3 vol. in-12. fig. 10 l.

GENTIL. (le) Voyage dans les mers de l'Inde, à l'occasion du passage de Vénus sur le disque du soleil. *Paris*, impr. roy. 1779, 2 vol. in-4. fig. 20 l.

GEOFFROI. (Etienne Louis) Histoire abrégée des Insectes des environs de Paris. *Paris*, 1762, 2 vol. in-4. fig. 18 l.

—La même, nouvelle édit., augment. d'un suppl. *Paris*, an 7 (1799), 2 vol. in-4. fig. en noir, 24 l. — Gr. pap. vélin, fig. coloriées, 150 l.

Cette nouvelle édition a fait tomber celle de 1762.

— Traité des Coquilles, tant fluviatiles que terrestres, qui se trouvent dans les environs de Paris. *Paris*, 1767, in-12. fig. 6 l.

GEOFFROI (Steph. Fr.) Tractatus de Materià medicà. *Parisiis*, 1741, 3 vol. in-8. 12 l.

—Description des Plantes et Animaux de la Matière médicale de Geoffroi, trad. du lat., publiée par de Garsault. *Paris*, 1767, 6 vol. in-8. fig. 33 l.

GEOFFROY A LA GRANT-DENT. Roman de ce nom. Voy. ROMAN.

GEOFFROY de Mayence. (Le Roman de) Voy. PLATIN.

GÉOGRAPHE (le) turc, en langue turque. Impr. à *Constantinople*, en l'année 1732, in-fol. 90 l.

Les cartes de cet ouvrage sont enluminées.

GEOGRAPHIA universalis, arabicè. *Romæ*, 1592, in-4. 30 l.

Première édition rare.

—Geographia Nubiensis, id est, accur. totius Orbis in vij climata divisi Descriptio, ex arab. in lat. versa per G. Sionitam et J. Hesronitam. *Parisiis*, 1619, in-4. 15 l.

Cette édition est assez estimée et peu commune. Quelques amateurs y joignent le texte arabe de l'édition de Rome, 1592.

GEOPONICORUM, sive de Re Rusticà lib. xx. Cass. Basso collectore, cum Prolegomenis P. Needham. *Cantabrigiæ*, 1704, in-8. 15 l.

La première édition de ce Recueil a paru à *Basle*, en 1539, in-8. 9 à 12 l.

—Iidem, gr. lat., post Needham curas ad MSS. fidem denuò recens. illustr. ab Niclas. *Lipsiæ*, 1781, 4 vol. in-8. 20 l. — Pap. fin, 24 l.

Ces deux éditions se joignent à la Collection des *Variorum*.

GEORGII (August. Ant.) Alphabetum tibetanum. *Romæ*, 1762, 2 vol. in-4. 36 l.

— Fragmentum Evangelii S. Joannis, etc. græco-copto-thebaïc. et lat., cum notis A. A. Georgii. *Romæ*, 1789, in-4. 18 l.

GEORGII (Bern.) Epitome Principum Venetorum. *Venetiis*, Aldus, 1547, in-4.

Exemplaire imprimé sur vélin.

— Ejusd. Epitaphia et Epigrammata aliquot, quæ dum Prætorem Patavii ageret, obiter composuit. *Ve-netiis*, Aldus, 1558, in-4. 5 l.

Il y a des exemplaires sans date, quoique de la même édition.

GERARD d'Euphrate. Voyez His-TOIRE.

GERARD de Nevers. Voy. ROMAN.

GERARDE. (John) The Herball or general history of plants. *Lond.* 1663, in-fol. fig. en bois.

Vendu 60 l. chez M. L'héritier.

GÉRARDIN (de Mirecourt).(Sébast.) Traité élémentaire d'Ornithologie, ou Hist. natur. des Oiseaux que l'on rencontre communément en France. *Paris*, 1806, 2 vol. in-8. et atlas in-4. de 41 pl. 30 l. — Pap. vélin, 50 l.

GERARDIN. (René) De la Composition des Paysages, ou Moyens d'embellir la nature autour des habitations champêtres. *Paris*, 1793, in-8. 5 l.

GERDESII (Dan.) Florilegium hist.-crit. Librorum rarior. *Groningœ*, 1763, in-8. 5 à 6 l.

Édition la plus complète.

GERILÉON d'Angleterre. Voy. His-TOIRE.

GERMON (Barth.) de veterum Regum Francorum Diplomatibus Disceptationes. *Parisiis*, 1703, 1706 et 1707, 3 vol. in-12. 15 l.

Cet ouvrage n'est pas commun. On le joint ordinairement à la Diplomatique du P. Mabillon.

GERSONII (Joan.) (Charlier) Opera, ex edit. Lud. Ellies Dupin. *Antuerpiœ*, 1706, 5 vol. in-fol. 50 l.

— Ejusd. Tract. tractans de Pollutione nocturnâ, an impediat celebrantem vel non?—Ejusd. Tractatus de cognitione Castitatis et Pollutionibus diurnis. — Ejusd. Forma Absolutionis Sacramentalis. *Coloniœ*, circà 1470, in-4. goth.

Vendu 80 l. chez La Vallière.

GESNERI (Conr.) Historiæ naturalis Animalium lib. v. *Tiguri*, 1551, 1555, 1558 et 1587, 4 vol. in-fol. fig. 100 l.

Cette édition est la meilleure et la plus estimée de cet ouvrage. Il est difficile d'en rencontrer des exemplaires bien complets.

Il faut examiner si les 4 volumes sont de

l'édition de *Zurich*, et si les deux parties qui regardent, l'une, l'*Histoire naturelle des serpents*, et l'autre la *Nature du Scorpion*, se trouvent dans l'exemplaire : ces deux traités ont été publiés en 1587.

Nous connaissons un exemplaire de ce livre dont les figures sont coloriées.

L'édition de *Francfort*, 1620, 4 vol. in-fol. est peu recherchée, 18 à 24 l.

— Ejusd. Opera botanica, ex edit. Casimiri Chr. Schmiedel. *Norimbergæ*, 1751 - 1759, in-fol. 56 pl. partie color, partie en noir, 20 l. — Gr. pap. 30 l.

— Historiæ Plantarum Fasciculus, edidit C. C. Schmiedel. *Norimbergæ*, 1759-71, 2 vol. in-fol. fig. color. 60 l.

— De raris et admirandis Herbis quæ lunariæ nominantur Comment. *Tiguri*, 1555, in-4. fig. 10 l.

— Idem. *Hafniæ*, 1569, in-12. fig. 7 liv.

— De omni Fossilium genere, Gemnis, Lapidibus, etc. Tractatus. *Tiguri*, 1565, 2 tom. 1 vol. in-8. 6 liv.

—Mithridates, sive de differentiis linguar. quæ hodiè apud div. nationes in toto orbe in usu sunt. *Tiguri*, 1555 vel 1610, in-8. *rare*, 6 à 9 l.

GESNERI (J. Matth.) novus Linguæ et eruditionis romanæ Thesaurus. *Lipsiæ*, 1749, 4 vol. in-fol. 96 l.

Cet excellent Dictionnaire a été composé d'après celui de Robert Etienne.

GESNERI (Jo.) Tractatus physicus de Petrificatis. *Lugd. Batav.* 1758, in-8. 5 l.

GESSNER. (Salomon) Contes moraux et nouvelles Idylles. *Zurich*, 1773, 2 vol. in-4. fig. 40 l.

— Œuvres de S. Gessner. *Paris*, Barrois l'aîné, 1786, 3 vol. in-4. fig. de le Barbier, 84 l. — Gr. pap. in-fol. fig. avant la lettre, 250 l.

Cette édition est bien exécutée.

— Les mêmes. *Dijon*, P. Causse, 1795, 4 vol. in-8. pap. vélin, 18 l.

On a tiré de cette édition 50 exemplaires sur grand papier, et deux seulement sur peau de vélin.

Les figures de l'édition suivante se joignent quelquefois aux exemplaires de celle-ci.

— Les mêmes. *Paris*, Renouard, de l'impr. de Crapelet, 1799, 4 vol.

nois par de Guignes. *Paris*, 1770, in-4. 8 l.

GAUCHET. (Cl.) Le Plaisir des Champs. *Paris*, 1584, in-4. 6 l.

GAUDINI (Jo.) Thesaurus trium Linguarum latinæ, gallicæ, græcæ. *Lemovicis*, 1727, in-4. 12 l.

GAUFRIDI. (J. Fr.) Histoire de Provence. *Aix*, 1694 ou 1733, 2 vol. in-fol. 8 l. — Gr. pap. 15 l.

GAVIN. (A.) Le Passe-partout de l'Eglise romaine, ou Histoire des tromperies des prêtres et des moines en Espagne, trad. de l'angl. par Janiçon. *Lond.* 1728, 3 vol. in-8. 8 à 12 l.

GAULTHEROT. (Denys) L'Anastase de Langres, tirée du tombeau de son antiquité. *Langres*, 1649, in-4. 5 l.

GAULTIER GARGUILLE : (Hugues Guéret, dit Fléchelles) ses Chansons nouvelles et récréatives. *Paris*, 1636, in-12. 4 l.
Bonne édition.

GAUSS Disquisitiones Arithmeticæ. *Lipsiæ*, 1801, in-8. 12 l.
— Recherches arithmétiques, trad. par Poulet-Delisle. *Paris*, 1807, in-4. 16 l.

GAUTHIER : (Jacq.) ses Planches anatomiques, en couleur et de grandeur naturelle. *Paris*, 1746, 3 vol. in-fol. 60 à 72 l. l.

GAUTHIER D'AGOTY. Voy. AGOTY.

GAUTIER. (Henry) Traité de la Construction des chemins. *Paris*, 1715, in-8. fig. 5 l.
— Traité de la Construction des ponts et chaussées. *Paris*, 1716, in-8. fig. 5 l.

GAYA. (N.) Cérémonies nuptiales de toutes les nations. *La Haye*, 1681, in-12. 4 à 5 l.

GAY'S : (John) Fables. *Lond.* 1753, 2 vol. in-8. fig. 12 l.
— The same, with the life of Gay. *London*, 1793, 2 vol. gr. in-8. pap. vélin, avec 70 pl. 40 l.
Fort belle édition.
— The same. *Lond.* 1796, 2 tom. 1 vol. in-12. pap. vélin, fig.
— Gay's and Moore's, Fables, with the life of Gay. *Paris*, 1802, in-12.
On a tiré de cette édition des exemplaires sur vélin.

—Poems by Gay. *Parma*, Bodoni, 1793, in-4. 8 l.
— The same, new edit. *Lond.* Bensley, 1800, in-8. fig. 12 l.
— Works of Gay's. *Lond.* 1795, 6 vol. in-12. 20 l.
— Les Fables de Gay, trad. en franç. *Paris*, 1784, in-8. 4 l.

GAY DE VERNON. Traité élémentaire d'Art militaire et de fortification. *Paris*, 1805, 2 vol. in-4. 39 pl. 20 L

GAYOT DE PITAVAL. (Fr.) Causes célèbres et intéressantes, avec les jugements. *Paris*, 1734 et suiv. 20 vol. in-12. 30 l.

GAZA. (Theod.) Vid. THEODORUS.

GAZÆI (Ang.) Pia hilaria. *Lond.* 1657, 2 vol. in-8. 9 à 15 l.
— Les pieuses Récréations, œuvre rempli de saintes joyeusetés et divertissements pour les ames dévotes, mis en franç. par le Sr. Remy. *Rouen*, 1647, in-12. 6 à 9 l.
Traduction en partie de l'ouvrage précédent, qui n'est autre chose qu'un Recueil de contes dévots plus ou moins ridicules.

GAZETTE de France, commencée par Th. Renaudot et autres, en 1631 jusqu'au premier janvier 1796. 200 vol. in-4. 3 à 400 l.
Cette Collection est rarement complète.

GAZETTE nationale, ou le Moniteur universel, depuis le 24 novembre 1789 jusqu'au premier janvier 1809, 20 années, formant environ 38 vol. in-fol. — Introduction, 1 vol. — Tables, 2 vol. Ces deux volumes de tables ne vont que jusqu'en l'an 8 (1799) : 1200 l.
Des différents journaux qui ont paru dans le cours de la révolution française, celui-ci est le seul qui ait eu une suite non interrompue.
Les exemplaires bien complets et bien conservés ne sont pas communs.

GEBELIN. (Court de) Le Monde primitif, analysé et comparé avec le monde moderne. *Paris*, 1774, 9 vol. in-4. fig. 84 l.
— Histoire naturelle de la parole. *Paris*, 1776, in-8. avec une figure impr. en couleur, 12 l.
Ce volume est rare.

GEDICCUS. (Sim.) Disputatio perjucunda, quâ anonymus probare nititur mulieres homines non esse : cui opposita est S. Gedicci Defen-

sio sexûs mulicbris. *Hagæ-Comit.*
1641, petit in-12.

Toutes les éditions de ce petit livre curieux sont bonnes, 4 à 5 l.

GEER. (Charl. de) Mémoires pour
servir à l'Hist. des Insectes. *Stockholm*, 1752, 7 vol. in-4. fig. 200 l.

Cet ouvrage est rare en France.

GELASIRE. La Prétieuse, ou le Mystère de la ruelle. *Paris*, 1656, 4
vol. in-8. 9 l.

GELLI. (Giov. Batt.) Tutte le Lezioni
fatte da lui nell' Accademia Fiorentina. *Firenze*, 1551, in-8. 9 l.

— Lettura prima soprà lo Inferno di
Dante, letta nel consolato di Guido
Guidi e Ag. Borghini. *Firenze*,
1554, in-8. 5 l.

— Lettura seconda nel consolato d'Ag.
Borghini. *Firenze*, 1555, in-8. 5 l.

— Lettura terza nel consolato d'Ant.
Landi. *Firenze*, 1555, in-8. 5 l.

— Lettura quarta nel consolato di L.
Torelli. *Firenze*, 1558, in-8. 5 l.

— Lettura quinta nel consolato del
Can. Fr. Cattani da Diacceto. *Firenze*, 1558, in-8. *rare*, 9 l.

— Lettura sesta nel consolato di Lion.
Tanci. *Firenze*, 1561, in-8. 5 l.

— Lettura settima nel consolato di
T. Ferrini. *Firenze*, 1561, in-8.
5 liv.

— Capricci del Bottaio. *Firenze*,
1548, in-8. con il ritratto del Gelli,
très-rare, 36 l.

Toutes ces éditions sont citées dans le
Vocabulaire de la Crusca.

— Gli stessi. *Firenze*, 1551, in-8. 21 l.

Edition moins belle que la précédente.

— La Circe. *Firenze*, 1549, in-8.
assez rare, 18 l.

Cette pièce et la suivante sont citées par
l'Académie de la Crusca.

— La Sporta, commedia in prosa.
Firenze, Bern. Giunta, 1550, in-8.
rare, 9 l.

— La stessa. *Firenze*, Giunti, 1602,
in-8.

On ne connaît pas d'exempl. de cette
édition, qui est citée par l'Académie de
la Crusca.

GELLIBRAND. (H.) Vid. Briggius.
GELLIUS. (Aulus) Vid. Aulus
Gellius.
GENDRE. (le) Description de la
Place de Louis XV que l'on cons-

truit à Rheims. *Paris*, 1765, in-fol.
fig. 9 l.

GENDRE. !(A. M. le) Essai sur la
théorie des nombres. *Paris*, an 6
(1798), in-4. 12 l.

Nous avons aussi du même : *Eléments de
Géométrie*, in-8. 5 l. — *Nouv. Méthode
pour la détermination des Orbites des
Comètes*, in-4. 5 l. — *Mémoire sur
les transcendantes elliptiques*, in-4. 6 l.

GENERIBUS (de) Ebriosorum, et
Ebrietate vitanda : de Meretricum
in suos amatores, et concubinarum
in sacerdotes fide. 1557, in-12. 6 l.

GENESIUS. (Josephus) Vid. Byzantine.

GÉNÉALOGIE de la Maison du
Chastelet, avec les preuves. 1777,
in-fol. *très-rare.*

Cet ouvrage, quoique portant le même
titre, est différent de celui de Dom
Calmet.

GENEST : (N.) son Théâtre. *Paris*,
1682, in-8. 7 l.

GENGA. (Bern.) Anatomia per uso
ed intelligenza del disegno, pre-
parata su i cadaveri. *In Roma*,
1691, gr. in-fol. 20 l.

GENLIS. (Madame de) Adèle et
Théodore, ou Lettres sur l'éducation. *Paris*, 1782, 3 vol. in-8.
12 l.

— Annales de la Vertu. *Paris*, 1781,
2 vol. in-8. 10 l.

— Leçons d'une gouvernante, ou
Journal d'éducation. *Paris*, 1791,
2 vol. in-8. 9 l.

— Théâtre d'éducation, ou des jeunes
personnes. *Paris*, 1779, 5 vol.
in-8. y compris le Théâtre Saint.
20 l.

— Théâtre de Société. *Paris*, 1781,
2 vol. in-8. 9 l.

— Veillées du Château. *Paris*, 1785,
3 vol. in-8. 12 l.

— La Religion considérée comme l'u-
nique base du bonheur. *Paris*,
1787, in-8.

A l'exception des Leçons d'une gouvernante,
on a tiré de tous ces ouvrages des exemplaires sur papier de Hollande.

On a encore du même auteur : Alphonsine
ou la Tendresse maternelle, 3 vol.
in-12. — Les Chevaliers du Cygne, 3
vol. in-12. — Le comte de Corke, 2 vol.
in-12. — Discours moraux sur divers sujets, in-8. — La duchesse de la Vallière, 2 vol. in-12. — Herbier moral,

Domenichi. *In Milano*, Gio. Ant. degli Antonj, 1558, in-8. 100 l.

Cette édition, citée dans le Vocabulaire de l'Académie de la Crusca, est très-rare et la première de ce livre. La totalité du vol. est de 128 feuillets.

Il y a des exemplaires qui portent la date de 1559; mais c'est toujours la même édition.

Sous la fausse date de *Milan*, 1554, l'abbé Bracci a fait exécuter à *Lucques*, vers 1740, une contrefaction de cet ouvrage, copiée sur l'édition de *Venise*, 1560, qui elle-même n'est qu'un assez mauvaise copie de l'édition de *Milan*, 1558. De là vient que dans quelques Bibliographies, on trouve la première édition du *Pecorone* annoncée sous la date de 1554.

— Lo stesso, con le note di A. M. Salvini. *Lond.* (*Livorno*), 1793, 2 vol. in-8. col ritratto dell' autore, 15 l.

Nous sommes redevables de cette édition à M. Poggiali, qui l'a revue sur celle de *Milan*, 1558.

On en a tiré un exemplaire sur papier bleu et un autre sur vélin.

GIRALDI CINTHIO. (Giov. Batt.) Dell' Hercole Canti xxvj. *In Modena*, 1557, gr. in-4. ou pet. in-fol. 30 l.

Ouvrage recherché des curieux. On en a tiré des exemplaires sur papier bleu.

— Gli Hecatommithi del medesimo. *In Monte-Regale*, 1565, 2 vol. in-8. souvent reliés en 4 : 30 l.

Édition rare, et la seule de ce livre que l'on recherche.

— Orbecche, tragedia del med. *In Vinegia*, Aldo, 1543, in-8.

— La Fiamme. *In Vinegia*, 1548, in-8. 6 à 8 l.

— Les cent Nouvelles du même, traduites de l'italien en français, par Gabr. Chappuys. *Paris*, 1584, 2 vol. in-8. 18 à 24 l.

GIRARD. Traité analytique de la résistance des solides. *Paris*, 1798, in-4. fig. 8 à 10 l.

GIRAUDEAU. (P.) La Banque rendue facile aux principales nations de l'Europe. *Lyon*, an 7 (1799,) in-4. 12 l.

Bonne édition. Celle de 1793 est un peu moins chère.

GIRAUDEAU (Bonav.) et Arnaud-Bernard d'Icard DUQUESNE.

L'Evangile médité. *Paris*, 1773; 12 vol. in-12.

Bonne édition, 27 liv. Celles en 8 vol. in-12. ne valent que 12 à 15 l.

GIRBAL. Voy. Skinner.

GIROD DE CHANTRANS. Recherches chimiques et microscopiques sur les Conferves, Bisses, etc. *Paris*, an 10 (1802), in-4. avec 36 pl. enlum. 15 l.

—Essai sur la Destination de l'homme. *Aux Verrières de Suisse*, 1 vol. in-8.

Ouvrage tiré à très-petit nombre.

GIROLAMO (Santo) Gradi, con la tavola delle voci più notabili in fine. *Firenze*, 1729, in-4. 5 l.

Edition citée par la Crusca.

GIRON LE COURTOIS. Voy. Roman.

GIUDICE. (D. Mich. de) Descrizione del real Tempio e Monasterio di Santa Maria Nuova di Morreale. *In Palermo*, 1702, in-fol. 8 l.

GIULIANI. (Ant. de) Saggio politico soprà le vicissitudini inevitabili della società civile. *Vienna*, 1791, in-4. pap. vélin, 15 l.

GIULIANI. (G. Bern.) Trattato del Monte Vesuvio e de i suoi incendj. *In Napoli*, 1632, in-4. 8 l.

GIUSTINIANI. (L'abbate Bern.) Istorie cronologiche dell' origine degli Ordini militari. *In Venezia*, 1692, 2 vol. in-fol. 15 l.

Bonne édition, peu commune.

— Histoire des Ordres militaires, séculiers et réguliers de l'un et de l'autre sexe, extraite de divers auteurs et principalement de l'abbé Giustiniani. *Amst.* 1721, 4 vol. in-8. fig. 21 l. — Gr. pap. 48 l.

On joint à ces quatre vol. les deux articles suivants :

—Les Vies des Saints Pères des déserts et des Saints Solitaires, par Villefort. *Amst.* 1714, 4 vol. in-8. 18 à 24 l. — Gr. pap. 36 à 48 l.

— Histoire du Clergé séculier et régulier et des Ordres religieux de l'un et de l'autre sexe. *Amst.* 1716, 4 vol. in-8. 18 à 24 l. — Gr. pap. 36 à 48 l.

Ces trois articles réunis, 60 à 72 l. et en gr. pap. 120 à 150 l.

— Voy. Schoonebeck.

GIUSTINIANI. (Vino.) Vid. Galeria.

GIUSTINIANO. (Agost.) Annali della Republica di Genoa. *In Genoa*, 1537, in-fol. 8 l.

GLADWIN'S Akbery, or the Institutes of the emperor Akber, translated from the original persian. *Calcuta*, 1783, 3 vol. in-4. *rare.* Cette édition était fort chère avant la réimpression qui en a été faite en 1800, en 2 vol. in-4.

GLANDORPII (Mat.) Opera chirurgica. *Lond.* 1729, in-4. 8 l.

GLAS. (Georg.) History of the Canary Islands, translated of spanish manuscript. *Lond.* 1764, in-4. cartes, 18 l.

GLAUBERI (J. Rudolp.) Opera. *Amst.* 1665 et seqq. 6 vol. in-8. 15 liv.

— La Description des Fourneaux philosoph., ou l'Art distillatoire, par le moyen duquel sont tirés les esprits, huiles et autres médicaments, trad. en franç. par B. du Theil. *Paris*, 1659, in-8. fig. 8 l.

GLEDITSCH (Jo. Gottl.) Systema Plantarum à staminum situ. *Berolini*, 1764, in-8. 12 l.

GLEICHEN. (G. Fr. baron de) Observations microscopiques faites dans le règne végétal (en allemand.) 1764, in-fol. fig. color. 40 l.

—Découvertes les plus nouvelles dans le règne végétal, ou observations microscopiq. sur les parties de la génération des plantes renfermées dans leurs fleurs, etc. trad. de l'allemand par Jacq. Fred. Isenflamm. *Nuremberg*, 1770, in-fol. fig. color. 36 à 40 l.

— Choix de Découvertes microscopiques (en allemand.) *Nuremberg*, 1777, in-4. fig. color. 20 l.

—Essai sur l'Hist. des Poux qui mangent les feuilles de l'Orme (en allemand.) *Nuremberg*, 1770, in-4. fig. enlum. 20 l.

GLEN. (J. B. de) Des habits, mœurs, cérémonies, façons de faire anciennes et modernes du monde. *Liége*, 1601, in-8. 12 l. Volume rare.

— La Messe des anciens chrétiens, trad. du syriaque en lat., et mise en franç. par J. B. de Glen, avec une Remontrance des fruits et

Dict. Bibl. I.

utilité de ladite messe. *Anvers*, 1609, in-8. 12 l. Volume assez rare.

GLICAS. (Mich.) Vid. BYZANTINE.

GLORIA MULIERUM. Vid. LIBER moralis.

GLOSSARIA græca minora, et alia Anecdota græca, edit. à Chr. Frid. Matthæo, gr. *Mosquæ*, 1774, 2 vol. in-4. 24 à 30 l.

GLOVER. (R.) Leonidas, a poem. *Lond.* Bensley, 1798, 2 tom. 1 vol. gr. in-12. pap. vélin, fig. 15 l.

GMELIN (Jo. Georg.) Flora Sibirica, sive Historia Plantarum Sibiriæ. *Petropoli*, 1747, 4 vol. in-4. fig. 72 l.

GMELIN. (J. F.) Apparatus medicaminum, tàm simplicium, quàm præparatorum, et compositorum in praxeos adjumentum consideratus; regimen minerale complectens. *Gottingæ*, 1795, 2 vol. in-8. 9 liv. Cet ouvrage fait suite à l'*Apparatus* de Murray.

GMELIN (Sam. Gottlieb.) Historia Fucorum. *Petropoli*, 1758, in-4. 33 pl. 20 l.

— Voyage en Russie (en russe). 1771, 4 vol. in-4. fig. 72 l.

—Le même, trad. du russe en allem. *Saint-Pétersbourg*, 1774, 3 tom. 2 vol. in-4. fig. 60 l.

GNOMÆ epicæelegiacæque minorum Poëtarum, gr. lat., à Frid. Sylburgio. *Francof.* 1591, in-8. 6 à 8 l.

GNOMICI Poëtæ græci, cur. R. F. P. Brunck. *Argentorati*, 1784, in-8. 6 l. — Gr. pap. in-4. 18 à 20 l.

GNOMICORUM quorumdam Poëtarum vetutiss. sententiosa Opuscula, à Chr. Gottl. Heyne et Fr. Arn. Fortlage, gr. *Lipsiæ*, 1776, 2 vol. in-8. 5 à 6 l.

Assez jolie petite édition.

GOAR (Jac.) Euchologion, sive Rituale Græcorum, gr. lat. *Parisiis*, 1647, in-fol. 12 à 15 l. — Gr. pap. 24 l.

GOBIN. (Rob.) Les Loups ravissants, autrement dit le Doctrinal moral, tant en rime qu'en prose. *Paris*, Ant. Vérard, sans date, pet. in-4. goth. 10 à 12 l.

Cette petite pièce est assez rare. Il y a des exemplaires imprimés sur vélin.

30

GODEAU. (Ant.) Tableaux de la Pénitence. *Paris*, 1654, in-4. fig. 5 liv.

Le seul mérite de ce livre est d'être orné de figures.

— Prières et Méditations. 1643.

Bauer dit que ce volume n'a été tiré qu'à 6 exemplaires.

GODEFRIDI, abbatis Gotwicensis, Chronicon Gotwicense, seu Annales Monasterii Gotwicensis, etc. *Typis Monasterii Tegernseensis*, 1732, 1 tom. en 2 vol. in-fol. 15 l. — Gr. pap. 30 l.

Ces deux parties forment le premier volume d'une excellente Chronique fort utile, tant pour l'Histoire ecclésiastique d'Allemagne, que pour celle de l'Empire.

GODESCARD. Voy. BUTLER.

GOEDAERT. (Jean) Métamorphoses, ou Histoire natur. de la transformation des Insectes, trad. du lat. en franç. *Amst.* 1700, 3 vol. in-8. fig. 8 l. — Fig. color. 15 l.

Cette traduction est préférée à l'édition latine.

GOESIUS. (Wilh.) Vide AUTORES Rei agrariæ.

GOETHALS (Henr. à Gandavo) summa Quæstionum ordinar. Theologiæ. *Parisiis*, 1520, in-fol.

Exemplaire imprimé sur vélin.

GOETHE. Werther, trad. de l'allemand, par Aubry. *Paris*, Didot le jeune, 1797, 2 vol. in-18. pap. vélin, fig. 7 l. — Gr. pap. figures avant la lettre, *rare*, 30 l.

— Le même, trad. nouv. (par M. de la Bedoyère). *Paris*, an 12. in-12.

Il n'existe qu'un très-petit nombre d'exemplaires de cette traduction.

GOGUET. (Ant. Yves) De l'Origine des lois, des arts, des sciences, et de leurs progrès chez les anciens peuples. *Paris*, 1758, 3 vol. in-4. fig. 30 l.

Cet ouvrage existe aussi en 6 vol in-12. 18 à 24 l.

GOHORRY PARISIEN. (Jacq.) Le Livre de la Fontaine périlleuse et de la Chartre d'Amour, cont. les Mystères secrets de la Science minérale, etc. *Paris*, 1572, in-8. 6 l.

Petit ouvrage rare et curieux.

GOLDASTI (Melch. Haiminsfel.) Monarchia romani Imperii. *Hano-*

viæ, 1611, et *Francof.* 1613 et 1614, 3 vol. in-fol. 10 l.

— Politica imperialia. *Francof.* 1614, in-fol. 6 l.

— Collectio Constitutionum Imperialium. *Francof.* 1713, 4 vol. in-fol. 15 l.

Bonne édition.

Ces trois ouvrages sont aujourd'hui peu recherchés.

— Sibylla Francica, seu de admirabili Puellâ Johannâ Scriptores aliquot, ex edit. M. H. Goldasti. *Ursellis*, 1606, in-4. 7 l.

Ouvrage peu commun.

GOLDONI: (Car.) Comedie. *In Venetia*, 1761 et suiv. 17 vol. gr. in-8. fig. 66 l.

— Le stesse. *In Torino*, 1793, 44 vol. pet. in-8. 72 l.

— Le stesse. *Livorno*, 1791, 31 vol. in-8. 72 l.

GOLDSMITH'S : Works. *Lond.* 1792, 4 vol. in-12. 18 l.

— The Vicar of Wakefield, embellished with wood cuts, by Bewick. *Hereford*, 1798, 2 tom. 1 vol. pet. in-8. pap. vélin.

— The same. *Paris*, Renouard, 1800, in-18.

On a tiré de cette petite édition un exemplaire sur peau de vélin.

— History of the eart and animated nature. *Lond.* 1779, 8 vol. in-8. 45 l.

— Roman History, from the foundation of the Rome, to the destruction of the western Empire. *Lond.* 1770, 2 vol. in-8. 16 l.

— Histoire romaine, depuis la fondation de Rome jusqu'à la chûte de l'empire romain en Occident, trad. de l'angl. par C. G. *Paris*, 1805, 2 vol. in-8. fig. et cartes, 12 l.

— The History of England. *Lond.* 1774, 4 vol. in-8. 18 l.

GOLII (Jac.) Lexicon arabico-latinum. *Lugd. Batav.* Elzevir, 1653, in-fol. 140 l.

Ouvrage estimé et fort rare.

GOLLUT. (Louis) Mémoires historiques de la République Séquanoise, etc. *Dole*, 1592, in-fol. 12 l.

GOLOWKIN: (Alexis de) Catalogue des Livres composant sa Bibliothéque. *Lipsick*, 1798, in-8. tiré sur gr. pap. format in-4.

Catalogue tiré à 25 exemplaires seulement.

GOLTZII (Hub.) Opera omnia numismatica. *Antuerpiæ*, 1644 et 1645, 5 vol. in-fol. 100 l.

La réimpression d'*Anvers*, 1708, est pareillement bonne.

GOMBERVILLE. (Marin le Roy de) Voy. Roy.

GOMECII Toletani (Alvari) de Vitâ et Rebus gestis à Fr. Ximenio, archiep. Toletano, lib. viij. *Compluti*, 1569, in-fol. 7 l.

Ouvrage intéressant et peu commun.

GOMES DE TRIER. Le Jardin de récréation auquel croissent rameaux, fleurs et fruits très-beaux et gentils, sous le nom de six mille Proverbes et plaisantes Rencontres. *Amst.* 1611, in-4. *rare*, 12 à 15 l.

GONZAGA. (Curtio) Il Fido amante, poema. *In Mantoa*, 1582, in-4. 5 l.

GONZAGA. (Ces.) Voy. Castiglione. (B.)

GONZALES DE CASTRO. (Sebast.) Declaracion del valor de la Plata, le y pezo de las Monedas antiguas de Plata. *En Madrid*, 1658, in-4. 18 liv.

Ouvrage recherché et peu commun.

GORDON. (Th.) Discours historiq. et politiq. sur Tacite et Salluste, trad. de l'angl. par Silhouette. *Paris*, an 2, 3 vol. in-8. 12 l.

GORI. (Ant. Fr.) Museum Florentinum, cum observat. *Florentiæ*, 1731 et seqq. 12 vol. in-fol. fig. 800 l.

Fort belle collection, peu commune.

— Museum Etruscum, cum observat. A. F. Gori. *Florentiæ*, 1737 et seqq. 3 vol. in-fol. 100 l. — Gr. pap. 200 l.

— Inscriptiones antiquæ græcæ et romanæ quæ extant in Etruriæ urbibus, cum notis A. M. Salvinii, stud. A. F. Gori. *Florentiæ*, 1727 et seqq. 3 vol. in-fol. fig. 40 l.

— Monumentum sivè Columbarium libertorum et servorum Liviæ Augustæ et Cæsarum Romæ detectum, à F. Gori descriptum. *Florentiæ*, 1727, in-fol. fig. 18 l.

— Musæi Guarnaccii antiqua Monu-

menta etrusca, cum observat. A. F. Gori. *Florentiæ*, 1744, in-fol. 8 liv.

— Thesaurus vet. Diptychorum consularium et ecclesiasticorum; access. J. B. Passerii additamenta. *Florentiæ*, 1759, 3 vol. gr. in-fol. fig. 36 l.

— Gemnæ antiquæ, ex thesauro Mediceo, etc. cum observ. A. F. Gori. *Florent.*, 1731, 2 vol. in-fol. fig. 12 l.

— Dactyliotheca Smithiana, ab A. F. Gorio. *Venetiis*, 1767, 2 vol. in-fol. fig. 12 l.

— Columna Trajana, uova descript. et observ. illustrata ab A. F. Gorio. *Amst.* 1752, in-fol. fig. 16 l.

— Antiq. Numismata aurea et argentea præstantiora et ærea max. moduli quæ in reg. thesauro mag. Ducis Etruriæ adservantur, cum observ. A. Fr. Gori. *Florentiæ*, 1740, 3 vol. gr. in-fol. 48 l.

GORIO (Fr.) Opuscula varia philologica, scientifica, etc. etc. *Florentiæ*, 1748, 10 vol. in-8. fig. 40 l.

GORLÆI (Abrah.) Dactyliotheca, seu Annulorum sigillarium antiq. promptuarium, cum explicat. Jac. Gronovii. *Lugd. Batav.* 1695 vel 1707, 2 vol. in-4. 9 l. — Gr. pap. 18 l.

GORRÆI (Fr.) Opera medica. *Parisiis*, 1622, in-4. 6 l.

GORTER (Jo. de) Medicina hippocratica, exponens Aphorismos Hippocratis. *Amst.* 1755, in-4. 12 l.

GOSS. (G. F.) Histoire naturelle de quelques Oiseaux. *Hanau*, 1786, in-8. fig. enlum. 15 l.

GOSSELIN. (P. F. J.) Géographie des Grecs analysée, où les Systèmes d'Eratosthène, de Strabon, etc. *Paris*, 1790, in-4. 18 l.

— Recherches sur la Géographie systématique et positive des anciens. *Paris*, 1790, 2 vol. in-4. 36 l.

— Observations générales sur la manière de considérer et d'évaluer les anciens stades itinéraires. *Paris*, 1805, in-4. 6 l.

GOSSELINI Issæi (Guliel.) de Ratione discendæ docendæque mathematices repetita prælectio. 1583, in-8.

Exemplaire imprimé sur vélin.

GOTFRIETD. (Joh. - Lodewyk)
Recueil de Voyages (en hollandais.)
Leyde, Vander Aa , 8 vol. in-fol.
fig. 120 l.
Cette Collection de Voyages n'est pas commune en France.

GOTHI (Jonæ Pet.) Dictionarium
latino-sueco-germanicum. *Lincopiæ*, 1640, in-fol. 8 l.

GOTHOFREDI (Jac.) Codex Theo-
dosianus. *Lugd.* 1665, 6 tom. 4 vol.
in-fol.
L'édition de *Leipsick*, 1736, 6 vol. in-fol.
publiée par Jean Daniel Ritter, quoique
augmentée, n'est guère plus recherchée
que celle-ci.

GOTHOFREDUS. (Dionysius) Vid.
CORPUS juris civilis.

GOUAN. (Ant.) Histoire des Poissons, contenant la description anatomique de leurs parties externes
et internes. *Strasbourg*, 1770,
in-4. fig. 6 l.

—Hortus regius Monspeliensis. *Lugd.*
1762, in-8. 5 l.

— Flora Monspeliaca. *Lugd.* 1765,
in-8. 5 l.

— Illustrationes et Observat. botanicæ ad specierum historiam fa-
cientes, seu rariorum plantarum
indigenarum Pyrenaicarum. *Tiguri*, 1773, in-fol. 26 pl.

GOUGH'S. Sepulcral Monuments in
Great-Britain, applied to illustrate
the history of families, arts, etc.
from the conquest tho the 17th
cent. *Lond.* 1786, 3 vol. in-fol. fig.
90 l.

GOUJET. (Cl. Pier.) Bibliothèque
française. *Paris*, 1740 et ann. suiv.
18 vol. in-12. 24 l.

— Mémoire historique et littéraire sur
le collège royal de France. *Paris*,
1758, 5 vol. in-4. ou 3 vol. in-12.
rare, 9 à 12 l.

GOULART. (Sim.) Mémoires de la
Ligue sous Henri III et Henri IV.
Impr. en 1590 et suiv. ou 1602,
6 vol. in-8. 15 l.
Edition complète.

— Les mêmes. *Amst.* 1758, 6 vol.
in-4. 20 l. — Gr. pap. 36 l.

GOULIN et LABEYRIE. Dictionnaire des Plantes usuelles, des arbres et arbustes, des animaux, etc.
qui sont d'usage en médecine. *Paris*, 1773, 8 vol. in-8. fig. 30 l.

GOUYN. (Oliv.) Le Mépris et Con-
temnement de tous les jeux de sort.
Paris, 1550, in-8. 5 l.

GOZZI. (Nicc. Vito di) Dello stato
delle Republice secondo la mente
d' Aristotele. *In Venetia*, Aldo,
1591, in-4.
Ce livre n'est pas commun.
On a encore du même auteur : *Discorsi
della penitenza sopra i sette salmi
penitentiali di David*. In *Venetia*,
Aldo, 1589, in-8. avec figures en bois;
et, *Governo della Famiglia*. In *Venetia*, Aldo, 1589, in-8.

GOZZI : (Co. C.) Opere drammatiche
ed altre. *In Venezia*, 1772, 8 vol.
in-8. 24 l.

GRAAF (Regn. de) de virorum et
mulierum Organis generationi in-
servientibus. *Lugd. Batav.* 1668 et
1672, 2 vol. in-8. 8 l.

— Histoire anatomique des Parties
de l'homme et de la femme qui
servent à la génération, trad. du
lat. *Basle*, 1699, in-8. fig. 6 l.

— Description anatomique des Parties de la femme qui servent à la
génération, avec un Traité des
Monstres. *Leyde*, 1708, in-4. fig.
7 liv.

GRABE (Jo. Ern.) Spicilegium Sanctorum Patrum et Hæreticorum,
gr. lat., cum notis J. B. Grabe.
Oxonii, 1700, 2 vol. in-8. 7 l. —
Gr. pap. 18 l.
Ouvrage estimé. L'édition de 1714, 3 vol.
in-8. est également bonne.

— Vide TESTAMENTUM. (Vetus)

GRÆVIUS. Vid. GRONOVIUS.

GRAFIGNY. (Franç. d'Isembourg
d'Happoncourt) Lettres péruviennes. *Paris*, Didot l'aîné, 1798,
2 vol. in-18. pap. vélin, fig. 8 l. —
Gr. pap. vélin, fig. av. la lettre,
18 l.
Charmante édition.

— Les mêmes, avec la traduction
italienne de Deodati. *Paris*, 1797,
in-8. fig. de Le Barbier, 6 l. — Gr.
pap. vélin, 21 l.

GRAINCOURT. Les Hommes illustres de la Marine française, leurs
actions et leurs portraits, grav. en
taille douce. *Paris*, 1780, in-4. 9 l.

GRAINDORGE. (Andr.) Traité de
l'Origine des Macreuses, mis au
jour par Th. Malouin. *Caen*, 1680,
in-12. 10 l.

GRAMAYE (J. B.) Antiquitates Belgicæ. *Lovanii*, 1708, in-fol. 6 l.

GRAMMATICA rhitmica. *Moguntiæ*, (Joh. Fust), 1466, in-fol. de 11 feuillets.

Cet ouvrage est si rare, qu'on en connaît à peine deux ou trois exemplaires. Vendu 3300 l. chez M. de Brienne.

GRAMMATICÆ Rudimenta. *Moguntiæ*, 1468, in-fol.

Edition extrêmement rare, et qui, sans doute, est une production de Jean Fust et Pier. Schoyffer. Vendu 1121 l. chez M. de Brienne.

GRAND. (Joach.) Voy. LOBO. (Jer.)

GRAND D'AUSSY. (le) Fabliaux, ou Contes des XII.e et XIII.e siècles. *Paris*, 1779, 3 vol. in-8.
— Contes dévots, Fables et Romans anciens. *Paris*, 1781, 1 vol. in-8. 18 l.

On a tiré des trois premiers volumes, deux exemplaires sur papier de Hollande.

—Histoire de la Vie privée des Français, depuis l'origine de la nation jusqu'à nos jours. *Paris*, 1782, 3 vol. in-8.

Ouvrage devenu très-rare.

GRANGE. (J. L. la) Mécanique analytique. *Paris*, 1788, in-4. 15 l.
— Traité de la résolution des équations numériques de tous les degrés. *Paris*, 1808, in-4. 12 l.
— Théorie des fonctions analytiques. *Paris*, an 5, in-4. 6 l.

GRANGER'S. Biographical History of England, illustrated with several hundred portraits. *Lond.* 8 vol. in-fol.

Il y a peu d'exemplaires de ce livre en France.

GRANGIERII (Jo.) Dissertatio de loco ubi victus olim fuit Attila in Galliis. *Parisiis*, 1641, in-8. 6 l.

Dissertation curieuse et peu commune.

GRANUCCI: (Nic.) Novelle. *In Lucca*, 1566, in-8. 6 l.
— La piacevol Notte, e lieto Giorno, opera morale del medesimo. *In Venezia*, 1574, in-8. 5 l.

Volume assez rare.

GRASSET - SAINT - SAUVEUR. (André) Voyage dans les îles et possessions ci-devant vénitiennes du Levant. *Paris*, an 8, 3 vol. in-8. et atlas, 18 l. — Pap. vélin, 24 l.

GRASSET - SAINT - SAUVEUR. (Jean) Encyclopédie des Voyages. *Paris*, 1795, 5 vol. in-4. fig. coloriées, 60 l.

GRATAROLI (Guill.) de Memoriâ reparandâ, augendâ, servandâque lib. unus; et de locali vel artificiosâ Memoriâ lib. alter. *Romæ*, 1555, in-8. 6 l.

Ce petit ouvrage a été traduit en français par Est. Cope. *Lyon*, 1586, in-16. 5 l. Cette version est recherchée.

GRATIANI Decretum. *Argentinæ*, Henr. Eggestein, 1471, in-fol. 90 l.

Edition très-rare et la première de ce livre.

— Idem. *Argentinæ*, Henr. Eggestein, 1472, in-fol. très-rare, 90 l.
— Idem, cum Glossis. *Moguntiæ*, Pet. Schoyffer de Gernzheym, 1472, in-fol.

Cette édition est extrêmement rare et fort recherchée des curieux.

Il y a des exemplaires sur vélin, qui sont ordinairement divisés en 2 vol. in-fol.

— Idem. *Venetiis*, Nic. Jenson, 1474, in-fol. très-rare.
— Idem. *Romæ*, Sim. Nic. de Luca, 1475, in-fol. rare.

GRAVELLE. (Lévesque de) Voy. LÉVESQUE.

GRAVELOT (Henri Franç. Bourguignon dit) et COCHIN. Iconologie par figures, ou Traité complet des allégories, emblêmes, etc. *Paris*, 4 vol. in-8. 25 l. — Gr. pap. 40 l.

s'GRAVESANDE'S (Jac.) Physices Elementa mathematica. *Leydæ*, 1742, 2 vol. in-4. fig. 20 l.
— Éléments de Physique, trad. du latin par Ellie de Joncourt. *Leyde*, 1746, 2 vol. in-4. 20 l.
— Œuvres philosophiq. et mathématiq. de s'Gravesande, trad. par Allamand. *Amst.* 1774, 2 vol. in-4. fig. 12 l.

GRAVII (Joan.) Elementa Linguæ persicæ. *Lond.* 1649, in-4. 10 l.
— Epochæ celebriores Cataïorum Syro-Græcorum, Arabum, etc.; ex tradit. Ulug-Beigi, Indiæ principis, arab. lat., cum comment. J. Gravii. *Lond.* 1650, in-4. 8 l.
—Chorasmiæ et Mawaralnahræ, hoc est: Regionum extrà fluvium Oxum

Descript.; ex tab. Abulfedæ Ismaë-
lis, principis Hamah, arab. lat.,
ed. J. G. Gravio. *Londini*, 1650,
in-4. 10 l.
— Tabulæ longitudinum ac latitudi-
num Stellarum fixarum, ex observ.
Ulug. Beigi, arab. lat., cum comment. Th. Hyde. *Oxonii*, 1665,
in-4. 8 l.
— Astronomica quædam, ex trad.
Shah Cholgii Persæ, cum hypo-
thesibus Planetarum, arab. lat.,
stud. J. Gravii. *Lond.* 1652, in-4.
7 liv.
GRAVINÆ (Vinc.) Origines Juris
civilis, naturalis gentium, etc. et
Leges xij Tabularum. *Lipsiæ*,
1717, 2 vol. in-4. 8 l.
GRAY'S: (Th.) Poems. *Glascow*,
Foulis, 1768, in-4. gr. pap. 12 l.
— The same. *London*, 1789, in-4.
fig. 18 l.
— The same. *Parme*, Bodoni, 1793,
in-4. 15 l.
Belle édition, tirée à 200 exemplaires sur
papier ordinaire, et 100 en grand papier.
— Elegia inglese soprà un Cimitero
campestre, con due vers. italiane
di G. Torelli, Melch. Cesarotti,
ed altra lat. di G. Costa. *Parma*,
Bodoni, 1793, in-4. 12 à 15 l.
Volume tiré à 100 exemplaires.
— Designs by R. Bentley for six
Poems by Th. Gray. *Lond.* 1753,
in-fol. 18 à 24 l.
GRAZZINI: (Ant. Fr. detto il Las-
ca) Rime. *Firenze*, 1741-42, 2
vol. in-8. 8 l.
Édition belle et correcte. Elle est enrichie
des notes de Biscioni.
— La Guerra de' Mostri. *Firenze*,
1584, in-4. 20 l.
Ce volume est très-rare.
— La Gigantea e la Nanea, con la
Guerra de' Mostri. *Firenze*, 1612,
in-12. rare, 12 l.
— La Gelosia, commedia in prosa.
Firenze, Giunti, 1551, in-8. rare,
8 liv.
— La Spiritata, commedia in prosa.
Firenze, Giunti, 1561, in-8. rare,
15 liv.
Toutes ces éditions sont citées par la Crusca.
— L'Arzigogolo, commedia. *In Fi-
renze*, 1750, in-8.
On a tiré de cette pièce des exemplaires
sur vélin.

— Commedie sei in prosa. *Venezia*,
Giunta, 1582, in-8. 8 l.
Édition mentionnée par la Crusca.
— La prima e la seconda Cena, no-
velle. *Londra (Parigi)*, 1756,
in-8. 10 l.
On a tiré de cette édition quelques exem-
plaires de format in-4.
— La stessa. *Lond. (Livorno)*, 1793,
2 vol. in-8. ritratto, 8 l.
Cette édition renferme quelques augmen-
tations. On en a tiré un exemplaire sur
papier bleu, et un autre sur vélin.
GRÉAAL. Voy. ROMAN.
GREBAN. (Arnoul) Le Mystère des
Actes des Apôtres, mis par personnaiges, en rime franç., et conti-
nué par Simon Gréban, son frère.
Paris, 1537, 2 tom. 1 vol. in-
fol. goth. 72 l.
— Le même. *Paris*, 1540, 2 vol.
in-4. goth. 60 l.
— Le même, auquel on a ajouté
l'Apocalypse de St. Jean, le tout
mis par personnaiges, en rime fr.
Paris, 1541, 3 tom. 1 vol. in-fol.
goth. 90 l.
Édition plus rare et plus ample que les deux
précédentes.
GRÆCORUM chirurgici libri, So-
rani de fracturar. Signis; Oribasius de Luxatis, è collect Nicetæ,
gr. lat. *Florentiæ*, 1754, in-fol.
fig. 27 l.
GRÉCOURT: (J. B. Jos. Villars
de) ses Œuvres. *Paris*, 1796, 4
vol. in-8. fig. 18 l. — Pap. vélin,
30 l.
L'édition de *Luxembourg (Paris)*, 1761,
4 vol. pet. in-12. fig. vaut 9 à 12 l.
GREENVILLE COLLINS. Cartes
marines des Côtes de la Grande-
Bretagne. *Lond.* 1693, in-fol. 150 l.
GREENWOOD (Nic.) Astronomia
anglicana, containing an absolute
and antire piece of astronomy.
Lond. 1689, in-4. 12 l.
GREGORII (Dav.) Astronomiæ physicæ et Geometriæ Elementa. *Oxonii*, 1702, in-fol. fig. 15 l.
Première édition, préférée à la réimpression de *Genève*, 1720, 2 vol. in-4.
GREGORII Magni (S.) Opera, ex
edit. Dion. Sammarthani et G.
Bessin, Bened. *Parisiis*, 1705, 4
vol. in-fol. 45 à 60 l.
Bonne édition.

—Moralia in ¹Job. *Nurembergæ*, 1471, in-fol. maj.

Cette édition, imprimée sur deux colonnes, sans chiffres, réclames ni signatures, est la première de ce livre avec date.

— I Morali, volgarizzati da Zanobi da Strata. *Firenze*, 1486, 2 vol. in-fol. 90 l.

Cette édition est assez rare et fort recherchée en Italie.

— Gli stessi. *Roma*, 1714-30, 4 vol. in-4. 36 l.

Cette édition et la précédente sont citées dans le Vocabulaire de la Crusca.

— Gli stessi. *Napoli*, 1745-46, 4 vol. in-4. 20 l.

— Omelie. *Firenze*, 1502, in-fol. rare, 33 l.

— Le stesse. *Venezia*, 1543, in-8. rare, 9 l.

Ces deux éditions sont citées par la Crusca.

— Homélies morales de S. Grégoire. *Paris*, Ant. Vérard, 1501, in-fol. goth.

On ne recherche de ce livre que les exemplaires imprimés sur vélin.

—Dialoghi, div. in iv libri. *Firenze*, 1515, in-4. *assez rare*, 24 l.

Edition citée par la Crusca.

— Gli stessi. *Venezia*, 1518, in-8. 9 liv.

GREGORII Nazianzeni (S.) Opera, gr. lat., ex edit. Jac. Billii. *Parisiis*, 1609 et 1611, 2 vol. in-fol. 30 l. — Gr. pap. 50 l.

Edition préférée à la réimpression de 1630.

— Eadem, gr. lat., ex edit. Monach. S. Mauri. *Parisiis*, 1778, in-fol. tom. 1ᵉʳ, 12 à 15 l.

Cette édition, probablement, ne sera pas continuée.

— Ejusd. Orationes lectissimæ xvj, gr. *Venetiis*, Aldus, 1516, in-8. 9 liv.

— Ejusd. Orationes novem elegantissimæ. Gregorii Nysseni liber de Homine, gr. *Venetiis*, Aldus, 1536, in-8. 8 l.

GREGORII Nysseni (S.) Opera, gr. lat., ex edit. Cl. Morelli. *Parisiis*, 1638, 3 vol. in-fol. 30 l. — Gr. pap. 50 l.

L'édition de 1615, 2 vol. in-fol. est moins estimée.

GREGORII Thaumaturgi (S.). MACARII Ægyptii, et BASILII Se-

leuciensis Opera, gr. lat., interpr. Ger. Vossio. *Parisiis*, 1626, in-fol. 15 l. — Gr. pap. 24 l.

Bonne édition.

GREGORII, Turonensis episc. (S.) Opera, ex edit. Theod. Ruinard, Bened. *Parisiis*, 1699, in-fol. 50 l.

Ce Saint Père était beaucoup plus cher autrefois.

GREGORII IX. Nova Compilatio Decretalium. *Moguntiæ*, Pet. Schoyffer de Gernzheym, 1473, in-fol.

Edition très-rare et la première de cet ouvrage. Les amateurs font beaucoup de cas des exemplaires imprimés sur vélin.

GREGORIO (Ros.) Rerum arabicarum quæ ad historiam Siculam spectant ampla Collectio. *Panormi*, 1790, in-fol. 50 à 60 l.

GREGORIUS XIII. Corpus Juris Canonici, jussu ejus edit., cum Glossis. *Romæ*, 1582, 4 vol. in-fol. 20 liv.

Cette édition, revue par de savants jurisconsultes, n'est pas commune.

— Oceanus Juris, sive Tractatus Tractatuum Juris univ. duce et auspice Gregorio XIII, in unum congest. à Fr. Zilletti. *Venetiis*, 1584, 18 tom. en 29 vol. in-fol. 72 liv.

Ce Recueil est rarement complet. Quelques personnes préfèrent l'édition de *Venise*, donnée en 1548.

— Gregorii XIII Papæ, Litteræ, Processûs lectæ die Cœnæ Domini anno 1580. *Parisiis*, Brumenius, 1580, in-8. de 23 pages.

Ce volume renferme une Bulle du pape contre la juridiction du prince sur le clergé.

GREGORIUS, de Dialectis, gr., è cod. msc. emend. et notis illust. Gisb. Koen. *Lugd. Batav.* 1766, in-8. 9 l.

GRELOT. Relation d'un Voyage à Constantinople. *Paris*, 1680, in-4. fig. 6 l.

GRENET. Atlas portatif général, pour servir à l'intelligence des auteurs classiques, 92 cartes en 1 vol. in-4. 40 l.

Atlas estimé. Les cartes sont de Robert. Bonne.

GRENEVILLE. Les Plaisirs des Dames. *Paris*, 1641, in-4. 6 à 9 l.

GRESSET : (J. B. Louis) ses Œuvres. *Lond.* 1748 , 2 vol. in-12. 6 l.
Il y a des exemplaires en papier fort, avec une figure en regard du titre du premier volume , 18 l.

— Œuvres choisies du même. *Paris*, Didot le jeune , 1794 , in-18. pap. vélin , fig. 5 l.
On a tiré de cette jolie petite édition 15 exemplaires en grand papier , 12 l.

GRETRY. Mémoires , ou Essais sur la Musique. *Paris* , impr. roy. 1796 , 3 vol. in-8. 10 l.

GRÉTSERI (Jac.) Opera theolog. *Ratisbonæ* , 1734 , 17 vol. in-fol.
Peu recherché.

GREVÉ (Victor) (Ant. FUSI). Le Mastigophore , ou Précurseur du Zodiaque , etc. , trad. du lat. en franç. 1609, in-8. 8 l.
Cette satire , attribuée à Ant. Fusi , a été supprimée.

GREVIN : (Jacq.) son Théâtre. *Paris* , 1562 , in-8. 6 à 9 l.

GREW. (Nehemiah) The Anatomy of Plants. *Lond.* 1682 , in-fol. 83 pl. 24 l.
Ouvrage estimé.

— Anatomie des Plantes, trad. de l'angl. en franç. *Paris* , 1675 , in-12. fig. 4 l.

— Musæum regalis Societatis (angl.) *Lond.* 1681 , in-fol. fig. 15 l.

GRIFFET. (le P. Henri) L'Année du Chrétien. *Paris* , 1747 , 18 vol. in-12. 76 l.

GRIGNON. Mémoires de physique sur l'art de fabriquer le Fer, d'en fondre et forger des Canons d'artillerie. *Paris* , 1775 , in-4. fig. 10 liv.

GRIMAUD. (de) Mémoire sur la Nutrition. *Montpellier* , 1787 , in-8. 6 l.

— Cours complet de Fièvres. *Montpellier* , 1791 , 4 vol. in-8. 18 à 20 l.

GRIMOARD. (le comte de) Collection des Lettres et Mémoires trouvés dans les portefeuilles du maréchal de Turenne. *Paris* , 1782 , 2 vol. in-fol. 18 l.

GRINGORE. (Pierre) Le Chasteau d'Amour. *Paris* , 1500 , in-8. goth. 6 liv.

— Les Folles Entreprises. *Paris* , 1505 , in-8. goth. 6 l.
Il y a de ce livre des exemplaires imprimés sur vélin.

— Les Abus du monde. *Paris* , 1509 , in-8. goth. 5 l.

— L'Espoir de la Paix. *Paris* , sans date , in-16. goth. 5 l.

— Notables Enseignements , Adages et Proverbes , en rime franç. *Paris* , sans date , in-16. goth. ou *Paris* , Galliot Dupré , 1528 , in-8. goth. fig. 6 l.

— Les menus Propos moraux et joyeux. *Paris* , 1521 , in-8. goth. 15 liv.
Volume rare. Il doit renfermer une petite pièce intitulée : *Testament de Lucifer.* Ce morceau est regardé comme le plus singulier de cet auteur.
L'édition de *Paris* , 1528 , in-8. goth. fig. vaut 6 à 8 l.

— Les Contredits de Songe-creux , en rime franç. *Paris* , 1530 , in-8. goth. 10 l.
Ce volume n'est pas commun.

— Chants royaux , figurés moralement sur les mystères de N. S. J. C. *Paris* , 1527 , in-4. goth. fig. 7 l.
Il y a de ce volume des exemplaires sur vélin.

— Paraphrase des sept Psaumes penitentiaux. *Paris* , 1541 , in-16. 4 liv.

— La Chasse du Cerf des Cerfs , en rime franç. *Paris* , sans date , in-16. goth.
Cette pièce est l'une des plus rares de ce poète.

— Les Fantaisies de Mère-Sotte. in-8. goth. sans date , 8 l.

— Les mêmes. *Paris* , 1538 , in-16. *lettres rondes* , *rare* , 8 à 10 l.
Les éditions de 1516 et 1525 , in-4. goth. fig. sont peu recherchées.

— Le Jeu du Prince des Sots et Mère-Sotte, en rime franç. , et joué par personnaiges , aux Halles de Paris, le Mardy-gras de l'année 1511. *Paris* , sans nom d'impr. et sans date , pet. in-4. gorh.
Ce volume est de la dernière rareté. Il a été vendu jusqu'à 599 l. 19 s.

— Le même. *Sans indication d'année et sans nom d'impr.* in-16. goth.
Édition tout aussi rare que la précédente. La Bibliothèque impériale en possède un exemplaire.
Ce petit ouvrage a été réimprimé à *Paris* , en 1801, de format in-8. Voy. *Collection.*

—Sotties , en rime franç. , et à huit
personnaiges. *Paris* , Eustace, sans
date , in-8. goth.

Il existe de ce livre des exemplaires sur
vélin.

—Le nouveau Monde , avec l'Estrif,
en rime franç. et par personnaiges.
Paris , Eustace , sans date, in-8.
goth.

On a tiré de ce volume des exemplaires
sur vélin.

GRIVAUD. (C.) Antiquités gauloises et romaines , recueillies dans
les jardins du palais du Sénat (ci-
devant Luxembourg.) *Paris* ,
1807 , in-4. et atlas in-fol. composé
de 26 pl. 26 l. — Papier vélin , 50 l.
— Papier nom-de-jésus , 30 l. —
Papier nom-de-jésus vélin , 60 l.

GROHMANN. (J. G.) Recueil d'i-
dées nouvelles pour la décoration
des jardins et des parcs dans le
goût angl. , goth. , chinois , etc.
Leipzig , 1799 , 50 cahiers in-4.
fig. 300 l.

GROLLIER DE SERVIÈRES.
(Nic.) Recueil d'Ouvrages de mathématiques et de mécanique , rassemblés dans son cabinet. *Lyon* ,
1719 ou 1733 , in-4. fig. 8 l.

GRONOVII (Jac.) Thesaurus Antiquitatum græcarum. *Lugd. Batav.*
1697 et seqq. 13 vol. in-fol. fig.

— Thesaurus Antiquitatum romanarum , congest. à J. G. Grævio.
Lugd. Batav. 1694 et seqq. 12
vol. in-fol. fig.

— Alb. Henr. de *Sallengre* novus
Thesaurus Antiquitatum romanarum. *Hagæ-Comit.* 1716 et seqq.
3 vol. in-fol. fig.

— Sam. *Pitisci* Lexicon Antiquitatum romanarum. *Leovardiæ*, 1713,
2 vol. in-fol.

Cette édition est préférée à celle en 3 vol.
in-fol.

A ces quatre articles , qui forment la Collection des Antiquités grecques et romaines , publiées par Grævius et Gronovius , on joint ordinairement les quatre
ouvrages ci-après.

— Utriusque Thesauri Antiquitatum
græcarum et romanarum nova Supplementa , ex edit. Jo. Poleni. *Venetiis* , 1737 , 5 vol. in-fol. fig.
Ces 5 vol. sont rares.

— Inscriptiones antiquæ totius orbis
Dict. Bibl. I.

romani , à Jano Grutero collectæ ;
edit. nova, cur. J. G. Grævio. *Amst.*
1707 , 4 vol. in-fol.

— Thesaurus Antiquitatum et Historiarum Italiæ , à J. G. Grævio.
Lugd. Batav. 1704 et seqq. 9 tom.
30 vol. in-fol. fig.

— Thesaurus Antiquitatum et Historiarum Siciliæ , Sardiniæ, Cor-
siæ, etc. , digeri cœptus à J. G.
Grævio , et edit. à P. Burmanno.
Lugd. Batav. 1723 et seqq. 15 vol.
in-fol. fig.

Les quatre premiers articles de cette Collection valent 550 à 600 l. et les quatre
derniers , 450 à 500 l. ; et le tout ensemble , en grand papier , 2400 l.

GRONOVII (Jo. Frid.) de Sestertiis,
seu subsecivorum Pecuniæ veteris
græcæ et romanæ lib. iv. *Lugd.
Batav,* 1691 , in-4. 6 l.

GRONOVII (Laur. Theod.) Musæum
Ichthyologicum seu de naturali Piscium Historià. *Lugd. Batav.* 1754,
in-fol. fig. 18 l.

— Zoophylacii Gronoviani fasciculi
tres ; disposuit atque descripsit L.
T. Gronovius. *Lugd. Batav.* 1763,
1764 et 1781 , 3 part. 1 vol. in-fol.
fig. 18 l.

— Bibliotheca regni Animalis. *Lugd.
Bat.* 1760 , in-4.

GROPP (Ignat.) Collectio novissima
Scriptorum et Rerum Wircebur-
gensium. *Francof.* 1741 , in-fol.
fig. 9 liv.

GROS. (Nic. le) La sainte Bible ,
trad. sur les textes originaux, avec
les différences de la Vulgate. *Cologne* , 1739 , petit in-8. 6 l.

Cette petite édition est mieux exécutée que
celle donnée à Paris.

GROSE. (N.) Principes de Carica-
tures, suivis d'un Essai sur la peinture comique, trad. de l'angl. *Paris*,
1802 , in-8. pap. vél. 29 grav. 12 l.

GROSE'S. Antiquities of England
and Wales. *Lond.* 1773, 4 vol.
in-4. fig.

— Military Antiquities respecting a
history of the english Army. *Lond.*
1788 , 2 vol. in-4. fig.

— Antiquities of Ireland. *Lond.*
1791 , 2 vol. in-4. fig.

— Antiquities of Scotland. *Lond.*
1789 , 2 vol. in-4. fig.

Les exemplaires en grand papier de cette

Collection d'Antiquités de la Grande-Bretagne, sont fort recherchés et chers, 300 l.

GROSIER. Voy. MAILLA.

GROSSON. (J. B.) Recueil des Antiquités et Monuments marseillais, qui peuvent intéresser l'hist. et les arts. *Marseille*, 1773, in-4. fig. 9 liv.

GROTII (Hugonis) Opera theologica. *Amst.* 1679, 4 vol. in-fol. 20 l.

L'édition de *Basle*, 1732, 4 vol. in-fol. est moins estimée.

— Opus de Veritate Religionis Christianæ. *Lugd. Bat.* Elzevir, 1662, in-12. 4 l.

Jolie édition.

— Traité de la Vérité de la Religion chrétienne, trad. du lat. par P. Le Jeune. *Amst.* 1728, in-8. 4 l.

— De Jure Belli ac Pacis lib. iij. *Parisiis*, 1625, in-4. 12 à 15 l.

Première édition.

— Iidem, cum comment. Guill. Vander Meulen, et notis J. F. Gronovii. *Ultrajecti*, 1696-1700, et *Amst.* 1704, 3 vol. in-fol. 24 l.

Cette édition est la plus complète et la meilleure de ce livre.

— Iidem, cum notis Varior., ed. J. F. Gronovio. *Amst.* 1712, in-8. 8 l.

Bonne édition. Elle fait partie de la Collection des *Variorum.*

— Iidem, cum notis Varior. *Amst.* 1720, in-8. 8 l.

— Iidem, cum notis Varior. *Amst.* 1735, 2 vol. in-8. 12 l.

— Iidem, cum comment. Cocceii. *Lausannæ*, 1751, 5 vol. in-4. 30 à 36 l.

— Iidem, cum notis Varior. *Lipsiæ*, 1758, 2 vol. in-8. 6 à 9 l.

— Le Droit de la guerre et de la paix, trad. du lat. avec des remarq. par J. Barbeyrac. *Amst.* 1729, 2 vol. in-4. 12 l.

— Grotii Epistolæ quot quot reperiri potuerunt. *Amst.* 1687, in-fol. 9 à 12 l. — Gr. pap. 15 à 18 l.

— Ejusd. Syntagma Arateorum, gr. lat. *Lugd. Bat.* 1600, in-4. 12 à 15 l.

— Ejusd. Annales et Historia de Rebus belgicis. *Amst.* 1655, in-8. 4 à 5 l.

— Ejusd. Philosophorum Sententiæ et de eo quod in nostra est potes-

tate, collectæ partim et de græco versæ. *Amst.* Elzevir, 1648, in-12. 6 à 8 l.

— Excerpta ex tragœdiis et comœdiis græcis; gr. edita, et latinis versibus reddita, ab H. Grotio, cum notis. *Parisiis*, 1626, in-4. 12 l.

Peu commun.

— Vid. ANTHOLOGIA et STOBÆUS.

GRUDÉ, sieur de la Croix-du-Maine. (Fr.) Voy. RIGOLEY DE JUVIGNY.

GRUTERI (Jani) Lampas, sive fax artium liberalium, hoc est, Thesaurus criticus è bibliothecis erutus. *Florentiæ*, 1737, 4 tom. 2 vol. in-fol. 27 l.

Bonne édition.

— Delitiæ Poëtarum Italor. Vid. DELITIÆ.

— Collectio Inscriptionum antiq. Vid. GRONOVIUS.

GUADAGNOLI (P. Philip.) breves arabicæ Linguæ Institutiones. *Romæ*, 1642, in-fol.

Peu commun.

GUALDO-PRIORATO. (Galeazzo) Istoria di Leopoldo Cesare. *Vienna d'Austria*, 1670, 2 vol. in-fol. fig. 12 l.

GUALTERUZZI. (Carlo) Vid. NOVELLE.

GUALTHERI (Rodolphi) Antichristus, id est, Homeliæ quibus romanum Pontificem verum et magnum Antichristum esse probatur. in-8.

Volume rare. Il est imprimé en lettres italiques, et sans aucune indication: 8 l.

GUALTIERI. (N.) Index Testarum et Conchyliorum quæ adservantur in Musæo Nic. Gualtieri. *Florentiæ*, 1742, in-fol. 110 pl. 40 l. — Gr. pap. 80 l.

Cet ouvrage est bien exécuté. Les exemplaires avec figures coloriées sont chers.

GUARIN (Pet.) Grammatica hebraïca et chaldaïca. *Parisiis*, 1724 et 1726, 2 vol. in-4.

— Lexicon hebraïcum et chaldaïcum. *Parisiis*, 1746, 2 vol. in-4.

Ces deux ouvrages ne se séparent pas. Ils se trouvent quelquefois reliés en trois volumes: 45 l. — Gr. pap. 60 à 72 l.

GUARINI Veronensis. Vid. CHRYSOLORAS. (Man.)

GUARINI (Bapt.) Poëmata latina. *Mutinæ*, 1496, in-4. 36 l.

Première édition fort rare. Il en existe des exemplaires sur vélin.

GUARINI. (Giov. Batt.) Il Pastor fido , con varie annot. *In Venetia*, 1602, in-4. fig. 10 l. — Gr. pap. 24 l.

Edition estimée. Les exemplaires en grand papier sont rares.

— Il medesimo. *Venezia* , 1605, in-4. 9 l.

— Il medesimo, con l'aggiunta delle Rime. *Venezia*, 1621, in-4. fig. 10 l.

— Il medesimo. *Amst.* Elzevir, 1678, in-24. 7 l.

Cette petite édition , ornée de figures de Sébastien Leclerc , est recherchée.

— Il medesimo. *Londra*, Tonson, 1728, in-4. 7 l.

— Il medesimo , con annot. , e riveduto da O. P. A. *Cambrigi*, 1734, in-4. 6 l.

Ces deux éditions sont bien exécutées, mais elles n'ont pas de figures.

— Il medesimo , con altre Opere del medesimo autore. *In Verona*, 1737-38, 4 vol. in-4. 24 à 36 l.

Cette édition est bien exécutée, et décorée de figures et vignettes gravées en taille douce.

— Il medesimo , con annot. *In Amst.* 1736, in-4. 12 l.

— Il medesimo. *Glasgua*, Foulis, 1763, in-8. 5 l.

— Il medesimo. *Parigi*, Prault, 1768, pet. in-12. 4 l.

— Il medesimo. *Parigi*, Didot il primogenito , 1782, in-8. 6 à 9 l.

Il y a des exemplaires imprimés sur vélin.

— Il medesimo. *Parma (Bodoni)*, 1793, in-4. 36 l.

Edition fort bien imprimée , et tirée à 175 exemplaires; plus , 25 de format in-fol. Il y a de ce dernier format des exemplaires sur peau de vélin.

— Il medesimo. *Londra* , 1800, in-8. pap. vélin , 18 l.

— Rime. *Roma*, 1640, in-24. 10 l.

Cette édition est regardée par Apostolo Zeno, comme une des meilleures de ce livre.

GUARNACCIO. Origini italiche, o sia le Memorie istorico-etrusche soprà lo antich. regno d'Italia e lei primi abitatori d'Italia. *Luca*, 1767, 3 vol. in-fol. fig. 45 l.

GUARNACCIUS. (Mar.) Vid. Cia-conius.

GUARNIERI. (Aurel.) Dissertazione intorno al corso dell' antica via Claudia , dalla Città di Altino sin' al fiume Danubio. *Bassano*, 1789, in-4. fig. cart. 15 l.

GUASCO (Fr. Eug.) Musei Capitolini antiquæ Inscriptiones. *Romæ*, 1775 , 3 vol. in-fol. mag. fig. 80 l.

GUASCO. (Octavien de) De l'usage des Statuts chez les anciens. *Bruxelles*, 1768, in-4. fig. 9 à 12 l.

GUATTANI. (Gius. Ant.) Monumenti antiq. inediti , ovvero Notizie sulle antichità e belle arti di Roma. *In Roma* , 1784-89, 6 vol. in-4. 140 l.

Cet ouvrage se rencontre difficilement complet.

GUAZZO. (Marco) Astolfo borioso , che segue la morte di Ruggiero , poema. *In Venetia* , 1549, in-4. 10 l.

— Hist. di tutte le cose degne di memoria quai dell' ann. 1524-1540 , sono occorse in tutte le parti del mondo , cosi per terra come per mare. *Venet.* 1540, in-4.

Il y a des exemplaires en papier bleu.

GUBERNATIS à SOSPITELLO (Dom. de) Orbis Seraphicus, seu Historia de tribus Ordinibus à S. Francisco institutis. *Romæ* et *Lugd.* 1682 et seqq. 5 vol. in-fol.

Cet ouvrage est extrêmement rare : 100 l.

GUÉNÉBAUT. (Jean) Le Réveil de l'antique Tombeau de Chyndonax , prince des Vachies, Druydes, etc. *Dijon* , 1621 , in-4. 10 l.

Il manque dans la plupart des exemplaires de ce livre la figure représentant le tombeau et l'urne. Il y a des exemplaires sous la date de *Paris* , 1623, mais c'est toujours la même édition.

GUENÉE. (Ant.) Lettres de quelques Juifs portugais , allemands et polonais à M. de Voltaire. *Paris* , 1781, 3 vol. in-8. 15 l.

GUER. (Jean Ant.) Mœurs et Usages des Turcs , contenant leur religion, leur gouvern. , etc. *Paris* , 1746 , 2 vol. in-4. fig. 15 l. — Gr. pap. 24 l.

GUÉRET, (Hugues) dit *Fléchelles*. Voy. Gaultier Garguille.

GUÉRIN de Montclave. Voy. Roman.

GUÉRIN DUROCHER. Histoire véritable des temps fabuleux. *Paris*, 1776, 3 vol. in-8. 15 l.

GUÉRINIÈRE. (Fr. Robichon de la) L'Ecole parfaite de la Cavalerie. *Paris*, 1733 , in-fol. fig. 21 l.

Ce livre a été réimprimé en 2 vol. in-8. 8 l.

GUERINO il Meschino, (Il Libro de lo infelice) in questo si tratta alcuna Istoria breve del re Karlo, imperatore. *In Padou*, Barth. de Valdezochio et Mart. de Septem arboribus Prutenus, 1473 , in-fol.

Édition originale , très-rare, 60 l.

— Il medesimo. *In Venetia*, Gerardus de Flandria, 1477, in-fol. *rare*, 21 l.

— Il medesimo. *In Milano*, 1520, in-4. goth. 12 l.

Ces trois éditions sont les seules recherchées de ce Roman.

— Le Roman du preux et vaillant chev. Guérin Mesquin, trad. de l'ital. en franç. par Jehan de Cuchermois. *Lyon*, 1530, in-fol. goth. 20 l.

Cette traduction est assez recherchée. Les exemplaires n'en sont pas communs.

GUETTARD (Jean Etien.) et MONNET. Atlas et Description minéralogique de la France. *Paris*, 1780, in-fol. 20 l.

— Observations sur les Plantes. *Paris*, 1747, 2 vol. in-12. 5 l.

— Mémoires sur différentes parties des sciences et arts. *Paris*, 1768, 5 vol. in-4. fig. 24 l.

— Mémoires sur la Minéralogie du Dauphiné. *Paris*, 1779, 2 vol. in-4. fig. 10 l.

GUEVARA, évêque de Moudonedo: (Dom. Ant. de) ses Epîtres dorées et familières, trad. de l'espagn. en franç. par de Gutery. *Lyon*, 1558, in-4. 12 l.

Édition originale.

GUEUDEVILLE. (Pier.) Atlas historique ou Introduction à l'histoire, à la chronologie et à la géograph. ancienne et moderne , avec un Suppl. par H. P. de Limiers. *Amst.* 1713 ou 1721, 7 vol. in-fol. 40 l. — Gr. pap. 70 l.

Ouvrage peu recherché , parce qu'il n'est ni exact ni correct.

— Le grand Théâtre historique , ou nouvelle histoire univ. tant sacrée que profane. *Leyde*, Vander Aa, 1703 , 5 tom. 3 vol. in-fol. fig. 30 l. — Gr. pap. 45 l.

On doit trouver dans le tom. V. une Collection suivie de médailles , appelée communément la *partie des Médaillons*. Cet ouvrage n'est guère plus recherché que le précédent.

GUIBERT. (Apolline , comte de) Essai général de Tactique, etc. *Londres*, 1772, 2 tom. 1 vol. in-4. 12 l.

— Le Connétable de Bourbon , trag. en cinq actes. *Paris*, Didot l'aîné, 1785 , in-18. pap. vélin , 18 l.

Ce petit volume n'a été tiré qu'à 50 exemplaires.

GUIBERTI, abbatis , Opera , ex edit. Lucæ Dacherii , Bened. *Parisiis*, 1651 , in-fol. 8 l.

GUICCIARDINI. (Fr.) Dell' Istoria d'Italia lib. xvj. *In Fiorenza*, Torrentino, 1561, in-fol. *rare*, 60 l.

Édition originale, rare , et publiée par Agnolo Guicciardini , neveu de l'auteur. Pour avoir cet ouvrage bien complet, il faut y joindre les quatre derniers livres , c'est-à-dire les 17, 18 , 19 et 20e, qui ont été imprimés séparément à Venise et à Parme , en 1564, de format in-4.

L'Académie de la Crusca cite cette édition dans son Vocabulaire.

— La medesima Istoria d'Italia, con i quattro ultimi lib. della medesima Istoria , riscontr. da Remigio. *In Vinegia*, 1569, in-4. 24 l.

Il y a des exemplaires de cette édition , qui portent les uns la date de 1567, et d'autres celle de 1568.

— La medesima. *Venezia*, 1574, in-4. 20 l.

Bonne édition , mais qui ne contient que les 16 premiers livres.

— La medesima. *Ginevra*, 1621, 2 vol. in-8. 15 l.

Édition complète , mais mal imprimée.

— La medesima, con varie annot. *In Venetia*, 1738, 2 vol. in-fol.

Édition recherchée pour les remarques intéressantes qu'elle renferme.

— La medesima, colla data di *Friburgo*, 1775-76, 4 vol. in-4. fig. 30 l.

Cette édition, revue sur un manuscrit autographe, a été imprimée en Toscane.

~ Histoire des guerres d'Italie, trad. de l'ital. en franç. (par Favre, et revue par Georgeon.) *Lond.* (*Paris*), 1738 , 3 vol. in-4. 12 l. — Gr. pap. 18 l.

GUICHARD. (Cl.) Funérailles et diverses manières d'ensevelir des Romains, des Grecs, etc. *Lyon* , 1581 , in-4. 8 l.

GUICHARD. (Étienne) L'Harmonie étymologique des langues. *Paris* , 1610 ou 1619 , in-8. 6 l.

Ces deux éditions sont bonnes.

GUICHENON. (Sam.) Histoire de Bresse et de Bugey. *Lyon* , 1650 , in-fol. 40 l.

Cet ouvrage est assez rare.

— Histoire généalogiq. de la Maison de Savoye, avec les preuves. *Lyon*, 1660 , 2 vol. in-fol. 24 l. — Gr. pap. 36 l.

— Bibliotheca Sebusiana. *Lugd.* 1660 , in-4. 4 l.

GUIDUCCI. (Mar.) Discorso soprà le Comete. *Firenze*, 1619 , in-4. 5 liv.

GUIGNES. (Jos. de) Histoire générale des Huns, des Turcs, des Mogols, etc. *Paris*, 1756 et suiv. 5 vol. in-4. 42 l.

— Essai historiq. sur la typographie orientale de l'imprimerie royale. *Paris*, impr. roy. 1787, in-4. 4 l. — Gr. pap. in-fol. 12 l.

— Principes de composition typographique, pour diriger un ouvrier dans l'usage des caractères orientaux de l'impr. royale. *Paris*, imprim. roy. 1790, in-4. 4 l.

GUIGNES. (de) Voyages à Peking, Manille et l'Ile de France. *Paris*, 1808, 3 vol. in-8. et atlas in-fol. de pl. 45 l. — Pap. vélin , 96 l.

GUIGO. Statuta Ordinis Carthusiensis , à Guigone, priore Carthusiæ, compilata, necnon Privilegia ejusd. Ordinis. *Basileæ*, 1510, in-fol. fig. goth. 50 l.

Cet ouvrage doit sa grande rareté à la suppression qu'en firent les Chartreux, en en faisant acheter tous les exemplaires qui passaient dans le commerce. Il est essentiel d'examiner si le volume renferme les Privilèges de cet ordre : non-seulement cette partie est nécessaire à ce livre, mais encore elle en est la plus rare.

Ces Statuts des Chartreux n'ont pas été

réellement imprimés à Bâle, mais à la Chartreuse de Fribourg en Brisgaw.

GUILLAUME de Palerne. Voy. Roman.

GUILLELMI ALVERNI, episcop. Parisiensis , Opera. *Aureliæ* , 1674, 2 vol. in-fol. 8 l.

GUILLEVILLE. (Fr. Guill. de) Le Romant des trois Pélérinaiges. *Paris*, sans date, in-4. goth. 21 l.

Roman recherché et peu commun. On en a tiré des exemplaires sur vélin.

L'édition de *Lyon*, 1485, in-4. goth. est également assez rare.

GUIRLANDE (la) de Julie. Voyez Jarry.

GUISCHARD. (Charles) Mémoires militaires sur les Grecs et les Romains. *La Haye*, 1758, 2 vol. in-4. 15 l.

Le même ouvrage existe aussi en 4 vol. in-8.

GUISE. (Jacq. de) Illustration de la Gaule Belgique, Antiquités du pays de Haynaut, etc. *Paris*, Galliot Dupré, 1531, 3 vol. in-fol. goth.

Exemplaire imprimé sur vélin.

GUISE. (M.lle de) Voy. Amours (les) du grand Alcandre.

GUISIADE. (la) Voy. Matthieu.

GUISNÉE. Application de l'algèbre à la géométrie. *Paris* , 1733 , in-4. fig. 8 l.

Bonne édition.

GUITTONE (Fra) d'Arezzo: Lettere. *Roma*, 1745, in-4. 6 l.

GULDENSTÄDT. (J. Ant.) Voyage en Russie et au Mont Caucase , publié par P. S. Pallas (en allem.) *Saint-Pétersbourg*, 1787, in-4. fig. 12 liv.

GUMILLA. (Jos.) El Orinoco illustrado y defendido : historia natur.; civil y geographica de esto gran Rio, etc. *En Madrid*, 1745, 2 vol. in-4. 18 l.

Cette Histoire natur. , civile , etc. de l'Orénoque ; a été traduite en français par Eidous. *Avignon* (*Paris*), 1758, 3 vol. in-12. fig. 7 l.

GUNNERI (Jo. Ern.) Flora Norwegica. *Nidrosiæ*, 1766, 2 part. 1 vol. in-fol. 12 pl. 25 l.

GUNTHERWAHL. (S. F.) Histoire générale des Langues et de la

Littérature orientale (en allem.) *Leipsick*, 1784 , in-8. 9 l.

GUTBIRII (Ægidii) Lexicon syriacum. *Hamburgi*, 1667 , in-12. 6 l.

GUTHRIE'S. (Maria) A Tour performed in the years 1795- 96 , through the Taurida and Crimea , the ancient Kingdom of Bosphorus, in a series of letters. *Lond.* 1802 , in-4. pap. vélin, fig. 36 l.

GUTHRIE'S. (Will.) System of Geography. *Lond.* 1795 , gr. in-4. with maps , 36 l.

— New geographical , historical and commercial Grammar. *Lond.* 1800, gr. in-8. with maps , 21 l.

— Nouvelle Géographie univ. descriptive , historique , etc. trad. de l'angl. par Fr. Noël. *Paris* , an 10 (1801), 9 vol. in-8. et atlas in-fol. 36 l.

On a tiré des exemplaires sur papier vélin.

— La même. *Paris* , 1807 , 9 vol. in-8. et atlas , 48 l.

Cette édition a été revue et augmentée par M. Hyacinthe Langlois , libraire.

— Abrégé de la Géographie univ. de Will. Guthrie , 5.e édit. *Paris* , 1808 , in-8. 6 l.

GUYARD. (le P. Bernard) La Fatalité de St.-Cloud , près Paris. (1674), in-fol. 30 l.

Cet ouvrage , dans lequel le P. Guyard cherche à prouver que ce n'est point un Dominicain qui a tué Henri III, est fort rare, parce qu'il a été supprimé.

GUYARDS DES MOULINS. La Sainte Bible , transl. en franç. de la vers. de S. Hiérôme. *Paris* , A. Vérard , sans date , 2 vol. in-fol. goth. fig.

Cette Bible a été publiée vers 1490.
Il y a des exemplaires imprimés sur vélin.

GUY DE WARVICH. Roman de ce nom. Voy. ROMAN.

GUY LE BORGNE. Armorial de Bretagne, etc. *Rennes* , 1681 , in-fol. 18 à 24 l.

GUYON. (Symph.) Histoire de la ville d'Orléans. *Orléans* , 1647 , in-fol. 5 l.

GUYON : (de la Mothe) sa Vie écrite par elle-même. *Cologne* , 1720 , 3 vol. in-8. 6 à 9 l.

GUYOT. Répertoire univ. et raisonné de Jurisprudence civile, cri-

minelle , etc. *Paris* , 1784 , 17 vol. in-4. 60 l.

Le nouveau Répertoire de M. Merlin a fait tomber celui-ci en discrédit.

GUYOT. Nouvelles Récréations physiques et mathématiques. *Paris* , 1786 , 3 vol. in-8. fig. 18 l. — Fig. enlumin. 24 l.

Cet ouvrage a été réimprimé plusieurs fois.

GUYS. (Pier. August.) Voyage littéraire de la Grèce. *Paris* , 1783 , 4 vol. in-8. ou 2 vol. in-4. fig. 15 l.

GYRALDI (Lilii Greg.) Opera , cum comment. J. Faës, et animadv. P. Colomesii, ex recens. Jo. Jensii. *Lugd. Batav.* 1696 , 2 tom. 1 vol. in-fol. 15 l.

On préfère cette édition à celle de 1694.

GYRON le Courtois. Voy. ROMAN.

H

HABERT. (Fr.) Les divins Oracles de Zoroastre , interpr. en rime franç. *Paris*, 1558 , in-8. 12 l.
Volume rare.

— Sophonisba , tragédie. *Paris* , 1559 , in-8. rare , 6 l.

On a encore du même Habert beaucoup d'autres petits ouvrages , tels que les *Epitres Cupidiniques ; les Controverses de Vénus et de Pallas ; le Jardin de Félicité*, etc. etc. 3 à 4 l. chaque.

HABERTI (Isaaci) Liber pontificalis Græcorum , gr. lat. , cum notis. *Parisiis* , 1643 , in-fol. 12 l.

HABICOT. Antigigantologie , ou contre-discours de la grandeur des géants. *Paris*, 1618 , in-8. rare , 5 à 7 l.

HADLEY. (G.) Grammatical remarks on the jargon of Hindostan , with a Vocabulary. *Lond.* 1784 , in-8. 10 liv.

HÆDI , sacerdotis, (Pet.) de Amoris Generibus , liber singularis. *Tarvisii* , 1492 , in-4. 24 l.

Roman spirituel , singulier et assez rare.

HAEN (de) Prelectiones in Boerhaavii Institutiones pathologicas ; ex recens. et cum additament. Wasserberg. *Viennæ*, 1780-82 , 5 vol. gr. in-8. 18 à 24 l.

— Ejusd. Ratio medendi. *Parisiis* , 1782 , 11 vol. in-12. 20 l.

HAEX (Dav.) Dictionarium malaï-
co-latinum , et latino-malaïcum.
Romæ, 1631 , in-4. 24 l.
Peu commun.

HAFEZ. A Specimen of persian poetry , or Odes of Hafez , with an
english transl. by John Richardson.
Lond. 1802 , in-4. 24 l.

HAGENBUCHII (Jo. Casp.) de
Diptycho Brixiano Boethii consulis
Epistola epigraphica. *Turici*, 1749,
in-fol. fig. gr. pap. 9 à 12 l.

HAGENDORNII (Ehrenf.) Tractatus physico- med. de Catechu ,
sive Terrâ Japonicâ. *Jenæ* , 1679 ,
in-12. rare , 5 l.
— Ejusd. Cynosbatologia. *Jenæ* ,
1681 , in-4. fig. 6 l.

HAGER. (Joseph) Monument de
Yu , ou la plus ancienne Inscription de la Chine. *Paris* , Didot
l'aîné , 1802 , in-fol. pap. vélin,
21 liv.
— Description des Médailles chinoi-
ses du cabinet impérial de France.
Paris, 1805 , gr. in-4. pap. vélin,
fig. 30 l.

HAHNII (Sim. Frid.) Collectio
Monumentorum vet. ac recent.
ineditorum. *Brunsvigæ* , 1724 et
1726 , 2 vol. in-8. 9 l.

HAKLUYT. (Rich.) Voyages , Navigations , Trafficks and Discoveries of the english nation. *Lond.*
1600 , 3 vol. in-fol. rare , 80 l.

HALDE. Voy. DUHALDE.

HALFDAN Einersen , ubi Fabulæ
mythologicæ septentr. , Islandiæ,
Grolandiæ, etc. mirabilia describuntur, cum interpr. danica et lat.
Corohe, 1768, in-4. rare, 15 à 18 l.

HALHED'S. (Nath. Brassey) Voy.
BRASSEY.

HALLER (Alb. von) Enumeratio
methodica Stirpium Helvetiæ indigenarum, etc. *Gœttingæ*, 1742,
2 tom. 1 vol. in-fol. fig. 21 l.
— Historia Stirpium indigenarum
Helvetiæ. *Bernæ*, 1768 , 3 tom. 2
vol. in-fol. fig. 45 l.
— Icones Plantarum Helvetiæ, denuò
recusæ. *Bernæ* , 1795 , in-fol. fig.
12 liv.
— Bibliotheca Botanica. *Tiguri*,
1772, 2 vol. in-4. 18 l.

— Bibliotheca chirurgica. *Basileæ*,
1774, 2 vol. in-4. 18 l.
— Bibliotheca anatomica. *Tiguri* ,
1774-1777 , 2 vol. in-4. 18 l.
— Bibliotheca medicinæ theoricæ et
practicæ. *Bernæ* , 1776 et seqq.
4 vol. in-4. 36 l.
— Disputationes chirurgicæ et medicæ. *Lausannæ* , 1755 , 12 vol.
in-4. fig. 48 l.
— Disputationum anatomicarum selectarum vol. septem, cum Indice.
Gœttingæ , 1771 , 7 vol. in-4. fig.
42 liv.
— Elementa physiologiæ. *Lausannæ*,
1757-1778 , 8 vol. in-4. 100 l.
— De partium corporis humani præcipuarum Fabricâ et Functionibus.
Bernæ , 1777 , 8 vol. in-8. 15 l.
Non terminé.
— Iconum anatomicarum, etc. Fasciculi octo. *Gœttingæ*, 1743-1782,
in-fol. rare , 150 l.
— Ejusd. Halleri Opera minora, emendata, aucta et renovata. *Lausannæ* , 1762-68 , 3 vol. in-4. fig. 18 l.
— Vid. ARTIS Medicæ principes.

HALLERSTEIN. Observat. astronomicæ ab ann. 1717 ad ann. 1752
Pekini Sinarum factæ, et ab August. Hallerstein collectæ, cur.
Max. Hell. *Vindobonæ*, 1768 , in-4.
15 l.

HALLES. (Steph.) Statical Essays,
containing vegetable and animal
staticks. *Lond.* 1731 , 2 vol. in-8.
fig. 15 l.
— La Statique des végétaux , et l'A-
nalyse de l'air, trad. de l'angl. par
Buffon. *Paris* , 1735 , in-4. fig. 8 l.
— La Statique des animaux , trad.
de l'angl. par Sauvages. *Genève* ,
1744 , in-4. 7 l.
— Statique des Végétaux et des Animaux. *Paris* , 1779, 2 vol. in-8. 6 l.

HALMA. (Fr.) Dictionnaire flamand-
français et français-flamand. *Amst.*
1729 et 1733, 2 vol. in-4. 15 l.
Cette édition est la meilleure de ce Dictionnaire.

HALTAUSII (Christ. Gott.) Glossarium germanicum medii ævi.
Lipsiæ , 1758 , 2 vol. in-fol. 24 l.

HAMBRELIN (Le Livre de Maître),
serviteur de maître Aliborum et
cousin-germain de Parolet, en
vers. *Sans date* , in-16. rare.

HAMILTON. (Ant.) Mémoires du comte de Grammont, avec des notes, par Horace Walpole. *Straw-berry-Hill*, 1763, in-4. fig. 100 l.

Edition rare. Elle est ornée des portraits des comtes d'Hamilton, de Grammont et de la comtesse de Grammont.

— Les mêmes, édition augmentée de notes et d'éclaircissements néces-saires, par Hor. Walpole. *Straw-berry-Hill*, 1772, in-4. fig.

Cette édition et la précédente ont été tirées à un très-petit nombre d'exemplaires. Celle de 1772 est la mieux exécutée et la plus correcte : 150 l.

— Les mêmes. *Lond*. Dodsley, 1783, in-4. fig. 40 l.

— Les mêmes. *Lond*. Edwards, gr. in-4. pap. vélin, 60 l.

Cette édition renferme 72 portraits très-bien gravés.

Il y a des exemplaires en grand papier vélin, qui ne valent pas moins de 12 à 15 guinées.

— Œuvres d'Hamilton. *Paris*, 1805, 3 vol. in-8. 15 l. — Pap. vélin, 30 l.

HAMILTON. (Will.) *Campi Phle-græi*, ou Observat. sur les Vol-cans des deux Siciles (angl. franç.) *Naples*, 1776. — Supplément, ou Relation de la grande éruption du Vésuve, arrivée en 1777. *Naples*, 1779, 3 part. 1 vol. gr. in-fol. avec 59 pl. color. y compris celles du suppl.

Ouvrage bien exécuté et rare : 400 l.

— Les mêmes. *Paris*, Lamy, an 7 (1799), gr. in-fol. fig. en couleur.

— Antiquités étrusques, grecques et romaines, tirées du cabinet de M. Hamilton (angl. franç,) *Naples*, 1766, 4 vol. gr. in-fol. fig. coloriées, 850 l.

Cette Collection d'Antiquités est très-bien exécutée et fort rare en France.

HAMILTON (Gav.) Schola Italica Picturæ, sive selectæ quædam summor. è scholà italicà Pictorum Tabulæ ære incisæ. *Romæ*, 1773, gr. in-fol. fig. 72 l.

HAMPDEN (Rob. de) Britannia, Lathmon, villa Bromhamensis, poëmatia, nunc primùm, cur. filio J. Trevor, patris et ejusmet ami-corum in gratiam edita. *Parmæ*, (Bodoni), 1793, in-fol. max.

On assure que ce bel ouvrage n'a été tiré

qu'à 30 exemplaires, dont 15 sur papier vélin; plus, deux sur peau de vélin.

HANCARVILLE. (d') Recherches sur l'origine, l'esprit et les progrès des Arts de la Grèce. *Lond*. 1785, 3 tom. 2 vol. gr. in-4. fig. 90 l.

HAPPII (A. F.) Botanica pharma-ceutica. *Berolini*, 1787-1799, gr. in-fol. fig. color.

Cet ouvrage se vend à Berlin, 400 l.

HARANGUES tirées d'Hérodote, de Thucydide, des Histoires grecques de Xénophon, etc. par l'abbé Au-ger. *Paris*, 1788, 2 vol. in-8. 10 l.

— Gr. pap. 24 l.

HARDOUIN de Beaumont de Péré-fixe. Histoire de Henri le Grand. *Amst*. Elzev. 1661 ou 1664, in-12. 15 l.

HARDUINI (Jo.) Collectio regia Conciliorum. *Parisiis*, typ. reg. 1715, 12 vol. in-fol. 72 l. — Gr. pap. 120 l.

Cette Collection était beaucoup plus chère autrefois.

— Ejusd. Prolegomena ad censuram Scriptorum veter., juxtà autogra-phum. *Lond*. 1766, in-8. 5 à 6 l.

Ouvrage plein de paradoxes, et où l'auteur fortifie son système sur les anciens.

— Ejusd. Opera selecta. *Amst*. 1709, in-fol. 6 l. — Gr. pap. 9 l.

— Ejusd. Opera varia (posthuma), cum indicibus et figuris. *Amst.* 1733, in-fol. 6 l. — Gr. pap. 9 l.

HARDY, Parisien, (Alex.) son Théâtre. *Paris*, 1623 et suiv. 6 vol. in-8. 36 à 48 l.

Ces 6 vol. doivent contenir 41 pièces. Ils ne sont pas communs.

HARLAY.(Achilles du) Coutumes d'Orléans. *Orléans*, 1583, in-4.

Exemplaire sur vélin.

HARLES (Th. Ch.) Chrestomathia græca poëtica, cum animadv. *Co-burg*. 1768, in-8. 5 l.

— Anthologia græca prosaïca. *No-rimb*. 1781, in-8. 5 l.

— Anthologia latina poëtica. *Altenb*. 1774, in-8. 3 l.

— Brevir Notitia litteraturæ romanæ, in primis scriptorum latinor., cum suppl. *Lipsiæ*, 1789-1801, 3 vol. in-8. 20 l.

— Introd. in histor. linguæ græcæ. *Altenburgi*, 1792, 3 vol. in-8. 15 l.

— Eadem Introd. in histor. linguæ græcæ. *Altenb.* 1795-1806 , tom. 1. 11. p. 1, 2. Suppl. 1. 11. in-8. pap. collé , 36 l.

— Vitæ philologorum notrà ætate clarissimor. *Bremæ* , 1764-72 , 4 vol. in-8. 9 à 12 l.

HARPE. (Jean Fr. de La) Abrégé de l'Histoire générale des Voyages , avec les nouvelles Continuations. *Paris*, 1780-1801 , 32 vol. in-8. et 1 vol. in-4. d'atlas , 250 l.

Les 23 premiers volumes seulement sont de La Harpe.

— Lycée , ou Cours de littérature ancienne et moderne. *Paris* , an 7 (1799) et suiv. 19 vol. in-8. 90 l.

— Correspondance littéraire de La Harpe , 2.ᵉ édit. *Paris* , 1804, 6 vol. in-8. 20 l.

— Œuvres de La Harpe. *Paris* , 1778, 6 vol. in-8. 27 l.

— Œuvres choisies et posthumes de La Harpe. *Paris*, 1806 , 4 vol. in-8. portr. 24 l.

— Voy. SUÉTONE.

HARPOCRATIONIS (Valerii) Lexicon x Oratorum, gr. lat. , ex interpr. et emend. N. Blancardi , cum P. J. Maussaci notis , et animadv. Henr. Valesii. *Lugd. Bat.* 1683 , in-4. 9 l. — Gr. pap. 18 l.

— De Vocibus liber, seu Lexicon græcum, cum notis et observ. J. Gronovii. *Lugd. Batav.* 1696 , in-4. 12 l. — Gr. pap. 21 l.

Bonne édition.

HARRINGTON'S. (James) Ocean and other Works, with an Account of his life, by Toland. *Lond.* 1771 , gr. in-4. 18 l.

HARRIRII Eloquentiæ arabicæ consessus sex , è cod. MSS., cum notis Alb. Schultens. *Franequeræ*, 1731 , et *Lugd. Bat.* 1740 , 2 vol. in-4. 18 l.

HARRIS. (Moses) The Aurelian , or natural History of english Insects namely moths and butterflies. *London* , 1766 , in-fol. gr. pap. fig. color. 72 à 80 l.

— Aurélien , ou Histoire natur. des Insectes anglais (angl. franç.) *Lond.* 1778 , in-fol. fig. color. 50 à 60 liv.

— Le même (angl.-franç.) *Lond.*

Dict. Bibl. I.

1794, gr. in-fol. pap. vélin, fig. color. 150 l.

— Exposition des Insectes anglais , avec des observ. et des remarq. (angl. franç.) *Lond.* 1776 , in-4. fig. color. 40 à 50 l.

— La même , avec des observ. et des remarq. (angl. franç.) *Lond.* 1781, in-4. avec 50 pl. color. 36 à 45 l.

HARRIS. (John) The History of Kent. *Lond.* 1719 , in-fol. fig. 20 l.

— Navigantium atque Itinerantium Bibliotheca , or a complet Collection of Voyages and Travels. *Lond.* 1764 , 2 vol. in-fol. fig. 120 l.

HARRIS. (James)Hermes , or a philosophical Inquiry concerning language and universal grammar. *Lond.* 1751 , in-8. 8 l.

— Hermès , ou Recherches philosophiques sur la grammaire univ. , trad. de l'angl. par Fr. Thurot. *Paris* , an 4 , in-8. 5 l. — Pap. vélin , 7 l.

— Harris Works. *Lond.* 1801 , 2 vol. gr. in-4. pap. vélin, fig. 100 l. Cette belle édition, donnée par lord Malmesbury , fils de l'auteur, a été tirée à un petit nombre d'exemplaires.

HARRISII (Barth.) Matrona Ephesia , sive Lusus serius in Petronii Matronam Ephesiam. *Lond.* 1665 , in-12. 18 l. Petit Traité curieux et peu commun.

HARRISON'S. British Classicks. *Lond.* 1795 , 8 vol. gr. in-8. fig. 90 liv.

HARTENFELDZ (Georg. Chr. Pet. ab) Elephantographia curiosa, seu Elephanti Descriptio. *Erfordiæ* , 1715 , vel *Lipsiæ* , 1723 , in-4. fig. 8 liv.

HARTMANN (J. M.) Commentatio de Geographià Africæ Edrisianà. *Gottingæ* , 1791 , in-4. 5 l.

HARTUNGE (Jo.) Bibliotheca , sive Antiquitates urbis Constantinopolitanæ. *Argentorati* , 1578, in-4. *très-rare.*

HARVÆI (Gedeonis) Ars curandi Morbos expectatione ; *item* , de vanitatibus , dolis , et mendaciis medicorum , etc. *Amst.* 1695 , in-12. 6 l. Toutes les éditions de ce livre sont bonnes.

HASII (J. M.) Descriptio geogr.-hist. Regni Davidici et Salomonei.

Noribergæ, 1754, in-fol. cartes
et fig. color. 18 l.

HASSEL. (J.) Four Views of the
Isle of Wigth, taken and engraved. *Lond.* 1790, 2 vol. in-8. fig.
color. 36 l.

HASSENFRATZ. Traité de l'Art
du Charpentier. *Paris*, Didot,
1802, in-4. fig. 15 à 18 l.

HASTED'S. (Edward) History
and topographical Survey of the
County of Kent. *Canterbury*,
1778, 1782 et 1790, 3 vol. in-fol.
200 l.

Ces trois volumes renferment 123 planches.

HATCHETT. Expériences nouv. et
Observations sur les différents al-
liages de l'or, leur pesanteur spécifique, etc., trad. de l'angl. par
Lerat. *Paris*, 1804, in-4. pl. 7 l.

HAUDIQUIER. (J. B. et Charl.)
Voy. Bouquet.

HAVERCAMPI (Sigeb.) Sylloge
scriptorum qui de græcæ ling. recta
pronuntiatione scripserunt. *Lugd.
Bat.* 1736, 2 vol. in-8. 9 à 12 l.

— Ejusd. Dissertationes de Alexandri
Magni Numismate et de Nummis
contorniatis. *Lugd. Bat.* 1722,
in-4. fig. 5 l.

—Médailles de grand et moyen bronze
du cabinet de la reine Christine,
grav. par Piet. Sante Bartoli, et
expliquées par Sig. Havercamp. *La
Haye*, 1742, in-fol. fig. 15 l.

HAVESTADT (Bern.) Chilidugu,
sive Res Chilenses, vel Descript.
statûs tùm natur., tùm civilis càm
moralis regni populique Chilensis.
Typ. Aschendorfianis, 1777, 3
vol. in-8. rare, 24 à 30 l.

On trouve dans cet ouvrage une carte du
Chili, un cahier de musique, une gram-
maire et un dictionnaire de la langue du
Chili.

HAULTIN. (J. B.) Figures des
Monnaies de France. 1619, in-4.
fig. en bois, *excessivement rare*,
300 l. environ.

Ce volume, composé de 251 planches, y
compris dans ce nombre les frontispices,
ne renferme que des empreintes de médailles, sans texte.

— Histoire des Empereurs romains,
depuis Jules César jusques à Posthumus, avec toutes les médailles
d'argent qu'ils ont fait battre. *Pa-*

ris, Ant. de Sommaville, etc.
1645, in-fol.

Ouvrage extrêmement rare, contenant 241
planches de médailles gravées. Il n'y a
que le frontispice qui soit imprimé.

On a encore du même Haultin un autre
Recueil, qui doit être regardé comme de
la plus grande rareté, puisqu'on n'en connait qu'un seul exemplaire, lequel se
trouve à la Bibliothèque impériale. Il est
intitulé : *J. B. Altini Numismata non
antehac antiquariis edita.* 1640, in-fol.

HAURANNE, abbé de St.-Cyran.
(J. du Verger de) Voy. Duverger.

HAURISIUS. (Bonn. Casp.) Vide
Scriptores Historiæ romanæ.

HAUWAY. (Jonas) An historical
Account of the British trade over
the Caspian Sea, with a Journal
of Travels from London through
Russia in to Persia. *Lond.* 1753,
3 vol. in-4. fig. 50 l.

HAUY. Essai sur l'éducation des
Aveugles. *Paris*, 1786, in-4. 7 l.

HAUY. (René-Just) Traité de Minéralogie. *Paris*, an 10 (1801),
4 vol. in-8. et atlas in-4. 36 l. —
Format in-4. 40 l.

On a tiré de ces 4 volumes des exemplaires
sur papier vélin.

— Traité élémentaire de Physique.
Paris, an 12 (1803), 2 vol. in-8.
avec 24 pl. 8 l.

— Le même, nouv. édit. augmentée.
Paris, 1806, 2 vol. in-8. fig. 12 l.
— Pap. fin, 14 l. — Pap. vélin,
24 l.

— Exposition raisonnée de la théorie
de l'électricité et du magnétisme.
Paris, 1787, in-8. 5 à 6 l.

HAWKESWORTH. (John) Voy.
Cook.

HAWKING'S. (John) General History of the science and practice of
music. *Lond.* 1776, 5 vol. in-4. 60 l.

HAYE. (Jean de la) Voy. Valois.
(Marguerite de)

HAYE. (Jo. de la) Biblia magna,
comment. litteralium Gagnæi, Es-
tii et alior. illustrata, edita à Jo.
de la Haye. *Parisiis*, 1643, 5 vol.
in-fol. 27 l.

— Eadem. *Parisiis*, 1660, 19 vol.
in-fol. 66 l.

Peu recherché.

HAYE'S. (W.) A natural History
of British Birds. *Lond.* 1775, in-fol.
fig. color. 150 à 180 l.

— Portraits of rare and curious Birds, with their descriptions from the Menagery of Osterly Park, in the County of Middlesex. *Lond.* 1794, in-4. avec 40 pl. color. 66 l.

HAYM. (Nic. Fr.) Il Tesoro Britannico, ovvero il Museo nummario ove si contengono le Medaglie greche e lat. in ogni metallo e forma, non prima pubblicate. *In Lond.* 1719 et 1720, 2 vol. in-4. fig. 20 l.

— Biblioteca italiana, o Notizia de' Libri rari italiani. *Milano*, 1771-1773, 2 vol. in-4. 20 l.

Cette édition, donnée par Gian Donati, est préférable à celles de 1728, 1736 et 1741, in-4.

HEATH Notæ in Æschylum, Sophoclem et Euripidem. *Oxonii*, 1762, in-4. 15 à 18 l.

HEBEDJESU Metropolitæ Sobensis, Catalogus Librorum chaldæorum, tàm ecclesiast. quàm profanor.; chald. et lat. *Romæ*, 1653, in-8. *rare*, 61.

HEBENSTREITH (Jo. Ern.) Museum Richterianum, continens fossilia, animalia et vegetabilia maris, iconibus æneis illustr. *Lipsiæ*, 1743, in-fol. 18 l.

HECATÆI Abderitæ philos. et histor. Eclogæ, sive Fragmenta integri olim libri, de Histor. et Antiquitatibus sacris vet. Hebræorum, gr. lat., cum notis Jos. Scaligeri et comment. P. Zornii. *Altonæ*, 1730, in-8. 9 l.

HEDELIN. (Franç.) Des Satyres brutes, Monstres, etc., de leur culte et adoration. *Paris*, 1627, in-8. 6 l.

Quelques personnes prétendent que cet ouvrage n'est pas de Hedelin.

HEDERICI (Benj.) Lexicon manuale græcum, recensitum à Sam. Patricio et Guill. Young, gr. lat. *Lond.* 1755, in-4. 16 l.

Cet ouvrage est fort estimé. Il a été réimprimé en 1766, 1778 et 1790. Ces trois éditions valent 24 à 36 l. chaque.

HEDLINGER : (N.) son Œuvre, ou Recueil des Médailles de ce célèbre artiste, avec une explication. *Basle*, 1776, in-fol. 45 l.

Ce Recueil de Médailles existe aussi en deux vol. in-4. *Basle*, 1778.

HÉDOUVILLE. Voy. SALLO. (Denys de)

HEDWIG (Joan.) Descriptio et Adumbratio microcospica analyt. Muscorum frondosorum, necnon aliorum Vegetantium, è classe cryptogamicâ Linnæi. *Lipsiæ*, 1787-1797, 4 vol. in-fol. avec 160 pl. color. 200 l.

Superbe ouvrage.

— Fundamenta Historiæ nat. Muscorum frondosorum. *Lipsiæ*, 1782, 2 part. 1 vol. in-4. avec 20 pl. color. 24 l.

— Species Muscorum frondosorum descriptæ et tabulis æneis 77 color. illustratæ, opus posth., edit. à F. Schwægrichen. *Lipsiæ*, 1801, in-4. fig.

— Theoria generationis et fructificationis Plantarum cryptogamicarum Linnæi. *Petropoli*, 1784, in-4. avec 37 pl. color. 30 l.

— Filicum genera et species, recentiori methodo accommodatæ, analyticè descriptæ, iconibusque ad naturam pictis illustratæ. *Lipsiæ*, 1790, fasc. 1—4. in-fol. 60 l.

— Observations et remarques sur la botanique (en allem.) *Leipsick*, 1793, in-8. fig. color. 10 l.

HEDWIG (R. A.) Genera plantarum secundùm characteres differentiales ad Mirbelii edit. revisa et aucta. *Lipsiæ*, 1804, in-8. 10 l.

HEENER. (J. Dan.) Histoire des animaux, quadrupèdes, oiseaux et poissons (en allemand). *Nuremberg*, 1748, 2 vol. in-fol. fig. color. 120 l.

Cet ouvrage se trouve difficilement en France.

HEINECCII (Josephi Gottlieb.) Opera juridica et alia. *Genevæ*, 1771, 9 vol. in-4. 76 à 90 l.

Cette édition est préférable à celle de *Genève*, 1744, 8 vol. in-4.

HEINECCII (Jo. Mich.) de veteribus Germanorum aliarumque nationum Sigillis, Syntagma histor. *Francof.* et *Lipsiæ*, 1709, in-fol. fig. 10 liv.

HEINIKEN. (le baron de) Idée générale d'une Collection complete d'Estampes, etc. *Leipsic* et *Vienne*, 1771, in-8. fig. 12 à 15 l.

Excellent ouvrage.

HEINSII (Dan.) Orationes, ex edit. Nic. Heinsii, Danielis filii. *Amst.* Elzevir, 1657, in-12. 5 l.

— Laus Asini, edente Dan. Heinsio; acced. alii Tract. ejusd. generis, Laus Pediculi, etc. *Lugd. Batav.* 1629, in-24. 7 l.

—De Contemptu mortis. *Lugd. Bat.* Elzevir, 1621, in-12.

On a tiré de ce vol. des exemplaires sur vélin.

HEINSII (Nic.) et Jo. RUTGERSII Poëmata varia. *Lugd. Batav.* Elzevir, 1653, in-12. 7 l.

HEISTERI (Laur.) Descriptio novi generis Plantæ rarissimæ et speciosissimæ Africanæ, ex bulbosarum classe. *Brunsvigiæ*, 1753, in-fol. max. avec 3 pl. color. 30 l.

— Institutiones Chirurgicæ. *Amst.* 1750, 2 vol. in-4. 16 l.

— Compendium Anatomicum. *Altorfii*, 1727, in-8. 5 l.

HELCAVII Liber, continens Artem Medicinæ; aut. Abuchare Mugamet med., filio Zachariæ Rasis, ex arab. lat. *Brixiæ*, 1486, 2 vol. in-fol. 30 liv.

HÉLÈNE de Constantinople. Roman de ce nom. Voy. ROMAN.

HÉLIODORI Æthiopicorum lib. x, græcè. *Basileæ*, 1534, in-4.

Première édition.

— Iidem, gr. lat. Commel. 1596, in-8. 5 l.

Édition assez correcte.

—Iidem, gr. lat., ex vers. Stanislai Warschewiczki, Poloni, cum animadv. Jo. Bourdelotii. *Lutetiæ Parisior.* 1619, in-8. 8 l.

Bonne édition.

—Iidem, gr., cum notis Bourdelotii, ex recens. J. P. Schmidii. *Lipsiæ*, 1772, in-8. 6 l.

Mauvaise édition.

— Iidem, gr., cum scholiis gr. *Parisiis*, 1804, 2 vol. in-8. 16 l.

Excellente édition, due aux soins de M. Coray.

— Les Amours de Théagènes et de Chariclée, trad. en franç. par J. de Montlyard, et corrigées par Henr. d'Audiguier. *Paris*, 1623 ou 1626, in-8. fig. 6 l.

Ces deux éditions sont recherchées par rapport aux figures dont elles sont ornées.

— Les mêmes. *Paris*, Coustellier, 1743, 2 vol. in-8. fig. 8 l.

—Les mêmes. *Paris*, 1796, 2 vol. in-4. fig. enlum. 20 l.

— Les mêmes, trad. nouv. avec des notes. *Paris*, 1803, 3 vol. in-12. 6 liv.

Ce Roman a été traduit en italien.

HELIODORI Opticorum lib. ij, gr. lat., ab Eras. Bartholino. *Parisiis*, 1657. — Hypsiclis Anaphoricus, sive de Ascensionibus, gr. lat., à Jac. Mentelio. *Parisiis*, 1657, in-4.

HELISENNE DE CRENE. (Les Épitres familières et invectives de Madame) *Paris*, 1539, in-8. 9 l.

— Les Angoisses douloureuses qui procèdent d'amours. *Paris*, 1538, in-8. fig. 9 l.

HELLOT. (Jean) Voy. SCHLUTTER. (Ch. And.)

HELMONT(F. M. B. ab) Alphabeti hebraïci Delineatio. *Sulzbaci*, 1667, in-12. fig. 9 l.

Peu commun.

HELOISE. Voy. ABAILARD.

HELPEN. (Barent Comders van) L'Escalier des sages, ou Trésor de la Philosophie des anciens. *Groningue*, 1689, in-fol. fig. 18 l.

Cet ouvrage n'est recherché que pour les figures qu'il renferme. L'édition de Cologne, 1693, est également bonne.

HELVETIUS. (Cl. Adr.) De l'Esprit. *Paris*, 1758, in-4. 10 l. — Gr. pap. 18 l.

On a publié à *Londres*, en 1759, une traduction anglaise de cet ouvrage, en un vol. in-4.

— Les Œuvres d'Helvétius. *Paris*, Bastien, 1792, 5 vol. in-8. 24 l.

L'édition aux titres rouges, en 5 vol in-8. et celle en 2 vol. in-4., se vendent à-peu-près le même prix.

— Les mêmes. *Paris*, Didot l'aîné, 1795, 14 vol. in-18. 18 l.— Pap. vélin, 40 l. — Gr. pap. vélin, 80 l.

Jolie édition.

HELWING (Georg. And.) Flora quasi modo genita, sive Enumeratio aliquot Plantarum indigenarum in Prussià. *Gedani*, 1712, in-4. fig. 10 liv.

HELYOT. (Hippol.) Histoire des Ordres monastiques religieux et militaires , etc. *Paris* , 1714 et suiv. 8 vol. in-4. fig. 72 à 80 l.

Il y a de cette édition des exemplaires avec figures coloriées.

La réimpression de *Paris* , 1721 , 8 vol. in-4. est moins chère , parce que les figures sont d'un second tirage.

HEMMERLINI (Felicis Malleoli, *vulgo*) Opuscula varia , scilicet : de Nobilitate et Rusticitate Dialogus, historiis , sententiis et facetiis refertissimus ; accedunt , etc. , etc. *Editio vetus, absque loco et anno, litteris goth. excusa.* — Ejusd. Variæ oblectationis Opuscula et Tractatus , nempè , contrà validos mendicantes , etc. , etc. *Editio vet. , absque loci et anni indicat. ; litteris goth. impressa.* in-fol.

Cet ouvrage est très-rare. La première partie, qui est la plus difficile à trouver , n'a été imprimée qu'une seule fois; la seconde a été réimprimée à *Basle* , en 1497.

Le premier traité vaut 50 à 60 l. ; le second 10 à 12 l. , et tous les deux ensemble , 80. à 100 l.

HÉNAULT. (Charl. J. Fr.) Abrégé chronologique de l'Histoire de France. *Paris* , 1749 , in-4. 7 l. — Avec les figures d'Odieuvre , 15 à 18 l. — Gr. pap. fig. 24 l.

— Le même. *Paris* , 1752 et 1756 , in-4. fig. d'Odieuvre , 15 l. — Gr. pap. 24 l.

— Le même. *Paris* , 1768 , 2 vol. in-4. avec 28 pl. grav. d'après Cochin , 30 l. — Gr. pap. de Holl. 54 l.

— Pièces de Théâtre en vers et en prose. 1770 , in-8. 5 l.

On a tiré des exemplaires sur vélin du *Réveil d'Epiménide* , comédie du même auteur.

HENCKEL. (J. Fred.) Pyritologie, ou Hist. natur. de la Pyrite, trad. de l'allem. en franç. *Paris* , 1760, 2 vol. in-4. fig. 10 l.

HENNINGES (Hierony.) Theatrum genealogicum , ostentans omnes omnium ætatum familias monarcharum , regum , etc. à mundo condito ad nostra tempora. *Magdeburgi* , 1598 , 4 vol. in-fol. 80 l.

Ouvrage savant , et qui autrefois avait une valeur beaucoup plus considérable. Les exemplaires en sont rares.

Les deux articles suivants s'annexent aux quatre vol. ci-dessus.

— Genealogiæ aliquot familiarum nobilium in Saxoniâ. *Hamburgi* , 1590 , in-fol. fig. *rare*.

Volume de 78 feuillets.

— Genealogiæ impp. , regum, principum , electorum, etc. tabellis comprehensæ et collectæ ex variis autor., monumentis antiq. et ipsis principum archivis. *Ulyssæ* , 1588, in-fol. *rare.*

Ces deux volumes sont quelquefois reliés en un seul.

HENRYS : (Cl.) ses Œuvres , avec les observat. de Matth. Terrasson. *Paris* , 1738 , 4 vol. in-fol.

— Les mêmes , avec les observat. de Bretonnier. *Paris* , 1772 , 4 vol. in-fol.

Dernière édition.

HENRY'S. (Rob.) History of Great-Britain. *Lond.* 1799 , 12 vol. in-8. — The History of Great-Britain , being a continuation of Henry's History, by Pettit Andrews. *Lond.* 2 vol. in-8. 90 l.

Cette Histoire d'Angleterre a été traduite en français par M. Boulard.

HENSELII (Godef.) Synopsis univ. Philologiæ, in quâ mira unitas et Harmonia Linguarum totius orbis exhibetur. *Norimbergæ* , 1741 , in-8. 8 l.

HENTZNER. (Paul) A Journey into England , in the year 1598. *Strawberry-Hill* , 1757 , in-8. 12 l.

Ce Voyage est rare.

HEPHÆSTIONIS Alexandrini, Enchiridion de metris et poëmate, cum schol. antiq., gr. *Parisiis* , Turneb. 1553 , in-4.

Edition bien imprimée et très-rare.

— Idem, cum scholiis antiq. , et animadv. J. Corn. de Paw. *Ultrajecti* , 1726 , in-4. 6 l.

Bonne édition.

HERACLIDIS Allegoriæ Homericæ, gr. lat. , cum notis Nic. Schow. *Gottingæ* , 1782 , in-8. 5 l.

HERBARIUS , cum Herbarum figuris. *Moguntiæ* , Petrus Schoyffer de Gernzheym , 1484 , in-4. fig. 80 l.

Edition fort rare , et dont les exemplaires sont souvent incomplets.

— Idem. *Patavii* , 1485 , in-4. 72 l.

Cette seconde édition est également fort rare. Le volume renferme 150 planches gravées en bois.

— Idem , germanicè. *Moguntiæ* , Pet. Schoyffer , 1485, in-fol. 72 l.
Première édition allemande.

HERBELOT. (Barth. d') Bibliothèque orientale. *Maëstrich*, 1776, in-fol. avec un suppl. 24 l.

— La même. *La Haye* , 1777 , 4 vol. in-4. 50 l. — Gr. pap. 90 l.
On doit trouver à la fin du quatrième vol. un supplément commençant à la page 681, et finissant à la page 764.

HERBERT DE CHERBURY (Edoard.) de Veritate pro ut distinguitur à revelatione , à verisimili , à possibili et falso. *Lond.* 1645 , in-4. 6 l.
Cette édition est la plus recherchée de ce livre , parce qu'elle contient un petit Traité intitulé : *De causis errorum* , qui ne se trouve pas dans les autres.
Cet ouvrage a été traduit en français par le même Herbert de Cherbury, 1639, in-4. 8 liv.

HERBIN. (A. T. J.) Cours d'arabe moderne. *Paris* , 1803 , in-4. 20 l.

HERBINII (Joan.) Dissertationes de admirandis mundi Cataractis ; de æstu maris Refluo et de Paradiso. *Amst.* 1678 , in-4. fig. 5 l.
Ouvrage peu commun.

HERBST. (J. Frcd. Guil.) Essai d'une Hist. naturelle des Crabes et Ecrevisses, etc. (en allem.) *Zurich*, 1782, in-4. avec 21 pl. color. 20 l.

— Courte Introduction à l'Hist. naturelle des Insectes. *Berlin* , 1784 , in-8. fig. color. 24 l.

HERE. Recueil de Plans, Elévations, etc. des Châteaux et Jardins que le roi de Pologne occupe en Lorraine. *Paris* , 1753 , 3 vol. in-fol. fig. 72 l.

HERGOLT (Marq.) Genealogia diplomatica Aug. Gentis Hasburgicæ, quâ continentur vera Gentis hujus exordia , antiquitates , cum fig. *Viennæ Austr.* 1737, 2 tom. 3 vol. in-fol. 15 à 18 l. — Gr. pap. 30 à 36 l.

— Ejusd. Monumenta. Domûs Austriacæ, sigilla vetera et insignia quibus usi sunt Marchiones , duces archiducesq. *Viennæ Austr.* 1750 , 3 vol. in-fol. fig. 36 à 48 l.

HÉRITIER. (Car. Lud. Dom. de Brutelle l') Stirpes novæ aut minùs cognitæ , descript. et iconibus illustr. *Parisiis* , 1784 et seqq. 3 vol. gr. in-fol. pap. vélin, avec 127 pl. color. 350 l.

— Sertum anglicum, illust. iconibus à P. J. Redouté. *Parisiis* , P. Fr. Didot , 1788 , in-fol. max. pap. vélin , avec 34 pl. color. 120 l.

— Geraniologia , seu Erodii , Pelasgonii , etc. Historia; iconibus illustr. à P. J. Redouté. *Parisiis* , P. Fr. Didot , 1787 , in-fol. max. pap. vél. avec 46 pl. color. 150 l.
Il y a des exemplaires sur peau de vélin.

— Cornus specimen botanicum , sistens descriptiones et icones specierum Corni minùs cognitarum. *Parisiis* , P. Fr. Didot , 1788 , gr. in-fol. pap. vélin , avec 6 pl. color. 24 l.
On a tiré de ce vol. des exemplaires sur vélin.

HERMAN. (J.) Abrégé des Mathématiques pour l'usage de S. M. impériale. *St. - Pétersbourg* , 1727 , 2 tom. 1 vol. in-8. 12 l.

HERMANNI (Jo.) Tabula affinitatum animalium. *Argentorati*, 1783 , in-4. 6 l.

HERMANNI (Pauli) Paradisus Batavus, innumeris exoticis curiosis Herbis et rarioribus Plantis illustratus. *Lugd. Bat.* 1705 , in-4. 246 fig. 18 l.

— Musæum Zeylanicum , sive Catalogus Plantar. in Zeylanâ spontè nascentium. *Lugd. Bat.* 1726 , in-8. 7 l.

HERMANNI (G.) Observ. crit. in quosdam locos Æschyli et Euripidis. *Lipsiæ* , 1798, in-8. pap. collé , 4 l.

— Ejusd. de Metris Poëtarum græcor. et latinor. lib. iij. *Lipsiæ* , 1796 , in-8. 6 à 8 l.

— Ejusd. de Emendandà ratione græcæ Grammaticæ pars prima. Acced. Herodiani aliorumq. Libelli nunc primùm editi. *Lipsiæ* , 1801 , in-8. 9 l.

HERMOGENIS Ars oratoria , gr. lat., cum comment. G. Laurentii. *Coloniæ Allobrogum* , 1614, in-8. 9 l.
Bonne édition.

— Ejusd. Opera Oratoria , gr. lat., per Jo. Sturmium. *Argentorati*, 1570-71 , 3 vol. in-8. 6 à 9 l.

HERNANDEZ (Fr.) nova Plantarum, Animalium et Mineralium
Mexicanorum Historia. *Romæ*,
1651, in-fol. fig. 40 l.
Ouvrage estimé et rare.

HÉRO et LEANDRE, poëme nouveau, en trois chants. *Paris*, Didot l'aîné, 1801, in-4. 9 grav. en
couleur, 18 l. — Pap. vélin, fig.
av. la lettre, 40 l.

HERODIANI Historiarum lib. viij,
gr. lat. *Venetiis*, Aldus, 1524,
in-8.
La version latine est d'Ange Politien. Cette
édition n'est pas commune.

— Iidem, gr. *Lovanii*, 1525, in-4.
rare.

— Iidem, cum Hist. Zosimi, ab
Henr. Stephano. *Excudeb. H. Stephanus*, 1581, in-4. 5 l.

— Iidem, gr. lat., à J. H. Boeclero.
Argent. 1644, 1662, 1694, in-8.
Ces trois éditions sont accompagnées d'un
excellent *Index*.

— Iidem, gr. lat., cum notis Varior.
Oxonii, 1679 seu 1699 seu 1704,
in-8. 12 l. — Gr. pap. 40 l.
Ces trois éditions sont également bonnes
et peu communes. Elles sont partie de
la Collection des *Variorum*.

— Iidem, gr. lat. *Edimburgi*, 1724,
in-8. 6 l.
Edition estimée.

— Iidem, gr. lat., ex recens. H. Stephani, cum notis Varior., curâ T.
G. Irmisch. *Lipsiæ*, 1789-1792,
5 vol. in-8. 72 l. — Pap. fort, 100 l.
Bonne édition.

— Iidem, gr., ex recens. Frid. Aug.
Wolfii. *Halis*, 1792, in-8.
Edition très-correcte.

— Iidem, latiné redditi, ex interpr.
Angeli Politiani. *Romæ*, 1493,
in-fol. 60 l.
Première édition. Les exemplaires en sont
assez rares.

— Iidem. *Bononiæ*, 1493, in-fol.
On fait aussi quelque cas de cette seconde
édition.

—Histoire d'Hérodien, trad. du grec
en franç. avec des remarq. par Nic.
Hubert de Mongault. *Paris*, 1745,
in-12. 3 l.
Bonne édition.

— La Istória d'Erodiano, trad. in
ling. toscana, da un autore incerto.

In Firenze, Giunti, 1522, o *In
Venezia*, 1524, in-8. 5 l.

— La medesima, trad. da Lelio Carani. *In Venetia*, 1552, in-8.
Ces trois éditions sont assez estimées.

HERODOTI Halicarnassei Historiarum lib. ix, gr. *Venetiis*, Aldus,
1502, in-fol. 80 l.
On a tiré de cette première et rare édition de l'Histoire d'Hérodote, quelques
exemplaires sur un papier plus beau et un
peu plus grand de marge. Les amateurs
en font beaucoup de cas.

—Iidem, et Excerpta ex Ctesia, ab
Henr. Stephano, gr. *Excudebat H.
Steph.* 1570, in-fol. 12 à 15 l.
On joint ordinairement à cette édition la
version latine donnée par H. Etienne, en
1566, in-fol.

— Iidem, gr. lat. *Henr. Stephanus*,
1592, in-fol.
Edition très-correcte.

—Iidem, et Excerpta ex Ctesia, ex
edit. H. Stephani, cum notis Fed.
Sylburgii, gr. lat. *Olivâ P. Stephani*, 1618, in-fol. 12 à 15 l.

— Iidem, gr. lat. Acced. H. Stephan.
Apologia pro Herodoto et notæ ex
div. *Lond.* 1679, in-fol. 27 l.
Edition estimée.

— Iidem, gr. lat., ex recens. Jac.
Gronovii. *Lugd. Batav.* 1715, in-
fol. 36 l. — Gr. pap. 54 l.
Edition fautive, mais bien exécutée.

— Iidem, gr. lat., ex edit. J. Gronovii. *Glasguæ*, Foulis, 1761, 9 vol.
in-8. 60 l.
Belle édition.

— Iidem, gr. lat., cum notis Pet.
Wesselingii. *Amst.* 1763, in-fol.
170 l.
Bonne édition, peu commune.
Il faut y joindre la Dissertation suivante,
dans laquelle Wesseling développe fort
au long différentes choses qui ne sont
qu'indiquées dans les notes qui font partie de cette édition d'Hérodote.
*Pet. Wesselingii Dissertatio Herodotæa.
Trajecti ad Rhenum*, 1758, in-8. 7 l.

— Iidem, cum notis crit. G. H.
Schœfer. *Lipsiæ*, 1803, 3 vol.
in-8. 45 l. — Pap. fin, 50 l.
Belle édition.

— Iidem, latiné, ex vers. Laur. Vallæ. *Venetiis*, Jacobus Rubeus,
1474, in-fol. 40 l.
Cette édition, la première de cette ver-

sion, est fort rare. Elle est exécutée en lettres rondes, sans chiffres, signatures ni réclames. La totalité du volume est de 258 feuillets.

— Iidem, lat., ex interpr. L. Vallæ. *Romæ*, in domo Pet. de Maximis, 1475, in-fol.

Seconde édition également rare.

— Les Histoires d'Hérodote, trad. avec des remarq. par M. Larcher. *Paris*, 1786, 7 vol. in-8. 50 l. — Pap. fort, 70 l. — Format in-4. 100 l.

On a tiré de ce dernier format 12 exemplaires sur papier vélin.

Quelques personnes préfèrent cette édition à la suivante, quoique moins ample, parce que M. Larcher a supprimé dans sa deuxième édition des notes hardies sur la chronologie.

— Les mêmes, et de la même traduction. Edition augm. *Paris*, Crapelet, an x (1802), 9 vol. in-8. 60 l.

Il y a des exemplaires de format in-4. papier vélin, 240 l.

— Herodotus, translated into english, by Beloë. *Lond.* 1791, 4 vol. in-8. 30 l.

La meilleure traduction italienne d'Hérodote que nous ayons, est celle de Matt. Mar. Boïardo. *Venise*, 1565, in-8. 6 l.

— Introduction au Traité des Merveilles anciennes avec les modernes, ou Traité préparatif à l'Apologie pour Hérodote, par Henr. Estienne. 1566, in-8. de 572 pages.

Edition originale, très-rare, avec le mot *couillage*, page 280, lig. 4, et contenant en outre tous les passages retranchés dans les éditions postérieures.

— Le même ouvrage, avec des remarques par Le Duchat. *La Haye*, 1735, 3 vol. in-8. 10 à 12 l.

HÉROS (les) de la Ligue ou Procession monacale pour la conversion des Protestants de France. *Paris (Hollande)*, 1691, in-4. 50 l.

Cet ouvrage n'est autre chose qu'un recueil de figures grotesques, où sont représentés divers personnages qualifiés, qui prirent une part active dans les troubles de religion qui agitèrent la monarchie sous le règne de Louis XIV. Chaque estampe est accompagnée d'une explication en style satirique. Ce livre fut supprimé avec rigueur.

HERP (Henr.) Speculum aureum decem præceptorum Dei. *Mogun-*

tiæ, Pet. Schoyffer de Gernsheym, 1474, in-fol. 40 à 50 l.

Edition recherchée pour son antiquité. Les exemplaires en sont rares.

HERRERA. (Ant. de) Historia de los Hechos de los Castellanos en las Islas y Tierra firme del mar Occano, en viij decades, desde 1492-1554. *En Madrid*, 1601-1615, 8 tom. 4 vol. in-fol. 45 l.

— La misma. *Madrid*, 1730, 4 vol. in-fol. 36 l.

HERSCHEL'S. Investigation of the powers of the primatic colours to heat and illuminate objects. *Lond.* 1800, 2 part. gr. in-4. pap. vélin, 8 liv.

HERSENT. (Car.) Voyez OPTATUS GALLUS.

HERTELII (Jac.) Bibliotheca quinquaginta vetustiss. Comicorum, quorum Opera integra non extant, gr. lat. *Veronæ*, 1616, in-8. 18 l.

HERVEY'S. (James) Meditations and Contemplations. *Lond.* 1796, 2 vol. gr. in-8. fig. 18 l.

Belle édition.

HESIODI ASCRÆI Carmina, cum scholiis græcis nunc primùm edita, græcè. *Venetiis*, Zanetti, 1537, in-4. 18 à 24 l.

Seule édition où les scholies soient entières. Les poésies d'Hésiode ont été imprimées, pour la première fois, par les Alde, en 1495, avec Théocrite et autres.

— Ejusd. Opera. *Florentiæ*, Junta, 1540, in-8. 8 à 12 l.

— Eadem, gr. *Venetiis*, 1543, in-8. 6 à 9 l.

— Eadem, gr. lat., à Jo. Spondano. *Rupel.* 1592, in-8. *rare.*

Bonne édition.

— Eadem, cum notis Varior., gr. lat. *Commel.* 1591 vel 1598, in-8. 6 l.

— Eadem, gr. lat., cum scholiis gr. et notis ac indice D. Heinsii. *Antuerpiæ*, 1603, in-4. 18 à 24 l.

Edition correcte et rare.

— Eadem, gr. lat., cum notis Schrevelii et indice G. Pasoris. *Lugd. Bat.* Elzev. 1650, in-8. 8 l.

Edition belle et correcte.

— Eadem, gr. lat., ex edit. Corn. Schrevelii. *Cantab.* 1672, in-8. 6 liv.

—Eadem, gr.lat., cum notis Varior.,
ex recens. Joan. Clerici. *Amst.*
1701, in-8. 12 l.

Cette édition est préférée à celles de 1650
et 1667. Elle fait partie de la Collection
des *Variorum.*

— Eadem , gr. lat. *Lipsiæ*, 1730,
in-8. 5 à 6 l.

—Eadem, gr. lat., cum notis Varior.,
ex edit. Th. Robinson. *Oxonii*,
1737, in-4. 40 l. — Gr. pap. 120 à
150 l.

On a tiré de cette excellente édition des
exemplaires en très-grand papier format in-
fol., mais ils sont très-rares et fort chers.

— Eadem, gr. lat., à Joan. Tob.
Krehsio. *Lipsiæ*, 1746 vel 1776,
in-8. 6 l.
Edition correcte.

— Eadem, gr. lat., ex recens. Th.
Robinson, cur. Chr. Frid. Loesnero.
Lipsiæ, 1778, in-8. 8 l.

—Eadem, gr. lat., stud. Bern. Za-
magnæ. *Parmæ*, Bodoni, 1785,
gr. in-4. pap. azuré, 15 l. — Pap.
blanc, 24 l.

— Eadem, gr. *Parmæ*, Bodoni,
1787, in-4. 9 l.

—Eadem, gr., lat. et ital., ed. Ant.
Salvini. *Patavii*, 1747, gr. in-8.
10 liv.

—Eadem, gr., lat. et ital., stud. G.
M. Pagnini. *Parmæ*, Bodoni,
1798, in-4. 24 l.

— Ejusd. Hesiodi Scutum Herculis,
gr. lat., cum scholiis græcis et notis C. F. Heinrichs. *Vratislaviæ*,
1802, in-8. 6 l.

—Ejusd. Theogonia, lat. carmine heroïco, ex vers. Bonini Mombritii.
Ferrariæ, Andr. Gallus, 1474,
in-4. de 24 feuillets.

Cette rare édition est imprimée en caractères ronds, sans chiffres, réclames ni
signatures.

—Les Œuvres d'Hésiode, trad. nouv.
avec des notes, par P. L. C. Gin.
Paris, 1785, in-8. 6 l. — Papier
vélin, 18 l.

— Vid. CALPURNIUS et THEOCRITUS.

HESSELII (Fr.) antiquæ Inscriptiones quum græcæ tùm latinæ,
cum notis Varior. *Leovardiæ*,
1731, in-fol. fig. 12 l.

HESYCHII Lexicon græcum, gr.
Venetiis, Aldus, 1514, in-fol. 30 l.

Première édition de ce livre. Elle est fort
belle, mais incorrecte.

— Idem, gr. *Florentiæ*, apud Juntas, 1520, in-fol.
Belle édition, peu commune, 27 l.

— Idem, gr., cum notis Varior.,
ex recens. Corn. Schrevelii. *Lugd.*
Bat. 1668, in-4. 12 l.

—Idem, gr. lat., cum notis Varior.,
ex recens. Joan. Alberti. *Lugd.*
Bat. 1746-66, 2 vol. in-fol. 60 à
72 l. — Gr. pap. 90 l.

— Idem, ex codice msto Biblioth.
D. Marci restitut., et ab omnibus
Musuri correct. repurgatum, sive
Suppl. ad edit. Hesychii Alberti-
nam, aut. N. Schow. *Lips.* 1792,
in-8. 16 l.

Ce vol. est indispensable à tous ceux qui
veulent se servir avec fruit du Lexique
d'Hesychius.

HESYCHII Milesii de his qui eruditionis famâ claruere, liber, gr.,
Hadriano Julio interpr. *Antuer-*
piæ, 1572, in-8. 6 l.

HEVELII (Jo.) Machina cœlestis.
Gedani, 1673, in-fol. fig. 18 l.

—Machinæ cœlestis, pars posterior.
Gedani, 1679, in-fol. fig.

Cette seconde partie est devenue excessivement rare par le fatal incendie qui dé-
truisit, en septembre 1680, la maison et
l'imprimerie de l'auteur.

—Selenographia, sive lunæ Descriptio. *Gedani*, 1647, in-fol. fig. 18 l.
Volume rare.

—Prodromus Cometicus, seu Hist.
Cometæ ann. 1664. *Gedani*, 1665,
in-fol. 15 l.

— Dissertationes variæ : Mercurius
in sole visus ; Venus in sole visa,
et Phænomena varia. *Gedani*, 1654,
in-fol. 12 l.

— Cometographia, sive Tract. de
Cometis. *Gedani*, 1668, in-fol. 21 l.

— Uranographia. *Gedani*, 1690, in-
fol. fig. 24 l.
Volume assez rare.

HEURES (les) françaises, ou les
Vêpres de Sicile et les Matines de
la St.-Barthélemy. *Amst.* 1690,
in-12.

A en juger par les prix extraordinaires auxquels ce livre a été porté dans plusieurs
ventes publiques, on doit le regarder
comme fort rare. Il s'est vendu jusqu'à
168 l.

33

HEYNE (Chr. Gottl.) Lexicon univ. rei numariæ veterum, cum explicat. monogrammatum. *Lipsiæ*, 1785, 3 vol. in-8. 36 à 40 l.

— Ejusd. Opuscula acad., collecta et animadv. locupletata. *Gottingæ*, 1785, 5 vol. in-8. 21 l.

HICKESII (Georg.) antiquæ Litteraturæ septentrionalis, lib. duo. *Oxonii*, 1703 et 1705, 6 part. 2 vol. in-fol. 100 à 120 l. — Gr. pap. 200 l.

Ouvrage fort estimé et rare. Il est orné d'un grand nombre de figures gravées en taille douce.

— Conspectus Thesauri Hickesiani, cum notis; per Guill. Wottonum. *Lond.* 1708, in-8. 6 l.

— Institutiones grammaticæ anglosaxonicæ et mæso-gothicæ. *Oxoniæ*, 1689, in-4. 12 l.

HIEL. (N.) Voyage spirituel d'un jouvenceau vers la terre de paix, qui en son voyage rencontra trois sortes de Disputations, etc. *Sans indication*, in-12. rare, 6 à 10 l.

HIEROCLIS philos. in aureos Versus Pythagoræ Opusculum, lat. redditum, interpr. Aurispâ. *Patavii*, 1474, in-4. 30 à 36 l.

Première édition, imprimée à longues lignes, au nombre de 24 dans les pages entières, sans chiffres, signatures ni réclames. Les exemplaires en sont rares.

— Idem, lat., interprete Aurispâ. *Romæ*, Arn. Pannartz, 1475, in-4. 30 l.

Cette seconde édition est aussi fort rare.

— Commentarii in aurea Pythagoræ carmina, gr. lat., ex edit. Curterii. *Lond.* 1654 vel 1672, in-8.

La première édition est plus correcte que la seconde.

— Iidem, gr. lat., ex vers. et cum notis Pet. Needham. *Cantabrigiæ*, 1709, in-8. 15 l. — Gr. pap. 60 l.

Bonne édition.

— Iidem, gr. lat., cum notis R. W. S. T. P. *Lond.* 1742, in-8. 7 l. — Gr. pap. 15 l.

Ces deux éditions appartiennent à la Collection des *Variorum*.

— La Vie de Pythagore, ses Symboles, ses Vers dorés, et la Vie de Hiéroclès, etc. trad. en franç. avec des remarq. par Dacier. *Paris*, 1706, 2 vol. in-12. 7 l.

HIERONYMI (S.) Opera, à Desid. Erasmo. *Basileæ*, Froben, 1516, 5 vol. in-fol.

Première édition.

— Eadem, ex edit. Ant. Pouget et J. Martianay, Benedict. *Parisiis*, 1693 et seqq. 5 vol. in-fol. 60 l. — Gr. pap. 100 l.

Bonne édition.

— Ejusd. Epistolæ. *Romæ*, Conrad. Sweynheym et Arn. Pannartz, 1468, 2 vol. in-fol. 300 l.

Première édition très-rare.

— Eædem. *Edit. vetus, absque ullâ loci indicat.* in-fol.

Edition très-rare et imprimée sur deux colonnes, de 50 lignes chacune, sans chiffres, signatures ni réclames. On présume qu'elle a été publiée vers 1468.

— Eædem. *Moguntiæ*, Pet. Schoyffer de Gernzheym, 1470, 2 vol. in-fol. max. 300 l.

Cette édition est au moins aussi rare que les deux précédentes; quelques amateurs même la recherchent de préférence à celle de 1468.

Il y a des exemplaires sur vélin, qui sont infiniment précieux et très-chers.

— Eædem. *Romæ*, in domo Pet. et Fr. de Maximis, 1470, 2 vol. in-fol. 70 l.

Edition recherchée, mais moins rare que les trois précédentes.

— Lettres de St. Jérome, trad. en franç. avec des notes, par D. Guill. Roussel. *Paris*, 1704, 3 vol. in-8. 10 l.

— Epistole di S. Hieronymo, con sua Vita, e extratti da suoi scripti, in lingua toscana. *Ferrara*, de Rossi, 1497, in-fol. 15 l.

Première édition de ces Lettres en langue toscane.

— Ejusd. S. Hieronymi Expositio in Symbolum Apostolorum. *Oxoniæ*, 1468 (1478), in-4.

Cet ouvrage, suivant Maittaire, est le premier qui ait été imprimé à *Oxfort*. Il est fort rare.

— Ejusd. Opus insigne de Vitis Patrum. *Norimbergæ*, Ant. Coburger, 1478, in-fol.

Edition rare.

— Idem. *Ulmæ*, Joh. Zainer, *absque anni notâ*, in-fol.

Edition rare et imprimée à longues lignes.

— La Vie de St. Hiérome, transl. en

franç. par Loys Lassère. *Paris*, J.
Petit, etc. 1529, in-4.
Exemplaire imprimé sur vélin.
— La même, augmentée. *Paris*,
1530, in-4.
Exemplaire imprimé sur vélin.
HIERONYMI de Ferraria (fratris)
Compendium Revelationum inu-
tilis servi J. C. *Florentiæ*, 1495,
in-4.
Exemplaire imprimé sur vélin.
— Ejusd. de simplicitate et felici-
tate Vitæ christianæ, lib. v. *Flo-
rentiæ*, 1496, iu-4.
Exemplaire imprimé sur vélin.
HIERONYMI ab OLEASTRO Com-
mentarii in Pentateuchum. *Olys-
sipone*, 1556-1558, 5 part. 1 vol.
in-fol. 15 l.
Edition rare et l'originale de cet ouvrage.
HIERONYMUS Pragensis. Vid.
Huss. (Jo.)
HILARII (S.) Opera, gr. lat., ex
edit. Pet. Coustant, Benedict.
Parisiis, 1693, in-fol. 12 l. — Gr.
pap. 20 l.
L'édition de Vérone, 1730, 2 vol. in-fol.
vaut 12 à 15 l.
—Eadem, gr. lat., à D. F. Oberthur. *Wirceburgi*, 1785-88, 4
vol. in-8. 15 à 18 l.
HILDANI (Guill. Fabricii) Opera,
cum M. A. Severini libro de effi-
caci Medicinâ. *Francofurti*, 1682,
in-fol. fig. 12 l.
— Ejusd. Observationum et Epist.
chirurgico - medicarum Centuriæ,
in certum ordinem digestæ à J. Sigism. Henningero. *Argentorati*,
1713, 2 vol. in-4. 10 l.
Bonne édition.
HILDEBERTI et MARBODII Opera, ex edit. Ant. Beaugendre, Benedict. *Parisiis*, 1708, in-fol. 10 l.
— Gr. pap. 15 l.
HILDEGARDIS (Sanctæ) Opuscula,
Epistolæ et Quæstiones, cum ejus
Vitâ, etc. *Coloniæ*, 1566, in-4.
5 liv.
HILL. (John) A general natural
History of the animals, vegetables
and minerals. *Lond.* 1748-1752,
3 vol. in-fol. fig. color.
— The same. *Lond.* 1773, 3 vol. in-
fol. fig. color.
— A natural History of Fossils. *Lond.*
1748, in-fol. fig. 20 l.

—Eden, or a compleat body of gardening, both in Knowledge and
practice. *Lond.* 1773, in-fol. fig.
36 liv.
— The vegetable System : or a Series
of experiments and observations
tending to explain the internal
structure, and the life of Plants.
Lond. 1759, 26 tom. 13 vol. in-fol.
fig. 360 l.
— Exotic Botany illustrated, in
thirty-five fig. couloured of elegant chinese and American srhubs
and plants many of them new.
Lond. 1772, in-fol. 36 à 48 l.
— The Construction of Timber explained by the microscope, etc.
Lond. 1784, gr. in-fol. fig. enlum.
80 liv.
Il y a encore une autre édition de ce livre,
publiée en 1770.
— Herbarium Britannicum. *Lond.*
1769, 2 vol. in-8. fig. 10 l.
—Le Sommeil des Plantes. 1773, in-8.
5 liv.
HIMERII Sophistæ, quæ reperiri
potuerunt, ex recens. et cum comment. G Wernsdorf. *Gottingæ*,
1790, in-8. 15 l. — Pap. fin, 20 l.
Seule édition complète de ce grammairien.
HINCMARI Opera, ex edit. Jac. Sirmondi. *Parisiis*, 1645, 2 vol. in-fol.
18 l.
HIPPARCHI in Arati et Eudoxi
Phænomena lib. ij, gr., et alia, à
P. Victorio. *Florentiæ*, Junta,
1567, in-fol. 24 à 36 l.
Première édition très-rare.
HIPPOCRATIS Coï Opera, gr. *Venetiis*, Aldus, 1526, in-fol.
Cette édition, la première de ce livre,
est rare et bien imprimée. Elle est peu
estimée, parce qu'elle a été faite sur de
mauvais manuscrits.
— Eadem, gr. lat., in iv classes digesta, et lat. interpr., cum scholiis
ab H. Mercuriali. *Venetiis*, Junta,
1588, in-fol. 18 l.
— Eadem, gr. lat., ex interpr. et
cum notis Anut. Foësii. *Francofurti*, 1595, in-fol. 45 à 54 l.
Peu commun.
Les éditions de *Francfort*, 1621, et *Genève*, 1657, quoique moins bien imprimées, ont le mérite d'être augmentées, et
sont à-peu-près du même prix.
—Eadem, gr. lat., cum notis Varior.,

ex recens. J. Ant. Vander Linden.
Lugd. Batav. 1665, 2 vol. in-8.
60 à 72 l.

Edition correcte et peu commune. Elle entre
dans la Collection des *Variorum.*

— Eadem , gr. lat. , cum variis lectionibus , curâ Steph. Mackii. *Viennæ* , 1743-1749, 2 vol. in-fol. 40 l.

— Ejusd. Hippocratis et Cl. Galeni
Opera , gr. lat. , ex edit. et cum
notis Renati Charterii. *Parisiis,*
1679, 13 tom. 9 vol. in-fol. 240 l.

Edition recherchée. Les gens de lettres re-
grettent le vol. de tables que devait donner
l'éditeur.

— Eorumdem Libri aliquot , ex recogn. Fr. Rabelæsii. *Lugd.* 1532 ,
in-16. 8 l.

Ce petit volume n'est pas commun. Il est
connu sous le nom de *Bréviaire des
médecins.*

— Hippocratis Opera , lat. , ex Jan.
Cornari ,vers., unà cum Jo. Mari-
nelli comment. ac M. P. Pini indice.
Venet. 1737, 3 vol. in-fol. 24 à 36 l.

— Eadem , lat. , cum indice locupletiss. *Neapoli* , 1757, 2 vol. in-4.
12 à 15 l.

— Hippocratis Œconomia alphabeti
serie distincta , curâ Foesii. *Basileæ*¦, 1588 , vel *Genevæ* , 1662 ,
in-fol. 9 à 12 l.

Cet ouvrage se joint ordinairement à l'Hippocrate de Foës.

— Hippocratis Aphorismi , gr. lat. ,
ex recogn. Adolph. Vorstii. *Lugd.
Batav.* Elzevir , 1628 , in-24. 4 l.

Il y a des exemplaires imprimés sur vélin.

— Iidem , gr. lat. *Glasguæ* , Foulis,
1748 , in-12. 4 l.

— Iidem , gr. lat. , digessit et indices
necessarios addidit Jo. Chr. Rie-
ger. *Hagæ Comit.* 1767 vel 1778 ,
2 vol. in-8. 12 l.

— Iidem , gr. lat. , stud. J. B. Lefebvre de Villebrune. *Parisiis* ,
1779 , in-12. 3 l. — Format. in-4.
6 à 8 l.

— Iidem, gr. lat., curâ A. Car. Lorry.
Parisiis , Didot junior, 1784, in-18.
3 liv.

On a tiré de cette petite édition des exemplaires sur peau de vélin.

— Ejusd. Hippocratis Aphorismi et
Prænotionum liber , gr. lat., ex
recens. Ed. Fr. Mar. Bosquillon.
Parisiis , 1784 , 2 vol. in-18. 9 l.
— Pap fin, 15 à 18 l.

— Ejusd. de Fracturis , cum comment. And. Maximini Romani.
Romæ , 1776, in-4. fig. 9 à 12 l.

— Les Œuvres d'Hippocrate, trad.
en franç. avec des remarq. par Dacier. *Paris,* 1697, 2 vol. in-12. 8 l.

— Traduction des Œuvres médicinales d'Hippocrate, par Gardeil
Paris et Toulouse , 1802, 4 vol.
in-8. 20 l.

— Traité d'Hippocrate des Airs, des
Eaux et des Lieux, trad. nouv. avec
le texte grec , par M. Coray. *Paris,*
1800 , 2 vol. in-8. 15 l.

— Les Aphorismes d'Hippocrate ,
trad. par J. B. Lefebvre de Villebrune. *Paris*, 1786 , in-8. 3 l.

— Vid. DURETUS (Lud.) et PINUS.

HIPPOLYTUS redivivus, id est Remedium contemnendi sexum mu-
liebrem. 1644, in-16. 4 l.

Ce volume a été contrefait.

HIRET. (J.) Les Antiquités d'Anjou.
Paris , 1618, in-12. 7 l.

Peu commun.

HIRSCH (J. Chr.) Bibliotheca Numismatica. *Norimb.* 1760, in-fol.
5 à 6 l.

HIRSCHFELD. Théorie de l'Art des
Jardins, trad. de l'allem. *Leipsick* ,
1779 , 5 vol. in-4. fig. 80 l.

Ces cinq volumes sont quelquefois reliés
en trois.

HIRTII (J. F.) Institutiones arabicæ
Linguæ. Adjecta est Chrestomathia
arabica. *Jenæ* , 1770, in-8. 7 l.

HISPANI (Pet.) Thesaurus pauperum. *Antuerpiæ* , 1476, in-fol.

Premier livre imprimé à Anvers. Il est
exécuté sur deux colonnes, en lettres
gothiques , sans chiffres , signatures ni
réclames.

HISPANIOLUS. Vid. MANTUANUS.

HISTOIRE de l'Académie des Sciences. Voy. ACADÉMIE.

— De l'Acad. des Sciences et Belles-
Lettres de Berlin. Voy. ACADÉMIE.

— Abrégée de la Mer du Sud. Voy.
BORDE. (la)

— De Guérin de Montglave. Voy.
ROMAN.

— D'Aurelio et Ysabelle. Voy. FIORI.

— Des Amours feintes de Laïs et de
Lamia. Voy. ARÉTIN.

— De Mélusine. Voy. JEAN D'ARRAS.

— Du prince Méliadus. Voy. RUSTI-
CIEN DE PISE.

— De Primaléon de Grèce. Voy. Vernassal.

— Du chev. Pâris et de la belle Vienne.
Voy. Sippade. (P. de la)

— Du vaillant Perceval le Galloys.
Voy. Ménessier.

— De Bertrand du Guesclin. Voy.
Châstelet.

HISTOIRE et Mémoires de la Société
royale de Médecine de Paris, ann.
1776-1789. Paris, 1778-1798, 10
vol. in-4. fig. 120 l.

HISTOIRE naturelle des Langues et
de la Littérature des Arméniens,
Egyptiens, Arabes, etc. etc. (en
allem.) avec onze tableaux de l'alphabet. Leipsik, 1784, in-8. 6 l.

HISTOIRE de l'origine et des progrès
du Kouackerisme. Cologne, 1692,
in-12. 4 l.

HISTOIRE littéraire de la France,
par des religieux Bénédictins de la
Congr. de St.-Maur (D. Rivet et
et D. Clément). Paris, 1733, 12
vol. in-4. 72 l.

On joint ordinairement à ces 12 vol. l'Histoire littéraire de saint Bernard (par
D. Clémencet.) Paris, 1773, in-4.

HISTOIRE du noble et vaillant chevalier Regnault de Montauban, ou
l'Histoire des quatre fils Aymon.
Edition ancienne, sans indication
de lieu et sans date, in-fol. goth.
30 l.

Edition très-rare. On présume qu'elle a été
publiée vers l'année 1500.

— La même, avec la Chronique de
Mabrian, roi de Hiérusalem. Paris,
1525, in-fol. goth. 12 l.

HISTOIRE (l') du noble et vaillant chev. Berynus, et du vaillant
champion Aygres de l'Aymant, son
fils. Paris, Bonfons, sans date,
in-4. goth. 15 l.

HISTOIRE du Chevalier aux armes
dorées, et de Béthides et de la Pucelle, surnommée Cœur-d'Acier.
Paris, Bonfons, sans date, in-4.
goth.

Petit roman singulier et peu commun. L'é-
dition de Lyon, en lettres rondes, de format in-16. est également bonne.

HISTOIRE (l') de don Bélianis de
Grèce, trad. de l'espagnol (de Sabio Friston) en franç. (par Cl. de
Beuil.) Paris, 1625, in-8. rare,
8 liv.

HISTOIRE et Chronique du noble et
vaillant Clamadès, fils du roi d'Espagne, etc. Troyes, in-4. goth.
10 l.

HISTOIRE et ancienne Chronique de
Gérard d'Euphrate, mises de nouv.
en vulgaire franç. Paris, 1549,
in-fol. 8 l.

Ce volume ne renferme que le premier
livre de ce roman. Les autres n'ont point
été imprimés.

HISTOIRE de Gériléon d'Angleterre,
mise en franç. par Est. de Maisonneuve. Paris, 1602, 2 tom. 1 vol.
in-16. 10 l.

Bonne édition.

HISTOIRE et Chronique du Petit
Jehan de Saintré et de la jeune
dame des Belles-Cousines, sans
autre nom nommer (par A. de la
Salle.) Paris, 1517, petit in-fol.
goth. 12 l.

Bonne édition.

Ce Roman est attribué à Ant. de la Salle.

HISTOIRE de Maugist d'Aygremont
et de Vivian son frère. Paris,
1527, in-4. goth. 8 l.

HISTOIRE du preux et vaillant chev.
Meurvin, fils d'Ogier le Danois,
etc. Paris, Bonfons, sans date,
in-4. goth. 10 l.

Ce Roman a été réimprimé en 1539 et en
1540, in-4. Ces deux éditions sont également bonnes.

HISTOIRE d'Olivier de Castille,
d'Artus d'Algarbe et de Héleyne,
fille au roi d'Angleterre, etc. transl.
du lat. en franç. par Philip. Camus.
Genève, sans date, in-fol. goth.

— La même. Genève, 1482, in-fol.
gothiq.

Ces deux éditions sont les seules recherchées de ce roman : 24 l.

HISTOIRE du noble roi Perceforest,
roi de la Grande Bretaigne. Paris,
Galliot Dupré, 1528, 6 tom. 3
vol. in-fol. goth. 60 l.

Cette édition est préférée à celle de 1531,
également imprimée en lettres gothiques.
Il y a de l'édition de 1528 des exemplaires
sur vélin.

— La dilettevole Historia del valeroso
Parsa-Foresto, traslatata del franc.
in ling. ital. In Venetia, 1558,
3 vol. in-8.

Cette traduction est recherchée.

HISTOIRE plaisante et récréative du noble Sipéris de Vinevaulx et de ses dix-sept fils. *Paris*, sans date, in-4. goth. 20 l.

Ce Roman n'est pas commun.

HISTOIRE des nobles prouesses et vaillances de Galien Restauré. *Paris*, 1500, pet. in-fol. goth. 12 l.

Bonne édition, peu commune.

HISTOIRE du noble et vaillant chevalier Théséus de Coulogne, par sa prouesse empereur de Rome, trad. de rime picarde en prose franç. *Paris*, 1534, 2 tom, 1 vol. in-fol. goth. fig.

Volume rare et souvent mal conditionné : 36 l. La réimpression de *Paris*, Bonfons, in-4. goth. vaut 8 à 9 l.

HISTOIRES de l'Ancien et du Nouveau Testament, représentées par des figures grav. en bois, avec des sentences et des explicat. latines, sculptées sur les mêmes pl. Petit in-fol. *sans aucune indication.*

HISTOIRE de Saint Jehan l'Evangéliste, avec les figures de l'Apocalypse, représentées par des estampes grav. en bois, avec des sentences et des explicat. etc. petit in-fol. *sans indication.*

La plupart des bibliographes qui ont parlé de ces deux ouvrages, les regardent comme fabriqués avant la naissance de l'imprimerie. Le premier renferme 40 estampes, et le second 47. Ces planches, grossièrement taillées dans le goût gothique, ne sont imprimées que d'un seul côté, et sont collées dos à dos les unes avec les autres.

HISTOIRE (l') de Sainte Susanne (à 14 personnages.) *Troyes*, N. Oudot, sans date, in-8. lettres rondes, 15 l.

HISTOIRE au vrai du Meurtre et Assassinat proditoirement commis en la personne du duc et du cardinal de Guyse. 1589, in-8. 15 l.

Peu commun.

HISTOIRE de l'Exécution de Cabrières et de Mérindol. *Paris*, 1645, in-4. 6 l.

On présume que cette édition a été publiée par *Louis Aubery*, Sr. du Maurier,

HISTORIA Beatæ Mariæ Virginis, ex Evangelistis et Patribus excerpta, et per figuras demonstrata. *Edit.*

vetus, *absque ullâ indicat.* pet. in-fol. *très-rare.*

Ce volume est composé de 16 feuillets, tirés sur un seul côté.

HISTORIA Jeschuæ Nazareni, à Judæis blasphemè corrupta, ex mss. (hebr.) inedito nunc edita, ac vers. et notis illustrata, hebr. et lat. *Lugd. Bat.* 1705, pet. in-4. 8 liv.

Ouvrage estimé.

HISTORIA Josephi, Danielis, Judith et Esther, germanicè. *Bamberg*, Albertus Pfister, 1462, in-fol. cum fig. ligneis incisis.

Cet ouvrage est si rare qu'on n'en connaît qu'un seul exemplaire, lequel se trouve dans la Bibliothèque impériale. Le vol., de format petit in-fol., est composé de 98 feuillets imprimés, tant en caractères de fonte qu'en estampes gravées en bois.

HISTORIA (la) Real di Franza, che tratta de' Fatti de i Paladini, e di Carlo Magno, in sei libri. *Mutinæ*, Pet. Maufer, 1491, in-fol. 40 l.

Edition rare et estimée.

HISTORIA Sanctæ Crucis, belgicè. *Culenborch*, Jo. Veldener, 1483, in-4. *très-rare.*

Cet ouvrage est composé de 32 feuillets imprimés des deux côtés, contenant 64 planches gravées en bois, en forme de vignettes. Au-dessous de chaque gravure il y a une explication en vers flamands.

HISTORIETTA amorosa fra Lionora di Bardi e Hippolito Bondelmonte di Firenze. 1471, sans nom de lieu ni d'imprimeur, in-4.

Ce Roman est fort rare. On croit qu'il a été imprimé à Florence.

HISTORY (an universal) from the earliest account of time, to the present. *Lond.* 1747 et suiv. 66 vol. in-8. 350 l.

Bonne édition. Celle de *Dublin*, 1745, 67 vol. in-8. vaut 250 l. environ.

— HISTOIRE universelle, depuis le commencement du monde jusqu'à présent, trad. de l'angl. par une Société de Gens-de-Lettres. *Amst.* 1742-1792, 46 vol. in-4. 240 l.

— La même ; nouvelle traduction. *Paris*, 1779-91, 126 vol. in-8, 400 liv.

Cette édition est préférée à la précédente à

cause de la commodité de son format.

" On en a tiré quelques exemplaires sur papier fin azuré : 600 l.

HISTORY (The medallic) of England to the revolution, with forty plates. *Lond.* 1790, in-4. pap. vélin , 40 l.

HOBBES (Th.) Opera philosophica. *Amst.* 1668, 2 vol. in-4. 24 l.

Pour que ce livre soit bien complet, il faut qu'il renferme huit parties, lesquelles se trouvent détaillées dans l'*index* qui est placé après le frontispice.

— Elementa philosoph. de Cive. *Amst.* Elzevir , 1647 vel 1650 vel 1660 vel 1669 , in-12.

Ces quatre éditions sont bonnes : 4 l.

— Eléments philos. du bon Citoyen, trad. du lat. (par Sam. Sorbière.) *Paris* , 1651 , in-12. 6 l.

— Le Corps politiq., ou Eléments de la loi morale et civile , avec des réflex. trad. du lat. (par Sam. Sorbière.) *Leyde* , Elzevir , 1652 , in-12. 8 l.

Peu commun.

— Les Fondements de la Politique , trad. de Hobbes. *Amst.* 1649 , in-8. 5 liv.

— The morals and politicals Works of Th. Hobbes. *Lond.* 1750 , in-fol. 24 l.

HODGES. (Will.) Vues choisies de l'Inde , avec les descript. en angl. et en franç. *Lond.* 1786 , très-gr. in-fol. pap. vélin , avec 40 pl.

Superbe ouvrage , peu commun en France.

HODII (Humph.) de Bibliorum textibus originalibus , vers. græc. et latinâ vulg. lib. iv. *Oxonii* , 1705 , in-fol. 18 l. — Gr. pap. 30 l.

Ouvrage estimé et peu commun.

— Ejusd. Dissertationes de græcis illustribus Linguæ græcæ, Litterarumque humaniorum instauratoribus , etc. *Lond.* 1742 , in-8. 7 l. — Gr. pap. 15 l.

HOEDUS. Vid. Hædus.

HOEUFFT (Jac. Henr.) Pericula poëtica , munus amicis. 1783 , in-8.

Volume tiré à très-petit nombre.

HOFMAN. (Tycho) Portraits historiq. des Hommes illustres de Danemarck. *Copenhague* , 1746 , 2 vol. in-4. 40 l.

Ouvrage rare , et rempli de portraits et gravures très-bien exécutés.

HOFFMANNI (Frid.) Opera physico-medica , cum vitâ auct. et suppl. *Genevæ* , 1740-1753 , 6 vol. in-fol. 66 l.

HOFFMANNI (Jo. Jac.) Lexicon univ. historicum. *Lugd. Batav.* 1698 , 4 vol. in-fol. 30 l.

HOFFMANNI (Maur.) Floræ Altdorffinæ Deliciæ sylvestres , sive Catalog. Plantar. in agro Altdorffino , locisque vicinis spontè nascent. etc. *Altdorff.* 1662 , in-4. fig. — Catalogus Plantarum Horti medici. *Ibid.* 1660 , in-4. fig.

Ces deux ouvrages doivent être réunis en un seul volume : 8 l.

HOFFMANNI (G. Fr.) Descript. Plantarum è classe cryptogamicâ Linnæi , quæ Lichenes dicuntur, *Lipsiæ* , 1789-97 , 10 fascicules en 3 vol. in-fol. fig. color. 160 l.

— Historia Salicum. *Lipsiæ* , 1785 , 5 fascicules in-fol. fig. color.

— Hortus Gottingensis quem proponit G. Fr. Hoffmann. *Gottingæ* , 1793 , in-fol. pap. vél. fig. color.

HOFFMANNI (I. Dan..) de Typographiis earumq. initiis et incrementis in regno Poloniæ et magno Ducatu Lithuaniæ. *Dantisci*, 1740, in-4. *rare.*

HOFFMANNUS. (Christ. God.) Vid. Scriptores Rerum Lusaticarum.

HOGARTH : (Will.) son Œuvre complet , en 107 pièces , dessinées et gravées par lui. Grand in-fol. 200 l.

On joint à cette Collection précieuse et très-originale , les deux petits ouvrages suivants :

— Biographical anecdotes of Will. Hogarth ; with a Catalogue of his Works chronologically arranged. *Lond.* in-8. 8 l.

— Lettres de M.... à un de ses amis à Paris , pour lui expliquer les estampes d'Hogarth. *Lond.* 1746 , in-8.

— Analyse de la beauté, trad. de l'angl. de G. Hogarth. *Paris* , 1806, 2 vol. in-8. fig. 10 l.

HOLBACH. (le baron d') Voy. Système.

HOLBEIN : (J.) son Œuvre , ou Recueil de Gravures d'après ses

plus beaux ouvrages , avec des explicat. par C. de Méchel. *Basle* ,
1780 , in-fol. 40 l.
— Le Triomphe de la Mort, gravé
par Hollard , et accompagné d'explicat. par C. de Méchel. *Lond.*
1790 , in-8. pap. vélin , 24 l.
HOLINSHED,(Raph.) Guill. HAR-
RISON et alior. Chronica Angliæ,
Scotiæ et Hiberniæ , continuata
ad ann. 1587 , per J. Hooker seu
Wowell , etc. (angl.) *Lond.* 1587 ,
2 vol. in-fol. 90 l.
*Ouvrage estimé. On préfère cette édition
à la première , publiée en 1577.*
HOLLANDRE. Abrégé de l'Histoire
natur. des Quadrupèdes , Vivi-
pares et Oiseaux. *Aux Deux-
Ponts* , 1790 , 8 vol. in-8. fig. color.
72 liv.
HOLLARD , HOLBEIN et VAN-
DICK. Recueil des Habillements
de différentes nations , anciens et
modernes , et en particulier des
vieux ajustements anglais , grav.
d'après leurs dessins (angl. franç.)
Lond. 1757 , 4 vol. gr. in-4. fig.
color. 200 l.
HOLMES. Voyages en Chine et en
Tartarie, à la suite de lord Macartney, trad. de l'angl. par M. *Paris*,
1805 , 2 vol. in-8. 27 grav. 12 l.
HOLMSKIOLD (Th.) Beata ruris
otia fungis danicis impensa , cur.
E. Viborg. *Hauniæ*, 2 vol. in-fol.
fig. 200 l. — Fig. color. 480 l. Prix
de l'éditeur.
Ouvrage peu commun en France.
HOLSTENIUS. (L.) Vid. Stephanus Byzantinus.
HOLYOKE de sacrâ Quercu (Th.)
Lexicon philologicum et Dictionar.
etymologicum ; cum vocab. angl.-
lat. *Londini* , 1677 , in-fol. 10 l.
HOME'S. Select Wiews in Mysore ,
the country of Tipoo sultan , from
drawings taken on the spot , with
histor. descript. in persian and english. *Lond.* 1794 , gr. in-4. fig.
pap. vél. 90 l.
HOME'S. (Henry) Sketches of the
History of Man. *Basil.* 1796 , 4 vol.
in-8. 16 l.
—Elements of Criticism. *Basil.* 1795,
3 vol. in-8. 12 l.
HOMERI Opera omnia , gr., ex re-

cens. Demetrii Chalcondylæ Athen.
et Demetrii Cretensis. *Florentiæ*,
B. Nerlius , 1488, 2 vol. in-fol,
très-rare , 500 à 600 l.
*Première édition des OEuvres d'Homère
en grec. Un exempl. dont les marges
n'étaient pas rognées , a été vendu 3601 l.
chez M. de Cotte.*
—Eadem , gr. *Venetiis* , Aldus ,
1504 , 2 vol. in-8.
*Cette édition n'est pas fort estimée. La date
de l'impression se trouve dans la Préface
de l'Odyssée.*
Il y a des exemplaires sur vélin.
—Eadem , gr. *Venetiis* , Aldus ,
1517 , 2 vol. in-8. 45 l.
*Cette seconde édition est meilleure et plus
rare que celle de 1504. Elle est aussi plus
correcte que la suivante.*
—Eadem , gr. *Venetiis*, Aldus , 1524,
2 vol. in-8. 33 l.
— Eadem , gr. *Lovanii* , 1523, 2 vol.
in-4. *rare* , 18 à 24 l.
— Eadem , gr. , ab Ant. Francino.
Venet. Junta , 1537 , 2 vol. in-8.
rare , 12 à 15 l.
— Eadem , gr. *Argentorati*, Cepha-
lus , 1534 et 1550 , 3 vol. in-12.
— Homeri interpres, gr. *Argent.*
Rihelius, 1539, 2 vol. in-12. 24 l.
—Eadem , gr. *Venetiis* , apud. Jo.
Farreum et fratres , 1542, 2 vol.
in-8. 12 à 18 l.
— Eadem , gr. *Venet.* de Sabio, 1551,
2 vol. in-8. *rare* , 24 à 36 l.
—Eadem , gr. lat. Crispinus , 1559-
1567-1572 , 2 vol. in-16. 9 à 12 l.
Jolie édition.
—Eadem , gr. lat. , curâ H. Stephani.
Henr. Stephanus , 1589, 2 vol.
in-16. 9 à 12 l.
Edition peu commune.
—Eadem , gr. lat., à J. T. P. *Amst.*
1648 vel 1650 , 2 vol. in-8. 12 à
15 l.
—Eadem , gr. lat. , cum scholiis gr.
Didymi , ed. Corn. Schrevelio.
Lugd. Bat. Hackius (seu Elzevir),
1656 , 2 vol. in-4. 45 l.
Edition bien imprimée , mais incorrecte.
—Eadem , gr. lat. , cur. J. H. Leder-
lino et S. Berglero. *Amst.* 1707 , 2
vol. in-12. 12 l.
*Cette petite édition , accompagnée d'une
excellente préface de Bergler , est supérieure , pour l'exactitude , à celle donnée*

(d'après le texte de Clarke) en 1743, 2 vol. in-12.

—Eadem, gr. lat., cum scholiis gr. Didymi et notis perpetuis Jos. Barnès. *Cantabrig.* 1711, 2 vol. in-4. 96 l.

Edition rare et estimée.

— Eadem, gr. lat., ex edit. et cum notis Sam. Clarke. *Lond.* 1729-1740, 2 vol. in-4.

Première édition de l'Homère de Clarke. Les exemplaires en grand papier sont très-rares et fort chers.

—Eadem, gr. lat., à Sam. Clarke. *Lond.* 1735 et seqq. 4 vol. in-8. 36 à 48 l.

—Eadem, gr. lat., juxtà edit. Sam. Clarke. *Amst.* 1743, 2 vol. pet. in-12. 8 à 10 l.

—Eadem, gr. lat., ex edit. Jo. Lud. Lebeau. *Parisiis*, 1747, 2 vol. in-12. 12 à 15 l.

— Eadem, gr. lat., ex edit. et cum notis Sam. Clarke patris et filii. *Lond.* 1754, 4 tom. 2 vol. in-4. 60 à 80 l.

—Eadem, gr. lat., cum notis Sam. Clarke, curâ Jo. Ernesti. *Lipsiæ*, 1759-1764, 5 vol. in-8. 120 l. — Gr. pap. 230 l.

—Eadem, gr. lat., curâ Bergleri et Lederlini. *Patavii*, 1762, 2 vol. in-8. 9 à 12 l.

—Eadem, gr. lat. *Basileæ*, 1779, 2 vol. in-8. 9 à 12 l.

—Ejusd. Homeri Ilias et Odyssea, gr., cum comment. gr. Eustathii. *Romæ*, Bladus, 1542-1550, 4 vol. in-fol.

Cette édition, la meilleure de cet excellent ouvrage, est très-estimée et assez rare. Vendu, relié en maroq., 325 l. chez M. de Cotte. Le tom. Ier seulement, imprimé sur vélin, a été poussé à 144 l. chez le duc de La Vallière.

—Eædem, gr., cum iisdem comment. gr. *Basileæ*, 1559-1560, 2 vol. in-fol. *rare*, 100 l.

Cette édition est recherchée des personnes qui ne peuvent atteindre le prix de celle de *Rome. L'Index* est beaucoup moins ample que dans la première.

—Eædem, gr. *Oxonii*, 1705-1714, 2 vol. in-8. 16 l.

— Eædem, gr. lat., cum comment. gr. necnon interpr. lat. Alex. Politi

ct A. M. Salvini. *Florentiæ*, 1730-32-35, 3 vol. in-fol. 40 l. — Gr. pap. 60 l.

Cette édition n'est point achevée.

— Eædem, gr. *Glasguæ*, Foulis, 1756, 4 tom. 2 vol. in-fol. 60 à 72 l. — Gr. pap. 120 à 150 l.

Belle édition, très-correcte.

—Eædem, cum scholiis pseudepigraphis Didymi, gr. *Oxonii*, 1780, 4 part. 2 vol. gr. in-8.

Il faut joindre à cette édition un *Index* publié à *Oxford*, en 1780, in-8. Les 5 vol. réunis, 48 l.

— Eædem, gr. *Oxonii*, 1800, 4 vol. in-4. 150 l.

Cette édition, faite aux dépens de lord Buckingham et de M. Grenville, n'a été tirée qu'à 25 exemplaires.

—Homeri Carmina, cum brevi annot. Acced. variæ lect. et annot. veter. criticor., cur. Ch. G. Heyne. *Lipsiæ*, 1802, 8 vol. in-8. 95 l. — Pap. fin, 150 l. Prix de l'éditeur.

Ces 8 vol. ne renferment que l'Iliade avec des notes fort étendues.

— Homeri et Homeridarum Opera et Reliquiæ, ex recens. F. A. Wolfii. *Lipsiæ*, 1804, 2 vol. in-8. 7 l. — Pap. fin, avec portraits, 27 l.

Ces deux vol. ne contiennent que l'Iliade. Ils sont bien imprimés.

— (Didymi) Interpretationes antiquæ et perquàm utiles in Homeri Iliada et Odyssea, gr. *Venetiis*, Aldus, 1521 et 1528, 2 vol. in-8. 32 liv.

— Ejusd. Homeri Ilias, gr. *Parisiis*, Adr. Turnebus, 1554, in-8. 12 l. — Gr. pap. *très-rare*.

Edition belle et correcte.

— Eadem, gr., cum scholiis gr. Didymi. *Oxonii*, 1675 vel 1695, gr. in-8. 8 l.

—Eadem, cum scholiis, gr. lat. *Cantab.* 1689, in-4. 12 l.

Edition correcte.

— Eadem. Adj. in calcem interpretatio lat. *Lond.* Tonson, 1722, 2 vol. in-8, 12 l.

Edition faite sur celle de Barnès.

—Eadem, gr. *Glasguæ*, Foulis, 1747, 2 vol. in-8. 12 l. — Gr. pap. 30 l.

Il y a des exemplaires imprimés sur vélin.

— Eadem, ad fidem codicis Veneti

Dict. Bibl. I.
34

recensita, ed. J. B. C. d'Ansse de
Villoison. *Venetiis*, 1788, gr. in-
fol. 40 l.
Les exemplaires en grand papier sont très-
rares.
— Eadem, ex edit. A. H. Niemeyer.
Halæ, 1784-90, 2 vol. in-8. 9 l.
— Eadem., gr. lat., ex recens. F. C.
Alter. *Vindob.* 1789-90, 2 vol.
in-8. 15 l.
— Eadem, cum brevi annot., cur.
Ch. G. Heyne. *Lipsiæ*, 1804, 2
vol. in-8. 20 l. — Pap. fin, 27 l.
C'est l'abrégé de l'édition de 1802, citée
ci-dessus.
— Eadem, in versus græcos vulgares
transl. à N. Lucano. *Venetiis*,
1526, in-4. fig. en bois, 72 l.
Edition originale, et la plus rare de ce
livre. La réimpression de *Venise*, 1640,
vaut 24 à 36 l.
— Hectoris Interitus, carmen Homeri:
sive Iliadis liber xxij, cum scholiis
Porphyrii et alior., gr., evulgavit
L. C. Valckenaër. *Leovardiæ*,
1747, in-8. 7 l. — Gr. pap. 18 l.
— Homeri Interpres pervetustus, seu
Scholia græca in Iliadem. *Romæ*,
1517, in-fol. 24 l.
Première édition de ce livre. Les exemplaires en sont rares.
— Iliadis liber I et II, cum paraphrasi
gr. et Græcor. veteribus comment.;
edente Wassenburg. *Franequeræ*,
1783, gr. in-8. 10 l.
— In Homeri Iliados lib. I et II scho-
lia græca anonymi scriptoris, ab
Ant. Bongiovanni, gr. lat. *Vene-
tiis*, 1740, in-4.
— Homeri Ilias, per Laurentium
Vallenscm in lat. sermonem tra-
ducta. *Brixiæ*, H. Coloniensis et
Statius Gallicus, 1474, in-fol. 40 l.
Première traduction latine de l'Iliade.
Elle est exécutée à longues lignes, sans
chiffres, signatures ni réclames.
— Ilias Homeri et Virgilii Æneis
versib. germanicis expressæ, per
Joh. Sprengium. *Augustæ Vinde-
licorum*, 1710, in-fol. 15 l.
— Homeri Odyssea, Batrachomyoma-
chia et Hymni: acced. Herodoti et
Plutarchi de Vità Homeri Opus-
cula, gr., cur. Ph. Melanchthone.
Argentorati, 1542, in-8. *rare*,
15 l.
— Ejusd. Odyssea gr. *Oxonii*, 1705,
in-8. 8 l.

— Eadem, gr., ex recens. F. C. Alter.
Vindob. 1794, in-8. 13 l.
— Eadem, et Batrachomyomachia.
Halæ, 1805, in-8. 6 l.
On peut réunir les éditions de l'Iliade et
de l'Odyssée, par M. Alter, et celles de
Halle, pour former des collections complètes des OEuvres d'Homère.
— Homeri Batrachomyomachia, gr.;
lineis rubris et nigris alternis im-
pressa. *Venetiis*, 1486, in-4.
Edition fort rare : 60 à 80 l.
— Eadem, gr. lat. *Absque anni*,
loci et typogr. indicatione, in-4.
de 26 feuillets.
Edition extrêmement rare, et que l'on
croit plus ancienne que la précédente.
Elle est exécutée à longues lignes, au
nombre de 24 à la page, sans chiffres,
signatures ni réclames, avec une version
latine interlinéaire et une autre à côté,
en vers latins, faite par l'Arétin.
— Eadem, gr. lat., à Dan. Heinsio.
Lugd. Batav. 1632, in-8.
— Eadem, gr. lat., ex recens. Mich.
Maittaire. *Lond.* 1721, in-8. 20 l.
— Gr. pap. 40 l.
Edition estimée et très-rare.
— Eadem, cum Paraphrasi gr. Theod.
Gazæ; lineis rubris et nigris al-
ternis impressa. *Florentiæ* et *Lip-
siæ*, 1804, in-4. 5 l.
— Eadem, versibus lat. reddita, per
Kar. Aretinum, in-4. *rare*.
Cette ancienne édition ne porte aucune in-
dication. On la croit imprimée avant
l'année 1500.
— La Batracomiomachia d'Omero,
trad. in terza rima da G. Somma-
riva. *In Verona*, 1470, in-4.
Edition très-rare.
— Homeri Hymnus in Cererem, cum
notis Dav. Ruhnkenii. *Lugd. Bat.*
1782, in-8. 8 l.
— Idem, cum animadv. Ch. G. Mitscherlichii. *Lipsiæ*, 1787, in-8.
4 liv.
— Idem, edit. à D. Ruhnkenio:
acced. duæ Epist. crit. et C. G.
Mitscherlichii adnot. in Hymnum
in Cererem. *Lugd. Bat.* 1808, gr.
in-8. pap. fort de Holl. 15 l. —
Format in-4. pap. fort, 30 l.
— Homeri Hymni, cum Reliquis carminibus minoribus Homero tribui
solitis, et Batrachomyomachia,
cum animadv. C. D. Ilgen. *Halis*,
1796, in-8. 10 l. — Pap. fin, 12 l.

— Ejusd. Hymni et Batrachomyomachia, gr. , cum animadv. A. Matthiæ. *Lipsiæ*, 1805, in-8. 5 l. — Pap. fin , 6 l.

Il faut y joindre : *A. Matthiæ Animadv. in Hymnos Homericos, cum prolegomenis de cujusque consilio, partibus ætate. Lipsiæ*, 1800, in-8. Ensemble 12 l. — Pap. fin, 17 l.

— Ejusd. Hymni et Epigrammata , edidit G. Hermannus. *Lipsiæ*, 1806 , in-8. 5 l. — Pap. fin, 7 l.

— Ejusd. Gnomologia , gr. lat. , stud. J. Duporti. *Cantab.* 1660 , in-4. 7 liv.

— Homeri et Hesiodi Certamen; Matronis et alior. Parodiæ, curâ H. Stephani. *Henr. Stephanus*, 1573, in-8.

Ce Recueil n'est pas commun.

—Speculum heroïcum principis Poëtarum Homeri. Les 24 livres d'Homère , réduits en tables démonstratives , figurées par Crespin de Passe, *Traj. Bat.* in-4. fig. 20 l.

— Homerus hebraïzans, sive Comparatio Homeri cum Scriptor. sacris quoad normam loquendi; subnectitur Hesiodus homerizans , auct. Z. Bogan. *Oxonii* , 1658, in-8. 10 l.

— Dissertationes homericæ, habitæ in florentino Lycæo, ab Ang. Mar. Riccio. *Florentiæ*, 1740 , 3 part. 1 vol. in-4. 15 l.

—Clavis Homerica , sive Lexicon vocabulorum Homeri , gr. lat. *Roterodami* , 1655 vel 1662 vel 1673, in-8. 9 l.

On fait cas de cet ouvrage.

— Eadem , gr. lat., ex recens. S. Patrick. *Lond.* 1758 vel 1771 vel 1784, in-8. 9 l.

Bonne édition.

—Nova Clavis Homerica, à Jo. Schaufelbergero. *Turici*, 1761-68, 8 vol. in-8. *rare*, 50 à 60 l.

—Index græcus Vocabulorum in omnia Homeri Poëmata , à Wolfg. Sebero, *Commelin,* 1604, in-4. 6 à 9 l.

Rare et estimé.

— Arcus Homericus , sive Index Vocabulorum in omnia Homeri Poëmata content. ; accur. Wolfg. Sebero. *Amst.* 1649, in-4. 7 l.

—Lexicon homericum. Vid. COULON et BERNDTIUS.

— L'Iliade et l'Odyssée , trad. en franç. (par La Valletrye). *Paris* (*Hollande*) , 1682, 4 vol. in-8. fig 9 à 12 l.

Traduction peu estimée, mais recherchée pour les figures de Schooneboek.

— Les mêmes, traduites en franç. avec des remarq. par Anne le Fèvre , femme d'Andr. Dacier. *Paris*, 1711 et 1716, 6 vol. in-12. 20 l.

Les exemplaires ornés des figures de Bern. Picart valent un tiers de plus, mais beaucoup de ces exemplaires n'ont que les figures de l'Iliade , parce que les amateurs ayant cru remarquer que celles de l'Odyssée étaient trop inférieures , ont dédaigné de les réunir. Cependant quand elles s'y trouvent, elles ajoutent quelque valeur.

— Les mêmes , et de la même traduction. *Amst.* 1731, 7 vol. in-12. fig. de Bern. Picart, 36 l.

— Les mêmes, et de la même trad. *Paris*, 1756 , 8 vol. in-12. 20 l.

— Les mêmes , trad. en vers , avec des remarq. , par Guill. de Rochefort. *Paris*, 1772-1777, 5 vol. in-8. 18 l. — Gr. pap. 36 l.

— Les mêmes , et de la même trad. *Paris*, impr. roy. 1781 , 2 vol. in-4. avec vignettes, 20 l.

— Les mêmes, trad. par P. J. Bitaubé. *Paris* , 1780-85 , 6 vol. in-8. 36 l. — Pap. fort , 48 l.

Edition estimée.

— Les mêmes , trad. en franç. avec des remarq. par P. J. Bitaubé. *Paris*, Didot l'aîné, 1787-88 , 12 vol. in-18. 36 l. — Pap. vélin, 60 l.

Fort jolie édition.

— Les mêmes, trad. en franç. avec des remarq. par Bitaubé. *Paris*, 1804 , 6 vol. in-8. 30 l.

— L'Iliade d'Homère , trad. par M. Lebrun. *Paris*, 1776, 3 vol. gr. in-8. fig. 15 l. — Format in-4. 24 l.

— Les Œuvres d'Homère , trad. par M. Gin , avec des notes. *Paris*, Didot l'aîné, 1786, 4 vol. gr. in-4. pap. fin d'Annonay, 45 l.

Ces 4 volumes ne renferment que l'Iliade. La traduction des Œuvres complètes d'Homère, par M. Gin , forme 8 vol. gr. in-8. et in-12.

— Œuvres complètes d'Homère en

grec, lat. et franç., avec des observ.
par J. B. Gail. *Paris*, 1801, 7 vol.
in-12. 13 l. — 7 vol. in-8. 17 l.
— Iliad and Odyssey, transl. and adorned with sculpture, and illustr.
with annot. by John Ogilby. *Lond.*
1669, 2 vol. in-fol. 30 l.
— The same, transl. by Alex. Pope.
Lond. 1715 - 1726, 11 vol. in-4.
60 l.
— The same, transl. by Alex. Pope.
Lond. 1720 - 1726, 11 vol. in-12.
40 l.
— The same, transl. by Alex. Pope.
Lond. 1771, 9 vol. in-12. fig. 36 l.
— The same, transl. by Alex. Pope,
with notes by G. Wakefield. *Lond.*
1797, 11 vol. in-8. 76 l.
— The same, with notes. *Lond.* 1802,
5 vol. gr. in-8. pap. vélin, fig.
Belle édition.
— L'Iliade e l'Odissea, trad. in versi
sciolti, da A. M. Salvini. *Padova*,
1742, 2 vol. in-8. 12 l.
Belle édition.
Nous terminerons cet article en annonçant
que M. Bodoni, célèbre imprimeur de
Parme, s'occupe en ce moment de l'impression d'une magnifique édition grecque
des OEuvres complètes d'Homère, laquelle formera 3 vol. gr. in-fol. Le texte
est revu sur de bons manuscrits, par
des savants d'un mérite distingué.
Il y aura deux exemplaires sur peau de
vélin.
HOMME (l') pécheur, c'est-à-savoir,
la Terre et le Limon qui engendrent l'Adolescent : moralité à 64
personnages. *Paris*, 1508, in-fol.
goth. 100 l.
Édition rare. Celle de *Paris*, 1529, in-4.
goth. est moins chère : 12 à 15 l.
HOOGE. (Romain de) L'Académie
de l'art de la Lutte. *Leyde*, 1712,
in-4. fig.
Ouvrage recherché pour les figures, : 8 l.
HOOGEVEEN (Henr.) Doctrina particularum Linguæ græcæ. 1769, 2
vol. in-4. 36 l. — Gr. pap. 72 l.
M. C. G. Schütz a publié en 1806, un abrégé
de cet ouvrage, en 1 vol. in-8. 10 l.
HOOKE (Rob.) Micrographia, seu
physiologica Descript. minutiorum
corporum microscopii ope observatorum (angl.) *Lond.* 1667, in-fol.
fig. 18 l.
HOOKE'S. Roman History. *London*,
1766, 11 vol. in-8. 54 l.

— The same. *Lond.* 1770, 4 vol. in-4.
45 l.
HOP. (Henr.) Nouv. Descript. du
Cap de Bonne-Espérance, etc.
Amst. 1778, in-8. fig.
Il y a de ce livre des exemplaires avec
figures coloriées, et d'autres en papier
fin.
HORÆ beatiss. Virginis secundùm
consuetudinem romanæ Curiæ, gr.
Venetiis, Aldus Manutius, 1497,
in-8.
Ce volume est extrêmement rare.
Les réimpressions de 1505 et 1521, en 1 vol.
in-32. sont aussi très-rares.
HORAPOLLINIS Hieroglyphica, gr.
lat., cum notis Varior., ex recens.
Jo. Corn. de Paw. *Trajecti ad
Rhenum*, 1727, in-4. 12 l. — Gr.
pap. 30 l.
— Hiéroglyphes d'Horapollon, trad.
du grec par Requier. *Paris*, 1782,
in-12. 4 l.
Cet ouvrage a été traduit en italien, par P.
Vasali de Firaizano. *Venise*, 1547, in-8.
HORATII FLACCI (Q.) Opera,
Petit in-fol. ou gr. in-4. *lettres
rondes.*
Édition très-rare, et qui, suivant Maittaire, doit être regardée comme la première de ce livre. Elle est imprimée sans
aucune indication. On présume qu'elle a
été exécutée à *Milan*, vers 1470.
— Eadem. *Absque anni, loci et typographi indicat.* in-4.
Cette rare édition est imprimée à longues
lignes, au nombre de 33 à la page,
sans chiffres, signatures ni réclames. La
totalité du volume est de 123 feuillets.
— Eadem. *Mediolani*, Ant. Zarotus,
1474, in-fol. 850 l.
Première édition des OEuvres d'Horace
avec date. Elle est imprimée sans chiffres,
signatures ni réclames. Les exemplaires
en sont extrêmement rares.
— Eadem. *Neapoli*, Arnoldus de
Bruxella, 1474, in-4.
Édition très-rare et peu connue.
— Eadem. *Mediolani*, Philippus de
Lavagnia, 1476, in-fol. 120 l.
Cette édition est aussi fort rare.
— Eadem. *Venetiis*, Philip. Condam
Petri, 1478, in-fol. 100 l.
— Ejusd. Horatii Sermones. *Absque
loci et typographi indicat.* 1470,
in-fol. goth.
Cette édition, citée par Maittaire, est la
première des Satires d'Horace. Les exemplaires en sont très rares : 200 l.

— Acronis, Commentator. egregii, in Q. Horatii Flacci Opera Expositio. *Mediolani*, Ant. Zarotus, 1474, in-fol. 20 l.

Première édition de ce commentaire. Elle est peu recherchée parce que le texte d'Horace ne s'y trouve pas.

— Ejusd. Horatii Opera, cum comment. Acronis et Porphirionis, cur. J. Aloysio Tuscano. *Absque anni, loci et typographi indicat.* in-fol. 140 l.

On fait sortir cette rare édition, exécutée à longues lignes, sans chiffres, signatures ni réclames, des presses de Guldinbeck, lequel exerça sont art à Rome, dans l'année 1474 et suivantes.

— Eadem, cum Comment. Christ. Landini. *Florentiæ*, Ant. Miscominus, 1482, in-fol. 30 l.

Edition recherchée, parce qu'elle est la première du commentaire de Landini. Ou fait encore cas de l'édition de *Venise*, 1483, in-fol.

— Eadem, ex recogn. et cum annot. Aldi. *Venetiis*, Aldus, 1501, in-8. 36 l.

Cette édition, dont on a tiré des exemplaires sur vélin, est extrêmement rare.

— Eadem. *Venetiis*, Aldus, 1509, in-8. 30 l.

Cette édition n'est guère moins rare que la précédente.

— Eadem. *Venetiis*, Aldus, 1519, in-8. 15 l.

Il y a de cette édition des exemplaires imprimés sur vélin.

— Eadem. *Venetiis*, Aldus, 1527, in-8. 12 l.

— Eadem, cum annotat. M. A. Mureti. *Venetiis*, Aldus, 1555, in-8.

Réimprimé en 1559, 61, 64, 66 et 70, in-8.

— Eadem, cum Comment. D. Lambini. *Venetiis*, Aldus, 1566, 2 part. 1 vol. in-4. 15 l.

Edition estimée.

— Eadem. *Florent.* Junta, 1514, in-8. 9 l.

— Eadem. *Parisiis*, Colinæus, 1528, 1540, 1543, 1549, in-12. 4 l.

La première édition est très-correcte.

— Eadem, cum Fed. Ceruti Paraphrasi. *Venet.* 1585, in-4. 8 l.

— Eadem, à Lævino Torrentio. *Ant.* Plaut. 1608, in-4.

Edition belle et correcte.

— Eadem, à Jano Rutgersio. *Parisiis*, P. Stephanus, 1613, in-12.

— Eadem, ex recens. Pet. Nannii. *Sedani*, Jannon, 1627, in-32.

Cette édition est remarquable par la petitesse de ses caractères. Elle est estimée.

— Eadem, cum Dan. Heinsii notis, et de Satyrà horatianà lib. duobus. *Lugd Batav.* Elzevir, 1629, 3 part. 2 vol. in-12. 24 à 30 l.

Cette édition a été contrefaite.

On doit trouver en tête de la première partie, qui contient le texte, deux titres, l'un gravé et l'autre imprimé, et un faux titre seulement au commencement de la troisième partie qui renferme les Satires.

— Eadem. *Parisiis*, è typ. reg. 1642, in-fol. 9 à 12 l.

— Eadem, cum notis Varior. et scholiis J. Bond, accur. Corn. Schrevelio. *Lugd. Bat.* 1670, in-8. 8 l.

Cette édition entre dans la collection des *Variorum*, mais comme elle est exécutée en lettres italiques, on lui préfère celle publiée en 1695, *cum interpretatione et notis ad usum Delphini.*

— Eadem, ex edit. et cum scholiis J. Bond. *Amst.* Elzevir, 1676, in-12. *lettres rondes.*

Bonne édition, 40 à 50 l.

— Eadem, cum interpr. et notis Lud. Desprez, ad usum Delphini. *Parisiis*, 1691, 2 vol. in-4. 24 l.

Edition estimée et peu commune. Elle fait partie de la collection des auteurs *ad usum Delphini.*

— Eadem, cum notis et interpr. Lud. Desprez, ad usum Delphini. *Amst.* 1695, in-8.

Belle édition en lettres rondes. On la préfère à celle de 1670. 16 l.

— Eadem, cum comment. eruditorum. *Cantabrigiæ*, 1699, in-4. gr. pap. 12 l.

Belle édition.

— Eadem, à Pet. Burmanno. *Ultraj.* 1699, in-12.

Edition correcte.

— Eadem, cum schol. perpetuis vet. grammaticor., ex recens. Will. Baxteri. *Lond.* 1701, in-8. 9 l.

Bonne édition.

— Eadem, ex recens. et cum notis Rich. Bentleii. *Amst.* 1713, in-4. 15 l. — Gr. pap. 30 l.

Cette seconde édition est préférée à la première, donnée en 1711, et à la troisième, publiée en 1728.

— Eadem, ed. Mich. Maittaire. *Lond.* 1715, in-8. 5 l. —Gr. pap. 18 l.

— Eadem, lat. et angl, , à Th. Chreech. *Lond.* 1718, 2 vol. in-12.

— Eadem, cum variis lect., ex edit. Alex. Cuningamii. *Hagæ-Comit.* 1721, 2 vol. in-8. 15 l. — Gr. pap. 24 l.
Edition estimée.

— Eadem, ex recens. Will. Baxteri. *Lond.* 1725, in-8. 9 l.

— Eadem. *Parisiis,* è typ. reg. 1733, in-32. 10 l.
Ce volume, imprimé en très-petits caractères, se joint assez souvent aux Fables de Phèdre, exécutées dans le même format. Il y a de ce dernier ouvrage des exemplaires sur vélin; nous ignorons s'il en existe de l'autre.

— Eadem, æneis tabulis incidit Jo. Pine, cum iconibus et aliis ornamentis. *Lond.* 1733 et 1737, 2 vol. gr. in-8.
Belle édition. Il y en a eu trois tirages. Le premier se connaît non-seulement à la beauté des épreuves, mais encore à la médaille d'Auguste (page 108), où il y a cette faute, TRIBVN. POST EST, au lieu de TRIBVN. POTEST : 80 à 100 l.
Les exemplaires des second et troisième tirages, ne valent pas au-delà de 45 à 50 l.

— Eadem. *Londini,* Brindley, 1744, in-16. 4 l.

— Eadem. *Glasguæ,* Foulis, 1744, in-12. 6 l. — Gr. pap. in-8. 15 l.
Edition réputée sans faute typographique.

— Eadem, à Hawkey. *Dublin,* 1745, in-12.
Bonne édition.

— Eadem, ex recens. Steph. Andr. Philippe. *Lut. Parisior.* Coustellier, 1746, in-12. 5 l. — Pap. de Holl. 10 l.

— Eadem, cum variis lect. *Lond.* Sandby, 1749, 2 vol. gr. in-8. fig. 24 l.
Belle édition.

—Eadem, accur. Steph. Andr. Philippe. *Lutet. Parisior.* 1754, in-12. 4 l. — Pap. de Holl. 8 l.

— Eadem. *Glasguæ,* Foulis, 1760, in-4. 10 l.
On joint quelquefois à cette édition les figures de celle de Sandby.
Les mêmes Foulis ont encore donné deux autres éditions des Poésies d'Horace, de format in-8. savoir, en 1750 et 1756: 4 l.

— Eadem, cur. J. P. Millero. *Berolini,* 1761, in-12. 5 l.

— Eadem. *Birminghamiæ,* Jo. Baskerville, 1762, in-12. 9 l.
Jolie édition.

— Eadem. *Parisiis,* Barbou, 1763 vel 1775, in-12. 4 l.

— Eadem, ex recens. Bentleii, cum præfat. Fischeri. *Lipsiæ,* 1764, 2 vol. in-8. 12 l.

— Eadem, cum comment. J. Bond. *Aurelianis,* 1767, in-12. 7 l.
Jolie édition, mais qui n'est pas exempte de fautes.

—Eadem. *Birminghamiæ,* J. Baskerville, 1770, in-4. fig. 36 à 48 l.
Belle édition.

— Eadem, cum notis Guill. Baxteri, ex edit. J. M. Gessneri. *Lipsiæ,* 1772, in-8. 10 l.

—Eadem, ex recens. Jani. *Lipsiæ,* 1777-82, 2 vol. in-8. 12 l. — Pap. fin, 30 l.
Edition estimée. Elle ne contient que les Odes. L'auteur n'a pas été plus loin.

— Eadem, curante Jer. Jac. Oberlino. *Argentorati,* 1788, gr. in-4, pap. vélin anglais, 24 l.
Belle édition, très-correcte.

—Eadem. *Parmæ,* Bodoni, 1791, gr. in-fol. 120 l.
Cette magnifique édition, tirée à 200 exemplaires, dont 50 sur papier vélin, est devenue très-rare.

—Eadem, cum variis lect. et indice, per Combe. *Lond.* 1792, 2 vol. in-4. pap. vélin, 80 à 96 l.
Il y a des exemplaires de format grand in-fol. en 4 vol ; mais ils sont très-rares : 1000 à 1200 l.

— Eadem. *Parmæ,* Bodoni, 1793, in-4. 36 l.
Edition tirée à 150 exemplaires.

—Eadem. *Parmæ,* Bodoni, 1794, in-8. 8 l.
Il y a des exemplaires sur papier fin.

—Eadem, cum notis Gilb. Wakefield. *Lond.* 1794, 2 vol. in-8. fig. pap. vélin, 15 l. — Gr. pap. 60 à 72 liv.
Edition fort correcte.

— Eadem. *Parisiis,* Didot natu major, 1799, gr. in-fol. pap. vélin, avec 12 vignettes, 300 l. — Fig. av. la lettre, 350 l.
Superbe édition, tirée à 250 exemplaires

numérotés et signés ; plus, deux sur peau de vélin. On a joint à l'un de ces deux derniers exemplaires les dessins originaux.

—Eadem, cum notis J. Ch. F. Wetzel. *Lignit.* 1799, 2 vol. in-8. 10 l.

On a inséré dans cette édition des Tables qui expliquent tout ce qui tient à l'histoire, à la mythologie et à la géographie.

—Eadem, cum notis C. G. Mitscher-lichii. *Lipsiæ*, 1800, 2 vol. in-8. 15 l. — Pap. fin, 21 l.

—Eadem, cum notis perpetuis Joh. Bond ; cur. Achaintre. *Parisiis*, 1805, in-8. 7 l. —Gr.-raisin fin, 12 l. — Gr.-raisin vélin, 24 l.

On a tiré de cette belle édition deux exemplaires sur peau de vélin, dont un est passé en pays étranger.

— Horatii Flacci Eclogæ, cum notis Baxteri, Gessneri et Zeunii. *Lipsiæ*, 1788, in-8. 4 l. — Pap. fin, 9 à 10 l.

Cette édition a été réimprimée à *Glasgow*, en 1796, in-4. pap. vélin, 36 l.

—Eædem, cum scholiis veter., castigavit et notis illustr. G. Baxterus. *Lipsiæ*, 1802, in-8. 8 l.

—Ejusd. de Arte poëticâ liber, cum notis C. G. Schelle. *Lipsiæ*, 1806, in-8. 4 l.

— Fr. Luisini in librum Q. Horatii Flacci de Arte poëticâ Commentarius. *Venetiis*, Aldus, 1554, in-4.

— Fr. Ph. Pedimontii Ecphrasis in Horatii Flacci Artem poëticam. *Venetiis*, Aldus, 1546, in-4.

— Ernesti (J. H. M.) Clavis horatiana, sive Indices rerum et verborum philologico-critici in Opera Horatii. *Berol.* 1802, 3 vol. in-8. 16 liv.

— Les Œuvres d'Horace, en lat. et en fr. avec des remarq. par A. Dacier. *Paris*, 1709, 10 vol. in-12. 24 l.

Les exemplaires en grand papier sont assez rares, 45 l. L'édition d'*Amst.* 1727, vaut 12 à 15 l.

—Les mêmes, trad. en franç., avec des remarq. et le texte latin, par Sanadon. *Paris*, 1728, 2 vol. in-4. 10 l. — Gr. pap. 24 l.

—Les mêmes, en lat., trad. en franç. par Dacier et Sanadon, accompagnées de leurs remarq. *Amst.* 1735, 8 vol. in-12. 60 à 72 l.

— Les mêmes, et de la même trad. *Amst.* (*Paris*), 1756, 8 vol. in-12. 15 à 20 l. — Gr. pap. 36 à 48 l.

Cette édition n'est point châtrée.

—Les mêmes, trad. en franç. par le P. Tarteron, avec des remarq. critiq. par P. Coste. *Amst.* 1710, 2 vol. in-12. 6 à 8 l.

Jolie édition, non mutilée.

—Les mêmes, trad. en franç. ; nouv. édit., revue et retouchée. *Paris*, 1801, 2 vol. in-12. 5 l.

— Les mêmes, trad. par Daru ; nouv. édit. avec le texte latin et des notes. *Paris*, 1804, 4 vol. in-8. 15 l. — Pap. vélin, 30 l.

— Poésies complètes d'Horace, trad. par Batteux et F. Peyrard, avec le texte en regard. *Paris*, 1803, 2 vol. in-12. 5 l.

— L'Art poétique d'Horace, trad. en vers franç., par F. M. Cornette. *Paris*, 1803, in-8. 3 l.

— Essai de traduction de quelques Odes et de l'Art poétique d'Horace, en vers franç. (par l'abbé de la Roihe. *Paris*, Didot l'aîné, 1788, in-8. pap. vélin, 21 l.

Cette traduction, imprimée aux frais de l'auteur au nombre de 50 exemplaires, n'a pas été mise dans le commerce.

— L'Opere d'Orazio, comment. da Giov. Fabrini, in ling. toscana. *In Venetia*, 1587, in-4. 5 l.

— Sermoni, ovvero Satire, le morali Epistole, e la Poetica d'Orazio, ridotte in versi volg. da L. Dolce. *In Venetia*, 1559, in-8. 10 l.

Ce volume est assez rare.

— Horatii Emblemata, stud. Oth. Vænii. *Antuerpiæ*, 1607, in-4. fig. 8 l.

Bonne édition.

HORII (Nic.) Opera poëtica, Orat. et Epistolæ. *Lugd.* 1507, in-fol. 8 l.

HORNEMAN'S. (Fred.) The Journal of Travels from Caire to Mourzouk, the capital of the Kingdom of Fezzan in Africa, in the years 1797-98. *Lond.* 1802, in-4. pap. vélin, cartes, 36 l.

— Voyage dans l'Afrique septentrionale, trad. de l'angl. par L. Langlès. *Paris*, 1803, 2 vol. in-8. fig. 10 l. — Pap. vélin, 18 l.

HORREBOW. (P.) The nat. History of Island, translated from the danish original. *Lond.* 1758, in-fol. 15 l.

Cette Description de l'Islande a été traduite en français par Anderson. *Paris*, 1764, 2 vol. in-12. fig. 7 l.

— Basis Astronomiæ, sive Astronomiæ pars mechanica. *Hauniæ*, 1735, in-4. fig. 8 l.

HORTI tres Amoris amœnissimi à præstantissimis poëtis nostri seculi, flosculis et plantulis odoriferis ab Eg. Periandro consiti. *Francof.* 1567, 3 vol. in-8. 24 l.

Collection rarement complète.

HORTUS Malabaricus. Vid. VAN RHEEDE.

HORTUS Sanitatis; de herbis, plantis, avibus, reptilibus et de urinis, necnon venis in terrà nascentibus. *Moguntiæ*, J. de Meydenbach, 1491, in-fol. cum fig. col.

Cette édition, infuiment rare, est imprimée en caractères gothiques, sur un papier très-fort.

—Le Jardin de Santé, ou Traité des bêtes, oiseaux, herbes, plantes, etc. *Paris*, sans date d'année, Ant. Vérard, in-fol. caractères gothiq.

Cette traduction de l'ouvrage précédent a dû paroître vers la fin du quinzième siècle. Les exemplaires imprimés sur papier n'ont qu'une valeur ordinaire, mais ceux tirés sur vélin et ornés de figures peintes en or, sont très-recherchés et fort chers.

HOSPITAL SAINTE - MESME. (Guill. Fr. de l') Analyse des infiniments petits, pour l'intelligence des lignes courbes. *Paris*, impr. roy. 1696, in-4. fig. 12 l.

— Traité analytiq. des Sections coniques, etc. *Paris* 1707 ou 1720, in-4. fig. 10 l.

HOSPITALII (Mich.), Galliarum Cancellarii, Carmina. *Amst.* 1732, in-8. 6 l. — Gr. pap. 20 l.

Bonne édition.

HOSTE. (Paul) L'Art des armées navales, etc. *Lyon*, 1727, in-fol. fig. 15 l.

Bonne édition.

HOTMAN. Vid. VARAMUNDUS.

HOTTINGERI (Jo. Henr.) Historia orientalis, ex variis orientalium Monument. collecta. *Tiguri*, 1660, in-4. 8 l.

—Ejusd. Promptuarium, sive Bibliotheca orientalis. *Heidelbergæ*, 1658, in-4. 7 l.

HOUBIGANT (Car. Fr.) Biblia hebraïca, cum notis criticis et vers.

latinâ ad notas crit. factâ. *Parisiis*, 1753, 4 vol. in-fol.; 120 à 150 l.

Ouvrage estimé.

— Ejusd. Radices hebraïcæ. *Parisiis*, 1732, in-8. 5 à 6 l.

— Ejusd. Psalterium Davidis, hebraïc°. *Parisiis*, 1746, in-16. 12 l.

HOUBRAKEN. (Jac.) Vies des Peintres. *Amst.* 1718, 3 vol. in-8. fig. 21 l.

— The Heads of illustrious Persons of Great-Britain. *Lond*, 1743, 2 vol. in-fol. 120 l.

Il a été tiré de cet ouvrage des exemplaires en grand papier : ils sont rares, et valent 360 à 400 l. Pour que ce Recueil soit bien complet, il faut à la fin un supplément qui manque souvent : il est très-peu considérable, et ne contient qu'un petit nombre de portraits.

HOUDART DE LA MOTTE : (Ant.) ses Fables. *Paris*, 1719, in-4. fig. 7 l. — Gr. pap. 12 l.

—Les mêmes *Amst.* 1727, in-12. 12 l.

Cette jolie édition, ornée de petites figures, n'est pas commune.

— Les Œuvres du même. *Paris*, 1754, 11 vol. in-12. 20 l. — Gr. pap. 36 l.

HOUDETOT : (Mme la vicomtesse d') ses Poésies. *Paris*, Didot l'aîné, 1782, in-18. pap. vélin.

Ce volume, tiré à très-petit nombre, ne s'est jamais vendu.

HOUDRY. (Vinc.) Bibliothèque des Prédicateurs. *Lyon*, 1731 et suiv. 22 vol. in-4. 100 l.

HOUEL. (J.) Voyage pittoresque des Iles de Sicile, de Malte et de Lipari. *Paris* (Didot le jeune), 1782-87, 4 vol. très-gr. in-fol. avec 280 fig. color. 450 l. — Pap. fin, très-rare.

Ce Voyage n'est pas commun. Il a été traduit en allemand, par J. H. Keerl. *Gotha*, 1797-1806, 5 vol. in-8.

— Histoire naturelle des Eléphants. *Paris*, 1802, pet. in-fol. fig. 15 l.

HOUSTOUN. (G.) Reliquiæ Houstonnianæ, seu Plantar. in Americâ meridionali à G. Houstoun collectar. Icones. *Lond.* 1781, in-4. fig. 16 l.

Il y a des exemplaires en papier de Hollande.

HOUTTEVILLE. (Cl. Fr.) La Religion chrétienne prouvée par les faits. *Paris*, 1740, 3 vol. in-4. 8 l. — Gr. pap. 12 l.

HOUTTOUYN. Représentation des Oiseaux avec leurs nids et la description en hollandais. *Amst.* 1789, gr. in-fol. fig. color. 60 l.

HOWARD'S. Account of Prisons and Lazarettos in various parts of Europe. *Lond.* 1792, 2 vol. in-4. 27 l.

Nous avons une traduction française de cet ouvrage en deux volumes in-8.

HOWEL. (Th.) A Journal of the passage from India through Armenia and Anatolia. *London*, Forster, in-8. 10 l.

— Voyage en retour de l'Inde, par terre, et par une route en partie inconnue jusqu'ici, trad. de l'angl. par Théoph. Mandar. *Paris*, an 5 (1793), in-4. cartes, 8 l.

HROSVITE (seu HROSVITHÆ), illustr. virginis et monialis Germanæ Opera. *Norimbergæ*, 1501, in-fol. 30 l.

Ouvrage rare, et attribué à Conradus de Celtes.

HUBER et ROST. Manuel des Curieux et des Amateurs de l'Art, ou Notice des Graveurs et de leurs princip. ouvrages. *Zurich*, 1797, 8 vol. in-8. 21 l. — Pap. fort, *rare*, 36 liv.

HUCHETSON. Recherches sur l'Origine des idées que nous avons de la beauté et de la vertu, trad. de l'angl. par Eidous. *Amst.* 1749, 2 vol. in-8. 5 l. — Gr. pap. 12 l.

HUDSONI (Guill.) Flora anglica. *Lond.* 1778, 2 vol. in-8. 18 l.

HUERTA. (D. Vinc. Garcia de la) Theatro espanol. *En Madrid*, 1785, 18 vol. in-12. 40 l.

HUETII (Pet. Dan.) Episc. Abrincensis, Demonstratio evangelica. *Parisiis*, 1690, in-fol. 12 l.

Cette édition est la plus ample et la plus estimée de ce livre. Celle de 1679 est recherchée de quelques personnes, parce qu'elle renferme plusieurs passages qui ont été supprimés dans l'édition de 1690.

— Les Origines de la ville de Caen, avec des remarq. *Rouen*, 1706, in-fol. 5 l.

— De la Situation du Paradis terrestre. *Paris*, 1691, et *Amst.* 1701, in-12. 5 à 6 l.

Il y a dans l'édition d'*Amsterdam* une Préface que n'a pas celle de *Paris*.

Dict. Bibl. I.

HUGBALDI, poëtæ præstantis Ecloga de Clavis, poëma maçaronicum, cujus carminis singula verba incipiunt per litteram C. *Basileæ*, 1546, in-8. 15 l.

Ce Poëme est rare.

HUGENII (Christ.) Opera physica. *Lugd. Bat.* 1724-28, 4 vol. in-4. fig. 36 l.

Edition donnée par les soins de s'Gravesande.

— Ejusd. Opera mechanica, astronomica, etc., ex edit. Guill. Jac. s'Gravesande. *Lugd. Bat.* 1751, 4 vol. in-4. 36 l.

— Horologium oscillatorium, sive de Motu pendulorum ad horologia aptato, Demonstrationes geometricæ, *Parisiis*, 1673, in-fol, fig. 12 l.

HUGHES.(Griffith) The natural History of Barbados. *Lond.* 1750, in-fol. fig. 24 l.

Les exemplaires avec figures coloriées sont fort chers : 150 l.

HUGO GROTIUS. Vid. Grotius.

HUGO (Herman.) de Militià equestri antiquà et novà. *Antuerpiæ*, 1630, in-fol. fig. 12 l.

Peu commun.

— De primà scribendi origine et universà rei litterariæ antiquit., cum notis varior. *Traj. ad Rhenum*, 1738, in-8. fig. 12 l.

HUGO (Car. Lud.) sacræ antiquitatis Monumenta, histor., dogmat. etc. *Stivagii*, 1725, 2 vol. in-fol. 12 l.

HUGONIS A S. VICTORE Opera. *Rothomagi*, 1648, 3 tom. 2 vol. in-fol. 12 l.

Ouvrage peu recherché.

HULL. (John) Elements of Botany. *Lond.* 1800, 2 vol. in-8. 16 pl. 18 l.

HULOT. L'Art du Tourneur-mécanicien. *Paris*, 1775, in-fol. fig. 12 l.

HUMBOLDT (A. de)et A. BONPLAND. Voyage dans l'intérieur de l'Amérique, dans les années 1799—1803. *Paris*, 1807 et suiv. 10 vol. in-4. avec 3 atlas et 4 vol. in-fol.

Cet intéressant Voyage, dont il ne paraît encore que des parties séparées, est divisé de la manière suivante :

Première partie. Physique générale et relation historique du Voyage, 5 vol. in 4. et 2 atlas.

35

Seconde partie. Zoologie et Anatomie comparée , 1 vol. in-4.

Troisième partie. Essai politique sur le royaume de la Nouvelle-Espagne , 1 vol. in-4. avec un atlas.

Quatrième partie. Astronomie et Magnétisme , 2 vol. in-4.

Cinquième partie. Essai sur la Pasigraphie , ou Essai sur la manière de représenter les phénomènes de la stratification des roches par des signes trèsmultipliés , 1 vol. in-4.

Sixième partie. Botanique. *Première division*, Plantes équinoxiales, 2 vol. in-fol. — *Deuxième division*, Monographie des Mélastomes, 2 vol. in-fol.

Tous ces ouvrages, à l'exception de la partie botanique, sont publiés à-la-fois en français et en allemand.

Il y a des exemplaires en papier vélin.

HUME'S. (Dav.) History of England. *Lond.* 1759-62 , 6 vol. in-4. 50 l.

— The same. *Lond.* 1763 , 8 vol. in-8. 50 l.

— The same. *Lond.* 1770 , 8 vol. gr. in-4. 100 l.

— The same. *Lond.* 1782 , 8 vol. gr. in-8. 66 l.

— The same. *Basle*, 1786 , 12 vol. in-8. 36 l.

— Histoire d'Angleterre sous les règnes des Maisons de Plantagenet , de Tudor et de Stuart, trad. de l'angl. par M.lle Belot. *Paris*, 1760, 1763-1765 , 7 vol. in-4. 54 l. — Gr. pap. 100 l.

L'édition en 18 vol. in-12. vaut 36 à 48 l.

— Essays and Treatise on several subjects. *Lond.* 1768 , 2 vol. gr. iu-4. 30 l.

— The same. *Lond.* 1768 , 2 vol. in-8. 15 l.

— The same. *Basil.* 1793 , 4 vol. in-8. 16 l.

La traduction française de cet ouvrage forme 7 vol. in-12.

—Voy. SMOLLETT'S.

HUNDIUS. Vid. GEWOLDUS.

HUNTER (Guill.) Anatomia Uteri humani gravidi (angl. lat.) *Birminghamiæ*, Baskerville , 1774, très-gr. in-fol. fig. 100 l.

Ouvrage fort bien exécuté.

HUNTER'S. (John) Historical Journal of the Transactions at Port Jackson and Norfolk Island. *Lond.* 1793 , in-4. fig. 36 l.

HUON de Bordeaux. Voy. ROMAN.

HURTAUT. Dictionnaire historique de la ville de Paris et de ses Environs. *Paris*, 1779, 4 vol. in-8. 12 l.

HUSCHKE (I. G.) Analecta critica in Anthologiam græcam , cum suppl. epigrammatum max. partem ineditorum. *Jenæ*, 1800 , in-8.6 l.

HUSS (Jo.) et HIERONYMI Pragensis Historia et Monumenta. *Noribergæ*, 1715, 2 vol. in-fol. 12 l.

Certaines personnes préfèrent l'édition de 1558 à celle-ci.

— Ejusd. Huss Opuscula in iij tomos distincta, cum Appendice Oth. Brunsfelsii. *Absque notâ edit.* in-4. fig.

Ces Opuscules de Jean Huss se trouvent rarement bien complets : 24 à 30 l.

HUTCHINSON. (W.) A View of Northumberland, with and excursion to the abbey , of Mailross in Scotland. *Newcastle* , 1778, 2 vol. in-4. fig. 50 l.

HUTTENI (Ulder.) Dialogorum lib. scilicet, Fortuna : febris prima : febris secunda : trias romana : et inspicientes. *Moguntiæ*, Scheffer, 1520 , in-4. 10 l.

Volume rare. Le nom de la ville et celui de l'imprimeur se trouvent indiqués dans la souscription.

— Phalarismus , Dialogus Huttenicus. 1517 , in-4. sans nom de ville ni d'imprimeur.

Ce volume est encore plus rare que le précédent.

HUTTERUS. (El.) Vid. BIBLIA hebraïca et TESTAMENTUM. (Novum)

HUXHAMI (Jo.) Opera physicomedica, ed. G. C. Reychel. *Lipsiæ*, 1764, 2 vol. in-8. 9 l.

HYDE (Th.) Historia Religionis vet. Persarum eorumque Magorum. *Oxonii* , 1760 , in-4. fig. 27 l.

La première édition de ce livre, publiée en 1700, vaut 12 à 15 l.

— De Ludis orientalibus lib. duo. *Oxonii* , 1694 , 2 vol. in-8. 15 l.

Ouvrage savant et peu commun.

— Syntagma Dissert. Th. Hyde, cum appendice de Linguâ Sinensi linguisque orientalibus. *Oxonii*, 1767, 2 vol. in-4. fig. 40 l.

HYGINI (C. Julii) Poeticon Astronomicon. (*Ferrariæ*), Aug. Carnerius, 1475, in-4. fig.

Edition très-rare et la première de ce livre.

Elle est exécutée en lettres rondes, sans chiffres, signatures ni réclames.

— Idem. *Venetiis*, Erhardus Ratdolt, 1482, in-4. fig. 18 l.

Cette édition, qui n'est pas commune, a passé long-temps pour la première de ce livre. Elle est décorée de figures en bois.

— Ejusd. C. J. Hygini Fabulæ, ex edit. Joan. Schefferi, cum ejusd. et Th. Munckeri notis. *Hamburgi*, 1674, in-8. 7 l.

Ce volume fait partie de la Collection des auteurs *cum notis Variorum.*

HYGINI et POLYBII, de Castris romanis, quæ extant Opera. *Amst.* 1660, in-4. 5 l.

HYPPOLITI (S.) Opera, gr. lat., ex edit. Jo. Alb. Fabricii. *Hamburgi*, 1716 et 1718, 2 vol. in-fol. 16 l.

I

ICONES Lignorum exoticorum et nostratium, ex arboribus, arbusculis et fruticibus varii generis collect. (germ. lat.) *Nurimbergæ*, 1773, in-4. avec 18 pl. color. 24 l.

IDÉE générale d'une Collection complète d'Estampes. Voy. HEINIKEN.

IDÉES (les plaisantes) du sieur Mistanguet, docteur à la moderne, parent de Bruscambille. *Paris*, 1615, in-8. 10 l.

IGNATII et POLYCARPI (S.) Epistolæ, gr. lat., cum annot. Jac. Usserii. *Oxonii*, 1644, et *Lond.* 1647, 2 tom. 1 vol. in-4. 6 l.

— Ignatii (S.) Epistolæ septem genuinæ. *Oxonii*, è Theat. Sheldon., 1708, in-8.

Tiré à 100 exemplaires.

IHRE (Jo.) Glossarium sueco-gothicum. *Upsaliæ*, 1769, 2 tom. 1 vol. in-fol. 36 l.

— Lexicon lapponicum, cum interpretat. vocabulor. sueco-lat., et indice sueco-lapponico. *Holmiæ*, 1780, in-4. 24 l.

— Swenkst dialect Lexicon, ou Lexique des divers dialectes de la langue suédoise. *Upsaliæ*, 1766, in-4. 16 l.

ILGEN (C. D.) Opuscula varia philologica. *Erford*, 1797, 2 vol. in-8. 7 liv.

ILLYRICUS. Vid. FLACCUS ILLYRICUS.

IMBONATI. (Car. Jos.) Vid. BARTOLOCCIUS.

IMPERATO : (Ferrante) I xxviij libri della sua Istoria naturale, ne' quali si tratta della div. condition di miniere e pietre. *In Napoli*, 1599, in-fol. fig. 15 l.

Bonne édition. On fait peu de cas de celle de 1672.

IMPOSTURE (l') découverte des Os humains supposés. Voy. THEUTOBOCHUS.

INDEX Librorum qui ex typographiâ Plantinianâ prodierunt. *Antuerp.* 1615, in-8. 6 l.

Peu commun.

INFARINATO, (Primo) risposta all' Apologia di Torq. Tasso, intorno all' Orlando Furioso e alla Gerusalemme liberata. *Firenze*, 1585, in-8. 5 l.

— Infarinato, (Secundo) risposta al libro intitolato : *Replica di Camillo Pellegrino*, etc. *Firenze*, 1588, in-8. 7 l.

Ces deux ouvrages sont cités dans le Vocabulaire de la Crusca. Le nom de l'auteur est *Lionardo Salviati.*

INGRASSIÆ (Jo. Philip.) in Galeni librum de Ossibus Commentaria. *Panormi*, 1603, in-fol. fig. 8 l.

Difficile à trouver.

INNOCENT, prieur de la Chartreuse. Voy. MASSON.

INNOCENTII III Epistolæ, ex edit. et cum notis Steph. Baluzii. *Parisiis*, 1682, 2 vol. in-fol. 12 l.

INSTRUCTIONS utiles et salutaires, tirées du Pentateuque de Moïse, en grec moderne. *Vienne*, 1801, 2 vol. in-8.

Vendu 30 l. chez M. de Villoison.

INSTRUCTIONS sur le fait de la Guerre. Voy. BELLAY.

INTRIGUES galantes de la Cour de France. Voy. VANNEL.

INVEGES. (Agost.) Annali della felice città di Palermo, cioè Palermo antico, sacro e nobile. *In Palermo*, 1649, 1650 e 1651, 3 vol. in-fol. 25 l.

Ouvrage estimé. Le tome 3 est rare.

IRELAND'S. (Sam.) Picturesque tour through Holland , Brabant , and part of France , made in the autumn of 1789. *Lond.* 1790 , 2 vol. gr. in-4. pap. vélin , fig. 90 l.
— The same. *Lond.* 1796, 2 vol. gr. in-4. fig. papier vélin , 50 l.
— Picturesque Wiews on the river Thames. *Lond.* 1792 , 2 vol. gr. in-4. fig. 66 l.
— Picturesque Wiews on the Medway. *Lond.* 1793 , gr. in-4. fig. 36 l.
— Picturesque Wiews on the Warwickshire avon. *Lond.* 1795 , gr. in-4. fig. 36 l.
— Picturesque Wiews on the river Wye. *Lond.* 1797 , gr. in-4. fig. 36 liv.

IRENÆI (S.) Opera , gr. lat. , ex edit. Renati Massuet , Benedict. *Parisiis*, 1710 , in-fol. 18 l.—Gr. pap. 33 l.
L'édition de *Venise*, 1734, 2 vol. in-fol. est moins estimée.

IS.ÆUS. Vid. ANTIPHON.

ISIDERO Menore , (la Cronica de Sancto) con alchune additione cavate del texto et Istorie de la Bibia , etc. *Ciuidal de Friuli* , 1480 , in-4. goth. Prix arbitraire.
Ce petit volume est extrèmement rare.

ISIDORI Hispalensis (S.) Opera , gr. lat., ex edit. Jac. du Breul , Benedict. *Parisiis* , 1601 , in-fol. 5 liv.
— Eadem , ex eâdem recens. J. du Breul. *Coloniæ* , 1617 , in-fol. 5 l.
— Eadem. *Matriti* , 1778 , 2 vol. in-fol. 20 l. — Gr. pap. 40 l.
— Ejusd. Isidori Etymologiarum lib. xx. in-fol. goth. 40 l.
Cette édition, qui ne porte ni chiffres , ni signatures , ni réclames , a été imprimée vers 1470.
— Iidem. *Augustæ Vindelicor.* 1472, in-fol. 40 l.
Maittaire , Orlandi et Fabricius regardent cette édition comme la première de ce livre.
Le volume est imprimé en lettres rondes.
— Decreta et Concilia gen. à temporibus Apostolor. usque ad concessum Basiliensem celebrata , in unum collecta (ab Isidoro Hispalense) , stud. J. Merlini. *Parisiis* , 1524 , 2 vol. in-fol.
Il y a de ce livre des exemplaires sur vélin.

ISIDORI PELUSIOTÆ (S.) Opera, gr. lat. , ex edit. Andr. Schotti. *Parisiis* , 1638 , in-fol. 12 l.— Gr. pap. 18 l.

ISIDORI de Isolanis , de Imperio militantis Ecclesiæ lib. iv. *Mediolani* , 1517 , in-fol. 10 l.
Peu commun.

— Liber de Regum et Principum institutis. *Mediolani*, Ponticus, sine anno , pet. in-fol.
Ce livre a paru vers l'année 1517. Les exemplaires n'en sont pas communs.

— Disputat. catholicæ de Igne inferni, de Purgatorio, etc. etc. *Mediolani* , 1517 , in-fol.
Ouvrage singulier et assez rare.

ISOCRATIS Opera , gr. lat. , ex interpr. Hier. Wolfii , cum notis Henr. Stephani. *Parisiis* , H. Stephanus, 1593 , in-fol. 18 l.
— Eadem , gr. lat. , cum notis Guill. Battie. *Cantab.* et *Lond.* 1729 et 1748 , 2 vol. in-8. 16 l.
Bonne édition.

— Eadem, gr. lat., cum notis Guill. Battie. *Lond.* 1749, 2 vol. in-8. 16 l. — Gr. pap. 60 l.
— Eadem , gr. lat., cum notis Ath. Auger. *Parisiis* , Didot natu major, 1782, 3 vol. in-8. 16 l. — Pap. fin, 30 l. — Gr. pap. format in-4. 45 l.
Belle édition , accompagnée d'une version latine élégante et fidèle.
Le format in-4. n'a été tiré qu'à 100 exemplaires.

— Eadem, gr., cum animadv. W. Lange. *Halæ*, 1803 , in-8. 19 l.—Pap. fin , 24 l.
Bonne édition.

— Eadem , gr. , cum scholiis græcis. *Parisiis*, 1808, 2 vol. in-8. 21 l.
Édition publiée par M. Coray.

— Isocratis Orationes , gr. , cur. Demetrio Chalcondyla. *Mediolani*, Hen. Germanus et Sebast. ex Pontremulo , 1493 , in-fol. 130 l.
Il y a de cette rare édition , la première de ce livre , des exemplaires en grand pap. , qui sont fort recherchés des curieux: 300 l. Les exemplaires imprimés sur vélin sont des morceaux très-précieux.

— Isocrates , Alcidamas , Gorgias , Aristides , Harpocration, gr. *Venetiis* , Aldus, 1534 , in-fol.
Réimpression de la troisième partie des Rhéteurs grecs , publiée en 1513 , par le

Alde. On en a tiré des exemplaires en grand papier.

—Ejusd. Isocratis Orationes , gr., à Hier. Wolfio. *Parisiis*, 1621 , in-8. 6 à 8 l.

— Isocratis , Demetrii Cydone et M. Glycæ aliquot Epist. necnon Dionis Chrysost. Oratio, gr., cum animadv. C. F. Matthæi. *Mosquæ*, 1776 , in-8. 12 l.

—Isocratis Panegyricus, gr., cum notis S. F. Mori. *Lipsiæ* , 1786 , in-8.

— Ejusd. Encomium Evagoræ, gr., à C. G. Findeseno. *Lipsiæ* , 1777, in-8.

— Les Œuvres d'Isocrate, trad. en franç. par Ath. Auger. *Paris* , 1781 , 3 vol. in-8. 15 l.

—Tutte le Orationi d'Isocrate, trad. in ling. ital. da Piet. Carrario. *Venetia*, 1555 , in-8. 6 l.
Seule traduction italienne de toutes les Oraisons d'Isocrate.

ITALIE (l') illustrée et représentée en 135 figures, grav. en taille douce, avec des explicat. en ital., en franç. et en lat. *Leyde* , 1757 , in-fol. 18 l. — Gr. pap. 36 l.

IVES'S. (Edw.) Voyage from England to India in the year 1754. *Lond.* 1773 , in-4. fig. 18 l.

J

JAAFAR. (Abi) Philosophus autodidactus, sive Epistola Abi Jaafar de Ratione hum. , arab. et lat., ab Ed. Pocockie. *Oxonii*, 1700, in-4. 18 l.

JABLONSKI (Pauli Ern.) Pantheon Ægyptiorum , sive de Diis eorum Comment. ; cum Prolegomenis de Relig. et Theolog. Ægyptiorum. *Francof.* 1750 , 3 vol. in-8. 18 l.

— Ejusd. Opuscula , quibus lingua et antiquitas Ægyptiorum , difficilia librorum sacrorum loca et Historiæ ecclesiasticæ capita illustrantur , cum animadv. J. G. te Water. *Lugd. Bat.* 1804-1806 , 2 vol. in-8. 30 l.

— Ejusd. de Memnone Dissertatio , etc. *Francof.* 1753, in-4. 6 l.

JABLONSKI. (Ch. Gust.) Système natur. de tous les Insectes indi-

gènes et exotiq. connus d'après le système de Linné (en allem.) *Berlin*, 1784 , 5 vol. in-8. avec fig. de format in-4.
Ouvrage peu commun en France.

JACINTHES , (des) de leur anatomie , reproduction et culture (par le marq. de Saint-Simon). *Amst.* 1768 , in-4. fig. 12 l.

JACKSON (Jo. Bapt.) Picturæ præstantiss. xxvij Pauli Veronensis , Titiani Vecellii, Jacobi de Ponte Bassanensis , etc. Tabulis ligneis sculptæ et colorib. expressæ. *Venetiis*, 1739-42, in-fol. max.
Rare en France.

JACOB. (Louis) Traité des plus belles Bibliothèques publiq. et particulières qui ont été et qui sont à présent dans le monde. *Paris* , 1644 , in-8. 5 l.

JACOBS (F.) Animadversiones in Euripidis Tragœdias. *Gothæ*, 1790, in-8. 8 l.

—Exercitationes criticæ in Scriptores veteres. *Lips.* 1796, 2 vol. in-8. 8 l.

JACOBÆI (Olig.) de Ranis et Lacertis Dissertat. *Parisiis* , 1682 , in-8. 5 l.

— Musæum regium Danicum , seu Catalog. Rerum tàm natur. quàm artificialium, in biblioth. Christiani V. Daniæ regis asservatarum , descript. ab Olig. Jacobæo. *Hafniæ* , 1696 , in-fol. fig. 12 l.
Livre curieux.

JACOBATIUS. Vid. LABBE.

JACOBI Damasceni (Salom.) Arabum Philosophia popularis , arab. lat. , interpr. Frid. Rostgaard , ed. Jo. Chr. Kallio. *Hafniæ* , 1764, in-8.

JACOBILLI (Lud.) Bibliotheca Umbriæ, sive de Scriptoribus Provinciæ Umbriæ. *Fulginiæ* , 1658 , in-4. 5 l.

JACOTOT. Eléments de physique expérimentale, de chimie et de minéralogie. *Paris*, 1804, 2 vol. in-8. et 1 vol in-4. de 73 pl. 11 l.

JACQUES , Bastard de Bourbon. (Frère) Hist. du grand et merveilleux siège de la cité de Rhodes , par Sultan Solyman. *Paris*, 1527, pet. in-fol. imprimé sur vélin , avec des lettres initiales peintes en or, etc.

Les exemplaires sur papier n'ont aucune valeur.

JACQUIN (Nic. Jos.) selectar. Stirpium Americanarum Historia. *Vindobonæ*, 1763, 2 tom. 1 vol. in-fol. fig. 30 l.

Cet ouvrage a été réimprimé à *Manheim*, en 1788, in-8.

— Observationes botanicæ. *Vindobonæ*, 1764-71, 4 part. 1 vol. in-fol. avec 100 pl. 36 l.

— Hortus botanicus Vindobonensis, seu Plantar. rarior. quæ in horto Vindobon. coluntur, Icones et Descript. *Vindobonæ*, 1770, 3 vol. in-fol. fig. color.

— Floræ Austriacæ, sive Plantar. selectar. in Austriæ archiducatu spontè crescentium, Icones et Descript. *Viennæ Austriæ*, 1773, 5 vol. in-fol. fig. color.

Cet ouvrage se joint ordinairement au précédent. Les deux ensemble, 1200 l.

—Miscellanea austriaca ad botanicam, chimiam, et hist. natur. spectantia. *Vindobonæ*, 1778 et 1781, 2 vol. in-4. fig. color. avec 44 pl. 50 l.

—Collectanea austriaca ad botanicam, chimiam et hist. natur. spectantia, cum suppl. *Vindobonæ*, 1786-96, 5 vol. in-4. avec 106 pl. color. 150 l.

— Icones Plantarum rarior., fasciculi xvj. *Vindobonæ*, 1781-95, 2 vol. in-fol. avec 648 pl. color. 400 l.

—Plantarum rariorum horti Cæsarei Schoenbrunnensis Descript. et Icones. *Viennæ*, 1797-98, 3 vol. in-fol. 400 pl. color.

— Enumeratio Stirpium quæ spontè crescunt in agro Vindobonensi. *Vindobonæ*, 1762, in-8. 7 l.

— Oxalis Monographia iconibus illustrata. *Viennæ*, 1794, gr. in-4. 81 fig. color.

— Introduction à la connaissance du règne végétal d'après le système de Linné (en allem.) *Vienne*, 1785, in-8. fig. 6 l.

Tous ces ouvrages de M. Jacquin sont exécutés avec soin, et en général tirés à un petit nombre d'exemplaires.

JAMBLICI Chalcidensis de Vitâ Pythagoræ liber, gr. lat., ex emend. et cum notis Ludolph. Kusteri.

Amst. 1707, in-4. 10 l. — Gr. pap. rare, 48 l.

— Liber de Mysteriis Ægyptiorum, Chaldæorum, etc. cum aliis multis Opusculis. *Venetiis*, Aldus, 1497, in-fol.

Cette édition, la première de ce livre, est fort rare et bien exécutée.

— Idem. *Venetiis*, Aldus, 1516, in-fol. 18 l.

Cette édition, quoique plus ample que la précédente, n'est cependant pas aussi recherchée.

— Idem, gr. lat., ex interpr. et cum notis Th. Gale. *Oxonii*, 1678, in-fol. 15 l. — Gr. pap. 30 l.

—Commentarius in Arithmeticam Nicomachi Geraseni, à Sam. Tennulio, gr. lat. *Arnhemiæ*, 1668, in-4. 8 à 10 l. — Gr. pap. très-rare, 50 à 60 liv.

JAME'S. (Rob.) Medical Dictionary. *Lond.* 1743, 3 vol. in-fol. fig. 50 l.

— Dictionn. univ. de médecine, etc. trad. de l'angl. par Diderot et autres, revu par Jul. Busson. *Paris*, 1746, 6 vol. in-fol. 72 l.

JAME'S. (Silas) A narrative of a Voyage to Arabia, India, etc. in the years 1781-84. *Lond.* 1797, in-8. 16 l.

JAME'S. (Th.) History of the Herculean straites new called the straites of Gibraltar. *Lond.* 1771, 2 vol. in-4. 36 l.

JAMESON (Guliel.) Spicilegia antiquitatum Ægypti et vicinarum Gentium. *Glasguæ*, 1720, in-8. 7 liv.

JAMYN : (Amadis) ses Œuvres poétiques. *Paris*, 1577 et 1584, 2 vol. in-12. 5 l.

JANDUNO (Jo. de) Quæstiones super tres libros Aristotelis de Animâ. *Venet.* 1473, in-fol. très-rare.

JANSEN. (H. J.) Essai sur l'origine de la gravure en bois et en taille douce et sur la connaissance des estampes des 15 et 16.ᵉ siècles. *Paris*, 1808, 2 vol. in-8. 20 pl. 15 l. — Pap. vélin, 30 l.

JANUA. (Joannes de) Vid. JOANNES.

JARRY. (N.) La Guirlande de Julie, pour M.lle de Rambouillet (Julie-Lucienne Dangennes.) 1641, in-fol.

Ce superbe manuscrit sur vélin, exécuté par le fameux Jarry, est décoré de très-

belles fleurs peintes par les meilleurs artistes du temps.
Vendu 14,510 l. chez le duc de La Vallière.
— La même. *Paris*, Didot le jeune,
1784, in-8. pap. vélin, 3 l.
Il y a de ce volume des exemplaires sur
vélin.

JARS. Voyage métallurgique, ou
Recherches et Observat. sur une
très-grande quantité de mines d'or,
d'argent, etc. *Lyon*, 1774, 3 vol.
in-4. fig. 36 l.
Ouvrage recherché.

JAUBERT. (l'abbé) Dictionn. raisonné univ. des arts et métiers.
Paris, 1773, 5 vol. pet. in-8. 24 l.
L'édition de *Lyon*, 5 vol. in-8. vaut le même
prix.

JAURA. (Dominiq.) Histoire gén.
de Chypre, de Jérusalem, d'Arménie, etc. *Leyde*, 1747, 2 vol.
in-4. 15 l.

JAY. (Guy Mich. le) Vid. Biblia Polyglotta.

JAY (Gabr. Fr. le) Bibliotheca Rhetorum. *Parisiis*, 1725, 2 vol. in-4.
5o à 60 l.
Livre rare et très-recherché. L'édition d'*In-*
golstadt, 1765, 5 vol. in-8. vaut 15 à 20 l.

JEAN D'ARRAS. Le Roman de Mélusine, fille du roi d'Albanie, écrit
en lat. et trad. en franç. *Lyon*, sans
date, in-fol. goth. 15 l.
Il y a plusieurs autres éditions de ce roman,
mais elles sont peu recherchées : 10 l. environ.

JEAN l'Evangeliste d'Arras, capucin. La Philomèle séraphique, où
elle chante les dévots et ardents
soupirs de l'ame pénitente, etc.
Tournay, 1632 ou 1640, 2 tom.
1 vol. in-8. 7 l.

JEAN danse mieux que Pierre, Pierre
danse mieux que Jean : ils dansent
bien tous deux. *A Tetonville*,
1719, 5 vol. in-12. 16 l.

JEANNIN : (le Présid. Pier.) ses
Négociations pour la trève avec les
Etats-généraux, depuis 1607-1610;
avec ses Œuvres mêlées, recueillies
par N. de Castille et publ. par
René de Cerisiers. *Paris*, 1656,
in-fol. 7 l. — Gr. pap. 12 l.
♦ L'édition d'*Amst.* 1695, 4 tom. 2 vol. in-12.
vaut 4 à 5 l.

JEAURAT. (Ed. Séb.) Traité de

Perspective à l'usage des artistes.
Paris, 1750, in-4. fig. 20 l.

JEBB (Sam.) de Vità et Rebus gestis
Mariæ, Scotorum reginæ, Authores xvj. *Lond.* 1725, 2 vol. in-fol.
12 l.

JEFFERYS. (T.) The natural and
civil History of the French Dominious in north and south America.
Lond. 1760, in-fol. fig. 20 l.
—The West Indian Atlas, or a Description of the West Indies. *Lond.*
1775, in-fol. atlant. fig. 36 l.

JEFFRIES. (Dav.) Traité des Dia-
mants et des Perles, trad. de l'angl.
par Chapotin. *Paris*, 1753, in-8.
fig. 6 l.

JEHAN DE SAINTRÉ. Voy. Histoire.

JENSII (Jo.) Lucubrationes hesy-
chianæ. *Roterod.* 1742, in-8. 5 l.

JEU (le) du prince des Sots. Voy.
Gringore.

JEUNE, dit l'aveugle : (le P. le) ses
Sermons. *Paris*, 1671, ou *Tou-*
louse, 1688, 10 vol. in-8. 40 l.
Ces deux éditions sont bonnes.

JOANNES Grammaticus (Philoponus) in Libros Aristotelis de Generatione, et Interitu. Alexander
Aphrodisiensis in Meteorologica.
Idem de Mixtione, gr. *Venetiis*,
Aldus, 1527, in-fol.
On a tiré de ce livre des exemplaires en
grand papier.
— Ejusd. in posteriora resolutoria,
Aristotelis Commentarium. Incerti
autoris in eadem. Eustratii in
eadem, gr. *Venetiis*, Aldus, 1534,
in-fol.
L'édition de 1504 est moins ample que
celle-ci.

JOANNES CHRYSOSTOMUS. (S.)
Vid. Chrysostomus.

JOANNES cardin. de Turrecremata.
Vid. Turrecremata.

JOANNIS DE JANUA Ordinis Præ-
dic. Summa quæ vocatur Catholicon. *Moguntiæ* (Joan. Fust et
Pet. Schoyffer de Gernsheym,)
1460, in-fol. 300 l.
Cet ouvrage, une des premières productions de l'imprimerie, est de Jean
Balbi, religieux de l'ordre Saint-Domi-
nique, et natif de Gênes.
Il y a des exemplaires imprimés sur vélin,
mais ils sont extrêmement rares.
— Idem opus. *Augustæ Vindelico-*

rum, Guntherus Zainer, 1469, in-fol.

Cette édition est aussi très-rare : 150 l.

JOANNIS CLIMACI (S.) Opera, gr. et lat., ex edit. Matth. Raderi. *Parisiis*, 1633, in-fol. 10 l.

JOANNIS DAMASCENI (S.) Opera, gr. lat., ex edit. Mich. le Quien. *Parisiis*, 1712, 2 vol. in-fol. 24 l. — Gr. pap. 45 l.

— Ejusd. adversùs sanctarum Imaginum oppugnatores Orationes tres, P. Fr. Zino interprete. *Venetiis*, Aldus, 1554, in-8. 6 l.

— Liber Barlaam et Josaphat, Indiæ regis (è gr. S. Joannis Damasceni trad.) *Editio vetus, absque loci et anni indicat.* in-fol. goth.

Ce roman, attribué à St. Jean Damascène, a été imprimé vers 1470. Les exemplaires en sont rares : 60 l.

— Storia di Barlaam e Giosofat. *Roma*, 1734, in-4. 6 l.

Edition publiée par les soins de Bottari. Elle est citée par l'Académie de la Crusca. On fait peu de cas des versions françaises de ce livre.

JOANNIS (D.) monachi abbat. de Haute - Selves sive Hauteseilles, Histor. calumniæ novercalis, quæ septem Sapientium dicitur et inscribitur, seu Hist. Heracliti. *Antuerpiæ*, Gerardus Leeu, 1490, in-4. 20 l.

Petit volume intéressant et rare. Il est orné de figures gravées en bois.

— Le Roman des sept Sages de Rome, trad. du lat. de l'ouvrage précédent. *Genève*, 1492, in-fol. 30 l.

Edition rare.

JOANNIS Antiocheni, cognomento Malalæ, Historia chronica, gr. lat., cum interpr. et notis Ed. Chilmeadi. *Oxonii*, 1691, in-8. 12 l.

JOBERT. (Louis) La Science des Médailles antiques et modernes, avec des remarq. par Jos. Bimard, baron de la Bastie. *Paris*, 1739, 2 vol. in-12. 18 à 24 l. — Gr. pap. *très-rare*, 60 à 80 l.

Ouvrage estimé et peu commun.

JOBLOT. Description et usage de plusieurs nouveaux microscopes. *Paris*, 1718, in-4. fig. 8 l.

— Observations d'Hist. natur., faites avec un microscope sur un grand

nombre d'Insectes. *Paris*, 1754, 2 tom. 1 vol. in-4. fig. 9 l.

JODELLE : (Est.) ses Œuvres poétiques. *Paris*, 1574, in-4. 6 l.

— Les mêmes. *Paris*, 1583, in-12, 6 liv.

— Recueil des Inscriptions, Figures, etc. ordonnées en l'Hôtel-de-Ville de Paris, le 17 février 1558. *Paris*, 1558, in-4.

Ce Recueil de figures se trouve quelquefois à la suite des Œuvres poétiques de l'auteur.

JOHANNIS DE JOHANNE Codex Diplomaticus Siciliæ, cum dissertat. et notis. *Panormi*, 1743, 2 vol, in-fol. 12 l.

JOHNSON (Th.) novus Græcorum Epigrammatum et Poëmatum Delectus, gr. *Lond.* 1699, in-8. 6 l.

JOHNSON'S : (Benj.) Works. *Lond.* 1756, 7 vol. in-8. 40 l.

L'édition de 1716 est moins chère.

JOHNSON'S. (Sam.) Dictionary of the english Language. *Lond.* 1755, 2 vol. in-fol. 72 l.

— The same. *Lond.* 1773, 2 vol. in-fol. 72 l.

— The same. *Lond.* 1784, 2 vol, in-fol. 80 l.

— The same, 8.th edit. *Lond.* 1799, 2 vol. in-4. 60 l.

— The same. *Lond.* 1760, 2 vol. in-8. 15 l.

— The same. *Lond.* 1786, 2 vol. in-8, 18 liv.

Cette édition et la précédente ne sont que des abrégés.

— Collection of the english Poets, with Prefaces biographical and critical. *Lond.* 1779, 68 vol. pet. in-12. 200 l.

Collection estimée.

— Works of the english Poets, with Prefaces biograph. and critical. *Lond.* 1790, 75 vol. pet. in-12. pap. vélin, 180 l.

— The Lives of the most eminents english Poets. *Lond.* 1781, 4 vol. in-8. 40 l.

— Johnson's Works and Letters, together with his life and notes on his lives of poets, by John Hawkens. *Lond.* 1788, 16 vol. in-8, 110 l.

— Johnson's Works, with his life,

by Murphy. *Lond.* 1796 , 12 vol.
in-8. 80 l.

—The same. *Lond.* 1801 , 12 vol. in-8.
80 liv.

— Johnson's Idler. *Lond.* 1783 , 2
vol. in-12. 7 l.

— Johnson's Rambler. *Lond.* 1784 ,
4 vol. in-12. 15 l.

JOINVILLE. (Jean , sire de) Histoire de saint Louis , avec des observat. par Ch. Dufresne , sieur du
Cange. *Paris* , 1688 , in-fol. 15 l.

— La même , avec les Annales du
règne de saint Louis , par Guill.
de Nangis. *Paris* , impr. roy. 1761 ,
in-fol. 18 l.

Cette édition et la précédente sont recherchées : la première , à cause des observations de du Cange ; et la seconde , parce
qu'elle a été faite d'après un manuscrit
authentique qui se trouve à la Bibliothèque impériale , et dont le texte est
différent de celui de l'édition de 1688.

JOLLY. (Philip. Louis) Remarques
critiq. sur le Dictionnaire de Bayle.
Paris , 1748 , in-fol. 10 l.

JOLY. (Joseph Romain) L'ancienne
Géographie universelle comparée à
la moderne. *Paris* , 1801 , 2 vol.
in-8. et atlas in-4. 16 l.

JOLYCLERC. (N.) Phytologie universelle , ou Histoire naturelle et
méthodiq. des plantes. *Paris* , an
7 , 5 vol. in-8. 24 l.

— Voy. LINNÉE.

JOMBERT. (Ch. Ant.) Architecture
moderne , ou l'Art de bien bâtir
pour toutes sortes de personnes.
Paris , 1764 , 2 vol. in-4. fig. 24 l.

JONÆ (Arngr.) Crymogæa, sive
Rerum islandicarum lib. tres. *Hamburgi* , 1610 , in-4. 5 l.

—Specimen historicum Islandiæ, et
ex magnâ parte chrorographicum.
Amst. 1643 , in-4. 8 l.

JONDOT. (E.) Tableau historiq. des
nations , ou Rapprochement des
principaux événements arrivés , à
la même époque , sur toute la surface du globe. *Paris* , 1809 , 4 vol.
in-8. 18 l.

JONES'S. (Will.) Grammar of the
persian Language. *Lond.* 1775 ,
in-4. 15 l.

— Asiatic Research ; or Transactions
of the Society instituted in Bengal,
for inquiring in to the History and

Antiquities the arts , sciences
and litterature of Asia. *Lond,* 1799-
1801 , 6 vol. in-4. fig. 150 à 180 l.

Collection estimée.

— Jones's Works complete , consis-
ting of all his publications on the
manners , customs , natur. history,
etc. of India, and on oriental litterature in general. *Lond.* 1799 ,
6 vol. gr. in-4. fig.

— The Mahomedan Law of succes-
sion to the property of intestates
in Arabick, engraved on copper
plates with a verbal transl. and explanat. notes, by W. Jones. *Lond.*
1782 , in-4. 24 l.

— The Moallakat or seven arabian
poems which were suspended on
the temple at Mecca. *Lond.* 1783 ,
in-4. 30 l.

Ce sont les sept Poëmes suspendus dans
le temple de la Mecque.

— Poems or translations from the
asiatick Languages , by W. Jones.
Lond, 1777 , in-8. 12 l.

— Poeseos asiaticæ Commentariorum
lib. sex. *Lond.* 1774 , in-8. 15 l.

— Histoire de Nader-Chan , connu
sous le nom de Thamas-Kouli-Kan ,
trad. du persan. *Lond.* 1770 , in-4.
18 liv.

JONES. (Inigo) Dessins , Plans ,
Elévations , etc. , des plus beaux
bâtiments d'Angleterre (en angl.)
Lond. 1728 ou 1770 , in-fol. 50 l.

JONSTON (Jo.) Dendrographias ,
sive Hist. nat. de Arboribus et Fruticibus lib. x. *Francof.* 1662 , in-
fol. fig. de Merian , 24 l.

Ce volume est le plus rare des ouvrages
de Jonston.

— Historia natur. de Quadrupedibus ,
Avibus , Piscibus , etc. etc. *Francof. ad Moenum*, 1650 , 1653 , 4
tom. 2 vol. in-fol. fig. de Merian ,
36 liv.

Edition originale ; rare et estimée. La
réimpression de cet ouvrage , publiée à
Amst. en 1657 , quoique bien imprimée ,
est peu recherchée à cause de la médiocrité des épreuves des figures.

—Histoire natur. et raisonnée des divers Oiseaux qui habitent le globe,
trad. du lat. de Jonston , avec des
augm. *Paris* , 1773 , in-fol. fig. 15 l.

JORTIN. Voy. ERASME.

JOSEPHI (Flavii) Antiquitates judaïcæ, et Bellum judaïcum, gr., ex recens. Arnol. Arlenii. *Basileæ*, 1544, in-fol. 40 l.

Première édition grecque des OEuvres de Flavius Joseph. Elle est assez rare. Il y a des exemplaires en grand papier.

— Ejusd. Opera, gr. lat., à Joan. Hudson. *Oxonii*, 1720, 2 vol. in-fol. 18 à 24 l. — Gr. pap. 36 à 48 l.

Édition très-correcte. Contre l'usage, les exemplaires en grand papier sont plus communs que ceux en petits.

— Eadem, gr. lat., cum notis et novà vers. Jo. Hudsoni et varior., ex recens. Sigeb. Havercampi. *Amst.* 1726, 2 vol. in-fol. 76 l. — Gr. pap. 150 l.

Cette édition est préférée à la précédente, parce qu'elle est beaucoup plus ample.

— Eadem, gr. lat., ad edit. Lugd. Batav. S. Havercampi cum Oxoniensi J. Hudsoni collat. curâ Fr. Oberthür. *Lipsiæ*, 1782-85, 3 vol. in-8. 45 l.

Il y a de cette édition des exemplaires en papier de Hollande : 72 l.

L'on attend avec impatience les quatre et cinquième volumes, que doit donner l'éditeur. L'un se composera d'un excellent commentaire, et l'autre d'un *Index* très-ample.

— Ejusd. Flavii Josephi Antiquitatum lib. xx ; et de Bello judaïco lib. vij , è græco lat. redditi, interpr. Rufino et Epiphanio. *Augustæ Vindelic.* J. Schuszler, 1470, in-fol. 40 l.

Première édition latine de cet auteur. Elle est imprimée en lettres goth. et sur deux colonnes. Les exemplaires en grand papier sont fort rares : 100 l.

— De Bello judaïco lib. vij , lat., ex recogn. Bapt. Platynæ. *Romæ*, Arnold. Pannartz, 1475, in-fol. *rare.*

Cette ancienne édition est bien imprimée. Elle ne contient que les sept livres de la guerre des Juifs.

— De Bello judaïco et de Antiquitatibus Judæorum libri, latinè, ex recens. Lud. Cendrati, Veronensis. *Veronæ*, Pet. Maufer, 1480, in-fol. sans chiffres ni réclames.

Cette édition est fort bien exécutée en lettres rondes. Quoique moins rare que les deux précédentes, elle est néanmoins très-recherchée, à cause de la différence de la version.

Il y a des exemplaires imprimés sur vélin.

— L'Antiquité judaïque, transl. sur la vers. lat. de Ruffin , en vulgaire franç. par Guill. Michel. *Paris*, Galliot Dupré, 1534, in-fol.

On ne recherche de cette traduction que les exemplaires imprimés sur vélin.

— Hist. des Juifs , trad. du grec en franç. par Rob. Arnauld d'Andilly. *Amst.* 1681, in-fol. fig. 18 l. — Gr. pap. 36 l.

Cette version n'a guère d'autre mérite que d'être ornée de gravures en taille douce. Les exemplaires en grand papier sont fort recherchés, à cause de la beauté des épreuves des figures.

On fait peu de cas de la réimpression de 1700, parce que les planches ont été retouchées.

— La même , et de la même traduct. *Bruxelles*, 1701, 5 vol. in-8. fig. 30 liv.

Jolie édition, préférable à la réimpression de *Bruxelles*, 1738, 5 vol. in-8. 15 l.

— Nouvelle traduction française de l'historien Joseph , faite sur le grec par le P. Gillet. *Paris*, 1756, 3 vol. in-4. 24 l. — Gr. pap. 48 l.

Cette traduction est plus fidèle que celle d'Arnauld d'Andilly.

— Josepho della Hist. della Guerra che hebbono i Giudei co Romani. *In Firenze*, 1493, in-fol.

Première version italienne de ce livre. Elle est rare.

— Dell' Antichità de' Giudei lib. xx , e della Guerra de' Giudei lib. vij , trad. dal Fr. Baldelli. *In Venezia*, 1581 e 1582, 2 vol. in-4. 24 l.

Cette traduction de Baldelli est très-estimée des Italiens.

— Los Libros de la Guerra de los Judios de Flavio Josefo , trad. por Alonso de Palencia. *En Sevilla*, 1492, in-fol.

Première édition fort rare.

— The Works of Flav. Josephus , translated in to english by sir Roger Lestrange. *Lond.* 1733, in-fol. 15 l.

JOSIPPON , sive JOSEPHI BEN-GORIONIS Historiæ judaïcæ lib. sex , ex hebr. lat. vertit, cum notis Jo. Gagnier. *Oxonii*, 1706, in-4. 8 liv.

Cet ouvrage n'est pas commun.

JOSSE. El Tesoro Espanol , ò Biblioteca portatil espanola. *Lond.* 1802, 4 vol. in-8. pap. vélin , 27 l.

JOUBERT. (Laur.) Taité du Ris , contenant son essence , ses causes et merveilleux effets. *Paris* , 1579, in-8. 6 l.

JOVII (Pauli) Historiarum sui temporis lib. xlv , ab anno 1494 ad ann. 1547. *Florentiæ* , 1550 et 1552 , 2 vol. in-fol. 20 l,
Cette édition est la meilleure de ce livre.

—Liber de Piscibus marinis , lacustribus et fluviatilibus. *Romæ* , 1527, in-4. *rare* , 6 à 9 l.

JOURDAIN. (J.) La Connaissance du cheval , son anatomie et les remèdes qui conviennent à ses maladies ; avec l'anatomie de Ruyni. *Paris*, 1647 ou 1655 , in-fol. fig. 8 l.
Livre estimé.

JOURDAIN. (Thibaud) Le Pot aux Roses de la Prestraille papistique découvert, mis par Dialogue. *Lyon*, 1564 , in-8. 9 à 12 l.

JOURDAIN DE BLAVES. Voyez ROMAN.

JOURNAL des Savants. Voy. SALLO. (Denys de)

JOURNAL encyclopédique, par une Société de gens de lettres. *Liége*, 1756-1759. *Bouillon* , 1760-1789 , 224 vol. in-12. 300 à 350 l.

JOUSSE. (Mathur.) Le Secret d'architecture, des Traits géométriq. , coupes et dérobements dans les bâtiments. *La Flèche* , 1642, in-fol. fig. 10 l.
Livre rare et estimé.

— L'Art de Serrurerie et de Charpenterie , avec des augment. par Philip. de la Hire. *Paris* , 1751 , in-fol. fig. 10 l.

JOUVENCEL. (le) Voy. ROMAN.

JUAN de Persia (Relaciones de) en iij lib. , don de se tratan las cosas notables de Persia. *En Valladolid*, 1604, in-4. 6 l.
Ouvrage curieux et peu commun.

JUAN. (Don Jorge) Observaciones astronomicas y physicas en los reynos del Perù. *Madrid* , 1773 , in-4. fig. 12 l.

JULIANI imperatoris Opera , gr. lat. , ex edit. Ezech. Spanheimii. *Lipsiæ* , 1696 , in-fol. 24 l. — Gr. pap. 48 liv.

— Juliani imp. Cæsares , cum notis Varior. et selectis E. Spanheimii , interpr. item lat. et gallicâ , additis impp. nummis ; stud. J. M. Heusinger. *Gothæ* , 1736 vel 1741 , in-8. 8 l.

—Les Césars de l'emper. Julien , trad. du grec en franç. avec des remarq. par E. Spanheim. *Amst.* 1728, in-4. fig. de Bern. Picart , 9 l.
— Gr. pap. 20 l.
Il y a des exemplaires sur papier de Hollande de plus grande dimension que le grand papier. Ils sont extrêmement rares.

— Défense du Paganisme , en grec et en franç. , avec des notes, etc. par le marquis d'Argens. *Berlin* , 1764 , in-8. 6 l.
Volume peu commun.

JULIE. (la Guirlande de) Voy. JARRY.

JULII OBSEQUENTIS quæ supers., ex lib. de Prodigiis , cum animadv. Jo. Schæfferi, et suppl. C. Lycosthenis, curante Fr. Oudendorpio. *Lugd. Bat.* 1720, in-8. 10 l.
Ce volume fait partie de la Collection des *Variorum.*

— Idem Opus, cum animadv. J. Schæfferi et Fr. Oudendorpii, curâ J. Kappii. *Cur. Regn.* 1772 , in-8. 4 l.
On fait peu de cas de la traduction française de ce livre, publiée par George de la Bouthière. *Lyon* , 1555, in-8.

JUNCKERI (Jo.) Conspectus medicinæ. *Halæ*, 1724 , in-4. 5 l.

— Conspectus therapiæ generalis. *Halæ Magdeb.* 1725 , in-4. 5 l.

— Conspectus Chemiæ. *Halæ*, 1730, 2 vol. in-4. 12 l.

—Conspectus chirurgiæ. *Halæ*, 1731, in-4. 5 l.

— Conspectus Physiologiæ medicæ et hygieines. *Halæ Magdeb.* 1735, in-4. 5 l.

— Conspectus Pathologiæ. *Halæ Magdeb.* 1736, in-4. 5 l.
On a encore du même auteur plusieurs autres Traités dans le genre de ceux-ci.

JUNCTINI (Fr.) Speculum astrologiæ , cum comment. in Ptolomæi Quadripartitum. *Lugd.* 1583, 2 vol. in-fol. 12 l.

JUNII (Fr.) et Th. MARESCHALLI quatuor J. C. Evangeliorum Versiones perantiquæ , goth. et anglosaxonicæ. *Dordrechti*, 1665 , in-4. 18 liv.

— Ejusd. Junii de Picturâ veterum libri tres. *Roterod.* 1694 , in-fol. 15 l. — Gr. pap. 24 l.

— Ejusd. Etymologicum anglicanum. *Oxonii*, 1743, in-fol. 3o l.

JURGENSEEN. (Urbin) Principes généraux de l'exacte mesure du temps sur les horloges. *Copenhague*, 1805, in-4. et atlas de 19 pl. 24 l.

JURIEU (P.) Janua Cœlorum reserata cunctis Religionibus. *Amst.* 1692, in-4. 5 l.

— Hist. critiq. des Dogmes et des Cultes bons et mauvais qui ont été dans l'Eglise depuis Adam jusqu'à J. C. avec un suppl. *Amst.* 1704 et 1705, in-4. 6 l.

JUSSIEU (Ant. Laur. de) Genera Plantar. secundùm ordines disposita juxtà meth. in Horto Parisiensi exaratam anno 1774. *Parisiis*, 1789 , in-8. 7 l.

— Idem opus, cum notis Pauli Usteri. *Turici Helvet.* 1791 , in-8. 7 l.

JUSTELLI (Henr.) et Guill. VOELLI Bibliotheca Juris canonici veteris, gr. lat., cum notis. *Parisiis* , 1661 , 2 vol. in-fol. 8 l. — Gr. pap. 15 l.

Ouvrage peu recherché aujourd'hui.

JUSTI de Comitibus Libellus intitulatus : *La Bella Mano*, italicâ ling. conscript. , et edit. à J. B. de Refrigeriis de Bononià. *In Venetia*, Tomaso di Piasi , 1492 , in-4. Editiou peu commune. Elle est exécutée en lettres roudes.

JUSTICE. (James) The British Gardener's Director. *Edinburgh*, 1764, in-8. 8 l.

JUSTINIANI (Bern.) de Origine Urbis Venetiarum , rebusque à Venetis gestis lib. xv. *Venetiis*, 1492 , in-fol. 12 l.

JUSTINIANI Institutionum lib. iv , cum Glossis. *Moguntiæ*, P. Schoyffer de Gernzheym , 1468 , in-fol.

Première édition extrèmement rare et fort recherchée.

Les exemplaires imprimés sur vélin sont très-chers. Vendu 1880 l. chez Loménie de Brienne.

—Iidem , cum Glossis. *Argentora.i*,

Eggesteyn , 1472, in-fol. goth. 200 l.

Seconde édition également fort rare. Elle est imprimée sur deux colonnes, sans chiffres, signatures ni réclames.

Il y a des exemplaires sur vélin.

— Iidem , cum Glossis. *Moguntiæ*, Pet. Schoyffer de Gernzheym, 1472, in-fol. *rare*, 150 l.

Il existe de cette troisième édition des exemplaires imprimés sur vélin.

—Iidem, cum Glossis. *Romæ*, Udalricus Gallus et Simon Nic. de Luca, 1473, in-fol. *rare*.

— Iidem. *Ferrariæ*, Andreas Gallus, 1473 , in-fol. *rare*.

— Iidem , cum Glossis ; ex recogn. Car. de Alexandris de Perusio. *Romæ*, Udalricus Gallus, 1475 , in-fol. goth.

Edition rare et recherchée.

— Iidem , cum Glossis. *Lovanii* , Joh. de Westphalia, 1475 , in-fol.

Cette édition est encore recherchée des curieux.

— Iidem , cum Glossis. *Moguntiæ*, Pet. Schoyffer de Gernzheym, 1476, in-fol.

Edition rare.

— Iidem , cum Glossis. *Venet.* Jac. Rubeus , 1476, in-fol.

Les exemplaires sur vélin sont excessivement rares.

— Iidem , cum Glossis. *Parisiis*, 1532 , 2 vol. in-4. goth.

Il y a de cette édition des exemplaires sur vélin.

— Iidem , cum notis Arn. Vinnii. *Amst.* Elzevir, 1669, in-12. 8 à 10 l.

— Iidem. *Amst.* Elzevir, 1676, in-24. *lettres rouges et noires*, 4 l.

— Iidem. *Lugd. Batav.* 1678, in-24. 4 liv.

Les exemplaires en grand papier sont rares : 15 l.

— Iidem , cum notis Arn. Vinnii. *Lutetiæ Parisior.* 1808, 2 vol. in-12.

Jolie édition, faite d'après celle d'Elzevir, 1669, et dont il n'y a que 12 exemplaires tirés sur papier vélin.

— Ejusd. Justiniani Codex , cum Glossis. *Moguntiæ*, Pet. Schoyffer , 1475 , in-fol. max. goth. 80 l.

Edition très-rare et fort recherchée.

— Justiniani imper. et Eudociæ Augustæ Opera quædam anecdota ,

gr. lat., curâ et stnd. Aug. Mar.
Bandini. *Florentiæ*, 1762, 3 vol.
in-8. 12 l.

JUSTINIANI (Div. Laur.) Venetiarum Protopatriarchæ Operum Collectio, edita per H. Caballum. *Brixiæ*, 1506, 2 vol. in-fol. 18 l.
Collection assez estimée et peu commune.

JUSTINIANO : (Leonardo) Opere
poetiche,*cioë*, la Vita del N. S. J. C.
e le Laude de' Santi nella sua Vita.
In Venetia, 1517, in-8.
Ces poésies sont assez rares.

JUSTINIANUS. (August.) Vid.
PSALTERIUM HEBRÆUM.

JUSTINI (S.) Opera, gr. *Parisiis*,
Rob. Stephanus, 1551, in-fol. 10 l.
Première édition.

— Eadem, gr. lat., ex edit. Benedic-
tinor. congr. S. Mauri. *Parisiis*,
1742, in-fol. 12 l.

— Eadem, gr. lat., ab Oberthur. *Vir-
ceb.* 1777, 2 vol. in-8.

— Apologia prima pro Christianis,
gr. lat., à Jo. Ern. Grabe. *Oxonii*,
1700, in-8. 7 l.

— Apologia secunda, Oratio ad Græcos et liber de Monarchiâ, gr. lat.,
ab H. Hutchinson. *Oxonii*, 1703,
in-8. 7 l.

— Apologiæ duæ et Dialogus cum
Tryphone Judæo, gr. lat., à Styano
Thirlbio. *Lond.* 1722, in-fol. 10 l.

— Eædem, gr., à Guill. Thalemanno.
Lipsiæ, 1755, in-8. 4 à 5 l.

— Eædem, gr. lat., à Car. Ashton.
Cantab. 1768, in-8. 7 l.

— Justini cum Tryphonç Judæo Dialogus, gr. lat., edid. Sam. Jebb.
Lond. 1719, in-8. 5 l.

JUSTINI Historiæ, ex Trogo Pompeïo in Epitomen redactæ, et lib.
xliv distinctæ. *Venetiis*, N. Jenson, 1470, in-fol. Prix arbitraire.
Edition très-rare et la première de ce
livre. La totalité du volume est de 140
feuillets, lesquels n'ont ni chiffres, ni
signatures, ni réclames.
· Il y a des exemplaires sur vélin, mais ils
sont extrêmement rares.

— Eædem. *Romæ*, Udalricus Gallus,
absque anni indicat. ullâ, pet. in-
fol. ou gr. in-4. 140 l.
Edition très-rare, et publiée dans l'année
1470.

— Eædem, quibus acced. L. A Flori
Hist. romana. *Romæ*,Conr. Sweynheym et A. Pannartz, 1472, in-fol.
rare, 70 l.

— Eædem. *Mediolani*, Ant. Zarotus,
1474, in-fol. 50 l.
Edition rare.

— Eædem. *Mediolani*, per Christ.
Valdarfer, 1476, pet. in-fol. rare.

— Eædem. *Venetiis*, per Philippum
Condam Petri, 1479, in-fol. 40 l.
Les autres éditions de Justin, imprimées
dans le quinzième siècle, sont peu recherchées.

— Eædem ; acced. Æmylii Probi Vi-
tæ externorum imperator. *Venetiis*,
Aldus, 1522, in-8. 20 l.
Edition rare et fort correcte.

— Eædem. *Florentiæ*, Junta, 1510
vel 1525, in-8. 8 l.

— Eædem, ex edit. Jac. Bongarsii.
Parisiis, Duval, 1581, in-8.
Edition rare et bien imprimée.

— Eædem, ex edit. et cum notis
Isaaci Vossii. *Lugd. Batav.* Elzevir, 1640, in-12. 15 l.
Il y a deux éditions sous cette date de 1640,
dont les exemplaires s'achètent indistinc-
tement : l'une a une épître dédicatoire qui
manque à l'autre ; mais elle n'a pas un
sommaire en tête de chaque livre. Il y a
d'ailleurs d'autres petites différences.

— Eædem, cum notis Varior., accur.
C. S. D. M. (Corn. Schrevelio.)
Amst. Elzevir, 1669, in-8. 7 l.
Cette édition entre dans la Collection des
Variorum.

— Eædem, cum notis Varior., ex
recens. Jo. Georg. Grævii. *Trajecti*,
1683, vel *Amst.* 1691 vel 1694,
vel *Lugd. Bat.* 1701, vel *Traj.
ad Rhen.* 1708, in-8. 9 l.

— Eædem, cum interpr. et notis Pet.
Jos. Cantel ; ad usum Delphini.
Parisiis, 1677, in-4. 12 l.
Cette édition appartient à la Collection des
auteurs latins *ad usum Delphini.*

— Eædem, ex edit. et cum notis Th.
Hearne. *Oxonii*, 1705, in-8. 8 l.

— Eædem, cum Indice locupletiss.
Londini, Tonson, 1713, in-8. 5 l.
— Gr. pap. 20 l.
Edition recherchée pour l'Index qu'elle ren-
ferme.

— Eædem, cum notis Varior., ex

edit. Abrah. Gronovii. *Lugd. Bat.*
1719, in-8. 10 l.

Bonne édition.

— Eædem, cum notis Varior., ex recens. Abrah. Gronovii. *Lugd. Batav.* 1760, in-8. 12 l.

Ces deux éditions font partie de la Collection des *Variorum.* La dernière est la plus complète.

—Eædem. *Parisiis*, Barbou, 1770, in-12. 4 l. — Pap. fin, 8 l.

— Eædem, cum notis criticis J. C. F. Wetzel. *Lignitiæ*, 1806, in-8. 9 liv.

Excellente édition.

— Eædem, à Jo. Clarke, lat. angl. *Lond.* 1732 vel 1742 vel 1772, in-8. 7 liv.

— Le Istorie di Giustino, abbreviatore di Trogo Pompeïo, posto diligentamente in materna lingua da Hier. Squarzafico. *In Venet.* per Joh. de Colonia et Joh. Gheretzem, 1477, in-fol. 15 l.

Première traduction italienne de Justin. Les exemplaires n'en sont pas communs.

— Le stesse, trad. in ling. ital. da T. Porcacchi. *Venezia*, 1542 ou 1561, in-8. 5 l.

Traduction estimée.

— Hist. univ. de Trogue Pompée, réduite en abrégé par Justin, trad. avec les notes par l'abbé Paul. *Paris*, 1774, 2 vol. in-12. 5 l. — Pap. fin, rare, 10 l.

Il existe une traduction en grec moderne de l'Histoire de Justin, imprimée à *Venise*, en 1 vol. in-4.

JUSTUS LIPSIUS. Vid. Lipsius.
JUVENALIS (D. Junii) Satyræ. *Absque ullá indicatione*, pet. in-fol.

Cette édition, qui est très-rare, passe pour la première de cet auteur. Elle est imprimée en lettres rondes, et a dû paraître vers l'année 1470.

— Eædem, et Persii Satyræ. *Romæ*, Udalricus Gallus, *absque anni indicat.* pet. in-fol.

Cette édition est la première où se trouvent rassemblées les Satires de Juvénal et de Perse. On présume qu'elle a paru vers l'année 1470. Les exemplaires en sont fort rares.

— Eædem, et Persii Satyræ. *Editio vetus, absque ullá loci, typogr.*

et anni indicatione, petit in-fol. 140 liv.

Rare édition, sans chiffres, réclames ni signatures. On la croit imprimée vers l'année 1470.

— Eædem. *Venetiis*, Jacobus de Fivisano (circà ann. 1472,) in-4. *très-rare*, 140 l.

— Eædem ; Ovidii Epistolæ heroïdes. *Monteregali*, A. Mathiæ et B. Corderius, 1473, in-4. 150 l.

Cette rare édit on a été annoncée, pour la première fois, dans le Catalogue de Crevenna. La tota ité du volume est de 136 feuillets.

— Eædem, et Persii Satyræ. *Absque anni loci et typogr. indicatione*, in-4. maj. 180 l.

Edition imprimée à longues lignes, au nombre de 32 dans les pages entières, en caractères ronds, sans chiffres, signatures ni réclames. Les uns la font sortir des presses de Vindelin de Spire, et d'autres de celles de Nicolas Jenson. Les exemplaires en sont très-rares.

— Eædem, et Persii Satyræ. *Brixiæ*, jubente Petro de Villa, 1473, in-fol. *très-rare.*

Edition peu connue et exécutée en lettres rondes, sans chiffres, signatures ni réc'ames. Le volume est composé de 60 feuillets. Vendu, chez Crevenna, 110 flor.

— Eædem, et Persii Satyræ. *Ferrariæ*, Andr. Gallus, 1474, in-4.

Cette rare édition est citée par Maittaire.

— Eædem, et Persii Satyræ. *Mediolani*, Ant. Zarotus, 1474, in-fol. *rare.*

— Eædem, et Persii Satyræ. *Lovanii*, per Joan. de Westfalia, 1475, in-fol. goth. 80 l.

— Eædem, et Persii Satyræ. *Mediolani*, per Ant. Zarotum, 1476, in-fol. *rare*, 40 l.

— Eædem, et Persii Satyræ, cum comment. Domitii Calderini, etc. *Venetiis*, Jacob. Rubeus, 1475, petit in-fol. 80 l.

Première édition avec les commentaires de Calderin.

— Eædem, et Persii Satyræ, ex recogn. Aldi. *Venetiis*, Aldus, 1501, in-8. 21 l.

Il y a deux éditions sous la même date, l'une sans l'ancre aldine, sans chiffres, etc., et l'autre, postérieure de plusieurs années, est chiffrée et porte l'ancre sur le titre. On en a tiré des exemplaires sur vélin.

— Eædem, et Persii Satyræ, ex recogn. Aldi. *Venetiis*, Aldus, *abs-*
que anni indicat. in-8. 6 l.

Contrefaction de l'édition précédente (1501).
Il en existe des exemplaires sur vélin.

— Eædem, et Persii Satyræ, ex recogn. Aldi. *Venetiis*, Aldus, 1535,
in-8. 15 l.

Edition correcte et peu commune.

— Eædem, et Persii Satyræ, à Mar.
Tuccio. *Florentiæ*, Junta, 1513,
in-8. 6 à 9 l.

— Eædem, et Persii Satyræ. *Pari-*
siis, ex typ. reg. 1644, in-fol. 8 l.

On joint cette édition au Térence, au
Virgile et à l'Horace, imprimés au
Louvre dans le même format.

— Eædem, et Persii Satyræ, cum
notis Varior., accur. Corn. Schrevelio. *Lugd. Bat.* 1671, in-8. 9 l.

— Eædem, et Persii Satyræ, cum
notis Varior., ed. Jo. Georg. Grævio.
Lugd. Bat. 1684, in-8. 15 l.

Bonne édition. Elle fait partie de la Collection des *Variorum.*

— Eædem, et Persii Satyræ, cum
interpr. et notis Lud. Prataei; ad
usum Delphini. *Lutet. Parisior.*
1684, in-4. 18 l.

Ce vol. est l'un des moins communs de la
Collection des auteurs *ad usum Del-*
phini.

— Eædem, cum divers. Comment.,
ed. Henr. Chr. Henninio. *Ultra-*
jecti, 1685, in-4. 12 l.

Vendu, en grand papier, 420 l. chez M.
de Cotte.

— Eædem, cum comment. var., ex
edit. Henninii, ac Persii Satyræ,
cum comment. Is.Casauboni.*Lugd.*
Bat. 1695, in-4. fig. 30 l.

Cette édition, pour le Juvénal, est la même
que la précédente, sous un titre renouvelé, et où l'on a inséré des figures et
joint le Perse de Casaubon, donné en
1695.

— Eædem, et Persii Satyræ, cum
interpr. et notis L. Prataei; ad
usum Delphini. *Lond.* 1691, in-8.
8 liv.

— Eædem, et Persii Satyræ, ed. M.
Maittaire. *Lond.* Tonson, 1716,
in-12. 5 l. — Gr. pap. 12 l.

— Eædem, et Persii Satyræ. *Lond.*
Brindley, 1744, in-18. 3 l.

— Eædem, et Persii Satyræ. *Parisiis,*

Coustellier, 1746, in-12. 4 l. —
Pap. de Holl. 9 l.

— Eædem, et Persii Satyræ. *Dublin,*
1746, in-8.

Belle édition, très-correcte.

— Eædem, et Persii Satyræ, ex recogn. Steph. Andr. Philippe. *Pa-*
risiis, Grangé, 1747, in-12. 5 l.

— Eædem, et Persii Satyræ. *Parisiis,*
Barbou, 1754, in-12. 4 l.

Réimprimé en 1776.

— Eædem, et Persii Satyræ. *Glas-*
guæ, Foulis, 1742 vel 1750, in-8.
7 liv.

— Eædem, et Persii Satyræ. *Bir-*
minghamiæ, Jo. Baskerville, 1761,
in-4. 18 l.

Belle édition.

— Eædem, et Persii Satyræ. *Can-*
tabrigiæ, Sandby, 1763, in-8. fig.
15 l.

— Eædem, cum notis G. A. Ruperti.
Lipsiæ, 1801, 2 vol. in-8. 24 l. —
Pap. vélin, 66 l.

Les exemplaires en papier vélin sont rares.

— Eædem, et Persii Satyræ. *Medio-*
lani, Aloy. Mussi, 1807, in-fol.
48 l.

Une des belles éditions des Satires de
Juvénal et de Perse.

— Enarrationes Satyrarum Juvenalis
per Georg. Merulam Alexandri-
num. *Tarvisii*, 1478, in-fol. 18 l.

— Paradoxa in Juvenalem, per A.
Sabinum, poëtam laureatum. *Ro-*
mæ, 1474, in-fol. 60 l.

Première édition très-rare. Il faut avoir
soin de collationner le volume, parce
qu'on trouve beaucoup d'exemplaires où
la seconde Epître de Sabinus, dirigée
contre Domitius Calderinus, sans le
nommer, manque entièrement.

— Giuvenale Satire xvj, trad. in terza
rima, per Giorg. Summaripa Ve-
ronese. *Tarvisii*, 1480, in-fol. 18 l.

Edition peu commune.

— Giuvenale e Persio, trad. in versi
volgari, con varie annot. dal conte
Camillo Silvestri; lat. ital. *Padova,*
1711, in-4. fig.

On fait cas de cette version, ainsi que
des notes qui l'accompagnent.

— Satires de Juvénal, trad. en franç.
avec le texte lat. et des notes, par
Dusaulx. *Paris*, 1782, 2 tom. 1 vol.
in-8. 8 l.

Les exemplaires en papier fin sont très-
rares, 12 à 15 l.

— Les mêmes, et de la même trad. avec le texte lat. et des notes. *Paris*, Didot le jeune, 1796, 2 vol. gr. in-4. pap. vélin, fig. de Moreau le jeune, 50 l. — Gr. pap. format in-fol. *rare*, 100 l.

On a tiré de cette belle édition un exemplaire sur peau de vélin.

— Les mêmes, trad. par Aug. Creuzé. *Paris*, Didot l'aîné, 1796, in-18. Il y a des exemplaires sur vélin.

— Satires de Juvénal et de Perse, trad. en vers franç. avec des notes, par F. Duboys-Lamolignière. *Paris*, 1800, in-8. 3 l.

— Les mêmes Satires de Juvénal, trad. par Dusaulx. *Paris*, 1803, 2 vol. in-8. 12 l.

— The Satires of Juvenalis, transl. in to english verse by W. Gifford with notes and illustrations. *Lond.* 1802; in-4. pap. vélin, 36 l.

JUVENCII (Jos.) Orationes. *Parisiis*, 1700, 2 vol. in-12. 4 l.

JUVENEI Historia Evangelica versu heroïco descripta, ed. Faust. Arevalo. *Romæ*, 1792, in-4.

JUVERNAY. (Pier.) Discours particulier contre les femmes deshraillées de ce temps. *Paris*, 1637, in-8. 7 l.

— Discours particulier contre les filles et les femmes mondaines, découvrant leur sein et montrant des moustaches. *Paris*, 1640, in-8. 10 l. — Gr. pap. 20 l.

K

KABBALA, sive liber Sohar, vel Doctrina Hebræorum transcendentalis, metaphysica et theologica, hebraïcè. *Mantuæ*, 5318, 5319, 5320 (1558, 1559, 1560), 3 vol. in-4.

Il existe de cet ouvrage des exemplaires imprimés sur vélin.

KABBALA denudata, seu Doctrina Hebræorum transcendentalis et metaphysica atque theologica. *Sultzbaci*, 1677, et *Francof.* 1684, 3 vol. in-4. 36 l.

Cet ouvrage, attribué à Knorr à Rusenroth, forme communément deux vol. forts.
Il faut avoir soin d'examiner si le second

vol. renferme un petit traité, intitulé : *Adumbratio Kabbalæ christianæ*. Quand cette partie manque, le livre perd de sa valeur.

KÆMPFERI (Engelb.) Amœnitatum exoticar. politico-physico-medicar. Fasciculi v, etc. *Lemgoviæ*, 1712, in-4. fig. 20 l.

Ouvrage recherché.

— Histoire natur., civile, etc. de l'Empire du Japon, trad. de l'allem. par Scheuchzer. *La Haye*, 1729, 2 tom. 1 vol. in-fol. fig. 20 l.

Cet ouvrage existe aussi en 3 vol. in-12. *La Haye*, 1732.

— Icones selectæ Plantar. quas in Japonià colleg. et delineavit Engelb. Kæmpfer, et in museo britann. asservat. *Lond.* 1791, in-fol. 59 pl. pap. vélin, 36 l.

KAETSPELE, c'est-à-dire, Jeu de balle dans un sens moral et spirituel, belgicè. *Lovanii*, Jn. de Westphalia, 1477, in-fol. de 69 feuillets impr.

Edition très-rare, et citée, pour la première fois, par M. de la Serna Santander. Le vol. est exécuté à longues lignes, au nombre de 31 dans les pages entières, sans chiffres ni réclames.

KAHLII (Lud. Mart.) Bibliotheca philosoph. Struviana, emendata, continuata et aucta. *Gœttingæ*, 1740, 2 vol. in-4. 12 l.

KANTII (Imm.) Opera ad philosophiam criticam, lat. vertit F. G. Born. *Lipsiæ*, 1796-98, 4 vol. in-8. 40 liv.

KARION. (le Moine) Alphabet esclavon, grec, latin et polonais, grav. par lui en 42 planches. An du monde 7199, et de l'incarnation 1692, in-fol. 15 l.

Ce volume n'est pas commun.

KEDERI (Nic.) Catalogus Nummorum sueo-goth. in Museo Graingeriano Holmiæ asservator. *Lond.* 1728, in-4. 8 l.

KEILL (Jo.) Introductio ad veram physicam et astronomiam. *Lugd. Batav.* 1779, in-4. avec 43 pl. 12 l.

L'édition de 1725 vaut à-peu-près le même prix.

KEITH. (Will.) The History of the British plantations in America. *Lond.* 1738, in-4. fig. 20 l.

KELLER. (Jean Christ.) Histoire de la Mouche commune de nos appartements. *Nuremberg*, 1766, in-fol. avec 4 pl. enlum. 8 l.

— Icones Plautar. et Analyses partium, curà J. C. Keller. *Nurembergæ*, 1762, in-fol. avec 36 pl. color. 32 l.

KEMP(Jo. Th. vander) Parmenides, sive scientiæ cosmolog. Fundam. *Edinæ*, 1781, in-8. 6 l.

KEMPELEN, (de) Le Mécanisme de la parole, suivi de la descript. d'une machine parlante. *Vienne*, 1791, in-8. fig. 16 l.

KEMPII (Mart.) Opus poly-historicum de Osculis; cum Mantissà de Judæ Ingenio, Vità et Fine. *Francof.* 1680, in-4. 8 l.

KEMPIS (Thomæ à) Opera. *Absque anni, loci et typogr. indicat.* in-fol. goth.
Cette rare édition est imprimée à longues lignes, au nombre de 31 et 32 à la page, sans chiffres, signatures ni réclames. On la croit exécutée à *Utrecht*, vers l'année 1474, par N. Ketelaer et Ger. de Leempt. Le Traité *de Imitatione Christi* ne se trouve pas dans cette Collection.

— De Imitatione Christi, lib. iv. *Brixiæ*, 1485, in-12.
Première édition.

— Iidem, 1492, in-12. 6 l,
Édition rare, et imprimée en lettres gothiques.

— Iidem. *Lugd. Batav.* Elzevir, absque anni notà (1630), in-12.
Cette édition est bien imprimée et fort rare. Les exemplaires en bon état sont chers : 60 à 72 l.
Il faut que la vignette de la page 212 représente une tête de buffle.

— Iidem, *E typ. reg.* 1640, in-fol. 6 l.
Édition exécutée en gros caractères.

— Iidem. *Parisiis*, Seb. Martin, 1657, in-12. de 84 pag. 6 l.
Cette édition, exécutée en très-petits caractères, se trouve quelquefois à la suite de la *Bible de Richelieu.*

— Iidem. *Lugd. Batav.* Elzevir, 1658, pet. in-12. 18 l.
Cette édition est exécutée avec une élégance qui approche de celle sans date, citée ci-dessus.

— Iidem, ex recens. Josephi Valart. *Parisiis*, Barbou, 1758, in-12. 4 l.
Beauzée a donné une nouvelle édition de ce livre en 1789, 5 à 6 l. — Pap. fin, 9 l.

— Iidem. *Parisiis*, Didot junior,

1788, gr. in-4. pap. vélin, avec une fig. 27 l.
On a tiré de cette belle édition deux exemplaires sur grand papier in-fol. 60 l.

— Iidem. *Parmæ*, Bodoni, 1793, gr. in-fol. 54 l.
Belle et rare édition, tirée à 162 exemplaires ; plus, 12 sur papier vélin.

— Iidem, de lat, in arab. versi, à P. F. Cœlestino. *Romæ*, 1732, in-8. 24 liv.

— L'Imitation de J. C., trad. en françi par le sieur de Beuil (L. Is. le Maistre de Sacy). *Paris*, 1663, in-8. fig. 6 l. — Gr. pap. 12 l.
Belle édition, et la plus recherchée de cette traduction.

— La même, trad. en vers franç. par P. Corneille. *Paris*, 1658, in-4. fig. de Chauveau, 5 à 6 l.

— La même. *Paris*, 1665, in-16. fig. 5 à 6 l.
Jolie édition.

— La même, trad. en franç. par Valart. *Paris*, 1759, in-12. 4 l.

— La même, trad. par Beauzée. *Paris*, 1788, in-12. fig. 5 l.

— La même, trad. en chinois. *Impr. à la Chine*, in-8.
Vendu 27 l. 19 s. en 1785.

KENNEDY. (John) A complete System of astronomical Chronology. *Lond.* 1762, in-4. 15 l.

KENNEDY. (James) A Description of the Antiquities and Curiosities in Wilton House. *Salisbury*, 1769, gr. in-4. fig. 15 l.

KENNICOT. (Benj.) Vid. TESTAMENTUM, (vetus)

KEPPLERUS (Jo.) de Motu Martis. *Pragæ*, 1609, in-fol. 10 l.

— Astronomia nova, sive Physica Cœlestis. *Pragæ*, 1609, in-fol. fig. 8 l.

— Astronomiæ pars optica. *Francof.* 1604, in-4. 12 l.

— Dioptrice. *August. Vind.* 1611, in-4. 7 l.

— Harmonices mundi lib. v. *Lincii Austriæ*, 1619, in-fol. fig. 12 l.

K'EOGH (Jo.) Botanologia univ. Hiberuica. *Corke*, 1735, in-4. 6 l.

KER (Jo.) selectarum de Linguâ latinâ Observationum lib. duo. *Lond.* 1709, 2 vol. in-8. 15 l.

KERALIO, (Gourlay de) Hist. nat.

Dict. Bibl. I.   37

des Glacières de Suisse, trad. de l'allem. de Grouner. *Paris*, 1770; in-4. 12 l.

KERGUELEN de Trémarec. Relation d'un Voyage dans la mer du Nord. *Paris*, 1771, in-4. fig. 6 l.

KERNER. (J. Sim.) Figures des Plantes économiques, avec l'explicat. en franç. *Stuttgard*, 1786, 8 vol. gr. in-4. avec 500 pl. color. 250 l. — Pap. de Holl. 450 à 500 l.
Ouvrage peu commun en France. Il est bien exécuté.

KERSAINT. Discours sur les Monuments publics. *Paris*, Didot l'aîné, 1790, in-4. fig. 5 l. — Gr. pap. vélin, 12 l.

KESLAR. (Fr.) Espargne-bois, c'est-à-dire nouv. Invention de certains et divers fourneaux artificiels pour épargner une infinité de bois. *Oppenheim*, 1619, in-4. fig.
Livre curieux et assez rare, 15 l.

KEYSLER (Jo. Georg.) Antiquitates selectæ septentrionales et celticæ. *Hanoviæ*, 1720, in-8. fig. 8 l.

KEYSLER. (J. G.) Travels through Germany, Bohemia, Hungary, Switzerland, Italy and Lorrain. *Lond.* 1760, 4 vol. in-8. fig. 16 l.

KHELL (Jos.) ad Numismata impp. romanor. à Vaillantio edita Supplementum. *Vindobonæ*, 1767, in-4. fig. 18 l.

KHRASHENINICOFF. Description du Kamtchatka (en russe). 1754, 2 tom. 1 vol. in-4. fig. 24 l.

— The History of Kamtchatka, and the Kurilski Islands, transl. in to english, by J. Griew. *Glocester*, 1764, in-4. fig. 12 l.

— Histoire du Kamtchatka, trad. du russe en franç. (par Eidous). *Lyon*, 1767, 2 vol. in-12. 12 l.

KHUNRATH (Henr.) Amphitheatrum Sapientiæ æternæ solius veræ, christiano-kabbalisticum, divino-magicum, etc. *Hanoviæ*, 1609, vel (titulo renovato) 1653, in-fol. fig. *rare*, 15 l.
Ouvrage curieux. On doit trouver à la fin du vol. la Censure de la Faculté de théologie de Paris.
Beaucoup d'exemplaires de ce livre sont imparfaits dans la partie des figures.

KING (Guill.) de Origine Mali, liber. *Lond.* 1702, in-8. 4 l.
Cet ouvrage a été traduit en anglais par Ed. Law.

KINTS. (Everard) Les Délices du pays de Liège. *Liège*, 1738, 2 vol. in-fol. fig. 24 l.

KIPPINGII (Henr.) Antiquitatum romanarum lib. iv, etc. *Lugd. Bat.* 1713, in-8. 6 l.

KIPPIS. Voy. Cook.

KIRBY : (Jos.) the Works of Architecture. *Lond.* 1761-68, 3 vol. in-fol. forme d'atlas, fig.

KIRCHERI (Athan.) Mundus subterraneus. *Amst.* 1678, 2 vol. in-fol. fig. 18 l.
Bonne édition.

— Musæum Kircherianum, à Ph. Bonanni. *Romæ*, 1709, in-fol. fig. 24 liv.
Cette édition est la plus ample de ce livre. Celle d'*Amst.* 1678, vaut 12 l. environ.

— Ars magna Lucis et Umbræ. *Amst.* 1671, in-fol. fig. 15 l.
Cette édition est plus complète que celle de *Rome*, 1644.

— Musurgia univ., sive Ars magna Consoni et Dissoni, in x lib. *Romæ*, 1650, 2 vol. in-fol. fig. 21 l.

— Phonurgia nova. *Campidonæ*, 1673, in-fol. fig. 16 l.

— Ars magna Sciendi, seu Combinatoria. *Amst.* 1669, in-fol. 10 l.

— Polygraphia nova et univ., ex Combinatoriâ Arte detecta. *Amst.* 1663, in-fol. 8 l.

— Prodromus Coptus sive Ægyptiacus. *Romæ*, 1636, in-4. 15 l.
Volume rare.

— Lingua ægyptiaca restituta. *Romæ*, 1643, in-4. 30 l.
Volume rare. On le réunit ordinairement au précédent.

— Latium, id est, nova et parallela Latii tùm vet. tùm novi Descriptio. *Amst.* 1671, in-fol. fig. 9 l.

— China monumentis sacris et profanis naturæ et artis illustrata. *Amst.* 1667, in-fol. fig. 10 l.

— La Chine illustrée de plusieurs monuments tant sacrés que prefanes, trad. avec un Diction. franç. et chinois, par Dalquié. *Amst.* 1670, in-fol. fig. 8 l.
On préfère l'édition latine à cette traduction, parce que les figures en sont meilleures.

—Œdipus Ægyptiacus. *Romæ* , 1652 et seqq. 4 vol. in-fol. fig. 150 l.
De tous les ouvrages du P. Kircher celui-ci est le plus rare et le plus recherché.

— Obeliscus Pamphilius. *Romæ* , 1650 , in-fol. 9 l.

— Magnes , sive de Arte Magnetica , opus tripartitum. *Romæ*, 1654 , vel 1658 , in-fol. 10 l.

— Arca Noë , de Rebus ante per et post diluvium , lib. iij. *Amst.* 1675, in-fol. fig. 10 l.

— Turris Babel. *Amst.* 1679, in-fol. 9 liv.

— Ars Magnesia. *Herbipoli*, 1631 , in-4. fig.

—Arithmologia , sive de abditis numerorum mysteriis. *Romæ* , 1665 , in-4. fig. 6 à 8 l.

— Primitiæ Gnomonicæ catoptricæ, hoc est horologiographiæ novæ speculares. *Avenione* , 1635 , in-4. fig.

—Obelisci Ægyptiaci interpr. hieroglyphica. *Romæ* , 1666 , in-fol. fig.

— Itinerarium exstaticum , hoc est mundi opificium , seu siderum et telluris Consideratio, etc. *Romæ*, 1656, in-4. fig. 4 l.

— Iter exstaticum , quod et mundi subterranei prodromus dicitur, quo geocosmi opificium exponitur ad veritatem , in tres dialogos. *Romæ*, 1657 , in-4. *rare* , 9 l.

—Scrutinium physico-medicum contagiosæ luis, quæ pestis dicitur. *Romæ*, 1658, in-4. *rare* , 20 l.

— Scrutinium physico-medicum de peste , edente Ch. Langio. *Lipsiæ* , 1659, in-12. 3 L

— Hist. Eustachio-Mariana, de admiranda D. Eustachii sociorumque vita. *Romæ* , 1665, in-4. fig.
Cet ouvrage est l'un des plus rares du père Kircher.

—Magneticum naturæ regnum , seu Disceptatio physiologica de triplici in natura rerum magnete. *Amst.* 1667 , in-12. 3 l. vel *Romæ* , 1667, in-4. 5 l.

— Scrutinium physico-medicum contagiosæ luis, quæ dicitur pestis , cum præfat. Chr. Langii. — De Thermis Carolinis. *Lipsiæ* , 1671 , in-4. 20 l.

— Principis christiani Archetypon politicum, sive Sapientia regnatrix. *Amst.* 1672, in-4. fig. 4 l.

— Sphynx mystagoga , sive Diatribe hieroglyphica de mumiis. *Amst.* 1676, in-fol. fig. 9 l.

— Tariffa Kircheriana. *Romæ*, 1679, in-8. fig. *rare* , 12 l.

— Physiologia Kircheriana experimentalis, edente Joan. St. Kestlero. *Amst.* 1680 , in-fol. fig. 6 l.

— Prodromo Apologetico alli studi Chircheriani , con un Apparato di Saggi div. di Gios. Petrucci. *In Amst.* 1677 , in-4. fig. 3 l.

KIRCHMANNI (Jo.) de Funeribus Romanorum , lib. iv. *Lugd. Bat.* 1672 , in-12. fig. 5 l.
Petit traité fort savant.

—De Annulis, liber singularis. *Lugd. Batav.* 1672 , in-12. 3 l.
Cet article se trouve ordinairement relié avec le précédent.

KIRSCHII (Adami Frid.) abundantiss. Cornucopiæ linguæ latinæ et germ. selectum. *Lipsiæ*, 1774, 2 vol. gr. in-8. 10 l.

KLEIN (Jac. Theod.) Specimen descriptionis petrefactorum Gedanensium , germ. et lat. *Nuremb.* 1770 , in-fol. avec 24 pl. 30 l.
Ce volume n'est pas commun.

— Sciagraphia Lithologica curiosa , seu Lapidum figuratorum nomenclator , ed. Jo. T. Klein. *Gedani* , 1740 , in-4. 10 l.

— Historiæ Avium Prodromus , cum Præfat. de ordine Animalium in genere. *Lubecæ* , 1750 , in-4. fig. 15 l.

— Stemmata Avium. Acced. Nomenclatores polono-latinus et lat.-polonus ; lat. et germ. *Lipsiæ* , 1759 , in-4. avec 40 pl.

— Ova Avium plurimarum ad naturalem magnitudinem delineata , et genuinis color. depicta (lat. germ.) *Lipsiæ*, 1766 , in-4. 21 pl. 21 l.

— Summa Dubiorum circà Classes Quadrupedum et Amphibiorum in Car. Linnæi Systemate Naturæ. *Lipsiæ*, 1743 , in-4. fig. 7 l.

— Quadrupedum Dispositio , brevisque Historia naturalis. *Lipsiæ* , 1751 , in-4. fig.

— Historia Piscium natur. *Gedani* , 1740, in-4. fig. 25 l. — Gr. pap. 40 l.

— Tentamen Ostracologiæ , sive Dis-

positio nat. Cochlidum et Concha-
rum. *Lugd. Bat.* 1758, in-4. avec
12 pl. 8 l.
— Descriptiones Tubulorum marinorum ; cum Dissert. de Pilis marinis.
Gedani, 1731, in-4. avec 10 fig.
10 l.
— Tentamen Herpetologiæ. *Leidæ*,
1755, in-4. fig. 5 l.
— Naturalis Dispositio Echinoderma-
tum, ed. Nath. God. Leske. *Lipsiæ*, 1778, in-4. 36 l.
Ce volume renferme 54 planches enluminées.
— Lucubratiuncula subterranea ;
prior de Lapidibus macrocosmi pro-
priè talibus ; altera Dubia circà
Plantar. marinar. fabricam vermi-
culosam. *Petropoli*, 1758, in-4.
fig. 5 l.
— Ordre natur. des Oursins de mer
et Fossiles, trad. de Klein. *Paris*,
1754, in-8. fig. 6 l.
KLEIN DE SZAD (Sam.) Elementa
linguæ daco-romanæ, sive valachi-
cæ, locupletata à G. G. Sinkai.
Vindob. 1780, in-8.
Vendu 42 l. chez M. Villoison.
KLEINER (J.) vera et accur. Delineatio Templorum, etc. quæ tam
in Viennà quàm in circumjacenti-
bus suburbiis ejus reperiuntur.
1724, 2 part. 1 vol. in-fol. 66 pl.
20 l.
KLIMII (Nic.) Iter subterraneum.
Hafniæ, 1745, in-8. fig. 6 l.
KLOBII (J. F.) Ambræ Historia.
Wittembergæ, 1666, in-4. fig. 5 l.
KLOTZII (M. Jo. Chr.) de Libris
auctoribus suis fatalibus, liber.
Lipsiæ, 1761, in-8. 6 l.
KLOTZII (Chr. Adolph.) Vindiciæ
Q. Horatii Flacci ; acced. comment.
in Carmina poëtæ. *Bremæ*, 1764,
in-12. 4 à 5 l.
KNIPHOFII (D. J. Hier.) Botanica
in originali, seu Herbarium vivum,
operâ et stud. Jo. Godof. Trampe.
Halæ Magdeburg. 1763, 5 vol.
in-fol. fig. color. 250 l.
KNOCH. (A. G.) Suppl. à l'Hist. natur. des Insectes (en allem.) *Leipsick*, 1781, 3 vol. in-8. fig. enlum.
20 l.
KNOOP. (Jean Herm.) Pomologia,
ou Hist. natur. des Pommes, trad.

du holl. en allem. par Georg. Léon.
Huth. *Nuremberg*, 1760 et 1766,
2 part. 1 vol. in-fol. avec 44 pl. color. 36 l.
— Pomologie, ou Descript. des meilleures sortes de Pommes et de Poi-
res. *Amst.* 1771, in-fol. fig. color.
30 l.
KNORR. (Georg. Wolfg.) Les Délices des yeux et de l'esprit, ou
Collect. gén. des différentes espèces
de Coquillages que la mer renferme. *Nuremberg*, 1760-1773, 6
part. 2 ou 3 vol. in-4. fig. color.
140 l.
Les cinq premières parties renferment chacune 30 pl. et la sixième en contient 40.
— Les Délices de la nature (en allem.
et en franç.) *Nuremberg*, 1766, 2
vol. gr. in-fol. fig. color. 250 l.
Superbe ouvrage.
— G. W. Knorr et J. E. Em. Walch.
Recueil des Monuments des Ca-
tastrophes que le globe de la terre
a essuyées, etc. trad. de l'allem.
Nuremberg, 1768-1778, 3 tom. 5
vol. in-fol. fig. color. avec 272 pl.
250 l.
Bel ouvrage. Le tom. premier renferme 57
planches ; le tom. II, première partie,
81 ; le tom. II, deuxième partie, 50 ;
le tom. III, première partie, 84 : la
seconde partie du tom. III contient la
table.
— Thesaurus Rei Herbariæ, horten-
sisque universalis, lat. et germanicè. *Norimbergæ*, 1750-72, 2 vol.
in-fol. fig. color.
KNORRIUS à RUSENROTH.
(Christ.) Vid. KABBALA DENUDATA.
KNOX. (J.) Voyages dans les montagnes de l'Ecosse et dans les îles Hébrides, trad. de l'angl. *Paris*,
1790, 2 vol. in-8. 10 l.
KOCH. (Ch.) Tableau des Révolutions de l'Europe, depuis le boule-
versement de l'empire romain en
Occident, jusqu'à nos jours. *Paris*,
1807, 3 vol. in-8. 24 l. — Pap. gr.-
raisin vélin, 48 l.
KOEHLER. (J. Dav.) Remarq. historiq. sur les Médailles et les Monnaies. *Berlin*, 1740, in-4. 8 l.
— Sylloge aliquot Scriptorum de
benè ordinandà et ornandà Bibliothecâ, stud. J. D. Koehleri. *Francof.* 1728, in-4. 7 l.

KOHLII (J. P.) Introd. in Histor. et Rem litterar. Slavorum. *Alto-naviæ*; 1729, in-8.

Vendu 24 l. chez M. Anquetil du Perron.

KOLBE. (P.) Description du Cap de Bonne-Espérance (en holl.) *Amst.* 1727 , 2 vol. in-fol. fig. 21 l.

— Description du Cap de Bonne-Espérance, tirée des Mém. de P. Kolbe (par Bertrand.) *Amst.* 1741 , 3 vol. pet. in-8. fig. 12 à 15 l.

Il y a de cette traduction une contrefaction mal imprimée, qui ne vaut pas plus de 5 à 6 l.

KOLLARII (Ad.) Analecta Monumentorum omnis ævi Vindobonénsia. *Vindobonæ*, 1761 , 2 vol. in-fol. 25 l.

KONIG (Emman.)Regnum minerale, generale et speciale, etc. *Basileæ*, 1703 , in-4. 4 l.

—Regnum vegetabile.*Basileæ*, 1708, in-4. 4 l.

— Regnum animale, etc. *Coloniæ*, 1698 , in-4. 4 l.

Ces trois ouvrages se trouvent quelquefois réunis ensemble.

KONIGII (Georg. Matth.) Bibliotheca vetus et nova, à primà mundi origine ad ann. 1678. *Altdorfii*, 1678 , in-fol. 9 l.

Ouvrage déparé par un nombre considérable de fautes d'impression.

KORB (Jo. Georg.) Diarium Itineris in Moscoviam. *Viennæ Austriæ*, 1700 , in-fol. fig. 36 l.

Ouvrage curieux et qui renferme beaucoup d'anecdotes historiques sur l'empire de Russie. Les exemplaires en sont rares, parce qu'il a été supprimé par ordre de la cour de Vienne.

KORNMANNI (Henr.) Liber de Miraculis Vivorum. *Kirchainæ*, 1614 , in-8. 4 l.

— Liber de Miraculis Mortuorum. *Kirchainæ*, 1610, in-8. 4 l.

Ces deux ouvrages, et plusieurs autres du même auteur, ont été réimprimés à *Francfort*, en 1694, en 4 vol. in-8.

KORTHOLTUS (Christ.) de tribus Impostoribus magnis (Ed. Herbert de Cherbury, Th. Hobbes et Bened. Spinosa.) *Hamburgi*, 1701 , in-4. 10 l.

Bonne édition.

KOTTERUS. Lux è tenebris, hoc

est Revelationes in usum sæculi nostri, factæ Chr. Kottero, C. Poniatowiæ et N. Drabicio. 1665, in-4. fig. 12 l.

Cette édition est la plus ample et la meilleure de ce livre.

KRAFFT. (Georg. Wolfg.) Descript. et représent. de la Maison de glace construite à St. - Pétersbourg en 1740, etc. trad. de l'allem. par P. L. le Roi. *St. - Pétersbourg*, 1741, in-4. 6 l.

KRAFFT. (J. Ch.) Recueil d'architecture civile, cont. les plans, coupes et élévations des châteaux, maisons de campagne, etc., situés aux environs de Paris et dans les départements voisins. *Paris*, 1807 , 20 livraisons in-fol. fig.

Chaque livraison se vend 6 l.

— Plans, Coupes et Elévations des diverses productions de l'Art de la Charpente, exécutées tant en France que dans les pays étrangers. *Strasbourg*, 1805 , 4 part. in-fol. 220 pl. 150 l. Prix de l'éditeur.

Il y a des exemplaires en papier de Hollande.

KRAMER (Guill. Henr.) Elenchus Vegetabilium et Animalium per Austriam inferior. observatorum. *Viennæ*, 1756 , in-8. fig. 5 l.

KRAMP. Analyse des réfractions astronomiques et terrestres. *Strasbourg*, 1799 , in-4. 9 l.

KRAPF. (C. de) Description des Champignons qui croissent dans l'Autriche inférieure et dans les Environs de Vienne. *Vienne*, 1782 , in-4. et 18 pl. in-fol. color. 18 l.

KRAUSEN (Ulr.) Biblia sacra, figuris æneis adornata. *Augustæ Vindelicor.* 1705 , in-fol. 30 l.

Ce volume contient 134 figures, au bas desquelles se trouvent de courtes explications en allemand.

— Epistolæ et Evangelia totius anni, fig. æneis elegantiss. ab eodem Ul. Krausen exposita. *Augustæ Vindelicor.* 1706 , in-fol. 25 l.

Ce volume renferme 120 pl. Il n'est pas commun.

KRAUSSEN (Joan. Sibyll.) Bibliorum sacrorum veter. et novi Testamenti Figuræ, cum brevi interpr.

germanicà. *Aug. Vindelicor.* 1702, in-fol. fig. 3o à 36 l.

KROCKER (Ant. Jo.) Flora Silesiaca. *Vratislaviæ*, 1787, 3 vol. in-8. fig. color. 16 l.

KROMAYERI (Hier.) Scrutinium Religionum. *Lipsiæ*, 1673, in-4. 8 liv.

KUSTERI (Ludolph.) Historia critica Homeri. *Amst.* 1696, in-8.

KYPSELER. (Gott.) Les Délices de la Suisse. *Leyde*, 1714, ou *Amst.* 1730, 4 vol. in-12. fig. 16 l.

KYSEL (Melch.) Icones Biblicæ vet. et novi Testamenti, æri incisæ. *August. Vindelicor.* 1679, 2 vol. in-4. 15 l.

L

LABACCO. (A.) Antichità di Roma. *In Roma*, 1552, e *in Venet.* 1557 e 1570, in-fol. 8 l.

— Libro d'Ant. Labacco, appartenente all' Architettura. In-fol. fig. senza anno e luogho, 20 l.
Volume rare.

LABAT. (J. B.) Nouveau Voyage aux Iles de l'Amérique. *La Haye*, 1724, 2 vol. in-4. fig. 18 l.

— Le même. *Paris*, 1742, 8 vol. in-12. fig. 24 l.
L'édition en 6 vol. in-12. est moins chère.

— Voyage en Espagne et en Italie. *Amst.* 1731, 8 vol. in-12. fig. 16 l.

— Nouvelle Relation de l'Afrique occidentale. *Paris*, 1728, 5 vol. in-12. 12 l.

Les ouvrages suivants ont été publiés par le même Labat.
Voyage du Chev. des Marchais en Guinée. Paris, 1731, 4 vol. in-12. 8 l. — *Relation des Voyages du Chev. d'Arvieux. Paris*, 1735, 6 vol. in-12. 12 l. — *Relation de l'Ethiopie occidentale, trad. de l'ital. de Gavazzi. Paris*, 1732, 5 vol. in-12. fig. 10 l.

LABBE (Philip.) et Gabr. COSSART. Collectio Conciliorum, cum Dom. JACOBATII et alior. Tractatibus de Concilio. *Parisiis*, 1672, 18 vol. in-fol. 100 l. — Gr. pap. 200 l.

Les tomes 17 et 18 renferment deux Apparats, dont le dernier, connu sous le nom de *Jacobatius*, est rare. Les exem-

plaires où ce 18e volume manque, perdent moitié de leur valeur.
Cette Collection a été réimprimée à *Venise*, avec le vol. de *Jacobatius*, mais on fait peu de cas de cette réimpression.

— Chronologia historica. *Parisiis*, ex typ. reg. 1670, 5 vol. in-fol. 36 l.

— Nova Bibliotheca MSS. Librorum, seu Collect. variorum Historiæ ecclesiast. Francicæ Monumentorum. *Parisiis*, 1657, 2 vol. in-fol. 30 l. Gr. pap. 60 l.

— Historiæ Byzantinæ Protrepticon. Vid. BYZANTINE.

LABÉ, Lyonnoise : (Louise) ses Œuvres. *Lyon*, 1555 ou 1556, in-8. 6 liv.
Peu commun.

LABILLARDIÈRE. (J.) Relation du Voyage à la recherche de La Pérouse, fait en 1791-94. *Paris*, an 8 (1800). 2 vol. in-8. et atlas, 36 l. — 2 vol. in-4. et atlas sur gr. papier, 72 l.
Ce Voyage a été traduit en anglais. *Lond.* 1800, 2 vol. in-8.

— Novæ-Hollandiæ Plantarum Specimen. *Parisiis*, 1804 et ann. seqq. 2 vol. in-4. 265 pl. formant 26 fascicules et demie.
Chaque fascicule se vend 6 l.

LA BORDE. Voy. BORDE.

LABOUREUR. (Cl. le) Les Mazures de l'Abbaye roy. de Lisle-Barbeles-Lyon, ou l'Hist. de cette Abbaye, etc. *Paris*, Couterot, 1681, 2 vol. in-4. 18 l.
Il faut que les deux vol. soient de l'édition de *Paris*, Couterot, 1681.

LABROSSE (Fr. à S. Josepho) Pharmacopœa persica, ex idiomate persico in lat. conversa. *Parisiis*, 1681, in-8. 5 l.

LABYRINTHE (le) de Versailles, anglais, franç., allem. et hollandais. *Amst.* in-4. fig. de Vischer, 18 l.

LACARRY (Ægidii) Historia christiana Galliarum sub Præfectis prætorio. *Claromonti*, 1675, in-4. 6 l.

— Epitome Historiæ Regum Franciæ, ex D. Petavio excerpta; et Chronolog. Regum Franciæ. *Claromonti*, 1672, in-4. 6 l.

— Hist. Coloniarum à Gallis in exteras nationes missarum. *Claromonti*, 1677, in-4. 8 l.

— Hist. romana à J. Cæsare ad Constantinum Mag., per Numismata. *Claromonti*, 1671, in-4. 5 l.

Ces 4 ouvrages de Lacarry sont assez estimés et peu communs.

LACÉPÈDE, CUVIER et GEOFFROY. Ménagerie du Muséum national d'histoire naturelle. *Paris*, 10 cahiers gr. in-fol. fig. pap. vélin, 80 l. Prix de l'éditeur.

LACHAU. Voy. BLOND. (le)

LA CHAUSSÉE : (Pier. Cl. Nivelle de) ses Œuvres. *Paris*, 1762, 5 vol. in-12. 8 l. — Pap. de Holl. 18 l.

LACHESNAYE DES BOIS. Voyez DESBOIS.

LACINII (Jani) Pretiosa Margarita novella de thesauro, ac pretiosiss. philosophorum lapide. *Venetiis*, Aldus, 1546, in-8.

Volume rare.

LACTANTII FIRMIANI Opera. *Impress. in Monasterio Sublacensi, ann.* 1465, in-fol. 1200 à 1500 l.

Édition originale, très-rare et fort chère. Elle est imprimée à longues lignes, au nombre de 36 à la page, sans chiffres, signatures ni réclames. La plupart des exemplaires sont imparfaits de l'*errata*.

— Eadem. *Romæ*, in domo Pet. de Maximis, 1468, in-fol.

Édition fort rare.

— Eadem, cum Præfat. Jo. Andreæ, episc. Aleriensis. *Romæ*, in domo Pet. et Fr. de Maximis, etc. 1470, in-fol.

Édition aussi rare que la précédente.

— Eadem, ex recogn. fratris Adam, Genuensis, 1471, in-fol.

Il y a de cette édition, qui est aussi fort rare, des exemplaires imprimés sur vélin.

— Eadem. *Rostochii*, 1476, in-fol.

Vendu, imprimé sur vélin, 331 l. chez La Vallière.

On fait peu de cas des autres éditions de Lactance, publiées dans le quinzième siècle.

— Eadem. *Florentiæ*, 1513, in-8.
Exemplaire imprimé sur vélin.

— Eadem. *Venetiis*, Aldus, 1515, in-8. 9 l.

A la suite de Lactance, on doit trouver, avec un titre séparé, l'Apologétique de Tertullien, non indiqué sur le premier titre.

— Eadem. *Venetiis*, Aldus, 1535, in-8. 12 l.

Cette édition, publiée par Honoré Fositelio, est préférée pour l'exactitude, à celle de 1515.

— Eadem, cum notis Varior., curâ Servatii Gallæi. *Lugd. Batav.* 1652 vel 1660, in-8. 10 l.

L'édition de 1660 est belle et correcte.

— Eadem, cum comment. Th. Spark. *Oxonii*, 1684, in-8. 10 l.

— Eadem, à Chr. Aug. Heumanno. *Gottingæ*, 1736, in-8. 7 l.

— Eadem, cum notis Chr. Cellarii, et novo Indice J. L. Bunemann. *Lipsiæ*, 1739, in-8. 10 l.

— Eadem, cum notis Nic. Lenglet du Fresnoy. *Parisiis*, 1748, 2 vol. in-4. 18 l.

Cette édition est la plus complète de ce livre.

— Eadem. *Biponti*, 1786, 2 vol. in-8. 5 l.

—Ejusd. Lactantii de Mortibus persecutorum liber, cum notis Varior., ex recens. Pauli Bauldry. *Ultrajecti*, 1692, in-8. 12 l.

Cette édition fait partie de la Collection des *Variorum*, et n'est pas commune. Il y a des exemplaires sous la date de 1693.

— Ejusd. Divinarum Institutionum liber, cum animadv. Jo. Davisii. *Cantabrigiæ*, 1718, in-8. 7 l.

— Les divines Institutions contre les Gentils et Idolâtres, trad. du lat. en franç. par René Fame. *Paris*, Gallyot Dupré, etc. 1542, in-fol.
Exemplaire imprimé sur vélin.

LACU. (J. de) La Quenoille spirituelle, en rime franç. *Paris*, Nyverd, sans date, in-16. goth. 5 l.

LADERCHIS. (Jac. de) Vid. BARONIUS.

LADRO, (il) favola pastorale. *In Venetia*, 1583, in-8. 5 l.

LADVOCAT. (J. B.) Dictionnaire historique et bibliographique portatif. *Paris*, 1777, 3 vol. petit in-8. — Supplément (par Le Clerc). *Paris*, 1789, pet. in-8.

Cette édition est la meilleure de ce Dictionnaire, 18 l.

LAET (J. de) Novus Orbis, seu Descriptio Indiæ occidentalis. *Lugd. Bat.* 1633, in-fol. fig. 10 l.

On a publié à *Leyde*, en 1640, une traduction française de cet ouvrage, en un vol. in-fol. fig. 8 l.

LAFITAU. (Jos. Fr.) Mœurs des Sauvages américains, comparées aux mœurs des premiers temps. *Paris*, 1724, 2 vol. in-4. fig. 20 l.
— Gr. pap. 36 l.
— Les mêmes. *Paris*, 1724, 4 vol. in-12. fig. 15 l.
— Histoire des Découvertes et des Conquêtes des Portugais dans le Nouveau monde. *Paris*, 1733, 2 vol. in-4. fig. 12 l.
— La même. *Paris*, 1734, 4 vol. in-12. 10 l.

Cette histoire est exacte et assez bien écrite.

LA FONTAINE : (Jean de) ses Fables choisies, mises en vers. *Paris*, Barbin, 1678, 1679 et 1693, 5 vol. in-12. fig. dessinées par Chauveau, 30 l.

Cette édition, revue par La Fontaine, est assez recherchée.

— Les mêmes. *Anvers*, 1688 et 1694, 5 tom. 2 vol. in-8. fig. 15 l.

Assez jolie édition, faite sur la précédente.

— Fables et Contes. *Amst.* 1709, 4 vol. in-8. fig. 18 l.

On trouve quelquefois les Fables sans les Contes.

— Les mêmes Fables. *Paris*, 1755-1759, 4 vol. in-fol. fig. d'Oudry.

Très-belle édition. Elle a été tirée sur trois papiers, savoir : papier ordinaire. 80 l., papier de Hollande, 200 l., grand papier impérial, 300 l.
Il existe des exemplaires avec figures coloriées, 250 à 300 l.

— Les mêmes, avec figures gravées par Fessard, et le texte par Montulay. *Paris*, 1765, 6 vol. in-8. pap. de Hollande, 60 l.

Belle édition.

— Les mêmes. *Paris*, Didot l'aîné, 1782, 2 vol. in-18.

Jolie édition, dont il n'existe que 60 exemplaires tirés séparément de la collection d'Artois ; plus, quelques-uns sur peau de vélin.

— Les mêmes, avec figures de Simon et Coiny. *Paris*, Didot l'aîné, 1787, 6 vol. in-18. pap. vélin, 90 l.

Fort jolie édition.
Les mêmes figures out servi à une autre édition imprimée chez Crapelet, en 1796, en 6 vol. in-18. ; mais cette réimpression est peu recherchée, parce que les épreuves des gravures sont faibles.

— Les mêmes, pour l'éducation du Dauphin. *Paris*, Didot l'aîné,

1787, 2 vol. in-18. papier vélin ; 20 l.

Edition tirée à 500. Les exemplaires brochés sont rares : 30 l.

— Les mêmes, pour l'éducation du Dauphin. *Paris*, Didot l'aîné, 1788, gr. in-4. pap. vélin, 36 l.

Edition tirée à 250 exemplaires.

— Les mêmes, pour l'éducation du Dauphin. *Paris*, Didot l'aîné, 1789, 2 vol. in-8. pap. vélin, 18 l.

Edition tirée à 400. Il y a des exemplaires sur vélin.

— Les mêmes. (*Dijon*, Pierre Causse.) 1795, 2 vol. in-8. pap. vélin, 10 l.
— Les mêmes, édition stéréotype de Didot l'aîné. *Paris*, an 7 (1799), 2 vol. in-18. gr. pap. vélin, 7 l.

Il y a deux exemplaires sur peau de vélin.

— Les mêmes. *Paris*, Didot l'aîné, 1802, 2 vol. gr. in-fol. ornés de 12 vignettes dessinées par Percier, 300 l. — Fig. av. la lettre, 350 l.

Cette magnifique édition, exécutée sur le format et avec les caractères du Racine, 3 vol. in-fol., n'a été tirée qu'à 250 exemplaires ; plus, 2 sur peau de vélin.

— Les mêmes, trad. en vers latins par Giraud. *Rouen*, 1775, 2 vol. in-8. 10 l.
— Les mêmes, en vers gascons. *Bayonne*, 1776, in-8. 15 l.

Cette traduction ne comprend que les quatre premiers livres des fables de La Fontaine.

— Contes et Nouvelles en vers. *Amst.* 1685, 2 vol. in-8. fig. de Romain de Hooge, 20 l.

Quoique l'édition de 1762, avec figures d'Eisen, ait fait tomber celle-ci, quelques amateurs cependant la recherchent encore, par rapport aux gravures de Romain de Hooge dont elle est décorée.
Il faut bien prendre garde de confondre cette édition (1685) avec les réimpressions qui en ont été faites sous la même date et dans le même format, parce que ces dernières impressions ne renferment que des figures très-médiocres. La remarque suivante pourra servir à les reconnaître. A l'édition originale, le J de la première page de Joconde est encadré dans un fleuron gravé en bois. Il est nu dans les réimpressions.

— Les mêmes, avec figures dessinées par Eisen, et le portrait de l'auteur et du dessinateur, gravés par Fiquet. *Amst.* (*Paris*), 1762, 2 vol. in-8. 60 à 80 l.

Fort belle édition, connue sous la dénomination d'édition des *Fermiers-généraux.*

Elle se vend plus ou moins cher, suivant la qualité des épreuves des figures et la beauté de la reliure.

— Les mêmes. *Paris*, Didot l'aîné, 1795, 2 vol. gr. in-4. pap. vélin, fig. de Fragonard, 30 l.

Il y a un exemplaire sur peau de vélin. On n'a gravé qu'une partie des figures qui devaient entrer dans cette édition.

— Les mêmes. *Paris*, Didot l'aîné, 1795, 2 vol. in-18. pap. vélin, 10 l. — Gr. pap. 15 l.

Jolie édition, tirée à 250 exemplaires sur papier vélin; plus, 200 de format in-12. papier vélin; plus, 4 sur peau de vélin.

— Les mêmes. *Paris*, 1808, 2 vol. in-8. pap. gr.-raisin vélin satiné, fig. coloriées à la main, 60 l.

Les figures qui décorent cette édition sont celles qui ont été faites pour l'édition de 1762, dite des *Fermiers-généraux*.

— Adonis, poëme. *Paris*, Didot l'aîné, 1793, in-18. pap. vélin, 6 l.

Charmante édition, tirée seulement à 350 exemplaires; plus, 4 sur peau de vélin.

— Les Amours de Psyché et de Cupidon. *Paris*, Didot le jeune, 1791, gr. in-4. fig. impr. en couleur, 20 l. — Pap. vélin, 45 l.

— Les mêmes, avec le poëme d'Adonis. *Paris*, Didot le jeune, 1795, in-4. pap. vélin, fig. de Moreau jeune, 24 l. — Gr. pap. vélin, fig. av. la lettre, 60 l.

L'impression de ce volume est fort belle.

— Les mêmes, suivies de la Mort d'Adonis. *Paris*, Didot l'aîné, 1796, gr. in-4. pap. vélin, avec fig. d'après Gérard, 40 l. — Fig. av. la lettre, 60 l.

Belle édition. Il en existe un exemplaire unique sur peau de vélin, auquel ont été joints les dessins originaux de Gérard.

— Les mêmes, édition stéréotype d'Herhan. *Paris*, 1804, in-12.

On en a tiré deux exemplaires sur peau de vélin.

— Œuvres diverses de Jean de La Fontaine. *Anvers* (*Paris*), 1726, 3 vol. in-4. 30 l.

Edition assez estimée.

On en rencontre quelquefois des exemplaires dans lesquels on a inséré les figures de Romain de Hooge, encadrées dans des cartouches d'ornement. Ces sortes d'exemplaires sont recherchés et assez chers.

— Œuvres de La Fontaine, savoir:

Dict. Bibl. I.

Fables, avec le comment. de Coste. *Paris*, 1743, 2 vol. petit in-12. — Contes. *Lond.* (*Paris*), 1743, 2 vol. petit in-12. — Œuvres diverses. *Paris*, 1744, 4 vol. petit in-12.

Jolie Collection, 18 à 24 l.

— Œuvres complètes de La Fontaine, savoir: Fables, Contes, Psyché, Œuvres div. Théâtre. Edit. stéréotype d'Herhan. *Paris*, 1804, 8 tom. 5 vol. in-18. pap. vélin, 15 l.

LAFRERY. (Ant.) Recueil de diverses Antiquités de Rome, gravées par lui. *Rome*, 1554 et suiv. gr. in-fol. 24 l.

LAGE. (de) Descript. de la Chambre et Lit de parade sur lequel le corps de S. A. R. Anne, princesse roy. de la Grande-Bretagne, etc., a été exposé en fév. 1759, dessiné par de Swart, et grav. par Fokke. *La Haye*, 1759, gr. in-fol. 18 l.

LAGNIET. (Jacq.) Recueil des plus illustres Proverbes, divisé en trois livres. *Paris*, sans date, 2 vol. in-4. 96 à 120 l.

Recueil excessivement rare complet.

LA GRANGE - CHANCEL. Les Philippiques, Odes, avec des notes historiques, critiques et littéraires. *Paris*, 1795, in-12. pap. vélin, 18 à 24 l.

Tiré à petit nombre d'exemplaires.

LAGUSI. (Vinc.) Erbuario italo-siciliano. *In Nupoli*, 1742, in-4. 15 l.

LAICHARDING (Jo. Nep.) Vegetabilia europæa. *Œniponte*, 1790, 2 vol. in-8. 24 l.

LAIRE (Fr. Xav.) Specimen historicum typographiæ romanæ xv sæculi. *Romæ*, 1778, in-8. 6 l.

Il y a des exemplaires de ce livre imprimés sur vélin.

— Index Librorum ab inventâ typographiâ ad ann. 1500. *Senonis*, 1791, 2 vol. in-8. 8 l.

Première partie du catalogue des livres du cardinal de Loménie de Brienne.

LAIRESSE. (Gérard de) Les Principes du Dessin. *Amst.* 1719, in-fol. fig. 15 l.

— Le grand Livre des Peintres, ou l'Art de la Peinture considéré dans toutes ses parties. *Paris*, 1787, 2 vol. in-4. fig. 15 l.

38

LALANDE. (Jérôme) Des Canaux de navigation , et spécialement du Canal de Languedoc. *Paris* , 1778 , in-fol. fig. 36 l.

— Abrégé de navigation hist. , théoriq. et pratiq. *Paris*, 1793 , in-4. 9 l.

— Voyage en Italie. *Paris*, 1786 , 9 vol. in-12. et atlas in-4. 30 l.

Edition préférée à celle de 1769 , 8 vol. in-12. et atlas in-4.

— Astronomie de J. Lalande. *Paris*, 1792 , 3 vol. in-4. fig. 54 l.

On a tiré de cet ouvrage 4 exemplaires seulement sur papier vélin : 150 l.

Après cette édition, celle donnée en 1771 , en 3 vol. in-4. et un vol. de supplément , est la plus recherchée , 30 l.

— Abrégé de l'Astronomie du même. *Paris* , 1795 , in-8. 6 l.

Cet Abrégé a été traduit en grec moderne. *Vienne* , 1803 , in-8. 6 l. et en italien , par G. Toaldo. *Padoue* , in-4. fig. 6 l.

— Hist. céleste française , contenant les Observ. faites par plusieurs Astronomes français. *Paris* , impr. nat. an 9 (1801) , in-4. 6 l.

— Bibliographie astronomique , avec l'Hist. de l'Astronomie , depuis 1781 jusqu'en 1802. *Paris* , 1803 , in-4. 20 l.

On joint à ce vol. une table alphabétique des matières , rédigée par L. Coste. *Paris*, 1803 , in-4.

— Voy. MARÉCHAL. (Sylv.)

LALANDE. (de) Vid. SIRMONDUS.

LALLI. (G. B.) Franceide , ovvero il Mal francese , poema. *Foligno*,1629, in-12. 6 l.

LAMARCK. (J. B. de) Flore française , ou Descript. des Plantes qui croissent natur. en France. *Paris* , impr. roy. 1778, 3 vol. in-8. fig. 18 l.

— La même , nouv. édit. , augment. par Decandolle. *Paris* , 1805 , 5 vol. in-8. fig. 40 l. — Pap. vélin , 60 liv.

— Choix de Mémoires sur divers objets d'Hist. natur. *Paris* , 1792 , 2 vol. in-8. fig. 8 l.

— Recherches sur les causes des principaux faits physiques. *Paris* , 2 vol. in-8. 8 l.

LAMBECII (Pet.) Commentariorum de Bibliothecà Cæsareà Vindobonensi , lib. viij. *Vindobonæ* , 1665-1679 , 8 vol. in-fol. fig.

— *Dan. de Nessel* Breviarium et Sup-

plement. eorumdem Commentar. , cum novis annot., etc. *Vindobonæ* , 1690 , 6 part. 2 vol. in-fol. fig.

Ces deux derniers volumes , joints aux 8 précédents , forment le Catalogue complet des manuscrits de la bibliothèque de l'Empereur. Les exemplaires en sont rares , 300 l.

Le tome 8 est difficile à trouver.

On fera bien de collationner la partie des figures sur l'*index* particulier placé à la fin de chaque volume , parce qu'il y a des exemplaires où il en manque.

— *Jo. Frid. Reimmanni* Bibliotheca Acroamatica comprehendens recensionem specialem omnium Codicum MSS. Bibliothecæ Cæsareæ Vindobonensis. *Hanoveræ* , 1712 , in-8. 6 l.

Cet article s'annexe aux dix volumes précédents.

— Ejusd. Lambecii Prodromus Hist. litterariæ , et Diarium sacri Itineris Cellensis ; acced. Alex. Ficheti Arcana studiorum, etc. *Lipsiæ* , 1710, in-fol. 10 l.

LAMBERT. (Fr.) L'Enfant trouvé dans le bas-ventre de Marguerite Matthieu , après 25 ans de grossesse. *Toulouse* , 1678 , in-8. 12 l.

LAMBERT. Traités très-utiles touchant les Sorciers , les Jeux de Cartes et de Dez. *Paris*, 1579, in-8. 6 l.

LAMBERT : sa Galerie. Voy. BRUN. (le)

LAMBERTI. (D. Arch.) Relazione della Colchida e della Mingrelia. *In Napoli* , 1657 , in-4. 15 l.

LAMBERTY. (de) Mémoires pour servir à l'Hist. du xviij^e siècle , cont. les négociations , etc. concernant les affaires d'état. *La Haye* , 1724 et suiv. 14 vol. in-4.

Cet ouvrage a été tiré sur trois papiers différents : papier bulle ou commun : 24 l. papier fin , 40 l. ; et grand papier fin 72 l.

Il était plus cher autrefois.

LAMÉTHÉRIE. (J. C.) Théorie de la terre , 2.e édit. , augm. d'une Minéralogie. *Paris* , 1797, 5 vol. in-8. fig. 20 l. — Pap. fin , 30 l.

Nous avons encore du même : *Considérations sur les êtres organisés* , 2 vol. in-8. 10 l. — *De la Perfectibilité et de Dégénérescence des êtres organisés* , in-8. 5 l. (Ce vol. sert de supplément à l'ouvrage précédent). — *De la Nature des êtres existants*, in-8. 5 l. — *Essai analytique sur l'air pur* , 2 vol. in-8. 10 l.

LAMII (Jo.) in antiq. Tabulam aheneam Decurionum nomina et descriptionem continentem, Observationes. *Florent.* 1745 , in-fol. fig. 10 l.

—Deliciæ Eruditorum , seu veterum anecdotorum Collectanea , gr. lat. *Florentiæ* , 1736-44 , 15 vol. in-8. 24 à 36 l.

LAMOIGNON - MALESHERBES. (Ch. Guill.) Observations sur l'Histoire naturelle de Buffon et Daubenton. *Paris* , 1798 , 2 vol. in-4. 15 l. — Pap. vélin , 20 l.

Cet ouvrage a aussi été imprimé en 2 vol. in-8. sur papier ordinaire et sur papier vélin.

LAMPE (Frid. Adolphi) de Cymbalis vet. lib. iij. *Ultrajecti* , 1703 , in-12. 4 l.

LAMY (Bern.) Comment. in Harmoniam seu Concordiam Evangelistarum. *Parisiis* , 1699 , 2 vol. in-4. 8 l.

—De Tabernaculo fœderis , de sanctâ Civitate Jerusalem , et de Templo ejus , lib. vij. *Parisiis* , 1720 , in-fol. fig. 12 l.

Ouvrage savant.

LANCELOT (Cl.) Biblia latina, vulgatæ edit., cum notis historicis et chronolog. *Parisiis* , Vitré , 1662 , in-fol. 12 l.

Les exemplaires en grand papier de cette Bible latine , connue sous le nom de *Bible de Vitré* , ne sont pas communs, 36 l.

—Eadem. *Parisiis* , Vitré , 1666, in-4. 12 liv.

Edition très-estimée à cause de la commodité de son format. Parmi les réimpressions qui en ont été faites, celle de 1691 est la plus recherchée.

— Nouvelle Méthode pour apprendre la Langue grecque. *Paris* , 1754 , in-8. 15 à 18 l.

L'édition de 1694, à frontispice rouge et noir, est également bonne.

— Nouvelle Méthode pour apprendre la Langue latine. *Paris* , 1761 , in-8. 18 à 24 l.

Bonne édition d'une Grammaire estimée.

— Grammaire générale et raisonnée , par Ant. Arnauld et Cl. Lancelot. *Paris* , 1660 , in-12. 3 l.

—La même , précédée d'un Essai sur l'origine et les progrès de la Langue française , par Petitot. *Paris* , an xi (1803), in-8. 4 l.

On a encore du même Lancelot le *Jardin*

des racines grecques , 1657 , in-12. , une Grammaire espagnole , une italienne et une Logique , in-12.

LANCELOT DU LAC. Voy. ROMAN.

LANCISII (Jo. Mar.) Opera omnia medica , ed. Pet. Assalto. *Genevæ* , 1718 , 2 vol. in-4. 18 l.

LANDI. (Giulio) Vita di Cleopatra , regina d'Egitto. *Parigi* , Molini (da torchi di Didot il maggiore) , 1788 , in-12.

On a tiré de ce petit vol. 4 exemplaires sur peau de vélin , à l'un desquels on a ajouté une miniature représentant la mort de Cléopâtre.

LANDON. (C. P.) Annales du Musée et de l'Ecole moderne des beaux-arts. *Paris* , 1800 , 16 vol. in-8. chaque vol. orné de 72 pl. 240 l. — Fig. sur pap. de Holl. 288 l. — Pap. vélin, 384 l. Prix de l'éditeur.

La suite de ces Annales se donne par livraisons , composées chacune de 4 gravures et de 8 pages d'explication. Dix-huit livraisons forment un volume.

— Paysages et Tableaux de genre du Musée Napoléon , gravés à l'eauforte et ombrés. *Paris* , 1805 , 4 vol. in-8. 144 pl. 60 l. Prix de l'édit.

Ces 4 vol. font partie des Annales du Musée Napoléon. On en a tiré des exempl. sur pap. de Holl. et d'autres sur pap. vél.

— Vies et Œuvres des Peintres les plus célèbres de toutes les écoles. *Paris* , 1803 , 8 vol. in-4. gr-raisin, fig. 200 l. — Pap. vélin , fig. av. la lettre , 296 l. — In-fol. pap. vélin satiné, 400 l. Prix de l'éditeur.

De ces 8 vol. , 3 forment l'Œuvre du Dominiquin , et les 5 autres celui de Raphaël.

La suite de cet ouvrage est sous presse.

LANE. (Jefferys) Le Pilote américain septentrional , pour les côtes de Labrador , Nouvelle - Ecosse , etc. , trad. de l'angl. *Paris* , 1778 , in-fol. 20 l.

LANFRANCI (B.) Opera , ex edit. Lucæ Dacherii, Benedicti. *Parisiis*, 1648 , in-fol. 12 l.

LANGE. (N. B.) Grammaire danoise. *Copenhague* , 1787, 2 vol. in-8. *rare* , 15 l.

LANGEAC. (le chev. de) Colomb dans les fers , à Ferdinand et Isabelle , épître. *Paris*, Didot aîné , 1782 , in-18. 6 l.

Ouvrage tiré à très-petit nombre.

LANGII (Car. Nic.) Histor. Lapidum figuratorum Helvetiæ. *Venetiis* , 1708 , in-4. 8 l.

— De Origine Lapidum figuratorum. *Lucernæ*, 1709 , in-4. fig. 8 l.
Ces deux ouvrages se trouvent quelquefois réunis en un seul volume.

— Methodus nova et facilis Testacea marina in suas debitas et distinctas classes , distribuendi. *Lucernæ* , 1722 , in-4. 6 l.

LANGII (Chr. Jo.) Opera medica theoretico-practica , editore Aug. Quirino Rivino. *Lipsiæ*, 1704 , 3 tom. 2 vol. in-fol. 18 l.

LANGLÈS. (L.) Alphabet tartare-Mantchoux. *Paris* , Didot l'aîné, 1787 , in-4. 6 l.

LANGLEY. (Batty) Pomona or the fruit-garden illustrated. *London*, 1729 , in-fol. fig. 12 l.

LANGLOIS , sieur de Bellestat. (Pier.) Discours sur les Hiéroglyphes égyptiens, Emblêmes , etc. *Paris* , 1584 , in-4. 9 l.

LANGS. (H. Gottl.) Catalogue des Papillons des environs d'Augbourg , avec les noms franç. , lat. et allem. *Augsbourg* , 1789 , 2 vol. in-8. 15 l.

LANGUET. Voy. BRUTUS.

LANIS (Pet. Fr. Tertii de) Magisterium Naturæ et Artis : opus physico-mathematicum. *Brixiæ*, 1684, 3 vol. in-fol. fig. 72 l.
Livre curieux. Le troisième volume est rare.

LANNEL. (Jean de) Le Roman satyrique. *Paris* , 1624 , in-8. 6 l.
Peu commun.

— Le Roman des Indes. *Paris* , 1625 in-8. 5 l.

LANTIER. (E. F.) Voyage d'Anténor en Grèce et en Asie , avec des Notions sur l'Egypte. *Paris* , an 9 (1801) , 4 vol. in-8. fig. 12 l. — Pap. vélin, 24 l.

LANUZA. (Vinc. Blasco de) Voy. CURITA.

LANZI. (L.) Saggio di lingua etrusca e di altre antiche d'Italia. *In Roma*, 1789 , 2 vol. in-8. 18 l.

— Storia pittorica dell' Italia. *Bassano*, 1795-96 , 3 vol. gr. in-8. 24 l.

LAPIDE (Cornelii à) Comment. in sacram Scripturam. *Antuerpiæ* ,

1681 et variis ann. 10 vol. in-fol. 60 l.
Bonne édition d'un ouvrage estimé. Il faut que tous les volumes soient de l'édition d'*Anvers*.

LA PLACE. Voy. PLACE.

LARCHER. Mémoire sur Vénus. *Paris* , 1775 , in-12. 5 l. — Pap. de Holl. 10 l.
Il existe quelques exemplaires rares et précieux, accompagnés d'une gravure faite par St.-Aubin , et d'un huitième *Index* très-ingénieux. Cette plaisanterie est attribuée à M. l'abbé L. . . . . . ancien membre de l'Académie des Inscriptions.

LA RIVE. (de) Pyrame et Thisbé , scène lyrique. *Paris* , Didot l'aîné, 1784 , in-18. pap. vélin.
Pièce tirée à très-petit nombre.

LA ROQUE. Voy. ROQUE. (la)

LARRAMENDI. (Manuel de) Diccionario trilingue del castellano , bascuence y latin. *En San Sebastian*, 1745 , 2 vol. in-fol. 24 l.

— Arte de la lingua basgondada *En Salamanca*, 1729 , in-8. 10 l.

LARREY. (Isaac de) Hist. d'Angleterre , d'Ecosse et d'Irlande. *Rotterdam* , 1697 et suiv. 4 vol. in-fol. fig. 20 l.
Le seul mérite de cet ouvrage est d'être orné des figures.

LARRIVEY : (Pier. de) ses Comédies facétieuses. *Paris* , 1579 , et *Troyes* , 1611 , 2 vol. in-16. 9 l.

— La Philosophie fabuleuse. *Rouen* , 1620 , in-12. 5 l.

LASCA. Vid. GRAZZINI.

LASCARIS, Byzantini, (Constantini) Grammatica græca , gr. , ex recogn. Demetrii Cretensis. *Mediolani* , Dionys. Paravisinus. 1476 , in-4. de 72 feuillets impr. Prix arbitraire.
Cette édition est très-rare. C'est le premier livre imprimé en caractères grecs.

— Eadem , cum interpr. Johannis (Crestoni), in lucem edita curis Boni Accursii Pisani. *Mediolani* , 1480 , in-4.
Edition citée par Maittaire. Elle n'est guère moins rare que celle de 1476.

— Eadem , gr. lat. *Venetiis* , Aldus, 1494-1495 , in-4.
Cette édition est très-rare et fort recherchée.
Plusieurs pièces portent la date de 1495,

mais elles doivent faire partie du volume de la grammaire de Lascaris, qui, sans cela, ne serait pas complet.

— Eadem, gr. lat. *Venetiis*, Aldus, absque anni notâ, in-4.

Cette édition, moins ample que la suivante, est, d'après M. Renouard, la seconde de ce livre imprimée par les Aldes.

— Eadem, gr. lat. *Venetiis*, Aldus, 1512, in-4.

On rencontre beaucoup d'exemplaires de cette édition et de la précédente, qui sont dépourvus ou de la version latine ou de l'appendix. Ces sortes d'exemplaires ont peu de valeur.

— Eadem, gr. lat. *Venetiis*, Aldus, 1557, in-8.

Belle édition.

— Eadem, gr. lat., ex interpr. et cum notis Jo. Mar. Tricælii, Æquinatis. *Ferrariæ*, 1510, in-4. 18 l.

Les savants font cas de cette édition.

LASCARIS (Jo.) Epigrammata, ed. Jac. Tusano, gr. *Parisiis*, 1542, in-4.

Première édition très-rare.

LASPEYRES (J. H.) Sesiæ Europææ, iconib. et descript. illustratæ. *Berolini*, 1801, in-4. fig. color. 5 l.

LASSAY. (le marquis de) Recueil de différentes choses. *Lausanne*, 1756, 4 vol. in-12. 6 l. — Gr. pap. format in-4. 12 l.

LASSO. Voy. CARILLO.

LASSUS. Pathologie chirurgicale. *Paris*, 1806, 2 vol. in-8. 10 l.

— Essai, ou Discours historiq. et critiq. sur les découvertes faites en anatomie par les anciens et les modernes. *Paris*, 1783, in-8. 8 à 10 l.

LASTANOSA. (D. Vinc. Juan de) Museo de las Medallas desconocidas espanolas. *En Huesca*, Noguez, 1645, in-4. fig. 18 l.

Livre rare et estimé.

— Descripcion de las Antiguedades y Jardines de D. V. J. de Lastanosa, etc. *En Zarragoça*, 1647, in-8. rare.

Pièce de 9 feuillets seulement.

— Tratado de la Moneda Jaquesa, y de otras de oro, y plata del reyno de Arragon. *En Zarragoça*, 1681, in-4. fig. 30 l.

Ce volume est rare.

LATHAM'S. (John) General Synopsis of Birds, with the supplement. *Lond.* 1781-87, 4 tom. 7 vol. in-4. avec 119 pl. color. 240 l.

Ouvrage bien exécuté dans toutes ses parties.

— Index Ornithologicus. *Lond.* 1790, 2 vol. in-4. 30 l.

Cet *Index* se joint ordinairement aux 7 vol. précédents.

LATREILLE (P. A.) Histoire naturelle des Fourmis, et Recueil de Mémoires et d'Observat. sur les Abeilles, les Araignées, les Faucheurs, etc. *Paris*, 1802, in-8. 12 pl. 7 l.

— Genera Crustaceorum et Insectorum secundùm ordinem natur. in familias disposita. *Parisiis*, 1806, 4 vol. in-8. fig. 30 l. — Fig. color. 48 l. — Pap. vélin, fig. color. 72 l.

LAVARDIN. (Jacq. de) La Célestine, tragi-comédie, fidèlement repurgée, et trad. de l'espagnol en franç. *Paris*, 1578, in-16. 9 à 12 l.

LAVAL. (Alain de) L'Historial des rois non catholiques sur un royaume christianisé. *Lyon*, 1592, in-8. 6 à 8 l.

LAVALLÉE. Voy. CASSAS.

LAVATER. Jean Gasp.) Essais sur la Physiognomonie (en allemand.) *Leipsic*, 1775, 4 vol. in-4. fig. 180 l.

Cette édition est peu recherchée en France.

— Les mêmes, trad. en franç. *La Haye*, 1781-86, 4 vol. gr. in-4. fig. 240 l.

On a répandu dans le commerce, il y a quelques années, un assez grand nombre d'exemplaires de cette édition, qui, vu la médiocrité des épreuves des figures, ne valent pas au-delà de 160 à 180 l.

— Les mêmes, nouv. édition, revue et augmentée par Moreau (de la Sarthe). *Paris*, 1806, 9 vol. in-8. fig. en noir et color., pap. gr.-raisin, 174 l. — Pap. vélin, fig. av. la lettre, 348 l. — Format in-4. gr.-raisin, 348 l. — Pap. vélin, 800 l.

Cet ouvrage a été bien accueilli du public. Les prix indiqués sont ceux de l'éditeur.

LAVATERI (Lud.) Liber de Spectris. *Lugd. Batav.* 1687, in-12. 4 l.

Edition estimée.

LAUGEON. Les A-propos de Société,

ou Chansons de M. L. 1776, 3 vol. in-8. 12 l.

LAFIT. (J. B. O.) Traité de Perspective. *Paris*, 1804, 2 vol. in-4. 110 pl. 30 l.

LAUNOII (Jo.) Opera varia. *Viennæ Allobrogum*, 173? et seqq. 5 tom. 10 vol. in-fol. 30 à 40 l.
Collection peu recherché.

LAVOISIER. (Et. Laur.) Traité élémentaire de Chimie, etc.. 3.e édit. *Paris*, an 9 (1801), 3 vol. in-8. fig. 15 l.

LAUREMBERGII (J.) Græcia antiqua, edita à Sam. Pufendorff. *Amst.* 1660, in-4. 6 l.

LAUREMBERGII (Pet.) Pagicompse nova, id est accurata et curiosa Delineatio Pulchritudinis. *Lipsiæ*, 1734, in-8. 6 l.

LAURENTIUS, archiep. Upsalensis. Vid. LITURGIA suecanæ Ecclesiæ.

LAURI (J.) antiquæ Urbis splendor. *Romæ*, 1612, in-fol. oblong. fig, 8 liv.

—Theatri romani Orchestra, Dialogus de viris sui ævi Doctrinâ illustr. etc. *Romæ*, 1625, in-8. *rare*, 10 à 12 l.

LAURIÈRE, (Eus. Jac. de) SECOUSSE, VILLEVAULT et de BRECQUIGNY. Ordonnances des rois de France, de la troisième race. *Paris*, impr. royale, 1723-1789, 15 vol. in-fol. y compris le vol. de table, 130 l.

LAWSON. (Jo.) The History of Carolina. *Lond.* 1718, in-4. fig. 24 l.

LAZ (le) d'Amour divin (moralité avec un prologue à huit personnages.) *Rouen*, T. Laisné, in-8. goth. 20 l.

LAZARELLI. (Giov. Fr.) La Cicceide legitima. *Parigi*, senza anno, in-12.
Cette édition est la plus ample de ce livre.

LAZZARI. Voy. MADERNI.

LAZARILLE DE TORMES : sa Vie et ses Aventures, écrites par lui-même, trad. de l'espagnol. *Paris*, Didot jeune, 1801, in-8. pap. vélin, avec 40 fig. 12 l. — Fig. av. la lettre, 18 l.

LE BEAU. Voy. BEAU. (le)

LE CHEVALIER. (J. B.) Voyage

dans la Troade, ou Tableau de la plaine de Troie dans son état actuel. *Paris*, 1802, 3 vol. in-8. et atlas, 21 l. — Pap. vélin, gr.-raisin, 36 l.

— Voyage de la Propontide et du Pont-Euxin. *Paris*, 1800, 2 vol. in-8. 9 l.—Pap. vélin, cartes enlum, 20 l.

LECTIUS. (Jac.) Vid. POETÆ græci veteres.

L'ECUY. (J. B.) Nouv. Dictionnaire univ. historiq., biographiq., bibliographique et portatif. *Paris*, Crapelet, 1806, 2 vol. in-8. 12 l. — Pap. vélin (50 exempl.) 25 l.

LEDERMULLER. (Mart. Frob.) Amusements microscopiques tant pour l'esprit que pour les yeux. *Nuremb.* 1764-75, 3 vol. in-4. 100 l.
Ces trois vol. doivent renfermer 158 pl. coloriées, un supplément, et de plus, une addition avec 6 planches. Cette dernière partie manque dans beaucoup d'exemplaires.

— Récréations physiques et microscopiques sur les blés (en allem.) *Nuremb.* 1765, in-fol. fig. color. 18 l.

— Essai pour employer les instruments microscopiques avec utilité et plaisir dans la saison du printemps (en allem. et en franç.) *Nuremb.* 1764, in-fol. avec 12 pl. et le frontispice coloriés, 20 l.

LEDIARD. (Th.) Histoire nav. d'Angleterre, depuis la Conquête des Normands en 1066, jusqu'en 1734; trad. de l'angl. par Philippe Flor, de Puisieux. *Lyon*, 1751, 3 vol. in-4. 12 l. — Gr. pap. 15 l.

LEDOUX. (C. N.) L'Architecture considérée sous le rapport de l'art, des mœurs et de la législation. *Paris*, 1804, gr. in-fol. 125 pl. 288 l. — Pap. vélin, 576 l. Prix de l'éditeur.
La beauté des gravures et de l'impression fait regretter que cet ouvrage ne soit pas achevé.

LEE. (James) An Introduction to botany. *Lond.* 1788, in-8. fig. 9 l.

LEERS. (Jo. Dan.) Flora Herbornensis. *Herbornæ*, 1775, in-8. fig. 8 l.
— Eadem. *Berolini*, 1789, in-8. fig. 8 l.

LEEUWENHOECK (Ant. Van) Opera omnia, seu Arcana naturæ ope microscopiorum detecta. *Delphis*, 1695-96-97 et 1719, 4 vol. in-4. fig. 36 l.

L'édition de *Leyde*, 1722, 4 vol. in-4., est également estimée, et vaut le même prix.

LEEWIUS. (S.) De Origine et Progressu Juris civilis romani Auctores et Fragmenta vet. Jurisconsultorum, cum notis Varior., collect. S. Leewio. *Lugd. Batav.* 1671, in-8. 10 l.

Ce vol. entre dans la Collection des auteurs classiques *cum notis Variorum*.

LEFEVRE. Nouveau Traité de l'Arpentage. *Paris*, 1806, 2 vol. in-8. 25 pl. 12 l.

LEFEVRE. L'Art d'attaquer et de défendre les places, etc. 1808, 2 vol. in-4. 33 pl. 18 l.

LEGANGNEUR. (Guill.) La Caligraphie, ou belle Ecriture de la lettre grecque. *Paris*, 1599, in-4.

Cet ouvrage contient 14 feuillets, dont 11 gravés en taille-douce, et servant d'exemples d'écriture. On y trouve la plus belle forme de lettres, avec quantité d'abbréviations et de ligatures copiées d'après les plus beaux manuscrits.

LEGATI. (Lorenzo) Museo Cospiano annesso a quello del famoso Ulys. Aldrovandi, descritto da L. Legati. *In Bologna*, 1677, in-fol. fig.

Il faut joindre à ce volume le petit Traité suivant.

— Inventario semplice di tutte le materie descritte, che si trovano nel Museo Cospiano, da L. Legati. *In Bologna*, 1680, in-4.

Les deux ouvrages réunis, 15 à 18 l.

LEGENDA S. Catharinæ Mediceæ, reginæ matris, Vitæ, Actorum, et Consiliorum quibus universum Regni gallici statum turbare conata est, stupenda eaque vera Enarratio. 1575, in-8. 20 l.

Cette pièce est attribuée à Henri Etienne. Elle existe aussi en français.

LEGENDE (la) des Flamands, Artésiens, etc., dédiée à Louise de Savoie, mère de François Ier. *Paris*, 1522, in-4.

Il y a de cette Légende des exemplaires sur vélin.

LÉGER. (J.) Hist. gén. des Eglises évangéliques des vallées de Pié-

mont ou Vaudoises. *Leyde*, 1669, in-fol. fig. 8 l.

LEGIPONTII (Oliv.) Dissertationes philologico - Bibliographicæ. *Norimb.* 1747, in-4. 12 l.

LEGOUVÉ : ses Poésies. *Paris*, Renouard, 1804, in-12.

On a tiré de cette édition deux exemplaires sur papier rose, et un sur vélin.

LEGUAME. (Ant.) Astolfo innamorato, poema d'arme e d' amore, in ottava rima. *In Venetia*, 1532, in-4. 9 l.

LEIBNITZ (God. Guill.) Codex Juris gentium diplomaticus. *Hanoveræ*, 1693, 2 vol. in-fol. 15 l.

— Scriptores Rerum Brunswicensium editi curâ G. G. Leibnitz. *Hanoveræ*, 1707, 1710 et 1711, 3 vol. in-fol. 18 l.

— Ejusd. Leibnitz Opera omnia, collecta stud. Lud. Dutens. *Geneva*, 1768, 6 vol. in-4. 45 l. — Gr. pap. 84 liv.

— Essais de Théodicée sur la bonté de Dieu, la liberté de l'homme et l'origine du mal, publ. par de Jaucourt. *Amst.* 1747, 2 vol. in-8. 10 à 12 l.

LEIGH. (Char.) The natural History of Lancashire, Cheshire, etc. *Oxford*, 1700, in-fol. fig. 33 l.

LEIGH. (Edw.) Critica sacra. *Amst.* 1679, in-fol. 7 l.

LEMERY. (Nic.) Pharmacopée universelle, avec un Lexicon pharmaceutique et des remarq. *Paris*, 1764, 2 vol. in-4. 15 l.

— Dictionn. univ. des Drogues simples et composées. *Paris*, 1759, in-4. fig. 8 l.

— Le même, nouvelle édit., revue et augment. par S. Morelot. *Paris*, 1807, 2 vol. in-8. ornés de 20 pl. 15 l. — Fig. color. 19l. — Pap. fin, fig. doubles noires et coloriées, 25 l.

— Cours univ. de Chimie, augment. par Baron. *Paris*, 1756, in-4. fig. 8 liv.

— Nouveau Recueil de Secrets et Curiosités les plus rares. *Amst.* 1709, 2 vol. in-8. 5 l.

LEMON'S. English Etymology, or a derivate of the english Language. *Lond.* 1783, gr. in-4. 18 l.

LEMPERIÈRE. (de) L'Ombre de Nécrophore, vivant chartier de l'Hôtel-Dieu, au Sr Jouye, médecin, déserteur de la peste. *Rouen*, 1612, in-8. *très-rare*, 5 à 6 l.

LEMPRIERE. (John) Bibliotheca classica : or a classical Dict. containing a full account of all the proper nams mentioned in ancient authors. *Lond.* 1792, gr. in-8. 12 l.

LENFANT. (Jacq.) Histoire du Concile de Pise. *Amst.* 1724, 2 vol. in-4. fig.

— Histoire du Concile de Constance. *Amst.* 1727, 2 vol. in-4. fig.

— Histoire de la guerre des Hussites et du Concile de Basle. *Amst.* 1731, 2 vol. in-4. fig.

On ne recherche de ces trois ouvrages que les éditions que nous venons d'indiquer : 18 l. et en grand papier, 3o à 4o l.

LENGLET DU FRESNOY. (Nic.) Méthode pour étudier l'Histoire. *Paris*, 1729, 4 vol. in-4. cartes. — Supplément. *Paris*, 1740, 2 vol. in-4. 4o l. et davantage lorsque les cartes sont enluminées.

On a tiré de cet ouvrage quelques exemplaires en grand papier, format petit in-fol. Ils sont fort recherchés, parce qu'ils ont essuyé moins de changements que les autres.

— La même. *Paris*, 1772, 15 vol. in-12. 3o l.

Il y a des exemplaires dans lesquels on a inséré les cartes de l'édition précédente.

— Tablettes chronolog. de l'Histoire univers. sacrée et profane, etc., depuis la création du monde jusqu'en 1762. *Paris*, 1763, 2 vol. in-8. 8 l.

— Les mêmes, continuées jusqu'en 1775, édition revue par J. L. Barbeau de la Bruyère. *Paris*, 1778, 2 vol. in-8. 12 l.

— De l'usage des Romans, où l'on fait voir leur utilité et leurs différents caractères. *Amst.* 1734, 2 vol. in-12. — L'Histoire justifiée contre les Romans. *Amst.* 1735, in-12. Ces deux ouvrages réunis, 9 l.

— Méthode pour étudier la Géographie. *Paris*, 1767, 10 vol. in-12. 15 à 18 l.

— Les Princesses Malabares, ou le Célibat philosophique, avec des notes. *Andrinople*, 1734, pet. in-8. de 2o4 pag. sans la préface, 6 l.

Ce volume a été supprimé et brûlé par arrêt du parlement.

LENNEP (Jo. Dan. à) Etymologicum Linguæ græcæ, cum animadv. E. Scheidii et indice vocum latinarum. *Ultrajecti*, 1790, 3 vol. in-8. 24 l.

— Analogia linguæ græcæ, et Oratio de linguarum analogiâ, ex recens. E. Scheidii, *Trajecti ad Rhenum*, 1805, in-8. 12 l.

LENNIO. (Lev.) Degli occulti Miracoli e varj ammaestramenti delle cose della natura. *In Venetia*, 1560, in-8. 5 l.

— Les Occultes Merveilles et secrets de nature, trad. de l'ital. *Orléans*, 1568, in-8. 6 l.

LENOIR. (Alex.) Musée des Monuments français. *Paris*, 1801, 6 vol. in-8. fig.

LENS. (Andr.) Le Costume des peuples de l'Antiquité prouvé par les monuments ; nouv. édit., revue par G. H. Martini. *Dresde*, 1785, in-4. 57 estampes, 36 à 45 l.

LEON le philosophe : ses Institutions militaires, trad. en franç. avec des notes, etc. par Joly de Maizeroy. *Paris*, 1758, 2 vol. in-8. 10 l.

LEON PINELO. Voy. PINELO.

LÉONARD DE MALPEINE. Voy. WARBURTON.

LÉONARD DE VINCI. Voy. VINCI.

LEONARD : ses Œuvres. *Paris*, 1787, 2 vol. pet. in-12. fig. 6 l. — Pap. vélin, 18 l.

— Les mêmes, publiées par Vinc. Campenon. *Paris*, Didot le jeune, 1798, 3 vol. in-8. 15 l. — Pap. vélin, 25 liv.

LEONARDUS DE UTINO. Vid. UTINO.

LEONE, ebreo medico, Dialoghi d'Amore. *In Venezia*, Aldo, 1541, in-8. 9 l.

Réimprimé par le même, en 1545, 49, 52 et 58.

La première édition de ce livre a paru à *Rome*, en 1535, in-4.

— Medicus hebræus defensus. *Venetiis*, Aldus, 1588, in-4.

— La Philosophie d'amour, trad. de l'ital. par du Parc. *Paris*, 1556, in-16. *rare*, 8 l.

LEONICENI (Nic.) Libellus de Epidemiâ, quam vulgò morbum gallicum vocant. *Venetiis*, Aldus, 1497, in-4. de 29 feuillets.

Cet ouvrage est très-rare.

— Ejusd. de Serpentibus, opus singulare ac exactiss. *Bononiæ*, 1518, in-4. *rare*, 6 l.

LEONICENI (Omniboni) Grammatica latina, seu de octo partibus Orationis liber. *Venetiis*, J. Gallicus, 1473, in-4.

Première et rare édition. Ce livre a été réimprimé à *Padoue*, en 1474, et à *Rome*, en 1475, in-4. Ces deux éditions sont aussi assez rares.

— Ejusd. Liber de versu heroïco. *Mediolani*, A. Zarothus, 1473, in-4.

Livre rare. Les places des mots grecs sont en blanc.

LEONIDÆ utriusque, Carmina, cum argumentis, variar. lect. scholiis ornavit A. O. Meinecke. *Lipsiæ*, 1791, in-8.

LEONIS Magni (S.) Opera. *Romæ*, Conrad. Sweynheym et Arn. Pannartz, 1470, in-fol. 80 l.

Première édition de ce livre. Elle est rare.

— Eadem, ex edit. Pascasii Quesnel. *Lugd.* 1700, in-fol. 7 l.

— Eadem, stud. Pet. Th. Cacciari. *Romæ*, 1753, 3 vol. in-fol. 30 l.

Il y a aussi une édition des OEuvres de saint Léon, publiée à *Venise*, en 3 vol. in-fol. par les soins de Ballerini.

LEONIS papæ Enchiridion. *Romæ*, 1525, in-24. 24 l.

Première édition de ce livre. Les exemplaires en sont rares. Les réimpressions de *Lyon*, 1601 et 1607, et de *Mayence*, 1633, ne sont pas recherchées.

— Manuel, ou Enchiridion de Prières, contenant les sept Psaumes et diverses Oraisons mystérieuses de Léon, pape. *Lyon*, 1584, in-24. 18 l.

Après l'édition de 1525, celle-ci est la plus recherchée.

LEOPARD. (Ch.) Le Glaive du géant Goliath, Philistin, ennemi de l'Eglise de Dieu. 1561, in-8. *assez rare*, 8 l.

LEPECHIN. (Jean) Journal d'un Voyage dans plusieurs provinces de la Russie (en russe.) *Pétersbourg*, 1771, 3 vol. in-4. fig. 36 l.

— Le même, trad. de russe en allem.

Dict. Bibl. L.

par Chr. Henr. Hase. *Altenbourg*, 1774, 3 vol. in-4. fig. 30 l.

LEPÉE. (l'abbé de) Institution des sourds-muets par la voie de signes méthodiques. *Paris*, 1776, 2 part. 1 vol. in-12. 3 l.

LEPICIER. (Bern.) Catalogue raisonné des Tableaux du roi, etc. *Paris*, impr. roy. 1752, 2 vol. in-4. 15 l. — Gr. pap. 24 l.

LEPIDI Comici vet. Philodoxios Fabula ex antiquit. eruta ab Aldo Manuccio. *Lucæ*, 1588, in-8.

Volume très-rare.

LE ROUX. (Philib. Jos.) Diction. comique, satiriq., critiq., burlesq., etc. *Amst.* 1787, 2 vol. in-8. 8 l.

LE SAGE. Voy. SAGE. (le)

LESCALIER. (Dan.) Essai sur la Tactique navale, trad. de l'angl. *Paris*, an 6 (1797), 2 vol. in-4. fig. 18 l.

— Traité pratique du Gréement des vaisseaux, etc. *Paris*, 1791, 2 vol. in-4. fig. 18 l.

— Vocabulaire des Termes de marine, angl.-franç., et franç.-angl., en deux part. *Paris*, an 6 (1797), 3 vol. in-4. fig. 45 l.

LESCARBOT. (Marc) Le Tableau de la Suisse et autres alliés de la France ès Hautes-Allemagnes. *Paris*, 1618, in-4. 10 l.

Cet ouvrage est écrit en vers français.

LESCLACHE. (Louis de) La Philosophie morale expliq. en fables. *Paris*, 1631, in-4. grav.

Il y a des exemplaires de ce livre imprimés sur vélin.

LESPINOY. (Philip. de) Recherches des Antiquités et Noblesse de Flandres. *Douay*, 1631, in-fol. 24 l.

Ouvrage peu commun, et qui autrefois avait une valeur plus considérable.

Il y a des exemplaires sous la date de 1632.

LESSER. Théologie des Insectes, trad. de l'allemand, avec des remarq. par P. Lyonnet. *La Haye*, 1742, 2 vol. in-8. fig. 6 l.

LESSING. Du Laocoon, ou des Limites respectives de la poésie et de la peinture, pour ce qui concerne les descriptions et images, trad. par Vanderbourg. *Paris*, in-8. fig.

On a tiré de ce livre un exemplaire sur papier rose, et 4 sur grand papier vélin.

39

LESTIBOUDOIS. (F. Jos.) Botanographie belgique, 2.e édit. augm. *Lille*, an 12, 4 vol. in-8. 18 l.

LÉTOILE. (Pier. de) Mémoires pour servir à l'Histoire de France, depuis 1515-1611, avec des notes par J. Godefroy. *Cologne*, 1719, 2 vol. in-8. fig. 9 l.

Peu commun.

— Journal du règne de Henri III, avec des remarq. par N. Lenglet du Fresnoy. *Paris*, 1744, 5 vol. in-8. 24 à 30 l.

— Journal du règne de Henri IV, avec des remarq. par N. Lenglet du Fresnoy. *La Haye (Paris)*, 1744, 4 vol. in-8. 12 à 15 l.

Ce Journal ayant eu deux éditions sous la même date, est plus commun que le précédent.

Les deux ouvrages réunis, 50 à 60 l.

LETTERS (Athenian), or the Epistolary correspondence of an agense of the king of Persia residing at Athens, etc. *Lond.* 1781, gr. in-4. 60 liv.

Ces Lettres furent imprimées, pour la première fois, en 1741, in-8. Cette édition, tirée seulement à 12 exemplaires, n'est jamais entrée dans le commerce.

— The same. *Lond.* 1798, 2 vol. gr. in-4. pap. vélin, avec cartes et portra.ts, 72 l.

LETTRES de deux Missionnaires de Pekin, sur le génie de la Langue chinoise, et sur le caractère des Chinois. *Bruxelles*, 1773, in-4. fig. 15 l.

LETTRES édifiantes et curieuses, écrites des missions étrangères. *Paris*, 1780, 26 vol. in-12. 66 à 72 l.

LETTRES portugaises, en vers, par M.lle d'Ol. *Paris*, 1739, in-8.

Il y a de ces Lettres des exemplaires sur vélin.

LETTRES portugaises, avec une Notice historiq. et bibliographiq. sur lesdites Lettres. *Paris*, 1796, 2 vol. in-12. gr. format, fig.

On a tiré de ces Lettres deux exemplaires sur peau de vélin, dont un est décoré du dessin original.

LETTRES sur la Suisse. Voy. BORDE. (la)

LEVACHER DE CHARNOIS. Recherches sur les Costumes et sur les Théâtres de toutes les nations, tant

ancienne que modernes. *Paris*, 1790, 2 vol. in-4. pap. fin, fig. color. 30 l.

LÉVÊQUE. Examen maritime, théoriq. et pratiq., ou Traité de mécanique, appliq. à la construction et à la manœuvre des vaisseaux. *Nantes*, 1783, in-4. fig. 20 l.

— Le Guide des Navigateurs. *Nantes*, 1779, in-8. fig. 12 l.

LÉVESQUE DE GRAVELLE. (Mich. Philip.) Recueil de Pierres gravées antiques. *Paris*, 1732 et 1737, 2 vol. in-4.

Ouvrage curieux et recherché.

LEVESQUE DE LA RAVALLIERE. Les Poésies du roi de Navarre, avec des notes et un glossaire franç. *Paris*, 1742, 2 vol. in-12. 10 l.

LEVESQUE. (P. Ch.) Histoire critique de la république romaine. *Paris*, 1807, 3 vol. in-8. 15 l. — Pap. vélin, 24 l.

— Histoire de Russie, nouv. édit. *Paris*, an 8, 8 vol. in-8. et atlas, in-4. 48 l.

L'édition de 1782, 7 vol. in-12. vaut 15 à 18 liv.

LEVI. (Rabbi Moses) Histoire de la Religion des Juifs et de leur établiss. en Espagne, et autres parties de l'Europe, etc. *Amst.* 1680, in-4. 7 liv.

LÉVIS. (Eugen. de) Raccolta di diverse antiche inscrizioni e medaglie epitalamiche, etc. *In Torino*, 1781, 2 vol. in-4. fig. 20 l.

LEUNCLAVII (Jo.) Hist. Musulmanorum. *Francof.* 1591, in-fol. 20 l.

— Jus græco-romanum tàm canonicum quàm civile, gr., cum lat. vers. J. Leunclavii, ex recens. Marq. Freheri. *Francof.* 1596, 2 tom. 1 vol. in-fol. 15 l.

LEUPOLD (Jac.) Theatrum Machinarum generale : opus germ. conscript. *Lipsiæ*, 1724, 3 vol. in-fol. fig. 45 l.

Ouvrage estimé et rare.

LEWIN'S. (Will.) Birds of Great-Britain, with their Eggs accurately figured. *Lond.* 1789-94, 7 vol. in-4.

Ces 7 vol. renferment 265 pl. d'oiseaux,

coloriés, et 5a qui représentent les œufs
dans leurs couleurs naturelles.

LEWIS. (John) The History and
Antiquities as vell ecclesiastical as
civil of the isle of Tenet in Kent.
Lond. 1736, in-4. fig. 12 l.

LEWIS. (Th.) The History of the
Parthian Empire from the foundation of the monarchy , by Arsaces
to its final , by Artaxerces. *Lond.*
1728, in-8. 10 l.

LEWIS. (Will.) An experimental
History of the Materia medica.
Lond. 1768, in-4. 20 l.

LEWIS. Expériences physiq. et chi-
miq. sur plusieurs matières relatives au Commerce et aux Arts ,
trad. de l'angl. par de Puisieux.
Paris, 1768, 3 vol. in-12. fig. 10 L.

LEYDEKKERI (Melc.) de Republicâ
Hebræorum lib. xij. *Amst.* 1704 et
1710, in-fol. 12 l. — Gr. pap. 36 l.

LEYSSER (Fr. Will. à) Flora Halensis , cum Suppl. *Halæ Salicæ* ,
1783-96 , 2 vol. in-8. 12 l.

LHUILIER (Sim.) de Relatione mu-
tuâ capacitatis et terminorum figu-
rarum , geometricè consideratâ , seu
de maximis et minimis. *Varsqu-*
viæ, 1792, in-4. 9 l.

LIBANII Opera , gr. lat. , ex recens.
et cum notis Fed. Morelli. *Pari-*
siis , 1606 et 1627 , 2 vol. in-fol.,
36 l. — Gr. pap. 60 à 80 l.
Edition estimée.

— Ejusd. Epistolæ , gr. lat. , ex MS.
cod. plurimùm auctæ et notis Chr.
Wolfii illustratæ. *Amst.* 1738 ,
in-fol. 15 l. — Gr. pap. 24 l. —
Très-gr. pap. *rare* , 60 à 72 l.

— Ejusd. Epistolæ adhuc non editæ ,
gr. lat. , cum notis J. Chr. Wolfii.
Lipsiæ, 1711 , in-8. 5 à 6 l.

— Ejusd. Declamationes et Prolusiones oratoriæ, gr. *Ferrariæ*, 1517,
in-4. *rare.*
Première édition de ce livre.

— Ejusd. Orationes xvij , ab Ant.
Bongiovanni , gr. lat. *Venet.* 1754,
in-4.
Les exemplaires en grand papier sont très-
rares.

— Ejusd. Orationes et Declamationes,
gr. editæ à J. J. Reiske. *Altenburgi*,
1784 , in-4. 12 l. — Gr. pap. 24 l.
Edition non terminée.

— Eædem, gr., ex recens. J. J. Reiske.
Altenburgi, 1791 , 4 vol. in-8. 36 l.
Edition imprimée sur de mauvais papier.

— Oratio de Templis , à Jac. Gothofredo , gr. lat. *Genevæ*, 1634, in-4.
très-rare.

— Oratio defensoria , gr. , ab Ernes-
tina C. Reiske. *Lipsia*, 1775, in-8.

LIBAVII (Andr.) Syntagma Alchy-
miæ Arcanorum. *Francof.* 1615 ,
in-fol. 7 l.

LIBELLUS qui dicitur : *De Honore*
Mulierum , seu Epist. lib. iv , carmine italico conscripti. *In Venetia*,
1500 , petit in-4. 18 l.

LIBER Barlaam et Josaphat. Vide
JOANNES DAMASCENUS.

LIBER de Vitâ et Moribus Philosophorum. Vid. BURLEY.

LIBER Psalmorum , cum aliquot
Canticis et Hymnis ecclesiasticis.
Parisiis, 1587 , in-12.
Il y a de ce vol. des exemplaires sur vélin.

LIBER vocatus *Scala cœli.* *Lube-*
cæ , 1476 , in-fol. 30 l.
Edition fort rare.

LIBER moralis , italicâ linguâ conscriptus , qui dicitur : *Puellarum*
Decor. *Venetiis* , N. Jenson , 1461,
in-4. Prix arbitraire.
Il existe peu de livres aussi rares et aussi
précieux que celui-ci. La totalité du vol. est
composée de 118 feuillets , signatures ,
signatures ni réclames , lesquels forment
ensemble 235 pages d'impression. Le caractère est rond.
Il est reconnu aujourd'hui que la date de
1461 est fautive, et que l'ouvrage n'a pu
être publié que vers l'année 1471. Voy.
Maittaire, Debure et la Notice de M. de
Boze , insérée dans les Mémoires de l'Académie des Inscriptions et Belles-Lettres.

LIBER moralis , italicâ linguâ scrip-
tus , qui vocatur : *Luctus Chris-*
tianorum. *Venetiis* , Nic. Jenson ,
1471 , in-4. de 64 feuillets. Prix
arbitraire.
Cet ouvrage est exécuté dans le goût du
précédent. Il est également très-rare.

LIBER moralis , italicâ linguâ scrip-
tus : qui dicitur : *Gloria Mulierum.*
In-4. de 15 feuillets. Prix arbitraire.
Cette rare édition , imprimée à longues lignes , sans chiffres , réclames ni signatures , est sortie des presses de Nicolas
Jenson , vers l'année 1471.

LIBER Viarum Linguæ sanctæ. *Pa-*
risiis , 1520 , in-4.
Il y a de ce livre des exemplaires sur parchemin.

LIBES. (A.) Nouv. Dictionnaire de physique. *Paris*, 1806 , 4 vol. in-8. et atlas , 24 l.

LIBRO (il) del Perchè. La Pastorella del Marino. La Novella dell' Angelo Gabriello, etc. *Pe-king* (*Paris*, Molini), 1778 , in-8.
On a tiré de ce volume des exemplaires sur vélin. Il y a plusieurs autres éditions de ce Recueil de format in-12. et in-18.

LIBROS (los quatros) del cavaliero don Cirongilio de Thracia. *En Sevilla* , 1545 , in-fol.
On ne trouve pas facilement des exemplaires de ce Roman.

LIBURNIO. (Nic.) Le Occorrenze humane. *In Vinegia* , Aldo, 1546 , in-8. 6 l.
Il y a de ce livre des exemplaires imprimés sur grand papier bleu.

LICETI (Fortunii) de Monstrorum naturà, causis et differentiis, lib. ij, ex edit. Ger. Blasii. *Amst.* 1665 , in-4. fig. 9 l.
Toutes les éditions de ce livre sont également bonnes.

— Ejusd. de Lucernis antiq. reconditis , lib. vj. *Utini* , 1653 , in-fol. fig. 9 à 12 l.
Il faut vérifier, pag. 910 et 1142, si les figures du Priape n'ont point été mutilées.

LICHIARDI (J. B.) Cagasanga Reistrorum Suysso-Lansquenettorum. *Parisiis* , 1588 , in-8. *rare*, 7 l.

LICHTENSTEIN (A. A. H.) Tentamen Palæographiæ assyrico-persicæ. *Helmst.* 1803 , in-4. 80 l.

LIEBAUT. (J.) Quatre Livres des Secrets de médecine et de la Philosophie chimique. *Rouen*, 1628 , in-8. 6 l.

LIEBE (Chr. Sigis.) Gotha Nummaria, sistens Thesauri Fridericiani Numismata antiqua , aurea , argentea , etc. *Amst.* 1730 , in-fol. fig. 12 l.

LIEUTAUD (Jos.) Historia anatomico-medica, cum observat. Ant. Portal. *Parisiis*, 1767 , 2 vol. in-4. 12 liv.
— Anatomie historiq. et pratiq. , nouv. édit. , augm. par Portal. *Paris* , 1776 , 2 vol. pet. in-8. 8 l.
— Précis de la matière médicale. *Paris* , 1776-81 , 2 vol. in-8. 8 l.
—Synopsis universæ praxeos Medicæ. *Parisiis* , 1770 , 2 vol. in-4. 15 l.

— Précis de médecine pratique. *Paris* , 1776 , 2 vol. in-8. 7 l.

LIGER. (L.) La nouvelle Maison rustique. *Paris* , 1790 , 2 vol. in-4. fig. 20 l.
Cet ouvrage a été réimprimé en 1798, avec des augmentations , par M. Bastien. Voyez ce nom.

—Les Amusements de la campagne, ou Ruses qui enseignent à prendre toutes sortes d'oiseaux , bêtes , etc. *Paris*, 1734, 2 vol. in-12. fig. 6 à 8 l.

LIGHTFOOT (John) Flora scotica in the Linnæam method. *Lond.* 1777, 2 vol. in-8. 35 pl.

LIGHTFOOTI (Jo.) Opera. *Roterodami* , 1686 , 2 vol. in-fol. 10 l.
— Gr. pap. 18 à 24 l.
—Eadem , ex recens. Jo. Leusden. *Franequeræ* , 1699 , 2 vol. in-fol. 12 liv.
Ouvrage peu recherché.

LIGNAMINE (Jo. de) Libellus de conservandà Sanitate ; necnon P. de Abano Remedia Venenorum. *Romæ* , 1475 , in-4. *rare* , 30 l.

LIGNY. (le P. de) Vie de Jésus-Christ. *Paris* , Crapelet , 1804 , 2 vol. in-4. ornés de 75 grav. 60 l.
Il y a de ce livre des exemplaires sur papier vélin, avec figures avant la lettre.

LIGOZIO. (Jac.) Descrizione del Monte della Vernia, con 25 fig. designate da lui. *Firenze* , 1612 , in-fol. 12 l.

LIMBORCH(Philipp. à) de Veritate Religionis christianæ amica Collatio, cum erudito Judæo. *Goudæ*, 1627 , in-4. 8 l.
Peu commun.

—Historia Inquisitionis, etc. *Amst.* 1692 , in-fol. fig. 9 à 12 l.
Ouvrage estimé et très-curieux.

LIMERNO PITOCCO. Voy. Folengi.

LIMIERS. (Henri Ph. de) Annales de la Monarchie française. *Amst.* 1724 , 2 tom. 1 vol. in-fol. gr. pap. fig. 7 l.
— Voy. Stosch.

LINCKII (Jo. Henr.) de Stellis marinis lib. ; cum Edw. Luidii , de Reaumur , et D. Kade hujus argumenti Opusculis. *Lipsiæ* , 1733 , in-fol. 24 pl. 24 l.
Ouvrage estimé.

LINDENBROGII (Frid.) Codex Legum antiquarum, seu Leges Wisigothorum , Burgundionum , et aliæ. *Francofurti*, 1613 , in-fol. 40 liv.

Ouvrage estimé. et rare.

—Idem , cum notis et glossariis, ed. F. P. Canciani. *Venet*. 1781 et seqq. 5 vol. in-fol. 60 à 80 l.

LINDHAL. Lexicon Lapónicum , cum interpr. vocabulorum suécolat. , et indice suecano-laponico , auctum Grammat. laponicâ, à D. Er. Lindhal et J. Ohrling confectum. *Holmiæ*, 1780 , in-4. 33 l.

LINGENDES (Cl. de) Conciones. *Parisiis*, 1661 , 3 vol. in-4. vel 1664 , 3 vol. in-8. 12 à 15 l.

LINNÆI (Car.) Systema naturæ, sive Regna tria naturæ systematicè proposita per classes, ordines, genera et species. *Lugd. Bat.* 1735 , in-fol.

Cette édition n'a que douze pages , et c'est l'esquisse des éditions suivantes.

—Idem. *Holmiæ* , 1740 , in-8. 4 l.
— Idem , germ. et lat. per J. J. Langen. *Halæ*, 1740 , in-4. obl. 6 l.
— Idem. *Parisiis* , 1744, in-8. 4 l.
— Idem. *Halæ* , 1747, in-8. 5 l.
— Idem. *Holmiæ* , 1748 , in-8. 5 l.
— Idem. *Lipsiæ*, 1748, in-8. (avec les noms allemands) , 6 l.
— Idem. *Holmiæ* , 1753 , in-8. (en suédois.)
— Idem. *Lugd. Bat.* 1756, in-8. 8 l.

Cette édition a été réimprimée à *Lucques* , en 1758.

—Idem. *Holmiæ*, 1758 , 2 vol. in-8. 8 liv.
— Idem. *Halæ*, 1760, 2 vol. in-8. 8 l.
— Idem. *Holmiæ* , 1766 et 1767 , 3 part. 4 vol. in-8. 12 l.
— Idem. *Vindob.* 1767 et 1770 , 4 tom. 3 vol. in-8. 12 l.

Edition faite sur la précédente.

—Idem , cur. J. F. Gmelin. *Lipsiæ*, 1788-93, 3 tom. 10 vol. in-8. 40 l.
— Systema vegetabilium, cur. J. A. Murray. *Gottingæ et Gothæ* , 1774, in-8. 5 l.
— Idem , cur. J. A. Murray. *Gottingæ* , 1784 , in-8. 6 l.
—Idem , cur. Murray, ed. Persoon. *Gottingæ* , 1797 , gros in-8. 7 l.

—Idem , cur. Murray. *Parisiis* , Didot junior , 1798, in-8. 8 l.

On a tiré de cette édition 10 exemplaires sur papier vélin.

— Hypothesis nova de Febrium intermittentium causâ. *Harderovic.* 1735 , in-4. 7 l.
— Fundamenta botanica. *Amst.* 1736 , in-12. 3 l.

Cet ouvrage a été réimprimé cinq fois : savoir , à *Abo* en Suède , en 1740 , in-4. à *Stockholm*, en 1740 , à *Amst.* en 1741 , à *Paris*, en 1744, et à *Hall*, en 1747. Ces quatre dernières éditions de format in-8.

— Bibliotheca botanica. *Amst.* 1736, in-12. 3 l.

Réimprimé à *Hall*, en 1747, et à *Amst.* en 1751, in-8. 4 l.

— Musa Cliffortiana. *Lugd. Batav.* 1736 , in-4. 6 l.
— Genera Plantarum. *Lugd. Batav.* 1737 , in-8. 6 l.
— Eadem. *Lugd. Bat.* 1742, in-8. 4 l.
— Eadem. *Parisiis*, 1743 , in-8. 4 l.
— Eadem. *Parisiis*, 1752 , in-8. 4 l.
— Eadem. *Holmiæ* , 1754 , in-8. 4 l.
— Eadem. *Holmiæ* , 1764 , in-8. 4 l.
— Eadem. *Viennæ* , 1767 , in-8. 4 l.
— Eadem, cur. J. J. Reichard. *Francof. ad Mœnum* , 1778, in-8. 6 l.
— Eadem , cur. J. C. D. Schreber. *Francof. ad Mœnum* , 1789-91, 2 vol. in-8. 10 l.
— Eadem , cur. Th. Hænke. *Vindob.* 1791 , 2 vol. in-8. 10 l.

On a imprimé à *Lichfield* , en 1787 , une traduction anglaise de cet ouvrage, en deux vol. in-8.

— Viridarium Cliffortianum. *Amst.* 1737 , in-8. 5 l.
— Corollarium generum et Methodus sexualis. *Lugd. Bat.* 1737 , in-8.
— Flora laponica. *Amst.* 1737 , in-8. fig. 6 l.
— Eadem, eum notis Edw. Smith. *Lond.* 1792 , in-8. fig. 6 l.
— Critica botanica, cui acced. Browallii discursus , de introducendâ in scholas hist. nat. lectione. *Lugd. Bat.* 1727 , in-8. 5 l.

Réimprimé à *Genève* , en 1787 , in-8.

— Hortus Cliffortianus. *Amst.* 1737, in-fol. fig. 60 l. — Gr. pap. 100 l.

Il y a dans tous les exemplaires de cet ouvrage , une lacune depuis la page 231 jusqu'à celle cotée 301.

— Classes Plantarum. *Lugd. Bat.*
1738 , in-8. 5 l.

— Oratio de memorabilibus in Insectis. *Holmiæ*, 1739 , in-8. (en
holland.) 5 l.

Réimprimé à *Leyde* (en suédois), en 1741 ,
in-12. et à *Stockholm*, en 1747 , in-8.

— Oratio de peregrinationum intrà
patriam necessitate. *Upsal.* 1742,
in-4. 4 l.

Réimprimé à *Leyde*, en 1743 , in-4.

— Oratio de Telluris habitabilis in-
cremento. *Lugd. Bat.* 1744 , in-3.
4 liv.

— Iter Œlandicum et Gotlandicum.
Holm. 1745 , in-8. (en suédois.)

— Flora suecica. *Holmiæ* , 1745 ,
in-8. fig. 7 l.

Réimprimé à *Stockholm*, en 1755 , in-8. 5 l.

—Animalia Sueciæ. *Holmiæ* , 1745 ,
in-8. 5 l.

— Fauna suecica. *Lugd. Bat.* 1736 ,
in-8. fig.

Réimprimé à *Stockholm*, en 1746 et 1761 ,
in-8.

— Flora Zeylanica. *Holmiæ*, 1747 ,
in-8. 5 l.

— Iter Westrogothicum. *Holmiæ* ,
1747 , in-8. (en suédois.)

—Hortus Upsaliensis. *Holmiæ* , 1748,
in-8. fig. 8 l.

— Materia medica. *Holmiæ* , 1749 ,
in-8. 4 l.

— Eadem. *Lipsiæ* , 1772 , in-8. 5 l.

— Eadem , cur. J. C. D. Schrebero.
Vindob. 1773, in-8. 5 l.

— Eadem , cur. J. C. D. Schrebero.
Lipsiæ et *Erlangæ*, 1787, in-8. 6 l.

—Amœnitates Academicæ. *Holmiæ*,
1749-90 , 10 vol. in-8. fig. 60 l.

—Eædem. *Erlangæ* , 1787-90 , 10
vol. in-8. fig. 60 l.

— Philosophia botanica. *Holmiæ*,
1751 , in-8. 5 l.

— Eadem. *Viennæ* , 1755 , in-8. 5 l.

—Eadem. *Viennæ* , 1763 , in-8. 5 l.

—Eadem. *Viennæ* , 1770 , in-8. 5 l.

— Eadem. *Berolini* , 1779 , in-8. 5 l.

—Eadem , cur. J. G. Gleditsch. *Berolini* , 1780 , in-8. fig. 6 l.

— Eadem. *Coloniæ Allob.* 1787, in-8.
6 liv.

— Eadem , cur. C. L. Willdenow.
Berolini , 1790 , in-8. fig. 6 l.

—La Philosophie botanique, trad.

en franç. par Quesnay. *Paris*, 1788,
in-8. fig. 5 l.

— Iter Scanicum. *Holmiæ* , 1751 ,
in-8. (en suédois), 18 l.

—Species Plantarum. *Holm.* 1753 ,
2 vol. in-8.

— Idem Opus. *Stockholmiæ* , 1762 ,
2 vol. in-8.

— Idem. *Vindob.* 1764 , 2 vol. in-8.

—Idem , cur. C. L. Willdenow. *Berolini*, 1797-1804 , 9 vol. in-8. 120 l.

J. J. Reichard a donné une édition de cet
ouvrage réuni au *Systema Vegetabilium* ,
sous le titre de *Systema Plantarum*.
Francfort, 1779 et 1780 , 4 vol. in-8.

— Museum regis Adolphi Friderici
(lat. et suec.) *Holmiæ*, 1754, in-
fol. fig. 50 l.

— Museum Ludovicæ Ulricæ , reginæ Suecorum. *Holmiæ*, 1764, in-8.
30 liv.

— Disquisitio de Sexu Plantarum.
Petropoli , 1760, in-4. 7 l.

—Genera Morborum. *Upsaliæ*, 1763,
in-4. 8 l.

—Clavis medicinæ. *Holmiæ* , 1766,
in-8. 5 l.

— Prælectiones in Ordines naturales
plantarum , edid. P. D. Giesecke.
Hamburgi , 1792 , in-8. fig. 5 l.

— Animalium specierum in classes,
ordines, etc. methodica Dispositio.
Lugd. Bat. 1759 , in-8. 4 l.

—Termini botanici explicati. *Lipsiæ* , 1767 , in-8. 4 l.

Réimprimé en 1787 , par les soins de P. D.
Giesecke.

—Linnæi Entomologia , Faunæ Suecicæ descript. aucta et iconibus illustr.; cur. Car. de Villers. *Lugd*,
1789 , 4 vol. in-8. 18 l.

— Mantissa Insectorum. *Hafniæ* ,
1787 , 2 vol. in-8. 8 l.

—Cryptogamie complète, ou Description des plantes dont les éta-
mines sont peu apparentes, première trad. franç. par N. Jolyclerc.
Paris , 1799 , in-8. 3 l.

—Système sexuel des Végétaux, suivant les classes , les ordres, les
genres , etc. , trad. de Linnée par
N. Jolyclerc. *Paris* , 1803, 2 tom.
1 vol. in-8. 9 l.

— Voyage en Zélande et en Goth-
land (en allem.) *Hall*, 1764,
in-8. 15 l.

— Voyage en Suède , trad. du suér

dois en allem. *Leipsick*, 1756, in-8. 10 l.

—Revue génér. des écrits de Linnée, trad. de l'angl. de R. Pulteney, par L. A. Millin de Grandmaison. *Paris*, 1789, 2 vol. in-8. 8 l.

LINNER Catalogus MSS. Bibliothecæ Bernensis. *Bernæ*, 1760, 3 vol. in-8. 15 l.

LINOCIER. (Geof.) Hist. des Plantes en lat. et en franç. *Paris*, 1620, in-16. fig. 6 l.

Petit Traité assez estimé.

LINSCHOTANI (Jo. Hug.) Navigatio et Itinerarium in Orientalem seu Lusitanorum Indiam, etc. *Hagæ Comit.* 1599, in-fol. fig. 9 à 12 l. — Gr. pap. 18 à 24 l.

Première édition latine de ce Voyage. Il a été traduit en français. *Amst.* 1610, in-fol. 12 à 15 l. — Gr. pap. 24 à 30 l.

LIONARDO di Capoa. Lezzioni intorno alla natura delle Mofete, e dati in luce da Cesare di Capoa. *In Napoli*, 1683, in-4. 8 l.

Petit Traité curieux.

LIPENII (Mart.) Bibliotheca realis. *Francof.* 1675 et 1685, 6 vol. in-fol. 40 l.

LIPPI. (Lor.) Il Malmantile racquistato, poema di Perlone Zippoli, colle note di Puccio Lamoni (Paolo Minucci). *Firenze*, 1688, in-4. 12 l.

Cette édition et la suivante sont citées par l'Académie de la Crusca.

— Lo stesso. *Firenze*, 1731, 2 vol. in-4. 18 l.

Edition plus correcte que la précédente, mais inférieure à la suivante.

— Lo stesso. *Firenze*, 1750, 2 vol. in-4. 24 l.

Bonne édition.

— Lo stesso. *Parigi*, Prault, 1768, in-12. 4 l.

LIPSII (Justi) Opera. *Antuerpiæ*, 1637, 4 vol. in-fol. 15 l. — Gr. pap. 36 l.

— Eadem. *Vesaliæ*, 1675, 4 vol. in-fol. fig. 18 à 24 l.

Edition la plus complète de ce livre.

LIPSII (J. G.) Bibliotheca numaria, sive Catalogus autor. qui usque ad finem sæc. xviii de Re monetariâ aut numis scripserunt. *Lipsiæ*, 1801, 2 vol. in-8.

LISLE. (Fr. de) La Légende de

Charles, cardinal de Lorraine, et de ses frères, de la maison de Guise. *Reims*, 1576, in-8. *rare*, 12 l.

LISLE. (Edw.) Observations in Husbandry. *Lond.* 1757, in-4. 20 l.

LISTER (Mart.) Historiæ Conchyliorum lib. iv, cum appendicibus. *Lond.* 1685-93, 5 part. 1 vol. in-fol. fig. 300 l. — Gr. pap. 1000 l.

Ouvrage bien exécuté et très-rare. Il renferme 1057 planches, ou las desquelles se trouve le nom de la Coquille qui y est représentée.

On fem bien de collationner ce livre avec soin, parce qu'on en rencontre beaucoup d'exemplaires imparfaits de plusieurs figures.

— Historia, sive Synopsis methodica Conchyliorum, quam recensuit et indicibus auxit G. Hudesfort. *Oxonii*, 1770, in-fol. fig. 80 l.

Réimpression de l'ouvrage précédent.

— Historiæ Animalium Angliæ Tractatus tres. *Lond.* 1678, in-4. fig. 15 l.

—Hist. nat. des Araignées, et particulièrement de celles d'Angleterre, trad. par Martini. *Quedlinbourg*, 1778, in-8. fig. 8 l.

LITIO (Roberti de) Opus quadragesimale Sermonum. *Venetiis*, 1472, in-4. goth. 24 l.

Première édition. Elle n'a d'autre mérite que sa date.

LITTLETON'S. History of the King Henry the Second. *Lond.* 1767, 4 vol. in-4. 40 l.

LITURGIA sacra, seu Ritus ministerii in Ecclesiâ Peregrinorum Francofordiæ ad Mœnum, etc. *Francofurti*, 1554, in-8. 8 l.

Traité singulier et fort curieux.

LITURGIA suecanæ Ecclesiæ, catholicæ et orthodoxæ conformis; opus suecicè et lat. conscript. cum Præfat. et notis Laurentii, archiep. Upsaliensis. *Stockholm*, 1576, pet. in-fol. 70 l.

Cette édition est extrêmement rare, même en Suède.

La réimpression de 1588, in-4. est beaucoup moins recherchée, parce qu'on y a supprimé la préface et les notes.

LIVII (Titi) Historiæ, ex recens. Jo. Andreæ, episcop. Aleriensis. *Romæ*, Conr. Sweynheym et Arn. Pannartz, absque notâ anni (1469), in-fol. 6 à 700 l.

— Eædem, ex recens. Jo. Ant. Campani. *Romæ*, Udalricus Gallus, absque notâ anni (1470), in-fol. 600 l.

Cette édition et la précédente sont généralement regardées par les Bibliographes comme les premières de ce livre. Elles sont toutes deux très-rares.

— Eædem. *Venetiis*, per Vindelinum de Spira, 1470, in-fol. 600 l.

Cette édition est rarissime. Quelques personnes prétendent qu'elle est antérieure aux deux précédentes.
Il y a des exemplaires sur vélin.

— Eædem. *Romæ*, Conr. Sweynheym et Arn. Pannartz, 1472, in-fol. 200 l.

Cette édition est aussi fort rare.

— Eædem. *Mediolani*, per Philip. de Lavagnia, 1478, in-fol. 100 l.

Edition exécutée en lettres rondes. Elle n'a ni chiffres, ni réclames, mais seulement des signatures.

— Eædem, ex recogn. Pet. Justini Philelphi. *Mediolani*, A. Zarotus, 1480, in-fol. 200 l.

Edition rare et recherchée. Elle est imprimée avec beaucoup de soin.

— Eædem, curis Alex. Minutiani. *Mediolani*, A. Minutianus, 1505, in-fol. 45 l.

Cette édition est encore recherchée.

— Eædem, cum variis annot. *Parisiis*, Vascosan, 1543, in-fol. 15 l.

— Eædem, curis Andr. Asulani. *Venetiis*, Aldus, 1518, 1519, 1520, 1521 et 1533, 5 vol. in-8.

Les 5 vol. qui composent cette édition ont été publiés séparément, et suivant l'ordre des dates indiquées. On les rassemble difficilement, 80 l.

— Eædem. *Venetiis*, Aldus, 1520, in-fol.

Cette édition paraît être une réimpression de la précédente; mais elle ne renferme pas les cinq livres de la cinquième Décade, qui n'ont été donnés qu'en 1533. Les exemplaires en sont rares.

— Eædem, ex emend. et cum scholiis Car. Sigonii. *Venetiis*, Aldus, 1555, in-fol.

Cette édition n'est ni rare ni chère. Elle a été réimprimée en 1566, 1572 et 1592. Ces deux dernières sont beaucoup moins bien exécutées que les deux autres.

— Eædem, à Nic. Angelio. *Florentiæ*, Junta, 1522, 4 vol. in-8. 24 à 36 l.

— Eædem. *Parisiis*, 1625, in-fol.

Selon Drakenborch cette édition est très-correcte.

— Eædem, ex recens. Heinsianâ. *Lugd. Batav.* Elzevir, 1634, 3 vol. in-12. 24 à 36 l.

Des différentes éditions de Tite-Live, données par les Elzévirs, celle-ci est la meilleure. Comme elle ne renferme que le texte pur, on y joint les notes de Gronovius, que l'on extrait du quatrième vol. de l'édition de 1645.

— Eædem, ex recens. J. F. Gronovii. *Lugd. Batav.* Elzevir, 1644-1645, 4 vol. in-12. 21 l.

— Eædem, ex recens. J. F. Gronovii. *Amst.* Elzevir, 1678, in-12. 20 l.

Fort jolie édition, imprimée en très-petits caractères. Elle n'est pas commune.

— Eædem, cum notis Varior., ex recens. Jac. Gronovii. *Amst.* Elzevir, 1679, 3 vol. in-8. 60 à 80 l.

Cette édition est préférée à celle de 1665. Elle fait partie de la Collection des *Variorum*.

— Eædem, cum interpr. et notis J. Doujatii; ad usum Delphini. Access. Libr. deperditorum Supplementa, per J. Freinsheimium. *Parisiis*, 1679-1682, 5 tom. 6 vol. in-4. 80 l.

Bonne édition et peu commune. Elle entre dans la Collection des auteurs *ad usum Delphini*.
La réimpression de *Venise*, 1714, 6 vol. in-4. est peu estimée, 24 à 36 l.

— Eædem, à Jac. Giacometto. *Patavii*, 1694, 5 vol. pet. in-8. 12 à 15 l. Bonne édition.

— Eædem, cum div. annot. *Oxonii*, 1708, 6 vol. in-8. 24 l. — Gr. pap. 72 l.

— Eædem, cum suppl. J. Freinsheimii, et cum notis Jo. Clerici. *Amst.* et *Trajecti ad Rhenum*, 1710, 10 vol. in-8. 15 à 20 l.

— Eædem, cum indice copioso. *Lond.* Tonson, 1722, 6 vol. in-12. 15 l. — Gr. pap. 40 l.

On fait cas de cette édition par rapport à l'*index* qu'elle renferme. Les exemplaires en grand papier, dont le format approche d'un petit in-8. sont très-recherchés des amateurs.

— Eædem, cum notis J. B. Crevier. *Parisiis*, 1735, 6 vol. in-4. 54 l. — Gr. pap. 140 l.

Edition fort estimée, sur-tout de l'étranger.

—Eædem, cum notis Varior. *Basileæ*, 1740, 3 vol. in-8. 15 à 18 l.

—Eædem, cum notis J. B. Crevier. *Lond.* 1750, 6 vol. petit in-8. 12 à 15 l.

—Eædem, ex edit. Jo. Clerici, à Jo. Matth. Gesnero. *Lipsiæ*, 1735 vel 1755, 3 vol. in-8. 12 à 15 l.

—Eædem, cum notis Varior., ex edit. et cum annot. Arn. Drakenborch. *Lugd. Bat.* 1738, 7 vol. in-4. 120 à 150 l. — Gr. pap. 4 à 500 l.

Cette belle édition passe pour la meilleure de cet auteur.

— Eædem, cum div. annot. et Indice copioso. *Lond.* Tonson, 1749, 7 vol. in-12. 18 l.

— Eædem, ex edit. Th. Rudimanni. *Edimburgi*, 1751, 4 vol. in-12. 15 l. — Pap. de Holl. 45 l.

Edition fort correcte et bien imprimée. Les titres des exemplaires en papier de Hollande sont tirés en rouge et noir.

— Eædem, ex edit. Th. Rudimanni. *Edimburgi*, 1764, 4 vol. in-12. 15 l.

Edition moins belle et moins correcte que la précédente.

—Eædem, ed. A. G. Ernesti. *Lipsiæ*, 1769, 3 vol. in-8. 30 l.

Cette édition a été réimprimée en 1785.

— Eædem, cur. J. N. Lallemand. *Parisiis*, Barbou, 1775, 7 vol. in-12. 30 l. — Pap. de Holl. 60 l.

Bonne édition.

— Eædem, ex recens. Drakenborch, edidit H. Homer. *Lond.* 1794, 8 vol. gr. in-8. pap. vélin, 72 l.

— Eædem, cum animadv. F. A. Stroth, ex recens. F. G. Dœring. *Gothæ*, 1796-1806, 4 vol. in-8. 27 l.

Cette édition, qui n'est pas belle, aura 8 volumes.

— Eædem, ex recens. Drakenborch. *Oxonii*, 1800, 6 vol. in-12. 27 l. — Gr. pap. vélin, 100 l.

Le volume suivant se joint à cette édition. *Car. Sigonii Fasti Consulares, et triumphi Acti à Romulo rege, usque ad Cæsarem, cum comment. Oxonii*, 1801, in-12.

— Eædem, ex recens. Drakenborch, cur, A. G. Ernesti. *Lipsiæ*, 1801-1804, 5 vol. in-8. 32 l.

Bonne édition. Il est fâcheux qu'elle soit mal imprimée.

Dict. Bibl. I.

— Eædem, cum integris J. Freinshemii Supplementis. *Biponti*, 1806, 13 vol. in-8. 40 l.

Bonne édition.

— Les grandes Décades de Titus Livius, transl. de lat. en franç., etc. *Paris*, 1514, 3 vol. in-fol. goth.

Nous ne citons cette édition que parce qu'il en existe des exemplaires sur vélin, qui sont très-rares.

— L'Histoire romaine de Tite-Live, trad. du lat. en franç. par Guérin. *Paris*, 1739, 10 vol. in-12. 36 l.

— La même, et de la même trad., édit. revue par Cosson. *Paris*, 1779, 10 vol. in-12. 50 à 60 l.

— Les Harangues et Concions de Tite-Live, trad. en franç. par J. de Amelin. *Paris*, Vascosan, 1567, in-8. 6 liv.

— Morceaux choisis de Tite-Live, trad. en franç. par l'abbé Paul. *Paris*, 1784, 2 vol. in-12. 6 l.

— Le Deche di Tito-Livio, trad. dal lat. in ling. volgare da Rugiero Ferrario. *In Roma*, 1476, 3 vol. in-fol.

Première version italienne de ce livre. Elle est imprimée sur deux colonnes, sans chiffres, signatures ni réclames. Les exemplaires en sont rares, 60 à 80 l.

— Le medesime, in ling. volgare. *In Venetia*, Antonio da Bologna, 1478, in-fol. 40 à 50 l.

Il est rare de trouver des exemplaires de cette édition bien complets et sans défauts.

— Le medesime, in ling. volgare. *In Venetia*, Octav. Scoto, 1481, in-fol. 36 l.

Cette édition est encore assez rare.

— T. Livio volgarizzamento della prima e terza Deca. *Firenze*, senza nota di anno, in-fol. 36 l.

LIVOY. (Timoth.) Dictionn. des Synonymes français; édit. revue par Beauzée. *Paris*, 1788, in-8. 6 liv.

LIVRE d'Amours, auquel est relatée la grant amour et façon par laquelle Pamphile peut jouir de Galatée, et le moyen qu'en fist la Macq..... *Paris*, A. Vérard, 1494, in-fol. goth. 36 l.

Edition rare.

— Le même. *Paris*, 1545, in-8. fig. rare, 18 l.

40

LIVRE (le) intitulé : l'Art de mourir. Vid. Ars moriendi.

LIVRE (le) de Baudoyn, comte de Flandres et de Ferrant, fils au roi de Portugal. *Lyon-sur-le-Rhosne*, 1478, in-fol. 120 l.

Edition très-rare et la première de ce Roman. Elle est imprimée sur deux colonnes, sans chiffres ni réclames, avec signatures.

— Le même. *Chamberry*, 1484, in-fol. 42 l.

Les autres éditions de ce Roman sont peu recherchées.

LIVRE (le) de Beufves de Hantonne et de la belle Josienne, sa mye. *Paris*, A. Vérard, in-fol. goth. 18 l.

— Le même. *Paris*, Bonfons, sans date, in-4. goth. 8 l.

LIVRE (le) des Marchands, pour se garder de quelle marchandise on doit se garder d'être trompé. — Traité du Purgatoire. 1534, in-16. goth. *rare*.

— Le même, avec le même Traité du Purgatoire. 1561, in-8. *rare*.

Cette Satire est attribuée à Gabriel Cartier.

LIVRE (le) des Connoilles (ou Evangiles des Connoilles) faites en l'honneur des Dames. *Sans nom de ville ni date*, in-fol. 24 l.

Cette édition est la meilleure et la plus rare de ce livre.

LIVRE (le) de la Femme forte, déclaratif du cantique de Salomon, et proverbes au chapitre final : *Mulierem fortem quis inveniet?* par un religieux de Fontevrault. 1501, in-8. goth. 12 l.

Livre rare et singulier.

LIVRE (le) jaune, contenant quelques conversations sur les Logomachies, ou disputes de mots, abus de termes, etc. *Bâle*, 1748, in-8.

Ce livre, attribué à M. Gros de Boze, n'a été tiré qu'à 30 exemplaires sur papier végétal, 24 l.

LIVRE (le) des Statuts et Ordonnances de l'ordre de Sainct-Michel, estably par le roi de France Louis onzième. In-4. *sans indication d'année, de lieu et sans nom d'imprimeur*.

Il y a de ce vol. imprimé en lettres rondes dans le cours du 15.e siècle, des exemplaires sur vélin.

LIVRE (le) du roi Modus. Voy. Modus.

LOBEL (Matth. de) Plantarum, seu Stirpium Historia ; cui annexum est adversariorum vol. ejusd. autoris et P. Penæ. *Antuerp.* 1576, in-fol. fig. 10 l.

— Ejusd. in G. Rondeletii methodicam et pharmaceuticam officivam Animadv. *Lond.* 1605. — Ejusd. et P. Penæ dilucidæ Simplicium medicamentorum Explicat. necnon Stirpium adversaria. *Lond.* 1605, in-fol. fig. 8 l.

LOBINEAU. (D. Guy Alex.) Histoire génér. de Bretagne. *Paris*, 1707, 2 vol. in-fol. fig. 15 l.

— Hist. de la ville de Paris. Voyez Félibien.

LOBO. (Jér.) Rélation historiq. d'Abyssinie, trad. du portug. et continuée par J. le Grand. *Paris*, 1728, in-4. 8 l.

LOCHNERI (M. Frid.) Commentatio de Ananasa. *Norimbergæ*, in-4. 9 l.

— Ejusd. Heptas Dissertationum variar. ad Hist. nat. illustrandam. *Norimbergæ*, 1712 et 1717, in-4. fig. 9 l.

LOCKE'S : (John) Works. *Lond.* 1723, 3 vol. in-fol. 45 l.

— The same. *Lond.* 1740, 2 vol. in-fol. 30 l.

— The same. *Lond.* 1751, 3 vol. in-fol. 30 l.

— The same. *Lond.* 1777, 4 vol. gr. in-4. 72 l.

— The same. *Lond.* 1784, 4 vol. gr. in-4. 72 l.

— The same. *Lond.* 1801, 10 vol. gr. in-8. pap. vélin, 100 l.

Fort belle édition.

— Essai philosophiq. sur l'entendement humain, trad. de l'angl. par F. Coste. *Amst.* 1729, in-4. 12 à 15 l.

L'édition de 1755 est également bonne, et vaut à-peu-près le même prix.

LODER (J. Ch.) Tabulæ anatomicæ, quas ad illustrandam humani corporis fabricam collegit et curavit. *Vinar.* 1794, in-fol. 340 l. Prix de l'éditeur.

LOEFLING (Pet.) Iter Hispanicum et Americanum anni 1751-56, sue-

cicè scriptum. *Stockh.* 1758, in-8.
fig. 12 l.

LOESELII (Jo.) Flora Prussica,
cur. Jo. Gotsched. *Regiom.* 1703,
in-4. fig. —Supplementum Floræ
Prussicæ, aut. G. A. Helwing.
Gedani, in-4. fig. 24 l.

LOGEAS. (le sieur de) Le Roman
héroïque, où sont cont. les mémorables Faits d'armes de D. Rosi-
dor et de Clarisel le Fortuné. *Paris*, 1632, in-8. 5 l.

—L'Histoire des trois Frères, princes
de Constantinople. *Paris*, 1632,
in-8. 4 à 5 l.

— Les Travaux du prince inconnu,
écrits à la façon des anciens romans.
Paris, 1634, in-8. 4 à 5 l.

LOISELEUR de Longchamp (J.
L. A.) Flora gallica, seu Enumeratio Plantar. in Galliâ spontè
nascent. *Lutet.* 1806, 2 vol. in-8.
fig. 10 l.

LOIX des trépassez, avecques le Péle-
rinage de maistre Jehan de Meung.
Brehant-Lodeac, 1484, in-4.

Cet ouvrage est fort rare.

LOMAZZO. (G. P.) Trattato dell'
arte della Pittura, scoltura, etc.
In Milano, 1585, in-4. 15 l.

— Idea del Tempio della Pittura. *In
Milano*, 1590, in-4. 5 l.

Cet ouvrage se trouve quelquefois relié
avec le précédent.

LOMBARDI (Pet.) Episc. Parisiensis, Sententiarum lib. iv. *Venetiis*,
per Vindelinum de Spira, 1477,
in-fol. goth. 20 l.

Première édition de ce livre.

LOMBART. (Dan.) Comparaison des
deux Hist. de Mezeray et du P.
Daniel. *Amst.* 1723, in-4. 6 l. —
Gr. pap. 8 l.

Peu commun.

LOMEIERI (Jo.) Epimenides, sive
de vet. Gentilium Lustrationibus
Syntagma. *Zutphaniæ*, 1700,
in-4. fig. 8 l.

LONG. (Roger) Astronomy, in five
books. *Cambridge*, 1742-84, 3 vol.
in-4. fig. 40 l.

LONG (Jac. le) Bibliotheca sacra.
Parisiis, 1723, 2 vol. in-fol. 9 l.
— Gr. pap. 15 l.

— Voy. Fontette.

LONGDIT. (J. de) Histoire mer-

veilleuse, plaisante et récréative du
grand Emper. de Tartarie, nommé
le grand Can, trad. du lat. de M.
Aycone. *Paris*, 1529, in-fol. goth.
rare, 12 à 15 l.

LONGEVILLE HARCOUET.(de)
Hist. des personnes qui ont vécu
plusieurs siècles, et qui ont rajeuni.
Paris, 1715, in-12. 5 l.

LONGI Pastoralium de Daphnide et
Chloë lib. iv, gr. *Florentiæ*, apud
Juntas, 1598, in-4. 15 l.

Première édition grecque de ce livre. Elle
n'est pas commune.

—Iidem ; Achillis Tatii de Clitophontis et Leucippis Amoribus lib. viij.
Parthenii Nicænsis de Amatoriis
affectibus lib. j, gr. lat. *Commelin*, 1601, in-8. très-rare, 12 à
15 liv.

— Iidem, gr. lat., ex edit. et cum
notis Pet. Moll. *Franekeræ*, 1660,
pet. in-4. 10 l.

— Iidem, gr. lat. *Lutetiæ Parisior.*
1754, in-4. 18 l. —Gr. pap. 36 l.

Cette édition est ornée de vignettes et
culs-de-lampes gravés sur les dessins
d'Eisen, par Cochin. Elle renferme aussi
les 28 estampes (retouchées) qui ont été
faites pour l'édition de 1718 ci-après.

— Iidem, gr., curâ Lud. Dutens.
Parisiis, Didot natu maj. 1776,
in-12. 3 l.

Édition tirée à 200 exemplaires.

—Iidem, gr. lat., cum notis Varior.,
cur. M. B. G. L. Boden. *Lipsiæ*,
1777, in-8. 9 l. —Pap. fort, 27 l.

— Iidem, gr. lat., ex recens. et cum
animadv. J. B. C. d'Ansse de Villoison. *Parisiis*, F. A. Didot,
1778, 2 vol. in-8. 10 l. —Gr. pap.
format in-4. 36 l.

Belle édition.

—Iidem, gr. *Parmæ*, Bodoni, 1786,
gr. in-4. papier azuré, 15 l. — Pap.
fin, 36 l.

Ce volume est bien imprimé.

—Iidem, gr. *Parisiis*, Didot natu
major, 1802, in-4. 9 estampes d'a-
près Prud'hon et Gérard, fig. avant
la lettre, 72 l. — Format in-fol.
(27 exemplaires.)

Cette belle édition a été revue par M. Coray. On a tiré de chaque format un exemplaire sur peau de vélin.

— Iidem, gr. lat., cum notis crit.

G. H. Schœfer. *Lipsiæ* , 1803 ,
in-16. 8 l.
Jolie édition.

— Les Amours pastorales de Daphnis
et Chloë , trad. du grec en franç.
par Jacq. Amyot. (*Paris*), 1718 ,
in-8. *rare* , 5o à 6o l. et plus, quand
l'exemplaire est heau et bien relié.
Cette belle édition, enrichie de 28 figures
gravées par B. Audran sur les dessins de
M. le duc d'Orléans , régent du royaume ,
n'a été tirée qu'à 250 exemplaires.
Les mêmes planches (retouchées) ont servi
à une réimpression de cet ouvrage , publiée en 1745, in-8. et à laquelle on a ajouté
une 29.ᵉ figure appelée la *Conclusion du
Roman*. Cette réimpression ne vaut pas
plus de 9 à 12 l. , et en grand papier format in-4. 15 à 18 l. Il y a de ce dernier
format des exemplaires avec figures coloriées , 5o à 6o l.
A l'égard de l'édition originale (1718) nous
ferons observer que la 21.ᵉ planche, connue sous le nom de *Petits pieds* , est souvent tachée d'encre ou manque dans le
volume , et que les exemplaires dont la
première page du texte est rousse dans la
marge inférieure, sont moins estimés.

— Les mêmes , trad. en franç. par J.
Amyot. *Paris* , 1731 , in-8. fig.
Il y a de cette édition des exemplaires sur
vélin.

— Les mêmes , trad. par P. de Mar-
cassus. *Paris* , 1626 , in-8. fig. 5 à
6 liv.

— Les mêmes , trad. nouv. (par Debure Saint-Fauxbin.) *Paris* , Didot le jeune , 1787 , gr. in-4. pap.
vélin , fig. au bistre, 3o l.
Il existe de cette édition des exemplaires
imprimés sur vélin, et ornés de figures
peintes.

— Les mêmes , trad. du grec par
Amyot. *Paris* , Didot l'aîné , 1800,
in-4. pap. vélin, 9 estampes d'a-
près Gérard et Prud'hon, 4o l. —
Fig. av. la lettre , 8o l.
Belle édition. On en a tiré deux exemplaires
sur peau de vélin.

— Les mêmes, et de la même trad. *Paris* , Didot l'aîné , an 8, in-18. pap.
vélin , 5 l. — Gr. pap. vélin , 9 l.
Il y a de cette jolie édition deux exemplaires
sur peau de vélin.

— Les mêmes, et de la même trad.,
avec le Suppl. d'Annib. Caro, etc.
Paris , Renouard , 1803 , in-18.
et in-12. fig. de Prud'hon.
On a tiré du format in-12. trois exemplaires

sur papier rose et un sur vélin. Le reste
de l'édition est en papier fin et en papier vélin , soit du format in-18. , soit du
format in-12.

— Gli Amori pastorali di Dafni e
di Cloe , trad. dal greco da Annibal Caro. *Crisopoli* , Bodoni, 1786 ,
in-4.
Edition tirée seulement à 52 exemplaires ;
plus , deux sur papier vélin d'Annonay.

— I medesimi , trad. dal greco da
Annib. Caro. *Parma* , Bodoni ,
1793 , pet. in-8. 1o l.
Jolie édition , tirée à 25o exemplaires.

— I medesimi , trad. da Annib. Caro.
— Abrocome e Anzia , trad. da
A. M. Salvini , e rivved. da Visconti. *Parigi* , 1800, 2 vol. in-12.
pap. vélin , 8 l.
On a tiré de cette petite édition deux exemplaires sur vélin.

LONGINI (Cæsaris) Trinum Magi-
cum. *Francof.* 1616 vel 1630 vel
1673 , in-12. 6 l.
Ces trois éditions sont également bonnes.

LONGINI (Dion.) de Sublimitate
Commentarius, gr. *Venetiis*, Pau-
lus Manutius , 1555 , in-4.
Edition très-rare.

— Idem , gr. lat. , à Ger. Langbenio.
Oxonii , 1636 vel 1638, in-8. 7 l.

— Idem , gr. lat. , à Tanaq. Fabro.
Salmur. 1663 , in-8.

— Idem , gr. lat. , ex recens. Jac.
Tollii. *Traj. ad Rhenum* , 1694 ,
in-4. 12 l.
Edition correcte.

— Idem , gr. lat. , ex recens. Jo. Hudsoni. *Oxonii* , 1710 vel 1718 vel
1730, in-8. 8 l. — Gr. pap. 18 l.

— Idem , gr. lat. , ex vers. et cum
notis Zach. Pearce. *Lond.* 1724 ,
in-4. 18 l.
Une des bonnes éditions de ce livre.

— Idem , gr. lat. , ex recens. Z. Pearce. *Lond.* 1732 , vel *Amst.* 1733 ,
in-8. 8 l.

— Idem , gr. lat. *Edimb.* 1733 , in-12.
4 liv.

— Idem , gr. lat. *Lond.* 1743 vel 1752
vel 1773, in-8. 6 à 9 l.

— Idem , gr. lat. *Glasguæ* , Foulis ,
1751 , in-12. 3 l.

— Idem , gr. lat. *Glasguæ*, 1763 ,
in-4. 6 à 8 l.

— Idem, ex recens. Z. Pearce, et cum animadv. S. F. N. Mori. *Lipsiæ*, 1768, in-8. 8 l.

On joint ordinairement à cette édition, en forme de supplément, le *Libellus animadversionum ad Longinum*, du même Morus.

— Idem, gr. lat. *Parmæ*, Bodoni, 1793, in-fol. 60 l.

Superbe édition. Elle n'a été tirée qu'à 115 exemplaires, dont 15 seulement sur papier vélin.

— Idem, gr. lat. *Parmæ*, Bodoni, 1793, in-4. 30 l.

Édition tirée à 150 exemplaires.

— Idem, gr. *Parmæ*, Bodoni, 1793, pet. in-8. 6 l.

Édition tirée à 200 exemplaires.

— Idem, gr., lat., ital. et gallicè, cum notis. *Veronæ*, 1733, in-4. 9 l. — Gr. pap. 10 l.

La version italienne est d'Antoine François Gori, et la française de Boileau Despréaux.

— D. Longini quæ supersunt, gr. lat., recensuit J. Toupius, acced. emendat. Dav. Ruhnkenii. *Oxonii*, 1778, in-4. 15 l. — Gr. pap. 30 l.

— D. Longini Opera quæ supersunt, gr. lat., recens. atque animadv. adjecit Toupius. *Oxonii*, 1789, in-8. 9 à 12 l. — Gr. pap. 18 à 24 l.

— Indices tres Vocum ferè omnium quæ occurrunt in D. Longini Comment. de Sublimitate; in Eunapii Libello de Vitis Philos.; in Hieroclis Comment. in Pythagoræ aurea Carmina, concinnavit R. Robinson. *Oxonii*, 1772, in-8. 5 l.

LONGOLII (Christ.) civis romani Perduellionis Rei Defensiones duæ. *Venetiis*, Aldus, sine anno, in-4.

Ce petit volume est assez rare. Il a été publié vers l'année 1518.

LONGUERUE. (L. Dufour de) Description historiq. et géogr. de la France ancienne et moderne. *Paris*, 1719, in-fol. cartes, 10 l.

Il faut trouver à la fin du volume plusieurs cartons qui ont été supprimés dans le temps. Les exemplaires dépourvus du frontispice et de l'épître dédicatoire n'ont presque pas de valeur.

— Dissertatio de variis Epochis et anni forma veter. orientalium. *Lipsiæ*, 1750, in-4. 7 l.

LONGUEVAL. (Jacq.) Histoire de l'Eglise gallicane, contin. par les PP. Fontenay, Brumoy et Berthier. *Paris*, 1730, 18 vol. in-4. 50 liv.

LONICERUS (Jo. Ad.) Venatus et Aucupium, iconibus artificiosissimis ad vivum expressa et vers. illustrata. *Francof.* 1582, pet. in-4. 16 liv.

LOPE FELIX DE VEGA CARPIO. (D. Frey) Colleccion de las Obras sueltas, assi en prosa, como en verso. *En Madrid*, 1776, 21 vol. pet. in-4. 90 l. — Gr. pap. 160 l.

LOPEZ DE SIGURA. (Ruy) Libro de la Invencion liberal, y arte del juego Axedres. *Alcala de Hennares*, 1561, in-4.

Cet ouvrage est très-rare. On en a publié une traduction italienne à *Venise*, en 1584, in-4.

LOPEZ DE CASTANHEDA. Voy. CASTANHEDA.

LOPEZ. (Alonso) Philosophia poëtica antigua. *En Madrid*, 1596, in-4. 8 l.

Peu commun.

LOPEZ. (D. Th.) Mapa general de Espana, dividida in sus actuales Provincias. 1770, in-fol.

Cet atlas, excessivement rare, est d'un prix arbitraire.

LOPEZ de Ayala. (D. Pedro) Chronica del rey D. Pedro, rey de Castilla y Leon. *Sevilla*, 1495, in-fol.

Première édition très-rare.

LOPEZ DE VILLALOBOS. (Fr.) El Sumario de la medicina, con un Tratado sobre las pestiferas bubas. *Salamanca*, 1498, in-fol.

Premier ouvrage espagnol où il soit fait mention de la maladie vénérienne. Les exemplaires en sont rares.

LORET. (J.) La Muse historiq. ou Recueil de Lettres en vers burlesques, écrites à Mlle de Longueville. *Paris*, 5 vol. in-fol. 20 l.

Ce Recueil est rarement complet.

LORET. (J. B.) Eléments de la science notariale. *Paris*, 1807, 3 vol. in-4. 24 à 30 l.

LORGNA (Ant. Mar.) Specimen de Seriebus convergentibus. *Veronæ*, 1775, in-fol. fig. 18 l.

— De Casu irreductibili tertii gradus et seriebus infinitis, Exercitatio

analytica. *Veronæ*, 1777, in-4. 8 l.
— Principi di geografia astronomico-
geometrica. *Verona*, 1789, in-4.
fig. 15 l.

LORICHIUS. (Jod.) Semita Paradisi , et Pugna spiritualis , ex ital.
lat. *Parisiis*, Seb. Martin , 1657 ,
in-12. 6 l.

Ce volume , imprimé en très-petits caractères , se trouve quelquefois à la suite de
la *Bible de Richelieu*.

LORRAIN. (J. le) De l'ancienne
coutume de prier debout et d'ado-
rer. *Delft* (*Rouen*), 1700 , 2 vol.
in-12. 6 l.

LORRIS (Guill. de) et J. de MEUNG
dit Clopinel. Le Roman de la rose,
où tout l'art d'amour est enclose.
Sans aucune indication, pet. in-
fol. goth.

Exemplaire imprimé sur vélin et décoré
de miniatures.

— Le même. *Paris* , Gallyot Dupré,
1526, in-fol. goth. 24 l.

Il y a des exemplaires imprimés sur vélin
et ornés d'un grand nombre de miniatures.

— Le même. *Paris*, Gallyot Dupré,
1529, in-8. *lettres rondes*, 36 l.

Édition recherchée. Elle est ornée de petites figures gravées en bois.

— Le même , avec des notes, un glossaire , etc. par N. Lenglet du Fresnoy. *Paris* , 1735 , 3 vol. in-12. —
Supplément au précédent Glossaire
(par Lantin de Damerey.) *Dijon* ,
1737 , in-12. 24 à 30 l.

Le Supplément n'est pas commun.

— Le même , avec des notes, un
glossaire, etc. par N. Lenglet du
Fresnoy. *Paris* , Fournier , de
l'impr. de Didot le jeune , an 7,
5 vol. gr. in-8. avec 4 fig. 45 l.
— Gr. pap. vélin, fig. av. la lettre,
90 liv.

Fort belle édition. Le petit papier a été
tiré à 250 exemplaires , et le grand à 90
seulement.

— Le Roman de la Rose moralisé
clair et net ; transl. de ryme en
prose, par J. Molinet. *Paris*, Vérard , sans date , in-fol. goth.
Exemplaire imprimé sur vélin et décoré
de miniatures.

LORRY (Andr. Car.) Tractatus de
Morbis cutaneis. *Parisiis*, 1777,
in-4. 8 l.

— De Melancholià et Morbis melan-
cholicis. *Lut. Parisior.* 1765 , 2
vol. in-8. 10 à 12 l.

LOSTELNEAU. (le sieur de) Le
Mareschal de Bataille. *Paris*, 1647,
in-fol. fig. 8 l.

LOTICHII (Pet.) Res Germanicæ
sub Matthià et Ferdinandis II et
III , Impp. *Francof*, 1646 et 1650 ,
2 vol. in-fol. fig. de Merian , 10 l.
— Ejusd. Poëmata omnia , cum notis
Varior. , ex recens. Pet. Burmanni
Secundi. *Amst.* 1754 , 2 vol. in-4.
16 l.

LOTTIN. (A. M.) Catalogue chronologique des Libraires et des Li-
braires-Imprimeurs de Paris , depuis 1470 jusqu'en 1789. *Paris* ,
1789 , in-8. 5 à 6 l.

LOTTINI. (F. G. Ang.) Scelta d'alcuni Miracoli e Grazie della san-
tissima Nunziata di Firenze. *In
Firenze*, 1619, in-4. fig. de Callot,
rare, 15 l.

LOUBAISSIN DE LA MARQUE.
Les Aventures héroïq. et amoureuses du comte Raymond de Toulouse et de D. Roderic de Vivar.
Paris , 1617 , 2 vol. in-8. 12 l.

LOUBÈRE. (Sim. de la) Du Royaume de Siam. *Paris*, 1691 , 2 vol.
in-12. fig. 5 l. — Gr. pap. 10 l.

LOUIS XIII. Voy. CODICILES.

LOUIS XV , Cours des principaux
Fleuves et Rivières de l'Europe.
Paris, 1718, in-8. 24 l.

Petit ouvrage curieux , et dont il n'a été
tiré que peu d'exemplaires.

LOUIS AUGUSTE, dauphin (Louis
XVI). Maximes morales et politiq.
tirées de Télémaque. *Versailles*,
1766 , in-8. 30 l.

Tiré à 25 exemplaires.

— Description de la forêt de Compiègne comme elle était en 1765 ,
avec le guide de la forêt. *Paris* ,
1766 , in-8. 24 l.

Ouvrage tiré à 36 exemplaires seulement.

LOUREIRO (J. de) Flora Cochin-
chinensis , denuò edita , cum notis
C. L. Willdenow. *Berolini* , 1793 ,
2 vol. in-8. 13 l.

LOWTH (Rob.) de sacrà Poësi Hebræorum Prælectiones. — Michaëlis in R. Lowth Prælectiones, Notæ

et Epimetra. *Oxonii* , 1763 vel 1775, 2 vol. gr. in-8. 18 à 20 l.

L'édition de Gottingue , 1768, est moins estimée , 6 à 9 l.

LOWTHORP. Voy. ACADÉMIE de Londres.

LOYER. (Pier. le) Discours et hist. des Spectres , etc. *Paris* , 1605 ou 1608 , in-4. 5 l.

— Œuvres et Mélanges poétiques de Pier. le Loyer. *Paris* , 1579 , in-12. *rare* , 18 l.

— Erotopegnie, ou Passe-temps d'amours, etc. *Paris* , 1576 , in-8. 9 l.

LOZANO. (Ped.) Descripcion chorogr. del terren , rios , arboles y animales de las provincias del Gran Chaco, Qualamba, etc. *En Cordoba* , 1733 , in-4. 21 l.

LUBIENIETZ (Stanisl. de) Theatrum Cometicum. *Amst.* 1668 , 3 tom. 1 vol. in-fol. fig. 15 l.

Livre rare. On y donne l'histoire des comètes depuis le déluge jusqu'en 1667.

LUBINUS. (Eilh.) Vid. ANTHOLOGIA.

LUC. (le sieur) Petit Traité cont. en soi la fleur de toutes joyeusetés, en épîtres , ballades , etc. *Paris,* 1538 , in-8. 5 l.

LUC. Voy. DELUC.

LUCÆ Brugensis, (Fr.) Comment. in Evangelia. *Antuerpiæ* , 1712 , 5 tom. 3 vol. in-fol. 20 l.

— Concordantiæ Bibliorum lat. vulgatæ edit., à Fr. Lucâ Brugensi recensitæ et emendatæ. *Coloniæ Agripp.* 1684 , gr. in-8. 18 l.

Cette édition est préférable à celle de *Lyon.*

—Eædem , ed. Balth. Tourniaire. *Avenione* , 1786 , 2 vol. in-4. 15 à 20 l.

Edition la plus complète , et très-bien imprimée.

LUCANI (M. Annæi) Pharsalia , ex recogn. Jo. Andreæ , episc. Aleriensis. *Romæ* , Conr. Sweynheym et Arn. Pannartz , 1469, in-fol.

Première édition de cet auteur. Elle est extrêmement rare , 600 l.

— Eadem. *Absque loci , anni et typogr. indicat.* in-fol.

Cette rare édition est imprimée en lettres rondes , sans chiffres, signatures ni réclames.

— Eadem, *Venetiis*, Guarinus, 1477, in-fol. 100 à 150 l.

Edition recherchée pour sa belle exécution.

— Eadem. (*Mediolani*), Ant. Zarothus , 1477 , in-fol.

— Eadem. (*Venetiis*), per Philip. de Lavagnia , 1477, in-fol.

On fait encore quelque cas de ces deux éditions , mais elles ne sont pas chères, 50 l. environ.

— Eadem, cum comment. Omniboni Vicentini. *Venetiis* , 1475 , in-fol.

Première édition de ce livre avec un Commentaire.

— Eadem. *Venetiis* , Aldus , 1502 , in-8. 33 l.

— Eadem , *Venetiis* , Aldus , 1515 , in-8. 20 l.

Cette édition a été faite sur la précédente. L'une et l'autre sont bonnes.

— Eadem , cum annot. Petri de Ponte Cæci Brugensis. *Parisiis* , G. le Rouge , 1512 , in-8.

Cette édition , imprimée en caractères singuliers, est très-rare. Vendu 131 l. à la vente de M. Mérigot , et 138 l. chez M. Méon.

— Eadem. *Parisiis* , Rob. Stephanus , 1545 , in-8.

— Eadem, cum notis Varior. , accur. Corn. Schrevelio. *Lugd. Batav.* 1669 , in-8. 15 l.

Cette édition entre dans la Collection des *Variorum.* Elle est préférable à celle de 1658.

— Eadem, *Londini* , Tonson, 1719, in-12. 7 l. — Gr. pap. 15 l.

— Eadem , à Gottl. Cortio. *Lipsiæ* , 1726 , in-8.

— Eadem , cum notis varior. et indicibus Fr. Oudendorpii. *Lugd. Batav.* 1728 , 2 vol. in-4. 30 l. — Gr. pap. 100 l.

Edition fort estimée.

— Eadem , cum notis varior. , ex edit. et cum animadv. Pet. Burmanni. *Leydæ* , 1740, 2 vol. in-4. 24 l. — Gr. pap. 60 l.

On préfère l'édition précédente à celle-ci.

— Eadem. *Lond.* Brindley , 1751 , 2 vol. in-18. 5 l.

— Eadem. *Glasguæ* , 1751 , in-8.

— Eadem , cum notis Hug. Grotii et Rich. Bentleii. *Strawberry-Hill* , 1760, gr. in-4. 48 à 60 l.

Fort belle édition.

— Eadem, cum suppl. Th.Maii. *Parisiis*, Barbou, 1767, in-12. 6 l.— Pap. fin, 9 l.

—Eadem. *Glasguæ*, 1785, in-8. 5 à 6 liv.

— Eadem, ex optimis exempl. emendata, stud. Ant. Aug. Renouard. *Parisiis*, Didot natu major, 1795, in-fol. pap. vélin, 50 l.

Belle édition, tirée à 212 exemplaires numérotés, dont 15 en grand papier, 3 sur papier bleu ; plus, 5 sur peau de vélin grande forme.

On a tiré séparément et avec titre 15 exemplaires petit in-fol. et six sur grand papier, de la Notice raisonnée des diverses éditions et traductions de Lucain, qui se se trouve en tête du volume.

— Lucani Pharsalia. — Ejusd. ad Calpurnium Pisonem Poëmation. *Argentorati*, 1807, in-8. 6 l.

— Lucani Pharsalia, transl. et edita in vulgari sermone metrico, per L. de Montichiello, cardin. *Romæ*, Euch. Silber, aliàs Franck, 1492, in-4. goth. 15 l.

Première traduction en vers italiens de ce poëme. Elle est assez rare.

— La Pharsale de Lucain, trad. du lat. en vers franç. par G. de Brébeuf. *Leyde*, Elzevir, 1658, in-12. 18 à 24 l.

Jolie édition, peu commune.

— La même, trad. en franç. par Marmontel. *Paris*, 1766, 2 vol. in-8. 12 l.

Réimprimé en 1787, en a vol. in-8. fig. 9 l.

— La même, trad. en vers franç. par G. de Brébeuf, accompag. du texte et avec la vie des deux poètes, etc. par J. B. L. J. Billecoq. *Paris*, Crapelet, an 4 (1796), 2 vol. in-8. fig. 9 l. — Pap. vélin, 16 l.

LUCE. (L.) Epreuve du premier alphabet droit et penché, gravé par ordre du roi pour l'impr. royale. *Paris*, impr. roy. 1740, in-32. *rare*, 6 liv.

— Essai d'une nouvelle Typographie, gravée par le même. *Paris*, Barbou, 1771, in-4. fig. 12 l.

LUCE, chev., seign. du château de Gast. Le Roman du noble et vaillant chev. Tristan, fils du noble roi Meliadus de Léonnois. *Rouen*,

1489, 2 tom. 1 vol. in-fol. goth. 45 l.

Edition originale fort rare.

— Le même. *Paris*, Ant. Vérard, sans date, 2 vol. in-fol. goth. 30 l.

Il existe de cette édition des exemplaires imprimés sur vélin, et ornés de figures peintes en or et en couleurs.

LUCENA. Repeticion de Amores y Arte de Alxedrez. (Sans lieu ni date, impr. vers 1495), in-4.

Cet ouvrage est, au rapport de M. de la Serna Santander, de la plus grande rareté.

LUCIANI Samosatensis, Opera, gr. *Florentiæ*, 1496, in-fol. 4 à 500 l.

Première édition de ce livre. Elle est très-rare.

— Eadem, græcè. *Venetiis*, Aldus, 1503, in-fol. Prix arbitraire.

Seconde édition des OEuvres de Lucien.

— Eadem, gr. curis Fr. Asulani. *Venetiis*, Aldus, 1522, in-fol. 18 l.

Cette édition est plus correcte que la précédente.

On fera bien de les collationner toutes deux avec soin, parce qu'on en trouve beaucoup d'exemplaires mutilés.

—Eadem, gr. *Hagen*. 1526, 2 vol. in-8. 6 à 8 l.

— Eadem, gr. *Venetiis*, Junta, 1535, 2 vol. in-8.

Edition correcte.

—Eadem, gr. lat, cum notis G. Cognati et Jo. Sambuci. *Basil*. 1563, 4 vol. in-8. 10 à 15 l.

—Eadem, gr. lat., cum notis J. Bourdelotii, etc. *Parisiis*, 1615, in-fol. 30 l. — Gr. pap. Prix arbitraire.

Edition estimée. Les exemplaires en grand papier sont très-rares.

— Eadem, gr. lat., ex emendat. Jo. Benedicti. *Salmurii*, 1619, 2 vol. in-8. 18 l.

Edition fort correcte.

— Eadem, gr. lat., cum notis Varior., ex edit. Jo. Georg Grævij. *Amst*. 1687, 2 vol. in-8. 30 l.

Edition très-incorrecte, et qui n'a d'autre mérite que d'être bien exécutée et d'entrer dans la Collection des *Variorum*.

— Eadem, gr. lat., cum notis varior., ex edit. Tib. Hemsterhuisii et Jo. Fr. Reitzii. *Amst*. 1743, 3 vol. in-4. 80 l. — Gr. pap. 250 à 300 l.

Cette édition passe pour être la meilleure de ce livre. Il faut y joindre un *Index*, servant de 4.e volume, et qui a été imprimé à *Utrecht* cu 1746 ; de format in-4. Une partie des exemplaires de ce 4.° vol. en grand papier ayant été perdus , il est rare , et manque souvent aux exemplaires en grand papier.

— Eadem , gr. lat. , cum notis selectis, cur. J. P. Schmidio. *Mitaviæ*, 1776-1780 , 8 vol. pet. in-8. 48 l.

Edition non terminée.

— Eadem , gr. lat. , ad edit. Hemsterhuisii et Reitzii edita. *Biponti* , 1789-92 , 10 vol. in-8. 66 l. — Pap. de Holl. 80 l.

Cette édition est imprimée avec soin sur beau papier.

—Eadem , græcè, ex edit. F. Schmieder. *Halæ* , 1800 , 2 vol. in-8. 20 l.

— Ejusd. Luciani Opuscula varia , ex interpr. Des. Erasmi. *Venetiis*, Aldus , 1516, in-8. 12 l.

Ce volume est fort rare.

— Ejusd. Dialogi selecti . cum novà vers. et notis. *Augustoriti Pictonum* , 1620 , petit in-8.

Ce choix a été fait avec beaucoup de soin par Et. Moquot , jésuite , pour les collèges de sa société. Il est rare d'en trouver des exemplaires bien conservés.

— Ejusd. Opuscula selecta. Edidit D. Ch. Seybold, *Gothæ* , 1785 , in-8. 4 l.

— Ejusd. Dialogi selecti, gr. lat. , à Tib. Hemsterhuisio. *Amst.* 1708 vel 1732 , in-12.

— Ejusd. Dialogi selecti , gr. lat. , ab Ed. Leeds. *Cantabrig.* 1704 , et *Lond.* 1710, 1726, 1738, in-8.

— Ejusd. Dialogi selectiores , in primis Deorum, gr. ; cur. et duplice Indice instruxit G. H. Martini. *Lipsiæ* , 1794 , in-8. 5 l.

— Ejusd. Dialogi Mortuorum , gr. lat., ab Oth. Nachtgall. *Argentorati* , 1515 , in-4.

Edition excessivement rare.

— Ejusd. Philopatris , à Jo. Matth. Gesnero , gr. lat. *Jenæ*, 1705, in-8.

— Ejusd. quomodo Historia conscribenda sit , et veræ hist. lib. duo, gr. lat. à Fr. Riollay. *Oxonii* , 1776 , in-8.

— Excerpta quædam ex Luciani Operibus per N. Kent, in usum tyronum , gr. lat. *Cantab.* 1730 , in-8. ch. maj. 10 l. vel *Glasguæ* , 1778, in-8. 7 l.

— Les Œuvres de Lucien , trad. du

Dict. Bibl. I.

lat. en franç. par N. Perrot d'Ablancourt, avec des remarq. *Amst.* 1709 , 2 vol. in-8. fig. 24 à 30 l.

Cette jolie édition n'est pas commune.

— Les mêmes , et de la même trad. avec le texte lat. *Amst.* 1712 , 2 vol. in-8. fig. 12 à 15 l.

— Les mêmes , trad. du grec , avec des notes , par J. N. Belin de Ballu. *Paris* , 1788, 6 vol. in-8. 30 l.

— Gr. pap. format in-4. 50 l.

Entre les pages 184 et 185 du tome XIII , il doit y avoir un feuillet qui remplace certaines lacunes. Il faut aussi qu'il se trouve à la fin de chacun des 5 premiers tomes , des *errata* qui ont été retranchés de plusieurs exemplaires.

— Le Songe de Lucien , la Fable des Alcyous et le Misanthrope du même auteur , trad. en franç. par P. F. Lavau. *Paris* , 1801 , in-8. 3 liv.

— Mythologie de Lucien , grec , franç. et lat. *Paris* , 1796 , in-4. pap. vélin , 8 l.

— L'Histoire véritable, et Lucius ou l'âne , trad. du grec. *Paris* , 1797 , in-12. pap. fin , 3 l.

— I Dialoghi piacevoli , le vere narrationi , le facete Epistole di Luciano philosopho , trad. per Nic. da Lonigo. *Venetia* , 1551 , in-8.

Il y a plusieurs éditions de cette version. Elles sont toutes assez rares.

LUCILII (C.) Satyrarum quæ supersunt reliquiæ , cum notis Fr. Douzæ. *Lugd. Batav.* 1617 , in-4. 6 l.

Cette édition se trouve aussi sous la date d'*Amsterdam* , 1661.

— Idem Opus. *Patavii* , 1735 , pet. in-8. 6 l.

LUCINI (Pauli) Opticæ , juxtà leges newtonianas , lat. versibus expositæ, lib. iv. *Parmæ* , Bodoni, 1793, in-8. 12 l.

Edition tirée à 200 exemplaires.

LUCRETII Cari (Titi) de Rerum Naturà lib. sex. (*Brixiæ*) , Thoma Ferrando , autore, (circà 1473), in-fol.

Edition extrêmement rare et la première de ce livre. Elle est imprimée à longues lignes , au nombre de 36 dans les pages entières , sans chiffres, signatures ni réclames. La totalité du vol. est de 104 feuillets.

— Iidem , cum argumentis , cur.

41

Hier. Avantio. *Veronæ*, P. Fridenberger, 1486, in-fol.

Première édition de Lucrèce avec date. Les exemplaires en sont très-rares, 200 l.

— Iidem. *Venetiis*, Aldus, 1500, in-4. Prix arbitraire.

Edition très-rare.

— Iidem. *Venetiis*, Aldus, 1515, in-8. 24 à 36 l.

Cette édition est meilleure que la précédente, mais elle n'est pas aussi rare.

—Iidem, à Pet. Candido. *Florentiæ*, Junta, 1512, in-8. 9 à 12 l.

— Iidem, ex edit. et cum Comment. Diony. Lambini. *Parisiis*, 1563, in-4.

On ne recherche guère de cette édition que les exemplaires imprimés sur vélin.

—Iidem, ex recens. D. Lambini. *Parisiis*, Rovillius, 1565, in-16.

Jolie petite édition, très-correcte.

—Iidem, curante Oberto Giphanio, (cum compendio Epicuri, græcè, etc). *Antuerpiæ*, Ch. Plantinus, 1666, in-8.

Edition estimée des savants.

— Iidem, cum interpr. et notis Mich. Fayi; ad usum Delphini. *Parisiis*, 1680, in-4. 24 l.

Ce volume est l'un des moins communs de la Collection des auteurs *ad usum Delphini*.

— Iidem, cum notis Th. Creech. *Oxonii*, 1695, in-8. 16 à 18 l.

Cette édition est préférée à la suivante, qui est peu correcte.

— Iidem, cum ejusd. notis. *Lond.* 1717, in-8. 10 l.

— Iidem, cum variis lectionibus. *Lond.* Tonson, 1712, in-fol. gr. pap. fig. 300 à 350 l.

On a tiré de cette belle et rare édition des exemplaires sur vélin.

Il y a aussi des exemplaires de format in-4. mais ils ne sont pas chers, 20 l. environ.

— Iidem, cur. Mich. Maittaire. *Lond.* Tonson, 1713, in-12. 5 l.— Gr. pap. 9 à 12 l.

Editions estimées.

—Iidem. *Patavii*, Comino, 1721 vel 1751, in-8.

Edition très-correcte.

— Iidem, cum notis varior., ex edit. Sigeb. Havercampi, etc. *Lugd. Bat.* 1725, 2 vol. in-4. fig. 80 l.

Les savants font beaucoup de cas de cette édition.

— Iidem, à Steph. Andr. Philippe. *Parisiis*, Coustellier, 1744, in-12. fig. 6 l.

On a tiré de cette jolie édition quelques exemplaires sur vélin.

Il faut vérifier à la fin du vol. si le *Glossarium vetus* s'y trouve.

— Iidem. *Lond.* Brindley, 1749, in-18. fig. 3 à 4 l.

— Iidem. *Lutetiæ Par.* Barbou, 1754, in-12. fig. 4 l. — Pap. de Holl. 9 à 12 l.

— Iidem. *Glasguæ*, Foulis, 1759, in-4. 10 l.

— Iidem. *Glasguæ*, Foulis, 1749 et 1759, in-8. 5 l.

— Iidem. *Birminghamiæ*, J. Baskerville, 1772, in-4. 21 l.

Belle édition.

— Iidem. *Birminghamiæ*, J. Baskerville, 1773, in-8. 9 l.

— Iidem. *Vindobonæ*, 1787, in-8. 6 liv.

Edition publiée par M. Alter.

— Iidem. *Mediolani*, per Aloy. Mussium, 1807, gr. in-fol. 96 l.

Très-belle édition, tirée à un petit nombre d'exemplaires.

— Ejusd. Lucretii Opera, cum comment. perpetuis et indicibus instruxit Wakefield. *Lond.* 1796, 3 vol. in-4. 90 l.

Il y a des exemplaires de format in-fol., mais ils sont rares, même à Londres.

— Les Œuvres de Lucrèce, trad. par La Grange, avec le texte lat. *Paris*, 1768, 2 vol. gr. in-8. fig. 18 l. — Gr. pap. de Holl. 30 l.

—Les mêmes, et de la même trad., avec le texte latin. *Paris*, 1768, 2 vol. in-12. fig. 6 à 8 l.—Pap. fin, 9 à 12 l.

Le papier fin se reconnaît à une étoile placée à côté de chaque signature.

— Les mêmes, et de la même trad., avec le texte lat. *Paris*, Didot le jeune, an 2 (1794), 3 vol. gr. in-4. pap. vélin, fig. 80 l.

Superbe édition, dont on a tiré 50 exemplaires en grand papier format in-fol.; plus, un sur peau de vélin.

— Lucrèce, de la Nature des choses, trad. en vers franç. par Leblanc de Guillet. *Paris*, 1788, 2 vol. in-8. fig. 15 l.

La traduction des Œuvres de Lucrèce, par le Baron des Coutures. *Paris* (*Hol-*

lande), 169a, 2 vol. in-12. n'est plus recherchée.

— Di Tito Lucrezio Caro della Natura delle Cose lib. sei, trad. in ling. ital. da Aless. Marchetti. *In Lond.* 1717, in-8. 8 l. — Gr. pap. 15 l.

Edition correcte et préférable à la suivante.

— I medesimi e della medesima trad., dati iu luce da Fr. Gerbault. *In Amst.* (*Parigi*), 1754, 2 vol. gr. in-8. fig. de Cochin.

Belle édition, mais remplie de fautes typographiques.

LUCTUS Christianorum. Vide Li-BER moralis.

LUDEWIG. (J. P.) Rerum Wirtz-burgensium Scriptores div., collect. J. P. Ludewig: opus germ. conscriptum. *Francof.* 1713, in-fol. 12 l.

— Scriptores div. Rerum Episcopatûs Bambergensis, collect. J. P. Ludewig. *Francof.* 1718, 2 tom. 1 vol. in-fol. 12 l.

— Reliquiæ Manuscriptorum omnis ævi Diplomatum ac Monumentorum ineditorum, ex museo J. P. Ludewig. *Francofurti et Lipsiæ*, 1720, 12 vol. in-8. 24 l.

LUDEWIG (F. A.) Clavis Virgiliana. *Berolini*, 1805, 2 vol. in-8. 9 liv.

LUDOLFI (Jobi) Dissert. de Locustis in Germaniâ visis; cum Diatribâ de Locustis, cibo Israëlitarum in deserto, etc. *Francof.* 1694, in-fol. fig. 12 l.

— Ejusd. Histor. æthiopica, sive Descript. Regni Habessinorum, etc. *Francof.* 1681, in-fol. fig.

— Ejusd. Commentarius ad suam Historiam æthiopicam. *Francof.* 1691, in-fol. fig.

— Ejusd. Appendix ad Historiam suam æthiopicam. *Francof.* 1693 et 1694, 2 part. 1 vol. in-fol.

Ces différents Traités sur l'Histoire d'Ethiopie de Ludolf se trouvent rarement complets : 40 l. environ.

Le grand Commentaire est rare.

— Grammatica Linguæ amharicæ vel æthiopicæ. *Francof.* 1698.—Lexicon amharico-lat. *Ibid.* 1698. — Lexicon æthiopico-lat. *Ibid.* 1699, in-fol. 24 l.

— Grammaticæ æthiopicæ edit. se-

cunda, ab ipso aut. revisa et aucta. *Francofurti ad Mœnum*, 1702, in-fol. 18 l.

— Grammatica russica. *Oxonii*, 1696, in-8. 10 l.

LUDOLPHI Saxonis Opus Vitæ Christi, juxtà seriem Evangeliorum. 1474, in-fol. 60 l.

Cette édition, la première de ce livre, et celle de *Cologne*, 1474, in-fol. sont toutes deux très-rares.

— Le grand *Vita Christi* transl. en franç. par Guill. le Mesnard, cordelier. *Paris*, A. Vérard, 1490, 2 tom. 1 vol. in-fol. 30 l.

Les exemplaires de cet ouvrage imprimés sur vélin, avec miniatures, sont précieux.

LUDOVICI Patritii romani, Itinerarium novum Æthiopiæ, Ægypti, etc., lat. redditum ab Arch. Madrignano. *Mediolani*, 1511, in-fol. 18 l.

LUDOVICUS A PARAMO. Vid. PARAMO.

LUDWIG (Chr. Gott.) Ectypa vegetabilium usibus medicis præcipuè destinatorum, germ. et lat. *Halæ Magdeb.* 1760, in-fol. fig. color. 60 l.

— Descriptiones Terrarum sigillatarum Musei regii Dresdensis. *Lipsiæ*, 1749, in-fol. fig. 18 l.

— Definitiones Generum Plantar., ed. G. R. Boehmer. *Lipsiæ*, 1760, in-8. 6 l.

LUIDII (Ed.) Lithophylacii Britannici Ichnographia. *Lond.* 1699, in-8. fig. 16 l.

Ouvrage tiré à 120 exemplaires seulement; plus, quelques-uns de format in-4.

Il a été réimprimé à *Oxford* en 1760, in-8.

LUISINI (Aloys.) Aphrodisiacus, sive de Lue venereâ veter. medicorum Scripta, cum Præfat. H. Boërhaave. *Lugd. Bat.* 1728, 2 tom. 1 vol. in-fol. 20 l.

— De Morbo gallico omnia quæ extant apud omnes medicos cujuscumque nationis, collecta per A. Luisinum. *Venet.* 1566, 2 vol. in-fol. 24 l.

LUNEAU DE BOISJERMAIN. (Pier. Jos. Fr.) Cours de Langue anglaise. *Paris*, 3 vol. in-4. et 2 vol. in-8. 36 l.

— Cours de Langue italienne. *Paris*, 1783, 3 vol. in-8. et 1 vol. in-4. 36 l.

— Cours de Langue latine. *Paris*, 5 vol. in-8. 24 l.

— Voy. RACINE. (Jean)

LUNIER. Dictionnaire des Sciences et des Arts. *Paris*, 1805, 3 vol. in-8. 21 l.

Cet ouvrage a été favorablement accueilli du public.

LUNIG (Jo. Chr.) Codex Italiæ diplomaticus. *Francof.* 1725, 4 vol. in-fol. 24 l.

LUTHERI (Mart.) Opera. *Wittebergæ*, 1554 et seqq. 7 vol. in-fol. *rare*, 100 l.

— Biblia sacra, germanicè, ex transl. M. Lutheri. *Francof. ad Mœnum*, 1589, 2 vol. in-fol. fig. 24 l.

— Eadem. *Francof.* 1704, 2 vol. in-fol. fig. de Merian, 36 l.

LUXDORPHIANA è Platone, gr. edid. Olaus Wormius. *Hauniæ*, 1790, in-4. 8 l.

Ce livre est une concordance des ouvrages de Platon avec la Bible, faite par Luxdorf.

LUXEMBOURG apparu à Louis XIV sur le rapport du P. La Chaize. *Cologne*, 1693, in-12. 10 l.

L'édition de 1718 est moins chère.

LUYCKEN. (J.) Les Hist. les plus remarquables de l'ancien et du nouv. Testament, avec fig. *Amst.* Mortier, 1732, in-fol. 30 l.

LYCOPHRONIS Alexandra, gr. lat., cum Isaaci Tzetzæ comment. græcis, stud. Jo. Potteri. *Oxonii*, 1697, in-fol. 24 l. — Gr. pap. 140 l.

—Eadem, gr. lat., cum Is. Tzetzæ comment. gr., stud. J. Potteri. *Oxonii*, 1702, in-fol. 24 à 36 l.

Edition préférable à la précédente pour quelques augmentations, et plus rare en France.

— Ejusd. Alexandra, sive Cassandra, gr. lat., cum comment. G. Canteri et notis G. H. Reichardi. *Lipsiæ*, 1788, in-8. 6 l. — Pap. fin, 12 l.

LYCURGI contrà Leocratem Oratio, gr., ex recens. Jo. Got. Hauptmann. *Lipsiæ*, 1751 vel 1753, in-8. 7 l.

LYCURGUE (Discours de) d'Andocide, d'Isée, de Dinarque, etc. trad. en franç. par Athan. Auger. *Paris*, 1783, in-8. 5 l.

LYDII (Jac.) Sermonum Convivalium lib. duo. *Lugd. Bat.* 1656, in-4. 6 à 8 l.

LYON Marchand. Voy. ANEAU.

LYONNET. (Pier.) Traité anatomique de la chenille qui ronge les bois de saule. *La Haye*, 1760, in-4. fig. 24 l. — Gr. pap. 36 l.

LYONS. (J. des) Discours ecclésiastiq. contre le Paganisme des rois de la fève et du roi-boit. *Paris*, 1644, in-12. 4 à 5 l.

—Traités singuliers contre le Paganisme du roi-boit. *Paris*, 1670, in-12. 4 à 5 l.

LYRA (Nic. de) Biblia sacra, cum interpr. *Romæ*, Conradus Sweynheym et Arn. Pannartz, 1471-1472, 5 vol. in-fol. 100 l.

Ouvrage regardé comme le premier Commentaire qui ait été imprimé sur l'Ecriture sainte. Les exemplaires en sont rares.

— Eadem, *Venetiis*, Joh. de Colonia et Nic. Jenson, 1481, 2 vol. in-fol.

Les exemplaires imprimés sur vélin sont excessivement rares.

—Les grandes Postilles, ou Expositions des Epîtres et Evangiles de toute l'année, trad. du lat. de N. de Lyra. *Paris*, A Vérard, 1511 et 1512, 5 vol. in-fol.

On ne recherche guère de ce livre que les exemplaires imprimés sur vélin et ornés de miniatures.

LYSERUS. Vid. ALETHÆUS.

LYSIÆ Orationes et Fragmenta, gr. lat., ex edit. Jo. Taylor. *Lond.* 1739, in-4. 24 l. — Gr. pap. *rare*.

Bonne édition. Un exemplaire en grand papier a été vendu 250 l. chez M. Gouttard, en 1788.

— Ejusd. Orationes, gr. et lat., cum notis Jo. Taylor. *Cantabrigiæ*, 1740, in-8. 8 l.

Edition correcte.

— Eædem, gr., cum annot. Jo. Taylor et Marklandi, curà J. Jac. Reiske. *Lipsiæ*, 1772, 2 vol. in-8. 12 liv.

— Ejusd. Opera, gr. lat., cum notis Ath. Auger. *Parisiis*, Didot natu major, 1783, 2 vol. in-8. 18 l.

On a tiré 100 exemplaires de cette édition de format gr. in-4. 60 à 72 l.

— Eadem, gr., curà F. C. Alter. *Vindobonæ*, 1785, in-8. 5 l.

Edition faite sur le manuscrit de Vienne.

—Les Œuvres complètes de Lysias, trad. en franç. par Ath. Auger. *Paris*, 1783, in-8. 6 l.

LYSON'S. (Sam.) History of Towns and Villages in the environs of Lond. *Lond.* 1795 , 4 vol. gr. in-4. fig. 300 l.

— Account of Roman Antiquities discovered at Woodchester in Gloucestershire. *London*, 1797 , in-fol. fig. color. 200 l.

—Remains of two Temples and other roman Antiquities discovered at Bath. *Lond.* 1802 , gr. in-fol. fig. color. 80 l.

LITTELTON. (Georg. lord) A Gentleman's tour through Monmouthshire and Wales. *Lond.* 1781, in-8. fig. 16 l.

M

MABILLON (Joan.) Liturgia gallicana. *Parisiis*, 1729, in-4. 6 l.

—Ejusd. et Mich. Germain , Museum italicum , sive Collectio vet. Scriptorum è Biblioth. ital. eruta. *Parisiis* , 1724 , 2 vol. in-4. 12 l.

L'édition de 1687 , 2 vol. in-4. vaut à-peuprès le même prix.

— Ejusd. Annales Ordinis S. Benedicti. *Parisiis* , 1703 et seqq. 6 vol. in-fol. 36 l.

—Ejusd. et L. Dacherii Acta Sanctorum Ordinis S. Benedicti. *Parisiis* , 1668 et seqq. 9 vol. in-fol. 80 l.

L'édition de *Venise* , 1733 , 9 vol. in-fol. est moins estimée et moins chère.

—Ejusd. de Re Diplomaticà lib. sex. *Parisiis* , 1681 vel 1709 , in-fol.

—Ejusd. Supplementum Libr. de Re Diplomaticà , etc. *Parisiis* , 1704 , in-fol.

Ce Supplément se joint aux deux éditions de l'ouvrage précédent: 48 l.—Gr. pap. 100 l.

—Ejusd. de Re Diplomaticà libri sex, cum notis Ademari. *Napoli*, 1789 , 2 vol. gr. in-fol. 100 l.

Edition estimée et peu commune en France.

— Vide DACHERIUS.

— Œuvres posthumes de D. J. Mabillon et de D. Thier. Ruinart , publiées par D. V. Thuillier. *Paris* , 1724 , 3 vol. in-4. 18 l.

MABLY: (Gabr. Bonnot de) ses Œuvres complètes. *Lond.* (*Paris*), 1789 , 13 vol. in-8. 24 l.

— Les mêmes (*édit.* publiée par Arnoux.) *Paris* , an 3 (1794-95), 15 vol. in-8. 36 l. — Pap. vélin , 72 liv.

— Entretiens de Phocion sur le rapport de la morale avec la politique, trad. du grec de Nicoclès. *Paris* , 1783 , 3 vol. in-12.

Il y a de cette édition des exemplaires imprimés sur vélin.

— Les mêmes , avec la Vie de Phocion , par Plutarque. *Paris* , Didot le jeune , an 3 (1794-95) , gr. in-4. pap. vélin , fig. de Moreau jeune , 18 l. — Fig. av. la lettre et eauxfortes , 27 l.

Il a été tiré de cette édition 5 exemplaires en grand papier format in-fol.

— Les mêmes. *Paris* , Renouard , an 12 (1804) , in-18 et in-12. portraits.

On a tiré du format in-12. un exemplaire sur papier rose , et un autre sur vélin.

MACARTNEY. Voy. STAUTON.

MACBRID. (Dav.) A methodical introduction to the theory and practice of physic. *Lond.* 1772 , 2 part. 1 vol. in-4. 12 l.

MACCII (P.) Emblemata. *Bononiæ*, 1628 , in-4. fig. 6 l.

MAC-CURTIN. (H.) The Elements of the Irish language grammatically explained in english. *Lovain* , 1728, in-8. 7 l.

MACHADO. (Dieg. Barb.) Bibliotheca lusitana , historica , critica , etc. *Lisboa* , 1741 , 4 vol. in-fol. 80 liv.

MACHARONEA varia , div. linguis conscripta, præsertim lat. et charactere goth. impressa. *Absque loci et anni indicat.* in-16.

Recueil extrêmement rare. On ignore les auteurs des différentes pièces qu'il renferme , 30 l.

MACHIAVELLI. (Nicc.) Le Istorie, il Principe, i Discorsi, e l'Arte de la Guerra. *Venezia* , Aldo , 1540, 4 vol. in-8. 40 l.

Edition estimée et assez rare. Elle a été réimprimée par le même en 1546.

— Le Opere del med. *In Firenze* , 1544 , 2 vol. in-4. 18 l.

—Le medesime. (*In Firenze*), 1550, in-4. *assez rare* , 45 l.—Gr. pap. *très-rare.*

Cette édition , citée par la Crusca , est fort

recherchée. Il en existe une contrefaction sous la même date et dans le même format, mais qui est si mal exécutée, qu'au premier coup d'œil il est facile de la reconnaître.

— Le medesime. *Nella Haya*, 1726, 4 vol. in-12. 10 l.

— Le medesime. *In Lond.* 1747, 2 vol. gr. in-4. 15 l.

Edition estimée.

— Le medesime. *In Lond.* (*Parigi*, Prault), 1768, 8 vol. pet. in-12. 27 l.

— Le medesime, cou una Prefazione di G. Baretti. *In Lond.* 1772, 3 vol. in-4. 24 l.

— Le medesime. *In Firenze*, 1782, 5 vol. in-4. 36 l.

— Le medesime. *Filadelfia* (*Livorno*), 1796. 6 vol. in-8. col ritratto del aut. 36 l.

Cette édition a non-seulement le mérite d'être très-correcte, mais encore l'avantage d'être enrichie d'annotations, et de renfermer quelques pièces qui jusqu'alors étaient inédites.

— La Storia fiorentina, divisa in otto libri. *Firenze*, Giunti, 1532, in-4. *rare*, 40 l.

— La Mandragola, commedia. *Firenze*, 1533, in-8. de 28 feuillets, 30 liv.

— La Clizia, commedia. *Firenze*, 1537, in-8. de 31 feuillets, 30 l.

Ces trois ouvrages, cités par la Crusca, sont très-rares.

— Les Œuvres de Machiavel, trad. en franç. *La Haye*, 1743, 6 vol. in-12. 24 l.

— Les mêmes, trad. par Th. Guiraudet. *Paris*, an 7 (1799), 9 vol. in-8. 30 l. — Pap. vélin, 50 l.

— Réflexions sur la première Décade de Tite-Live, trad. en franç. (par M. de Menc.) *Paris*, Didot l'aîné, 1782, 2 vol. in-8, 10 l.

Il y a des exempl. en papier fin d'Annonay.

MACHON. (L.) Discours ou Sermon apologétique en faveur des femmes. *Paris*, 1641, in-8. 5 l.

MACHUCA. Voy. VARGAS.

MACKAY. (Andr.) The theory and practice of finding the longitude at sea or Land. *Aberdeen*, 1801, 2 vol. in-8. pap. vélin, fig. 30 liv.

MACKENZIE. (Alex.) Voyages from

Montreal, on the river St.-Laurence through the continent of north America to the frozen and pacific Oceaus, in the years 1789-93. *Lond.* 1801, in-4. pap. vélin, cartes, 40 l.

— Voyage dans l'intérieur de l'Amérique Septentrionale, fait en 1789-93, à la Mer Glaciale et à l'Océan Pacifique, trad. de l'angl. par J. Castera. *Paris*, 1802, 3 vol. in-8. portr. et cartes, 15 l. — Pap. vélin, 30 l.

MACKINSTOSH. Travels in Europe, Asia and Africa. *Lond.* 1772, 2 vol. in-8. 15 l.

MACLAURIN. (Colin) Traité des Fluxions, trad. de l'angl. par Pezenas. *Paris*, 1749, 2 vol. in-4. fig. 15 l.

MAÇON (R. le) *dit* LA FONTAINE. Les Funérailles de Sodome et de ses filles. *Lond.* 1610, in-8. 10 l.

MACPHERSON. (James) The History of Great-Britain. *Lond.* 1776, 2 vol. in-4. 20 l.

MACQUER. Dictionnaire de Chimie. *Paris*, 1778, 4 vol. in-8. 15 l.

On a tiré de cette édition six exemplaires en grand papier de Hollande format in-4. 2 vol.

MACRI philosophi, Liber de naturis, qualitatibus et virtutibus octuaginta-octo Herbarum. *Neapoli*, 1477, in-fol. 18 l.

Cette édition est la première et la seule recherchée de ce livre.

MACRI (Dom.) et Caroli ejus fratris Hiero-Lexicon, sive Diction. sacrum. *Romæ*, 1677, in-fol. 7 l.

MACRINI (Salm.) Hymnorum lib. vj. *Parisiis*, Rob. Stephanus, 1537, in-8. 5 l.

MACRINUS (Jos.) de Vesuvio. *Neapoli*, 1693, in-12. 5 l.

MACROBII (Aur. Theod.) Opera. *Venetiis*, Nic. Jenson, 1472, in-fol. 400 à 500 l.

Première édition des OEuvres de cet auteur. Elle est bien exécutée en lettres rondes et très-rare.

— Eadem, et Censorinus de Die natali, cum præfat. Donati Veronensis. *Venetiis*, Aldus, 1528, in-8. 10 liv.

— Eadem, ab Henr. Stephano. *Parisiis*, H. Stephanus, 1585, in-8.

— Eadem, cum notis selectis Is. Pontani, et Varior., ex recens. J. Gronovii. *Lugd. Batav.* 1670, in-8. 15 liv.

Edition estimée et peu commune.

— Eadem, cum notis selectis Is. Pontani et Varior., ex recens. J. Gronovii. *Lond.* 1694, in-8. 10 à 12 l.

L'édition précédente et celle-ci font partie de la Collection des *Variorum*.

Plusieurs bibliographes ont prétendu que l'édition de 1694 était augmentée et renfermait un *Index* plus ample. D'après un examen approfondi des deux éditions, nous avons reconnu que celle de 1694 n'était qu'une copie très-incorrecte de la précédente, sans aucune augmentation, tant dans les notes que dans l'*Index*.

Cet auteur attend une traduction française.

— Eadem, à Vulpiis fratribus. *Patavii.* Comin. 1736, in-8. 7 l. — Gr. pap. 12 à 15 l.

— Eadem, cum notis Is. Pontani, Gronovii et Zeunii. *Lipsiæ*, 1774, in-8. 10 l.

Bonne édition.

— Eadem. *Biponti*, 1788, 2 vol. in-8. 5 liv.

Edition très-correcte, mais sans notes.

MADERI (Joach. Jo.) de Bibliothecis atque Archivis virorum clariss. Libelli et Comment., cum Præfat. de Scriptis et Bibliothec. Antediluvianis, etc. *Helmestad.* 1702 et 1705, 2 vol. in-4. *rare*, 30 l.

MADERNI, (Carl.) Bram. LAZZARI, M. A. BONAROTA, etc. Architettura della Basilica di San Pietro in Vaticano. *In Roma*, 1684, in-fol. fig. *rare*, 24 l.

MAFFEI. (Alex.) Statues antiques et modernes à Rome, mises au jour sous le pontificat de Clément XI, expliq. par A. Maffei. *Rome*, 1784, in-fol. 123 pl, 40 l.

MAFFEI. (Giov. Piet.) Istorie delle Indie orientali, trad. dal lat. in ling. toscana da Fr. Serdonati fiorentino. *Firenze*, Giunti, 1589, in-4. 16 l.

Edition citée par la Crusca.

— Le stesse. *Bergamo*, 1749, 2 vol. in-4. 9 l.

Bonne édition.

MAFFEI. (Scip.) Verona illustrata. *In Verona*, 1732, 4 part. 1 vol.

in-fol. fig. ou 4 vol. in-8. fig. 15 l.

— Museum Veronense, hoc est antiq. Inscriptionum Collectio. *Veronæ*, 1749, in-fol. fig. 12 l.

— Galliæ Antiquitates quædam selectæ. *Parisiis*, 1733, in-4. fig. 6 l.

MAGELLAN. Description des Octants et Sextants anglais. *Paris*, 1775, in-4. fig. 15 l.

MA-GEOGHEGAN. Hist. de l'Irlande. *Paris*, 1758, 2 vol. in-4. fig. 10 l.

MAGGII (Fr. Mar.) Syntagmatum Linguarum orientalium, quæ in Georgiæ regionibus audiuntur, lib. ij. *Romæ*, 1643, in-fol. 18 l.

Peu commun.

MAGGOLA (Fr.) Graphides, per Lud. Inig. Bononiæ collectæ. 1788, gr. in-fol. 24 l.

MAGICA de Spectris et Apparationibus Spirituum. *Lugd. Batav.* 1656, in-12. 5 l.

Ouvrage attribué à Grotius.

MAGICIENNE (la) étrangère, tragédie (en quatre actes), en vers, en laquelle on voit les tyranniques emportements, origine, entreprises, arrêts, mort, supplice, etc. tant du marquis d'Ancre que de Léonard Galligay, sa femme; par un bon Français, neveu de Rotomagus. *Rouen*, 1617, in-8. *rare*, 12 l.

MAGISTRI (Th.) per Alphabetum, hoc est, elementorum ordinem Attici eloquii Elegantiæ, gr. *Romæ*, 1517, in-8. *rare*.

Première édition de ce livre.

— Idem Opus, gr., cum notis Varior. et Jo. Steph. Bernard. *Lugd. Bat.* 1757, in-8. 12 l.

Bonne édition.

MAGIUS : (Charles) ses Voyages et Aventures, depuis que les Turcs attaquèrent et prirent l'île de Chypre, jusqu'après la bataille de Lépanthe en 1571; ouvrage précieux et unique, décoré de tableaux de la plus grande beauté, peints en miniature sur vélin, avec des descriptions historiques imprimées sur vélin en 1761, pet. in-fol. Vendu 2000 l. chez La Vallière.

MAGNENI (Jo. Chr.) Democritus reviviscens, sive Vita et Philosophia Democriti. *Lugd. Batav.* 1648, in-16. 4 l.

MAGNI , Piacentino.(Piet. P.) Discorsi soprà il modo di sanguinare , attacar le sanguisughe e le ventose. *In Roma* , 1586 , in-4. fig. 8 l.

MAGNI (Jac.) Ord. Eremitarum S. August. Sophologium. *Edit. vet. Ulrici Gering. Parisiis, absque anni notâ*, in-fol. 36 l.

Cette édition est fort rare ; on la croit imprimée vers 1471.

— Idem. *Parisiis*, Ulric. Gering, 1475 , in-fol.

Les curieux font encore quelque cas de cette édition. Les exemplaires en sont assez rares.

MAGNI , archiep. Upsaliensis , (Jo.) Gothorum Suecorumque Historia. *Romæ* , 1554 , in-fol. 3o l.

Cette édition est la meilleure de cet ouvrage.

MAGNIEZ (L.) Novitius, seu Diction. magnum lat.-gallicum. *Parisiis*, 1721 , 2 tom. 1 vol. in-4. 2o l.

Il manque dans presque tous les exemplaires deux feuillets de corrections et de supplément , à la fin du deuxième tome.

MAGNOL (Pet.) Botanicon Monspeliense. *Monspelii* , 1686 , in-8. fig. 5 l.

—Hortus regius Monspeliensis. *Monspelii* , 1697 , in-8. fig. 5 l.

MAGNUS. (Olaus) Vid. OLAUS MAGNUS.

MAHON. (Will.) Principles on Electricity. *Lond.* 1779 , in-4. 8 l.

MAHON. Médecine légale, et police médicale , avec des notes par Fautrel. *Paris* , an 10 , 3 vol. in-8. 12 liv.

MAHUMETIS Alcoranus , ab Abrah. Hinckelmanno , arab. *Hamb.* 1694, in-4. 18 à 24 l.

MAICHELLI (Dan.) Introductio ad Hist. litterariam de præcipuis Bibliothecis Parisiensibus , locupletata annot. etc. *Cantab.* 1721 , in-8. *rare*, 12 l.

MAIER. (Marco) Regno di Napoli e di Calabria , descritto con medaglie, arrichito d'una Descrittione compendiosa di quel famoso regno. *In Lione* , 1717 , in-fol. fig.

On joint ordinairement l'article suivant à celui-ci.

— Monete del regno di Napoli da Roggiero primo rè sino all' Augus-

tiss. regnante Carlo VI , imper. , raccolte e spiegate da D. Ces. Ant. Vergera. *In Roma (Lione)*, 1716 , in-fol. fig.

Ces deux ouvrages sont fort rares , n'ayant été tirés qu'à 100 exemplaires environ.

MAIERI (Mich.) Arcana arcanissima, hoc est, Hieroglyphica Ægyptio græca. *Absque ullâ indicat.* in-4. 20 l.

Volume rare. L'édition de 1614 , pet. in-4. vaut 10 à 12 l.

— De Circulo-physico-quadrato , hoc est , de Auro Tractatus. *Oppenheimii* , 1616 , in-4. fig. 5 l.

— Symbola aureæ Mensæ duodecim Nationum. *Francof.* 1617 , in-4. fig. de de Bry , *rare*, 8 l.

—Viatorium ; hoc est , de Montibus septem Planetarum. *Oppenheimii* , 1618 , in-4. fig. 7 l.

— Jocus Severus , hoc est , Regnum Noctuæ. *Francof.* 1617 , in-4. fig. 7 liv.

— Tripus Aureus. *Francof.* 1618 , in-4. fig. 6 l.

— Atalanta fugiens ; hoc est , Emblemata nova de Secretis naturæ chimicæ. *Oppenheimii* , 1618 , in-4. fig. de de Bry , 20 l.

Ce volume est le plus rare des ouvrages de Maier.

— Themis Aurea ; hoc est , de Legibus Fraternitatis Roseæ Crucis Tractatus. *Francof.* 1618 , in-4. fig. 5 l.

— Lusus Serius. *Oppenheimii* , 1616 , in-4. 5 l.

—Septimana philosophica. *Francof.* 1620, in-4. fig. 5 l.

— Tractatus posthumus , sive Ulysses , necnon ejusd. Maieri Tractatus alter , cui titulus est : Silentium post clamores. *Francof.* 1624, in-8. 5 l.

—Verum Inventum , seu vera Germaniæ Inventa. *Francof.* 1619 , in-8. 4 l.

— Scrutinium Chimicum. *Francof.* 1687 , in-4. fig. 8 l.

Tous les Traités de cet auteur sont peu communs.

MAII (Juniani) Parthenopei , Liber de Priscorum proprietate Verborum. *Neapoli* , 1475 , in-fol. 6o l.

Cette édition , la première de ce livre , est supérieurement exécutée sur deux colonnes , en caractères ronds , sans chiffres ni réclames. Les exemplaires en sont très-rares.

— Idem. *Tarvisii*, 1477, in-fol. 40 l.

Quoique moins belle que la précédente, cette édition est encore recherchée des curieux.

MAILLA. (Jos.-Anne-Mar. de Moyriac de) Histoire gén. de la Chine, trad. du Tong-Kien-Kang-Mou, publ. par Grosier et dirigée par Le Roux des Hautesrayes. *Paris*, 1777 et suiv. 13 vol. in-4. 76 l.

MAILLARDI (Oliv.) Sermones dominicales, quadrages. et aurei, Parisiis et alibi declamati. *Parisiis*, 1511-1530, 7 part. 3 vol. in-8. 18 l.

Ces sermons sont recherchés pour la singularité de la composition, le ridicule des expressions et le barbarisme de la latinité.

Il faut voir si les trois volumes renferment les sept parties.

— Sermon d'Oliv. Maillard, prêché le 5.e dimanche de carême en la ville de Bruges, l'an 1500. In-4. goth. 18 à 24 l.

Volume rare et singulier.

— Confession gén. de Frère Oliv. Maillard. *Lyon*, 1526, in-8. goth. 5 liv.

— Le Livre intitulé : de Confession, ou la Manière de se confesser. *Paris*, sans date, in-8. gothique, 6 à 9 l.

MAINE. (le duc du) Œuvres diverses d'un auteur de sept ans. *Sans aucune indication*, in-4. 15 l.

Cet ouvrage, tiré à un petit nombre d'exemplaires, ne s'est jamais vendu. On l'attribue au duc du Maine.

MAINFRAY : son Théâtre. 1618-21, in-16. 8 à 10 l.

MAINTENON : (M.me de) ses Lettres et Mémoires, publiés par Angliviel de la Beaumelle. *Amst.* 1755, 15 vol. in-12. 24 l.

MAJOR. (Th.) Les Ruines de Pæstum, ou de Possidonie dans la grande Grèce, trad. de l'anglais. *Lond.* 1768, in-fol. fig. 72 l.

— Les mêmes, trad. libre de l'angl. par M.** (Dumont.) *Paris*, 1769, gr. in-4. 18 pl. 18 l.

— Recueil d'Estampes grav. d'après les meilleurs tableaux des grands maîtres, dont on a fait choix dans les cabinets les plus célèbres d'Angleterre et de France. *Lond.* 1754, in-fol. atlantiq. 40 l.

Dict. Bibl. I.

MAIRAN. (J. J. Dortous de) Dissertation sur la Glace. *Paris*, impr. roy. 1749, in-12. fig. 4 l.

— Voy. ACADÉMIE des Sciences.

MAIRE. Voy. BOSCOWICH.

MAIRE. (Fr. le) Hist. et Antiquités de la ville d'Orléans. *Orléans*, 1648, in-fol. 9 l.

MAIRE DE BELGES. (J. le) Le Triumphe de l'Amant vert, compris en deux Épîtres fort joyeuses, en rime franç. *Paris*, 1535, in-16. rare.

— Le Triumphe de très-haulte et puissante dame Vérolle, royne du Puy d'amour, en rithme franç. *Lyon*, 1539, in-8. 27 l.

Ouvrage de poésie fort libre. Les exemplaires en sont très-rares.

— Les Illustrations de Gaule, Singularités de Troyes, etc. mis en lumière par Ant. du Moulin. *Lyon*, 1549, in-fol. 8 l.

Des différentes éditions de cet ouvrage, celle-ci est la plus complète. Les exemplaires imprimés sur vélin sont très-recherchés.

MAIRE. (le) Les Traits de l'Histoire univ. sacrée et profane, d'après les plus grands peintres. *Paris*, 1760, 6 vol. in-8. fig. 36 l.

MAISON rustique. (la) Voy. LIGER et BASTIEN.

MAITLAND. (Will.) History of London. *Lond.* 1739, in-fol. 12 l.

— The History and Antiquities of Scotland. *Lond.* 1757, 2 vol. in-fol. 18 l.

MAITRE-JAN. (Ant.) Traité des Maladies de l'œil. *Troyes*, 1707, in-4. 5 l.

MAITTAIRE (Mich.) Annales typographici, ab artis inventæ origine. *Hagæ Comit.* 1719, 1722, 1725, 1733 et 1741, 9 vol. in-4. 130 l. — Gr. pap. 200 à 250 l.

La seconde édition du premier vol., publiée en 1733, sert de tom. IV.

— Annalium typographicarum Mich. Maittaire Supplementum, autor. Mich. Denis. *Vienna*, 1789, 2 vol. in-4. 27 l.

— Opera et Fragmenta vet. Poëtarum latinorum profanorum et ecclesiast., ex edit. M. Maittaire. *Lond.*

42

1713, 2 vol. in-fol. 100 l.

Collection fort estimée. Les exemplaires en grand papier sont rares, et ne valent pas moins de 5 à 600 l.
L'édition de 1721, 2 vol. in-fol. est moins belle et moins correcte, et ne vaut que 72 l. environ.

— Græcæ Linguæ Dialecti, operâ M. Maittaire. *Hagæ Comit.* 1738, in-8. 6 l. — Gr. pap. 12 l.

— Iidem, ex recens. F. G. Sturzii. *Lipsiæ*, 1807, in-8. 15 l.

— Miscellanea Græcorum aliquot Scriptorum Carmina, gr., cum vers. lat. et notis; operâ M. Maittaire. *Lond.* 1722, in-4. 15 l. — Gr. pap. 30 l.

— Historia Stephanorum, ipsorum vitas ac libros complectens. *Lond.* 1709, 2 tom. 1 vol. in-8.

— Historia Typographorum aliquot Parisiensium, ipsorum vitas ac libros complectens. *Lond.* 1717, 2 tom. 1 vol. in-8.

Cet ouvrage et le précédent ne se séparent pas. Ils sont fort estimés et peu communs : 30 à 36 l.
Les exempl. en grand papier sont très-rares.

MAIZIÈRES. (Ph. de) Voy. Lou-vières. (Ch. Jacq.)

MALBRANCQ (Jac.) de Morinis et Morinorum Rebus, Sylvis, Paludibus, Oppidis, etc. Tomi tres. *Tornaci Nerviorum*, 1639, 1647 et 1654, 3 vol. in-4. 80 l.

Livre rare et recherché. Le tome trois est très-difficile à trouver.

MALDONATI (Jo.) Commentarii in iv Evangelistas. *Mussiponti*, 1596, in-fol. 16 l.

Bonne édition, peu commune.

MALEBRANCHE. (Nic.) De la Recherche de la vérité. *Paris*, 1712, in-4. 9 l. — Gr. pap. 15 à 18 l.

Bonne édition. Ce livre existe aussi en 4 vol. in-12. 5 l.

MALERMI. (Nic. de) Le Legende di tutti gli Sancti e le Sancte dalla romana Sedia accettati ed onorati; trad. in ling. volgare da N. de Malermi. *In Venetia*, Jenson, 1475, gr. in-fol. 50 l.

Edition très-rare. Elle est bien exécutée en lettres rondes.

— Vide Biblia in lingua italiana.

MALESCOT (Steph. de) de Nuptiis, liber paradoxicus, novâ et recenti methodo compositus. *Basileæ*, 1572, in-8. 6 l.

MALESPINI : (Celio) le sue ducento Novelle. *In Venetia*, 1609, 2 tom. 1 vol. in-4. 16 l.

Rare et estimé.

MALESPINI. (Ricordano) Istoria Fiorentina. *Firenze*, Giunti, 1568, in-4. rare, 15 l.

— La stessa. *Firenze*, Giunti, 1598, in-4. 7 l.

— La stessa, coll' aggiunta della Cronica di Giov. Morelli. *Firenze*, 1718, in-4. 7 l.

Ces trois éditions sont citées dans le Vocabulaire de la Crusca.

MALFILLASTRE. (Jac.Ch. Louis) Narcisse dans l'île de Vénus, poëme en iv chants. *Paris*, 1795, in-8. pap. vélin, 5 l.

Il en a été tiré deux exemplaires sur peau de vélin grande forme.

MALHERBE : (Fr. de) ses Œuvres, avec les observ. de Ménage et les remarq. de Chevreau sur les poésies. *Paris*, Barbou, 1723, 3 vol. in-12. 6 à 9 l.

— Poésies de Malherbe, avec des remarq. historiq. etc., pas de Saint-Marc. *Paris*, Barbou, 1757, in-8. 8 à 10 l. — Gr. pap. 15 à 18 l.

— Les mêmes. *Paris*, Barbou, 1776, in-8. 8 à 10 l.

— Les mêmes. *Paris*, Didot l'aîné, an 5 (1797), in-4. pap. vélin, 24 à 30 l.

Belle édition, tirée à 250 exemplaires. Elle peut entrer dans la Collection des auteurs français imprimés pour l'éducation du Dauphin.

MALICE (la) des femmes; avec la Farce de Martin-Bâton. *Paris*, in-12. 7 l.

MALINKROT (Bernardi à) de Ortu et Progressu Artis typographicæ. *Colon. Agripp.* 1639, in-4. 5 l.

MALIPIERO. Il Petrarca spirituale. Voy. Petrarca.

MALITZI. (B. C.) Lexicon franç.-polonais. *Cracovie*, 1701, in-8. 8 l.

MALLEOLUS. Vid. Hemmerlinus.

MALLET. (Allain Manesson) Les Travaux de Mars, ou l'Art de la Guerre. *Paris*, 1671 ou 1685, 3 vol. in-8. fig. 10 l. — Gr. pap. 18 l.

— Description de l'Univers, contenant les Cartes gén. et particul. de la Géographie ancienne et mo-

derne, etc. *Paris*, 1683, 5 vol.
in-8. fig.

Cet ouvrage n'est recherché qu'à cause du
grand nombre de planches qu'il renferme : 20 l.

—La Géométrie-pratique, contenant
les Eléments de la Géométrie-pra-
tiq., la Trigonométrie, etc. *Paris*,
1702, 4 vol. in-8. avec 500 pl. 15 l.

MALLET. (P. H.) Histoire du Danemarck. *Genève*, 1787, 9 vol.
in-12. 24 l.

On a du même auteur une *Histoire des
Suisses ou Helvétiens. Genève*, 1803,
4 vol. in-8. 12 à 15 l.

MALLEUS Maleficorum. *Lugd.*
1669, 2 vol. in-4. *rare*, 15 l.

Cet ouvrage est de *Jacq. Springer* et de
Henri Institor, dominicains espagnols.

MALLIOT. (J.) Recherches sur
les costumes, les mœurs, les usages
civils, religieux, etc. des anciens
peuples, publ. par P. Martin. *Paris*, Didot l'aîné, 1809, 3 vol. in-4.
fig. au trait, 80 l.

MALOUIN. Voy. GRAINDORGE.

MALPIGHI (Mar.) Anatome Plantarum, cum Appendice de Ovo in-
cubato. *Lond.* 1675 et 1679, 2
tom. 1 vol. in-fol. fig. 12 l.

— Ejusd. Dissertatio de Bombyce.
Lond. 1699, in-4. fig. 5 l.

— Ejusd. Opera omnia. *Lond.* 1676,
2 vol. in-fol. fig. 24 l.

— Ejusd. Opera posthuma. *Amst.*
1700, in-4. fig. 8 l.

MALTE-BRUN et Ed. MENTELLE.
Géographie mathématique, physique et politique de toutes les
parties du monde. *Paris*, an 12
(1803), 16 vol. in-8. et atlas in-
fol. 130 l.

MALVASIA. (C. Cesare) Felsina
pittrice, Vite de' Pittori bolognesi.
In Bologna, 1678, 2 vol. in-4.
fig. 8 l.

— Marmora felsinea, innumeris non
solùm inscriptionibus exteris huc-
usque ineditis, sed etiam quàm
plurimis doct. virorum roborata et
aucta. *Bononiæ*, 1690, in-4. fig.
8 liv.

MAMACHII (Th. Mar.) Originum
et Antiquitatum christianarum lib.
xx. *Romæ*, 1749, 5 vol. gr. in-4.
fig. 24 l.

MAMMETRACTUS. Vid. MARCHE-
SINI.

MANASSES. (Const.) Vid. BYZAN-
TINE.

MANCINI. Voy. NIVERNOIS.

MANDESLO. (J. Alb.) Voy. OLÉA-
RIUS.

MANDEVILLE, (Jehan) chev. natif d'Augleterre, lequel parle des
grandes Aventures des pays étranges, tant par mer que par terre,
où il s'est trouvé, etc. *Paris*, J.
Bonfons, in-4. goth. *rare*, 12 l.

Il y a encore une autre édition de ce livre,
imprimée à *Lyon*, en 1480, pet. in-fol.
goth. qui est assez rare.

— Trattato delle più maravigliose
Cose etc. che si trovino nel mondo,
scritte e raccolte verso l'ann. 1322;
ridotto in ling. toscana da G. Man-
davilla. *In Firenze*, 1492, in-4. 12 l.

La première édition italienne de cet ouvrage
a paru à *Milan*, en 1480, in-4.

Ce livre existe aussi en latin, en 1 vol. in-4.
sans indicat. d'année, de lieu ni de nom
d'imprimeur.

MANDEVILLE. (Bern. de) La Fable des Abeilles, ou les Fripons
devenus honnêtes-gens ; avec un
commentaire ; trad. de l'angl. *Lond.*
(*Amst.*) 1740, 4 vol. in-8. 12 l.
Belle édition.

Il y a une contrefaction de ce livre faite
à *Trévoux*, mais elle est si mal exécutée,
qu'avec un peu d'attention on la recon-
naîtra facilement.

MANETHONIS Apotelesmaticorum
lib. vj, gr. lat., cum notis Jac.
Gronovii. *Lugd. Batav.* 1698,
in-4. 8 l.

Ce Poëme a été traduit en vers italiens
par Salvini.

MANFREDI. (Lelio di) Voy. Ro-
MAN del Cav. Tiran-Blanc.

MANFREDI : (Eust.) le sue Poesie,
col suo ritratto inciso da Rosaspina.
Parma, Bodoni, 1793, in-8. 12 l.
Volume tiré à 200 exemplaires, dont quelques-uns sont sur papier fort.

MANGEART. (Th.) Introduction
à la Science des médailles. *Paris*,
1763, in-fol. fig. 18 l. — Gr. pap.
36 liv.

MANGENHEIM. Observations sur la
connaissance des forêts (en allemand.) *Gottingue*, 1787, in-fol.
fig. 24 l.

MANGETI (Jo. Jac.) Bibliotheca

Scriptorum medicorum veterum et recentiorum. *Genevæ* , 1731, 4 vol. in-fol. fig. 3o l.

— Bibliotheca medico-practica. *Genevæ* , 1695 , 4 vol. in-fol. 3o l.

—Dan. *Clerici* et J. J. *Mangeti* Bibliotheca anatomica. *Genevæ* , 1699 , 2 vol. in-fol. fig. 15 l.

— Bibliotheca chemica-curiosa. *Genevæ* , 1702, 2 vol. in-fol. fig. 18 l.

— Bibliotheca pharmaceutico-medica. *Genevæ* , 1703, 2 vol. in-fol. fig. 15 l.

— Theatrum anatomicum univ. ; adjectæ sunt ad calcem B. Eustachii Tabulæ anatom. à J. M. Lancisio explanatæ. *Genevæ* , 1716, 2 vol. in-fol. fig. 24 l.

— Bibliotheca chirurgica. *Genevæ*, 1721 , 4 tom. 2 vol. in-fol. ng. 24 l.

MANILII (Marci) Astronomicon. *Nurimbergæ* , Jo. de Regiomonte (circà 1472), in-4. Prix arbitraire. Cette édition , la première de ce livre , est de la plus grande rareté.

—Idem. *Bononiæ*, Ugo Rugerius et Doninus Bertochus , 1474 , in-fol. 700 l.

Avant qu'on eût connaissance de l'édition précédente , celle-ci passait pour la première de cet auteur. Elle est extraordinairement rare.

— Idem , à Laur. Bonincontro. *Bononiæ*, 1484, in-fol. *rare*.

— Idem. *Mediolani* , Ant. Zarotus , 1489, in-fol. 5o l. Edition très-rare et recherchée.

— Idem , à Jo. Scaligero. *Parisiis* , Rob. Steph. 1579 , in-8.

— Idem , cum interpr. et notis Mich. Fayi, et animadv. P. D. Huetii; ad usum Delphini. *Parisiis* , 1679 , in-4. 20 l.

Cette édition entre dans la Collection des auteurs *ad usum Delphini.*

— Idem , ex recens. et cum notis Rich. Bentleii. *Lond.* 1739 , in-4. 12 l. — Gr. pap. 3o l. Bonne édition.

— Idem. *Patavii* , Comino , 1743 , in-8. 4 l.

— Idem , ex recens. et cum notis Rich. Bentleii et Varior. , stud. El. Stoeber. *Argentorati* , 1767 , in-8. 9 liv.

Suivant Pingré, cette édition n'est qu'un recueil d'inepties.

—Idem , ex recens. Ed. Burton. *Lond.* 1783 , in-8. 6 à 8 l.

— Idem , cum interpr. gallicà et notis Al. G. Pingré. *Parisiis* , 1786, 2 vol. in-8. 10 l.

MANILIO. (Seb.) Fasiculo de Medicina , in volgare , el quale tracta de tutte le infirmitate del corpo humano e de la anatomia de quello, etc. *In Venezia*, 1493 , in-fol. 3o l.

MANNI. (Dom. Mar.) Vita di Aldo Pio Manuzio. *In Venezia* , 1759 , in-8. 5 à 6 l.

—Istoria del Decamerone di Giov. Boccacio. *Firenze* , 1742 , in-4. Ouvrage estimé.

MANSA. (J. L.) Plans de Jardins dans le goût anglais ; et Instructions dans l'art de distribuer et planter de petits terrains. *Copenhague* , 1798 , 2 vol. in-fol. obl. avec 24 pl. enlum. 3o l.

MANTICA (Fr.) de Conjecturis ultimarum voluntatum. *Venetiis* , 1607 , in-fol. 20 l,

MANTUANI (*Hispanioli*) (Bapt.) Opera. *Bononiæ*, 1502 , in-fol. 20 l. — Gr. pap. 4o l.

Bonne et rare édition. Celle de *Venise* , 1499, in-4. vaut 8 à 10 l.

—Eadem. *Antuerp.* 1576 , 4 vol. in-8. 18 à 24 l.

Edition peu commune.

MANTUANO. (Marco) Operetta dilettevole del' Heremita , in v giornate. *In Milano*, 1522 , pet. in-8. 7 l.

Ouvrage curieux et peu commun.

MANUTII (Pauli) Antiquitatum romanarum Liber de Legibus. *Venetiis* , Aldus , 1557, in-fol.

Il existe deux éditions de ce livre sous la même date de 1557. La seconde, plus correcte et plus ample que la première , se reconnaît au *verso* du feuillet 80 qui a 33 lignes, tandis que dans la première édition cette page n'en a que cinq.

Cet ouvrage a été réimprimé de format in-8. en 1559 et 1569.

MANZOLI. (P. A.) Vid. PALINGENIUS.

MAPPE (la) romaine, contenant 5 Traités. *Genève*, 1623, in-8. *rare*.

MAPPEMONDE (la) papistique. Voy. BEZE.

MAPPI (Marci) Hist. Plantarum

Alsaticarum, operâ et stud. Jo.
Chr. Ehrmanni. *Argentor.* 1742,
in-4. fig. 8 l.

MAQUER. Voy. MACQUER.

MARA (Guill. de) de tribus Fugiendis : Ventre, Plumâ et Venere,
libelli tres. *Parisiis*, H. Stephanus,
1512, in-4. *rare*, 18 l.

L'édition de *Paris*, 1521, est également
bonne.

MARACCI (Lud.) Alcorani Textus,
arab. et lat. , cum notis et refuta-
tione. *Patavii*, 1698, 2 tom. 1 vol.
in-fol. 40 l.

Livre rare et estimé.

MARAFFI. (Dam.) Figure del Vecchio Testamento, con versi toscani. *In Lione*, 1554, in-8. 7 l.

MARANZAKINIANA, (redigée par
l'abbé de Grécourt.) 1730, in-24.
de 54 pag.

Petit volume bien imprimé et tiré au nombre de 50 exemplaires seulement.

MARAT. (J. P.) De l'Homme, ou
des Principes et des Lois de l'in-
fluence de l'ame sur le corps, et
du corps sur l'ame. *Amst.* 1773,
3 vol. in-12. 9 l.

On a encore du même : *Découvertes sur le
feu*, 1779, in-8. — *Recherches physiques sur le feu*, 1780, in-8. — *Découvertes sur la lumière*, 1780, in-8. — *Le
Charlatanisme académique*, 1791, in-8.
fig. rare, etc.

MARBODIUS. Vid. HILDEBERTUS.

MARBRES gravés et mis en couleur
d'après nature, (Représentation
de) avec leurs noms en holl. , allem. , angl. , franç. et italien. *Amst.*
1776, in-4. gr. pap. fig. enlum.

MARCA. (Pier. de) Histoire de Bearn,
avec des observ. *Paris*, 1640, in-
fol. 18 l. — Gr. pap. 30 l.

Volume peu commun. Il est moins cher
qu'autrefois.

— Marca Hispanica, sive Limes His-
panicus, ed. Steph. Baluzio. *Parisiis*, 1688, in-fol. 12 l. — Gr. pap.
24 l.

—Dissertationes de Concor diâ Sacer-
dotii et Imperii. *Parisiis*, 1704,
in-fol. 6 l. — Gr. pap. 10 l.

MARCEL. (J. J.) Alphabet Irlan-
dais. *Paris*, an 12, in-8. gr. pap.
vélin, 16 l.

Ouvrage tiré à 100 exemplaires.

MARCELLI (Chr.) Rituum eccle-

siasticorum, sive sacrârum Ceremoniarum SS. romanæ Ecclesiæ,
lib. iij. *Venetiis*, 1516, in-fol. *rare*,
18 l.

MARCELLINUS. Vid. AMMIANUS.

MARCELLUS. Vid. NONNIUS.

MARCHAND. (Prosp.) Histoire de
l'Origine et des Progrès de l'imprimerie. *La Haye*, 1740, in-4.

—Supplément à l'Histoire de l'imprimerie de Prosper Marchand
(par Mercier, abbé de Saint-Léger.) *Paris*, 1775, in-4. 18 l.

—Dictionnaire historique et critique.
La Haye, 1758, 2 tom. 1 vol. in-fol.
12 l.

Ouvrage intéressant, mais rempli de fautes
typographiques. On le joint communément aux Dictionnaires de Bayle et de
Chaufepié.

MARCHAND. (Etien.) Voyage autour du monde en 1790-92, avec
cartes et figures. *Paris*, impr. de
la républiq. an 6-8 (1798-1800),
3 vol. in-4. et atlas, 60 l. — Gr.
pap. vélin, 90 l.

—Le même. *Paris*, an 6, 5 vol.
in-8. et atlas, 36 l.

MARCHAND (le) converti. Voyez
NAOGEORGUS.

MARCHE. (Olivier de la) Voyez
OLIVIER de la Marche.

MARCHESINI Liber expositorius
totius Bibliæ, qui dicitur : *Mam-
metractus.Moguntiæ*, Pet. Schoyffer de Gernzheym, 1470, in-fol.
goth. *très-rare*, 60 l.

On a tiré de cette édition, la première de
ce livre, des exemplaires sur vélin.

MARCHÉTY. La Vie de M. de Chas-
teuil, solitaire du Mont-Liban.
Paris, 1666, in-12.

A l'exception de quelques exemplaires,
toute l'édition de ce livre a été consumée
dans un incendie : 5 l.

MARCHI. (Fr.) Della Architettura
militaire, lib. iij. *In Brescia*,
1599, gr. in-fol. fig. 180 l.

Cet ouvrage, orné de 161 planches, est extraordinairement rare. Il n'a point été réimprimé comme quelques bibliographes
l'ont cru.

MARCI (S.) Apost. et Evangel. Liturgia divina, gr. lat. *Parisiis*,
1583, in-8. 4 l.

MARCOLINI da Forli. (Fr.) Le
Sorti, intitolate: *Giardino de*

Pensieri. In Venezia , 1550 , in-fol. fig. 24 l.

Ouvrage recherché et peu commun. Il renferme un grand nombre de figures. L'édition de 1540 est moins belle , mais beaucoup plus rare.

MARCONVILLE. (J. de) Traité de l'Heur et Malheur du Mariage. *Paris* , 1571 , in-8. 8 l.

Livre singulier et assez rare.

— Traité de la bonté et mauvaistié des Femmes. *Paris* , 1564 , in-8. ou 1586 , in-16. 7 à 9 l.

MARCOUSSI. Voy. ANASTASE.

MARÉCHAL (le) de Luxembourg au lit de la mort , tragi-comédie. *Cologne* , 1695 , in-12. 4 l.

MARÉCHAL. (Sylv.) Costumes civiles actuels de tous les peuples connus , dessinés d'après nature , avec une notice historiq. *Paris* , 1788 , 4 vol. gr. in-8. fig. color. 60 l.

— Voyages de Pythagore en Egypte, dans la Chaldée , etc. *Paris* , an 7 (1799) , 6 vol. in-8. fig. 54 à 66 l.

On a tiré de ce voyage 50 exemplaires sur papier vélin.

—Dictionnaire des Athées anciens et modernes. *Paris* , an 8 (1800), in-8.

On joint à cet ouvrage :

Notice sur Sylv. Maréchal , avec des Suppléments pour le Dictionnaire des Athées , par J. de Lalande , in-8. (Ces Suppléments sont au nombre de deux) ; et *Examen pacifique des Paradoxes d'un célèbre Astronome en faveur des Athées , par J. de Sales.* (Paris) , 1804 , in-8. 36 à 48 l.

Il existe de ce Dictionnaire des exemplaires en papier vélin.

MARÉE. (F. Valent.) Traité des Conformités du disciple avec son maitre, c.-à-d. de S. François avec J. C. *Liége* , 1658 , 2 vol. in-4.

Cet ouvrage n'est point une traduction du livre des Conformités de Barthélemi de Pise , comme on l'a cru assez long-temps. C'est un nouveau traité sur le même sujet. Les exemplaires en sont rares et assez chers : 45 l.

MARESCHALLUS. Vid. JUNIUS.

MAREUIL. (de) Histoire coquette , ou l'Abrégé des galanteries de quatre soubrettes campagnardes , etc. *Amst.* 1669 , in-8. 8 l.

MARGUERITE de Valois. Voyez VALOIS.

MARIANÆ (Jo.) de rege et regis Institutione lib. iij. *Toleti* , 1599 , in-4. *rare.*

Cette édition , l'originale de ce livre , a été supprimée en Espagne à la sollicitation du parlement de Paris.

Les héritiers de Wéchel en ont donné une réimpression en 1611 , dans laquelle ils ont ajouté le Traité *de Ponderibus et Mensuris* du même auteur.

— Ejusd. de Rebus Hispanicis lib. xx. *Toleti* , 1592 , in-fol.

Il y a des exemplaires de cette première édition , dans lesquels on a inséré les dix derniers livres de l'ouvrage, qui parurent, pour la première fois, en 1595.

— Ejusd. de Rebus Hispanicis lib. xxx. Acced. F. J. Em. Minianæ Continuationis novæ lib. x, cum iconibus regum. *Hagæ Comit.* 1733 , 4 tom. 2 vol. in-fol. 24 l.

Cette édition est recherchée par rapport aux augmentations qu'elle renferme.

— Historia general de España. *En Madrid* , Ibarra, 1780, 2 vol. in-fol. 80 l.

Belle édition , et la meilleure de ce livre en cette langue.

— Histoire gén. d'Espagne, trad. du lat. en franç. par J. N. de Charenton , etc. *Paris* , 1725, 5 tom. 6 vol. in-4. 24 l. — Gr. pap. 36 l.

Il faut voir à la fin du tome sixième si la Dissertation de Mahudel sur quelques monnaies d'Espagne , s'y trouve.

— Liber de Ponderibus et Mensuris. *Toleti* , 1599, in-4. 24 l.

Cette édition originale a été supprimée par le ministère espagnol. Les exemplaires en sont fort rares aujourd'hui.

MARICONDA. (Ant.) Le tre Giornate delle Favole d'Aganippe. *In Napoli* , 1550, in-4. 18 l.

Cet ouvrage est fort rare.

MARIE. (l'abbé) Traité de Mécanique. *Paris* , 1774, in-4. fig. 8 l.

MARIETTE. (Pier. Jean) Traité des Pierres grav. du cabinet du roi, avec des explicat. *Paris* , 1750, 2 vol. petit in-fol. fig. 100 à 120 l.

— Description des Travaux pour la fonte en bronze d'un seul jet de la statue équestre de Louis XV, dressée sur les mémoires de Lempereur , par Mariette. *Paris* , 1768, gr. in-fol. fig. 20 l.

Ouvrage tiré à un petit nombre d'exemplaires.

— Voy. BOYER-D'AGUILLES.

MARIN. (Pier.) Dictionn. franç.-hollandais, et hollandais-français. *Amst.* 1782, 2 vol. in-4. 18 l.

MARINEI Siculi (Lucii) Epistolæ familiares, Orationes et Carmina. *Vallistoleti*, 1514, in-fol.

Ouvrage curieux et fort rare.

MARINELLA. (Lucr.) La Nobiltà e l'eccellenza delle Donne. *In Venetia*, 1621, in-8. 4 l.

MARINELLO. (Giov.) Gli Ornamenti delle Donne, tratti delle scritture d'una reina greca. *In Venetia*, 1574, in-8. 5 l.

MARINI. (Giov. Ambr.) Il Caloandro Fidele. *In Venezia*, 1676, 2 vol. in-12. 6 l.
— Le Caloandro fidelle, trad. de l'ital. par Georg. de Scudéri. *Paris*, 1668, 3 vol. in-8. 8 l.
— Le même, trad. par le comte de Caylus. *Paris*, 1740, 3 vol. in-12. 8 liv.

MARINO. (Giov. Batt.) L'Adone, poema, con gli argomenti di Fort. Sanvitale. *In Parigi*, 1623, in-fol. rare, 20 l.

Edition exécutée en lettres italiques.

— Il medesimo. *In Venet.* 1626, in-4. 8 à 10 l.
— Il medesimo, con gli argomenti di F. Sanvitale. *In Amst.* Elzevir, 1678, 4 vol. in-24. fig. 24 l.

On recherche cette petite édition parce qu'elle est bien imprimée et ornée de jolies figures de Sébastien Leclerc.

— Il medesimo. *Londra*, 1784, 4 vol. in-12. fig. 10 l.
— Il medesimo. *Londra*, 1789, 4 vol. in-12. fig. 12 l.

Cette édition renferme quelques pièces de plus que la précédente.

MARINONIUS (J. Jac.) de Astronomicâ speculâ domesticâ. *Viennæ Austr.* 1745, in-fol. fig. 18 l.

MARIOTTE: (Edme) ses Œuvres diverses de physique. *La Haye*, 1740, 2 vol. in-4. 8 l.

L'édition de *Leyde*, 1717, se vend à-peu-près le même prix.

MARISCALCO. (Bartol.) Assetta, commedia rusticale. *In Marocca*, 1756, in-8.

MARIVAUX: (Pier. Carlet de) ses

Œuvres complètes. *Paris*, 1781, 12 vol. in-8. fig. 60 à 72 l.

Il en a été tiré des exemplaires en papier de Hollande, qui se partagent à la reliure en 24 vol. pour rendre les volumes moins épais, et d'un usage plus commode, 100 à 120 l.

L'édition des Œuvres de Marivaux, *Paris*, 1761, 20 vol. in-12. vaut 30 à 40 l.

—Théâtre de Marivaux. *Paris*, 1758, 7 vol. in-12. 15 à 18 l.

MARIVETZ et **GOUSSIER.** Physique du monde. *Paris*, 1780, 8 part. in-4.

Ouvrage rarement complet. Il faut y joindre l'article suivant :

— Observat. sur quelques objets d'utilité publiq., pour servir de prospectus à la séconde partie de la Physique du monde. *Paris*, 1786, gr. in-8.

Les deux ouvrages réunis, 40 l. environ.

MARLBOROUGH. (le duc de) Choix de Pierres antiques gravées, de son cabinet (en lat. et en franç.) *Lond.* (1780), 2 vol. gr. in-fol. avec 100 pl. non compris les deux frontispices.

Ce superbe ouvrage n'a été tiré qu'à un petit nombre d'exemplaires, lesquels furent distribués en présents. Les Anglais l'estiment 100 guinées ou 2400 l. environ.

MARLOT. (Guill.) Historia Metropolis Remensis. *Insulis*, 1666, et *Remis*, 1679, 2 vol. in-fol. 10 l.

MARMOL Caravajal. (Luys del) Descripcion general de Africa. *En Granada*, 1573, e en *Malaga*, 1599, 3 part. 2 vol. in-fol. 36 l.

Edition originale, rarement complète. La troisième partie, imprimée à *Malaga*, en 1599, est difficile à trouver.

— Description de l'Afrique, trad. de l'espagnol, par N. Perrot d'Ablancourt. *Paris*, 1667, 3 vol. in-4. 10 l.

Quoique cette version ne soit pas sans mérite, cependant les exemplaires n'en sont pas fort recherchés.

MARMONTEL: (Jean de) ses Œuvres complètes. *Paris*, 1787, 17 vol. in-8. 90 l. — Pap. fin, 140 l.
— Les mêmes. 17 vol. in-12. 45 l.
—Contes moraux. *Paris*, 1765, 3 vol. in-8. fig. 15 à 18 l.
— Nouveaux Contes moraux. *Paris*,

1801 , 4 vol. in-8. fig. 12 l. — 4 vol. in-12. fig. 8 l.

—Poétique française. *Paris*, 1763, 2 vol. in-8. 5 à 6 l.

—Les Incas, ou la Destruction de l'Empire du Pérou. *Paris*, 1777, 2 vol. in-8. fig. 9 à 12 l.

—Bélisaire. *Paris*, 1767, in-8. fig. 5 à 7 l. —Pap. de Holl. 9 à 12 l.

— Mélanges de Littérature. *Paris*, 1787, 6 vol. in-12. 12 à 15 l.

— Régence du Duc d'Orléans. *Paris*, 1805 , 2 vol. in-8. 10 l. — 2 vol. in-12. 6 l.

— Mémoires d'un père , pour servir à l'instruction de ses enfants. *Paris*, 1804, 4 vol. in-8. 20 l. — 4 vol. in-12. 12 l.

— Leçons d'un père à ses enfants, sur la grammaire, la logique, la métaphysique, etc. *Paris*, 1804, 4 vol. in-8. 20 l. — 4 vol. in-12. 12 l.

MARMORA. (Andr.) Historia di Corfu. *In Venetia*, 1672, in-4. 7 l.

MARMORA Taurinensia, dissert. et notis illustr. *Augustæ Taur.* 1743, 2 vol. in-4. fig. 9 l.

MARMORA Pisaurensia. Vid. OLIVERIUS.

MARMORA Oxoniensia. Vid. CHANDLER et PRIDEAUX.

MARNE. (de) Les belles Statues de Rome, copiées sur les Statues les plus correctes de l'antiquité même, avec des explicat. in-fol. 80 l.

MAROLLES. (Michel de) Tableaux du Temple des Muses, tirés du cabinet de M. Favreau, avec des remarq. et annotat. *Paris*, 1655, in-fol. fig. 30 l. — Gr. pap. *rare*, 60 liv.

Il faut voir si l'estampe de *Salmacis* est intacte.

—Les mêmes, grav. par Bern. Picart, avec des explications et des remarq. historiq. *Amst.* 1733, gr. in-fol. avec 60 pl. 60 à 72 l.

Bonne édition. Les figures dont elle est ornée sont fort belles.

La réimpression d'*Amst.* 1749 , in-fol. fig. vaut 30 à 40 l.

— Catalogue de Livres d'estampes et de figures grav. en taille douce, du cabinet de Mich. de Marolles. *Paris*, 1666 , in-8. 10 l.

—Catalogue de Livres d'estampes et de figures grav. en taille douce, du cabinet de Mich. de Marolles. *Paris*, 1672 , in-12. 8 l.

Ce Catalogue et le précédent, quoique annoncés sous le même titre , sont différents l'un de l'autre. Le second est le plus rare.

— Catalecta , ou Pièces choisies des anciens poètes latins , depuis Ennius et Varron , jusqu'au siècle de Constantin , trad. en vers franç. Sans date (1667), in-8. 8 l.

— Les mêmes, en vers, au nombre de plus de 60 auteurs différents. (*Paris*, 1671) , in-8. *très-rare*.

—Les mêmes, en vers. (*Paris*, 1675), 2 part. in-4. *très-rare*.

—Les mêmes , en prose , d'après le Recueil de Scaliger, à la réserve des impures. (*Paris*, 1673), in-8. Excessivement rare.

— Mémoires de M. de Marolles , avec des notes historiq. et critiq. *Amst.* (*Paris*) , 1755 , 3 vol. in-12. 6 l.

— La sainte Bible , en franç., de la version de Mich. de Marolles. *Paris* (vers 1671), in-fol. 12 l.

Cette Bible qui ne renferme que la Genèse , l'Exode et les 23 premiers chapitres du Lévitique , a été brûlée par ordre de M. de Harlay, à cause des notes du fameux visionnaire Isaac de la Peyrère qu'on y avait insérées.

MAROLLES. (N. de) Les Histoires des anciens Comtes d'Anjou et de la Construction d'Amboise. *Paris*, 1681 , in-4. 12 à 15 l.

MAROLLES. Traité de la Chasse au fusil , avec le suppl. *Paris*, 1788 et 1791 , in-8. fig. 6 l.

MAROT, père et fils. Plans et Elévations de plusieurs châteaux, maisons et édifices. 1591, in-fol. 18 liv.

MAROT , SYLVESTRE, et autres. Le Louvre , les Tuileries et autres maisons royales , grav. par eux. Gr. in-fol. contenant 46 pièces. 30 liv.

MAROT : (Clém.) ses Œuvres. *Lyon*, 1538, in-8. 7 l.

— Les mêmes. *Paris*, 1539, in-8. 5 à 6 l.

— Les mêmes. *Lyon*, 1539, in-16. 5 à 6 l.

— Les mêmes. *Paris*, les Angeliers, 1541, in-16. 5 à 6 l.

— Les mêmes. *Lyon*, 1543, in-8. 7 l.
— Les mêmes. *Lyon*, 1544, in-8.
6 à 9 l.
—Les mêmes. *Lyon*, 1545, in-8. 7 l.
— Les mêmes. *Lyon*, de Tournes,
1546, in-16. 6 à 8 l.
— Les mêmes. *Lyon*, 1559, 2 vol.
in-16. fig. en bois, 7 l.
— Les mêmes, avec quelques Œu-
vres de Mich. Marot, son fils.
Nyort, 1596, in-16. 6 l.
— Les mêmes. *La Haye*, 1700, 2
vol. in-12. 8 l.
Fort jolie édition, recherchée des curieux.
— Les mêmes, avec celles de Jean
et Mich. Marot, une Préface, des
notes historiq. et critiq. par N.
Lenglet du Fresnoy. *La Haye*
(*Paris*), 1731, 4 vol. in-4. 27 l.
— Gr. pap. 48 l. — Très-gr. pap.
72 liv.
Belle édition. Le très-grand papier n'a été
tiré qu'à 25 exemplaires.
MAROT : (Jean et Mich.) leurs
Œuvres, revues et corrigées. *Pa-
ris*, Coustellier, 1723, 2 vol. in-8.
6 liv.
Il y a des exemplaires imprimés sur vélin.
MAROT :(J.) son Recueil sur les
deux heureux Voyages de Gênes
et Venise, victorieusement mis à
fin par le roi Louis XII, en rime
franç. *Paris*, 1532, in-8.
— Autre Recueil du même en rime
franç., contenant le Doctrinal,
les Épitres des Dames de Paris, etc.
1536, in-16.
Ces deux ouvrages réunis, 8 à 10 l.
MAROTTE. (Sim.) Voy. Muis.
MARQUES. (Jos.) Dictionnaire
des langues française et portugaise.
Lisbonne, 1775, 2 vol. in-fol. 27 l.
MARQUIS (le) de Louvois sur la
selette : criminel examiné en jugement par l'Europe. *Cologne*, 1695,
in-12. 10 l.
MARRE. (Nic. de la) Traité de la
Police, avec la continuation, par
le Clerc de Brillet. *Paris*, 1722 et
1738, 4 vol. in-fol. 27 l. —Gr. pap.
40 liv.
Il faut voir si les huit Cartes du plan de Pa-
ris se trouvent dans l'exemplaire.
MARRET. Voy. Merian.
MARRIER (Mart.) Bibliotheca Clu-

nianensis, ex edit. et cum notis
Andr. Quercetani. *Parisiis*, 1614,
in-fol. 12 l.
MARSCHAL. Agriculture pratique
des différentes parties de l'Angle-
terre. *Paris*, an 11, 5 vol. in-8.
et atlas in-4. 24 l.
MARSDEN'S. (Will.) History of
Sumatra. *Lond.* 1784, in-4. fig.
15 liv.
— Hist. de Sumatra, trad. de l'angl.
par Parraud. *Paris*, 1788, 2 vol.
in-8. fig. 10 l.
—Catalogue of Dictionaries, Voca-
bularies Grammars and Alphabets.
Lond. 1796, in-4.
Ouvrage savant et utile. Il n'a été tiré qu'à
60 exemplaires.
MARSHALL. (John) Vie de George
Washington, rédigée sur ses Mémoires, et trad. de l'angl. par P.
F. Henry. *Paris*, 1807, 5 vol.
in-8. et atlas de 16 pl. 36 l. —Pap.
vélin, fig. av. la lettre, 78 l. Prix
de l'éditeur.
MARSHAMI (J.) Chronicus Canon
ægyptiacus, hebraïcus et græcus,
etc. *Lond.* 1672, in-fol. 20 l.
Livre savant et estimé. Cette édition est
la meilleure.
MARSIGLI. (Louis Ferd. de) Histoire physique de la mer (trad.
par le Clerc.) *Amst.* 1725, in-fol.
avec 40 pl. 45 l.
Il manque dans quelques exemplaires la préface lat. et franç. donnée par Boerhaave,
contenant 11 pages.
— Danubius Pannonico - Mysicus,
cum observ. geograph., astronomi-
cis, etc. L. F. de Marsigli. *Hagæ
Comit.* 1726 et seqq. 6 vol. très-
gr. in-fol. fig. 100 l.
On a donné une traduction française de cet
ouvrage en 6 vol. in-fol. fig., qui n'est pas
plus chère que l'édition latine.
Les exemplaires avec figures enluminées,
sont fort rares.
— Dissertatio de Generatione Fungorum, etc. *Romæ*, 1714, in-fol.
29 fig. 15 l.
— État militaire de l'Empire ottoman, ses progrès et sa décadence
(en franç. et en ital.) *La Haye*,
1732, in-fol. fig. 15 l.
Ouvrage curieux et intéressant.
MARSUIN (Helenæ) dom. de El-

lansborg , Psalterium Davidis Danicum , cum præfat. Nic. Michaëlis. *Hafniæ*, 1632 , in-fol.
Ouvrage tiré à 3o exemplaires.

MARSY. (Fr. Mar. de) Histoire moderne. *Paris* , 1754 et suiv. 3o vol.
in-12. 5o l.

MARTEL. (J.) L'Antiquité du
Triomphe de Beziers au jour de
l'Ascension , ou Recueil de vers
franç. et gascons. *Beziers*, 1628 ,
in-12. 18 à 24 l.

Recueil rare, singulier , et souvent incomplet ou mal conditionné.

MARTELLI : (Lod.) Opere poetiche.
Firenze , Giunti , 1548 , in-8. 8 l.
Edition citée par la Crusca.

— Rime volgari. *In Roma* , 1533 ,
in-8.
Il y a de ce volume des exemplaires sur
vélin.

MARTELLI : (Piet. Jac.) Opere.
In Bologna, 1723 , o *in Roma* ,
1729 , 7 vol. in-8. fig. 3o l.

MARTELLI : (Vinc.) Rime e Lettere. *Firenze*, Giunti , 1563 , in-4.
12 liv.
Belle édition. Elle est citée par la Crusca.

MARTENNE (Edm.) de antiquis
Ecclesiæ Ritibus, lib. iv. *Rothomagi* , 1700, 3 vol. in-4. 12 l.
— Iidem. *Antuerpiæ* , 1736 , 4 vol.
in-fol. 24 l.
— Veterum Scriptorum et Monumentorum ecclesiast. et dogmaticorum
Collectio ; edita ab Ed. Martenne
et D. Urs. Durand. *Parisiis* , 1724,
9 vol. in-fol. 45 l.
— Thesaurus Anecdotorum novus ,
seu Collectio Monumentorum et
Diplomatum ; collect. Ed. Martenne et D. Urs. Durand. *Parisiis*,
1717 , 5 vol. in-fol. 3o l.
Cet ouvrage se réunit ordinairement au précédent.
— Voyage littéraire de Ed. Martenne
et Ur. Durand. *Paris* , 1717 et
1724 , 2 vol. in-4. 8 l.

MARTENS. (de) Recueil des principaux Traités de paix conclus par
les puissances de l'Europe , depuis
1761-1791. *Gottingue* , 1791 , 5
vol. in-8. 21 l.

MARTIAL de Paris, *dit* d'AUVER-
GNE. Les Louanges de la Vierge

Marie , en rime franç. *Paris* , 1492,
in-8.
Exemplaire imprimé sur vélin.

— Les mêmes. *Paris* , 1498 ou 1509 ,
in-8. 6 l.
— Les Vigiles de la mort du roi
Charles VII , en ryme franç. *Paris*, 1493 , in-fol. goth. 15 l.
— Les Poésies de Martial de Paris ,
dit d'Auvergne. *Paris*, Coustellier,
1724 , 2 vol. in-8. 9 l.
Il y a de ces Poésies des exemplaires imprimés sur vélin.

MARTIALIS (Valerii) Epigrammata , ex recogn. Georg. Merulæ ,
Alexandrini. *Venetiis* , per Vindelinum de Spira , *absque anni
indicat. sed anno , ut conjicitur,
1470 edita* , in-4.
Première édition de ce poète. Elle est extrêmement rare : 1000 à 1200 l.

— Eadem. *Ferrariæ* , 1471 , in-4.
ou pet. in-fol.
Edition très-rare , mais moins complète que
la précédente.

— Eadem , in-4.
Edition très-rare , et imprimée , dit-on , à
Rome , par George Laver. Elle est exécutée à longues lignes , au nombre de 32
dans les pages entières, sans chiffres , signatures ni réclames.

— Eadem. *Romæ* , Conradus Sweynheym et Arn. Pannartz , 1473 ,
in-fol.
Edition également fort rare.

— Eadem. *Venetiis* , per Johannem
de Colonia et J. Manthen de Gherretzem , 1475 , in-fol.
Edition rare et bien exécutée : 100 l.

— Eadem. *Mediolani* , per Philip.
de Lavagnia , 1478 , pet. in-fol. 6o l.
Cette édition est encore rare.

— Eadem , cum Comment. Domitii
Calderini , necnon Defensione ad-
versùs Calumniatores. *Romæ* , J.
Gensberg , 1474 , in-fol.
Première édition de ce livre avec commen-
taire. Elle est rare.

— Eadem , cum iisdem Comment.
Venetiis , per Johannem de Colonia et J. Manthen de Gherretzem ,
1474 , in-fol. 140 l.
Edition rare.

— Eadem , cum iisdem Comment.
Venetiis , Jacobus de Rubeis ,
1474 , in-fol.
Cette édition est au moins aussi rare que
les deux précédentes.

— Eadem. *Venetiis*, Aldus, 1501, in-8. 30 à 40 l.

Il y a de cette édition des exemplaires imprimés sur vélin.

— Eadem. *Venetiis*, Aldus, 1517, in-8. 18 à 24 l.

Copie de l'édition de 1501. Il en existe des exemplaires en papier fort.

— Eadem, ex recens. Hadr. Junii. *Antuerpiæ*, Plantin, 1568, in-16.
Jolie édition.

— Eadem, cum notis Pet. Scriverii et alior. *Lugd. Bat.* 1619, petit in-12. lettres italiques, 8 l.

Edition la meilleure jusqu'à présent des Epigrammes de Martial. Il y a des exemplaires en papier fort, 30 l.

— Eadem. *Amst.* L. Elzevir, 1650, in-16. 5 l.

— Eadem, cum notis Varior., ex edit. Corn. Schrevelii. *Lugd. Bat.* 1670, in-8. 12 l.

Cette édition fait partie de la Collection des *Variorum*.

— Eadem, cum interpr. et notis Vinc. Colessonis; ad usum Delphini. *Parisiis*, 1680, in-4. 24 l.

Ce volume entre dans la Collection des auteurs *ad usum Delphini*. Il n'est pas commun.

— Eadem, cum eâdem interpr., ex novâ recens. L. Smids, cum numismat. antiq. æri incisis. *Amst.* 1701, in-8. 10 à 15 l.

Cette édition se joint à la Collection des *Variorum*.

Il y a des exemplaires où les *Epigrammata obscæna* sont répandues parmi les autres Epigrammes, et non imprimées séparément, comme dans les exemplaires qu'on rencontre ordinairement.

— Eadem, cur. Mich. Maittaire. *Lond.* 1716, in-12. 6 l. — Gr. pap. 9 à 12 l.

— Eadem, à Th. Fitzgerald. *Lond.* 1721, in-8. 7 à 8 l.

— Eadem. *Lutetiæ Parisior.* Robustel et le Loup, 1754, 2 vol. in-12. 8 l. — Pap. de Holl. 15 l.

Il y a des exemplaires de ce dernier papier où les figures et vignettes sont imprimées en rouge.

Cette édition, peu correcte, entre dans la Collection des auteurs latins imprimés par Barbou.

— Eadem. *Glasguæ*, 1759, in-8. 4 l.

— Eadem. *Biponti*, 1784, 2 vol. in-8. 5 liv.

— Les Epigrammes de Martial, en lat. et en franç., par Mich. de Marolles. *Paris*, 1655, 2 vol. in-8. 9 à 12 l.

— Les mêmes, en vers franç., par M. de Marolles. *Paris*, 1671, in-8. *très-rare*.

— Les mêmes, lat. et franç., nouv. trad. *Paphos (Paris)*, 1807, 3 vol. in-8. 15 l.

MARTIN. (David) Histoire du Vieux et du Nouveau Testament, enrichie de 400 fig. *Amst.* P. Mortier, 1700, 2 vol. gr. in-fol. (en hollandais), 120 à 150 l.

Les épreuves des figures de cette édition hollandaise sont beaucoup plus belles que celles de l'édition française dont nous allons parler.

— La même, enrichie de 424 planch. avec des explicat. *Anvers (Amst.)* P. Mortier, 1700, 2 vol. in-fol. 96 à 120 l. — Gr. pap. *rare*, 280 l.

Cette Bible est vulgairement appelée *Bible de Mortier*, du nom de son imprimeur. Nous ferons observer que la dernière planche du second volume ayant été cassée, a été rattachée avec des clous qui paraissent autour de l'estampe ; quand on ne les voit pas, c'est un signe que l'exemplaire est des premières épreuves.

C'est mal-à-propos qu'on a prétendu qu'il existait plusieurs éditions de cette Bible en français : celle-ci est la seule qu'on ait publiée.

Les exemplaires avec les clous valent 70 l. environ.

MARTIN. (Dom Jacq.) Explications de plusieurs textes difficiles de l'Ecriture-Sainte. *Paris*, 1730, 2 vol. in-4. fig. 8 l.

— La Religion des Gaulois, tirée des plus pures sources de l'antiquité. *Paris*, 1727, 2 vol. in-4. fig. 12 l.

— Explications de divers Monuments singuliers qui ont rapport à la religion des plus anciens peuples, etc. *Paris*, 1739, in-4. fig. 8 l.

— Hist. des Gaules et des Conquêtes des Gaulois, continuée par D. J. Fr. de Brézillac. *Paris*, 1754, 2 vol. in-4. fig. 10 l.

MARTIN (Gabr.) Catalogus Librorum Bibliothecæ Car. Hier. de Cisternay du Fay, cum indice auctor. alphab. *Parisiis*, 1725, in-8. 5 liv.

— Catalogus Librorum Bibliothecæ
Car. Henr. comitis de Hoym; cum
indice auctor. alphabetico. *Parisiis*, 1738, in-8. 5 l.

— Catalogue des Livres de la Bibliothèque de Charles d'Orléans de Rothelin; avec une table des auteurs.
Paris, 1746, in-8. 10 l.

— Catalogue des Livres de la Bibliothèque de P. J. Burette; avec une
table des auteurs. *Paris*, 1748,
3 vol. in-12. 5 l.

— Catalogue des Livres de Cl. Grosde-Boze; avec une table des auteurs. *Paris*, 1753, in-8. 5 l.

Ce Catalogue a été imprimé, pour la première fois, en 1745 du vivant de M. de
Boze, qui n'en fit tirer que 50 exempl.
de format petit in-fol. 24 à 30 l.

MARTIN. (Benj.) Grammaire des
Sciences philosophiques, ou Analyse abrégée de la Philosophie moderne, trad. de l'angl. par Ph. Fl.
de Puisieux. *Paris*, 1764, in-8.
fig. 4 l.

— Grammatica Scientiar. philosoph.
à B. Martin, ex linguis angl. et
gall., versa in græcum (modernum), ab Ad. Zozimadow. *Viennæ Austr.* 1799, 2 vol. in-8. 13 l.

MARTINES DE ESPINAR. (Alonso) Arte di Ballesteria y Monteria.
En Madrid, 1644, in-4. fig. 18 l.
Volume rare. Il faut qu'il renferme 8 figures.

MARTINET. (F. N.) Description
historiq. de Paris et de ses plus
beaux Monuments. *Paris*, 1779,
3 vol. gr. in-8. 18 à 24 l. — Gr. pap.
format in-4. 30 à 40 l.
Cet ouvrage n'est point achevé.

— Histoire des Oiseaux, peints dans
tous leurs aspects apparents et sensibles. *Paris*, 1787, 9 vol. in-8.
fig. color. 50 l.

MARTINI POLONI Chronica summorum Pontificum, Imperatorum,
etc., ex S. Hieronymo, Eusebio,
et aliis excerpta. *Taurini*, Faber,
1477, in-4. 120 l.
Première édition très-rare.

— La Chronique Martinienne ou de
Martin Polonois, transl. du lat. en
franc. par Séb. de Mamerot. *Paris*,
A. Vérard, sans date, 2 tom. 1 vol.
in-fol. goth. 10 l. — Gr. pap. 24 l.
Les exemplaires imprimés sur vélin sont
rares et chers.

MARTINI (Frid. Henr. Guill.) et Jo.
Hier. CHEMNITZ Historia Conchyliorum, germ. et lat. *Nurembergæ*, 1769-1788, 11 vol. gr. in-4.
fig. color, 500 l.

Cet ouvrage peut être regardé comme le plus
complet qui ait été publié jusqu'à présent
sur l'histoire naturelle des coquilles.

MARTINII (Mart.) Novus Atlas Sinensis. *Amst.* 1655, in-fol. 15 l.

MARTINII (Matth.) Lexicon philologicum. *Amst.* 1701, 2 vol. in-fol.
18 l.

L'édition d'*Utrecht*, 1697, 2 vol. in-fol.
vaut à peu de chose près le même prix.

MARTINII (G.) de similibus Animalibus et Animalium colore lib.
ij. *Lond.* 1740, in-8. 6 l.

MARTIRANI (Cor.) Tragœdiæ, Comœdiæ et alia. *Neapoli*, 1556,
in-8. 18 l.

Poësies fort rares et recherchées.

— Ejusd. Epistolæ familiares. *Neapoli*, 1556, in-8.

Ce volume, composé de 54 feuillets, se
trouve assez souvent à la suite du précédent.

MARTORELLI, (Luigi) Vescovo
di Monte Filtro. Istoria della santa
Casa di Loreto. *Roma*, 1732 e
1733, 2 vol. in-fol. 12 L

MARTORELLII (Jac.) de regià thecà Calamarià libri. *Neapoli*, 1736,
2 vol. in-4. fig. 12 l.

MARTYN (Jo.) Historia Plantarum
rariorum. *Lond.* 1728, gr. in-fol.
fig. color. 24 l.

MARTYN. (Th.) Le Conchyliologiste
universel, dessiné et peint d'après
nature, etc. *Lond.* 1784, 2 vol.
in-fol. obl. 250 l. — Gr. pap. 450 l.
Superbe ouvrage.

— Le même. *Lond.* 1789, gr. in-4.
pap. vélin, fig. enlum. 80 l.
Ce volume contient 80 pl.

— Aranei, or a natural History of
Spiders, including the principal
parts of the well known work of
the english Spiders, by El. Albin,
and also the whole of the celebrated publication on swedish Spiders
by Charl. Clerk. *Lond.* 1793,
in-4. fig. color. 90 l.

— English Entomologist, exhibiting
all the Coleopterous Insects found
in England, including upwards of

5oo different species; arranged and named according to the Linean System. *Lond.* 1792, in-4. max. figures coloriées, 96 l.

MARTYRE (le) des deux Frères, cont. les particularités des massacres, etc. commis ès personnes du cardinal et duc de Guyse, par Henry de Valois. 1589, in-8. 3o l.

\ Pièce fort vive et très-rare.

MARTYRE (le) de Frère Jacq. Clément, de l'Ord. de S. Dominique, cont. les particular. de sa résolution et heureuse entreprise à l'encontre de Henry de Valois. *Paris,* 1589, in-8. avec la fig.

Pièce fort rare : 4o l.

MARTYRIS ANGLERII (Pet.) Opus Epistolarum. *Compluti,* 153o , in-fol. *rare,* 10 l.

Cette édition , l'originale de ce livre , a été réimprimée , avec des augmentations de Charl. Patin , à *Amst.* en 1670 , in-fol. Cette réimpression vaut 7 à 9 l.

MARTYROLOGIUM romanum Gregorii XIII. Nova editio , aucta et castigata. *Romæ,* 1748, in-fol. 18 l.

MARULLI (Mich.) Epigrammata et Hymni. *Florentiæ,* 1497, in-4. 2o l. Edition rare et recherchée. C'est la première de ce poète.

Il y a des exemplaires tirés sur vélin , avec miniatures

—Poëtæ tres elegantissimi , scilicet : Mich. Marullus , Hier. Angerianus et Joannes Secundus. *Parisiis,* 1582 , in-16. 8 l.

Peu commun.

— M. Marulli Næniæ. *Urbini,* 1515, in-8. *très-rare,* 18 à 24 l. Ces petites Poésies n'ont été imprimées que cette seule fois.

MASCAGNI (Pauli) Vasorum lymphaticorum corporis humani Historia et Ichnographia. *Senis,* 1787, in-fol. format atl. fig. 72 l.

MASCHERONI. (Lor.) Nuove Ricerche sull' equilibrio delle volte. *Bergamo,* 1785, in-4. fig. 12 l.

MASCLEF. (Fr.) Grammatica hebraïca , ed. La Bletterie. *Parisiis,* 1731 vel 1743 , 2 vol. in-12. 6 l.

MASCRIER. (J. B. le) Description de l'Egypte , rédigée sur les Mém. de B. de Maillet. *Paris,* 1735, in-4. 9 liv.

Ouvrage estimé. Il a été réimprimé en 2 vol. in-12. fig. 6 l.

MASDEU. (D. Juan de) Historia critica de Espana y de la cultura espanola. *En Madrid,* 1783 - 97, 2o vol. in-4.

MASON'S. Costume of China , with 6o plates coloured afther the original drawings. *Lond.* 1800, in-4. 120 à 150 l.

MASSE : (Jacques) ses Voyages et Aventures. *Bourdeaux,* 1710 , in-12. 5 l.

Voyages imaginaires.

MASSE. (Pier.) De l'Imposture et Tromperies des Diables, Sorciers , etc. *Paris,* 1578, in-8. 5 à 6 l.

MASSIEUX. (J.) La douce Mouelle et Saulce friande des saints et savoureux Os de l'Avent. *Paris,* 1578 , in-8. *rare,* 6 à 9 l.

MASSILLON : (J. B.) ses Sermons. *Paris,* 1745 et suiv. 14 vol. in-12. 45 à 5o l.

Bonne édition.

— Le petit Carême. Edition impr. pour l'éducation du Dauphin. *Paris,* Didot l'aîné, 1789, gr. in-4. pap. vélin , 24 l.

Edition bien imprimée , et tirée à 250 exemplaires.

MASSON , prieur de la Chartreuse.' (D.) Explications de quelques endroits des anciens Statuts de l'Ordre des Chartreux. *A la Correrie,* 1683 , petit in-4. de 166 pages.

Cet ouvrage , écrit par Dom Masson (sous le nom de F. Innocent , prieur de la Chartreuse), est fort rare.

Il a été réimprimé sous le titre suivant : *Statuta antiqua et nova Ordinis Carthusiensis. Parisiis ,* 1703 , in-4.

MASSON. (Fr.) Stapellæ novæ , or a Collection of several new Species of that genus discovered in the interior parts of Africa. *Lond.* 1796, in-fol. fig. enlum. pap. velin , 72 l.

MASSUCCIO Salernitano. Il Novellino, o le cinquante Novelle. *Neapoli,* 1476, in-fol.

Edition extrêmement rare et la première de ces Nouvelles.

— Lo stesso. *Mediolani,* Chr. Valdarfer, 1483, in-fol.

Cette seconde édition n'est guère moins rare que la précédente. Elle est imprimée sur deux colonnes.

— Lo stesso. *Veneliis,* Bapt. de

Tortis , 1484, in-fol. *rare* , 160 l.

Debure n'ayant pas connu les éditions de 1476 et de 1483 , a annoncé celle-ci comme la première de cet ouvrage.

— Lo stesso. Edizione dell' anno 1492 , senza luogo ne stampatore , in-fol.

Édition fort rare.

— Lo stesso. *Venetiis* , per Johannem de Gregorio de Gregorii , 1492, in-fol. fig. 120 l.

Cette édition est au moins aussi rare que les deux précédentes.

— Lo stesso , corretto da L. P. Rozello. *In Venetia* , 1522 , in-4. 12 l.

— Lo stesso. *In Venetia* , 1525, in-8. 12 liv.

— Lo stesso. *In Venetia* , 1531, in-8. 12 liv.

— Lo stesso. *In Venetia* , 1535, in-8. 12 liv.

— Lo stesso , corretto da Seb. Corado. *In Venetia* , 1541 , in-8. 6 l.

— Lo stesso. *In Venetia* , 1595, in-8. 9 liv.

Toutes ces éditions sont estimées et peu communes.

— Lo stesso. *Ginevra* (*Lucca*), 1765, 2 vol. in-8. 10 l.

MASTIGOPHORE. (le) Voy. Grevé.

MATHEMATICORUM (Veterum) Athenæi , Apollodori , Philonis , etc. Opera , gr. lat., pleraque nunc primùm edita (à Melch. Thevenot.) *Parisiis* , è typ. reg. 1693, gr. in-fol. fig. 80 l.

Ouvrage bien exécuté , et dont les exemplaires ne sont pas communs.

MATHÉOLUS (le Livre de) contre le mariage , en rime franç. (*Paris*, Ant. Vérard,) 1492, in-fol. goth. 20 liv.

Édition rare et recherchée. Elle a été réimprimée de format in-4. sans indication de lieu et sans date.

L'auteur de cet ouvrage est *Jehan le Fèvre*.

— Le Rebours de Mathéolus , ou le Résolu en mariage, en rime franç. *Paris* , 1518, in-4. goth. 12 l.

Critique de l'ouvrage précédent.

MATHEOS. (Juan) Origen de la Caça. *En Madrid* , 1634, in-4. 15 l.

MATHIEU. (Pierre) Vasthi , Aman et Clytemnestre, tragédies en rime française. *Lyon* , 1589 , in-12. 12 l.

Peu commun.

— La Guisiade , tragédie. *Lyon*, 1589, in-8. 8 l.

Il y a trois éditions originales de cette tragédie sous la même date. Toutes trois sont également rares.

MATHIOLI (Pet. Andr.) Commentarii in Libros sex Dioscoridis. *Venetiis* , 1565, in-fol. fig. en bois , 24 à 36 l.

Belle édition et la meilleure de ce livre. Elle est connue sous le nom de *Mathiole aux grandes figures* , parce que les plantes y sont représentées en grand.

— Iidem , ex edit. Casp. Bauhini. *Basileæ* , 1598, in-fol. fig. 15 l.

— Comment. de P. A. Mathiole sur les vj Livres de Dioscoride, trad. en franç. par J. Desmoulins. *Lyon* , 1572 , in-fol. 12 l.

Il y a des exemplaires de cette édition française de Mathiole avec figures coloriées , mais ils sont très-rares, 60 l.

— Discorsi di P. A. Mathioli ne' libri di Dioscoride della materia medicinale. *In Venetia* , 1568, in-fol. fig. 20 l.

Ce volume se relie quelquefois en deux à cause de son épaisseur. Il est orné de fort belles figures gravées en bois.

— Ejusd. Mathioli de Plantis Epitome , cum fig., ed. Joach. Camerario. *Francof.* 1586 , in-4. 8 l.

MATTHÆI (A.) vet. ævi Analecta, seu vet. Monumenta , quibus continentur aut. varii qui præcipuè Historiam univ., Expeditiones in Terram sanctam, res Germaniæ, etc. scripserunt. *Hagæ Comitum*, 1738 , 5 vol. in-4. 24 l.

MATTHEWS. (John) A Voyage to the river Sierra Leone on the coast of Africa , in the years 1785-87. *Lond.* 1791, in-8. fig. 15 l.

MATY. (Char.) Dictionnaire géographiq. univ. *Amst.* 1701 , in-4. 9 l.

Abrégé du Dictionnaire géographique de Baudrand. Toutes les éditions en sont bonnes.

MAUBÉE DE COPPONAY. Le Tombeau de l'Envie , où il est prouvé qu'il n'y a qu'une médecine, qui est la chimique ; qu'il n'y a qu'un tempérament et une seule maladie. *Dijon* , 1679, in-12. 6 à 9 l.

MAUDUIT. Eléments des sections coniques démontrés par synthèse. *Paris* , 1757, in-8. 7 l.

Du même. *Leçons élément. d'Arithmé-*

tique, in-8. 5 l. — *Leçons de Géomé-trie* , in-8. — *Introduction aux sections coniques* , in-8. — *Principes d'Astronomie sphérique* , in-8.

MAUGIN *dit* LANGEVIN. (J.) Le Roman du nouveau Tristan, prince de Léonnoys et de la belle Yseulte. *Paris* , 1554 , in-fol. 8 l.

Toutes les éditions de ce Roman sont également bonnes.

— L'Hist. de Palmerin d'Olive et de la belle Griane, trad. du castillan en franç. par un auteur inconnu , et revue par J. Maugin. *Paris* , 1573 , in-8. 30 l.

Édition rare. Elle est exécutée en lettres rondes.

— La même, et de la même trad. *Lyon* , 1593 ou 1619, in-16, 24 l.

Ces deux petites éditions sont encore fort rares. On fait peu de cas de celles qui ont été imprimées de format in-fol.

L'édition espagnole de *Séville* , 1525, in-fol. n'est pas commune, et vaut 20 l. environ.

MAUGIST D'AYGREMONT. Voy. HISTOIRE.

MAVOR. (Will.) Historical account of the most celebrated Voyages , Travels and Discoveries, etc. *Lond.* 1801 , 25 vol. in-8.

MAUPERTUIS : (Pier.-Louis-Moreau de) ses Œuvres. *Lyon* , 1756 ou 1768 , 4 vol. in-8. fig. 10 l. — Gr. pap. in-4. 24 l.

— Figure de la terre. *Paris* , impr. roy. 1738 , in-8. 4 l.

— Lettre sur la comète. (*Paris*) , 1742, in-12. 3 l.

Il y a de ce volume des exemplaires imprimés sur vélin.

— Essai de Cosmologie. *Paris* , 1750, in-8. 4 l.

— Réflexions sur l'origine des langues et la signification des mots. *Paris* (sans date), in-12. *rare.*

MAURI (Fr.) Franciscados lib. xiij. *Florent.* 1571 , in-8. 6 à 9 l.

MAURICE , comte de Saxe. Voyez SAXE.

MAURICEAU. (Fr.) Traité des Maladies des femmes grosses et de celles qui sont accouchées. *Paris* , 1740 , 2 vol. in-4. fig. 12 l.

MAUROCENI (And.) Historia veneta, ab anno 1521-1615. *Venetiis* , 1623 , in-fol. 6 l.

MAUROCORDATI (Jo. Nic. Alex.)

de Officiis lib. iij , gr. lat. *Lipsiæ* , 1722, in-4. 6 à 9 l.

— Iidem , gr. lat. *Lond.* 1724 , petit in-8. 5 à 6 l.

MAUROCORDATO. (Alex. J.) Dictionnaire grec , franç. et ital. — franç. grec et ital. — ital. grec et franç. *Vienne* , 1790 , 3 vol. in-4. 60 à 72 liv.

MAURON. Les Cris de la ville de Londres, dessinés par lui et grav. par P. Tempest. *Lond.* 1771, in-fol. composé de 74 pièces , 24 l.

MAWE and Joh. ABERCOMBIE'S. Universal Gardener and Botanist, or a general Diction. of Gardening and Botany. *Lond.* 1797 , in-4. 18 l.

MAXIMES de Piété. *Ville-Franche*, in-12.

Tiré à 24 exemplaires.

MAXIMI (S.) Opera , gr. lat. , ex edit. Fr. Combefisii. *Parisiis* , 1675, 2 vol. in-fol. 20 l.

MAXIMI TYRII Dissertationes, gr. lat. *Henr. Stephanus* , 1557, in-8.

Première édition, 5 à 6 l.

— Eædem , gr. lat. , à Dan. Heinsio. *Lugd. Bat.* 1607 , in-8. 7 à 8 l.

— Eædem , gr. lat. *Oxonii* , 1677, in-12. 4 l.

— Eædem , gr. lat. , cum notis Dan. Heinsii necnon Jo. Davisii. *Cantab.* 1703 , in-8. 12 à 15 l.

Cette édition entre dans la Collection des *Variorum.*

— Eædem , gr. lat. , ex recens. Jo. Davisii, et cum notis Jer. Marklandi. *Lond.* 1740 , in-4. 24 l.

Excellente édition.

— Eædem , gr. lat. , cum annot. Davisii et Marklandi , curà Reiskii. *Lipsiæ* , 1774, 2 vol. in-8. 15 l.

Bonne édition.

— Discours philosophiques de Maxime de Tyr , trad. du grec par J. Henr. Sam. Formey. *Leyde* , 1764 , in-12. 6 l.

— Dissertations de Maxime de Tyr , trad. avec des notes , par J. J. Combe Douneus. *Paris* , 1802, 2 vol. in-8. 9 l.

— Discorsi di Massimo Tirio filosofo platonico , trad. da Piero Bardi. *Venetia* , Giunti , 1542 , in-4. 7 l.

MAY. Temples anciens et modernes,

ou Observations sur les plus célèbres Monuments d'architecture
grecq. et goth. *Lond.* 1774, in-8. 9 l.

MAYANS, (D. G.) J. SISCAR.
Origenes de la Lengua espanola ,
por varios autores recogidos. *En
Madrid*, 1737, 2 vol. in-8. 10 l.

MAYER. (J.) Description de plusieurs Animaux étrangers rares et
singuliers. *Nuremberg*, 1750, 3
vol. in-fol. fig. enlumin. 80 l.

— Pomona franconica. Descript. des
Arbres fruitiers les plus connus
en Europe , qui se cultivent au jardin de Wurzbourg (en allem. et
en franç.) *Nuremberg* , 1776, 2
vol. in-4. fig. color. 72 l.

MAYERI (J. Frid.) Tractatus de
Osculo pedum Pontificis romani.
Lipsiæ, 1712, in-4. 6 l.

MAYERI (Jo.) Tractatus de Temporibus et festis Diebus Hebræorum. *Amst.* 1724, in-4. 6 l.

MAYERI (Tob.) Opera inedita ,
cur. G C. Licthenberg. *Gottingæ*,
1775, gr. in-4. 12 l.

— Theoria lunæ juxtà systema New-
tonianum, *Lond.* 1767-70, 2 part.
1 vol. in-4. fig. 10 l.

MAYNIEL. Traité expérimental ,
analytiq. et pratiq. de la poussée
des terres et des murs de revête-
ment. *Paris* , 1808, in-4. fig. 15 l.

MAZOCHII (Alex. Symmachi)
Opuscula , Orat. , Epistolæ, Carmina et Diatribe de Antiquitate ,
ex edit. Fr. Serai. *Neapoli* , 1771,
2 tom. 1 vol. in-4. fig. 10 l.

— Ejusd. Comment. in æneas tabulas Heracleenses. *Neapoli*, 1754 ,
2 tom. 1 vol. in-fol. fig. 20 l.

MAZZOLENI (Alb.) Comment. et
Animadv. in Numismata ærea se-
lectiora max. moduli , è Museo Pi-
sano , olim Corrario. *In Monasterio Bened. Casinati*, 1740 et 1741,
2 vol. in-fol. 30 l. — Gr. pap. 50 l.

MAZZUCHELLI. (Gian-Mar.) Gli
Scrittori d'Italia , cioè Notizie sto-
riche, etc. intorno alle Vite ed agli
Scritti de' litterati italiani. *Brescia*,
1753-63, 6 vol. in-fol. 60 l.

Il est fâcheux qu'un ouvrage aussi intéressant que celui-ci soit resté imparfait. Ces
6 volumes ne contiennent que les auteurs
dont les noms commencent par les deux
premières lettres de l'alphabet.

— Museum del conte Mazzuchelli
(lat. ital.) *In Venetia*, 1761-1763,
2 vol. in-fol. fig. 30 l.

—La Vita di Piet. Aretino. *In Padova* , Comino , 1749, in-8. 5 l.

MAZZUCHELLI. (Feder.) Scuola
equestre. Elementi di Cavallerizza ,
etc. *Milano* , 1805, 2 vol. in-4. 15 l.

MEAD (Rich.) Opera , ex interpr.
A. C. Lorry. *Parisiis* , 1751, 2
vol. in-8. fig. 8 l.

— Recueil des Œuvres physiq. et
médicinales de R. Mead , trad. de
l'angl. et du lat. par Coste. *Bouillon* , 1774, 2 vol. in-8. fig. 8 l.

MEARES'S. (John) Voyages made
in the years 1788 and 1789, from
China to the north-west coast of
America. *Lond.* 1791, in-4. fig.
24 liv.

— Voyage de la Chine à la côte
Nord-Ouest de l'Amérique , dans
les années 1788 et 1789 , trad. de
l'angl. par J. B. L. J. Billecoq.
Paris, 1795, 3 vol. in-8. et atlas
in-4. 20 l.

MÉDAILLES sur les principaux
Evénements du règne de Louis
XIV, avec des explications historiques. *Paris*, impr. roy. 1702, in-
fol. 30 à 36 l.

Beaucoup d'exemplaires de ce livre sont imparfaits de la préface.

— Les mêmes , continuées jusqu'en
1715. *Paris*, impr. roy. 1723, in-
fol. 36 l.

Pour avoir cet ouvrage bien complet, il faut
en rassembler les deux éditions que nous
venons d'indiquer , la première , à cause
de la préface , et la seconde , par rapport
aux augmentations qu'elle renferme.

MEDICI. (Lorenzino) L'Aridosio ,
commedia in prosa. *Firenze*, Giunti,
1593 , in-8. *rare*, 10 l.

Edition adoptée par l'Académie de la Crusca.

MEDICI : (Lor. de') Poesie volgari ,
col comment. del medesimo sopra
alcuni de i suoi Sonetti. *In Vinegia*,
Aldo , 1554 , in-8. 20 l

Il y a des exemplaires mutilés de cinq chansons dans la feuille O , depuis le feuillet
105 jusqu'au 112.

— Rime sacre unitamente a quelle di
madonna Lugrezia , sua madre , e
d' altri di sua famiglia; raccolte per
Fr. Cionacci. *Firenze*, 1680, in-4,
rare , 12 l.

—Canzoni a ballo, insieme con quelle d' Ang. Poliziano e d' altri autori. *Firenze*, 1562, in-4.

Cet Opuscule, de 38 pages seulement, est fort rare, 30 l.

—Le stesse, con la Nencia da Barberino, e la Beca di Dicomano. *Firenze*, 1568, in-4. de 42 pages.

Ce volume est rare, 24 l.

— Stanze alla Contadinesca, in lode della Nencia, insieme colla Beca di L. Pulci. *Firenze*, 1622, in-4. 24 liv.

Toutes ces éditions sont citées par l'Académie de la Crusca.

MEDICI Scriptores antiqui, ed. Alb. Torino. *Basileæ*, 1528, in-fol. 15 à 18 l.

MEDICI antiqui omnes, qui latinis litteris divers. morborum genera et remedia persecuti sunt, undique conquisiti et uno vol. comprehensi. *Venetiis*, Aldus, 1547, in-fol.

Cette Collection est estimée et peu commune : 50 à 60 l.

MEDICI antiqui omnes, græci, latini et arabes, qui de Febribus scripserunt ; ex edit. Jo. Fernelii. *Venetiis*, 1594, in-fol. 18 à 24 l.

MEDITATIONS métaphysiques de l'Origine de l'ame, sa nature, sa béatitude, etc. in-12.

Ce petit volume, imprimé sans nom d'auteur et sans date, n'est pas commun, 10 l.

MEDITATIONS chrétiennes. *Vienne*, 1764, in-8. 9 l.

Cet ouvrage est, dit-on, de M. le Dauphin, père de Louis XVI.

MEELII (J. G.) Collectio Epistolarum div. Virorum illustrium. *Amst.* 1701, in-8, 5 l.

MEERMAN (Ger. de) Origines typographicæ. *Hagæ-Comit.* 1765, 2 vol. in-4. 15 l. —Gr. pap. 36 l.

Excellent ouvrage.

— Novus Thesaurus Juris civilis et canonici, ex collect. et musæo G. de Meermann. *Hagæ-Comit.* 1751, et seqq. 7 vol. in-fol. 60 à 72 l.

Collection estimée.

MEIBOMII (Jo. Henr.) de Cervisiis Potibusque, et Ebriaminibus aliis extrà vinum Comment., etc. *Helmest.* 1668 vel 1679, in-4. 8 l.

— Vide BARTHOLINUS.

Dict. Bibl. I.

MEIBOMII (Mar.) Liber de Fabricâ Triremium. *Amst.* 1671, in-4. fig. 6 liv.

— Vid. AUCTORES antiq. Musicæ.

MEIBOMIUS. (Jean Henri) De l'Utilité de la Flagellation dans les plaisirs du mariage et dans la médecine, trad. en franç. (avec le texte latin.) *Paris*, 1792, in-12. fig. 3 l. — Pap. vélin, 5 à 6 l.

MEIGRET. (Loys) Le Tretté de la grammere francoeze. *Paris*, 1550, in-4. 30 à 36 l.

Excessivement rare.

MEINERS. (Ch.) Histoire de l'origine, des progrès et de la décadence des sciences dans la Grèce, trad. de l'allem. par J. Ch. Leveaux. *Paris*, 1798, 5 vol. in-8. 27 liv.

Cette traduction n'est point achevée.

MELA. (Pomponius) Vid. POMPONIUS MELA.

MELANCHTHONIS (Ph.) Opera edit. Casp. Peucero. *Witteb.* 1601, 4 vol. in-fol. 18 l.

—Histoire de deux Monstres prodigieux, à savoir, d'un Asne pape qui fut trouvé à Rome en la rivière du Tibre, l'an 1496, et d'un Veaumoine, né à Friberg en Misne, l'an 1528. *Genève*, 1557, in-4. très-rare, 40 à 50 l.

MELANDRI (Oth.) Jocorum atque Seriorum, tùm nov, tùm select. atque memorabilium lib. *Lichæ*, 1604, 2 vol. in-12. 8 l.

Cette édition est la meilleure de ce livre.

MELEAGRI Carmina, gr., ex recens. R. F. P. Brunck, cum comment. *Lipsiæ*, 1789, in-8. 4 l.

MELETII Geographia vetus ac recens, græcè. *Venetiis*, 1725, in-fol. 30 à 40 l.

Peu commun en France.

MELLING. Voyage pittoresque de Constantinople et des rives du Bosphore, d'après les dessins de M. Melling. *Paris*, Didot l'aîné, 1807-1810, 1 vol. gr. in-fol. format atlantiq. pap. vélin, 1200 l. — Fig. av. la lettre, 1800 l.

Ouvrage magnifiquement exécuté dans toutes ses parties.

MÉMOIRES pour servir à l'Histoire de la Barbe de l'homme. *Liége*, 1774, in-8. 5 l.

44

MEMOIRES d'un Favori de S. A. R.
M. le duc d'Orléans. *Leyde* , 1668,
in-12. 10 l.

MEMOIRES de l'Institut national des
Sciences et arts. *Paris* , an 7 et suiv.
21 vol. in-4. fig. 240 l.

Ces Mémoires sont divisés ainsi qu'il suit :
Sciences morale et politique , 5 vol. —
Physique et Mathématique , 8 vol. — Lit-
térature et Beaux-Ar's , 5 vol. — Base du
Système métrique décimal , tom. 1 et 2.
— Mémoires des Savants étrangers , tom.
1er.

MEMOIRES pour servir à l'Histoire
des sciences et des beaux-arts (par
les PP. Catrou , Rouillé , Tourne-
mine , etc.) *Trévoux et Paris* ,
1701 et années suiv. 300 vol. environ , pet. in-12. 2 à 300 l.

En janvier 1768 , ces Mémoires prirent le ti-
tre de *Journal des Sciences et des Beaux-
Arts* ; et en 1779 , celui de *Journal de
Littérature , des Sciences et des Arts.*
Ce Journal a cessé de paraître en 1781.

MÉMOIRES pour servir à l'histoire
littéraire des Pays-Bas et du pays
de Liége. *Louvain* , 1765 , 3 vol.
in-fol. 30 à 36 l.

MEMOIRES relatifs à l'Histoire de
France. Voy. COLLECTION.

MEMOIRES de l'Académie des Inscriptions. Voy. ACADÉMIE.

MEMOIRES du prince de Condé.
Voy. CONDÉ.

MEMORIAS das Proësas da segonda
Tabola rotonda. *En Coimbra* ,
1567 , in-4.

Roman portugais assez recherché.

MEMORIE di Matematica e fisica
della Società italiana. *Verona* ,
1782-1807 , 13 tom. 16 vol. in-4.
fig. 200 l.

MENA. (Juan de) Las Trescientas.
Sevilla , 1496 , in-4. *très-rare.*

Après cette édition , qui est la première de
cet ouvrage , la plus recherchée est
celle de *Seville* , 1499 , in-fol.

MENAGII (Ægidii) Poëmata. *Amst.*
Elzevir , 1663 , in-12. 4 l.

— Dictionn. étymologiq. de la langue
franç., augmenté par A. P. Jault.
Paris , 1750 , 2 vol. in-fol. 40 l.

— Le Origini della Lingua italiana.
In Geneva , 1685 , in-fol. 8 l.

— Menagiana , ou les Bons Mots de
Ménage. *Paris* , 1715 ou 1729 ou
1754 , 4 vol. in-12. 10 à 12 l.

Cet ouvrage qui renferme quelques anecdotes

un peu libres , a été cartonné par Sallengre ; mais il y a des exemplaires où les
feuillets à supprimer se trouvent à leur
place dans chaque tome , et les cartons à
la fin.

MENANDRI et PHILEMONIS Reliquiæ , gr. lat. , cum notis Hug.
Grotii et J. Clerici. *Amst.* 1709 ,
in-8. 10 l.

Il y a des exemplaires de cette édition qui
portent la date d'*Amst.* 1712.

— Emendat. in Menandri et Philemonis Reliquias , ex nuperâ edit. J.
Clerici ; auct. Phileleuthero Lipsiensi. *Cantabrig.* 1713 , in-8. 10 l.

— Philargyrii Cantabrigiensis, Emendat. in Menandri et Philemonis Reliquias , ex nuperâ edit. J. Clerici.
Amst. 1711 , in-8. 10 l.

— Infamia Emend. in Menandri Reliquias , auct. Phileleuthero Lipsiensi. *Lugd. Batav.* 1710 , in-12.
très-rare , 9 à 12 l

Il est nécessaire d'avoir ces quatre ouvrages
rassemblés , 40 à 50 l.

MENARD : (Léon) Hist. civile , ecclésiastique, etc. de la ville de Nismes , avec des notes. *Paris* , 1750 ,
7 vol. in-4. fig. 30 l.

— Pièces fugitives pour servir à
l'Hist. de France. *Paris* , 1759 ,
3 vol. in-4. 9 l.

MENCKENII (Jo. Bur.) de Charlataneriâ Eruditorum Declamationes
duæ , cum notis Varior. *Amst.*
1716 , pet. in-8. 4 l.

— Eædem , cum notis Varior. *Amst.*
1747, in-8. 5 l.

— De la Charlatanerie des Savants ,
trad. du lat. *La Haye* , 1721, in-12.
5 liv.

On joint à cette traduction la critique de
l'ouvrage, intitulée : *Critique de la Charlatanerie. Paris* , 1726 , in-12.

— Vid. SCRIPTORES Rerum germanicarum.

MENDOZA Y RIOS. (Don Jos. de)
Tratado de Navegacion. *Madrid* ,
1787, 2 vol. in-4. fig. 45 l.

— Coleccion de tablas para varios
usos de la Navegacion. *Madrid* ,
1800 , in-fol. 48 l.

— A complete Collection of tables
for navigacion and nautical Astronomy. *Lond.* 1805 , in-4. 10 l.

— Tables for facilitating the calcu-
lations of nautical astronomy.
Lond. 1801 , in-4. 6 l.

— Recherches sur l'Astronomie nautique. *Lond.* 1797, in-4. pap. vélin, 8 l.

MÉNESSIER. Le Roman du vaillant Perceval le Galloys, chev. de la table ronde, transl. de rime en prose. *Paris*, 1530, in-fol. goth. 40 l.
Ce Roman est rare.

MENESTRIER. (Cl. Fr.) Dissertation sur l'usage de se faire porter la queue. *Paris*, 1704, in-12. 9 l.

—Hist. civile et consulaire de la ville de Lyon. *Lyon*, 1696, in-fol. 9 à 12 liv.

— Histoire de Louis-le-Grand par les médailles, avec des explicat. *Paris*, 1693, gr. in-fol. 5 l.

MENGS : (Ant. Raff.) le sue Opere. *Parma*, Bodoni, 1780, 2 vol. in-4. 18 liv.
Cet ouvrage a été tiré sur deux sortes de papier, l'un azuré, et l'autre blanc.

— Œuvres complètes d'Ant. Raph. Mengs, trad. de l'ital. *Paris*, 1786, 2 vol. in-4. 12 l.

MENINSKI (Fr. à Mesgnien) Thesaurus Linguarum orientalium, præsertim turcicæ, arabicæ et persicæ. *Viennæ Austr.* 1680-1687, 5 vol. in-fol. *fort rare*, 5 à 600 l.
Dictionnaire très-estimé, et dont la majeure partie des exemplaires a été consumée dans le magasin du libraire, lors du siège de Vienne par les Turcs.

— Idem. *Viennæ*, 1780, 4 vol. in-fol. 360 l.

— Institutiones Linguæ turcicæ, etc. *Vindobonæ*, 1756, 2 tom. 1 vol. in-4. 18 l.

MENOCHII (Jo. Steph.) Commentarii totius Sacræ Scripturæ, ex edit. Ren. Jos. de Tournemines. *Parisiis*, 1719, 2 vol. in-fol. 24 l.
Bonne édition, peu commune.

— Iidem. *Venetiis*, 1758, 2 vol. in-fol. 10 l.
Edition moins correcte que la précédente.

MENOTI (Mich. Sermones quadragesimales, olim Turonis declamati. *Parisiis*, 1519 seu 1525, in-8. goth. 10 liv.
La plupart des exemplaires de ces Sermons sont mutilés ou en mauvais ordre.
Les deux éditions indiquées sont également bonnes et assez rares.

— Ejusd. Sermones quadragesimales

Parisiis declamati. *Parisiis*, 1526 seu 1530, in-8. goth. 6 l.
Ce volume est moins rare que le précédent.

MENTELII (Jac.) de Typographiæ Origine Parænesis. *Parisiis*, 1650, in-4. 4 l.

MENTELLE. (Edm.) Cosmographie élémentaire, div. en parties astronomiq. et géographiq. *Paris*, an 7 (1799), 2 vol. in-8. cartes, 9 l.

— Cours complet de Cosmographie, de Géographie, de Chronologie et d'Histoire ancienne et moderne ; 2.ᵉ édit. *Paris*, 1804, 4 vol. in-8. et atlas de 20 cartes enlum. 30 l.

— Géographie comparée, ou Analyse de la Géographie ancienne et moderne. *Paris*, 1781 et suiv. 9 vol. in-8. et 7 cahiers de cartes in-4. 60 liv.

MENTELLE et CHANLAIRE. Atlas univ. de géographie physiq. et politiq. ancienne et moderne. *Paris*, an 6 (1798), pet. in-fol. contenant 168 cartes, 100 l.

— Voy. MALTE-BRUN.

MENTZELII (Chr.) Index Nominum Plantarum, multis linguis. *Berol.* 1682, in-fol. 6 l.

— Lexicon Plantarum Polyglotton. *Berolini*, 1715, in-fol. 20 l.
Réimpression de l'ouvrage précédent. Elle renferme quelques augmentations.

MENZINI : (Bened.) Rime di varj generi. *Firenze*, 1731-32, 4 vol. in-4. 24 l.
Edition citée par la Crusca.

— Le stesse. *Firenze*, 1730, 31 e 34, 4 vol. in-8. 20 l.

— Satire. *Senza nota di luogho ed anno*, in-4. 3 l.
Cette édition est citée par la Crusca.

— Le stesse. *Leida* (*Lucca*), 1759, in-8. 5 l.
Cette édition est enrichie de notes de divers auteurs célèbres.

— Le stesse. *Napoli*, 1763, in-4. 7 l.
Edition estimée.

MÉRARD DE SAINT-JUST : ses Poésies. *Parme*, 1770, 3 part. 1 vol. gr. in-8.
Exemplaire unique. Il est en papier de Hollande.

— Maintenant on peut nous juger. *Paris*, 1779, in-18. pap. de Holl.
Dissertation tirée à 6 exemplaires.

— Lettre d'Artiomphile à madame Mérard de Saint-Just, 1781. — Lettre du chev. de Saint-Ange, relative aux Œuvres poétiques de M. Mérard de Saint-Just. 1 vol. in-12.

Tiré à 12 exemplaires.

— L'Occasion et le Moment, ou les petits Riens. *La Haye (Paris,* Didot l'aîné), 1782, 4 part. in-18. 6 à 9 l.

On a tiré de ce petit ouvrage un exemplaire sur peau de vélin d'Italie.

— Son Bouquet et vos Etrennes, hommage offert à madame Bailly, épouse du Maire de ce nom, par MM. Debure et Mérard de Saint-Just. *Paris,* Didot aîné, 1789, in-18. pap. vélin.

Tiré à 12 exemplaires.

— Eloge historiq. de Sylv. Bailly. *Lond. (Paris),* 1794, in-18. 15 l.

Ce petit volume n'a été tiré qu'à 25 exemplaires ; plus, un sur peau de vélin.

— Les Hautes Pyrénées en miniature, ou Epître rimée, en forme d'extrait, du beau Voyage à Barège de M. Dussaulx. *Paris,* 1790, in-18.

On a tiré de ce vol. un exemplaire sur peau de vélin.

— Les Folies de ma jeunesse. *Lond.* 1797, 3 vol. in-12.

Tiré à 30 exemplaires.

— Fables et Contes en vers. *Paris,* 2 vol. in-8.

Il en a été tiré deux exemplaires sur peau de vélin.

— Les Etrennes du Cœur, ou l'Hommage des amis. *Au Château de Lyvry et au Temple de l'amitié (Paris,* F. A. Didot), in-12.

Ce livret, attribué à M. Mérard de Saint-Just, n'a été tiré qu'à 12 exemplaires ; plus, un sur peau de vélin d'Italie.

— Le Petit Jehan de Saintré et la Dame des belles Cousines, romance ; suivie de celle de Gérard de Nevers, et autres Chansons, in-12.

Tiré à 26 exemplaires, dont 12 sur papier vélin.

MERCADI (P.) Institutiones Linguæ græcæ vulgaris. *Romæ,* 1732, in-4. 15 à 18 l.

MERCATI (Mich.) Metallotheca Vaticana, ex edit. Jo. Mar. Lancisii, cum Appendice notarum et nova-

rum Cochlearum. *Romæ,* etc. 1717 et 1719, in-fol. fig. 30 l. — Gr. pap. 48 liv.

Il faut voir si l'*Index* se trouve à la fin du volume, parce qu'il manque dans beaucoup d'exemplaires.

MERCATORIS (Mar.) Opera, gr. lat., ex edit. Petri Garnerii. *Parisiis,* 1673, in-fol. 20 l. — Gr. pap. 36 liv.

Bonne édition, peu commune.

MERCIER, (Barth.) abbé de Saint-Léger. Extrait d'un manuscrit intitulé : le Livre du très-chevalereux comte d'Artois, et de sa femme, fille du comte de Boulogne. *Paris,* 1783, in-8.

Cet ouvrage, extrait de la Bibliothèque des Romans, n'a été tiré qu'à 25 exemplaires seulement ; plus, un sur peau de vélin.

MERCIER. (L. S.) Tableau de Paris. *Amst.* 1782, 12 vol. in-8. 20 à 24 l.

—Nouveau Tableau de Paris. *Paris,* 1797, 6 vol. in-8. 12 à 15 l.

—Théâtre de L. S. Mercier. *Amst.* 1779, 5 vol. in-8. fig. 15 à 20 l.

MERCURE (le) français. Voyez CAYET.

MERCURE GALANT et Mercure de France, par Visé, Bachet, Dufreny, la Roque, Fuzelier, Marmontel, etc. *Paris,* 1672 jusqu'en juin 1802, 1705 vol. in-12. et in-8. 4 à 500 l.

Pour faire plaisir à nos lecteurs, nous croyons devoir entrer dans quelques détails sur cet ouvrage difficile à compléter.

MERCURE GALANT.

	Volumes.
De 1672 à 1675,	6
1677,	10
De 1678 à 1717 :	
Extraordinaires,	33
Ces 33 vol. sont très-rares.	
Affaires du temps,	13
Vol. de mois et relations étrangères ;	509
	571

MERCURE DE FRANCE.

De 1717 jusqu'en juin 1778, ou jusqu'au Mercure de Panckoucke, *Mercure in-12.* Panckoucke.	903
De juin 1778 jusqu'à la fin de 1792, *Mercure in-8. de Panckoucke.*	174
Du 15 décembre 1792, au 30 pluviôse an VII (1799), y compris l'introduct.	40
	1688

Volumes:

De l'autre part ,   1688

Mercure in-12. de Cailleau.

Du 10 pluviose an VII (1799), il n'a été
publié que 36 numéros ou   9
Mercure in-8. de Didot.

Du 1er messidor an VIII (1800), jusqu'au
1er messidor au X (1802) ,   8

Résultat général.

Le Mercure , depuis 1672 jusqu'en
juin 1802, c'est-à-dire, pendant 130
ans , doit former   1705

Cet ouvrage se continue.

MERCURIALIS (Hier.) de Arte
Gymnasticâ veter., lib. vj. *Venetiis*, apud Juntas , 1587 , in-4. fig.
8 liv.

— Iidem , ex edit. Chr. Coriolani.
Amst. 1672 , in-4. fig. 6 l.

MERCURII Trismegisti Opera . lat.,
Mars. Ficino interpr. *Tarvisii*, per
Gerardum de Lisa , 1471 , in-4.
rare, 50 l.

Première édition de cet auteur. Elle est
exécutée en lettres rondes et à longues
lignes , au nombre de 24 à la page , sans
chiffres , signatures ni réclames.

— Eadem , lat. , Mar. Ficino interpr.
Ferrariæ, Andr. Gallus, 1472, in-4.
très-rare.

— Ejusd. Pimander , gr. lat. , restitu-
tus à Fr. Flussate Candalla. *Burdigalæ* , 1574, in-4. *rare* , 12 l.
L'édition de *Paris* , Turnèbe , 1554 , in-4.
vaut 6 à 9 l.

— Le Pimandre , trad. du grec par
Fr. de Foyx , de la famille de Can-
dalle. *Bourdeaux* , 1574 , in-8. 9 l.

— Il Pimandro , trad. da Tom. Benci,
in ling. fiorentina. *Firenze* , 1549,
in-8. 6 l.

MERIAN (Mar. Sibyl.) Dissertatio
de Generatione et Metamorphosi-
bus Insectorum Surinamensium.
Amst. 1705 , gr. in-fol. avec 60 pl.
50 l. — Fig. color. 200 l.

Edition fort recherchée pour la beauté des
épreuves des figures.

— Histoire des Insectes de Surinam,
en lat. et en franç. *La Haye*, 1726,
gr. in-fol. avec 72 pl. 40 l.

Quoique cette édition contienne 12 planches
de plus que la précédente, elle n'est cependant pas aussi recherchée , parce que
les épreuves des figures en sont inférieures.

Les exemplaires dont les planches sont en-

luminées sont précieux ; et valent au
moins 300 l.

— Histoire des Insectes de l'Europe ,
trad. du holland. en franç. par J.
Marret. *Amst.* 1730, gr. in-fol. fig.
40 l. — Fig. enlum. 80 l.

Ouvrage estimé et bien exécuté.

— Histoire gén. des Insectes de Surinam et de toute l'Europe , avec
leurs descriptions, etc. *Paris*, 1771,
4 tom. 3 vol. in-fol. fig. 54 l. —
Fig. enlum. 150 l.

— Erucarum ortus , alimentum et
paradoxa metamorphosis. *Amst.*
1717 , in-4. fig. 20 l. — Fig. color.
40 liv.

MERLIN. Répertoire universel et
raisonné de Jurisprudence. *Paris*,
1807 , 12 vol. in-4.

Chaque volume se vend 18 l.

— Recueil de Questions de Droit.
Paris, an XI , 9 vol. in-4. 80 l.

MERLIN l'Enchanteur. Voy. ROMANS.

MERLINUS COCAIUS. Voy. Fo-
LENGI.

MERSENNI (Fr. Car.) Cogitata phy-
sico-mathematica. *Parisiis* , 1644 ,
3 tom. 2 vol. in-4. 7 l.

— Harmonie univ., contenant la théorie et la pratique de la musique.
Paris , 1636 et 1637 , 2 tom. 1 vol.
in-fol. fig. 60 l.

Ouvrage fort rare et recherché. Il est difficile d'en trouver des exemplaires bien
entiers.

Les deux tomes doivent contenir 1473 pages.

— Harmonicorum lib. xij, de sonorum
naturâ, causis et effectibus, etc. *Lutet. Parisior.* 1648, in-fol. fig. 10 l.

Traduction en partie de l'ouvrage précédent , et qui renferme plusieurs morceaux qui ne se trouvent point dans l'original. Aussi les amateurs , pour avoir
l'ouvrage bien complet, y joignent-ils cette
traduction.

MESCHINOT. (Jehan) Les Lunettes
des princes. *Nantes* , 1493 , 2 vol.
in-8. goth.

Il y a de cette édition des exemplaires imprimés sur vélin.

— Les mêmes , avec aulcunes Ballades
et Additions. *Paris* , Mignard ,
1495 , in-8. goth. 12 l.

Edition rare.

— Les mêmes, avec Rimes et Ballades,
2 tom. 1 vol. in-4. goth. sans date.

Exemplaire imprimé sur vélin.

— Les mêmes , avec Additions et Bal-

lades. *Paris*, Galliot Dupré , 1528 ,
in-8. 10 l.

On fait peu de cas des autres éditions de ce
livre publiées après celle-ci.

MESENGUY. (Fr. Philip.) Abrégé
de l'Hist. de l'Ancien Testament,
avec des réflexions , etc. *Paris* ,
1747 , 10 vol. in-12. 18 l.

MESSE (la) trouvée dans l'Ecriture. Voy. Derodon.

MESSENII (Jo.) Theatrum Nobili-
tatis Suecanæ. *Holmiæ* , 1616 , in-
fol. 12 l.

—Scondia illustrata , seu Chronologia
de Rebus Scondiæ. *Stockholm.*
1700, 2 vol. in-fol.

Bonne édition.

— Chronographia Scandinaviæ. *Holmiæ* , 1615. Tumbæ veter. ac nu-
perorum apud Sucones Gothosque
regum , reginarum ducumque ex
vetustatis scriptâ crutæ. *Holmiæ* ,
1611 , in-8. 6 à 9 l.

Ces deux ouvrages se trouvent ordinairement
reliés ensemble.

MESSIE : (Pier.) ses diverses Leçons. *Lyon* , 1592 , ou *Tournon* ,
1604 , in-8. 6 à 8 l.

MESSIER (Rob.) Sermones quadragesimales. *Parisiis* , 1524. in-8.
5 liv.

MESVE (Jo.) Practica de Medicinis
particularium ægritudinum. *Venetiis* , Cl. Patavinus , 1471 , in-fol.
Première édition de ce livre. Elle est très-
rare.

— Eadem , cum additionib. Pet. de
Appono. *Neapoli*, Bertoldus Rying,
1475 , in-fol.

Cette seconde édition est également fort
rare.

—Libro della Consolazione delle Medicine simplici solenni. (*Mutinæ*),
J. Vurster de Campidona , 1475 ,
in-fol. 4o l.

Première version italienne de ce livre. Elle
est imprimée sur deux colonnes.

METAMORPHOSES (les) de Mel-
pomène et de Thalie , ou Caractères
dramatiq. des comédies franç. et
italienne. *Lond.* 1772 , in-8. fig.
color. 12 L

METASTASIO : (Piet.) Opere. *Parigi* , 1755 , 10 vol. in-8. 6o l. —
Gr. pap. 84 l.

—Le medesime. *Parigi*, 1773 , 8 vol.
pet. in-12. 27 l.

— Le medesime , edizione data dall'
abbate Pezzana. *Parigi* , 1780 , 12
vol. gr. in-8. fig. 90 l. — Gr. pap.
de Holl. , format in-4. 200 l.

Fort belle édition.

— Le medesime. *Venezia* , 1781 , 16
vol. in-12. fig. 4o l.

— Le medesime , con dissert. ed osservaz. *Nizza* , 1785 , 22 vol. in-12.
4o liv.

— Le Opere postume di Metastasio ,
date alla luce dall' abbate conte
d'Ayala. *Vienna*, 1795 , 3 vol. in-4.
4o liv.

— Tragédies-Opéras de Métastase ,
trad. en franç. (par Richelet.)
Vienne (*Paris*) , 1751 , 10 vol.
in-12. 18 l.

METEL DE BOISROBERT. (Fr.
le) Hist. indienne d'Anaxandre et
d'Orasie. *Paris* , 1629 , in-8. 5 l.

METHODE de lever les Plans et les
Cartes de terre et de mer. *Paris* ,
1750 , in-12. fig. 6 l.

METHODE (Nouvelle) pour apprendre à dessiner sans maître , avec
120 pl. *Paris* , 1740 , in-4. 36 l.

METLY. Description de sa Bibliothèque (en angl. et en franç.) *Lond.*
1785 , gr. in-fol. fig.

METOCHITÆ (Theod.) Anecdota
nonnulla , cum variis lect. vulgata
à J. Blochio. *Hafniæ* , 1790 , in-8.
7 à 8 l.

METROLOGIE. Voy. Paucton.

MEUNG. (Jehan de) Le plaisant Jeu
de Dodechedron de fortune. *Paris* ,
1560 , in-4. ou 1577 , in-8. 7 l.

— Les Sept-Articles de la Foi, et
Proverbes dorés , selon J. de Meung,
en rime franç. *Paris* , Vérard ,
1503 , in-8. goth.

La Bibliothèque impériale possède un exemplaire de ce livre tiré sur vélin.

— Le Miroir d'Alchimie de J. de
Meung ; la Table d'émeraudes
d'Hermès, etc. , etc. *Paris* , 1612 ,
in-8. 7 l.

—Le Codicile et Testament de maistre
J. de Meung , avec l'Epitaphe du
feu roi Charles VII, qui trépassa
audit Meung, in-4. goth. 8 à 12 l.

— Le Roman de la Rose. Voy. Lorris.

MEURSII (Jo.) Opera, ex recens. Jo.
Lami. *Florentiæ*, 1741, 12 vol. in-
fol. 120 à 150 l.
— Græcia ludibunda, sive de Ludis
Græcorum, lib. singularis; acced.
Dan. Souteri Palamedes, sive de
Tabulâ lusoriâ, etc. lib. iij. *Lugd.
Batav.* 1625, in-8. 8 l.
— Glossarium græco - barbarum.
Lugd. Batav. Elzevir, 1614, in-4.
5 liv.
— Elegantiæ latini sermonis. Voy.
CHORIER.
MEURVIN. Voy. HISTOIRE.
MEYER. (J. D.) Description des Ani-
maux rares, tant sur la terre que
dans l'eau, en nature et en sque-
lettes (en allem.) *Nuremb.* 1748,
3 part. 1 vol. in-fol. fig. color. 60 l.
— Gr. pap. 120 l.
MEYLYN. (Pet.) Cosmography in
four books. *Lond.* 1703, in-fol. 10 l.
MEYNIER. (Honorat de) La Naissance et les Triomphes émerveil-
lables du Dieu Bacchus, in-32. obl.
avec de jolies fig. 6 à 9 l.
MEZA (Sal. Theoph. de) Tentamen
Historiæ medicæ. *Hafniæ*, 1795,
2 vol. in-8. 15 l.
MEZERAI. (Fr. Eudes de) Hist.
de France, depuis Pharamond jusqu'à la paix de Vervins, sous Henri IV, en 1598, avec portraits et
médailles. *Paris*, Guillemot, 1643,
1646 et 1651, 3 vol. in-fol. fig.
rare, 60 à 72 l.

Edition originale. On fera bien de collationner l'exemplaire pour s'assurer s'il renferme tous les cartons séparés qui font
partie de ce livre.
Les exemplaires en grand papier sont fort
rares, et valent 250 à 300 l.

— La même, seconde édit., revue
et augmentée par l'auteur. *Paris*,
Thierry, 1685, 3 vol. in-fol. 20 l.
— Gr. pap. 40 l.

Cette seconde édition est plus ample et plus
exacte que la première, connue sous
le nom de *Guillemot* qui l'imprima, mais
qui est plus recherchée que la seconde
pour les traits hardis qu'elle renferme.

—Abrégé chronolog. de l'Histoire de
France, avec portraits. *Paris*,
1668, 3 vol. in-4. 15 l.

Cette édition est recherchée parce qu'on y
trouve certains passages qui furent supprimés dans les éditions suivantes. On joint

communément à cet ouvrage un vol. de
suite, par H. P. de Limiers. *Amst.* (*Trévoux*), 1728, in-4.
—Le même. *Amst.* 1673, 6 vol. in-8.
fig.

Des différentes éditions de ce livre imprimées en Hollande, celle-ci est la mieux
exécutée et la plus recherchée.

— Histoire de France, avant Clovis,
par le même. *Amst.* 1688, in-8.

On joint ce vol. aux 6 précédents, parce qu'il
sert d'introduction à cette histoire, 2 l.

MICHAELIS. (Séb.) Hist. véritable
de ce qui s'est passé sous l'exorcisme
de trois filles possédées au pays de
Flandres, etc. *Paris*, 1623, 2 vol.
in-8. 8 l.

Peu commun.

MICHAELIS (J. D.) Grammatica
chaldaïca. *Gottingæ*, 1771, in-8. 6 l.
— Supplementa ad Lexica hebraïca.
Gottingæ, 1792, 6 vol. in-4. 70 l.
MICHAULT. (M.tre Pier.) Le Doctrinal du temps, qui les nouvaulx
écoliers endoctrine ; composé en
rime franç. en l'ann. 1466. In-fol.
goth. 45 à 60 l.

Cette édition, exécutée sans aucune indication, a paru quelque temps avant l'année 1500. Elle est rare et recherchée.
Ce livre a été réimprimé plusieurs fois de
format in-4., sous le titre de *Doctrinal
de Court*; mais toutes ces éditions ne
sont pas chères, 8 l. environ.

—La Danse aux Aveugles, et autres
Poésies du 15e siècle. *Lille*, 1748,
ou *Amst.* 1749, in-8. 8 l.
MICHAUX (Andr.) Flora Boreali-
Americana, sistens characteres Plantarum quas in Americâ septentr.
collegit et detexit. *Parisiis*, 1803,
2 vol. in-4. pap. vélin, avec 51 pl.
45 liv.
—Idem Opus. *Parisiis*, 1803, 2 vol.
in-8. 51 fig. 24 l.
— Histoire des Chênes, ou Descript.
et Figures de toutes les espèces de
Chênes de l'Amérique septentr.
Paris, 1801, 1 vol. gr. in-fol. avec
36 pl. 30 l. — Pap. vélin, 60 l.
MICHEL, dit de Tours. (Guy) La
Forest de Conscience, contenant
la chasse spirituelle des princes,
en rime franç. *Paris*, 1520, in-8.
goth. 8 l.
— Le Siècle doré, en rime franç.
Paris, 1521, in-4. 7 l.

MICHEL. (Jehan) Le Mystère de la Passion de N. S. J. C. mis en rime franç. et par personnaiges. *Paris*, J. Driard , 1486, in-fol. goth.

Édition très-rare. Prix arbitraire.

— Le même. *Paris*, N. Desprez, sans date , in-fol. goth. *fort rare*, 140 l.

— Le même. *Paris*, A. Vérard, 1490, in-fol. goth. 60 l.

Édition fort rare. Il y a des exemplaires imprimés sur vélin et ornés de miniatures.

— Le même. *Paris,* 1490, in-fol. goth. 60 liv.

Quoique annoncée sous la même date , cette édition est différente de la précédente. Elle est fort rare. On en a tiré des exemplaires sur vélin.

— Le même. *Paris*, A. Vérard, 1499, in-fol. goth. *rare.*

Un exemplaire de cette édition, décoré de 40 beaux tableaux peints à la gouache , représentant les différents sujets de ce Mystère, a été vendu 405 l. chez M. de Gaignat.

— Le même, avec les Additions de J. Michel. *Paris*, Alain Lotrian, sans date, in-4. goth. 20 l.

— Le même , avec les mêmes Addit. *Paris*, 1532 ou 1537, in-4. goth. 20 liv.

— Le même , avec les mêmes Addit. *Paris*, 1539, in-4. goth. 20 l.

— Le même , avec les mêmes Addit. *Paris* , Trepperel et J. Jehannot, sans date , in-4. goth. 20 l.

— Le Mystère de la Résurrection , mis en rime franç. et par personnaiges. *Paris*, A. Vérard , sans date , in-fol. goth.

Première édition de ce livre. Elle est très-rare : 100 l.

— Le même. *Paris*, J. Trepperel, sans date , in-4. goth. 30 l.

— Le même. *Paris*, Al. Lotrian, sans date , in-4. goth. 30 l.

— Le même. *Paris*, Nic. Chrestien, sans date , in-4. goth. 30 l.

— Le même. *Paris* , 1512, in-4. goth. 30 liv.

— Le Mystère de la Conception, Nativité , Mariage, etc. de la Benoiste Vierge Marie. *Paris*, Pier. Sergent, sans date , in-4. goth. 50 l.

— Le Mystère de la Conception et Nativité de la glorieuse Vierge Marie ; avec la Nativité , Passion , etc.

de N. S. J. C., mis en rime franç. et par personnaiges. *Paris* , 1507, in-fol. goth. *rare* , 60 l.

Ce volume renferme trois Mystères, savoir : *le Mystère de la Conception*, *le Mystère de la Passion* , et *le Mystère de la Résurrection*.

— Le même Mystère de la Conception , par personnaiges. *Paris* , 1539, in-4. goth.

— Le même , par personnaiges. *Paris* , V.e Trepperel , sans date , in-4. goth.

— Le même , par personnaiges , mis au jour sous le titre suivant : *La Nativité de J. C. mise par personnaiges , avec la digne Accouchée.* In-8. goth. sans date.

— Le même , par personnaiges. *Paris* , Alain Lotrian , sans date , in-4. goth.

MICHELII (Pet. Ant.) nova Plantarum Genera , juxtà Tournefortii methodum disposita. *Florentiæ*, 1729, in-fol. 108 pl. 15 l. — Gr. pap. 36 l.

— Historia Plantarum Horti Farnesiani. *Florentiæ*, 1748 , in-fol. fig. 15 liv.

— Catalogus Plantarum Horti Cæsarei Florentini. *Florentiæ* , 1748 , in-fol. fig. 15 l.

MICROCOSME, (le) cont. divers Tableaux de la vie humaine, représentés en fig. avec une exposition en vers franç. *Amst.* sans date , in-4. 10 l.

MIDDELBURGO, Episc. Foros. (Paul. Germ. de) Opus de rectà Paschæ Celebratione , et de Die passionis J. C. *Forosempronii* , 1513 , in-fol. 40 l.

Ouvrage fort rare.

— Ejusd. De numero Atomorum totius universi, adversùs usurarios Lucubratio. *Romæ*, 1518, in-4. 6 l.

Traité singulier et peu commun.

MIDDLETON'S. (Conyers) The History of the Life of M. Tullius Cicero. *Lond.* 1741, 2 vol. in-4. 24 liv.

— The same. *Basil.* 1790, 4 vol. in-8. 15 liv.

— The same. *Lond.* 1801, 3 vol. in-8. pap. vélin, 20 l.

— Histoire de Cicéron, trad. de l'angl.

par Ant. Prévost d'Exiles. *Paris*, Didot, 1743 ou 1749, 4 vol. in-12. 10 l. — Gr. pap. 20 l.

— Storia della Vita di M. T. Cicerone, scritta da Conyers Middleton, trad. dall' inglese da G. Maria Secondo. *Napoli*, 1748-1749, 5 vol. in-4.

— Historia de la Vida de Marco Tulio Ciceron, trad. por D. Jo. Nic. de Azara. *Madrid*, 1790, 4 vol. in-4. fig.
Belle édition.

— The miscellaneous Works of Middleton. *Lond.* 1752, 4 vol. in-4. 40 liv.

MIDDLETON (Fr. Wilugh. de) Ornithologia. *Lond.* 1676, in-fol. fig. 30 liv.
Volume assez rare.

MIGNARD et LE BRUN. Les grandes Pièces de Versailles, au nombre de xvij, grav. par Gérard, Audran et autres. Gr. in-fol. 80 l.

MIKRE, vel Makre Dardeke, sive Lexicon hebr.-ital.-arab. -rabbinicum. *Absque loci et typogr. notâ, anno creationis* 5248 (*Christi* 1488), in-fol.
Édition très-rare ; on croit qu'elle a été imprimée à *Naples*.

MILES et AMYS : Roman de ce nom. Voy. Roman.

MILET - MUREAU. Voy. Pérouse. (la)

MILIADE. (Le Gouvernement présent, ou Éloge de son Eminence : pièce de 1000 vers, et appelée par cette raison, la) *Anvers*, sans date, pet. in-8. de 66 pages, rare, 15 l.
Cette Satire a été supprimée avec soin par les ordres du Cardinal de Richelieu contre lequel elle était dirigée.
La réimpression de *Paris*, 1643, in-8. est également rare, et vaut le même prix.

MILII (Abrah.) Liber de Origine Animalium, et Migratione Populorum. *Genèvæ*, 1667, in-12. 4 l.

MILIZIA. (Fr.) Memorie degli Architetti antichi e moderni. *Parma*, Bodoni, 1781, 2 vol. in-8. carta gr. 15 l.

MILLÆI (Jo.) Praxis criminalis. *Parisiis*, 1541, in-fol. fig. en bois. 10 liv.
Traité curieux et rare. On en a tiré des exemplaires sur vélin.

Dict. Bibl. I.

MILLER (Jo.) Illustratio Systematis sexualis Linnæi (angl. lat.) *Lond.* 1777, 2 vol. gr. in-fol. avec 108 pl. color. 300 l.
Ouvrage bien exécuté dans toutes ses parties.

— Illustratio Systematis sexualis Linnæi, accur. F. G. Weiss. *Francof. ad Mœn.* 1789, 2 vol. in-8. fig. color. 20 l.

— Illustration of the sexual System of Linnæus. *Lond.* 1779, in-8. avec 104 pl. color. 70 l.

— Illustration of the Termini botanici of Linnæus. *Lond.* 1789, in-8. avec 86 pl. color.
Ce volume se joint au précédent, 60 l.

MILLER'S. (Phil.) The Gardeners Dictionary. *Lond.* 1768, gr. in-fol. fig. 50 l.

— Figures of the Plants described in the Gardeners Dictionary, on three hundred copper plates. *Lond.* 1771, 2 vol. in-fol. fig. color. 200 l.

— Dictionnaire des Jardiniers, trad. de l'angl. par Chazelles, avec des notes par Holland. *Paris*, 1785 et suiv. 10 vol. in-4. fig. 90 l. — Pap. de Holl. fig. enlum. 160 l.
Nous avons aussi une traduction française de ce Dictionnaire en 8 vol. in-8. imprimée à *Bruxelles* : 40 l.

— Traité des Arbres résineux-conifères, trad. de l'angl. par de Tschudi. *Metz*, 1768, in-8. pap. de Holl.

MILLER'S. (John Fred.) Figures of rares and curious Quadrupeds, Birds, and Plants, with Descript. by Dr. Shaw. *Lond.* 1774-96, in-fol. avec 60 pl. color. 170 l.

MILLET ou MILET. (Jacq.) La Destruction de Troyes la grant, mise en rime franç. et par personnaiges. *Paris*, Bonhomme, 1484, in-fol. goth.
Première édition de ce livre. Elle est très-rare.

— La même. *Lyon*, Huss, 1485, pet. in-fol. goth. 70 l.
Édition rare.

— La même. *Lyon*, Huss, 1491, in-fol. goth. 50 l.
Cette édition est encore rare.

— La même. *Paris*, Jehan Dryart, 1498, in-fol. goth.
Il y a de cette édition des exemplaires imprimés sur vélin et ornés de miniatures.

45

— La même. *Lyon*, 1500 , in-fol. fig. goth. 40 l.

—La même. *Paris*, 1508 , in-4. goth. 30 liv.

—La même. *Paris* , 1526, in-4. goth. 30 liv.

— La même. *Paris, Trepperel* et J. Jehannot, sans date , in-4. goth. 40 liv.

— La même. *Lyon*, 1544 , in-fol. fig. 18 liv.

Cette édition est la seule qui ait été imprimée en lettres rondes. Elle est assez recherchée.

MILLIET DE CHALES (Cl. Fr.) Cursus mathematicus. *Lugd.* 1690, 4 vol. in-fol. 15 l.

Bonne édition. Cet ouvrage est peu recherché.

MILLIN DE GRANDMAISON. (L. A.) Manuel du Naturaliste. *Paris* , 1796, 4 vol. in-8. 15 l.

MILLIN. (A. L.) Antiquités nationales , ou Recueil de Monuments pour servir à l'histoire de l'empire français. *Paris* , 1790 et suiv. 5 vol. in-4. fig. 76 l. — Gr. pap. format in-fol. avec 249 pl. 130 pl.

Cet ouvrage est bien exécuté.

— La Mythologie mise à la portée de tout le monde. *Paris* , 1797, 12 vol. in-18. fig. color. 72 l. — Fig. noires , 30 l.

— Nouveau Dictionnaire portatif des Beaux-Arts. *Paris*, Crapelet, 1806, 3 vol. in-8. 25 l.

On a tiré 50 exemplaires de ce livre sur papier vélin, 50 l.

— Histoire métallique de la révolution française. *Paris*, impr. impér. 1806, in-4. 26 pl. 20 l.

— Voyage dans les Départements du midi de la France. *Paris* , 1807-1808, 3 vol. in-8. et 2 atlas in-4. 48 l.

On a tiré de cet intéressant voyage quelques exemplaires sur papier grand-raisin satiné, dont le prix est de 60 l.

—Magasin encyclopédique , ou Journal des Sciences, des Lettres et des Arts. *Paris* , 1797, 48 vol. in-8. (ou 12 années , y compris celle de 1808), 504 l. Prix de l'éditeur.

— Monuments antiques inédits , ou nouvellement expliqués. *Paris* , impr. impér. 1802, tom. 1 et 2 in-4. fig. 60 liv. Prix de l'éditeur.

Cette Collection est destinée à faire suite

aux Recueils de Caylus et de M. Guattani , qui sont dans le même format.

— Peintures de Vases antiques , vulgairement appelés Vases étrusques. *Paris* , Didot l'aîné , 1808 , 24 livraisons ou 2 vol. in-fol. format atlas, pap. vélin , 144 pl.

Chaque livraison en noir de ce magnifique ouvrage, qui fait suite aux Recueils de Passeri et d'Hamilton , se vend 15 l. , et et avec figures coloriées, 45 l.

— Voy. CHOMPRÉ.

MILLIUS. (Jo.) Vid. TESTAMENTUM. (Novum)

MILLOT : (Cl. Fr. Xavier) ses Œuvres complètes. *Paris*, 1802 et suiv. 22 vol. in-12. 50 l.

Cette Collection est composée des ouvrages suivants :

Eléments de l'histoire ancienne, 4 vol. — Eléments de l'histoire moderne, 5 vol. — Eléments de l'histoire de France , 4 vol. (le tom. IV. n'est pas de l'abbé Millot.)— Eléments de l'histoire d'Angleterre, 3 vol. — Eléments de l'histoire d'Allemagne , 3 vol. — Histoire littéraire des Troubadours , 3 vol.

Il y a une édition des OEuvres de Millot en 15 vol. in-8. dont on a tiré des exemplaires sur papier vélin , mais elle est moins complète que celle-ci.

MILTON'S : (John) poetical Works, with notes by Th. Newton , and his prose Works, by Birch. *Lond.* 1749-53, 5 vol. in-4. 60 l.

— Milton's Works, with notes of various authors, by Th. Newton. *Lond.* 1778 , 4 vol. in-8. 30 l.

— The poetical Works of J. Milton, with a life of the author , by W. Hayley. *Lond.* 1794, 3 vol. in-fol. max. pap. vélin , fig. 360 l.

Une des belles éditions de ce poète célèbre.

— The same, illustr. by H. J. Todd. *Lond.* 1801 , 6 vol. in-8. fig. pap. vélin , 60 à 72 l.

— Paradise lost and regain'd , and others Poems, by Milton , with notes by Th. Newton. *Lond.* Tonson, 1749 , 3. vol. in-4. gr. pap. fig. 48 l.

— Paradise lost and regain'd , poems. *Birmingham* , J. Baskerville, 1759, 2 vol. in-4. 40 l.

— Paradise lost, from the text of Th. Newton. *Birmingham*, J. Baskerville , 1760, 2 vol. gr. in-8. 30 l.

Ces deux éditions imprimées par Baskerville sont fort belles

— The same. *Glasgow*, Foulis, 1770, in-fol. 24 l.

— The same. *Lond.* Bensley , 1795-96, 2 vol. in-8. pap. vélin, 18 l.

— The same. *Lond.* 1799, 2 vol. gr. in-8. pap. vélin , fig. 24 l.

— Paradisus amissus, poëma J. Miltoni, lat. redditum à Guill. Dobson. *Oxonii*, 1750, 2 vol. in-4. 40 l.

— Il Paradiso perduto, poema, trad. dell' inglese da P. Rolli. *In Lond.* 1736, in-fol. 15 l.
Belle édition.

— Il medesimo. *In Verona*, 1742, in-fol. 15 l. — Gr. pap. 24 l.

— Il medesimo, trad. in versi ital. col testo inglese, da G. S. Martinengo. *Venezia*, 1801, 3 vol. in-4. grande.
Belle édition.

— Le Paradis perdu, poëme, trad. par Dupré de S.-Maur. *Paris*,1778, 3 vol. in-12. 6 à 9 l. — Gr. pap. très-rare.

— Le Paradis perdu, poëme (angl. franç.), trad. par N. Fr. Dupré de St.-Maur. *Paris*, Defer de Maisonneuve, de l'impr. de Didot le j.e, 1792, 2 vol. gr. in-4. fig. en couleur, 50 l. — Pap. vél. 72 à 80 l.

— Le même, trad. en vers franç. par J. Delille. *Paris*, 1805, 3 vol. in-18. 3 fig. 10 l. — Pap. vélin, 3 fig. 24 l. — Pap. vélin satiné , 3 fig. av. la lettre, 30 l. — In-8. avec le texte, pap. vélin, 3 fig. 42 l. — Pap. vél. satiné , 3 fig. av. la lettre, 48 l. — 2 vol. in-8. sans texte , 2 fig. 12 l. — In-4. avec le texte, sans fig. 48 l. — Pap. vélin, 3 fig. 200 l. — Pap. vélin , 3 fig. av. la lettre, 250 l.
Toutes ces éditions sont bien imprimées. Les prix indiqués sont ceux de l'éditeur.

MINUT. Voyez MYNUT.

MINUTII Felicis, Octavius, cum notis Varior., ex recens. Jac. Ouselii. *Lugd. Bat.* 1652 , in-4. 6 l.

— Idem, cum notis Varior., ex recens. Jac. Ouselii. *Lugd. Batav.* 1672 , in-8. 7 l.

— Idem, cum notis Jo. Davisii. *Cantabrig.* 1707 , in-8. 10 à 12 l.

— Idem, cum notis Varior. , ex recens. Jac. Gronovii. *Lugd. Bat.* 1709, in-8. 10 à 12 l.
Bonne édition.

— Idem, ex iterata recens. Jo. Davi-

sii. *Cantab.* 1712 , in-8. 8 l. — Gr. pap. 15 l.
Ces quatre dernières éditions entrent dans la Collection des auteurs *cum notis Variorum.*

— Idem, ex recens. Jo. Davisii. *Glasguæ*, Foulis , 1750, in-8. 6 l.

MIONNET. (T. E.) Description de Médailles antiques grecques et romaines , avec leur degré de rareté et leur estimation. *Paris*, 1807 , 3 vol. in-8. fig. 36 l.

MIRABEAU. (Gabr. Hon. Riquety de) De la Monarchie prussienne sous Frédéric le Grand. *Paris*, 1788, 4 vol. in-4. et atlas, 27 l.
Il y a aussi une édition de ce livre en 8 vol. in-8. et atlas.

MIRABELLA. (Vinc.) Dichiarazione della Pianta delle antiche Siracuse, e d' alcune scelte Medaglie di esse , e de' principi che quella possedettero. *In Napoli* , 1613 , in-fol. fig. 24 l.
Ouvrage très-curieux, et dont les exemplaires bien complets sont fort rares.

— Le antiche Siracuse di V. Mirabella, con l'aggiunte di G. Buonanni, e Colonna duca di Montalbano. *In Palermo*, 1717, 2 tom. 1 vol. in-fol. fig. 15 l.
Quoique cette édition soit plus ample que la précédente , elle n'est cependant pas aussi recherchée.

MIRACULI de la gloriosa Verzene Maria. *Medioluni*, Philip. de Lavagnia, 1469 , in-4.
Édition très-rare. C'est la première impression faite à *Milan* avec date.

MIRÆI (Aub.) Opera diplomatica et historica, ex edit. et cum notis J. F. Foppens. *Lovanii* , 1723 , et *Brux.* 1734 et 1748, 4 vol. in-fol. 20 l.
Ouvrage peu recherché aujourd'hui.

MIRBEL. Traité d'anatomie et de physiologie végétale. *Paris* , 1803 , 2 vol. in-8. fig. 12 l.

MIRÉ. (Loys) La Vie de J. C., extr. des quatre Évangélistes ; avec la Descript. de la Terre-Sainte , par G. Postel. *Paris* , 1563 , in-16.
Livre rare et cher : 36 l.

MIROIR (le) des plus belles Courtisanes de ce temps. 1630 , in-4. obl. 24 l.
Livre fort rare et libre , contenant 40 portraits de courtisanes assez joliment gra-

vés en taille douce , avec des vers fran-
çais , hollandais et allemands.
Il a été réimprimé dans le même format
en 1635.
MIROIR (le) et Exemple moral des
mauvais enfants. Voy. THIRON.
MIROIR (le) de Justice. Voy. SPE-
CULUM JUSTITIÆ.
MIROIR (le) de la tyrannie espa-
gnole. Voy. BARTHOLOMÉ de las
Casas.
MISSÆ ac Missalis Anatomia. 1561 ,
in-8. 50 l.
Livre très-rare ayant été supprimé. On
ignore le nom de l'auteur.
MISSALE secundùm consuetudinem
Fratrum Prædicatorum. *Venetiis* ,
per Andr. de Torresanis de Asula ,
1496, in-fol.
Exemplaire imprimé sur vélin.
MISSALE Catalaunense , in lucem
edit. curis et sumptibus N. Lanis-
son. *Parisiis* , 1543 , in-fol.
Il existe de ce Missel des exemplaires
sur vélin , avec figures en or et en cou-
leur.
MISSALE secundùm usum insig.
Ecclesiæ Cameracensis. *Parisiis* ,
1495 , in-fol.
Vendu , exemplaire sur vélin , 80 l. chez
La Vallière.
MISSALE completiss. ad usum Cis-
terciensis Ordinis. *Parisiis* , 1504 ,
in-fol. goth.
Vendu , exempl. sur vélin : 200 l. chez La
Vallière.
MISSALE Parisiense. *Parisiis* ,
1522 , in-fol.
On a tiré de ce Missel des exemplaires
sur vélin.
MISSALE et Breviarium Mozarabez.
Vid. ORTIZ. (Alph.)
MISSEL de Paris, lat. et franç. ,
avec prime, tierce, sexte, et les
processions. *Paris* , 1752 ou 1764
ou 1779 , 8 vol. in-12. 24 l.
On joint à ces 8 vol. l'Office de l'après-
midi , 2 vol., l'Office de la nuit, 6 vol. et
l'Office de la quinzaine de Pâques , 1 vol.
MISSIESSY. (Ed. Burgues) Instal-
lation des vaisseaux. *Paris* , impr.
roy. 1798 , in-4. fig. 12 l.
— Arrimage des vaisseaux. *Paris* ,
impr. roy. 1789 , in-4. fig. 12 l.
MISSON. (Max.) Nouveau Voyage
d'Italie. *La Haye* , 1702, 3 vol.
in-12. fig.
Cette édition est la plus

recherchée de ce Voyage : il faut y joindre l'article suivant pour la compléter.
— Remarques sur divers endroits de
l'Italie, par Addisson , pour servir
de suppl. au Voyage précédent. *Paris* , 1722 , in-12.
Les 4 vol. réunis , 12 à 15 l.
— New Voyage to Italy. *Lond.* 1704,
4 vol. in-8.
Traduction anglaise du Voyage précédent.
MITARELLI (J. B.) Bibliotheca
Codicum mss. monasterii S.-Mich.
Venetiar., cum appendice libr. impressor. seculi xv. *Venetiis* , 1779 ,
gr. in-fol. 21 l.
MITCHELL. (Rob.) Plans , Descriptions et Vues en perspectives
des édifices érigés en Angleterre
et en Ecosse. *Lond.* 1801, 1 vol.
gr. in-fol. texte angl.-franç. fig.
color. 100 l.
MOCENICI (Philip.) universales
Institutiones ad hominum perfectionem. *Venetiis* , Aldus , 1581 ,
in-fol.
Belle édition en lettres rondes.
MODESTI Libellus de Re militari ,
necnon de Magistratibus, Sacer-
dotiis et Legibus. *Venetiis* , Bartholomæus Cremonensis , 1474.
in-4. Prix arbitraire.
Première édition de ce livre. Elle est fort
rare.
— Idem Opus. (*Romæ* , Jo. Schurener de Bipordia, circà 1475), in-4.
Cette édition est encore fort rare et recherchée. Elle est imprimée à longues lignes,
sans chiffres , réclames ni signatures : 72 l.
MODESTI (Pub. Fr.) Venetiados
lib. xij. *Arimini* , 1521 , in-fol.
80 liv.
Ouvrage rare, et qui, dit-on, fut supprimé
à la sollicitation de quelques familles nobles qui s'y trouvèrent blessées.
MODUS (Le Livre du roi) et de la
reine Racio sa femme , lequel de-
vise de toutes les manières de
Chasses. *Chamberry* , 1486, in-
fol. goth. *rare*, 30 l.
Première édition de ce livre.
— Le même. *Paris* , 1560 , in-8. *lettres rondes* , 6 l.
— Le même. *Paris* , J. Jehannot ,
sans date , in-4. goth. fig.
Il y a de cette édition des exemplaires sur
vélin.
MOENCH (Conr.) Methodus plantas

horti botanici et agri Marburgensis à staminum situ describendi. *Marburgi*, 1794, in-8. 12 l.

MŒRIDIS Atticistæ Lexicon atticum, gr., ed. Jo. Piersono, cum notis. *Lugd. Bat.* 1759, in-8. 12 l.
Cette édition est la meilleure de ce livre.

MOIGNE, curé de St.-George du Puits-la-Garde, en Poitou. (Lucas le) Chansons de Noëls nouveaux. *Paris*, 1520, in-8. 6 l.

MOINE. (le) Diplomatique pratique, ou Traité de l'arrangement des Archives. *Metz*, 1765, in-4. fig. 9 à 12 l.

MOIVRE (Abrah.) Miscellanea analytica de seriebus et quadraturis. *Lond.* 1730, in-4. 12 l.

— The Doctrine of Chances, or a method of calculating the probabilities of events in play. *Lond.* 1738, in-4. 10 l.

MOLEVILLE. (A. F. Bertrand de) Histoire de la Révolution de France. *Paris*, 1801, 14 vol. in-8. 60 l. — Pap. vélin, 150 l. Prix de l'éditeur.

MOLIÈRE, sieur d'Essertines. (Fr. de) La Semaine amoureuse. *Paris*, 1620, in-8. 6 l.

MOLIÈRE: (J. B. Pocquelin de) ses Œuvres. *Paris*, 1734, 6 vol. in-4. fig. d'Oudry, 45 l. — Gr. pap. 72 liv.
Belle édition. Elle a été réimprimée sous la même date. Dans l'édition qui est préférée, le mot *Comtesse* est écrit par une seule *s* au bas de la figure de la comtesse d'Escarbagnas, tom. vj.

— Les mêmes. *Paris*, 1739, 8 vol. gr. in-12. fig. 18 l.
Les exemplaires enrichis des figures de J. Punt sont rares, et valent 96 à 120 l.

— Les mêmes. *Amst.* 1741, 4 vol. pet. in-12. fig. de Punt, 16 l.

— Les mêmes, avec des remarq. historiq. et critiq. par Voltaire. *Amst. et Leipsic*, 1765, 6 vol. pet. in-12. fig. de Punt, 16 l.

— Les mêmes, avec des remarques grammat. par Bret. *Paris*, 1773, 6 vol. in-8. fig. de Moreau, 72 l.
Edition estimée.

— Les mêmes, avec des remarques grammat. par Bret. *Paris*, 1788, 6 vol. in-8. fig. de Moreau, 54 l.

— Les mêmes. *Paris*, Didot l'aîné

1792 et suiv. 6 vol. gr. in-4. pap. vélin, 100 l.
Edition tirée à 250 exemplaires. Elle suit partie de la Collection du Dauphin.

— Les mêmes, avec des remarq. grammat. par Bret. *Paris*, 1804, 6 vol. in-8. 34 fig. de Moreau retouchées, 45 l. — Papier vélin, 60 l.

— Les Plaisirs de l'Ile enchantée, ou les Fêtes et Divertissements du roi à Versailles en 1664. *Paris*, impr. roy. 1673. — Relation de la Fête de Versailles, du 18 juillet 1668. *Paris*, impr. roy. 1679, in-fol. fig. grav. par I. Sylvestre et le Pautre, 40 l.

MOLINA. Saggio della Storia natur. del Chili. *In Bologna*, 1782, in-8. 6 liv.

— Essai sur l'Hist. natur. du Chili, trad. de l'ital. par Gruvel. *Paris*, 1789, in-8. 7 l.
On a publié à Leipsic, en 1786, une traduction allemande de ce livre, en un vol. in-8.

MOLINA. Voy. ARGOTE DE MOLINA.

MOLINÆ (L.) Concordia Liberi Arbitrii cum Gratiæ donis, divinâ Præscientiâ, providentiâ, prædestinatione, et reprobatione; cum appendice. *Olyssipone*, 1588 et 1589, in-4.
Première édition de ce livre. Il faut voir si l'*Appendix*, imprimé en 1589, se trouve à la fin du vol. On sait peu de cas des réimpressions de cet ouvrage.

MOLINÆI (Car.) Opera. *Parisiis*, 1681, 5 vol. in-fol. 60 l.

MOLINET. Voy. LORRIS.

MOLINET. (C. du) Hist. summor. Pontificum, à Martino V, ad Innocentium XI. per eorum numism. *Parisiis*, 1679, in-fol. fig. 5 l.

— Cabinet de la Bibliothèq. de Sainte Geneviève. *Paris*, 1692, in-fol fig. 10 l. — Gr. pap. 15 l.

MOLINET. (M.tre Jehan) ses Faits et Dicts, etc. *Paris*, 1531, in-fol. goth. 10 l.

— Les mêmes. *Paris*, 1540, in-8. lettres rondes, 8 l.

MOLINIER: (J. B.) ses Sermons choisis sur les mystères de la religion. *Paris*, 1730, 14 vol. in-12. 27 liv.

MOLINO. (G.) Dittionario della Lingua italiana e turchesca. *In Roma*, in-12. 9 l.

MON

MOLITORIS (Ulr.) Tractatus de Pythonicis Mulieribus. *Coloniæ*, 1489 , in-4. 12 l.

Petit Traité rare et curieux.

MOLL. (Herm.) Description of England and Wales. *Lond.* 1724 , in-fol. 36 l.

MOLLER. (Levin) Dict. franç.-suédois , et suédois-franç. *Stockholm* , 1745 , in-4. 12 l.

MOLLERI (Jo.) Dissert. de Cornutis et Hermaphroditis , necnon de eorum Jure. *Berolini*, 1708 , in-4. 10 liv.

Traité rare et singulier.

MOLNAR (Alb.) Diction. quadrilingue lat.-hungarico-græco-germanicum. *Norimb.* 1708, 2 vol. in-8. 27 liv.

— Grammatica hungarica. *Hanoviæ*, 1710 , in-8. 15 l.

MOMORO. (Ant. Fr.) Traité élémentaire de l'imprimerie. *Paris* , 1793 , in-8. avec 36 fig. 7 l.

MONACO. Tableaux de plusieurs grands Maîtres , et qui appartiennent à différentes personnes de Venise, dessinés et gravés par Monaco, in-fol. att. 66 fig. 60 à 72 l.

MONBRITII (Bonini) Sanctuarium, sive Acta et Vitæ Sanctorum. *Mediolani , absque anni indicat.* 2 vol. in-fol. 300 l.

Cette édition, qui est extrêmement rare , a été publiée vers 1470. Le dernier feuillet de la lettre N, qui contient la fin de la Vie de saint Nicaise , manque dans presque tous les exemplaires de ce livre, sans qu'on sache pourquoi.

MONARDES. (Nic.) Hist. medicinal de las cosas que se traen de Nuestras Indias Orientales , cou de la Piedra Bezaar. *En Sevilla*, 1574 , in-4. 9 l.

MONCONYS : (Balth. de) son Voyage en Europe, Asie et Afrique, publié par Gasp. de Monconys, son fils. *Paris* (*Holl.*) , 1695 , 4 vol. in-12. fig. 12 l.

MONCRIF. (Fr. Aug. Paradis de) Essai sur la nécessité et les moyens de plaire. *Paris* , 1738 , gr. in-8. pap. de Holl. 13 l.

Il existe de cet ouvrage des exemplaires imprimés sur vélin.

— Choix de Chansons recueillies par le même. 1757, in-12.

Il y a également de ce volume des exemplaires sur vélin.

MONDE , (le) son Origine et son Antiquité (par Mirabeau , publié par Dumarsais.) *Lond.* 1751 , in-8. 5 l.

MONDE (le) plein de fols , ou le Théâtre des nains. 1716 , in-8. fig. grotesques très-singulières , 30 l.

MONET. Anthologie française, ou Chansons choisies , depuis le 13e siècle jusqu'à présent. 1765, 3 vol. in-8. 15 l.

On joint ordinairement à ces trois vol. un quatrième contenant des Chansons gaillardes , recueillies par le même.

MONETE antiche di Capua , con alcune osservazioni. *In Napoli*, 1803, in-4. fig. 12 l.

MONGE. Application de l'Analyse à la Géométrie. *Paris* , 1807, in-4. 12 liv.

— Description de l'Art de fabriquer les canons. *Paris* , 1794 , in-4. fig. 15 liv.

Du même : *Traité élémentaire de statique*, in-8. — *Géométrie descriptive* , in-4.

MONGIN : (Edme) ses Œuvres, contenant ses Sermons , Panégyriques , etc. *Paris* , 1745, in-4. 7 l. — Gr. pap. 10 l.

MONGITORIS (Ant.) Bibliotheca Sicula, sive Notitia Script. Siciliæ. *Panormi* , 1707 et 1714 , 2 vol. in-fol. 15 l.

MONICART (J. B. de) Versailles immortalisé. *Paris*, 1720, 2 vol. in-4. 9 l.

Cet ouvrage n'a point été terminé.

MONITEUR univ. Voy. Gazette nationale.

MONNET. Traité de l'Exploitation des Mines. *Paris*, 1773, in-4. 10 l.

MONNIER. (Pier. Charl. le) Institutions astronomiques , ou Leçons élémentaires d'Astronomie. *Paris* , 1746 , in-4. 10 l.

On a encore de cet auteur : *Histoire céleste*, in-4. 7 l. — *Observations de la lune*, 4 part. in-fol. 8 l. — *Théorie des Comètes* , in-8. etc.

MONNOYE. (Bern. de la) Noëls en langage bourguignon , avec un glossaire. *Dijon*, 1720, in-8. 7 l.

— Les Poésies du même, avec son Eloge , par Sallengre. *La Haye*, 1716 , in-8. 7 l.

— Œuvres choisies du même. *La Haye*, *Paris* et *Dijon*, 1770, 2 vol. in-4, ou 3 vol. in-8. 10 à 12 l.

Édition beaucoup plus ample que la précédente, et due aux soins de M. Rigoley de Juvigny.

MONRO'S. (Alex.) Structure and Physiologie of fishes, explained and compared with those of man and other animals. *Edimb.* 1785, in-fol. fig. 42 l.

—Traité d'Ostéologie, trad. de l'angl. avec des explicat. par M. Sue. *Paris*, 1759, 2 part. 1 vol. très-gr. in-fol. fig. 36 l.

— Icones et Descriptiones bursarum mucosarum corporis humani. *Lipsiæ*, 1799, in-fol. fig. 30 l.

MONSTIER. Voy. DUMONSTIER.

MONSTRELET. (Enguerrand de) Les Chroniques de France, additionnées jusqu'en 1498. *Paris*, Ant. Vérard, sans date, 3 vol. in-fol. goth. 20 l. — Gr. pap. 36 l.

Des différentes éditions gothiques de ce livre, celle-ci, qui est l'originale, est la plus recherchée, parce qu'elle est bien exécutée.

Il y a des exemplaires imprimés sur vélin et ornés de miniatures. Ils sont précieux.

— Les mêmes, avec la Continuation d'un auteur anonyme, jusqu'en 1516. (Edit. revue par Denys Sauvage.) *Paris*, 1572, 3 vol. in-fol. 36 l. — Gr. pap. 66 l.

Bonne édition. Elle est imprimée en lettres rondes.

MONTAGUE: (Lady Worthley) Letters. *Lond.* 1784, 2 tom. 1 vol. in-8. 10 liv.

MONTAIGNE: (Mich. de) ses Essais. *Bourdeaus*, 1580, 2 vol. in-8. 12 liv.

Première édition de cet ouvrage. Elle ne contient que deux livres.

— Les mêmes, augm. d'un 3e Livre et de 600 additions aux deux premiers. *Paris*, L'Angelier, 1588, in-4. 15 à 18 l.

Peu commun.

— Les mêmes. *Paris*, L'Angelier, 1595, in-fol. 9 à 12 l.

— Les mêmes. *Paris*, 1602, in-8. 8 l.

— Les mêmes. *Bruxelles*, Foppens, ou *Amst.* Michiels, 1659, 3 vol. in-12. 50 l.

Jolie édition, recherchée.

Vendu, rel. en maroq. 103 l. 5 s. à la vente des doubles de M. Firmin Didot.

— Les mêmes. *Paris*, 1659 ou 1669, 3 vol. in-12. 15 l.

— Les mêmes, avec les remarques de P. Coste. *Lond.* Tonson, 1724, 3 vol. in-4. — Supplément. *Lond.* 1740, in-4. 30 l.

Édition préférable à la réimpression de *Paris*, 1725, 4 vol. in-4.

— Les mêmes, avec les remarques de P. Coste. *Genève*, 1725, 5 vol. in-8. 15 l.

— Les mêmes. *La Haye*, 1727, 5 vol. in-12. 15 l.

— Les mêmes, avec les remarq. de Coste. *Lond.* Nourse, 1754, 10 vol. in-12. 15 à 20 l. — Pap. de Holl. rare, 24 à 36 l.

— Les mêmes. *Amst.* (*Lyon*), 1781, 3 vol. pet. in-8. 16 l.

— Les mêmes. *Paris*, Bastien, 1783, 3 vol. in-8. 21 l. — Pap. de Holl. 48 liv.

Bonne édition.

— Les mêmes. *Paris*, 1796. 4 vol. in-8. 12 l. — Pap. vélin, 15 à 18 l.

Il y a des exemplaires en papier bleu.

— Les mêmes. *Paris*, Didot l'aîné, an 10, 4 vol. in-8. pap. fin, 15 l. — Pap. vélin, 24 l.

Édition bien imprimée.

MONTALEMBERT. La Fortification perpendiculaire, ou l'art défensif supérieur à l'offensif, par une nouv. manière d'employer l'artillerie. *Paris*, 1776-96, 11 vol. gr. in-4. avec 165 pl. color. 250 l.

Moins cher quand les figures ne sont qu'en noir.

MONTALTE. (L. de) Voy. PASCAL. (Bl.)

MONTALTII (Lud.) Tractatus Reprobationis Sententiæ Pilati. *Parisiis*, Le Noir, 1493, pet. in-4. goth. 50 l.

Première édition de ce Traité. Les exemplaires en sont assez rares.

MONTAND. (Nic. de) Le Miroir des Français, cont. l'état et maniement des affaires de France, tant de la justice que de la police, mis en dialogues. 1581, in-8. très-rare, 18 à 24 l.

MONTANO. (G. B.) Scelta di varj Tempiotti antichi, con le piante ed alzate designati in prospettiva;

date in luce da G. B. Soria. *In Roma*, 1624, in-fol. 12 l.

MONTARGON. (Rob. Fr.) Dictionnaire apostolique. *Paris*, 1752, 13 vol. in-8. 40 l.

MONT-CHRÉTIEN : (Ant.) ses Tragédies. *Rouen*, sans date, in-12. 6 à 9 l.

MONTECUCCOLI : (Raimondo) Opere, illustrate da Ugo Foscolo. *Milano*, L. Mussi, 1807, 2 vol. gr. in-fol. fig. 120 l.
Très-belle édition, tirée seulement à 170 exemplaires, dont 13 sur papier vélin. L'impression de cet ouvrage fait beaucoup d'honneur aux presses de M. L. Mussi, de Milan.

MONTEIRO-DA-ROCHA. Mémoires sur l'Astronomie pratique, trad. du portugais, par de Mello. *Paris*, in-4. 7 l.

MONTEMAGNO il vecchio, e il giovane : (Buonaccorso da) Prose e Rime, con annot. ed alcune Rime di N. Tinucci. *Firenze*, 1718, in-12. 3 l.
On doit cette édition aux soins de J. B. Casotti. Elle est citée par la Crusca.

MONTEREGIO (J. de) et G. PURBACHII Epitome in Ptolemæi magnam Compositionem. *Basileæ*, 1543, in-4. *rare*, 15 l.

MONTE-ROCHERII (Guid. de) Manipulus curatorum. *Augustæ Vindelicor.* 1471, in-fol. *très-rare*.
Première édition avec date. Elle est imprimée à longues lignes, sans chiffres, signatures ni réclames.

— Idem. *Parisiis*, Pet. Cesaris, 1473, in-fol. 50 l.
Cette édition, qui est également fort rare, a passé long-temps pour la première de ce livre.
Nous avons encore plusieurs autres éditions de cet ouvrage, mais les amateurs en font peu de cas.

MONTESQUIEU : (Charles de Secondat, baron de la Brède et de) ses Œuvres. *Amst.* (*Paris*), 1758, 3 vol. in-4. 18 l.
— Les mêmes. *Lond.* (*Paris*), 1767, 3 vol. in-4. 18 l. — Gr. pap. 36 l.
— Les mêmes. *Paris*, Bastien, 1788, 5 vol. in-8. 32 l.
— Les mêmes. *Paris*, an 4, 5 vol. in-8. 18 l. — Pap. vélin, 32 l.
— Les mêmes. *Paris*, Didot l'aîné, 1795, 12 vol. in-18. 24 l. — Pap.

vélin, 45 l. — Gr. pap. vélin, 90 l.
Jolie édition.
— Les mêmes, avec les nouveaux manuscrits. *Paris*, Plassan, 1796, 5 vol. gr. in-4. pap. vélin, ornés de 16 pl. 100 à 120 l. — Fig. av. la lettre, 150 l.
Belle édition, tirée à 550 exemplaires ; plus, 8 de format in-fol.
— Les mêmes, avec les notes d'Helvétius sur l'Esprit des lois, et toutes les Œuvres posthumes. *Bâle*, 1799, 8 vol. in-8. 27 l. — Pap. vélin, 90 l.
Seule édition complète de format in-8.
— De l'Esprit des Lois. *Genève*, 1755, 2 vol. in-4. 10 l.
— Considérations sur les Causes de la grandeur des Romains, etc. *Paris*, Renouard, 1795, 2 vol. in-8. papier vélin, 10 l.
On a tiré 60 exemplaires sur grand papier, et 2 sur peau de vélin.
— Le Temple de Gnide, avec fig. grav. par le Mire, d'après Eisen, et le texte par Drouet. *Paris*, 1772, gr. in-8. 9 à 12 l.
Belle édition.
— Le même. *Paris*, Didot le jeune, 1795, in-8. pap. vélin, fig. en coul. 15 liv.
On a tiré 30 exemplaires sur grand papier format in-4. avec figures au bistre : 30 l.
— Le même, suivi d'Arsace et Isménie. *Paris*, Didot l'aîné, 1796, gr. in-4. pap. vélin, fig. en coul. 60 l.
Édition tirée à 100 exemplaires seulement.

MONTESQUIOU-FEZENZAC. (le marquis de) Voy. EMILIE.

MONTESSON : (M.me de) Œuvres anonymes. *Paris*, Didot l'aîné, 1782, 7 tom. 8 vol. in-8. 220 l.
Ouvrage tiré à un très-petit nombre d'exemplaires.
— La Comtesse de Chazelle, comédie en 3 actes et en vers. (*Paris*, Didot aîné), in-8.
Cette pièce ne se trouve pas dans le Recueil ci-dessus.

MONTFAUCON. (Bern. de) Analecta græca, gr. lat., cum notis A. Pouget, J. Loppin et B. de Montfaucon. *Parisiis*, 1688, in-4. 8 l.
Ce vol. se joint aux *Monumenta Ecclesiæ græcæ* de Cottelerius.
— L'Antiquité expliquée et représentée en figures (en lat. et en franç.) *Paris*, 1719, 5 tom. 10 vol. in-fol.

— Supplément de l'Antiquité expliquée. *Paris*, 1724, 5 vol. in-fol. 350 à 400 l. — Gr. pap. 5 à 600 l.

La seconde édition de cet ouvrage, imprimée à *Paris*, en 1722 et 1757, est moins estimée que la première, parce que les épreuves des figures en sont faibles, 200 l. et en grand papier, 350 l.

— Les Monuments de la Monarchie française, représentés en fig. *Paris*, 1729 et suiv. 5 vol. in-fol. 250 l. — Gr. pap. 450 l.

On joint ordinairement ces 5 vol. aux 15 précédents.

Les exemplaires en grand papier sont assez rares.

— Palæographia græca, sive de Ortu et Progressu litterarum græcarum, et de variis sæculorum scriptionis græcæ generibus. *Parisiis*, 1708, in-fol. fig. 32 l. — Gr. pap. 60 l.

Ouvrage fort estimé.

— Bibliotheca Coisliniana olim Seguieriana, sive MSS. græcorum Descriptio, ed. cum interpr. lat. B. de Montfaucon. *Parisiis*, 1715, in-fol. 9 l.

— Bibliotheca Bibliothecarum MSS. nova. *Parisiis*, 1739, 2 vol. in-fol. 18 liv.

— Collect. nova Patrum gr. Vid. ATHANASIUS.

MONTFIQUET. (Raoul de) Le Guidon et Gouvernement des gens mariés. *Paris*, in-4. goth. 9 l.

MONTFORT. (Denys de) Conchyliologie systématique, et Classification méthodique des Coquilles. *Paris*, 1808, 2 vol. gr. in-8. pap. vélin, fig. color. 48 l. Prix de l'éditeur.

MONTI (Jos.) Plantarum varii Indices, ad usum Horti publici Bononiensis, etc. *Bononiæ*, 1724, in-4. fig. 7 l.

MONTI. (Vinc.) Aristomedo, tragedia. *Parma*, Bodoni, 1786, in-4. 7 liv.

Belle édition.

— Versi di Vinc. Monti. *Parma*, Bodoni, 1787, 2 vol. in-8. 7 l.

Jolie édition.

MONTII (Pet.) Collectanea Exercitiorum atque artis militaris. *Venetiis*, 1575, in-fol. *rare*, 15 l.

MONTIS (Pet. de) Opus de dignoscendis Hominibus, interpr. ex hisp.

Dict. Bibl. L

G. Ayora Cordubensi. *Mediolani*, Zarotus, 1492, in-fol. 45 l.

Livre fort rare.

MONTLUC, évesq. de Valence et de Die: (Jehan de) ses Sermons sur divers articles de foi, etc. *Paris*, Vascosan, 1559 et 1561, 2 vol. in-8. 12 liv.

On rassemble assez difficilement ces deux volumes.

MONTLUC. (Adrien de) La Comédie des Proverbes. *La Haye*, A. Ulach, 1655, in-12. 9 à 12 l.

Pièce recherchée de cette édition.

MONTMORT. (Pier. Rémond de) Essai d'analyse sur les Jeux de hasard. *Paris*, 1713 ou 1714, in-4. avec vignettes de Séb. le Clerc, 21 l.

Ces deux éditions sont plus amples que la première, publiée en 1708.

MONTPENSIER : (Anne - Marie-Louise de Bourbon, duchesse de) ses Mémoires. *Amst.* 1735, 8 vol. in-12. 12 l.

— Recueil de (cent) Portraits et Eloges en vers et en prose. *Paris*, 1659, 2 vol. in-8.

Tiré à 30 exemplaires.

— Histoire de la princesse de Paphlagonie. *A Bourdeaux*, in-12.

Tiré à très-petit nombre.

MONT-SACRÉ (Ollenix du) (*Nic. de Montreulx*). Les Bergeries de Juliette. *Tours* et *Paris*, 1592-98, 5 vol. in-12. 18 l.

MONTUCLA. (J. Fr.) Histoire des Mathématiques. *Paris*, 1758, 2 vol. in-4. 24 l.

L'édition suivante a fait tomber le prix de celle-ci.

— La même, nouv. édition, considérablement augmentée. *Paris*, an 7 (1799), 4 vol. in-4. fig. 54 l.

MONUMENTA græca et lat., ex museo J. Nanii, *Romæ*, 1787, in-4. fig. 20 l.

MONUMENTS de la Vie privée des Douze Césars, d'après une suite de pierres grav. sous leurs règnes. *Caprée*, 1780, in-4. fig. 16 l. ou in-8. 12 liv.

MONUMENTS du culte secret des Dames romaines, pour servir de suite aux Monum. de la vie privée

46

des Douze Césars. *Caprée*, 1784, in-4. fig. 15 l. ou 2 vol. in-8. 16 l.

MONUMENTS antiques du Musée Napoléon, gravés par Piroli, avec une explicat. par L. Petit-Radel, publ. par F. et P. Piranesi frères. *Paris*, 1804, 32 livraisons ou 4 vol. in-4. 152 l. Prix de l'éditeur.

MONUMENTUM parmense in adventu Gustavii III, Sueciæ regis. *Parmæ*, Bodoni, 1784, gr. in-fol. fig.

Livre singulier, imprimé à l'occasion du passage de Gustave III. Il a été tiré à un très-petit nombre d'exemplaires.

MOORE. (J.) Wiew of Customs and Manners in France, Switzerlad and Germany. *Lond.* 1780, 2 vol. in-8. 18 l.

— A Wiew of Society and Manners in Italy. *Lond.* 1781, 2 vol. in-8. 18 liv.

Ces deux ouvrages ont été traduits en français sous le titre suivant:

— Lettres d'un Voyageur anglais sur la France, la Suisse, l'Allemagne et l'Italie, trad. de l'angl. *Genève*, 1781, 4 vol. in-8. 18 l.

MOORE. (Fr.) Travels in the inland parts of Africa, to which is added cap. Stibb's Voyage up the Gambia in the year 1723. *Lond.* 1738, in-4. 12 liv.

MORABIN. (J.) Histoire de Cicéron. *Paris*, 1745, 2 vol. in-4. 8 l. — Gr. pap. 24 l.

MORALES. (Ambr. de) Voyez O Campo.

MORALES. (Gasp. de) Libro de las Virtudes y propriedades de las Piedras preciosas. *En Madrid*, 1605, in-8.

Livre rare, 18 l.

MORALISTES anciens. (Collection des) Voy. Collection.

MORALITÉ de la Vendition de Joseph, fils du patriarche Jacob, mise en rime franç. et par personnaiges. *Paris*, Sergent, in-8. goth. 100 l.

Volume très-rare. Il est deux fois plus long que large.

MORALITÉ de l'Enfant de perdition, qui tua son père, pendit sa mère, et

enfin se désespéra. *Lyon*, Arnoullet, sans date, in-16.

Cette moralité est de la plus grande rareté.

MORALITÉ ou Histoire de Jovien, en rime franç. et par personnaiges. *Lyon*, Rigaud, 1584, in-8.

Édition extrêmement rare.

MORALITÉ de l'Enfant prodigue, mise par personnaiges et en rime franç. *Paris*, sans date, in-4. goth.

Édition excessivement rare.

— La même. *Lyon*, Rigaud, sans date, in-16. de 128 pag. *lettres rondes.*

Cette édition est moins rare que la précédente.

MORALITÉ ou la Vie de Marie Magdelaine, cont. plusieurs beaux miracles, en rime franç. et à 22 personnaiges. *Lyon*, 1605, in-12. de 92 pag. *lettres rondes.*

MORALITÉ ou la Vie de monseigneur Saint Laurent, par personnaiges et en rime franç. *Paris*, Alain Lotrian, sans date, in-4. goth. 50 l.

Ce vol. est assez rare.

MORALITÉ ou la Vie de monseigneur Saint Andry, mise en rime franç. et par personnaiges. *Paris*, P. Sergent, sans date, in-4. goth.

Peu commun.

MORALITÉ ou la Vie et le Martyre de madame Sainte Barbe, mise en rime franç. et par personnaiges. *Lyon*, 1584, in-16.

Cette édition, ainsi que la suivante, sont fort rares.

— La même. *Lyon*, 1602, in-16. de 79 feuillets, *lettres rondes.*

MORALITÉ du mauvais Riche et du Ladre, mise en rime franç. et à 12 personnaiges. In-8. impr. en lettres goth., sans indication d'année ni nom d'imprimeur, 36 l.

— La même. Impr. en lettres goth. et sans aucune indication, in-16. de 16 feuillets, 36 l.

— La même. In-4. goth. sans aucune indication, 20 l.

MORALITÉ de la Maladie de chrétienté, à 12 personnaiges. *Paris*, 1533, in-8. goth. *rare*, 24 l.

MORALITÉ (la) ou la Vie de S. Pierre et de S. Paul, mise en rime franç. et par personnaiges. *Paris*, Trepperel, in-4. goth. sans date.

Seule édition de ce livre. Elle est extraordinairement rare.

MORALITÉ intitulée : les Vigiles des morts, mise en rime franç. et par personnaiges. *Paris*, J. Jehannot, sans date, in-16. goth.

MORALITÉ intitulée : *Mundus ; Caro; Dœmonia*, en laquelle verrez les durs assauts qu'ils font au chevalier chrétien, et comme par conseil de son bon esprit, avec la grace de Dieu, il les vaincra, etc. en rime franç. et par personnaiges. in-8. goth. sans date.

Seule édition connue de cette Moralité. Les exemplaires en sont très-rares et fort recherchés des curieux.

MORALITÉ nouv. d'une pauvre fille villageoise, laquelle aima mieux avoir la tête coupée par son père, que d'être violée par son seigneur, en rime franç. et à 4 personnaiges. *Paris*, sans date, in-16. goth. de 16 feuillets, *très-rare*.

Cette Moralité a été réimprimée par M. P. Caron. Voyez *Collection*.

MORALITÉ de l'homme pécheur, mise en rime franç. et par personnaiges. *Paris*, Vérard, sans date, in-fol. goth.

Cette édition est très-rare et fort recherchée des curieux.

Il en a été tiré des exemplaires sur vélin, qui sont infiniment précieux.

— La même. *Paris*, Guill. Eustace, sans date, in-fol. goth.

— La même. *Paris*, veuve Trepperel, sans date, in-4. goth.

Ces deux éditions sont aussi fort rares.

MORALITÉ de l'homme produit par nature au monde, qui demande le chemin de Paradis, et y va par 9 journées, en rime franç. et par personnaiges. *Paris*, S. Vostre, sans date, in-8. gotb.

MORALITÉ (la) de l'Institution de l'Ordre des Frères Prescheurs, avec la Vie de S. Dominique, leur fondateur, mise en rime franç. et par personnaiges. *Paris*, J. Trepperel, in-4. goth. sans date.

Livre très-rare, 150 l.

MORANDI (J. B.) Historia botanica

practica. *Mediolani*, 1744, in-fol. fig. 15 l. — Fig. color. 36 l.

MORANTE. (Ped. Dias) Arte nova de escribir. *En Madrid*, 1776, in-fol. 18 l.

MORCELLI (S. A.) de Stilo inscriptionum latinarum libri iij. *Romæ*, 1780, in-4. 12 l.

MOREAU, historiographe. Le Potpourri de Ville-d'Avray, ou Recueil de Chansons et Pièces fugitives. *Paris*, 1781, in-18.

Tiré à très-petit nombre.

— Variétés morales et philosophiques. *Paris*, 1785, 2 vol. pet. in-12.

Cet ouvrage, dans lequel on trouve le *Mémoire sur les Cacouacs*, a été tiré à très-petit nombre.

MOREAU de Saint-Merry. Lois et Constitutions des Colonies françaises. *Paris* (1784), 3 vol. in-4. 15 liv.

— Description physique, civile, politique, etc. de la partie française de l'Ile de St.-Domingue, angl.-franç. *Philadelphie*, 1797, 2 vol. in-4. 15 l.

— Description topogr. et politiq. de la partie espagnole de l'Ile de St.-Domingue, angl.-franç. *Philadelphie*, 1796, 2 vol. in-8. 10 l.

MOREAU (de la Sarthe.) (Jacq. L.) Histoire naturelle de la Femme. *Paris*, 1803, 3 vol. in-8. avec 11 pl. 12 l. — Pap. vélin, 24 l.

— Description des principales Monstruosités dans l'homme et dans les animaux. *Paris*, Fournier frères, 1808, in-fol. fig. 40 l.

Cet ouvrage est orné de 42 planches gravées par M. Regnault, et coloriées avec beaucoup de soin.

— Voy. LAVATER.

MOREAU le jeune. Monument du Costume physique et moral de la fin du xviije siècle. *Neuwied sur le Rhin*, 1789, gr. in-fol. fig. 24 l.

MORELL. (Th.) Thesaurus græcæ Poeseos, sive Lexicon gr.-prosodiacum. *Etonæ*, 1762, in-4. 27 l.

Ce Livre est rare, même en Angleterre. Il faut vérifier si le portrait de l'auteur, gravé par Hogarth, se trouve en tête de l'exemplaire.

MORELLI (Jac.) Bibliotheca Maphæi Pinellii Veneti, magno jàm studio collecta, à Jac. Morellio descripta et annot. illust. *Venetiis*,

1787, 6 vol. in-8. 30 l. —Gr. pap. 60 liv.

— Eadem. *Lond.* 1788, in-8. 5 à 6 l. et avec les prix, 12 à 15 l.

— Codices manuscripti lat. et ital. Biblioth. Nanianæ relati. *Venet.* 1776, 2 vol. in-4.

—Bibliotheca manuscripta. *Venetiis*, 1802, in-8. 10 l.

MORELLII (Andr.) Specimen univ. Rei Nummariæ antiquæ. *Lipsiæ*, 1695, 2 vol. in-8. fig. 8 l. Seconde édition.

— Thesaurus Morellianus, sive Familiarum romanar. Numismata, omnia disposita ab A. Morellio; cum comment. Sig. Havercampi. *Amst.* 1734, 2 vol. in-fol. fig. — Thesaurus Morellianus, sive Chr. Schlegelii, S. Havercampi et A. Fr. Gori Comment. in xij priorum Impp. romanor. Numismata, cum Præfat. P. Wesselingii. *Amst.* 1752, 3 vol. in-fol. fig. 120 l. — Gr. pap. 180 l.
On réunit ordinairement ces deux ouvrages ensemble. Ils sont fort estimés.

MORELOT. (S.) Cours élémentaire, théoriq. et pratiq. de Pharmacie chimique. *Paris*, 1805, 3 vol. in-8. 12 liv.

—Cours élémentaire d'histoire naturelle pharmaceutique. *Paris*, an 8 (1800), 2 vol. in-8. 8 l.

MORERI. (Louis)Le grand Dictionnaire historiq. et critiq. de l'Hist. sacrée et profane. *Paris*, 1759, 10 vol. in-fol. 90 à 100 l.
Bonne édition.
Ce Dictionnaire a été traduit en anglais, en espagnol et en italien.

MORET. (Jos. de) Investigaciones historicas de las antiguedades del Reyno de Navarra. *En Pampelona*, 1665, in-fol.

— Annales del Reyno de Navarra. *En Pampelona*, 1684 et 1695, 2 vol. in-fol.
Ces deux ouvrages sont estimés et ne se trouvent pas facilement ; le second est beaucoup plus rare que le premier : 50 l.

MORGAGNI (J. B.) Opera. *Patavii*, 1765, 5 vol. in-fol. fig. 50 l.

— De Sedibus et Causis Morborum per anatomen indagatis lib. v. *Patavii*, 1760, 2 vol. in-fol. 18 l.

— Iidem. *Lovanii*, 1766, 2 vol. in-4. 15 liv.

— Iidem, ed. de Haller. *Embroduni*, 1779, 3 vol. in-4. 36 l.
Bonne édition.

—Ejusd. adversaria anatomica omnia. *Patavii*, Cominus, 1719, 2 vol. in-4. fig.

MORGANTI. Nummismalogia, ò breve Recopilaçaon de algunas Medalhas dos emperadores romanos. *En Lisboa*, 1737, in-4. fig. 16 l.

MORGHEN. (Filip.) Antichità di Pozzuoli, Baja, Cuma. *Napoli*, 1769, in-fol. fig. 30 l.

MORHOFII (Dan. Georg.) Polyhistor, litterarius, philosophicus et practicus ; cum notis Alb. Fabricii. *Lubecæ*, 1747, 2 vol. in-4. 12 l.

MORI : (de) Novelle. *Lond.* (*Livorno*), in-8. con ritratto.
Edition publiée par M. G. Poggiali. On en a tiré un exemplaire sur papier bleu, et un autre sur peau de vélin.

MORICE. (D. Hyac.) Hist. gén. de Bretagne. *Paris*, 1744 et suiv. 5 vol. in-fol. 24 l. —Gr. pap. 50 l.

MORIN. (Guill.) Hist. gén. du Pays de Gastinois, Senonois, etc. *Paris*, 1630, in-4. 5 l.

(MORIN dit Cromé.)(Louis) Dialogue du Maheustre et du Manant, sur les troubles du royaume de France. 1594, in-8. 5 l.
On attribue communément cet ouvrage à Louis Morin dit Cromé.

MORIN : (Sim.) ses Pensées, avec ses Cantiques et Quatrains spirituels. *Paris*, 1647, in-8.
Volume rare.

—Factum contre Sim. Morin, 1662. —Déclaration de Morin, délivré de la Bastille, sur la révocation de ses pensées, 1649. Déclaration de Morin, de sa femme et de Mlle Malherbe, 1649. — Procès-verbal et exécution de mort dudit S. Morin, 1663. —Arrêt de la Cour du parlement, qui condamne ledit S. Morin à faire amende honorable et être brûlé en place de Grève, avec son livre des *Pensées*. *Paris*, 1663, in-8. rare, 140 l.
Toutes ces pièces ont été dans le temps publiées en différents formats, les unes in-4. et les autres in-8.
Le vol. que nous annonçons et qui les comprend, est une réimpression sous les anciennes dates, mais de format in-8. pour être reliée avec le livre des *Pensées*.

MORIN. (J. B.) Dictionnaire étymologique des mots français déri-
vés du grec. *Paris* , 1809, 2 vol.
in-8. 12 à 15 l.

MORINI (Joan.) Commentarius histor. de Disciplinâ in administra-
tione Pœnitentiæ. *Parisiis* , 1651,
in-fol. 10 l.

—De sacris Ecclesiæ Ordinationibus,
Comment. *Parisiis*, 1655, in-fol. 18 l.

—Exercitationes ecclesiasticæ et Biblicæ. *Parisiis* , 1669, in-fol. 20 l.

On réunit ordinairement ces trois volumes
ensemble. Le dernier est le plus rare.

— Des Défauts du Gouvernement de
l'Oratoire. 1653, in-8. *rare*, 12 l.

Cet ouvrage a été supprimé.
On en a donné un abrégé sous le nom de
la *Tourelle*.

— Vid. BIBLIA sacra.

MORINIÈRE. Voy. FORT DE LA MO-
RINIERE.

MORISON. (Rob.) Plantarum Historia Oxoniensis, seu Herbarum
Distributio nova. *Oxonii* , 1672,
1680 et 1699, 3 part. 2 vol. in-fol.
fig. 80 l.—Fig. color. 160 l.

La première partie de cet excellent ouvrage n'a point été imprimée ; ce qui en
tient lieu est intitulé : *Plantarum umbel-
liferarum distributio nova.* 1672, in-
fol. Mais comme ce Traité fut réimprimé
avec la troisième partie, on ne prend l'édition de 1672 qu'à cause de la beauté des
épreuves.
On a réimprimé cet ouvrage à *Oxfort*, en
1715, 3 vol. in-fol. quelquefois reliés
en deux, 70 l.

MORISON. Relation historiq. d'un
Voyage nouvell. fait au Mont Sinaï
et à Jérusalem. *Toul*, 1704, in-8.
7 liv.

MORISOTI (Cl. Barth.) Orbis mari-
timus. *Parisiis* , 1643, in-fol. 7 l.

— Ejusd. Peruviana. *Divione*, 1644,
in-4. 7 l.

Pour compléter cet ouvrage , il faut y joindre
une *Conclusion* de 35 pages , imprimée en
1646.

—Alitophili (id est C. B. Morisoti)
Veritatis Lacrymæ , seu Euphor-
mionis Lusinini satyrici Barclaii
Continuatio. 1625 , in-12. 4 l.

Peu commun.

MORLAND. (le chev.) Recueil de
Machines pour l'élévation des eaux,
réduite au poids , à la mesure , etc.
par le moyen d'un nouveau piston

et corps de pompe. *Paris* , 1685 ,
in-4. fig. 10 l.

Ouvrage rare et curieux.

MORLIERE. (Adr. de la) Les Antiquités de la ville d'Amiens. *Paris* , 1642 , in-fol. 6 l.

MORLINI (Hier.) Novellæ , Fabulæ
et Comœdiæ. *Neapoli*, Jo. Pasque-
tus de Sallo, 1520, in-4.

Ce volume , composé de 90 feuillets chiffrés ,
est si rare , qu'il s'est vendu jusqu'à 8 à
1100 l. M. Caron en a donné une réimpression en 1799. Voy. *Collection.*

MORNAS. (Buy de) Atlas méth. et
élémentaire de Géographie et d'Hist.
Paris , 1761 , 4 vol. gr. in-4. 40 l.

— Format in-fol. 70 l.

Il y a des exemplaires sur très-grand papier de Hollande, avec les cartes enluminées , 100 l.

MORNAY , seign. du Plessis-Marly :
(Philip. de) ses Mémoires , depuis
1572-99. *La Forest*, 1624 et 1625 ,
2 vol. in-4.

— Autres Mémoires du même , depuis 1600-23. *Leyde* , Elzevir,
1651 et 1652, 2 vol. in-4.

— La Vie du même. *Leyde* , Elzevir,
1647 , in-4.

On réunit communément ces trois ouvrages
ensemble , 24 l.

MORO (il) d'Heliseo Heivodo , Inglese. *In Fiorenza* , 1556 , in-8.

Exemplaire imprimé sur vélin.

MORO. (Ant. Laz.) De Crostacei e
degli altri Corpi marini che si trovano su' monti, lib. ij. *Venezia* ,
1740 , in-4. fig. 8 l.

MOROCENI (Pauli) Opus de æternâ
temporalique Christi Generatione ,
in Judaïcæ perfidiæ improbationem,
et christianæ relig. gloriam. *Patavii* , 1473, in-4. 30 l.

Cet ouvrage est rare.

MOROGUES. (de) Tactique navale.
Paris , 1763 , in-4. fig. 8 l. — Gr.
pap. 15 l.

MORTIER. Voy. MARTIN. (Dav.)

MORTON. (J.) Hist. natur. du
Comté de Northampton (en angl.)
Lond. 1712 , in-fol. fig. 15 l.

MORTON (Rich.) Opera medica.
Lugd. 1697, 2 vol. in-4. 12 l.

MORTON. (Ch.) Bulstrode White-
lockes notes upon the kings writt
for choosing members of parliament

adressed to Charles II , and published from the manuscr. *Lond.* 1766 ,
2 vol. in-4. 27 l.

Ouvrage rare , même en Angleterre.

MORUS : (Thom.) Works. *Lond.*
1530 , 2 vol. in-fol. 12 l.
—De optimo Reipublicæ Statu , deque novà insulà Utopià , lib. duo.
Glasguæ , Foulis , 1750 , in-8. 4 l.
—L'Utopie, trad. en franç. par Gueudeville. *Leyde* , 1715 , ou *Amst.*
1730 , in-12. fig. 5 l.

MOSCHIONIS de Morbis mulierum ,
gr. , à Conr. Gesnero. *Basileæ* ,
1566 , in-4. *rare.*
—Ejusd. de mulierum Passionibus
liber, gr. lat. , ex vers. F. O. de
Wez. *Viennæ* , 1793 , in-8. 4 l. —
Pap. collé , 7 l.

MOSCARDO. (L.) Note ovvero Memorie del Museo di L. Moscardo ,
descritte dal medesimo. *In Padoa* ,
1656 , in-fol. fig. 10 l.

MOSCHOPULI (Manuelis) de Ratione examinandæ Orationis Libellus, gr. edit. *Lut. Parisior.* R. Stephanus , 1545 , in-4. 8 l.

Cette édition est bien imprimée, mais elle
n'est pas correcte.

MOSCHUS. Vid. Bion et Theocritus.

MOSER (Ph. U.) Lexicon manuale
hebraïcum et chaldaïcum. *Ulm.*
1795 , in-8. 12 l.

MOSIS Claraceni Hist. Armeniaca,
armenicè et lat. , cum notis Whis-
toni. *Lond.* 1736, in-4. 12 l.

MOTHE LE VAYER. (Fr, de la)
Voy Tubero.

MOTHE LE VAYER DE BOUTI-
GNY. (Fr. de la) Tharsis et Zélie.
Paris , 1774 , 3 vol. in-8. 15 à 18 l.
—Pap. de Holl. *très-rare*, 50 à 60 l.

MOTRAYE. (Aubry de la) Voy.
Aubry de la Motraye.

MOTTE. (Ant. Houdart de la) Voy.
Houdart.

MOTTEVILLE. (Fr. Bertrand , dame de) Mémoire pour servir à
l'Hist. d'Anne d'Autriche , femme
de Louis XIII. *Amst.* (*Paris*) ,
1739 , ou *Amst.* 1750 , 6 vol. in-12.
16 liv.

MOUFETI (Th.) Theatrum Insectorum. *Lond.* 1634 , in-fol. fig. 10 l.
Peu recherché.

MOULIN. (Pier. du) L'Anatomie de
la Messe. *Sedan* , 1636 , in-12.
Bonne édition.
—La même. *Leyde* , Elzevir, 1638 ,
in-12. 6 à 9 l.
Cette édition , recherchée par les amateurs
des Elzevirs , n'est point complète.
— L'Anti-Barbare , ou du Langage
étrange et inconnu. *Genève*, 1629 ,
in-8. 5 l.
Bonne édition.
On a encore du même du Moulin quelques
autres petits ouvrages , mais ils sont peu
recherchés.

MOULINET, sieur du Parc. (Nic.
du) Les Amours de Floris et
Cléonthe. *Paris*, 1613 , in-12. 6 L
— La vraie Histoire comiq. de Fran-
cion. *Leyde*, 1685 , 2 tom. 1 vol.
in-12. fig. 9 l.
Après cette édition , celle de *Leyde* , 1721 ,
2 vol. in-12. fig. est la plus recherchée , 6
à 7 l.

MOULINS. (Guyars des) Voyez
Guyars.

MOURA. (Eman. do Valle de) Liber de Incantationibus , seu Ensal-
mis. *Eboræ* , 1620 , in-fol. 15 l.
Livre curieux et rare.

MOURADJA D'OHSSON. Tableau
gén. de l'Empire ottoman. *Paris*,
Didot le jeune , 1787-90 , 2 vol. gr.
in-fol. fig. 160 l. — Pap. de Holl.
(deux exempl.) 400 l.
Ce superbe ouvrage n'est point achevé.
Les planches numérotées 13 et 19 du tome
premier , manquent dans un assez grand
nombre d'exemplaires.
— Le même. *Paris* , Didot le jeune ,
1788-90 , 5 vol. in-8. 20 l.
Cette édition ne renferme que quelques
planches réduites dans la proportion du
format.

MOURGUES. (Mich.) Plan théologiq. du Pythagorisme , et des autres
sectes savantes. *Toulouse* , 1712 ,
2 vol. in-8. 16 l.

MOUSIN. (J.) Discours de l'Yvresse
et Yvrognerie , etc. *Toul*, 1612 ,
in-8. 9 l.

MOUTIANO y LOYANDO. (D.
Aug. de) Discorso sobre las Tra-
gedias espanolas. *En Madrid*, 1750,
in-8. 9 l.

MOUZÉ. Traité de Fortification souterraine , suivi de quatre Mémoires
sur les Mines. *Paris*, 1804, in-4,
20 pl. 12 l.

MOYNE. (Pier. le) La Galerie des Femmes fortes, avec leurs portraits. *Leyde*, Elzevir, 1660, in-12. 18 l. Jolie édition.

MOYSANT et DE LEVIZAC. Bibliothèque portative des Ecrivains français, ou Choix des meilleurs morceaux extraits de leurs ouvrages tant en prose qu'en vers. *Lond.* 1803, 6 vol. gr. in-8. 50 l.

MOYSI (Rabi) Tractatus iv de Regimine sanitatis. *Edit. vetus, absque anni notâ, sed impressa Florentiæ, apud S. Jacobum de Ripoli*, in-4. Edition très-rare.

MUGER Felix, (la) poema. *En Madrid*, 1786, 3 vol. in-12. 12 l.

MUHAMMEDIS Fil. Ketiri, qui vulgò *Alfraganus* dicitur, Elementa astronomica, arab. et lat., cum notis Golii. *Amst.* 1669, in-4. 30 l. Ce livre est rare.

MUIS (Sim. de) (Marotte) Opera. *Parisiis*, 1650, in-fol. 10 l. — Gr. pap. 20 l. Cette édition est la plus ample et la plus recherchée de ce livre.

MULLER (Oth. Frid.) Zoologiæ Danicæ Prodromus. *Hauniæ*, 1776, in-8.

— Zoologiæ Danicæ, seu Animalium Daniæ et Norwegiæ rariorum ac minùs notorum Icones. *Hauniæ*, 1777, in-fol. Cet ouvrage se réunit ordinairement au précédent. Les deux ensemble, 72 l.

— Vermium terrestrium et fluviatilium, seu Animalium infusoriorum, helminthicor. et testaceor. non marinorum, Historia. *Hauniæ*, 1773, 3 part. 1 vol. in-4. 20 l.

— Hydrachnæ quas in aquis Daniæ palustribus, detexit, descripsit Oth. Fr. Muller. *Lipsiæ*, 1781, in-4. fig. color. 10 l. — Pap. fort, 50 liv.

— Entomostraca, seu Insecta testacea quæ in aquis Daniæ et Norwegiæ, reperit, descripsit, et iconib. illustr. O. F. Muller. *Lipsiæ*, 1785, in-4. avec 31 fig. 40 l.

MULLER (P. Er.) Commentatio historica de genio, moribus et luxu ævi Theodosiani. *Hauniæ*, 1797, in-8. 8 liv.

MUNCKERUS. (Th.) Vid. MYTHOGRAPHI latini.

MUNDINI Anatomia, cum comment. Jac. Berengarii Carpentii. *Bononiæ*, 1721, in-4. fig. en bois, 12 l.

MUNGO-PARK'S. Travels in the interior districts of Africa, performed in the years 1795-97. *Lond.* 1799, gr. in-4. pap. vélin, fig. 18 l.

— Voyage dans l'intérieur de l'Afrique, fait en 1795-97, trad. de l'angl. par J. Castera. *Paris*, an 8 (1800), 2 vol. in-8. fig. pap. vélin, 18 l.

MUNSTER. (Fr.) Essai sur les inscriptions de Persépolis (en danois). *Copenhague*, 1800, 2 tom. 1 vol. in-4. fig. 7 l.

— Essai sur les inscriptions cunéiformes de Persépolis (en allemand). *Copenhague*, 1802, in-8. fig. 10 l.

MUNTINGII (Abrah.) Phytographia curiosa, ed. Fr. Kiggelaer. *Amst.* 1702 vel 1713 vel 1727, in-fol. avec 245 pl. 24 l. Ces trois éditions sont bonnes.

— Description des Plantes, Arbres, Herbes, etc. (en flamand). *Leyde*, 1696, in-fol. fig. 30 l. — Fig. color. 80 l. Cet ouvrage n'est pas commun.

— Ejusd. De verâ antiquorum Herbâ britannicâ, ejusque efficaciâ. *Amst.* 1681. — Ejusd. Aloïdarium, sive Aloës mucronato folio, Americanæ Majoris, aliorumque ejusd. speciei Historia. 1680, 2 tom. 1 vol. in-4. 10 liv. Ces deux Traités sont ordinairement reliés en un seul volume. Ils ont été réimprimés en 1698, en 1 vol. in-4.

— Ejusd. de curâ et culturâ plantarum. *Amst.* 1672, in-4. fig. (en holland.) 7 l.

MURATORI. (Lud. Ant.) Anecdota ex ambrosianæ Bibliothecæ codicibus eruta, cum notis. *Mediolani*, 1697 et 1698, 4 tom. 2 vol. in-4. On joint assez souvent à cet article les 3 volumes suivants: *Anecdota græca ejusd. L. A. Muratori*, gr. lat. *Patavii*, 1709, 1710, 1713, 3 vol. in-4.

— Ejusd. de Paradiso, Regnique cœlestis Gloriâ Liber; adversùs Burnetii lib., *De Statu Mortuorum. Veronæ*, 1738, in-4. 5 l. — Gr. pap. 8 l.

— Scriptores Rerum italicarum, col-

lecti et editi ab eodem Muratori.
Mediolani, 1723 et seqq. 25 tom. en
28 vol. in-fol. 300 l. — Gr. papier,
600 liv.

Les trois articles suivants font partie de
cette Collection.

— Novus Thesaurus vet. Inscriptionum ab eodem collect. *Mediolani,*
1739 et seqq. 4 vol. in-fol. 50 l. —
Gr. pap. 80 l.

— Seb. Donati ad novum Thesaurum
veter. Inscriptionum L. A. Muratori Supplementum. *Lucæ,* 1765,
2 tom. 1 vol. in-fol. 20 l.

— Ejusd. L. A. Muratori Antiquitates Italicæ medii ævi. *Mediolani,*
1738 et seqq. 6 vol. in-fol. fig. 60 l.
— Gr. pap. 92 l.

Ces quatre ouvrages réunis, 5 à 600 l.

— Dissert. soprà le Antichità italiane,
di L. A. Muratori, date in luce
da Fr. Muratori, suo nipote. *In
Milano,* 1751, 3 vol. in-4. 15 l.

— Annali d'Italia, dal principio dell'
era volgare, sin' all' anno 1500. *In
Milano* (*Venet.*), 1744, 12 vol.
in-4. 60 l. — Gr. pap. 100 l.

— Gli stessi. *In Milano,* 1753, 18
vol. in-8. 24 à 30 l.

— Liturgia romana vetus, tria sacra-
mentaria complectens, ed. L. A.
Muratori. *Venetiis,* 1748, 2 vol.
in-fol. 15 l.

— Della perfetta Poesia italiana, con
varie osservazioni. *In Venezia,*
1748, 2 vol. in-4, 12 l.

Édition fort estimée à cause des notes de
Salvini dont elle est enrichie.

MURATORI. (Fr.) Voy. MURATORI.
(L. A.)

MURET. Traité des Festins. *Paris,*
1682, in-12. 5 l.

— Cérémonies funèbres de toutes les
nations. *Paris* (*Hollande*), 1679,
in-12. 5 à 6 l.

MURETI (Mar. Ant.) Juvenilia. *Parisiis,* 1553, in-8. 8 l.

— Ejusd. Opera omnia, ex MSS. aucta
et emend., cum brevibus annot. D.
Ruhnkenii. *Lugd. Batav.* 1789, 4
vol. in-8. 27 l.

MURHARD (F. G. A.) Bibliotheca
mathematica, lat. et germ. *Lipsiæ,*
1797, 5 vol. in-8. 24 l.

Cet ouvrage est imprimé sur de très-mauvais
papier.

MURILLO VELANDE. (Pier.) Histoire de la Province des Philippines
(en espagnol.) *Manille,* 1749, in-
fol. Prix arbitraire.

MURPHY. (Jacq.) Travels in Portugal, through the provinces of Entre-
Duero y Minho, Beiro, etc. *Lond.*
1791-98, 2 vol. in-8. 18 l.

— Voyage en Portugal, en 1789-90,
trad. de l'angl. *Paris,* 1797, in-4.
fig. 9 l.

On a tiré de ce Voyage 5 exemplaires sur
papier vélin format in-fol. avec figures
avant la lettre.

MURR (C. T. de) Memorabilia biblioth. publicar. Norimberg. et Universitatis Altdorfinæ. *Norimbergæ,*
1786, 3 vol. in-8. fig. 10 l.

— Bibliothèque glyptographique.
Dresde, 1804, in-8. 7 l.

MURRAY (Jo. Andr.) Apparatus
medicaminum tàm simplicium
quàm præparatorum et compositorum. *Gœttingæ,* 1776-92, 6 vol,
in-8. 36 l.

— Vid. GMELIN.

MURTELLI. (Nic.) Voy. BONELLI.

MUSÆI Opusculum de Herone et
Leandro, quod et in lat. ling. ad
verbum transl. est, ed. M. Musuro.
Venetiis, Aldus, absque anni notâ,
in-4. mince. Prix arbitraire.

Cette édition, la première de ce livre, est
extraordinairement rare et très-recherchée. Elle est généralement regardée
comme le premier essai typographique
d'Alde. La totalité du vol. est composée
de deux cahiers, dont l'un, de dix feuillets, avec la signature A jusqu'à Aiiij,
contient le grec; et l'autre, de 12, avec
la signature Bij — Bvj, renferme le
latin. Ensemble 22 feuillets, disposés de
manière que le latin est en face du grec,
ce qui ne forme qu'un seul cahier de tout
l'ouvrage.

Ce livre a été publié dans le courant de l'année 1494, avant la grammaire grecque de
Lascaris.

— Idem, gr. lat. Orphei Argonautica.
Ejusd. Hymni, etc *Venetiis,* Aldus, 1517, in-8. 18 l.

— Idem, gr. lat. *Florentiæ,* Junta,
1519, in-8. 6 l.

— Idem, gr. lat., ed. Jo. Henr. Kro-
mayero. *Halæ Magdeb.* 1721, 2
vol. in-8. 16 l.

— Idem, gr, lat., cum scholiis gr., ex
recens. Mat. Rover. *Lugd. Batav.*

1737 , in-8. 9 l. — Pap. fort , 24 l.
Bonne édition. Il en existe des exemplaires
sur vélin.

— Idem , gr. lat., ex recens. Jo. Schroderi. *Leovardiæ* , 1742 , in-8. 10 l.
Bonne édition.

— Idem , gr. lat., ex edit. Dav. Whit-
fordi. *Magdeb.* 1775, vel 1777,
in-8. 7 l.

—Idem , gr. lat. , curà Heinrichs.
Hann. 1793, in-8.

— Idem , gr. angl. , à Gilb. Wakefield. *Lond.* 1797 , in-8.

— Idem , gr. lat. et ital. , ed. Aug.
Mar. Bandino. *Florentiæ* , 1765,
in-8. 7 l.

— Héro et Léandre , poëme , trad. en
franç. *Paris* , 1774, iu-4. 10 l.

—Les Amours de Léandre et de
Héro , trad. en franç. (par M. de
la Porte du Theil) avec le texte
grec et une fig. de Cochin. *Paris*,
1784 , in-12.
Jolie édition.

— Les Idylles de Théocrite et les
Amours de Léandre et de Héro,
poëme de Musée, trad. en franç.
avec le texte grec et la vers. lat. par
J. B. Gail. *Paris*, 1796 , 3 vol. in-4.
pap. vélin, 36 l.

— Le Avventure di Ero e di Leandro,
trad. in versi ital. col testo greco,
da G. Pompei. *Parma* , Bodoni ,
1793 , in-4. 15 l.
Volume tiré à 100 exemplaires seulement.

MUSÆUM Fr. Calceolari Veronensis,
à B. Ceruto medico incœptum, et ab
A. Chiocco luculenter descriptum
et perfectum. *Veronæ* , 1622 , in-
fol. fig.
Ouvrage estimé.

MUSANTII (Jo. Dom.) Tabulæ
chronologicæ. *Romæ* , 1750 , in-4.
6 liv.

MUSEI Theupoli antiqua Numismata. *Venetiis*, 1736, 2 vol. in-4. 161.

MUSELLII (Jac.) Numismata antiqua, *Veronæ* , 1752 , 5 tom. 3 vol.
in-fol. 50 l.

MUSEO Fiorentino , che contiene i
Ritratti de' pittori dell' imperial
Galleria di Firenze. *In Firenze* ,
4 vol. gr. in-fol. fig. 120 l.

MUSEUM hermeticum reformatum,
continens varior. Philosophorum
Dict. Bibl. I.

Tractatus chimicos xxj. *Francof.*
1677, in-4. fig.
Peu commun, 8 l.

MUSEUM Odescalcum, sive Thesaurus antiq. Gemmarum reginæ
Christinæ in Museo Odescalco ser-
vatarum , à P. Sancte-Bartolo in
æs incisarum , cum comment. N.
Galleotti. *Romæ* , 1751 , 2 tom. 1
vol. in-fol. fig. 30 l.

MUSSART. (Vinc.) Le Fouet des
Jureurs et Blasphémateurs du nom
de Dieu. *Lyon* , 1615 , in-16. 6 l.

MUSSATI (Alb.) Hist. Augusta Henrici VII. Cæsaris , necnon alia
ejusd. Mussati Opuscula. *Venetiis*,
1636 , in-fol. 15 l.
Ce volume est souvent mutilé.

MUSSCHENBROECK (Pet. van)
Physicæ experimentalis- et geometricæ Dissert. *Lugd. Bat.* 1729,
in-4. fig. 10 l.

— Essais de physique, trad. du holl,
en franç. par Pier. Massuet. *Leyde*,
1739 ou 1751, 2 vol. in-4. 15 l.

— Tentamina Experimentor. naturalium , ex ital. lat. conversa , cum
comment. P. van Musschenbroeck.
Lugd. Bat. 1731 , in-4. fig. 6 l.

— Introductio ad Philosophiam naturalem. *Lugd. Batav.* 1762, 2 vol.
in-4. avec 64 fig. 15 l.

— Cours de physiq. expérimentale et
mathématiq., trad. par Sigaud de la
Fond. *Paris*, 1769, 3 vol. in-4.
avec 64 pl. 21 l.

MUSSO : (Corn.) Prediche, fatte in
diversi tempi e in diversi luoghi.
Vinegia , G. Giolito de Ferrari e
Fratelli , 1554 , 1562 e 1563, 3 vol.
in-4.
Exemplaire imprimé sur papier bleu.

MUSTEL. Traité théorique et pratique de la végétation. *Paris*, 1781,
4 vol. in-8. fig. 15 l.

MUSURI (Marci) Etymologicon
magnum græcum. *Venetiis*, 1499,
in-fol. 72 à 90 l.
Première édition rare et recherchée des
curieux. Elle est supérieurement imprimée
en caractères rouges et noirs.

— Idem , cum notis Frid. Sylburgii.
Heidelb. 1594, in-fol. 50 l.
Cette édition peu commune est préférée
pour l'usage, par les vrais hellénistes.

—Carmen admirandum in Platonem,

47

à P. Munckero, gr. lat. *Amst.*
1676, in-4. 6 à 9 l.

MUTIO Justinopolitano. Difesa della
Messa, de' Santi, e del Papato.
In Pezaro, 1568, in-8. 5 l.

— Le Mentite Ochiniane del medesimo. *In Venetia*, 1551, in-8. de
186 pag. 12 l.
Livre rare.

— Ecloghe e Rime diverse del medesimo. *In Vinegia*, 1550 e 1551, 2
tom. 1 vol. in-8. 4 l.

— La Faustina, del medesimo, delle
Armi cavalleresche, a Principi e
Cavallieri d'Onore. *In Venezia*,
1560, in-8. *rare*, 10 l.
On a encore une foule d'autres ouvrages du
même auteur, mais ils n'ont presque pas
de valeur en France.

MYNUT. (Gabr. de) De la Beauté,
Discours divers, avec la Paule-graphie. *Lyon*, 1587, in-8. *rare*, 18 l.

MYSTÈRE intitulé : la Patience de
Job, mise en rime franç. et par
personnaiges. *Paris*, sans date,
in-4. goth.
Première édition de ce livre. Elle est très-rare.

— Le même. *Paris*, 1579, in-16. 30 l.
— Le même. *Lyon*, J. Didier, sans
date, in-16. de 224 pag. *lettres
rondes*, 30 l.
— Le même. *Rouen*, Jean de Beauvais, sans date, in-4. *lettres rondes*,
30 l.
— Le même. *Paris*, S. Calverin, in-4.
goth. 30 l.
— Le même. *Lyon*, 1612, in-8.
— Le même. *Troyes*, N. Oudot,
1621, in-4.

MYSTÈRE (le) de la sainte Hostie,
mis en rime franç. et par personnaiges. *Paris*, J. Bonfons, in-16.
goth. sans date.
Cette édition et la suivante sont très-rares :
60 liv.

— Le même. *Paris*, sans nom d'impr.
et sans date, in-16. goth.

MYSTÈRE (le) intitulé : du Bienadvisé et Mal-advisé, mis eu rime
franç. et par personnaiges. *Paris*,
A. Vérard, sans date, pet. in-fol.
goth.
Ce volume est excessivement rare, et s'est
vendu jusqu'à 603 l. On en cite un exemplaire imprimé sur vélin.

MYSTÈRE (le) de la Conception,
Nativité, etc. de la Vierge Marie.
Voy. MICHEL.

MYSTÈRE (le) de la Passion. Voy.
MICHEL.

MYSTÈRE (le) de la Résurrection.
Voy. MICHEL.

MYSTÈRE (le) du vieil Testament,
mis en rime franç. et par personnaiges. *Paris*, P. le Dru, pour
Geoffroy de Marnef, in-fol. goth.
sans date, 80 l.
Première édition de ce Mystère. Elle est
fort rare et bien exécutée. Le vol. contient 336 feuillets.

— Le même. *Paris*, Réal, 1542, in-fol. goth. 60 l.
Il existe encore de ce livre deux autres éditions imprimées à *Paris*, l'une par J.
Petit, in-fol. goth. sans date, et l'autre
par J. Trepperel, etc. in-4. goth. également sans date. Quoique rares, ces deux
éditions ne sont cependant pas aussi recherchées que les précédentes.

MYSTÈRE (le) de la Vengeance de
N. S. J. C. mise en rime franç. et
par personnaiges. *Paris*, A. Vérard,
1491, in-fol. goth.
Première édition très-rare et fort recherchée, 200 l.

— Le même. *Paris*, Ant. Vérard,
1493, in-fol. goth.
Il y a de cette édition des exemplaires imprimés sur vélin.

— Le même. *Paris*, J. Petit, in-fol.
goth. sans date, 50 l.
— Le même. *Paris*, J. Trepperel,
1533, in-fol. goth. 60 l.
— Le même, sous le titre suivant :
*La Vengeance et Destruction de
Hiérusalem, exécutée par Vespasien et son fils Titus. Paris*,
1510, in-4. goth. 50 l.
— Le même, publié sous le titre précédent. *Paris*, 1539, in-4. goth.
50 liv.
Ces cinq dernières éditions sont aussi fort
rares.

MYSTÈRE (le) de l'Incarnation de
N. S. J. C., laquelle fut montrée
et jouée par personnaiges, l'an 1474.
*Sans indicat. d'année et sans nom
d'imprimeur*, in-fol. goth.
Édition très-rare et la première de ce mystère. Elle a dû être publiée vers la fin
du XV.e siècle. Vendu, chez M. de
Gaignat, 42 l.

MYSTÈRE (le) de Griselidis, marquis de Saluses, mis en rime franç. et par personnaiges. *Paris*, J. Bonfons, sans date, in-4. goth. *assez rare*.

MYSTÈRE (le) du Chevalier qui donna sa femme au diable, mis en rime franç. et par personnaiges. In-16. goth. sans date, *rare*.

Cette pièce a été réimprimée par M. Caron en un vol. pet. in-8. Voy. *Collection*.

MYSTÈRE (le) de Notre-Dame, à la louange de la très-digne nativité d'une jeune fille, laquelle se voulut abandonner à péché pour nourrir son père et sa mère en leur extrême pauvreté; et est en rime franç. à 18 personnaiges. *Lyon*, 1543, pet. in-12.

Volume très-rare, 100 l.

MYSTÈRES (les) du Christianisme approfondis radicalement, et reconnus physiquement vrais. *Londres*, 1771, 2 vol. in-8. 7 l.

YTHOGRAPHI latini : C. J. Hyginus, F. Planciades, Fulgentius, etc., cum notis Th. Munckeri. *Amst.* 1681, in-8. 18 l.

Ce volume fait partie de la Collection des auteurs classiques *cum notis Variorum*.

— Iidem, cum notis. Varior., cur. Aug. Van-Staveren. *Lugd. Batav.* 1742, in-4. 24 l.—Gr. pap. 54 L.

N

NADAL (A.) Histoire des Vestales, avec un Traité du Luxe des Dames romaines. *Paris*, 1725, in-12. 4 l.

NAEOCELI (P.) de Officiis lib. iij in quibus sapientiæ christ., id est, moralis philosoph., jurisprud., immo et theologiæ pleraque et præcipua, novâ hactenus ratione atque methodo accur. explicantur. *Cracovia*, 1659, in-fol.

Première et très-belle édition. Elle n'a été tirée qu'à 20 exemplaires.

NAIGEON. Notice sur La Fontaine. *Paris*, 1795, in-12.

Cette Notice, qui est ordinairement jointe aux Fables de La Fontaine, édition de

Causse de Dijon, a été tirée séparément à 15 exempl., plus, 5 sur vélin.

NAIN DE TILLEMONT. (Séb. le) Voy. TILLEMONT.

NAIRONI (Fausti) de saluberrimâ potione Cahue seu Cafe. *Romæ*, 1671, in-24.

Excessivement rare, et l'un des premiers ouvrages sur le café.

NAKIELSKI (Sam.) Miechovia, sive promptuarium antiquitatum monasterii Miechoviensis. *Cracoviæ*, 1634, in-fol.

Ouvrage tiré à un très-petit nombre d'exemplaires.

NANGIS. (Guill. de) Voy. JOINVILLE.

NANI. (Batt.) Historia della Republica veneta, dopo l'anno 1613 al 1671. *In Venetia*, 1686, 2 vol. in-4.

Belle édition.

NAOGEORGI (Th.) Regnum papisticum, carmine descriptum et libri iv digestum. *Vitebergæ*, Rhavus, 1548, in-8.

Edition originale. Les exemplaires en sont rares.

— Idem. *Editio anni 1553*, absque loci et impressoris nomine, in-8. rare.

— Idem. *Basileæ*, Oporinus, 1559, in-8.

Cette édition, qui est aussi assez rare, est un peu plus ample que les deux précédentes, 30 l.

— Ejusd. Satyrarum lib. v. *Basileæ*, 1555, in-8. de 301 pages.

Volume rare, 18 l.

— Ejusd. Tragœdia, cui titulus est : *Pamachius*; cum Præfat. luculentâ. *Wittebergæ*, 1538, in-8.

Peu commun, 9 l.

— Ejusd. Incendia; sive Pyrgopolinices, tragœdia; nefanda quorumdam Papistarum facinora exhibens. 1538, in-8.

Cette pièce a été supprimée avec tant soin, qu'elle est devenue extrêmement rare.

— Ejusd. Judas Iscariotes, tragœdia nova et sacra lectu et actu festiva, in-8. *très-rare*, 12 à 15 l.

— Ejusd. Agricultura sacra, carmine reddita. *Basileæ*, 1550, in-8. 8 l.

Peu commun.

— Ejusd. Hieremias, tragœdia, cum

Præfat. luculentâ. *Basileæ* , 1551, in-8. 8 l.

— Ejusd. Mercator , tragœdia. 1560 , in-8. 9 l.

— Le Marchand converti , tragédie , trad. du lat. de Naogeorge. 1558 , in-8. *rare*, 24 l.

Traduction française de l'ouvrage précédent. Elle est préférée à l'édition latine.

— Le même. 1561 , in-12. *rare* , 18 l.

— Le même. *Gênes* , 1594 , in-16. *rare.*

— Le même, auquel on a adjouté la Comédie du Pape malade, par Thrasybule Phénice. *Genève* , 1591 , in-16. *très-rare* , 36 à 40 l.

Il faut voir si les deux pièces se trouvent dans le volume.
La première édition de la Comédie du Pape malade , a été publiée en 1584 , sans indication de ville , de l'imprimerie de J. Durant (à *Genève*), in-16. de 77 pages.

NARDII (Jo.) Lactis physica analysis. *Florentiæ* , 1634 , in-4. 6 l.

— Ejusd. de Rore Disquisitio physica. *Florentiæ*, 1642 , in-4. 6 l.

NARRATIONS (les joyeuses) advenues de notre temps. *Lyon* , 1572 , in-16. 9 l.

NATALIS (Hierony.) Adnotationes et Meditationes in Evangelia totius anni. *Antuerp.* 1595 , in-fol. fig. 27 à 36 l.

Première édition de ce livre : elle est recherchée pour la beauté des épreuves des figures.

NATALIS Comitis Veneti de Venatione lib. iv , cum scholiis H. Ruscellii. *Venetiis*, Aldus , 1551 , in-8. 5 à 6 l.

Ce vol. est assez rare.

NATALLES (P. de) (de NATALIBUS). Le grand Catalogue des Saints et Saintes , tant du vieil que du nouv. Testament , trad. du lat. en franç. *Paris* , Gaillot Dupré , 1523 et 1524 , 2 vol. in-fol. goth.

On ne recherche de cet ouvrage que les exemplaires imprimés sur vélin.

NATIVELLE. (Pier.) Nouveau Traité d'Architecture. *Paris*, 1729, 2 vol. gr. in-fol. fig. 24 à 30 l.

NATTER. (Laur.) Traité de la méthode de graver en Pierres fines , trad. de l'angl. en franç. *Lond.* 1754 , in-fol. fig. 24 l.

NATTIER. Voy. GALERIE.

NAVARRETTE. (Fr. Dom Fernand. de) Tratados historicos , politicos, etc. de la Monarchia de China. *En Madrid* , 1676 , in-fol.

Ouvrage intéressant et peu commun. Il y avait deux autres volumes , mais l'un fut supprimé par l'Inquisition , et l'autre n'a jamais vu le jour.

NAUDÉ. (Gabr.) Considérations politiques sur les Coups d'Etat. *Rome* (*Paris*), 1639, in-4. 10 l. — Gr. pap. 24 l.

Édition originale très-rare.

— Les mêmes , avec les réflexions de L. du May. (*Strasbourg*), 1673 , in-8. 4 l.

— Instruction à la France sur la vérité de l'Hist. des Frères de la Rose-Croix. *Paris* , 1623. — Avertissement au sujet des Frères de la Rose-Croix , etc. trad. du lat. *Paris* , 1623 , in-8.

Ces deux Traités réunis , 4 à 5 l.

— Jugement de tout ce qui a été imprimé contre le Card. Mazarin. Seconde édition de 718 pag. , sans indicat. de lieu et sans nom d'impr. In-4. 10 l. — Gr. pap. *rare* , 20 l.

Ouvrage recherché , et connu sous le nom de *Mascurat* de Naudé.
Cette seconde édition est préférée à la première , parce qu'elle est beaucoup plus ample.

— Avis pour dresser une Bibliothèque. *Paris* , 1627 ou 1644 , in-8. 5 l.

— Apologie pour les grands hommes soupçonnés de magie. *Amst.* 1712, in-12. 4 l.

NAUFRAGE (le grand) des fols. Voy. BRANDT.

NAUGERII (Andr.) Orationes , Carmina, et alia Opera. *Venetiis*, 1530, pet. in-fol. 12 l.

Première édition rare et belle.

— Ejusd. Opera omnia. *Patavii* , Cominus, 1718, in-4. 10 l.

Édition fort recherchée.

NAVIGATION (la) du Compagnon à la bouteille, avec les prouesses du merveilleux géant Bringuenarille. *Troyes*, sans date, in-16. 10 à 12 l.

Petit volume très-rare.

NAULT. (D.) Hist. de l'ancienne Bibracte , à présent appelée Autun. *Autun*, 1688, in-12. *rare*.

NEANDRI (Jo.) Tabacologia , hoc

est, Tabaci seu Nicotianæ Descriptio. *Lugd. Batav.* 1622, in-4. fig. 5 liv.

— Traité du Tabac, trad. du lat. *Lyon*, 1626, in-8. fig. 5 l.

NEANDRI (Mich.) Aristologia Pindarica, gr. lat. *Basileæ*, 1556, in-8. 6 liv.

— Aristologia Euripidea greco-latina, ex recens. M. Neandri. *Lipsiæ*, 1559, in-8. 7 l.

NEBRISSENSIS (Ælii Ant.) de Rebus gestis à Ferdinando et Isabella Hispan. regibus Decades duæ, etc. *Granatæ*, 1545, in-fol. 15 à 18 l.
Edition originale, rare et recherchée.

— Introductiones latinæ. *Salmanticæ*, 1481, in-fol.
On ne connoît que deux ou trois exemplaires de cette édition, qui est exécutée sur deux colonnes en lettres gothiques. C'est la première impression faite à Salamanque.

— Idem Opus. *Salmanticæ*, 1482, in-fol.
Edition non moins rare que la précédente.

— Grammatica del maestro Ant. de Nebrixa sobre la lengua castellana. *Salamanca*, 1492, in-4.
Cette rare édition a été contrefaite il y a une trentaine d'années.

—Lexicon latino-hispanum, et hispano-latinum. *Salmanticæ*, 1492, 2 vol. in-fol.
Edition très-rare est la première de ce Dictionnaire. Elle est exécutée sur deux colonnes et en lettres gothiques.

NECKER (N. J. de) Methodus Muscorum. *Manhemii*, 1771, in-8. fig. 6 à 9 l.

— Physiologia Muscorum. *Manhemii*, 1774, in-8. fig. 10 l.

— Physiologie des Corps organisés, trad. du lat. *Bouillon*, 1775, in-8. 6 liv.

— Traité sur la Mycitologie, ou Discours sur les Champignons. *Manheim*, 1783, in-8. 6 l.

—Elementa botanica, cum Corollario. *Neowedæ ad Rhenum*, 1791, 5 vol. in-8. fig. 20 l.

— Deliciæ Gallo-Belgicæ silvestris. *Argentor.* 1768, 2 vol. in-12. 9 l.

NECKER. Sur le Bonheur des Sots. *Paris*, Didot l'aîné, 1782, in-18.
Tiré à très-petit nombre. Vendu 31 l. 4 s. en 1798.

NEF (la) de santé. Voy. CHESNAYE. (Nic. de la)

NEGRI. (Giul.) Istoria degli Scrittori fiorentini. *In Ferrara*, 1722, in-fol. 8 à 10 l.

NEGRO BASSANESE. (Fr.) Tragedia intitolata: *Il Libero Arbitrio.* 1550, in-8. 10 l.
Cette édition, qui est la seconde de cette Tragédie, est préférée à celle donnée en 1546, parce qu'elle est plus ample.

— La Tragédie du roi Franc-Arbitre, trad. de l'ital. en franç. (*Genève*), J. Crespin, 1558, in-8. 15 l.
Edition rare.

— La même. *Ville-Franche*, 1559, in-8. de 426 pag. 20 à 24 l.
Cette édition est exécutée en gros caractères. Elle est plus rare que la précédente.

NELIS. (Fr. de) L'Aveugle de la montagne, entretiens philosophiques. *Parme*, 1795, in-4. 6 l.

—Belgicarum Rerum liber Prodromus, sive de Hist. belgicâ, ejusq. script. præcipuis comment. *Parmæ*, Bodoni, 1795, in-8. 7 l.

NELLI SANESE. (Piet.) Voyez ANDREA DA BERGAMO.

NEMESIANI (M. Aur. Olymp.) Eclogæ iv; et T. CALPURNII Eclogæ vij; cum notis Varior. *Mitaviæ*, 1774, in-8. 7 l.

—Eorumd. Bucolica, à Rob. Titio. *Florentiæ*, Junta, 1590, in-4. 6 à 8 l.

— Les Pastorales de Némésien et de Calpurnius, trad. en franç. (par Mairault.) *Bruxelles*, 1744, pet. in-8. 7 l.

— Poésies de M. Aurelius Nemesianus, suiv. d'une Idylle de Fracastor sur les chiens de chasse, trad. par M. Latour. *Paris*, 1799, in-18. 2 l.—Pap. vélin, 5 à 6 l.

NEMESII philos. de Naturâ hominis lib. unus, gr. lat., à Nic. Ellebodio. *Antuerp.* Plantin, 1565, in-8. 5 l.

—Idem, gr. lat., cum notis. *Oxonii*, 1671, in-8. 9 l.
Il y a des exemplaires tirés sur papier fort, mais ils sont rares: 24 à 30 l. Cette édition entre dans la Collection des *Variorum*.

—Idem, gr. lat., cum animadv. C. F. Matthæi. *Halæ*, 1802, in-8. 12 l.
— Pap. fin, 18 l.
Excellente édition, bien exécutée.

NEMOURS. (la duchesse de) Voy. RETZ.

NEPERI (Jo.) et Adr. ULACQ Logarithmorum Chiliades centum. *Goudæ* , 1628 , in-fol. 15 l.

Ouvrage estimé.

—Arithmétique logarithmétique, trad. du lat. de J. Neper, par Ulacq. *Goude* , 1628, in-fol. 10 l.

NERI. (Ant.) L'Arte Vitraria , lib. vij. *In Firenze , Giunti* , 1612 , in-4. 6 l.

Edition citée par la Crusca.

— De l'Art de la Verrerie , trad. de Néri , Merret et Kunckel , par d'Holbach. *Paris* , 1752, in-4. fig. 18 l.— Gr. pap. 30 l.

NERON (P.) et Etienne GIRARD. Recueil d'Edits et Ordonnances royaux sur le fait de la justice , avec les notes de E. de Laurière. *Paris* , 1720 , 2 vol. in-fol. 12 l.

NESSEL. (Dan. de) Vid. LAMBECIUS.

NESTORIS Novariensis , (Diony.) Onomasticon. *Mediolani* , Leon. Pachel et Uld. Sinczenceler , 1483 , in-fol. 66 l.

Première édition rare et recherchée.

— Ejusdem Vocabulorum libri viij , necnon liber de octo partibus orationis et de quantitate syllabarum. *Venetiis* , Philip. Pinzius Mantuanus , 1496 , in-fol. 20 l.

Edition assez recherchée.

NETTER. Vid. WALDENSIS.

NETTO et LEHMANN. L'Art de tricoter , ou Instruction complète sur toutes sortes de tricotages. *Leipsic* , 1802, in-fol. obl. fig. color. 24 liv.

NEVERS : (le duc de) ses Mémoires, depuis 1574-1595 , et enrichis de plusieurs pièces part. du temps , jusqu'en 1610 , par Marin le Roi de Gomberville. *Paris* , 1665, 2 vol. in-fol. 10 l. — Gr. pap. 15 l.

NEVIZANI (Jo.) Sylvæ nuptialis lib. vj , in quibus ex dictis modern. materia matrimonii discutitur. *Lugd.* 1572 , in-8. 8 l.

Parmi les éditions gothiques de ce livre ; celle de *Paris* , 1521 , est la plus recherchée.

NEUMANNI (Fr.) Populorum et

Regum Numi veteres inediti. *Vindobonæ* , 1779 , in-4. fig. 12 l.

NEWCASTLE. Voy. CAVENDISH.

NEWTON (Isaaci) Principia mathematica Philosophiæ naturalis. *Amst.* 1723 , in-4. fig.

—Idem. Opus. *Lond.* 1726 , in-4. 24 l. Il y a des exemplaires en grand papier.

—Idem , cum comment. Th. le Sueur et Fr. Jacquier. *Genevæ* , 1739 , 4 vol. in-4. 27 l.

—Opuscula mathematica , philosophica et philologica. *Lausannæ* , 1744 , 3 vol. in-4. 20 l.

— Arithmetica universalis. *Lugd. Batav.* 1732 , in-4. fig. 8 l.

—Eadem , cum comment. Jo. Castillionei. *Amst.* 1760 , in-4. 10 l.

—Arithmétique universelle , trad. du lat. en franç. avec des notes , par N. Beaudeux. *Paris* , an 10 (1802) , 2 vol. in-4. fig. 15 l. — Pap. vélin , 24 liv.

—Ejusd. Newton Enumeratio linearum tertii ordinis , auct. Jac. Stirling. *Parisiis* , 1797 , in-8. 6 l.

—Ejusd. Optice , sive de reflexionibus , refractionibus , inflexionibus et coloribus Lucis lib. iij , lat. redd. à Sam. Clarke. *Lond.* 1719 , seu *Lausannæ* , 1740 , in-4. fig. 9 l.

— Traité d'Optique de Newton , trad. du lat. de Sam. Clarke , par Coste. *Paris* , 1722 , in-4. fig. 7 l.

—Le même , trad. par Marat et publié par Beauzée. *Paris* , 1787 , 2 vol. in-8. fig. 8 l.

—Ejusd. Newton Opera quæ extant omnia , cum comment. Sam. Horsley. *Lond.* 1779, 5 vol. in-4. 110 l. Bonne édition, peu commune.

— La Méthode des fluxions et des suites infinies , trad. de l'angl. par de Buffon. *Paris* , 1740 , in-4. 6 l.

— La Chronologie des anciens royaumes corrigée et réformée par Is. Newton, trad. de l'angl. en franç. par Fr. Granet. *Paris* , 1728 , in-4. 7 liv.

L'édition originale de cette chronologie a paru à *Londres*, dans la même année, en 1 vol. in-4.

NICAISE. (Cl.) Les Sirènes , ou Discours sur leur forme et figure, *Paris* , 1691, in-4. fig. 7 l.

NICANDRI Theriaca. Ejusd. Alexipharmaca. Interpr. innominati autoris in Theriaca. Comment. diverser authorum in Alexipharmaca, gr. *Venetiis*, Aldus , 1522-1523, in-4.

Le texte a été imprimé en 1522, et les scholies en 1523.

— Ejusd. Theriaca et Alexipharmaca, gr. lat., cum scholiis græcis et notis Jac. Gorræi. *Parisiis*, Morellus, 1557, in-4.

Bonne édition, peu commune.

—Ejusd. Theriaca et Alexipharmaca, gr., lat. et ital., cum notis Aug. Mar. Bandini. *Florentiæ*, 1764, in-8. 6 l.

—Ejusd. Alexipharmaca, gr. lat., cur. Jo. Gottl. Schneider. *Halæ*, 1792, in-8. 7 l.

— Vid. DIOSCORIDES.

NICEPHORUS. (G.) Voy. BYZANTINE.

NICEPHORUS CALLISTUS. Vid. CALLISTUS.

NICERON : (J. Fr.) sa Perspective curieuse ; avec l'Optique et la Catoptrique du P. Mersenne. *Paris*, 1652 ou 1663, in-fol. fig. 8 l.

— Ejusd. Thaumaturgus opticus. *Parisiis*, 1646, in-fol. fig. 5 l.

NICERON. (J. Pier.) Mémoires pour servir à l'Histoire des hommes illustres dans la république des lettres. *Paris*, 1729 et suiv. 42 tom. en 43 ou 44 vol. in-12. 60 l.

NICHOLSON. A Dictionary of Chemistry. *Lond.* 1795, 2 vol. in-4. 18 liv.

NICOLAI (Henr.) de Pane, ejus naturâ, usu, operationibus et variet. Tractatus singularis. *Dantisci*, 1651, in-4. 7 l.

NICOLAI. (Nicolas de) Les quatre premiers livres de ses Navigations et Pérégrinations orientales, avec les figures au naturel tant d'hommes que de femmes, selon la diversité des nations. *Lyon*, 1567, in-fol. 15 l. — Fig. color. 60 l.

— Discours et Histoire des Navigations et Voyages faits en Turquie, par N. de Nicolaï. *Anvers*, 1586, in-4. fig. 10 l.

Ce vol. est orné de figures gravées en bois d'après le Titien.

NICOLAI (Jo.) de Sepulchris Hebræorum lib. iv. *Lugd. Bat.* 1706, in-4. fig. 8 l.

— Ejusd. de Synedrio Ægyptiorum. *Lugd. Bat.* 1706, in-8. 5 l.

—Ejusd. Tractatus de Siglis veterum. *Lugd. Bat.* 1703, in-4. 8 l.

— Ejusd. Disquisitio de Chirothecarum usu et abusu. *Giessæ Hassorum*, 1701, in-12. 4 l.

NICOLAI (Frid.) Lexicon linguarum hebraicæ, chaldaicæ, syriacæ, arab., æthiopicæ et persicæ. *Ienæ*, 1670, in-4. 30 à 40 l.

NICOLAI (Philip.) de duobus Anti-Christis, Mahumete et Pontifice romano. *Marpurgi*, 1590, in-8. 12 à 15 l.

— Ejusd. de Anti-Christo romano perditionis filio conflictus. *Rostochii*, 1609, in-8. 8 à 10 l.

Ces deux Traités ont été supprimés. Le premier est beaucoup plus rare que le second.

NICOLAI DAMASCENI Historiarum Excerpta et Fragmenta quæ supersunt, gr. lat., ex recens. J. C. Orellii. *Lipsiæ*, 1804, in-8. 7 l.

— Pap. fin, 12 l.

NICOLAS. (Aug.) Dissertation morale et juridique, savoir : si la Torture est un moyen sûr de vérifier les crimes secrets. *Amst.* 1682, in-12. 6 l.

Livre curieux.

NICOLE : (P.) ses Essais de morale et autres Œuvres théologiq. *Paris*, 1682-1702, 24 vol. in-12. 36 l.

On préfère ces anciennes éditions aux nouvelles, parce qu'elles sont plus correctes.

—Les Imaginaires et les Visionnaires. *Liège* (Elzevir), 1667, 2 vol. in-12. 6 l.

Bonne édition.

NICOLIO. (Andr.) La Historia di Rovigo ; secunda edizione. *In Brescia*, 1582, in-4. 8 à 10 l.

— La medesima. *In Verona*, 1582, in-4. 8 à 10 l.

NIEBHUR. (Carsten) Description de l'Arabie. *Copenhague*, 1773, in-4. fig.

Bonne édition, préférable à celles d'*Amst.* 1774, et de *Paris*, 1779, in-4. Cette dernière a été revue et augmentée par M. de Guignes.

— Voyage en Arabie et en d'autres pays circonvoisins. *Amst.* 1776 et 1780, 2 vol. in-4. fig.

Cette édition est la meilleure de ce voyage.

On joint communément à ces deux articles le vol. suivant.

Recueil de Questions proposées aux savants qui font le voyage de l'Arabie , par Michaëllis. *Amst.* 1774, in-4. 12 l.

Les trois ouvrages réunis, 66 à 80 l. et en grand papier 250 l. environ.

— Voyage en Arabie, etc. par G. Niebhur, avec des Observat. de Forskal. *En Suisse,* 1786, 2 vol. in-8. fig. 12 l.

— Flora ægyptiaco-arabica, detexit illustravit P. Forskal, post mortem auctor. edidit C. Niebhur. *Hauniæ* , 1775 , in-4. 12 l.

— Descriptiones Animalium, Avium, Amphibiorum , etc. quæ in itinere Orientali observavit P. Forskal; post mortem auctor. edid. Niebhur. *Hauniæ*, 1775, in-4. 16 l.

Le Recueil des planches de cet ouvrage a paru sous le titre suivant.

— Icones Rerum naturalium, quas in itinere Orientali depingi curavit P. Forskal, post mortem auctor. edid. C. Niebhur. *Hauniæ* , 1776, in-4. fig. 24 l.

NIEREMBERG. (J. Eus. de) Curiosa
: y occulta Filosofia de las Maravillas de naturalezza. *En Madrid*, 1643, in-4. 8 à 10 l.

Cette édition est la meilleure et la plus recherchée de ce livre. Les exemplaires n'en sont pas communs.

NIERZE SOVIEZ (Deod.) Dictionarium lat.-armenum super S. Scripturam et Lib. div. Officii Ecclesiæ Armenæ. *Romæ*, 1695, in-4. 18 à 24 liv.

NIEUHOFF. (J.) Ambassades de la Compagnie orientale des Provinces-Unies vers l'Empereur de la Chine, trad. en franç. avec des remarq. par J. le Carpentier. *Leyde*, 1665, infol. fig. 10 à 12 l.

NIEUPOORT (G. H.) Rituum qui olim apud Romanos obtinuerunt succinta Explicatio. *Traj. Batav.* 1712 , in-8. vel *Traj. ad Rhen.* 1723, in-12. vel *Argentorati*, 1743, in-12. fig. 5 l.

— Explication abrégée des Coutumes et Cérémonies observées chez les Romains, trad. du lat. (par Desfontaines.) *Paris* , Barbou, 1770, in-12. 3 à 4 l.

Bonne traduction d'un ouvrage excellent.

NIEWVENTYT. (Bern. de) L'Exis-

tence de Dieu démontrée par les merveilles de la nature , trad. de l'angl. (par Noguez.) *Paris* , 1725 , ou *Amst.* 1727 ou 1760, in-4. fig. 7 à 8 l.

NIGRI (Petri) Tractatus ad Judæorum perfidiam extirpandam. *Impress. per Conr. Fyner de Gerhusen* , *in Esslingen* , ann. 1475 , in-fol.

Livre très-rare , et le premier où l'on ait fait usage de caractères hébreux.

— Idem opus , germanicè. *Esslingen*, Conr. Fyner, 1477 , in-4.

Ce volume est imprimé à longues lignes , et renferme des figures en bois.

NIHIL nemo aliquid , quelque chose , tout , si peu que rien , on , il. *Paris*, 1597, in-8. *très-rare* , 9 à 12 l.

NILANT (J. F.) Fabulæ antiquæ ex Phædro soluta oratione expositæ. *Lugd. Bat.* 1709, in-8. 5 à 6 l.

NILI Thessalonicensis, Libellus de Primatu romani Pontificis , gr. , cum vers. lat. et Præfat. M. Flacci Illyrici. *Francof.* 1555 , in-8. 7 l.

NILI (S.) Opera, gr. lat. , ex edit. Leon. Allatii et Jos. Mar. Suaresii. *Romæ*, 1668 et 1678, 2 vol. in-fol. 20 l. — Gr. pap. 36 l.

Bonne édition.

NIVERNOIS : (Henri-Jul.-Barbon Mancini) ses Œuvres. *Paris* , Didot le jeune, 1796, 8 vol. in-8. 24 à 30 l. — Pap. vélin , 48 l.

On a tiré de ces 8 vol. 24 exemplaires en grand papier ; plus, 4 en grand papier vélin.

— Les Fables du même. *Paris*, Didot le jeune, 1796, 2 vol. in-8. pap. vélin , 15 à 18 l.

— Les mêmes. *Paris*, Didot le jeune, 1797, 2 vol. in-18. pap. vélin, 7 l.
— Voy. WALPOLE.

NIVERNOIS. (la comtesse de Rochefort, duchesse de) Opuscules de divers genres. *Paris*, Didot l'aîné, 1784, in-18. pap. vélin.

Joli petit volume , tiré à 50 exemplaires seulement.

NIZAMI poëtæ Narrationes et Fabulæ , persicè, è cod. ms. nunc primùm editæ, subjuncta vers. lat. et indice verbor. *Lipsiæ*, 1802 , in-8. 15 liv.

NIZOLII (Mar.) Thesaurus Ciceronianus, ex edit. Jac. Cellarii.
Francof. 1613, in-fol. 12 à 15 l.

NOBILIUS. (Flam.) Vide Testamentum. (Vetus)

NODAL (Barth. Garcia de) y Gonç.
de NODAL. Relacion del Viaje al
descubrimiento del Estrecho nuevo
de san Vincente, y reconoscimien-
to de las Magallanes. *En Madrid*,
1621, in-4. 18 à 24 l.

Volume rare. Il faut qu'il renferme une
Carte géographique gravée sur bois.

NODET. Le Munitionnaire des armées de France, qui enseigne à
fournir les vivres aux troupes avec
toute l'économie possible. *Paris*
(*Holl.*), in-8. sans date, 6 à 9 l.

NOEL. (Fr.) Dictionnaire de la Fable.
Paris, an 9 (1801), 2 vol. in-8.
15 l.

— Le même. *Paris*, 1803, 2 vol. in-8.
18 liv.

— Leçons de littérature et de morale,
ou Recueil, en prose et en vers des
plus beaux morceaux de notre langue, dans la littérature des deux
derniers siècles. *Paris*, 1808, 2 vol.
in-8. 10 l.

— Dictionnaire historique des personnages célèbres, etc. avec l'éty-
mologie et la valeur de leurs noms
et surnoms. *Paris*, 1806, in-8.
7 à 8 l.

— Nouv. Dictionnaire latin-français,
composé sur le plan du *Magnum
totius latinitatis Lexicon Facciolati. Paris*, 1808, gr. in-8. 6 l. —
In-4. 15 l.

— Nouv. Dictionnaire français-latin,
composé sur le plan du *Magnum
totius latinitatis Lexicon Facciolati. Paris*, 1808, in-8. 6 l.

NOEL. (le P.) Livres classiques de
l'empire de la Chine, recueillis par
le P. Noël, et trad. par Pluquet.
Paris, Didot l'aîné, 1784 et suiv.
7 vol. in-18. 45 l.

Ces 7 vol. se joignent à la Collection des Moralistes anciens, imprimés par M. Didot.

NOGUEZ. (P.) Voy. Woodward.

NOIROT. (Cl.) L'Origine des Masques, Mommeries, etc. ès jours-gras
de Carême-prenant, menés sur l'âne
à rebours, et Charivary. *Langres*,
1609, in-8.

Livre rare: 15 l.

Dict. Bibl. I.

NOIZET - SAINT - PAUL. (Gasp.)
Traité complet de Fortification;
2.e édition, revue, etc. *Paris*, an
8, 2 vol. in-8. avec 73 pl. 18 l.

NOLLET. (J. Ant.) Leçons de physique expérimentale. *Paris*, 1743
et suiv. 6 vol. in-12. fig.

On a encore du même auteur: *L'Art des
Expériences.* 1770, 3 vol. — *Essai sur
l'Electricité.* 1750, 1 vol. — *Lettres sur
l'Electricité.* 1760, 3 vol. — *Programme
d'un Cours de physique expérimentale.*
1738, 1 vol. Et *Recherches sur les Phénomènes électriques.* 1749, 1 vol. in-12.
fig.

Ces 15 vol. réunis, 30 à 36 l.

NOLLI. (J. B.) Nuova Pianta di Roma. 1748, in-fol. 18 l.

NOLTENII (J. F.) Lexicon latinæ
Linguæ antibarbarum quadripartitum, ex recogn. G. J. Wichmanni.
Berolini, 1780, 2 vol. in-8. 24 à
30 l.

NOMINE. (Commedia intitolata:
Sine) *In Fiorenza*, Giunti, 1574,
in-8. 6 l.

NONII MARCELLI Liber de Verborum Elegantiâ. *Edit. anni* 1471,
absque loci et typogr. nomine, pet.
in-fol. 200 à 250 l.

Première édition de ce livre. Elle est imprimée en lettres rondes, sans chiffres,
signatures ni réclames. Les exempl. en
sont très-rares.

— Idem. *Venetiis*, N. Jenson, 1476,
in-fol.

Seconde édition fort rare: 60 à 80 l.

— De proprietate Linguæ latinæ, ex
recogn. Pomponii Læti. (*Romæ*,
Georg. Laver, circâ 1470-1475),
in-fol.

Cette édition, tout aussi rare que les deux
précédentes, est exécutée à longues
lignes, au nombre de 40 à la page, sans
chiffres, signatures ni réclames.

— Idem Opus. *Parisiis*, 1614, in-8.

C'est la meilleure édition de cet ouvrage.
Les notes sont du savant Josias Mercier.

NONII (P.) Salaciensis Opera. *Basileæ*, 1592, in-fol. 18 à 20 l.

NONNII Panopolitæ Dionysiaca,
nunc primùm in lucem edit., ex
biblioth. Jo. Sambuci Pannonii.
Antuerpiæ, Plantin, 1565, in-4.

Edition peu commune et très-belle, 24 à 36 l.

— Ejusd. Dionysiaca, gr. lat., ex
vers. Eilh. Lubini. *Hanoviæ*,
1605, in-8.

Cette édition entre dans la Collection des

48

Variorum. Il y a des exemplaires sous la date de 1610. On joint ordinairement à cet ouvrage l'article suivant.

— Pet. Cunæi Animadv. liber, in Nonni Dionysiaca. D. Heinsii Dissert. de Nonni Dionysiacis, et ejusd. paraphrasi. *Lugd. Bat.* Elzevir, 1610, in-8. Les deux vol. réunis, 36 à 40 l.

— Les Dionysiaques, ou les Voyages de Bacchus aux Indes, trad. du grec par Boitet. *Paris*, 1625, in-8. 9 liv.

— Nonni Paraphrasis Evangelii secundùm Joannem, gr. in-4. Ce rare volume, imprimé à *Venise* par Alde, vers l'année 1501, est dépourvu de titres et de pièces préliminaires.

NONNI (Theoph.) Epitome de curâ Morborum, gr. lat., ex recens. J. S. Bernard. *Gothæ*, 1794, 2 vol. in-8. 21 l.

NONNII (L.) Ichthyophagia, sive de Piscium Esû Comment. *Antuerp.* 1616, in-8. 6 l.

NOODT (Ger.) Opera. *Lugd. Bat.* 1735, 2 vol. in-fol. 12 l. Peu recherché.

NORDEN. (Fred. L.) Voyage d'Egypte et de Nubie, trad. du danois en franç. *Copenhague*, 1755, 2 vol. gr. in-fol. fig. 200 à 240 l. Ouvrage très-bien exécuté. Les exemplaires n'en sont pas communs.

— Le même, avec les notes de L. Langlès. *Paris*, Didot le jeune, an 3 (1795), 3 vol. in-4. fig. 50 à 60 l.— Pap. vélin, 90 l.

— Travels in Egypt and Nubia, with Templeman's notes. *Lond.* 1757, 2 vol. in-fol. fig. 100 à 120 l. Traduction anglaise du Voyage précédent. Elle n'est pas commune en France.

NORIS (Henr. de) Opera omnia. *Veronæ*, 1729-32, 4 vol. in-fol. 36 l.

— Cenotaphia Pisana Caii et Lucii Cæsarum, illustr. H. Noris dissertationibus, etc. *Venetiis*, 1681, in-fol. 8 l.

— Annus et Epochæ Syro-Macedonum in vetustis Syriæ Nummis præsertim Medicis expositæ. *Florentiæ*, 1691, in-fol. 9 à 12 l.

NORWOOD. The Seaman's practice, containing a fundamental problem in Navigation. *Lond.* 1732, in-4. 7 à 8 l.

NOSTRADAMUS : (Mich.) ses Prophéties, cont. x centuries. *Lyon*, 1568, in-8. 5 l. Edition estimée.

— Les mêmes, avec la vie de l'auteur. *Amst.* 1668, pet. in-12. 18 l. Ce vol. se joint à la Collection des ouvrages imprimés par les Elzevirs. Il a été réimprimé plusieurs fois, mais on fait peu de cas de ces dernières éditions.

NOSTREDAME. (J. de) Les Vies des plus célèbres Poètes provençaux, trad. du provençal en franç. *Lyon*, 1575, in-8. 6 l. Ces Vies des Poètes provençaux ont été traduites en italien par Jean Juge, et imprimées à *Lyon* en la même année, de format in-8. 4 l.

NOTICES sur le Traité manuscrit de Galeotto Martio, intitulé : *De Excellentibus. Paris*, 1785, in-8. mince. Ce vol. n'a été tiré qu'à 100 exemplaires sur pap. de Hollande ; plus, un de format in-4. sur peau de vélin.

NOTITIA hist.-litter. de Libris ab artis typogr. inventione, usque ad ann. 1478 impressis, in Biblioth. monasterii ad SS. Udalricum et Afram Augustæ extantibus. *Augustæ Vindelicor.* 1788, in-4. 12 l.

NOTIZIA della vera Libertà fiorentina, considerata ne' suoi giusti limiti per l'ordine de' secoli. *In Milano*, 1724, 3 vol. in-fol. Cet ouvrage, dont l'auteur est M. Philippe, baron de Spannaghel, a été tiré à 50 exemplaires seulement.

NOVARII (Th.) Thesaurus arabico-syro-latinus. *Romæ*, 1636, in-8. 9 à 12 l.

NOUE : (Fr. de la) ses Discours politiques et militaires. *Genève*, 1587, in-4. 6 l. Edition estimée.

— Les mêmes. *Basle*, 1587, in-8. 4 l.

NOVELLE (Le ciento) antike, date alla luce da Carlo Gualteruzzi. *In Bologna*, G. Benedetti, 1525, in-4. 40 l. L'auteur de ces Nouvelles est inconnu. Cette édition et la suivante sont citées par l'Académie de la Crusca.

— Le stesse. *In Firenze*, Giunti, 1572, in-4. 12 l. Cette édition a été publiée par Borghini, qui en a défiguré le texte en substituant l'orthographe moderne à l'ancienne.

Le vol. renferme quatre Nouvelles qui ne se trouvent pas dans l'édition précédente.

— Le stesse. *Firenze*, 1772-78, 2 vol. in-8. 7 l.

Edition donnée par D. M. Manni.

NOVELLE otto rarissime, stampate a spese de i Sign. Giacomo conte di Clambrassil, J. Stanley e W. Browne. *Lond.* 1790, in-4. Prix arbitraire.

Vol. tiré à 25 exemplaires; plus, quelques-uns sur vélin.

NOVELLE galanti, in ottava rima, dell' abbate C*** (Casti). *Parigi*, 1793, in-8. 7 l.

Il y a des exemplaires imprimés sur vélin.

NOVELLE d'alcuni autori Fiorentini. *Londra* (*Livorno*), in-8. portrait.

On a tiré de cet ouvrage un exemplaire sur papier bleu et un autre sur peau de vélin.

NOVELLE d'alcuni autori Senesi. *Londra* (*Livorno*), 2 vol. in-8. portraits.

On a également tiré de ces deux volumes un exemplaire sur papier bleu et un autre sur peau de vélin.

NOVELLIERI italiani, Bandello, Boccacio, Sacchetti, etc. etc. *Lond.* 1791, 26 vol. in-8. 80 à 96 l.

NOURRY. (Nic. le) Voy. DESPONT.

NOZEMAN. (Corn.) Oiseaux des Pays-Bas, avec leurs nids, etc. (en holland.) *Amst.* 1770, 3 vol. in-fol. atlant. fig. color.

NUGÆ venales, sive Thesaurus ridendi et jocandi. *Lond.* 1741, in-16. 5 liv.

NUMISMATA Cimelii Cæsarei reg. Austriaci Vindobonensis. *Vindobonæ*, 1754-55, 2 vol. in-fol. 60 à 72 liv.

NUMOPHYLACIUM Burckhardianum. *Helmæstad.* 1740, 2 vol. in-4. 12 l.

NYDER (Jo.) Dispositorium moriendi. (*Coloniæ*, Ulricus Zel, circà 1470,) pet. in-4. de 28 feuill. Volume rare, et imprimé sans aucune indication d'année, de lieu, ni de nom d'imprimeur. On présume qu'il a été publié vers 1470.

— Præceptorium divinæ legis. *Coloniæ*, J. Koelhof de Lubeck, 1472, in-fol. *très-rare.*

Premier ouvrage avec date où l'on ait fait usage de signatures. Le vol. est imprimé sur deux colonnes, de 39 lignes chacune, sans chiffres ni réclames.

Nous avons encore plusieurs autres traités du même auteur, mais comme ils sont peu recherchés, nous n'en ferons pas mention ici.

NYNAULD. (J. de) De la Lycantropie, transformation et extase des Sorciers. *Paris*, 1615, in-8. 5 l.

O

OBERLIN. Essai sur le patois lorrain des environs du ban de la Roche. *Strasbourg*, 1775, in-8. 5 l.

OBSEQUENS. (Jul.) Vid. JULIUS.

OBSERVATIONS sur les chevaux, les bœufs, chèvres, etc. *Paris*, 1666, in-4. fig. 8 l.

OBSOPŒI (Jo.) Sibyllina oracula, gr. lat., cum notis. *Parisiis*, 1599 vel 1607, in-8. fig. 8 l. — Gr. pap. 15 à 18 l.

OBSOPŒUS (Vinc.) de Arte bibendi, Theses inaugurales de Virginibus, etc. *Lugd. Bat.* 1648, in-24. vel *Amst.* 1737, in-12. 5 l.

— Vid. ANTHOLOGIA.

O CAMPO. (Flor. de) Los v libros primeros de la Coronica gen. de Espana. *Medina del Campo*, 1553, in-fol.

Edition rare et la plus recherchée de ce livre. Il faut y annexer l'article suivant.

— Los v libros postreros de la Coronica de Espana, que continuava A. de Morales, desde el anno 718-1037. *En Cordoua*, 1586, in-fol.

Ces deux volumes réunis, 60 à 80 l.

OCCONIS (Adolph.) Impp. romanor. Numismata, à Pompeio M. ad Heraclium, illustr. à Fr. Mediobardo Birago, cur. Ph. Argelato. *Mediolani*, 1730, in-fol. fig. 24 l.

Cette édition est préférée à celle de 1683.

OCCULTORUM Academicorum Carmina. *Brixiæ*, 1570, in-8. 7 l.

OCELLUS LUCANUS de Naturà universi, gr. *Parisiis*, 1539, in-4.

Première édition.

— Idem, gr. lat., stud. Car. Em. Vizzanii, cum ejusd. comment. *Amst.* 1661, in-4. 7 l.

— Idem, gr., cum comment. A. F. G. Rudolphi. *Lipsiæ*, 1801, in-8. 5 liv.

Edition très-correcte.

— Ocellus Lucanus en grec et en français, avec des Dissert. par J. B. Boyer, marquis d'Argens. *Berlin*, 1762, pet. in-8, 6 l.

— Le même, en grec et en français, avec des remarq. par Batteux. *Paris*, 1768, in-8. 6 l.

OCHINO da Siena : (Bern.) le Prediche. *In Basilea*, 1562, 5 vol. in-8. 5o l.

On trouve peu d'exemplaires complets de ces Sermons. Les tom. IV et V sont très-rares.

— Le Prediche nove predicate da B. Ochino. *In Venetia*, 1541, in-8. de 83 feuillets.

Volume extraordinairement rare. Il renferme 9 Sermons.

— Sermons très-utiles de B. Ochin, trad. en franç. 1561, in-8. 6 l.

Ce volume renferme 22 Sermons.

— Il Catechismo, ovvero Instituzione cristiana, in forma di dialogo. *In Basilea*, 1561, in-8. rare, 12 l.

— Dialogorum de Trinitate et Messià lib. ij : ex ital. linguà in lat. transl., ex vers. S. Castalionis. *Basileæ*, 1563, 2 vol. in-8. 3o à 36 l.

Ces deux volumes sont très-rares.

— Dialogo del Purgatorio. 1556, in-8. 3o l.

Cette édition italienne est la plus rare et la plus recherchée de ce livre.

— Dialogus de Purgatorio, ex ital. lat., ex vers. Thadæi Duni. *Tiguri*, 1555, in-8. 1o l.

— Dialogue sur le Purgatoire, trad. en franç. 1559, in-8. sans nom de lieu, 3o à 36 l.

On préfère cette traduction française à la version latine ci-dessus.

— Dialogi vij sacri, cioè, I. Dell' innamorarsi di Dio. II. Il modo di diventar felice. III. Di conoscer se stesso. IV. Del Latrone buono. V. Del Pelegrinagio per andar al Paradiso. VI. De la Disputa di Cristo. VII. Della divina Professione. 1542, in-8. 8 l.

— Le Prediche di B. Ochino nomate labyrinthi. *Basilea*, *senza anno*, in-8.

Ce volume se joint au suivant.

— Disputa intorno alla presenza del Corpo di Giesu Cristo, nel sacramento della Cena. *In Basilea*, 1561, in-8. de 287 pages, 2o l.

Cet ouvrage et le précédent ont été traduits

en latin et imprimés ensemble, à *Bâle*, chez Perna, en 1 vol. in-8. sans indication d'année. Les exemplaires de cette traduction ne sont pas communs.

— Sinceræ et veræ Doctrinæ de Cœnà Domini Defensio, contrà Lib. iij Joach. Westphali, Hamburgensis Ecclesiæ Prædicat. *Tiguri*, 1556, in-8.

Volume très-rare.

— Esposizione soprà la Epistola di San Paolo alli Romani. 1545, in-12. 4 l.

— Esposizione soprà la Epistola di San Paolo a i Galati. 1546, in-12. 4 l.

— Liber adversùs Papam, qui anglicè excusus fuit sub titulo sequenti : *A Tragedies or Dialogue of the injust usurped primacy of the bishop of Rome and of alle the just abolishing of the same.* *Lond.* 1549, in-4.

Cet ouvrage est fort rare.

— Apologi nelli quali si scuoprono gli abusi errori della Sinagoga del Papa, etc. *Geneva*, 1554, in-8. 5o l.

Ce livre est l'un des plus rares de cet auteur, parce qu'il fut supprimé avec beaucoup de soin. Il a été traduit en allemand, en 1559, et en hollandais, en 1607, in-8.

— Ejusd. Ochini Responsio, quâ rationem reddit discessùs ex Italià. *Venetiis*, 1542, in-8. 4 l.

— Epistola di B. Ochino alli molti mag. Sennori d'Italia della città di Siena. *Geneva*, 1543, in-8. 8 l.

Ce volume est fort recherché.

— Epitre de B. Ochin adressée aux magn. seigneurs de Sienne, trad. de l'ital. en franç. 1544, in-12.

Cette traduction française de l'ouvrage précédent est encore assez recherchée.

— Rimedio alla pestilente Dottrina di B. Ochino, da Ambr. Cat. Lancelotto Polito. *In Roma*, 1544, in-8. de 47 feuillets, *rare*, 1o l.

— Riposta di B. Ochino alle false Calumnie ed impie Biastemmie di frate Ambr. Catarino Polito. 1546, in-8. de 4o feuillets, *rare*, 18 l.

OCKAM (Guill.) Dialogorum libri : (Opus præclarum theologiæ scholasticæ et dogmat.) *Parisiis* (Géring), 1476, 2 vol. in-fol.

Première édition. On présume qu'elle est sortie des presses d'Ulric Géring.

ODERICI Dissertationes et Adnot. in Inscriptiones ineditas et Numismata. *Romæ* , 1765 , in-4. gr. pap. 7 liv.

ODESPUN. (L.) Vid. Sirmondus. (J.)

OECUMENIUS. Vid. Areta.

OEDER , (Georg. Chr.) Oth. Frid. MULLER et M. VAHL , Flora Danica. *Hafniæ* , 1761-97 , 20 fasciculi, cum 1200 tab. color. 1000 l.

Chaque fascicule renferme 30 pl. et chaque vol. 3 fascicules.

Cet ouvrage est très-bien exécuté. Il n'est point encore achevé.

—Elementa Botanicæ. *Hafniæ* , 1764, in-8. fig. pap. de Holl. 8 l.

OELHAFEN. (Ch. Christ.) Traité des arbres , arbrisseaux et arbustes de nos forêts (en allem.) *Nuremberg* , 1775 , in-4. fig. color. 30 l.

OFFELIUS. (Andr. Fel.) Rerum Boïcarum Scriptores , curis ejus editi. *Augustæ Vindelicor.* 1763 , 2 vol. in-fol. 20 l.

OFFICE divin pour tous les temps de l'année. *Parme* , Bodoni, 1792 , 2 tom. 4 vol. gr. in-8. pap. fort , 20 l.

Livre bien imprimé , et dont il n'a été tiré que 25 exemplaires sur papier fort.

OFFICE de l'Eglise, noté pour les Fêtes et Dimanches , à l'usage des Laïcs. *Paris* , 1778 , 7 vol. in-12. 21 l.

OFFICE (l') des Chevaliers de l'Ordre du S.-Esprit. *Paris* , impr. roy. 1703 , in-12.

Exemplaire imprimé sur vélin.

OFFICIA Sanctorum juxtà ritum Maronitarum , syriacè. *Romæ* , 1566, 2 vol. in-fol. 50 à 60 l.

OFFICIUM Puellarum in castis amoribus emblematicè expressum. in-12. obl. fig. 9 à 12 l.

OFFICIUM Beatæ Mariæ Virginis et alia. *Venetiis* , Junta, 1584, in-8.

Exemplaire imprimé sur papier bleu.

OFFRAY DE LA METTRIE. (Jul.) Ouvrage de Pénélope , ou Machiavel en médecine ; par Aléthéius Démétrius. *Genève* (*Hollande*), 1748, 3 vol. in-12. 15 l.

— Œuvres philosophiques du même. *Berlin* , 1751 , in-4. 7 l. — Gr. pap. 12 liv.

—Œuvres de médecine du même.

Berlin , 1751 , 2 vol. in-4. 8 l. — Gr. pap. 15 l.

OGEROS. (D. Ped. Gonz. de) Description historica de las provincias y archipelago de Chiloë en el regno de Chili. *Madrid* , 1780 , in-4.

OGIER LE DANOIS. Voy. Roman.

OGILBY (Jo.) Biblia regia anglica , curis ejus edita. *Cantabrigiæ*, 1660, gr. in-fol. fig. 50 à 60 l.

Edition bien imprimée et ornée de fort belles figures. Les exemplaires en sont assez rares.

OIHENARTI (Arn.) Notitia utriusque Vasconiæ, tum Ibericæ, tum Aquitanicæ , etc. *Parisiis* , 1638 , vel 1656 , in-4. 10 l.

Un des meilleurs ouvrages que nous ayons sur l'Histoire de la Gascogne.

OISELII (Jac.) Thesaurus select. Numismatum antiq. cum succinctâ descriptione , accur. enarratione et fig. *Amst.* 1677, in-4. 8 l.

OKOLSKI (Sim.) Orbis Polonus. *Cracoviæ* , 1641 , 3 vol. in-fol.

estimé et rare, 80 à 100 l.

O LAFSEN. (Eggert.) Voyage en Islande (en danois.) *Sorgë* , 1772 , 2 vol. in-4. fig. 24 l.

— Le même , trad. du danois en allem. *Dresde* , 1787 , 2 vol. in-4. fig. 15 l.

— Le même , trad. en franç. par Gaulthier de la Peyronie. *Paris* , 1801, 5 vol. in-8. et atlas , 24 à 30 l.

OLAI MAGNI Hist. de Gentibus septentrionalibus , earumque divers. statibus , conditionibus , etc. *Romæ* , 1555 , in-fol. fig. 20 l.

Bonne édition. Cet ouvrage a été traduit en italien. *Venise* , 1565 , in-fol.

— Historia Gothorum Sueconumque. *Romæ* , 1554 , in-fol. 15 l.

Peu commun.

OLEARIUS. (Adam) Voyages faits en Moscovie , Tartarie et Perse , trad. en franç. par Abrah. de Wicquefort. *Amst.* 1727, 2 tom. 1 vol. in-fol. fig.

Le Voyage suivant se joint à celui-ci.

—Voyages faits de Perse aux Indes Orientales, par J. Alb. de Mandelslo , publ. par A. Olearius , et trad. en franç. par A. de Wicquefort. *Amst.* 1727, 2 tom. 1 vol. in-fol. fig.

Ces deux articles réunis, 36 à 48 l. et en grand papier , 80 à 100 l.

OLINA. (Giov. Pict.) Uccelliera , ovvero Discorso della natura \e proprietà di div. Uccelli , e in particolare di que' che cantano. *In Roma* , 1622 , in-4. fig. di Tempeste e Villamena , 9 l.
Petit Traité curieux. Cette édition est préférée à celle de *Rome* , 1684.

OLIVERII (Hannib.) Marmora Pisaurensia , notis illustrata. *Pisauri* , 1738 , in-fol. 15 l.

OLIVET. (Jos. Thoulier d') Hist. de l'Académie française , avec la Continuation jusqu'en 1700. *Paris* , 1729 , 2 vol. in-4. 6 l.
— Recentiores Poëtæ latini et græci quinque , curis Jos. Oliveti. *Lugd. Bat.* 1743 , in-8. 6 l.—Gr. pap. 12 l.

OLIVÉTAN. Voy. CALVIN.

OLIVI. (Gius.) Zoologia Adriatica , ossia Catalogo degli animali del golfo e delle lagune di Venezia. *Bassano* , 1792 , gr. in-4. fig. 15 l.

OLIVIER. (Jacq.) Alphabet de l'imperfection et malice des femmes , augm. d'un friand Dessert , etc. *Paris* , 1619 , in-12. 5 l.
Toutes les éditions de ce petit ouvrage sont bonnes.

OLIVIER. (le P.) Alphabet de Cadmus , avec deux Dissert. sur la ponctuation et la prononciation de l'hébreu. *Paris* , 1755 , gr. in-4. *rare.*

OLIVIER DE LA MARCHE. Le Parement et Triomphe des Dames (en rime et en prose.) *Paris*, 1510 , in-8. goth. 10 l.
— Le Chevalier délibéré. *Paris* , J. Lambert , 1493 , in-4. goth. 12 l.
Il y a des exemplaires sur vélin.
Il existe plusieurs autres éditions de ce Roman imprimées dans le 15e siècle , mais elles sont plus recherchées.

OLIVIER de Castille. Voy. HISTOIRE.

OLIVIER. Entomologie , ou Histoire natur. des Insectes. *Paris* , 1789 et suiv. 30 livraisons formant 6 vol. gr. in-4. fig. color. 350 à 400 l. — Fig. noires , 120 à 150 l.
Il n'existe qu'un seul exemplaire complet de cet ouvrage imprimé sur papier de Hollande.
— Voyage dans l'Empire Ottoman , l'Egypte et la Perse. *Paris* , 1808 , 6 vol. in-8. et atlas, ou 3 vol. in-4. et atlas , 48 l.

OLIVIERO. (Ant. Fr.) La Alamanna lib. xxiv , in versi sciolti.—Carlo V. in Olma , poema. — L'Origine d'Amore. *In Venezia* , 1567, in-4. rare.
Ces trois ouvrages se trouvent ordinairement reliés en un seul volume , 20 l.

OLLENIX du Mont-Sacré. Voyez MONT-SACRÉ.

OLMO. (Jos. Vinc. del) Lithologia ò Explicacion de las Piedras y otras antiguedades de Valencia. *En Valencia* , 1653 , in-4. 15 à 20 l.
Ouvrage peu commun.

OLYMPIODORI , Philos. Alexand. in Meteora Aristotelis Commentarii. Joannis grammatici Philoponi Scholia in primum Meteorum Aristotelis , gr. et lat. *Venetiis* , Aldus , 1551 , 2 vol. in-fol.

ONCIEU. (Guill. d') Traité sur les Singularités de la mémoire. *Lyon* , 1622 , in-12. 5 l.

ONGARO Padovano. (Ant.) L'Alceo , favola pescatoria. *Padova* , 1722 , in-8.
Il y a de cette édition des exemplaires sur vélin.

ONOSANDRI Strategicus , sive de Imperatoris Institutione liber , ex edit. Nic. Rigaltii , cum notis Æmilii Porti , gr. lat. *Commel.* 1600 , in-4. 6 à 9 l.
Bonne édition.
— Idem , gr. lat. , unà cum vers. gall. Bar. de Zurlauben , curâ M. N. Schwebelii. *Norimb.* 1762 , in-fol. 12 l. — Pap. fin , 15 l.
— L'Art militaire d'Onosander , trad. en français avec des annotat. par Blaise de Vigenère. *Paris* , 1605 , in-4. *rare* , 7 à 8 l.
Cet ouvrage a été traduit en italien par Fabio Cotta , *Venise* , 1546, in-4. 5 à 6 l.

OPERA divers. aliquot Scriptorum , de claris Mulieribus , ex edit. Jo. Ravisii Textoris. *Parisiis* , 1521 , in-fol. 10 l.

OPITII (Henr.) Lexicon novum hebræo - chaldæo-biblicum. *Lipsiæ* , 1692 , in-4. 6 l.
— Vide BIBLIA hebraïca.

OPPEL (Gul. de) Analysis triangulorum. *Dresdæ* , 1746 , pet. in-fol. fig. 18 l.

OPPIANI de Piscatu lib. v , lat. , Laur. Lippio Collensi interpr. *In*

*Collæ Oppido Municipio Floren-
tino*, *anno*, 1478, in-4.

Première édition très-rare, et la seule de
ce livre imprimée dans le quinzième
siècle.
Vendu 1000 l. chez le duc de La Vallière.

— Ejusd. de Venatione et Piscatu,
gr. lat., interpr. Laur. Lippio. *Venetiis*, Aldus, 1517, in-8. 12 l.

— Idem, gr. lat. *Parisiis*, Turnebus,
1555, in-4. 21 l.
Belle édition.

— Idem, gr. lat., ex edit. Conr. Rittershusii. *Lugd. Batav.* 1597, in-8.
8 liv.
Cette édition, la seule accompagnée du Scholiaste grec, fait partie de la Collection des
Variorum.

— Idem, gr. lat., cur. Jo. Got. Schneider. *Argentorati*, 1776, gr.
in-8. 12 l.
Bonne édition. On en a tiré 6 exemplaires
sur grand papier de Hollande.

— Ejusd. de Venatione, gr. lat.,
cum animadv. J. N. Belin de Ballu.
Argentorati, 1786, in-8. 6 l.—Gr.
pap. format in-4. 9 à 12 l.

— Cynegetica, gr. *Florentiæ*, Junta,
1515, in-8.
Première édition très-rare.

— Oppiano della Pesca e della Caccia,
trad. dal gr. ed illustrato con varie
annot. da A. M. Salvini. *In Firenze*,
1728, in-8. 7 l.

— La Chasse, poëme, trad. en franç.
avec des remarq. par J. N. Belin de
Ballu. *Strasbourg*, 1787, in-8. 4 l.
Cet ouvrage est suivi d'un extrait de la
grande Histoire des Animaux d'Eldémiri,
trad. de l'arabe par M. Sylvestre de Sacy.

OPTATI (S.) Milevitani episc. Opera,
ex edit. Lud. Ellies Dupin. *Parisiis*, 1700, in-fol. 7 l.
Bonne édition.

OPTATI GALLI (Car. HERSENT)
de cavendo Schismate liber paræne-
ticus. *Parisiis*, 1640, in-8. 40 à 50 l.
Satire extrêmement piquante contre le cardinal de Richelieu.
On doit trouver à la fin du volume l'arrêt du
parlement qui condamne ce livre à être la-
céré et brûlé.
Il existe une contrefaction de cet ouvrage qui
imite assez bien l'édition originale, mais
au moyen de l'indication suivante, il sera
facile de la reconnaître.
· Dans l'édition originale, pag. 7, lignes 15 et
16, on lit; *Nisi à superiore*. Dans la réimpression il y a *Nisi à superiorum*.

OPUSCULA mythologica, physica
et ethica, gr. lat., ex recens. et cum
notis Th. Gale et variorum. *Amst.*
1688, in-8. 12 à 18 l.
Ce volume entre dans la Collection des *Variorum*.
L'édition de *Cambridge*, 1671, ne vaut que
6 à 9 l.

ORATIO dominica polyglotta, plùs
centum linguis, versionibus aut characteribus reddita. *Lond.* 1715,
in-4. 12 l.

ORATIONES claror. hominum, vel
honoris officiique causâ ad principes, vel in funere de virtutibus eorum habitæ. *In Acad. Venetá*,
1559, in-4.
Volume très-rare.

ORATORES veteres græci principes,
gr. lat. *Hanov.* 1619, in-8. 6 à 9 l.

ORATORUM veter. Orationes, Æschinis, Lysiæ, Andocidis etc., gr.
lat., ex edit. Henr. Stephani. *Typis
ejusd. Stephani*, 1575, in-fol. 18 l.

ORATORUM græcorum quæ supersunt, gr., cum notis Varior., ex recens. Jo. Jac. Reiske. *Lipsiæ*,
1770-75, 12 vol. in-8. 200 l.
Collection fort estimée.
Il y a des exemplaires en papier fort, mais
ils sont extrêmement rares, 4 à 500 l

ORBINI. (Mauro) Il Regno degli Slavi
oggi correttamente detti Schiavoni,
dalla loro origine sin' all' anno 1370.
In Pesaro, 1601, in-fol. 8 l.

ORDONNANCES royaux de Fran-
çois I.er sur le fait de la justice et
abbréviation des procès par-tout le
royaume de France, etc. *Paris* et
Rouen, 1539, in-4.
On ne recherche de ce livre que les exemplaires imprimés sur vélin.

ORDRE (l') de Chevalerie, auquel est
contenue la Manière comment on
doit faire les chevaliers. *Lyon*,
1510, in-fol. goth. 7 l.

O'REILLY. Voy. ANNALES.

ORIBASII Collectanea medicinalia,
gr. *Basil.* Morel. 1556, in-8.
Édition très-rare.

ORIGENIS Opera, gr. lat., ex edit.
Car. de la Rue, Bened. *Parisiis*,
1733, 1740 et 1759, 4 vol. in-fol.
70 l. — Gr. pap. 100 l.
Bonne édition.

— Eadem, è gr. in lat. transl., ex recens. Jac. Merlini. *Parisiis*, 1512, 4 vol. in-fol.

On ne recherche de cette édition que les exemplaires imprimés sur vélin.

— Ejusd. Hexaplorum quæ supersunt, hebr., gr. et lat., ex edit. Bern. de Montfaucou, Benedict. *Parisiis*, 1713, 2 vol. in-fol. 24 l. — Gr. pap. 40 liv.

—Idem opus, hebr., gr. et lat., à Car. Frid. Bahrdt. *Lipsiæ*, 1769, 2 vol. in-8.

— De Oratione, gr. lat., à Guill. Reading. *Lond.* 1728, in-4.

Bonne édition.

ORIGINE (l') des Puces. *Lond.* 1749, in-16. 6 l.

ORLANDI. (Pellegrino Ant.) Origine e Progressi della Stampa ; e Notizie dell' Opere stampate dall' ann. 1457-1500. *In Bologna*, 1722, in-4. 15 liv.

— Notizie degli Scrittori bolognesi. etc. *In Bologna*, 1714, in-4. 6 l.

— Abecedario pittorico, nel quale sono descritte le Vite degli antichiss. Pittori, Scultori, etc. *In Bologna*, 1719, in-4. 12 l.

Peu commun.

ORLANDINO. (l') Voy. FOLENGI.

ORLEANS. (Chérubin d') Voy. CHÉRUBIN.

ORLÉANS. (Louis d') Voy. D'ORLÉANS.

ORLÉANS. (le Père Jos. d') Voyez D'ORLÉANS.

ORLÉANS DE ROTHELIN. (d') Observations et Détails sur la Collection des grands et petits Voyages. 1742, in-4. 18 l.

ORME. Historical Fragments of the Mogul empire, of the Morattoes and of the English concerns in Indostan. *Lond.* 1783, in-8. *rare*, 81.

Cet ouvrage a été réimprimé à *Londres*, en 1805, in-4. avec additions.

ORME. (Philib. de l') Nouvelles Inventions pour bien bâtir et à petits frais. *Paris*, 1576, in-fol. fig. 24 liv.

On doit trouver à la fin du volume un petit supplément qui manque dans beaucoup d'exemplaires.

ORNITHOLOGIA methodicè digesta, atque iconibus æneis ad vivum illuminatis ornata, lat. et ital. *Florentiæ*, 1767, 4 vol. in-fol. fig. 200 liv.

OROSII (Pauli) Historiarum lib. vij. *Augustæ*, J. Schuszler, 1471, in-fol. Prix arbitraire.

Première édition de cet ouvrage. Elle est extrêmement rare. Le volume est composé de 130 feuillets, lesquels n'ont ni chiffres, ni signatures, ni réclames.

— Iidem, cur. Æneâ Vulpe (Volpi) et Laurentio Brixiensi. *Vicentiæ*, per Herm. Levilapidem de Colonia, absque anni indicat. in-fol. *rare*, 50 liv.

On présume que cette édition a paru vers 1475.

— Iidem, cum notis varior., ex recens. Sigeb. Havercampi. *Lugd. Bat.* 1738, in-4. 16 l.

Bonne édition. Il y a des exemplaires qui portent la date de 1767.

ORPHEI Argonautica, Hymni, et Procli Lycii philosophi, Hymni, gr. *Florentiæ*, Philip. Junta, 1500, in-4.

Première édition très-rare. La totalité du vol. est de 51 feuillets imprimés.

— Ejusd. Argonautica, Hymni et de Lapidibus lib., gr. lat., cum notis Varior., ex editione Andr. Chr. Eschenbachii. *Ultrajecti*, 1689, in-8. 12 l.

Peu commun.

— Ejusd. Argonautica, Hymni, Libellus de Lapidibus, et Fragmenta, gr. lat., cum notis Varior., cur. G. Ch. Hambergero. *Lipsiæ*, 1764, in-8. 12 l.

Bonne édition. Elle fait partie, ainsi que la précédente, de la Collection des auteurs *cum notis Variorum.*

— Ejusd. Carmina, cum notis H. Stephani, A. Ch. Eschenbachii, etc., recensuit G. Hermannus. *Lipsiæ*, 1805, in-8. pap. fin, 15 l.

—Ejusd. Argonautica, gr. lat., ex edit. J. G. Schneider. *Jenæ*, 1803, in-8. pap. fin, 8 l.

Ces deux éditions, qu'il est nécessaire de réunir, sont fort bien imprimées.

— Ejusd. Carmen de Lapidibus, gr. lat., à Th. Tyrwitt. *Lond.* 1781, in-8.

ORSATO. (Sertorio) Li Marmi eruditi, ovvero Lettere soprà alcune antiche Inscrizioni, con le annot. di G. A. Orsato. *In Padova*, 1719, gr. in-4. 6 l.

— De Notis Romanor. commentarius in quo earum interpret. quotquot reperiri potuerunt, edit. cum observ. Sertorii Ursati. *Patavii*, 1672, in-fol. 20 l.

ORTEGA. (C. G.) Corso elementare di botanica. *Parma*, Bodoni, 1788, in-8. 7 l.

ORTIZ. (Alph.) Missale mixtum, secundùm regulam B. Isidori, dictum Mozarabes, cum Præfat. A. Ortiz. *Toleti*, 1500, in-fol.

— Breviarium mixtum, secundùm regulam B. Isidori, dictum Mozarabes, cum præfat. ejusd. *Toleti*, 1502, in-fol.

Si, comme on l'assure, ces deux ouvrages n'ont été tirés par l'ordre du Cardinal de Ximenès, qu'à 35 exemplaires seulement, ils doivent tenir un des premiers rangs parmi les livres extraordinairement rares. Prix arbitraire.

J. Vogt cite un exemplaire de ces deux articles imprimé sur vélin.

Ces deux volumes ont été réimprimés en un seul à *Rome*, en 1755, et à *Madrid*, par Ibarra, en 1788.

ORTIZII (Blazii) Descriptio summi Templi Toletani. *Toleti*, 1549, in-8. *rare*, 24 l.

Ce volume est recherché, parce qu'il renferme des détails curieux sur le Rit Mozarabe.

On le joint aux deux articles précédents.

— Itinerarium Hadriani VI, ab Hispaniâ Romam usque, necnon ipsius Pontificatûs eventus. *Toleti*, 1546, in-8. 10 l.

Petit traité rare et singulier.

ORTOGRAPHIA de la Lengua castellana, compuesta por la real Academia espanola. *En Madrid*, 1754, in-8. 7 l.

ORVILLE. (Jac. Philip. d') Vide D'ORVILLE.

OSBECK. (P.) Journal d'un Voyage aux Indes Orientales (en suédois). *Stockholm*, 1757, in-8. fig. 12 l.

OSIO. (Car. Cesare) Architettura civile. *In Milano*, 1686, in-fol. 12 l.

OSMONT. (J. B. L.) Dictionnaire typographiq., historiq. et critiq. des Livres rares. *Paris*, 1768, 2 vol. in-8. 6 à 8 l.

OSORII (Hieronymi) episc. Algarbiensis Opera. *Romæ*, 1592, 4 vol. in-fol. 40 l.

Édition estimée et peu commune.

Dict. Bibl. I.

— Ejusd. de Rebus gestis Emmanuelis regis Lusitaniæ, lib. xij. *Olyssipone*, 1571, in-fol. 8 l.

OSSIAN'S: Poems, translated by Jam. Macpherson. *Lond.* 1773, 2 vol. in-8. 15 l.

— Les Poésies d'Ossian, trad. sur l'anglais de Macpherson, par Le Tourneur. *Paris*, 1777, 2 vol. in-8. 10 l.

— Format in-4. 18 l.

Ces Poésies ont été traduites en italien par Melchior Cesarotti. *Padoue*, 1772, 4 vol. in-8. fig. 18 l.

OTHO - VÆNIUS. Vide VÆNIUS. (Oth.)

OTHONIS (Georg.) Palæstra Linguarum, hoc est: Capita prima quatuor Geneseos, chald., syriacè, samar., arab., æthiop. et persicè. *Francof.* 1702, in-4. 12 l.

(OTTONAJO.) (G. B. dell') Tutti i Trionfi, Carri, Mascherate, o Canti carnascialeschi del tempo di Lorenzo de Medici, in-8. — Le Canzoni ovvero Mascherate carnascialesche di G. B. dell' Ottonajo. 1559, in-8. 72 l.

Cette édition, citée par l'Académie de la Crusca, est fort rare.

Nous ferons observer que dans la plupart des exemplaires de ce livre, il y a une lacune de 100 pag., depuis la page 298 jusqu'à celle cotée 397. Ce vide était rempli par les 51 *Canzoni* dell' Ottonajo, qui ayant été insérées dans le Recueil sans son aveu, furent supprimées (par ordre des magistrats auxquels il porta des plaintes) de tous les exemplaires qui étaient restés en magasin chez le libraire.

Ces 51 Canzoni ont été réimprimées en 1560; mais cette réimpression, quoiqu'augmentée de 4 pièces, est beaucoup moins recherchée que l'édition de 1559.

— I medesimi. *Cosmopoli*, 1750, 2 vol. in-8. fig. 12 l.

Cette édition est beaucoup moins recherchée que la précédente. On en a tiré des exemplaires de format in-4.

OTTONIS (Ever.) Thesaurus juris romani. *Ultrajecti*, 1733, 5 vol. in-fol. 60 l.

— De Diis Vialibus Dissertatio. *Halæ*, 1714, in-8. 6 à 8 l.

OVAGLI. (Alfonso d') Istorica Narrazione del Regno di Cile. *In Roma*, 1646, in-fol. 6 l.

OUDINI (Cas.) Comment. de Scriptoribus Ecclesiæ antiq. illorumq. Scriptis adhuc extantibus ad ann,

49

1460, cum multis dissert. *Lipsiæ*, 1722, 3 vol. in-fol. 20 l.

OVERBEKE (Bonav. d') Reliquiæ antiquæ urbis Romæ. *Amst.* 1708, 3 vol. gr. in-fol. fig. 100 l.

— Les Restes de l'ancienne Rome. *Amst.* 1709, 3 vol. in-fol. fig. 76 l.

— Les mêmes. *La Haye*, 1763, 3 tom. 1 vol. in-fol. fig. 50 l.

— Stampe degli Avanzi dell' antica Roma. *Lond.* 1739, in-fol. 20 l.

OUFLE. Histoire des Imaginations de M. Oufle, causées par la lecture des livres qui traitent de la Magie (par Bordelon). *Paris*, 1712, 2 vol. in-12. fig. 6 à 9 l.

OUGHTRED (Will.) Trigonometria. *Lond.* 1657, in-4. 9 l.

OVIDII NASONIS (Pub.) Opera, ex recogn. Jo. Andreæ, episc. Aleriensis. *Romæ*, Conr. Sweynheym, et Ar. Pannartz, 1471, 2 vol. in-fol.
Cette édition, la première de ce livre, est extraordinairement rare. Le tom. second ne porte pas de date; mais il est à croire qu'il a été publié dans l'année suivante, c'est-à-dire en 1472. Prix arbitraire.

— Eadem. *Bononiæ*, Balth. Azoguidus, 1471, in-fol. Prix arbitraire.
Cette édition est aussi rare que la précédente. C'est le premier ouvrage imprimé à Bologne.

— Eadem. *Venetiis*, per J. Rubeum, 1474, in-fol.
Cette édition est aussi fort rare.

— Eadem. *Absque loci, anni et typographi indicat.* 2 vol. in-fol. 300 liv.
Édition extrêmement rare. Elle est imprimée à longues lignes, au nombre de 43 à la page, sans chiffres, signatures ni réclames. On la croit sortie des presses de Janson Gallicus vers l'année 1472.

— Eadem. *Mediolani*, A. Zarotus, 1477, 2 vol. in-fol.
Édition bien exécutée et fort rare.

— Eadem. *Parmæ*, per Steph. Corallum, 1477, in-fol.
Cette édition, imprimée en lettres rondes, est encore fort rare.

— Eadem, ex emendat. Barnabæ Celsani. *Vicentiæ*, 1480, 2 vol. in-fol. 180 l.
Cette édition est aussi très-recherchée.

— Eadem, ex emend. Barn. Celsani. *Bononiæ*, Balth. de Azoguidis, 1480, pet. in-fol.
Cette édition est encore assez rare et recherchée.

— Eadem, ex recogn. Boni Accursii. *Parmæ*, 1489, 2 tom. 1 vol. in-fol. 24 liv.

— Eadem. *Venetiis*, Aldus, tom. I et II, 1502, tom. III, 1503, 3 vol. in-8. 60 à 80 l.
Édition estimée et fort rare. Il en a été tiré des exemplaires sur vélin, qui sont des morceaux très-précieux.

— Eadem. *Venetiis*, Aldus, 1515 et 1516, 3 vol. in-8. 36 l.
Cette seconde édition des Alde est presque aussi rare que la précédente. Elle a été revue par Navagero. On en a tiré des exemplaires sur vélin.

— Eadem. *Venetiis*, Aldus, 1533, 3 vol. in-8. 30 l.
Cette édition, revue et corrigée par Honoré Fasitelio, est bien moins rare que celles de 1502 et 1515. Il en existe des exemplaires en grand papier.

— Eadem, cum Argumentis et Notulis Guid. Morillonii. *Antuerpiæ*, Plantin, 1561, 3 vol. in-16. *litteris quadr.* 18 l.
Jolie édition.

— Eadem, ex recens. Dan. Heinsii, cum ejusd. notulis. *Lugd. Batav.* Elzevir, 1629, 3 vol. in-12. 24 à 30 liv.
Bonne édition. Le calendrier qui se trouve à la page 145 du tom. 3, doit être rouge et noir.
L'édition de 1661 vaut 12 l. environ.

— Eadem, cum notis Varior., ex edit. Corn. Schrevelii. *Lugd. Bat.* 1662, 3 vol. in-8. fig. 24 à 36 l.
Édition peu correcte, remplie de notes insignifiantes, et recherchée jusqu'à présent pour les figures seulement. Elle fait cependant partie de la Collection des *Variorum*.

— Eadem, cum iisdem notis Varior., stud. et operâ Burchardi Cnippingii. *Lugd. Bat.* 1670, vel 1683, vel 1702, 3 vol. in-8. fig. 42 l.
Ces trois éditions, plus amples que la précédente, entrent dans la Collection des auteurs *cum notis Variorum*. Les amateurs préfèrent celle de 1670.

— Eadem, cum interpr. et notis Dan. Crispini; ad usum Delphini. *Lugd.* 1686 et 1689, 4 vol. in-4. 90 l.
Cette édition est l'une des moins communes de la Collection des auteurs *ad usum Delphini*.

— Eadem, ex recens. Pet. Burmanni.

Amst. 1713, 3 vol. in-12. 12 à 15 l.
Edition très-jolie et très-correcte.

— Eadem, cum notis varior., ex recens. et cum emendat. Pet. Burmanni. *Amst.* 1727, 4 vol. in-4. 80 à 96 l. — Gr. pap. 250 l.
Bonne édition.

— Eadem, cum indicibus, à Mich. Maittaire. *Londini*, Tonson, 1715, 3 vol. in-12. 12 à 15 l.—Gr. pap. 24 à 36 l.
Jolie édition.

— Eadem. *Lond.* J. Brindley, 1745, 5 vol. in-18. 15 l.

— Eadem, cur. J. P. Millero. *Berolini*, 1757, 4 vol. in-12. 13 l.

— Eadem, ex recens. D. Heinsii, cum ejusd. notis, ut et indice cop. J. Fischeri, præfatus est J. A. Ernesti. *Lipsiæ*, 1758, 4 vol. in-8. 20 l.
Edition imprimée sur de mauvais papier.

— Eadem. *Parisiis*, Barbou, 1762, 3 vol. in-12. 18 l. — Pap. fin, 24 à 36 liv.
Ces trois volumes ont été assez mal réimprimés en 1793.

— Eadem, ex recens. N. Heinsii, cum indice J. F. Fischeri. *Lipsiæ*, 1773, 4 vol. in-8.
Edition exécutée sur un très-mauvais papier.

— Eadem, ex recens. P. Burmanni, curâ Ch. G. Mitscherlich. *Gottingæ*, 1796, 2 vol. in-8. 13 l.
Bonne édition : le 3.e vol. contiendra la *Clavis.*

— Eadem. *Parmæ*, Aloy. Mussi, 1806, 5 vol. in-fol. 230 l.
M. Mussi, auquel on est redevable de cette magnifique édition et de plusieurs autres exécutées dans le même format (Voy. *Cornelius Nepos, Juvenalis, Lucretius,* etc.), s'occupe en ce moment de l'impression des OEuvres complètes de Cicéron, qui formeront 5 ou 6 vol. in-fol. Le premier vol. est en vente.

— Ejusd. Ovidii Metamorphoseon libri. *Absque loci et typographi indicat.* in-fol. 600 l.
Peu de Bibliographes ont parlé de cette rare édition, qui est imprimée à longues lignes, au nombre de 39 à la page, sans chiffres, signatures ni réclames.
On la croit imprimée par Vindelin de Spira et J. de Cologne.

— Idem Opus. *Mediolani*, Philip. de Lavagnia, 1475, in-fol.
Très-rare édition, imprimée en lettres rondes, sans chiffres, signatures ni réclames.

— Idem Opus. *Ferrariæ*, Aug. Carnerius, 1476, in-fol.
Edition extrêmement rare.

— Idem Opus, ex recens. et cum notis G. E. Gierig. *Lipsiæ*, 1804, 2 vol. in-8. 21 l. — Pap. fin, 30 l.

— Ejusdem Ovidii de Arte Amandi lib. iij, necnon de Remedio Amoris lib. unus. *Augustæ Vindelicor.* Ginth. Zaïner de Reutlingen, 1471, pet. in-fol. *rare*, 36 l.
Cette édition, la première de ce livre, est imprimée en lettres gothiques d'une forme singulière. La totalité du vol. est de 58 feuillets.

— Heroïdum Epistolæ P. Ovidii Nasonis. Et Auli Sabini Responsiones, cum Guidonis Morilloni argumentis et scholiis. *Venetiis*, ex Biblioth. Aldina, 1583, in-8.
Réimprimé en 1588.

— Ejusd. Ovidii Tristium lib. v, ex edit. J. J. Oberlini. *Argentorati*, 1778, in-8. 5 l.
Jolie édition, très-correcte.

— Iidem, cum animadv. Th. Ch. Harles. *Erlangæ*, 1772, in-8. 5 l.

— Ovide : du Remède d'Amours, translat. de lat. en ryme franç. *Paris*, A. Vérard, 1509, in-fol. goth. 12 l.
Les exemplaires imprimés sur vélin et décorés de miniatures sont fort rares.

— Les Métamorphoses d'Ovide, moralisées par Th. Waleys (Vallois) et transl. par Colard Mansion. *Bruges*, 1484, in-fol. fig.
Première édition, imprimée sur deux colonnes de 33 lignes chacune, avec figures en bois.

— La Bible des Poëtes de Métamorphose, ou les Métamorphoses d'Ovide, transl. de lat. en franç. *Paris*, A. Vérard, 1493, in-fol. goth.
Il y a de cette édition des exemplaires imprimés sur vélin et ornés de miniatures.

— Le grand Olympe des Histoires poétiques du prince de poésie, Ovide Naso en ses Métamorphoses, transl. de lat. en franç. *Paris*, 1537, in-8. goth. 9 l.

— Les Métamorphoses d'Ovide mises en rondeaux par de Benserade. *Paris*, impr. roy. 1676, in-4. fig. de Séb. le Clerc, 8 l.
Cette édition n'est recherchée que pour les

figures de Séb. le Clerc dont elle est décorée.

La contrefaction de Hollande , en deux vol. in-8. avec figures copiées sur celles de Séb. le Clerc , est assez recherchée à cause de la commodité de son format , 10 à 12 l.

— Les Métamorphoses d'Ovide , en lat. et en franç. , avec des explicat. par P. du Ryer. *Bruxelles* , 1677 , in-fol. fig. 15 à 18 l.

— Les mêmes , et de la même traduct. *Amst.* 1702 , in-fol. fig. 15 l.

— Les mêmes , et de la même traduct. *Amst.* 1693 , 3 vol. in-12. ou *La Haye* , 1728 , 4 vol. in-12. fig. 12 à 15 l.

Éditions recherchées pour les figures.

—Les mêmes , trad. en franç. par Renouard , avec fig. à chaque fable. *Paris* , 1651 , in-fol.

On ne recherche de cette traduction que les exemplaires en grand papier, 18 à 24 l.

— Les mêmes , en lat. et en franç. avec des remarq. et des explicat. par Ant. Banier. *Amst.* 1732 , 2 tom. 1 vol. gr. in-fol. fig. de Bern. Picart, 100 l.

Magnifique édition. Il y a des exemplaires en grand papier format d'atlas , mais ils sont très-rares, et valent au moins 5 à 600 liv.

Il faut voir à la page 264 , si les trois figures doubles s'y trouvent.

—Les mêmes , en lat et en hollandais , avec des remarq. et des explicat. historiq. , par A. Banier. *Amst.* 1732 , 2 vol. in-fol. fig. de B. Picart , 60 à 72 l.—Gr. pap. dont on prétend 'qu'il n'existe que 4 exemplaires , 4 à 500 l.

— Les mêmes , trad. en franç. par Ant. Banier. *Amst.* 1732 , 3 vol. in-12. fig. de Bern. Picart , 10 l.

— Les mêmes , en lat. et en franç. , avec des explicat. historiq. par A. Banier. *Paris* , 1767 , 4 vol. in-4. fig. de Lemire et Basan , 100 l.

On a tiré 12 exemplaires de cette édition sur papier de Hollande.

— Les mêmes, trad. par A. Banier , et ornées de 138 gravures d'après Séb. Leclerc. *Paris* , 1801 , 2 vol. in-4. 12 liv.

Édition destinée à l'instruction de la jeunesse.

— Les mêmes, trad. en vers franç. avec le texte lat. , par F. de Saint-Ange. *Paris* , Crapelet , 1808 , 4

vol. in-8. 141 estampes, 84 l. — Gr. pap. vélin (100 exempl.) 150 l.

— Les mêmes , trad. par Malfilâtre. *Paris* , 1803 , 3 vol. in-8. avec 194 fig. 24 l.

—Les mêmes , trad. par J. G. Dubois Fontanelle. *Paris* , 1802 , 4 v. in-8. fig. 15 à 18 l.—Pap. vélin, 24 à 36 l.

— Les mêmes , trad. par J.G. Dubois Fontanelle, avec des notes. *Paris* , 1806 , 2 vol. in-12. 5 l.

— Les mêmes , trad. par A. Banier. *Paris* , Crapelet, 1807 , 2 vol. gr. in-8. ornés de 140 estampes, 48 l.

— Pap. vélin , 72 l.

— Les mêmes , trad. nouv. avec le texte lat. par M. G. Th. Villenave. *Paris* , 1807 , 4 vol. in-8. avec 140 gravures.

In-8. pap. gr.-raisin ; 192 l. — In-8. gr.-raisin vélin , 384 l. — In-4. pap. fort , 384 l.— Idem , fig. avant la lettre , 480 l. — In-4. pap. gr.-raisin vélin , fig. avec la lettre , 672 l. — In-4. pap. nom-de-jésus vélin , fig. avant la lettre , 768 l.— Idem , avec fig. avant la lettre et les eaux-fortes , 960 l. Prix de l'éditeur.

On a tiré de cette magnifique édition , imprimée par M. Didot l'aîné , trois exemplaires sur peau de vélin.

Un de ces exemplaires est décoré des dessins originaux.

— Le Metamorfosi di Ovidio , trad. in volgar verso, con allegorie e dichiarazioni , per N. da Agostini. *In Vinegia* , 1538 , in-4. 12 l.

Édition rare et recherchée.

— Le medesime , ridotte in ottava rima , da Giov. Andr. dell' Anguillara, con le annot. di G. Horologgi , etc. *In Venetia* , Giunti, 1584 , in-4. fig.

Bonne édition.

—Ovid's : Metamorphoses in latin and english. *Amst.* 1732 , 2 vol. in-fol. fig. de Bern. Picart, 76 l.

Les figures dont cette édition anglaise est décorée sont celles qui ont servi pour la traduction française publiée en 1732 à *Amsterdam.*

— Trad. des Fastes d'Ovide , avec le texte et des notes, par Bayeux. *Rouen* , 1783 , 4 vol. in-8. fig. 18 à 24 l. — Gr. pap. format in-4. 36 à 48 liv.

—Les Fastes et les Elégies d'Ovide , trad. par J. M. de Kervillars. *Paris* , 1724 , 3 vol. in-12. 8 à 12 l.

— Les Fastes d'Ovide, trad. en vers
franç. par F. de Saint-Ange. *Paris*,
1804, 2 vol. in-8. 12 l.—Pap. vélin,
20 liv.
— L'Art d'aimer d'Ovide, trad. nouv.
avec des remarq. par F. A. D.
Paris, 1803, in-8. 6 l.
— Les Epîtres d'Ovide, trad. en franç.
avec des remarq. par Cl. Gasp. Bachet de Meziriac. *La Haye*, 1716,
2 vol. in-8. 6 l.—Gr. pap. 10 l.
Ouvrage excellent quoiqu'assez commun.
—Nouvelle trad. des Héroïdes d'O-
vide. *Paris* 1763, gr. in-8. fig. de
Zocchi, grav. par Gregori, 4 à 5 l.
— Les Héroïdes d'Ovide, trad. en
vers franç. (par de Boisgelin) avec
le texte. *Philadelphie* (*Paris*),
1786, in-8.
Edition tirée à un petit nombre d'exemplaires. Il en existe une autre, de la
même traduction, sans le texte, imprimée par M. Pierres. Celle-ci n'a été
tirée qu'à 12 exemplaires.
— Epistole eroiche d'Ovidio, trad.
da Remigio Fiorentino. *In Parigi*,
1762, in-8. 4 à 5 l.
— Les Œuvres d'Ovide, en lat. et en
franç., avec des remarq. par Et.
Algay de Martignac. *Lyon*, 1697,
9 vol. in-12. fig. 20 l.
— Les mêmes, trad. en franç. *Paris*,
1799, 7 vol. in-8. fig. 24 l. — In-4.
fig. 40 l. — In-4. fig. av. la lettre,
54 liv.
On a rassemblé dans cette Collection diverses traductions, de Banier, du Père
Kervillars, de Lefranc de Pompignan et
de Bayeux.
OUTHIER. (l'abbé) Journal d'un
Voyage au Nord en 1736-37. *Paris*,
1744, in-4. fig. 6 l.
OUTRAMI (Guill.) de Sacrificiis
Judæorum lib. duo. *Lond.* 1677,
in-4. 6 l.
OWEN (Jo.) Epigrammata. *Lugd.
Batav.* Elzevir, 1647, in-16. 5 l.
— Eadem, curà Ant. Aug. Renouard.
Parisiis, Didot natu major, 1794,
2 vol. in-18. pap. vélin, 7 l.
On a tiré de cette petite édition 15 exem-
plaires en grand papier, et 4 sur peau de
vélin.
OWEN. (Charl.) An Essai towards a
natural history of Serpents. *Lond.*
1742, in-4. fig. 15 l.
OZANAM. (Jacques) Récréations

mathématiques et physiq. *Paris*,
1778, 4 vol. in-8. fig. 15 l.
L'édition de *Paris*, 1790, 4 vol. in-8. est
la même que celle-ci. Les titres seuls ont
été changés.
Nous avons encore de cet auteur : *Dictionnaire de Mathématiques*, in-4. 10 l.
— *Traité des lignes du premier genre*,
in-4. 7 l. *Géométrie pratique*, in-12.
3 l. — *Trigonométrie rectiligne*, in-8.
4 l. — *Traité de l'Arpentage*, in-12.
4 l. etc.

P.

PACCIAUDI. (P. P.) Memorie de'
Gran Maestri del militar ordine
Gerosolimitano. *Parma*, Bodoni,
1780, 3 vol. in-4. fig. 30 l.
PACHECO. (Fr.) Arte de la Pintura,
su antiguedad y grandezas. *En
Sevilla*, 1649, in-4. 15 l.
PACHIMER. (Georg.) Vide BYZAN-
TINE.
PACIAUDII (P. M.) de Cultu
S. Joannis Baptistæ Antiquitates
christianæ. *Romæ*, 1755, in-4. 6 l.
— Monumenta Peloponnesiaca com-
ment. explicata à P. M. Paciaudio.
Romæ, 1761, 2 vol. in-4. fig. 24 l.
— Gr. pap. 48 l.
PACIFICI MAXIMI, Poëtæ Æscu-
lani, Hecatelegium, sive Elegiæ
nonnullæ jocosæ et festivæ, etc.
Florentiæ, Ant. Mischominus,
1489, in-4.
Première édition de ce livre. Elle est très-
rare et fort recherchée.
— Idem. *Bononiæ*, 1523, in-4. 18 l.
Cette édition est encore rare et recherchée
—Ejusd. Pacifici Maximi Opera. *Im-
pressum Fani*, 1506, per H. Son-
cinum, in-8.
Vendu, non relié, 25 l. chez M. Mercier
de Saint-Léger.
PADIOLEAU. (Alb.) Antiquités de
Jérusalem. *Nantes*, 1635, in-4. 10 l.
PÆTUS (Luc.) de Mensuris et Pon-
deribus romanis et græcis. *Vene-
tiis*, Aldus, 1573, in-fol. 30 l.
PAGENSTECHERI (Alex. Arn.) de
Jure Ventris lib. singularis, etc.
Bremæ, 1714 seu 1717, in-12. 7 l.
Peu commun.

PAGÈS. (de) Voyage autour du monde et vers les deux Pôles par mer et par terre , pendant les années 1767-76. *Paris* , 1782 , 2 vol. in-8. fig. 10 l.

— Le même , augm. d'un Voyage en Italie et en Sicile. *Paris* , 1797 , 3 vol. in-8. fig. 12 l.

Ce Voyage a été traduit en anglais , *Lond.* 1791 , 3 vol. in-8.

PAGI. (Ant.) Vid. BARONIUS.

PAGI (Fr.) Breviarium Pontificum romanorum et Conciliorum , etc. *Antuerpiæ* (seu potiùs) *Genevæ* , 1717, 4 vol. in-4. 15 l.

PAGNINUS. (S.) Vid. SERVETUS.

PAINE. (J.) Plans , Elevations and Sections of noblemen and gentlemen's houses. *Lond.* 1767, 2 vol. in-fol. 100 l.

Cet ouvrage , d'un des plus habiles architectes d'Angleterre , est supérieurement exécuté.

PAITONI SOMASCO. (Jac. Mar.) Biblioteca degli autori antichi greci e latini volgarizzati. *Venezia*, 1766-67 , 5 vol. in-4.

On fait beaucoup de cas de cet ouvrage.

PALÆPHATUS de Incredibilibus , gr. lat. , ex vers. et cum notis Corn. Tollii. *Amst.* Elzevir, 1649, in-12, 8 liv.

Jolie édition, peu commune.

— Idem , gr. , ex recens. Sig. Frid. Dresigii , et cum animadv. J. Frid. Fischeri. *Lipsiæ*, 1761 vel 1770 vel 1773 vel 1775 vel 1777 vel 1789 , in-8. 7 l.

PALATINO. (G. B.) Libro nel qual s'insegna a scriver ogni sorte lettera antica e moderna di qualunque nazione, etc. *In Roma* , 1561, in-8. 12 l.

Bonne édition d'un livre peu commun.

PALERCE. (L.) Babylone , ou la Ruine de la grande cité. 1563 , in-8. 7 l.

PALFYN. (J.) Descript. anatomiq. des parties de la femme qui servent à la génération , avec un Traité des monstres. *Leyde* , 1708 , in-4. fig. 12 l.

PALINGENII (Marc.) (Pet. Ang. Manzoli) Zodiacus Vitæ humanæ. *Roterod.* 1722 , in-8. 6 l. — Gr. pap. 27 l.

L'édition d'*Amst.* 1628 , in-16. vaut 4 à 5 l.

— Le Zodiaque de la vie humaine , trad. du lat. par de la Monnerie. *La Haye* , 1731 , in-12. 4 l.

PALISOT DE BEAUVOIS. (A. M. F. G.) Flore d'Oware et de Benin en Afrique. *Paris* , 1805 , 11 livraisons in-fol. pap. vélin , fig. en couleur.

Cet ouvrage , fait aux dépens et sous les yeux de l'auteur , est de la plus belle exécution. Chaque livraison se vend 24 l.

— Insectes recueillis en Afrique et en Amérique dans le royaume d'Oware et de Benin , etc. *Paris* , 1806 , 4 livraisons , fig. color. pap. vélin , chaque , 24 l.

Cet ouvrage est aussi soigné que le précédent.

PALISSOT : ses Œuvres. *Liége* , 1777 , 7 vol. in-8. fig. 24 l.

— Les mêmes. *Paris* , Didot le jeune, 1788 , 4 vol. in-8. fig. 25 l. — Pap. vélin , 30 à 36 l.

Cette édition est plus correcte que la précédente.

PALISSY. (Bern. de) Le moyen de devenir riche , ou Traité des Métaux, minéraux , etc. *Paris* , 1636 , 2 tom. 1 vol. in-8. 8 l.

Livre curieux et peu commun.

— De la nature des Eaux et Fontaines , des métaux, sels , etc. *Paris* , 1580 , in-8. 7 l.

Traité singulier et assez difficile à trouver.

— Recepte véritable , par laquelle tous les hommes de la France pourront apprendre à augmenter leurs trésors. *La Rochelle* , 1563 , petit in-4. 6 l.

— Les Œuvres de B. de Palissy. Edition revue et enrichie de notes , par Faujas de Saint-Fond et Gobet. *Paris* , 1777 , in-4. 10 l.

PALLADIO. (André) Architecture, trad. de l'ital. en franç. , avec des notes de Iuigo Jones. *La Haye* , 1726 , 2 vol. in-fol. fig. 48 l. — Gr. pap. *dit* impérial , 60 l.

Ouvrage estimé.

— La même, en ital. et en franç. *Venise* , 1740, 8 part. in-fol. fig. 80 l.

— Le Fabriche e i Disegni di Palladio , raccolti da Ottav. Bert. Scamozzi , con la trad. franç. *In Vicenza*, 1776 , 4 vol. gr. in-fol. fig. — Les Thermes des Romains , dessinés par A. Palladio , et publ. avec des observat. par Oct. Bert. Scamozzi. *Vicence*, 1785, gr. in-fol. fig. (ital. et franç.)

On réunit ordinairement ces deux articles ensemble. Ils sont peu communs, 200 l.

— Le Fabriche e i Disegni di Palladio. *In Vicenza*, 1796, 5 vol. in-4. fig. 40 l.

PALLADIO. (Giov. Fr.) Historia della Provincia del Friuli. *In Udina*, 1600, 2 tom. 1 vol. in-fol. 12 l.

PALLADIUS de Gentibus Indiæ et Bragmanibus, gr. lat., ed. Edoardo Bissœo. *Lond.* 1665, in-fol. 6 à 9 l.

PALLAS (Pet. Sim.) Miscellanea zoologica. *Hagæ Comit.* 1766, in-4. fig. 16 l.

— Spicilegia zoologica quibus novæ animalium species iconibus et descript. illustr. curâ Pallas. *Berolini*, 1767, 3 vol. in-4. fig. 30 l.

Ces 3 vol. renferment 14 fascicules.

— Novæ Species quadrupedum è glirium ordine. *Erlangæ*, 1778, in-4. fig. color. 30 l.

Ce volume a été réimprimé en 1784, avec 39 planch. coloriées, 36 l.

— Icones Insectorum, præsertim Rossiæ Siberiæque peculiarium. *Erlangæ*, 1781, in-4. fig. color. 27 l.

— Flora Rossica. *Petropoli*, 1784 et 1788, 2 vol. in-fol. avec 100 pl. color. 200 l.

Bel ouvrage.

— Elenchus Zoophytorum. *Hagæ Comit.* 1766, in-8. 6 l.

— Hist. natur. de quelques animaux remarquables (en allem.) *Berlin*, 1778, 10 part. 1 vol. in-4. fig. color. 30 l.

— Voyage en Russie, en 1768-73 (en allemand). *St.-Pétersbourg*, 1771-1773-1774, 3 vol. in-4. fig. 72 l.

— Le même, trad. de l'allem. par Gauthier de la Peyronie. *Paris*, 1788, 5 vol. in-4. et atlas in-fol. 50 l. — Pap. vélin, 80 l.

— Le même, et de la même trad. ; nouv. édition, revue par Lamarck et Langlès. *Paris*, an 2 (1794), 8 vol. in-8. et atlas in-fol. 36 l. — Pap. vélin, 72 l.

— Voyages entrepris dans les gouvernements méridionaux de l'Empire de Russie, dans les années 1793-94,

trad. de l'allem. par Delaboulaye et Tonnelier. *Paris*, 1805, 2 vol. in-4. et atlas de 55 pl. 60 l. — Pap. vélin, 120 l.

Ces deux volumes font suite à l'édition du Voyage en Russie de Pallas, en 5 vol. in-4. On doit en donner une édition in-8. pour aller avec le même Voyage imprimé dans ce format.

PALLAVICINO. (Sforza) Istoria del Concilio di Trento, contra la Narratione di Piet. Soave (Paolo Sarpi). *In Roma*, 1656 e 1657, 2 vol. in-fol. 10 l.

Cette édition est plus belle que celle de 1666, mais elle est beaucoup moins ample que cette dernière.
Cette Histoire du Concile de Trente a été traduite en latin par J. B. Giattini, et imprimée à *Anvers*, en 1670, 3 vol. in-4. 12 liv.

PALLAVICINO : (Ferrante) Opere scelte. *In Villafranca*, 1673, in-12. 9 liv.

Il faut voir si la pièce intitulée *Retorica delle Puttane*, se trouve dans le volume. Cette édition est la meilleure de ce livre.

PALMARII (Jul.) de Morbis contagiosis lib. vij. *Parisiis*, 1578, in-4. 7 l.

— Ejusd. de Vino et Pomaceo lib. duo. *Parisiis*, 1588, in-8. 4 l.

— Traité du Vin et du Cidre. *Caen*, 1589, in-8. 8 l.

PALMERII (Jac.) Exercitationes in optimos ferè Auctores græcos, ut et in antiquos Poëtas. *Lugd. Bat.* 1668, in-4. 6 l.

— Græciæ antiquæ Descriptio. *Lugd. Bat.* 1678, in-4. 6 à 8 l.

PALMERIN d'Olive. Voy. MAUGIN.

PAMELII (J.) Liturgica Latinorum. *Coloniæ*, 1571, 2 vol. in-4. 8 l.

PAMPHILUS Maurilianus. Les Amours de Pamphile et de Galatée, paraphrasées en vers franç., avec le texte lat. mis en marge. *Paris*, A. Vérard, 1494, in-fol.

Edition rare, 40 l.

Il en existe des exemplaires imprimés sur vélin et ornés de miniatures peintes en or.

PANCIROLI (Guid.) Res memorabiles deperditæ et repertæ, cum comment. Henr. Salmuth. *Ambergæ*, 1599 et 1602, 2 vol. in-8. 6. l.

La traduction française de cet ouvrage, donnée par le P. de la Noue, *Lyon*, 1617, in-12. est loin d'être complète.

PANDOLFINI. (Agnolo) Trattato del governo della famiglia. *Firenze*, 1734, in-4. 6 l.

Edition citée par la Crusca.

PANEGYRICI veteres lat. , necnon Titi Petronii Arbitrii Satyricon, et Dictys Cretensis. *Mediolani*, 1477, in-4.

Première édition très-rare.

— Iidem. *Edit. vetus, absque anni notâ, sed, ut conjicitur, Mediolani excusa, circâ ann.* 1482, in-4.

Edition citée par J. A. Saxius. Il en existe des exemplaires imprimés sur vélin.

— Iidem, cum interpr. et notis Jac. de la Baune; ad usum Delphini. *Parisiis*, 1676, in-4. 18 l.

Ce vol. n'est pas commun. Il n'entre dans la Collection des auteurs *ad usum Delphini.*

— Iidem, cum notis Wolfg. Jægerii. *Norimb.* 1779-80 , 2 vol. in-8. 12 l.
— Iidem , cum notis Arntzenii et varior. *Traj. ad Rhenum*, 1790-97, 2 vol. in-4. 40 l. — Gr. pap. 80 l.

PANNONII (J.) Carmina. *Ultrajecti*, 1784, 2 vol. in-8. pap. fin , 10 l. — Gr. pap. de Holl. 15 l.

PANORMITANI (abbatis) Commentarii in Decretales. *Venetiis* , per Vindelinum de Spira, 1474, in-fol. Cette édition n'a d'autre mérite que sa date.

PANTAGRUEL. Voy. RABELAIS.

PANTHOL. Traité des Dragons et Escarboucles. *Lyon* , 1681 ou 1691, in-12. 5 à 6 l.

PANVINII (Onuph.) de Ludis circensibus et de Triumphis lib. , cum notis Jo. Argoli, et addit. N. Pinelli. *Patavii*, 1681, in-fol. fig. 9 l.
— O. Panvinii , B. Marliani et J. J. Boissardi, Topographia urbis Romæ. *Francof. ad Mœnum*, 1597 et ann. seqq. 6 tom. 3 vol. in-fol. Ouvrage estimé, mais il est rare d'en trouver des exemplaires bien complets.
— Amplissimi, ornatissimiq. Triumphi, ex antiq. lapidum, nummorum et librorum monumentis accur. Descriptio, per O. Panvinium. *Romæ*, 1618, in-fol. obl. fig. 24 l.

PANZERI (G. W.) Annales typogr. ab artis inventæ origine ad ann. 1500, post Maittairii, Denisii, aliorumque curas in ordinem redacti; et ab ann. 1501 ad ann. 1536 conti-

nuati. *Norimb.* 1793-1800, 12 vol. in-4. 220 l. — Pap. fort , 240 l.
— Bibliothecæ G. W. Panzeri Catalogus. *Noribergæ*, 1806-1807 , 3 vol. in-8.

PAOLI. (Paolo Ant.) Antichità di Pozzuoli , ital. e lat. *In Napoli*, 1786, in-fol. 90 l.

PAOLO. Voy. SARPI.

PAPEBROCHIUS. (D.) Vid. BOLLANDUS.

PAPIÆ Vocabularium latinum. *Mediolani*, Dom. de Vespolate, 1476, in-fol.

Première édition fort rare.

PAPILLON. (Philib.) Bibliothèque des auteurs de la province de Bourgogne. *Dijon*, 1742, 2 vol. in-fol. 12 l.

PAPILLON. (Jean Michel) Traité historiq. et prat. de la Gravure en bois. *Paris*, 1766, 2 vol. in-8. fig. 12 l.

PAPILLON DE LA FERTÉ. Extrait de différents ouvrages publiés sur la Vie des Peintres. *Paris*, 1776, 2 vol. in-8. 10 l.

PAPILLONS des environs de Vienne, par des professeurs au collège de Sainte-Thérèse (en allem.) *Vienne*, 1775, gr. in-4. fig. enlum.

PAPIN (Dion.) Fasciculus Dissertationum de quibusdam Machinis physicis , etc. *Marburgi Cattor.* 1695 , in-4. fig. 4 l.
— Nouvelle manière d'élever l'eau par la force du feu. *Cassel* , 1707, in-8. 4 liv.
— La Manière d'amollir les os, et de faire cuire toutes sortes de viandes en peu de temps , etc. *Amst.* 1688, in-12. fig. 6 l.

PAPPI Alexandrini Mathematicæ Collectiones , ex interpr. Fred. Commandini. *Pisauri* , 1588 , in-fol. *rare*, 36 à 48 l.

PARABOSCO: (Girol.) Rime. *In Venetia*, 1547, in-8. 4 l.
— I Diporti, ovvero Novelle di G. Parabosco. *In Vinegia*, Griffio, 1552, in-8. fig. en bois , 10 l.

Cette édition est plus belle et plus correcte que celle de *Venise* , 1558, dont on a retranché les figures.

— Gli stessi. *Londra (Livorno)*, 1795 , in-8. portrait.

Edition publiée par M. Gaet. Poggiali.

On en a tiré un exemplaire sur papier bleu, et un autre sur peau de vélin.

PARACELSI (Theoph.) Expositio vera harum Imaginum Nuremberg-gæ repertarum , ex fundatiss. veræ Magiæ vaticinio deducta. 1570, in-8. fig. 24 l.

Petit Livre rare et singulier, où le pape et ses ministres sont représentés sous des figures emblématiques.

— Ejusd. Opera omnia, medico-chi-mico-chirurgica. Genevæ, 1658, 2 vol. in-fol. 24 l.

PARAGALLO. (Casp.) Historia na-tur. del Monte Vesuvio. Napoli, 1705 , in-4. 5 l.

PARAMO (Lud. à) de Origine et Progressu Officii S. Inquisitionis, ejusque dignitate et utilitate lib. iij. Matriti , 1598, in-fol. 24 l.

Ouvrage rare et curieux. Il n'a pas été réimprimé.

PARCIEUX. Voy. DEPARCIEUX.

PARÉ : (Ambr.) ses Œuvres chirur-gicales. Paris , 1614, in-fol. 10 l.

Toutes les éditions de ce Livre , accompa-gnées du Traité des fièvres , sont égale-ment bonnes.

PARFAIT. (Fr. et Cl.) Histoire du Théâtre français. Amst. 1735, et Paris, 1745, 15 vol. in-12. 24 l.

PARINI : (Gius.) Ode. Parma , Bo-doni, 1791, petit in-8. 6 l.

Volume tiré à 250 exemplaires; plus , quelques-uns sur peau de vélin.

— Opere di G. Parini, pubbl. ed il-lustr. da Fr. Reina. Milano , 1801, 6 vol. in-8. fig. pap. fin , 30 l.

PARIS (Matth.) Historia major An-gliæ; ed. Wilh. Wats. Londini, 1640 , 2 vol. in-fol. 7 l. — Gr. pap. 15 liv.

Peu recherché.

PARIZOT. (J. Patrocle) La Foi dé-voilée par la raison, dans la Con-naissance de Dieu, de ses Mystè-res , etc. Paris, 1681, in-8. 6 l.

Cet ouvrage a été supprimé.

PARKER. (G.) A Treatise of Japa-ning and Varnishing. Oxford, 1688 , in-fol. 10 l.

PARKERI (Matth.) Histor. Antiqui-tatum Ecclesiæ britannicæ. Lond. 1729, in-fol. 15 l.

Ouvrage rare et recherché.

PARKINSON (Jo.) Theatrum bota-

nicum (angl.) Lond. 1640 , 2 vol. in-fol. fig. en bois.

Cet ouvrage n'est pas commun. On y joint ordinairement l'article suivant :

— Paradisi in sole : Paradisus terres-tris, seu Collectio Florum rarior. (angl.) Lond. 1629 seu 1656 , in-fol. fig.

Ces deux articles réunis, 20 à 24 l.

PARKINSON. (Sydney) A Journal of a Voyage to the south Seas in his majesty's ships the Endeavour. Lond. 1784, gr. in-4. fig. 30 l.

— Voyage autour du monde, sur le vaisseau de S. M. britannique l'En-deavour , trad. de l'angl. par Henri. Paris , 1797, 2 vol. in-4. fig.

Cette traduction existe aussi en 2 vol. in-8. fig.

PARKINSON. (A.) A Tour in Ame-rica. London, 1806 , 2 vol. in-8. 15 l.

PARMENTIER. (J.) Description nouvelle des Dignités de ce monde, et de la Dignité de l'homme, etc. en rithme franç. Plus , Moralité à l'honneur de la Vierge , par per-sonnaiges. Paris, 1531, in-4.

Livre rare.

PARMENTIER , ROZIER , etc. Traité théorique et pratique sur la culture des grains, suivi de l'Art de faire le spain avec toutes les subs-tances farineuses. Paris , an 10 (1802), 2 vol. in-8. fig. 10 l.

PARNASO espanol : Coleccion de Poesias escogidas de los mas ce-lebres poetas castellanos. Madrid , Ibarra, 1768, 9 vol. in-8. 36 à 45 l.

PARNY: (Evariste) ses Œuvres. Paris , Didot l'ainé, 1808 , 5 vol. in-18. 10 l. —Pap. vélin , 20 l.

PARTHENII (Nic.) Giannettasii Piscatoria et Nautica. Neapoli , 1685 , 2 vol. in-12. fig. 6 l.

PARTHENIUS de Amatoriis Affec-tionibus, gr. lat., per Jan. Cor-narium. Basileæ , Froben, 1531 , in-8. 6 l.

— Les Affections de divers Amants, et les Narrations d'amour de Plu-tarche, (trad. en franç. par J. Fornier). 1743 , in-12. 5 l.

PARUTA. (Filip.) La Sicilia des-critta con Medaglie. In Palermo , 1612 , in-fol. rare , 30 l.

Ce livre a été réimprimé à Rome en 1649,

et à *Lyon* en 1697, in-fol. Quoique ces deux éditions renferment des augmentations, elles ne sont cependant pas aussi recherchées que celle de 1612.

PAS. (Crispin de) Les Abus du Mariage, où sont clairement représentées les subtilités déshonnêtes tant des femmes que des hommes. 1641, in-4. obl. fig.

Peu commun.

PASCAL. (Blaise) Les Provinciales, ou Lettres écrites par Louis de Montalte, à un provincial de ses amis. *Cologne*, Elzevir, 1657, in-12. 12 l.

Cette petite édition a été contrefaite. Dans la véritable impression des Elzevirs, on doit lire au haut de la 3.e page, *Moines mendians*. Dans la contrefaction il y a *Religieux mendians*.
Vendu, rel. en maroq. cit. 28 l. à la vente des doubles de M. F. Didot.

— Les mêmes, en franç., en lat., en espagnol et en ital. *Cologne*, 1684, in-8. 10 l.

Edition bien exécutée et fort recherchée. Elle n'est pas commune.

— Les mêmes, avec les notes de G. Wendrock (Nicole). *Amst.* 1734, 3 vol. in-12. 6 l.

— Les mêmes. *Paris*, Renouard, 2 vol. in-18. et in-12.

Il y a deux exemplaires sur papier rose, dont l'un in-18. et l'autre in-12. et un exemplaire sur vélin.

— Pensées de Pascal. *Paris*, Renouard, 1803, 2 vol. in-18. et in-12.

On a tiré de cette édition un exemplaire sur papier rose, du format in-12. et un autre sur vélin.

— Lettre de A. Dettonville (B. Pascal), cont. quelques-unes de ses inventions de Géométrie, et principalement le Problème de la Roulette. *Paris*, 1659, in-4. fig. 12 l.

Peu commun.

— Traité du Triangle arithmétique. *Paris*, 1665, in-4. 8 l.

— Œuvres de B. Pascal. *La Haye* (*Paris*), 1779, 5 vol. in-8. 24 l.

PASCHALII (Car.) Opus de Coronis, cum notis divers. *Lugd. Bat.* 1671, in-8. 7 l.

PASCHII (Georg.) Tractatus de novis Inventis quorum accuratiori cultui facem praetulit antiquitas. *Lipsiæ*, 1700, in-4. 6 l.

PASINUS. Vide CATALOGUS.

PASQUIER le moine, *dit* le Moine sans froc. Voyage et Conquête du Duché de Milan en 1515, par François Ier; en vers et en prose. *Paris*, 1520, in-4. 7 l.

Pièce rare. On en a tiré des exemplaires sur vélin.

PASQUIER : (Estien. et Nic.) leurs Œuvres. *Amst.* (*Trévoux*), 1723, 2 vol. in-fol. 12 l. — Gr. pap. 20 l.

PASQUILLORUM Tomi duo. Vid. CURIO.

PASSAVANTI. (Iacopo) Lo Specchio di vera penitenza. *Firenze*, 1585, in-12. 7 L.

Edition citée par la Crusca.

— Lo stesso, con un' Omelia di Origene volgarizz. *Firenze*, 1681, in-12. 5 l.

— Lo stesso, coll' Omelia di Origene, e il Parlamento tra Scipione e Annibale, tratto da T. Livio, e volgarizz. dal Passavanti. *Firenze*, 1725, in-4. fig. 13 l.

Bonne édition, publiée par A. M. Biscioni.

PASSERATII (J.) Kalendæ Januariæ, et varia Poëmatia. — Œuvres poétiques (françaises) de J. Passerat. *Paris*, 1606, petit in-8.

On a aussi de Passerat des *Préfaces et Harangues en latin*. Paris, 1606, in-8. — *De Cognitione litterarum*, 1606, in-8. — De bons *Commentaires* sur Catulle, Tibulle et Properce, 1608, in-fol. Une traduction de la *Bibliothèque d'Apollodore*, in-12.

PASSERII (J. B.) novus Thesaurus Gemmarum vet., ex insignioribus dactyliothecis select., cum explicat. *Romæ*, 1781, 3 vol. in-fol. fig. 72 l.

— Lucernæ fictiles Musæi Passerii, cum notis J. B. Passerii. *Pisauri*, 1739, 3 vol. in-fol. fig. 30 l.

— Picturæ Etruscorum in Vasculis, nunc primùm in unum collectæ, explicat. et dissert. illustr. à J. B. Passerio. *Romæ*, 1767, 3 vol. in-fol. fig. color. 180 l.

PASSE-TEMPS (le) royal de Versailles, ou les Amours secrètes de madame de Maintenon. *Cologne*, 1704, in-12. *très-rare*, 9 à 12 l,

PASSIONE (la) del N. S. J. C. Voy. PULCI.

PASSIONEI. (Bened.) Iscrizioni antiche, con annotaz. *Luca*, 1763, in-fol. fig. 12 l.

PASTA. (Giusep.) Trattato del Coraggio nelle Malattie. *Parma*, Bodoni, 1792, in-8. 8 l.
Vol. tiré à 200 exemplaires.

PASTORET. (Emm.) Zoroastre, Confucius et Mahomet, considérés comme sectaires, législateurs et moralistes. *Paris*, 1787, in-8. 4 l.

—Moyse considéré comme législateur et comme moraliste. *Paris*, 1788, in-8. 4 l.

PATAROL (Laur.) Opera. *Venetiis*, 1743, 2 vol. in-4. 15 l.

PATERCULI (C. Velleii) Historia romana. *Basileæ*, Froben, 1520, in-fol.
Première édition de cet auteur. Elle est très-rare.

—Eadem, ex edit. P. Manutii. *Venetiis*, 1571, in-8. 15 l.

—Eadem, ex recens, et cum notis Ger. Vossii. *Lugd. Bat.* Elzevir, 1639, in-12. 7 l.
Edition estimée.

—Eadem, cum notis Varior., accur. Ant. Thysio. *Lugd. Batav.* 1653 vel 1668, in-8. 6 l.

—Eadem, cum interpr. et notis Rob. Riguèz; ad usum Delphini. *Parisiis*, 1675, in-4. 6 l.

—Eadem, cum notis Varior., à Joan. Hudson. *Oxonii*, 1693 vel 1711, in-8. 6 à 7 l.

—Eadem, cur. M. Maittaire. *Lond.* Tonson, 1725, in-12. 5 l.
L'édition de 1713, in-12. et celle de 1718, in-8. sont également bonnes.

—Eadem, cum notis Varior., cur. Pet. Burmanno. *Lugd. Bat.* 1744, in-8. 12 l.
Cette édition est plus ample que celle de 1719, publiée par le même Burmann. Elle fait partie de la Collection des *Variorum*.

—Eadem. *Glasguæ*, Foulis, 1752, in-8. 6 l.

—Eadem, cur. J. P. Millero. *Berolini*, 1756, in-12. 4 l.
Jolie édition.

—Eadem, cum notis Varior., cur. P. Burmanno. *Roterodami*, 1756, in-8. 9 l.

—Eadem, cum notis Varior., cur. Dav. Ruhnkenio. *Lugd. Batav.* 1779, 2 vol. in-8. 16 l.
Bonne édition.

—Eadem, cum comment. M. D. Jani et J. C. H. Krause. *Lipsiæ*, 1800, in-8. 12 l. — Pap. fin, 19 l.

—Eadem, accur. Steph. Andr. Philippe. *Lutetiæ Par.* 1746, in-12. 5 l. — Pap. de Holl. 9 l.

—Eadem. *Parisiis*, Barbou, 1777, in-12. 5 l. — Pap. fin, 9 l.

—Abrégé de l'Histoire grecque et romaine, trad. du lat. avec des notes, par l'abbé Paul. *Paris*, Barbou, 1770, in-12. 3 l.
Traduction estimée.

PATERSON'S. (Will.) Travels amongst the Hottentots and Caffraria in 1777 to 1779. *Lond.* 1790, in-4. 18 l.

—Quatre Voyages chez les Hottentots et chez les Caffres, en 1777-79. trad. de l'angl. (par de la Borde.) *Paris*, Didot l'aîné, 1790, gr. in-8. 6 l. — Pap. vélin, 12 l.

PATHELIN, le grand et le petit. *Paris*, 1490, in-4. goth. *rare*.

—Le même Pathelin, grand et petit, c.-à-d. l'ancien et le nouveau, avec le Testament à quatre personnaiges, et en ryme franç. *Paris*, sans date, in-16. goth. *rare*, 12 l.

—Le même Pathelin, restitué à son naturel, avec le Blason des faulses Amours, composé en vers par Guill. Alexis; et le Loyer des folles Amours, en rime. *Paris*, 1532, in-16. 6 l.

—Le même Pathelin, et autres pièces énoncées ci-dessus. *Lyon*, 1538, in-12. 4 l.

—La Farce du même Pathelin, avec son Testament à quatre personnaiges. *Paris*, Ant. Urb. Coustelier, 1723, in-8. 5 à 6 l.
Le nouveau Pathelin ne se trouve pas dans cette édition. Il y a des exemplaires imprimés sur vélin.

—Le nouveau Pathelin, farce à trois personnaiges. 1748, in-12.
Cette édition du nouveau Pathelin peut servir à compléter celle de l'ancien Pathelin, imprimée par Coustelier en 1723.

—Comœdia nova quæ *Veterator* inscribitur, aliàs *Pathelinus*, ex peculiari ling. in romanam versa. *Parisiis*, 1512, in-16.
Il y a des exemplaires sur vélin.

PATIENCE de Job. Voy. MYSTÈRE.

PATINA (Car. Cath.) Tabellæ selec-

tæ, cum explicat. *Patavii*, 1691,
in-fol. fig.
Ouvrage curieux et peu commun, 24 l.

PATINI (Car.) Numismata Imperatorum romanor. *Argentinæ*, 1671,
seu *Amst.* 1696, in-fol. 9 l.
— Traité des Tourbes combustibles.
Paris, 1663, in-4. 10 l.

PATRICE DE SENES : (Fr.) son
Livre sur l'Institution du prince,
et administration de la chose publique, transl. du lat. en franç. *Paris*, 1520, in-fol.
On ne recherche de ce livre que les exemplaires tirés sur vélin.

PATRICII (Lud.) romani, novum
Itinerarium Æthiopiæ, Ægypti,
utriusque Arabiæ, Persidis, Syriæ
ac Indiæ intrà et extrà Gangem.
Mediolani, 1511, in-fol.
Ouvrage curieux et rare.

PATRIZI. (Fr.) Paralelli militari,
ne' quali si fa paragone delle mi-
lizie antiche con le moderne. *In
Roma*, 1594, 2 tom. 1 vol. in-fol.
fig. 7 l.

PATRUM (Sanctorum) græcorum
Opera polemica, gr. et lat. *Wirceburgi*, 1777-94, 21 vol. in-8.
100 liv.
On doit cette Collection à M. Oberthür.

PATRUM (Sanctorum) latinorum
Opera omnia. *Wirceburgi*, 1780,
13 vol. in-8. 72 l.

PATTE. Monuments érigés en France
à la gloire de Louis XV. *Paris*,
1765, in-fol. fig. 18 l.
—Mémoires sur les Objets les plus
importants de l'Architecture. *Paris*, 1769, in-4. fig. 12 l.

PAUCTON. Métrologie, ou Traité
des mesures, poids et monnaies des
anciens peuples et des modernes.
Paris, 1780, in-4. 18 l.

PAULET. Traité des Champignons. *Paris*, impr. roy. 1790, 2
vol. in-4. 15 l.

PAULI. (Seb.) Codice diplomatico del
sacro militare Ordine Gierosolimitano oggi di Malta. *In Lucca*, 1733
e 1737, 2 vol. in-fol. fig. 12 l.
Ouvrage estimé.

PAULI (Beati) Epistolæ, cum comment. J. Fabri Stapulensis. *Parisiis*, H. Stephanus, 1512, in-fol.
Il y a un exemplaire de ce livre imprimé sur
vélin dans la bibliothèque impériale.

PAULI (Marci) de Regionibus orientalibus lib. duo, et Haithoni Ar-
meni Historia orientalis, cur. And.
Mullero. *Coloniæ Brandenb.* 1671,
in-4.

PAULI de S. Maria Brugensis, Scrutinium Scripturarum. *Moguntiæ*,
Pet. Schoyffer de Gernzheym, 1478,
in-fol. 40 l.

PAULINI (S.) Opera, ex edit. J. B.
Le Brun des Marettes. *Parisiis*,
1685, 2 tom. 1 vol. in-4. 6 l.
—Eadem, à Jo. Fr. Madrisio. *Venet.*
1737, in-fol. 6 à 9 l.

PAULINI à S. Bartholomæo (Fr.)
Sidharubam seu Grammatica sam-
serdamica. *Romæ*, 1790, in-4. 18 l.
— Systema brahmanic. liturgic.,
mytholog. civile ex monum., dissert. hist., crit. illustravit F. Pau-
linus à S. Bartholomæo. *Romæ*,
1791, in-4. 15 l.
—Voyage aux Indes Orientales, par
le P. Paulin de Saint-Barthélemy,
trad. de l'ital. par M***. *Paris*,
1808, 3 vol. in-8. 12 l. — Pap. vél.
18 l.

PAULLINI (Chr. Fr.) Cynographia
curiosa, seu Canis Descriptio. *Norimb.* 1685, in-4. fig. 7 l.
—Lycographia, seu de naturâ et usu
Lupi. *Francof. ad Mœnum*, 1694,
in-12. 5 l.

PAULMY. (le marquis de) Mélanges
tirés d'une grande bibliothèque.
Paris, 1779 et suiv. 69 vol. in-8.
100 à 120 l.

PAULO (Marco) de Veneza. Das Con-
diçooes e custumes das gentes e das
terras e provincias orientaes. *Lisboa*, 1502, in-fol. goth. mince.
Volume très-rare, 60 à 80 l.

PAULUS GERMANUS de Middelburgo. Vid. MIDDELBURGO. (P. G.
de).

PAUSANIÆ Descriptio Græciæ, gr.
Venetiis, Aldus, 1516, in-fol. 90 l.
Cette édition, la première de ce livre, est
fort rare. Il y a des exemplaires en grand
papier, dont les amateurs font beaucoup
de cas.
—Eadem, gr. lat., à Guill. Xylandro,
ex edit. Frid. Sylburgii. *Francof.*
1583, in-fol. 16 l.
Bonne édition.
—Eadem, à Guill. Xylandro, gr.
lat. *Honoviæ*, 1613, in-fol. 12 l.

— Eadem ; gr. lat. , ex vers. Romuli Amasæi , cum annot. G. Xylandri et Frid. Sylburgii ; ex edit. et cum notis Joach. Kuhnii. *Lipsiæ* , 1696 , in-fol. 60 l.

Cette édition est fort estimée.

— Eadem , gr. , recensuit , ex codd. et aliundè emendavit , explanavit J. F. Facius , accessit R. Amasæi interpr. lat. *Lipsiæ* , 1794 , 4 vol. in-8. 30 l. — Pap. fin , 40 l.

Bonne édition.

— Pausanias , ou Voyage historiq. de la Grèce , trad. du grec en franç. avec des remarq. par Nic. Gédoyn. *Paris*, 1731 , 2 vol. in-4. fig. 24 l. — Gr. pap. 40 l.

— Le même , et de la même traduct. *Amst.* 1733 , 4 vol. in-12. fig. 36 l.

Jolie édition , recherchée , et moins commune que la précédente.

La réimpression de *Paris* , 1797 , 4 vol. in-8. est peu estimée , parce qu'elle est mal exécutée et très-fautive.

M. Clavier prépare une nouvelle traduction franç. de Pausanias , qui sera accompagnée du texte grec en regard , et de notes savantes.

— Pausania. Descrizione della Grecia , trad. da Alfonso Bonacciuoli. *Mantova* , 1594 , in-4. 8 l.

PAUTE. (J. A. le) Traité d'Horlogerie. *Paris* , 1755 , in-4. fig. 18 l. — Gr. pap. 30 l.

PAUTRE. (Ant. le) Œuvre d'Architecture. *Paris* , 1652 , in-fol. avec 60 pl. 18 l.

PAUTRE. (Jean le) Œuvre d'Architecture. *Paris* , Jombert , 1751 , 3 vol. in-fol. fig. 36 à 40 l.

PAVON. Voy. Ruiz.

PAW : (de) ses Œuvres philosophiq. *Paris* , an 3 (1795) , 7 vol. in-8. 30 l.

— Recherches philosophiq. sur les Egyptiens et les Chinois. *Berlin* , 1773 , 2 vol. in-8. 8 l.

— Recherches philosophiq. sur les Américains. *Berlin* , 1770 , 3 vol. in-8. 12 l.

— Recherches philosophiq. sur les Grecs. *Berlin* , 1787 , 2 vol. in-8. 8 liv.

PAYKULL (Gust. de) Monographia Staphylinorum Sueciæ. *Upsaliæ* , 1789 , in-8. fig. 10 l.

PAYOT DE LINIÈRE. (Franç.) Poésies diverses , ou Dialogue très-

curieux en forme de satire , du docteur Maraphraste et du seign. Albert , sur le fait du mariage. *Sans date* , 1 vol. pet. in-12. de 46 pag.

Ce volume est très-rare.

PEAU (la) de bœuf , ou Remède univ. pour faire une bonne femme d'une mauvaise. *Valenciennes* , 1710 , in-12. 7 à 9 l.

PECHLINI (Jo. Nic.) de Habitu et Colore Æthiopum liber. *Kiloni* , 1677 , in-8. 5 l.

— Ejusd. Observationum medicarum lib. iij. *Hamb.* 1691 , in-4. 4 l.

PÉCHON DE RUBY. (P.) La Vie généreuse des Mercelots , bons Compagnons et Bohémiens. *Troyes* , 1627 , in-12. 18 à 24 l.

PEDONIS ALBINOVANI (C.) Elegiæ tres et Fragmenta , cum interpr. et notis Varior. *Amst.* 1703 , in-8. 6 liv.

Bonne édition pour la Collection des auteurs *cum notis Variorum.* Elle se trouve souvent avec l'Ætna de Cornelius Severus.

Il y a des exemplaires sous la date de 1715.

PEDRUSI (Paolo) e Piet. PIOVENE. Museo farnese. *In Parma* , 1694-1727 , 10 vol. in-fol. 50 à 60 l.

On fait peu de cas de cette Collection en France.

PEIGNOT. (Gabr.) Dictionnaire raisonné de bibliologie. *Paris* , an 10 (1802) , 3 vol. in-8. 12 l.

— Manuel Bibliographique , ou Essai sur les bibliothèques anciennes et modernes , et sur la connaissance des livres , des formats , etc. *Paris* , an 10 (1800) , in-8.

— Essai de Curiosités bibliographiq. *Paris* , 1804 , in-8. pap. vélin , 9 l.

— Dictionnaire des ouvrages qui ont été brûlés , supprimés ou poursuivis par l'autorité , jusques , et non compris le 19.ᵉ siècle. *Paris* , 1806 , 2 vol. in-8. 10 l.

On a tiré de cet ouvrage deux exemplaires sur papier rose , deux sur papier bleu , et dix sur papier vélin.

— Bibliographie curieuse , ou Notice raisonnée des livres imprimés à 100 exemplaires au plus. *Paris* , 1808 , gr. in-8. pap. vélin , 6 l.

Volume tiré à 100 exemplaires numérotés.

PELAGII (Alv.) de Planctu Eccle-

siæ lib. duo. *Ulmæ*, Jo. Zainer,
1474, in-fol. max.

Première édition très - rare et exécutée
sur deux colonnes de 58 lignes chacune, sans chiffres, signatures ni réclames.
Elle a été réimprimée à *Lyon* en 1517, et
à *Venise* en 1560, in-fol.

PELEGRINO, Voy. ORLANDI.

PELLAS. (Sauv. And.) Dictionn.
provençal et franç. *Avignon*, 1723,
in-4. 12 l.

PELLERIN, (Jos.) Recueil de Médailles de rois, de peuples et de
villes. *Paris*, 1762-70, 10 vol. in-4.
fig. 120, à 150 l.
Ce Recueil est fort estimé. Il n'est pas
commun, sur-tout complet.

—Médailles du Cabinet de M. Pellerin, gravées. in-4. *rare*, 15 à 18 l.

PELLÉTIER. (L. le) Dictionn. de
la Langue Bretonne. *Paris*, 1752,
in-fol. 18 l.

.PELLINI. (Pompeo) La Istoria di
Perugia. *In Venegia*, 1664, 3 vol.
in-4. 18 l.
Le troisième volume de cette Histoire est
fort rare, parce qu'il fut supprimé aussitôt qu'il parut.

PELLOQUIN. (Nic.) Comus, ou
Banquet dissolu des Cimmériens,
songe, trad. du lat. d'Erycius Pu-
teanus. *Paris*, 1613, in-12. 5 l.

PELLOUTIER. (Sim.) Histoire des
Celtes; édit. revue par Pier. de
Chiniac. *Paris*, 1770, 2 vol. in-4.
ou 8 vol. in-12. 15 à 18 l.

PELTIER. Les Actes des Apôtres,
rédigés par lui. (*Paris*), 1789 et
suiv. 11 vol. in-8. 72 à 76 l.
Les exemplaires ne sont complets qu'autant
qu'on y trouve les feuilletons intitulés :
Petits Paquets, qui ne s'envoyaient
qu'aux souscripteurs, et les six numéros
du Disciple des Apôtres.

—Histoire de la Révolution du 10
août 1792. *Lond.* 1793, 2 vol. in-8.
9 à 12 l.

PEMBROCHIÆ et Montis Gomerici
Com. (Th.) Numismata antiqua
in tres partes divisa. 1746, 3 vol.
in-4. 72 l.
Ce beau Recueil de médailles ne renferme
aucune description.

PENITENCE (la) d'Amour, en laquelle sont plusieurs persuasions
et réponses pour la récréation des
esprits qui veulent tascher à hon-
neste conversation avec les dames,

etc. Sans nom de ville ni d'impr.
1537, in-16. *lettres rondes*, 20 l.
Ce petit vol., orné d'un grand nombre de
vignettes en bois, n'est cité par aucun
bibliographe.

PENNANT (Th.) Zoologia britannica. *Augsbourg*, 1771, in-fol.
avec 222 fig. color. 100 l.

—British Zoology, illustrated by plates and brief explanat. *Lond.* 1776,
4 vol. in-4, fig.
Ces 4 volumes renferment 289 pl. 100 à 120 l.

— History of Quadrupedes; the third
edition. *Lond.* 1793, 2 vol. in-4.
avec 109 pl.

—Tour in Scotland and islands He-
brides, *Lond.* 1776, 3 vol, in-4. fig.
60 liv.

— The same. *Lond.* 1790, 3 vol. in-4.
fig. 45 à 54 l.

— Journey from Chester to London.
Lond. 1782, in-4. fig. 15 l.

— Tour in Wales. *Lond.* 1784, 2 vol.
in-4. fig. 27 l.

— Journey from London to the isle
of Wight. *Lond.* 1800, 2 vol. in-4.

— Tour from Alston-Moor to Har-
rowgate and Brinham. *Lond.* 1804,
in-4. 5 pl.

PEPAGOMENI (Demetrii) de Po-
dagrà, gr. lat., à Jo. Steph. Bernard. *Lugd. Bat.* 1743, in-8.

PERAU. (Gabr. Louis-Calabre) Description historiq. de l'Hôtel royal
des Invalides. *Paris*, 1756, in-fol.
fig. de Cochin, 12 l.—Gr. pap. 24 l.

PERBONI (Hier.) Marchionis Incisæ ac Domini Oviliarum, Opus
quod dicitur : *Oviliarum*; necnon
ejusd. auth. Epist. lib. iv. *Mediolani*, 1533, in-fol. 15 l.
Ouvrage rare et estimé.

PERCEFOREST. Voy. HISTOIRE.

PERCHE, (Opera intitolata : Il) uti-
lissima alla conservazione della sa-
nità. *In Venetia*, 1520, in-8. goth.
8 liv.

PERCIVAL. (Rob.) An Account of
the cape of Good-Hope. *Lond.* 1804,
in-4.

— Voyage au Cap de Bonne-Espérance, en 1796-1801, trad. de l'angl.
par P. F. Henry. *Paris*, 1803,
in-8. 5 l. — Pap. vélin, 10 l.

—An Account of the island of Ceylan. *Lond.* 1803, in-4.

— Voyage à l'île de Ceylan, en 1797-

1800 , trad. de l'angl. par P. F. Henry. *Paris* , 1803 , 2 vol. in-8, 10 l. — Pap. vélin , 18 l.

PEREFIXE. Voy. HARDOUIN.

PEREIRÆ (Gometii) Antoniana Margarita : opus nempè physicis , medicis ac theologis , non minùs utile quàm necessarium. *Methymnæ Campi* , 1554 , in-fol.

Ce livre est fort rare. On doit trouver dans le vol. *Objectiones Mich. à Palacios*, *adversùs nonnulla ex paradoxis Antonianæ Margaritæ* , *necnon Apologia ejusd. Pereiræ*. Ibid. 1555.

— Ejusd. nova et vera Medicina, experimentis et evidentibus rationibus comprobata. *Methymnæ Duelli* , 1558 , in-fol.

Ce vol. est encore plus rare que le précédent. Ces deux ouvrages , dont la lecture est à peine supportable, étaient fort chers autrefois , à cause de leur rareté, mais aujourd'hui ils ne valent pas plus de 5o à 6o l. L'exemplaire de M. de Cotte n'a été vendu que 3g l. 1 s. en 1801.

— Endecalogo contrà Antoniana Margarita. *Medinæ Campi* , 1556 , in-8.

Réfutation de l'ouvrage intitulé , *Antoniana Margarita*. Elle est recherchée plutôt pour sa grande rareté que pour sa bonté. On la joint aux deux articles ci-dessus.

PERELLO. (Marciano) L'Antichità di Scicli , anticamente chiamata Carmena. *In Messina* , 1640 , in-4. 7 liv.

Peu commun.

PEREZ DE VARGAS, (Bern.) de Re metallica ; en el qual se tratan muchos y div. Secretos del conoscimiento de toda suerte de Minerales, etc. *En Madrid* , 1569 , in-8. 3o à 4o l.

Ouvrage intéressant et très-rare.

PEREZ (Ant.) Pentateuchum Fidei, sive Vol. v. de Ecclesiâ, de Conciliis , de Scripturâ S. , etc. *Matriti*, 1620 , 5 tom. 1 vol. in-fol. 24 l.

Ouvrage estimé et assez rare. Il a été supprimé.

PEREZII (Ant.) Annotationes in Codicem et Digestum. *Amst.* Elzevir , 1661 , 3 vol. in-4. 16 l.

PERINGSKIOLD. (J.) Menniskiones Slæcht , etc. ou Tables historiq. et chronolog. depuis Adam jusqu'à J. C. (en suédois.) *Stockholm* , 1713 , in-fol. fig.

Ouvrage rare en France , 3o à 4o l.

— Monumentorum sueo-gothicorum lib. primus Uplandiæ partem primariam Thiundiam continens , operà Peringskiold. *Stockholm.* 1710 , in-fol. fig. 3o à 36 l.

Ouvrage estimé et peu commun.

— Monumenta Ulleråkerensia , cum Upsaliâ novà illustrata : opus sueciacè et lat. conscript. , operà Peringskiold. *Stockholmiæ* , 1719 , in-fol. fig. 3o à 36 l.

— Historia Wilkinensium , Theodorici Veronensis , ac Niflungorum ; continens regum atque heroum quorumdam Gothicorum Res gestas per Russiam, Poloniam, etc. suecicè et lat. , operà Jo. Peringskiold. *Stockholmiæ*, 1715 , in-fol. 24 à 3o l.

Livre rare.

— Hist. Regum Septentrionalium. Vid. STURLONIDE.

PERITSOL (Abrah.) Itinera mundi , id est, Cosmographia hebr. et lat. , ex interpr. et cum comment. Th. Hyde. *Oxonii* , 1691 ; in-4. 21 l.

Livre fort estimé et rare.

PERIZONII (Jac.) Origines babylonicæ et ægyptiacæ , ex recens. C. Andr. Dukeri. *Traj. ad Rhenum*, 1736, 2 vol. in-8. 12 l. — Gr. pap. 36 liv.

Ouvrage rempli de remarques curieuses. L'édition de 1711 est moins ample.

PERLEONIO (Giul.) dicto Rustico romano, Compendio di Sonetti ed altre rime , intitulato lo *Perleone*. *Napoli* , 1492 , in-4.

Cette édition est fort rare et très-recherchée , 45 l.

PERMISSION. Voy. BLUET D'ARBÈRES.

PERNETY. (Dom) Dictionnaire de peinture , sculpture et gravure. *Paris* , 1781 , 2 vol. in-8. 8 l.

PERON. (M. F.) Voyage de découvertes aux Terres Australes, en 1800-1804. *Paris*, impr. impériale, 1808 , 2 vol. in-4. et atlas.

PERONDINI (Pet.) Magni Tamerlanis Scytharum Imper. Vita. *Florentiæ* , 1553 , in-8. 7 à 8 l.

PEROTTI (Nic.) Sypontini Episc. Rudimenta grammatices. *Romæ* , Conr. Sweynheym et Arn. Pannartz , 1473 , in-fol. 8o l.

Première édition très-rare.

— Idem Opus. *Romæ* (in domo Petri de Maximis) , 1474, in-fol. 6o l.

Édition non moins rare que la précédente.

Elle est imprimée à longues lignes, sans chiffres, signatures ni réclames.

— Idem. *Romæ*, Vuendelinus de Vuilla, 1475, in-fol. *rare*, 3o l.

On fait peu de cas des autres éditions de ce livre.

— Cornucopia, sive Linguæ latinæ Commentarii. *Venetiis*, Aldus, 1499, in fol.

Première édition extrêmement rare.

—Idem Opus. *Venetiis*, Aldus, 1513, in-fol.

Cette édition est plus ample que la précédente. Les exemplaires en sont rares.

— Idem Opus. *Venetiis*, Aldus, 1517, in-fol.

Edition moins recherchée que celles de 1499 et 1513.

— Idem Opus. *Venet*, Aldus, 1527, in-fol,

PERPINIANI (P. J.) Opera omnia (oratoria et Epistolæ.) *Romæ*, 1749, 4 vol. in-8. 18 l.

PÉROUSE. (J. Fr. Galaup de la) Voyage autour du Monde, en 1785-88, rédigé par M. L. A. Millet-Mureau. *Paris*, impr. de la républ. an 5 (1797), 4 vol. in-4. et 1 vol. gr. in-fol. cont. 70 pl. 140 l.

Il y a des exemplaires avec figures avant la lettre.

— Le même. *Paris*, an 6 (1798), 4 vol. in-8. et atlas in-fol. 40 l.

Ce voyage a été traduit en anglais. *Lond.* 1798, 2 vol. in-4.

PERRACHE. (J.) Le Triomphe du Berlan, où sont déduites plusieurs des Tromperies du jeu. *Paris*, 1585, in-8. 9 à 12 l.

PERRAULT. (Charl.) Les Hommes illustres qui ont paru en France pendant le siècle de Louis XIV, avec leurs portraits. *Paris*, 1696, 2 vol, in-fol. 40 l,

Première édition. Il faut voir si les Portraits d'Antoine Arnauld et de Blaise Pascal se trouvent à la fin du tome premier.

— Le Labyrinthe de Versailles (avec les Quatrains de Charl. Perrault). *Paris*, impr. roy. 1679, gr. in-8. fig. de Séb. le Clerc, 7 l.

— Le Cabinet des Beaux-Arts. *Paris*, 1690, in-4. fig. obl. 10 l.

PERRAULT : (Charles et Pier.) leurs Œuvres div. de Physique et de Méchanique. *Leyde*, 1721, ou *Amst.* 1727, 2 vol, in-4. fig. 12 l.

PERRAULT. (Cl.) Mémoires pour servir à l'Hist. naturelle des Animaux. *Paris*, impr. roy. 1671. — Suite pour servir à l'Hist. nat. des Animaux. *Ibid.* 1676, gr. in-fol. fig. 40 l.

Ouvrage recherché par rapport aux figures qu'il renferme.

Il y a des exemplaires où la seconde partie manque. Ce volume entre dans la Collection des Tableaux du *Cabinet du roi*.

—Les mêmes. *Amst.* 1736, in-4. fig. 9 à 12 l.

—Essais de Physique. *Paris*, 1680-88, 4 vol. in-12. ou 2 vol. in-4. fig. 10 l.

PERRAULT D'ARMANCOURT. Contes des Fées. *Paris*, Didot, 1781, in-12. pap. de Holl. fig. 9 l.

On a tiré de ces Contes des exemplaires sur vélin.

— Les mêmes. *Paris*, 1784, 4 vol. in-12. fig.

Exemplaire imprimé sur vélin et décoré des dessins originaux.

L'édition de *La Haye*, 1745, in-12. avec fig. de Fokke, vaut 6 à 9 l.

PERRET. (Estien.) Vingt et cinq Fables des animaux. *Anvers*, 1578, in-fol. 7 l.

PERRIER (Fr.) Icones et Segmenta illustrium è marmore tabularum quæ Romæ adhuc extant, à Fr. Perrier delineata, incisa et ad antiq. formam lapideis exemplarib. passim collapsis restituta. *Parisiis*, 1645, in-fol. 15 l.

PERRIÈRE. (Guill. de la) Le Théâtre des bons Engins, en vers. *Paris*, 1539, in-8. fig. 7 l.

Toutes les éditions de ce livre sont également bonnes.

— Les Considérations des Quatre-Mondes, divin, angélique, etc. *Lyon*, 1552, in-8. 6 l.

PERRIERS. (Bonav. des) Voy. DES-PERRIERS.

PERRINET DUPIN. La Conqueste de Grèce, faite par Philippe de Madien. *Paris*, 1527, in-fol. goth. fig, 18 liv.

PERRONET. Description des projets et de la construction des Ponts de Neuilly, de Mantes, d'Orléans, etc. *Paris*, impr. roy. 1782, 2 vol. gr. in-fol. fig. — Supplément, 1789, gr. in-fol. 130 l.

— La même ; nouv. édit. , augm. des Ponts de Château-Thierry , de Brunoi , etc. *Paris* , 1788 , in-4. et 1 vol. gr. in-fol. de pl. 66 l.

— Mémoire sur les moyens de construire de grandes Arches de pierre, qui seraient destinées à franchir de profondes vallées bordées de rochers escarpés. *Paris* , 1793 , in-4. fig. 8 l.

PERSII (Auli) Satyræ, cum comment. Barth. Fontii. *Florentiæ* , S. Jac. de Ripoli , 1477 , in-4. Première édition.

— Eædem , cum comment. Barth. Fontii. 1499 , in-fol. goth. 24 l.

— Eædem , à Pet. Pithœo. *Parisiis* , Rob. Steph. 1585 , in-8.

— Eædem, cum vers. gallicâ D. de Sinner. *Bernæ* , 1765 , in-8. fig. 6 liv.

— Eædem , edidit Sebaldus. *Lipsiæ,* 1766, in-8. 5 l.

— Eædem , cum annotat. *Norimb.* 1803 , in-8. 4 l.

— Les Satires de Perse, trad. en franç. avec le texte lat. et des notes par le Monnier. *Paris* , 1771 , in-8. gr. pap. fig. 5 l.— Pap. de Holl. 10 l.

— Les mêmes , trad. en franç. avec des remarq. par N. J. Sélis. *Paris,* 1776 , in-8. 5 l. — Pap. fin , 7 l.

Traduction estimée.

On joint ordinairement à ce vol. une Dissertation sur Perse , par le même Sélis , intitulée : *La petite Guerre. Paris,* 1783 , in-8.

— Satire di A. Persio , trad. in verso toscano da A. M. Salvini , lat.-ital. *Firenze* , 1726 , in-8.

— The Satires of Persius , transl. in verse by Drummond. *Lond.* 1799 , in-8. pap. vélin , 9 à 12 l.

— Vid. JUVENAL.

PERSOON (C. H.) Synopsis methodica Fungorum. *Gottingæ* , 1801 , 2 vol. in-8. 11 l.

— Synopsis Plantarum , seu Enchiridium botanicum. *Parisiis Lut.* 1805 , 2 vol. in-16. 21 l.

Ouvrage estimé.

PERVIGILIUM Veneris , cum notis Varior., ex edit. Pet. Pithœi. *Hagæ Comit.* 1712 , in-8. 7 l.

Ce volume fait partie de la Collection des *Variorum.*

PESCATORE da Ravenna. (G. B.)

Dict. Bibl. I.

La Morte di Ruggiero. *In Venetia,* 1551 , in-4. 10 l.

— Vendetta di Ruggiero, continuata alla materia dell' Ariosto , dal medesimo. *In Vinegia* , 1556 , in-4. rare , 15 l.

PESCETTI. (Orl.) Proverbi italiani e latini. *In Venet.* 1611 , in-12. 4 l.

PETAGNÆ (Vinc.) Specimen Insectorum ulterioris Calabriæ. *Francof.* 1787 , 3 part. 1 vol. in-4. fig.

PETAVII (Pauli) in Francorum curia consiliarii antiquariæ supellectilis portiuncula. *Parisiis,* 1610.

— De Nithardo Caroli mag. nepote ac tota ejusd. Nithardi Prosapia , breve Syntagma , per P. Petavium. *Parisiis* , 1613 , in-fol. fig.

Exemplaire imprimé sur vélin.

PETAVII (Dionys.) Dogmata theologica. *Parisiis,* 1644 , 5 vol. in-fol. 24 l. — Gr. pap. 36 l.

— Ejusd. Opus de Doctrinâ temporum. *Parisiis,* 1627 , 2 vol. in-fol.

— Ejusd. Uranologion , sive Auctarium operis de Doctrinâ temporum. *Parisiis* , 1630 , in-fol. 30 à 36 l. — Gr. pap. 40 à 50 l.

L'édition de ces deux ouvrages, imprimée à *Amsterdam* , sous le nom d'*Anvers* , en 3 vol. in-fol. a été donnée par le Père Hardouin , qui y a joint quelques notes , 18 à 24 l. — Gr. pap. *très-rare* , 36 à 48 l.

— Ejusd. Tabulæ iv chronologicæ à mundo condito , ad ann. usque 1708. — B. Marshall Tabulæ viij chronolog. à creat. mundi ad ann. usque nativitatis J. C. ; cum Append. *Oxonii* , 1712 et 1713 , gr. in-fol.

Ces deux ouvrages se trouvent ordinairement réunis en un seul vol. On en fait assez de cas.

PETIT Neveu (le) de Boccace, ou Contes nouveaux en vers ; nouv. édit. , augm. de deux vol. par M Pl. D. *Amst.* 1787 , 3 vol. in-8.

On a tiré de ce livre des exemplaires sur papier rose.

PETIT-RADEL (Ch.) de Amoribus Pancharitis et Zoroæ , poëma erotico didacticon. *Parisiis* , 1800 , in-8. 6 l.

— Les Amours de Zoroas et de Pancharis , poëme érotiq. trad. du lat. par C. Petit-Radel. *Paris* , 1802, 3 vol. in-8. 9 à 12 l.

51

— Erotopsie, ou Coup-d'œil] sur la poésie érotique. *Paris*, 1802, in-8.

On a tiré de cet ouvrage 3 exemplaires sur papier jaune.

PETITE BIBLIOTHÈQUE des Théâtres. *Paris*, 1783 et suiv. 75 vol. in-18. — Etrennes de Polymnie, faisant suite. *Paris*, 1785-89, 5 vol. En tout 80 vol. in-18. 120 l.

On a tiré de cette Collection 50 exemplaires sur papier vélin.

PETITI (Pet.) Dissertatio de Amazonibus. *Amst.* 1687, in-8. fig. 5 l.
— Traité historiq. sur les Amazones, trad. du lat. *Leyde*, 1718, in-12. fig. 5 l.

Traité curieux.

PETITI (Sam.) Leges atticæ, gr. lat., cum Comment. *Parisiis*, 1635, in-fol. 10 l. — Gr. pap. 15 l.
— Eædem, gr. lat., cum notis Varior., ed. Pet. Wesselingio. *Lugd. Bat.* 1742, in-fol. 24 à 30 l.

PETITY. (l'abbé) Bibliothèque des Artistes et des Amateurs. *Paris*, 1766, 3 vol. in-4. 18 l.

Cet ouvrage n'est point achevé.

PETIVER (Jac.) Catalogus Herbarii britannici Jo. Raii. *Lond.* absque anni notâ, in-fol. 24 à 30 l.

Ouvrage rare. On le joint ordinairement à l'Histoire des Plantes de Ray. Voy. ce nom.

— Gazophylacii naturæ et artis Decades v. *Lond.* 1702, in-fol. fig. 20 l.

Ce vol. renferme 50 planches, dont les explications, imprimées sur des bandes de papier, sont collées au verso des gravures et en regard avec la planche qui y a rapport.

— Ejusd. J. Petiver Opera, historiam natur. spectantia. *Lond.* 1767, 2 vol. in-fol. fig. 60 l.

Il y a de ce livre des exemplaires avec figures enluminées, mais ils sont fort rares.

PETRARCA: (Fr.) Rime. *In Venetia*, per Vindelinum de Spira, 1470, in-fol.

Cette édition, la première de cet auteur, est extraordinairement rare et fort chère. Elle est imprimée en caractères ronds, sans chiffres, signatures ni réclames. Vendu 1330 l. chez La Vallière, et 664 l. chez M. Loménie de Brienne.

— Le stesse. *Patavii*, apud Martinum de septem Arboribus, 1472, in-fol.

Cette seconde édition est aussi rare que la précédente. Vendu, chez Gaignat, 563 l. et chez Crevenna, 290 flor.

— Le stesse. *Venetiis* (N. Jenson), 1473, in-fol.

On a cru pendant long-temps que cette édition était la première de ce livre. Elle est bien exécutée et fort rare, 200 à 250 l. Un exemplaire sur vélin a été vendu 1800 l. chez M. Loménie de Brienne.

— Le stesse. *In Milano*, A. Zaroto, 1473, in-fol.

Cette édition est exécutée en lettres rondes, sans chiffres, signatures ni réclames. Elle est très-rare et recherchée, 200 l.

— Le stesse. *Romæ*, in domo Philip. de Lignamine Messanensis, 1473, in-4. *lettres rondes.*

Cette édition est encore fort rare. Elle renferme de plus que les précédentes, une pièce de 21 vers, intitulée: *In laude de la pudicitia*. Ce morceau se trouve placé à la suite du *Triomphe de la Chasteté*. La totalité du vol. est de 197 feuillets.

— Le stesse. *Venet.* Leonard. Achates de Basilea, 1474, in-fol.

Maittaire cite cette édition, mais jusqu'à présent on n'a pu parvenir à en découvrir des exemplaires.

— Sonetti, Canzone e Triumphi del med. Petrarca. (*Venetiis*), Domin. de Siliprandis, 1477, in-4.

Edition peu commune. Elle est imprimée en lettres rondes, sans chiffres, signatures ni réclames. Le vol. est composé de 179 feuillets.

— Sonetti e Triumphi, del med. *Neapoli*, Arn. de Bruxella, 1477, in-fol.

On trouve difficilement des exemplaires de cette édition, qui est rapportée par Maittaire.

— Gli stessi, col comento di Fr. Filelfo e Bern. da Sena. *In Venet.* Thed. de Reynsburch et Reyn. de Novimagio, 1478, 2 tom. 1 vol. in-fol.

Cette édition est imprimée en lettres gothiques. Les exemplaires en sont rares, 100 l.

— Gli Triomphi, del med. Petrarca, col comento di Fr. Filelfo. *Parmæ*, Andr. Portilia, 1473, in-4.

Edition extrèmement rare, et la première avec les Commentaires de Filelfo. Vendu 500 l. chez La Vallière.

— Gli stessi, con l'esposizioni di B. Glicino da Sena. (*Vicentiæ*),

Leon. Achates de Basilea, 1474, in-fol.

Première édition des Triomphes de Pétrarque avec les Commentaires de Bern. Glicino. Les exemplaires en sont rares.

— Gli stessi, con l'esposizioni di Bern. Glicino da Sena. Bononiæ, 1475, in-fol.

Edition rare et bien exécutée en lettres rondes, 40 l.

— Le Opere del med. Petrarca, cioè, le Rime, exposte da F. Filelfo e da G. Squarciafico Alexandrino castigate per N. Peranzone. In Venezia, 1500, in-fol. 24 l.

— Le stesse, col Comment. degli medesimi autori. In Venezia, 1515, in-fol. 18 l.

Ces deux éditions sont assez rares.

— Le Rime del med. Petrarca. In Vinegia, Aldo, 1501, in-8. 30 l.

On a tiré de cette édition des exemplaires sur papier fort, et quelques-uns sur vélin.

— Le stesse. In Vinegia, Aldo, 1514, in-8. 24 l.

Il y a des exemplaires imprimés sur vélin.

— Le stesse. In Vinegia, Aldo, 1521, in-8. 24 l.

— Le stesse. In Vinegia, Aldo, 1533, in-8. 24 l.

On cite de cette édition un exemplaire sur vélin.

— Le stesse. In Vinegia, Aldo, 1546, in-8. 24 l.

Edition fort correcte et aussi rare que les 4 précédentes.

Dans les diverses éditions de Pétrarque, imprimées par les Alde, les Junte, et à Lyon, sans date, il faut voir si le feuillet 64, où se trouvent les Sonnets contre la Cour de Rome, n'a pas été arraché.

— Le stesse. In Fano, 1593, in-8. 15 à 20 l.

— Le stesse. In Firenze, Giunti, 1510 ou 1515 ou 1522, in-8. 10 l.

Ces trois éditions sont également bonnes.

— Le stesse, con l'espositione d'Aless. Velutello. In Vinegia, 1545 ou 1547, in-4. 7 l.

— Le stesse, con l'esposit. del medesimo. In Vinegia, 1560, in-4. 8 l.

— Le stesse, con le annotat. d'Ant. Bruccioli. In Venetia, 1548, in-8. 6 liv.

— Le stesse, con l'espositione di Bern. Daniello da Lucca. In Venetia, 1549, in-4. 12 l.

Bonne édition.

— Le stesse, con l'esposit. di G. A. Gesualdo. In Venetia, 1553, in-4. 8 liv.

Bonne édition, préférée à toutes les autres de ce commentateur.

— Le stesse, reviste e corrette da L. Dolce, con le avvertimenti di G. Camillo. Vinegia, 1554, in-8.

Exemplaire sur papier bleu.

— Le stesse, con dichiarazioni non più stampate. In Lione, 1558, in-16. 9 l.

— Le stesse, con le annot. (del Piet. Bembo.) In Lione, 1574, in-16. rare, 18 l.

Cette édition et celle de 1722 ci-après sont citées par la Crusca.

— Le stesse, brevemente sposte per L. Castelvetro. In Basilea, 1582, in-4. 8 l.

Edition rare.

— Le stesse, con le fig. di G. Porro. In Venetia, 1600, in-24. 7 l.

Jolie édition, recherchée pour les figures de Porro dont elle est décorée.

— Le stesse, con le considerazioni d'Aless. Tassoni, e le note di Girol. Muzio e di L. Muratori. Modena, 1711, in-4.

Excellente édition. Elle a été réimprimée à Venise, en 1727 et 1741, avec quelques additions.

— Le stesse. Padova, 1722, in-8. 12 liv.

— Le stesse. Padova, 1732, in-8. col ritratto dell' aut. 9 l.

Ces deux éditions sont très-recherchées en Italie.

— Le stesse, con le annot. di L. Castelvetro, ed altri; date in luce da Chr. Zapata de Cisneros. In Venezia, 1756, 2 vol. in-4. fig. 21 l.

On a tiré de cette belle édition de Pétrarque, trois sortes de papier. Le format in-fol. vaut 60 l. environ.

— Le stesse, con le osservazioni di L. A. Muratori. In Modena, 1762, gr. in-4. 15 l.

— Le stesse. In Lond. (Parigi, Prault), 1768, 2 vol. pet. in-12. 9 l.

Edition préférée à celle de 1789.

— Le stesse. In Lond. 1796, 2 vol. pet. in-12. pap. vélin, 12 l.

Jolie édition.

— Le stesse, con illustr. inedite di L. Beccadelli. Verona, 1799, 2 vol. in-8. picc. 6 l.

M. Bodoni de Parme a publié dans ces dernières années, trois belles éditions des Poésies de Pétrarque, la première en 2 vol. in-fol., la seconde de format in-4. et la troisième de format in-8. Il a tiré de cette dernière des exemplaires sur peau de vélin.

— Le stesse. *Pisa*, 1805, 2 vol. in-fol. avec un portrait par Morghen, 120 l. Prix de l'éditeur.

Très-belle édition, tirée à 230 exempl.

— Le stesse, ovvero il Petrarca spirituale, da G. Malipiero. *In Vinegia*, 1536, in-4. 18 l.

Cette édition est connue sous le nom de *Pétrarque retourné*.

La réimpression de *Venise*, 1545, in-8. dans laquelle on a inséré un Sonnet, adressé à l'auteur par *Pierius Valerianus*, vaut à-peu-près le même prix.

— Il Libro delle Vite de' Pontefici e Imperadori romani. *Florentiæ*, apud S. Jacob. de Ripoli, 1478, in-fol.

Édition originale fort rare et recherchée.

— Il Libro degli Uomini famosi. *Veronæ*, 1476, in-fol. 40 l.

Première édition de cette traduction. L'exécution en est fort belle, et les exemplaires en sont rares.

— Fr. Petrarchæ Opera omnia latina. *Basileæ*, Joan. de Amerbach, 1496, in-fol. 24 l.

Première édition des ouvrages latins de Pétrarque. Il faut voir si la pièce intitulée : *Principalium sententiarum ex lib. Fr. Petrarchæ collectarum summaria Annotatio*, se trouve à la fin du vol.

— Eadem, lat. et italicè. *Basileæ*, 1581, 4 tom. 1 vol. in-fol. 15 à 18 l.

— De Vità solitarià libri duo. (*Argentinæ*, typis Mentellianis), in-fol. de 89 feuillets, 48 l.

Première édition très-rare, exécutée à longues lignes, au nombre de 34 à la page, sans chiffres, signatures ni réclames.

— Secretum de Contemptu mundi. (*Argentinæ*, typis Mentellianis), in-fol. 48 l.

Première édition fort rare.

— Bucolicum carmen, in duodecim Eglogas distinctum, cum comment. Benevenuti Imolensis. *Venet.* 1516, in-fol. *très-rare.*

— Epistola de Historià Griseldis, mulieris maximæ constanciæ. (*Coloniæ*, Udalricus Zel de Hanau, circà 1470), in-4. *rare*, 30 l.

Première édition, imprimée à longues lignes, au nombre de 27 à la page.

— L'Histoire de la Constance et Patience de Grisilidis, trad. du lat. en franç. *A Brehant Lodéac*, 1484, in-8.

Édition rare et la première de cette version.

— La même. *Lyon*, 1525, in-4. goth. fig. 10 l.

L'édition de *Paris*, J. Trepperel, in-4. goth. fig. est également bonne.

— Les Triumphes de Fr. Pétrarque, transl. du tuscan en franç. *Paris*, 1519, in-fol.

Exemplaire imprimé sur vélin et orné de figures peintes.

— Les mêmes, transl. du tuscan en franç. *Paris*, 1519, in-4.

Il existe de cette édition des exemplaires imprimés sur vélin et ornés de miniatures peintes en or.

— Les mêmes, trad. de l'ital. en franç. *Lyon*, 1532, in-8. fig. 8 l.

Édition exécutée en lettres rondes, et ornée de jolies petites fig. en bois.

La réimpression de 1539 est moins estimée.

— Les Œuvres vulgaires de Fr. Pétrarque, mises en rime franç. par Vasquin Philieul de Carpentras. *Avignon*, 1555, in-8. 9 l.

— Mémoires pour la vie de Pétrarque, par l'abbé de Sade. *Amst.* (*Paris*), 1764, 3 vol. in-4. 15 à 18 l.

Ces mémoires contiennent une partie des Œuvres de Pétrarque, trad. du lat. et de l'italien.

— Vid. ADRIANUS Carthusiensis et POGGIUS.

PETRI (D. Georg. Chr.) Elephantographia curiosa, seu Elephanti Descriptio. *Erfordiæ*, 1715, vel *Lipsiæ*, 1723, in-4. fig. 8 l.

PETRI BLESENSIS Opera, ex edit. Pet. de Gussanville. *Parisiis*, 1667, in-fol. 8 l.

PETRISSIN (J.) et J. TORTOREL. Tableaux touchant les guerres, massacres et troubles advenus en France, etc. (sous Charles IX) lesquels sont pourtraicts à la vérité. 1570, in-fol. oblong fig. en bois.

Il y a quelques exemplaires enluminés.

PETRONII ARBITRII (Titi) Satyricon. *Venetiis*, per Bern. Venetum de Vitalibus, 1499, in-4.

Première édition de ce livre; elle n'est pas rare.

— Idem, cum notis Varior., ex edit.

Mich. Hadrianidis. *Amst.* 1669,
in-8. 18 l.

Cette édition fait partie de la Collection des
Variorum. Elle est belle et correcte.

Outre les *Errones Venerei* ; le *Cento nup-*
tialis d'Ausone; le *Cupido cruci ad-*
fixus, du même; les pièces *de Priapis-*
mo Cleopatræ reginæ, la pièce de Gut-
berleth intitulée : *per Angusta ad Au-*
gusta, qui manquent quelquefois, il faut
voir si on trouve à la fin un petit supplément qui porte la date de 1670, et qui contient le morceau tiré du manuscrit de Bel-
grade, dont le titre et le haut des pages
sont imprimés en rouge et noir, et l'*Apo-*
logia de *Statilius :* ce supplément ayant
été donné un an après, manque dans une
grande partie des exemplaires.

— Idem, cum notis Bourdelotii et
Glossario Petroniano. *Parisiis*,
1677, in-16. 5 l.

Edition donnée par Adrien de Valois, comme on le voit par ces mots de la préface,
fol. vij. recto; *quare facile et libenter*
accedo Henrici Valesii fratris mei Sen-
tentiæ. Il y a cependant mis le fragment
trouvé dans la Dalmatie, quoiqu'il eût écrit
contre son authenticité.

— Idem, cum notis Jo. Boschii. *Amst.*
1677, in-24. 6 l.
— Idem, cum notis Varior. *Lond.*
1693, in-8. 6 l.
— Idem, cum notis Jo. Boschii et
alior. *Amst.* 1700, 2 vol. in-24. 8 l.
— Idem, cum Fragmentis. *Lipsiæ*,
1731, in-8.

Il existe beaucoup d'exemplaires accompagnés des *Priapeia, cum notis variorum.*
Patavii (Holl.), 1664, in-8. 6 à 8 l.

— Idem, cum notis Varior., et curis
secundis Pet. Burmanni. *Amst.*
1743, 2 vol. in-4. 33 l. — Gr. pap.
60 l.

Cette édition a fait tomber celle de 1709.

— Idem, ex recens. Pet. Burmanni,
et cum notis C. G. Antonii. *Lip-*
siæ, 1781, in-8. 6 l.
— Idem, cum Fragmentis, ed. Co-
mite Rewitzki. *Berolini*, 1783,
in-8. 5 à 6 l.—Pap. vélin, 9 à 12 l.
Jolie édition.
— Idem. *Parisiis*, Renouard, 1797,
2 vol. in-18. pap. vélin, 5 l. —
Gr. pap. 10 l.

On a tiré de cette petite édition trois exemplaires sur peau de vélin; plus, quelques-
uns sur papier rouge.

— Traduction entière de Pétrone,
suivant le manuscrit trouvé à Bel-

grade en 1688 avec le texte lat.,
des remarq,, etc. *Cologne (Paris)*,
1694, 2 vol. in-8. fig. 8 l. — Gr.
pap. 15 l.
— Satire de Pétrone, trad. nouv. par
D.**, avec le texte lat. et des notes.
Paris, 1803, 2 vol. in-8. 7 à 8 l. —
Pap. vélin, 12 à 15 l.
PETRONII (Alex. T.) de Victu Ro-
manorum, et de sanitate tuendâ,
lib. v. *Romæ*, 1581, in-fol. 10 l.
Livre estimé.
— Trattato del Vivere degli Romani,
trad. dal lat. in ling. ital. per Bas.
Paravicino. *Roma*, 1592, in-4. 6 l.
Traduction italienne de l'ouvrage précédent.
PETRUS, apostolus. Missa apostoli-
ca, seu divinum sacrificium S. Pe-
tri apostoli; gr. lat. *Antuerp.* 1589,
in-8.
Cet ouvrage a été réimprimé à *Paris*, en
1595, in-8.
PEUCHET. Dictionnaire univ. de la
Géographie commerçante. *Paris*,
an 7 (1799), 5 vol. in-4. 50 à 60 l.
PEYERI (Jo. Conr.) Merycologia,
sive de Ruminantibus et Ruminatione Comment. *Basileæ*, 1685,
in-4. 6 l.
PEYRAT. (Guill. du) Antiquités
et Recherches de la Chapelle du roi.
Paris, 1645, in-fol. 7 à 8 l.
PEYRERE. (Isaa. la) Præadamitæ,
sivè Exercitatio super vers. 12, 13,
14, cap. V. Epistolæ D. Pauli ad
Romanos, quibus inducuntur primi homines antè Adamum conditi,
systema theolog. Is. la Peyrere.
1655. — Systema ex Præadamita-
rum hypothesi. 1655, in-12. 5 l.
— Du Rappel des Juifs. 1643, in-8.
6 liv.
Ce livre rare et singulier est imprimé sans
nom de ville ni d'imprimeur.
— Relation du Groënland. *Paris*,
1647, in-8. fig. 8 l.
— Relation de l'Islande. *Paris*, 1663,
in-8. 6 l.
Ces deux ouvrages sont curieux et fort intéressants.
PEYRILHE. Voy. DUJARDIN.
PEYSSONEL. (Charl.) Observations
historiq. et géographiq. sur les Peuples barbares qui ont habité les
bords du Danube, etc. *Paris*,
1765, in-4. 9 l.

rii filii, Consolatio. *Romœ*, 1475, in-fol.

Première édition de ce livre. Elle est fort rare, 24 l.

— Ejusd. Odæ et Carmina. *Brixiæ*, Ang. Britannicus, 1497, in-4. *rare*, 30 liv.

Première édition.

— Ejusd. Satyrarum Decades x. *Mediolani*, Christ. Valdarfer, 1476, in-fol. 200 l.

Première édition très-rare.

— Eædem Satyræ. *Venetiis*, 1502, in-4. 24 l.

Édition rare et recherchée.

— Eædem. *Parisiis*, 1508, in-4. 24 l.

Cette édition est également rare.

— Ejusd. Philelphi Orationes, cum quibusdam aliis ejusd. Opusculis. *Venetiis*, Philip. de Pinzis, 1492, in-fol. 20 l.

Édition rare. La totalité du volume est de 79 feuillets, dont le dernier, par erreur, est coté 78.

— Ejusd. Epistolarum familiarium lib. xvj. *Editio primaria vetus, absque loci et anni indicat., sed circà ann. 1475 excusa*, in-fol. *rare*, 80 l.

Quoique cette édition ne soit pas entière, néanmoins les curieux en font beaucoup de cas, parce qu'elle est la première de ces Épîtres. On la croit imprimée à *Venise*, par Jean de Colonia.
Le volume n'a ni chiffres, ni signatures, mais seulement des réclames.

— Ejusd. Epistolarum lib. xxxvij, ex quibus ultimi xxj novissimè reperti fuere, et curis Gasp. Alemani editi. *Venetiis*, 1502, in-fol.

Édition entière et fort estimée, 50 l.

— Iidem. *Parisiis*, 1503, 2 vol. in-4. 20 liv.

PHILEMO. Vid. MENANDER.

PHILIBERT. (J. C.) Exercices de Botanique à l'usage des commençants. *Paris*, Crapelet, 1801, 2 vol. gr. in-8. avec 157 pl. enlum. 30 l. — Gr. pap. format in-4. 50 l.

— Diction. abrégé de Botanique, faisant suite aux Exercices de Botanique à l'usage des commençants. *Paris*, 1803, in-8. avec 24 pl. enluminées, 7 l.

— Dictionnaire univ. de Botanique. *Paris*, Crapelet, 1804, 3 vol. in-8. fig. 18 l.

— Introduction à l'étude de la Botanique. *Paris*, an 10 (1802), 3 vol. in-8. 10 pl.

PHILIDOR. (A. D.) Analyse du Jeu des Echecs. *Lond.* 1776, in-8. 5 l. — Gr. pap. 10 l.

PHILIPPE. (Elie) Traité pour ôter la crainte de la Mort. — Déclaration de la Résurrection des morts. 1583, in-24.

Exemplaire imprimé sur vélin.

PHILIPPI (Jac.) Reformatorium vitæ morumque et honestatis clericorum. *In urbe Basileâ*, per Mich. Furter, 1444 (1494). — Saluberrimum et utile Compendium de Reformatione canonissarum, monialium et monachor. *Basileæ*, Furter, 1444 (1494), in-8. goth.

Livre très-rare et très-singulier. Vendu 121 l. chez La Vallière, et 9 l. seulement chez Gaignat.

PHILIPP'S. Voyage to Botany-Bay. *Lond.* 1789, gr. in-4. avec 55 pl. color. 40 l.

— Voyage à la Baie-Botanique, trad. de l'angl. *Paris*, 1791, in-8. 5 l.

PHILIPPUS A LIMBORCH. Vid. LIMBORCH.

PHILONIS Judæi Opera, græcè. *Parisiis*, Turnebus, 1552, in-fol.

Première édition des ouvrages de Philon. C'est un chef-d'œuvre de typographie.

— Eadem, gr. lat., ex interpr. Sig. Gelenii et alior.; ab Adr. Turnebo et Dav. Hoeschelio illust. *Parisiis*, 1640, in-fol. 8 l. — Gr. pap. 15 l.

— Eadem, gr. lat., ex recens. novâ et cum notis Th. Mangey. *Lond.* 1742, 2 vol. in-fol. 72 l. — Gr. pap. 150 l. — Très-Gr. pap. *très-rare*.

Édition fort estimée.

— Eadem, gr. lat., ex recens. A F. Pfeiffer. *Erlangæ*, 1785-92, 5 vol. in-8. 30 l. — Pap. fort, 48 l.

— Les Œuvres de Philon le Juif, transl. en franc. par Fed. et Nic. Morel. *Paris*, 1619, 2 vol. in-8. 8 l.

PHILOSTRATORUM Opera, gr. *Florentiæ*, apud P. Juntam, 1517, in-fol. 20 l.

— Eadem, gr. lat., ex recens. et cum notis Goth. Olearii. *Lipsiæ*, 1709, in-fol.

Bonne édition. Elle a été imprimée sur trois papiers différents. Le second papier ou

papier moyen, est plus étroit, mais plus haut que le très-grand papier qui est fort et épais. Les exemplaires en petit papier, et qui est un papier gris d'Allemagne, ne valent pas plus de 12 à 15 l. Les deux autres doublent progressivement.
L'édition de *Paris*, 1608, est peu recherchée, et ne vaut guère que 6 à 8 l.

— Philostrati heroïca, gr. lat., cum notis J. F. Boissonade. *Parisiis*, 1806, in-8. 10 l. — Pap. vél. 20 l.
Édition très-correcte et enrichie de notes pleines d'érudition.

— Ejusd. de Vitâ Apollonii lib. viij, gr. lat. *Venet.* Aldus, 1501, in-fol. 36 l. — Gr. pap. *rare.*
Quelques exemplaires portent la date de 1502, et d'autres celle de 1503.

— Philostrate, de la Vie d'Apollonius Thyanéen, trad. du grec en franç., par Blaise de Vigenère, avec les Comment. de Th. Artus, S^r. d'Embry. *Paris*, 1611, in-4. 6 l.

— Vie d'Apollonius de Tyane, avec les Comment, donnés en angl. par Ch. Blount; le tout trad. en franç. *Berlin*, 1774, 4 vol. in-12. 12 l.

— La même, trad. en franç. par P. J. B. Legrand d'Aussi. *Paris*, 1807, 2 vol. in-8. portrait, 6 l.

— Les Images, ou Tableaux de plate peinture des deux Philostrates, mis en franç. par Blaise de Vigenère. *Paris*, 1614 ou 1615, in-fol. fig. 10 l. — Fig. enlum. 24 l.

PHIPPS'S. (C. J.) Voyage towards the Nort-Pole. *Lond.* 1774, in-4. fig. 12 l.

— Voyage au Pôle Boréal, fait en 1773, trad. de l'angl. *Paris*, 1775, in-4. fig. 7 l.

PHOCYLIDIS Carmina, gr. lat., cum notis Jo. Andr. Schier. *Lipsiæ*, 1751, in-8. 4 l.

— Les Préceptes de Phocylide, trad. du grec avec des remarq. *Paris*, Didot le jeune, 1782, in-18.
On a tiré de cet ouvrage des exemplaires sur vélin.

PHOTII Bibliotheca græca, curâ Dav. Hoeschelii. *August. Vindelicor.* 1600, in-fol.

— Bibliotheca latina, ex vers. Audr. Schotti. *Augustæ Vindelicorum*, 1606, in-fol.
Il faut réunir ces deux volumes qui forment la première édition de la Bibliothèque de Photius.

Dict. Bibl. I.

— Bibliotheca græca, cum vers. lat. et scholiis Andr. Schotti. (*Genevæ*), Olivâ Pet. Steph. 1611, in-fol. 12 à 15 l.
Cette édition, quoique moins chère, est plus correcte que la suivante.

— Bibliotheca græco-latina, ex vers. Andr. Schotti. *Rothomagi*, 1653, in-fol. 27 l. — Gr. pap. *très-rare*, 200 l.

PHRYNICHI Eclogæ Nominum ac Verborum Atticorum, cum vers. lat. P. J. Nunnesii, et cum notis Varior. et J. C. de Paw. *Trajecti ad Rhenum*, 1739, in-4. 9 l
Édition préférée à celle de *Rome*, 1517, et à celle d'*Augsbourg*, 1601.

PIATTOLI Fiorentino. (Giuseppe) Raccolta di quaranta Proverbi toscani espressi in figure. *Firenze*, 1786, in-fol. fig. color. 24 l.

PIAZZI. (G.) Della Specola astronomica de' regj studj di Palermo lib. iv. *In Palermo*, 1792, in-fol. fig. 60 l.

— Præcipuarum Stellarum Positiones mediæ ineunte sæculo XIX. *Panormi*, 1803, in-fol. 60 l.

PIBRAC: ses Quatrains. *Lyon*, 1574, in-8.
Exemplaire imprimé sur papier bleu.

— Quatrains de Pibrac. — De la Manière civile de se comporter pour entrer en mariage avec une demoiselle. *Amst.* in-8. *lettres cursives, rare*, 9 à 12 l.

PICARD. Mesure de la terre. *Paris*, 1771, gr. in-fol. fig. 15 l.

— Théorie du Nivellement; nouv. édit., augment. par Para. *Paris*, 1780, in-12. fig. 4 l.

PICARD. (Fr.) Le Débat d'un Jacopin et d'un Cordelier, à qui aura sa religion meilleure. 1606, in-12. 7 l.

PICART. (Bern.) Cérémonies et Coutumes religieuses de tous les peuples du monde, représentées en fig. par B. Picart; avec des explicat. historiq. etc. *Amst.* 1723 et suiv. 9 vol. in-fol.
Le tome 7, seconde partie, et le tome 8 forment ce qu'on appelle le *Supplément*. Ces deux vol. sont rares : les figures n'en ont point été gravées par B. Picart.

— Superstitions anciennes et modernes. *Amst.* 1733 et 1736, 2 vol. in-fol. fig.
Ces deux vol. se joignent aux 9 précédents.

52

Ils sont aussi rares que les deux du Supplément.

Les 11 vol. réunis, 280 à 350 l., et en grand papier, 900 à 1000 l. Ces derniers exemplaires sont fort recherchés à cause de la beauté des épreuves des figures.

— Les mêmes Cérémonies religieuses, avec des explicat. historiq. par Banier et le Mascrier. *Paris*, 1741, 7 vol. in-fol. fig. 120 l.

Il y a des exemplaires de cette édition dans lesquels on a inséré les figures de celle de Hollande, 1723. Ces sortes d'exemplaires sont désignés par des étoiles placées au bas des pages près des signatures.

— Les mêmes Cérémonies religieuses. *Paris*, 1808, 11 vol. in-fol. fig. de Bern. Picart.

Cette nouvelle édition, quant au texte, est plus ample que celle de Hollande, 1723, mais les épreuves des figures n'en sont pas à beaucoup près aussi bonnes.

— Œuvre de B. Picart, en 560 pièces, 3 vol. in-fol.

Vendu 187 l. 19 s. chez La Vallière.

PICCOLOMINI. (Aless.) Dialogo dove si raggiona della bella Creanza delle Donne. 1540, in-8. 7 l.

— Il medesimo. *In Milano*, 1558, in-8. 7 l.

L'édition de 1574, in-16. est également bonne.

PICCOLOMINI: (Ascanio) Rime fatte nella primavera dell' età sua, salvo tutte le spirituali, e alcune poche lugubri, ed insieme le imprese. *Siena*, pel Bonetti, 1594, in-4.

Première édition très-rare, n'ayant été imprimée qu'à 25 exemplaires, selon le Catalogue de Capponi et la Bibliothèque italienne de Haym.

PICCOLOMINI. Voyez ÆNEAS SYLVIUS.

PICI MIRANDULANI (Jo.) Opera. *Bononiæ*, 1496, in-fol. 8 l.

PICONIO (Bern. à) Epistolarum B. Pauli triplex Expositio. *Parisiis*, 1703, in-fol. 24 l.

Ouvrage estimé et peu commun.

— Triplex Expositio in SS. Evangelia. *Parisiis*, 1726, in-fol. 8 l.

PICOT DE LA PEYROUSE. Description de plusieurs nouv. espèces d'Orthocératites et d'Ostracites, en lat. et en franç. *Erlang*, 1781, in-fol. fig. color. 18 l.

PICOU. (Hug. de) Le Déluge universel, tragédie en cinq actes et en vers. *Paris*, 1643, in-12. 12 à 15 l.

PIEDAD. (Fr. de la) Teatro jesuitico. *En Coimbra*, 1654, in-4. de 424 pages, *très-rare*.

Ce livre, ainsi que tous ceux de sa classe, ont beaucoup perdu de leur ancienne valeur depuis une vingtaine d'années, 50 à 60 l.; il s'est vendu jusqu'à 800 l.

PIERII (Joan.) Dissertatio pro Sacerdotum Barbis. *Leodii*, 1643, in-12. 4 liv.

Petit livre rare et singulier.

PIERRE. (J. de la) Le grand Empire de l'un et de l'autre monde div. en trois royaumes, le royaume des Aveugles, des Borgnes et des Clairs-voyans. *Paris*, 1625, in-8. 12 à 15 liv.

PIGAFETTA. (Ant.) Primo Viaggio intorno al globo terraqueo, ossia Raggualio della Navigazione alle Indie orientali per la via d'occidente. *Milano*, 1800, gr. in-4. ou 4 vol. in-fol.

On a donné une traduction française de ce voyage à *Paris*, en 1801, in-8.

PIGAGE. Voy. GALERIE.

PIGANIOL DE LA FORCE. (J. Aymar de) Description histor. et géographiq. de la France. *Paris*, 1752, 15 vol. in-12. 27 l.

— Description de Paris et de ses Environs. *Paris*, 1765, 10 vol. in-12. fig. 21 l.

PIGAULT-LEBRUN: ses Œuvres, 48 vol. in-12. 92 l.

Cette Collection est composée des ouvrages suivants:

L'Enfant du Carnaval, 2 vol. — Les Barons de Felsheim, 4 vol. — Angélique et Jeannette, 2 vol. — La Folie espagnole, 4 vol. — Mon Oncle Thomas, 4 vol. — Les Cent-vingt Jours, 4 vol. — Monsieur Botte, 4 vol. — Le Citateur, 2 vol. — Jérome, 4 vol. — Théâtre et Poésies, 6 vol. — La Famille Luceval, 4 vol. — L'Homme à projets, 4 vol. — Monsieur de Robertville, 4 vol.

PIGNORII (Laur.) Characteres Ægyptii, hoc est, Sacrorum, quibus Ægyptii utuntur Simulachrorum Delineatio et Explicatio. *Francof.* 1608, in-4. fig. de de Bry.

Bonne édition d'un livre peu commun.

— Mensa Isiaca, quâ sacrorum apud Ægyptios Ratio et Simulachra subjectis tabulis æneis et simùl exhibentur et explicantur. *Amst.* 1669, in-4. 6 à 9 l.

PIGNOTTI : (Lorenzo) Favole e Novelle. *Parigi*, Molini, 1784, in-8.

On a tiré de ce volume 6 exemplaires sur peau de vélin.

PIIS: Contes et Poésies fugitives. *Paris*, 1781, 2 tom. 1 vol. in-8. 7 l.

On a tiré de ce Recueil quelques exemplaires sur grand papier de Hollande, 18 l.

PILLEMENT : (J.) son Œuvre, composée de 200 pièces. *Paris*, 1767, in-fol. 72 l.

PILLI. (Nicc.) Raccolta di Rime antiche. *Roma*, 1559, in-8. *assez rare*, 20 l.

PILOTE (le) de Saint-Domingue et des débouquements de cette île. *Paris*, impr. roy. 1787, gr. in-fol. 27 liv.

PILOTE (le) de Terre-Neuve. *Paris*, 1784, in-fol. atlas, 20 l.

PIMENTEL. (Manoel) Arte de Navegar. *Lisbona*, 1762, in-fol. 20 l.

PIN. (du) Voy. DUPIN.

PINÆI (Sev.) de integritatis et corruptionis Virginum notis: graviditate item et partu mulierum naturali, Opuscula. *Lugd. Bat.* 1641, in-12. 4 l.

Petit livre singulier. Toutes les éditions en sont bonnes.

PINCHINAT. (Barth.) Dictionnaire chronol., historiq. etc. sur l'Origine de l'Idolâtrie, des Hérésies, etc. *Paris*, 1736, in-4. 5 l.

PINCIUS (Janus Pyrrhus) de Gestis Ducum Tridentinorum, et Origine urbis Tridentinæ. *Mantuæ*, 1546, in-fol. 8 l.

PINCZOWIANI. Vid. RADZIVILLIUS.

PINDARI Opera; Callimachi Hymni, etc. gr. *Venetiis*, Aldus, 1513, in-8.

Edition rare et fort belle. Il en a été tiré quelques exemplaires sur vélin.

— Eadem, gr., cum scholiis græcis. *Romæ*, Calliergi, 1515, in-4. 40 l. Edition rare et recherchée.

— Eadem, gr. *Basileæ*, Cratander, 1526, in-8. Edition fort jolie et fort recherchée.

— Eadem, gr. *Parisiis*, 1558, in-4. 9 liv.

— Eadem, necnon cæterorum Lyri-

corum Carmina, gr. lat., ex recogn. H. Stephani. *Parisiis*, H. Stephanus, 1560 seu 1566 seu 1586, seu *Genevæ*, P. Stephanus, 1600, 2 vol. in-16. 10 l.

On a réimprimé plusieurs fois ce Recueil, mais les quatre éditions que nous venons d'indiquer sont les seules qui méritent d'être recherchées.

— Eadem, cum novem Lyricorum Carminibus, ab Æmilio Porto, gr. lat. *Commel.* 1598, in-8. 5 à 6 l.

— Eadem, gr. lat. *Antuerpiæ*, Plantinus, 1567, in-16. 7 l. Jolie édition, très-correcte.

— Eadem, gr. lat., cum scholiis gr., ex edit. P. Stephani. *Typ. ejusd. Stephani*, 1599, in-4. 8 l. Bonne édition.

— Eadem, gr. lat., cum notis Erasmi Schmidii. *Witteberg.* 1616, in-4. Edition recherchée à cause des notes qui sont très-savantes, 9 à 12 l.

— Eadem, gr. lat., ex edit. et cum scholiis Jo. Benedicti; cum Indice copioso. *Salmurii*, 1620, in-4. Edition estimée et peu commune, 15 l.

— Eadem, necnon cæterorum Lyricorum Carmina, gr. lat., cum scholiis gr. antiq., ex recens. et cum notis et vers. metricâ Nic. Sudorii. *Oxonii*, 1697 vel (titulo renovato) 1698, in-fol. Cette édition est la plus belle et la meilleure de cet auteur. Les exemplaires n'en sont pas communs, 72 à 80 l. Les exemplaires en grand papier sont extrêmement rares, et ne valent pas moins de 3 à 400 liv.

— Eadem, gr. lat. *Glasguæ*, Foulis, 1744, in-8. 6 l.

— Eadem, gr. *Glasguæ*, Foulis, 1754, 4 vol. in-64. 9 l. On a tiré de cette petite édition des exemplaires sur vélin et d'autres sur satin.

— Eadem, gr. lat. *Glasguæ*, Foulis, 1770, 2 vol. in-8. 10 l.

— Eadem, gr. lat., cum paraphrasi J. Benedicti. *Lond.* 1755, in-12. Edition très-jolie et très-correcte.

— Eadem, gr. et lat., ex edit. C. G. Heyne. *Gottingæ*, 1773-74, 2 vol. in-4. min. 9 à 12 l. — Gr. pap. de Holl. *très-rare*. Pour compléter cette édition, on y joint l'article suivant.

Carminum Pindaricorum Fragmenta, gr. Cur. J. G. Schneider. *Argentor.* 1776, in-4. 4 l.

— Eadem ,gr., cum scholiis, vers. lat., variis lect., Valckenari notis integris ac selectis alior. V.V.D.D., quibus suas adjunxit Fr. H. Egerton. *Oxonii*, 1796, gr. in-4. pap. vélin.

Belle édition.

— Eadem, gr. lat., cum notis C. G. Heyne. *Gottingæ*, 1798, 3 vol. en 5 part. in-8. 30 l. — Pap. fort, 48 l.

— Pindari Carmina et Fragmenta, gr., cum notis crit. Ch. D. Bockii. *Lipsiæ*, 1792, 2 vol. in-8. 15 l.

Bonne édition critique. Elle n'est pas achevée.

— Pindari Carmina selecta, cum scholiis græcis et notis Frid. Gedike. *Berolini*, 1786, pet. in-8.

Choix bien fait et avec des notes très-judicieuses.

— Jo. Corn. de Paw Notæ in Pindari Olympia, Pythia, Nemea, etc. *Trajecti ad Rhenum*, 1747, in-8.

Il est bon de joindre cet ouvrage aux éditions de Pindare.

—Pindaricum Lexicum, græco-lat., à Mar. Æmilio Porto. *Hanoviæ*, 1606, in-8. 15 l.

—Les Odes pythiques de Pindare, trad. en franç., avec des remarq. par Chabanon. *Paris*, 1772, in-8. 5 liv.

— Odes de Pindare, unique trad. complète en prose poétique, par P. L. C. Gin. *Paris*, 1801, in-8. 5 l.

— Ode di Pindaro, trad. in parafrasi e in rima toscana, da Aless. Adimari; con annot. *In Pisa*, 1631, in-4. fig. 8 l.

— Le medesime, gr. ital., trad. in canzone italiane, da G. B. Gauthier. *In Roma*, 1762, 65 et 1768, 4 vol. in-8. fig. 21 l.

Les Odes de Pindare ont été traduites en anglais, et imprimées à *Londres*, en 1749, in-4. 8 l.

PINDAR'S : Works. *Lond.* 1796, 4 vol. in-8. pap. vélin, 30 l.

Il ne faut pas confondre cet auteur avec le poète lyrique grec du même nom.

PINDEMONTE : (Ippolito) Poesie. *Parma*, Bodoni, 1800, 2 vol. in-8. 8 liv.

PINEL. (P.) Nosographie philoso-

phique, 3.e édit. *Paris*, 1807, 3 vol. in-8. 20 l.

— Médecine clinique, rendue plus précise et plus exacte par l'application de l'Analyse. *Paris*, 1804, in-8. 6 l.

PINELO. (Ant. de Leon) Question moral, si la bebida del chocolate quebranta el ayuno ecclesiastico. *En Madrid*, 1636, in-4. rare, 9 à 12 liv.

Traité singulier sur cette question, savoir si le chocolat peut rompre le jeûne ecclésiastique.

— Epitome de la Bibliotheca oriental y occidental, nautica y geograph. de D. A. de Leon Pinelo. *En Madrid*, 1637, in-fol. 15 l.

PINGRÉ. Cométographie, ou Traité historiq. et théorique des Comètes. *Paris*, impr. roy. 1783, 2 vol. in-4. 12 l.

— Voy. MANILIUS.

PINI (Pet. Matth.) Compendium instar Iudicis in Hippocratis Opera omnia. *Venetiis*, 1597, in-fol. 18 l.

Volume rare, et qui peut servir à toutes les éditions faites ou à faire des OEuvres d'Hippocrate.

PINKERTON. (J.) An Essay on medals, or Introd. to the Knowledge of ancient and modern coins and medals. *Lond.* 1789, 2 vol. gr. in-8. pap. vélin, fig. 30 l.

PINKERTON. (J.) Géographie moderne, rédigée sur un nouv. plan, trad. de l'angl. par C. A. Walekenaer. *Paris*, an 12 (1804), 6 vol. in-8. fig. et atlas in-4. 40 l. — Fig. color. 50 l. — Pap. vélin, fig. color. en plein, 110 l.

On a donné un Abrégé de cette Géographie en 1 vol. in-8. 8 l.

PINTO. (Peregrinaçao de Fernam Mendez) *En Lisboa*, 1614, in-fol. assez rare, 12 l.

Ce voyage, écrit en langue portugaise, était beaucoup plus recherché autrefois qu'il ne l'est aujourd'hui.

Il a été traduit en espagnol, *Valence*, 1645, in-fol., en hollandais, *Amst.* 1653, in-4. et en français, *Paris*, 1645, in-4.

PIOVINE. Voy. PEDRUSI.

PIRANESI. (Giov. Batt. e Fr.) Le Antichità romane. *In Roma*, 1756, 4 vol. gr. in-fol. 224 pl. tom. I à IV.

—Supplément aux Antiquités ro-

maines , gr. in-fol. 37 pl. tom. V.—
Monumenti degli Scipioni. 1785 ,
gr. in-fol. 6 pl. tom. VI.—De Romanorum Magnificentià et Architecturâ. *Romæ* , 1761 , gr. in-fol. 47
pl. tom. VII.—Différents Ouvrages
d'architecture étrusque , grecque
et romaine, 27 pl. — Diverses Compositions des prisons , 16 pl. — Anciens Arcs de Triomphe , Ponts ,
etc. , 32 pl.—Trophées d'Auguste,
etc. . 15 pl. gr. in-fol. tom. VIII.—
Le Rovine del Castello dell' acqua
Giulia. *In Roma* , 1765, gr. in-fol.
18 pl. , plus un Frontispice gravé.
—Lapides Capitolini , sive Fasti
consulares triumphalesque Romanorum. *Romæ* , 1762 , gr. in-fol. 1
pl. et un Frontispice gravé. — Antichità di Cora , gr. in-fol. 12 pl. ,
dont une double et un Frontispice
gravé. (Ces trois derniers articles
forment le tom. IX.) — Campus
Martius antiquæ urbis Romæ, 1762,
gr. in-fol. 54 pl. tom. X.—Antichità d'Albano e di Castel-Gandol-
fo, gr. in-fol. 55 pl. tom. XI. — Vasi , Candelabri , Cippi , ed ornamenti antichi. *Roma*, 1778, 2 vol.
gr. in-fol. 112 pl. tom. XII et XIII.
— Colonna Trajana. *In Roma* ,
1770 , gr. in-fol. 21 pl. — Colonne
Coolide de l'empereur Marc-Aurèle , 7 pl. — Colonne de l'Apo-
théose d'Antonin-le-Pieux , gr. in-
fol. (Ces trois derniers articles forment le tom. XIV.) —Ruines exté-
rieures et intérieures de trois temples grecs , à Pestum, dans le
royaume de Naples , gr. in-fol. 21
pl. tom. XV. — Vedute di Roma.
2 vol. gr. in-fol. 137 pl. tom. XVI
et XVII. — Choix des meilleures
Statues antiques, gr. in-fol. 41 pl.
tom. XVIII. — Théâtre d'Herculanum , gr. in-fol. 10 pl. tom. XIX.
— Différentes manières d'orner les
cheminées. *Rome* , 1769 , gr. in-fol.
69 pl. tom. XX et dernier.

On rencontre rarement des exemplaires
bien complets de cette Collection, 1600 l.

PIROLI. Voy. ANTIQUITÉS et MONU-
MENTS.

PIRON. (Alexis) Les deux Ton-
neaux , poëme allégor. — Le Temple de Mémoire , poëme allégor.

—Le Bâtiment de St.-Sulpice, ode.
Paris , Coustelier , 1744 , in-8.
Exemplaire imprimé sur vélin.

—Œuvres complètes d'Alex. Piron ,
publiées par Rigoley de Juvigny.
Paris , 1776 , 7 vol. in-8. 30 l. —
Pap. de Holl. 100 l.
Les amateurs de livres sotadiques , pour
compléter ces OEuvres , y joignent le vol.
suivant.
Poésies diverses (libres) d'Alexis Piron.
(*Neufchâtel*), 1775 ou (titre renou-
velé) 1793 , in-8.

—Les mêmes. *Paris* , 1776 , 9 vol.
in-12. 18 l.

— Chefs-d'Œuvre d'Alex. Piron. *Paris* , 1758, 3 vol. in-12. fig. de Cochin , 6 à 9 l.

PIRRHI (Rocchi) Sicilia sacra ; edit.
tertia , emendata et continuatione
aucta , stud. A. Mongitoris. *Panormi* , 1733 , 2 vol. in-fol. 15 l.
Bonne édition. Celle de 1644 , en 3 vol.
in-fol. est moins estimée.

PISANI (Octav.) Astrologia. *Antuerpiæ* , 1613 , in-fol. fig. 15 l.
Livre recherché et peu commun.

PISE ou PISAN. Voy. CHRISTINE.

PISIDÆ (Georg.) Opus sex dierum ,
seu mundi Opificium , poëma , gr.
lat. , stud. Fred. Morelli. *Parisiis,*
1585 , in-4. 6 l. —Gr. pap. 12 l.

PISIS. (Barth. de) Voy. BARTHE-
LOMÆUS.

PISONIS (Gul.) de Indiæ utriusque
Re naturali et medicâ lib. xiv.
Amst. Elzevir , 1658 , in-fol. fig.
20 liv.

— Ejusd. et alior. Histor a naturalis
Brasiliæ. *Lugd. Bat.* 1648, in-fol.
fig. 20 l.
On joint ordinairement ce vol. au précédent.

PISONIS (Homob.) Methodus medendi ; accessit nova in sanguinis
circuitionem Inquisitio. *Patavii* ,
1726, in-4. 10 l.

PISONIS (Nic.) de cognoscendis et
curandis morbis lib. iij ; cum Præfat. H. Boerhaave. *Lugd. Batav.*
1736 , 2 vol. in-4. 10 l.

PISTORII (Jo.) Ars cabbalistica.
Basileæ , 1587 , in-fol. tom. I. 10 l.
Cet ouvrage n'est point achevé.

— Scriptores Rerum Germanicarum ,
editâ à J. Pistorio. *Francof.* 1607 et
1613 , 3 vol. in-fol. 12 l.

—Iidem , ex edit. Bur. Gott. Struvii. *Ratisponæ* , 1726, 3 vol. in-fol. 20 liv.

Bonne édition.

PITAVAL. Voy. GAYOT.

PITHŒUS (Pet.) Vid. PERVIGILIUM Veneris.

PITISCUS. Vid. GRONOVIUS.

PITOT. Théorie de la manœuvre des vaisseaux. *Paris* , 1731 , in-4. fig. 8 liv.

PITTON. (J. Schol.) Hist. de la ville d'Aix , capitale de la Provence. *Aix* , 1666, in-fol. 8 l.

PITTON DE TOURNEFORT. (Jos.) Eléments de Botanique. *Paris*, impr. roy. 1694 , 3 vol. in-8. avec 451 pl.

Cet ouvrage , depuis moins de deux ans , est tombé dans un tel discrédit , qu'à peine va-t-il à 36 l. dans les ventes publiques.

On en rencontre quelquefois des exemplaires dont les figures ont été coloriées , 200 l.

—Institutiones rei Herbariæ. *Parisiis* , ex typ. reg. 1700, 3 vol. in-4. fig.

—Corollarium Institutionum rei Herbariæ. *Parisiis* , ex typ. reg. 1703, in-4. avec 13 pl. cotées 477 à 489.

On joint ce Corollaire aux 3 vol. précédents , 30 à 40 l.

Ces deux ouvrages ont été réimprimés à *Lyon*, en 1719 , en 3 vol. in-4. avec des *Appendix* donnés par Cl. de Jussieu ; mais cette réimpression est peu recherchée à cause de la médiocrité des épreuves des figures , 21 à 27 l.

—Eléments de Botanique ; édition augm. de tous les suppl. donnés par Cl. de Jussieu ; par N. Jolyclerc. *Lyon* , 1797, 6 vol. gr. in-8. avec 489 pl. 40 l.

—Hist. des Plantes qui naissent aux environs de Paris. *Paris* , imprim. roy. 1698 , in-12. 3 l.

—Relation d'un Voyage du Levant , avec des remarq. *Paris* , impr. roy. 1717 , 2 vol. in-4. fig. 33 l. — Pap. fin , 54 l.

Voyage estimé. Les exemplaires en papier fin ne sont pas communs. Ils sont distingués des exemplaires en papier ordinaire , par un astérisque placé à côté de chaque signature.

—La même. *Amst.* 1718 , 2 vol. in-4. 18 l. ou *Lyon* , 1717 , 3 vol. in-8. 24 liv.

Ces deux éditions sont beaucoup moins recherchées que celle de *Paris*.

PITTURE del Salone imperiale del Palazzo di Firenze. *In Firenze* , 1751 , gr. in-fol. 26 pl. 36 l.

PIVATI. (Gian Fr.) Dizionario scientifico e curioso sacro-profano , etc. *Venezia* , 1740 , 10 vol. in-fol. 45 l.

PLACCII (Vinc.) Theatrum Anonymorum et Pseudonymor., ex edit. J. A. Fabricii. *Hamb.* 1708 , 2 vol. in-fol.

—Bibliotheca Anonymorum et Pseudonym. detectorum ultrà 4000 Script. quorum nomina vera latebant anteà ad supplendum et continuandum V. Placeii Theatrum , collectà à J. C. Mylio. *Hamb.* 1740 , in-fol.

Ces deux ouvrages ne se séparent pas , 24 l.

PLACE. (Pier. Ant. de la) Collection de Romans et Contes imités de l'anglais. *Paris* , 1788, 8 vol. in-8. fig. 36 l. — Pap. vélin , 60 l.

—Tome Jones , imité de Fielding. *Paris* , Didot l'aîné , 1784 , 4 vol. in-18. pap. vélin , 24 l.

PLACE. (P. S. de la) Exposition du Système du monde , 3.e édit., revue et augm. *Paris* , 1808, in-4. 15 l.

On a tiré de cet ouvrage des exemplaires sur papier vélin.

—Mécanique céleste. *Paris* , an 8 (1800), 4 vol. in-4. 60 l. — Pap. vélin , 120 l.

—Théorie du mouvement et de la figure elliptique des planètes. *Paris* , 1784 , in-4. 12 l.

PLANCHER. (Urbain) Histoire gén. et particul. de Bourgogne. *Dijon* , 1739 et suiv. 4 vol. in-fol. 24 l. — Gr. pap. 50 l.

PLANCI (Jani) de Conchis marinis minùs notis, liber. *Romæ* , 1760, in-4. fig. 9 l.

—Ejusd. de Monstris ac Monstrosis quibusdam Epistola. *Venetiis* , 1749, gr. in-4. fig. 5 l.

PLANIS CAMPI: (Dav. de) ses Œuvres de médecine-chimique. *Paris*, 1646, in-fol. 7 l.

PLANQUE. (Fr.) Bibliothèque choisie de médecine , continuée par Goulin. *Paris* , 1748 et suiv. 12 vol. in-4. 60 à 72 l.

PLANTAVIT (J. de) Thesaurus Synonimicus hebr.-chald.-rabbinicus. *Lodovæ* , 1644, in-fol. 8 l.

PLANTE-AMOUR. (le Chev.)
L'Art de connaître les femmes, avec
une Dissert. sur l'Adultère. *La
Haye*, 1730, in-8. 7 l.

PLANTES dont on peut faire usage
dans les temps de famine, en chinois, 2 vol. in-4. 30 à 40 l.

PLATIÈRE. (le comte de la) Galerie
univ. des hommes qui se sont illus-
trés dans l'Empire des lettres. *Paris*, 1787, 6 vol. in-4. fig. 42 l.

PLATINÆ (B.) (Sacchi) Opus de
Vitis summorum Pontificum, à S.
Petro ad Sixtum IV. (*Venetiis*),
per Johannem de Colonia et J.
Manth. de Gherretzem, 1479, in-fol.
60 l.

Édition rare et la première de ce livre. Le
vol. n'a ni chiffres, ni réclames, mais seulement des signatures, lesquelles commencent par la lettre *a*, et finissent à la lettre
ff.

— Idem. *Nurembergæ*, 1481, in-fol.
charact. goth.

Cette seconde édition est encore assez recherchée.

— Les Généalogies, Faits et Gestes
des SS. Pères, Papes, etc. trad. du
lat. *Paris*, Gallyot Dupré, 1519,
in-fol.

Exemplaire imprimé sur vélin, et décoré de
miniatures.

— Hist. inclytæ urbis Mantuæ, et
serenissimæ Familiæ Gonzagæ, à P.
Lambecio edita. *Vindobonæ*, 1675,
in-4. 10 l.

Ouvrage estimé et rare. Il a été supprimé.

PLATONIS Opera, gr. *Venetiis*, Aldus, 1513, in-fol. 110 l.

Première édition grecque de cet auteur. Elle
est rare.
On fait mention de trois exemplaires imprimés sur vélin.

— Eadem, gr. *Basileæ*, 1534, in-fol.
Bonne édition.

— Eadem, gr. lat., ex novâ Jo. Ser-
rani vers. cum ejus annot., etc. *Parisiis*, H. Stephanus, 1578, 3 vol. in-
fol. 100 à 130 l. — Gr. pap. 700 l.

Belle édition, recherchée. Les exemplaires
en grand papier sont excessivement rares.

— Eadem, gr. lat., ex vers. Mars.
Ficini. *Lugd.* 1588 vel 1590, in-
fol. 18 à 24 l.

— Eadem, gr. lat., ex vers. Mars. Fi-

cini. *Francof.* 1602, in-fol. 40 à 50 l.
— Gr. pap. *très-rare.*

On préfère cette version (de Marsilius Fici-
nus) à celle de Serranus.

— Eadem, gr. lat., ex vers. Marsilii
Ficini. *Biponti*, 1781-88, 12 vol.
in-8. 96 l.

On a tiré de cette édition des exemplaires sur
papier de Hollande.

— Eadem, lat., Marsilio Ficino interpr. necnon ejusd. Ficini Theologia Platonica. *Venetiis*, 1491, in-fol.

Première édition avec date. Elle a été revue
par le savant Musurus, 50 à 60 l.

— Eadem, lat., ex vers. Marsilii Ficini. *Lugd.* 1550, 5 vol. in-16. 24 l.
Fort jolie édition.

— Ejusd. Platonis de Republicâ, sivè
de Justo, lib. x, gr. lat., ex recens.
et cum notis Edm. Massey. *Cantabrig.* 1713, in-8. 18 à 24 l.
Bonne édition.

— Idem opus, gr., edid. D. F. Astius.
Jenæ, 1804, in-8. 4 l.

— Idem opus, gr. lat., ex edit. J. J.
Stutzmann. *Erlang*, 1805, in-8.
6 l.

— Ejusd. Platonis de Rebus divinis
Dialogi selecti, gr. lat., ed. Jo.
North. *Cantab.* 1683, in-8. 8 à 10 l.

— Ejusd. Dialogi v, gr. lat., ex edit.
et cum notis Nath. Forster. *Oxonii*,
1745, in-8. 15 l.

Cette édition des Dialogues de Platon, de
Forster, est devenue rare. Le grand papier
sur-tout est presque introuvable aujour-
d'hui, et nous doutons que même à Londres on pût se le procurer à moins de six
guinées.

— Iidem, gr. lat., ex recens. et cum
notis Nath. Forster. *Oxonii*, 1752,
in-8. 9 l. — Gr. pap. 27 l.

Cette édition est moins correcte que la précédente.

— Iidem, gr. lat., ex recens. Nath.
Forster. *Oxonii*, 1765, in-8. 8 l.

— Ejusd. Platonis Dialogi iij; cum
Olympiodori Vità Platonis, et Albini in Dialogos Platonis Intro-
duct., gr. lat., operâ G. Etwall.
Oxonii, 1771, in-8. 12 l. — Gr.
pap. 18 l.

— Ejusd. Phædo, gr., cum lat. interpr. M. Ficini, ex recens. Jo.
Henr. Winkleri. *Lipsiæ*, 1744,
in-8. 9 l.

— Ejusd. Parmenides, sive de Ideis,

et uno rerum omnium principio
Dialogus , gr. lat. , stud. J. G.
Thomson. *Oxonii* , 1728 , in-8. 7 l.
Gr. pap. 15 l.

— Ejusd. Dialogi duo , Cratylus et
Theætetus , gr. , cum notis Frid.
Fischeri. *Lipsiæ* , 1770, in-8. 3 l.

— Ejusd. Dialogi tres , Sophista ,
Politicus et Parmenides , gr. , cum
notis F. Fischeri. *Lipsiæ* , 1774 ,
in-8. 4 l.

— Ejusd. Dialogi duo, Philebus et
Symposium , gr. , cum notis F.
Fischeri. *Lipsiæ* , 1776 , in-8. 3 l.

— J. Cornarii Ecloguæ in Dialogos
Platonis , curâ F. Fischeri. *Lipsiæ*,
1771 , in-8. 4 l.
Ce sont les meilleures éditions de ce que Fischer a fait sur Platon.

— Ejusd. Platonis Dialogi iv, Eu-
thyphro , Apolog. Socratis, Phædo,
Crito ; edit. tert. Fischer. *Lipsiæ*,
1783 , in-8. 9 l. — Pap. fin , 13 l.

— Ejusd. Dialogi selecti , annot. per-
petuâ illustravit L. F. Heindorf.
Berolini , 1802 , 1806, 3 vol. in-8.
26 l. — Pap. fin , 33 l.

— Ejusd. Euthydemus et Gorgias ,
gr. lat. , ex reeens. et cum notis M.
J. Routh. *Oxonii* , 1784 , in-8. 6 l.
— Gr. pap. 36 l.

— Chrestomathia Platoniana, gr. lat.,
ex recens. F. C. Müller. *Turici* ,
1756 , in-8. 10 l.

— Ejusd. Symposion , gr. et germ. ,
à F. A. Wolf. *Lipsiæ* , 1782 , in-8.
8 liv.

— Ejusd. Gnomologia, gr. lat. *Colon.*
Allobr. 1613 , in-24. 6 l.

— Ejusd. De Legibus libri xij , gr., ex
recens. Rutg. Rescii. *Lovanii* ,
1531 , in-4. 5 l.

— Scholia in Platonem . ed. Ruhnkenio. *Lugd. Bat.* 1800 , in-8. 6 l.
— Pap. fort, 9 l.
Pour lire avec fruit ce scholiaste, l'acquisition de l'édition grecque et latine, dés
OEuvres de Platon, *Lyon* , 1590, in-fol.
devient indispensable.

— Timæi Sophistæ Lexicon vocum
Platonicarum , cum animadv. Dav.
Ruhnkenii. *Lugd. Bat.* 1789, in-8.
9 l. — Pap. fort , 18 l.
Édition plus ample que celle de 1754.

— Platonis, Thucydidis et Demosthenis funebres Orationes, gr. *Ve-*
netiis , Aldus, 1549 , in-8.
Volume très-rare.

— La République de Platon , ou du
Juste et de l'Injuste , trad. en franç.
par de la Pillonnière. *Lond.* 1726 ,
in-4. 8 l.

— La même , trad. en franç. (par J.
Grou). *Amst.* 1763 , 2 vol. in-12.
7 liv.
Bonne édition.

— Les Lois de Platon , trad. en franç.
(par J. Grou). *Amst.* 1769, 2 vol.
in-12. 7 l. — Gr. pap. 12 l.

— Les Dialogues de Platon , trad.
en franç. (par J. Grou.) *Amst.*
1770 , 2 vol. in-12. 7 l. — Grand
pap. 12 l.

— Le Timée de Platon , trad. en
franç. par L. Le Roy. *Paris* ,
1551 , in-4. 7 l.

— Apologie de Socrate d'après Platon et Xénophon, avec des remarq.
sur le texte grec et la trad. franç.,
par F. Thurot. *Paris* , 1806 , in-8.
4 liv.

— Le Sympose de Platon, trad. du
grec en franç. par L. Le Roy. *Pa-*
ris , 1581 , in-4. 9 l.

— Les OEuvres de Platon , trad. en
franç. avec des remarq. , par André
Dacier. *Paris* , 1699 ou 1701, 2 vol.
in-12. 8 l.
L'édition d'*Amst.* 1700, 2 vol. in-12. vaut
5 à 6 l.

— Tutte le Opere di Platone , trad. in
ling. volgare , da Dardi Bembo. *In*
Venezia , 1601 , 5 vol. in-12. 15 l.
ou 1743 , 3 vol. in-4. 15 l.

PLATONISME (le) dévoilé. Voy.
SOUVERAIN.

PLAUTI (M. Accii) Comœdiæ xx ,
ex recogn. G. Alex. Merulæ. *Ve-*
netiis , Joan. de Colonia et Vindelinus de Spira , 1472 , in-fol.
Prix arbitraire.
Édition très-rare , et la première des Comédies de Plaute. Il est difficile d'en trouver
des exemplaires bien complets.

— Eædem , ex eâdem G. A. Merulæ
recogn. *Tarvisii* , Paulus de Ferraria et Dionysius de Bononia , 1482,
in-fol.
Édition rare et recherchée , 200 l.

— Eædem. *Mediolani* , Ulderius Scinzenzeler , 1490, in-fol.
Édition fort rare , et dont on fait beaucoup de cas.

— Eædem , ex interpr. et cum comment. J. P. Vallæ et Bern. Saraceni. *Venetiis* , per Sim. Papien-

sem, dictum Bevilaqua, 1499, in-fol. 24 l.

Cette édition et la suivante ne sont pas rares.

— Eædem, ex interpr. et cum comment. J. B. Pii. *Mediolani* , 1500, in-fol. 20 l.

— Eædem, cum comment. B. Saraceni et J. P. Vallæ. *Venetiis*, 1511, in-fol. 10 l.

Cette édition est ornée de figures en bois.

— Eædem, à Nic. Angelio. *Florent.* Junta, 1514, in-8. 9 l.

— Eædem, ex edit. Andreæ Asulani. *Venetiis*, Aldus , 1522, in-4. 36 à 45 liv.

— Eædem. *Florentiæ* , Junta , 1554, in-8. 7 l.

— Eædem, ex edit. Jo. Sambuci. *Antuerp.* Plantin, 1566, 2 vol. in-16. *lettres rondes* , 9 l.

— Eædem, ex edit. et cum comment. Diony. Lambini. *Parisiis* , 1577, in-fol. 7 l.

Cette édition a paru sous quatre dates différentes, savoir, 1577, 1579, 1587 et 1588. Les exemplaires en grand papier sont rares et chers, 50 l.

— Eædem, ex recogn. Jani Gruteri, cum comment. Frid. Taubmanni. *Wittebergæ* , 1621, in-4. 10 l.

Édition recherchée des savants par rapport aux excellents commentaires de Taubmann dont elle est enrichie.

— Eædem. *Amst.* Elzevir, 1652 , in-24. 4 l.

— Eædem , cum interpr. et notis Jac. Operarii; ad usum Delphini. *Parisiis* , 1679, 2 vol. in-4. 54 l.

Cette édition est l'une des moins communes de la Collection des auteurs *ad usum Delphini.*

— Eædem , cum notis Varior., ex recens. Jo. Frid. Gronovii. *Amst.* 1684, 2 vol. in-8. *lettres rondes* , 24 à 36 l.

Bonne édition. Elle entre dans la Collection des *Variorum.* Celle de 1669 est moins estimée , 9 à 12 l.

On doit joindre à ces deux vol. un troisième, donné en 1740, sous le titre de *Gronovii Lectiones Plautinæ.* Il vaut 8 ou 9 l.

— Eædem, à Mich. Maittaire. *Lond.* 1711 , 2 vol. in-12. 7 l. — Gr. pap. 16 liv.

— Eædem. *Patavii* , Cominus, 1725, 2 vol. in-8. 7 à 9 l.

Dict. Bibl. I.

— Eædem, ex recens. J. P. Miller. *Berolini* , 1755 , 3 vol. in-12. 10 l. Jolie édition.

— Eædem. *Parisiis* , Barbou, 1759, 3 vol. in-12. 20 l. — Pap. de Holl. 30 liv.

— Eædem, cum notis Varior. , ex recens. J. Aug. Ernesti. *Lipsiæ*, 1760 , 2 vol. in-8. 15 l.

Édition imprimée sur de mauvais papier.

— Eædem, ex eâdem edit. *Glasguæ*, 1763 , 3 vol. in-8.

— Eædem. Biponti , ex typogr. societatis , 1788, 3 vol. in-8. 12 l.— Pap. fin, 18 l.

Cette édition, qui est la seconde donnée par la société de Deux-Ponts , sort de la classe ordinaire des éditions de cette société, qui sont peu recherchées. Elle a été faite d'après les corrections du savant Brunck , et elle est très-bien exécutée.

— Eædem. *Viennæ*, 1792-1802, 7 vol. in-12. 24 l.

Cette jolie édition, ornée de gravures ; est due aux soins de Martin Span.

— Les Œuvres de Plaute , trad. en franç. avec le texte lat. à côté , et des remarq. par H. P. de Limiers. *Amst.* 1719, 10 vol. in-12. 36 l.

Cette traduction ne vaut pas beaucoup mieux que celle de Gueudeville. Si on la préfère , c'est parce que le latin est à côté , avantage que n'a pas celle de Gueudeville.

— Les Comédies de Plaute , trad. en style libre, avec des notes, par Gueudeville. *Leyde* , 1719, 10 vol. in-12. fig. 18 l.

PLENCK (Jos. Jac.) Icones Plantarum medicinalium secundùm systema Linnæi digestarum. *Viennæ* , 1788 et ann. seqq. 6 vol. in-fol. avec 600 pl. color.

On a employé pour les planches de cet ouvrage les cuivres qui avaient servi pour les ouvrages de botanique de Jaquin ; par ce moyen les figures sont médiocres ; néanmoins ce recueil est très-cher; il se vend à Vienne 1440 l. Il en existe peu d'exemplaires complets à Paris.

PLESSIS. (D. Toussaint du) Description de la Haute-Normandie. *Paris*, 1740, 2 vol. in-4. 9 l.

— Nouv. Annales de Paris, jusqu'au règne de Hugues Capet, avec le poëme d'Abdon sur le siège de Paris, par les Normans. *Paris*, 1753, in-4. 4 à 5 l. —Gr. pap. 9 à 12 l.

PLETHONIS Libellus de Fato, ejusdemque et Bessarionis Epistolæ Amœbc de eodem argumento, gr. lat., ex recens. H. S. Reimari. *Lugd. Bat.* 1722, in-8. 8 l.

PLINII SECUNDI (Caii) Historiæ naturalis lib. xxxvij. *Venetiis*, per Johann. de Spira , 1469, in-fol. Prix arbitraire.

Edition très-rare, et la première de ce livre. L'exécution en est fort belle.

Il y a des exemplaires imprimés sur vélin , qui sont des morceaux extrêmement précieux.

—Iidem. *Romæ* , Conr. Sweynheym et Arn. Pannartz, 1470 , in-fol. magno.

Seconde édition de ce livre. Elle n'est pas aussi rare que la précédente, mais elle est également très-recherchée des curieux.

— Iidem. *Venetiis*, Nic. Jenson , 1472, in-fol. 140 l.

Edition rare et recherchée. Il en existe des exemplaires sur vélin.

—Iidem. *Romæ* , Conr. Sweynheym et Arn. Pannartz , 1473, in-fol. 140 l.
Edition rare.

—Iidem, ex recens. Beroaldi. *Parmæ*, Steph. Corallus , 1476 , in-fol. 60 l.
Edition rare et bien exécutée.

— Iidem. *Tarvisii*, 1479 , in-fol. rare , 60 l.

— Iidem. *Venetiis* , 1486 , in-fol.

Les exemplaires de cette édition imprimés sur vélin sont précieux.

— Iidem. *Venetiis*, Aldus , 1535 et 1536 , 3 vol. in-8.

Edition rare et précieuse. La date de 1535 que porte le tome second , fait présumer qu'il aura été terminé avant le premier, qui est de 1536. Il faut joindre à ces trois vol. le suivant.

Index in C. Plinii Secundi naturalis Historiæ libros locupletior et castigatior , quàm qui hactenus impressi sunt. Venetiis , 1538 , in-8.

Cet *Index* est fort rare. Les quatre vol. réunis , 50 à 60 l.

—Iidem. *Venetiis* , Aldus , 1559, in-fol. 30 l.

— Iidem. *Lugd.* Junta , 1561 , 4 vol. in-16.
Petite édition bien imprimée , 12 à 15 l.

— Iidem. *Lugd. Bat.* Elzevir , 1635, 3 vol. in-12. 30 l.

Jolie édition. On n'en trouve pas facilement des exemplaires bien conservés.

—Iidem , cum notis Varior. , ex recens. Jo. Frid Gronovii. *Lugd. Bat.* 1669 , 3 vol. in-8, 54 à 72 l.

Cette édition entre dans la Collection des *Variorum.*

—Iidem, cum interpr. et notis Jo. Harduini ; ad usum Delphini. *Parisiis*, 1685, 5 vol. in-4. 100 à 120 l.

Cette édition fait partie de la Collection des auteurs *ad usum Delphini.* Les exemplaires n'en sont pas communs.

— Iidem , cum interpr. et notis J. Harduini. *Parisiis* , Coustelier , 1723 , 3 vol. in-fol. 80 l. — Gr. pap. 160 l.

Edition plus ample que la précédente. Elle est fort estimée.

Les exemplaires imprimés sur vélin sont rares et précieux.

Il y a une réimpression sous la date de *Paris* (*Basle*), 1741, 3 vol. in-fol. qui ne vaut pas plus de 36 à 40 l.

—Iidem, cur. J. P. Millero. *Berolini*, 1766 , 5 vol. in-12. 30 l.

Edition très-recherchée à cause de la table qui forme à elle seule deux volumes, et qui tient lieu de Commentaires.

— Iidem, cum notis Gabr. Brottier. *Parisiis*, Barbou, 1779, 6 vol. in-12. 48 l.—Pap. fin , 72 l.

— Iidem , ex edit. J. G. F. Franzii. *Lipsiæ*, 1778-91, 10 vol. in-8. 72 l. — Pap. fin , 100 l.
Edition peu estimée.

— Iidem. *Biponti*, 1783 , 5 vol. in-8. 12 liv.

Réimpression de l'édition de P. Hardouin, mais sans les notes.

— Historia naturale di C. Plinio Secundo , trad. dal lat. in ling. volgare , per Chr. Landino. *In Venezia* , Jenson , 1476 , in-fol. 80 l.

Edition rare et bien exécutée. C'est la première traduction italienne de l'Histoire naturelle de Pline. On en a tiré des exemplaires sur vélin , qui sont très-précieux.

— L'Histoire nat. de Pline, trad. en franç. , avec le texte lat. et des notes , par Poinsinet de Sivry. *Paris* , 1771 et suiv. 12 vol. in-4. 76 à 96 l.

— L'Histoire du monde de Pline ; avec un Traité des poids et mesures antiq. à la façon des Français, par Dupinet. *Paris* , 1608 , 2 vol. in-fol. 12 l.

— Traduction des 34, 35 et 36.e Livres de Pline l'ancien,, avec des notes, par Falconet. *La Haye*, 1773, 2 vol. in-8. 8 l.

—Morceaux extraits de l'Hist. natur. de Pline, par Gueroult. *Paris*, 1785, in-8. 6 l.

—Histoire naturelle des Animaux par Pline, trad. nouv., avec le texte lat., par P. C. B. Gueroult. *Paris*, 1802, 3 vol. in-8. 12 l.

—Histoire nat. de l'or et de l'argent, extr. de Pline, avec le texte lat. et des remarq. par Dav. Durand. *Lond.* 1729, in-fol. 15 l.

—Histoire de la Peinture ancienne, extr. de Pline, avec le texte lat. et des remarq. par Dav. Durand. *Lond.* 1725, in-fol. 15 l.

Ces deux ouvrages sont recherchés et peu communs.

— Vid. BARBARUS. (Herm.)

PLINII SECUNDI (Caii) Panegyricus Trajano dictus, cum notis. Varior. *Lugd. Bat.* 1675, in-8. 12 l.

—Idem, cum notis integris doct. viror. et adnot. Joan. Arntzenii. *Amst.* 1738, in-4. 12 l.

—Idem, cum notis Varior., ex edit. C. G. Schwartz. *Noribergæ*, 1746, in-4. 18 l.

Bonne édition.

— Idem. *Parisiis*, Renouard, 1796, in-18. pap. vélin, 4 l.

On a tiré de cette petite édition six exemplaires sur papier rose, et un sur vélin. Cet ouvrage a été traduit en italien par G. Soderini. *Venise*, 1688, in-12.

—Ejusd. C. Plinii Secundi Epistolarum lib. viij. *Edit. primaria anni 1471, absque loci et typ. nomine*, pet. in-fol. Prix arbitraire.

Cette édition est exécutée en lettres rondes, sans chiffres, signatures ni réclames.

La plupart des bibliographes pensent qu'elle a été imprimée par *Christophe Valdarfer*, vers l'année 1471. Les exemplaires en sont très-rares.

— Eædem Epistolæ. (*Romæ*, 1474), in-4.

Très-rare édition, imprimée à longues lignes, au nombre de 29 à la page, sans chiffres, signatures ni réclames.

—Eædem, ex recogn. Juviani Maii Parthenopii. *Neapoli*, M. Moravus, 1476, in-fol. *rare*, 48 l.

—Eædem, et Panegyricus Trajano dictus, etc. etc. *Venetiis*, Aldus, 1508 seu 1518, in-8. 18 à 24 l.

Ces deux éditions sont également bonnes.

— Eædem, et Panegyricus Trajano dictus, ab H. Stephano. *H. Steph.* 1591, in-12. 4 l.

— Eædem, et Panegyricus Trajano dictus; cum variis lect. *Lugd. Bat.* Elzevir, 1640, in-12. 10 l.

Jolie édition, peu commune.

— Eædem, et Panegyricus Trajano dictus; cum notis Varior., accur. J. Veenhusio. *Lugd. Bat.* 1669, in-8. 15 l.

Cette édition appartient à la Collection des *Variorum* in-8.

— Eædem, et Panegyricus Trajano dictus, cum variis lect. et annot. Vitâque Plinii, ordine chronolog. digestâ à N. Hearne. *Oxonii*, 1703, in-8. 8 l.

—Eædem, à Mich. Maittaire. *Lond.* 1722, in-12. 5 l.—Gr. pap. 9 l.

—Eædem, cum notis diversor. et animadv. Gott. Cortii et P. Dan. Longolii. *Amst.* 1734, in-4. 15 l.

Bonne édition.

— Eædem, et Panegyricus Trajano dictus, à J. M. Gesnero. *Lipsiæ*, 1739 vel 1770, in-8. 7 à 8 l.

— Eædem, et Panegyricus Trajano dictus. *Glasguæ*, Foulis, 1751, 3 vol. in-12. ou 1 vol. in-4. 7 l.

— Eædem, et Panegyricus Trajano dictus, operâ Jo. Nic. Lallemand. *Parisiis*, Barbou, 1769, in-12. 6 l.

— Pap. fin, 8 l.

— Eædem, et Panegyricus Trajano dictus, cum annot. Jos. Mat. Gesneri. *Lipsiæ*, 1770, in-8. 9 l.

—Eædem, et Panegyricus Trajano dictus. *Biponti*, 1789, 2 vol. in-8. 5 l.

—Eædem. *Londini*, 1790, in-12. pap. vélin.

Fort jolie édition. Vendu, rel. en mar., 25 l. chez Mirabeau l'aîné.

— Eædem, ex recens. et cum notis G. E. Gierig. *Lipsiæ*, 1800, 2 vol. in-8. 15 l.

—Eædem, et Panegyricus, cum notis G. H. Schœfer. *Lipsiæ*, 1805, in-8. 10 l. — Pap. fin, 15 l.

— Eædem, et Panegyricus, ex recens. G. E. Gierig. *Lipsiæ*, 1806, 2 vol. in-8. 8 l.

— Lettres de Pline le jeune, suiv. du Panégyrique de Trajan, trad. par de Sacy, avec le texte lat. *Paris*, 1808, 3 vol. in-12. 9 l.

L'édition de 1721, 3 vol. in-12. vaut 6 à 7 l.

PLOTINI Opera, gr. lat., ex interpr.
Mars. Ficini. *Basileæ*, 1580, in-fol.
Il y a des exemplaires sous la date de 1615.
— Eadem, lat., Mars. Ficino interpr.
Florentiæ, Ant. Miscominus, 1492,
in-fol. 36 l.
Edition rare et recherchée.

PLOUCQUET (G. G.) Initia Bibliothecæ medico-practicæ et chirurgicæ, sive Repertorii medicinæ-prac-
ticæ et chirurgicæ. *Tubingæ*, 1794
et 1797, 10 vol. in-4. 150 l.

PLUCHE. (Noël) Le Spectacle de la
nature. *Paris*, 1744 et suiv. 8 tom.
9 vol. in-12. fig. — Hist. du Ciel.
Paris, 1739, 2 vol. in-12. fig.
Les 11 vol. réunis, 24 à 30 l.
Les dernières éditions de ces deux ouvrages
sont si mal exécutées, qu'à peine en veut-
on pour 18 l. dans les ventes publiques.
— La Mécanique des Langues et l'Art
de les enseigner. *Paris*, 1751, in-12.
4 l.
Il faut qu'il s'y trouve le supplément.
— Concorde de la Géographie pour
différents âges. *Paris*, 1764, in-12.
3 l.

PLUKENETII (Leon.) Phytogra-
phiæ partes iij, sivè Stirpium illustr. et minùs cognitarum Icones.
Lond. 1691, 92 et 96, 3 vol. pet.
in-fol. fig. quelquefois reliés en un
seul.
— Ejusd. Almagestum botanicum.
Lond. 1696, pet. in-fol.
— Ejusd. Almagesti Botanici Mantissa. *Lond.* 1700, pet. in-fol.
— Ejusd. Amaltheum Botanicum.
Lond. 1705, pet. in-fol.
Ces 4 articles forment la Collection complète
des OEuvres de Plukenet. On les rassemble
assez difficilement, parce qu'ils ont été publiés en diverses années, :20 l.
Les trois premiers vol. contiennent 250 pl.
avec une explication latine au bas de chacune d'elles.
Les figures des trois autres se trouvent à la fin
du vol. intitulé, *Amaltheum.* Elles sont
cotées pour faire suite aux précédentes,
c'est-à-dire depuis 251 jusqu'à 454.
— Ejusd. Opera omnia botanica.
Lond. 1724 vel 1769, 6 tom. 4 vol.
in-4. fig. 60 l.

PLUMIER. (Car.) nova Plantarum
Americanarum Genera. *Parisiis*,
1703, in-4. fig. 12 l.
Vol. peu commun.
— Ejusd. Filicetum Americanum. *Pa-*

risiis, è typ. reg. 1703, in-fol. fig.
27 l.
— Plantarum Americanarum, quas
olim C. Plumier detexit eruitque,
Fasciculi x, cum descript. J. Burmanni. *Amst.* 1755, 10 part. 1 vol.
in-fol. fig. 30 l.
— Description des Plantes de l'Amérique. *Paris*, impr. roy. 1693, in-
fol. avec 108 pl. 36 l. — Fig. color.
80 l.
— Traité des Fougères de l'Amérique.
Paris, impr. roy. 1705, in-fol. avec
170 pl. 30 l.
On réunit ordinairement ce Traité au précédent. L'un et l'autre sont fort estimés et
peu communs.
— L'Art de tourner. *Paris*, 1749, in-
fol. fig. 24 l.
L'édition de *Lyon*, 1701, in-fol. vaut à-peu-
près le même prix.

PLUQUET. (l'abbé) Dictionnaire des
Hérésies. *Paris*, 1762, 2 vol. pet.
in-8. 8 l. — Gr. pap. 12 l.

PLUTARCHI Opera, gr. *Venetiis*,
Aldus, 1509 et 1519, 2 vol. in-fol.
80 l.
Edition fort correcte.
Il y a des exemplaires sur vélin.
— Eadem, gr. lat., cum appendice et
adnot. H. Stephani. *Typ. ejusd.
Stephani*, 1572, 13 vol. in-8. 100
à 140 l.
Edition fort estimée, et dont il est rare de
trouver des exemplaires bien conservés.
Le XIII.e vol. intitulé, *Plutarchi Vitarum
comparatarum Appendix*, manque assez
souvent.
Cet *Appendix* est absolument nécessaire,
parce qu'il renferme les notes d'Henry
Etienne, et celles de divers autres savants.
— Eadem, gr. lat., ex interpr. Herm.
Cruserii et Wilh. Xylandri, cum
notis doctor. viror. necnon variantib. lect., ex recens. Maussaci. *Parisiis*, è typ. reg. 1624, 2 vol. in-
fol. 80 l. — Gr. pap. 240 l.
Edition estimée et peu commune.
Les personnes qui ne peuvent atteindre le
prix de cette édition, se contentent de
celle imprimée à *Francfort* en 1620,
2 vol. in-fol. 18 à 24 l.
— Eadem, gr. lat., cum notis Varior.,
ed. Jo. Jac. Reiske. *Lipsiæ*, 1774-
1782, 12 vol. in-8. 160 l.
Excellente édition, peu commune.
— Eadem, cum notis et comment.,

ed. Hutten. *Tubingœ*, 1791-1805, 14 vol. in-8. 80 l.

Cette édition est peu correcte. On en a tiré des exemplaires sur papier fort.

— Vitæ, gr. *Florent.* Junta, 1517, in-fol.

Première édition.

— Eædem, gr. lat., cum notis et ex recens. Aug. Bryani. *Lond.* Tonson, 1729, 5 vol. in-4. 72 l.

Fort belle édition, recherchée. Il faut y joindre les Apophthegmes de Plutarque imprimés en 1741, en 1 vol. in-4.

M. Coray prépare une édition grecque des Vies de Plutarque, avec des notes. L'ouvrage aura 7 à 8 vol. in-8. On imprime le troisième.

— Moralia, gr. lat., cum animadv. et notis Dan. Wittenbach. *Oxonii,* 1795, 6 vol. gr. in-4. pap. vélin, 300 à 350 l.

Cette édition des OEuvres morales de Plutarque fait suite à celle des Vies des Hommes illustres, du même, publiées par Aug. Bryan, à *Londres*, en 1729, 5 vol. in-4. Voy. ci-dessus.

— Eadem, gr. lat., cum animadv. et notis Dan. Wittenbach. *Oxonii,* 1795-1802, 10 vol. in-8. 96 à 110 l.

On a tiré de cette édition des exemplaires en grand papier.

— Vitæ Parallelæ, è gr. lat. redditæ à div. authoribus, ex recogn. J. A. Campani. *Romæ*, Udalricus Gallus, absque anni notâ, in-fol. 200 l.

Edition rare et la première de ce livre. On la croit imprimée vers l'année 1470.

— Eædem, è gr. lat. redditæ. *Venetiis*, N. Jenson, 1478, in-fol.

Quoique moins rare que la précédente, cette édition est néanmoins fort recherchée des curieux, 100 l.

— Apophtegmata, gr. lat., à Mich. Maittaire. *Lond.* 1741, in-4. 10 l.

Ces Apophthegmes se joignent aux Vies des hommes illustres de Plutarque, édition de *Lond.* 1729, 5 vol. in-4.

— Eadem, gr. lat., ex recens. Steph. Pemberton. *Oxonii,* 1768, in-8. 8 liv.

— Eadem, lat., ex interpr. Fr. Philelphi. *Venetiis*, Vindelinus de Spira, 1471, in-fol.

Première édition de ce livre. Les exemplaires en sont rares.

— De Iside et Osiride liber, gr. et angl., ex recens. Sam. Squire. *Cantabrig.* 1744, gr. in-8. 12 l.

— Liber de Serâ Numiuis vindictâ, gr. lat., ex recens. Dan. Wittenbach. *Lugd. Bat.* 1772, in-8. 8 l.

— De Liberis educandis; Hieronymus de Officiis liberorum erga parentes, etc. *Parmœ*, 1472, in-4. de 40 feuillets.

On doit la découverte de cette rarissime édition à M. Pezzana, bibliothécaire à Parme. Elle est imprimée à longues lignes, en lettres rondes, sans chiffres, signatures ni réclames.

— De Puerorum educatione, cum notis Chr. Aug. Heumanni, à Jac. Frid. Heusingero, gr. lat. *Lipsiæ,* 1749, in-8.

Bonne édition.

— De Educatione Liberorum liber, gr., ex recens. Jo. G. Schneider. *Argentorati*, 1775, in-8. 8 l.

— De Discrimine Amici et Adulatoris, à Chr. Aug. Krigel, gr. *Lipsiæ*, 1775, in-8.

— Commentarius quomodo adolescens poetas audire debeat, gr. lat., ex interpr. Xylandri, cur. J. T. Krebsii. *Lipsiæ*, 1779, in-8. 7 l.

— De Placitis Philosophorum lib. v, gr. lat., ex recens. Ed. Corsinii. *Florentiæ*, 1750, in-4. 5 à 6 l.

— De Vitiosâ verecundiâ Comment., gr. lat., recens. C. F. Matthæi. *Mosquæ*, 1777, in-8. 10 à 12 l.

— Plutarchus de Superstitione, et Demosthenis Oratio funeb. in laudem Atheniensium, gr. lat., cum notis varior., recens. C. F. Matthæi. *Mosquæ*, 1778, in-8. 10 à 12 l.

— Plutarchi ex Operibus excerpta quæ ad artes spectant, cum annot. J. F. Faccii. *Lipsiæ*, 1805, in-8. 4 liv.

— Plutarchi, Demosthenis et Ciceronis Vitæ parallelæ, gr., recens., lat. reddidit, et notis illustr. Phil. Barton. *Oxonii*, 1744, in-8. 8 l. —Gr. pap. 18 l.

— Les Vies des Hommes illustres de Plutarque, transl. du grec en franç. par Jacq. Amyot. *Paris*, Vascosan, 1559, 2 vol. in-fol.

Exemplaire imprimé sur vélin.

— Les mêmes Vies, et de la même traduction. *Paris*, Vascosan, 1567, 6 vol. in-8. — OEuvres morales de Plutarque, trad. du grec par le même Amyot. *Paris*, Vascosan,

1574, 7 vol. in-8. 180 à 200 l. — Gr. pap. *très-rare.*

Édition très-correcte et fort bien exécutée. Le tom. VI des Vies doit renfermer une partie séparée de 150 pages, contenant les Vies particulières d'*Annibal* et de *Scipion l'Africain*, trad. en français par Ch. de Lécluse. Les exemplaires où cette partie manque perdent beaucoup de leur valeur.

On joint ordinairement à ces 13 volumes, la *Decade contenant les Vies du dix Empereurs, extraites et traduites de divers auteurs, par Ant. Allègre. Paris,* Vascosan, 1567, in-8. ou 1556, in-4.

— Les Œuvres de Plutarque, transl. du grec en français, par le. même Amyot. *Paris,* Vascosan, 1565 et 1575, 4 tom. 2 vol. in-fol. 24 à 30 l. — Gr. pap. 50 à 60 l.

Édition assez estimée.

— Les Vies des Hommes illustres de Plutarque, trad. en franç. avec des remarq. par Andr. Dacier. *Paris,* 1721, 8 vol. in-4. 50 l. — Gr. pap. 72 liv.

A ces 8 vol. on joint le suivant.

Les Vies des Hommes illustres, omises par Plutarque, trad. de l'angl. de Th. Rowe, par Fr. Bellanger. *Paris,* 1734, in-4.

— Les mêmes, de la trad. précédente, avec le suppl. des Vies omises. *Amst.* 1724, 10 vol. in-12. 24 à 36 liv.

Cette petite édition est recherchée.

— Les mêmes, et de la même trad. *Paris,* 1778, 12 vol. in-12. 36 l. ou *Paris,* 1762, 14 vol. in-12. 40 l.

— Les Œuvres de Plutarque, trad. en franç. par Jacq. Amyot, avec des observat. par Gabr. Brotier et Vauvilliers. *Paris,* Cussac, 1783 et suiv. 22 vol. in-8. fig. 130 l. — Pap. de Hollande, 200 l.

On a tiré de cette édition, bien exécutée, des exemplaires de format in-4. sur papier fin d'Annonay, et 12 seulement sur papier vélin. Ces derniers sont chers.

— Les mêmes, et de la même trad. Édition revue et augm. par E. Clavier. *Paris,* Cussac, 1801, 25 vol. in-8. fig. 150 l. — Pap. fin, 212 l. — Pap. vélin, 412 l.

Cette édition est plus ample que celle de 1783, mais elle est moins bien exécutée. Les prix indiqués sont ceux de l'éditeur.

— Les mêmes, trad. en franç. par le même J. Amyot. *Paris,* J. F. Bas-

tien, 1784, 18 vol. in-8. 84 l. — Format in-4. 120 l.

Il y a du dernier format des exemplaires sur papier vélin, 180 l.

— Les mêmes, trad. en franç. par Dominique Ricard. *Paris,* 1783, 30 vol. in-12. 78 l.

Les Œuvres morales forment 17 vol. et les Vies des hommes illustres, 13. Cette traduction est fort estimée.

— Dialogue de Plutarque sur la musique, trad. du grec en franç. par J. P. Burette. *Paris,* impr. roy. 1735, in-4.

Ce volume n'a été tiré qu'à 12 exemplaires seulement.

— Traité de Plutarque sur la manière de discerner un flatteur d'avec un ami, et le Banquet des sept Sages, en grec et en franç. par La Porte du Theil. *Paris,* impr. roy. 1772, in-8. 6 l.

— Le Vite di Plutarco, trad. del lat. in volgare, per Batt. Alex. Jaconello de Riete. *In Aquila,* 1482, in-fol.

Cette édition qui n'a d'autre mérite que sa date, ne renferme que la première partie de l'ouvrage, c'est-à-dire vingt-six Vies.

— Le medesime, trad. da Lod. Domenichi ed altri, confrontate co' testi greci per Lion. Ghini, etc. *In Vinegia,* 1567, 2 vol. in-4. 15 l.

Cette version italienne des Vies de Plutarque est très-estimée. Il faut y ajouter l'article suivant :

— Gioje istoriche aggiunte alla prima e seconda parte delle Vite di Plutarco, da Orazio Toscanella. *In Venezia,* 1567, 2 tom. 1 vol. in-4.

— Le Vite di Plutarco, trad. da Pompei, con varie note. *Milano,* 1798, 9 vol. in-8. 36 l.

— Precetti per ben dirigere uno stato, volgarizz. dal testo gr. di Plutarco da G. F. S. (Scarrone). *Parma,* Bodoni, 1796, in-4. 9 l.

— Plutarch's Lives, in to english, by Dryden. *Lond.* 1749, 10 vol. in-12. 30 liv.

— The same, in to english, by Langhorne. *Lond.* 1792, 6 vol. in-8. gr. pap. 36 l.

— Plutarch's Morals, transl. from the greek. *Lond.* 1704, 5 vol. in-8. 30 liv.

— Las Vidas de Plutarco, trad. de

lat. en romance por el coronista
Alf. de Palencia. *En Sevilla*, 1491,
2 vol. in-fol. goth.
Première édition très-rare et imprimée sur
deux colonnes.
— Voy. Epictete.
PLUVINEL. (Ant. de) L'Instruction du roi Louis XIII dans l'exercice de monter à cheval. *Paris*,
1625, in-fol. fig. de Crespin de Pas,
30 liv.
Cette édition est la plus recherchée de ce
livre, à cause de la beauté des épreuves
des figures.
POÇA. (Andr. de) De la antigua
Lengua, poblaciones y comarcas
de las Espanas, en que de Paso se
tocan algunas cosas de la Cantabria.
En Bilbao, 1587, in-4.
Petit ouvrage curieux et rare, 12 à 15 l.
POCOKE. (Rich.) A Description
of the East and Some other Coun-
tries. *Lond.* 1743, 3 vol. in-fol. fig.
100 à 130 l.—Gr. pap. 200 à 250 l.
PODESTÆ (J. B.) Cursus gram-
maticus Linguarum orientalium.
Viennæ Austriæ, sine anno, 2
vol. in-4. 18 l.
POELLNITZ. (de) Voy. Amusements
des eaux d'Aix-la-Chapelle, — de
Spa.
POEMATA selecta Italorum, cu.
A. Pope. *Lond.* 1740, 2 vol. in-8.
12 à 15 l.
POEMETTI diversi : Ero e Leandro,
Tirteo, Teti e Peleo, etc. *Parigi*,
Renouard, 1801, in-12. fig.
On a tiré de ce Recueil 3 exemplaires sur
papier rose, et 4 sur vélin.
POÉSIES (Mélanges de), par Mme
de M. *Paris*, Didot l'aîné, 1782,
in-18. pap. vélin.
Volume tiré à petit nombre.
POETÆ græci vet. heroïci, tragici,
comici, etc., gr. lat., ex recens.
et cum notis Jac. Lectii. *Aurel.
Allob.*, 1606, et *Genevæ*, 1614, 2
vol. in-fol. 60 l.
Ouvrage estimé et peu commun.
POETÆ græci principes heroïci car-
minis et alii nonnulli, græcè, ex
edit. Henr. Stephani. *Parisiis*, H.
Stephanus, 1566, in-fol. 80 l.
Ouvrage fort estimé. Les exemplaires en
grand papier sont extrêmement rares, et
ne valent pas moins de 7 à 800 l.
POETÆ minores græci, cum observat. Radulphi Wintertoni in He-

siodum, gr. lat. *Cantab.* 1652, in-8.
15 liv.
Belle édition, très-correcte.
La première édition de cette Collection de
Poètes grecs, a paru à *Cambridge* en
1635, et a été réimprimée dans les années
1661, 1671, 1677, 1684, 1700, 1712 et
1739, de format in-8. 8 à 10 l. chaque.
POETÆ latini minores, cum notis
Varior., cur. Pet. Burmanno. *Leydæ*, 1731, 2 vol. in-4. 36 l. — Gr.
pap. 100 l.
—Iidem. *Glasguæ*, Foulis, 1752,
in-8. 6 l.
— Iidem, curâ J. C. Wernsdorfii.
Altinburgi, 1780-92, 6 tom. 10
vol. in-8. 50 l.
Cette Collection a été fort bien reçue.
POETÆ tres egregii nunc primùm in
lucem editi : Gratii de Venatione
lib. j. P. Ovidii Nasonis Halieuti-
con. M. A. Olymp. Nemesiani Cy-
negeticon lib. j. T. Calphurnii Bu-
colica. Adriani Card. Venatio. *Ve-
netiis*, Aldus, 1534, in-8.
Il existe de ce rare volume des exemplaires
sur vélin.
POETÆ lat. Rei Venaticæ Scripto-
res, et Bucolici antiq., cum notis
Varior. et observ. G. Kempheri.
Lugd. Bat. 1728, in-4. 24 l. —
Gr. pap. 48 l.
Livre estimé.
POETÆ christiani veteres. *Venetiis*,
Aldus, 1501 et 1502, 2 vol. in-4.
Collection rare et précieuse. On en trouve
difficilement des exemplaires bien com-
plets.
POETÆ satyrici minores, de cor-
rupto Ecclesiæ Statu, ed. M. Z.
Boxhornio. *Lugd. Batav.* 1633,
in-16. 5 l.
Peu commun.
POETARUM veterum ecclesiastico-
rum Opera christiana, et operum
Reliquiæ atque Fragmenta, ex re-
cens. Georg. Fabricii. *Basileæ*,
1564, in-4. 8 l.
POETEVIN. (E. L.) Dictionnaire
suisse, franç.-allemand, et allemand-
franç. *Basle*, 1754, 2 vol. in-4. 24 l.
POETS (the) of Great-Britain, complete from Chaucer to Churchill,
Bell's edition. *Edinburg*, 1778 et
suiv. 109 vol. in-18. fig. 240 l.
Cette Collection est composée des auteurs
suivants :
Chaucer, 14 vol.—Spencer, 8 vol.—Donne,

3 vol.— Waller, 2 vol.— Milton , 4 vol. — Butler , 3 vol. — Denham , 1 vol. — Cowley , 4 vol. — Dryden , 3 vol.— Roscommon , 1 vol. —Cunningham , 1 vol. — King , 2 vol.—Prior , 3 vol. — Lansdowne , 1 vol.—Pomfret , 1 vol.— Swift, 4 vol.— Congreve , 1 vol. — Addisson , 1 vol.— Rowe , 1 vol.— Watts , 7 vol. — Philips (J.) and Smith , 1 vol.— Parnell, 2 vol.—Garth , 1 vol.—Hugues , 2 vol.— Renton , 1 vol. — Tickell , 1 vol. —Somerville , 2 vol. — Pope , 4 vol. — Gay, 3 vol. — Broome , 1 vol. — Young , 4 vol. — Savage , 2 vol. — Pitt , 1 vol.— Thompson , 2 vol.— Philips, (A.) 1 vol. — Dyer , 1 vol. — West, (Gilb.) 1 vol. — Littleton , 1 vol. — Hammond and Collins , 1 vol. — Moore , 1 vol. — Shenstone , 2 vol. — Mallet , 1 vol. — Armstrong , 1 vol. — Gray and West , (R.) 1 vol.—Akenside , 2 vol.— Buckingham , 1 vol. — Churchill , 3 vol.

POGGII (Fr.) Florentini, Facetiarum Liber. *Editio vetustissima*, *absque loci et anni indicat.* in-4. 80 liv.

Edition très-rare, et l'originale de ce Recueil. Elle est exécutée à longues lignes, au nombre de 23 à la page , sans chiffres , signatures ni réclames. On présume qu'elle a été imprimée à *Rome* , par G. Laver ou Ulric Han , vers l'année 1470.

—Idem. *Editio vetus, et secunda originalis,absq. ullá loci, impress. et anni indicatione ; litteris quadratis excusa circà ann.* 1470. Pet. in-fol. 50 l.

Cette édition est encore très-rare et fort bien exécutée. On la croit sortie des presses de Vindelin de Spire ou de Nic. Jenson.

—Idem. *Ferrariæ*, (1471), in-4.

Edition citée par Maittaire. On n'en connaît pas d'exemplaires.

— Idem. (*Noribergæ*), per Fred. Creusner, 1475 , in-fol.

Première édition avec date. Elle est très-rare.

—Idem. *Mediolani*, Chr. Valdarfer , 1477 , in-4. *rare*.

—Idem. *Mediolani*, Leon. Pachel et Ulder. Scinzinzeller , 1481 , in-4. *rare*.

— Idem. — *Laur. Vallæ* Facetiæ morales. — *Fr. Petrarchæ* de Salibus Virorum illustr. ac Facetiis liber. *Parisiis* , absque anni notâ , in-4. 18 liv.

Cette édition est recherchée par rapport aux différents Traités qu'elle renferme. Elle a paru vers l'année 1477.

—Facetie di Poggio. *In Venez.* 1527 , in-8. 9 l.

Les éditions de *Venise*, 1531 , in-12. et 1547 , in-8. valent 5 à 6 l.

—Les Facéties du Pogge, transl. du lat. en franç. *Paris* , Bonfons, 1549 , in-4. 8 l.

—Les Contes facétieux et joyeuses Récréations du Pogge , trad. du lat. en français. *Paris* , 1605 , in-16. 6 l.

Ces deux éditions françaises des Facéties de Pogge sont assez recherchées et peu communes.

—La Historia Fiorentia di Fr. Poggio, trad. del lat. in ling. fiorentina , da Jac. Poggio, il suo figliuolo. *In Vinegia* , Jac. de Rossi, 1476, in-fol. 50 l.

Première édition rare et bien exécutée. On réunit assez souvent cette Histoire de Florence , de Pogge, à celle de Léonard Arétin. Voy. *Arétin*.

— F. Poggii Historiæ convivales disceptativæ, Orationes, Invectivæ , Descript. quædam et Facetiarum liber. *Argentinæ*, 1510 , petit in-fol. 10 liv.

Bonne édition. Celle de *Basle* , 1538 , quoique plus ample , n'est cependant pas aussi recherchée.

POGONOLOGIE, (la) ou Discours facétieux des Barbes, par R. D. P. *Rennes* , 1589, in-8. 8 l.

Livre recherché pour sa singularité.

POIRET (Pet.) de Eruditione triplici, solidà , superficiarià et falsâ , lib. iij. *Amst.* 1707, 2 vol. in-4. 8 liv.

POIRET. Voyage en Barbarie , ou Lettres écrites de l'ancienne Numidie , pendant les années 1785-86. *Paris* , 1789, 2 vol. in-8. 12 l.

POIS. (Ant. le) Discours sur les Médailles et Gravures antiques. *Paris*, 1579, in-4. fig. 32 l.

Ouvrage curieux et recherché.

Le Priape qui doit se trouver au verso de la page 146 , est quelquefois taché d'encre ou mutilé.

POISLE: (J.) sa Légende. 1576, in-8.—Advertissement et Discours des Chefs d'accusation, et points principaux, du Procès criminel fait à M.tre J. Poisle. 1582. — Arrêt de la Cour du parlement contre ledit J. Poisle. in-8.

On trouve peu d'exemplaires de ces deux petites pièces.

POITEAU (A.) et P. TURPIN. Flora Parisiensis, secundùm systema sexuale disposita. *Parisiis*, 1808, in-fol. livraisons 1-7. fig. col. 175 l.
—Pap. gr. colombier vélin, dont il n'existe que 12 exempl. 336 l. — In-4. pap. ordin. fig. noires, 63 l. Prix de l'éditeur.

POLDO D'ALBÉNAS. (J.) Discours historial de l'antiquité et illustre cité de Nismes. *Lyon*, 1559, pet. in-fol. fig. 8 l.

POLEMONIS, HIMERII, et aliorum quorumdam, Declamationes, gr. *Parisiis*, H. Stephanus, 1567, in-4. 8 l.
Première édition.

POLENI (J.) Galliæ Antiquitates quædam selectæ et in plures Epistolas distributæ. *Veronæ*, 1734, in-4. fig. 15 l.

POLENUS. Vid. GRONOVIUS.

POLI (Xav.) Testacea utriusque Siciliæ. *Parmæ* (Bodoni), 1792, 3 vol. gr. in-fol. fig. 300 l.
Superbe ouvrage.

POLI (Matth.) Synopsis Criticorum Sacræ Scripturæ, ex recens. Leusden. *Ultrajecti*, 1684, 5 vol. in-fol.

Quoique cette édition soit moins belle que celle de *Londres*, 1669, 5 tom. 9 vol. in-fol., les savants la lui préfèrent, à cause des augmentations qu'elle renferme. L'une ou l'autre, 40 à 60 l.
Les réimpressions d'Allemagne ne sont pas estimées.

POLI, Cardin. (Reginaldi) de Concilio Liber. *Romæ*, Paulus Manutius, 1562, in-4.

C'est le premier volume imprimé à *Rome* par Paul Manuce. On le trouve presque toujours réuni au suivant.

— Reformatio Angliæ, ex decretis Reginaldi Poli, Card. sedis apostolicæ Legati anno 1556. *Romæ*, Paulus Manutius, 1562, in-4. de 27 feuillets.
Ces deux ouvrages sont rares.

— Ejusd. Poli Epistolæ. *Brixiæ*, 1744 et 1748, 4 vol. in-12. 12 l.

POLIGNAC. (Melch. de) Anti-Lucretius. *Parisiis*, 1747, 2 vol. in-8. 6 liv.

— Le même poëme, trad. en franç. par J. P. de Bouguainville. *Paris*, 1749, 2 vol. in-8. 7 l.
Dict. Bibl. I.

— Anti-Lucrezio, trad. di lat. in verso sciolto ital; dal P. Don Fr. Mar. Ricci; lat. cd ital. *Verona*, 1767, 3 vol. in-4. 12 l.

POLIPHILUS. Vid. COLUMNA.

POLITI (Ambr. Cath. Lancelotti) Opuscula. *Lugd.* 1542, in-4. 5 l.
— Voy. OCCHINO.

POLITIANI (Ang.) Opera omnia. *Venetiis*, Aldus, 1498, in-fol. 70 l.
Cette belle et rare édition est plus ample que celle de *Florence*, 1499, in-fol. mais moins complète que celle de *Bâle*, 1553, in-fol. la seule où se trouve l'Histoire de la conjuration des Pazzi.

— Stanze, incominciate per la Giostra del magnifico G. di Piero de' Medici. *In Vinegia*, Aldo, 1541, in-8.
Edition très-rare.

— Le stesse. *Firenze*, 1568, in-8. 6 liv.

— Le stesse. *Padova*, 1728, in-8. gr. 5 l.
Edition citée par la Crusca.

— Le stesse. *Bergamo*, 1747, in-4. 5 liv.
Belle édition.

— Le stesse. *Padova*, 1751, in-8. 5 liv.
Edition publiée par Serassi.

— Le stesse, colla giunta dell' Orfeo e di altre Poesie. *Padova*, 1765, in-8. 5 l.
Bonne édition parmi les modernes.

— Le stesse. *Parma*, Bodoni, 1792, pet. in-4. 8 à 9 l.
Belle édition, tirée à 152 exemplaires en papier ordinaire, 10 sur papier vélin, plus, quelques-uns sur peau de vélin, et étoffe de soie.

— La Favola d'Orfeo. *Firenze*, 1513, in-4. picc. 5 l.

— La stessa. *Padova*, G. Comino, 1749, in-8, 6 l.
Il y a des exemplaires sur papier bleu.

POLITIQUE (le) du temps. Ouvrage qui traite de la puissance, authorité et du devoir des Princes. 1650, in-12. 10 l.

Cet ouvrage, attribué sans fondement à Fr. Davenne, est assez rare.
Il en existe une contrefaction qu'il est facile de reconnoître, parce qu'elle porte sur son intitulé, *Jouxte la Copie.*

POLIZIANO. (Ang.) Vid. POLITIANUS.

POLLICH (Jo. Adami) Historia Plan-
54

tarum in Palatinatu electorali
sponté nascentium. *Mannhemii*,
1776, 3 vol. in-8. fig. 20 l.

POLLUCIS (Jul.) Onomasticon,
seu Dictionarium Linguæ græcæ,
gr. editum. *Venetiis*, Aldus, 1502,
in-fol. 54 l.

Première édition de ce livre. Elle est rare
et recherchée.

— Idem, gr. *Florentiæ*, apud B.
Juntam, 1520, in-fol.

Cette édition, quoique belle, n'est pas aussi
recherchée que la précédente, 20 l.

— Idem, gr. lat., ex vers. Rodolphi
Gualtheri, cum notis varior., ex
recens. Tib. Hemsterhusii. *Amst.*
1706, 2 vol. in-fol. 60 l. — Gr. pap.
90 à 100 l.

Cette édition est la meilleure de ce livre.
Les exemplaires en grand papier sont
rares.

— Historia physica, seu Chronicon
ab origine mundi usque ad Valen-
tis tempora, gr. lat., cum notis
Ign. Hardt. *Monachii*, 1792, in-8.
pap. fin, 12 l.

POLMAN. (J.) Le Chancre ou Cou-
vre-sein féminin, etc. *Douay*, 1635,
in-8. 12 l.

Ouvrage rare et singulier.

POLYÆNI Strategematum lib. viij,
gr. lat., ex vers. Justi Vulteii,
cum notis Is. Casauboni et Pancr.
Masvicii. *Lugd. Bat.* 1589, in-12.
Première édition.

— Iidem, gr. lat., cum notis Varior.,
ex recens. Is. Casauboni. *Lugd.
Bat.* 1691, in-8. 12 l.

— Iidem, ex recens., cum notis et vers.
lat. S. Mursinnæ. *Berolini*, 1756,
in-12. 8 l.

Jolie édition.

POLYBII LYCORTÆ Historiarum
libri qui supersunt, gr. lat., ex
vers. et cum emendat. Is. Casauboni. *Parisiis*, 1609, in-fol. 40 l.
— Gr. pap. *très-rare*, 500 l.

Edition estimée et peu commune.
Il y a des exemplaires dont l'intitulé porte,
à *Francfort*, *aux dépens de Wéchel*;
mais c'est toujours la même édition de
Paris.

— Iidem, gr. lat., cum notis Varior.,
ex recens. et cum animadv. Jac.
Gronovii. *Amst.* 1670, 3 vol. in-8.
40 à 50 l.

Cette édition est également fort recherchée

et peu commune. Elle entre dans la Collection des *Variorum*.

— Iidem, gr. lat., cum notis Varior.,
ex recens. Jo. Aug. Ernesti. *Lipsiæ*, 1763-1764, 3 vol. in-8. 45 L

— Iidem, gr. lat., cum notis Variorum, ex recens. Jo. Schweighæuseri. *Lipsiæ*, 1789 et seqq. 7 tom.
9 vol. in-8. 108 l. —Pap. fin, 140 l.
— Pap. de Holl. Prix arbitraire.

Bonne édition.

— Iidem, lat. redditi, interpr. Nic.
Perotto. *Romæ*, Conr. Sweynheym et Arn. Pannartz, 1473,
in-fol.

Première édition très-rare et fort recherchée. Vendu 700 l. chez La Vallière, et
1380 l. chez Loménie de Brienne.

— Polybii, Diodori Siculi, et alior.
Excerpta, ex collectaneis Const.
Aug. Porphyrogennetæ, gr. lat.,
stud. Henr. Valesii. *Parisiis*, 1634,
in-4. 15 l. — Gr. pap. 24 l.

On fait cas de ce Recueil. Les exemplaires
n'en sont pas communs.

— Les Histoires de Polybe, trad. du
grec en franç., par D. Vinc. Thuillier, avec le commentaire et les
notes du chev. de Folard. *Paris*,
1727, 6 vol. in-4. fig. 45 à 54 l. —
Gr. pap. 60 à 76 l.

On joint ordinairement à ces 6 vol. un supplément donné à *Amst.* en 1759, in-4.

— Polibio, istorico greco, trad. per
Lod. Domenichi. *In Venetia*, 1563,
in-4. 12 l.

Il y a des exemplaires qui portent la date
de 1564.

POLYCARPUS. (S.) Vid. IGNATIUS.

POLYMACHIE (la) des Marmitons,
ou la Gendarmerie du pape. *Lyon*,
J. Saugrain, 1563, in-8. *très-
rare*.

Cette brochure, composée d'une feuille d'impression, a été réimprimée en 1806, par
un amateur de Besançon, qui en a tiré 25
exemplaires, dont deux sur vélin.

POMET. (Pier.) Histoire générale
des Drogues, traitant des plantes,
animaux, etc. *Paris*, 1694, in-fol.
fig. ou 1735, 2 vol. in-4. fig. 10 l.
Ces deux éditions sont bonnes.

POMEY. (P. Fr.) Pantheum mythi-
cum, seu fabulosa Deorum Historia. *Ultrajecti*, 1697, in-12. fig. 6 l.

POMPADOUR. (Jeanne-Ant., marquise de) Suite d'Estampes gravées

par elle, d'après les Pierres gravées de Guay. 1782, gr. in-4.

Ce Recueil de Pierres gravées est assez rare, parce qu'il n'a été tiré qu'à un petit nombre d'exemplaires qui furent donnés en présent.

POMPEII FESTI (Sexti) de Verborum Significatione lib. xx. *Mediolani* (A. Zarotus), 1471, in-fol.

Édition très-rare, et la première de cet ouvrage. Prix arbitraire.

— Iidem. *Venetiis*, per Joh. de Colonia et Jo. Manthem de Gherretzem, 1474, in-4. *rare*, 70 l.

Seconde édition de ce livre. Elle est aussi fort recherchée.

—Iidem. *Romæ*, Jo. Reynhardus de Enyngen, 1475, in-fol. *rare*, 60 l.

— Iidem; necnon M. V. Flacci quæ extant; cum notis et ex edit. Ant. Augustini, archiep. Tarraconensis. *Venetiis*, 1559, in-8. 9 l.

Édition recherchée par rapport aux notes d'Antoine Augustin dont elle est enrichie.

— Iidem, necnon M. V. Flacci quæ extant, cum notis Jos. Scaligeri et alior. 1593, in-8.

Édition plus complète que toutes les autres, même que celle d'*Amsterdam*, 1699, dans laquelle on a retranché une partie des *Index*.

— Iidem, necnon M. V. Flacci quæ extant, cum interpr. et notis Andr. Dacerii; ad usum Delphini. *Parisiis*, 1681, in-4. 30 l.

Bonne édition. Elle entre dans la Collection des auteurs *ad usum Delphini*.

— Iidem, ex edit. Dacerii. Adj. not. Varior., à Jo. Clerico. *Amst.* 1699, in-4. 12 à 15 l.

Cette édition, quoique plus ample, est moins estimée que la précédente.

O MPONATII (Pet.) Opera omnia philosophica. *Venetiis*, 1525, in-fol. *charactere goth.* 12 l.

Édition rare et fort recherchée des curieux.

POMPONII MELÆ Cosmographia, seu Liber de Situ Orbis. *Mediolani*, 1471, in-4. 100 l.

Première-édition fort rare. On la croit imprimée par Ant. Zarote.

On fait peu de cas des autres éditions de ce livre imprimées dans le xv.ᵉ siècle.

— Eadem, necnon Jul. Solini liber de Mirabilibus mundi, etc. etc. *Venetiis*, Aldus, 1518, in-8. 20 l.

Édition recherchée et peu commune.

— Eadem, ab Ant. Francino. *Florentiæ*, Junta, 1519 vel 1526, in-8. 4 à 5 l.

— Eadem, necnon Jul. Solini Poly-Histor, et Æthici Cosmographia, cum notis. *Lugd. Bat.* 1646, in-12.

Cette jolie édition se joint à la Collection des ouvrages imprimés par les Elzevirs, 5 à 6 l.

— Eadem, cum notis Varior., ex edit. Abr. Gronovii. *Lugd. Bat.* 1722, in-8. fig.

Bonne édition pour la Collection des *Variorum*, 15 l.

— Eadem, cum notis Varior., ex recens. ejusd. Abr. Gronovii. *Lugd. Bat.* 1748, 2 vol. in-8. 15 l.

—Eadem, ex recens. Abr. Gronovii. *Glasguæ*, 1752, in-8. min. 5 à 6 l.

— Eadem, ex edit. Jo. Reynoldi. *Etonæ*, 1761, in-4. 8 l.

— Eadem, cum animadv. C. H. Tzschuckii. *Lipsiæ*, 1807, 7 vol. in-8. 96 l.

— Pomponius Mela, trad. en franç. sur l'édition d'Abrah. Gronovius, avec le texte latin et des notes, par C. P. Fradin. *Poitiers*, an 12 (1804), 3 vol. in-8. 18 l.

— Vide DIONYSIUS ALEXANDRINUS.

PONÆ (Jo.) Plantæ quæ in Baldo Monte et in viâ ab Veronâ ad Baldum reperiuntur. *Basileæ*, 1608, in-4. fig. 8 l.

— Il Monte Baldo, descritto da G. Pona. *In Venet.* 1617, in-4. fig. 6 l.

PONCE. Description des Bains de Titus, avec fig. grav. sous la direction de Ponce. *Paris*, 1783, gr. in-fol. avec 60 pl.

— Arabesques antiques des Bains de Livie et de la ville Adrienne, etc. grav. par les soins de Ponce. *Paris*, 1789, gr. in-fol. avec 15 pl.

Ces deux articles réunis, 72 à 80 l.

PONCELIN DE LA ROCHE-TILHAC. Chefs-d'œuvre de l'antiquité sur les Beaux-Arts, grav. par B. Picart. *Paris*, 1784, 2 vol. in-fol. fig. 50 l.

PONCINO DALLA TORRE, Cremonese: le sue piacevole e ridicolose Facetie. *In Cremona*, 1581, in-8.

Bonne édition, peu commune, 5 à 6 l.

PONIATOWIA. Vid. KOTTERUS.

PONS. (Jacq.) Sommaire Traité des Melons, par J. P. D. E. M. *Lyon*, 1586, in-16. ou 1583, in-8. 6 l.
Traité rare et singulier.

PONS. (M.lle de) Voy. RELATION.
PONTANI. (Jo. Jov.) Opera poëtica. *Venetiis*, Aldus, 1505 et 1518, 2 vol. in-8. 24 à 36 l.
Bonne édition, assez rare.
Le tome premier a été réimprimé en 1513 et en 1533.

— Eadem. *Florentiæ*, Junta, 1514, 2 vol. in-8. 9 à 12 l.
— Ejusd. Opera omnia, solutà oratione composita. *Venetiis*, Aldus, 1518 et 1519, 3 vol. gr. in-8. 50 l.
Bonne édition d'un ouvrage estimé.
Il faut voir si les trois vol. ont été imprimés par les Alde.

—Ejusd. de Prudentià lib. v; de Magnanimitate lib. ij, etc. ex recogn. Summontii. *Neapoli*, 1512, in-fol.
Exemplaire imprimé sur vélin.

— Ejusd. de Rebus cœlestibus lib. xiv; curavit dilig. P. Summontius, Dionæo Tornaquintio et J. V. Summontio coadjutoribus. *Neapoli*, 1512, in-fol.
Exemplaire imprimé sur vélin.
Cet article et le précédent ont été vendus 820 liv. en 1792.

— Ejusd. de Principe et Obedientià. *Neapoli*, Matth. Moravus, 1490, in-4.
Exemplaire imprimé sur vélin, et orné de lettres initiales peintes.
Vendu 599 l. 19 s. chez Loménie de Brienne.

PONTAULT. (Séb.) Les glorieuses Conquêtes de Louis-le-Grand, représent. en fig., avec des explicat. historiq. *Paris*, sans date, 2 vol. gr. in-fol. 150 à 200 l.
Les exemplaires dépourvus du texte ont peu de valeur.

PONTEDERÆ (Jul.) Compendium Tabularum botanicarum, in quo Plantæ 272 ab eo in Italià detectæ recensentur. *Patavii*, 1718, in-4. fig. 20 l.
— Ejusd. Anthologia Florum, sive de Floris Naturà lib. iij. *Patavii*, 1720, in-4. 12 pl. 8 l.

PONTHUS. Voy. ROMAN.
PONTIFICALE romanum, Clementis VIII, jussu restitutum atque editum. *Romæ*, 1595, 2 vol. in-fol. fig. 30 l.

—Idem. *Parisiis*, 1664, in-fol. fig. 10 liv.

PONTOPPIDANI (Erici) Gesta et Vestigia Danorum extrà Daniam, præcipuè in Oriente, Italià, Hispanià, etc. *Lipsiæ*, 1740, 3 vol. in-8. 18 l.

— The natural History of Norway, transl. from the danish. *Lond.* 1755, in-fol. avec 28 fig. 27 l.
—Essai d'une Histoire naturelle de Norwège, trad. en allem. par J. Ad. Scheiben. *Copenhague*, 1753, 2 vol. in-8. 8 l.
— Glossarium norvagicum, germanicum et latinum. *Bergen*, 1749, in-12. 12 l.

PONZ. (D. Ant.) Viage de Espana. *En Madrid*, Ibarra, 1776, 12 vol. pet. in-8. fig. 40 à 50 l.

POPE-BLOUNT (Th.) Censura celebriorum Authorum. *Lond.* 1690, in-fol. 10 l.
Cette édition est la plus belle et la plus estimée de ce livre.

POPE'S: (Alex.) Works, with his translation of Homer's Iliad and Odyssey. *Lond.* 1717, 15 vol. in-12.
Edition originale. Elle est fort estimée par les Anglais.

—The same. *Lond.* 1751, 20 vol. gr. in-8. fig. 130 l.
Belle édition.

— The same. *Lond.* 1764, 9 vol. gr. in-8. 66 l.
— The same. *Glascow*, 1785, 3 vol. in-fol. 50 l.
— The same, with notes by Warton. *Lond.* 1797, 9 vol. gr. in-8. 60 l.
—The same. *Lond.* 1802, 5 vol. in-8. pap. vélin, fig. 70 l.
— Les Œuvres complètes de Pope, trad. en franç. *Paris*, 1779, 8 vol. in-8. fig. 48 l. — Papier de Holl. 90 liv.
—Les mêmes, trad. en franç. *Paris*, 1796, 8 vol. in-8. 36 à 40 l.
— Œuvres diverses de Pope, trad. de l'angl. *Amst.* 1767, 8 vol. in-12. fig. 15 à 18 l.
— Essai sur l'Homme (en angl. et en franç.) *Lausanne*, 1762, in-4. fig. 5 l. — Gr. pap. 8 l.

POPHAM. (Edv.) Selecta poëmata Anglorum latina, sparsim edita,

hactenùs collecta ab E. Popham.
Bathoniæ, 1774, 3 vol. in-12. 12 l.

PORCACCHI. (Tomaso) Funerali
antichi di diversi popoli e nazioni.
In Venezia, 1574, in-4. 8 l. — Gr.
pap. 24 l.

Ouvrage recherché pour les figures de Porro.
Cette édition est la meilleure.

— L'Isole più famose del mondo. *Venetia*, 1590, in-fol. fig. di G. Porro.

Cette édition est la plus belle de ce livre.

PORCHETI de Salvaticis Victoria
adversùs Impios Hebræos, ex recogn. Aug. Justiniani. *Parisiis*,
1520, in-fol. goth.

Exemplaire imprimé sur vélin.

PORCII (Petri) Pugua Porcorum,
poëma macaronicum. *Antuerpiæ*,
1530, in-8. 8 l.

Cette édition est recherchée et peu commune.

PORÉE (Car.) Orationes. *Parisiis*,
1747, 3 vol. in-12. 9 l.

PORPHYRII Isagoge, latinè. *In-
golstadii*, 1492, in-fol.

Premier ouvrage imprimé à *Ingolstadt*. Les
exemplaires en sont rares.

—Idem Opus, gr., ab. Ant. Francino. *Florentiæ*, Junta, 1521,
in-4.

—Ejusd. de Antro Mympharum, gr.
lat., ex recens. R. M. van Goens.
Traj. ad Rhen. 1765. — De Absti-
nentià ab esu Animalium lib. iv,
gr. lat., cum notis Varior., ex recens. J. de Rhoer. *Traj. ad Rhen.*
1767, in-4. 24 l.

Ces deux articles se trouvent ordinairement
reliés ensemble.

PORPHYROGENNETA. (Const.)
Vid. Byzantine.

PORTÆ ('J. B.)de humanâ Physio-
gnomonià lib. iv. *Vici Æquensis*,
1586, in-fol. fig. 12 l.

—Della Fisionomia dell' uomo, trad.
del lat. in ling. volgare, per G. di
Rosa. *Napoli*, 1598, in-fol. fig.
10 liv.

L'édition de *Venise*, 1652, in-8, vaut 5 à 6 l.

PORTAL. (Ant.) Cours d'Anatomie
médicale, ou Eléments de l'Anatomie de l'homme. *Paris*, 1804, 5
vol. in-8. 27 l. — Format in-4. pap.
fin, 40 l.

Du même : *Précis de Chirurgie pratique.*
1768, 2 vol. in-8. 7 l. — *Mémoires sur*

*la nature et le traitement de plusieurs
maladies*, an 9, 3 vol. in-8. 10 l.

PORTE. (l'abbé Joseph de) Le
Voyageur français. *Paris*, 1772,
42 vol. in-12. et atlas in-4. 50 à 60 l.

Cet ouvrage a été trad. en espagnol, *Madrid*, 1796 et suiv. 43 vol. iu-8. 80 à 110 l.
Le traducteur a profité des découvertes des
derniers voyageurs pour perfectionner son
ouvrage ; ce qui le rend supérieur à l'original.

PORTENARI. (Ang.) Della Feli-
cità di Padoua lib. ix. *In Padoua*,
1623, in-fol. 8 l.

PORTHAISE. (J.) Sermons de la
simulée conversion de Henry, roi
de Navarre. *Paris*, 1594, in-8.

Ce rare vol. doit contenir cinq *sermons séparés*.

PORTI (Æmilii) Diction. doricum,
gr.-latinum. *Francof.* 1603, in-8.
12 liv.

On a encore de cet auteur un *Lexicon Io-
nicum*, qu'on trouve quelquefois relié avec
le *Lexicon doricum* ; et un *Lexicon pindaricum*. Ces trois Lexicon sont estimés
et assez difficiles à réunir, 36 l.

PORTII (Sim.) Opera varia. *Florentiæ*, 1551, in-4. 8 l.

—Ejusd. de Rerum naturalium principiis libri ij. *Neapoli*, 1553, in-4.
16 liv.

Ces deux ouvrages de Sim. Portius sont
rares. Le second, qui est le plus difficile
à trouver, a été réimprimé en 1598 de
format in-8., mais cette réimpression est
peu recherchée.

—Ejusd. de Mente humanâ Disputatio. *Florent.* 1551, in-4. 7 l.

PORTLOCK'S. (N.) Voyage round
the world, but more particularly
to the north-west coast of America,
performed in 1785-88. *Lond.* 1789,
in-4. fig. color. 18 l.

POSSEVINO. (Ant.) Dialogo dell'
Onore. *In Venetia*, 1556 ou 1559,
in-4. ou 1566, in-8. 6 l.

De ces trois éditions, celle de 1556 est la
plus estimée.

POST. (Pier.) Ouvrages d'architecture ordonnés par lui. *Leyde*, 1715,
in-fol. fig. 10 l.

POSTELLI (Guill.) de Orbis terræ
Concordià lib. iv. (*Basileæ*, absque anni indicat., sed circâ ann.
1544), in-fol. 15 l.

Cette édition est la meilleure de ce livre.
Elle est rare.

—Ejusd. de Rationibus Spiritûs sancti, lib. ij. *Parisiis*, 1543, in-8. de 53 feuillets, *rare*, 8 l.

— Ejusd. Liber de Nativitate Mediatoris ultimâ. *Absque loco et anno*, sed circà ann. 1547, in-4. de 187 pag. 10 l.

— Ejusd. sacrarum Apodixeòn, seu Euclidis christiani lib. ij. *Parisiis*, 1543, in-8. de 56 feuillets, 12 liv.

Fort rare, suivant quelques bibliographes.

— Les premiers Élémcnts d'Euclide chrétien, pour la raison de la divine et éternelle vérité démontrer; trad. du lat. *Paris*, 1579, iu-16. 5 l.

— Ejusd. Candelabri typici in Mosis tabernaculo brevis ac lucida Interpretatio. *Venetiis*, 1548, in-8. 8 l.

Peu commun.

—Ejusd. Liber de ultimo Judicio, et de Causis Naturæ utriusque. *Absque loco et anno*, in-16.

Ce vol. est l'un des plus rares de cet auteur.

— Ejusd. Postelli (sub nomine Eliæ Pandochæi) Pantherotia, sive Compositio omnium Discidiorum circà æternam veritatem aut verisimilitudinem versantium, etc. *Absque loco et anno*, in-8. de 143 pag. 16 l.

— Ejusd. Protevangelion, cum evangelicâ Historiâ S. Marci Evangelistæ. *Basileæ*, 1552, in-8.

Ce vol. est extrêmement rare.

— Ejusd. Clavis Absconditorum à Constitutione mundi, etc. *Parisiis*, 1552, in-16.

Édition originale, très-rare. La réimpression de 1646 n'est pas recherchée.

— Ejusd. Liber Jezirah, seu de Formatione muudi. *Parisiis*, 1552, in-16. 6 l.

— Ejusd. Restitutio Rerum conditarum, per manum Eliæ Prophetæ terribilis. *Parisiis*, 1552, in-16. 6 liv.

Ce vol. se joint au précédent.

—Ejusd. Eversio falsorum Aristotelis Dogmatum. *Parisiis*, 1552, in-16. 4 liv.

—Ejusd. Liber de Causis seu Principiis Naturæ. *Parisiis*, 1552, iu-16. de 36 feuillets, *rare*, 8 l.

— Ejusd. Vinculum mundi, Compen-

dium expositum, in quo basis earum rationum exponitur. *Parisiis*, 1552, in-4. de 8 feuillets, 6 l.

— Ejusd. De Universitate Liber, in quo Astronomiæ Doctrinævè cœlestis Compendium terræ aptatum exponitur. *Parisiis*, 1553, in-4. 6 liv.

— Ejusd. Signorum cœlestium vera Configuratio. *Parisiis*, 1553, in-4. fig. 6 l.

— Ejusd. De Originibus, seu de variâ et potissimùm Orbi latino ad hanc diem incognitâ aut inconsideratâ Historiâ. *Basileæ*, 1553, in-8. de 135 pag., *rare*, 10 l.

—Ejusd. Divinationis Liber, seu divinæ summæque Veritatis Discussio de Belli Turcici eventu. *Parisiis*, 1571, in-16. 4 l.

—Del med. Le prime Nove del altro mondo, cioè l'admirabile Historia, intitolata : *La Vergine veneziana*. 1555, in-8;

Ce vol. est d'une rareté excessive.

—Del med. Il Libro de la divina Ordinatione. *Padoua*, 1556, in-8.

Ce vol. n'est guère moins rare que le précédent, auquel il se joint.

— Ejusd. ad Schwenckfeldium Epistola, etc. *Jenæ*, 1556, in-8. de 7 feuillets, *rare*.

Ce vol. s'annexe au Traité intitulé : *La Vergine veneziana*, cité ci-dessus.

— La très-merveilleuse Victoire des femmes du Nouveau Monde, et comment elles doivent, par raison, à tout le monde commander. *Paris*, Ruelle, 1553, in-16. 120 l.

Ce livre est connu sous le nom de *La mère Jeanne*. Il y en a eu deux éditions originales sous la même date (de 1553), l'une imprimée chez Ruelle, en petits caractères, et l'autre chez Gueullard, en plus grosses lettres.

Quoique ces deux éditions soient également très-rares, on préfère celle de Ruelle, parce qu'elle renferme un petit Traité intitulé : *La Doctrine du siècle doré*, qui ne se trouve pas dans l'autre.

Il existe deux contrefactions de ce petit ouvrage. La première est de format in-12. La seconde a été faite à Rouen, vers 1750, dans la même format, sous la même date et du même caractère que l'édition originale. Ce fut l'abbé Saas qui la fit faire. Comme elle imite assez bien la première édition, il est arrivé, lorsqu'on recherchait beaucoup plus qu'aujourd'hui les ouvrages de Postel, que des exemplaires qu'on avait fait roussir dans la cheminée, pour leur donner un air de vétusté, ont été vendus comme s'ils eussent été d'édition originale : mais aujourd'hui on se soucie si peu des rêveries de Postel, qu'on ne se donnerait pas la peine de faire une pareille super-cherie.

— La même. *Paris*, Gueullard, 1553, in-16. de 81 feuillets, *très-rare.*

Seconde édition originale de ce livre.

— La Doctrine du siècle doré, et de l'évangélique règne de Jésus, roi des rois. *Paris*, 1553, in-16.

Ce petit Traité sert à compléter l'édition de la *Mère Jeanne*, imprimée par Gueullard.

—Des Merveilles des Indes et du Nouveau Monde, où est montré le lieu du Paradis terrestre. *Paris*, 1553, in-16. de 96 feuillets.

Petit article très-rare, 18 l.

— Description et Carte de la Terre Sainte. *Paris*, 1553, in-16. de 108 pag. *rare*, 12 l.

Il faut voir si la *Carte* de la Terre Sainte se trouve dans le volume.

— Vraye et briève Description de la Guerre et Ruyne de Troyes, anciennement décrite par Darès Phrygius. *Paris*, 1553, in-16. 6 l.

Volume peu commun.

— La Concordance des quatre Evangélistes, ou Discours de la Vie de N. S. J. C. *Paris*, 1561, in-16.

Quoique ce petit Traité ne porte point de nom d'auteur, on l'attribue néanmoins à G. Postel. Les exemplaires en sont rares.

— Ejusd. Postelli Alphabetum Linguarum xij, characteribus differentium, necnon Introductio ac legendi modus. *Parisiis*, 1538, in-4. 4 l.

— Ejusd. Liber de Originibus, seu de hebraïcæ Linguæ et Gentis antiquitate, deque variarum ling. affinitate. *Parisiis*, 1538, in-4.

Ces deux Traités de Postel se trouvent ordinairement reliés ensemble, 12 l.

— Ejusd. Grammatica arabica. *Parisiis*, absque anni indicat., sed circà ann. 1538, in-4. 6 l.

— Ejusd. Compendium Disciplinæ cosmographicæ. *Basileæ*, 1561, in-4.

— Ejusd. Liber de Magistratibus Atheniensium. *Parisiis*, 1541, in-4. seu *Venetiis*, 1541, seu *Basileæ*, 1551, in-8. 3 l.

Il y a de l'édition de *Venise*, 1541, des exemplaires sur papier bleu.

— Ejusd. Comment. de Etruriæ Regionis, quæ prima in Orbe Europæo habitata est, Originibus ac Institutis. *Florentiæ*, 1551, in-4. 10 l.

— Ejusd. Descriptio Syriæ. *Parisiis*, 1540, in-8. 4 l.

— Ejusd. De Fœnicum Litteris, seu de prisco latinæ et græcæ Linguæ charactere, ejusque antiq. origine et usu, Commentatiuncula. *Parisiis*, 1552, in-8. 4 l.

— Les Raisons de la Monarchie, et quels moyens sont nécessaires pour y parvenir. *Paris*, 1551, petit in-8. de 48 pag. 10 l.

— La Loi Salique, livret de la première humaine vérité. *Paris*, 1552, in-16. de 47 feuillets.

Volume rare, 12 l.

— La même. *Paris*, Lamy, 1780, in-16.

Il y a de cette édition des exemplaires sur vélin.

— Hist. mémorable des Expéditions faites par les Gaulois ou Français depuis le déluge, tant en France qu'en Asie, etc. *Paris*, 1552, in-16.

Il faut examiner si la seconde partie de ce petit Traité se trouve dans le vol. Elle est intitulée : *Apologie contre les détracteurs de la Gaule*, etc.

—Des Histoires orientales, et principalement des Turcs. *Paris*, 1575, in-16. 4 l.

— De la République des Turcs. *Poitiers*, 1560, in-4. 4 l.

POTHIER (Rob. Jos.) Pandectæ Justinianæ, cum Legibus Codicis et Novellarum, etc. *Parisiis*, 1748, 3 vol. in-fol.

Ouvrage estimé.

— Eædem, in novum ordinem digestæ. *Lugd.* 1782, 3 vol. in-fol. 60 à 72 l.

Dernière édition, préférée à celle de 1748.

— Œuvres complètes de Pothier. *Paris*, 1766-78, 28 vol. in-12. 72 l.

Ces 28 vol. contiennent les Traités suivants : Traité des obligations, 1768, 2 vol.—Traité du contrat de vente, 1768, 2 vol.—Traité du contrat de constitution de rente, 1768, 1 vol.—Traité du contrat de louage, 1766, 1 vol. — Supplément au même Traité, 1769, 1 vol. — Traité des contrats de bienfaisance, 1770, 3 vol. — Traité du contrat du mariage, 1768, 2 vol.—Traité de la communauté, 1768, 2 vol.— Traité du douaire , 1776, 1 vol.—Traité du droit d'habitation , 1771 , 1 vol. — Traité du domaine de propriété , 1772 , 1 vol. — Traité du droit de possession , 1776, 1 vol. — Coutumes d'Orléans , 1773 , 2 vol. — Traité des fiefs , 1776 , 2 vol. — Traité de la garde-noble et bourgeoise , 1776, 1 vol. — Traité des successions , 1777, 1 vol. — Traité des propres et donations testamentaires , 1777 , 1 vol. — Traité des donations entre vifs des personnes et des choses , 1778, 1 vol. — Traité de la procédure civile , 1777, 2 vol.

L'édition de Lyon , 23 vol. in-12. , est moins estimée , parce qu'elle n'est pas aussi ample.

— Recueil de différents Traités de Droit Civil, avec la Coutume d'Orléans. *Paris* , 1781 , 8 vol. in-4. 90 l.

— Œuvres de Pothier ; nouvelle édit. , revue par M. Bernardi. *Paris* , an 13 (1805) et suiv. 12 vol. in-8. 48 l.

POTT. (J. H.) Exercitationes chymicæ de sulphuribus metallorum, de Auripigmento , etc. *Berolini*, 1738 , in-4. 6 l.

— Observat. et Animadv. chymicæ, circà Sal commune, acidum Salis vinosum , etc. *Berolini* , 1739 et 1741, 2 vol. in-4. 9 l.

POTT : (Perceval) ses Œuvres chirurgicales , trad. de l'angl. *Paris* , 1777 , 2 vol. in-8. 8 l.

POTTERI (Jo.) Archæologia græca , sive vet. Græcorum ritus civiles , religiosi , etc. explicati. *Lugd. Bat.* 1702 , in-fol. 15 l.

— Archæologia græca , or the Antiquities of Greece, by Potter. *Lond.* 1795 , gr. in-8. 15 à 18 l.

POUCQUEVILLE. (F. C. H. L.) Voyage en Morée, à Constantinople et en Albanie, en 1798-1801. *Paris* , 1805 , 3 vol. in-8. 12 l.

POUGET : (Fr. Amé) Instructions en forme de Catéchisme. *Paris* , 1702 , in-4. 6 l.

Cette édition, qui est l'originale de ce livre , n'est pas commune.

— Iustitutiones catholicæ, in modum catecheseos, ex gall. in ling. lat. conversæ. *Parisiis* , 1725 , 2 vol. in-fol. 36 l. — Gr. pap. 45 l.

Dans le cours de l'impression de cet ouvrage, on y a fait plusieurs changements qui ont nécessité des cartons qui doivent se trouver à la fin du second volume.

Après cette édition, la plus recherchée est

celle de *Nismes* , 1765 , 6 vol. in-4. On fait peu de cas de la réimpression de *Venise* , 2 vol. in-fol.

POUGET. (N.) Traité des Pierres précieuses, et de la manière de les employer en parure. *Paris* , 1762 , in-4. fig. 12 l. — Fig. enlum. 24 l.

— Dictionn. de Chiffres et de Lettres ornées, à l'usage des artistes. *Paris*, 1767 , in-4. fig. 7 l. — Pap. fort , fig. color. 15 l.

POUILLY. (J. S. Lévesque de) Théorie des sentiments agréables. Edit. augm. *Paris* , 1774 , pet. in-8. fig. 3 l.

POULLAIN. (Henri) Essai sur les Monnaies. *Paris* , 1709 , in-12. 4 l.

Peu commun.

POULLAIN. (Collection de 120 Estampes, d'après les tableaux du cabinet de M.) *Paris* , 1781 , in-4. 45 liv.

Il y a de ce Recueil des exemplaires sur papier de Hollande , avec les figures avant la lettre. Ils valent 90 l. environ.

POUSSIN : (Nic.) son Œuvre en 175 sujets. 2 vol. in-fol. 3 à 400 l.

POZZO. (Andr.) Prospettiva de' Pittori ed Architetti (lat. ed ital.) *Roma* , 1693-1700, 2 vol. in-fol. fig. 45 l.

PRADI (Hier.) et J. B. VILAL-PANDI Explanationes in Ezechielem. *Romæ*, 1596, 3 vol. in-fol. fig. 30 l. — Gr. pap. 48 l.

Ouvrage fort estimé.

Il faut voir si les figures qui concernent la Description du Temple de Salomon , s'y trouvent.

PRÆCEPTA grammatica atque specimina Linguæ philosophicæ sive universalis. *Berolini* , 1772 , in-4. 6 liv.

PRAESLES. (Raoul de) Voy. Lou-VIERES. (Ch. Jacq.)

PRÆTORI (Matth.) Orbis gothicus. *Typis Monasterii Olivensis S. ord. Cistercensis* , 1688 et 1689, 4 part. 1 vol. in-fol.

Ouvrage curieux. Il se joint au suivant.

— Mars gothicus. *Typis ejusd. Monasterii* , 1691 , in-fol.

Les deux articles réunis , 18 à 24 l.

PRANDI. (P. D. G.) Dissertazione intorno al Sublime. *Parma* , Bodoni, 1793 , in-4. 15 l.

Cet ouvrage n'a été tiré qu'à 125 exempl.

PRAYERS (the book of common)
and administration of the sacra-
ments and other Rites and Ceremonies of the Church of England.
Lond. 1717, in-4. fig. 24 l.
— The same. *Cambrig.* Baskerville, 1770, gr. in-8. 15 à 18 l.

PRENNER. (G. G. de) Illustri Fatti
farnesiani coloriti nel real Palazzo
di Caprarola, da T. Fred. ed Ott.
Zuccari, ed intagliati in rame. *In
Roma*, 1748, in-fol. 66 l.

PRÉVOST d'Exiles : (Ant. Fr.) ses
Œuvres choisies. *Paris*, 1783, 39
vol. in-8. fig. 120 l.
Cet article se joint ordinairement aux Œuvres de Le Sage, en 15 vol. in-8. Les
54 vol. réunis, 200 à 250 l. — Papier de
Hollande, 300 à 350 l.

— Histoire générale des Voyages. *Paris*, 1746-89, 20 vol. in-4. avec cartes et fig. 120 à 150 l. — Gr. pap.
250 à 300 l.
Le tom. XX est rare.
La réimpression de Hollande n'est pas recherchée.

— La même. *Paris*, 1749 et suiv. 80
vol. in-12. fig. 140 l.

—Manuel lexique. *Paris,* 1755, 2 vol.
in-8. 6 l.

— Histoire de Manon Lescaut et du
chevalier Desgrieux. *Paris*, Didot
l'aîné, 1797, 2 vol. in-18. fig. 4 l.
On a tiré de cette édition 100 exemplaires
sur papier vélin, dont 50 ont les figures
avant la lettre.

PRIAPEIA, sive diversor. Poëtarum
in Priapum Lusus, cum notis Varior. *Patavii* (*Amst.*) 1664, in-8.
9 liv.

PRIDEAUX. (Humphrey) Hist. des
Juifs et des peuples voisins, trad.
de l'angl. en franç. *Amst.* 1728,
6 vol. in-12. fig. 18 l.
Bonne édition.

— La même.*Amst.* 1744, 2 vol. in-4.
fig. 15 l.

— Marmora Oxoniensia ex Arundel-
lianis, Seldenianis, aliisque con-
flata, cum comment. et explicat. H.
Prideaux, necnon annot. J. Seldeni et T. Lydiati, ed. M. Maittaire. *Lond.* 1732, in-fol. 40 à 50 l.
Cet ouvrage a été réimprimé en 1763. Voy.
Chandler.

Dict. Bibl. I.

PRIÈRES des Juifs pour leurs principales fêtes. *Sultzbach*, 5469
(1709), 2 gros vol. in-fol. tout
en hébreu.
Il existait un exemplaire de ce livre imprimé sur vélin dans la bibliothèque de M.
P. A. Crevenna.

PRIESTLEY. (J.) The History and
present state of Electricity. *Lond.*
1767, in-4. 8 l.
— The same. *Lond.* 1775, in-4. fig.
12 l.
— The History and present state of
Discoveries relating to vision and
colours. *Lond.* 1772, 2 vol. in-4.
15 liv.
— Experiments and Observations on
differendt kinds of air. *Lond.* 1775,
3 vol. in-8. 15 l.
— Expériences et Observat. sur différentes espèces d'air, trad. de
l'angl. par Gibelin. *Paris*, 1777,
9 vol. in-12. fig. 16 l.
— Histoire de l'Électricité, trad. de
l'angl. *Paris*, 1771, 2 vol. in-12.
fig. 6 l.

PRIEUR. (F. Cl.) Dialogue de la
Lycanthropie, ou Transformation
d'hommes en loups, vulgair. dite
loups-garous. *Louvain*, 1596, in-8.
7 liv.

PRIEZAC. (Sal. de) Histoire des
Éléphants. *Paris*, 1750, in-24.
avec la fig. 8 l.

PRIMATICE. (F.) La Galerie du
château de Fontainebleau, dessinée
par Primatice, peinte par Nicolo,
et grav. par T. van Tulden, in-4.
obl. 15 l.

PRINCE : (J. B. le) son Œuvre.
Paris, 1782, in-fol. 108 pièces, 36 l.

PRINCE. (Th. Nic. le) Essai historiq. sur la Bibliothèque du roi,
etc. *Paris*, 1782, pet. in-12. 4 l.
— Pap. fin, 6 l.

PRIOLI : (Al.) Rime. *In Venezia*,
1533, in-4. 6 l.

PRIOR. (Matt.) Poems on several
occasions. *Lond.* 1718, in-fol. 10 l.
— The Works of M. Prior, conti-
nents Poems on several occasions,
miscellan. History of the Negotia-
tions. *Lond.* 1733, 5 vol. in-12. 15 l.

PRISCIANI Opera grammatica. 1470,
in-fol. Prix arbitraire.
Edition très-rare, et la première de ce livre.

55

On la croit imprimée à *Venise*, par Vindelin de Spire. La date de l'impression est placée à la fin du Traité intitulé : *Liber Prisciani Minoris*.

Il y a des exemplaires sur vélin.

— Eadem. (*Venetiis*, Vindelinus de Spira), 1472, in-fol.

La date de cette édition, qui est aussi fort rare, se trouve indiquée à la fin du Traité : *De octo Partibus Orationis*, etc.

— Eadem. *Venetiis*, impensis Marci de Comitibus, 1476, in-fol. 40 l.

Cette édition est bien exécutée et fort rare.

— Eadem. *Florentiæ*, Junta, 1525, in-4. 9 à 12 l.

— Eadem. *Venetiis*, Aldus, 1527, in-4. 15 à 18 l.

Édition estimée.

PROCEEDINGS of the association for promoting the discovery of the interior parts of Africa. *Lond.* 1790, gr. in-4. 36 l.

PROCÈS (le) des Danses. *La Rochelle*, 1646, in-8. 7 l.

PROCÈS qu'a fait Miséricorde contre Justice pour la rédemption humaine, lequel démontre le Mystère de l'Annonciation, mis par personnaiges en rime franç. In-8. goth. sans nom de lieu ni date.

Vendu, imparfait, 62 l. chez La Vallière.

PROCÈS-VERBAL fait au P. J. Testefort, dominicain, qui fut trouvé couché avec la R. mère Brevilliers, religieuse. 1627, in-8. 15 à 18 l.

PROCÈS, Examen, Confessions et Négations du méchant et exécrable parricide Fr. Ravaillac, sur la mort de Henri-le-Grand. Jouxte la copie impr. à *Paris*, 1611, in-8. 9 à 12 l.

PROCLI (S.) Analecta, gr. lat., cum Comment. Vinc. Ricardi. *Romæ*, 1630, in-4. 4 l.

PROCOPIUS. Vid. BYZANTINE.

PRODROMI, (Theod.) philosophi, Rhodanthes et Dosiclis Amorum lib. ix, gr. lat., interpr. Gil. Gaulmino. *Parisiis*, 1625, in-8. 10 l.

— Les Amours de Rhodante et de Dosiclès, trad. du grec, par P. F. Godard de Beauchamps. *Paris*, 1764, in-12. 3 l.

PROGNOSTICATION et Origine des C. sauvages, avec la manière de les apprivoiser, en rime franç. *Rouen*,

Yves Gomont, sans date, in-8. goth.

Petite Pièce très-licencieuse et peu commune.

PROLOGUES non tant superlifiques que drolatiques, nouvellement mis en veüe. *Paris*, 1609, in-12. très-rare, 9 à 12 l.

PRONT. (Adr.) Eléments d'une typographie qui réduit au tiers celle en usage, et d'une écriture qui gagne près de trois quarts sur l'écriture franç. *Paris*, 1797, in-8. 8 l.

PRONY. (R.) Description des Opérations faites en Angleterre pour déterminer les positions respectives des Observatoires de Greenwich et de Paris, trad. de l'angl. *Paris*, gr. in-4. fig.

— Nouvelle Architecture hydraulique. *Paris*, 1796, 2 vol. gr. in-4. fig. 50 l. — Pap. vélin, 90 l.

— Recherches physico-mathématiques sur la théorie des eaux courantes. *Paris*, 1804, in-4. fig. 12 l.

PROPERTIUS et TIBULLUS. *Absque loci et typogr. indicatione*, 1472, in-4.

Édition très-rare et fort bien exécutée. Elle est imprimée en lettres rondes, sans chiffres, signatures ni réclames.

PROPERTII Opera. *Romæ*, Eucharius Silber, 1482, in-4.

Belle et rare édition. Elle est la première de Properce imprimée séparément.

— Ejusd. Elegiarum lib. iv, ex edit. Jani Broukusii. *Amst.* 1702, in-4. 12 l. — Gr. pap. 18 l.

L'édition de 1727 est un peu moins recherchée, 7 l.

— Iidem, cum comment. J. Passeratii et notis J. Broukusii et J. A. Vulpii. *Patavii*, Cominus, 1755, 2 vol. in-4. 60 l. — Gr. papier, 200 l.

Les exemplaires en grand papier sont rares.

— Iidem, cum annot. Barthii. *Lipsiæ*, 1777, in-8. 5 l.

— Iidem, cum comment. Pet. Burmanni Secundi, ed. L. Santenio. *Traj. ad Rhen.* 1780, in-4. 15 l. — Gr. pap. 40 à 50 l.

— Propertii Carmina, ex recens. Ch. Th. Kuinœl. *Lipsiæ*, 1803, 2 vol. in-8. 22 l.

— Les Elégies de Properce , trad. en
franç. par de Longchamps. *Paris* ,
1772, in-8. 5 l.

— Les mêmes ; nouv. édition , revue
et augmentée, par de Longchamps.
Paris , 1802 , 2 vol. in-8. fig. 18 l.

On a tiré de cette édition quelques exemplaires sur papier vélin, avec fig. avant la
lettre.

M. Pastoret nous a aussi donné une traduction des Elégies de Properce en 1 vol.
in-12. *Paris* , 1804.

— Vid. CATULLUS.

PROSA Cleri Parisiensis , ad Ducem
de Mena , post cædem Henrici III.
Parisiis , 1589. — Traduction de
la même , par P. Pigenat., curé de
Saint-Nicolas-des-Champs , in-8.

Livre très-rare, et monument du plus horrible fanatisme. Il a été imprimé en deux
fois. La Prose latine, en caractères italiques , contient 24 strophes de 6 vers chacune , et porte 24 pages. La traduction
fait partie d'un recueil , commence à la
page 13 , finit à la page 21 , et contient le
même nombre de strophes , chacune de 12
vers de six syllabes.

Vendu 360 l. 19 s. chez l'abbé Sépher , en
1786.

PROSE Fiorentine (raccolte dallo
Smarrito.) *Firenze*, 1716-45 , 17
vol. in-8. 60 l.

Cette édition est citée dans le Vocabulaire
de la Crusca.

PROSE antiche di Dante , Petrarca ,
Boccacio, etc. *Fiorenza* , 1547 ,
in-4. *rare* , 15 l.

L'Académie de la Crusca fait mention de
cette édition.

PROSE di Dante Alighieri e di M.
Giov. Boccaci. *Firenze* , 1723 , in-4.
7 liv.

PROSE e Versi di alcuni rinomati
Autori per onorare la memoria di
Livia Doria Caraffa. *Parma* , Bo-
doni , 1784 , gr. in-4. fig. 72 l.

Ouvrage assez rare et de la plus belle exécution typographique.

PROSPERI (S.) Opera , ex edit. L.
U. Mangeant. *Parisiis* , 1711 , in-
fol. 18 l.

Bonne édition.

PROUESSES (les) et Vaillances du
preux Hercules, avec sa mort. *Paris* , 1508, in-4. goth. 12 l.

PRUDENTII Clementis (Aur.) Opera. (*Daventriæ* , Rich. Paffroed ,
circà 1490), in-4.

Édition très-rare et la première de Prudence.

Elle est imprimée à longues lignes , sans
chiffres , signatures ni réclames.

— Eadem , cum notis Varior. , ed.
Weitzio. *Hanoviæ* , 1613 , in-8. 10
à 12 l.

— Eadem , ex recens. et cum animadv.
Nic. Heinsii. *Amst.* Elzevir , 1667 ,
2 part. 1 vol. in-12. 18 à 24 l.

Jolie édition. La première partie contient le
texte de Prudence , et la seconde les notes
de Heinsius. Cette dernière manque quelquefois dans les exemplaires.

— Eadem , cum interpret. et notis
Steph. Chamillard ; ad usum Delphini. *Parisiis* , 1687 , in-4.

Ce vol. entre dans la Collection des auteurs
ad usum Delphini. Il en est un des plus
rares , 150 à 200 l.

— Eadem , cum var. lect. Faust. Are-
vali. *Romæ* , 1789, 2 vol. in-4. 18 l.

— Eadem , cum notis. *Parmæ* , Bodoni , 1788 , 2 vol. gr. in-4. 24 l.

PRYCE (Will.) Mineralogia Cor-
nubiensis , a Treatise on minerals,
mines and mining. *Lond.* 1778 ,
in-fol. 36 l.

PRYNNE (Guill.) antiquæ Constitutiones regni Angliæ, sub Joanne,
Henrico III et Edoardo I , circà ju-
risdictionem et potestatem ecclesiast. *Lond.* 1672 , in-fol. 15 l.
Peu commun.

PSALMI Davidis, gr. translati. *Venetiis* , 1486 , in-4.

Livre fort rare , et remarquable par la singularité des caractères qui ont servi à son
impression. Vendu 200 l. chez M. de Soubise.

— Psalmos de David , trad. del hebrayco. *Amst.* 5493 (1733) , in-12.
Exemplaire imprimé sur vélin.

PSALMORUM Codex latinus peran-
tiquus. *Moguntiæ* , Jo. Fust. et Pet.
Schoyffer de Gernzheym , 1457 , in-
fol. impr. sur vélin.

Ce livre est d'une rareté excessive , et c'est
le premier ouvrage imprimé avec indication d'année. Il est exécuté en lettres rouges et noires.

Voyez, pour de plus amples détails, Pierre
Lambecius , et l'ouvrage de M. le baron
de Heiniken , intitulé : *Idée d'une collection complète d'estampes.*

Nous ne serions point surpris qu'un exemplaire de ce livre, s'il se présentait en vente
publique , fût adjugé à 15 ou 20,000 l.

— Idem. *Moguntiæ* , Jo. Fust et Pet.
Schoyffer de Gernzheym , 1459 , in-
fol. impr. sur vélin.

Cette édition est aussi rare que la précédente

Elle a été imprimée avec les mêmes caractères rouges et noirs.

— Idem. *Moguntiæ*, Pet. Schoyffer de Gernzheym, 1490, in-fol.

Cette édition est encore très-rare et recherchée. Elle a cela de remarquable que le plain-chant s'y trouve imprimé.

— Idem. *Moguntiæ*, Pet. Schoyffer de Gernzheym, 1502, in-fol. 200 l.

Edition rare, et exécutée sans signatures ni réclames. Elle est imprimée en caractères rouges et noirs.

PSALTERIUM hebræum, græc., arabic. et chald., cum tribus latinis interpret. et glossis, ex recogn. Aug. Justiniani. *Genuæ*, 1516, in-fol. 15 l.

C'est le premier Psautier qui ait paru en diverses langues. On en a tiré 5o exemplaires sur vélin.

PSALTERIUM, cum Commentariis Kinchii, hebraïcè. 1477, in-fol.
Edition très-rare.

PSALTERIUM Moscoviticum, linguâ moscovitica conscriptum. *Copenhagen*, 1711, in-4. 12 l.

PSALTERIUM græcum. *Venetiis*, Aldus, sine anno, in-4. de 150 feuillets.

Ce volume est rare. Il est imprimé en rouge et noir, sans chiffres, mais avec signatures et réclames. Il a paru vers l'année 1497.

PSALTERIUM Davidis, juxtà exemplar Vaticanum, anni 1592. *Lugd. Batav.* Elzevir, 1653, in-12. 12 l.
Jolie édition.

PSALTERIUM ad usum Ecclesiæ Argentinensis; impensis Joh. Reynard, aliàs Grunynger, ann. 1489, 2 vol. in-8.
Exemplaire imprimé sur vélin.

PTOLOMÆI (Cl.) Harmonicorum lib. iij, gr. lat., ex recens., vers. et cum notis J. Wallis. *Oxonii*, 1682, in-4. 15 l.

— Ejusd. Geographiæ libri viij, gr. lat., cum tabulis; curâ Georg. Mercatoris. *Francof.* 1605, in-fol.
Bonne édition.

— Iidem, gr. lat., ex edit. et eum emendat. Pet. Bertii. *Amst.* 1618 et 1619, 2 tom. 1 vol. in-fol.

Cette édition est la plus ample de ce livre. Les exemplaires n'en sont pas communs, 80 à 90 l. et davantage lorsque les figures sont enluminées.

— Ejusd. Cosmographiæ, lib. viij,

latinè, Jac. Angelo interprete. *Bononiæ*, Dominicus de Lapis, 1462 (1482), in-fol. fig.

Edition très-rare, et qui a fait beaucoup de bruit par la fausseté de sa date, occasionnée par une erreur typographique.
Vendu 400 l. chez Gaignat, 350 l. chez La Vallière, et 130 flor. chez Crevenna.

— Iidem, lat., Jac. Angelo interpr. *Vicentiæ*, Herm. Levilapis, 1475, in-fol. 70 l.

Edition fort rare, mais peu recherchée, parce qu'il n'y a pas de cartes géographiques.

— Iidem, lat., ex emendat. Domit. Calderini. *Romæ*, Buckinck, 1478, in-fol. fig.

Edition très-rare. C'est le second ouvrage imprimé où l'on trouve des planches gravées en taille-douce.

— Iidem, latinè, ex interpr. Nic. Germani. *Ulmæ*, Leon. Hol, 1482, in-fol. fig. *rare*, 80 l.

Il y a de cette édition des exemplaires sur vélin.

— Iidem, lat. *Romæ*, per Nic. Hahn seu Gallicum, 1482, in-fol. fig. *rare*.

Il existe aussi de cette édition des exemplaires imprimés sur vélin.

— Iidem, lat. *Romæ*, per Pet. de Turre, 1490, in-fol.

Edition assez rare et bien exécutée. Le volume n'a ni chiffres ni réclames, mais seulement des signatures.

— Iidem, lat., cum annot. Bern. Sylvani Aboliensis. *Venetiis*, 1511, in-fol.

On ne recherche guère de cette édition que les exemplaires imprimés sur vélin.

— Iidem, ex Bilibaldi Pirckeymheri tralatione, sed ad græca et prisca exempl. à Mich. Villanovano (Serveto) recogn. *Lugd.* 1535, in-fol. 72 liv.

Edition très-rare et fort recherchée à cause des notes du fameux Michel Servet dont elle est enrichie.

— Iidem, ex recogn. Mich. Serveti. *Lugd.* 1541, in-fol. 72 l.

Cette édition est plus ample et beaucoup plus rare que la précédente. Il est nécessaire de les avoir toutes deux, parce qu'on trouve dans la première des passages qui ont été supprimés dans la seconde.

— La Geografia di Cl. Tolomeo, trad. da Lion. Cernoti. *In Venezia*, 1598, 2 tom. 1 vol. in-fol. con fig. di Gir. Porro, 10 l.

Bonne édition, fort estimée en Italie.

Cet ouvrage a aussi été traduit en italien par Jérome Ruscelli, *Venise*, 1564, in-4. Cette version n'est pas sans mérite.

—Cl. Ptolemæi magnæ constructionis, id est, perfectæ cœlestium pertractationis lib. xiij, gr., cum comment. gr. Theonis et Pappi. *Basileæ*, 1538, in-fol. *rare*, 24 l.

— Ejusd. de Judiciis astrologicis, seu Quadripartitum, à Phil. Melanchthone, gr. lat. *Basil.* Oporin. 1553, in-8.

PUFENDORFF. (Sam. de) Introduction à l'Histoire génér. et politique de l'Univers, édit. revue et augm. par de Grace. *Paris*, 1753 et suiv. 8 vol. in-4. 36 l. — Gr. pap. 60 l. — Gr. pap. de Holl. 96 l.
Edition bien imprimée.

— De Jure Naturæ et Gentium lib. octo, cum notis Varior., à Gott. Mascovio. *Lipsiæ*, 1744, 2 vol. in-4. 9 à 12 l.

— Le Droit de la Nature et des Gens, trad. du lat. de Pufendorff, avec des notes par J. Barbeyrac. *Amst.* 1734, 2 vol. in-4. 15 l. — Gr. pap. 21 liv.
Les éditions de 1729 et 1740, 3 vol. in-4. sont également bonnes.

— De Officio hominis et civis, eum notis Varior. *Lugd. Bat.* 1769, 2 vol. in-8. 9 à 12 l.

— Res Gestæ Friderici Wilhelmi Magni, electoris Brandenburgici. *Berolini*, 1695, 2 tom. 1 vol. in-fol. 5 l.
La réimpression de 1733 est aussi bonne.

— Historia Rerum Gestarum à Car. Gustavo Adolpho, Suecorum rege. *Noribergæ*, 1696 seu 1729, 2 vol. in-fol. fig. 8 l.

PUISIEUX. Voy. LEDIARD.

PUISSANT. (L.) Traité de Géodésie, ou Exposit. des méthodes astronomiq. et trigonométriq. appliquées à la mesure de la terre, etc. *Paris*, an 14 (1805), in-4. 18 l.

— Traité de Topographie, d'Arpentage et de Nivellement. *Paris*, 1807, in-4. fig. 18 l.

PUJET. Observat. sur la Structure des yeux de divers insectes, et sur la trompe des papillons. *Lyon*, 1706, in-8. fig. 6 l.

PULCI, (Bern.) Fiorentino. La Pas-

sione del N. S. J. C., in rima toscana. *In Firenze*, Fr. Bonacursio, 1490, in-4.

— La Vendetta del N. S. J. C., fatta da Tito e Vespasiano, poema. *In Firenze*, 1492, in-4.
Ces deux éditions n'ont d'autre mérite que leur date.

PULCI (Luca) e Bern. GIAMBULARI. Il Ciriffo Cavalneo, poema in ottava rima. *In Vinegia*, 1518, in-4.
Edition rare, 40 l.

— Il medesimo. *Venezia*, 1535, in-4. *rare*, 36 l.
Cette édition et la suivante sont citées par la Crusca.

— Il medesimo, con la Giostra di Lorenzo de' Medici. *In Fiorenza*, Giunti, 1572, in-4. 15 l.

— Pistole. *Florentiæ*, A. B. Miscomini, 1481, in-4.
Première édition de ces Epîtres.

PULCI. (Luigi) Il Morgante maggiore. *In Venetia*, Barth. de Zanis de Portesio, 1488, in-4.
Edition très-rare, et la première de ce livre.

— Il medesimo. *In Venetia*, Manfredus de Borsello, 1493, in-4.
Edition aussi rare que la précédente.

— Il medesimo. *In Venetia*, 1494, in-4. fig. 60 l.
Edition rare.

— Il medesimo, corretto per Lod. Domenichi. *In Venetia*, 1546, in-4. fig. *rare*, 48 l.
Edition citée par la Crusca.

— Il medesimo. *In Venetia*, 1550, in-4. 20 l.
Ces deux éditions, mais particulièrement celle de 1546, sont fort estimées.

— Il medesimo. *Firenze*, 1606, in-4. 18 liv.

— Il medesimo. *Firenze* (*Napoli*), 1732, in-4. fig. 18 l.
Edition très-correcte. Elle est citée, ainsi que la précédente, par l'Académie de la Crusca.

— Il medesimo. *Lond.* (*Parigi*), Prault, 1767, 3 vol. pet. in-12. 12 l.

— Li Fatti di Carlo Magno, e de i suoi Paladini, in ottava rima. *In Venetia*, Luca Venetiano, 1481, in-fol. *rare*.
Ce livre n'est autre chose (quoique sous un

titre différent) que le poëme intitulé *Morgante maggiore* , cité ci-dessus.

— Il Driadeo , poema in ottava rima. *Florentiæ* , 1479 , in-4.

Première édition , 24 l.

Ce Poëme a été réimprimé plusieurs fois dans le XV.e siècle ; mais ces dernières éditions ne sont ni rares ni fort recherchées.

PULTENEY. (Rich.) Historical and biografical sketches on the progress of Botany in England from its origin to the introd. of the Linnæan system. *Lond.* 1790 , 2 vol. in-8. 20 liv.

— Esquisses historiq. et biographiq. des progrès de la botanique en Angleterre , trad. par Boulard. *Paris*, 1809 , 2 vol. in-8. 10 l.

PURCHAS. (Sam.) Recueil de Voyages faits en différentes parties du Monde (en angl.) *Lond.* 1625 et 1626 , 5 vol. in-fol. 150 à 200 l.

L'édition de 1732 est moins estimée.

PUTEI (Andr.) Perspectiva Pictorum et Architectorum. *Romæ* , 1700 , 2 vol. in-fol. fig. 24 à 30 l.

PUTEO. (Paris de) Libro de Re Militari, in materno composto. *Senza luogo nè anno* , in-fol.

Ce livre, imprimé sans chiffres , réclames ni signatures , a été publié à *Naples* , vers l'année 1471. Les exemplaires en sont très-rares.

PUTEOLANÆ Antiquitates , ital. et lat. 1768 , in-fol. fig.

Vendu 90 l. chez La Vallière.

PUTSCHIUS. (Hel.) Vid. Auctores antiq. Grammaticæ latinæ.

PUYSÉGUR. (le Maréchal de) L'Art de la Guerre par principes et par règles. *Paris* , 1748, 2 vol. in-fol. fig. 18 l. — Gr. pap. 40 l.

Cet ouvrage existe aussi en deux vol. in-4.

PUZOS. (Nic.) Traité des Accouchements , publié par Moriset Deslandes. *Paris*, 1759 , in-4. 20 l.

PYTHAGORAS. Vid. Hierocles.

Q

QUADRAGÉSIMAL (le) spirituel, c'est à savoir , la salade , les febves frites , les pois , la purée. *Paris* , sans date , in-4. goth. 18 à 24 l.

QUADRERIA Medicea, ou Tableaux de la Galerie de Médicis , 5 vol. in-fol. max. cont. 500 pièces , 250 l.

QUADRIO. (Fr. Sav.) Della Storia e della Ragione d'ogni Poesia. *Bologna* e *Milano* , 1739 , 7 vol. in-4. 40 l.

QUARIN (Jos.) de curandis Febribus et Inflammationibus. *Viennæ* , 1781 , in-8. 8 l.

QUATREMÈRE DE QUINCY. (A. Ch.) De l'Architecture égyptienne, considérée dans son origine, ses principes et son goût. *Paris* , 1803 , in-4. fig. 131. — Pap. vélin, 27 liv.

QUATREMÈRE. (Etienne) Recherches critiques et historiq. sur la langue et la littérature de l'Egypte. *Paris* , impr. impér. 1808 , gr. in-8. 12 l. — Pap. vélin, 24 l.

QUÉNON. Dictionnaire grec-franç. *Paris* , 1807 , 2 vol. in-8. 13 l.

Ce Dictionnaire n'a pas été favorablement accueilli du public.

QUER. (Jos.) Flora espanola, ò Hist. de las Plantas que se crian en Espana. *Madrid* , Ibarra , 1762 , 1764 et 1784 , 6 vol. in-4. fig. 60 l.

QUERLON. (de) Les Graces, ou Recueil de tout ce qui a été écrit sur les Graces. *Paris* , 1769 , gr. in-8. fig. 7 l. — Gr. pap. de Holl. 15 l.

QUESNEL. (Pasquier) Le Nouv. Testament de N. S. J. C. en lat. et en franç. avec des réflexions morales. *Amst.* 1736, 8 vol. in-12. 15 l.

Bonne édition. Celle en 4 vol. in-8. est moins recherchée.

QUETIF (Jac.) et Jac. ECHARD Scriptores Ordinis Minorum , cum notis. *Parisiis* , 1719 et 1721, 2 vol. in-fol. 12 l.

QUEVEDO DE VILLEGAS : (Don Fr.) Obras. *En Madrid* , 1791 , 11 vol. in-8. 60 l.

— Obras jocosas. *Madrid* , 1798 , 6 vol. in-8. 20 l.

QUIEN. (Mich. le) Voy. Byzantine.

QUIEN DE LA NEUFVILLE. (Jac. le) Histoire génér. de Portugal. *Paris* , 1700, 2 vol. in-4. 10 l.

QUIGNONIUS (Fr.) Breviarium Romanum , curis ejus dispositum. *Lugd.* 1544 , in-4. 10 l.

QUILLETI (Cl.) Callipædia. *Lugd.*
Batav. 1655, in-4. 4 l.
Poëme estimé.

— Eadem, cum Pædotrophià Sammarthani. *Lond.* 1708, in-8. 12 l.
Bonne édition, où l'on a rétablis en variantes, les vers supprimés des éditions postérieures à celle de 1655.

— La Callipédie, trad. en franç. par d'Egly. *Paris*, 1746, in-12. 5 l.—
Gr. pap. de Holl. *très-rare*, 20 l.
Ce Poëme a été traduit en vers français, avec le texte latin à côté, en 1774, in-8. 5 liv.

QUINAULT : (Philip.) son Théâtre. *Paris*, 1739, 5 vol. in-12. fig. 12 à 15 liv.

QUINCY. (Charl. Sevin, marquis de) Histoire militaire du règne de Louis XIV. *Paris*, 1726, 7 tom. 8 vol. in-4. 18 l. — Gr. pap. 30 l.

QUINCY (J.) Pharmacopœia officinalis (angl.) *Lond.* 1728, in-8. 5 l.
— Pharmacopée universelle, trad. de l'angl. par Clausier. *Paris*, 1749, in-4. 6 l.

QUINONES. (Juan de) El Monte Vesuvio aora la Montana de Soma. *En Madrid*, 1622, in-4. 15 l.
Il faut voir si la figure du mont Vésuve se trouve dans l'exemplaire.

— Tratado de las Langostas. *En Madrid*, 1620, in-4.
Traité rare et singulier, 15 l.

— Discurso de la Campana de Villilla. *En Madrid*, 1625, in-4. 8 l.
Petit ouvrage rare et singulier.

— Explicacion de unas monedas de oro, de emperadores romanos, que se han hallado en el puerto de Guadarrama. *Madrid*, 1620, in-4. 30 l.
Livre rare et recherché des antiquaires.

— Discurso contra los Gitanos. *En Madrid*, 1631, in-4. 7 l.

QUINTILIANI (Marci Fabii) Institutionum Oratoriarum lib. xij, ex recogn. Jo. Ant. Campani. *Romæ* (J. P. de Lignamine), 1470, in-fol. 800 l.
Cette édition, la première de cet auteur, est extrêmement rare.

— Iidem, ex recogn. Jo. Andreæ, episcopi Aleriensis. *Romæ*, Conr. Sweynheym et Arnold. Pannartz, 1470, in-fol. 100 l.
Seconde édition de Quintilien. Les exemplaires en sont très-rares.

— Iidem, ex recogn. Omniboni Leoniceni. *Venetiis*, Nic. Jenson, 1471, in-fol. 100 l.
Rare et belle édition. Il en existe des exemplaires imprimés sur vélin.

— Idem. *Mediolani*, Ant. Zarotus Parmensis, 1476, in-fol. *rare*, 50 l.

— Iidem. *Venetiis*, Aldus, 1514 seu 1521, in-4. 18 l.
Ces deux éditions sont assez recherchées. Il existe de celle de 1514 des exemplaires en papier bleu.

— Iidem. *Parisiis*, Rob. Steph. 1542, in-4. 6 à 9 l.
Jolie édition en lettres rondes.

— Iidem, et Declamationes, cum notis Varior. *Lugd. Batav.* 1665, 2 vol. in-8. 40 à 50 l.
Bonne édition, et l'une des moins communes de la Collection des *Variorum.*

— Iidem, ab Edm. Gibson. *Oxonii*, 1693, in-8. 6 à 7 l.

— Iidem, ex recens. Ulr. Obrechti. *Argentorati*, 1698, 2 vol. in-4. 18 liv.
Il y a des exemplaires en papier fin.

— Iidem, cum notis Varior. *Lond.* 1714, in-8. 8 l.

— Iidem, necnon Calpurnii Flacci Declamationes, cum notis Varior., ex recens. Pet. Burmanni. *Lugd. Bat.* 1720, 4 vol. in-4. 40 à 50 l.—
Gr. pap. 72 à 80 l.

— Iidem, ex recens. et cum notis Cl. Capperonnerii. *Parisiis*, Coustelier, 1725, in-fol. 20 l. — Gr. pap. 36 liv.

— Iidem, cum Dialogo de Oratoribus, stud. Vulpiorum fratrum. *Patavii* Cominus, 1736, 2 vol. in-8. 6 à 9 l.
Il y a des exemplaires en papier bleu.

— Iidem, ex recens. J. Matt. Gesneri. *Gottingæ*, 1738, in-4. 9 l. — Gr. pap. 36 l.

— Quintiliani Opera, ad optimas edit. collata. *Biponti*, 1784, 4 vol. in-8. 9 l.

— Ejusd. Institutiones Oratoriæ, à Th. Chr. Harles. *Altenb.* 1773, in-8. 5 à 6 l.

— Eædem, ex recens. et cum annot. G. L. Spalding. *Lipsiæ*, 1798-1805, 2 vol. in-8. 20 l.

— Ejusd. Declamationes cxxxvj superstites. *Venetiis*, per Lucam Venetum, 1481, in-fol.

— Eædem. *Venetiis*, per Lucam Ve-
netum , 1482 , in-fol.
Ces deux éditions sont assez estimées , mais
les exemplaires n'en sont pas rares , 24 l.
— De l'Institution de l'Orateur, trad.
en franç. par Nic. Gedoyn. *Paris*,
1718 , in-4. 8 l.
— Le même, et de la même trad.
Paris, Barbou , 1770 , 4 vol. in-12.
12 liv.
Cette édition est estimée et peu commune.
— Le même , et de la même trad.
Edition revue et augment. (par
M. Capperonnier.) *Paris*, 1803,
4 vol. in-12. 10 l. — Pap fin , 20 l.
— L'Istituzioni Oratorie di M. F.
Quintiliano, trad. da Oratio Tosca-
nella. *Vinegia* , 1567 , in-4.
Seule traduction italienne de ce livre.
QUINTINYE. (Jean de la) Instruc-
tions pour les jardins fruitiers et
potagers. *Paris*, 1739 ou 1746,
2 vol. in-4. 12 l.
QUINTUS CALABER. Vid. CALA-
BER.
QUINTUS CURTIUS. Vid. CUR-
TIUS.

R

RABANI MAURI Opera , ex edit.
Georg. Colvenerii. *Coloniæ* , 1627,
6 tom. 3 vol. in-fol. 24 l.
RABAUT DE SAINT-ETIENNE.
(J. P.) Lettres à Bailly, sur l'Hist.
primitive de la Grèce. *Paris*, 1787,
in-8. 4 l.
— Almanach historique de la révolution française. *Paris* , Didot
l'aîné , 1791 , in-18. fig.
Nous ne citons ce livre que pour annoncer
qu'on en a tiré des exemplaires sur peau
de vélin.
— Précis historique de la révolution.
Paris , Didot l'aîné , 2 part. 1 vol.
in-32.
On a tiré de ce Précis 6 exemplaires sur
peau de vélin.
RABELAIS : (M.tre Fr.) ses Œuvres, avec l'explication des mots
difficiles. (*Hollande* , Elzevir),
1663 , 2 vol. in-12. 40 à 50 l.
Fort jolie édition.
— Les mêmes , avec des remarq. par

Jac. le Duchat et Bern. de la Monnoye. *Amst.* 1711 , 5 vol. pet. in-8.
12 l. — Gr. pap. *rare* , 48 l.
— Les mêmes, avec les remarq. de
J. le Duchat. *Paris*, 1732 , 5 vol.
in-8. fig. 15 à 18 l. — Gr. pap. 30 à
36 liv.
— Les mêmes, avec les remarq. de J.
le Duchat, de la Monnoye, Motteux, etc. *Amst.* 1741 , 3 vol. pet.
in-4. fig. de Bern. Picart, 48 l.
On a tiré de cette édition des Œuvres de
Rabelais des exemplaires en grand papier,
mais ils sont très-rares et fort chers, 4 à
500 liv.
— Les mêmes. *Lond.* (*Paris*), Bastien , 1783 , 2 vol. in-8. 10 l. — Pap.
de Holl. 18 l. — Format in-4. 15 l.
— Les mêmes , avec les remarq. publ.
en anglais par le Motteux, et trad.
en franç. par C. D. M. *Paris*, Bastien , an 6 (1798), 3 vol. in-8. avec
78 fig.
Cette édition a été imprimée sur 8 papiers
différents , 1° In-8. papier ordinaire, 21 l.
— 2° Grand-raisin , 36 l. — 3° Grand
papier vélin , 42 l. — 4° In-4. papier superfin , 50 l. — 5° In-4. papier vélin ,
60 l. — 6° In-fol. 2 vol. , carré bâtard ,
100 l. — 7° In-fol. 2 vol. écu vélin , 120 l.
— 8° In-fol. carré vélin , 130 l.
— The Works of F. Rabelais, with
historical and critical notes, by le
Duchat. *Lond.* 1750 , 5 vol. in-12.
fig. 18 à 20 l.
— Les Songes drolatiques de Pantagruel. *Paris* , 1565, in-8. *rare*, 40 l.
Ce Recueil doit renfermer 120 fig. gravées
sur bois , et deux feuillets de texte , savoir , l'intitulé et l'Epître dédicatoire.
— Le Tiers et le Quart , Livre des
Faits et Dits du bon Pantagruel.
Paris , 1552 , in-8. 7 l.
RABELLI. (G. C.) Mascarades monastiques et religieuses de toutes
les nations du globe. *Paris* , 1793,
in-8. pap. vélin , fig. 12 l.
RABUEL. (le P.) Commentaires sur
la géométrie de Descartes. *Lyon* ,
1730 , in-4. fig. 6 l.
RABUTIN. (Bussy) Voy. BUSSY.
RACAN : (Honorat de Beuil, Sr. de)
ses Œuvres. *Paris*, Coustelier,
1724 , 2 vol. in-8. 10 l.
RACINE. (Bonav.) Abrégé de l'Histoire ecclésiastique. *Cologne*, 1752,
18 vol. in-12. 20 l.

— Le même. *Cologne*, 1762, 13 vol. in-4. 24 l. — Gr. pap. 36 l.

RACINE : (Jean) ses Œuvres. *Paris* (*Holl.*) 1697, 2 vol. in-12. fig. 12 à 15 l.

Les exemplaires bien conservés sont rares.

— Les mêmes. *Lond.* Tonson , 1723, 2 vol. in-4. fig. 15 l.

— Les mêmes. *Paris*, 1741, 2 vol. in-12. 7 l. — Gr. pap. 15 l.

— Les mêmes. *Amst.* 1743 ou 1750, 3 vol. in-12. fig. de Boullogne, 18 l. Jolie édition, peu commune.

— Les mêmes. *Paris*, 1760, 3 vol. gr. in-4. fig. 18 à 24 l.

On n'a tiré que deux exemplaires en grand pap. de Hollande, l'un pour madame de Pompadour, et l'autre pour le duc de Choiseul.

— Les mêmes , avec les Comment. de Luneau de Boisjermain. *Paris*, 1768, 7 vol. in-8. fig. 72 l. — Pap. de Holl. 150 l.

Belle édition.

Jusqu'à présent on a cru que le Commentaire était de Luneau de Boisjermain. Il est réellement de Blin de Saint-More, qui le lui vendit, avec le droit de propriété, pour 2400 l. Nous garantissons l'authenticité de cette anecdote.

— Les mêmes, édition imprim. pour l'éducation du Dauphin. *Paris*, Didot l'aîné, 1783, 3 vol. in-4. pap. vélin, 150 à 200 l.

Cette belle et rare édition des OEuvres de Racine, n'a été tirée qu'à 200 exemplaires.

— Les mêmes , édit. impr. pour l'éducation du Dauphin. *Paris*, Didot l'aîné, 1784, 3 vol. in-8. pap. vélin, 60 liv.

Cette jolie édition n'est pas commune. Elle a été tirée à 350 exemplaires ; plus , 3 sur peau de vélin. Ces derniers sont précieux.

— Les mêmes, édit. impr. pour l'éducation du Dauphin. *Paris*, Didot l'aîné, 1784, 5 vol. in-18. pap. vélin , 36 liv.

Cette petite édition est fort joliment imprimée. Elle a été tirée à 450 exemplaires.

— Les mêmes. *Paris*, Didot le jeune, 1796, 4 vol. gr. in-8. fig. de le Barbier, 24 l. — Pap. vélin , 50 l. —Gr. pap. vélin, fig. avant la lettre, 80 l. Édition bien imprimée. On en a tiré un exemplaire unique sur peau de vélin, et divisé en 8 vol. , auquel sont joints les 12 dessins originaux, les eaux-fortes, les figures avant et après la lettre.

Dict. Bibl. I.

— Les mêmes. *Londres*, 1799, 3 vol. in-12. 10 à 12 l.

— Les mêmes. *Paris* , Didot l'aîné, an 9 (1801-1802) , 3 vol. gr. in-fol. pap. vélin, fig. 1200 l. — Fig. av. la lettre, 1800 l.

Chef-d'œuvre de typographie.

Cette édition, ornée de 57 estampes de la plus grande beauté , n'a été tirée qu'à 250 exemplaires numérotés et signés ; plus , un sur peau de vélin, lequel est décoré des dessins originaux. Ce dernier exemplaire est passé dans le cabinet de M. Firmin Didot.

— Les mêmes , avec les variantes et les imitations des auteurs grecs et latins, publ. par M. Petitot. *Paris*, 1807, 5 vol. in-8. 25 l. — Avec 13 fig. 40 l. — Pap. vélin, 45 l. — Avec 13 fig. 60 l. Prix de l'éditeur.

—Les mêmes , avec les Comment. de La Harpe. *Paris*, 1807, 7 vol. in-8. 30 l. — Pap. vélin, 60 l.

—Les mêmes', avec les Commentaires de L. J. Geoffroy. *Paris*, 1808 , 7 vol. in-8. fig. 66 l. — Pap. vélin , 120 l. Prix de l'éditeur.

RACINE : (Louis) ses Œuvres. *Paris* , 1808, 6 vol. in-8. portr. 30 l. — Pap. fin , 36 l.

— La Religion, poëme. *Paris* , Coignard , 1742, in-4. et in-8. 5 l.

RADBERTI (Pasch.) Opera , ex edit. Jac. Sirmondi. *Parisiis* , 1618, in-fol. 10 l.

RADERI (Matt.) Bavaria sancta. *Monaci* , 1615, 1624 et 1627 , 3 vol. in-fol. fig.

— Bavaria pia. Ibid. 1628, in-fol. fig.

Le principal mérite de ces deux ouvrages est d'être décoré de figures de Sadeler. 50 liv.

RADICATI. (Alb.) Recueil de Pièces curieuses sur les matières les plus intéressantes. *Rotterdam*, 1736 , in-8. 9 l.

Livre peu commun.

RADONVILLIERS. (l'abbé de) De la manière d'apprendre les Langues. *Paris* , 1768 , in-8. 5 l.

RADULPHUS (Ric.) De Quæstionibus Armenorum. *Parisiis*, 1512, in-fol.

Livre singulier et assez rare.

RADZIVILLIUS. (Nic.) Biblia Polonica, à Pinczowianis edita, et à Socinianis publicata, ex hebraïcis et græcis fontibus, curâ et sumpt.

Radzivilłki, etc. *Brestiæ*, 1563, in-fol. fig.

Cette Bible polonaise est extrêmement rare. Vendu 780. l. chez M. Gaignat.

RAII (Jo.) Historia Plantarum. *Lond.* 1686 et ann. seqq. 3 vol. in-fol. 60 l. —Gr. pap. 120 l.

Ouvrage estimé. Le tome III, imprimé en 1704, est fort rare.

Comme cette Collection ne renferme aucune figure, il faut y joindre le Recueil de Plantes gravées en taille douce, dont suit l'intitulé : *Jac. Petiver Catalogus Herbarii Britannici Jo. Raii,* in-fol. fig. Voy. *Petiver.*

—Catalogus Plantarum Angliæ et Insularum adjacentium. *Lond.* 1670, in-8. 6 l.

—Synopsis Animalium quadrupedum et Serpentini generis. *Lond.* 1693, in-8. fig. 7 l.

—Stirpium Europæarum extrà Britannias nascentium Sylloge. *Lond.* 1694, in-8. 6 l.

—Historia Insectorum , cum appendice Mart. Lister. *Lond.* 1710, in-4. fig. 12 l.

—Synopsis methodica Avium et Piscium. *Lond.* 1713, in-8. 8 l.

—Discourses concerning the primitive Chaos , the general Deluge , the dissolution of the World and future conflagration , etc. *Lond.* 1721 and 1722, 2 vol. in-8. 20 l.

—A Collection of curious Travels and Voyages. *Lond.* 1705, in-8. 6 l.

—Travels through the Germany, Italy and France. *Lond.* 1738, 2 vol. in-8. 10 l.

—L'Existence et la Sagesse de Dieu manifestées dans les Œuvres de la Création ; trad. de l'angl. *Utrecht,* 1714, in-8. 4 l.

RAIMONDI, Bresciano. (Eug.) Delle Caccie, lib. iv. *In Napoli*, 1626, in-4. fig. 8 l.

Livre curieux et peu commun.

RAMATUELLE. (Audib.) Cours élémentaire de tactique navale. *Paris*, an x (1802), in-4. 10 l.

RAMBAUD. (Honorat) La Déclaration des abus que l'on commet en écrivant, et les moyens de les éviter. *Lyon*, 1578, in-8. 12 l.

Peu commun.

RAMEAU. (J. Ph.) Le Code de Musique pratique. *Paris*, 1760, in-4. 12 liv.

RAMELLI : (Aug.) ses Machines , décrites et expliquées en ital. et en franç. *Paris*, 1588, in-fol. avec 195 fig.

Livre rare et curieux, 60 à 70 l.

RAMIRES DE CARION. Maravillas de naturalezza. *En Montilla*, 1629, in-4. rare, 18 l.

RAMSAY. (Charl.) Tachéographie, ou l'Art d'écrire aussi vite que l'on parle. *Paris*, 1681, in-12. 6 à 7 l.

RAMSAY. (Mich. Andr.) Les Voyages de Cyrus. *Paris*, 1727, 2 vol. in-8. 6 l.

Il y a des exemplaires imprimés sur vélin, qui sont ordinairement divisés en trois volumes.

—Les mêmes. *Lond.* 1730, gr. in-4.

Bonne édition, bien imprimée, 12 l.

—Histoire de Henri de la Tour d'Auvergne , Vicomte de Turenne. *Paris*, 1735, 2 vol. in-4. fig. 12 l. —Gr. pap. 18 l.

RAMUSIO. (Raccolta delle Navigationi e Viaggi da Giov. Batt.) *In Venetia*, Giunti, 1563, 1565 e 1583, 3 vol. in-fol. 72 l.

Cette édition est la meilleure de ce Recueil. Pour en avoir un exemplaire bien complet , il faut y annexer un petit supplément imprimé dans l'édition de 1606, sous le titre suivant : *Viaggio di M. Cesare de' Fedrici nell' India Orientale ,* etc.

RAOUL de Coucy. Voy. BORDE. (la)

RAOUL LE FÈVRE. Le grand Recueil des Histoires troyennes. *Lyon* , Mich. Topie, 1490, in-fol. goth. fig. 30 l.

Première édition avec date.

—Le même. *Lyon*, Maillet, 1494, in-fol. goth. fig. 24 l.

—Le même. *Paris*, Vérard, sans date (1498), in-fol. goth. fig. 18 l.

Ces trois éditions des Histoires troyennes sont rares.

Il existe de celle d'Ant. Vérard des exemplaires imprimés sur vélin , et ornés de figures peintes en or.

Cet ouvrage a été traduit en anglais par Williams Caxton , et imprimé vers l'année 1473, de format in-fol.

RAPHAEL d'Urbin. Les Loges du Vatican , peintes par lui. *Rome*, 1772, gr. in-fol. 35 pl. 100 l.

Il y a des exemplaires en couleur , qui valent 600 liv. ; mais il y a beaucoup de choix dans ces exemplaires.

RAPICII (Jovitæ) de Numero orato-

·'rio Mb. v. — Ejusd. Paraphrasis in Psalmos Davidis. *Venetiis*, Aldus, 1554, in-fol.

RAPIN, Sr. de Thoyras. (Paul de) Histoire génér. d'Angleterre, avec les remarq. de N. Tindal, etc. *La Haye (Paris)*, 1749, 16 vol. in-4. 50 à 60 l. — Gr. pap. 80 à 96 l.

Cette édition est préférée à celle de *La Haye*, 1724 et 1733, 15 vol. in-4.

RAPINI (Renati) Hortorum lib. iv. *Parisiis*, è typ. reg. 1665, in-4. 5 liv.

— Iidem. *Parisiis*, Barbou, 1780, in-12. 6 l.—Pap. fin, 10 l.

RAPONI. (Mar. Ign.) Recueil de Pierres antiques, grav., concernant l'hist., la mythologie, etc. avec leurs descript. *Rome*, 1786, gr. in-fol. fig. 40 l.

Ce Recueil contient 88 planches tirées au bistre.

RAPPER. Dissertation on the Gipsies, being an historical Enquiry concerning the Manner of Life of these People in Europa. *Lond.* 1787, in-4. pap. vélin, 18 l.

RASCHE (J. C.) Lexicon universæ rei nummariæ vet. et præcipuè Græcorum ac Romanorum, cum observat. *Lipsiæ*, 1785 et seqq., 8 tom. 13 vol. in-8. 180 l. — Pap. fort, 225 liv.

Cet Ouvrage fait le pendant de celui d'Eckhel.

RASOIR (le) des Rasés, auquel est traité de la Tonsure et Rasure du pape et de ses papelards. 1562, in-8. 10 l.

RAVANELI (Pet.) Bibliotheca sacra, seu Thesaurus Scripturæ. *Genevæ*, 1654, 3 vol. in-fol. 20 l.

RAUCH (Jo. Fr.) Disputatio medico-diætetica de Aëre et Esculentis, necnon de Potu. *Viennæ Austr.* 1622 et 1624, in-4. 15 l.

Livre rare et singulier.

RAVENEAU. (J.) Traité des Inscriptions en faux et reconnaissances d'écritures et signatures. *Paris*, 1666, in-12. 7 l.

RAVISIUS TEXTOR. (Jo.) Vid. OPERA div. aliquot Scriptor., de claris Mulieribus.

RAUWOLF. Voyages en Syrie,

Judée, Arabie, Mésopotamie, etc. (en allem.) *Langingen*, 1782, 2 vol. in-4. fig. 20 l.

RAY. (Playcard Aug. Fidèle) Zoologie universelle et portative. *Paris*, 1788, in-4. 9 l.

RAY. (John) Vid. RAIUS.

RAYÆUS. Vid. BOLLANDUS.

RAYMOND: (le Père) Dictionnaire caraïbe-franç. *Auxerre*, 1665, in-12. 9 l.

RAYMONDO de Capua. Voy. CATHERINA DA SIENA.

RAYNAL. (Guill. Th.) Hist. philosophiq. et politiq. du commerce et des établissements des Européens dans les deux Indes. *Genève*, 1780, 5 vol. in-4. dont un de cartes, 72 l. — Pap. fin, 120 l.

— Le même. *Genève*, 1780, 10 vol. in-8. fig. et atlas in-4. 72 l. — Pap. de Holl. 120 l.

On sait peu de cas des autres éditions de cet ouvrage, parce qu'elles sont mal imprimées et fautives.

RAYNALDUS. Vid. BARONIUS.

RAYNAUDI (Théoph.) Opera. *Lugd.* 1665 et ann. seqq. 20 vol. infol. 110 l.

Cette Collection n'est pas commune. Le tome xx, imprimé à Cracovie, est rare. Les 20 vol. se trouvent ordinairement reliés en 9, 10 ou 12 vol.

RAYNOLDI (Jo.) de romanæ Ecclesiæ Idololatriâ, in Cultu Sanctorum, Reliquiarum, etc. lib. ij. *Oxonii*, 1596, in-4. 7 l.

Edition préférée à la réimpression qui en a été publiée à *Genève*, en 1598, in-8.

RAZOUMOWSKY. Hist. natur. du Jorat et de ses Environs. *Lausanne*, 1789, 2 vol. in-8. fig. 7 l.

RÉAL. (Gasp. de) Science du Gouvernement. *Paris*, 1762, 63 et 64, 8 vol. in-4. 24 à 36 l.

RÉAL. (Saint) Voy. SAINT-RÉAL.

REALI di Franza. Voy. HISTORIA.

RÉAUMUR. (René Ant. Ferchault de) Mémoires pour servir à l'Histoire naturelle des Insectes. *Paris*, impr. roy. 1734 et suiv. 6 vol. in-4. fig. 60 à 72 l.

Presque tous les volumes de cet ouvrage ont été réimprimés successivement. Il faut examiner s'il sont bien réellement du Louvre ; ce qu'il est aisé de distinguer à la forme des caractères.

Il y a des exemplaires avec figures enluminées , mais ils sont très-rares.

— L'Art de convertir le fer forgé en
acier , et l'art d'adoucir le fer fondu.
Paris , 1722 , in-4. fig. 9 l. — Gr.
pap. 18 l.

— L'Art de faire éclorre et d'élever
en toute saison des Oiseaux domes-
tiques. *Paris* , impr. roy. 1749 , 3
vol. in-12. fig. 8 l.

REBOULET. (Sim.) Histoire du
règne de Louis XIV. *Avignon* ,
1744 , 3 vol. in-4. 10 l.

RECHENBERGIUS. (Ad.) Hist. Rei
nummariæ Scriptores aliquot insignes , ad lect. sacror. et profanor.
Script. utiles, cum Biblioth. Nummariâ et Præf. A Rechenbergii.
Lipsiæ , 1692 , 2 vol. in-4. 12 à 15 l.

RECHERCHES sur l'origine des Arts
de la Grèce. Voy. HANCARVILLE.

RECOGNITIO veteris Testamenti ad
hebraïcam veritatem, per Augus-
tinum (Steuchum) Eugubinum.
Venetiis , Aldus , 1529 , in-4.
Volume très-rare.

RECOLLECTORIUM, ex Gestis Romanorum , cum pluribus applica-
tis Historiis. *Goudæ* , Ger. Leeu ,
1480 , in-fol. 18 l.
Première édition très-rare.

RECOPILACION de las Leyes de
los Reynos de las Indias. *En Madrid* , 1774 , 4 vol. in-fol. 36 l.

RECRÉATION , (la) Devis et Mi-
gnardise amoureuse. *Paris* , 1596 ,
in-16. 5 l.

RECUEIL des Actes et dépesches
faits aux haults jours de Conardie ,
tenus à Rouen , depuis la dernière
semaine de janvier jusqu'au Mardi-
gras, etc. 1541, in-4. *très-rare* ,
24 liv.

RECUEIL gén. des Caquets de l'Accouchée. 1623, in-8. 8 l.
Cette édition est la plus ample et la plus recherchée de ce livre.

RECUEIL de Chansons rustiques et
musicales. *Lyon* , 1555, in-16. 6 l.

RECUEIL de Chansons, Branles,
etc. pour la récréation des cœurs
mélancholiques. *Paris*, 1579, in-16.
6 liv.

RECUEIL des Faits et Dits mémorables de plusieurs grands personnages français. 1565, in-8. 10 l.

RECUEIL de plusieurs Farces tant
anciennes que modernes. *Paris*,
1612 , petit in-8.
Recueil très-rare. Vendu 124 l. chez La Vallière.
M. Caron en a donné une réimpression en 1
vol. petit in-8. Voy. *Collection.*

RECUEIL de la diversité des Habits
qui sont à présent en usage en Europe , Asie , Afrique, etc. *Paris* ,
1562 , in-8. fig. 12 l.

RECUEIL de Mascarades et Jeux du
prix de la course du Sarrazin, faits
ce Carême-prenant. *Paris* , 1607,
in-8. 8 l.

RECUEIL des portraits du roi, de la
reine, des princes, dames illutres.
1660, in-4.
Recueil tiré à 50 exemplaires.

RECUEIL de Fables diverses, par
M**(Clavière). *Paris*, Didot l'aîné,
1792 , in-18.
Ce petit volume n'a été tiré qu'à 50 exemplaires.

RECUEIL de pièces curieuses et nouvelles, tant en prose qu'en vers ,
de différents auteurs modernes. *La
Haye* , 1694-96 , 5 vol. in-12. 18 l.

RECUEIL de Romans de chevalerie,
savoir : Artus de Bretagne , Tristan
de Léonnois , Méliadus, etc. etc.
Paris , 1584, in-4. 15 l.

RECUEIL de Romans de chev. , savoir : La Conquête du grand Charlemagne , avec les Faits et Gestes
des 12 pairs de France , et du Grand
Fier-à-Bras. *Lyon*, 1597, in-4. fig.
8 liv.

RECUEIL de Romans de chev. , savoir : Milès et Amys, Galien Restauré , Guillaume de Palerne , etc.
Paris , 1534, in-4. 10 l.

RECUEIL de Romans de chev. , savoir : Ogier le Danois, Morgant le
Géant. *Troyes*,1606, in-4. fig. 10 l.

RECUEIL (le) de tous soulas, plaisir
et parangon de Poésie. *Paris*, 1562,
in-12. 5 l.

RECUEIL de Comédies et Ballets représentés sur le théâtre des petits
appartements , pendant les hivers
de 1747 à 1750. (*Paris*), 1748 et
suiv. 6 vol. in-8.
Exemplaire imprimé sur vélin.

RECUEIL de Tables astronomiques.
Berlin, 1776, 2 vol. in-8. 10 l.

RECUEIL de plusieurs Traités singuliers de Poésie française; savoir :
1.º les trois Contes intitulés de
Cupido et Atropos, par Seraphin et
Jehan le Maire. 2.º Les Epitaphes
de Hector et Achilles, par G. Chas-
telain dit l'Aventurier. 3.º Le Temple de Mars, par J. Molinet; etc.
etc. *Paris*, Gallyot du Pré, 1525,
in-8.

Ce Recueil de Poésies anciennes est assez
recherché.

RECUEIL de Voyages des Anglais
aux Indes Orientales et Occidentales. *Leyde*, 1706, 2 vol. in-fol. fig.
(en hollandais.)

RECUEIL de Voyages des Portugais
aux Indes Occidentales. *Leyde*,
1706, in-fol. fig. (en holl.)

RECUEIL de Voyages des Espagnols
aux Indes Occidentales. *Leyde*,
1706, 2 vol. in-fol. fig. (en holl.)

Ces trois articles se trouvent ordinairement
réunis ensemble, 60 à 80 l.

RECUEIL de Voyages au Nord.
Amst. 1731, 10 vol. in-12. fig. 18 à
24 liv.

RECUEIL de Voyages qui ont servi à
l'établissement et aux progrès de la
Comp. des Indes Orientales, formée
dans les Provinces-Unies des Pays-
Bas. *Amst.* 1754, 12 vol. in-12. fig.
24 à 30 l.

RECUEIL de Contes et Nouvelles
en vers, par J. de La Fontaine, Voltaire, Vergier, etc. etc. *Lond.*
(*Liège*), 1778, 4 vol. in-18. fig. 12 à
15 liv.

Cette petite édition est ornée de fort jolies
vignettes.
On a placé à la page 105 du tome I, la vignette
qui doit être à la page 119, et à la page
119, celle qui doit être à la page 105.
Cette transposition de figures n'a eu lieu
qu'aux 60 premiers exemplaires, et sert
à les faire reconnaître lorsqu'on en rencontre.

RECUEIL de Poètes gascons, en patois gascon. *Amst.* 1700, 2 vol.
in-12. 12 l.

RECUEIL de 150 Vues choisies en
Angleterre, etc., dessiné par P.
Sandby. *Lond.* 1783, 2 vol. in-4.
obl. 150 l.

RECUEIL de Pièces intéressantes,
concernant les antiquités, les
beaux-arts, les belles-lettres, etc.,

trad. de différ. lang. (par MM. Jansen et Kruthoffer.) *Paris*, 1796,
6 vol. in-8. 27 à 30 l.

RECUEIL de 40 Tableaux grav. en
bois, représentant les guerres civiles de France, et les Massacres
arrivés dans ce royaume durant les
troubles depuis 1559-1570, in-fol.
rare, 50 à 60 l.

RECUEIL de quelques articles tirés
de différents ouvrages périodiques
(par feu de Vaines, conseiller d'état).
An 7 (1799), in-4. de 220 pag.
Vol. tiré à 14 exemplaires.

RECUEIL de 100 Estampes. Voy.
FERRIOL.

REDI. (Fr.) Esperienze intorno alla
generazione degli Insetti. *Firenze*,
1688, in-4. fig. 9 l.

— Osservazioni intorno agli animali
viventi che si trovano negli animali
viventi. *Firenze*, 1684, in-4. fig. 9 l.

— Esperienze intorno a diverse cose
naturali, e particolar. a quelle
che ci sono portate dall' Indie.
Firenze, 1671, in-4. fig. 7 l.

— Le stesse. *Firenze*, 1686, in-4.
fig. 7 l.

— Osservazioni intorno alle Vipere.
Firenze, 1664, in-4. 5 l.

— Lettera soprà alcune Opposizioni
fatte alle sue osservazioni intorno
alle Vipere. *Firenze*, 1670, in-4. 3 l.

— Lettera intorno all' Invenzione
degli Occhiali. *Firenze*, 1690, in-4.
rare, 4 l.

— Bacco in Toscana, ditirambo.
Firenze, 1685, in-4. 9 l.

— Sonetti. *Firenze*, 1702, in-fol. fig.
10 liv.

— Lettere familiari. *Firenze*, 1724
e 1727, 2 vol. in-4. 9 l.

— Consulti medici. *Firenze*, 1726-29,
2 vol. in-4. 9 l.

Toutes ces éditions sont citées par l'Académie de la Crusca.

— Opere di Fr. Redi. *In Firenze*,
1684, 86 e 1724, 3 vol. in-4. fig.
15 liv.

— Le stesse. *Napoli*, 1741, 6 vol.
in-4. fig. 24 l.

REDOUTÉ. (P. J.) Les Liliacées.
Paris, Didot le jeune, an x (1802),
38 livraisons gr. in-fol. pap. vélin,
fig. coloriées.

Chaque livraison de ce bel ouvrage se vend
36 liv.

RÉFORMATION (la) des Tavernes et Cabarets , destruction de gourmandise , en forme de dialogue. *Paris*, sans date, in-8. goth. 9 à 12 l.

REFRIGERIIS. (J. B. de) Vid. JUSTUS DE COMITIBUS.

REGEMORTES. Description du nouveau Pont de pierre construit sur la rivière d'Allier, à Moulins. 1771, in-fol. fig. 21 l.

REGENFUSS. (Fr. Mich.) Choix de Coquillages et de Crustacées peints d'après nature. *Copenhague*, 1758, gr. in-fol. 240 l.

Magnifique ouvrage , exécuté aux frais du roi de Dannemarck.

REGIOMONTANI (J.) de Triangulis planis et sphæricis lib. v, ed. Dan. Santbeck. *Basileæ*, 1561, in-fol. 18 l.

REGNARD : (J. Fr.) ses Œuvres. *Paris* , 1790 , 4 vol. gr. in-8. fig. 18 l. — Pap. vélin, 30 l.

On a tiré de cette édition un exemplaire unique sur peau de vélin, orné des dessins originaux et des estampes sur satin blanc coloriées, en 8 volumes.

— Les mêmes , avec les notes de M. G.*** (Garnier.) *Paris* , Didot le jeune, 1789-90 , 6 vol. in-8. fig. de Moreau le jeune , 36 l.

Cette édition est préférée à la précédente. Il y a des exemplaires en papier vélin.

REGNAULT. (N. F.) La Botanique mise à la portée de tout le monde. *Paris* , 1774 et suiv. 3 vol. gr. in-fol. avec 467 pl. color. 400 l.

Il faut collationner avec soin cet ouvrage, parce qu'on en trouve beaucoup d'exemplaires imparfaits.

— Voy. MOREAU (de la Sarthe).

REGNAULT de Montauban. Voy. HISTOIRE.

REGNIER : (Math.) ses Satyres et autres Œuvres. *Leyden*, Elzevir, 1652 , in-12. 40 à 50 l.

Il existe des Satires de Regnier une édition à la date de 1642 , donnée par les Elzevirs , aussi jolie et beaucoup plus rare que celle de 1652 , mais elle est moins complète.

— Les mêmes , avec les remarques de C. Brossette. *Lond.* 1729, in-4. 10 l. — Gr. pap. 18 l.

— Les mêmes , avec les mêmes remarques. *Lond.* 1733 , in-4. 12 l. — Gr. pap. format in-fol. 30 l.

Cette belle édition est ornée de cadres

rouges. Les exemplaires en grand papier sont rares.

REGULÆ grammatiees , vers. lat. expositæ, cum Concordantiis ex Prisciano desumptis. *Moguntiæ*, 1468', in-fol.

Cet Ouvrage , attribué à un nommé *Fontinus Rochlicensis* , est excessivement rare. Il a été vendu 400 l. chez M. de Gaignat.

REICHELTI (Jul.) Exercitatio de Amuletis. *Argentorati*, 1676, in-4. fig. 5 l.

REIMER Historia problematis de cubi duplicatione. *Gottingæ*, 1798, in-8. fig. 7 l.

REIMMANNUS. Vid. LAMBECIUS.

REINECCII (Reineri) Historia Julia , sive Syntagma Heroïcum trium priorum Monarchiarum. *Helmestadii*, 1594, 95 et 97, 3 vol. in-fol.

Ouvrage estimé. Cette édition est préférée à celle qui l'a précédée , parce qu'elle est plus ample , 72 à 84 l.

— Ejusd. Chronicon Hierosolymitanum , id est, de Bello sacro Historia. *Helmestadii* , 1584, 2 vol. in-4. 10 liv.

REINESII (Th.) Syntagma Inscriptionum antiquarum , cum comment. *Lipsiæ* , 1682, in-fol. 15 l.

REISKE (J. J.) Animadversiones ad Græcos Autores. *Lipsiæ* , 1753 et seqq. 5 vol. in-8. 24 à 30 l.

Le dernier vol. ayant été cosumé en partie dans un incendie , est très-rare.

— Vid. ORATORES GRÆCI.

REITZIUS (Jo. Fred.) de Ambiguis , Mediis et Contrariis , sive de Significatione latinor. Verbor. ac Phrasium ambiguâ. *Traj. ad Rhen.* 1736, in-8. 7 l.

RÉJOUISSANCES faites à Bruxelles pour la Prise de Bude, sous le titre, Divo et invictissimo Leopoldo I. P. F. A. fidei in Hungaria assertori , etc. in-fol. 9 estampes.

Exemplaire sur vélin.

RELANDI (Hadr.) Dissertationes miscellaneæ, scilicet, de Paradiso, de Mari Rubro, etc. etc. *Ultraj.* 1706, 3 tom. 1 vol. in-8. 5 l.

— De Religione Mohammedicâ lib. ij. *Traj. ad Rhen.* 1717 , in-8. 5 l.

— La Religion des Mahométans , exposée par leurs propres docteurs,

· trad. du lat. *La Haye*, 1721, in-12.
4 liv.

— Palæstina, ex vet. Monumentis illustrata. *Traj. Bat.* 1714, 2 vol. in-4. 10 l. — Gr. pap. 18 l.

— Antiquitates sacræ vet. Hebræorum, ex edit. Jo. Fr. Buddei. *Lipsiæ*, 1715, in-8. 5 l.

— Dissertationes v de Nummis veter. Hebræorum, etc. *Traj. ad Rhen.* 1709, in-8. fig. 4 l.

RELANDI (Pet.) Fasti consulares, cum appendice Hadr. Relandi. *Traj. Bat.* 1715, in-8. 6 l.

RELATION du Siège de Vienne, fait par les Turcs. *Brux.* 1684, in-4. fig. de Romain de Hooge, 18 l.

RELATION d'un Voyage fait à Madrid en 1789 et 1790 (par M.lle de Pons, alors âgée de 16 ans). *Paris*, de l'impr. de Monsieur (Didot le jeune), 1791, in-16. de 68 pag.
Volume tiré à 12 exemplaires seulement.

RELIGION (la) ancienne et moderne des Moscovites. *Cologne*, 1698, in-12. fig. 5 l.

REMOND DE MONTMORT. Voy. MONTMORT.

REMUEMENT (le Piteux) des moines, prêtres et nonains de Lyon, par lequel est découverte leur honte et la juste punition de Dieu sur la Vermine papale, par E. P. C. 1562, in-8.
Vendu 37 l. chez La Vallière.

REMY, (F.) de Beauvais, capucin. La Magdeleine. *Tournay*, 1617, in-8.
Ouvrage rare et orné de jolies figures gravées par Granthome, 18 l.

RENAUDOT (Eus.) Historia Patriarcharum Alexandrinorum. *Parisiis*, 1713, in-4. 5 l.

— Liturgiarum orientalium Collectio., stud. Eus. Renaudot. *Parisiis*, 1716, 2 vol. in-4. 7 à 8 l.

— Anciennes Relations des Indes et de la Chine, par deux voyageurs mahométans, trad. de l'arabe, avec des remarq. *Paris*, 1718, in-8. 5 à 6 liv.

RENDELLÆ (Prosp.) Tractatus de Vincâ, Vindemiâ, et Vino, *Venetiis*, 1629, in-fol. 9 l.

RENIERI DA COLLE. (Ant.) Versi e Regole della nuova Poesia toscana. *In Roma*, 1539, in-4.
Volume peu commun, 5 à 6 l.

RENNEL'S. (J.) Memoir of a map of Indoustan or the Mogol Empire, with appendix. *Lond.* 1788, in-4. 15 à 18 l.
Cette édition est plus ample que celle de 1783.

— Description historiq. et géographiq. de l'Indostan, trad. de l'angl. par Boucheseiohe. *Paris*, 1800, 3 vol. in-8. et atlas, 18 l. — Pap. vélin, 27 l.

— The geographical System of Herodotus examined and explained by a comparaison with those of other ancient authors, and with modern geography, etc. with maps. *Lond.* 1800, in-4. pap. vélin, 40 à 50 l.

RENNEVILLE (Const. de) (Gatien Sandras de Courtilz). L'Inquisition française, ou l'Histoire de la Bastille. *Amst.* 1719, 5 vol. in-12. fig. 18 à 24 l.

RENOUARD. (Ant. Aug.) Annales de l'Imprimerie des Alde. *Paris*, Crapelet, an 12 (1803), 2 vol. in-8. 12 l. — Pap. vélin, 24 l.

— De la Nécessité de conserver les Monuments de la littérature et des Arts. *Paris*, 1793, in-8.
On a tiré de ce volume des exemplaires sur vélin.

RENVERSEMENT (le) de la morale chrétienne, par les désordres du Monachisme (en holland. et en franç.) (*En Hollande*), sans date, 2 part. 1 vol. in-4. fig. 36 à 40 l.
Volume rare.

REPERTOIRE du Théâtre français, ou Recueil des tragédies et comédies restées au théâtre depuis Rotrou, avec des notices sur chaque aut. par Petitot et Fiévée. *Paris*, Didot l'aîné, 1803, 23 vol. in-8. fig. 150 l. — Pap. vélin, fig. avant la lettre, 300 l.

REQUENO. (Vinc.) Saggi sul Ristabilimento dell' antica Arte de' greci e romani Pittori. *Parma*, Bodoni, 1787, 2 vol. in-8. fig. 12 l.

RESCII, (Stanisl.) Poloni, Tractatus de Atheismis et Phalarismis Evangelicorum. *Neapoli*, 1576, in-4. 30 l.
Ouvrage très-rare.

RESENII (P. Jo.) Inscriptiones Haf-
nienses , lat. , danicè et germ. *Haf-
niæ*, 1668, in-4. 5 l.
— Ejusd. Edda Islandorum , anno
Christi m.ccxv islandicè conscripta,
per Snorronem Sturla Islandiæ
Nomophylacem ; islandicè , danicè
et lat. *Hauniæ* , 1665 , in-4.
Livre rare et très-important pour l'histoire
du Nord.
Vendu 71 l. chez Gouttard.
RETORICA (la) delle Puttane. Voy.
PALLAVICINO. (Fer.)
RETOUR (le) des Pièces choisies,
ou Bigarrures curieuses (publ. par
Bayle). *Emmerick (Rotterdam)*,
1687 , in-16.
Ce petit Recueil est très-rare , 15 l.
RETZ : (Jean-Fr.-Paul de Gondy ,
Cardin. de) ses Mémoires jusqu'en
1655. *Amst.* 1731 , 4 vol. in-8.
On joint ordinairement les deux articles
suivants à celui-ci.
— Mémoires de Guy Joly , depuis
1648-1665 , pour servir de suite
aux Mémoires précédents. *Amst.*
1738 , 2 vol. in-8.
— Mémoires de Marie d'Orléans de
Longueville , duchesse de Nemours.
Amst. 1738 , in-8.
Ces 7 volumes réunis , 50 à 60 l.
RETZII (And. Jo.) Observationes bo-
tanicæ, sex fasciculis comprehensæ.
Lipsiæ, 1779, in-fol. fig. color.
— Floræ Scandinaviæ Prodromus.
Lipsiæ, 1795, in-8. 10 l.
REUCHLINI (Jo.) de Arte Cabbalis-
ticà , lib. iij, Leoni X dicati. *Ha-
gen.* 1517 , in-fol. 9 l.
Cet ouvrage n'est point achevé.
REUCHLINUS. Vid. EPISTOLÆ.
REVEIL-MATIN (le facétieux) des
Esprits mélancholiques. *Paris* ,
1645 , in-8. 7 l.
REVEREND. Les Dits notables de
M. Philippe de France , duc d'An-
jou , frère unique du roi. *Paris* ,
A. Soubron , 1655, in-8.
Exemplaire imprimé sur vélin.
REVES. Vid. SERVETUS.
REWITZKI Bibliotheca græca et
lat.,seu Catalogus Biblioth. comitis
Rewitzki. *Berolini* , 1784 , in-8.
24 liv.
Catalogue curieux et tiré à petit nombre. La
préface manque dans des exemplaires.
REYES. (Ant. dos) Corpus illustr.
Poëtarum lusitanorum, qui lat.

scripserunt ,edit. à A. dos Reyes, et
auctum ab Em. Monteiro. *Lisbonæ*,
1745 et seqq. 10 vol. in-4. 60 à 72 l.
Collection estimée.
REYHERI (And.) Lexicon lat.-ger-
manicum , ed. Chr. Cellario. *Lipsiæ*, 1686 , in-fol. 9 l.
— Lexicon Linguæ latinæ , cur. Chr.
Junckero. *Lipsiæ et Francof.* 1712 ,
in-fol. 8 l.
REYNA. Voy. BIBLIA espanola.
REYNEAU. (Charl. René) La Science du Calcul des Grandeurs en général. *Paris*, 1714 et 1736, 2 vol. in-4.
fig. 12 l.
— Analyse démontrée , ou Manière de
résoudre les problêmes des mathématiques. *Paris*, 1736, 2 vol. in-4.
fig. 12 l.
REYRAC. (l'abbé de) Hymne au Soleil. *Paris* , impr. roy. 1783 , in-8.
6 liv.
— Le même , avec la trad. en vers lat.,
par Mestivier. *Paris (Orléans)*,
1782 , in-8. 4 l.
REZZONICI (Ant. Jos. comit. à Turre) Disquisitiones Pliuianæ. *Parmæ*, 1763, 2 tom. 1 vol. in-fol. 50 l.
— Discorsi accad. ed altri Opusculi
del conte Rezzonico. *Parma* , Bodoni , 1772, 2 tom. 1 vol. in-8. 9 l.
RHAESI (J. Dav.) cambro-britan-
nicæ cymrecæ-ve Linguæ Institutiones et Rudimenta. *Lond.* 1592 ,
in-fol. 10 l.
RHEEDE. (Henr. Van) Vid VAN-
RHEEDE.
RHETICI (G. Joach.) Opus palati-
num de Triangulis. *Neostadii*,1696,
in-fol. 24 l.
RHETORES antiqui græci, Aphthonius, Hermogenes, Aristoteles, So-
pater et alii , gr. *Venetiis*, Aldus,
1508 et 1509, 2 vol. in-fol. 280 l.
Collection fort estimée , et rarement complète. Le tom. second , imprimé en 1509,
est très-difficile à trouver.
RHETORES antiqui græci in lat.
conversi. *Venetiis*, Aldus, 1523,
in-fol.
Traduction latine de l'ouvrage précédent.
RHETORES selecti : Demetrius Pha-
lereus, Tiberius Rhetor, etc. gr.
lat. , ex edit. et cum notis Th. Gale.
Oxonii, 1676, in-8. 12 à 15 l.
Ce volume entre dans la Collection des *Variorum.*

—Iidem , gr. lat. , ex edit. J. F. Fischeri. *Lipsiæ* , 1773 , in-8. 5 l.

Réimpression de l'édition de Gale.

RHETORES antiqui latini , scilicet ,
Rutilius Lupus, Aquila Romanus,
Julius Rufianus, etc. etc. , ex Fr.
Pithœi Bibliothecâ. *Parisiis* , 1599,
in-4. 8 l.

Ce Recueil est estimé et assez rare.

—Iidem , cum notis Capperonnerii.
Argentorati , 1756, in-4. 10 l. —
Gr. pap. 27 l.

La rareté de l'édition de 1599 , a donné lieu
à cette réimpression.

RHETORUM græcorum Orationes,
græcè. *Venetiis*, Aldus, 1513, 3
tom. 1 vol. in-fol.

Cette Collection, une des plus importantes
productions de l'imprimerie des Alde , est
fort estimée et très-rare. Il est difficile
d'en trouver des exemplaires bien complets.

Ce Recueil est divisé en deux volumes , dont
le second est partagé en deux parties. Pour
plus amples détails, *voy*. Fabricii Bibliotheca græca, Debure, Crevenna et les Annales de l'imprimerie des Alde.

—Vid. ISOCRATES.

RHODES (Alex. de) Dictionarium
annamiticum , lusitanum et latinum. *Romæ* , 1651 , in-4. 12 à 18 l.

RHODIGINI (Lud. Cœlii) Lectiones
antiquæ. *Venetiis*, Aldus, 1516,
in-fol.

RIBADENEIRÆ (Pet.) Bibliotheca
Scriptorum Soc. Jesu, continuata
à Philip. Alegambe et recogn. à
Nath. Sotvello. *Romæ*, 1676, in-fol.

Ouvrage estimé et assez rare.

RIBAUCOURT. Eléments de chimie
docimastique , à l'usage des Orfè-
vres, Essayeurs, etc. *Paris* , 1786,
in-8. 5 l.

RICARD. (Sam.) Traité génér. du
Commerce , cont. le Commerce des
principaux états de l'Europe, etc.
Paris, an 7 (1799), 3 vol. in-4.
24 liv.

Edition plus ample que 'celle d'*Amsterdam*, 1781, 2 vol. in-4.

RICAUT. (Paul) Histoire de l'état
présent de l'Empire ottoman , trad.
de l'angl. par Pier. Briot. *Paris* ,
1670, in-4. fig. de Séb. Leclerc, 8 l.
— Gr. pap. 15 l.

Le principal mérite de cette traduction est
d'être ornée de figures de Séb. Leclerc.

Dict. Bibl. I.

— La même , trad. par Bespier.
Rouen , 1677, 2 vol. in-12. fig. en
bois, *rare* , 6 à 8 l.

Cette traduction est préférée par les savants
à la précédente , pour les notes curieuses
qu'elle renferme.

RICAUT. (Pier.) Médailles de Russie. *Postdam* , 1772 , in-fol. fig. 40
à 50 l.

RICCATI : (Vinc.)Opere. *In Lucca* , 1761, 3 vol. in-4. 24 l.

— Opuscula ad res physicas et ma-
thematicas pertinentia. *Bononiæ* ,
1757, 2 vol. in-4. fig. 9 à 12 l.

RICCII (Barth.) de Imitatione lib.
tres. *Venetiis* , Aldus, 1541, in-8.

Réimprimé par le même en 1545.

RICCIOLI (J. B.) Almagestum novum , Astronomiam veterem no-
vamque complectens. *Bononiæ* ,
1651 , 2 vol. in-fol. fig. 40 l.

—Ejusd. Astronomiæ reformatæ,
tomi duo. *Bononiæ* , 1665 , 2 tom.
1 vol. in-fol. 24 l.

Ces deux ouvrages sont estimés et peu communs.

— Ejusd. Geographiæ et Hydrogra-
phiæ reformatæ, lib. xij. *Venetiis* ,
1672 , in-fol. 18 l.

Cette édition est plus complète que celle de
Bologne , 1661.

—Ejusd. Chronologia reformata , et
ad certas conclusiones redacta. *Bononiæ* , 1669, 2 tom. 1 vol. in-fol.
18 liv.

Peu commun.

RICCOBONI : (Marie de Mézières de
la Boras) ses Œuvres complètes.
Paris , 1786, 8 vol. in-8. fig. 33 l.
—Lettere di Miladi Catesby a Miladi Henri Campley , sua amica ,
trad. dal franc. della sig. Riccoboni, per la sig. di Gourgue. *Cosmopoli* (*Parigi*, L. F. Delatour),
1769 , in-8.

Tiré à 12 exemplaires.

RICETTARIO Fiorentino. *Firenze* ,
1567 , in-fol. 18 l.

Belle édition.

—Lo stesso. *Firenze* , Giunti , 1573 ,
in-fol. 12 l.

— Lo stesso. *Firenze* , 1623 , in-fol.
12 liv.

—Lo stesso. *Firenze* , 1670 , in-fol.
12 liv.

— Lo stcsso. *Firenze*, 1696, in-fol. 12 liv.

Ces 5 éditions sont citées par l'Académie de la Crusca.

RICH (Jerem.) Nov. Testamentum et Psalmi, anglicè impress. characteribus tachygraphicis, stud. J. Rich. *Lond.* sine anno, in-32.

Ce petit vol. est très-rare, 30 à 40 l.

RICHARD. (le Père) Dictionnaire univ. des Sciences ecclésiastiques. *Paris*, 1760 et suiv. 6 vol. in-fol. 50 à 60 l.

—Analyse des Conciles généraux et particuliers. *Paris*, 1777, 5 vol. in-4. 15 l.

RICHARDI cœnobitæ S. Victoris de Trinitate Opus theologicum, cum comment. per J. Fabrum editum. *Parisiis*, H. Stephanus, 1510, in-4.

Exemplaire imprimé sur vélin.

RICHARDSON'S:(Jonath.) Works on painting, published by Jos. Reynolds. *Lond.* 1792, in-4. fig. 25 l.

RICHARDSON'S. (Sam.) History of sir Charl. Grandisson. *Lond.* 1754, 6 vol. in-8. 40 l.

— The same. *Lond.* 1770, 7 vol. in-8. 40 liv.

Ces deux éditions sont également bonnes.

— The same. *Lond.* 1781, 8 vol. in-12. 25 l.

— The same. *Lond.* 1796, gr. in-8. fig. 12 l.

— Histoire de sire Charl. Grandisson, trad. de l'angl. par Prévost d'Exiles. *Paris*, 1755, 4 vol. in-12. 12 l.

— History of miss Clarissa Harlowe. *Lond.* 1751, 7 vol. in-8. 50 l.

— The same. *Lond.* 1774, 8 vol. in-8. 50 liv.

— The same. *Basil.* 1792, 8 vol. in-8. 36 liv.

— Histoire de miss Clarisse Harlowe, trad. de l'angl. par Letourneur. *Genève*, 1785, 10 vol. in-8. fig. 50 l.
— Pap. de Holl. 100 l.

Ce Roman a aussi été traduit en français par Prévost d'Exiles, en 7 vol. in-12. fig. 15 à 18 l.

— Pamela, or the virtue rewarded. *Lond.* 1742, 6 vol. in-8. 40 l.

Bonne édition.

—The same. *Lond.* 1771, 4 vol. in-8. 27 l.

— The same. *Lond.* 1796, gr. in-8. fig. 12 l.

Prévost d'Exiles a donné une traduction française de ce Roman en 4 vol. in-12. 8 l.

RICHARDSON'S. (John) Grammar of the arabick Language. *Lond.* 1776, in-4. 24 l.
— Dictionary persian, arabick and english. *Lond.* 1777-1780, 2 vol. in-fol. 150 à 200 l.

Cet ouvrage n'est pas commun en France.

— A Dissert. on the languages, litterature and manners of eastern nations. *Oxford.* 1778, in-8. 10 l.
—Voy. HAFEZ.

RICHEBOURG. Voy. BOURDOT.

RICHEBOURG. (Macé de) Essai sur la qualité des Monnaies étrangères et sur leurs différents rapports avec les Monnaies de France. *Paris*, imp. roy. 1764, in-fol. 18 l.

RICHELET. (Pier.) Dictionn. de la Langue franç. ancienne et moderne; édit. augmentée (par P. Aubert.) *Paris* (*Lyon*,)1728, 3 vol. in-fol. 15 à 18 l.

L'édition de 1759, et celle de 1763, 3 vol. in-fol., se vendent à-peu-près le même prix.

— Le même. *Amst.* 1732, 2 vol. in-4. 9 liv.
— Dictionnaire des Rimes; édit. augmentée par de Wailly père et fils. *Paris*, an 7 (1799), 2 vol. in-8. 7 l.

RICHERAND. (A.) Nosographie chirurgicale. *Paris*, 1808, 4 vol. in-8. 20 l.
— Nouv. Eléments de physiologie. *Paris*, 1807, 2 vol. in-8. 10 l.

RICHTER (G. G.)Opuscula medica, operà et stud. J. C. G. Ockermann. *Francof.* et *Lipsiæ*, 1780, 3 vol. in-4. 30 l.

RICOLDI Ordinis Prædicat. contrà Sectam Mahumeticam Libellus, per B. Picernum è gr. in lat. conversus; et cujusdam diu captivi Turcorum provinciæ septem Castrensis, de vità et moribus eorumd. Libellus. *Parisiis*, H. Stephanus, 1509, in-4.

Exemplaire sur vélin.

RICOTTIER. Voy. CLARKE.

RIDENGER. (J. E.) L'Art de monter à cheval, avec fig. dessinées par lui. *Augsbourg*, 1722, in fol. oblong, 12 l.

— Contemplatio ferarum Bestiarum carminibus illustrata, cum fig. *August. Vindelicor.* 1736. — Parfaite et exacte Représentation des Divertissements ou Chasses des grands Seigneurs. *Augsbourg*, 1729, in-fol. fig. obl.

Vendu 80 l. en 1786.

RIDOLFI. (Carl.) Le Maraviglie dell' Arte, ovvero le Vite degl' illustri Pittori veneti e dello Stato veneto. *Venetia*, 1648, 2 vol. in-4. fig. 12 l.

RIDOLFI (B.) Oratio in funere Caroli III. *Parmæ*, Bodoni, 1789, in-4. fig.

Il a été tiré de ce livre quelques exemplaires de format in-fol.

RIEMER (Jo.) Liber cui titulus est : Bella Mulierum. *Weissen-Falsæ*, 1676, in-4. 4 l.

RIESBECK. Voyage en Allemagne. *Paris*, 1788, 3 vol. in-8. fig. 12 l.

RIGAUD : (Hyacinthe) son Œuvre, cont. 319 pl. environ, grav. par différents maitres, gr. in-fol. 450 l.

Recueil estimé et recherché.

RIGAUD. (Jean) Vues et Profils de diverses maisons roy. de France, grav. par lui. *Paris*, 1752, in-fol. obl. 18 l.

RIGOLEY DE JUVIGNY. Les Bibliothèques françaises de la Croix du Maine et de Duverdier ; édit. revue et augm. *Paris*, 1772, 6 vol. in-4. 40 l. — Gr. pap. 60 l.

RINALDO CORSO. Trattato delle private rappacificationi. *Correggio*, 1555, in-8.

Exemplaire imprimé sur papier bleu. C'est une réimpression de l'édition originale qui est introuvable. Cette contrefaction est elle-même fort rare, parce qu'elle n'a été tirée qu'à un très-petit nombre d'exemplaires.

RINUCCINI. (Ottav.) La Dafne, rappresentazione in versi. *Firenze*, 1600, in-4. *rare*, 6 l.

Cet Opuscule, de 12 feuillets seulement, est cité par l'Académie de la Crusca.

RIOLAN. Discours sur les Hermaphrodites, où il est démontré qu'il n'y a pas de vrais Hermaphrodites. *Paris*, 1614, in-12. 6 l.

RIOU. (Steph.) The Grecian orders of architecture, delineated and explained from the antiquities of Athens. *Lond.* 1768, in-fol. fig. 30 à 36 l.

RIPA. (Cesare) Iconologia, ediz. accresciuta dall' abbate Cesare Orlandi. *Perugia*, 1764-67, 5 vol. in-4. fig.

Cette édition est la plus ample de ce livre.

— Iconologie, ou la Science des Emblèmes, trad. par J. Baudoin. *Paris*, 1644, in-fol. fig. 8 l.

— La même. *Amst.* 1698, 2 vol. in-12. fig. 8 l.

Cet ouvrage a été réimprimé en français et en italien, à *Parme*, en 1759, 3 vol. in-fol. Cette édition, qui est assez belle, vaut 15 à 18 l.

RIPAMONTII (Jos.) Historia Ecclesiæ Mediolanensis. *Mediolani*, 1617 et seqq. 4 vol. in-4. 12 l.

Cet ouvrage, quoique estimé, est peu recherché.

— Vid. CALCHUS.

RITTERSHUSII (Nic.) Genealogiæ impp., regum, ducum, comitum præcipuorumq. alior. procerum orbis christiani, ab ann. 1400, cont. ad ann. 1664. *Tubingæ*, 1664, 7 tom. 4 vol. in-fol. 24 l.

Les exemplaires bien complets sont rares.

RIVARD. (Franç.) La Gnomonique, ou l'Art de faire des Cadrans. *Paris*, 1746, in-8. fig. 4 l.

RIVAROL : (Ant. de) ses Œuvres complètes. *Paris*, 1808, 4 vol. in-8. portr. 15 l.

RIVE. (Jean Jos.) Eclaircissements historiq. et critiq. sur l'invention des Cartes à jouer. *Paris*, Didot l'aîné, 1780, in-8. 4 l.

On a tiré de ce livre 4 exemplaires sur vélin.

— Notices historiq. et critiq. sur deux MSS. intitulés, l'un, *La Guirlande de Julie*, et l'autre, *Recueil de Fleurs*, etc. peintes par D. Rabel. *Paris*, Didot l'aîné, 1779. — Notices historiq. et critiq. sur deux MSS. intitulés, l'un, *Le Roman d'Artus, comte de Bretagne*, et l'autre, *Le Roman de Parthenay ou de Lusignan*. *Ibid.* in-4. 12 l.

On a tiré de ce vol. des exemplaires de format in-fol.

— Notices sur le Traité manuscrit de Galeotto Martio, intitulé : *de Excellentibus*. *Paris*, 1785, pet. brochure in-8.

Tiré à 100 exemplaires sur papier de Hollande ; plus, un sur vélin format in-4.

— Recueil de vingt-six Estampes, représentant des miniatures anciennes, peintes d'après les manuscrits de M. le duc de La Vallière. Gr. in-fol. 120 à 150 l.

Très-bel ouvrage et très-rare.

— La Chasse aux Bibliographes et Antiquaires mal-advisés. *Lond.* (en *France*), 1789, 2 vol. in-8. 10 à 12 l. — Pap. fin, *rare.*

Ces deux vol. ne sont pas communs.

— Lettre vraiment philosophique à Monseigneur l'Evêque de Clermont. *Nomopolis*, 1790, in-8. 9 l.

Peu commun.

RIVERII (Laz.) Opera medica. *Lugd.* 1738, in-fol. 12 l.

RIVINI (Aug. Quir.) Introductio generalis in Rem herbariam. *Lipsiæ*, 1690, 3 vol. in-fol. fig. 54 l.

Ouvrage estimé et assez rare.

ROA. (Mart. de) Stato dell' Anime nel Purgatorio; de' Beati in cielo; de' Fanciulli in limbo, etc., etc. *Venet.* 1672, in-12. 8 à 10 l.

Petit Traité rare et singulier.

ROBECK (Jo.) Exercitatio philos. de Morte voluntariâ Philosophorum, etc., cum animadv. J. N. Funccii. *Rintelii*, 1736, in-4.

— Hier. Delphini Eunuchi Conjugium; hoc est, Scripta varia de Conjugio inter Eunuchum et Virginem juvenculam, anno 1666 contracto. *Jenæ*, 1730, in-4.

Ces deux Traités sont ordinairement reliés dans le même vol. 12 à 15 l.

ROBERT. Le Trésor de l'ame, extr. des Saintes Ecritures, transl. de lat. en franç. *Paris*, A. Vérard, sans date, in-fol. goth.

Exemplaire imprimé sur vélin.

ROBERT le Diable, (La Vie du terrible) lequel après fut nommé l'Omme-dieu. *Lyon*, Mareschal, 1496, in-4. goth.

Edition rare et la première de ce livre.

ROBERT DE VAUGONDY. Atlas universel. *Paris*, 1757, gr. in-fol. composé de 108 cartes, 120 à 130 l.
— Gr. pap. 180 à 220 l.

Atlas estimé et peu commun.

Il faut voir si les *Cartes* de routes des Postes de France, d'Angleterre, etc. se trouvent dans l'exemplaire.

ROBERT. (Nic.) Voy. BOSSE.

ROBERTSON (Guill.) Thesaurus Linguæ sanctæ. *Lond.* 1680, in-4. 12 liv.

— Thesaurus Linguæ græcæ, gr. at. *Cantabrig.* 1676, in-4. 24 L

Ces deux ouvrages jouissent de l'estime des savants. Les exemplaires en sont assez rares.

ROBERTSON'S : (Will.) complete Works. *Lond.* 1794, 10 vol. in-8. 72 liv.

— History of Reign of the Emperor Charles V. *Lond.* 1769, 3 vol. in-4. 27 liv.

— The same. *Basil.* 1793, 4 vol. in-8. 16 liv.

— The same. *Lond.* 1802, 3 vol. in-8. 24 liv.

— Histoire du Règne de l'Empereur Charles-Quint, trad. de l'angl. *Paris*, 1771, 2 vol. in-4. 12 l. ou 6 vol. in-12. 12 l.

— History of Scotland. *Lond.* 1771, 2 vol. in-4. 18 l.

— The same. *Basil.* 1791, 3 vol. in-8. 12 liv.

— The same. *Lond.* 1794, 2 vol. in-8. 16 liv.

Cet ouvrage a été traduit en français en 3 vol. in-12.

— History of America. *Lond.* 1777, 2 vol. in-4. 18 l.

— The same. *Basil.* 1790, 4 vol. in-8. 16 liv.

— The same. *Lond.* 1800, 4 vol. in-8. 30 liv.

Cette édition est plus ample que celle de Londres, 1777.

— Histoire de l'Amérique, trad. de l'angl. (par Suard.) *Paris*, 1778, 2 vol. in-4. 12 l. ou 4 vol. in-12. 10 l.

— An historical Disquisition concerning the knowledge which the ancients had of India. *Lond.* 1791, in-4. 15 l.

— Recherches historiq. sur la Connaissance que les anciens avaient de l'Inde, trad. de l'angl. *Paris*, 1792, in-8. pap. vélin, 7 l.

ROBERTSON'S. (Will.) Collection of various forms of Stoves used for forcing pine plants, fruit-trees, and preserving tender exotics. *Lond.* 1798, in-4. pap. vélin, fig. color. 40 l.

ROBERTSON'S. (Archibald) Topographical Survey of the great road from London to Bath and Bristol, etc. *Lond.* 1792, 2 vol. in-4. with 65 pl. papier vélin, 5o l.

ROBERTSON'S. (J.) The Elements of navigation. *Lond.* 1772, 2 vol. gr. in-8. fig. 20 l.

ROBILLARD - PÉRONVILLE et LAURENT. Le Musée français ; Recueil complet des tableaux, statues, etc. qui composent la Collection nationale, avec un Discours historiq. par S. C. Croze Magnan. *Paris*, 1803, 67 livraisons gr. in-fol. pap. vélin : chaque livraison , 48 l. — Fig. av. la lettre , 96 l.

Cette Collection, par son luxe typographique et la beauté de ses Estampes (toutes sont gravées par les plus célèbres artistes de la France et des pays étrangers) doit tenir le premier rang parmi les ouvrages de ce genre.

ROBIN. (C. C.) Voyages dans l'intérieur de la Louisiane, de la Floride occidentale et dans les Iles de la Martinique et de Saint-Domingue. *Paris*, 1807, 3 vol. in-8. fig. 15 l. — Pap. vélin, 3o l.

ROBINET. (J. B.) De la Nature. *Amst.* 1766, 5 vol. in-8. fig. 20 l. — Dictionn. univ. des Sciences morale, économiq., politiq. et diplomatique. *Lond.* (*Paris*), 1777, 3o vol. in-4. 170 l.

ROBINI (Jo.) Hortus regius, ou le Jardin du roi Henry IV ; par P. Vallet. *Paris*, 1608, in-fol. fig.

Ouvrage de peu de mérite, mais qu'on recherche quand les figures en sont enluminées, 36 l.

ROBINSON. Voy. Foé.

ROBLÈS. (Eug. de) Breve Suma y Relacion del Officio gothico Mozarabe, en la capilla de Toledo. *En Toledo*, 1603, pet. in-4.

Ce petit Traité, qui ne contient que 23 feuillets seulement, est fort rare et recherché, 80 à 100 l.

— Compendio de la Vida y Hazanas del Card. Fr. Ximenès de Cisneros ; y del Officio y Mussa Musarabe. *En Toledo*, 1604, in-4. 18 l.
Livre rare et curieux.

ROCCA. (Della) Traité complet sur les Abeilles. *Paris*, 1790, 3 vol. in-8. fig. 9 l.

ROCCÆ (Ang.) Opera omnia varia. *Romæ*, 1719, 2 vol. in-fol. fig. 12 l.
— Ejusd. Bibliotheca apostolica Vaticana. *Romæ*, 1591, in-4.
On fait quelque cas de cet Ouvrage, 8 l.
— Ejusd. Commentarius de Campanis. *Romæ*, 1616, in-4. *rare*, 6 à 7 liv.
— Ejusd. Thesaurus Pontificiarum Antiquitatum, necnon Rituum, praxium, ac Cæremoniarum. *Romæ*, 1745, 2 vol. in-fol. 12 l.
Recueil curieux.

ROCCHA PITTA. (Seb. da) Historia da America portugueza. *Lisboa*, 1730, in-fol. *rare*, 18 l.

ROCHE, (J. de la) baron de Florigny. La Vie et Actes triomphants de damoiselle Catherine de Bas-Souhaits. Impr. sur la copie de N. Paris, imprimeur à Troyes, in-8. 15 l.

Petit Traité fort rare et rempli de matières joyeuses et singulières.

ROCHEFORT. (M.me la Comtesse de) Voy. Nivernois.

ROCHEFOUCAULD : (Fr., Duc de la) ses Maximes et Réflexions morales. *Paris*, impr. roy. 1778, in-8. portrait, 12 l.
Édition peu commune.
— Les mêmes. *Paris*, Didot le jeune, 1779, in-18. 4 l.
On a tiré de cette édition des exemplaires sur grand papier de Hollande, et un ou deux sur peau de vélin.
— Les mêmes, avec des observ. de Brottier. *Paris*, 1789, in-8. 5 à 6 l.
— Les mêmes. *Paris*, Didot l'aîné, 1796, gr. in-4. pap. vélin, 20 l.
Cette belle édition n'a été tirée qu'à 250 exemplaires. Elle entre dans la Collection des auteurs classiques imprimés par le même pour l'éducation du Dauphin.
— Les mêmes. *Paris*, Didot l'aîné, 1796, in-18. pap. vélin, portr. 5 l.
— Gr. pap. vélin (100 exempl.) 10 liv.
Jolie édition.
— Mémoires de M. D. L. R. *Cologne*, Pier. Vandyck, 1662, in-12. 9 à 12 liv.
Cette édition entre dans la Collection des Elzevirs.
— Mémoires du Duc de la Rochefoucauld (impr., pour la première fois, sur un manuscrit complet et corrigé de sa main.) *Paris*, Renouard,

1804, in-18. et in-12. 7 portraits.
On a tiré de cette jolie édition deux exemplaires sur papier rose du format in-12.
et un sur vélin.

ROCHEFOUCAULT - LIAN-
COURT. (la) Voyage dans les
Etats-Unis de l'Amérique, en
1795-97. *Paris*, an 7 (1799), 8 vol.
in-8. 30 à 36 l.

Ce Voyage a été traduit en anglais. *Londres*,
1799, 2 vol. in-4.

ROCH LE BAILLIF, médecin Spa-
gyrique. Le Démostérion, avec
le Sommaire de la véritable Doctrine Paracelsique. *Rennes*, 1578,
in-4. 10 l.

On doit aussi trouver dans le même volume
un petit Traité intitulé : *Antiquités de la
Bretagne armorique*.

—Conformité de l'ancienne médecine
d'Hippocrate à Paracelse. *Rennes*,
1592, in-8. 5 l.

ROCHON. (Alexis) Voyage à Madagascar, à Maroc et aux Indes Orientales. *Paris*, an 10 (1802), 3 vol.
in-8. cartes, 12 l.

ROCOLES. (J. B. de) Les Impos-
teurs insignes. *Amst.* 1683, in-12.
ou *Bruxelles*, 1728, 2 vol. in-12.
fig. 6 à 8 l.

—La Fortune marastre de plusieurs
princes et grands seigneurs de toutes les nations, depuis environ deux
siècles. *Leyde*, 1684, in-12. fig.
6 à 8 l.

RODERICI Zamorensis, Speculum
Vitæ humanæ. *Romæ*, Conr. Sweynheym et Arn. Pannartz, 1468,
in-fol.

Première édition très-rare. Elle est imprimée
à longues lignes et en lettres rondes,
sans chiffres, réclames ni signatures.
Vendu 400 l. chez La Vallière.

—Idem. *Augustæ Vindelicorum*,
per Ginth. Zainer ex Reutlingen,
1471, in-fol.

Cette édition est un peu moins rare que la
précédente.

—Idem. *Parisiis*, Petrus Cæsaris
et Jo. Stol, absque anni indicatione, in-fol. 40 l.

Cette édition a été publiée vers 1472.

—Idem. *Parisiis*, Mart. Crantz,
Udalr. Gering et M. Friburger,
1475, in-fol. 50 l.

On préfère cette édition à la précédente.

—Idem. *Lugd.* Guill. Regis, 1477,
in-4. 70 l.

Édition rare et recherchée.

Il ne faut pas confondre ce *Speculum Vitæ
humanæ*, avec le *Speculum humanæ
Salvationis*. Ces deux ouvrages sont différents l'un de l'autre, et ce n'est pas la
même matière.

—Le Miroir de la Vie humaine, transl.
du lat. en franç., par frère Julien
(Macho.) *Lyon-sur-le-Rhosne*,
Barth. Buyer, 1477, in-fol.

Première traduction française de ce livre.
Elle est rare, 60 l.

RODERICI SANTII de Arevalo
Historia Hispanica. *Edit. vetustiss.
Udalrici Galli*, *circà ann.* 1470
publicata. In-fol.

Édition très-rare et fort recherchée.

RODRIGUEZ. (Manoel de) El Ma-
ranon y las Amazonas : Histor. del
Descubrimiento de naciones en las
montanas y mayores Rios de la
America. *En Madrid*, 1684, in-
fol. 15 à 18 l.

ROEDERER (Jo. Georg.) Icones
Uteri humani, observationibus illustratæ. *Gottingæ*, 1759, in-fol.
fig. 20 l.

ROEMER (Jo. Jac.) Genera Insectorum Linnæi et Fabricii, illustrata cum fig. depictis. *Vitod.
Helvet.* 1789, in-4. 37 pl. 30 l.

ROESEL. (Aug. Jean) Histoire naturelle des Insectes (en allemand).
Nuremberg, 1746, 5 vol. in-4. fig.
color. 120 à 140 l.

—Historia natur. Ranarum nostratium, cum Præf. A. Haller, ico-
nibusq. A. J. Roesel. *Norimb.*
1758, in-fol. fig. color. 60 l.

ROGER DE COLLERYE : ses Œuvres. *Paris*, 1536, in-16. *lettres
rondes, rare*, 7 l.

ROGERS. (Woodes) Voyage autour
du monde, depuis 1708 jusqu'en
1711, trad. de l'angl. *Amst.* 1716,
2 vol. in-12. fig. 7 l.

ROGERS'S. Collection of Prints in
imitation of Drawings, with the
lives of their authors, and explana-
tory notes. *Lond.* 1778, 2 vol. in-
fol. fig.

Ouvrage rare en France.

ROGISSART (de) et HAVART.
Les Délices de l'Italie. *Leyde*,
1706, 3 vol. in-8. fig. 18 l.

Cette édition est la meilleure de ce livre.

ROILLART. (Louis) Coutumes du pays et comté de Nivernois. 1535, in-4. goth.

Exemplaire sur vélin.

ROLAND DE VIRLOYS. Voy. Virloys.

ROLLAND DE BELLEBAT. (Jac.) Orchitologie, ou Discours de l'amputation des Testicules. *Saumur*, 1615, in-12. 7 l.

— Aglossostomographie, ou Descript. d'une bouche sans langue. *Saumur*, 1630, in-8. 4 l.

ROLLENHAGII (Gabr.) Nucleus emblematum select. cum fig. Crisp. Passæi. *Coloniæ*, 1616, in-4. 7 l.

ROLLEWINCK (Wern.) Chronica, sive Fasciculus temporum, omnes antiq. Chronicas complectens. *Coloniæ*, 1474, in-fol. goth. 18 liv.

Première édition d'un livre dont on faisait beaucoup de cas vers la fin du quinzième siècle, mais qu'on recherche peu aujourd'hui.

ROLLI : (Paul. Ant.) Rime. *Lond.* 1717, in-8. gr. pap. 5 l.

ROLLIN. (Charl.) Traité de la Méthode d'enseigner et d'étudier les Belles-Lettres. *Paris*, 1740, 2 vol. in-4. 20 l. — Gr. pap. 30 l. ou 4 vol. in-12. 12 l.

On joint à l'édition in-12. un petit supplément qui se trouve dans l'in-4.

— Hist. ancienne des Egyptiens, des Carthaginois, etc. *Paris*, 1740, 6 vol. in-4. 60 l. — Gr. pap. 80 l. ou 14 vol. in-12. 40 à 50 l.

— Histoire romaine, par Ch. Rollin et J. B. L. Crévier. *Paris*, 1752, 8 vol. in-4. 80 l. — Gr. pap. 130 l. ou 16 vol. in-12. 50 à 60 l.

Ces trois ouvrages sont fort estimés, et valent réunis, format in-4. 220 à 240 l. et en grand papier, 320 à 350 l.

— Opuscules de Rollin, *Paris*, 1771, 2 vol. in-12. 5 l.

— Œuvres complètes de Rollin, nouv. édition. *Paris*, 1807, 45 vol. in-8. environ, 200 l.

Edition imprimée à 500 exemplaires ; plus, 25 sur papier vélin.

ROMAN (le) du roi Artus et des Compagnons de la Table ronde : Lancelot du Lac, etc. *Rouen et Paris*, 1488, 3 part. 2 vol. in-fol. goth. 100 à 150 l.

On trouve difficilement des exemplaires complets de cette édition, qui est la première de ce Roman.

ROMAN (le) du vaillant chev. Artus de Bretagne. *Paris*, 1502 ou 1543, in-4. goth. 12 l.

ROMAN (l'Histoire ou le) du Saint Gréaal, qui est le fondement de la Table ronde, transl. du lat. en ryme franç., et de ryme en prose, par Rob. Borron ou Bosron. *Paris*, Gallyot Dupré, 1516, 2 tom. 1 vol. in-fol. goth.

Cette édition et celle de 1523 sont également fort rares et recherchées.

ROMAN (le) du preux et vaillant chev. Doolin de Mayence. *Paris*, A. Vérard, 1501, in-fol. goth. 30 l.

Edition rare. Il en existe des exemplaires imprimés sur vélin et décorés de miniatures.

ROMAN (le) de Edipus, fils du roi Layus, lequel Edipus tua son père, et depuis épousa sa mère, etc. *Paris*, Bonfons, sans date, in-4. goth. 24 liv.

ROMAN (le) de Fier-à-Bras le Géant. *Genéve*, 1478, in-fol. goth. 80 l.

Edition très-rare et la première de ce livre. Elle est imprimée à longues lignes, au nombre de 31 à la page, sans chiffres, réclames ni signatures.

Ce Roman a été réimprimé à *Lyon*, en 1486, in-fol.

ROMAN (le) du vaillant chev. Geoffroy à la grant dent. *Lyon*, 1549, in-4. goth. 15 l.

ROMAN (le) de Giglan, roi de Gales. *Lyon*, 1530, in-4. goth. fig. 15 liv.

ROMAN (le) de Gui de Warvich, chev. d'Angleterre. *Paris*, 1525, in-fol. goth. 15 l.

ROMAN (le) de Gyron le Courtois. *Paris*, A. Vérard, sans date, in-fol. goth. 100 à 120 l.

Edition rare et préférée à celle de 1519. Il en existe des exemplaires imprimés sur vélin et ornés de miniatures peintes en or et en couleur.

Ce Roman a été traduit en italien. Voyez *Alamanni*.

ROMAN (le) de la belle Hélène de Constantinople. *Paris*, sans date, in-4. goth. 10 l.

ROMAN (le) du noble et vaillant chev. Huon de Bordeaux. *Paris*, 1516, in-fol. goth. 18 l.

ROMAN (le) intitulé le *Jouveneel*. *Paris*, A. Vérard, 1493, in-fol. goth. *rare*, 30 l.

Il existe de cette édition des exemplaires imprimés sur vélin et ornés de miniatures.

ROMAN (le) du vaillant Lancelot du Lac, chev. de la Table ronde, transl. du lat. en franç. par Rob. Borron ou Bosron. *Paris*, Ant. Vérard, 1494, 3 vol. in-fol. goth. 72 liv.

On a tiré de cette édition, qui est la plus rare et la meilleure de ce Roman, des exemplaires sur vélin.
La réimpression de 1513, 3 vol. in-fol., est préférée à celle de 1533, parce que l'exécution en est plus belle, 45 l.

— Histoire cont. les Prouesses, Vaillances, etc. de Lancelot du Lac. *Lyon*, Rigaud, 1591, in-8.

C'est un extrait du roman précédent.

ROMAN (le) de Merlin l'Enchanteur, avec ses Prophéties. *Paris*, A. Vérard, 1498, 3 vol. pet. in-fol. goth. *très-rare*. 72 à 96 l.

Ce Roman est attribué à Rob. Borron. Le troisième vol. renferme les Prophéties. Il y a des exemplaires imprimés sur vélin.

— La Vita di Merlino. *In Venetia*, 1480, in-4.

Première édition de cette traduction italienne. Les exemplaires en sont très-rares.

— La medesima, con le Prophetie. *In Fiorenza*, 1495, in-4. 60 l.

Cette édition est aussi fort rare.

— La medesima. *In Venezia*, 1539 ou 1554, in-8.

Ces deux éditions sont peu communes, 6 l.

— Merlin, con sus Profecias. *En Burgos*, 1498, in fol. fig. en bois.

Livre extraordinairement rare. La totalité du vol. est de 100 feuillets.

ROMAN (le) des vaillants chev. Milès et Amys. *Paris*, A. Vérard, sans date, in-fol. 20 l.

Édition très-rare, et dont il existe des exemplaires sur vélin.
Ce Roman a été réimprimé différentes fois de format in-4. Ces dernières éditions valent 10 ou 12 l. chacune.

ROMAN (le) du vaillant chev. Ogier le Danois. *Paris*, A. Vérard, sans date, in-fol. goth. 20 l.

Il y a de ce Roman des exemplaires imprimés sur vélin.
Les éditions postérieures à celle-ci valent 8 à 12 l. chaque.

ROMAN del Cavallero Tiran-Blanc. *En Barcelona*, 1497, in-fol. goth. 45 liv.

Édition rare et l'originale de ce Roman. Celle de 1511, imprimée à *Valladolid*, n'est pas commune, et vaut 24 l. environ.

— Tirante il Bianco, trad. in ling. ital. da Lelio di Manfredi. *In Vinegia*, 1538, in-4.

Traduction italienne du Roman précédent. Elle est estimée, 20 l.

ROMAN (le) du chev. de la Tour. *Paris*, 1514, in-fol. 10 l.

On a tiré de ce Roman des exemplaires sur vélin.

ROMAN (le) du noble roi Ponthus, fils du roi de Galice, et de la belle Sydoine. *Paris*, Nic. Chrestien, sans date, in-4. goth. fig. 10 l.

ROMAN (le) des deux nobles et vaillants chevaliers Valentin et Orson. *Lyon*, Arnollet, 1495, in-fol. goth.

Édition rare. On en trouve difficilement des exemplaires bien conservés.

ROMAN (le) des trois fils de rois; c'est à savoir, de France, d'Angleterre et d'Ecosse. *Lyon*, 1501, pet. in-fol. goth.

ROMAN (le) de Gerard de Nevers et de la belle Euryant sa mye. *Paris*, 1520 ou 1526, in-4. goth.

Ces deux éditions sont plus rares que celle de 1727.

ROMAN (le) du chevalier Jourdain de Blaves. *Paris*, 1520, in-fol. 8 l.

Des différentes éditions de ce Roman, celle que nous annonçons est la plus estimée.

ROMAN (le) du vaillant chev. Ysaïe le Triste, fils de Tristan de Léonnois. *Paris*, Gallyot Dupré, 1522, in-fol. goth. 60 l.

Ce Roman est fort rare. La date de l'impression se trouve indiquée dans le privilège du roi.

— Le même. *Paris*, Bonfons, sans date, in-4. goth.

Au défaut de l'édition précédente, on peut se contenter de celle-ci, qui vaut 18 l. environ.

ROMAN (le) du preux et vaillant chev. Guérin de Montglave. *Paris*, Alain Lotrian, sans date, in-4 goth. 8 liv.

Il existe plusieurs autres éditions de ce Roman, qui ne sont ni plus rares ni plus chères que celle-ci.

ROMAN (le) intitulé : le Chevalier

aux Dames, composé en ryme franç. *Metz*, 1516, in-4. goth. 10 l.

ROMAN (le) du chev. Guillaume de Palerne, et de la belle Mélyor sa mye, transl. de rime ancienne en langaige moderne. *Paris*, Bonfons, sans date, in-4. goth.
Volume rare.

ROMAN des quatre fils Aymon. Voy. Histoire.

— du chev. Bérinus. Voy. Histoire.

— de Beufves de Hantonne. Voy. Livre.

— de Méliadus. Voy. Rusticien de Pise.

— de Clamadès. Voy. Histoire.

— de Gérard d'Euphrate. Voy. Histoire.

— du Maugist d'Aigremont. Voyez Histoire.

— de Mélusine. Voy. Jean d'Arras.

— de Perce-Forest. Voy. Histoire.

— de Perceval le Galloys. Voy. Menessier.

ROMANCERO general espanol. *En Madrid*, 1604, in-4.
Vendu 72 l. chez Le Marié.

ROMANUS. (Ægidius) Vid. Ægidius.

ROME amoureuse, ou la Doctrine des dames et des courtisanes romaines. *Amst.* 1690, in-12.
Peu commun, 10 l.

ROMÉ DE L'ISLE. Crystallographie, ou Descript. des formes propres à tous les corps du règne minéral. *Paris*, 1783, 4 vol. in-8. fig. 18 l.
— Gr. pap. format in-4. 36 l.

— Description méthodique d'une Collection de Minéraux. *Paris*, 1773, in-8. fig. 7 l. — Gr. pap. 12 l.

— Le Feu central banni de la surface du Soleil, et le Soleil rétabli dans ses droits. *Paris*, 1779, in-8. 6 l.

— Catalogue des Curiosités de la nature et de l'art, du cabinet de Davila. *Paris*, 1767, 3 vol. in-8. fig. 12 liv.

— Métrologie, ou Table pour servir à l'intelligence des poids et mesures des anciens. *Paris*, 1789, in-4. 8 l. — Pap. vélin, 12 l.

ROMME. (Ch.) Tableaux des vents, des marées, et des courants qui ont été observés sur toutes les mers du globe. *Paris*, 1806, 2 vol. in-8. 10 liv.

Dict. Bibl. I.

RONCALLI (Fr.) de Aquis Mineralibus Coldoni ad oppidum Leuci in agro Mediolanensi Dissertatio. *Brixiæ*, 1724, in-4.
Tiré à 50 exemplaires.

RONCALLI : Epigrammi, ital. e franç. *Parma*, Bodoni, in-8.
Tiré à un petit nombre d'exemplaires.

RONDELETII (Guill.) Historiæ Piscium lib. xviij. *Lugd.* 1554 et 1555, 2 tom. 1 vol. in-fol. fig. 10 l.
— Gr. pap. 20 l.

— Histoire entière des Poissons, trad. du lat. en franç. *Lyon*, 1558, in-fol. fig. en bois, 10 l.
Quelques personnes préfèrent cette traduction à l'édition latine.

RONSARD : (P.) ses Œuvres. *Paris*, 1587, 10 tom. 5 vol. in-12. 18 à 24 l.
Peu commun.

— Les mêmes. *Paris*, 1623, in-fol. 9 à 12 l.
Édition la plus complète.

ROO (Ger. de) Annales Rerum belli domique ab Austriacis Habspurgicæ gentis principibus à Rudolpho I usque ad Carolum V gestarum. *Æniponti*, 1592, in-fol.
Première édition très-rare, n'ayant été tirée qu'à 100 exemplaires.

ROQUE. (Gil. Andr. de la) Traité de l'Origine des Noms et Surnoms. *Paris*, 1681, in-8. 6 l.

— Traité de la noblesse et de toutes ses différentes espèces, avec un Traité de Blason, etc. *Rouen*, 1634, in-4. 9 à 12 l.

ROQUEFORT. (J. B. B.) Glossaire de la Langue romane. *Paris*, 1808, 2 vol. in-8. 24 l. — Pap. vélin (18 exempl.) 48 l.
Ce Dictionnaire très-utile est bien imprimé.

ROQUES. (Jos.) Plantes usuelles, indigènes et exotiques, avec la description de leurs caractères distinctifs et de leurs propriétés médicinales. *Paris*, 1807, 2 vol. in-4. fig. color. 80 l. — Pap. vélin, 150 l.

RORARII (Hier.) Libri duo; quòd Animalia bruta ratione meliùs utantur quàm Homo. *Parisiis*, 1648, in-8. seu *Amst.* 1666, pet. in-12. 5 l.
Ces deux éditions sont bonnes.

— Iidem, cum notis et dissert. de

58

Animâ Brutorum, à Georg. Henr.
Ribovio. *Helmstad.*, 1728, in-8.
6 liv.

ROSCOE. (W.) The Life of Lorenzo
de' Medici. *Lond.* 1797, 2 vol. in-4.
pap. vélin, fig. 72 l.
— The same. *Lond.* 1800, 3 vol. in-8.
pap. vélin, fig. 36 l.

M. Thurot a donné une traduction française
de cet ouvrage en 2 vol. in-8. 9 l.

ROSE (Guill.) Liber de justâ Reipublicæ christianæ in reges impios
authoritate. *Parisiis*, 1590, in-8.

On attribue ce livre à Guill. Rose, évêque
de Senlis, le plus fameux ligueur qui fut
en France. Les exemplaires en sont assez
rares, 9 à 12 l.

ROSIERES (Fr. de) Stemmata Lo-
tharingiæ ac Barri Ducum. *Parisiis*, 1580, in-fol.

Cet ouvrage, dans lequel l'auteur voulait
prouver que la France appartenait à la
maison de Lorraine, a été supprimé. Les
exemplaires n'en sont ni rares ni chers,
7 l. environ.

ROSINI (Jo.) Corpus Antiquitatum
romanarum, cum notis Th. Dempsteri, etc. *Amst.* 1743, in-4. 18 à
20 liv.

Cette édition est préférée à celle de 1701.

ROSNEL. (Pier. de) Le Mercure indien, ou le Trésor des Indes, traitant de l'or, de l'argent, etc. *Paris*, 1672, in-4. 7 l.

Bonne édition. Ce vol. se joint aux *Merveilles des Indes Orientales*, etc. de
Berquen. Voy. ce nom.

ROSSEL. (de) Voyage de Bruny-
Dentrecasteaux envoyé à la recherche de la Pérouse, rédigé par
de Rossel. *Paris*, 1808, 2 vol. in-4.
et atlas gr. in-fol. 130 l.

ROSSET. (Fr. de) Le Roman des
Chevaliers de la Gloire. *Paris*,
1613, in-4. 6 l.
— L'admirable Histoire du Chevalier du Soleil, trad. du castillan
en franç. par Fr. de Rosset et L.
Douet. *Paris*, 1620 et suiv. 8 vol.
in-8. 30 l.

Les deux premiers vol. de ce roman ont été
réimprimés en 1643. Les exemplaires
qu'on a complétés avec ces deux vol. de
réimpression sont également bons.

ROSSET. (Fr. de) Les 15 Joies de
Mariage, etc. *La Haye*, 1726 ou
1734, in-12. 6 l.

ROSSET. (le Présid.) L'Agriculture, poëme. *Paris*, impr. roy.
1774, in-4. fig. — Seconde partie.
Paris, impr. roy. 1783, in-4. 12
à 15 l. — Pap. de Holl. 24 à 30 l.

Sans la seconde partie, les exemplaires ont
peu de valeur.

ROSSETI (Blosii) Compendium Musicæ. *Veronæ*, 1529, in-4. *rare*,
12 à 15 l.

ROSSI. (Domenico de) Studio d'Architettura civile soprà gli ornamenti di porta e fluestre, tratti d'alcune Fabriche insigni di Roma. *In
Roma*, 1702, 1711, 1721, 2 vol.
gr. in-fol. fig. 36 l.
— Raccolta di Statue antiche e moderne, colle sposizioni di P. Aless.
Maffei. *In Roma*, 1704, 3 tom. 1
vol. gr. in-fol. 80 l.
— Gemme antiche figurate, colle
sposizioni di P. Aless. Maffei. *In
Roma*, 1704 e 1707, 4 vol. in-4.
45 liv.

ROSSI. (Lor. Filip. de) Camere se-
polcrale de' Liberti e Liberte di
Livia Augusta, e d'altri Cesari. *In
Roma*, 1731, in-fol. 24 l.
— Raccolta di Vasi diversi. *In Roma*,
1713, in-fol. fig. 12 l.

ROSSI. (Ottav.) Le Memorie bres-
ciane; ediz. rived. da Fort. Vinac-
cesi. *In Brescia*, 1693, in-4. fig. 6 l.

ROSSI (J. B. de) Apparatus hebræo-
biblicus. *Parmæ*, Bodoni, 1792,
in-8. 6 l.
— Variæ Lectiones Vet. Testamenti
hebræi, operâ J. B. de Rossi. *Par-
mæ*, Bodoni, 1784-98, 5 vol. in-4.
60 liv.
— Specimen inedita et hexaplaris
Biblior. vers. syro-estranghelæ, cum
duplici lat. vers. ac notis J. B. de
Rossi. *Parmæ*, Bodoni, 1778,
in-4. 5 l.
— Della vana Aspettazione degli
Ebrei del loro rè Messia. *Parma*,
Bodoni, 1773, in-4.
— Della Lingua propria di Cristo e
degli Ebrei nazionali della Palesti-
na da' tempi de' Maccabei. *Parma*,
Bodoni, 1772, in-4. 15 l.
— De hebraicæ typographiæ origine
ac primitiis Disquisitio. *Parmæ*,
Bodoni, 1776, in-4.
— Annales hebræo-typographici se-

culi xv. *Parmæ*, Bodoni, 1795, 2 vol. in-4. 20 l.

— De Typographià hebræo-Ferrariensi Commentarius historicus. *Parmæ*, Bodoni, 1780, in-8.

— Dizionario storico degli Autori arabi più celebri e delle principali loro opere. *Parma*, Bodoni, 1807, in-8. 5 l.

ROSSI. (G. G. de) Scherzi poetici e pittorici, con 41 fig. di Tekeyra. *Párma*, Bodoni, 1794, gr. in-8. fig. color. 24 l.

— Gli stessi. *Parma*, Bodoni, 1795, in-4. con 41 fig. di Tekeyra, 18 l.

ROSSIUS. (Pet.) Fauna etrusca, sistens Insecta quæ in provinciis Florentinâ et Pisanâ præsertim collegit P. Rossius. *Liburni*, 1790, 2 vol. in-4. avec 10 pl. color. 30 l.

ROSTRENEN. (P. Grég. de) Dictionn. franç.-celtique ou franç.-breton. *Rennes*, 1732, in-4. 20 l.

Volume peu commun.

— Grammaire française-celtique ou franç.-bretonne. *Rennes*, 1738, in-8. 6 l.

ROTA : (Berardo) Poesie, con le annot. di Scip. Ammirato soprà alcuni Sonetti. *Napoli*, 1726, 2 vol. in-8.

Cette édition est la meilleure de ces Poésies.

ROTH (Alb. Guliel.) Tentamen Floræ Germaniæ. *Lipsiæ*, 1788, 3 vol. in-8.

ROTTBOLL (Chr. Fred.) Descriptiones et Icones rariorum et pro maximâ parte novar. Plantarum. *Hauniæ*, 1786, in-fol. 21 pl.

ROU. (Jean) Tables chronologiq. de l'Histoire ancienne et moderne, en 16 grandes planch. *Paris*, 1672-75, gr. in-fol. (gravé).

Il n'existe, dit-on, que 12 exemplaires de ces tables.

ROUBAUD. (l'abbé) Synonymes français, nouv. édit., augm. *Paris*, 1796, 4 vol. in-8. 20 l.

ROUCHER. Les Mois, poëme en 12 chants. *Paris*, 1779, 2 vol. gr. in-4. fig. 18 à 24 l.

ROUGNON (N. F.) Considerationes pathologico-semeioticæ de omnibus humani corporis functionibus. *Vesuntione*, 1786, 2 vol. in-4. 12 l.

On a du même auteur : *Médecine préser-*

vative et curative générale et particulière. *Paris*, 2 vol. in-8. 8 l.

ROUILLARD (Séb.) Les Gymnopodes, ou de la Nudité des pieds, disputée de part et d'autre. *Paris*, 1624, in-4. 7 l. — Gr. pap. 18 à 20 l.

Traité singulier. Les exemplaires en grand papier sont recherchés.

— Histoire de la ville de Melun. *Paris*, 1628, in-4. 6 l.

— Li-Huns en Sang-Ters, ou Discours de l'Antiquité, Privilèges, etc. du Monastère de Li-Huns, etc. *Paris*, 1627, in-4. 6 l.

Peu commun.

On a encore du même Séb. Rouillard : *Traité de la virilité d'un homme né sans testicules*. 1600, in-8. *Le Grand Aumônier de France*. 1607, in-8. *Le Lumbrifage de Nicodème Aubier*. in-8. , des Poésies assez mauvaises, etc., etc. ; mais tous ces ouvrages ont peu de valeur, 3 à 4 l. chaque.

ROUSSAT. (Rich.) Des Eléments et Principes d'Astronomie. — Traité des Elections de choses à faire, etc. *Paris*, 1552, in-8. 8 l.

Peu commun.

ROUSSEAU : (J. B.) ses Œuvres. *Lond.* Tonson, 1723, 2 vol. gr. in-4. 18 l.

Edition bien imprimée.

— Les mêmes, revues par Seguy. *Bruxelles* (*Paris*), 1743, 3 vol. gr. in-4. 21 l.

On a retranché les épigrammes libres dans cette édition, qui du reste, est fort belle.

— Les mêmes, données par Seguy. *Paris*, 1743, 4 vol. in-12. 8 à 9 l. — Gr. pap. 30 à 36 l.

— Les mêmes. *Lond.* (*Paris*), 1753, 5 vol. in-12. 12 à 15 l.

Edition complète, mais moins bien imprimée que la précédente.

— Les mêmes. *Paris*, 1796, 4 vol. in-8. fig. 18 l.

— Les mêmes. *Paris*, 1797, 5 gros vol. in-18. pap. gr.-raisin vélin, 18 liv.

— Odes, Cantates, Epîtres et Poésies diverses du même. Edit. imprim. pour l'éducation du Dauphin. *Paris*, Didot l'aîné, 1790, gr. in-4. pap. vélin, 24 à 30 l.

Cette belle édition a été tirée à 250 exempl.

ROUSSEAU de Genève : (J. J.) ses Œuvres complètes. *Genève*, 1782, 17 vol. in-4. fig. de Moreau le jeune, 130 l. — Gr. pap. 200 l.

—Les mêmes. *Lond.* (*Paris*, Cazin), 1781 , 38 vol. in-18. fig. 50 à 60 l.
Jolie édition.

— Les mêmes. *Kehl*, 1783 , 34 vol. in-18. 100 l.
Petite édition bien imprimée, mais fautive.

— Les mêmes. *Paris*, Poinçot, 1788 et suiv. 39 tom. en 38 vol. in-8. fig. 150 l. — Pap. vélin , 200 l. — Format in-4. pap. vélin , 320 l.

— Les mêmes. *Paris* , 1793 , 37 vol. gr. in-18. fig. 76 l.

—Les mêmes. *Paris*, Defer de Maisonneuve , de l'impr. de Didot le jeune, 1793-1800 , 18 vol. in-4. gr. pap. vélin , fig. 400 l. — Fig. avant la lettre , 550 l.
Cette édition des OEuvres complètes de J. J. Rousseau est supérieurement imprimée, et ornée de belles figures.
On en a tiré 4 exemplaires sur grand papier, dit Colombier.
Les derniers volumes ont été imprimés à un plus petit nombre d'exemplaires que les premiers.

—Les mêmes. *Paris*, Bozerian, 1801, 25 vol. in-12. pap. vélin.
Cette charmante édition a été imprimée par M. Didot l'aîné. Comme on n'en a tiré que 100 exemplaires numérotés, il est à présumer qu'elle deviendra un jour fort rare et très-chère. L'éditeur vendait chaque exemplaire 400 l.

— Les mêmes. *Paris*, Didot l'aîné, 1801, 20 vol. in-8. pap. vélin, 200l.
Cette édition , faite sur les manuscrits de J. J. Rousseau , est supérieurement exécutée.
Certaines personnes joignent à ces 20 vol. la *Correspondance originale et inédite de J. J. Rousseau avec Madame Latour de Franqueville et M. Du Peyrou. Paris*, an II (1803), 2 vol. in-8. papier vélin , 12 l

— Du Contrat Social , ou Principes du droit politique. *Paris*, Didot le jeune , 1795, gr. in-4. pap. vélin , 15 liv.
On a tiré de cette belle édition 5 exemplaires en grand papier , format in-fol. , et un seul sur peau de vélin.

— Botanique de J. J. Rousseau, ornée de 65 planch. en couleur , d'après les dessins de P. J. Redouté. *Paris*, 1806, in-4. pap. vélin nom-de-jésus, 220 l. — In-fol. pap. vélin nom-de-jésus , 330 l. Prix de l'éditeur.
Ouvrage bien exécuté.

ROUSSET. (Jean) Recueil d'Actes,

Négociations et Traités , depuis la paix d'Utrecht jusqu'à présent. *La Haye* , 1728 et suiv. 22 tom. en 25 vol. in-8. 30 à 36 l.

—Les Intérêts des puissances de l'Europe. *La Haye* , 1736, avec le suppl. 4 vol. in-4. 15 l.

— Observations sur les Vers de mer , qui percent les vaisseaux , les pilliers, etc. *La Haye* , 1733 , in-8. 5 liv.

ROUSSEVILLE (N. de) et Nic. de VILLIERS. Nobiliaire de Picardie. Gr. in-fol. forme d'atlas.
Les exemplaires de ce livre imprimés sur vélin sont très-recherchés.

ROUSSIER. (l'abbé) Mémoires sur la Musique des anciens. *Paris*, 1774, in-4. fig. 9 l.

ROUX. (Aug.) Encyclopédie portative , ou Tableau général des Connaissances humaines. *Paris*, 1768, 2 vol. in-8. 6 l. — Pap. fin , 12 l.

ROUX. (le) Voy. LE ROUX.

ROWE. Voy. PLUTARQUE.

ROXBURG. (W.) Plants of the coast of Coromandel. *Lond.* 1795 et suiv. 2 vol. in-fol. atl. pap. vélin , fig. color.
Ouvrage de la plus belle exécution.

ROY DE GOMBERVILLE. (Mart. le) Polexandre. *Paris* , 1637, 5 vol. in-8. 12 l. — Gr. pap. 15 l.
Ce roman n'est presque plus recherché.

— La Doctrine des Mœurs , tirée de la Philosophie des Stoïques, représentée en 100 tableaux , avec des explicat. *Paris*, 1646, in-fol. fig. 8 liv.

— Voy. NEVERS.

ROY. (Alard le) La Vertu enseignée par les Oiseaux. *Liège* , 1653 , in-8. 5 liv.

ROY. (le) Les Ruines des plus beaux Monuments de la Grèce, avec des explicat. *Paris* , 1758, gr. in-fol. fig. 90 l.

— Les mêmes. Edition augmentée. *Paris* , 1770, 2 tom. 1 vol. gr. in-fol. fig. 90 l.
Cette édition est plus ample que la précédente , mais les épreuves des figures en sont moins belles.

ROY. (le) Mémoires sur les travaux qui ont rapport à l'exploitation de la mâture dans les Pyrénées. *Paris*, 1777, in-4. 10 l.

ROY. (Jac. le) Topographia Brabantiæ. *Amst.* 1692, in-fol. fig. 15 l. — Gr. pap. 24 l.

— Le grand Théâtre sacré du duché de Brabant. *La Haye*, 1729, 4 vol. in-fol. fig. 361. — Gr. pap. 50 l.

— Le grand Théâtre profane du Duché de Brabant. *La Haye*, 1730, in-fol. fig. 15 l. — Gr. pap. 24 l.

— Castella et Prætoria Nobilium Brabantiæ, ex museo Jac. le Roy. *Lugd. Bat.* 1699, in-fol. fig. 12 l. — Gr. pap. 18 l.

— Notitia Marchionatûs sacri romani Imperii, hoc est, Urbis et Agri Antuerpiensis. *Amst.* 1678, in-fol. fig. 12 l. — Gr. pap. 20 l.

ROY. (Will.) The military Antiquities of the Romans in Britain. *Lond.* 1793, gr. in-fol. pap. vélin, fig. 100 liv.

Ouvrage remarquable par sa belle exécution.

ROYAUMONT (le Sr. de) (Nic. FONTAINE.) Histoires du V. et du N. Testament, représentées avec des fig. et des explicat. *Paris*, Le Petit, 1670, gr. in-4. fig. 45 à 54 l.

Cette édition, qui est la première de ce livre, est la meilleure et la plus rare.

Il faut voir si la figure qui représente la *Vocation d'Abraham*, pag. 21, et celle de la *Pénitence des Ninivites*, pag. 339, se trouvent dans le volume.

— Les mêmes, *jouxte la copie imprimée à Paris.* (*Amst.*) 1680, in-12. fig.

Jolie édition, 18 à 24 l.

— Les mêmes. *Bruxelles*, 1691, in-12. fig. 10 l.

— Les mêmes. *Paris*, 1723, in-fol. fig. 15 à 20 l.

Edition assez belle. Les deux figures qui manquent quelquefois dans les exemplaires de l'édition de 1670, ne se trouvent pas dans les exemplaires de celle-ci.

ROYEN (Adr. van) Floræ Leidensis Prodromus. *Lugd. Bat.* 1740, in-8. 5 liv.

ROYER, sieur de la Blinière : (J. le) ses Œuvres, savoir : Le Baston universel ; l'Art des arts et des sciences, ou des nouvelles Inventions ; le Mouvement perpétuel hydraulique, ou l'Elévation de l'eau d'elle-même, etc. *Paris*, 1678, in-8.

Livre très-rare, 15 l.

ROYOU, Montjoye, etc. L'Ami du Roi, des Français, de l'ordre, et sur-tout de la vérité, depuis le 1.er juin 1790 jusques et compris le 10 août 1792. 4 vol. in-4. Précédé de l'Histoire de la Révolution de France et de l'Assemblée nationale, depuis 1788 jusqu'au 1.er juin 1790, 1 vol. in-4.

Il n'existe pas cinq exemplaires complets de cet ouvrage. Prix arbitraire.

ROZIER et autres. (l'abbé) Observations sur la Physique, sur l'Histoire naturelle et sur les Arts. *Paris*, 1771 et suiv. 67 vol. in-4. 550 l.

Les deux vol. de 1771 et 1772 servent d'introduction à l'ouvrage.

Il n'a paru aucun volume dans les années 1795, 96 et 97.

Cette Collection, connue sous le nom de *Journal de Physique*, est fort estimée.

— Cours d'Agriculture théorique et pratique. *Paris*, 1781-1800, 12 vol. in-4. fig. 120 à 140 l.

Cette édition est préférée à la réimpression de *Lyon*, sous la date de *Paris*, 1793.

— Le même. Ouvrage réduit à ce qu'il renferme de plus utile ; édition revue par MM. Parmentier, Sonnini, Lamarck et autres. *Paris*, 1809, 6 vol. in-8. fig. 42 l. Prix de l'éditeur.

— Nouv. Cours complet d'Agriculture ; ouvrage rédigé sur le plan de celui de feu l'abbé Rozier, duquel on a conservé tous les articles dont la bonté a été prouvée par l'expérience, par les membres de la section d'Agriculture de l'Institut de France. *Paris*, 1809, 12 vol. in-8. environ, fig.

Chaque volume se vend 7 l.

ROZIER (le) Historial de France. *Paris*, 1522, in-fol. goth.

On ne recherche de ce livre que les exemplaires tirés sur vélin.

RUBEIS (J. B. de) Collectio lxix Statuarum antiquarum. *Romæ*, 1641, in-fol. obl. fig. 15 l.

RUBEIS (J. J. de) Imagines V. ac N. Testamenti, à Raph. Sanctio Urbinate in Vaticani Palatii Xystis expressæ, J. J. de Rubeis curâ delineatæ et incisæ. *Romæ*, in-fol. obl. 15 à 18 l.

RUBENS. (P. P.) Palazzi antichi di

Genova, raccolti e disegnati da lui.
Anversa, 1652, gr. in-fol. fig. 27 l.
— Les Plafonds, ou les Tableaux des
Galeries de l'église des PP. jé-
suites d'Anvers, peints par P. P.
Rubens, dessinés par J. de Wit, et
grav. par J. Punt. *Amst.* 1751, in-
fol. 36 l.
— Voy. GALERIE.
RUBENS. Théorie de la fig. humaine,
trad. du lat. *Paris*, 1773, gr. in-4.
avec 44 pl. et le portrait de Rubens,
15 liv.
RUCELLAI. (Giov.) Le Api, poe-
metto illustr. colle annot. di Rob.
Titi. *Firenze*, Giunti, 1590, in-8.
6 liv.
Edition mentionnée par la Crusca.
— Gli stessi. *Parma*, Bodoni, petit
in-4.
On a tiré de cette édition quelques exemplaires sur peau de vélin et sur étoffe de
soie.
— Le Opere di G. Rucellai. *Padova*,
1772, in-8. fig. 6 l.
RUDBECKII (Olavi) Atlantica,
sive Manheim vera Japheti postero-
rum sedes ac patria. Opus suecicè
et latinè conscriptum. *Upsaliæ*,
1675, 1689, 1698 et 1702, 4 vol.
in-fol. *très-rare*, 6 à 700 L.
Ouvrage savant, et le plus beau qu'on ait fait
sur les antiquités des pays Septentrio-
naux, et en particulier sur la Suède.
Comme la plupart des exemplaires qui
nous en sont restés sont incomplets, nous
entrerons dans quelques détails à son
sujet.

Tom. I.er *Upsaliæ*, 1675.

Ce volume doit contenir 891 pages, non compris dans ce nombre les pièces liminaires;
plus, de grandes Cartes géographiques et
chronologiques, au nombre de 43, qui se
relient quelquefois à part.
On rencontre des exemplaires de ce volume,
les uns, sous la date de 1679, et d'autres
sous celle de 1684; mais l'édition est toujours la même.
La version latine de ce premier tome, a été
réimprimée séparément en Allemagne
dans l'année 1676.

Tom. II. *Upsaliæ*, 1689.

Ce volume est composé de 672 pages, non
compris les pièces liminaires. On doit
trouver à la fin un *Errata* de quatre feuillets, et un *Index* de 36 pages.
Ce second tome a été réimprimé séparément
à *Francfort*, en 1692, in-fol., sous le titre suivant: *Judicia et Testimonia illus-*

*trium atque clarissimorum virorum de
celeberrimi suconis Olavi Rudbeckii
(senioris) medicinæ professoris Upsalensis, Atlanticâ, aliisque incomparabilis ingenii Rudbeckiani monumentis.
Recusa* Francofurti *juxtà exempl. Upsa-
lense*, ann. 1692.

Tom. III. *Upsaliæ*, 1698.

Il doit contenir 762 pages, sans les pièces
liminaires, et un *Index* de 55 pages, qui
manque à presque tous les exemplaires.

Tom. IV. *Upsaliæ*, 1702.

Ce quatrième volume, composé de 210 pages,
n'a point de titre particulier. Il fut mis
sous presse en 1702 dans l'imprimerie de
l'auteur; mais à peine la troisième feuille
du second alphabet eut-elle été achevée
d'imprimer, que l'imprimerie et tout ce
qui en dépendait, fut consumée par le feu,
dans un incendie qui réduisit en cendre
une bonne partie de la ville d'Upsal. Non-
seulement tous les exemplaires qui restaient du troisième vol. périrent dans cet
incendie, mais aussi, avec les manuscrits
de l'auteur, les feuilles nouvellement imprimées du quatrième vol., dont on ne
sauva, à ce qu'on prétend, que trois ou
quatre exemplaires.
Les curieux, pour avoir l'ouvrage bien complet, font copier ces feuilles à la main.
— Ejusd. Campi Elysii Liber primus;
Graminum, Juncorum, Cyperorum, etc. figuras continens. *Upsaliæ*, 1702, in-fol.
— Ejusd. Campi Elysii Liber secundus; nomina et figuras Bulbosarum
Plantarum continens, etc. *Upsaliæ*, 1701, in-fol.
Cet ouvrage, qui n'est autre chose qu'un Recueil de figures de Plantes gravées en bois,
devait former 12 vol. in-fol.; mais l'acci-
dent fâcheux arrivé à Rudbeck, ne lui per-
mit pas de le porter à sa fin.
RUDBECKII filii (Olaï) Nora Samo-
lad, sivè Laponia illustrata. *Upsaliæ*, 1701, in-4. fig. 9 à 12 l.
Ouvrage écrit en suédois et en latin.
— Ejusd. Ichthyologiæ Biblicæ, Pars
prima, in quâ Dissertat. de Ave Selaï. *Upsaliæ*, 1705, petit in-4.
Dissertation sur l'oiseau Selaï de la Bible,
dont se nourrissaient les Israëlites dans le
désert. Les exemplaires en sont assez
rares.
— Ejusd. Specimen usûs Linguæ go-
thicæ. *Upsaliæ*, 1717, in-4.
Livre estimé et peu commun, 12 à 15 l.
RUDII (Eust.) Lib. v de Morbis oc-

cultis et venenatis. *Venetiis*, 1610, in-fol. 7 l.

RUDIMENTUM Novitiorum. Vid. COMESTOR.

RUE : (Charl. de la) ses Sermons. *Paris*, 1719, 4 vol. in-8. 10 à 12. l.

RUE. (J. B. de la) Traité de la Coupe des Pierres. *Paris*, impr. roy. 1728, in-fol. fig. 36 l.

RUEFFI (Jac.) de Conceptu et Generatione hominis ; de Matrice et ejus partibus, necnon de conditione Infantis in utero, et gravidarum cura et officio, etc. lib. vj. *Francof.* 1680, in-4. fig. en bois, 8 à 10 l.

RUELLII (Jo.) de Naturâ Stirpium lib. iij. *Parisiis*, 1536, in-fol. 8 l. — Gr. pap. 15 l.

Ouvrage recherché.

RUFFI. (Ant. de) Hist. de la ville de Marseille, avec les augment. de L. A. Ruffi. *Marseille*, 1696, 2 vol. in-fol. 15 l. — Gr. pap. 20 l.

Peu commun.

RUFFINI Opera, ex edit. Laur. de la Barre. *Parisiis*, 1580, in-fol. 7 l.

RUGGIERI. (F.) Scelta d'Architetture antiche e moderne della Città di Firenze. *Firenze*, 1755, 4 vol. in-fol. fig. 60 à 72 l.

RUHNKENII Opuscula, nunc primùm conjunctim edita. *Lugd. Bat.* 1807, in-8.

Il y a des exemplaires en papier de Hollande.

RUINART (Theod.) Acta primorum Martyrum, cum notis. *Amst.* 1713, in-fol. 9 l. — Gr. pap. 15 l.

RUINES de Balbec et de Palmyre. Voy. DAWKINS.

RUIZ (Hipp.) et Jos. PAVON Flora Peruviana et Chilensis, lat. et hispan. *Matriti*, 1795, 98 et 1799, 4 vol. in-fol. fig. 350 l.

Cet intéressant ouvrage n'est point encore entièrement terminé.

RUMPHII (Georg. Everh.) Herbarium Amboinense, lat. et belgicè conscript., ex vers. Jo. Burmanni. *Amst.* 1741 et seqq. 7 vol. in-fol. fig. 100 l. — Gr. pap. 180 l.

Le tome VII est un vol. fort mince, qui se trouve ordinairement relié avec le sixième. Les exemplaires datés de 1750, ne différent de ceux-ci que par le frontispice, qu'on a renouvelé.

— les Raretés naturelles d'Amboinc. *Amst.* 1705, gr. in-fol. fig. 27 l.

Ce livre est écrit en flamand. Les exemplaires en sont recherchés.

— Thesaurus imaginum Piscium, Testaceorum, Cochlearum, etc. *Lugd. Bat.* 1711, in-fol. fig. 15 l.

Les figures de cette édition sont meilleures que celles de l'édition de 1739.

RUPERTI (abbatis) Opera. *Parisiis*, 1638, in-fol. 7 l.

— Eadem, cum variis Opusculis. *Venet.* 1748, 4 vol. in-fol.

RUPHY. (J. F.) Dictionnaire abrégé franç.-arabe. *Paris*, 1802, in-4. 15 liv.

RUSCÆ (Ant.) de Inferno et Statu Dæmonum, antè mundi exitium, lib. v. *Mediolani*, 1621, in-4.

Livre rare et curieux, 18 à 24 l. Il était beaucoup plus cher autrefois.

RUSCELLI. (Gir.) Fiori delle Rime de' Poeti illustri, raccolti da lui. *Venezia*, 1558, in-8. 7 l.

RUSCONI. (Giov. Ant.) Della Architettura, lib. x. *Venezia*, 1590, in-fol. rare, 24 l.

Ce vol. renferme 160 figures gravées sur bois.

RUSSEL. (Al.) The natural History of Aleppo and parts adjacent. *Lond.* 1756, in-4. fig. 18 l.

RUSSEL (Rich.) SS. Patrum apostolicorum, Barnabæ, Hermæ, Clementis, etc. Opera genuina, gr. lat. *Lond.* 1746, 2 vol. in-8. 9 à 12 l. — Gr. pap. 24 à 36 l.

RUSSELL (Ric.) de Tabe glandulari, sive de usu aquæ marinæ in morbis glandularum Dissertatio. *Oxonii*, 1760, in-8. fig. 20 l.

RUSTICIEN DE PISE. Le Roman de Méliadus de Léonnois, chev. de la Table ronde, translat. du lat. *Paris*, 1532, in-fol. goth. 15 l.

Toutes les éditions de ce livre sont bonnes.

RUTGERSIUS. Vid. HEINSIUS.

RUTILII (Cl.) Numatiani Galli Itinerarium, cum animadv. Jos. Simleri et alior. *Amst.* 1687, in-12. 4 liv.

Bonne édition.

RUTILII LUPI de Figuris Sententiarum et Elocutionis lib. ij, ex recens. Dav. Ruhnkenii. *Lugd. Bat.* 1768, in-8. 7 l.

RUYSCH (Henr.) Theatrum univ. omnium Animalium. *Amst.* 1718, 2 vol. in-fol. fig. 24 l.

Réimpression de l'ouvrage de Jonston, avec quelques augmentations.

RUYSCH (Frid.) Opera anatomi-co-medico-chirurgica. *Amst.* 1737, 4 vol. in-4. fig. 36 l.

RUZANTE: (Agnolo Beolco, detto il) tutte le sue Opere. *In Venetia*, 1584, in-12. 12 l.

Cette édition est la plus ample et la meilleure de ce Recueil.

RYMER. (Th.) Fœdera, Conventiones, Litteræ et Acta publica inter Reges Angliæ et alios principes, collecta à Th. Rymer. *Lond.* 1704 et seqq. 20 vol. in-fol. 80 l.

Les tom. 18, 19 et 20 ont été publiés par Rob. Sanderson.
On assure que cette édition n'a été tirée qu'à 200 exemplaires.

— Idem Opus, curâ Georg. Holmès. *Lond.* 1727, 20 vol. in-fol. 96 L

Cette édition est préférée à la précédente, parce qu'elle passe pour plus correcte.

— Idem Opus, curâ Georg. Holmès. *Hagæ Comit.* 1745, 20 tom. 10 vol. in-fol. 100 à 120 l. — Gr. pap. 200 l.

Edition la plus estimée, parce que outre ce que contiennent les deux éditions précédentes, elle a de plus la traduction latine des actes qui n'y sont qu'en anglais.

RYSSENII (Leon.) justa Detestatio Libelli sceleratissimi Hadr. Beverlandi, de Peccato Originali. *Gorinchemii*, 1680, in-8. 4 l.

RZACZYNSKI (P. Gab.) Historia naturalis Regni Poloniæ, cum Auctuario. *Sandomiriæ*, 1721, et *Dantizci*, 1742, 2 vol. in-4. 24 à 36 l.

S

SABADINO degli Arienti, Bolognese. (Giov.) Porretane, dove si narra Novelle settenta. *In Bologna*, Enr. de Colonia, 1483, in-fol.

Cette édition, l'originale de ce livre, est fort rare.

— Le medesime. *In Venetia*, B. de Tortis, 1484, in-fol. *rare.*

— Le medesime. *In Venetia*, 1504, in-fol. 40 à 50 L

— Le medesime. *In Venetia*, 1510, in-fol. fig. 30 l.

— Le medesime. *In Venetia*, 1531, in-8. 24 l.

— Le medesime. *In Verona*, 1540, in-8. 24 l.

Ces deux dernières éditions renferment une *Nouvelle* de plus que les autres.

SABATIER de Castres. (l'abbé) Les trois Siècles de la Littérature française. *Paris*, 1781, 4 vol. in-12. 12 liv.

Peu commun.

— Dictionnaire de littérature. *Paris*, 1776, 3 vol. in-8. 12 à 15 l.

— Les Siècles payens. *Paris*, 1784, 9 vol. in-12. 18 à 24 l.

On a du même auteur un Dictionnaire des passions, des vertus et des vices, en 2 vol. in-8. 6 à 8 l.

SABATIER. La Médecine opératoire. *Paris*, Didot le jeune, 1796, 3 vol. in-8. 20 l.

On a tiré de cet ouvrage estimé 12 exemplaires sur papier vélin, 36 l.

— Traité complet d'Anatomie, ou Descript. de toutes les parties du corps humain. *Paris*, 1791, 3 vol. in-8. 12 l.

SABATIER. (Pet.) Bibliorum S. lat. Versiones antiquæ, seu vetus italica, cum observat. et notis P. Sabatier. *Remis*, 1743, 3 vol. in-fol. 18 l. — Gr. pap. 30 l.

SABBATHIER. (Fr.) Dictionnaire pour l'intelligence des Auteurs classiques. *Paris*, 1766 et suiv. 36 vol. in-8. fig. 76 l.

Cet Ouvrage n'est point achevé.

SABBATI. (Liberati et Const.) Voy. Bonelli.

SABBATINI. (Nic.) Pratica di fabricar Scene e Machine di teatri. *In Ravenna*, 1638, in-fol. fig. 9 l.

SABELLICI (M. Ant.) Epistolæ familiares, necnon Orationes et Poëmata. *Venetiis*, 1502, in-fol. 18 l.

Edition rare et estimée.

—Ejusd. Hist. Rerum Venetarum, ab urbe condità ad obitum ducis Marci Barbadici. *Venetiis*, per Andr. de Torresanis de Asula, 1487, in-fol.

Première édition de ce livre. Elle est supérieurement imprimée. On en a tiré des exemplaires sur vélin.

SABOUREUX de la Bonnetrie. Traduction d'anciens Ouvrages latins relatifs à l'Agriculture et à la Médecine vétérinaire. *Paris*, 1771, 6 vol. in-8. 24 l.

SACCHETTI : (Fr.) Novelle. *In Firenze*, 1724, 2 part. gr. in-8. 18 l.

Cette édition, citée par la Crusca, a été contrefaite deux fois sous la même date et dans le même format.

—Le stesse. *Lond.* (*Livorno*), 1795, 3 vol. in-8. portrait.

Bonne édition. On en a tiré un exemplaire sur papier bleu, et un autre sur peau de vélin.

SACCHI. Vid. PLATINA.

SACRE de Louis XV, roi de France et de Navarre, dans l'église de Rheims, le 25 octobre 1722, in-fol. 18 à 24 l.

SACRE et Couronnement de Louis XVI, à Rheims, le 11 juin 1775. *Paris*, 1775, in-4. fig. grav. par Patas, 15 à 18 l.

SACRE et Couronnement de Napoléon I.er avec fig. dessinées par Fontaine et Percier. *Paris*, 1807, in-fol. max. 36 l. Prix de l'éditeur.

SACRIFICE (le) d'Abraham, mis en rime franç. et par personnaiges. *Paris*, 1539, in-4. goth.

Edition très-rare.

— Le même. In-16. goth. *sans nom de lieu, ni d'imprimeur, et sans date.*

Cette édition est aussi fort rare.

SACY. (Louis-Isaac le Maistre de) La sainte Bible, en latin et en français, avec le sens propre et littéral. *Paris*, 1682 et suiv. 32 vol. in-8. 72 l.

Bonne édition.

— La même, trad. en franç. avec des notes. *Bruxelles*, 1700, 3 vol. in-4. 10 l. — Gr. pap. 24 l.

On ne recherche de cette édition que les exemplaires en grand papier.

— La même, trad. en franç. avec des notes. *Paris* (*Amst.*), 1711, 8 vol. pet. in-12. 15 l.

— La même, trad. en franç. avec des notes. *Mons* (*Amst.*), 1713, 2 vol. in-4. fig.

Edition recherchée par rapport aux figures dont elle est décorée.

— La même, trad. en franç. *Paris*, Defer de Maisonneuve, de l'impr. de Didot le jeune, 1789-1802, 12

Dict. Bibl. I.

vol. gr. in-8. ou 27 livraisons, 150 à 180 l. — Format in-4. 300 l.

Cette belle édition de la Bible est enrichie de 300 figures gravées d'après les dessins de Marillier.

Il en a été tiré 60 exemplaires sur papier vélin, format in-4. Un de ces exemplaires est décoré des dessins originaux.

— Le Nouv. Testament, en lat. et en franç. *Paris*, Didot le jeune, 1793, 5 vol. in-8. fig. de Moreau, 40 l. — Pap. vélin, 72 l. — Format in-4. pap. vélin, fig. av. la lettre, 120 l.

On a tiré de cette belle édition 18 exemplaires en grand papier, auxquels on a joint une Epître dédicatoire.

— Le même, en franç. *Paris*, 1808, 2 vol. in-8. fig. de Moreau le jeune, 20 l. — Pap. vélin (25 exempl.) 30 liv.

On s'est servi pour cette édition des figures de celle de 1793, citée ci-dessus.

SACY. (A. J. Silvestre de) Mémoires sur les Antiquités de la Perse, avec un suppl. trad. du persan de Mirkhond. *Paris*, 1793, in-4. 9 pl. 15 l. — Pap. fort, 18 l.

—Chrestomathie arabe, ou Extraits de divers Ecrivains arabes, tant en prose qu'en vers. *Paris*, impr. impér. 1806, 3 vol. in-8. 36 l.

Le premier volume contient le texte arabe, et les deux autres renferment la traduction française, les notes, tables, etc. Ce Livre est imprimé avec beaucoup de soin.

SADEELIS (Ant.) (Chaudieu) Analysis et Refutatio Postnanensium Assertionum. *Morgiis*, 1584, in-8. de 180 pag. 6 l.

Petit Traité satirique et assez rare.

SADELER. (Ægidio) Vestigi delle Antichità di Roma, Tivoli, Pozzuolo, etc. *Prague*, 1606, in-fol. obl. 15 l.

L'édition de *Rome*, 1660, est également bonne.

SADELER. Recueil d'Estampes d'après Raphaël, Titien et autres, et principalement d'après Mart. Devos, grav. par Sadeler. *Paris*, 1748, 2 vol. in-fol. gr. pap. 100 l.

SADI (Mussadini) Rosarium politicum, persicè et lat., ex recens. et cum notis Georg. Gentii. *Amst.* 1651, in-fol. 24 l. — Gr. pap. *très-rare.*

Il existe des exemplaires sans les notes, ce qui en diminue la valeur.

Cet ouvrage a été traduit en français, par P. du Ryer, en 1634, in-8.

SADOLETI (Jac.) Opera omnia. *Veronæ*, 1737, 4 vol. in-4. 20 à 24 l.
— Ad principes populosque Germaniæ Exhortatio gravissima. *Dilingæ*, 1560, in-8.
Exemplaire sur vélin.

SAGE : (Alain René Le) ses Œuvres choisies. *Paris*, 1783, 15 vol. in-8. fig. de Marillier, 90 l. — Pap. de Holl. 150 l.
Ces Œuvres de Le Sage se joignent ordinairement à celles de Prévost d'Exiles, en 39 vol. in-8. Voy *Prévost*.
— Histoire de Gil Blas de Santillanc. *Paris*, Didot le jeune, 1794, 4 vol. in-8. fig. 36 l. — Gr. pap. vélin, fig. av. la lettre, 80 à 100 l.
Cette édition est fort belle.
—La même. *Paris*, an 9, 8 vol. in-18. pap. fin, 29 grav. 12 l. — Papier vélin, fig. av. la lettre, 20 l.

SAGE. (B. G.) Eléments de Minéralogie docimastique. *Paris*, imprim. roy. 1777, 2 vol. in-8. 7 l.
— Art d'essayer l'or et l'argent. *Paris*, impr. roy. 1780, in-8. fig. 6 l.
— Description méthodique du Cabinet de l'Ecole des Mines. *Paris*, impr. roy. 1784, 2 vol. in-8. 8 l.
— Analyse chimique. *Paris*, impr. roy. 1786, 3 vol. in-8. fig. 12 l.

SAGE. (le) Recueil de Mémoires inédits de la bibliothèque impér. des Ponts-et-Chaussées. *Paris*, 1807, in-4. 16 pl. et portrait de Perronet, 13 l.

SAGE. (A. le) Atlas historique, généalogiq., chronologiq. et géographiq. *Paris*, 1808, gr. in-fol. fig. color. 106 l. — Pap. fin, 136 l.
Prix de l'éditeur.
Il y a des exemplaires en papier vélin.
Cet Atlas a été réimprimé avec quelques augmentations, par M. Molini de Florence.

SAGGI di naturali Esperienze, fatte nell' Accademia del Cimento in Firenze, descritti dal Sollevato. *Firenze*, 1666 ou 1667, in-fol. fig. rare, 20 l.
— Gli stessi. *Firenze*, 1691, in-fol. 12 liv.
Ces deux éditions sont citées dans le Vocabulaire de l'Académie de la Crusca.

SAGON. (Fr. de) Complainte de trois gentilshommes français, occiz et morts au Voyage de Carignan, bataille et journée de Cérizolles. *Paris*, 1544, in-8. 10 l.

SAINCTES (Fr. Cl. de) Liber de Ritu Missæ, et Eucharistiâ, necnon Liturgiæ SS. Patrum. *Antuerpiæ*, 1560, in-8. 5 l.
Edition rare.
On joint ordinairement cet ouvrage au *Traité sur la Messe latine de Francowitz*, parce qu'ils ont beaucoup de rapport ensemble.

SAINT-AMANT. (de) Moyse sauvé, idylle héroïque. *Leyde*, 1654, in-18. 6 à 8 l.

SAINT-CYRAN. Voy. DUVERGER de Hauranne.

SAINT-DENIS. Voy. CHRONIQUES.

SAINT-DISDIER. (Henry de) Traité de l'Art de l'Epée seule, etc. *Paris*, 1573, in-4. fig. 6 l.
Peu commun.

SAINT-DISDIER. La Ville et la République de Venise. *Amst.* Elzevir, 1680, in-12. 6 à 9 l.

SAINT-EVREMOND : (Ch. Margotelle de S.-Denys, sieur de) ses Œuvres meslées, publ. par Silvestre ; édit. augm. de la vie de l'auteur par P. Desmaizeaux. *Lond.* Touson, 1709, 3 vol. in-4. 15 l.
—Gr. pap. 30 l.
Bonne édition. Les exempl. en grand papier sont rares.
— Les mêmes. *Amst.* (*Paris*), 1740, 10 vol. in-12. fig. 9 à 12 l. —Gr. pap. 18 à 24 l.
— Réflexions sur les divers génies du Peuple romain dans les divers temps de la République. *Paris*, Renouard, 1795, in-8. pap. vélin.
On a tiré de cet Ouvrage 60 exemplaires en grand papier ; deux sur papier mince de Hollande ; plus, deux sur peau de vélin.

SAINT-FOIX : (Germ. Fr. Poullain de) ses Œuvres complètes. *Paris*, 1778, 6 vol. in-8. fig. 36 l.
— Pap. de Holl. 80 l.

SAINT-GELAIS. (Ch. de) Les Chroniques des vertueux Faits de Judas Machabéus, transl. de lat. en franç. *Paris*, 1514, in-fol.
On ne recherche de ce livre que les exemplaires imprimés sur vélin, dont la plupart sont ornés de miniatures peintes en or et en couleurs.

SAINT-GELAIS. (Octavien de) Le Séjour d'honneur. *Paris* , Vérard, sans date, in-8. goth.

Exemplaire imprimé sur vélin.

L'édition de 1519, in-4. goth., vaut 8 liv. environ.

— Le Vergier d'honneur , de l'Entreprise et Voyage du roi Charles VIII, en rime franç. *Paris* , sans date, in-fol. goth. 15 l.

— Le même. *Paris* , sans date, in-4. goth.

Exemplaire imprimé sur vélin et décoré de miniatures.

— La Chasse et le Départ d'Amours. *Paris* , A. Vérard, 1509 , in-fol. goth. 9 l.

Exemplaire sur vélin.

— Le Trésor de Noblesse. *Paris* , A. Vérard, sans date , in-fol. goth.

Exemplaire imprimé sur vélin, avec figures peintes en or et en couleurs.

SAINT - GELAIS : (Mellin de) ses Œuvres poétiques. *Lyon* , 1574 , in-8. 6 l.

SAINT-GLAIN. Voy. SPINOSA.

SAINT-GREAAL. Roman de ce nom Voy. ROMAN.

SAINT-HILAIRE. (Jaume) Exposition des Familles naturelles et de la germination des plantes. *Paris* , an 13 (1805), 4 vol. in-8. fig. 24 l.

— La même. 2 vol. in-4. fig. color. 60 l. — Pap. vélin 90 l.

— Plantes de la France , décrites et peintes d'après nature. *Paris* , 1808, 54 livrais. gr. in-8. chaque , 7 l. 10 s. et en pap. vélin , 161 l. Prix de l'édit.

Bel ouvrage.

SAINT - JULIEN. (Pier. de) Les Gémelles, ou Pareilles, recueillies de divers auteurs, tant grecs, latins que franç. *Lyon* , 1584 , in-8. 8 liv.

SAINT-LAMBERT. Les Saisons, poëme. *Amst.* 1775 , in-8. fig. de Moreau , 8 l.

— Les mêmes. *Paris* , Didot l'aîné , 1795, 2 vol. in-18. papier vélin, 8 l.
— Gr. pap. (100 exempl.) 15 l.
— Les mêmes. *Paris* , Didot l'aîné , 1796, gr. in-4. papier vélin , fig. 30 l. — Fig. av. la lettre, 45 l.

Cette édition , faite sous les yeux de l'auteur , est bien imprimée. On en a tiré un exemplaire sur peau de vélin, auquel sont joints les dessins originaux.

SAINT-MARC. (Ch. Hug. le Febvre de) Abrégé chronologiq. de l'Histoire d'Italie. *Paris* , 1761 , 6 vol. in-8. 18 l.

Cet ouvrage n'est point achevé.

SAINT - MARC : (N. marq. de) ses Œuvres. *Paris* , Didot le jeune , 1785, 2 vol. in-8. fig. 7 à 8 l.

SAINT-MORIS. Voyage pittoresque de Scandinavie , avec 24 vues à l'aquatinta et les fonds en couleurs. *Lond.* 1802, in-4. gr. pap. vélin , 45 liv.

SAINT-NON. (Richard de) Voyage pittoresque de Naples et de Sicile. *Paris* , 1781-86, 4 tom. 5 vol. gr. in-fol. 460 pl. 550 à 600 l.

Ouvrage bien exécuté.

Il faut vérifier si dans le tom. II , pag. 52 , il y a une planche , représentant des Phallum antiques ; et si à la fin de la deuxième partie du tom. IV , il y a une suite de 14 planches des Médailles des anciennes villes de Sicile.

Il existe de ce livre des exemplaires avec figures avant la lettre , mais ils sont fort rares et très-chers , 15 à 1600 l.

— Recueil de Griffonis , de Vues, Paysages, etc. gravés à l'eau-forte et au lavis. Gr. in-fol. cont. 158 pl. 36 à 48 l.

SAINT-PIERRE. (Jac.-Henr.-Bern. de) Voyage à l'Isle de France et à l'Isle de Bourbon. *Paris* , 1773, 2 tom. 1 vol. in-8. fig. 12 l.

— Etudes de la Nature. *Paris* , Didot le jeune , 1784, 5 vol. in-12. fig. 18 liv.

— Les mêmes. *Paris* , Crapelet, an 12 (1804), 5 vol. in-8. 24 l. — Pap. vélin , 50 l.

On n'a tiré que 50 exemplaires sur papier vélin.

— Paul et Virginie. *Paris* , Didot le jeune, 1789 , in-18. pap. vélin, fig. 6 l. — Fig. av. la lettre, 10 l.

On a tiré de cette jolie petite édition 4 exemplaires sur peau de vélin.

— Le même ouvrage. *Paris* , Didot l'aîné, 1806, gr. in-4. pap. vélin, 6 estampes d'après Girodet, Gérard, Prud'hon, etc. 108 l. — Fig. av. la lettre 180 l. — Fig. color. 360 l. — In-fol. fig. color. 432 l. Prix de l'éditeur.

— La Chaumière Indienne. *Paris* , Didot le jeune, 1791 , in-18. pap. vélin, fig. 4 l.

SAINT-REAL : (César Vichard de)
ses Œuvres. *Paris* , 1745 , 3 vol.
in-4. 20 l. — Gr. pap. 3o l.

L'édition d'*Amsterdam* , 1740, 6 vol. in-12.
vaut 15 à 18 l.

— Conjuration des Espagnols contre
Venise , en 1618. *Paris*, Didot le
jeune , 1781 , in-18. 4 l.

On a tiré 6 exemplaires de ce livre sur
grand papier de Hollande , 12 l.

—Conjuration contre Venise et Conjuration des Gracques. *Dijon*, 1795,
petit in-fol. pap. vélin , 4o l.

Édition tirée à 65 exemplaires ; plus , 5
sur peau de vélin.

— Les mêmes. *Paris* , Renouard ,
1803 , in-18. et in-12.

Il en existe trois exemplaires sur papier
rose et un sur vélin.

SAINT - SIMON : (Louis de) ses
Œuvres complètes. *Strasb.* 1791 ,
13 vol. in-8. 24 à 3o l. — Pap. vélin , 72 l.

SAINTE-CROIX. (Em. Guill. Jos.
Guilhem de Clermont de) Examen
critique des anciens historiens d'A-
lexandre-le-Grand ; seconde édit. ,
revue et augm. *Paris* , 1805 , in-4.
fig. 25 l. —Pap. vélin , 48 l.

— L'Ezour Vedam , ou ancien Commentaire du Vedam , trad. du
samscrétan , par un Brame (le baron de Sainte-Croix). *Yverdon* ,
1778 , 2 vol. in-12. 8 l. — Gr. pap.
format in-8. *très-rare* , 21 l.

— Des anciens Gouvernements fédé-
ratifs et de la législation de Crète.
Paris , an 7, in-8. 8 l.

— Mémoire pour l'hist.- de la religion
secrète des anciens peuples. *Paris*,
1784 , in-8. 8 l.

— De l'état et du sort des colonies
des anciens peuples. *Philadelphie*
(*Paris*), 1779, iu-8. 7 l.

— Histoire des progrès de la puissance navale d'Angleterre. *Paris* ,
1786 , 2 vol. in-12. 5 à 6 l.

Excellent ouvrage , sur-tout dans les circonstances actuelles.

SAINTE-PALAYE. (de la Curne de)
Mémoires sur l'ancienne chevalerie.
Paris , 1759 , 3 vol. in-12. 6 à 9 l.

SALDENI (Guill.) de Libris vario-
rumque eorum usu et abusu lib.

duo , cum indicibus. *Amst.* 1688 ,
in-8. 4 l.

SALE. (George) The Koran , translated in the english. *Lond.* 1734,
in-4. 18 l.

SALERNE. L'Histoire nat. éclaircie
dans une de ses parties principales
l'Ornithologie. *Paris* , 1767 , in-4.
fig. color. 54 l.

Beaucoup moins cher lorsque les figures ne
sont pas coloriées.

SALERNE, (Eschole de) en vers burlesques , et duo Poemata Macaro-
nica de bello Huguenotico , et de
Gestis magnanimi et prudentissi-
mi Baldi : suivant la copie impr. à
Paris , 1651 , in-12. 4o à 48 l.

Cette édition , donnée par les Elzevirs , est
jolie et la plus rare de leur Collection.

SALIGNAC. (B. de) Le Siége de
Metz , en 1552. *Paris* , 1552 , in-4.

Exemplaire imprimé sur vélin.

SALINÆ (Fr.) de Musicà lib. vij.
Salmanticæ , 1592 , in-fol. fig.

Peu commun , 18 l.

SALISBURY (Ric. Ant.) Icones
Stirpium rarior. descript. illustratæ. *Lond.* 1791, in-fol. atl. 5 pl.
color. 18 l.

SALLENGRE. (Alb. Henr. de) Mémoires de littérature. *La Haye* ,
1715, 4 part. 2 vol. petit in-8. 6 l.
— Gr. pap. 12 l.

— Continuation de ces Mémoires ,
par Desmolets. *Paris* , 1726 , 11 vol.
in-12. 24 à 3o l.

— L'Eloge de l'Ivresse. *La Haye* ,
1714, in-12. 6 à 7 l.

— Vid. GRONOVIUS.

SALLENTIN (de l'Oise). L'Impro-
visateur français. *Paris* , 1806 ,
21 vol. in-12. 54 l.

SALLIER , (Cl.) MELLOT , etc.
Catalogue des Livres manuscrits et
imprimés de la Bibliothèque du roi.
Paris , imprim. roy. 1739, 10 vol.
in-fol. 8o l. — Gr. pap. 110 l.

Il est fâcheux qu'un Catalogue aussi intéressant ne soit point achevé.

SALLO. (Denys de) Le Journal des
Savants , digéré et publié en 1665
par le Sr. Hédouville (Denys de
Sallo), et depuis 1666 jusqu'en
1792 (par J. Galloys et autres.)
Paris , 1723 et suiv. 127 tom. in-4.
qui se relient en plus ou moins de
vol. — Table génér. des Matières

conten. dans le Journal des Savants,
depuis 1665 jusqu'en 1750 (par de
Claustre.) *Paris* , 1753 et suiv. 10
vol. in-4.

Les années 1778 , 89 , 90 , 91 , 92 , et généralement tous les suppléments , sont les
parties les plus rares de ce Journal.
Les 137 vol. réunis, 400 à 450 l.

SALLUSTIUS philosophus , de Diis
et Mundo , gr. lat. , ed. Leon. Al-
latio. *Romæ* , 1638 vel *Lugd. Bat.*
1639 , pet. in-12. 4 l.

— Traité des Dieux et du monde ,
trad. du grec , avec des réflexions
critiq. par J. H. S. Formey. *Berlin,*
1748 , pet. in-8. 7 l.

Cet article et le précédent ne sont pas
communs.

SALLUSTII (Caii Crispi) de Conjuratione Catilinæ , et de Bello Ju-
gurtino libri duo. *Venetiis* , Vindelinus de Spira, 1470, in-fol. Prix
arbitraire.

Cette édition, que l'on regarde comme la
première de cet auteur, est très-rare.
La totalité du volume est de 71 feuillets,
lesquels n'ont ni chiffres , ni signatures ,
ni réclames.

— Ejusd. Opera. *Edit. secunda prin-*
ceps anno 1470 excusa, absque
loci et impressoris indicat. ullâ,
pet. in-fol.

Cette édition, quoique fort rare , n'est
cependant pas aussi recherchée que la
précédente.

— Eadem. *Parisiis* (Ulricus Gering,
Mart. Crantz et Mich. Friburger)
in Sorbonâ, absque notâ anni , sed
circà ann. 1470 , in-4. 250 l.

Edition très-rare et fort recherchée des curieux. Elle est exécutée à longues lignes,
au nombre de 23 à la page , sans chiffres ,
signatures ni réclames.
Il faut bien prendre garde de confondre cette
édition avec une autre du même Gering,
imprimée pareillement sans date et dans
le même format. Cette seconde édition
est facile à reconnaître, parce qu'elle porte
des signatures.
Il y a de la première édition des exemplaires sur vélin.

— Eadem. (*Argentinæ* , Mart. Flach,
circà 1470), in-fol.

Edition très-rare et imprimée à longues
lignes, au nombre de 34 à la page , sans
chiffres , signatures ni réclames. La totalité du volume est de 60 feuillets.

— 'Eadem. *Venetiis* , per Vindelinum
de Spira , 1471, pet. in-fol.

Edition très-rare.

— Eadem. *Venetiis* , per Johannem
de Colonia et Manthem de Gherretzem, 1474 , pet. in-fol. *rare* , 40 l.

— Eadem. *Mediolani* , A. Zarotus ,
1474 , in-fol. 40 l.
Belle édition.

— Eadem. (*Parisiis* , Pet. Cesaris et
J. Stol , circà 1474), in-fol. 80 l.

Cette rare édition est imprimée à longues
lignes, au nombre de 26 à la page , sans
chiffres, signatures ni réclames.

— Eadem. *Valentiæ* , absque notâ
impress., 1475 , in-4. 40 l.
Edition fort rare.

— Eadem. *Mediolani* , Philip. Lava-
nia , 1476, pet. in-fol. 30 l.

— Eadem. *Mediolani* , Jac. Marlia-
nus et Dom. de Vespolate , 1477 ,
pet. in-fol. 30 l.

— Eadem. *Venetiis* , per Philippum
(condam) Petri , 1478 , pet. in-fol.
30 liv.

On fait peu de cas des autres éditions de
cet historien imprimées dans le XV.e
siècle.

— Eadem. *Venetiis* , Aldus , 1509 ,
in-8. 20 l.

— Eadem. *Venetiis* , Aldus , 1521 ,
in-8. 15 l.
Edition mieux imprimée que la précédente.

— Eadem , à Mar. Tuccio. *Florent.*
Junta , 1513 , in-8. 6 l.

— Eadem , cum veterum Historicorum Fragmentis. *Lugd. Bat.* Elzevir , 1634 , in-12. 15 l.

On doit trouver à la page 216 une vignette
représentant Méduse avec deux piques
en sautoir.

— Eadem , cum notis Varior. , ex recens. Ant. Thisii. *Lugd. Batav.*
1659 , in-8. 5 l.

— Eadem , cum interpr. et notis Dan.
Crispini ; ad usum Delphini. *Pa-*
risiis , 1674 , in-4. 7 l.

Cette édition , qui n'est pas rare , fait partie de la Collection des auteurs *ad usum*
Delphini.

— Eadem , cum notis Varior. *Lugd.*
Bat. 1677 , in-8. 9 l.

— Eadem , cum notis Varior. *Amst.*
1690 , in-8. 16 l.

Bonne édition. Elle entre dans la Collection
des *Variorum.*

— Eadem , cum notis Varior. , ex
edit. Jo. Clerici. *Cantabrigiæ* ,
1710 , in-4. 10 l. — Gr. pap. 15 l.

Edition belle et correcte.

—Eadem, cum Indice copioso. *Lond.* Tonson, 1713., in-12. 5 l. — Gr. pap. 18 l.

Les exemplaires en grand papier sont fort recherchés.

— Eadem, stud. Vulpiorum fratr, *Patavii*, 1722, in-8. 5 l.

— Eadem, cum annot. Gotl. Cortii. *Lipsiæ*, 1724, in-4. 10 l.

Il y a des exemplaires en papier fin d'un format plus grand que ceux en papier ordinaire. Ils ne sont pas communs, 50 à 60 l.

— Eadem, cum annot. Gotl. Cortii. *Venetiis*, 1737, in-4. 12 l. — Gr. pap. 24 l.

—Eadem. *Edimburgi*, 1739, pet. in-12. 15 l.

Edition imprimée sur des pages solides ou stéréotypées.

—Eadem, cum notis Varior., ex edit. Sigeb. Havercampi. *Amst.* 1742, 2 vol. in-4. 45 l. —Gr. pap. 80 à 100 l.

Edition fort estimée.

— Eadem, ex recens. Steph. Andr. Philippe. *Parisiis*, 1744, in-12. 5 l. — Pap. de Holl. 12 à 15 l.

—Eadem. *Lond.* Brindley, 1744, in-18. 3 l.

—Eadem, cur. J. P. Millero. *Berolini*, 1751, in-12. 3 l.

Jolie édition.

— Eadem, ex recens. Gotl. Cortii. *Glasguæ*, Foulis, 1749 vel 1751 vel 1777, in-8. 6 l.

— Eadem. *Edimburgi*, Hamilton et Balfour, 1755, pet. in-8. 5 l.

Edition fort correcte.

— Eadem. *Parisiis*, Barbou, 1761, seu 1774, in-12. 6 l.—Pap. fin, 12 l.

—C. C. Sallustius et L. An. Florus. *Birminghamiæ*, J. Baskerville, 1775, in-4. 24 l.

Belle édition.

—Ejusd. Sallustii Opera. *Birminghamiæ*, J. Baskerville, 1774, in-8. 6 liv.

— Eadem. *Parmæ*, Bodoni, 2 vol. gr. in-4.

On a tiré de cette belle édition des exemplaires sur papier vélin, et un ou deux sur peau de vélin format in-fol.

— Eadem, ad edit. Cortii. *Lond.*

Payne, 1789, in-8. pap. vélin, 12 l. — Gr. pap. 30 l.

— Eadem. *Berolini*, 1790, in-8. 3 l.

Edition publiée par M. Teller.

—Eadem, cum Ciceronis et P. Latronis Orationibus in Catilinam. *Parisiis*, Renouard, 1796, 3 vol. in-18. pap. vélin, 12 l. —Pap. fin de Holl. 18 l.

On a tiré de cette charmante édition deux exemplaires sur peau de vélin.

—Ex Libris Historiarum C. Crispi Sallustii Excerpta. *Romæ*, Arnoldus Pannartz, 1475, in-4. Prix arbitraire.

Ce petit Livre est si rare, dit M. Crevenna, qu'aucun bibliographe connu n'en a fait mention. La totalité du volume est de 28 feuillets, lesquels n'ont ni chiffres, ni signatures, ni réclames.

— Nouvelle Traduction de Salluste, avec le texte latin et des notes, par J. Henri Dotteville. *Paris*, 1763 ou 1768, in-12. 3 l.

Cette traduction a été réimprimée plusieurs fois.

— Salluste, trad. en franç. par Beauzée. *Paris*, Barbou, 1775, in-12. 3 liv.

—Salluste, trad. par Dureau de Lamalle, avec le texte en regard. *Paris*, 1808, in-8. 5 l. — Pap. vélin, 10 l.

— Histoire de la République romaine, dans le cours du 7.e siècle, trad. du lat. de Salluste, par le Présid. de Brosses. *Dijon*, 1777, 3 vol. in-4. avec un suppl., fig. 40 l.

— Le Guerre Catilinaria e Giugurtina di C. Sallustio, trad. in ling. toscana, da G. B. Bianchi di Siena; lat. ed ital. *Venezia*, 1761, in-8. 7 liv.

Salluste a aussi été traduit en italien par Lelio Carani. *Florence*, 1550, in-8. On fait beaucoup de cas de cette version.

— Salustio, trad. en castellano por Fr. Vidal de Noya. *En Zarogoza*, 1493, in-fol.

Première édition fort rare. Elle est imprimée sur deux colonnes en lettres gothiques.

— La Conjuracion de Catilina y la Guerra de Jugurtha por Salustio Crispo. *En Madrid*, Ibarra, 1773, in-fol. fig. 200 à 250 l.

Cette belle édition des Histoires de Salluste

en langue espagnole, a été exécutée aux dépens de la cour d'Espagne, qui n'en a fait tirer qu'un petit nombre d'exemplaires qui furent donnés en présent. Elle est rare, même à Madrid.

On trouve des exemplaires dont le papier n'est pas uniforme, c'est-à-dire qu'il est tantôt azuré et tantôt blanc. Ces exemplaires, communément appelés *mises en train*, ne valent que 130 à 150 l.

— Sallust's Works, transl. in english, by Th. Gordon. *Lond.* 1769, in-4. 15 l.

SALMASII (Cl.) Exercitationes Plinianæ in Solinum. *Ultrajecti*, 1689, 2 vol. in-fol. 20 l. — Gr. pap. 36 l.

SALMERONIS (Alphonsi) Commentarii in Libros Sacræ Scripturæ. *Colon. Agripp.* 1612 et seqq. 16 tom. 8 vol. in-fol. 36 l.

Peu recherché.

SALMON. (Will.) The english Herbal, or History of Plants. *Lond.* 1710, in-fol. fig. 24 l.

SALMON. (N.) The History and Antiquities of Essex. *Lond.* 1740, in-fol. 10 l.

— The universal Traveller. *Lond.* 1752, 2 vol. in-fol. fig. 33 l.

SALMON. (Guill.) Voy. BIBLIOTHÈQUE des Philosophes chimiques.

SALNOVE. (Rob. de) La Venerie royale. *Paris*, 1655, in-4. fig. 5 l.

SALOMON , (Les Dits de) avec les Réponses de Marcon, en rime franç. in-16. goth. sans date.

Ce petit volume ne contient que 7 feuillets d'impression. Il est rare.

SALVATICIS. (Porchetus de) Vid. PORCHETUS.

SALVIANI (Hipp.) aquatilium Animalium Historia. *Romæ*, 1554, in-fol. fig. 50 l. — Gr. pap. fig. enlum. 200 l.

Ouvrage estimé et assez rare. On en trouve peu d'exemplaires bien complets.

SALVIATI. (Cav. Lionardo) Avvertimenti della Lingua soprà il Decamerone. *Venezia*, vol. primo, 1584, *Firenze*, vol. secondo, 1586, in-4. 18 liv.

— Gli stessi. *Napoli*, 1712, 2 vol. in-4. 10 l.

— Il primo libro delle Orazioni nuovamente raccolte. *Firenze*, Giunti, 1575, in-4. 6 l.

— Lezioni cinque dette nell' Accade-

mia fiorentina. *Firenze*, Giunti, 1575, in-4. 5 l.

— Il Granchio, commedia in versi. *Firenze*, 1566, in-8. *rare*, 7 l.

— Il Granchio e la Spina, commedie, e un Dialogo dell' Amicizia, del med. aut. *Firenze*, Giunti, 1606, in-8. 6 l.

Toutes ces éditions sont citées par l'Académie de la Crusca.

— Voy. INFARINATO.

SALVINI. (Antonmaria) Discorsi accademici soprà alcunj dubbj proposti nell' accademia degli Apatisti. *Firenze*, 1695, 1712 e 1733, 3 vol. in-4. 20 l.

— Prose toscane. *Firenze*, Guiducci e Franchi, 1715, in-4. 7 l.

— Le stesse. Vol. secondo. *Firenze*, G. Manni, 1735, in-4. 5 l.

Ces éditions sont indiquées dans le Vocabulaire de la Crusca.

SALZADE. (de) Recueil des Monnaies, tant anciennes que modernes. *Bruxelles*, 1767, in-4. fig. 8 l.

SAMBUCI (Jo.) et Had. JUNII Emblemata. *Antuerp.* Plantin, 1566, in-8. fig. en bois, 6 l.

— Emblêmes traduits du latin en francais. *Anvers*, Plantin, 1567, in-18. 6 liv.

Ce petit volume de Poésies est orné de figures en bois.

SAMMARTHANORUM Fratrum, (Scævolæ, Lud. et Dionys.) Gallia Christiana. *Parisiis*, è typ. reg. 1715-86, 13 vol. in-fol. 72 l. — Gr. pap. 110 l.

Le tome XI est rare.

SANCHEZ (Th.) Disputationum de sancto Matrimonii Sacramento Tomi iij. *Antuerpiæ*, 1607, 3 tom. 1 vol. in-fol. 12 l.

Bonne édition.

SANCHEZ. (D. Jos. Ant. de Villa-Senor y) Theatro americano, Descripcion general de los Reynos y Provincias de la Nueva-Espana. *En Mexico*, 1746, 2 vol. in-fol. 36 liv.

SANCHEZ. (Ant.) Coleccion de Poesias castellanas anteriores al siglo xv, illustrada con notas. *En Madrid*, 1779, 3 vol. in-8. 18 l.

SANCT'ARELLUS (Ant.) De Hæresi, Apostasià, etc. et de Potestate romani Pontificis in his delictis puniendis. *Romæ*, 1625, in-4. 7 liv.

Ce livre a été supprimé.

SANCTI (Severi) id est, Endeleichi de Mortibus boum Carmen, cum notis Varior. *Lugd. Batav.* 1745, in-8. 5 l.

SANCTII (Fr.) Minerva, seu de Causis Linguæ latinæ Commentarius, cum notis Jac. Perizonii. *Amst.* 1714 vel 1733, in-8. 6 l.

— Idem opus, cum notis J. Perizonii. *Amst.* 1754, in-8. 8 l.

— Idem opus, cum suppl. J. Perizonii et Scheidii. *Traj. ad Rhen.* 1795, in-8. 15 l.

Edition plus ample que les précédentes.

SANCTII (Raph.) Picturæ. *Romæ*, 1722, in-fol. max. fig. 50 à 60 l.

SANCTO PAULO. (Car. à) Vid. Vialart.

SANDBY. (P.) Voy. Recueil de 150 vues, etc.

SANDERI (Ant.) Chorographia sacra Brabantiæ. *Bruxellis*, 1659, gr. in-fol. fig. 15 l.

— Eadem. *Hagæ-Comit.* 1726, 3 vol. in-fol. fig. 36 l.

Bonne édition.

— Flandria illustrata. *Colon. Agripp.* 1641 et 1644, 2 vol. gr. in-fol. fig. 30 liv.

Ouvrage savant.

La réimpression de *La Haye*, 1735, 3 vol. in-fol. vaut à-peu-près le même prix.

— Bibliotheca Belgica manuscripta. *Insulis*, 1641 et 1644, 2 tom. 1 vol. in-4. 7 l.

SANDIFORT (Eduardi) Museum anatomicum Academiæ Lugduno-Batavæ. *Lugd. Batav.* 1792, 2 vol. gr. in-fol. avec 136 pl. 90 l.

— Ejusd. Thesaurus Dissertationum et Opusculorum ad omnem Medicinam pertinentium. *Lugd. Batav.* 1778, 3 vol. in-4. 40 l.

— Ejusd. Exercitationes anatomico-academicæ. *Lugd. Batav.* 1783, in-4. fig. 8 l.

SANDRART (Joach. à) Academia Architecturæ, Sculpturæ et Picturæ; opus germanicè conscript. *Norib.* 1675 et 1679, 2 vol. in-fol. fig. 40 liv.

— Ejusd. Academia Artis Pictoriæ,

è germ. lat. edita. *Norib.* 1683, in-fol. fig. 18 l.

— Ejusd. Admiranda Sculpturæ veteris, sive de Statuis. *Norib.* 1680, in-fol. fig. 18 l.

— Ejusd. Romæ antiquæ et novæ Theatrum. *Norib.* 1680.—Romanorum Fontinalia. *Ibid.* 1685, in-fol. fig.

Ces deux ouvrages se trouvent ordinairement reliés en un seul volume, 20 l.

— Ejusd. Iconologia Deorum, et Ovidii Metamorphosis : opus germ. conscript. *Norib.* 1688, in-fol. fig. 18 liv.

— Les douze Mois de l'année, peints par J. Sandrart, et grav. par Falck et autres, in-fol. 18 à 24 l.

SANNAZARII (Jac. Actii Synceri) de Partu Virginis lib. iij; Eclogæ v, Salices, et Lamentatio de Morte Christi. *Neapoli*, 1526, in-fol.

Il y a de cette édition, la première de ce livre, des exemplaires imprimés sur vélin, et ornés de miniatures peintes en or.

— Idem Liber. *Venetiis*, fratres de Sabio, 1528, in-8. min. 5 à 6 l.

Il y a des exemplaires sur vélin.

— Ejusd. Opera poëtica, lat. scripta. *Venetiis*, Aldus, 1527, in-8. 12 l.

Première édition des Poésies latines de Sannazar, imprimée par les Alde.

— Eadem. *Venetiis*, Aldus, 1528, in-8. 8 l.

— Eadem. *Venetiis*, Aldus, 1533, in-8. 8 l.

Cette édition est plus ample que celle de 1528, et cette dernière plus complète que celle de 1527.

— Eadem. *Venetiis*, Aldus, 1535, in-8. 12 l.

De toutes les éditions de ce livre données par les Alde, celle-ci est la meilleure.

— Eadem. *Venetiis*, ex Bibl. Aldina 1570, in-8. 8 l.

— Eadem, cum notis. *Amst.* 1689, in-12. 5 l.

— Eadem, ex edit. Jani Broukhusii. *Amst.* 1728, in-8. 9 l. — Gr. pap. 30 liv.

Ce vol. se joint à la Collection des *Variorum* in-8.

— L'Arcadia del medesimo Sannazaro. *In Vinegia*, Aldo, 1514, in-8. 15 liv.

Il existe de cette édition des exemplaires

imprimés sur vélin, et d'autres tirés sur grand papier bleu.

— La stessa. *In Vinegia*, Aldo, 1534, in-8. 10 l.

— Sonetti e Canzoni del Sannazaro. *In Vinegia*, Aldo, 1534, in-8. 7 l.

Ce volume et le précédent se trouvent assez souvent reliés ensemble.

— Le Opere volgari di J. Sannazaro. *In Padova*, 1723, 'in-4. 18 l.

Cette édition est la plus belle et la plus ample de ce livre. Elle est citée par la Crusca.

— Les Couches sacrées de la Vierge, poëme, trad. en franç. par Colletet. *Paris*, 1646, in-12. 4 à 5 l.

SANSON. (Nic.) Voy. VIALART.

SANSOVINO. (Fr.) Le cento Novelle scelte di più nobili Scrittori. *In Venetia*, 1563, in-8.

— Il medesimo. *In Venetia*, 1566, in-4.

Ces deux éditions sont bonnes.

SANTE-BARTOLI. Bas-reliefs antiques de Rome, avec l'explicat. en allem. 1 vol. in-fol. 78 pl. 18 l.

— Voy. CAYLUS.

SANTES PAGNINUS. Vid. SERVETUS.

SANTOLII (Jo. Bapt.) Opera. *Parisiis*, Barbou, 1729, 3 vol. in-12. 10 liv.

— Ejusd. Hymni sacri. *Parisiis*, 1698, in-12. 5 l.

Ce recueil d'Hymnes complète les OEuvres de Santeul.

SAPPHO, Μουσῶν ἀνθη, sive poetriarum græcarum Carminum Fragmenta, cum animadv. A. Schneider. *Giessæ*, 1802, in-8. 7 l.

SARACINI. (Giul.) Notizie istoriche della Città d'Ancona. *In Roma*, 1675, in-fol. 9 l.

SARAYNÆ (Torel.) liber de Origine et Amplitudine Civitatis Veronæ. *Veronæ*, 1540, in-fol. fig. 8 l.

SARBIEVII (Matt. Cas.) Carmina. *Parisiis*, Barbou, 1759, in-12. 5 l.
— Pap. fin, 8 l.

SARCOTIS et Caroli V, Imper. panegyris, Carmina. *Parisiis*, Barbou, 1757 vel 1771, in-12. 5 l. — Pap. fin, 8 l.

SARGONINI Chronicon venetum, ed. Zanettio. *Venetiis*, 1765, in-8.

Exemplaire imprimé sur papier bleu.

Dict. Bibl. I.

(SARPI.) (Paolo) Historia del Concilio Tridentino, da P. Soave Polano. *In Lond.* 1619, in-fol. 10 l.
— Gr. pap. 18 l.

Edition originale.

Ce livre a été traduit en latin, *Londres*, 1620, in-fol.

— Histoire du Concile de Trente, trad. de l'ital. en franç. avec des notes, par Pier. Fr. le Courayer. *Lond.* 1736, 2 vol. in-fol. 12 l.
— Gr. pap. 18 l.

Belle édition.

— La même, et de la même trad., avec des notes. *Amst.* 1736, 2 vol. in-4. ou *Paris*, 1751, 3 vol. in-4. 9 l.

SARTORI (Jos. de) Catalogus bibliographicus librorum latinorum et germanicorum in Biblioth. Cæsar. reg. et equestris Acad. Theresianæ extantium. *Vindobonæ*, 1801 et seqq. in-4.

Cet ouvrage, qui doit avoir 8 vol. et dont le troisième a paru en 1803, n'a été tiré, assure-t-on, qu'à 100 exemplaires.

SATYRÆ elegantiores præstantium Virorum. *Lugd. Bat.* 1655, 2 vol. in-12. 6 à 8 l.

SATYRE Menippée, de la vertu du Catholicon d'Espagne. *Ratisbonne*, 1664, in-12. avec une fig. représentant la procession de la ligue, 15 à 18 l.

Cette Satire est l'ouvrage de plusieurs auteurs, parmi lesquels on compte Jacq. Gillot, P. Dupuy, Passerat et Rapin.

Il y a deux éditions de ce livre sous la date de 1664. Celle qu'on regarde comme la première, a un *Errata* de plusieurs lignes à la fin de l'avis au lecteur.

— La même, avec les remarq. de Jac. le Duchat. *Ratisbonne (Bruxelles,)* 1709, 3 vol. in-8. 18 l.

Bonne édition.

SATYRES sur les femmes bourgeoises, qui se sont appeler Madame, par le Chev. D.*** (de Nisart). *La Haye*, 1713, in-8. 6 l.

SATYRES Chrét. de la cuisine papale. Voy. VIRET.

SAVARON. (J.) Les Origines de la Ville de Clermont. *Paris*, 1662, in-fol. 9 à 12 l.

SAUBERTI (Jo.) de Sacrificiis veterum Collectanea historico-philologica. *Lugd. Batav.* 1699, in-8. fig. 9 l.

60

SAUNIER. (J. de) La parfaite connaissance des Chevaux. *La Haye*, 1734, in-fol. fig. 12 l.

SAURIN. (Jacq.) Discours historiq. , critiq. , etc. sur l'ancien et le nouveau Testament. *Amst.* 1720 et suiv. 6 vol. in-fol.

Cet ouvrage , orné d'un grand nombre de figures gravées d'après Bernard Picart et autres , a été tiré sur trois papiers différents , savoir, 1° papier ordinaire ; 2° papier impérial ; 3° papier super-royal. Le papier ordinaire vaut 90 l. environ ; les deux autres doublent progressivement. La qualité de chaque papier est indiquée sur l'intitulé des volumes.

— Sermons de J. Saurin. *La Haye*, 1730, 11 vol. in-8. 20 l.

Ces Sermons ont été réimprimés à *Rotterdam* en 1749 , et à *Lausanne* en 1759, en 12 vol. in-8. 24 l.

SAUSSURE. (Horace Bénéd. de) Voyages dans les Alpes , etc. *Neuchâtel*, 1780-96, 4 vol. in-4. fig. 42 l.
— Les mêmes. *Genève*, 1787-1796, 8 vol. in-8. fig. 36 l.
— Essai sur l'Hygrométrie. *Neuchâtel*, 1783, in-4. ou 2 vol. in-8. fig. 9 liv.

SAUVAGÈRE. (de la) Recueil d'Antiquités dans les Gaules. *Paris*, 1770, in-4. fig. 15 à 18 l.

Cet ouvrage se joint ordinairement aux Antiquités étrusques, grecques et romaines de Caylus, en 8 vol. in-4.

SAUVAGES. (Fr. Boissier de) Nosologia methodica, sistens classes morborum. *Amst.* 1768 , 2 vol. in-4. ou 1763, 5 vol. in-8. 21 l.
— Nosologie méthodique , trad. en franç. par Nicolas. *Paris* , 1771 , 3 vol. in-8. 12 l.
— La même , trad. par Gouvion. *Lyon*, 1772 , 10 vol. in-12. 18 l.
— Methodus Foliorum , seu Plantæ Floræ Monspeliensis. *La Haye* , 1751 , in-8. fig. color, 7 l.

SAUVAL. (Henr.) Hist. et Recherches des Antiquités de Paris. *Paris*, 1724, 3 vol. in-fol. 18 l.

On doit trouver dans l'un des trois vol. un cahier séparé contenant les Amours des rois de France.

— Galanteries des rois de France , depuis le commencement de la monarchie. *Paris (Hollande)*, 1731 , 2 vol. pet. in-8. fig. de B. Picart, 10 liv.

SAUVIGNY. (de) Histoire naturelle des Dorades de la Chine , grav. par Martinet. *Paris*, 1780, in-fol. fig. color. 24 l.
— Essais historiq. sur les mœurs des Français. *Paris*, 1785, 10 vol. in-4. fig. color. 36 à 45 l. — Pap. vélin , 50 à 60 l.

Cet ouvrage existe aussi en 10 vol. in-8. fig.

SAVARY des Bruslons. (Jacq.) Dictionnaire univ. de Commerce. *Copenhague* , 1759, 5 vol. in-fol. 66 l.

Cette édition a fait tomber le prix de celle de 1748 , 3 vol. in-fol.

On a publié à *Londres* , en 1757 , une traduction anglaise de ce Dictionnaire, en 2 vol. in-fol.

— Le Parfait Négociant. *Paris*, 1749, 2 vol. in-4. 12 l.

SAVARY. Le Coran , traduit de l'arabe , avec la Vie de Mahomet. *Paris* , 1780 ou 1783 , 2 vol. in-8. 7 l. — Pap. de Holl. 20 l.
— Le même. *Paris*, an 7 (1798), 2 vol. in-8. 7 l. — Gr. pap. vél. 12 l.
— Lettres sur l'Egypte. *Paris*, 1786, 3 vol. in-8. fig. 10 l.

On a tiré de cette édition des exemplaires sur papier fin.

— Les mêmes. *Paris*, an 7 (1798), 3 vol. in-8. fig. 12 l. — Gr. papier vélin , 18 l.
— Lettres sur la Grèce. *Paris*, 1788, in-8. 4 l.

Il en a été tiré des exemplaires sur papier fin.

— Les mêmes. *Paris*, an 7 (1798), in-8. 4 l. — Gr. pap. vélin, 7 l.
— Morale de Mahomet. *Paris*, 1784, in-18. 3 l.

On en a tiré quelques exemplaires sur peau de vélin.

SAVÉRIEN. (Alex.) Dictionnaire univ. de Mathématique et de Physique. *Paris*, 1753, 2 vol. in-4. fig. 15 l. — Gr. pap. 24 l.
— Histoire des Philosophes anciens , avec leurs portraits. *Paris* , Didot l'aîné , 1771 , 5 vol. in-12. 15 l.
— Histoire des Philosophes modernes , avec leurs portraits tirés en couleur rouge. *Paris*, 1761, 8 tom. assez souvent reliés en 2 vol. in-4. 20 liv.
— La même. *Paris*, 1762-69, 8 vol. in-12. fig. 21 l.
— Dictionnaire historiq. , théorique ,

etc. , de la Marine. *Paris* , 1758, 2 vol. in-8. 8 l.

— Hist. des Progrès de l'Esprit humain dans les Sciences et dans les Arts. *Paris*, 1775, 1777, 1778, 1779, 4 vol. in-8. fig. 18 l.

SAVIOLI : (L. V.) Poesie. *Crisopoli*, Bodoni, 1795 , in-4. 10 l.

Il existe aussi de ces Poésies une édition de format in-16. imprimée par M. Bodoni , de laquelle il a été tiré des exemplaires sur peau de vélin.

SAVONAROLÆ (Jo. Mich.) Libellus de Balneis et Thermis naturalibus Italiæ. *Ferrariæ*, 1485, in-fol. goth.

Ouvrage curieux.

SAXE. (Maurice , comte de) Mes Rêveries. *Paris*, 1757, 2 vol. in-4. fig. color. 27 l. — Gr. pap. in-fol. 60 liv.

SAXI Mutinensis , (Pamph.) Opera omnia poëtica , ex edit. Jo. Taberii Brixiani. *Brixiæ* , 1499 , in-4. 10 liv.

Ce Recueil de Poésies est assez recherché. Les exemplaires n'en sont pas communs.

SAXII (Chr.) Onomasticon Litterarium , sive Nomenclator hist.-criticus præstantissimorum omnis ætatis, populi, etc. Scriptorum. *Ultraj.* 1775 , 78, 83, 90 et 1803 , 8 vol. in-8. 72 à 80 l.

SAXIUS. (J. A.) Vid. ARGELATUS.

SAXO-FERRATO : (Baldass. Olympo da) Opere diverse poetiche. *In Venetia*, 1538 e 1539, 8 part. 2 vol. in-8. 15 l.

Edition estimée.

SBONKI DE PASSEBONS. (Henri) Plans de plusieurs Bâtiments de mer , avec leurs proportions. In-fol. fig. 15 à 18 l.

SCACCHI (Fort.) Sacrorum Elæochrismatòn Myrothecium sacro-profanum. *Amst.* 1710 , in-fol. fig. 9 l.

— Thesaurus Antiquitatum sacro-profanarum. *Hagæ Comit.* 1725, in-fol. 12 l.

SCALA CŒLI. Vid. LIBER.

SCALIGERI (Jos.) Opus de Emendatione Temporum. *Genevæ*, 1629, in-fol. 9 l.

Ouvrage savant , mais systématique.

— Opuscula de tribus Judæorum Sectis. *Delphis*, 1703, 2 vol. in-4. 7 l.

SCAMOZZI. (Vinc.) Discorsi soprà le Antichità di Roma. *In Venezia*, 1582, in-fol. avec 40 pl. 36 l.

— Idea dell' Architettura universale. *In Venezia*, 1615, 2 vol. in-fol. fig. 24 l.

— Les Œuvres d'Architecture de V. Scamozzi , trad. en franç. par A. C. Daviler et Sam. du Ry. *Leyde*, 1736, in-fol. fig. 15 à 18 l.

SCAPULÆ (Jo.) Lexicon gr.-latinum. *Lugd. Batav.* Elzevir , 1652, in-fol. rare , 80 à 96 l.

Ce Dictionnaire est l'abrégé de celui d'Henri Etienne.

Il y a des exemplaires de cette édition qui portent sur le titre : *Londini , Kerton et Thompson* , parce que ces libraires anglais ayant acheté une partie de l'édition , y ont mis leurs noms.

— Idem. *Basil.* 1665, in-fol. 18 à 24 l.

— Idem. *Lugd.* 1763, in-fol. 18 à 24 l.

SCARPA (A.) Tabulæ nevrologicæ, *Ticini* , 1794 , in-fol. fig. 50 l.

— Saggio di osserv. e d'esperienze sulle principali malattie degli occhi. *Pavia*, 1801 , in-4. 10 l.

— Traité pratique des maladies des yeux , trad. de l'ital. par l'Eveillé. *Paris*, 1807, 2 vol. in-8. fig. 7 l.

Ce célèbre professeur publiera incessamment un Traité complet sur les hernies , lequel formera 1 vol. gr. in-fol. orné de 10 planches , gravées par les meilleurs artistes de l'Italie. Chaque exemplaire coûtera 60 liv.

SCARRON : (Paul) ses Œuvres. *Amst.* 1737 , 10 vol. in-12. 21 l.

— Les mêmes. *Amst.* 1752 , 7 vol. pet. in-12. fig. 30 à 40 l.

Jolie édition.

— Les mêmes. *Paris* , Bastien , 1786, 7 vol. in-8. 27 l.

Cette édition n'est pas entière. Il y manque les Mazarinades.

— Le Roman comique. *Paris* , Didot le jeune, an 4 (1796) , 3 vol. in-8. fig. de le Barbier , 18 l.

On a tiré de cette édition 50 exemplaires sur grand papier vélin , 45 l.

SCARUFFI. (Gasp.) L'Alitinonfo per far ragione e concordanza d'oro e d'argento, etc. *In Reggio* , 1582, in-fol. 18 à 24 l.

Livre rare et recherché.

SCATTAGLIA. (Inn. Aless. e Piet.) Descrizioni degli Animali disegnati, incisi e miniati al naturale da

J. A. e P. Scattaglia. *In Venezia*, 1771, 1772, 1774, 4 tom. 2 vol. in-fol.

Ces 2 vol. renferment 200 pl. enlum. 200 l.

SCHAAF (Car.) Grammatica chaldaïca et syriaca. *Lugd.Bat.* 1686, in-8. 5 l.

SCHÆFFERI (Jac. Chr.) Fungorum qui in Bavariâ et Palatinatu circà Ratisbonam nascuntur Icones. *Ratisbonæ*, 1762 et ann. seqq. 4 vol. in-4.

Ces 4 volumes renferment 330 figures coloriées, 100 l.

— Idem Opus; edit. 2a. *Ratisbonæ*, 1772, 4 tom. 2 vol. in-4. 330 planch. color.

— Icones Insectorum circà Ratisbonam indigenor. color. naturam referentibus expressæ. *Regensburg*, 1766, 3 vol. in-4. avec 280 fig. color. 200 l.

— Eædem Icones Insector. *Ratisbonæ*, 1779, 3 vol. in-4. gr. pap. fig. color. 200 l.

— Eædem Icones Insector. *Regensburg*, 1784, in-8. 12 l.

— Elementorum Entomologicorum Appendix, quinque Insectorum nova genera exhibens. *Ratisbonæ*, 1777, in-4. fig. color. 36 l.

— Idem. *Ratisbonæ*, 1780, gr. in-4. fig. color. 45 l.

— Elementa ornithologica. *Ratisbonæ*, 1779, in-4. avec 70 fig. color. 40 liv.

— Museum ornithologicum. *Ratisbonæ*, 1778, in-4. avec 52 fig. color. 30 l.

— Idem. *Erlangæ*, 1790, in-4. 52 fig. color. 40 l.

— Botanica expeditior. *Ratisb.* 1762, 3 vol. in-8. fig. color. 15 l.

— Tabulæ Botanicæ, germ. *Regensburg*, 1773, in-4. fig. color. 20 l.

— Essai pour l'avancement et la perfection de la connaissance des Choses naturelles (en allem.) *Regensburg*, 1763, 3 vol. in-4. fig. color. 60 liv.

— Recueil d'Echantillons de Papiers de végétaux (en allem.) *Ratisbonne*, 1772, 2 tom. 1 vol. in-4. 24 l.

SCHARFFII (Benj.) Toxicologia, seu Tractatus de naturâ Venenorum in genere. *Ienæ*, 1678, in-12. 4 liv.

SCHAUFELBERGERUS. (Jo.)Vid. HOMERUS.

SCHEDEL (Hartman) Liber Chronicarum. *Nurembergæ*, Ant. Koberger, 1493, in-fol. max. goth. 30 l.

Edition rare et recherchée par rapport aux figures en bois dont elle est décorée.

SCHEDIUS (Elias) de Diis germanis. *Halæ*, 1728, in-8. fig. rare, 8 liv.

L'édition d'*Amst.* Elzevir, 1648, in-12. vaut 4 à 5 l.

SCHEFFERI (Jo.) de Militiâ navali veterum, lib. iv. *Upsaliæ*, 1554, in-4. 7 l.

— De Re Vehiculari veterum lib. duo. *Francof.* 1671, in-4. 6 l.

— Lapponia, id est regionis Lapponum et gentis nova et verissima Descriptio. *Francof.* 1673, in-4. 7 l.

— Histoire de la Laponie, trad. du lat. par Lubin. *Paris*, 1678, in-4. fig. 9 l.

SCHEID (Jo. Valent.) Visus Vitiatus, ejusque Demonstratio mathemat.-medica, brevi Dissert. delineata. *Argentor.* 1676, in-4. 6 l.

SCHEIDII (Chr. Lud.) Origines Guelficæ. *Hanoveræ*, 1751, 4 vol. in-fol. 27 l.

SCHEIDII (Jac.) Glossarium arabico-lat. manuale, è Lexico Goliano excerptum. *Lugd. Bat.* 1787, in-4. 30 l.

SCHEINER (Chr.) Rosa Ursina, sive Sol ostensus, lib. iv. *Bracciani*, 1630, in-fol. fig. 10 l.

SCHELHAMERI (Gunth. Chr.) Dissertatio de novâ Plantas in classes digerendi ratione. *Hamburg.* 1695, in-4. 7 l.

SCHELHORNII (J. G.) Amœnitates litterariæ. *Francof.* 1730, 14 tom. 8 vol. in-8. 20 l.

On joint à ce Recueil les *Amœnitates historicæ* du même auteur, 4 parties ordinairement reliées en deux volumes.

SCHELLENBERG (J. R.) Cimicum in aquis et terris degentium genus in familias redactum, cum iconib. ad natur. delineatis. *Turici*, 1800, gr. in-8. pap. vélin, fig. color. 8 l.

— Entomologie helvétique. *Zurich*, 1798, in-8. pap. de Holl. fig. color. 16 l. — Pap. vélin, 20 l.

— Des Mouches diptères. *Zurich*,

1803 , in-8. pap. de Holl. fig. color.
16 l. — Pap. vélin , 27).

Cet ouvrage fait suite au précédent.

SCHENCK. (J.) Theatrum univ.
Machinarum , à div. authoribus
conscriptum , et curis ejus cum fig.
æneis edit. *Amst.* 1736 , 3 vol. in-
fol. max. 24 l.

SCHERZII Glossarium germanicum
medii ævi , potissimum dialecti
suevicæ , illustr. J. J. Oberlinus.
Argentor. 1781 , 2 vol. in-fol. 24 l.

SCHEUCHZERI (Jo. Jac.) Piscium
Querelæ , et Vindiciæ expositæ.
Tiguri , 1708 , in-4. fig. 9 l.
— Herbarium Diluvianum. *Tiguri* ,
1709, in-4. seu *Lugd. Bat.* 1723,
in-fol. fig. 12 l.
— Itinera per Helvetiæ Alpinas Re-
giones. *Lugd. Bat.* 1723 , 4 tom.
2 vol. in-4. fig. 36 l.
— Physica sacra , hoc est , Historia
natur. Bibliæ , à J. J. Scheuchzero
edita , et innumeris iconib. æneis
elegant. adornata, procurante J. A.
Pfeffel. *August. Vindelicor.* 1731,
4 vol. in-fol. 750 pl. 240 l. — Gr.
pap. *fort rare* , 350 l.

Les amateurs préfèrent cette édition latine
à la traduction française ci-après , à cause
de la beauté des épreuves des figures.

— Physique sacrée , trad. du lat. en
franç. *Amst.* 1732 , 8 vol. in-fol.
fig. de J. A. Pfeffel, 200 l.

Il existe des exemplaires accompagnés des
figures tirées de la première édition allemande , dont le prix est de 250 à 300 l.

SCHEUCHZERI (Jo.) Agrostogra-
phia , sive Graminum , Juncorum,
Cyperorum iisque affinium Historia. *Tiguri* , 1719, in-4. fig. 15 l.
— Eadem. *Tiguri* , 1775 , in-4. fig.
18 liv.

SCHEYB (Fr. Chr.) Peutingeriana
Tabula itineraria, quæ in Biblioth.
Vindobonensi servatur, cum Dissert. *Vindob.* 1753 , gr. in-fol. fig.
40 à 50 l.

SCHILLER : son Théâtre , trad. de
l'allem. par La Martellière. *Paris* ,
1799 , 2 vol. in-8. 8 l.—Pap. vélin,
16 liv.

SCHILTERI (Jo.) Thesaurus Antiquitatum Teutonicarum , cum
notis Georg. Scherzii. *Ulmæ* , 1727
et 1728 , 3 vol. in-fol. fig. 50 à 60 l.

SCHIRACH (G. B.) Clavis Poëtarum classicorum , sive Index phi-
lologico-crit. in Horatium , Virgi-
lium , etc. , etc. *Halæ* , 1769 , 2
vol. in-8. 7 l.

SCHKUHR. (Ch.) Histoire des Carex
ou Laiches, conten. la description
et les fig. color. de toutes les espèces connues et d'un grand nombre d'espèces nouv. , trad. de l'allem. par G. F. de la Vigne. *Leipsic*,
1802 , in-8. 40 l.

SCHLEUSNERI (J. F.) novum
Lexicon græcum-latinum in Novum Testamentum. *Lipsiæ*, 1801 ,
2 vol. in-8. pap. fin, 45 l.

SCHLUTTER. (Ch. Andr.) Traité
de la Fonte des Mines et Fonde-
ries , trad. de l'allem. avec des remarq. par Hellot. *Paris* , 1750 ,
2 vol. in-4. fig. 36 l. — Gr. pap.
72 liv.

SCHMIDELII (Car. Chr.) Icones
Plantarum , et Analyses partium.
Erlangæ , 1762-93 , 3 vol. in-fol.
avec 75 fig. color. 72 à 80 l.
— Ejusd. Descriptio Itineris per Hel-
vetiam , Galliam et Germauiæ partem , ann. 1773-74. *Erlangæ* ,
1794, in-4. fig. color. 36 l.

SCHMIDT (Fred. Sam.) Dissertatio de Sacerdotibus et Sacrificiis
Ægyptiorum. *Tubingæ* , 1768 ,
in-8.
— Ejusd. Opuscula quibus res antiquæ , præcipuè ægyptiacæ , expla-
nantur. *Carolsruhæ* , 1765 , in-12.

Ces deux articles ont été vendus 36 l. à la
vente des doubles de M. Firmin Didot.

SCHMIDT. Recueil d'Antiquités
trouvées à Avenches , à Culm , et
autres lieux de la Suisse. *Berne* ,
1760, in-4. fig. 7 l.

SCHNEIDER (J. G.) Eclogæ physicæ , historiam et interpretat. corporum et rerum naturalium conti-
nentes , ex scriptor. præcipuè græcis excerptæ. *Jenæ* , 1801 , 2 vol.
in-8. 15 l.
— Dictionnaire grec-allemand. *Jena*,
1805 , 2 vol. in-4. 48 l.

Excellent ouvrage , qui peut servir de modèle en son genre.
Il y a des exemplaires en papier collé.

SCHOELL. (Fréd.) Répertoire de
littérature ancienne, ou Choix d'au-

teurs classiques grecs, latins, etc.
Paris, 1808, 2 vol. in-8. 10 l.
Cet ouvrage est rempli de notes très-intéressantes.

SCHŒNVISNER (St.) Notitia hungaricæ Rei numariæ ab origine ad præsens tempus. *Budæ*, 1801, in-4. 36 l.

SCHOEPFLINI (Jo. Dan.) Alsatia illustrata. *Colmariæ*, 1751, 2 vol. in-fol. fig. 24 l.

—Historia Zaringo-Badensis. *Carolsruhæ*, 1763, 6 vol. gr. in-4. 24 l.

—Vindiciæ typographicæ. *Argentorati*, 1760, in-4. 7 l.

SCHOLLER (Frid. Ad.) Flora Barbiensis. *Lipsiæ*, 1775, in-8. fig. 8 liv.

SCHOLTZ (Christ.) Grammatica ægyptiaca, ed. C. G. Woide. *Oxonii*, 1778, in-4. 21 l.

SCHOLTZII (Frid. Roth.) Thesaurus Symbolorum ac Emblematum; id est, Insignia bibliopolarum et typographor. ab incunabilis typ. usque ad nostra tempora. *Norimbergæ*, 1730, in-fol. fig. 20 l.

SCHONEVELDE (Steph. à) Ichthyologia et Nomenclaturæ animalium marinor., fluviatilium, etc. quæ in Ducatibus Slesvici et Holsatiæ, et Emporio Hamburgo occurrunt. *Hamburgi*, 1624, in-4. fig. 10 l.

SCHOONEBECK. (Ad.) Courte et solide Hist. de la fondation des Ordres religieux, avec les fig. de leurs habits. *Amst.* 1688, in-8. fig. 4 à 5 l. — Gr. pap. 9 à 12 l.

— Courte Description des Ordres des femmes et filles religieuses. *Amst.* sans date, in-8. fig. 4 à 5 l. — Gr. pap. 9 à 12 l.

— Histoire de tous les Ordres militaires et de chevalerie. *Amst.* 1699, 2 vol. in-8. 9 à 12 l. — Gr. pap. 18 à 24 l.

Ces trois articles réunis, en grand papier, 60 à 72 l.
Il y a des exemplaires avec figures coloriées, mais ils sont très-rares.

SCHOTTI (Andr.) Hispania illustrata, seu Scriptores varii Rerum Hispan., Lusitan., Æthiopic. et Indicarum. *Francof.* 1603, 4 tom. 3 vol. in-fol. 60 l.
Recueil estimé et peu commun.

— Adagia, sive Proverbia Græcorum, gr. lat., ex recens. Andr. Schotti. *Antuerpiæ*, 1612, in-4. 12 l.

SCHOTTI (Casp.) Magia naturalis et artificialis. *Bambergæ*, 1677, 4 vol. in-4. fig.

— Technica curiosa, seu Mirabilia artis. *Norimb.* 1664, in-4. fig.

Ce vol. se joint aux quatre précédents, 24 l.
On a du même Gaspar Schot beaucoup d'autres Traités, que nous ne détaillerons point ici, parce qu'ils n'ont que peu de valeur.
M. Mercier, abbé de Saint-Léger, a donné en 1785, une Notice raisonnée des Ouvrages de ce jésuite.

SCHRADER (H. A.) Flora germanica, cum tabb. æneis. *Gottingæ*, 1806, 2 vol. in-8. 7 l.

SCHREBERI (J. Chr. Dan.) Icones et Descriptiones Plantarum minùs cognitarum. *Halæ*, 1766, in-fol. fig.

— Spicilegium Floræ Lipsicæ. *Lipsiæ*, 1771, in-8. 7 l.

— Novæ Species Insectorum. *Halæ Magdeb.* 1759, in-4. fig. color. 21 l.

— Description des Graminées (en allem.) *Leipsick*, 1769, in-fol. 40 pl. color. 40 l.

— Description des différentes espèces de Chiendent (en allem.) *Leipsick*, 1767, in-fol. fig. color. 18 l.

— Histoire nat. des Quadrupèdes, représentés d'après nature (en allemand.) *Erlang*, 1775-92, 4 vol. in-4. avec 237 fig. color. 100 à 120 l.

—La même, trad. en franç. par Isennflamm. *Erlang*, 1775, 4 vol. in-4. fig. color. 100 à 120 l.

SCHREVELII (Corn.) Lexicon manuale græco-lat. *Amst.* 1682 vel 1685, in-8. 6 à 9 l.

— Idem, cur. Hill. *Lond.* 1784, in-8. 8 à 12 l.

— Idem, accurante J. B. Janet. *Parisiis*, 1806, in-8. 12 l.

Edition très-correcte et augmentée de 2000 mots tirés du Dictionnaire d'Ernesti.

SCHROCKII (Lucæ) Historia Moschi. *August. Vindelic.* 1682, in-4. fig. 10 l.

SCHRODERI (Jo. Joach.) Thesaurus Linguæ armenicæ antiquæ et hodiernæ. *Amst.* 1711, in-4. 15 à 18 l.

SCHROEDER (Phil. Geo.) Opuscula medica, collecta à J. C. G. Ackermann. *Norimb.* 1778, 2 vol. in-8. 10 l.

SCHROERII (Sam.) Dissert. de Sanctificatione Seminis Mariæ Virginis, in actu Conceptionis Christi, sine redemptionis pretio. *Lipsiæ*, 1709, in-4.

Ce petit Traité, dont il y a une réimpression sous la même date et dans le même format, a été supprimé. Les exemplaires en sont rares, 8 à 9 l.

SCHUCKFORD. (S.) Histoire du monde sacré et profane, pour servir d'introduction à l'Histoire des Juifs de Prideaux, trad. de l'angl. par J. C. Bernard. *Leyde*, 1738, 2 vol. in-12. 8 l.

SCHULTENS (Alb.) Origines Linguæ hebraïcæ. *Franekeræ*, 1724-38, 2 vol. in-4. 24 l.
— Eædem. *Lugd. Bat.* 1761, in-4. cum additamentis, 18 à 24 l.

SCHULZ (J. Ch. F.) Lexicon et Comment. sermonis hebraïci et chaldaïci, post J. Cocceii curas digestus, locupletatus, emendatus. *Lipsiæ*, 1793, 2 vol. in-8. 68 l.

SCHULZE. Recueil de Tables logarithmiques et trigonométriques. *Berlin*, 1778, 2 vol. in-8. 15 l.

SCHULZE. (Benj.) Le Maître des Langues orientales et occidentales, cont. 100 alphabets et l'Oraison Dominicale en 200 lang. (en allem.) *Leipsick*, 1748, in-8. 20 l.
Volume rare.
— Grammatica hindostanica. *Halæ Saxonum*, 1745, in-4. 15 l.
— Conspectus Litteraturæ Telugicæ, vulgò Warugicæ. *Halæ Magdeb.* 1747, in-4. 15 l.
— Via, sive Ordo salutis, ex ling. tamulicâ in ling. telugicam transfusus, interpr. B. Schultzio. *Halæ Magdeb.* 1746, in-12. 8 l.

SCHURIGII (Mart.) Spermatologia, sive Seminis humani Consideratio. *Francof.* 1720, in-4.
— Sialologia, sive Salivæ humanæ Consideratio. *Dresdæ*, 1723, in-4.
— Chylologia historico-medica. *Dresdæ*, 1725, in-4.
— Muliebria, hoc est, Partium genitalium Muliebrium Consideratio. *Dresdæ*, 1729, in-4.

— Parthenologia, hoc est, Virginitatis Consideratio. *Dresdæ*, 1729, in-4.
— Gynæcologia, sive Congressus Muliebris Consideratio. *Dresdæ*, 1730, in-4.
— Lithologia, hoc est, Calculi humani Consideratio. *Dresdæ*, 1744, in-4.
— Hæmatologia, hoc est, Sanguinis Consideratio. *Dresdæ*, 1744, in-4.
— Syllepsilogia, sive Conceptionis Muliebris Consideratio. *Dresdæ*, 1752, in-4.
— Embryologia, sive Infantis humani Consideratio. *Dresdæ*, 1752, in-4.
Cette Collection d'Ouvrages de Schurigius n'est pas facile à rassembler, 60 l.

SCHUTZEN (Jo.) Tractatus curiosus de Medicinâ, Medicis, Medicastris, etc., etc. *Magdeb.* 1716, in-4. 7 l.

SCHWAN. Nouv. Dictionnaire allem.-français, et franç.-allemand. *Manheim*, 1782-99, 8 vol. in-4. 72 liv.

SCHWENCKFELT (Casp.) Stirpium et Fossilium Silesiæ Catalogus. *Lignitii*, 1601, in-4. 5 l.
— De Animalium Silesiæ naturâ et usu. *Lignitii*, 1604, in-4. 5 l.

SCHWINDII (Jo.) Hortus, sive Florilegium renovatum et auctum. *Francof.* 1641, in-fol. fig. 8 l.

SCILLÆ (Aug.) Dissertatio de Corporibus marinis lapidescentibus. *Romæ*, 1747 seu 1759, in-4. fig. 8 l. — Gr. pap. 15 l.

SCOPÆI (Scrobetii) Nænia Missæ sepultæ, cum Præfat. ad Episc. Belgicos et patres Missificos. 1590, in-8. 5 l.

SCOPOLI (Jos. Ant.) Flora Carniolica. *Viennæ*, 1772, 2 vol. in-8. 65 pl. 20 l.
— Entomologia Carniolica. *Vindobonæ*, 1763, in-8. 5 l.
— Deliciæ Floræ et Faunæ Insubricæ. *Ticini*, 1786-88, 3 vol. in-fol. avec 75 pl. 40 l.
— Fundamenta Botanica. *Viennæ*, 1786, in-8. fig. 5 l.
— Introductio ad Historiam naturalem, sistens genera Lapidum, Plantarum et Animalium. *Pragæ*, 1777, in-8. 5 l.

SCOTI (Jo. Duns) Opera. *Lugd.*
1639 et seqq. 12 vol. in-fol.

Cette Collection n'est pas commune , 60 l.

SCOTT (Dan.) Appendix ad Thesaurum græcæ Linguæ ab H. Stephano constructum , et ad Lexica
Constantini et Scapulæ. *Lond.* 1745
et 1746, 2 vol. in-fol. 54 l.

Cet ouvrage est fort bien imprimé.

SCRIPTORES logarithmici : or a
Collect. of several curious tracts ,
on the nature and construction of
Logarithms mentioned in Hutton's
introduction to the Shewin's math.
tables. *Lond.* 1791 , 2 vol. in-4. 36
à 40 l.

SCRIPTORES Rerum mirabilium ,
Antigonus Carystius , Apollonius
Dyscolus , etc. , gr. lat. , cum notis
Jo. Meursii. *Lugd. Batav.* 1619 ,
in-4. 16 l.

Ce Recueil est rarement complet.

— Iidem , gr. lat, cum annot. G.
Xylandri , J. Meursii, etc. , ex edit.
Jo. Beckmann. *Lipsiæ* , 1791 , in-4.
12 liv.

On fait beaucoup de cas de cette édition.

— Iidem , gr. lat. , cum notis Xylandri , Meursii et Teucheri. *Lipsiæ* ,
1792, in-8. 8 l.

SCRIPTORES de Re militari veteres , cum notis Varior. , ed. Pet.
Scriverio. *Vesaliæ Clivorum,* 1670,
in-8. fig. 20 l.

Ce volume fait partie de la Collection des
Variorum.

SCRIPTORES (Rei Accipitrariæ) ,
nunc primùm editi. Accessit Liber
de Curâ Canum , gr. lat. , curâ Rigaltii. *Lutetiæ* , 1612 , in-4. 33 l.
— Gr. pap. *très-rare.*

Ouvrage rare , n'ayant été imprimé qu'une
seule fois.

SCRIPTORES (Varii) Historiæ Romanæ, in unum velut corpus redacti. *Henricus Stephanus ,* 1568,
3 tom. 4 vol. in-8. 18 à 24 l.

Collection estimée et assez rare.

SCRIPTORES (Historiæ Romanæ)
varii in unum editi , et notis illustr.
à C. H. de Klettenberg , ed. B. C.
Haurisio. *Heidelbergæ* , 1743 , 3
vol. in-fol. fig. 90 l. — Gr. pap.
160 liv.

Cette Collection est fort estimée.

SCRIPTORES (Historiæ Augustæ)

in unum editi, cum Suetonio. *Me-*
diolani , Philippus de Lavagnia,
1475 , 2 tom. 1 vol. in-fol. 400 l.

Cette édition est la première de ce Recueil.
Les exemplaires en sout très-rares et fort
recherchés des savants et des curieux.
Bernardin de Novara a donné à *Venise* ,
en 1489 , une seconde édition de ce livre , mais on en fait peu de cas.

— Iidem Historiæ Augustæ Scriptores sex post Suetonium , cum adnot. J. B. Egnatii. *Venetiis ,* Aldus , 1516 seu 1519 , in-8.

Ces deux éditions sont recherchées , 18 à
24 liv.

— Iidem , ex recens. J. B. Egnatii.
Florentiæ , apud Juntas , 1519 ,
in-8. 7 l.

— Iidem , ab Isaaco Casaubono. *Pa-*
risiis , 1603 , in-4.

— Iidem , ex edit. et cum notis Cl.
Salmasii , adjectæ sunt notæ ac
emend. Is. Casauboni. *Parisiis ,*
1620 , in-fol. 15 l.

Edition recherchée pour les notes qu'elle renferme. Les exemplaires en grand papier
sont fort rares.

— Iidem , cum notis Cl. Salmasii ,
Is. Casauboni , et Jani Gruteri.
Lugd. Bat. 1671 , 2 vol. in-8. 36 l.

On fait beaucoup de cas de cette édition ,
qui appartient à la Collection des *Va-*
riorum.

— Iidem. *Florentiæ* , 1725 , 2 vol.
in-8. 10 à 12 l.

— Iidem. *Lipsiæ* , 1774 , in-8. 10 l.

Edition donnée par M. J. L. E. Pütt-
man.

— Iidem. *Biponti* , 1787 , 2 vol. in-8.
5 liv.

SCRIPTORES (Historiæ Augustæ)
latini Minores , ex edit. et cum animadv. Marci Zucrii Boxhornii.
Lugd. Batav. 1632 , 4 vol. in-12.
15 liv.

— Les Ecrivains de l'Histoire d'Auguste , trad. en franç. par G. de
Moulines. *Berlin* , 1783 , 3 vol.
in-12. 12 l.

SCRIPTORES (Rei Rusticæ); *sci-*
licet : Cato , Terentius Varro , Columella et Palladius Rutilius. *Ve-*
netiis , Nic. Jenson , 1472 , in-fol.

Edition rare et la première de ce livre.

— Iidem. *Regii ,* B. Botonus , 1482 ,
in-fol. 50 l.

Les amateurs font encore beaucoup de cas

de cétte édition, Les exemplaires en sont
assez rares.

— Iidem , cum comment. Ph. Beroaldi. *Bononiæ*, 1494, in-fol.
rare, 50 l.

— Iidem. *Venetiis*, Aldus, 1514,
in-4. 20 l.

On trouve indiqué dans quelques Catalogues
une édition de 1513 , mais c'est absolument la même que celle-ci , dont on
a gratté le dernier I.

— Iidem. *Venetiis*, Aldus, 1533,
in-4. 18 l.

— Iidem , cum notis Varior. , et ex
novà Math. Gesneri recens. *Lipsiæ*,
1735 , in-4. fig. 40 l.
Edition fort estimée.

— Iidem , ex recens. J. M. Gesneri ;
nova edit. , ed. Ernesti. *Lipsiæ*,
1773 , 2 vol. in-4. fig. 36 l.
Cette édition , moins bien exécutée que la
précédente , n'est augmentée que d'une
préface par Ernesti.

— Iidem , ex recens. J. M. Gesneri.
Biponti , 1787 , 4 vol. in-8. 12 l.

— Iidem , ex edit. J. G. Schneider.
Lipsiæ, 1794-97, 4 tom. 9 vol.
in-8. 48 à 60 l.
Il y a des exemplaires sur papier fin.

SCRIPTORES antiqui (Historiæ
poëticæ), gr. lat. , *scilicet*, Apol-
lodorus Athen. , Conon Grammaticus, Ptolemæus Hephæst. filius ,
etc. , ex recens. et cum notis Th.
Gale et varior. *Lond.* 1675 , in-8.
16 à 18 l.

Ce Recueil, qui entre dans la Collection des
Variorum , n'a d'autre mérite que sa rareté. Le texte et la traduction latine ont
été imprimés à *Paris* , et sont remplis de
fautes. Les notes et les prolégomènes ont
été imprimés à *Londres*. De là vient que
l'on rencontre des exemplaires sous les
titres de *Paris* , 1675 , et de *Londres* ,
1676.

SCRIPTORES Erotici græci, gr. lat.,
ex recogn. Ch. G. Mitscherlich.
Biponti, 1794 , 3 vol. in-8. 24 l.

SCRIPTORES physiognomoniæ veteres , gr. lat. , ex recens. C. Pe-
rusci et F. Sylburgii, et cum notis
J. G. F. Franzii. *Altenburgi*, 1780,
in-8. 12 l.

SCRIPTORES antiq. parabilium
medicamentorum : S. Placidi Pa-
pyriensis de medicamentis ex ani-
malib. lib. L. Apuleii de medica-
minibus herbar. lib., ex recens. et

cum notis J. C. G. Ackermann.
Norimb. 1788, in-8. 5 l.

SCRIPTORES (de Chirurgiâ) optimi veteres et recentiores. *Tiguri*,
1555 , in-fol. 21 l.

SCRIPTORES X , (Historiæ anglicanæ) ex vetust. cod. mss. nunc
primùm editi per Rog. Twysden.
Lond. 1652 , 2 vol. in-fol. 20 l.

SCRIPTORES veteres Rerum Angli-
carum. *Oxonii* , 1684 , in-fol. 12 l.

SCRIPTORES XV , (Historiæ Britannicæ, Saxonicæ, Anglo-Danicæ)
necnon Historiæ anglicanæ Scriptores V , ex recens. Th. Gale. *Oxonii* , 1691 et 1687, 2 vol. in-fol. 20 l.
Le tom. second a paru avant le premier.

SCRIPTORES (Rerum germanicarum) aliquot insignes de Gestis à
Car. M. ad Carolum V , imper. ,
collecti per M. Freherum , cum notis Bur. Goth. Struvii. *Argentorati* , 1717 , 3 vol. in-fol. 18 l.
Bonne édition.

SCRIPTORES Rerum Germanicarum , præcipuè Saxonicarum , collect. J. B. Menckenio. *Lipsiæ*,
1628 , 3 vol. in-fol. 24 l.

SCRIPTORES Rerum Lusaticarum
antiqui et recentiores , collect. C.
G. Hoffmann. *Lipsiæ*, 1719 , 4 tom.
2 vol. in-fol. 12 l.

SCRITTORI classici italiani di Eco-
nomia politica. *Milano* , 1803 , 48
vol. gr. in-8. 180 l.
Collection bien imprimée sur beau papier.

SCUDERY. (Georg. de) Almahide ,
ou l'Esclave reine. *Paris* , 1660 et
suiv. 8 vol. in-8. 12 l.

— Alaric, ou Rome sauvée, poëme
héroïq. *Paris* , 1654, in-fol. fig.
9 à 12 l.

— Le même. *La Haye* , 1685, in-12.
fig. 9 à 12 l.
Jolie édition.

SCUDERY. (Magd. de) Artamène
ou le grand Cyrus. *Paris* , 1650 et
suiv. 10 vol. in-8. 15 l.

— Le Roman de Clélie. *Paris* , 1660
et suiv. 10 vol. in-8. 15 l.

SCULTURE e Pitture sacre , stratte
de' Cimeterj di Roma, pubblicate
dagli Autori della Roma sotterranea. *In Roma* , 1737 , 3 vol. in-fol.
fig. 50 l.

SEAMAN (Gul.) D. N. J. C. Testa-

Dict. Bibl. I.   61

mentum Novum, turcicè redditum.
Oxoniæ, 1666, in-4
— Grammatica Linguæ turcicæ. *Oxoniæ*, 1670, in-4.
SEBA (Alb.) locupletissimi Rerum
naturalium Thesauri accurata Descriptio. *Amst.* 1734 et seqq. 4 vol.
in-fol. max. fig. 240 l.

Cet ouvrage est bien exécuté.
Un exemplaire avec figures coloriées, a été
vendu, chez M. Camus de Limare, en
1786, 4,600 l. Mais quelle différence de
cet exempl. à ceux qu'on a multipliés
depuis quelques années, et qui sont
plutôt enluminés que coloriés! Cependant le prix en est encore de 12 à 1500 l.

SEBERUS. (Volfg.) Vid. HOMERUS.
SECOUSSE. Voy. LAURIÈRE.
SECTANI (Q.) Satyræ XIX in Phi-
lodecemum, cum notis Varior.
Coloniæ, 1698, in-8. 8 l.
— Eædem, cum notis anonymi, con-
cinnante P. Antoniano. *Amst.* Elzevir (id est *Romæ* seu *Napoli*),
1700, 2 vol. in-8. formâ maj. 18 l.

Cette édition ne renferme que 8 Satires seulement.

— Sergardii (Lud.) antehàc Q. Sectani Satyræ et alia Opera. *Lucæ*,
1783, 4 vol. in-8. 20 l.
SECTANI (L.)Quinti Filii, de totâ
Græculorum hujus ætatis Litteraturâ Sermones. *Hagæ Comit.* 1752,
in-8. 7 l.
SECUNDI (Jo.) Opera, ex museo
P. Scriveri. *Lugd. Bat.* 1631,
in-12. 6 l.
SEDULII (Cœlii) Carminis paschalis lib. v, et Hymn. lib. ij, cum
notis Varior., cur. H.J. Arntzenio.
Leovardiæ, 1761, in-8. 8 l.

Ce volume entre dans la Collection des *Variorum*.

SEGNERI :(P. Paolo) Prediche, o
sia Quaresimale. *Firenze*, 1679,
in-fol. fig. 20 l.
— Il Cristiano istruito nella sua
legge, raggionamenti morali. *Firenze*, 1686, in-4. 3 part. 18 l.

Belle édition, fort correcte.

— Opere di P. P. Segneri, con un
breve ragguaglio della sua Vita.
Venez. 1712, 4 vol. in-4. 27 l.

Ces trois ouvrages sont cités dans le Vocabulaire de l'Académie de la Crusca.

SEGNI (Bern.) Storie Fiorentine,
dall' anno 1527 al 1555, colla vita

di Nic. Capponi. *In Augusta*,
1723, in-fol.

Cette Histoire se joint ordinairement à celle
de Varchi. Voy. ce nom.

—Il Trattato soprà i libri dell' Anima d'Aristotile, fatto dare alla luce
da G. B. Segni. *Firenze*, 1583,
in-4. 7 l.

Ces deux ouvrages se trouvent mentionnés
dans le Vocabulaire de l'Académie de
la Crusca.

SEGNI (Agn.)Lezioni quattro fatte
nell'Accademia Fiorentina soprà la
poetica. *Firenze*, 1581, in-8. 4 l.

Édition citée par la Crusca.

SEGRAIS. (J. Renaud de) Zaïde,
hist. espagnole. *Paris*, 1670, 2 vol.
in-8. 7 l.
— Le Tolédan, ou Histoire romanesq.
de D. Juan d'Autriche, fils naturel de l'Emper. Charles V. *Paris*,
1649, 5 vol. in-8. 15 l.
SEGUIERII (Jo. Fr.) Bibliotheca
botanica. *Hagæ Comit.* 1740, in-4.
12 liv.
— Plantæ Veronenses. *Veronæ*, 1745,
3 vol. in-8. fig. 24 l.

Le tom. trois, qui forme supplément, est
très-rare.

SÉGUIN. (Jos.) Les Antiquités d'Ar-
les. *Arles*, 1687, in-4. 5 l.
SEINE. (Fr. de) Rome ancienne et
moderne. *Leyde*, 1713, 10 vol.
in-12. fig. 30 l.
SÉJOURNANT. (N. de) Dictionn.
espagnol-franç., et franç.-espagnol.
Paris, 1775, 2 vol. in-4. 20 l.
— Le même. *Paris*, 1789, 2 vol. in-4.
21 liv.
SELDENI (Jo.) Opera, ex recens.
Dav. Wilkins. *Lond.* 1726, 3 vol.
in-fol. 24 l.
— Ejusd. Syntagmata duo de Diis
Syris, cum additamentis M. Andr.
Beyeri. *Amst.* 1629 seu 1680, in-8.
8 liv.
SELECTA ex Poëtis græcis, gr., cum
vulgatâ vers. emendatâ. *Etonæ*,
1762, in-8. 6 l.
SELENI (Gust.) de Ludo Latrun-
culorum liber. *Lipsiæ*, 1617, in-fol.
fig. 9 l.
—Ejusd. Cryptomenitices et Crypto-
graphiæ lib. ix. *Luneburgi*, 1624,
in-fol. 10 l.

Cet ouvrage est attribué à Auguste, duc de
Brunswick.

SELIGMAN. (Jean Mich.) Histoire natur. de divers Oiseaux rares, extraits de différents auteurs (en allem.) *Nuremb.* 1749, 5 part. 2 vol. in-fol. avec 252 pl. enlum. 80 liv.

SELLII (God.) Hist. nat. Teredinis, seu Xylophagi marini, tubulo-conchoïdis speciatim Belgici. *Trajecti ad Rhenum*, 1733, in-4. fig. color. 10 liv.

Ce livre a été réimprimé à *Arnheim* en 1753. Cette seconde édition est également recherchée.

SELVE. (Georg. de) Les Vies de huit excellents et renommés personnages grecs et romains, trad. de Plutarque, mises en parangon l'une de l'autre. *Lyon*, J. de Tournes, 1548, pet. in-12. lettres rondes, 10 l.

SENAC. Traité de la Structure du Cœur, de son action et de ses maladies. *Paris*, 1777 et 1783, 2 vol. in-4. 15 à 18 l.

SENDELII (Nath.) Historia Succinorum Corpora aliena involventium. *Lipsiæ*, 1742, in-fol. 30 l.

Ouvrage estimé et bien exécuté.

SENEBIER. (J.) Catalogue raisonné des MSS. de la Bibliothèque de Genève. *Genève*, 1779, in-8. 5 l.— Pap. fort, 10 l.
—Physiologie végétale. *Genève*, 1800, 5 vol. in-8. 18 l.
— L'Art d'observer et faire les expériences. *Genève*, 1802, 3 vol. in-8. 10 liv.

SENECÆ (L. Ann.) Opera quæ extant omnia. *Neapoli*, Moravus, 1475, in-fol. Prix arbitraire.

Première édition de cet auteur : elle est très-rare et fort recherchée.

— Eadem, cum comment. Justi Lipsii. *Antuerp.* 1652, in-fol. 9 à 12 l.
— Gr. pap. *rare.*
—L. A. Senecæ Philosophi et M. A. Senecæ Rhetoris Opera omnia. *Heidelb.* Commel. 1604, in-fol.

Bonne édition, 9 à 12 l.

— Eadem, cum comment. integris varior. *Parisiis*, 1607 vel 1619 vel 1627, in-fol. 9 à 12 l. — Gr. pap. *rare.*

Edition préférée par les savants à celle de 1672, 3 vol. in-8. à cause des commentaires entiers, qui ne sont donnés que par

extrait, et souvent sans goût, dans le *Variorum.*

Il est surprenant que le premier des moralistes latins, après Cicéron, n'ait point été compris dans les *ad usum Delphini*, et qu'il ait été dédaigné par les éditeurs hollandais, anglais et français du dernier siècle, au point de ne pas faire partie des *Diversorum* in-4.

— Eadem, ex recens. Andr. Schotti. *Lugd. Bat.* Elzevir, 1640, 3 vol. in-12. 30 l.

Bonne édition, peu commune.

Le frontispice du premier vol. est gravé, et daté de 1640 ; les intitulés des deux autres sont imprimés, et portent la date de 1639, ce qui fait présumer que ces deux derniers volumes auront été imprimés avant le premier.

On joint à cette édition le quatrième vol. de celle de Gronovius, qui contient les notes. On choisit ordinairement le papier fin, qui s'assortit mieux avec le papier de l'édition de 1640.

— Eadem, ex recens. Gronovii. *Lugd. Batav.* Elzevir, 1649, 4 vol. in-12. 20 liv.

Cette édition n'est ni aussi belle ni aussi estimée que la précédente, mais on la recherche par rapport aux notes de Gronovius.

— Eadem, cum notis Varior. *Amst.* Elzevir, 1672, 3 vol. in-8. 75 l.

Cette édition est l'une des plus rares de la Collection des auteurs classiques *cum notis Variorum.*

Il y a des exemplaires qui portent la date de 1673.

— Eadem, cum notis select. *Lipsiæ*, 1770, 2 vol. in-8. 7 à 9 l.
— Eadem. *Biponti*, 1782, 4 vol. in-8. 9 liv.
— Eadem, cum notis F. E. Ruhkopf. *Lipsiæ*, 1797-1801, 3 vol. in-8. 20 l. — Pap. fort, 36 l.
— Selecta Senecæ Philos. Opera. *Parisiis*, Barbou, 1761 seu 1790, in-12. 4 liv.—Pap. fin, 9 l.
— L. A. Senecæ Naturalium Quæstionum lib. vij. M. Fortunati in eosdem libros annot. *Venetiis*, Aldus, 1522, in-4.

Ce vol. est très-rare.

— Ejusd. Senecæ Epistolæ. *Absque anni, loci et typogr. indicat.* in-fol. *lettres rondes.*

Edition extrêmement rare, et que l'on croit sortie des presses de Mentel de Strasbourg, vers l'année 1470. Elle est imprimée à

longues lignes , au nombre de 33 à la page ,
sans chiffres , signatures ni réclames.
Vendu , chez La Vallière , 72 l. et chez Loménie de Brienne , 399 l. 19 s.

— Eædem. *Romæ* , Arn. Pannartz ,
1475 , in-4.

Edition très-rare et fort recherchée. C'est la
première de ces Lettres avec date. Vendu
500 l. chez La Vallière.

— Eædem. *Parisiis* , 1475 , in-4.

Debure se trompe quand il annonce , N.º
4113 de sa Bibliographie , que cette édition fort rare a été imprimée par Ulric
Gering. Elle l'a été par P. Cæsaris et Jean
Stoll , imprimeurs de Paris.

— Las Epistolas de Seneca, con una
Introduccion de philosophia moral,
por Fern. Perez de Gusman. *En
Zaragoza* , 1496 , in-fol.

Edition extrêmement rare et peu connue.

— Le Epistole morale di L. A. Seneca Cordubese, trad. del lat. in lingua toscana , per Seb. Manilio. *In
Venetia*, 1494 , in-fol. 40 l.

Première version italienne des Lettres de Sénèque. Les exemplaires en sont rares.

— Seneca , Volgarizzamento delle Pistole e del Trattato della Providenza
di Dio. *Firenze* , 1717 , in-4. 7 l.

— I Libri de' Beneficij, trad. da Bened.
Varchi. *Firenze* , 1554 , in-4. *rare* ,
9 liv.

Assez belle édition.

— Gli stessi. *Firenze* , Giunti, 1574 ,
in-8. 5 l.

Ces trois éditions sont citées par la Crusca.

— Los Proberbios de Seneca , é el libro que compuso que intitula de
las Costumbres é Fechos. *En Zamora* , 1482 , pet. in-fol.

Edition très-rare.

— Les Œuvres de Sénèque le philos.
trad. en franç. par Lagrange. *Paris*, Debure, 1778 , 6 vol. in-12. —
Essai sur la vie et les écrits de Sénèque le philosophe , par Diderot.
Paris , 1779 , in-12. 24 l.

Cette édition est préférée à la réimpression
faite à *Tours* , en 7 vol. in-8. et à celle de
Paris , en 6 vol. même format. Dans
six exemplaires seulement de cette dernière , on trouve la traduction française
du XVI.ᵉ chapitre du livre I.ᵉʳ des Questions naturelles , tome VI , pages 92 à 96.
Les autres exemplaires ne l'ont qu'en latin.

— Analyse des Traités des Bienfaits
et de la Clémence de Sénèque , en
lat. et en franç. (par Ponçol). *Pa-*

ris , Barbou , 1776 , in-12. 5 à 6 l.
— Pap. fin , 9 à 12 l.

SENECÆ (L. A.) Tragœdiæ. *Ferrariæ*, Andr. Gallus (circà 1481-
1484), in-fol.

Cette édition est regardée comme la première
de ce livre. Les exemplaires en sont très-
rares.

— Eædem , ex recens. Car. Fernandi.
Parisiis , J. Higman et Wolfangus
Hopil (circà 1485) , in-4. 400 l.

Edition non moins rare que la précédente.

— Eædem , cum Comment. Bern.
Marmitæ. *Lugd.* Ant. Lambillon
et Mar. Sarazin , 1491 , in-4. *rare.*

— Eædem , cum Comment. Bern.
Marmitæ. *Venetiis* , Laz. Isoarda
de Saviliano , 1492 , in-fol. 30 l.

— Eædem , à Bened. Philologo. *Florent.* Junta , 1506 vel 1513 , in-8.
9 à 12 l.

— Eædem , ex recogn. Hier. Avantii.
Venetiis , Aldus , 1517 , in-8. 21 l.

Il y a des exemplaires sur vélin.

— Eædem , cum notis diversor. , ex
recens. P. Scriverii. *Lugd. Batav.*
1620. — P. Scriverii Collectanea
veter. Tragicorum , cum notis G. J.
Vossii. *Ibid.* 1620, in-8. 9 à 12 l.

Edition recherchée à cause des Fragments des
poètes tragiques , qui sont à la suite. On
trouve quelquefois ces Fragments séparément , mais alors c'est un ouvrage incomplet.

— Eædem , cum notis Varior. , à Jo.
Frid. Gronovio. *Amst.* 1662 , in-8.
6 à 9 l.

— Eædem , cum notis Varior. , ex edit.
Jo. Frid. Gronovii. *Amst.* 1682 ,
in-8. 18 l.

Cette édition se joint à la Collection des *Variorum.*

— Eædem , cum notis J. F. Gronovii
et alior., ex recens. J. C. Schroderii.
Delphis , 1728 , 2 vol. in-4. 30 l.
— Gr. pap. 60 l.

Cette édition est entièrement calquée sur le
Variorum in-8. et c'est une de celles des
Diversorum in-4. dont on fait le moins de
cas.

— L. A. Senecæ Tragœdiæ , necnon
P. Syri Mimi Sententiæ , ex edit. et
cum notis J. Gruteri et Jos. Scaligeri. *Lugd. Batav.* 1708, vel (titulo
renovato) 1727 , in-8. 10 l.

Ce volume fait partie de la Collection des
Variorum.

— Théâtre de Sénèque, trad. nouv.

avec le texte latin, par **L.** Coupé.
Paris, 1795, 2 vol. in-8. 8 l.—
Pap. vélin, 12 à 15 l.

— Le Tragedie di Seneca, trad. da
Lod. Dolce. *In Venet.* 1560, in-12.
5 liv.

SENFTLEBII (Andr.) Jurisconsulti
Vratislav. de Aleà Veterum. *Lipsiæ*, 1667, in-8. 5 l.

SENNERTI (Dan.) Opera medica.
Lugd. 1650, 3 vol. in-fol. 15 l.

SENTENCE (la) et Condamnation
du procès du Pape de Rome, ses
Cardinaux, etc. contre Jésus-Christ.
1563, in-8. de 110 pag.
Satire rare et singulière, 18 l.

SEPP. (J. Chr.) Description des Insectes qui se trouvent en Hollande
(en holl.) *Amst.* 1762, in-4. fig.
color. 40 l.

— Représentation des bois, des arbres
et arbrisseaux, tant du pays qu'étrangers, avec des explicat. en lat.,
franç., angl., allem. et holland.
Amst. 1773, 14 cahiers in-4.
Ces 14 cahiers renferment 84 planches coloriées. Cet ouvrage n'est point achevé.

SEPT-CHENES. (Le Clerc de) Voy.
Gibbon.

SEPULCHRALIA Carmina, ex anthologià MSS. græcor. Epigrammatum delecta, cum vers. lat. et
notis. *Lipsiæ*, 1745, in-4. 8 à 9 l.

SERAPHINO AQUILANO. Opere
poetiche. *In Roma*, 1503, in-8.

— Le medesime. *In Pesaro*, 1505,
in-8.

— Le medesime. *In Firenze*, Giunti,
1516, in-8.

— Le medesime. *In Venetia*, 1539,
in-8.

— Le medesime. *In Venetia*, 1550,
in-8.
Ces différentes éditions des Poésies de Seraphino d'Aquila valent 8 à 9 l. chaque.
Les premières sont les plus recherchées.

SERAPIONIS Opera medica, quibus accedit Platearii Practica. *Venetiis*, 1497, in-fol. 12 l.

SERENI (Jac.) et Erici BENZELII
Dictionarium anglo-suethico-latinum. *Hamb.* 1734, in-4. 12 l.

SERGARDIUS. Vid. Sectanus.

SERIE di Ritratti d'Uomini illustri
toscani, con gli Elogi istorici de
i medesimi. *In Firenze*, 1766, 4
vol. in-fol. fig. 120 l.

SERLIO : (Sebast.) la sua Architettura. *In Venetia*, 1584, in-4.
fig. 12 l.
Edition préférable à celle de 1559, in-fol.

SERMON joyeux d'un dépuceleur de
nourrices, avec la source du gros
fessier des nourrices, etc. *Rouen*,
Yves Gomont, sans date, in-8. goth.
27 liv.
Pièce joyeuse et assez rare.

SERMONS en faveur des Cocus, des
Enfants de Bacchus et autres. *Cologne*, 1697, in-12. 8 l.

SERRARII (Nic.) Rerum Moguntiacarum lib. v. *Francof. ad Mœn.*
1722, 2 vol. in-fol. 10 l.

SERRES. (Olivier de) Théâtre d'Agriculture et Ménage des Champs.
Paris, 1600, in-fol. ou 1603, ou
Lyon, 1675, in-4. 12 l.

— Le même, nouv. édit., enrichie de
notes, d'un vocabulaire, etc. *Paris*, an 11, 2 vol. in-4. fig. 36 l.
Excellente édition, bien imprimée. On en
a tiré 25 exemplaires sur grand-raisin
vélin.

SERVAN. (Jos.) Histoire des Guerres
des Gaulois et des Français en Italie. *Paris*, 1805, 7 vol. in-8. et atlas
in-fol. 60 l. — Pap. vélin, l'atlas
sur raisin-vélin, 90 l.—Pap. vélin,
l'atlas sur colombier vélin, 100 l.

SERVETI (Mich.) (Revès) de Trinitatis Erroribus lib. vij. 1531. —
Ejusd. de Trinitate Dialogorum
lib. duo, et de Justitiâ regni Christi
Cap. iv. 1532, in-8. Prix arbitraire.
Ce volume, imprimé en caractères italiques,
est extrêmement rare.
Il est essentiel de s'assurer si le second
Traité se trouve dans l'exemplaire, parce
qu'il est infiniment plus rare que le premier.
Ces deux ouvrages ont été contrefaits en
Allemagne, sous la même date et dans
le même format. On reconnaît ordinairement la contrefaction, 1° au caractère qui
est plus gras et plus beau que celui de
l'édition originale ; 2° au frontispice, où
le mot *Trinitatis* est divisé par un moins
double *Trini* =, au lieu que dans la première édition ce mot est coupé de cette
manière *Trini* u. On fait peu de cas de la
réimpression.

— Ejusd. De Trinitate lib. vij, ling.
belgicà editi, per T. Ghedruckt,
anno 1620, in-4.
Cette édition en langue flamande, est rare.
Elle a été donnée par Reinerus Vitellius.

— Ejusd. Christianismi Restitutio. *Viennæ Allobrogum*, 1553, in-8.

On ne connaît de ce livre qu'un seul exemplaire, lequel a été vendu, chez le duc de La Vallière, 4,120 l.

—Ejusd. Ratio Syruporum. *Parisiis*, 1537, in-8. 12 à 18 l.

— Biblia sacra latina , ex hcb. per Santem Pagninum , cum Præfat. et scholiis Mich. Villanovani (Serveti). *Lugd.* 1542 , in-fol.

Cette édition de la Bible est recherchée à cause des notes marginales de Michel Servet dont elle est enrichie. Les exemplaires en sont rares, 60 l.

SESPRAECHE (Jehul) Colloquia scholastica, russicè et lat. *Moscuæ*, 1776 , in-8. 8 l.

(SESTINI) Descriptio Numorum veterum ex Museis Ainslie, Bellini , Bondacca, Borgia, etc., etc. *Lipsiæ*, 1796, in-4. 24 l.

—Catalogus Numorum veter. Musei Arigoniani , castigatus à D. S. F. , necnon descriptus et dispositus secundùm systema geogr. *Berolini*, 1805 , in-fol. 11 l.

SESTINI. (Ab.) Viaggio da Constantinopoli a Bassora. *Yverdon* , 1786 , in-4. fig. 12 l.

SETTE LIBRI di Satire di L. Ariosto, Ercole Bentivogli, L. Alamanni, P. Nelli, etc. *Venetia* 1560, in-8. 15 liv.

Première édition de ce Recueil. Les exemplaires en sont rares.

SEVERI (Pub. Corn.) Ætna , et quæ supersunt Fragmenta , cum notis Scaligeri et Th. Goralli. *Amst.* 1715 , in-8. 6 l.

— L'Etna , et les Sentences de Pub. Syrus , trad. en franç. avec le lat. à côté, et des remarq. par Accarias de Serionne. *Paris* , 1736 , in-12. 5 l.

Peu commun.

SEVERI (Sulpicii) Historia sacra , cum Appendice, ex edit. Matth. Flacci Illyrici. *Basileæ*, 1556, in-8. *assez rare*, 36 à 48 l.

Première édition. Elle n'est recommandable que par un *Appendix* qu'elle renferme , et qui concerne les *anciennes Liturgies* et la *Messe latine*.

— Eadem. *Lugd. Batav.* Elzevir , 1635 seu 1643, in-12. 10 l.

— Eadem, cum notis Varior. , ex

edit. Georg. Hornii. *Amst.* Elzevir , 1665 , in-8. 10 l.

Cette édition est estimée. Elle appartient à la Collection des *Variorum*.

—Eadem , cum notis Jo. Vorstii et Jo. Clerici. *Lipsiæ* , 1709 , in-8. 6 liv.

— Eadem , cum notis Hier. de Prato. *Veronæ* , 1741-54 , 2 vol. in-4. 30 l. — Gr. pap. 50 à 60 l.

Edition estimée et peu commune en France.

SEVERINI (M. A.) Vipera Pythia , id est , de Viperæ naturà , veneno, medicinà , Demonstr. et Experimenta. *Patavii*, 1651, in-4. fig. 6 l.

SEVIGNÉ : (Marie de Rabutin, dame de Chantal et de Bourbilly, marquise de) ses Lettres. *Amst.* 1766 , 10 vol. in-12. 24 l.

L'édition de *Paris*, Desprez ,1754 , 9 vol. in-12. vaut le même prix.

— Les mêmes , avec des réflexions , par S. J. Bourlet de Vauxcelles. *Paris* , an 9 (1801) , 10 vol. in-12. portraits, 24 l.

— Les mêmes , nouv. édit. , revue et augmentée. *Paris* , 1805 , 8 vol. in-8. fig. 42 l. — Pap. fin , 48 l. — Pap. vélin , 80 l. — Ou 11 vol. in-12. 30 l.

SEXTI EMPYRICI Opera ,gr. lat. , ex edit. Jo. Alb. Fabricii. *Lipsiæ*, 1718, in-fol. 27 l. — Pap. fin , 50 l.

Cette édition est la meilleure de ce philosophe.

—Pyrrhoniarum Hypotyposeòn lib. iij, interpr. H. Stephano, lat. *H. Stephanus*, 1562 , in-8.

Première version latine des Hypotyposes.

— Les Hypotyposes , ou Institutions Pyrrhoniennes de Sextus Empyricus , trad. en franç. (par Huarte.) (*En Holl.*) 1725 , in-12. 4 l.

L'édition de *Londres*, 1735 , in-12. est également bonne.

SEYMOUR. (Rob.) Description de Londres et de Westminster (en angl.) *Lond.* 1734 et 1735 , 2 vol. in-fol. fig. 12 l.

SEYSSEL. (Cl. de) La Victoire du roi Louis XII , contre les Vénitiens , etc. *Paris* , Vérard , 1510, in-4.

Exemplaire sur vélin.

— Histoire singulière du roi Louis XII

de ce nom , père du peuple. *Paris*, 1558, in-8. 12 à 15 l.

— La grande Monarchie de France , composée par Cl. de Seyssel, et la Loi salique , première loi des Français. *Paris*, 1541 , pet. in-8. lettres rondes , 18 l.

SHAFTESBURY'S. (Anth. , Earl of) Characteristicks of men , manners, opinions , times. *Birmingham* , J. Baskerville , 1773 , 3 vol, gr. in-8. 24 l.

L'édition de 1737, 3 vol. in-8. vaut 12 à 15 liv.

SHAKESPEARE'S : (Will.) Works, with notes by Alex. Pope. *Lond.* 1725 , 7 vol. in-4. 60 l.

La première édition des OEuvres de Shakespeare a été publiée en 1623, in-fol.

— The same. *Oxford* , 1744 , 6 vol. gr. in-4. fig. 60 l.

— The same , with notes by Pope and Wartburton. *London*, 1747 , 8 vol. in-8. 50 l.

— The same, with notes by Sam. Johnson. *Lond.* 1765 , 8 vol. in-8. 50 liv.

L'édition de *Glascow* , 1766, 8 vol. in-12. est fort bien imprimée, et vaut 24 l. environ.

— The same. *Birmingham* , 1768 , 9 vol. in-12. 36 l.

— The same , hanmer's edition. *Oxford* , 1771 , 6 vol. gr. in-4. 96 l.

Fort belle édition.

— The same , edit. of Sam. Johnson and of Georg. Steevens. *London* , 1773 , 10 vol. in-8. 72 l.

Pour compléter cette édition ,il faut y joindre un supplément en 2 vol. in-8. qui a paru avec l'édition de 1778 ci-après.

— The same, edition adapted to the use of the theatre, by Bell. *Lond.* 1773 , 9 vol. in-8. fig. 50 l.

— The same, with notes by S. Johnson and G. Steevens. *Lond.* 1778 , 12 vol. in-8. fig. 80 l.

Bonne édition.

— The same. *Lond.* 1780 , 20 vol. in-12. fig. pap. vélin, 100 l.

— The same, with notes by S. Johnson and G. Steevens. *Lond.* 1785-87 , 76 part. en 38 vol. in-18. pap. vélin, 100 liv.

Jolie édition.

— The same, with the same annot. *Lond.* 1786, 10 vol. in-8. 70 l.

— The same , revised by Malone. *Lond.* 1790 , 11 vol. in-8. fig. 70 l.

— The same, with notes by Ayscough. *Lond.* 1790 , 2 vol. gr. in-8.

Cette édition , imprimée en fort petits caractères , n'est pas commune.

faut y joindre un *Index* très-considérable , formant 1 vol. de même format. Les trois vol. rémis , 48 à 60 l.

— The same , revised by G. Steevens. *Lond.* 1791-1801 , 18 part. gr. in-fol. pap. vélin , fig.

Cette belle édition n'a été tirée qu'à un petit nombre d'exemplaires. Elle est fort chère.

— The same, with notes by S. Johnson and G. Steevens. *Lond.* 1793 , 15 vol. gr. in-8. fig. 140 l.

Bonne édition.

— The same. *Lond.* 1797, 7 vol. in-8. 50 l. — Gr. pap. vélin , 100 l.

— The same, with notes by S. Johnson and G. Steevens. *Basil.* 1800-1802 , 23 vol. in-8. 80 l.

— Shakespeare, trad. de l'angl. par le Tourneur. *Paris*, 1770-82, 20 vol. in-8. 80 l. — Format in-4. 140 l.

SHAW. (Th.) Travels in several parts of Barbary and the Levant. *Oxford*, 1738 , 2 vol. in-fol. fig. 40 à 50 l.

— The same. *Lond.* 1757 , in-4. fig. 24 à 30 l.

— Voyages dans plusieurs Provinces de la Barbarie et du Levant , trad. de l'angl. en franç. *La Haye* , 1743 , 2 vol. in-4. fig. 15 l.

SHEFFIELD :(Joh.) Works in verse and prose. *Lond.* 1723 , 2 vol. in-4. 12 l.

SHELDRACKE. Botanicum medicinale , an Herbal of medicinal Plants , etc. *Lond.* gr. in-fol. fig. color. 48 l.

SHERIDAN'S. (Th.) Dictionary of english Language. *Lond.* 1780 , 2 vol. gr. in-4. 48 l.

SHERINGAMI (Rob.) Disceptatio de Anglorum Gentis Origine. *Cantabrigiæ* , 1670 , in-8. 5 l.

SHERLOCH. (Guill.) De l'Immortalité de l'ame et de la Vie éternelle , trad. de l'angl. par de Marmande. *Amst.* 1708 , in-8. 5 l.

— De la Mort et du Jugement dernier , trad. de l'angl. par Dav. Mazel. *Amst.* 1696 , in-8. 4 l.

SIBBALDI (Rob.) Scotia illustrata, sive Prodromus Historiæ nat. Scotiæ. *Edimburgi* , 1684 , in-fol. fig. 18 liv.

SIBTHORP (Jo.) Flora Oxoniensis, exhibens Plantas in agro Oxoniensi spontè crescentes. *Oxonii* , 1794 , in-8. 10 l.

SICARD. (R . A.) Eléments de Grammaire gén. appliqués à la langue franç. *Paris* , an 1808 , 2 vol. in-8. 10 liv.

SICHTERMANNI (Ger.) de Pœnis militaribus Romanorum Dissert. *Amst.* 1708 , in-8. 4 l.

SIDNEY. (Philip.) L'Arcadie de la Comtesse de Pembrok , trad. de l'angl. par Baudoin. *Paris* , 1624 et 1625, 3 vol. in-8. 9 l.
Bonne édition.

SIDONII APOLLINARIS Carmina et Epistolæ, cum Comment. J. B. Pii. *Mediolani* , Uld. Scinzenzeler, 1498 , in-fol.
Debure regarde cette édition comme la première de ce livre. Les exemplaires n'en sont pas communs , 36 à 48 l.

— Ejusd. Opera. *Absque anni, loci et typogr.* indicatione , in-fol.
Cette édition , qui peut-être est la première de ce livre , est fort rare. Elle est exécutée à longues lignes , au nombre de 32 à la page , sans chiffres , signatures ni réclames.

— Eadem , cum notis J. Savaronis. *Parisiis* , 1609 , in 4. 6 à 8 l.

— Eadem , cum notis Sirmondi , cur. Ph. Labbæi. *Parisiis* , 1652 , in-4.
Bonne édition, 6 à 8 l.

— Œuvres complètes de Sidoine Apollinaire , trad. en franç. par E. L. Billardon Sauvigny. *Paris* , 1787 , 2 vol. in-4. ou in-8.

SIGAUD DE LA FOND. Description et usage d'un cabinet de Physique expérimentale. *Paris* , 1775, 2 vol. in-8. fig. 10 l.
Ces deux vol. ont été réimprimés en 1784.

— Eléments de Physique théor. et expériment. , pour servir de suite à la Descript. d'un Cabinet de Physique expérimentale. *Paris* , 1777, 4 vol. in-8. fig. 8 à 12 l.

— Dictionnaire de Physique. *Paris,* 1781 , 5 vol. in-8. 15 l.

— Essai sur différentes espèces d'air fixe. *Paris* , 1785 , in-8. fig. 5 l.

— Précis historiq. et expériment. des Phénomènes électriques. *Paris* , 1785 , in-8. 5 l.

SIGLARIUM romanum , ed. Jo. Gerrard. *Lond.* 1794 , in-4. 24 à 30 liv.

SIGONII (Car.) Opera , cum notis div. , et ejusd. Vita à L. A. Muratorio , ed. Ph. Argelato. *Mediolani,* 1732 et ann. seqq. 6 vol. in-fol. 50 l. — Gr. pap. 80 l.

— Fasti Consulares. *Venetiis* , Aldus , 1555 , in-fol.
Cette édition, la première de ce livre, est extrêmement rare. Elle a été réimprimée en 1556, dans le même format, avec des corrections et augmentations.

— Pro Eloquentia Orationes iv. *Venetiis* , Aldus , 1555 , in-4.

— Orationes vij C. Sigonii. *Venetiis,* Aldus , 1560 , in-4.

— Car. Sigonii Emendationum lib. ij. *Venetiis* , Aldus , 1557 , in-4.
Ces quatre ouvrages ne sont pas communs.

SIGURA. (Ruylopez de) Libro de la Invencion liberal y arte del Juego del Axedrez. *En Alcala,* 1561 , in-4.
Livre rare et souvent incomplet.

SIKE. (Henr.) Evangelium Infantiæ, seu Liber apocryphus de Infantia Servatoris , arab. et lat. , ex vers. et cum notis H. Sike. *Ultraj.* 1697, in-8. 9 l.
Livre estimé.

SILII ITALICI Punicorum lib. xvij, ex recogn. Jo. Andreæ, episcop. Aleriensis. *Romæ* , Conr. Sweynheym et Arn. Pannartz, 1471 , in-fol. 7 à 800 l.
Première édition fort rare.

— Iidem , ex recogn. Pomponii Læti. *Romæ* , 1471 , in-fol. 7 à 800 l.
Cette édition est encore plus rare que la précédente. On la croit sortie des presses de Pannartz. Elle est imprimée à longues lignes , sans chiffres , signatures ni réclames.

— Iidem. *Romæ* , 1474 , in-fol. *très-rare.*

— Iidem. *Parmæ* , 1481 , in-fol. *rare,* 60 liv.

— Iidem , ex edit. Pet. Just. Philelphi. *Mediolani* , A. Zarothus, 1481, in-fol.
Edition fort rare et bien exécutée. Elle est très-chère.

—Iidem, oum Comment. div. et Pet. Marsi. *Venetiis*, Baptist. de Tortis, 1483, in-fol.

Première édition de ce livre avec les Commentaires de Marsi, 60 à 80 l.

— Iidem, ab Ambr. Nicandro. *Florentiæ*, Junta, 1515, in-8.

— Iidem, ex edit. Fr. Asulani. *Venetiis*, Aldus, 1523, in-8. 18 à 30 l.

Édition bien imprimée et très-correcte.

— Iidem, cum lectionib. antiq. Fr. Modii, ex edit. et cum notis Arn. Drakenborch. *Trajecti ad Rhen.* 1717, in-4. fig. 36 l. — Gr. pap. 120 à 140 l.

Édition fort estimée. Les exemplaires en grand papier sont rares.

— Iidem, ex recens. A. Drakenborch, cur. J. P. Schmidio. *Mitaviæ*, 1775, in-8. 8 l.

— Iidem, cum Comment. J. C. T. Ernesti. *Lipsiæ*, 1791-92, 2 vol. in-8. 15 l. — Pap. fin, 20 l.

—Iidem. *Lond.* 1792, 2 vol. in-12. 6 l. — Gr. pap. 10 l.

— Iidem, cum annotat. Ruperti. *Gættingæ*, 1795, 2 vol. in-8. 15 l.

Excellente édition. Il y a des exemplaires en papier fin.

— Iidem, cum vers. italicâ Max. Buzii. *Mediolani*, 1765, 3 vol. in-4. 18 à 20 l.

Édition peu estimée.

— La seconde Guerre Punique, poëme, trad. en franç. par Le Febvre de Villebrune. *Paris*, 1781, 3 vol. in-12. 9 l.

SILVESTRE. (Israël) Recueil d'un grand nombre de Vues des plus belles villes, palais, châteaux, etc. de France, d'Italie, etc. *Paris*, 1750, 4 vol. in-fol. obl. fig. 80 l.

SIMEONI : (Gabr.) Satire alla Berniesca, etc. *In Torino*, 1549, in-4. rare, 18 à 24 l.

— Description de la Limagne d'Auvergne, en forme de Dialogue, trad. de l'ital. en franç. par Ant. Chappuys. *Lyon*, 1561, in-4. fig. 12 l.

La Carte manque quelquefois.

L'édition italienne est peu recherchée en France.

— Voy. CHOUL. (du)

SIMON. (Richard) Histoire critique du Vieux Testament. *Paris*, 1678, in-4.

Édition originale, supprimée avec tant de

soin, qu'il n'en est resté que six exemplaires. L'un d'eux a été vendu 134 l. chez La Vallière, en 1784.

—Histoire critiq. du V. et du N. Testament, avec des notes, etc. *Rotterdam*, 1685, et *Paris*, 1695, 5 vol. in-4. 18 l.

SIMONEAU. (L.) Recueil d'Estampes grav. par lui, pour servir à l'Hist. de l'art de l'imprimerie et de la gravure, en 1694, in-fol.

— Autre Recueil d'Estampes pour servir à l'Histoire des Arts et Métiers, depuis 1694-1710, in-fol.

Ces deux Recueils, exécutés d'après les ordres de Louis XIV, doivent contenir 168 pièces. Les exemplaires en sont rares.

SIMONETÆ (Jo.) Commentarii Rerum Gestarum Francisci Sfortiæ, I. ducis Mediolani, ab ann. 1424-1466. *Mediolani*, Ant. Zarotus (1479), in-fol.

Ouvrage curieux et assez rare, 50 l. et en grand papier, 80 l.

Les exemplaires tirés sur vélin sont précieux.

La réimpression de *Milan*, 1486, in-fol. est peu recherchée.

— Istoria di Fr. Sforza, trad. da Chr. Landini. *Milano*, Ant. Zaroto, 1490, in-fol.

Traduction assez estimée. Il y en a des exemplaires sur vélin.

SIMONII Lucensis, (Sim.) summa Religio, aut. D. M. S. P. *Cracoviæ*, 1588, in-4. de 23 pages.

Cette Satire a été supprimée avec beaucoup de soin. On l'attribue à Marcellus Squacialupius, qui, voulant susciter de mauvaises affaires à Simonius, son ennemi, la publia sous le nom de ce dernier.

SIMONIS (Jo.) Lexicon manuale hebr. et chald., latinitate donatum, à J. G. Eichhorn. *Halæ*, 1793, 2 vol. in-8. 24 l.

SIMONIS Genuensis Synonyma Medicinæ. *Mediolani*, A. Zarotus, 1473, in-fol.

Édition rare et estimée. Elle est imprimée en caractères ronds.

— Idem Opus. *Patavii*, Pet. Maufer, 1474, in-fol.

Cette édition est encore assez recherchée.

SIMPLICII Commentarii in iv Aristotelis libros de Cœlo, cum textu ejusd. gr. *Venetiis*, Aldus, 1526, in-fol.

Dict. Bibl. I.   62

— Ejusd. Commentarii in octo Aristotelis Physicæ auscultationis libros, cum ipso Aristotelis textu. *Venetiis*, 1526, in-fol.

— Ejusd. Commentaria in tres libros Aristotelis de Animâ, et alia multa, gr. *Venetiis*, Aldus, 1527, in-fol.

— Ejusd. Hypomnemata in Cathegorias Aristotelis, græcè. *Venetiis*, 1499, in-fol.

Livre rare. Vendu 120 l. chez Loménie de Brienne.

— Ejusd. Commentarii in Enchiridion Epicteti, cum animadv. et notis Cl. Salmasii, gr. lat. *Lugd. Bat.* 1640, in-4.

On joint communément à ce vol. l'article suivant : *Tabula Cebetis, gr. arab. et lat. Item aurea Carmina Pythagoræ, cum paraphrasi arab. aut. J. Ettichmanno. Lugd. Bat.* 1640, in-4. Ces deux ouvrages sont fort estimés.

— Iidem, gr. lat., curis J. Schweighœuser. *Lipsiæ*, 1800, 2 vol. in-8. pap. fin, 27 l.

SIMPSON. (Th.) The Doctrine and application of fluxions. *Lond.* 1750, 2 vol. in-8. 12 l.

SIMSON (Rob.) Opera reliqua geometrica. *Glasguæ*, 1776, in-4. 15 l.

— Ejusd. Opera quædam reliqua mathematica. *Glasguæ*, Foulis, 1776, in-4. 15 l.

— Ejusd. Sectionum Conicarum lib. v. *Edimburgi*, 1750, in-4. 12 l.

SIMSON (Edw.) Chronicon, Historiam catholicam complectens, ex recens. Pet. Wesselingii. *Amst.* 1752, in-fol. 40 l. — Gr. pap. 120 à 150 l.

Cette édition est la même que celle de 1729. Le titre seul a été renouvelé.

SINCERI (Theoph.) Notitia histor.-critica Librorum vet. rariorum. *Francof.* 1753, in-8. 8 l.

SINNER (J. R.) Catalogus Cod. MSS. Bibliothecæ Bernensis. *Barnæ*, 1760, 3 vol. in-8. 18 l.

SIONITÆ (Gabr.) Grammatica arabico-maronita. *Parisiis*, 1616, in-fol. 18 l.

— Vid. GEOGRAPHIA Nubiensis.

SIPÉRIS de Vinevaulx Voy. HISTOIRE.

SIPPADE. (Pier. de la) Hist. du vaillant Chevalier Pâris et de la

belle Vienne (trad. du provençal en franç.) *Anvers*, Gérard Leeu, 1487, in-fol. goth. fig. en bois.

Première édition très-rare, 60 l.

Il existe plusieurs éditions italiennes de ce Roman, mais on en fait peu de cas, 12 à 15 l.

SIPTABINA. (di) Itinerario Asiatico. *In Vinegia*, 1526, in-8. fig. rare, 18 à 24 l.

SIRENII (Julii) de Fato lib. ix. *Venetiis*, 1563, in-fol. 12 l.

Ouvrage singulier et peu commun.

SIRI. (Vittorio) Memorie recondite, dopo l'anno 1601 al 1640. *In Roma, Parigi e Lione*, 1677 et suiv. 8 vol. in-4.

— Il Mercurio, ovvero Istoria de' correnti tempi, dopo l'anno 1635 al 1655, dal medesimo V. Siri. *In Casale, Parigi, Lione e Fiorenza*, 1646 et suiv. 15 tom. en 21 ou 22 vol. in-4.

Ces deux articles ne se séparent pas.

Les volumes rares sont, le VIII°. des *Memorie recondite*, et les XIII, XIV et XV°. du *Mercurio*. Les exemplaires en grand papier de cette Collection ne sont pas communs.

— Il Mercurio Veridico, da G. B. Birago. *In Venetia*, 1648, in-4.

— Bollo di Vit. Siri nel Mercurio Veridico. *In Modena*, 1653, in-4.

Ces deux vol. s'annexent à la Collection précédente. Ils sont rares, le second surtout.

SIRIGATTI. (Lor.) Pratica di prospettiva. *In Venez.* 1596, in-fol. 10 à 12 l.

SIRMONDI (Jac.) Opera varia, ex edit. Jac. de la Baune. *Parisiis*, è typ. reg. 1696, 5 vol. in-fol. 30 l. — Gr. pap. 45 l.

— Concilia antiqua Galliæ, ex edit. J. Sirmondi. *Parisiis*, 1629, 3 vol. in-fol.

— Concilior. antiq. Galliæ Supplementa, per P. de La Lande. *Parisiis*, 1666, in-fol.

— Concilia noviss. Galliæ, edit. L. Odespun. *Parisiis*, 1646, in-fol.

Ces trois articles forment ensemble la collection des Conciles de France, publiés par Sirmond : 20 l. et quelque chose de plus en grand papier.

SIXTUS IV. Regulæ, Ordinationes et Constitutiones Cancellariæ romanæ jussu ejus editæ. *Romæ*, 1471, in-4.

Cette édition est extrêmement rare.

SKETCHES of the History of man. *Edimburg*, 1774, 2 vol. in-4. 20 l.
—The same. *Edimburg*, 1778, 4 vol. in-8. 20 l.

SKINNER (Steph.) Etymologicon Linguæ anglicanæ, ex ling. duo-decim. *Lond.* 1671, in-fol. 18 l.

SKINNER. (John) Voyages au Pérou, faits dans les années 1789-91, par les PP. M. Sobreviela et N. Girbal y Barcello, publ. par J. Skinner, et trad. de l'angl. par P. F. Henry. *Paris*, 1809, 3 vol. in-8. et atl. de 12 pl. color. 18 l.
— Pap. vélin, 36 l.

SKOP (Car. à) aliàs TLUK Epi-grammatum lib. iv. *Francof.* in-12. 4 liv.

SLOANE. (Hans) A Voyage to the Islands, Madera, Barbados and Jamaïca, etc. *Lond.* 1707 and 1725, 2 vol. in-fol. avec 285 fig. 200 l. — Fig. color. 400 l.

Ouvrage estimé et assez rare.

— Catalogus Plantarum quæ in In-sulà Jamaïcà spontè proveniunt. *Lond.* 1696, in-8. 8 l.

SMARRITO. Vedi PROSE FIOREN-TINE.

SMEATHMAN. (H. M.) Some Ac-count of the Termites, which are found in Africa and other hot cli-mates. *Lond.* 1781, in-4. fig. color. 24 liv.
— Mémoires sur quelques Insectes connus sous le nom de Thermès ou Fourmies blanches. *Paris*, 1786, in-8. 12 l.

SMEATON'S. (J.) Narrative of the Building, and a Descript. of the construction of the Edistons, light-house, with Stone. *Lond.* 1791, in-fol. mag. fig. 24 l.

SMIDS (Lud.) Pictura loquens, sive heroïcarum Fabular. Enar-ratio et Explicat. *Amst.* 1695, in-8. fig.

Ouvrage recherché pour les figures d'A-drien Schoonebeck dont il est orné, 7 l. et en gr. pap. 20 l.

SMITH. (Th.) Recueil de 40 Vues du Pic de Derby et autres lieux, gravées par Vivares, etc., avec une

explicat. en angl. et en franç. *Lond.* 1769, in-fol. 30 à 40 l.

SMITH'S. (Rob.) A compleat Sys-tem of Opticks. *Cambridge*, 1738, 2 vol. in-4. fig. 24 l.
— Traité d'Optique, trad. de l'angl. (par Duval Leroy.) *Brest*, 1767, in-4. fig. — Supplément. *Brest*, 1783, in-4. fig. 18 l.
— Harmonies, or the philosophy of musical Sounds. *Cambridge*, 1749, in-8. fig. 5 l. — Gr. pap. 8 l.

SMITH'S. (Adam) Inquiry into the nature and causes of the Wealth of nations. *Lond.* 1776, 2 vol. in-4. 30 liv.
— The same. *Lond.* 1789, 3 vol. gr. in-8. 24 l.
—The same. *Basil.* 1801, 4 vol. in-8. pap. fin, 18 l.
— Recherches sur la nature et les causes de la Richesse des nations, trad. de l'angl. par M. Germ. Gar-nier. *Paris*, 1802, 5 vol. in-8. 25 l.
— The Theory of moral Sentiments. *Lond.* 1790, 2 vol. in-8. 16 l.
— The same. *Basil.* 1793, 2 vol. in-8. 7 l.
— The same. *Lond.* 1801, 2 vol. in-8. pap. vélin, 14 l.

Cet ouvrage a été traduit en français par M.me de Condorcet, en 2 vol. in-8.

SMITH'S. Gallic Antiquities consis-ting of a History of the Druids. *Edimbourg*, 1780, gr. in-4. fig. 25 liv.

SMITH'S. (Jam. Edw.) English Bo-tany, or coloured Figures of British plants, with their essential cha-racteres, etc. *Lond.* 1790-1803, 16 tom. 9 vol. gr. in-8. 1122 pl. pap. vélin.
— The natural History of the rarer Lepidopterous insects of Georgia, collect. from the observ. of M.r J. Abbot, by J. E. Smith (angl. franç.) *Lond.* 1792, 2 vol. in-fol. pap. vélin, fig. color. 150 à 200 l.

Magnifique ouvrage, tiré à petit nombre. Les insectes y sont représentés en 104 planches, dans tous leurs différents états.

—Icones Plantarum rariorum Angliæ, cum Descriptionibus. *Lond.* 1790, in-fol. pap. vélin, 18 pl.
— Flora Britannica. *Lond.* 1800, 2 vol. in-8.

— Exotic Botany and Scientific descriptions of cultivation in the gardens of Britain. *Lond.* 1804-1806, 23 cahiers in-4. fig. color.

— Tracts relating to natural History. *Lond.* 1798, in-8. pap. vélin, 7 fig. color.

— An Introduction to physiological an systematical Botany. *Lond.* 1807, in-8. pap. vélin, 15 pl.

— Transactions of the Linnean Society. *Lond.* 1791-1802, 6 vol. in-4. fig.

SMOLLETT'S. (T.) Continuation of Hume's England's History. *Lond.* 1796, 5 vol. in-8. portraits, 36 l.

— The same. *Basil.* 1793, 12 vol. in-8. 48 l.

— Smollett's miscellaneous Works, with Memoirs of his life and writings, by Anderson. *Lond.* 1796, 6 vol. in-8. pap. vélin, 72 l.

— Histoire d'Angleterre, trad. de l'anglais de Smollett, par Targe. *Orléans*, 1759, 19 vol. in-12. 27 l.

— La même Histoire, depuis le Traité d'Aix-la-Chapelle, jusqu'au Traité de paix en 1763, par Targe. *Paris*, 1768, 5 vol. in-12. 10 l.

Cet ouvrage fait suite au précédent.

SMYTH. (J. F. D.) A Tour in the United-States of America. *Lond.* 1784, 2 vol. in-8. 10 l.

Ce Voyage a été traduit en français par de Bucents-Moutchel, en 2 vol. in-8. *Paris*, 1791.

SNELLII (Willebrordi) Doctrinæ triangulorum lib. iv, ed. M. Hortensio. *Lugd. Batav.* 1627, in-8. 8 liv.

SNELLING'S. (Th.) Miscellaneous Views of the coins stouck by english Princes in France, etc. *Lond.* 1769, in-fol. fig. 15 l.

SOANE. (John) Plans, elevations and sections of Buildings executed in the counties of Norfolk, Suffolk, etc. *Lond.* 1788, in-fol. atl. fig.

SOBREVIELA. Voy. SKINNER.

SOBRINO. (Fr.) Dictionnaire franç.-espagnol-lat., et espagnol-franç.-lat. *Lyon*, 1791, 3 vol. in-4. 24 l.

Les dernières éditions de ce Dictionnaire sont préférables aux premières.

SODERINI. (Giovanvettorio) Trat-

---

tato della Coltivazione delle Viti, etc. *Firenze*, Giunti, 1600, in-4. 12 liv.

Belle édition.

— Lo stesso. *Firenze*, 1734, in-4. 61.

Ces deux éditions sont citées par la Crusca.

SŒMMERING (S. Th.) de Corporis humani Fabricâ; Latio donata ab ipso autore, aucta et emendata. *Traj. ad Mœn.* 1794, 6 vol. in-8. 36 liv.

— Tabula Sceleti fœminini, junctâ descriptione. *Francof.* 1797, in-fol. 6 liv.

— Icones Embryonum humanorum. *Francof.* 1799, in-fol. 18 l.

— Icones Oculi humani. *Francof.* 1804, in-fol. 72 l.

— Icones organi auditûs humani. *Francof. ad Mœn.* 1806, in-fol. 36 liv.

SOIREES (les) des Auberges, nouvelle comique. *Paris*, 1665, in-12. 6 à 8 l.

SOLINI (C. Julii) Liber de Memorabilibus mundi. *Venetiis*, Nic. Jenson, 1473, in-fol. Prix arbitr.

Cette édition, la première de ce livre, est bien exécutée et fort rare.

Il en existe des exemplaires imprimés sur vélin.

— Idem, ex edit. Bonini Mombritii. *Editio vetus*, *absque loci*, *anni et typogr. nomine*, in-4. 30 à 60 l.

On présume que cette édition a dû paraître à *Milan*, vers l'année 1474. Elle est exécutée à longues lignes, sans chiffres, signatures ni réclames.

Il existe encore plusieurs autres éditions de Solinus imprimées dans le XVᵉ siecle, mais on en fait peu de cas.

— Vid. SALMASIUS. (Cl.)

SOLIS. (D. Ant. de) Historia de la Conquista del Mexico. *En Madrid*, 1684, in-fol. 12 l.

— La misma. *En Brusselas*, 1704, in-fol. fig. 12 l.

Cette édition est moins correcte que la précédente, mais elle a l'avantage d'être mieux exécutée et de renfermer des figures.

— La misma. *En Madrid*, 1783, 2 vol. in-4. 36 l.

Belle édition.

— Histoire de la Conquête du Mexique, trad. de l'espagnol par Citri de la Guette. *Paris*, 1691, in-4. fig. 7 l. ou 2 vol. in-12. fig. 6 à 9 l.

Cet ouvrage a été traduit en italien, *Flo-*

rence, 1660, in-4. fig. ; et en anglais, *Dublin*, 1727, 2 vol. in-8.

SOLLECITO. (Vinc. Capponi) Parafrasi poetiche soprà i Salmi di David. *Firenze*, 1682, in-8. 7 l.

Edition mentionnée par la Crusca.

SOLLEVATO. Ved. Saggi di natur. Esperienze.

SOLLEYSEL. (Jac. de) Le parfait Maréchal. *Paris*, 1754, in-4. fig. 12 liv.

SOLORZANO PEREIRA (Jo. de) Disputationes de Indiarum Jure, sive de justà Indiarum Occid. inquisitione, acquisitione et retentione. *Matriti*, 1629, 2 vol. in-fol.

Ouvrage curieux et peu commun.

SOMAIZE. (Ant. Beaudeau, sieur de) Le grand Dictionnaire historique des Prétieuses. *Paris*, 1661, 2 vol. in-8. 8 à 12 l.

Il faut voir s'il y a à la fin, 1.º la *Clef* du grand Dictionnaire hist. des Prétieuses, imprimée dans la même année ; 2.º la *Clef de la langue des ruelles*, qui parut en 1660. Cette dernière pièce qui a 84 pages, sans la préface, manque dans la plupart des exemplaires.

SOMERVILLE. (W.) The Chace, poem. *Lond.* 1796, gr. in-4. pap. vélin, fig. en bois, 30 l.

— The same. *Lond.* 1802, pet. in-4. pap. vélin, fig. en bois, 20 l.

SOMMAVERA. Tésoro della Lingua greca volgare ed italiana. *Parigi*, 1709, 2 vol. in-4. 20 l.

SOMNER. (Will.) Les Antiquités de Cantorbery, augm. par N. Battely, avec suppl. (en angl.) *Lond.* 1703, 2 tom. 1 vol. in-fol. 15 l.

SONAN. (le sieur de) Le Roman de Chrysérionte de Gaule. *Lyon*, 1620, in-8. 5 l.

SONAR. (Viorns Marc.) Histoire de plusieurs célèbres Islandais (en lang. islandaise.) *Hale*, 1756, in-4. 15 liv.

SONETTI degli Accademici Trasformati di Milano. *In Milano*, 1548, in-8.

Ce vol., imprimé en caractères italiques, est fort rare.

SONETTI e Canzoni di div. Autori antichi toscani. *In Firenze*, 1527, in-8. rare, 15 l.

Cette édition est citée par l'Académie de la Crusca.

— Gli stessi. *Venezia*, 1731, in-8. 5 liv.

SONNERAT. (P.) Voyage à la Nouvelle-Guinée. *Paris*, 1776, in-4. 120 pl. 25 l.

Ce Voyage a été traduit en anglais.

— Voyage aux Indes Orientales et à la Chine, depuis 1774-81. *Paris*, 1782, 2 vol. in-4. fig. 50 l. — Gr. pap. de Holl. 120 l.

Il y a des exemplaires avec figures coloriées.

— Le même. *Paris*, 1782, 3 vol. gr. in-8. fig. 21 l.

— Le même, nouv. édit., revue et augm. de plusieurs mémoires inédits par Sonnini. *Paris*, 1806, 4 vol. in-8. et atlas de 140 pl. 60 l. — Pap. vélin, 120 l. — 2 vol. in-4. 90 l. — Pap. vélin, fig. color. 200 l. Prix de l'éditeur.

L'atlas de cette édition est le même que celui de l'édition de 1782.

SONNINI. (C. S.) Voyage dans la haute et basse Egypte. *Paris*, an 7, 3 vol. in-8. et atlas, 15 l.

— Voyage en Grèce et en Turquie. *Paris*, an 9 (1801), 2 vol. in-8. et atlas in-4. 15 l. — Pap. vélin, 27 l.

SOPHOCLIS Tragœdiæ vij, gr., cum comment. gr. *Venetiis*, Aldus, 1502, in-8. 40 à 50 l.

Cette édition est la première des tragédies de Sophocle. Les exemplaires en sont rares. Le vol. ne contient que le texte, quoiqu'on ait annoncé sur le titre cum *Commentariis*.

— Eædem, cum scholiis, gr. *Florentiæ*, Junta, 1522, in-4.

— Eædem, cum scholiis, gr. *Florentiæ*, Junta, 1547, in-4.

Edition très-rare, selon Pinelli.

— Eædem, gr., cum scholiis gr. Demetrii Triclinii. *Parisiis*, 1553, in-4. 10 l.

Il y a des exemplaires qui portent la date de 1552.

— Eædem, lat. carmine redditæ, et annot. illustr. per Th. Naogeorgum. *Basileæ*, 1558, in-8. 8 l.

Edition recherchée par rapport aux notes de Naogeorgus.

— Eædem, gr., cum annot. H. Stephani. *Parisiis*, 1568, in-4. 8 l. Belle édition.

— Eædem , gr. , à Guill. Cantero. *An-tucrp.* Plantin, 1579, in-12. 5 l.
Jolie édition, fort correcte.

—Eædem, gr. lat. *Genevæ*, P. Steph. 1603, in-4. 18 l.
Bonne édition.

— Eædem , gr. lat. , cum scholiis gr. *Cantabrig.* 1665-68 vel (titulis re novatis) 1669-1673 , 2 vol. in-8. 9 liv.

—Eædem, gr. lat.,à Mich. Maittaire. *Lond.* Tonson, 1722, 2 vol. in-8. 12 liv.

— Eædem , gr. lat. , cum variant. lectionibus. *Glasguæ*, Foulis, 1745, 2 vol. in-8. 15 l. — Gr. pap. 24 l.
Edition très-correcte.

— Eædem, gr. *Glasguæ* , Foulis , 1745 , in-4. 7 l.

— Eædem , gr. lat. , novâ vers. donatæ , scholiisque vet. illustr., ed. Th. Johnson. *Oxoniæ*, 1705, 1708 et *Lond.* 1746, 3 vol. in-8. 36 l.
Edition très-correcte.

— Eædem, cum variis lect. selectis, gr. lat. *Lond.* 1747 , 2 vol. in-12. 6 à 9 l.

— Eædem , gr. lat. , ed Th. Johnson. *Lond.* 1758 , 2 vol. in-8. 18 l.
Edition correcte.

— Eædem , gr. lat. , ex edit. Jo. Capperonnerii et cum notis , etc. J. F. Vauvilliers. *Parisiis*, 1781, 2 vol. in-4. 30 l. — Gr. pap. 72 à 96 l.
Edition estimée.

—Eædem, gr. lat. , cum notis R. F. P. Brunck. *Argentorati*, 1786, 2 vol. in-4. 66 l.
Bonne édition.

— Eædem, gr. lat. , cum notis R. F. P. Brunck. *Argentorati*, 1786-89 , 4 vol. in-8. 48 l.
On a tiré de cette édition quelques exemplaires en papier fort.

— Eædem , gr. lat. , cum notis R. F. P. Brunck. *Argentorati*, 1788 , 3 vol. grand in-8. 36 à 45 l.
Edition tirée à 250 exempl. aux frais de l'éditeur.

— Eædem, cum novâ vers. , notis et variis lect., operâ Th. Johnson. *Etonæ*, 1775 vel 1788, 2 vol. in-8. 12 à 15 l.

— Eædem, gr., cum animadv. Sam. Musgravii. *Oxonii*, 1800, 3 vol.

in-8. pap. vélin, 36 l. — Gr. pap. rare , 120 à 150 l.

—Eædem, ac deperditorum Fragmenta , cum notis C. G. A. Erfurdt. *Lipsiæ* , 1802 , 4 vol. in-8. 32 l. — Pap. fin, 40 l.

— Sophoclis Dramata quæ supersunt et deperditorum Fragmenta, gr. lat., ex edit. F. H. Bothe. *Lipsiæ*, 1806 , 2 vol. in-8. 30 l. — Pap. fin , 36 l.

— Ejusd. Œdipus uterque et Antigone ; Euripidis Phœnissæ, et Æschyli septem Thebana , sive Pentalogia, seu Tragœdiarum græcar. Delectus cum adnot. Jo. Burton. Cur. Th. Burgess, gr. *Oxonii*, 1779, 2 vol. in-8. 12 à 15 l.

— Ejusd. Electra , cum notis C. G. A. Erfurdt. *Lipsiæ*, 1803, in-8. 10 l. — Pap. fin , 12 l.

— Ejusd. Œdipus rex , gr. lat. , ex recens. Brunckii, et cum adnot. Ch. Th. Künœl. *Lipsiæ*, 1790 , in-8. 5 liv.

— Idem , cum comment. J. H. Ch. Barby. *Berolini*, 1807, in-8. 5 l. — Pap. fin, 6 l.
L'édition sur papier fin est jolie.

— Ejusd. Sophoclis Trachiniæ , ex recens. Brunckii, et cum comment. H. L. J. Billerbeck. *Hildesiæ* , 1801 , in-8. 7 l.

— Idem Opus , cum notis C. G. A. Erfurdt. *Lipsiæ*, 1802 , in-8. 7 l.

—Commentarii , sive Scholia græca in vij Tragœdias Sophoclis, opus in gymnasio Medicæo recogn. et editum. *Romæ*, 1518 , in-4.
Peu commun, 30 l.

— L'Edipo re, tragedia di Sofocle , in vers. ital. da L. Lamberti. *Parma* , Bodoni , 1796, in-4. 6 l.

—Théâtre de Sophocle , trad. en franç. avec des remarq. par Guill. de Rochefort. *Paris*, 1788, 2 vol. in-8. 8 l.—Gr. pap. 15 l.—Format in-4. pap. vélin, 20 l.

— Le même , cont. les tragédies de ce poète qui n'avaient pas encore été traduites , par Dupuis. *Paris* , 1777, in-4. ou 2 vol. in-12. 4 l.

SOPRANI. (Raph.) Vite de' Pittori, Scultori ed Architetti Genevosi, con le note di G. Ratti. *In Geneva*, 1768, 2 vol. in-4. 18 l.

SORLIN. (J. Desmarets de Saint-)
Voy. DESMARETS et EPICTÈTE.

SOTTIE à dix personnages, jouée à
Genève, en la place du Molard, le
dimanche des Bordes, l'an 1523.
Lyon, P. Rigaud, in-12.

Il existe deux réimpressions de cet ouvrage;
la première a paru vers le milieu du 18.°
siècle, et la seconde a été donnée par M.
Caron dans ces dernières années. Voy. *Collection.*

SOUPIRS (les) de la France esclave,
qui aspire après sa liberté (15 Mémoires). *Amst.* 1690, in-4. 27 l.
— Les mêmes (15 Mémoires.) *Amst.*
1690, in-8. 6 à 9 l.

SOURCE (la) d'honneur, pour maintenir la corporelle élégance des Dames (en rime franç.) *Lyon*, 1532,
in-8. 7 l.

SOUTERIUS. (Dan.) Vide MEUR-
SIUS.

SOUVERAIN. (le Sieur) Le Platonisme dévoilé. *Cologne*, 1700,
in-12. 6 l.

Peu commun.

SOWERBY. (James) Introduction
facile à la Peinture des fleurs, d'après nature (en angl.) *Lond.* 1788,
in-8. obl. fig. color. 9 l.

SPALLANZANI. Expériences pour
servir à l'hist. de la génération des
Animaux et des Plantes. *Genève*,
1785, in-8. fig. 5 l.
— Voyages dans les deux Siciles et
dans quelques parties des Apennins, trad. de l'ital. par Toscan.
Paris, an 8, 6 vol. in-8. fig. 18 l.
— Opuscules de Physique animale et
végétale, trad. de l'ital. par J. Sennebier. *Paris*, 1787, 3 vol. in-8.
fig. 12 l.

SPALLART. (Rob. de) Tableau
historiq. des costumes, des mœurs
et des usages des principaux peuples de l'antiquité et du moyen âge,
trad. de l'allemand, par L. de
Jaubert. *Metz*, 1804, 6 vol. in-8.
et 6 atlas in-fol. obl. pap. vélin,
fig. color. 280 l. Prix de l'éditeur.

SPANHEMII (Ezech.) Dissertationes de præstantià et usu Numismatum antiq., cur. Is. Verburgio.
Lond. 1706 et *Amst.* 1717, 2 vol.
in-fol. 66 l. — Gr. pap. 110 l.

Ouvrage estimé.

SPANHEMII (Frid.) Elenchus Controversiarum de Religione; cum dissidentibus hodiè Christianis, prolixè et cum Judæis. *Amst.* 1701,
in-8. 5 l.
— Ejusd. Opera, cont. geographiam,
chronologiam, historiam sacram atque ecclesiast. utriusque temporis.
Lugd. Bat. 1701, 3 vol. in-fol.
15 à 18 l.

SPANO. (Piet.) Volgarizzamento del
Tesoro de' Poveri. *Venezia*, 1543,
in-8. *rare*, 12 l.

SPARRMANN (Andr.) Musæum
Carlsonianum, novas et selectas
Aves exhibens. *Holmiæ*, 1786-89,
4 fasc. in-fol. avec 100 pl. color.
— Voyages to the Cape of Good-
Hope. *London*, 1786, 2 vol. in-4.
fig. 20 l.
— Voyage au Cap de Bonne-Espérance, etc. trad. de l'angl. par Le
Tourneur. *Paris*, 1787, 2 vol. in-4.
fig. 15 l.
— Le même, et de la même traduction. *Paris*, 1787, 3 vol. in-8, 12 l.

SPECIMENS of the early english
poets. *Lond.* 1790, in-8. pap. vélin, 10 l.

SPECULUM Animæ peccatricis.
Parisiis, 1479, in-4.

Edition rare, et recherchée pour son ancienneté.

SPECULUM Justitiæ. De Spigel der
Gerechticheit (Miroir de Justice,
mis en lumière par H. N.) Anno
1580, 3 vol. in-4.

Exemplaire imprimé sur vélin.

SPECULUM humanæ Salvationis.
*Editio primæ vetustatis, tentamen
artis impressoriæ, absque loco et
anno*, pet. in-fol.

Cet ouvrage est composé de 63 feuillets imprimés d'un seul côté. Les 5 premiers
contiennent une préface latine, et les autres représentent une estampe gravée en
bois en forme de vignette, avec deux
tableaux historiques, tirés de la Bible,
et renfermés dans deux arcades d'architecture gothique, avec des inscriptions explicatives.

Il y a deux éditions latines de ce livre,
lesquelles sont également très-rares et fort
recherchées. La première est celle où le
texte des planches 1, 2, 4 — 11, 13, 14,
16, 17, 21, 22, 26, 27, 46, 55, est imprimé en caractères gravés en planches
de bois, tandis que le texte de la préface

et du reste des estampes, est imprimé en
caractères de fonte.
Dans la seconde édition, la totalité du
texte est exécuté en lettres de fonte.
Cet ouvrage a été trad. en hollandais, flamand,
allemand et français. Ces diverses versions
sont aussi très-rares.

SPELMANNI (Jo.) Psalterium
Davidis lat. - saxonicum vetus.
Lond. 1640, in-4.
Peu commun.

SPELMANNI (Henr.) Glossarium
Archaïologicum. *Lond.* 1687, in-
fol. 24 l.
Edition préférable à celle de 1664.

SPENCE'S Polymetis ; or an Enquiry
concerning the agreement between
the works of the roman poets, and
the remains of the ancient artists.
Lond. 1747, in-fol. fig. 36 l.

SPENERI (Jac. Car.) Notitia Germaniæ antiquæ. *Halæ Magd.* 1717,
2 vol. in-4. 8 l.

SPENSER. (Edmund.) The Faerie
Queene. *Lond.* Brindley, 1751,
3 vol. in-4. fig. 40 l.
Belle édition.

SPERONE SPERONI. Dialoghi.
In Vinegia, Aldo, 1542, in-8.
Première édition de ces Dialogues. Elle a
été réimprimée , par le même, en 1543,
44, 46, 50 et 1552. L'édition de 1550 est
mentionnée par l'Académie de la Crusca.

SPHERE (la) de la Lune, composée
de la teste de la femme. *Paris*,
1632, in-8. fig. 6 l.

SPIFAME (Radul.) Dicœarchiæ
Henrici II regis christianiss. Pro-
gymnasmata. 1556, in-8. 15 à 18 l.
Livre rare et singulier.

SPIGELII (Adr.) Opera anatomica,
ex recens. Jo. Ant. Vander Linden.
Amst. 1645, in-fol. fig. 15 l. — Gr.
pap. 24 l.

SPILSBURY'S. (John) Collection of
fifty prints from antiques gems in
the collection of earl Percy, etc.
Lond. 1785, in-4. 40 l.

SPINOSA. (Juan de) Dialogo en
laude de las Mugeres, intitulado,
Gynæcepænos. En Milan, 1580,
in-4. 15 à 18 l.

SPINOSÆ (Bened.) Tractatus theo-
logico-politicus. *Hamburgi* 1670,
in-4. 6 l.

— Réflexions curieuses d'un esprit
désintéressé, sur les matières les

plus importantes au salut (trad.
du lat. par de Saint-Glain.) *Cologne*, 1678, in-12. 10 l.
Traduction française du livre précédent.
Elle a paru sous les trois intitulés suivants : savoir : *La Clef du Sanctuaire ,
Traité des Cérémonies superstitieuses
des Juifs ; et Réflexions curieuses d'un
esprit désintéressé.* Quand ces trois
titres se trouvent rassemblés dans le volume , ils en augmentent la valeur.

—Ejusd. B. Spinosæ Opera posthuma.
1677, in-4. 7 l. — Gr. pap. 18 l.
Cet ouvrage a été traduit en hollandais en
1667, in-4.

— Renati Descartes Principiorum
Philosophiæ, Pars I et II, more
geometrico demonstratæ, per B.
Spinosam. *Amst.* 1667, in-4. 8 l.

—La Vie et l'Esprit de Benoît de
Spinosa. (*En Hollande*), 1712,
in-8. 9 l.
Ce livre n'est pas commun. On l'attribue
à un nommé Lucas, médecin.

SPON. (Jac.) Miscellanea eruditæ
Antiquitatis. *Lugd.* 1685, in-fol.
fig. 12 à 15 l.

— Recherches curieuses d'Antiquités.
Lyon, 1683, in-4. fig. 9 à 12 l.

— Voyage de Dalmatie, de Grèce et
du Levant, par J. Spon et G. Whé-
ler. *Lyon*, 1677, 3 vol. in-12. fig.
6 à 9 l.

—Le même. *La Haye*, 1680, 2 vol.
in-12. fig. 6 à 9 l.

—Le même. *La Haye*, 1724, 2 vol.
in-12. fig. 6 à 9 l.
L'édition précédente est préférable.

— Recherches des Antiquités et Curiosités de la ville de Lyon. *Lyon*,
1673, in-8. *très-rare.*

—Histoire de la ville de Genève. *Genève*, 1730, 2 vol. in-4. fig. 8 l.
— Gr. pap. 15 l.

—De l'Origine des Etrennes. *Paris*,
Didot l'aîné, 1781, in-18.
Il y a de ce petit volume des exem-
plaires sur vélin.

SPONDE (Henr. de) Tractatus de
Cœmeteriis sacris. *Parisiis*, 1638,
in-4. 6 à 9 l.
Très-savant et peu commun.

SPRENGEL. (C.) Histoire de la
Médecine, en allem. *Halle*, 1792,
4 vol. in-8. 50 l.

—Historia Rei herbariæ. 1808, 2 vol.
in-8. 28 l.

— Floræ Halensis Tentamen novum,

cum iconib. xij. *Halæ*, 1806, in-8. 8 liv.

STAAL. (Madame de) Mémoires écrits par elle-même. *Lond*. 1755, 4 vol. pet. in-8. 10 l.

Il y a des exemplaires en papier fin, marqués d'une étoile.

STALKART. Naval Architecture, or the Rudiments and Rules of Ship Building. *Lond*. 1787, 2 vol. in-fol. fig. 60 l. — Gr. pap. 120 l.

STANISLAS, roi de Pologne. Bâtiments de la Lorraine, faits sous ses ordres, et divisés en trois parties, 1753, in-fol.

— Recueil des Etablissements et Fondations faits par le roi de Pologne : ouvrage dirigé par Michel. *Lunéville*, 1762, in-fol.

Ces deux articles réunis, 40 à 50 l.

—Œuvres du Philosophe bienfaisant. *Paris*, 1763, 4 vol. in-8. 12 l. — Gr. pap. 21 l.

STANLEII (Th.) Historia philosophiæ, ex angl. lat. translata per Jo. Clericum. *Lipsiæ*, 1711, 2 tom. 1 vol. in-4. 15 à 18 l.

Ouvrage estimé et peu commun.

STARKII (Seb. Got.) Specimen Sapientiæ Indorum vet., gr. lat. *Berolini*, 1697, in-12. 8 l.

STAROVOSLKI(Sim.) Monumenta Sarmatarum. *Cracoviæ*, 1695, in-fol. 18 à 24 l.

STATII (Pub. Pap.) Opera quæ extant omnia, scilicet : Thebaïdos lib. xij, cum Comment. Placidi Lactantii ; Achilleïdos lib. ij, cum Comment. D. F. Mataraccii, et Sylvarum lib. v, cum notis D. Calderini. *Romæ*, Calendis sextilibus, 1475, in-fol.

Première édition complète des OEuvres de Stace avec Commentaires. Elle est rare et recherchée.

— Eadem. *Venetiis*, Aldus, 1502, in-8. 27 l.

Edition estimée. On en a tiré des exemplaires sur vélin.

— Eadem. *Venetiis*, Aldus, 1519, in-8. 12 l.

Réimpression de l'édition précédente. Elle n'est pas aussi estimée.

—Eadem, ex recens. et cum animadv. Casp. Barthii. *Cigneæ*, 1664, 4 vol. in-4.

Edition estimée, mais mal exécutée. Elle n'est pas chère, 24 l. environ.

Dict. Bibl. I.

—Eadem, cum notis Varior., ex edit. Jo. Veenhusen. *Lugd. Bat.* 1671, in-8. *lettres italiques*.

Cette édition fait partie de la Collection des *Variorum*. Les exemplaires en sont rares, 27 liv.

— Eadem, cum interpr. et notis Cl. Beraldi ; ad usum Delphini. *Lut. Parisior*. 1685, 2 vol. in-4.

Cette édition est l'une des plus rares de la Collection des auteurs *ad usum Delphini*. Elle ne vaut pas moins de 5 à 600 l.

—Eadem, cum notis varior., ex edit. Pet. Burmanni. *Leydæ*, 1724, in-4. 8 liv.

— Thebaïdos, lib. xij, ex recens. Bonini Mombritii. (*Mediolani*, circà ann. 1478), in-fol. 200 l.

Cette rare édition est exécutée à longues lignes, sans chiffres ni réclames, avec signatures.

— Thebaïdos, lib. xij, et Achilleïdos, lib. duo. *Absque loci, anni et typographi indicat*. in-fol. *très-rare*, 300 l.

Quelques bibliographes prétendent que cette édition est antérieure à la précédente. Elle est imprimée à longues lignes, au nombre de 36 sur chaque page entière, sans chiffres, signatures ni réclames.

— Achilleïdos, lib. duo. *Ferrariæ*, Andr. Gallus, 1472, in-4.

Très-rare édition, et la première de ce livre.

— Iidem. *Venetiis*, 1472, in-fol.

— Iidem. *Parmæ*, Steph. Corallus, 1473, in-fol.

Ces deux éditions sont aussi fort rares.

— Sylvarum lib. v. *Parmæ*, Steph. Corallus, 1473, in-fol.

Cette édition est rapportée par plusieurs bibliographes, mais comme ou n'en connaît pas d'exemplaires, il est à croire que c'est celle qu'on trouve à la suite des Poésies de Catulle, Tibulle et Properce, imprimées eu 1472. Voyez *Catullus, Tibullus* et *Propertius*.

— Iidem, ex recens. J. Marklandi. *Lond*. 1728, in-4. 30 l.

Edition estimée. Il y a des exemplaires en grand papier, mais ils sont très-rares.

— La Thébaïde, trad. en franç. par P. L. Cormiliolle. *Paris*, 1783, 3 vol. in-12. 8 l.

— Les Sylves et l'Achilléïde, trad. en franç. par le même. *Paris*, 1801, 2 vol. in-12.

Ces 5 vol. réunis, 15 l. environ.

— Les Sylves, trad. en franç. avec le texte et des notes, par M. S.

63

Delatour. *Paris*, 1804, in-8. 6 l.

STATUE (Delle antiche) greche e romane che si trovano in Venezia. *In Venezia*, 1740 e 1743, 2 tom. 1 vol. gr. in-fol. 100 l.

STATUTOS da Universidad de Coimbra confirmados. *En Coimbra*, 1654, in-fol.

Ce volume est fort rare, même en Espagne, 80 l.

STATUTS (les) de la Congrégation des Pénitents de l'Annonciation de Notre-Dame. *Paris*, 1583, in-8.

Exemplaire imprimé sur vélin.

STATUTS (le Livre des) et Ordonnances de l'ordre Saint-Michel, établi par Louis XI, roi de France. *Sans nom de ville ni date* (vers le milieu du XVIe siècle), in-4.

Exemplaire sur vélin.

STATUTS de l'Ordre du Saint-Esprit, établi par Henri III, roi de France et de Pologne, au mois de décembre 1579. *Paris*, impr. roy. 1703, in-4.

Exemplaire imprimé sur vélin.

STAVEREN. (Aug. van) Vide MYTHOGRAPHI latini.

STAUTON'S. (Georg.) Authentic Account of lord Macartney's Voyage. *London*, 1797, 2 vol. gr. in-4. et atlas composé de 44 pl. 72 à 80 l.

—Voyage dans l'intérieur de la Chine et en Tartarie, par lord Macartney, trad. de l'angl. par J. Castera. *Paris*, an 7 (1799), 5 vol. in-8. et atlas de 39 pl. 27 l. — Pap. vélin, 40 liv.

Traduction française du Voyage précédent.

STEDMAN'S. Description of Surinam. *Lond.* 1796, 2 vol. gr. in-4. avec 80 pl. color.

— Voyage à Surinam et dans l'intérieur de la Guiane, trad. de l'angl. par P. F. Henry. *Paris*, an 7 (1799), 3 vol. in-8. et atlas, 18 l.

STEELLE'S (Rich.) and Jos. ADDISSON'S. The Spectator. *Lond.* 1753, 8 vol. in-8. 40 l.

— The same. *Lond.* 1789, 8 vol. in-8. 40 l.

— The same, with notes by Rob. Bisset. *Lond.* 1794, 8 vol. in-8. pap. vélin, 72 l.

— Le Spectateur, ou le Socrate mo-

derne, trad. de l'angl. *Paris*, 1755, 9 vol. in-12. 21 l.

L'édition en 3 vol. in-4. vaut à-peu-près le même prix.

— Steele's Tatler, with notes. *Lond.* 1789, 4 vol. in-8. 20 l.

STELLUTI. (Fr.) Trattato del Legno fossile minerale. *In Roma*, 1637, pet. in-fol. fig.

Ce volume, composé de 12 pages d'impression seulement, et décoré de 17 planches, n'est pas commun, 18 l.

STEPHANI (Henr.) Admonitio de Abusu Linguæ græcæ. *Excud. id. Steph.* 1563. — Ejusd. Expostulatio de Latinitate falsò suspectà ; et Dissert. de Plauti Latinitate. *Ibid.* 1576. — Ejusd. Dialogus inscriptus, *Pseudo-Cicero. Ibid.* 1577. — Ejusd. Dialogus cui titulus est, *Nizoliodidascalus. Parisiis, Ibid.* 1578, 4 vol. in-8.

On fait beaucoup de cas de ces 4 Dissertations, 18 l. environ.

— Conciones, sive Orationes ex græcis latinisque Historicis excerptæ, operà H. Stephani. *Typ. H. Stephani*, 1570, in-fol. 21 l. — Gr. pap. très-rare.

— Idem Opus. *Amst.* 1662, seu *Lugd. Bat.* 1649, in-12. 10 l.

— Thesaurus Linguæ græcæ, ab H. Stephano constructus. *Excudebat H. Steph.* 1572, 4 vol. in-fol. 140 l. — Gr. pap. 300 l.

Il existe de ce grand ouvrage deux éditions très-distinctes. La première sous la date de 1572, et la seconde, sans date, avec cette souscription (au bas de l'olivier gravé en bois, au frontispice), *sub Olivâ Henrici Stephani.*

Nous n'entrerons pas dans de plus amples détails ; il nous suffira de faire observer que dans la seconde édition les colonnes ne correspondent pas toujours avec celles de la première, et que les fleurons qui sont en tête de chaque lettre de l'alphabet, présentent quelquefois des différences avec ceux de 1572. A ces quatre volumes il faut joindre l'article suivant : *Glossaria duo*, gr. lat., sive *Lexica duo antiqua, unum lat.-gr., alterum gr.-latinum.* 1573, in-fol. Ce volume est fort rare, et vaut seul 80 à 100 l. et davantage lorsqu'il est en grand papier. Il n'a point été réimprimé.

—Epistola quà ad multos multorum amicorum respondet, de suæ Typographiæ statu, nominatimq. de

suo Thesauro Linguæ græcæ, etc.
Parisiis, H. Steph. 1569 , in-8.
10 liv.

— Comicorum græcorum Sententiæ
vers. lat. redditæ et annot. illustratæ. *Parisiis* , H. Steph. 1569 ,
in-16. 4 à 6 l.

— Virtutum Encomia , sive Gnomæ
de Virtutibus, gr., ex interpr. lat. H.
Stephani. *Parisiis*, H. Steph. 1573,
in-12. 6 à 8 l.

— Schediasmatum variorum , id est
Observationum , Emendationum ,
etc. libri iv. *Parisiis* , H. Steph.
1578, in-8. 6 à 9 l.

Le quatrième Livre manque à presque tous
les exemplaires..

— Artis typographicæ Querimonia de
illiteratis quibusdam typographis ,
etc. *Parisiis* , H. Steph. 1569, in-4.
8 à 10 l.

— Principum Monitrix Musa , sive
de Principatu benè administrando
Poëma et Poëmatium , cujus versus intercalaris *Cavete vobis Principes*. *Basil.* 1590 , in-8. 6 à 8 l.

— Hypomneses de gallicâ Linguâ pe-
regrinis eam discentibus necessa-
riæ, etc. , auct. H. Steph. 1582 ,
in-8. 8 l.

— Epistolia, Dialogi breves , Ora-
tiunculæ , Poëmatia , ex variis utri-
usq. linguæ scriptoribus , gr. lat.
Parisiis ; H. Steph. 1577 , in-8 6 l.

— Dictionarium medicum, gr. lat.,
stud. H. Stephani. *Typis ejusd.*
Steph. 1564 , in-8. 10 l.

— Ciceronianum Lexicon , ex variis
græcor. Scriptor. locis à Cicerone
interpretatis collectum. *Parisiis*,
H. Steph. 1557 , in-8. 8 l.

— Carmen de Senatulo Fœminarum.
Argentorati , 1596 , in-4. rare.

Vendu 24 l. chez Loménie de Brienne ,
mais ordinairement 12 à 15 l.

— Les Prémices , ou le premier livre
des Proverbes épigrammatisés , ou
des Epigrammes proverbialisées.
1594, in-8. 8 l.

— Traité de la Conformité du Langage français avec le grec. *Paris* ,
1569, in-8. 6 l.

— Deux Dialogues du nouveau langage français italianisé. 1579, in-8.
6 à 8 l.

— Projet du livre intitulé, De la Pré-

cellence du Langage français. *Paris* , 1579, in-8. 8 l.

— Vid. ANTHOLOGIA. — ARTIS medicæ principes. — FRAGMENTA Poëtarum vet. latinor. — HÉRODOTE. —
ORATORUM veter. Orationes. —
POETÆ græci principes.

STEPHANI (Car.) Dissectio corporis humani. *Parisiis*, 1545 , in-fol.

Exemplaire imprimé sur vélin avec figures
coloriées.

STEPHANI (Rob.) Thesaurus Linguæ latinæ. *Lond.* 1734 , 4 vol. in-
fol. 50 à 60 l. — Gr. pap. 80 l.

— Idem , cum animadv. Ant. Birrii.
Basileæ , 1740, 4 vol. in-fol. 50 à
60 liv.

L'édition de *Londres* , 1734 , est recherchée
des amateurs , parce qu'elle est bien imprimée ; et celle de *Bâle* est fort estimée
des savants , parce qu'outre les augmentations qu'elle renferme , le texte en a été
corrigé avec beaucoup de soin.

— Ad Censuras theologorum Parisiensium Responsio. *Paris.* 1552 ,
in-8. 7 l.

— Les Censures des théologiens de
Paris , qui condamnent les Bibles
imprimées par Rob. Etienne , avec
la Réponse d'icelui. *Paris* , 1552 ,
in-8. 9 à 12 l.

— Vid. BIBLIA sacra lat. et TESTA-
MENTUM. (Novum)

STEPHANUS BYZANTINUS de
Urbibus , gr. *Venetiis* , Aldus ,
1502 , in-fol.

Première édition de ce livre.

— Idem Opus , gr. lat. , ex vers. et
cum observat. Th. de Pinedo.
Amst. 1678 , in-fol. 161. — Gr. pap.
30 liv.

— Idem Opus , gr. lat. , ex novâ vers.
et cum Comment. Abr. Berkelii.
Lugd. *Bat.* 1694 , in-fol. 18 l. —
Gr. pap. 36 l.

Ces deux éditions sont bonnes. On les réunit
ordinairement à cause de quelques différences qu'on y trouve. Il faut y joindre
l'article suivant :
*Lucæ Holstenii Notæ et Castigationes in
Steph. Byzantini Gentilia , à Th.
Rryckio editæ. Lugd. Batav.* 1684, in-fol.
16 liv.

STEPLING (J.) Differentiarum mi-
nimarum quantitatum variantium
calculus directus, vulgò differentialis. *Vetero-Pragæ* , 1774, in-4.
15 liv.

STERBEECK (Fr. van) Theatrum
Fungorum (belgicè). *Antuerp.*
1675, in-4. fig. 8 l.
— Le Jardinier ingénieux (en hollandais). *Leyde*, 1721, in-4. fig.
6 liv.
STERNE'S : (Laur.) Works. *Lond.*
1783, 10 vol. in-8. 54 l.
— The same. *Lond.* 1793, 10 vol.
in-12. fig. 40 l.
— The same. *Lond.* 1798, 10 vol. pet.
in-8. fig. pap. vélin, 60 l.
— A sentimental Journey. *Lond.*
1792, in-12. pap. vélin, fig. 6 l.
— The same. *Paris*, Renouard, 1802,
in-18. et in-12.
On a tiré de cette édition trois exempl. sur
papier rose, et un seul sur vélin.
— The Life and Opinions of Tristram
Shandy. *Basil.* 1792, 2 vol. in-8.
8 liv.
— Voyage sentimental, en angl. et
en franç. *Paris*, Didot le jeune,
1798, 2 vol. gr. in-4. fig. pap. vé-
lin, 36 l. — Fig. av. la lettre, 40 l.
— Œuvres complètes de Laur. Sterne.
Paris, 1803, 6 vol. in-8. 16 grav.
27 l. — Pap. vélin, 40 l.
STÉUART'S. (James) Political
Economy. *Lond.* 1767, 2 vol. gr.
in-4. 36 l.
— The same. *Basil.* 1796, 5 vol.
in-8. 18 l.
— Recherches des principes de l'E-
conomie politique, trad. de l'angl.
Paris, 1789, 5 vol. in-8. 24 l.
STEVENS. Voy. DODSWORTH.
STIEGLITZ. (Dr. C. L.) Plans et
Dessins tirés de la belle Architec-
ture. *Leipzig*, 1800, in-fol. 115 pl.
66 liv.
STITH. (Will.) The History of the
first discovery and settlement of
Virginia. *Lond.* 1753, in-8. 15 l.
STOBÆI (Jo.) Collectiones Senten-
tiarum, ed. Trincavello, gr. 1536,
in-4.
Première édition.
— Ejus l. Sententiæ, ex thesauris gr.
delectæ, gr. lat. *Aureliæ Allobr.*
1609, in-fol. 24 l.
Bonne édition.
— Ejusd. Eclogarum physicarum et
Ethicarum lib. ij, ad codd. mss.
fidem suppleti et castigati, annot.
et vers. lat. instructi ab A. H. L.

Heeren. *Gotting.* 1792, 4 vol. in-8.
27 liv.
— Dicta Poëtarum quæ apud Jo.
Stobæum extant, gr., emend. et
lat. carmine reddita ab H. Grotio. *Parisiis*, 1623, in-4. 24 l.
STOBÆI (Kiliani) Opera, in quibus
petrefactorum numismat. et antiq.
historia illustratur. *Dantizci*, 1753,
in-4. fig. *rare*, 36 l.
STOLBERG'S. Travels through Germany, Switzerland, Italy and Sicily. *Lond.* 1796, 2 vol. gr. in-4.
fig. 30 l.
Ce Voyage a paru, pour la première fois,
en allemand, à *Kœnisberg*, en 1794, 4 vol.
in-8.
STOLL. (Gaspard) Représentation
des Cigales et des Punaises qui se
trouvent dans les quatre parties du
monde. *Amst.* 1788, 2 vol. in-4.
fig. color. 80 l.
— Représentation des Spectres, des
Mantes, des Sauterelles, des Gril-
lons, etc. des quatre parties du
monde. *Amst.* 1787, in-4. fig. color.
45 liv.
STOLL (Max.) Aphorismi de cognoscendis et curandis febribus. *Vindob.* 1786, in-8. 5 l.
— Les Aphorismes de M. Stoll sur les
Fièvres, trad. en franç. par Corvi-
sart, avec le texte lat. à côté. *Paris*, 1797, in-8. 5 l.
— Dissertat. medicæ ad morbos chro-
nicos pertinentes, edidit et præfatus est Josephus Eyerel. *Viennæ*,
1788-1792, 6 vol. in-8. 30 l.
— Ratio medendi in nosocomio prac-
tico Vindobonensi. *Viennæ*, 1777-
1790, 7 vol. in-8. 30 l.
— Médecine pratique, trad. par Mahon. *Paris*, an 9, 4 vol. in-8. 12 l.
STONNE. (M. le baron de) Mélanges
de Poésies. *Lond.* 1782, in-12. 10 l.
Cet ouvrage, imprimé par l'auteur lui-même,
n'a été tiré qu'à 60 exemplaires.
STOPPINI (Magist.) Capricia Ma-
caronica. *Venetiis*, 1670, in-16. 12 l.
Toutes les éditions de ce petit ouvrage sont
recherchées.
STORIA naturale degli Uccelli,
trattata con metodo, ed adornata di
figure intagliate in rame e miniate
al naturale, ital. e lat. *Firenze*,

1767, 69 , 71 , 74 , 4 vol. gr. in-fol. fig. color.

Chaque volume de ce magnifique ouvrage renferme environ 100 planches.

STORIE pistolesi , ovvero delle cose avvenute in Toscana dal 1300 al 1348. *Firenze* , Giunti , 1578 , in-4. *rare*, 21 l.

— Le stesse , col Diario del Monaldi. *Firenze* , 1733 , in-4. 8 l.

Ces deux éditions sont mentionnées dans le Vocabulaire de la Crusca.

STOSCH. (Philip. de) Pierres antiques grav. , sur lesquelles les graveurs ont mis leurs noms , dessinées et grav. par B. Picart , avec des explicat. en lat. par Philip. de Stosch , et la trad. en franç. par H. P. de Limiers. *Amst.* 1724 , in-fol. 36 l. — Gr. pap. 8o l.

Fort bel ouvrage. Les exemplaires en grand papier sont rares.

STRABONIS Rerum Geographicarum lib. xvij , gr. *Venetiis*, Aldus, 1516 , in-fol. 24 à 36 l.

Première édition de la Géographie de Straton. Les exemplaires n'en sont pas communs.

—Iidem, gr. lat., à Guill. Xylandro. *Basil.* 1571 , in-fol. 9 à 12 l.

— Iidem , gr. lat. , ab Is. Casaubono. *Genevæ* , 1587 , in-fol. 12 à 15 l.

Edition estimée.

— Iidem , gr. lat. , ex vers. Guill. Xylandri et cum Comment. Is. Casauboni , etc. *Parisiis* , typ. reg. 1620 , in-fol. 18 l.

Edition estimée.

— Iidem , gr. lat. , ex eâdem G. Xylandri vers. ; cum notis Casauboni , etc. ; cur. Theod. Jans. ab Almeloveen. *Amst.* 1707 , 2 vol. in-fol.

Edition fort estimée et peu commune , 90 l. et en grand papier , 250 l.

—Iidem , gr. lat. , cum annot. J. Ch. Siebenkees et C. G. Tzschucke. *Lipsiæ* , 1796 , 4 vol. in-8. 40 l.

— Iidem , lat. , ex interpr. Guarini Veronensis et G. Typhernatis. *Romæ* , Conr. Sweynheym et Arn. Pannartz , absque anni notâ, in-fol. *très-rare*. Prix arbitraire.

Cette édition est regardée comme la première de ce livre. Les uns lui assignent la date de 1469 , et d'autres celle de 1471.

— Iidem , ex eâdem præcedenti lat.

interpr. *Venetiis* , per Vendelinum Spirensem , ann. 1472 , in-fol. 8o l.

Cette édition n'est pas moins rare que la précédente. Elle est imprimée sans chiffres , signatures ni réclames.

— Iidem , ex eâdem præcedenti lat. versione. *Romæ* , Conr. Sweynheym et Arn. Pannartz,1473,in-fol.

Cette édition est aussi fort rare.

— Iidem , ex eâdem præcedenti lat. interpretat. *Venetiis* (seu potiùs *Tarvisii*) , per Jo. Verullensem , 1480 , in-fol. 24 l.

Les curieux font encore cas de cette édition. Les exemplaires en sont assez rares.

— Iidem, ex eâdem præcedenti lat. vers. ; nunc denuo recognita à doct. viris et multò emend. *Lugd.* 1559, 2 vol. in-16. seu *Amst.* 1652 , 2 vol. in-12. 12 l.

Ces deux petites éditions sont recherchées. Elles passent pour très-correctes.

— La Géographie de Strabon , trad. en franç. par MM. de la Porte du Theil et Coray , avec des observ. par M. Gosselin. *Paris* , 1805 , Tom. I.er in-4. 3o l.

— La Geografia di Strabone , trad. da Alf. Bonaccioli , parti duc. *Venezia* , 1562 , e *Ferrara* , 1565 , in-4. 12 l.

Cette version est estimée.

STRADA A ROSBERG. (Octav.) Dessins artificiaux de toutes sortes de Machines , Moulins à vent, Moulins à eau , etc. *Francof.* 1617 et 1618 , 2 tom. 1 vol. in-fol. fig. 36 l.

Le second volume de cet ouvrage est rare.

STRADÆ (Fam.) de Bello Belgico ab excessu Caroli V. imper. anno 1555 ad ann. 1590, Decades duæ. *Romæ*, 1640 et 1647 , 2 vol. in-fol. fig. 18 l.

Edition la plus belle et la plus recherchée.

Cet ouvrage a été traduit en italien , *Rome* , 1638 , 2 vol. in-4. fig. 7 l. et en français , par P. Du Ryer , *Paris* (Holl.) 1652 ou 1665 , 2 vol. in-8. fig. 12 l. ou 1712, 3 vol. in-12. fig. 10 l.

— Prolusiones academicæ , oratoriæ , poeticæ , etc. *Oxonii* , 1745 , in-8. 5 à 6 l.

STRANGE. (Rob.) A Collection of Prints , engraved after pictures of the most celebrated Painters in Italy , France and England. Gr. infol. 15o l.

STRAPAROLA da Caravaggio.

(Giov. Fr.) Le XIII piacevoli Notti. *In Venetia* , 1550, in-8. 8 l.

Les éditions de *Venise*, 1557, 1558 et 1560, sont également bonnes.

— Le medesime, con l'aggiunta di 100 Enigmi. *In Venetia*, 1599, in-4. fig. 9 l.

— Les facétieuses Nuits de J. Fr. Straparole, trad. en franç. par J. Louveau et P. de la Rivey. *Paris*, 1585, in-16. 7 l.

— Les mêmes, et de la même trad. ; édition revue par de la Monnoye. *Paris*, 1726, 2 vol. in-12. 8 l.

Il y a de cette édition des exemplaires sur vélin, qui sont ordinairement divisés en 6 volumes.

STRATONIS aliorumque vet. Poetarum græcorum Epigrammata, nunc primùm à Chr. Ad. Klotzio edita , græcè. *Altenburgi*, 1764, pet. in-8. 6 liv.

STRITTERUS. (Jo. Gotth.) Memoriæ Populorum olim ad Danubium, Pontum-Euxinum , incolentium ; ex Script. Byzantinis erutæ , ac digestæ à J. G. Strittero. *Petropoli* , 1771-79, 7 tom. 4 ou 5 vol. in-4. 80 liv.

STROTH (F. A.) Ægyptiaca, seu veter. Scriptorum de rebus Ægypti Commentarii et Fragmenta. *Gothæ*, 1782, 2 vol. in-8. 7 l.

STROZZII (T. Vespas.) et Herculis STROZZII patris et filii Opera poëtica. *Venetiis*, Aldus, 1513 , in-8. 15 l.

On a tiré de ce livre des exemplaires sur vélin.

— Eadem. *Parisiis*, 1530, in-8. 4 à 5 liv.

STRUCHTMEYERI (Jo. Chr.) Theologia mythica, sive de Origine Tartari et Elysii, lib. v. *Hagæ Comit*. 1753, in-8. 7 l.

STRUTT'S. (Jos.) The regal and ecclesiastical Antiquities of England. *Lond*. 1777, in-4. fig. 27 l.

— The Chronicle of England. *Lond*. 1777, in-4. fig. 21 l.

— A complete View of the manners, customs, arms, etc. of the inhabitants of England. *Lond*. 1775, 3 vol. in-4. fig. 72 l.

— Recueil cont. la Descript. des antiquités, bâtiments et habits des peuples anglais (en angl.) *Lond*.

1796 , 4 vol. in-4. fig. color. 84 l.

On a tiré de cette édition 25 exemplaires en grand papier vélin, 200 l.

— Angleterre ancienne , ou Tableau des mœurs , usages , habillements , etc. des anciens habitants de l'Angleterre, trad. de l'angl. par B.*** (Boulard.) *Paris*, 1789, 2 vol. in-4. fig. 12 l.

— A Biographical Dictionary, containing an historical Account of all the Engravers. *Lond*. 1785 , 2 vol. in-4. fig. 25 l.

STRUVII (Burc. Gott.) Bibliotheca historica selecta. *Jenæ*, 1740, 2 vol. in-8. 8 l.

— Ejusd. Syntagma Antiquitatum romanarum. *Jenæ* , 1707, in-4. fig. 6 liv.

— Ejusd. Introductio in notitiam Rei litterariæ et usum Bibliothecarum , aucta à Fischero. *Francof*. 1754 , 3 vol. in-8. 12 l.

STRUYS. (J.) Voyages en Moscovie, en Tartarie , en Perse, et aux Indes, publiés par Glanius. *Amst*. 1681 , in-4. fig. 8 l.

Cet ouvrage a été réimprimé à *Amst*. en 1718, et à *Rouen*, en 1730 , en 3 vol. in-12. fig.

STUART (J.) and REVETT. The Antiquities of Athens. *Lond*. 1762, 1790 , 1794 , 3 vol. gr. in-fol. fig. 300 liv.

Le premier vol. renferme 80 planches ; le second 78 , et le troisième 82. Ce dernier est rare en France.

On prépare une traduction française de ce bel ouvrage , laquelle formera 3 vol. in-fol. sur demi-colombier. Chaque exemplaire coûtera 160 l.

STUART'S. (Gilb.) View of society in Europe ; or Inquiries concerning the history of law , government , and manners. *Edimb*. 1778 , in-4. 15 liv.

STUCKII (Jo. Guill.) Antiquitatum convivialium lib. iij. *Lugd. Batav*. 1695, in-fol. 12 l. — Gr. pap. 24 l.

STUKELEY. (Will.) The metallic History of Marcus Aurelius , emperor in Britain. *Lond*. 1757, 2 tom. 1 vol. in-8. fig. 8 l.

STURLONIDÆ (Snorr.) Hist. Regum septentrionalium , ante sæcula V. cum notis J. Peringskiold, suecicè et lat. *Stockholmiæ*, 1697, in-fol. 18 l.

Cet ouvrage n'est point achevé.

SUARD. Notice sur la personne et les écrits du duc de la Rochefoucauld. *Paris*, Didot le jeune , 1781, in-18. pap. de Holl. 10 l.

Volume tiré à 25 exemplaires seulement.

— Notice sur la personne et les écrits de la Bruyère. *Paris*, Didot le jeune , 1781 , in-18. 10 l.

Tiré à 25 exemplaires seulement.

SUARESIUS. (Jos. Mar.) Arcus L. Septimii Severi Aug. Anaglypha , cum explicat. J. M. Suaresii. *Romæ* , 1676, in-fol. fig. 15 l.

SUAREZ (Fr.) Opera theologica. *Moguntiæ* et *Lugd.* 1630 , 22 vol. in-fol.

Cette Collection , bien complète , vaut 100 l. environ.

SUENCKFELDII (Chasp.) Libellus de duplici Statu , Officio , et Cognitione Christi. 1546 , in-8. de 22 pag.

Ce vol. est très-rare. Il s'est vendu jusqu'à 181 liv.

SUETONII TRANQUILLI (C.) Opus de Vitis XII Cæsarum , ex recogn. Ant. Campani. *Romæ* , in Pineà regione (per Ulricum Han seu Gallum), 1470, in-fol. Prix arbitraire.

Cette rare édition est communément regardée comme la première de ce livre.

— Ejusd. Opera , ex recogn. Jo. Andreæ , episcop. Aleriensis. *Romæ*, Conr. Sweynheym et Arn. Pannartz , in domo Pet. et Fr. de Maximis, 1470 , in-fol. 4 à 500 l.

Cette édition est aussi rare et aussi recherchée que la précédente.

— Eadem. *Venetiis* , Nic. Jenson Gallicus, 1471 , in-fol.

Belle et rare édition , 50 l.

— Eadem. *Romæ*, Conradus Sweynheym et Arn. Pannartz , 1472 , in-fol. 36 l.

— Eadem, *Mediolani*, A. Zarotus, 1480 , in-fol. 36 l.

— Eadem. Editio anni 1480 , *absque ullá loci et impressoris indicat.* in-fol. 36 l.

Ces trois dernières éditions sont assez rares.

— Eadem, à Mar. Tuccio. *Florent.* Junta , 1510, in-8. 7 l.

— Eadem. *Venetiis* , Aldus, 1516 , in-8. 12 l.

— Eadem. *Venetiis* , Aldus , 1521 , in-8. 12 l.

Il y a de cette seconde édition de Suétone , donnée par les Alde , des exemplaires sur vélin.

— Eadem, ex edit. Desid. Erasmi. *Lugd.* Steph. Doletus , 1541, in-8.

— Eadem. *Parisiis* , è typ. reg. 1644 , in-12. 9 l.

Jolie édition.

— Eadem, ex recens. J. G. Grævii , cum ejusd. animadv. et notis Varior. *Trajecti ad Rhenum* , 1672 , in-4.

Il y a de cette édition des exemplaires en grand papier qui sont fort rares , 70 l.

— Eadem, cum notis. *Oxonii* , 1676, in-8. 5 à 6 l.

— Eadem , cum interpr. et notis Aug. Babelonii ; ad usum Delphini. *Parisiis* , 1684 , in-4.

Ce vol. entre dans la Collection des auteurs *ad usum Delphini.* Il n'est pas commun , 21 liv.

— Eadem , cum notis Varior. , ex edit. et cum comment. Sam. Pitisci. *Traj. ad Rhenum* , 1690 , 2 vol. in-8. fig. 24 l.

Cette édition est fort estimée et fait partie de la Collection des *Variorum.*

— Eadem , cum notis Varior. , à Jo. Georg. Grævio. *Hagæ Comit.* 1691, vel *Traj. ad Rhen.* 1703 vel 1708 , in-4. 8 à 10 l.

— Eadem , cum notis Variorum et comment. Sam. Pitisci. *Leovardiæ*, 1714 , 1715 , 2 vol. in-4. fig. 30 l. — Pap. moyen, 72 l. — Gr. pap. 130 à 150 l.

Cette édition est une copie de la précédente , mais augmentée et mieux exécutée.

— Eadem , cum notis divers. , ex edit. Pet. Burmanni. *Amst.* 1736 , 2 vol. in-4. 27 l. — Gr. pap. 72 l.

On préfère l'édition de Pitiscus à celle-ci.

— Eadem , cum animadv. J. A. Ernesti. *Lipsiæ*, 1748 , in-8. 8 l.

On fait beaucoup de cas de cette édition.

— Eadem , ex recens. Fr. Oudendorpii , cum notis Varior. necnon ineditis C. And. Dukeri adnot. *Lugd. Batav.* 1751 , 2 vol. in-8. 20 l.

Excellente édition.

— Eadem , cur. J. P. Millero. *Berolini* , 1762, in-12. 5 l.

Jolie édition.

— Eadem. *Biponti* , 1785, in-8. 4 l.

— Eadem, ad optimas edit. collata. *Argentor.* 1800, in-8. 4 l.

Jolie édition. Le texte est celui d'Ernesti.

— Eadem, cum animadv. J. H. Ernesti, curà F. A. Wolfii. *Lipsiæ*, 1802, 4 vol. in-8. 25 l.

— Les douze Césars de Suétone, trad. du lat. avec des notes, etc. par Laharpe. *Paris*, 1770, 2 vol. in-8. 12 liv.

— Les mêmes, trad. du lat. avec des notes, etc. par Laharpe; nouv. édit. *Paris*, 1805, 2 vol. in-8. fig. 15 l.

— Les mêmes, trad. par H. Ophellot de la Pause, avec des notes par Delille de Salle. *Paris*, 1771, 4 vol. in-8. 20 l.

— Les mêmes, trad. en franç. avec le texte latin, des notes, etc. par Maur. Lévesque. *Paris*, 1807, 2 vol. in-8. 15 liv.

— Le Vite de i XII Cesari, trad. iu volgare fiorentino da P. del Rosso. *In Firenze*, Giunti, 1611, in-8.

Bonne édition. On y joint l'article suivant.

Le *Vite de i dieci Cesari incominciando dal fine di C. Suetonio, trad. da Mambrino Roseo.* In Venezia, 1544, in-8. 9 l.

SUEUR. (Jean le) Histoire de l'Eglise et de l'Empire depuis la naissance de J. C. jusqu'à la fin de l'an 1000. *Amst.* 1730, 7 vol. in-4. 18 l.

Ouvrage peu recherché en France.

SUICERI (Jo. Casp.) Thesaurus ecclesiasticus, è Patribus græcis excerptus, gr. lat. *Amst.* 1682, 2 vol. in-fol. 16 l.

— Lexicon græco-lat. *Tiguri*, 1683, in-4. 8 l.

SUIDÆ Lexicon, seu Vocabularium græcum, gr. edit., cur. Demetrio Chalcondyla. *Mediolani*, 1499, in-fol.

Première édition de ce Dictionnaire. Les exemplaires en sont rares, 90 l.

— Idem. *Venetiis*, Aldus, 1514, in-fol. *rare.*

Cette édition est la seconde de ce livre. Elle diffère en plusieurs endroits de la première.

— Idem, gr. lat., ex recens. et cum notis Æmilii Porti. *Colon. Allob.* 1619, 2 vol. in-fol. 27 l.

— Idem, gr. lat., ex recens. et cum notis Ludolphi Kusteri. *Cantabrig.* 1705, 3 vol. in-fol.

Cette édition est la plus ample et la plus estimée, 90 l. et en gr. pap. 200 l.

SUISETH (Rich.) Calculationum Opus aureum, ad omnes scientias applicabile, emend. per Joh. Tollentinum. *Papiæ*, Fr. Gyrardengus, 1498, in-fol. goth.

Première édition d'un livre singulier, 15 à 18 l.

— Idem. *Venetiis*, 1520, in-fol. 8 l.

SULPICII Verulani (Joh.) Grammatica latina. *Noribergæ*, 1482, in-4. *rare.*

SULTANINI, Bresciano. (Balt.) Il Puttanismo moderno, con il Parlatorio delle Monache, satira comica. *In Lond.* (*Geneva*), 1669, in-12. 10 l.

Ce livre est divisé en deux parties, dont la première est composée de 272 pages, et la seconde de 176. Il est rare.

SULZERS. Les Caractères des Insectes, suiv. Linnée, avec leur histoire (en allem.) *Zurich*, 1761, in-4. avec 24 fig. enlum. 60 l.

— Histoire abrégée des Insectes (en allem.) *Zurich*, 1776, in-4. fig. color. 50 l.

SURENHUSIUS. (Guill.) Mischna, sive totius Hebræorum Juris, Rituum, Antiq. ac Legum Oralium, Systema, hebr. et lat., cum Comment. Maimonidis, etc. Interpr. et edit. G. Surenhusio. *Amst.* 1698, 6 vol. in-fol. 40 à 50 l.

Ouvrage estimé et peu commun.

SURIREY de Saint-Remy. (Pier.) Mémoires d'Artillerie. *Paris*, 1745, 3 vol. in-4. fig. 30 l.

SURPRISE (la) et Fustigation d'Angoulvent, poëme héroïque. *Paris*, 1603, in-8. 12 l.

SUTER (J. R.) Flora helvetica. *Turici*, 1802, 2 vol. in-12. 10 l.

SUZANNE. (P. H.) De la Manière d'étudier les Mathématiques. *Paris*, 1806, 2 vol. in-8. 9 l.

SWAMMERDAM. (Jean) Histoire générale des Insectes. *Utrecht*, 1685, in-4. fig. 5 l.

— Biblia naturæ, sive Historia Insectorum, belgicè et lat., ed. H. D. Gaubio. *Leydæ*, 1737, 3 vol. in-fol. fig. 60 à 72 l.

Ces trois volumes sont quelquefois reliés en deux.

Cet Ouvrage a été traduit en anglais par Thomas Flloyd. *Londres*, 1758, in-fol. figures.

SWARTZ (Olav.) Observat. Botanicæ quibus Plantæ Indiæ Occident., aliæque systematis veget. illustrantur. *Erlangæ*, 1791, in-8. fig. 5 à 6 l.

— Flora Indiæ Occidentalis, aucta atque illustrata, sive Descript. Plantarum in Prodromo recensitarum. *Erlangæ*, 1797-1806, 3 vol. in-8. 15 pl. 3o l.

— Synopsis Filicum earum genera et species systematicè complectens. *Kiliæ*, 1806, in-8. fig. 16 l.

SWEDENBORGII (Emm.) Opéra philosophica et mineralia. *Dresdæ et Lipsiæ*, 1734, 3 vol. in-fol. fig. 3o à 4o l. — Gr. pap. 8o à 9o l.

SWERTII (Emm.) Florilegium amplissimum et selectissimum, lat. et germ. *Amst.* 1631, in-fol. fig. 15 l.

SWIETEN (G. van) Commentaria in H. Boerhaave de cognoscendis et curandis morbis. *Lugd. Batav.* 1742 et seqq. 5 vol. in-4. cum Supplement. 5o à 6o l.

— Ejusd. Commentaria. *Parisiis*, 1769, 5 vol. in-4. 24 à 36 l.
Cette édition est moins ample que la précédente.

SWIFT'S : (Jonathan) Works. *Lond.* 1755, 22 vol. in-8. 9o à 12o l.
— The same. *Lond.* 1766, 24 vol. in-12. 5o à 6o l.
— The same, with notes by Hawkesworth. *Lond.* 1768, 25 vol. in-8. fig. 100 à 120 l.
— The same. *Lond.* 1784, 17 vol. gr. in-8. 96 à 120 l.
— Voyage de Gulliver, trad. de l'angl. par l'abbé Desfontaines. *La Haye*, 1730, 3 vol. in-12. fig. 9 à 12 l.
Bonne édition.
— Le même, et de la même trad. *Paris*, Didot l'aîné, 1797, 2 vol. in-18. pap. vélin, fig. 7 à 9 l.
On a tiré de cette édition 100 exemplaires sur grand papier vélin.
— Le Conte du Tonneau, trad. de l'angl. (par van Effen). *La Haye*, 1721, 2 vol. in-12. fig. 7 l. — Gr. pap. de Holl. 18 l.

SWINBURNE'S. (Henry) Travels in the two Sicilies. *Lond.* 1783 and 1785, 2 vol. gr. in-4. fig. 36 à 45 l.
— The same. *Lond.* 1790, 4 vol. in-8. fig. 3o l.

— Travels through Spain in the years 1775-76. *Lond.* 1779, in-4. 32 liv.
— The same. *Lond.* 1790, 2 vol. in-8. 15 à 18 l.
— Voyage en Espagne, à Naples et dans les deux Siciles, trad. de l'angl. (par Laborde). *Paris*, Didot l'aîné, 1785 et suiv. 6 vol. gr. in-8. 6o à 8o l.
On doit trouver à la fin du tome VI un Voyage de Bayonne à Marseille.

SWINDEN. (Jérémie) Recherches sur la nature du feu de l'enfer, et du lieu où il est situé, trad. de l'angl. par Bion. *Amst.* 1728, in-8. 4 liv.
Ouvrage curieux et singulier.

SWINTON. (Andr.) Travels in to Norway, Dannemarck and Russia in the year 1788. *Lond.* 1791, in-8 8 à 9 l.
Ce Voyage a été traduit en français par P. F. Henry. *Paris*, 1798, 2 vol. in-8.

SWITZER'S. (Stephen) Introduction to a general System of hydrostaticks and hydraulicks philosoph. and practical. *Lond.* 1729, 2 vol. in-4. fig. 24 à 36 l.

SYDENHAM (Th.) Opera medica. *Genevæ*, 1736, 2 vol. in-4. 15 l.
— The Works of Th. Sydenham, with annot. by G. Wallis. *Lond* 1788, 2 vol. in-8. 11 l.
— La Médecine pratique, trad. de l'anglais par Jault. *Paris*, 1774, in-8. 9 l.
Cet Ouvrage est fort estimé.

SYDNEY'S. (Algernon) Discourses concerning Government. *London*, 1763, in-4. 15 l.
— Discours sur le Gouvernement, trad. de l'angl. par P. A. Samson. *La Haye*, 1702, 3 vol. in-12. 12 l.

SYDRACH. La Fontaine de toute science. *Paris*, Vérard, sans date, in-fol. goth.
On ne recherche de ce livre que les exemplaires imprimés sur vélin.
— 1084 Demandes, avec les Solutions et Réponses à tous propos. *Paris*, 1531, in-8. 9 l.
Edition rare et exécutée en lettres rondes.

SYLLOGES Epistolarum à Viris illustrib. scriptarum tom. V. collecti et digesti per P. Burmannum.

64

Leydæ, 1727, 5 vol. in-4. 54 l.
— Gr. pap. 100 l.

Les exemplaires en grand papier sont très-rares.

SYLVATICI, med. de Salerno, (Matth.) Liber Cibalis et Medicinalis Pandectarum. *Neapoli*, 1474, in-fol. 18 l.

Edition très-rare et la première de cet ouvrage.

SYLVESTRE : (Israël) ses Paysages, mis en lumière par Henriet. *Paris*, 6 vol. in-fol. obl. 50 à 60 l.
— Quadrilles, Vues et Perspectives dessinées et gravées par Israël Sylvestre. In-fol. max. 24 à 36 l.
— Plans et Vues des villes et maisons royales, par le même et autres. 2 vol. in-fol. max. 60 à 72 l.
— Description de Versailles, par le même. 1674, in-fol. max. 60 à 80 l.

SYLVII (Fr.) Commentarii in Sanctum Thomam. *Antuerpiæ*, 1684 et 1698, 6 vol. in-fol.

Bonne édition, 40 l.

SYLVIUS. Vid. ÆNEAS.

SYMBOLÆ Litterariæ Opuscula varia philologica scientifica antiq., signa, lapides, numismata, gemmas et monumenta medii ævi complectens. *Florentiæ*, 1748, 10 vol. in-8. fig. 30 à 36 l.

SYMES'S. (Sam.) An Account of an embassy to the Kingdom of Ava. *Lond*. 1800, 3 vol. in-8. et atlas in-4. 27 l.
— Ambassade des Anglais au royaume d'Ava, ou Empire des Birmans, trad. de l'angl. par Castera. *Paris*, 1800, 3 vol. in-8. et atl. 18 liv.
— Pap. vélin, 32 l.

SYMMACHI (Q. Aur.) Epistolæ. *Lugd. Bat.*, 1653, in-12. 4 à 6 l.

Jolie édition.

SYMPHORIANI (Bened. Curtii) Hortorum lib. triginta. *Lugd*. 1560, in-fol. 15 l.

SYNCELLUS. Vid. BYZANTINE.

SYNESII Opera, gr. lat., ex edit. Dion. Petavii. *Parisiis*, 1633, in-fol. 6 à 8 l.

SYNTIPÆ philosophi Persæ Fabulæ lxij, gr. lat., ed. C. F. Matthæo. *Lipsiæ*, 1781, in-8.

SYSTÈME de la Nature (par le

baron d'Holbach). *Lond*. 1770, 2 vol. in-8. 9 à 12 l.

Il existe un très-petit nombre d'exemplaires accompagnés d'un Discours préliminaire très-hardi, avec cette épigraphe : *In hoc sumus sapientes, quod naturam optimam ducem, tanquàm naturam sequimur*, etc. Ces sortes d'exemplaires sont excessivement rares et le prix en est arbitraire.

T

TABARIN. Recueil gén. de ses Œuvres et Fantaisies, etc. *Rouen*, 1640, in-12. 8 à 9 l.

Première et rare édition. Celle de *Rouen*, 1664, est plus commune.

TABERNÆMONTANI (Jac. Th.) Herbarium, ed. à Casp. Bauhino, germanicè. *Basileæ*, 1664, 2 vol. in-fol. fig. 18 à 24 l.

L'édition de *Francfort*, 1613, in-fol. s'est vendue 4~ l. chez M. l'Héritier.

— Ejusd. Icones Plantarum, sive stirpium, arborum, fruticum, herbarum, etc. in tres partes digest. *Francof*. 1590, in-4. obl. 12 l.

TABLEAU de la Vie et du Gouvern. des card. Richelieu et Mazarin, et de Colbert, représenté en diverses satires et poésies ingénieuses. *Cologne*, 1694, in-12. 12 l.

TABLEAU (le) des Piperies des femmes mondaines. *Cologne*, 1685, in-8. 9 l.

TABLEAU historiq. des Ruses et Subtilités des femmes, où sont naïvement représentées leurs mœurs, tyrannies, etc., par L. S. R. *Paris*, 1623, in-8. 6 l.

TABLEAU historique et pittoresque de Paris, depuis les Gaulois jusqu'à nos jours. *Paris*, 1808, 30 livraisons, formant 2 vol. in-fol. fig.

Le prix de chaque livraison, contenant 6 planches et plusieurs vignettes, est de 12 l. Et en papier vélin, figures avant la lettre, de 21 l.

TABLEAUX de la Messe. *Manheim*, 1738, in-4. fig. 10 l.

TABLEAUX du V. et du N. Testament, représentés en 150 figures, avec des explicat. en angl. et en franc. *Amst*. Ottens, in-4. 15 l.

TABLEAUX historiques des Campagnes d'Italie, depuis la bataille de

Millesimo jusqu'à celle de Marengo. *Paris* , 1806 , in-fol. atlas pap. vélin , orné de 3o pl. 25o l.

—Supplément, in-fol. 5o l. Prix de l'éditeur.

Cet ouvrage est bien exécuté.

TABLEAUX historiq. de la révolution française. *Paris*, 1804 , 3 gros vol. in-fol. fig, pap. vélin , 45o l.

Beaucoup d'exemplaires de cet ouvrage étant incomplets , tant dans la partie du texte que dans celle des figures , nous allons en donner une courte description.

Tome Ier. titre, frontispice, introduction , 9 gravures et 9 discours préliminaires, depuis l'assemblée des notables tenue le 29 janvier 1787 , jusques et y compris la fusillade du faubourg Saint-Antoine, le 28 avril 1789. De plus, les 34 premiers numéros de l'ouvrage , composés de 68 gravures et de 68 discours historiq.

Tom. II. titre , frontispice , et les numéros 35 à 72, composés des discours et gravures 69 à 144 , finissant par le sujet qui a pour titre , *Journée mémorable du 18 Brumaire an 8.*

Tom. III. titre , et frontispice , représentant les droits de l'homme , les cinq constitutions qui ont régi la France depuis 1791 ; Portraits de 6o personnages célèbres dans la révolution ; le Concordat , la Proclamation sur la Paix générale ; le Vœu du Peuple français pour le Consulat à vie , la Réponse du Premier Consul , le Senatus consulte , et la Table de l'Ouvrage.

TABLEAUX de la Suisse. Voy. Borde. (la)

TABLEAUX du Cabinet du roi. Voy. Cabinet.

TABOUROT. (Et.) Les Bigarrures et Touches du Sgr. des Accords, avec les Apophtegmes de Gaulard et les Escraignes dijounoises. *Paris*, 1608 , ou 1614 , ou 1662 , 2 vol. in-12. 8 à 10 l.

—Synatrisie, ou Recueil confus, par Tabourot, sous le nom de Desplanches. *Dijon*, 1579 , in-8. 6 l.

TACITI (Corn.) Opera. *Sine loci et anni indicat.* in-fol. Prix arbitraire.

Edition excessivement rare et la première de cet auteur.
Elle est exécutée en lettres rondes , sans chiffres ni signatures , mais chaque feuillet est rappelé par des réclames placées au bas des pages. Le vol. ne renferme que les 6 derniers livres des Annales et les 5 premiers des Histoires, seules parties

qu'on avait alors des OEuvres de Tacite. La plupart des bibliographes font sortir cette précieuse édition des presses de Jean de Spire , vers l'année 1468.

— Eadem , quibus acced. lib. v priores Annalium , noviter in Germaniâ reperti , etc. ex recens, Ph. Beroaldi Junioris. *Romæ*, 1515 , in-fol. 100 l.

Première édition des OEuvres complètes de Tacite.
Il faut examiner si la vie d'Agricola, formant un cahier de 10 feuillets , se trouve à la fin du vol. Cette partie manque dans beaucoup d'exemplaires.

— Eadem , ab Ant. Francino. *Florentiæ* , Junta , 1527, in-8. 6 l.

— Eadem , ex recens. et cum castigat. Beati Rhenani. *Venetiis* , Aldus , 1534 , in-4. 24 l.

—Eadem, ex recens. Just. Lipsii. *Lugd. Bat.* Elzevir, 1634, 2 vol. in-12. 18 à 24 l.

— Eadem , ex recens. Hug. Grotii. *Lugd. Bat.* Elzevir, 1640, 2 vol. in-12. 18 l.

Ces deux éditions sont également bonnes.
On doit trouver à la fin des *Annales* de l'édition de 1640, une table généalogique particulière , sur une seule feuille séparée et qui se replie dans le volume. Cette table , intitulée *Stemmata Augustæ Domûs* , manque dans beaucoup d'exemplaires.

— H. Savilii Comment. in C. Taciti Historias et Julii Agricolæ Vitam. *Amst.* Elzevir , 1649, in-12. 4 l.

Ce Commentaire se joint ordinairement aux deux éditions précédentes.

— Taciti Opera , à Jo. Freinshemio. *Argentorati* , 1664 , in-8.

Edition correcte.

— Eadem , cum notis Varior. , ex recens. Jo. Frid. Gronovii. *Amst.* 1672-1673 ; 2 vol. in-8. 36 à 45 l.

Edition fort estimée. Elle entre dans la Collection des *Variorum.*

— Eadem , cum interpr. et notis Jul. Pichon ; ad usum Delphini. *Parisiis* , 1682 et ann. seqq. 4 vol. in-4. 84 liv.

Cette édition est l'une des plus rares de la Collection des auteurs *ad usum Delphini.*

— Eadem , cum notis Varior. , à Jo. Frid. Gronovio. *Amst.* 1685, 2 vol. in-8. 20 à 30 l.

— Eadem , ex recens. et cum ani-

madv. Th. Ryckii. *Lugd. Bat.*
1687, 2 vol. in-12. 10 l.
Edition très-correcte et recherchée pour les remarques qu'elle renferme.
Les exemplaires en grand papier sont rares, 40 liv.
— Eadem , à Chr. Hauffio. *Lipsiæ* , 1714, in-8.
— Eadem , cum notis varior. , ex recens. et cum notis Jac. Gronovii. *Trajecti ad Rhenum* , 1721 , 2 vol. in-4. 36 l.
Edition fort estimée. Elle n'est pas commune.
— Eadem , ex recens. Theod. Ryckii. *Dublinii* , 1730 , 3 vol. in-8. 15 l.
Edition correcte.
— Eadem , ex recens. J. A. Ernesti. *Lipsiæ* , 1752 , 2 vol. in-8.
— Eadem , ex edit. Jac. Gronovii. *Glasguæ* , Foulis , 1753 , 4 vol. in-12. 12 l.
— Eadem , ex recens. Lallemand. *Parisiis* , Barbou, 1760, 3 vol. in-12. 24 liv.— Pap. fin , 36 l.
— Eadem , ex recens. J. A. Ernesti. *Berolini* , 1770 , in-12. 6 l.
Cette jolie édition fait partie de la Collection de M. Miller.
— Eadem , cum notis , dissert. , etc. Gabr. Brottier. *Parisiis* , 1771 , 4 vol. in-4. 76 à 84 l.
Cette édition est très-estimée.
On en a tiré un petit nombre d'exemplaires en grand papier , format in-fol. qui valent au moins 900 à 1000 l.
— Eadem , cum notis , dissert. , etc. Gabr. Brottier. *Parisiis* , 1776 , 7 vol. in-12. 30 l. — Pap. fin , 48 l.
Cette édition ne dispense pas de se procurer la précédente , à cause des différences qui se trouvent entre elles.
— Eadem , cum notis Varior. , ex iteratâ recens. Jo. Aug. Ernesti. *Lipsiæ* , 1772 , 2 vol. in-8. 16 l.
—Eadem , ed. H. Homer. *Lond.* 1790, 4 vol. gr. in-8. 36 l. — Gr. pap. 72 l.
Belle édition.
— Eadem , ex recens. G. Ch. Crollii, cur. F. Ch. Exter. *Biponti* , 1792 , 4 vol. in-8. 12 l.
— Eadem. *Parmæ* , Bodoni , 1795 , 3 vol. gr. in-4. 72 l.
On a tiré de cette belle édition des exemplaires de format petit in-fol. 130 l.
— Eadem , cum notis, dissert. , etc. Gabr. Brottier. *Edimburgi* , 1796 , 4 vol. gr. in-4. pap. vélin , 100 l.
On a rassemblé dans cette édition les notes

et les dissertations de Brottier de l'édition in-4. de 1771 , et celles de l'édition in-12. de 1776.
—Eadem , ex recens. J. A. Ernesti , curâ J. J. Oberlini. *Lipsiæ* , 1801 , 2 vol. 4 part. in-8. 24 l. — Papier fin , 32 l.
— Les Annales de Tacite , trad. en franç. avec des notes , par Abr. Nic. Amelot de la Houssaye. *Amst.* 1731, 10 vol. in-12. 24 l.
— Traduction complète des Œuvres de Tacite , avec des notes historiq. etc. par la Bletterie et J. H. Dotteville. *Paris* , 1788, 7 vol. in-12. 18 l.
L'édition de *Paris* , 1799, 7 vol. in-8. quoique assez mal exécutée , vaut 30 l. environ , et en papier vélin , 45 à 60 l.
— Tacite , trad. par Dureau de la Malle. *Paris* , 1790, 3 vol. in-8. 15 l.
— Le même , et de la même traduction , avec le texte latin , 2.e édit. *Paris* , 1808 , 5 vol. in-8. 25 l. — Pap. vélin , 50 l.
— Observations littéraires , critiq. , politiq. etc. sur les Histoires de Tacite , avec le texte latin , par Edme Ferlet. *Paris* , 1800 , 2 vol. in-8. 12 l. — In-4. pap. vélin , 24 l.
— Morceaux choisis de Tacite , trad. en franç. avec le texte latin à côté, par d'Alembert. *Paris* , 1784, 2 vol. in-12. 6 l.
— Le Opere di C. Tacito , trad. in ling. toscana, da Giorg. Dati. *In Venezia* , Giunti , 1563 , in-4. 6 l.
— Le medesime , con la traduzione in volgar fiorentino di Bern. Davanzati, con le postille del med. *In Firenze* , 1637, in-fol. 24 l.
Pour compléter cette édition , citée dans le Vocabulaire de la Crusca , on y joint ordinairement l'ouvrage de Davanzati, publié sous le titre suivant : l'*Imperio di Tiberio Cesare* , scritto da C. Tacito negli Annali. In Firenze , Giunti , 1600, in-4. Ce Traité renferme des remarques qui n'ont point été insérées dans l'édition des OEuvres de Tacite.
— Le medesime, trad. da B. Davanzati. *In Padova* , 1755, 2 vol. in-4. fig. 21 l.
Bonne édition , peu commune.
—Le medesime, e della medesim traduz. *In Parigi* , 1760, 2 vol. in-12.
Jolie édition.
—Le medesime, e della medesima traduz. *In Parigi* , 1804, 3 vol. in-12, 10 liv.

— Tacitus's Works, by Th. Gordon. *Lond.* 1753 or 1770, 5 vol. in-12. 18 liv.

— Tacitus's Works, with an Essay on his life and genius, notes, etc. by Arth. Murphy. *Lond.* 1793, 4 vol. in-4. 60 l.

— Taciti Germania et Agricolæ Vita. *Parisiis*, Renouard, 1795, in-18. pap. vélin, 3 l.

On a tiré de cette petite édition 4 exemplaires sur peau de vélin.

TAGEREAU. (Vinc.) Discours sur l'impuissance de l'homme et de la femme. *Paris*, 1611 ou 1655, in-8. 7 liv.

TAHUREAU du Mans : (Jacq.) ses Poésies. *Paris*, 1574, in-8. 6 l.

TAILLE : (Jean de la) ses Œuvres poétiques. *Paris*, 1572 et 1573, 2 vol. in-8. 9 l.

TAILLEPIED. (Noël) Recueil des Antiquités et Singularités de la ville de Rouen. *Rouen*, 1587, in-8. 4 liv.

— Histoire de l'Etat et Républiq. des Druïdes, Bardes, etc. *Paris*, 1585, in-8. 8 l.

Livre savant, rare et recherché.

TALIACOT (Casp. de) de Curtorum Chirurgià per incisionem, lib. ij. *Venetiis*, 1597, in-fol.

Ouvrage estimé et peu commun.

TALMUD Babylonicum. *Francof.* 1715, in-fol.

David Appenheimer, chef de la synagogue des Juifs de Prague, a fait tirer pour son usage, un exemplaire de cette édition sur vélin. Ce tirage lui coûta 1000 impériaux.

TAMERLAN. Instituts politiq. et militaires écrits par lui-même en mogol, et trad. en franç. sur la vers. persane d'Abou-Taleb-al Hosseïni, par Langlès. *Paris*, 1787, in-8. fig. 6 l.

Il en a été tiré 3 exempl. sur papier vélin.

TANNERI (Th.) Bibliotheca Britannico-hibernica, sive de Scriptorib., qui in Angliâ, Scotiâ et Hiberniâ ad sæculi xvij initium floruerunt ; ex edit. D. Wilkins. *Lond.* 1748, in-fol. 27 à 36 l.

On fait beaucoup de cas de cette Bibliothèque. Elle est bien exécutée.

TANSILLO. (Luigi) Il Vindemiatore. *In Napoli*, 1534, in-4.

Première édition très-rare.

Ce Poëme a été réimprimé à *Venise*, en 1549, in-4. sous le titre suivant : *Stanze di cultura soprà gli horti delle Donne, di nuovo riformato e accresciuto.* Cette édition est la plus recherchée après celle de 1534. Elle vaut 12 à 15 l.

— Il medesimo, e la Priapea, sonetti lussuriosi-satirici di Nicolo Franco. *Peking*, nel 18 secolo (*Parigi*, 1790), in-8. 6 l.

On ne recherche de cette édition que les exemplaires tirés sur peau de vélin.

— Il Podere. *Parma*, Bodoni, pet. in-4.

On a tiré de ce vol. des exemplaires sur peau de vélin et sur étoffe de soie.

TAPIA. (Don Greg. de) Exercicios de la Gineta. *En Madrid*, 1643, in-8. obl. 6 l.

Rare et recherché.

TARDIF. (Guill.) Le Livre de la Faulconnerie et des Chiens de chasse, trad. en franç. *Paris*, Vérard, 1492, in-fol.

Il y a de ce livre des exemplaires sur vélin.

TARDIF. Nouv. Méthode d'Encaissement, pour sonder solidement dans les rivières, les marais, etc. *Paris*, 1758, in-fol. 18 à 20 l.

TASSO. (Bern.) L'Amadigi. *In Vinegia*, 1560, in-4. 20 à 30 l.

Edition très-estimée et fort rare.

— Rime di B. Tasso. *In Bergamo*, 1749, 2 vol. in-12. 5 l.

Cette édition est plus ample que celle de *Venise*, 1560, in-12.

TASSO. (Torquato) La Gierusalemme liberata, con le annot. di Scipione Gentili e di Giul. Guastavini. *In Genova*, 1590, in-4. ou pet. in-fol. 30 à 36 l.

Edition rare et fort recherchée. Elle est ornée des figures de Bernard Castelli, d'Antoine Tempeste et d'Augustin Carrache.

— La medesima, con gli argomenti di Giov. Vinc. Imperiali. *In Genova*, 1604 ou 1615, in-12. con le fig. di B. Castello, 6 l.

— La medesima, con le fig. d'Ant. Tempesta. *In Roma*, 1607, in-24. 7 liv.

Cette jolie édition est fort recherchée par rapport aux figures.

— La medesima, con le annot. di Scip. Gentili. *In Genova*, 1617, in-fol. fig. di Tempesta, 15 l.

Belle édition.

— La medesima. *In Parigi*, nella stamp. reale, 1644, in-fol. 15 à 18 liv.

Il existe des exemplaires de cette belle édition dans lesquels on a inséré les figures de Tempeste, faites pour celle de 1590 ; mais ces exemplaires sont rares, et valent 40 à 50 liv.

— La medesima. *In Amst.* Elzevir, 1678, 2 vol. in-24. fig. di Seb. Clerico, 12 l.

Jolie édition, recherchée et peu commune.

— La medesima, con le annot. di Scip. Gentili e G. Gustavini. *In Londra*, Tonson, 1724, 2 vol. gr. in-4. fig. 24 l.

Belle édition, fort estimée.

— La medesima. *In Venezia*, 1745, gr. in-fol. con le fig. di G. B. Piazzetta.

Belle édition, 50 à 72 l. et en grand papier de Hollande, 90 à 120 l.

Il existe des exemplaires avec figures coloriées, mais ils sont rares et fort chers ; 3 à 400 liv.

— La medesima. *In Venezia*, 1760, pet. in-fol.

Cette édition est ornée des figures de Castelli, et d'un grand nombre de vignettes, culs-de-lampes, etc., 24 l.

— La medesima. *In Glasgua*, Foulis, 1763, 2 vol. in-8. fig. di Seb. Clerico, 12 l. — Pap. de Holl. 24 l.

Jolie édition.

— La medesima. *In Parigi*, Prault, 1768 ou 1789, 2 vol. petit in-12. 5 l. — Pap. de Holl. 8 à 9 l.

— La medesima. *In Parigi*, 1771, 2 vol. gr. in-8. fig. 12 l.

Il y a de cette édition des exemplaires en grand papier, format in-4. avec figures coloriées, 40 l.

— La medesima. *Parigi*, 1783, 4 vol. in-8.

Exemplaire imprimé sur vélin.

— La medesima. *Parigi*, Fr. Ambr. Didot, 1784, 2 vol. gr. in-4. avec 41 fig. grav. d'après Cochin, 100 à 120 liv.

Belle édition, tirée seulement à 200 exemplaires.

Les mêmes figures ont servi à une réimpression faite chez M. Didot l'aîné, aussi en 2 vol. gr. in-4. qui ne vaut pas plus de 36 à 45 l.

— La medesima. *Parma*, Bodoni, 1794, 2 vol. gr. in-4. 60 l.

Très-belle édition. On en a tiré des exemplaires de format in-fol. sur trois papiers différents, savoir : Petit in-fol. pap. fin, 2 vol. — In-fol. pap. moyen vélin, 3 vol. — In-fol. gr. pap. royal, 2 vol.

— La medesima. *Londra*, 1796, 2 vol. pet. in-12. pap. vélin, 9 l.

Jolie édition.

— La medesima, travestita in lingua milanese da Domenico Balestrieri. *Milano*, 1773, 2 vol. in-fol.

Cette traduction de la Jérusalem délivrée, en langue milanaise, est estimée. On en a tiré des exemplaires de format in-4. Il existe aussi une version de ce poëme en langue napolitaine, *Naple*, 1689, in-fol.

— Opere del medesimo Torq. Tasso, colle controversie soprà la Gierusalemme liberata. *In Firenze*, 1724, 6 vol. in-fol. 90 l.

Cette édition, due aux soins de Bottari, est citée par l'Académie de la Crusca.

— Le stesse, con le controversie soprà la Gierusalemme liberata, etc. *Venezia*, 1722-42, 12 vol. in-4. 36 à 45 liv.

— La Gierusalemme conquistata. *In Parigi*, 1565, in-12. 9 l.

Cette édition a été prohibée par arrêt du parlement.

— La Jérusalem délivrée, poëme, trad. de l'ital. en franç. (par J. B. de Mirabaud). *Paris*, 1771, 2 vol. pet. in-12. 5 l.

— La même, trad. en franç. par Le Brun. *Paris*, 1774, 2 vol. gr. in-8. fig. de Gravelot, 15 l. — Pap. de Holl. 25 l.

On a tiré de cette édition des exemplaires de format in-4. 2 vol. 36 l.

— La même, et de la même trad. ; édit. revue et augm. *Paris*, an 11 (1803), 2 vol. in-8. av. 21 pl. 18 l. — Pap. vélin, 30 l.

— La même, en vers franç. par L. P. M. F. Baour-Lormian. *Paris*, Didot l'aîné, 1796, 2 vol. in-4. pap. vélin, fig. de Tillard.

Traduction peu estimée.

— L'Aminta, favola pastorale. *In Vinegia*, Aldo, 1581, in-8.

Cette édition est très-rare.

— La medesima. *In Venetia*, Aldo, 1589, in-12. fig. en bois.

— La medesima. *In Venetia* , Aldo, 1590 , in-4. fig. en bois.

— La medesima. *Parigi* , Cramoisi, 1654 , in-4. 12 l.

Edition fort recherchée , tant pour la beauté de l'impression que pour la pureté du texte.

— La medesima. *In Amst.* Elzevir, 1678 , in-24. fig. di Seb. Clerico, 5 l.

— La medesima. *Padova* , 1722 , in-8. 8 l.

On a tiré de cette édition un exemplaire sur vélin.

— La medesima. *In Parigi* , Prault, 1768 , pet. in-12. 4 l.

— La medesima. *In Parigi* , Fr. Ambr. Didot, 1781 , in-8. 10 l.

On en a tiré 50 exempl. sur papier fin d'Annonay ; plus, quelques - uns sur peau de vélin.

— La medesima. *Crisopoli (Parma)*, Bodoni, 1789, in-4. 15 l. — Pap. vélin , 30 l.

Très-belle édition. On en a tiré des exemplaires de format gr. in-4. sur peau de vélin.

— La medesima. *Parma* , Bodoni, 1793 , in-4. 24 l. — In-fol. 45 l.

Il y a des exemplaires de format grand in-fol. sur très-beau vélin d'Allemagne.

— La medesima. *Parma* , Bodoni, 1796 , in-8. pap. vélin , 8 l.

— La medesima. *Londra* , 1800, in-8. pap. vélin , 10 l.

— La medesima. *In Parigi* , Pier. Didot l'aîné, 1 vol. in-18. (stéréotypé), pap. vélin, 3 l.

Nous faisons mention de cette édition pour saisir l'occasion d'annoncer que M. P. Didot a tiré de tous ses stéréotypes deux exemplaires sur peau de vélin.

— Rime e Prose di Torquato Tasso. *In Vinegia* , Aldo , 1582 , 2 vol. in-12.

Cette édition a été réimprimée par le même, avec quelques augmentations , en 1583, 2 vol. in-12. fig. en bois.

— Aggiunta alle Rime e Prose del Sig. Torq. Tasso. *In Venetia* , Aldo, 1585 , in-12.

TASSONI. (Aless.) La Secchia rapita , avec la trad. franç. de P. Perrault. *Paris* , 1678 , 2 vol. in-12. 6 l.

— La medesima. *In Oxford* , 1737 , 2 vol. in-8. 7 l.

— La medesima , con le annot. di Gian-Andrea Barotti. *In Modena* ,

1744 , in-4. fig. 15 l. — Gr. pap. 24 l.

Une des plus belles éditions de ce poëme. Elle est ornée de figures, vignettes et culs-de-lampes.

— La medesima. *In Parigi* , Prault, 1766 , 2 vol. in-8. fig. 10 l.

— La medesima. *In Parigi* , Prault , 1768 , pet. in-12. 3 l.

— Le Seau enlevé , trad. en franç. par Aug. C.*** (Creuzé). *Paris* , Didot l'aîné , 1796 , in-18.

Il en a été tiré des exemplaires sur peau de vélin.

TATIANI Oratio ad Græcos, gr. lat., et Hermiæ Irrisio Gentilium philosophorum , cum Varior. et W. Worth notis. *Oxonii* , 1700 , in-8. 15 l. — Gr. pap. 48 l.

Cette édition entre dans la Collection des *Variorum*.

TATII (Achillis) de Clitophontis et Leucippes Amoribus lib. viij, gr. lat., cum notis Cl. Salmasii. *Lugd. Bat.* 1640 , in-12. 9 l.

Edition estimée.

— Iidem , gr. lat., ex recens. B. G. L. Boden. *Lipsiæ* , 1776 , in-8. 8 à 10 l.

Bonne édition. Elle entre dans la Collection des *Variorum.*

— Les Amours de Clitophon et de Leucippe , trad. du grec en franç. par J. Baudoin. *Paris* , 1635, in-8. fig. 5 l.

— Les mêmes, trad. par L. A. du Perron de Castera. *Paris* , 1796 , in-18. pap. vélin , 4 fig. 4 l.

Les Amours de Clitophon et de Leucippe ont été traduites en italien , par Fr. Aug. Cocci, *Florence* , chez les Junte , 1598, in-8.

TAVANTHI (R. P. F. Jac.) Regula Beati Patris Augustini et Constitutiones fratrum servorum. *Venetiis* , 1580 , in-4.

Exemplaire imprimé sur vélin.

TAVERNIER : (J. B.) ses Voyages en Turquie, en Perse et aux Indes. *Paris (Hollande)* , 1692, 6 tom. 3 vol. in-12. fig. 21 l.

Jolie édition. La réimpression d'*Utrecht*, 1712 , est également bonne.

Il y a plusieurs autres éditions de ces Voyages , mais elles n'ont qu'un prix ordinaire, 12 à 15 l. chaque.

(TAURELLUS). (Fr.) Digestorum,

seu Pandectarum lib. L. ; ex Pandectis Florentinis repræsentati. *Florentiæ*, 1553, 2 vol. in-fol. quelquefois reliés en trois, 40 l. — Gr. pap. *rare*.

Ce bel Ouvrage, publié par les soins de François Taurel, est très-estimé.

Il faut y joindre :

De propriis Nominibus τ8 παυδextυ *Florentini*, *cum notis Ant. Augustini.* *Tarracone*, Mey, 1579. in-fol. *rare*, 30 liv.

Il y a des exemplaires de ce vol. qui portent sur le titre la date suivante : *Barcinone venales habentur apud Natalem Baresson ad forum regium anno* 1592, mais l'édition est toujours la même.

Il faut voir si la partie des notes d'Antoine Augustin se trouve dans le volume.

Ce Traité est la clef des Pandectes Florentines.

TAYLOR (J.) Marmor Sandvicense, cum comment. et notis. *Cantabrig.* 1743, in-4. fig. 32 l.

TAYLOR. (Mich.) Tables of the equations of second difference, and Tables for turning the lower denominations of english Moneys, weights and measures. *Lond.* 1780, in-4. 24 à 30 l.

— A Table of logarithmic sines and tangents to every second of the quadrant. *Lond.* 1792, gr. in-4. 20 à 24 l.

TAYSSONNIÈRE : (Guill. de la) ses amoureuses Occupations, en vers franç. *Lyon*, 1556, in-8. 4 à 5 liv.

— L'Artiffet des Damoiselles, la première et la plus importante pièce de leur embellissement, en rime franç. *Paris*, 1575, in-8. 6 l.

TEATRO comico fiorentino, contenente xx delle più rare Commedie citate da' Sigg. Accademici della Crusca. *Firenze* (*Venezia*), 1750, 6 vol. in-8. 18 l.

Cette Collection est due aux soins du Doct. Giancarlo Frighetti.

TEISSERII (Ant.) Catalogus Auctorum qui Libr. Catalogos, Indices, Bibliothecas, Elogia virorum litterator. scripsère. *Genevæ*, 1686 et 1705, 2 tom. 1 vol. in-4. 7 l.

— Les Eloges des hommes savants, tirées de l'Hist. de de Thou. *Leyde* 1715, 4 vol. in-8. 12 l.

Cette édition est la plus estimée.

TELLIER. (J. B. le) Mémoires et Instruction pour l'établissement des Mûriers ; et Art de faire la soie en France. *Paris*, 1603, in-4. fig. 24 l.

Ce livre est extrêmement rare et fort curieux.

TELLIER. (le) Quelques pensées extraites de divers moralistes. *Paris*, 1793, in-32. pap. vélin, 18 à 20 liv.

Volume rare, n'ayant été tiré qu'à un petit nombre d'exemplaires.

TEMPLE des Muses. Voy. MAROLLES. (Mich. de)

TEMPLE : (Will.) Works. *Lond.* 1750, 2 vol. in-fol. 18 l.

TENIERS (Dav.) pictoris, Theatrum Pictorium. *Antuerpiæ*, 1658 vel 1684, in-fol. 54 l.

— Le Théâtre des Peintures de Dav. Teniers. *Brux.* 1660, in-fol. 36 l.

— Le grand Cabinet des Tableaux de l'archiduc Léopold Guillaume, dess. par D. Teniers, et grav. sous sa direction. *Amst.* 1655, gr. in-fol. 45 à 60 l.

— Œuvre de David Teniers, composé d'environ 200 morceaux, gravés par le Bas, Aliamet, Major et autres, in-fol. 90 à 120 l.

TERENTII Afri (Pub.) Comœdiæ sex. *Edit. absque loci, anni et typogr. ullâ indicat., sed ut creditur, circà ann.* 1468 *excusa.* in-fol.

Cette édition, qui est extrêmement rare, n'a ni chiffres, ni réclames, ni signatures. Chaque page contient 32 lignes, à l'exception de la dernière qui n'en a que 21. Le texte est imprimé comme la prose, sans distinction de vers.

Vendu 1160 l. chez Loménie de Brienne, en 1792.

— Eædem, ex recogn. Jo. Legnani *Mediolani*, A. Zarotus, 1470, in-fol.

Cette édition, citée par Maittaire, est regardée aujourd'hui comme imaginaire.

— Eædem. *Venetiis*, per Joannem de Colonia, 1471, in-fol. *très-rare*.

Première édition avec date. Elle est imprimée en caractères ronds, sans chiffres, signatures ni réclames.

— Eædem, cum comment. Ælii Donati. *Romæ*, Conr. Sweynheym et Arn. Pannartz, 1472, in-fol.

Edition extrêmement rare. Elle est imprimée comme la prose , sans distinction de vers. Il ne faut pas confondre cette édition avec celle des Commentaires de Donat, qui out été imprimés séparément par les mêmes artistes , en 1472, le 10 décembre.

— Eædem , ex emend. Raph. Regii. *Venetiis* , 1473 , in-fol.

Cette éditiou , dont peu de Bibliographes out parlé , est aussi fort rare. Elle est imprimée à longues lignes, sans chiffres , signatures ni réclames.

— Eædem , cum vitâ Taciti ex Donati Comment. excerpta. (*Venetiis*, Christ. Valdarfer ,) 1474 , in-fol. 250 liv.

Cette rare édition est imprimée à longues lignes , les vers , partie distingués, et partie imprimés de suite , sans chiffres ni réclames, avec des signatures.

— Eædem. *Opus impress. in S. Ursio Vincentiæ destrictu , per Johannem de Rheno , die ultimâ aprilis , ann.* 1475 , in-fol.

Edition très-rare , et imprimée à longues lignes, sans chiffres, signatures ni réclames.

— Eædem. (*Venetiis*, circà 1475 ,) in-fol. *rare.*

Edition imprimée à longues lignes , au nombre de 34 à la page , sans chiffres, signatures ni réclames. Veudu 202 liv. chez Gaignat, et 216 liv. chez La Vallière.

— Eædem , à Bened. Philologo. *Florent.* Junta , 1505 , in-8. 9 à 12 l.

— Ejusd. Terentii Comœdiæ sex. *Venetiis* , Aldus , 1517 , in-8.

C'est la première des nombreuses éditions de Térence données par les Alde. Elle est extrêmement rare.

— Eædem , ex recogn. Fr. Asulani. *Venetiis* , Aldus , 1521 , in-8. 12 l.

Seconde édition de Térence publiée par les Alde. Il y en a des exempl. imprimés sur vélin.

— Eædem. *Venetiis*, Aldus, 1541 , in-8. 12 l.

— Eædem. *Venetiis*, Aldus, 1545 , in-8. 12 l.

— Eædem. *Venetiis*, Aldus, 1553 , in-8. 12 l.

— Eædem , cum commentariis M. Ant. Mureti. *Venetiis* , Aldus , 1555 , in-8.

Cette première édition de Térence avec les notes de Muret, a été réimprimée par Dict. Bibl. I.

les Alde en 1558, 60, 63 , 65 , 66 , 70 , 75 , in-8.

— Eædem , cum comment. Vincentii Cordati. *Venetiis* , ex Bibl. Aldina , 1570 , in-8.

— Eædem , cum Gabr. Faerni emendat. *Florentiæ*, apud Juntas, 1565, in-8. ch. mag. 10 à 12 l.

Belle édition , estimée.

—Eædem, cum M.' Ant. Mureti annot. et variis lectionibus Theod. Pulmanni. *Antuerpiæ* , Plantin, 1565, in-16. *litter. quadr.* 9 l.

Cette petite édition est recherchée. On en trouve rarement des exemplaires bien conservés.

— Eædem , ex recens. Heinsianâ. *Lugd. Bat.* Elzevir , 1635 , in-12. 30 à 40 l.

Il y a trois éditions de ce livre sous la même date et avec les lettres rouges. La première (qui est la bonne) se reconnaît à la page 104 , qui , par une faute typographique , est cotée 108. Les deux autres éditions , qu'on doit regarder comme des réimpressions , sont imprimées avec de mauvais caractères.

—Eædem. *Parisiis* , ex typ. reg. 1642 , in-fol. 10 l.

Cette édition est exécutée en gros caractères. On la joint au Virgile , à l'Horace et aux Juvénal et Perse imprimés au Louvre dans le même format , et à-peu-près dans le même temps. Cette Collection forme alors 4 vol. in-fol. qui sont assez estimés , quand ils sont rassemblés : 40 à 50 liv.

— Eædem , ex recens. Dan. Heinsii. *Amst.* Elzevir , 1661 , in-12. 10 l.

Les exemplaires en grand papier sont très-rares.

— Eædem , cum interpr. et notis Nic. Camus ; ad usum Delphini. *Parisiis* , 1675 , in-4. 18 à 24 l.

Bonne édition. Elle fait partie de la Collection des auteurs *ad usum Delphini.*

— Eædem , cum notis Varior. *Amst.* 1686 , in-8. 15 l.

Bonne édition. Elle entre dans la Collection des *Variorum.*

— Eædem , cum variis lect. *Cantabrig.* Tonson, 1701, in-4. ch. mag. 24 liv.

Cette édition de Térence se joint aux Catulle , Tibulle et Properce , au Virgile et à l'Horace imprimés par Tonson dans le même format et avec les mêmes caractères. Ces 6 auteurs forment 4 vol. in-4.

— Eædem, cum notis Fr. Hare. *Lond.*

65

Tonson et Watts, 1724 vel 1725, gr. in-4. 9 l.
Édition estimée.

— Eædem , ex ,recens. Arn. Henr. Westerhovii. *Hagæ Comit.* 1726 , 2 vol. in-4. 40 l. — Gr. pap. 150 l.
Édition recherchée.

— Eædem , necnon Phædri Fabulæ ac P. Syri et alior. vcter. Sententiæ, ex recens. et cum notis Rich. Bentleii. *Amst.* 1727 , in-4. 12 l. — Gr. pap. 24 l.
Édition estimée.

— Eædem , curâ Mich. Maittaire. *Lond.* Tonson, 1729 , in-12. 5 l. — Gr. pap. 9 l.

— Eædem , cum notis , cur. Westerhovio. *Hagæ Comit.* 1732 , in-8. 10 à 12 l.

—Eædem , lat. et ital. , sed nunc primùm italicis versibus redditæ; cum personarum fig. æri incisis ; ex MSS. cod. Vaticano. *Urbini ,* 1736 , gr. in-fol. 24 l. — Gr. pap. 50 liv.
Édition recherchée pour les gravures dont elle est ornée.

— Eædem. *Lond.* Brindley , 1744, in-16. 3 l.

—Eædem , ex edit. Westerhovianâ. *Glasguæ ,* Foulis, 1742 , in-8. 7 l. — Gr. pap. 15 l.

—Eædem , ab Hawkey. *Dublin ,* 1745 , in-12.

— Eædem , cur. J. P. Millero. *Berolini ,* 1749 , in-12. 5 l.
Jolie édition.

—Eædem , cum variis lect. *Lond.* Knapton et Sandby, 1751 , 2 vol. in-8. fig. 12 l. — Gr. pap. 24 l.
Belle édition. On en recherche les exemplaires que l'on appelle de *grande forme* in-8.

—Eædem. *Lut. Parisior.* Le Loup , 1753 , 2 vol. in-12. fig. 12 l.—Pap. fin , 18 l.
Il y a de cette édition des exemplaires tirés sur vélin. Elle se joint aux auteurs latins de Barbou.

— Eædem. *Edimburgi ,* Hamilton , Balfour , etc. 1758 , pet. in-8. 8 l.
Édition réputée sans faute.

— Eædem , ex recens. Heinsianâ, cum variis lect. , et larvis ex codd. Vaticanis ; lat. et ital. *Romæ ,* 1767 , 2 vol. in-fol. 24 à 30 l.

— Eædem. *Birminghamiæ ,* J. Baskerville , 1772 , gr. in-4. 20 à 24 l.
Belle édition.

— Eædem. *Birminghamiæ ,* J. Baskerville, 1772 , in-8. 9 l.

—Eædem , ex recogn. M. Jo. Cor. Zeunii. *Lipsiæ ,* 1774 , 2 vol. in-8. 12 à 15 l.

—Eædem. *Biponti ,* 1779 , 2 vol. in-8. 5 liv.
Édition donnée par M. Exter.

— Eædem , ex recens. Lindenbrogii, et cum notis J. G. Lenz. *Jenæ ,* 1785 , 2 vol. in-8. 7 l.

— Eædem , cum notis vet. scholiastarum selectis, operâ et stud. Magnæi. *Hafniæ ,* 1788 , 2 vol. in-8. 10 à 12 l.

— Eædem. *Basileæ ,* Decker , 1797 , gr. in-4. pap. vélin, 27 l.
Édition bien imprimée, et dont on a tiré un exemplaire sur vélin.

— Eædem , cum annotationib. B. F. Schmieder. *Halæ ,* 1794 , in-8. 5 l.

— Eædem , cur. F. H. Both. *Berolini,* 1806 , in-8. 8 l. — Pap. fin , 10 l.

—Ælii Donati Commentarii in v Terentii Comœdias. *Romæ ,* Conr. Sweynheym et Arnold. Pannartz , 1472 , in-fol.
Première édition avec date du Commentaire de Donat sur cinq Comédies de Térence.

— Iidem. *Venetiis ,* Vindelinus de Spira (circà 1470), in-fol.
Cette édition très-rare est probablement la première de ce livre.

—Observationes in Terentii Comœdias, nempè Andriam et Eunuchum , Steph. Doleto Gallo Aurelio autore. *Lugd.* 1540 seu 1543 , in-8. 5 l.
Ces deux éditions ne sont pas communes.

— J. Frid. Gronovii Notæ in Terentium. *Oxonii ,* 1750, in-8. 8 l.

— Les Comédies de Térence , en franç. (prose et rime) avec les passages latins. *Paris ,* Ant. Vérard , sans date , in-fol. 12 à 15 l.
Il y a des exemplaires imprimés sur vélin , avec figures peintes en miniatures.

—Les mêmes , en lat. et en franç. , de la trad. et avec les remarques d'Anne le Fèvre , femme d'André Dacier. *Roterdam ,* 1717 , 3 vol. in-8. fig. de Bern. Picart, 16 l.
Traduction estimée. On en a tiré quelques

exemplaires en grand papier, qui sont
très-rares et fort chers, 150 à 200 l.

— Les mêmes, trad. nouvelle, avec
le texte lat. à côté et des notes, par
le Mounier. *Paris*, 1771, 3 vol.
in-8. fig. de Cochin, 24 l. — Pap.
fort, 33 l.

Il en a été tiré six exemplaires seulement
sur papier de Hollande.

Il y a une autre édition de cette traduction
française des Comédies de Térence, en
3 vol. pet. in-8. sans figures, qui vaut 8 à
10 liv.

— L'Andria e l'Eunucho di Terentio,
trad. in verso sdrucciolo da G.
Giustiniano di Candia. *In Vinegia*,
Fr. d'Asola, 1544, in-8.

Peu commun.

— Le Comedie di Terentio volgari,
di nuovo ricorette, e a miglior traduzione ridotte. *In Vinegia*, Aldo,
1546, in-8. 9 l.

Cette traduction est de Borgo-Franco.

— Il Terentio lat. commentato in
ling. toscana, da G. Fabrini. *In
Vinegia*, 1580, in-4. 6 l.

TERENTIUS VARRO. Vid.
VARRO.

TERRASSON. (Ant.) Histoire de
la Jurisprudence romaine. *Paris*,
1750, in-fol. 12 à 15 l.

Ouvrage estimé.

TERTIUS de Lanis. Vid. LANIS.

TERTULLIANI Opera, cum notis
Nicolai Rigaltii *Parisiis*, 1664,
in-fol.

L'édition de 1641, et celle de 1675, sont
également bonnes, 7 l.

— Eadem, ex recens. J. S. Semler.
Halæ Magd. 1770-1776, 6 vol.
in-8. 18 l.

Cette édition n'est point terminée.

— Ejusd. Apologeticus, cum notis
Varior. et Sigeb. Havercampi. *Hagæ Comit.* 1718, in-8. 12 l.

Cette édition entre dans la Collection des
Variorum, et c'est une des moins communes.

TESAURO. (Eman.) Il Regno d'Italia sotto i Barbari, colle annot. di
Val. Castiglione. *In Torino*, 1664,
in-fol. 8 l.

— La Istoria di Torino. *In Torino*,
1679, 2 vol. in-fol. 8 l.

TESSIN. (Car. Gust.) Descriptiones
Mineralium et aliar. Curiositatum
Musæi Tessiani. *Holmiæ*, 1753,
in-fol. fig. 15 l.

TESTAMENTUM (Vetus)hebraï-
cum, cum variis lect., à B. Kennicot. *Oxonii*, 1776, 2 vol. in-fol.
90 liv.

Edition estimée.

TESTAMENTUM(Vetus)græcum,
juxtà septuaginta Interpret., stud.
Ant. Card. Carafæ, cum scholiis
Pet. Morini. *Romæ*, Zanetti,
1587, in-fol. 50 l.

La date de l'impression de cette rare édition
se trouve dans une Bulle de Sixte V, qui y
est insérée.

— Idem, gr. 1587, in-16.

Exemplaire imprimé sur papier citron.

— Idem, gr., cum duplici interpr.
D. Erasmi, et vet. interpretis, etc.
Rob. Stephanus, 1551, 2 vol. in-8.
10 liv.

— Idem, edid. Joan. Ernest. Grabe,
gr. *Oxonii*, 1707 et seqq. 4 tom.
2 vol. in-fol. 36 l.

Edition bien exécutée, mais moins ample
que celle de 1730, imprimée à *Zurich*,
par les soins de J. J. Breitinger, en 4
vol. in-4.

— Idem, edid. J. E. Grabe, gr. *Oxonii*, 1707, 4 vol. in-8. 18 l.

— Idem, gr., cum variis lectionibus,
cur. David Millius. *Traj. ad Rhen.*
1725, 2 vol. petit in-8. 10 à 12 l.

— Idem, ex gr. lxx interpret. lat.
redditum, cum Præfat. Flaminii
Nobilii. *Romæ*, 1588, in-fol. 30 l.

Traduction latine de la Bible grecque publiée à *Rome* en 1587. Les exemplaires
n'en sont pas communs.

— Testamento (Do Velho), trad. em
portuguez por J. Ferreira, A. d'Al-
meida e J. op den Akker. *Batavia*, 1748 et 1753, 2 vol. in-8.

Cette édition du Vieux Testament, imprimée à *Batavia*, est rare et estimée.

TESTAMENTUM Novum, gr. *Parisiis*, Colinæus, 1534, in-8. 9 l.

— Idem, gr., cum Præfat. Rob. Stephani quæ incipit *O Mirificam*.
Parisiis, Rob. Steph. 1546, 2 vol.
in-12. 12 à 15 l.

Debure, dans la description qu'il fait de

cette édition, commet deux erreurs. La première, en disant que la faute d'impression *Putres*, au lieu de *Plures*, dénote la bonne édition, ce qui est faux; la seconde, en mentionnant la longue Préface, qui au contraire est *très-courte*, puisqu'elle n'est que d'une page et demie. A la page 362 se trouve un *errata*.
La faute *Putres* appartient à la préface de l'édition de 1549, qui est moins estimée, 7 à 9 l.

— Idem, gr. *Parisiis*, Rob. Steph., ex typ. reg. 1550, in-fol. 18 à 24 l.
— Idem, gr. *Genevæ*, 1565, in-16. 4 liv.
Jolie édition, très-correcte.

— Idem, gr. *Sedani*, Jannon, 1628, in-32.
Jolie édition, remarquable par la petitesse des caractères qui ont servi à son exécution. Le texte en est fort correct, 8 à 10 l.

— Idem, gr. *Amst.* G. Blaeu, 1633, in-24. 5 à 6 l.
Jolie édition.

— Idem, gr. *Lugd. Bat.* Elzevir, 1633, in-12.
Belle édition. Celle de 1624 est moins bien exécutée, mais elle a le mérite d'être beaucoup plus correcte. L'une et l'autre sont également recherchées.

— Idem, gr. *Amst.* Elzevir, 1658, 2 vol. in-12. quelquefois reliés en un seul.
Edition recherchée à cause des Variantes.

— Idem, gr., cum variis lectionibus. *Parisiis*, ex typ. reg. 1642, in-fol.
Cette édition, quoique assez bien exécutée, est cependant peu recherchée en France, 7 à 8 l. et en grand papier, 12 à 15 l.

— Idem, gr., cum variantib. omnibus lectionib. edit. Jo. Millii, ex recens. Lud. Kusteri. *Amst.* 1710, in-fol. 15 l. — Gr. pap. 30 l.
Edition bien exécutée et fort recherchée. Celle d'*Amst.* 1725, 2 vol. in-8. vaut 12 à 15 l.

— Idem, gr., cum variis lectionib. et comment. J. J. Wastenii. *Amst.* 1751, 2 vol. in-fol. 36 à 48 l.
— Idem, gr. *Oxonii*, J. Baskerville, 1763, in-4. 30 l.
Edition bien imprimée.

— Idem, gr. *Oxonii* (J. Baskerville), 1763, in-8. 7 l.
— Idem, gr., cum notis selectis. *Lond.* 1768, 2 vol. in-8.
— Idem, gr., è cod. MS. Alexandrino, stud. Car. God. Woide. *Londini*, 1786, in-fol.

— Idem, lat., vulgatæ edit. *Parisiis*, ex typ. reg. 1649, 2 vol. in-12. 9 l.
Jolie édition, recherchée.

— Idem, lat. *Parisiis*, Barbou, 1767, in-12. 6 l. — Pap. fin, 10 l.
Réimprimé en 1785. Il y a de cette dernière édition des exemplaires sur vélin.

— Idem, lat. *Matriti*, Ibarra, 1767, 2 vol. in-8. 12 l.
— Idem, syriacè, ex edit. Jo. Alb. Widmanstadii. *Viennæ Austriæ*, 1555, in-4. 6 à 8 l.
— Idem, syriacè, accur. Ægid. Gutbirio. *Hamburgi*, 1749, in-8. 8 l.
— Idem, syriacè et lat., stud. J. Leusden et C. Schaaf. *Lugd. Bat.* 1717, 2 vol. in-4. 30 l.
— Idem, æthiopicè, à Pet. Comos. *Romæ*, 1548, in-4. 24 l.
Il y a des exemplaires imprimés sur vélin.

— Idem, armenicè. 2 vol. in-12.
Exemplaire imprimé sur papier bleu.

— Idem, groënlandicè. *Hafniæ*, 1666, in-8. 10 l.
— Idem, esthonicè. *Riga*, 1686, in-4. 20 liv.
— Idem, fennicè. *Abo*, 1732, in-12. 15 liv.
— Idem, lapponicè. *Stockholmiæ*, 1755, in-8. 12 à 15 l.
— Nov. Testamentum ægyptium seu copticum, edit. è MSS. Bodleïano per D. Wilkins. *Oxonii*, 1716, in-4. 24 l. — Gr. pap. 80 l.
Les exemplaires en grand papier sont très-rares.

— Nov. Testamentum linguis duodecim, stud. El. Hutteri. *Norimbergæ*, 1599, 2 vol. in-fol. 66 l.
— Histoire du Vieux et du Nouv. Testament en vers polonais, par le roi Stanislas. *Nancy*, 1761, in-fol. 9 à 12 l.
— El Nuevo Testamento, trad. de griego en lengua castellana, por Fr. de Enzinas. *En Amberes*, 1543, in-8. 36 l.
Edition originale, très-rare.

— Le Nouv. Testament, trad. du grec en langue damulique (par S. Bronsveld et J. Fybrands.) *Colombo*, 1759, in-4. 50 à 60 l.
Volume très-rare.

— Jesus-Christ Gure Jaunaren Testamentry Berria, ou le Nouv. Testament de N. S. J. C. en langue

basque. *Rochellau*, 1571 , in-8.
très-rare , 30 l.
Cette édition a été publiée par les ordres
de Jeanne d'Albret , reine de Navarre.

— Le Nouveau Testament de N. S.
J. C. translaté en franç. par Pier.
Ferget et Julian Macho. (*Lyon* ,
Barthélemy Buyer) in-4. ou pet.
in-fol. goth. sans date , *très-rare* ,
80 liv.
Première traduction française du Nouveau
Testament. On présume qu'elle a été publiée vers 1477.
On en trouve deux différentes éditions imprimées par le même Buyer , et sans date ,
l'une à deux colonnes , et l'autre à longues
lignes. L'édition à deux colonnes passe
pour être la première.

— Vid. BIBLIA SACRA.

TETII (Hierony.) Descriptiones
Ædium Barberinarum. *Romæ* ,
1642 vel 1647, in-fol. fig.
Ouvrage rare et fort estimé des artistes.

TEWRDANNCTHS.(Les Aventures
de) Voy. PFINTZING.

THAUMAS DE LA THAUMAS-
SIERE. (Gasp.) Histoire de Berry.
Bourges , 1689, in-fol. 9 l.

— Coutumes de Beauvoisis , par Philippe de Beaumanoir , Assises et
bons Usages de Jérusalem , par J.
d'Ibelin , etc. avec des notes et un
Glossaire. *Bourges* , 1690, in-fol.
15 à 18 l.
Ouvrage recherché par les amateurs du vieux
langage français.

THEATRE (nouveau) de la Grande-
Bretagne. *Londres*, 1724 , 4 vol.
gr. in-fol. fig. 66 l.

THEATRE Français , ou Recueil des
meilleures pièces de théâtre. *Paris*,
1737, 12 vol. in-12. 18 l.

THEATRUM Crudelitatum Hæreticorum nostri temporis. *Antuerp.*
1587 , in-4. fig. 12 l.
On attribue ce petit ouvrage curieux à un
certain Richard Verstegan , dit Row-
lands.
On en a donné , en 1588, une traduction
française qui , quoique plus ample que
l'édition latine, est moins recherchée, parce
que les épreuves des figures sont d'un second tirage.

THEMISTII Opera omnia , *hoc est,*
Paraphrases et Orationes , gr. *Ve-*
netiis , Aldus , 1534 , in-fol.
Cette édition , la première de Themistius ,

n'est pas commune. On en a tiré des
exemplaires en très-grand papier , qui
sont rares et chers , 250 à 300 l.

— Ejusd. Orationes , gr. lat. , ex recens. D. Petavii , et cum observat.
Jo. Harduini. *Parisiis* , typ. reg.
1684 , in-fol. 21 l.
Belle édition , fort estimée. Il en a été
tiré des exemplaires en grand papier, qui
sont chers , 80 l.

THEMISTOCLIS Epistolæ , gr. lat.,
interpr. J. M. Caryophilo , ex recens. et cum notis M. C. Schœtge-
nii. *Lipsiæ* , 1710 vel 1722, in-8.
8 liv.

— Eædem , à Jo. Christ. Bremer , gr.
Lemgoviæ , 1776, in-8.

THEOCRITI Idyllia xviij , et Hesiodi Opera et Dies , gr. *Absque*
ullá notá (sed Mediolani , circà
ann. 1493,) in-4.
Première édition excessivement rare.

— Ejusd. Eclogæ xxx. Genus Theocriti et de Inventione Bucolicorum , etc. et aliorum poëtarum
Opuscula , gr. *Venetiis* , Aldus ,
1495 , in-fol. de 140 feuillets non
chiffrés. Prix arbitraire.
Cette édition est très-rare , et la première de
la plupart des ouvrages qu'elle contient.
Le volume formant deux parties , dont la
seconde comprend les ouvrages d'Hésiode ,
ou rencontre quelquefois des exemplaires
séparés de l'une de ces deux parties ; mais
alors elles ne forment qu'un livre imparfait et de peu de valeur.

— Ejusd. Opera , cum scholiis gr.
Zach. Calliergi. *Romæ* , 1516, in-8.
36 à 45 l.
Edition rare.

— Eadem , gr. *Florentiæ* , in ædibus
Ph. Juntæ , 1515 , in-8. *rare* , 21 l.

— Moschi , Bionis , Theocriti Idyllia
aliquot , ab H. Stephano lat. facta.
Venetiis , Aldus , 1555, in-4.
Edition rare.

— Theocriti et alior. Idyllia , gr. lat. ,
ex recens. Henr. Stephani. — Ho-
merici Centones. *Excudebat H.*
Steph. 1579, in-12. 7 à 9 l.

— Theocriti , Moschi , Bionis , etc.
quæ extant Opera , gr. lat. , cum
scholiis gr. et indice , operâ Dan.
Heinsii. *Commel.* 1604 , in-4.
Cette édition n'est pas commune, 18 l.

— Theocriti Opera quæ extant , gr.
lat. , cum gr. scholiis , notis et in-

dicibus. *Oxonii*, 1699, in-8. 18 à 24 liv.

Cette édition est estimée, et fait partie de la Collection des *Variorum*.

— Eadem, gr. lat., cum scholiis. *Lond.* 1729, in-8.

— Eadem, gr., ex edit. Dan. Heinsii expressa. *Glasguæ*, Foulis, 1746, pet. in-4. 8 l.

— Theocriti, Moschi et Bionis Idyllia, gr. lat., stud. Th. Martin. *Lond.* 1760, in-8. 15 l. — Gr. pap. 36 à 40 l.

— Theocriti Opera reliqua, gr. lat., cum scholiis gr. et comment. H. Stephani, Scaligeri, etc., curà Reiske. *Viennæ*, 1765, 2 tom. 1 vol. in-4. 20 l.

— Eadem, gr. lat., ex recens. Th. Warton. *Oxoniæ*, 1770, 2 vol. in-4. 40 l.

Il y a des exemplaires à la fin desquels on trouve une petite pièce très-rare, intitulée : *Curæ posteriores, sive Appendicula notarum atque emendationum in Theocritum Oxonii nuperrimè publicatum. Lond.* 1772, in-4. 60 à 72 l.

— Theocriti decem Idyllia, gr., latinis pleraque numeris à C. A. Westenio reddita; cum annot. L. C. Walckenaer. *Lugd. Bat.* 1773, in-8. 15 l. — Pap. fin, 48 l.

— Theocriti, Bionis et Moschi Carmina Bucolica, gr. lat., edit. L. C. Walckenaer. *Lugd. Bat.* 1779, in-8. 12 l.

— Theocriti Reliquiæ, gr. lat., ex recens. et cum animadv. Th. Ch. Harlesii. *Lipsiæ*, 1780, in-8. 9 l.

— Theocriti Idyllia, gr. lat. *Parmæ*, Bodoni, 1792, in-4. 18 l.

Cette édition est très-bien imprimée.

— Theocriti, Moschi et Bionis Idyllia, gr. *Parmæ*, Bodoni, 1792, in-8. 24 à 30 l.

Cette édition est fort belle, et n'a été tirée qu'à 200 exemplaires.

— Theocriti Carmina, ex recens. et cum annot. J. C. G. Dahl. *Lipsiæ*, 1804, in-8. 10 l. — Pap. fin, 11 liv.

— Teocrito, Mosco, Bione, Simmia, con la Bucolica di Virgilio, gr., lat. ed ital., con le annot. d' Eritisco Pilenejo. *Parma*, Bodoni, 1780, 2 vol. in-4. 20 l.

Les exemplaires en grand papier sont fort recherchés et peu communs, 50 à 60 l.

Le vrai nom du traducteur est *Giuseppe Maria Pagnini*, Carme. On trouve quelquefois des Poésies latines de ce moine à la suite de sa traduction. L'édition suivante n'a que le frontispice de changé.

— I medesimi, con le annot. d'Eritisco Pilenejo. *In Parigi*, 1780, 2 vol. in-4.

— Saggio d'Idillj greci di Teocrito, Mosco e Bione, in rime ital., da L. Rossi. *Parma*, Bodoni, 1796, pet. in-8. 8 l.

— Les Idylles de Théocrite, trad. du grec en vers franç. avec des remarq. par de Longepierre. *Paris*, 1688, in-12. 6 l.

— Idylles et autres Poésies de Théocrite, trad. en franç. avec le texte grec, des notes et une vers. lat. par J. B. Gail. *Paris*, 1792, in-8. 9 l.

— Les mêmes, et de la même trad. *Paris*, 1792, in-12. 8 l.

— Les mêmes, trad. en franç. avec des remarq. par J. L. Geoffroy. *Paris*, 1800, in-8. 3 l.

— Vid. Musæus.

THEODORETI (B.) Opera, gr. lat., ex edit. Jac. Sirmondi. *Parisiis*, 1642, 4 vol. in-fol.

— Theodoreti Auctarium Operum, gr. lat., à Jo. Garnerio editum. *Parisiis*, 1684, in-fol. rare.

Ce vol. s'annexe aux quatre précédents, 45 à 54 l.

— Ejusd. Theodoreti Opera omnia, gr. lat., ex edit. Jac. Sirmondi, cur. Jo. L. Schulze. *Halæ*, 1769 et seqq. 10 vol. in-8. 40 l.

THEODORI (Gazæ) Introductivæ grammatices lib. iv Ejusd. de Mensibus Opusculum. Apollonii Grammat. de Constructione lib. iv. Herodianus de Numeris, gr. *Venetiis*, Aldus, 1495, in-fol.

Edition très-rare, et la première de ces ouvrages.

— Introductionis grammaticæ lib. iv, et Opusculum de Mensibus. G. Lecapeni de Constructione Verborum, gr. *Florent.* Junta, 1515-1520, in-8.

— Introductionis grammaticæ lib. iv. De Mensibus liber. G. Lecapeni de Constructione Verborum. Em. Moschopuli de Constructione nominum et Verborum. Ejusd. de

Accentibus, gr. *Venetiis*, Aldus, 1525, in-8.

Cette seconde édition des Alde a été revue par Fr. Asulanus. Les exemplaires eu sont rares et recherchés. Le Traité d'Apollonius le grammairien et celui d'Hérodien, qui se trouvent dans la première édition de 1495, sont remplacés dans celle-ci pas ceux de Lecapenus et de Moschopulus.

— Introductionis grammaticæ lib. iv, et alia Opuscula, cum Hephæstione de Metris, gr. *Florentiæ*, Junta, 1526, in-8.

— Grammaticæ Introductionis libri iv, græcè. *Parisiis*, P. Gandoul et P. Gromors, in-24.

Jolie édition.

— Introductionis lib. iv, gr. lat. *Basileæ*, 1538, in-8. *rare.*

— Libellus de ratione mensium apud Græcos, gr. lat., aut. Theod. Gaza, Jo. Perello interpr. *Parisiis*, 1530, 1535, in-8. 9 l.

Théodore Gaza est aussi l'auteur d'une traduction grecque du *Cato major* et du *Somnium Scipionis*, que l'on trouve à la suite des livres *de Officiis*, etc. de Cicéron, dans l'édition de *Lyon*, chez Séb. Gryphius, 1545, petit in-8.

THEODORUS PRODROMUS. Vid. PRODROMUS.

THEOGNIDIS Sententiæ, cum scholiis Joach. Camerarii, et Indice duplici, à Wolf. Sebero, gr. lat. *Lipsiæ*, 1620, in-8. 4 à 6 l.

Bonne édition.

— Eædem, gr. lat. *Parisiis*, Libert, 1627, in-8.

Édition rare.

— Eædem, cum Indice ac notis, ab Ant. Blackwall, gr. lat. *Lond.* 1706, in-12. 5 l.

Edition rare et excellente.

— Eædem, gr., lat. et ital., ab Aug. Mar. Bandinio. *Florentiæ*, 1766, in-8. 4 à 6 l.

THEONIS Rhetoris de Modo declamandi Libellus. *Romæ*, 1520, in-4. 7 à 9 l.

THEONIS Smyrnæi Expositio mathematica, ab Ism. Bullialdo, gr. lat. *Parisiis*, 1644, in-4. 5 à 6 l.

THEOPHANIS NONNI Épitome de curatione morborum, gr. lat., cum notis J. S. Bernard. *Gothæ*, 1794, 2 vol. in-8. 20 l. — Pap. fin, 23 l. — Vid. BYZANTINE.

THEOPHILE VIAUD. Le Parnasse des Poëtes satyriques, ou Recueil de vers piquants et gaillards de notre temps. 1625, in-8. *lettres italiq.* 12 liv.

Edition originale.

— Le même. 1660, in-18. *lettres rondes.*

Cette édition est beaucoup plus belle et plus rare que la précédente, 3o l.

THEOPHILI Antecessoris Institutionum Juris Civilis Paraphrasis, cum scholiis et notis Varior., ac Fragmentis, à Guil. Ott. Reitz, gr. lat. *Hagæ Comit.* 1751, 2 vol. in-4. 18 à 24 l.

THEOPHILUS BRIXIANUS. Vid. BRIXIANUS.

THEOPHRASTI Opera omnia, gr. lat., ex edit. et cum emendat. Dan. Heinsii. *Lugd. Bat.* 1613, in-fol. 15 à 18 l. — Gr. pap. *très-rare.*

Debure le jeune et autres bibliographes, confondent mal-à-propos cette édition des OEuvres complètes de Théophraste avec l'Histoire des Plantes en dix livres, augmentée à la vérité, et donnée séparément par J. Bodæus à Stapel, à *Amst.* en 1644, in-fol.

— Ejusd. Characteres Ethici, à Bilibaldo Pirckheymero, gr. lat. *Norimb.* 1527, in-8.

Première édition.

—Iidem, gr. *Upsaliæ*, 1708, in-8.

Bonne édition.

— Iidem, gr. lat., cum notis Varior., ex recens. P. Needham. *Cantab.* 1712, in-8. 12 à 15 l.

Bonne édition, et l'une des moins communes de la Collection des auteurs classiques *cum notis Variorum.*

Les exemplaires en grand papier sont rares, et valent 100 l. environ.

— Iidem, gr. lat. *Lipsiæ*, 1726, in-8. 6 l.

— Iidem, gr., cum vers. lat. Is. Casauboni, et notis J. Corn. de Paw. *Traj. ad Rhen.* 1737, in-8. 6 l.

— Iidem, à Jo. Conr. Schwarz, gr. lat. *Coburgi*, 1739, in-4.

— Iidem, gr. lat. *Glasguæ*, Foulis, 1743, in-8. 6 l.

— Iidem, gr., cum notis J. F. Fischer. *Coburgi*, 1763, in-8. 5 l.

Bonne édition.

— Iidem, gr., ex recens. Wilkes. *Lond.* 1790, in-4. 8 à 9 l.

— Iidem, gr., ex edit. J. G. Schneider. *Jenæ*, 1799, in-8. 5 l.

— Iidem, gr. lat. *Parmæ*, Bodoni, 1794, in-4. 18 l. — Format in-fol. 50 liv.

— Theophrasti Capita duo, hactenùs anecdota, gr. lat., ed. J. C. Amadutio. *Parmæ*, Bodoni, 1786, in-4. 27 l.

Ce vol. a été tiré sur trois sortes de papier, savoir : papier azuré commun, papier blanc fin, et grand papier.

— Les Caractères de Théophraste et de la Bruyère. *Paris*, Guérin, 1750, 2 vol. pet. in-12. 4 à 5 l. — Pap. de Holl. 16 à 18 l.

— Les mêmes, avec des notes par Coste. *Paris*, 1765, in-4. 8 l. — Gr. pap. de Holl. 18 à 30 l.

Il y a une petite édition des Caractères de Théophraste, imprimée à *Amsterdam*, en 1720, 3 vol. in-12. qui vaut 8 à 10 l.

— Les mêmes, trad. nouv. par M. Coray, avec le texte grec et des notes. *Paris*, 1799, in-8. 6 l.

On a tiré 12 exemplaires sur papier vélin.

— Theophrastus's History of Stones, with an english version, and critical notes, by John Hill. *Lond.* 1746, in-8. 8 l.

— Historia Plantarum, lat. versa; Theod. Gaza interpr. *Tarvisii*, per Barth. Confalonerium de Salodio, 1483, in-fol. 24 l.

Première version latine de ce livre. Elle est rare et estimée.

La première édition grecque de cette Histoire des plantes, fait partie de l'édition des OEuvres d'Aristote publiées en cette langue par les Alde, en 1495, 5 vol. in-fol.

— Eadem, gr. lat., ex recens. et cum notis J. Bodæi à Stapel, necnon J. C. Scaligeri et Rob. Constantini animadv. *Amst.* 1644, in-fol. fig. 18 à 24 l.

Voy. la note de l'édition des OEuvres complètes de Théophraste publiées par Dan. Heinsius à *Amst.* 1613, in-fol.

— De Lapidibus, gr. et angl., à Joan. Hill. *Lond.* 1746, in-fol.

THEOPHYLACTI Hieromonachi Tzanphunari, Menologia, seu Menæa Græcorum per totum annum, gr. *Venetiis*, 1639, 12 tom. 8 vol. in-fol. 40 l.

Ce livre est rarement complet.

THERAMO. Vid. ANCHARANO. (Jac. de)

THÉSÉUS de Coulogne. Voy. HISTOIRE.

THESAURUS Cornucopiæ et Horti Adonidis, gr. *Venetiis*, Aldus, 1496, in-fol.

Première et rare édition. Elle a été donnée par les soins réunis d'Alde, de Guarinus Camers, C. Antenoreus, Urbanus Bolzanius et Angelus Politianus.

THESAURUS Antiquitatum Beneventanarum. *Romæ*, 1754, in-fol. fig. 12 l.

THEVENOT. (Melchis.) Relations de divers Voyages curieux. *Paris*, 1696, 4 part. 2 vol. in-fol. fig. 36 à 45 l.

Collection fort estimée, mais rarement complète.

Pour s'assurer de l'intégrité du texte, il faut collationner l'exemplaire sur un catalogue qui doit se trouver placé dans le premier vol., immédiatement après l'avertissement. Toutes les relations et les pièces qui composent les quatre parties, y sont exactement décrites, avec le nombre de pages qu'elles doivent contenir. A la suite, et sous le titre de Relations qui n'ont pas encore paru, sont également décrites, avec le nombre de pages aussi dont elles sont composées, les neuf Relations et pièces posthumes, qui se trouvent assez communément, mais pas toujours, à la suite de la IV.e partie, et vers la fin du second volume.

Les planches qui manquent ordinairement sont celles qui concernent la Relation des Voyages des Hollandais à Pékin.

— Recueil de Voyages de M. Thevenot. *Paris*, 1681, in-8. fig.

Ce volume, que l'on joint à la Collection précédente, doit contenir dix pièces.

— L'Art de nager, démontré par figures. *Paris*, 1696, in-12. 5 l.

THEVENOT. (le sieur) Voyages au Levant, en Perse et aux Indes. *Amst.* 1725, 5 vol. in-12. 18 l.

THEUPOLI (Laur.) latina et italica D. Marci Bibliotheca Codicum MSS. per titulos digesta. *Venetiis*, 1740, 2 vol. in-fol. 18 à 24 l.

THEUTOBOCHUS. (L'Imposture découverte des os humains supposés, et faussement attribués au roi) *Paris*, 1614, in-8. 7 à 9 l.

THEVET. (Andr.) Les Singularités de la France antarctique, autrement nommée Amérique, etc. *Anvers*, 1558, in-8. fig. 8 à 9 l.

THIBALDEO da Ferrara : (Ant.) le

sue Opere poetiche. *In Modena*, 1498, in-4. 12 à 15 l.
— Le medesime. *In Milano*, 1499, in-4. 12 l.
— Le medesime. *In Venetia*, 1511, in-4. 10 l.

Ces trois éditions sont bonnes et peu communes.

THIBAULT. (Gerard) Académie de l'Epée, ou Pratique du Maniement des armes à pied et à cheval. *Anvers*, 1628, gr. in-fol. fig. 24 l.

THIBAUT. (J.) La Physionomie des Songes et Visions fantastiques des personnes. — Les Songes de Daniel le prophète, transl. du lat. en franç. *Lyon*, 1478, in-12. fig. *rare*, 18 à 24 l.

THIERS. (J. B.) Observations sur le Bréviaire de Cluny. *Bruxelles*, 1702, 2 vol. in-12.

Traité rare et singulier. Il a été supprimé, 18 liv.

On a encore du même auteur :

Traité des Superstitions qui regardent le S. Sacrement. *Paris*, 1697-1704, 4 vol. in-12. 8 l. — Traité de l'Exposition du S. Sacrement de l'autel. *Paris*, 1677, 2 vol. in-12. 6 l. (On prétend que cet ouvrage est le meilleur de Thiers.) — L'Avocat des Pauvres. *Paris*, 1676, in-12. 3 l. — Dissertations sur les Porches des Eglises. *Orléans*, 1679, in-12. 3 l. — Traité de la Clôture des religieuses. *Paris*, 1681, in-12. 3 l. — Dissertation sur l'Inscription du grand portail du couvent des Cordeliers de Rheims. 1670, in-12. 3 l. — Traité des Jeux permis et défendus. *Paris*, 1686, in-12. 4 l. —Dissertations sur les principaux Autels des Eglises, etc. *Paris*, 1688, in-12. 3 l,— Histoire des Perruques. *Paris*, 1690, in-12. 4 l. — Apologie de M. l'abbé de la Trappe, contre les calomnies du Père de Sainte-Marthe. *Grenoble*, 1694, in-12. 3 l. — Dissertation de la Sainte Larme de Vendôme. *Paris*, 1699, in-12. — De la plus solide, de la plus nécessaire et de la plus négligée des Dévotions. *Paris*, 1702, 2 vol. in-12. 6 l. — Traité des Cloches. *Paris*, 1721, in-12. 4 l. —La Sauce-Robert. 1676, 1678, in-8. — La Sauce-Robert justifiée. 1679, in-8. (Ces deux brochures se trouvent ordinairement reliées en un seul vol.)—De Stolâ in Archidiaconorum Visitationibus gestandâ à Parœcis Disceptatio. *Parisiis*, 1679, in-12. 3 l. — De Festorum Dierum imminutione liber, in-12.

Tous ces ouvrages sont recherchés pour leur singularité.

THIOUT l'aîné. (Ant.) Traité de

Dict. Bibl. I.

l'Horlogerie mécanique et pratique. *Paris*, 1741, 2 vol. in-4. fig. 20 à 24 liv.

THIRON. (Ant.) La Moralité de l'Enfant ingrat, ou le Mirouer et exemple moral des mauvais Enfants envers leurs pères et mères, en rime franç. et par personnaiges. *Lyon*, Rigaud, 1589, in-16. de 94 feuillets, *lettres rondes*, 30 l.
—La même, sous le titre suivant : Le Mirouer et Exemple moral des Enfants ingrats, pour lesquels les pères et mères se détruisent, pour les augmenter, etc. en rime franç. et par personnaiges. *Edit. sans date, en lettres goth.* in-4. 20 l.

THOMÆ Aquinatis (S.) Opera omnia, cur. Th. Manrique. *Romœ*, 1570 et seqq. 17 vol. in-fol. 60 à 72 liv.

Cette édition, la première des OEuvres complètes de saint Thomas, est regardée comme la meilleure ; cependant certaines personnes lui préfèrent celle d'*Anvers*, d'autres celle de *Paris*, 1660, 19 vol. in-fol.

—Continuum, sive Catena S. Thomæ in Evangelia. *Romæ*, Conr. Sweynheym et Arn. Pannartz, 1470, in-fol. 150 l.

Edition rare, et recherchée à cause de sa date.

— Idem Opus. *Nurembergœ*, A. Koburger, 1475, in-fol. max. 80 l.

Cette seconde édition est aussi très-rare. Elle est imprimée sur deux colonnes, sans chiffres, signatures ni réclames. La totalité du vol. est de 431 feuillets.

—S. Thomæ Aquinatis Secunda secundæ. *Moguntiæ*, Pet. Schoyffer de Gernzheym, 1467, in-fol. 150 l.

Première édition très-rare, et fort recherchée des curieux à cause de son antiquité. Elle est imprimée sur deux colonnes de 59 lignes chacune, sans chiffres, signatures ni réclames.

THOMAS: (Ant.) ses OEuvres. *Paris*, 1774. 4 vol. in-8. 16 l. — Pap. de Holl. 33 l.

Il faut examiner si l'Eloge de Marc-Aurèle, imprimé à part, se trouve dans l'exemplaire.

—Les mêmes. *Paris*, 1802, 7 vol. in-8. 27 l.

Cette édition est plus ample que la précédente, mais elle est moins bien imprimée.

66

THOMAS à Kempis. Voy. Kempis.
THOMASSIN. (Sim.) Recueil de Statues, Grouppes, Fontaines, etc., du château et parc de Versailles, grav. d'après les originaux. *La Haye*, 1723, 2 vol. in-4. 8 l.
— Recueil de 218 Fig. de Grouppes, Fontaines, Thermes, etc., du château et parc de Versailles, grav. par le même, in-8. 15 l.
— Recueil de 71 Figures antiques et modernes, grav. par le même. In-fol. 15 l.
THOMASSINI (Lud.) Dogmata theologica. *Parisiis*, 1680 vel 1683, 3 vol. in-fol. 15 à 18 l.
Ces deux éditions sont également estimées.
— Disciplina ecclesiastica, circà Beneficia et Beneficiarios. *Parisiis*, 1688, 3 vol. in-fol. 15 à 18 l
— Ancienne et nouvelle Discipline de l'Eglise, touchant les Bénéfices et les Bénéficiers. *Paris*, 1725, 3 vol. in-fol. 15 à 18 l.
— Glossarium univ. hebraïcum. *Parisiis*, ex typ. reg. 1697, in-fol. 15 l. — Gr. pap. 24 l.
— La Méthode d'étudier et d'enseigner la grammaire ou les langues, par rapport à l'Ecriture sainte. *Paris*, 1690, 2 vol. in-8. 6 à 8 l.
Ouvrage systématique et savant, dans lequel l'auteur rapporte tout à la langue hébraïque.
THOMPSON'S : (James) Works. *Lond.* 1762, 2 vol. in-4. 24 à 36 l.
— The same. *Lond.* 1788, 3 vol. gr. in-8. fig. 25 l.
— Seasons. *Parma*, Bodoni, 1796, gr. in-4. 45 l.
Belle édition. Elle n'a été tirée qu'à 175 exemplaires ; plus, quelques-uns de format in-fol. et un ou deux sur peau de vélin.
— The same. *Lond.* 1794, in-12. pap. vélin, fig. 8 l.
— The same. *Lond.* 1802, pet. in-12. fig. pap. vélin, 9 l.
— Les Saisons, poëme (trad. par Madame Bontemps.) *Paris*, 1759, in-8. fig. 5 l.
Il y a des exemplaires en papier de Hollande.
— Les mêmes. *Paris*, Didot le jeune, 1796, in-8. 4 l. — Gr. pap. vélin, fig. av. la lettre, 12 l.
— Les mêmes, trad. par J. P. F. De-

leure. *Paris*, an 9 (1801), in-8. fig. 5 l.
THOMSON.(Georg.) La Chasse de la Bête romaine. *La Rochelle*, 1611, ou *Genève*, 1612, in-8. 7 à 9 l.
Ces deux éditions sont également bonnes.
THOU, (Chr. de) Barth. FAYE, etc. Coutumes du Baillage de Melun. *Paris*, 1561, in-4.
Exemplaire imprimé sur vélin.
— Coutumes du Duché et Baillage de Touraine. *Paris*, 1561, in-4.
Exemplaire sur vélin.
THOU. (Jac. Aug. de) Vid. Thuanus.
THOUM. (Louis du) Le Trembleterre, où sont contenus ses causes physiq., signes, effets, etc. *Bourdeaux*, 1616, in-8. 4 l.
THOUVENEL. Mémoires sur l'Aérologie et l'électrologie. *Paris*, 1806, 3 vol. in-8. 15 l.
THOYNARD (Nic.) Harmonia Evangeliorum, gr. lat. *Parisiis*, Cramoisy, 1707, in-fol. 6 l. — Gr. pap. 9 l.
THOYRAS. Voy. Rapin.
THUANI (Jac. Aug.) Historiarum sui temporis lib. 138, ab anno 1543 ad ann. 1607. *Lond.* 1733, 7 vol. in-fol. 72 à 80 l. — Gr. pap. 150 l.
Edition bien exécutée et la plus estimée de cet ouvrage. Les exemplaires en très-grand papier sont excessivement rares.
— Histoire universelle de J. A. de Thou, trad. en franç. par diverses personnes, et publ. par P. F. Guyot des Fontaines. *Londres (Paris)*, 1734, 16 vol. in-4. 54 l. — Gr. pap. 80 l.
Bonne édition.
— Ejusd. Poëmata sacra. *Parisiis*, 1599, in-12. 4 l.
— Ejusd. Poëmatium, cum notis Ph. Melanchthonis. *Amst.* 1722, in-12. 5 à 6 l.
THUCERENSIS Tractatus de Cometis. *Sine loco impressionis*, 1474, in-4. rare, 24 l.
THUCYDIDIS de Bello Peloponnesiaco Histor. lib. viij, gr. *Venetiis*, Aldus, 1502, in-fol. 120 l.
Première édition fort rare. Les exemplaires en grand papier, lorsqu'ils sont bien conservés, sont des morceaux très-precieux.
— Iidem, gr., cum scholiis, ab Ant.

Franeino. *Florent.* Junta, 1526, in-fol.

—Iidem, gr. lat., cum scholiis græcis. *Parisiis*, H. Steph. 1564, in-fol. 15 à 20 l.

Les exemplaires en grand papier sont très-rares.

—Iidem, græcè, cum lat. interpr. Laur. Vallæ, et notis H. Stephani. *Parisiis*, H. Stephanus, 1588, in-fol. 15 l.

—Iidem, gr., cum lat. interpr. Laur. Vallæ. *Francof.* 1594, in-fol. 15 l.

— Iidem, gr. lat., ab Æmilio Porto. *Francof.* 1599, in-fol.

Edition accompagnée d'un excellent *Index.*

—Iidem, gr. lat., cum annot. J. Hudsoni. *Oxonii*, 1696, in-fol. 21 l. — Gr. pap. 45 l.

—Iidem, gr. lat., cum notis Jos. Wasse et animadv. C. A. Dukeri. *Amst.* 1731, in-fol. 120 l.

Il y a de cette excellente édition de Thucydide des exemplaires en grand papier, mais ils sont très-rares, et valent au moins 3 à 400 l.

— Iidem, gr. lat., ex edit. Jos. Wasse et C. A. Dukeri. *Glasguæ*, Foulis, 1759, 8 vol. in-8. 45 l.

Cette édition est recherchée.

— Iidem, gr., ad edit. Dukeri expressi. *Viennæ*, 1785, 2 vol. in-8. 11 liv.

—Iidem, gr. lat., ex editione Jos. Wasse et C. A Dukeri, cum varietate lect. et annot. studiis Societatis Bipontinæ. *Biponti*, 1788-89, 6 vol. in-8. 36 l.

Il y a des exemplaires en papier de Hollande.

—Iidem, gr. lat., ex edit. C. A. Dukeri, cum animadv. J. Ch. Gottleberi et Ch. D. Beckii. *Lipsiæ*, 1790-1804, 2 vol. in-4. 60 l. — Pap. fin, 70 l.

— Iidem, ad optimas edit. in usum scholarum diligenter expressi. *Lipsiæ*, 1799, 2 vol. in-8. 20 l.

L'édition de *Brême*, 1791, 2 vol. in-8. vaut le même prix.

— Thucydide grec, franç., latin, avec des observations littéraires, critiq., etc. par J. B. Gail. *Paris*, 1807-1808, 12 vol. in-8. fig. et cartes, 421.—Pap. vélin, 72 l.—Format in-4. 58 l. — Pap. vélin, 116 l. Prix de l'éditeur.

—L'Histoire de Thucydide, de la Guerre du Péloponnèse, transl. du grec en franç. par Cl. Seyssel. *Paris*, 1527, in-fol.

On ne recherche de cette édition que les exemplaires imprimés sur vélin.

— La même, trad. en franç. par Nic. Perrot d'Ablancourt, avec la Continuation de Xénophon. *Amst.* 1714, 3 vol. in-12. 8 l. — Gr. pap. 15 liv.

— La même, trad. en franç. par P. Ch. Lévesque. *Paris*, 1795, 4 vol. in-8. 16 l.

Il en a été tiré des exemplaires de format in-4.

— Thucidide, historico greco, trad. per F. di Soldo Strozzi Fiorentino. *In Venet.* 1563, in-4. 9 l.

Cette traduction italienne est estimée. Il y a des exemplaires qui portent la date de 1564.

—The History of the Peloponnesian war, transl. from the greek of Thucydides, by Will Smith. *Lond.* 1781, 2 vol. in-8. 18 l.

— Vid. ABRESCH. (F. L.)

THUNBERG (C. Pet.) Flora Japonica. *Lipsiæ*, 1784, in-8. 39 pl. 8 l.

—Icones Plantarum Japonicarum. *Upsaliæ*, 1794-1801, in-fol. 30 pl.

— Voyage en Afrique et en Asie, principalement au Japon. *Paris*, 1794, in-8. pap. vélin, 10 l.

—Voyage au Japon, par le cap de Bonne-Espérance, avec les notes de L. Langlès et de J. B. Lamarck. *Paris*, 1796, 4 vol. in-8. 15 l. ou 2 vol. in-4. pap. vélin, 24 l.

THURAH. (Laur. de) Le Vitruve danois, cont. les plans, les élévations et profils des principaux bâtiments du Danemarck; en danois, allem. et franç. *Risbenhaum*, 1746, 2 vol. in-fol. 72 l.

— Description circonstanciée de la Résidence royale et capitale de Copenhague : en danois, allem. et franç. *Risbenhaum*, 1748, gr. in-4. 24 liv.

THURNEISSERI (Leon.) Historia, sive Descriptio Plantarum omnium tàm domesticarum quàm exoticarum. *Berolini*, 1578, in-fol. fig. 12 à 15 l.

THWROCZ (Jo. de) Chronica Hungarorum et Regum Hungariæ, cum

præfat. J. de Thwrock. *Impress. in civitate Brunensi* , 1488 , in-fol. goth. fig. en bois , 30 l.
Première et rare édition.

THYARD , seigneur de Bissy : (Pontus de) ses Œuvres poétiques. *Paris* , 1573 , in-4. 4 l.

THYLESII (Ant.) Poëmata. *Romæ*, 1524 , in-4. 4 l.

TIBULLI (Albii) Opera , cum comment. Bernardini Cillenii Veronensis. *Romæ*, excudebat G. Tibullus de Amidanis de Cremonâ , anno 1475 , in-4. 50 l.
Cette édition est la première des OEuvres de Tibulle imprimée séparément. Les exemplaires en sont rares.

—Eadem , cum notis Nic. Heinsii, ex edit. Jani Broukusii. *Amst.* 1708 , in-4. fig. 10 l.—Gr. pap. 18 l.

— Eadem , à Jo. Ant. Vulpio. *Patavii*, Cominus , 1749 , in-4. 24 l. — Gr. pap. 72 l.

—Eadem , à Jac. Grainger. *Lond.* 1759 , 2 vol. in-12. 8 l.

—Eadem , cur. C. G. Heyne.*Lipsiæ*, 1777, in-8. 6 l.

— Eadem , cum Commentario Achillis Statii Lusitani. *Venetiis* , Aldus , 1567, in-8.

— Eadem , cur. C. G. Heyne. *Lipsiæ* , 1798, in-8. 10 l. — Pap. fin , 12 liv.

—Les Elégies de Tibulle , trad. par Longchamps. *Paris*, 1776 , in-8. 5 liv.

— Les mêmes, trad. par Pastoret. *Paris* , 1784 , in-8. 5 l. — Pap. fin , 10 liv.

— Les mêmes, trad. en franç. par Mirabeau. *Tours* , 1795 , 3 vol. in-8. fig. 12 l. —Pap. vélin , 24 à 30 liv.

— Les mêmes , trad. nouv. en vers franç. par F. de Carondelet - Potelles. *Paris* , 1807, in-8. 4 l.
Nous possédons encore une traduction en vers des Elégies de Tibulle , par C. L. Mollevaut. *Paris* , 1808, in-12.

TIGNONVILLE. (Guill. de) Les Dits moraux des Philosophes , trad. en franç. *Paris*, Gallyot Dupré , 1531 , in-8. 6 à 9 l.

TILLEMONT. (L. Séb. le Nain de) Mémoires pour servir à l'Histoire ecclésiastiq. des six premiers siècles

de l'Eglise. *Paris* , 1693 et suiv. 16 vol. in-4.

—Hist. des Empereurs et des autres Princes qui ont régné durant les six premiers siècles de l'Eglise. *Paris* , 1720 et suiv. 6 vol. in-4.
Cet ouvrage se joint au précédent. Les deux réunis , 50 à 60 l.

TILLET. (Titon du) Le Parnasse français. *Paris* , 1732 , in-fol. 5 l.
On ne recherche cet ouvrage que pour les figures.

TILLI(Mich. Ang.) Catalogus Plantarum Horti Pisani. *Florentiæ* , 1723 , in-fol. 48 pl. 20 l.

TILLIOT. Mémoires pour servir à la Fête des Foux qui se faisait dans plusieurs églises. *Lausanne* , 1741, in-4. fig. 6 l. — Gr. pap. 10 l.

TILLOTSON : (John) Works. *Edinburgh* , 1759 , 10 vol. in-8. 30 l.

—Sermons. *London* , 1757 , 12 vol. in-8. 30 l.

— Les Sermons de J. Tillotson, trad. de l'angl. par J. Barbeyrac. *Amst.* 1722 , 7 vol. in-8. 15 l.

— Les mêmes. *Genève* , 1744 , 7 vol. in-12. 12 l.

TIMÆI LOCRI de Mundi Animâ et Naturâ, à Lud. Nogarola, gr. lat. *Venetiis* , 1555 , in-8.

— Timée de Locres en grec et en franç., par le marquis d'Argens. *Berlin* , 1767 , in-8. 8 l.

TIMÆI Sophistæ Lexicon. Vide PLATO.

TINGRY: (P. F.) Traité théoriq. et pratique sur l'Art de faire et appliquer les vernis. *Genève* , 1803 , 2 vol. in-8. 8 l.

TIRABOSCHI. (Gir.) Storia della Litteratura italiana. *Modena*, 1772-75 , 11 vol. in-4. 72 à 90 l.
Cet ouvrage a placé son auteur au rang des critiques et des littérateurs les plus célèbres.

—La stessa. *Modena*, 1787-93, 8 vol. in-4.

TIRAN-BLANC. Voy. ROMAN.

TISCHBEIN et HEYNE. Figures d'Homère , d'après l'antique , par H. G. Tischbein , avec les explicat. de Ch. G. Heyne, trad. par Ch. Villers. *Metz* , 1801, 6 livraisons in-fol. 156 l. Prix de l'éditeur.

TISSIER (Bertr.) Bibliotheca Patrum Cisterciensium. *Bonofonte*, 1660 et seqq. 8 vol. in-fol. 15 l.

TOCSIN (le) contre les Massacreurs et auteurs des Confusions de France. *Reims*, 1577 ou 1579, in-8. 10 l.

Ces deux éditions sont bonnes.

TODERINI. (Giambatt.) Litteratura turchesca. *Venezia*, 1787, 3 vol. in-8. 15 l.

TODI : (Jac. Bened. da) le sue Opere poetiche. *In Firenze*, Fr. Bonacorsi, 1490, in-4.

Première édition de cet auteur.

— Le stesse. *Roma*, 1558, in-4. 8 l.

Édition estimée.

— Le stesse, con le annot. di Fra Fr. Tressati. *Venezia*, 1617, in-4. 15 liv.

Édition citée par la Crusca.

TOFINO. (D. Vicent.) Observaciones astronomicas hechas in Cadix. *Cadix*, 1776, 2 vol. in-4. 12 l.

TOGRÆI, poëtæ arabis doctiss. Carmen, cum vers. lat. et notis Edw. Pocockii. *Oxonii*, 1661, in-8. 12 l.

— Idem, cum versione lat. Jac. Golii et notis Matth. Anchersen, arab. et lat. *Trajecti ad Rhenum*, 1707, in-8. 12 l.

On fait beaucoup de cas de cette édition. Les exemplaires en sont rares.

— Idem, ex versione lat. Jac. Golii, cum scholiis et notis; cur. H. van der Sloot, arab. et lat. *Franequeræ*, 1769, in-4. 10 l.

TOLANDI (Jo.) Pantheisticon, seu Formula celebrandæ Sodalitatis Socraticæ. *Cosmopoli* (*Lond.*) 1720, in-8. 10 l. — Gr. pap. 24 l.

Cet ouvrage n'a été tiré qu'à un petit nombre d'exemplaires. La bonne édition est en caractères rouges et noirs.

— Ejusd. Adæisidæmon, sive Titus Livius à superstitione vindicatus, et Origines Judaïcæ. *Hagæ Comit.* 1709, in-8. 12 l. — Gr. pap. 30 l.

Cet ouvrage est encore plus rare que le précédent. Il a été brûlé par la main du bourreau.

— Ejusd. Oratio philippica contrà Galliam, cum Diatribe præliminari et annotat. *Lond.* 1707, in-8. 6 l. — Gr. pap. 30 l.

Cet ouvrage a été réimprimé en 1719, par Westein.

— Letters to Serena, by Toland. *Lond.* 1704, in-8. 12 l.

Cet ouvrage est l'un des plus rares de cet auteur.

— Voy. BENOIST.—FAYUS.

TOLÉTANI (Jo. Pet.) Comœdiæ iv. *Toleti*, 1574, in-12. 5 l.

TOMASINI (J. P.) Petrarcha redivivus, integram poëtæ celeber. vitam, iconib. ære cælatis, exhibens. *Patavii*, 1635 seu 1650, in-4. fig. 6 l.

TOMBEAU (le) des Amours de Louis le Grand, et ses dernières galanteries. *Cologne*, 1695, in-12. 10 liv.

TONDUZZI. (G. C.) Storie di Faenza. *In Ferrara*, 1675, in-fol. rare, 10 l.

TOPPELTINI (Laur.) Origines et Occasus Transylvanorum. *Lugd.* 1667, in-18. rare, 9 l.

TOPPI. (Nic.) Biblioteca Napoletana. *In Napoli*, 1678. — Addizzioni di Lionardo Nicomedo alla medesima Biblioteca. *In Napoli*, 1683, in-fol. 12 à 15 l.

Le Supplément est plus rare que le corps de l'ouvrage.

TORFÆI (Thorm.) Historia Rerum Norwegicarum, in iv tom. distributa. *Hafniæ*, 1711, 4 tom. 2 vol. in-fol. 50 à 60 l.

— Rerum Orcadensium Historiæ lib. iij. *Hauniæ*, 1697 seu 1715, in-fol. 9 l.

Ces deux ouvrages sont estimés.

— Series Dynastiarum et Regum Daniæ. *Hafniæ*, 1702, in-4. 5 à 7 l.

— Gronlandia antiqua, seu veteris Gronlandiæ Descriptio. *Hauniæ*, 1706, in-8. 5 l.

TORQUEMADA. (Fr. Juan de) Monarquia Indiana. *En Madrid*, 1723, 3 vol. in-fol. 15 à 20 l.

Cette édition est préférée à celle de *Séville*, 1615, 3 vol. in-fol.

TORRE. (Giov. della) Scienza della natura e varie esperienze. *In Napoli*, 1748, 2 vol. in-4. fig. 15 l.

— Storia e Fenomeni del Vesuvio. *In Napoli*, 1755 ou 1768, in-4. fig. 6 liv.

TORREBLANCA VILALPANDI (Fr.) Epitome Delictorum, seu lib. iv in quibus de Invocatione

Dæmonum occultâ et apertâ. *Hispali* , 1618, in-fol.

Edition originale, et la seule de ce livre dont on fasse quelque cos.

On doit trouver à la fin du vol. une petite partie intitulée : *Defensa en favor de los libros de la Magia.*

TORTELLII ARETINI (Jo.) Commentarii grammat. de Orthographiâ Dictionum. *Venetiis* , N. Jenson , 1471 , in-fol. 72 à 80 l.

Cette édition est fort rare et très-bien exécutée.

— Iidem. *Romæ* , Ulricus Han et Sim. Nic. de Luca , 1471 , in-fol. 72 à 80 l.

Cette édition n'est pas moins rare que la précédente.

— Iidem. *Vicentiæ* , Steph. Koblinger , 1479 , in-fol. 24 à 36 l.

— Iidem. *Venetiis* , Herm. Lichtenstein , 1484 , in-fol. rare.

— Iidem. *Venetiis* , 1501 , in-fol. 10 l.

TORY. (Geoffroy) L'Art et Science de la vraie proportion des Lettres attiques ou antiques, selon le corps et le visaige humain. *Paris* , 1549 , in-8. fig. 7 à 9 l.

TOSCANELLA. (Orazio) Vid. PLUTARCHUS.

TOSTATI (Alph.) Commentarii in sacram Scripturam. *Venetiis* , 1596 et seqq. 13 vol. in-fol.

Bonne édition d'un ouvrage peu recherché aujourd'hui.

— Commentario sobre Eusebio. *En Salamanca* , 1506, 5 vol. in-fol.

Ouvrage estimé et rare,

TOTT. (le baron de) Mémoires sur les Turcs et les Tartares. *Paris* , 1785 , 2 vol. in-4. fig. 24 l.

On a tiré 12 exemplaires de ce livre sur papier vélin.

TOUP (Jo.) Emendationes in Suidam et Hesychium , et alios lexicographos græcos. *Oxonii* , 1790 , 4 vol. in-8. 45 l.

TOUR. (Henr. du) Moralité de paix et de guerre, mise et rédigée en forme de comédie. *Gand* , 1558 , in-8. 10 à 15 l.

TOUR. (le chev. de la) Voy. ROMAN.

TOURNEFORT. Voy. PITTON.

TOURNELY (Honor.)Opera theologica. *Parisiis* , 1747, 18 vol. in-8. 36 liv.

TOURNEUX. (Nic. le) L'Année

chrétienne. *Paris* , Josset , 1685 et suiv. 13 vol. in-12. 24 l.

Livre estimé jadis. Les anciennes éditions sont préférées aux nouvelles, parce qu'elles sont beaucoup plus correctes.

TOURREIL. Voy. DÉMOSTHÈNE.

TOURTELLE. (Et.) Eléments de médecine théorique et pratique. *Paris* , 1805, 3 vol. in-8. 10 l.

Du même : *Histoire philosophiq. de la médecine.* Paris , 1803 , 2 vol. in-8. 8 l. — *Eléments d'Hygiène.* Paris , 1802 , 2 vol. in-8. 8 l. — *Cours de Matière médicale.* Paris , in-8. 5 l.

TOUSSAINT. (Fr. Vinc.) Les Mœurs. (*Paris*), 1748, 3 tom. 1 vol. in-12. 3 l.

On a tiré de cette édition un petit nombre d'exemplaires de format in-4. 15 l.

TOUSSAINT. Voy. AGOTY. (Gautier d')

TOWNSON. (Rob.) Travels in Hungary , with a short account of Vienne. *Lond.* 1796 , in-4.

— Voyage en Hongrie , précédé d'une Description de la ville de Vienne, etc. trad. de l'angl. par Cantwel. *Paris* , 1803 , 3 vol. in-8. 18 pl. 12 l. — Pap. vélin , 24 l.

TOZZETTI. (Giov. Targ.) Relazioni d'alcuni Viaggi fatti in diverse parte della Toscana. *In Firenze* , 1768 ,, 12 vol. in-8. fig. 30 l.

TRAGÉDIES saintes , ou les Evangiles de J. C. *Paris* , 1552, in-12. 15 liv.

TRAGÉDIE de Timothée Chrestien, lequel a été brûlé par le commandement du pape , parce qu'il soutenait l'évangile de J. C. , trad. du lat. en franç. *Lyon* , 1663 , in-8. rare , 18 l.

TRAHISON (la grande) et Volerie du roi Guillot, prince et seigneur de tous les larrons, baudolliers, sacrilèges, voleurs et brigands du royaume de France. in-8. sans date , 18 à 24 liv.

Satire violente en vers et très-rare.

TRAITÉ des Assurances et des Contrats à la grosse. *Marseille* , 1783 , 2 vol. in-4. 18 à 24 l.

TRAITÉ sur la Physionomie (en holland.) *Dordrecht* , 1780-82 , 2 vol. in-8. fig. 10 l.

TRAITÉ des Marbres (en allem.)

Erlang, 1781, in-fol. fig. color.
24 à 36 l.

TRAITÉ des Bâtiments propres à loger des animaux qui sont nécessaires à l'économie rurale. *Leipzig*, 1802, pet. in-fol. pap. vélin, avec 50 pl. 24 l.

TRAITÉS (Plusieurs) composés en ryme franç. par aulcuns nouveaux poètes du différent de Marot, Sagon et la Huéterie, etc. *Paris*, 1539, in-16. *lettres rondes*, 18 à 24 liv.

TRALLIANI (Phlegontis) quæ extant Opuscula, scilicet, de Mirabilibus liber et de Longævis, gr. lat., ex recens. et cum notis J. Meursii. *Lugd. Bat.* Is. Elzevir, 1620, in-4. 15 à 18 l.

TRANSACTIONS. (Philosophical) Voy. ACADÉMIE de Londres.

TRAPEZUNTII (Georg.) Rhetoricorum lib. v. (*Venetiis*), per Vindelinum de Spira, absque anni indicat., in-fol. *rare*, 60 l.

Cette édition, la première de ce livre, est imprimée sans chiffres, signatures ni réclames. On pense qu'elle a dû être publiée vers l'année 1470.

TRAPP. (Jos.) The Life of Ch. Linnæus, transl. from the german. *Lond.* 1794, in-4. 24 l.

TRAVERSARII (Ambr.) Epistolæ lat., ed. L. Mehus. *Florentiæ*, 1759, 2 vol. in-fol. 21 l.

TRÉBRA. Observations sur l'intérieur des montagnes, avec les notes de Diétrich. *Paris*, Didot le jeune, 1787, in-fol. fig. color. 15 à 20 l.

TREMBLAY. (A.) Mémoires pour servir à l'Hist. d'un genre de Polypes d'eau douce, à bras en forme de cornes. *Leyde*, 1744, in-4. fig. 7 liv.

— Le même. *Paris*, 1744, 2 vol. in-8. fig. 6 l.

TRÉSOR (le) des Antiquités de la couronne de France, représentées en fig. *La Haye*, 1745, 2 vol. gr. in-fol. 18 l.

TRESSAN : (Louis-Elisabeth de la Vergne de) ses Œuvres. *Paris*, 1787, 12 vol. in-8. fig. de Marillier, 48 l.

Bonne édition.

On en a tiré 12 exemplaires sur papier vélin, 90 l.

— Traduction libre du Roman d'Amadis de Gaule. *Amst.* (*Paris*), 1780, 2 vol. in-12. 6 l.

— Corps d'extraits de Romans de chevalerie. *Paris*, 1781, 4 vol. in-12. 10 l.

— Histoire du Petit Jehan de Saintré et de la Danre des belles Cousines. *Paris*, Didot le jeune, 1791, in-18. pap. vélin, fig. de Moreau le jeune, 5 l.

— Histoire de Gerard de Nevers et de la belle Euriant sa mie. *Paris*, Didot le jeune, 1792, in-18. pap. vélin, fig. de Moreau le jeune, 5 l.

On a tiré de ces deux articles 15 exemplaires en grand papier, 36 l.

— Histoire de Tristan de Léonois et de la reine Iseult, et de Huon de Bordeaux. *Paris*, an 7 (1799), 3 vol. in-18. pap. vélin, 12 l. — Gr. pap. 24 l.

TREVORS (Rob.) Britannia, Lathmon, Villa Bromhamensis, poëm. *Parmæ*, Bodoni, 1792, in-fol. 60 l.
— Pap. vélin, 120 l.

On assure que M. Bodoni n'a tiré cet ouvrage que 30 exemplaires.

TREW (D. Chr. Jac.) Cedrorum Libani Historia. *Norimberg.* 1757, in-4. fig. 9 à 12 l.

— Plantæ selectæ quarum imagines ad exemplaria natur. Londini in hortis curiosorum nutrita pinxit G. D. Ehret, notis illustr. C. J. Trew. *Norimb.* 1750, in-fol. fig. color. 130 l.

— Hortus nitidiss. omnem per annum superbiens Floribus, sive amœniss. Florum imagines, auct. C. J. Trew; lat. et germ. *Norimbergæ*, 1768, 2 tom. 1 vol. in-fol. fig. color. 80 l.

TRIBECHOVII (Adami) Historia naturalismi, curâ Jo. Tribechovii. *Jenæ*, 1700, in-4. 5 l.

TRIBUS (De) Impostoribus. 1598, in-12. *sans indication de ville, ni nom d'imprimeur*. Prix arbitraire.

Ce livre, dont le seul mérite est d'être très-rare, a été publié en Allemagne en 1698 et non en 1598.

La totalité du volume est de 46 pages, imprimées en caractère saint-augustin romain.

TRILLERI (Dan. Wilh.) Opuscula

medica ac medico-phylologica, cur. C. C. Krause. *Francof.* et *Lipsiæ*, 1766, 2 vol. in-4. 25 l.

TRINITATE (Philip. à Sanctiss.) Itinerarium orientale. *Lugd.* 1649, in-8.

On a donné une traduction française de ce livre à *Lyon* en 1652, in-8. L'une et l'autre éditions sont peu communes, 10 l.

TRIOMPHE (le) des Neuf Preux ; avec l'Histoire de Bertr. du Guesclin. *Abbeville*, P. Gérard, 1487, in-fol.

Édition très-rare, et la première de ce livre, 100 liv.
Celle de *Paris*, Le Noir, 1507, in-fol. vaut 15 l. environ.

TRIOMPHES (les) de l'Abbaye des Conards sous le Réveur en décimes, Fayot, abbé des Conards. *Rouen*, Dugort, 1587, in-8. rare.

Ce vol. a été réimprimé de format in-4. sans date d'année. Cette dernière édition, quoique peu commune, est moins recherchée que la première.

TRIPPAULT. (Léon) Celt-Hellenisme, ou Etymologie des mots franç. tirés du grec. *Orléans*, 1581, in-8. 8 l.

TRISMOSIN. (Salom.) La Thoison d'or, ou la Fleur des Trésors chymiques. *Paris*, 1612, in-8. 6 l.

Ce livre, ainsi que tous ceux de sa classe, ont beaucoup perdu de leur ancienne valeur.

TRISSINO. (Giangiorgio) Dialogo intitolato : il Castellano, nel quale si tratta della ling. ital. *In Vicenza*, 1529. — Il Dante, della volgare Eloquenza. *Ibid.* 1529. — La Poetica di Trissino. *Ibid.* 1529. — Epistola del med. delle lettere nuov. aggiunte nella Lingua ital., con i Dubbj grammaticali del med. *Ibid.* 1529, pet. in-fol. 12 à 18 l.

Toutes ces pièces ont été imprimées ensemble, mais séparément les unes des autres. Il est difficile de les trouver rassemblée dans le même vol. La plus rare est intitulée : *La Poetica.*

— L'Italia liberata da' Goti, poema, stamp. con caratteri grechi. *In Roma*, 1547, ed in *Venezia*, 1548, 3 tom. 1 vol. in-8.

Édition très-rare, et l'originale de ce livre. C'est le premier poëme épique italien en vers libres, *Versi sciolti.*
On doit trouver dans le tome premier une

planche représentant le camp de Bélisaire, et dans le tome second, le Plan de la ville de Rome. Ces deux planches sont gravées sur bois.

— La medesima, edizione rivveduta dall' abbate Antonini. *In Parigi*, Prault, 1729, 3 vol. in-8. 12 l.

Il y a de cette édition des exemplaires imprimés sur vélin.

— Tutte le Opere del medesimo G. Trissino (poesie e prose.) *In Verona*, 1729, 2 tom. 1 vol. in-fol. 12 liv.

TRISTAN de Léonnoys. Voy. Maugin.

TRISTAN DE ST.-AMAND. (Jean) Commentaires historiq. cont. l'Histoire génér. des Empereurs, Impératrices, etc. de l'Empire romain, illustrée par les médailles. *Paris*, 1644, 3 vol. in-fol. 36 à 45 l.

On rencontre quelquefois des exemplaires de ce livre sous la date de 1657, mais l'édition en est toujours la même.

TRITHEMII (Jo.) Annales Monasterii Hirsaugiensis ad ann. 1514. *Typ. Monasterii S. Galli*, 1690, 2 vol. in-fol. 10 l.

Chronique estimée.

— Ejusd. Opera historica quotquot hactenùs reperiri potuerunt, ed. M. Frehero. *Francof.* 1601, 2 tom. 1 vol. in-fol. 7 l.

— Ejusd. Steganographia, hoc est, Ars per occultam scripturam animi sui voluntatem absentibus aperiendi certa. *Darmstadii*, 1621, in-4. 5 liv.

— Polygraphie et univ. Ecriture cabbalistique de J. Trithème, trad. par Gabr. de Collange. *Paris*, 1561, in-4. 8 à 9 l.

TROIS CENTS Meubles antiques, ou Fragments en or, argent, bronze et marbre, trouvés à Herculanum et conservés à Portici, qui n'ont point été publiés. In-fol. fig.

Ce volume, de même format que les Antiquités d'Herculanum, a été vendu, chez M. Mercier de Saint-Léger, 23 l.

TROMMII (Abrah.) Concordantiæ græcæ vers. lxx interpr. *Amst.* 1718, 2 vol. in-fol. 15 l. — Gr. pap. 18 liv.

TROSTII (Mart.) Lexicon syriacum. *Cothenis Anhaltinorum*, 1623, in-4. 8 à 10 l.

TROTZ. (Mich. Abr.) Nouv. Dictionnaire polonais-allemand et français, et franç.-allem. et polonais, 3.e édit. *Leipsick*, 1803, 4 vol. gr. in-8. 90 l.

TRYPHIODORI Ilii Excidium, gr., lat. et angl., cum annot. Jac. Merrick. *Oxonii*, 1739, in-8. 8 l. — Gr. pap. 36 l.

— Idem, gr., cum metricâ N. Frischlini vers., et notis Varior., ex recens. Jac. Merrick. *Oxonii*, 1741, in-8. 12 l.

— Idem, gr. et lat., cum italicâ interpr. Ant. Mar. Salvini. *Florentiæ*, 1765, in-8. 8 l.

— Idem, gr. et ital. *Parmæ*, Bodoni, 1796, in-4. 16 l. — Pet. in-fol. 30 l.
Il y a des exemplaires sur papier de soie.

TUBERO (Orasius) (Fr. de la Mothe le Vayer.) Neuf Dialogues faits à l'imitation des anciens. *Francf.* Sarius, 1506 (1606), 2 tom. 1 vol. in-4. 15 l.
Édition originale.
Il faut avoir soin d'examiner si à la tête du V.e Dialogue se trouve une partie séparée de 6 feuillets, contenant une lettre particulière de la Mothe le Vayer. Cette partie manque quelquefois aux exempl. La réimpression de (*Trévoux*) 1716, 2 vol. in-12. vaut 5 à 6 l.
Cet ouvrage et celui intitulé *Hexaméron rustique*, in-12. ne se trouvent point dans la Collection des OEuvres de l'auteur, imprimée à *Dresde*, en 1756-1772, 14 vol. in-8. 24 à 30 l.

TUBERONIS (Lud. Cerv.) de Turcarum origine, moribus et rebus gestis Comment. *Florent.* 1590, in-4. 10 à 15 l.

TUCCARO. (Arch.) Trois Dialogues de l'exercice de sauter et de voltiger en l'air. *Paris*, 1599, in-4. fig. 12 à 15 l.
Traité singulier.

TUDELE (Benj. de) et autres. Voyages en Asie dans les XII, XIII, XIV et XVe siècles, recueillis par P. Bergeron. *La Haye*, 1735, 2 tom. 1 vol. in-4. fig. 15 l.

TUKI (Raph.) Rudimenta Linguæ coptæ, sive ægyptiacæ. *Romæ*, 1778, in-4. 12 l.

TURGOT. Plan de Paris, levé et gravé par son ordre, en 1740. gr. in-fol. fig. 18 à 24 l.
Ce Plan est curieux par les détails, et parce qu'on y trouve quantité de monuments,

d'églises, et même de maisons qui ne subsistent plus.

TURNBULL. (Georg.) A Treatise on ancient Painting. *London*, 1740 or 1744, in-fol. fig. 60 l.
Ouvrage estimé. Les deux éditions indiquées sont également bonnes.

TURNER'S. (S.) An Account of an Embassy to the court of the Theshoo-Lama, in Tibet. *Lond.* 1800, in-4. fig. pap. vélin, 36 l.

— Ambassade au Tibet et au Boutan, trad. de l'angl. par Castera. *Paris*, 1800, 2 vol. in-8. et atl. 12 l. — Pap. vélin, 20 l.

TURPIN, archevêque de Rheims. Chronique et Histoire faite et composée par lui, cont. les prouesses et faits d'armes advenus en son temps, du roi Charlemagne et de son neveu Roland; transl. du lat. en franç. par Rob. Gaguin. *Paris*, 1527, in-4. goth. 20 l.
L'édition de *Lyon*, 1583, in-8. lettres rondes, est moins chère, 9 à 12 l.

TURPIN DE CRISSÉ. Essai sur l'Art de la Guerre. *Paris*, 1754, 2 vol. in-4. fig. 12 l.

— Commentaires sur les Mémoires de Montécuculli. *Paris*, 1769, 2 vol. in-4. 43 pl. 18 l.

— Voy. CÉSAR. VÉGÈCE.

TURPIN. (F. H.) La France illustre, ou le Plutarque français. *Paris*, sans date (1775 et suiv.) 4 vol. in-4. fig. 15 à 20 l.
Cet ouvrage existe aussi en 7 vol. in-12.

TURRE (Georg. à) Dryadum, Hamadryadum Chloridisque Triumphus, ubi Plantarum univ. natura spectatur, etc. *Patavii*, 1685, in-fol. 8 à 12 l.

TURRECREMATA (Jo. cardinalis de) Expositio in Psalmos. *Romæ*, Udalricus Gallus, 1470, in-4. 80 l.
Première édition très-rare. Elle est imprimée en caractères ronds et à longues lignes, sans chiffres, signatures ni réclames.

— Eadem. *Augustæ Vindelicorum*, Joh. Schussler, 1472, in-fol. de 133 feuillets.
Édition rare et imprimée à longues lignes. Vendu 122 l. chez Loménie de Brienne.

— Eadem. *Moguntiæ*, Pet. Schoyffer de Gernzheym, 1474, in-fol. 60 liv.
Édition rare et recherchée.
Cet ouvrage a été réimprimé par le même

67

en 1476 et 1478, de format in-fol. Ces
deux éditions, quoique rares, sont peu recherchées.

TUSANI (Jac.) Lexicon gr.-latinum.
Venetiis, 1555, in-fol. 9 à 12 l.

TWISS'S. (Rich.) Travels through
Portugal and Spain. *Lond.* 1775,
in-4. fig. 18 l.
Ce Voyage a été traduit en français, *Berne*,
1776, in-8.

TWYSDEN. (Rog.) Vid. Scriptores Historiæ anglicanæ.

TYCHONIS BRAHEDANI Astro-
nomiæ instauratæ Progymnasmata.
Francof. 1610, 2 vol. in-4. 9 à 12 l.
— Historia cœlestis Tychonis Brahedani, cum comment. Luc. Bar-
retti. *August. Vindel.* 1682, 2
vol. in-fol. 18 à 24 l.
— Thesaurus Observationum astro-
nomicarum. *Parisiis*, è typ. reg.
1681, in-fol. 9 l.

TYCHSEN (Olai Gerh.) Introductio
in Rem numariam Muhammeda-
norum. *Rostochii*, 1794-96, 2 vol.
in-8. 9 l.

TYMPII (Matth.) Mensa theologo-
philosophica, seu Collectio Quest.
et Erotematum, tùm philosoph.,
tùm facetorum. *Monasterio West-
phaliæ*, 1623, 2 vol. in-12. 8 à 12 l.

TYRANNICIDE...... Tyran de la
France. *Paris*, 1589, in-8. fig.
Vendu 75 l. chez le Marié en 1776.

TYRTÆI quæ supersunt omnia,
gr., collegit, comment. illustr.,
edidit C. A. Klotzius. *Altenburgi*,
1767, in-8. 9 l.
Il a été tiré de cette édition des exemplaires
sur papier fin, que les Allemands appellent *Charta scriptoria*. Ils sont peu
communs, et valent 15 à 18 l.
Cette édition est la seule de ces Fragments
qu'on puisse adopter dans la Collection
des auteurs *cum notis Variorum*.

TYSON. (Ed.) L'Anatomie d'un
Pygmée, ou Essai philosoph. concernant les Pygmées, le Cynocé-
phale, etc. (en angl.) *Lond.* 1699,
in-4. 7 l.
— The Anatomy of a Pygmy, compared with That of a Monkey.
Lond. 1751, in-4. fig. 8 à 12 l.

TZETZÆ (Jo.) antehomerica et
posthomerica; è cod. edidit, comment. instruxit F. Jacobs. *Lipsiæ*,
1793, in-8. 3 l. — Pap. fin, 4 l.
Première édition de cet auteur.

— Carmina iliaca, gr., à Gottl. Bened. Schirack. *Halæ*, 1770, in-8.

V

VACHERIE. (P. de la) Le Gouvernement des trois Etats du temps
qui court, en rime franç. *Paris*,
1510, in-4. goth.
Exemplaire imprimé sur vélin.

VACHTERI (Jo. Georg.) Glossarium germanicum. *Lipsiæ*, 1737,
2 vol. in-fol. 40 à 50 l.
Ouvrage estimé, et dont on ne trouve pas
facilement des exemplaires.
— Ejusd. Archæologia nummaria.
Lipsiæ, 1740, in-4. 6 l.
— Naturæ et Scripturæ Concordia,
seu de antiq. scribendi modis ante
litteras inventas (à J. G. Vachtero.)
Lipsiæ, 1752, in-4. fig. 20 l.

VADÉ: (Jean Jos.) ses Œuvres de
théâtre et autres. *Paris*, 1758, 4
vol. in-8. 10 à 12 l.
— Œuvres poissardes de Vadé et de
l'Ecluse. *Paris*, Defer de Maisonneuve, de l'impr. de Didot le jeune,
1796, gr. in-4. fig. en couleur, 12
à 15 l. — Pap. vélin, 20 l.

VÆNII (Ern.) Tractatus physiolo-
gicus de Pulchritudine. *Bruxel.*
1662, in-12. fig. 6 l.

VÆNII (Oth.) Amoris divini Emblemata. *Antuerpiæ*, 1615, in-4.
4 liv.
— Amorum Emblemata. *Antuerp.*
1608, in-4. obl. fig. 5 l.
— Vid. Horatius.

VAHLII (M.) Enumeratio plantarum vel ab aliis ab ipso observata-
rum, cum earum differentiis specificis, synonymis selectis et descript. succinctis. *Hauniæ*, 1805,
2 vol. in-8. 21 l.
— Symbolæ botanicæ, sive Plantar.
tàm orient. P. Forskal, quàm aliar.
recentiùs detectar. Descriptio, à
M. Vahlio. *Hauniæ*, 1790, 3 tom.
2 vol. in-fol. 75 pl.

VAILLANT (Jo. Foy) Historia Pto-
lemæorum Ægypti regum, ad
fidem numismatum accomodata.
Amst. 1701, in-fol. 12 l.
— Seleucidarum Imperium, sive
Hist. regum Syriæ, ad fidem

numismat. accomodata. *Parisiis*,
1681 , in-4. 8 l.

Cette édition est préférable à la réimpression qui en a été publiée à *La Haye* en
1730 , in-fol.

— Arsacidarum et Achæmenidarum
Imperium. *Parisiis* , 1725 , 2 vol.
in-4. 15 l.

—Numismata Impp. romanorum præstantiora à Julio Cæsare ad tyrannos. *Romæ* , 1743 , 3 vol. in-4 36 l.

Bonne édition. Voy. , pour le Supplément
de cet ouvrage, *Khell.* (*Jos.*)

— Nummi antiqui Familiarum romanarum , perpetuis interpret. illustrati , per J. F. Vaillant. *Amst.*
1703 , 3 vol. in-fol. 36 l.

— Numismata ærea Impp. , Augustarum et Cæsarum , in coloniis , mu-
nicipiis et urbibus jure latio do-
natis , ex omni modulo percussa.
Parisiis , 1688 , 2 tom. 1 vol. in-fol.
fig. 12 l.

— Numismata Impp. Augustarum et
Cæsarum , à populis romanæ ditionis , græcè loquentibus , ex omni
modulo percussa. *Amst.* 1700 , in-
fol. fig. 12 l.

VAILLANT (Séb.) Botanicon Parisiense , ou Hist. des Plantes des
Environs de Paris. *Leyde* , 1727 ,
in-fol. avec fig. dess. par Cl. Au-
briet, 30 l. — Gr. pap. 60 l.

VAILLANT. (Fr. le) Voyage dans
l'intérieur de l'Afrique , par le Cap
de Bonne-Espérance , en 1780-85.
Paris , 1790 , 2 tom. 1 vol. in-4. fig.

— Second Voyage dans l'intérieur de
l'Afrique , par le Cap de Bonne-
Espérance , en 1783-85. *Paris* ,
an 4 (1795) , 2 vol. in-4. fig.

Ces deux articles réunis , 40 à 50 l. et en
grand papier vélin, avec les figures coloriées , 140 l.

L'édition de ces deux Voyages en 5 vol.
in-8. vaut 36 à 40 l. et en papier vélin,
fig. color. 80 l.

— Histoire naturelle des Oiseaux d'A-
frique. *Paris* , an 4 et suiv. 46 livraisons in-4. pap. vélin , fig. color. chaque 18 l. — In-fol. pap. vélin , fig. noires et color. 30 l.

Cet ouvrage aura 50 à 60 livraisons.

Il y a un exemplaire sur peau de vélin.

— Histoire naturelle des Perroquets.
Paris , 1802 , 2 vol. in-fol. ou 24 li-

vraisons, fig. dessinées par Bara-
band , et grav. par Bouquel.

Cet ouvrage , d'une très-belle exécution , a
été tiré sur trois papiers différents, savoir :
1° Grand in-fol. , papier grand-colombier
vélin , chaque livraison 60 l. 2° Grand
in-fol. nom-de-jésus vélin , la livraison
30 l. 3° In-4. nom-de-jésus vélin , la livraison , 18 l.

— Histoire naturelle des Oiseaux de
Paradis , des Geais , des Rolliers et
des Promérops. *Paris* , Didot l'aîné,
1806 , 21 livraisons in-fol. papier
vélin , fig. coloriées.

Magnifique ouvrage. Chaque livraison se
vend 48 l. et en grand papier , figures
en noir et figures coloriées , 96 l.

L'Ouvrage complet formera 29 ou 30 livraisons.

VAINQUEUR (le) de la Mort , ou
Jésus mourant , poëme de P. L. B.
Paris , 1652 , in-8. fig. 10 l.

Ce Livre n'est recherché que pour les figures
de Callot dont il est orné.

VAIR. (Léonard du) Trois livres de
Charmes , Sorcellages et Enchante-
ments , trad. du lat. par Jul. Bau-
don. *Paris* , 1583 , in-8. 5 à 6 l.

Peu commun.

VAISSETTE. (Jos.) Histoire génér.
du Languedoc , avec des notes. *Paris* , 1730 et suiv. 5 vol. in-fol. 30 l.

— Géographie historiq. , ecclésiastiq.
et civile. *Paris* , 1755 , 4 vol. in-4.
10 liv.

VALBONNAYS. (Pier. Moret de
Bourgchenu , marquis de) Histoire
de Dauphiné et des princes qui ont
porté le nom de Dauphin. *Genève*,
1722 , 2 vol. in-fol. 10 l.

VALCARCE. De Senganos filosofi-
cos. *Madrid* , 1787, 4 vol. in-4.
20 liv.

VALCKENAER (Lud. Gasp.) Diatribe de Aristobulo Judæo , edente
J. Luzac. *Lugd. Bat.* 1806 , in-4.
6 l. — Pap. fort , 12 l.

VALCKENIERI Roma paganizans.
Franekeræ , 1656 , in-4. 7 l.

VALDÈS (Don Ant.) y Don Vicent
Tofino de San-Miguel. Atlas mari-
timo de Espana. *Madrid* , 1789 ,
2 vol. in-fol. atl. 200 l.

VALDESSO : (Giov.) le sue cento e
dieci Considerationi soprà la Religione cristiana. *In Basilea* , 1550 ,
in-8. 6 l.

VALÉE DU MAINE. (de la) Apologie, ou Défense de la juste révolte des Français, contre le roi Henri III; trad. du lat. en franç. par de la Valée du Maine. *Paris*, 1589, in-8. 8 l.

VALENTIN. (Basile) Les xii Clefs de Philosophie, avec l'Azoth des philosophes, et autres Traités. *Paris*, 1660, in-8. 5 l.

Peu commun. Il faut voir si les figures des douze Clefs de philosophie se trouvent dans le volume.

VALENTIN, Roman de ce nom. Voy. ROMAN.

VALENTINI (Mich. Bern.) Corpus Juris medico-legale. *Francof.* 1722, in-fol. 10 l.

— Historia Simplicium reformata, à Beckero latio restituta; acced. India liberata, è belgico lat. versa. *Francof.* 1716, in-fol. fig. 12 l.

— Viridarium reformatum, seu Regnum vegetabile, germ. *Francof.* 1719, 2 vol. in-fol. fig. 20 l.

— Amphitheatrum Zootomicum, exhibens Historiam Animalium anat. undequaquè collectam. *Francof.* 1720, in-fol. fig. 12 l.

On a encore du même auteur plusieurs autres ouvrages, entre autres une *Medicina nov.-antiqua. Francfort*, 1713, in-4. 6 l. une *Cynosura Materiæ medicæ. Strasbourg*, 1726, 3 vol. in-4. 10 l.

VALENTINIAN. (Théod.) Histoire de l'Amant ressuscité de la mort d'Amour. *Lyon*, 1558, in-4. ou *Lyon*, 1572, in-16. 5 l.

— Les Angoisses d'Amour, ou Histoire des Déplaisirs amoureux, etc. *Lyon*, 1626, in-4. 6 à 7 l.

VALENTYN. (Fr.) Collection de Voyages aux Indes (en holland.) *Amst.* 1724, 9 vol. in-fol. fig. 250 l.

— Description des Coquilles et des Productions qui se trouvent dans la mer d'Amboine et dans les Isles adjacentes; pour servir de suppl. à l'ouvrage de G. E. Rumphius. *Amst.* 1754, in-fol. fig. (en holl.)

VALERA. (Cyp. de) Dos Tratados el primero es del Papa y de su autoridad, el segundo es de la missa. 1588, in-8. 10 l.

Edition rare et l'originale de ce livre. Elle a été réimprimée avec des augmentations, en 1599, in-12. 18 l.

VALERA. (Diego de) La Cronica de España abreviada. *En Sevilla*, 1482, in-fol. 50 à 60 l.

Première édition très-rare, imprimée à longues lignes, sans chiffres ni réclames, avec signatures.

Cet Ouvrage a été réimprimé dans le même format, en 1487, 1489 et 1495. Toutes ces éditions sont bonnes.

VALÉRIAN. (J. P.) Les Hiéroglyphes, trad. en franç. par J. de Montlyart. *Lyon*, 1615, in-fol. fig. 12 à 15 l.

VALERIANI (Piet.) Amorum lib. v. *Venetiis*, 1549, in-8. 6 l.

VALERII FLACCI (Caii) Argonauticon lib. viij. *Bononiæ*, Ugo Rugerius et D. Berthocus, 1474, in-fol.

Edition rare, précieuse et la première de cet auteur. Elle est imprimée à longues lignes, sans chiffres, signatures ni réclames.

Vendu 710 l. chez La Vallière.

Les curieux recherchent encore une autre édition de ce livre imprimée à *Florence*, par Jacob de Ripoli, sans date d'année, in-4.

— Iidem, à Bened. Philologo. *Florent.* Junta, 1503, in-8.

— Iidem, cum comment. Ægidii Maserii. *Parisiis*, 1517, in-fol. 7 l.

On ne recherche de cette édition que les exemplaires imprimés sur vélin et ornés de miniatures.

— Iidem, cum comment. Æg. Maserii. *Parisiis*, 1519, in-fol.

Il y a aussi de cette édition des exemplaires sur vélin et décorés de miniatures.

— Iidem, à Barth. Fontio. *Florent.* Junta, 1517, in-8. 6 à 7 l.

— Iidem, à J. B. Pio. *Bononiæ*, 1519, in-fol.

Edition assez rare.

— Iidem. *Venetiis*, Aldus, 1523, in-8. 18 à 24 l.

— Iidem, à Ph. Engentino emend. *Parisiis*, 1532, in-8. 6 l.

— Iidem, cum L. Carrionis castigat. *Antuerp.* Plantin, 1566, in-16. 7 l.

— Iidem, à Pet. Burmanno. *Ultraj.* 1702, in-12. 4 l.

— Iidem, à Pet. Burmanno. *Patavii*, Cominus, 1720, in-8. 6 l.

— Iidem, cum notis L. Carrionis et alior., ex recens. Pet. Burmanni. *Leydæ*, 1724, in-4. 27 l. — Gr. pap. 60 à 72 l.

Bonne édition.

— Iidem, cum notis Pet. Burmanni et alior., ex recens. Th. Ch. Harles. *Altenburgi*, 1781, in-8. 15 l.
— Pap. fin, 20 l.

Belle édition, qui peut entrer dans la Collection des *Variorum* in-8.

VALERII MAXIMI de Dictis et Factis memorabilibus antiq. lib. ix. *Moguntiæ*, Petrus Schoyffer de Gernzheym, 1471, in-fol. de 198 feuillets.

Cette édition est regardée comme la première de cet auteur. Elle est estimée et très-rare.

Il en existe des exemplaires imprimés sur vélin.

— Iidem. *Venetiis*, per Vindelinum de Spira, 1471, in-fol.

Cette édition n'est pas moins rare que la précédente. Elle est fort bien imprimée en caractères ronds. Vendu jusqu'à 902 l. chez La Vallière.

— Iidem. *Editio vetus, absque loci et anni indicat. ullâ (sed, ut creditur, Argentinæ, per Mantelium impressa, circà ann.* 1469), in-fol.

Cette édition est aussi très-rare. Quelques personnes même prétendent qu'elle est la première de ce livre. Elle a été vendue 870 l. chez M. Loménie de Brienne, en 1792.

— Iidem. *Venetiis*, per Johannem de Colonia et Joh. Manthen de Gherretsbem, 1474, in-fol.

Cette quatrième édition est encore fort rare. Elle n'a ni chiffres, ni réclames, mais les cahiers sont distingués par des signatures.

— Iidem. *Parisiis* (Pet. Cæsaris et Jo. Stol), 1475, in-fol.

— Iidem. *Mediolani*, Ant. Zarotus, 1475, in-fol.

— Iidem. *Bononiæ*, 1476, in-fol.

Ces dernières éditions sont assez rares, et valent 36 à 40 l. chaque.

— Iidem. *Venetiis*, Aldus, 1502, in-8. 21 l.

— Iidem. *Venetiis*, Aldus, 1514, in-8. 15 l.

Ces deux éditions de Valère Maxime, données par les Alde, ne sont pas communes.

— Iidem. *Florent.* Junta, 1517 vel 1526, in-8. 5 l.

— Iidem. *Venetiis*, Aldus, 1534, in-8. 15 l.

Il y a de cette édition des exemplaires en grand papier, qui sont fort rares.

— Iidem, cum notis Varior., ex re-

cens. Ant. Thysii. *Lugd. Batav.* 1660, in-8. 7 l.

Cette édition qui entre dans la Collection des *Variorum*, est absolument la même que celle de 1670. Il n'y a de différence que dans la date.

— Iidem, cum interpr. et notis Jos. Cantelii; ad usum Delphini. *Parisiis*, 1679, in-4. 10 l.

Cette édition appartient à la Collection des anciens auteurs classiques latins *ad usum Delphini.*

— Iidem, cum notis Varior., ex recens. Abr. Torrenii. *Lugd. Batav.* 1726, in-4. 21 l. — Gr. pap. 66 l.

— Iidem, cur. J. P. Millero. *Berolini*, 1753, in-12. 3 l.

Jolie édition.

— Iidem, cum notis J. Kappii. *Lipsiæ*, 1782, in-8. 9 l.

— Iidem, cum explicat. J. Th. B. Helfrecht. *Curiæ Regnit.* 1799, in-8. 6 l. — Pap. fin, 8 l.

— Iidem; et Julii Obsequentis quæ supersunt ex libro de Prodigiis, cum suppl. Conradi Lycosthenis. *Argentor.* 1806, 2 vol. in-8. 7 l.

— Valère Maxime, transl. de lat. en franç., par Simon de Hesdin et Nicolas de Gonesse. 2 vol. in-fol. goth. 80 à 100 l.

Cette édition, exécutée vers 1476, n'a ni chiffres, ni réclames, ni signatures.

— Valère Maxime, trad. du lat. par René Binet. *Paris*, an 4 (1796), 2 vol. in-8. 8 l.

— Valerio Massimo, lib. ix, trad. in volgare. *In Venezia*, 1504, in-fol. 10 liv.

— Il medesimo, trad. per Giorg. Dati. *In Venezia*, 1547 ou 1551, in-8. 6 l.

— Valerio Maximo, trad. por Mosen Ugo de Urries. *En Zarragoza*, P. Hurus, 1495, in-fol.

Traduction rare.

VALESII (Hadr.) Notitia Galliarum ordine litterarum digesta. *Parisiis*, 1675, in-fol. 10 l. — Gr. pap. 18 l.

— Ejusd. Rerum Francicarum à primordiis gentis anno Christi 254, usque ad Childerici destitutionem, ann. 752, Tomi tres. *Parisiis*, 1646 et ann. seqq. 3 vol. in-fol. 24 l. — Gr. pap. 36 l.

Ouvrage estimé.

VALESII (Fr.) Museum Cortonense, cum notis A. F. Gori et

Rodulphi Venuti. *Romæ*, 1750, in-fol. 15 l.

VALESIUS. (Henr.) Vid. POLYBIUS.

VALIN. Nouveau Commentaire sur l'Ordonnance de la Marine. *La Rochelle*, 1767, 2 vol. in-4. 50 à 60 l.

VALISE. (le sieur de la) La Famine, ou les Putains à cul. *Paris*, 1649, in-4. *rare*, 7 l.

VALLADOREZ DE SOTOMAYOR (D. Ant.) Semanario erudito que comprehende var. Obras ineditas, criticas, etc. de nuestros majores autores antig. y modernos. *Madrid*, 1784, 34 vol. in-4.

VALLÆ, (Fratris Nic.) Ordinis Minorum, Seraphica Sylva. *Florent.* 1460 (1560), in-4. 30 à 40 l.

VALLÆ (Georg.) Opus de expetendis et fugiendis Rebus, stud. et curis Jo. Pet. Vallæ. *Venetiis*, Aldus, 1501, 2 vol. in-fol. 36 l.
Ouvrage bien imprimé.

VALLÆ (Laur.) de Elegantià Linguæ latinæ, lib. sex. *Romæ*, J. P. de Lignamine, 1471, in-fol. 250 à 300 l.
Edition rare et la première de ce livre.

—Iidem. *Venetiis*, N. Jenson, 1471, in-fol. 150 à 200 l.
Cette édition est aussi fort rare.

—Iidem. (*Parisiis*, Ulricus Gering, circà ann. 1471) , in-fol. 60 l.
Edition rare. Elle est imprimée à longues lignes, au nombre de 32 à la page, sans signatures ni réclames.

—Iidem. *Romæ*, per Arn. Pannartz, in domo Petri de Maximis, 1475, in-fol. 20 l.

—Iidem. *Venetiis*, Aldus, 1536, in-8. 18 l.

VALLANCEY. (Ch.) A Grammar of the ibernico-celtic or irish language, to wich is prefixed an essay on the celtic lang. *Dublin*, 1782, in-8. 15 l.

VALLE. (Cl. de) Le Théâtre d'honneur de plusieurs princes anciens et modernes. *Paris*, 1618, gr. in-fol. fig. 18 à 24 l.
Ouvrage rarement complet.

VALLE DE MOURA. Voy. MOURA.

VALLE. (Piet. della) Viaggi in Turchia, Persia e India. *In Roma*, 1650, 1658, 1663, 4 vol. in-4. 72 l.
Le premier vol. a été réimprimé en 1662.

On préfère la seconde édition à la première, parce qu'elle est augmentée de la Vie et du Portrait de l'auteur.

— Voyages de Pietro della Valle, dans la Turquie, l'Egypte, la Palestine, etc. trad. de l'ital. (par le P. Carneau). *Paris*, 1662, 4 vol. in-4. 20 à 24 l.
On fait peu de cas de cette traduction.

VALLEE. (Geoffroy) La Béatitude des Chrétiens, ou le Fléo de la Foi. *Sans nom de lieu ni d'impr. et sans date*, in-8.
Ce livre, qui ne contient que 8 feuillets seulement, a été supprimé avec tant de soin, qu'il ne nous en est resté qu'un seul exemplaire, lequel fut vendu d'abord 85 l. chez M. de Gaignat, et ensuite 310 l. chez le duc de La Vallière.

VALLET. Voy. ROBINUS.

VALLETRIE. (le sieur de la) Episemasie, poëme à M. le duc de Guise. *Paris*, 1588, in-4.
Exemplaire imprimé sur vélin.

— Œuvres poétiques du même. *Paris*, 1602, in-12. 5 l.

VALLIÈRE. (le duc de La) Bibliothèque du Théâtre français, depuis son origine jusqu'en 1766. *Dresde* (*Paris*), 1768, 3 vol. in-8. 8 l. — Gr. pap. 15 l. — Pap. de Holl. 24 à 36 l.

VALLISNIERI. (Ant.) De' Corpi marini che su' Monti si trovano. *In Venezia*, 1728, in-4. 12 l.

— Opere fisico-mediche stampate e manoscritte d'A. Vallisnieri, raccolte da suo figliuolo. *Venetia*, 1733, 3 vol. in-fol. fig. 30 à 36 l.

VALOIS. (Marguerite de) Les Marguerites de la Marguerite des princesses, la très-illustre reine de Navarre (ou les Poésies de Marg. de Valois), publ. par J. de la Haye, son valet-de-chambre. *Lyon*, 1547, in-8. 18 à 24 l.
Cette édition et celle de *Paris*, Ruelle, 1554, in-16. sont fort estimées.

— L'Heptaméron, ou l'Histoire des Amants fortunés, des Nouvelles de Marguerite de Valois, reine de Navarre, remis en ordre par Cl. Gruget. *Paris*, 1560, in-4. 20 l.
Edition rare et estimée. Celle de *Paris*, 1567, in-16. est aussi recherchée; mais on en trouve difficilement des exemplaires bien conservés.

— Contes et Nouvelles de Marguerite

de Valois. *Amst.* 1698 , 2 vol. in-8.
fig. de Romain de Hooge.

Bonne édition , 24 à 30 l.

— Les mêmes. *Amst.* 1700, 2 vol.
in-8. fig. de Romain de Hooge ,
18 à 24 l.

— Les mêmes. *Amst.* 1708, 2 vol.
in-8. fig. de Romain de Hooge ,
15 à 18 l.

— L'Heptaméron , ou les Nouvelles
de Marguerite de Valois. *Berne* ,
1780-81 , 3 vol. in-8. fig. de Freu-
denberg , 45 à 55 l.

Cette édition est préférée à la réimpression
de 1790 , parce que les épreuves des figures en sont meilleures.

VALOIS. (Yves de) La Science et
la Pratique du Pilotage. *Bordeaux*,
1735 , in-4. fig. 8 l.

VALSALVÆ (Ant. Mar.) Opera
anatomica de Aure humanâ, cum
addit. J. B. Morgagni. *Venetiis* ,
1740, 2 vol. in-4. fig. 10 à 12 l.

VALSUIZINO. (Lor.) Libro del
Juego de las Damas. *En Valentia*,
1597 , in-4. 8 l.

Assez rare.

VALTA (Pet. Lud.) Opusculum
super quâlibet Dictione Symboli
Apostolici compositum. *Parisiis* ,
1515 , in-4.

Exemplaire sur vélin.

VALTURII (Rob.) de Re militari
lib. xij. *Veronæ* , Joannes de Verona , 1472, in-fol. fig. en bois ,
200 à 300 l.

Première édition très-rare. Elle est exécutée
à longues lignes , sans chiffres, signatures ni réclames.

— Iidem , cum Præfat. et Epist. Pauli
Ramusii. *Veronæ* , Boninus de Bo-
ninis , 1483 , in-fol. fig.

Cette seconde édition est encore rare et
recherchée , 30 à 40 l.

— Iidem , italicè , per Paulum Ra-
musium. *Veronæ* , Boninus de Bo-
ninis , 1483 , in-fol. fig.

Première édition italienne de cet ouvrage.
Les exemplaires en sont rares , 60 à 80 l.

VALVASONE. (Erasmo) L'Ange-
leida, in ottava rima. *Venezia* ,
1590 , in-4. 8 à 9 l.

VALVERDII (Barth.) Ignis Pur-
gatorius post hanc vitam , ex gr. et
lat. Patribus assertus. *Venetiis* ,
Valgrisius (seu potiùs *Patavii*) ,
1581 , in-4. 40 à 50 l.

Livre très-rare et fort recherché des curieux.

Il y a des exemplaires qui portent la
date de *Venise* , 1590.

VAN-COUVER'S. (Georg.) A
Voyage of Discovery into the north
Pacific Ocean , and round the world,
in the years 1790-95. *Lond.* 1798 ,
3 vol. gr. in-4. et 1 atlas , 90 à 120 l.

— Voyage de découvertes à l'Océan
pacifique du Nord et autour du
monde , en 1790-95 , trad. de l'angl.
par Morellet et Demeuniers. *Paris*,
impr. de la Rép. an 8 (1800) , 3
vol. gr. in-4. avec 18 pl. et 1 atlas
comp. de 16 cartes , 72 à 80 l.

— Le même , trad. par Henri. *Paris*,
an x , 5 vol. in-8. et atlas , 24 l.

VAN-DALE (Ant.) Dissert. ix Antiquitatibus quin et Marmoribus ,
cùm romanis , tùm græcis potiss.
illustrandis inservientes. *Amst.*
1702 , in-4. fig. 12 l.

— Ejusd. Dissertationes de origine ac
progressu Idololatriæ. *Amst.* 1696 ,
in-4. 8 l.

— Ejusd. De Oraculis vet. Ethnicorum Dissert. duæ. *Amst.* 1700 ,
in-4. fig. 9 l.

Bonne édition.

— Ejusd. Dissert. super Aristea de
LXX Interp. ; acced. ejusd. Hist.
Baptismorum, et Dissert. super
Sanchoniathone. *Amst.* 1705 , in-4.
8 liv.

VANDER-LINDEN. Lindenius re-
novatus, seu Jo. Ant. Vander-Linden de Scriptis medicis lib. ij , ex
recens. Jo. Abr. Mercklini. *Norimb.* 1686 , in-4. 10 l.

Ouvrage estimé et peu commun.

VANDER-VINKT. Histoire des
Troubles des Pays-Bas. *Bruxelles*,
1765 , in-4. max.

Tiré à 6 exemplaires seulement.

VAN-DICK. (Ant.) Le Cabinet des
plus beaux portraits de plusieurs
princes et princesses, etc. *La Haye*,
1728 , 2 vol. in-fol. 40 à 60 l.

— Iconographie , ou Vies des hommes
illustres du XVII.e siècle , avec leurs
portraits peints par A. Van-Dick.
Amst. 1759, 2 tom. 1 vol. in-fol.
24 à 36 l.

VAN-ESPEN (Zegeri Bern.) Commentarii in Jus ecclesiasticum univ.
Lovanii (*Parisiis*), 1753, 4 vol.
in-fol. — Supplement. *Bruxellis* ,
1768 , in-fol. 24 à 36 l.

VAN-GESTEL. (Corn.) Hist. sacra et profana Archiepiscopatùs Mechliniensis. *Hagæ Comit.* 1725, 2 vol. in-fol. fig. 10 l.

VAN-HELPEN. Voy. HELPEN.

VANIERII (Jac.) Dictionarium poëticum. *Lugd.* 1722, in-4. 15 l.

—Prædium Rusticum. *Tolosæ*, 1730, in-12. fig. 4 l.

— Idem. *Parisiis*, Barbou, 1774, in-8. pap. fin, 6 l.

— Idem. *Parisiis*, Barbou, 1786, in-12. 3 L. — Pap. fin, 9 l.

Cet ouvrage a été traduit en français par Berland de Rennes, sous le titre d'*Economie rurale*. Paris, 1756, 2 vol. in-12. 6 liv.

VANINI (Jul. Cæs.) Amphitheatrum æternæ Providentiæ. *Lugd.* 1615, in-8. 5 l.

— Ejusd. de admirandis Naturæ Reginæ Deæque mortalium Arcanis Dialogorum, lib. iv. *Lutetiæ Parisiorum*, 1616, in-8. 9 l.

Ces deux volumes sont rares, le second sur-tout. On les réunit assez ordinairement ensemble.

VAN - KOULI Dictionarium arabico-turcicum. *Constantinop.* 1728, 2 vol. in-fol.

— Lougat-yl van-Kouli, id est, Dictionarium van-Kouli, ex arab.-turcicè factum, à Mohammede Moustafa cognomine el Vani. *Constantinop.* 1729, 2 vol. in-fol.

Ces deux ouvrages sont estimés et fort rares. On les réunit ordinairement ensemble, 140 à 180 l.

VANLOON (J.) et Nic. J. VOOGT. Le Flambeau de la Mer, trad. en franç. par Fr. Sylvestre, et publ. par J. Van-Keulen. *Amst.* 1687, 5 vol. gr. in-fol. 120 à 140 l.

On annexe quelquefois à cette Collection de Cartes marines l'Atlas suivant : *Le grand nouv. Atlas de la Mer*, ou *Monde aquatique*, publié par J. Van-Keulen. *Amst.* 1699, gr. in-fol. contenant 160 Cartes.

VAN LOON. (Gérard) Hist. métallique des XVII Provinces-Unies des Pays-Bas; trad. du holl. en franç. *La Haye*, 1732 et suiv. 5 vol. in-fol. fig. 30 l. — Gr. pap. 50 l.

VANNEL. (le sieur) Intrigues galantes de la Cour de France, ou Galanteries des rois de France. *Co-*

logne (*Holl.*), 1698, 2 vol. in-8. 12 liv.

— Les mêmes, augm. par Sauval. *Hollande*, 1738, 2 vol. in-8. fig. de Bern. Picart, 12 l.

VANNII (Valent.) Pastoris Ecclesiæ, quæ est *in Candstat*, Judicium de Missà. *Tubingæ*, 1537, in-8. *rare*, 6 l.

— Historia integra Missæ. *Tubingæ*, 1563, in-4.

Livre rare, 12 l.

VAN-RHEEDE (Henr.) et Jo. CASEARII Hortus Indicus Malabaricus. *Amst.* 1678 et ann. seqq. 12 vol. in-fol. fig.

Ouvrage rare et fort recherché, 6 à 700 l.

Il faut y annexer l'article suivant : *Flora Malabarica*, sive *Catalogus Horti Malabarici*. 1696, in-fol. Ce Catalogue a été donné par Commelin.

VAN-STAVEREN. Vid. MYTHOGRAPHI LATINI.

VANVITELLI. (Luigi) Dichiarazione de i Disegni del reale palazzo di Caserta. *In Napoli*, 1756, in-fol. fig. 30 l.

Ce magnifique ouvrage contient 14 planches et 4 vignettes. Les exemplaires en sont rares en France.

VAN ZYL Theatrum Machinarum univ., belgicè. *Amst.* 1734, in-fol. 18 liv.

VARAMUNDI FRISII (Er.) Narratio de Furoribus Gallicis, necnon de horrendà et indignà admiralii Castilionei, nobilium atque viror. illustr. Cæde. *Edimb.* 1573, in-4. 15 l.

Pièce rare et curieuse. On l'attribue à Fr. Hotman.

VARANO : (Alf.) Rime giovanili, pastorali, sacre, profane, anacreontiche e scherzevoli. *Parma*, Bodoni, 1789, 3 vol. in-12. 12 l.

VARCHI. (Bened.) Storia Fiorentina, dopo l'anno 1527 all' ann. 1538. *In Colonia*, 1721, in-fol. fig. 24 l.

Cette édition, citée par l'Académie de la Crusca, est la plus recherchée.

On joint communément à cette Histoire de Florence celle de Segni, publiée en 1723, in-fol. Voy. *Segni*.

— Lezioni dette nell' Accademia Fiorentina. *Fiorenza*, Giunti, 1590, in-4. 12 l.

— Sonetti. *Firenze*, 1555 e 1557, 2 vol. in-8. 24 l.

Ces Poésies sont estimées. On en trouve

difficilement des exemplaires bien complets.

— **Sonetti spirituali**, con alcune risposte e proposte di div. eccellentissimi ingegni. *Firenze*, Giunti, 1573, in-4. *rare*, 10 l.

Ces Sonnets ne se trouvent pas dans l'édition précédente.

— **La Suocera**, commedia in prosa. *Firenze*, 1569, in-8. *rare*, 8 l.

— **L'Ercolano, Dialogo** nel quale si ragiona delle lingue, e in particolare della toscana e della fiorentina. *Firenze*, Giunti, 1570, in-4. 12 liv.

Première édition de ce livre. Les exemplaires en sont rares.

—**Lo stesso.** *Firenze*, 1730, in-4. 8 l.

On doit cette excellente édition aux soins de Bottari, qui l'a non-seulement enrichie de remarques, mais encore augmentée d'un Dialogue d'un auteur Contemporain du Varchi.

Tous les Ouvrages ci-dessus sont cités dans le Vocabulaire de l'Académie de la Crusca.

— **Lo stesso,** colla correzione ad esso fatta da L. Castelvetro, e colla Varchina di G. Muzio. *Padova*, 1744, 2 vol. in-8. 10 l.

Bonne édition.

VARENII (Bernh.) Geographia generalis, ex recens. Jac. Jurin. *Cantabrig.* 1712, in-8. fig. 6 l.

Cet ouvrage a été traduit en français en 4 vol. in-12.

VARENNES. (de) Les Loisirs des bords du Loing, ou Recueil de Pièces fugitives. 1784, in-12.

Ce Recueil, publié par M. Leorier de l'Isle, est divisé en trois parties, dont la dernière ou le supplément, est composée de treize feuillets, un de papier d'herbe, le second de soie, le troisième de tilleul, et les dix autres de papier de chiffon, mais de deux couleurs différentes et teints en matière. Toute l'édition de cet ouvrage a été tirée sur papier rose.

VARGAS MACHUCA. (Bern. de) Libro de Exercicios de la Gineta. *En Madrid*, 1600, in-8. 4 l.

— Compendio y Dottrina nueva de la Gineta. *En Madrid*, 1621, in-8. 4 liv.

VARRONIS (M. Terentii) de Linguâ latinâ, ac Verborum Origine libri qui supersunt. *Venetiis*, per Johannem de Colonia et Joh. Manthem de Gherretzem, 1474, in-fol.

Édition très-rare et la première de ce livre.

Dict. Bibl. I.

— **Iidem, ex edit. et cum notis Ant. Augustini**, archiep. Tarraconensis. *Romæ*, 1557, in-8. 8 l.

Édition estimée.

— **Iidem**, cum notis A. Augustini, A. Turnebi, J. Scaligeri, etc. *Biponti*, 1788, 2 vol. in-8. 8 l.

— **M. T. Varronis Opera**, cum Scaligeri, Turnebi, Victorii et Augustini conjectaneis et notis. *Parisiis*, H. Stephanus, 1573 vel 1581, in-8. 9 liv.

— **Eadem**, cum notis Varior. *Dordrechti*, 1619, vel (titulo renovato) *Amst.* 1623, 2 vol. in-8. 30 l.

Cette édition fait partie de la Collection des *Variorum*. Les exemplaires n'en sont pas communs.

— **Vide Scriptores Rei Rusticæ.**

VASARI. (Giorg.) Le Vite de' più eccellenti Pittori, Scultori ed Architetti. *In Firenze*, Giunti, 1568, 3 vol. in-4. 24 l.

— Le medesime. *Livorno*, 1767, 7 vol. in-4. fig. 60 l.

Ces deux éditions sont les meilleures de ce livre.

VASCONCELLI (J. Menæt.) de Antiquitatibus Lusitaniæ lib. iv. *Eboræ*, 1593, in-fol.

Livre curieux et assez rare, 12 à 15 l.

VASI. (Giusep.) Delle Magnificenze di Roma antica e moderna, lib. x. *In Roma*, 1747-61, 1 vol. in-fol. obl. fig. 36 à 45 l.

VASSETS. (des) Traité contre le Luxe des Coeffures. *Paris*, 1694, in-12. 4 l.

VASSOR. (Mich. le) Hist. du Règne de Louis XIII. *Amst.* 1701, 10 tom. 20 vol. in-12. ou 7 vol. in-4. 15 à 18 liv.

VATABLE. (Fr.) Vid. Biblia.

VAVASSORIS (Fr.) Theurgicon, sive de Miraculis Christi, lib. iv. *Parisiis* (*Holl.* Elzevir), 1645, pet. in-12. *rare*, 9 à 12 l.

— Ejusd. Opera omnia. *Amst.* 1709, in-fol. 10 l.

VAUBAN. (Séb. le Prestre de) Traité de l'Attaque et de la Défense des Places. *La Haye*, 1737-42, 2 vol. in-4. fig. 15 l.

VAUCEL. (L. F. du) Voy. Essai.

VAUCHER. (J. Pier.) Hist. des Conferves d'eau douce; suiv. de l'Hist. des Tremelles et des Ulves d'eau

douce. *Genève*, an II (1803), in-4.
avec 17 pl. 12 l.

VAUGELAS : (Cl.) ses Remarques
sur la langue française ; avec les
observ. de Patru et Th. Corneille.
Paris, 1738, 3 vol. in-12. 8 l.

VAUGONDY. Voy. ROBERT DE VAU-
GONDY.

VAUGUYON. (de la) Les Doutes
éclaircis, ou Réponse aux objec-
tions de Mably sur l'ordre naturel
des sociétés politiques. *Paris*,
1768, in-12.
Tiré à très-petit nombre.

VAUQUELIN : (J. de la Frenaye)
ses Poésies. *Caen*, 1612, in-8. 9 l.

VAUVENARGUES : ses Œuvres.
Paris, 1806, 2 vol. in-8. 8 à 10 l.

VAUX. (J. de) Le Médeciu de soi-
même, ou l'Art de conserver sa
santé par l'instinct. *Leyde*, 1682,
in-12. rare, 5 l.

UBERTI. (Fazio degli) Voy. FAZIO.

UCHTMANNI (Alardi) Vox cla-
mantis in Deserto: adversùs Adr.
Beverlandum. 1671, in-8. 4 l.
Ce Traité s'annexe aux ouvrages de Beverland, comme en étant la critique.

VECELLIO. (Ces.) Habiti antichi
e moderni di tutto il mondo. *In
Venezia*, 1598, in-8. fig. 8 l.

VECCHIAZZANI. (Matt.) La Historia di Folimpopoli. *In Rimini*,
1648, 2 vol. in-4. 7 l.

VEDELII (Nic.) Sanctus Hilarius,
seu Antidotum contrà tristitiam,
pro sanctâ hilaritate. *Lugd. Bat.*
1632, in-32. 6 à 8 l.

VEDUTE delle ville e d'altri luoghi
della Toscana. *In Firenze*, 1757,
in-fol. obl. 24 à 30 l.

VEGA (Georg.) Tabulæ logarithmi-
co-trigonometricæ, lat. et germ.
Lipsiæ, 1797, 2 vol. in-8. 16 l.

— Thesaurus Logarithmorum com-
pletus Adr. Ulacci, Wolframii Tabula logarith. natural. locupletatus
à G. Vega. *Lipsiæ*, 1794, in-fol.
24 liv.

VEGETII (Flavii) Epitome Rei militaris; Æliani de instruendis Acie-
bus opus, lat., Theodoro Thessa-
lonicensi interpr. ; S. J. Frontini
Strategematicon, etc. *Romæ*, 1487,
in-4.
Première édition de cette Collection. Vendu
chez La Vallière, 599 l.

— Ejusd. Epitome Rei militaris. (*Ultrajecti*, N. Ketelaer et G. de
Leempt, circà 1473), in-fol.
Première édition très-rare et peu connue.
Elle est imprimée à longues lignes, au
nombre de 31 à la page, sans chiffres,
signatures ni réclames.

— Vegetius et alii de Re militari,
cum notis Varior. *Vesaliæ*, 1670,
2 vol. in-8. fig. 18 à 24 l.

— Ejusd. de Re militari lib. v, ex
recens. N. Schwebelii, et cum notis
Oudendorpii, Besselii, etc. *Argentorati*, 1806, in-8. 5 l.

— Le Livre de droit d'armes, subtilités et cautelles à ce servants, selon Végèce, de l'Art. de chev. *Paris*, Vérard, 1488, in-fol.

— Commentaires sur les Institutions
de Végèce, par Turpin de Crissé.
Paris, 1780, 2 vol. in-4. 16 l.

VEGGII (Maffei) Poëmata varia.
Mediolani, par G. le Signerre Ro-
thomagensem, 1497, in-fol. 15 à
20 liv.
Première édition de ces Poésies. Les exemplaires en sont assez rares.

VEITH (Fr. Ant.) Bibliotheca Au-
gustana. *Aug. Vindel.* 1785, 8 tom.
4 vol. in-8. 21 l.

VELAZQUEZ. (Luis J.) Ensayo
sobre los Alphabetos de las letras
desconocidas que se encuentran en
las antig. Medallas, y Monumentos
de Espana. *En Madrid*, 1752, in-4.
fig. 18 à 24 l.

VELEZ de Arciniega. (Fr.) Hist.
de los Animales mas recebidos en
el uso de la Medicina. *En Madrid*,
1613, in-4. 7 l.
Peu commun.

VELLUTI. (Donato) Cronica di Firenze, dall' ann. 1300 al 1370. *Firenze*, 1731, in-4. 6 l.
Edition citée par la Crusca.

VELLY (Paul. Fr.) et Cl. VILLA-
RET. Histoire de France. *Paris*,
1755 et suiv. 30 vol. in-12.—Histoire de France avant Clovis, par Laureau. *Paris*, 1789, 2 vol. in-12. 66 l.

— La même, avec l'Histoire de France
avant Clovis, par Laureau. *Paris*,
1770, 16 vol. in-4. portraits, 72 à 80 l.
On a tiré de cette édition des exemplaires
en papier fin, 120 à 150 l.

VELSERI (Marci) Opera, ex edit.
Chr. Arnoldi. *Noribergæ*, 1682,
in-fol. fig. 10 l.

—Fragmenta Tabulæ antiquæ, in quibus aliquot per romanas provincias Itinera. *Venetiis* , Aldus ,
1591 , in-4. fig.

VENGE. (Henri de) La Sainte Bib'e,
en lat. et en franç. , avec des dissert.
et des notes. *Paris* , 1767-73 , 17
vol. in-4. 120 l.

L'édition de *Paris* , 1748 , 14 vol. in-4.
n'est presque plus recherchée , 30 à 40 l.
Celle de *Nimes* , en 17 vol. in-8. vaut de 50
à 60 l.

VENERES Blycnburgicæ , sive Amorum Hortus. *Dordraci* , 1600 , in-8.
9 à 12 l.

VENERONI. (Jean) Dictionnaire
ital.-franç., et franç.-ital. , édit. revue par Placardi. *Paris* , 1769 , 2
vol. in-4. 18 à 20 l.

—Dictionnaire manuel en 4 langues ,
franç., ital. , allemand et russe.
Moscou , 1771, in-8. 12 l.

— Fables choisies en franç. , avec la
vers. ital. de J. Veneroni, et la
vers. allem. de B. Nickisch. *Augsbourg* , 1709 , in-4. fig. de J. S.
Kraus, 9 l.

VENETI (Fr. Georg.) de Harmonià
mundi totius Cantica tria. *Venetiis* , 1525 , in-fol. 12 à 15 l.

Cette édition est la plus ample et la meilleure de ce livre.

VENETTE. (Jehan) La Vie des
trois Maries, de leurs pères et de
leur mère , de leurs maris et de
leurs enfants , composée en ryme
franç. et transl. de ryme en prose ,
par J. Drouin. *Rouen* , J. Burges ,
in-4. goth.

Il existe plusieurs autres éditions de ce livre,
qui sont également bonnes et peu communes , 15 à 20 l.

VENETTE. (Nic.) La Génération
de l'Homme, ou Tableau de l'A-
mour conjugal. *Lond.* (*Paris*) ,
1751, 2 vol. in-12. fig. 5 l. — Pap.
de Holl. 18 l.

— Le même. 1776, 2 vol. in-12. fig.
5 l. — Gr. pap. 15 l.

—Traité des Pierres qui s'engendrent
dans les terres et dans les animaux.
Amst. 1701 , in-12. fig. 6 l.

VENTENAT (E. P.) Tableau du
règne végétal , selon la méthode de
Jussieu. *Paris* , an 7 (1799), 4 vol.
in-8. 24 pl. 24 l.

— Principes de Botanique. *Paris* ,
1795 , in-8. 14 pl.

Il y a des exemplaires en papier vélin.

— Description des Plantes nouvelles
et peu connues cultivées dans le
Jardin de Cels. *Paris* , an 8 , pet.
in fol. 100 pl.

Il y a des exemplaires en grand papier vélin.

— Choix de Plantes dont la plupart
sont cultivées dans le Jardin de
Cels. *Paris* , 1803 , 10 livraisons
in-fol. pap. vélin , 60 pl.

— Le Jardin de la Malmaison. *Paris*,
1803 , 2 tom. 1 vol. in-fol. pap. vélin , 120 pl. color.

VENUTI. (Rid.f.) Descrizione to-
pografica ed istorica di Roma moderna. *In Roma*, 1766, 2 vol. in-4.
fig. 12 l.

— Antiq. Numismata max. moduli
aurea , argentea , etc. , ex museo
Alexandri Cardin. Albani , in va-
ticanam Biblioth. à Clemente XII
translata , et à R. Venuto notis illustr. *Romæ* , 1739, 2 tom. 1 vol.
in-fol. fig. 36 l.

— Monumenta Matthæiana , cum adnot. R. Venuti. *Romæ* , 1779, 3
vol. in-fol. fig. 80 l.

—Dissertations sur les anciens Monuments de la ville de Bordeaux.
Bordeaux , 1754, in-4. 6 l.

VERANTII (Fausti) Machinæ novæ
et div. , lat. , hisp. , ital. , gall. et
germanicè. *Absque anni indicat.*
in-fol. fig. *rare* , 8 l.

VERBOQUET le généreux. (Les
Délices de) *Lyon*, 1640 , in-12. 4 l.

VERDIER. (le sieur du) Voy. Du-
VERDIER.

VERDIZOTTI. (Giov. Mar.) Cento
Favole morali de i più illustri au-
tichi e moderni autori greci e lat. ,
scielte e tratte in varie manieri div.
volgari. *In Venetia*, 1570, in-4.
24 à 30 l.

L'édition de *Venise*, 1577 , in-4. fig. vaut
8 à 10 l.

VERDUN DE LA CRENNE , PIN-
GRÉ et BORDA. Voyages en diverses parties de l'Europe , de l'A-
frique et de l'Amérique pour éprouver différentes horloges et montres
marines. *Paris*, 1778, 2 vol. in-4.
fig. 15 l.

VERELII (Cl. Olaï) Index Linguæ
vet. scytho-scandicæ , sive gothi-

cæ; ex vet. æri monumentis max.
partem MSS. collectus, et operâ
Olaï Rudbeckii editus. *Upsaliæ*,
1691, in-fol. 24 à 30 l.

Livre rare et fort estimé.

On doit trouver à la fin du vol. une petite
partie séparée de 14 pages d'impression,
intitulée : *Car. Lundii Notæ et Animadversiones subitariæ in Lexicon Cl.
Olaï Verelii.*

— Hist. Hervaræ (Saga) ling. vet.
gothicâ, cum interpr. lat. et annot.
prolixis Cl. Ol. Verelii. *Upsaliæ*,
1672, in-fol.

Cet ouvrage est fort rare, 48 à 72 l.

— Auctarium Notarum in Hervarar
Saga, seu Hist. Hervaræ. *Upsaliæ*,
1674, in-fol.

— Ejusd. Manuductio ad Runogra-
phiam Scandicam antiq. rectè in-
telligendam; succicè et lat. *Upsaliæ*, 1675, in-fol. fig.

Livre rare, 50 à 60 l.

VERELST. (Harry) A View of the
rise progress and present state of
the english government in Bengal.
Lond. 1772, in-4. 9 l.

VERGARÆ (Fr.) de Græcæ linguæ
Grammaticâ libri v, cum scholiis.
Parisiis, 1557, petit in-8. 5 à 6 l.

VERGERII (Pet. Pauli) Operum adversùs Papatum, tomus primus.
Tubingæ, 1563, in-4. *rare*.

Ce vol. est le seul de cette Collection qui
ait paru.

— Ejusd. Concilium non modò Tridentinum, sed omne papisticum,
perpetuò fugiendum ab omnibus
piis. 1553, in-4. 7 l.

— Operetta nuova del medesimo,
soprà le Ceremonie della Settima-
na santa. 1552, in-12. *rare*, 7 l.

— Le otto Difesioni di P. P. Verge-
rio, ovvero Trattato delle Supersti-
tioni d'Italia, etc. (*In Basilea*,
1550), in-8. *très-rare*, 12 l.

— Ordo eligendi Pontificis, et Ratio
de ordinatione et consecratione
ejusd. etc. *Tubingæ*, 1556, in-4.
5 liv.

On a encore beaucoup d'autres ouvrages de
Vergerius contre la Cour de Rome, mais
on en fait peu de cas aujourd'hui.

VERGILII (Polydori) de Inventoribus Rerum lib. viij, necnon de Prodigiis, lib. iij. *Amst.* Elzevir, 1671,
in-12. 9 l.

VERHEYEN (Philip.) Anatomia

Corporis humani. *Bruxell.* 1710,
2 vol. in-4. fig. 10 l.

VERINI : (Bart.) Poesie diverse in
lingua veneziana e bergamasca. *In
Venetia*, 1583, in-8. 6 à 9 l.

Peu commun.

VÉRITÉ (la) sortant du puits her-
métique. *Paris*, 1753, in-12.

Exemplaire imprimé sur vélin.

VERNASSAL, (Fr. de) Guill. LAN-
DRE et Gab. CHAPPUYS. Hist.
de Primaléon de Grèce, continuant
celle de Palmerin d'Olive, trad.
de l'ital. et de l'espag. *Paris* et
Lyon, 1572 et suiv. 4 vol. in-8.
27 liv.

— La même. *Lyon*, 1618, 4 vol.
in-16.

Cette édition est la plus recherchée de ce
Roman, 36 l.

— La même. *Lyon*, 1600, 4 vol.
in-16. 9 à 12 l.

— La même. *Lyon*, 1550, in-fol. 8 à
10 liv.

VERNET : (Joseph) son Œuvre,
représentant divers ports de mer,
grav. par Cochin, le Bas et autres.
Paris, in-fol. 94 pl. 150 l.

— Les quatorze Marines de Vernet,
grav. par Cochin et le Bas. 150 à
200 liv.

— La Tempête et le Calme, grav.
par Balechou, 150 l.

VERONEAU. L'Impuissance, tragi-
comédie. *Paris*, 1634, in-8. 7 à 9 l.

VERTOT. (Pier. René Aubert de)
Hist. des Chevaliers hospitaliers de
S.-Jean de Jérusalem, appelés depuis Chev. de Rhodes, et aujour-
d'hui Chev. de Malte. *Paris*, 1726,
4 vol. in-4. portraits, 30 l. — Gr.
pap. 60 l.

— La même. *Paris*, 1755, 7 vol.
in-12. 10 à 12 l.

— Histoire des Révolutions de la République romaine. *La Haye*, 1734,
in-4. 7 l. — Gr. pap. 12 l.

— La même. *Paris*, 1752, 3 vol.
in-12. 7 l.

— Histoire des Révolutions de Suède.
La Haye, 1734, in-4. 7 l. — Gr.
pap. 12 l.

— Histoires des Révolutions romaines, de Suède, et de Portugal. *Dijon*, 1795 et 1796, 7 vol. in-8. pap.
vélin, 42 l.

On a tiré de cette édition deux exemplaires

sur papier mince de Hollande, 60 en grand papier, deux sur très-grand papier ; plus, deux sur peau de vélin.

— Notice sur la Vie et les Ouvrages de P. R. A. de Vertot. *Paris*, 1795, in-8.

Cette Notice a été tirée séparément à 30 exemplaires. On la trouve en tête de l'Histoire romaine, de l'édition de 1795-96 ci-dessus.

VERTUE. Voy. WALPOLE.

VERVILLE. (Fr. Béroalde de) Voy. BÉROALDE.

VESALII (Andr.) Opera anatomica et chirurgica, cur. H. Boerhaave et B. S. Albini. *Lugd. Bat.* 1725, 2 vol. in-fol. fig. 24 à 30 l. — Gr. pap. 36 à 45 l.

— De humani Corporis Fabricâ lib. vij. *Basileæ*, 1555, in-fol. 20 l. — Gr. pap. 36 l.

Edition assez rare.

VESCONTE. (Gasp.) Poema de' due Amanti Paulo e Daria. *In Milano*, 1495, in-4. rare, 24 à 36 l.

VESPUTIO. (Alb.) Le Navigazioni per l'Oceano alle terre di Negri de la bassa Ethiopia, cioë la Hist. del paëse nuov. retrovato e Nuovo-Mondo, da Alb. Vesputio. *In Milano*, 1519, in-fol.

Cette édition, bien conservée. est rare.

— Le Nouveau-Monde, et Navigations faites par Americ Vespuce, ès pays et îles nouv. trouvés tant en Ethiopie qu'en Arabie, etc. XIX. *Paris*, Janot, in-4. goth.

Cette traduction est encore plus rare que l'original. Les chiffres XIX qu'on trouve souvent dans les exemplaires au titre même, et d'autrefois à la fin du vol., indiquent le nombre des signatures qui composent la totalité de l'ouvrage.

VETERINARIÆ medicinæ libri duo, à Jo. Ruellio olim quidem latinit. donati, nùnc verò gr. ling. primùm in lucem editi. *Basileæ*, 1537, in-4.

Edition très-rare, 72 l.

— Iidem, lat., Jo. Ruellio interpr. *Parisiis*, 1530, in-fol. 18 l.

VETTORI. (Piero) Trattato delle Lodi e della Coltivazione degli Ulivi. *Firenze*, Giunti, 1574, in-4. rare, 7 l.

— Lo stesso, colle annot. di G. Bianchini da Prato. *Firenze*, 1718, in-4. 5 l.

Ces deux éditions sont citées par la Crusca.

UFANO. (Diego) Artillerie, ou vraie Instruction de l'artillerie et de toutes ses appartenances, etc., trad. de l'espagnol en franç. *Zutphen*, 1621, in-fol. fig.

Ouvrage rare et recherché.

(UFFAGHEN) (J.) Parerga historica (chronologica). 1782, in-4. 10 liv.

Cet ouvrage, imprimé sans indication de lieu et sans nom d'imprimeur, n'a été tiré qu'à un petit nombre d'exempl. qui furent donnés en présent par l'auteur.

UGHELLI (Ferd.) Italia sacra. *Romæ*, 1644 et ann. seqq. 9 vol. in-fol. 40 liv.

Cette édition est beaucoup plus correcte que la suivante, mais elle n'est pas aussi ample.

— Eadem. *Venetiis*, 1717, 10 vol. in-fol. 36 l.

UGONII (Matth.) Liber de omnibus ad Concilia celebranda pertinentibus. *Venetiis*, 1563, petit in-fol. 15 à 18 l.

Livre curieux et rare. Il se vendait beaucoup plus cher autrefois.

UGUET de Resayre. (Ger.) Tratado de las cosas nat. y facultad purgativa que se halla en la semilla de los yesgos. *En Saragoça*, 1630, in-8. rare, 7 l.

UHLII (Jo. Lud.) Thesaurus Epistolicus Lacrozianus. *Lipsiæ*, 1742, 3 vol. in-4. 21 l.

— Sylloge nova Epistolarum varii argumenti (collectar. à J. L. Uhlio.) *Norimb.* 1760, 6 vol. in-8. 36 l.

VIAGGI (di Iosafat Barbaro, Ambrogio Contarini e d'altri) fatti da Vinegia alla Tana, in Persia, nell' India e in Constantinopoli. *Venegia*, Aldo, 1543, in-8.

Cette édition a été réimprimée en 1545.

VIAGGIO pittorico della Toscana. *In Firenze*, 1801, 3 vol. gr. in-fol. fig. au bistre, 280 l.

Ouvrage bien exécuté.

VIALART (Caroli à Sancto Paulo) Geographia sacra, cum annot. Lucæ Holstenii. *Amst.* 1703. — Nic. SANSON Geographia sacra, ex V. et N. Testamento desumpta, cum animadv. J. Clerici. *Amst.* 1704. — EUSEBII Cæsariensis Onomasticon urbium et locorum S. Scripturæ, gr. lat., cum animadv.

J. Clerici. *Amst.* 1707, 3 vol. in-fol. 50 à 60 l.

Ces trois ouvrages sont estimés et fort bien imprimés.

VIAL DE CLAIRBOIS. Traité de la Construction des Vaisseaux, trad. du suédois de Fréd. H. Chapman. *Brest*, 1781, in-4. fig. 15 l.

Cet ouvrage a été réimprimé à *Paris* en 1787.

— Essai géométrique et pratique sur l'Architecture navale. *Brest*, 1776, gr. in-8. fig. 9 l.

VIAUD. Voy. THÉOPHILE VIAUD.

VIBIUS SEQUESTER de Fluminibus, fontibus, lacubus, etc., etc., quorum apud poëtas mentio fit; ex recens. Fr. Hesselii. *Roterod.* 1711, in-8. 9 l.

Cette édition entre dans la Collection des *Variorum.*

— Idem Opus, cum notis Jer. Fr. Oberlini. *Argentorati*, 1778, in-8. 5 liv.

Belle et bonne édition.

VICECOMITIS (Jos. de) Observationes ecclesiasticæ de Baptismo, de Confirmatione, de Missâ, et de Missæ apparatu. *Mediolani*, 1615, 1618, 1620 et 1626, 4 vol. in-4. 30 liv.

Les tomes III et IV sont fort rares.

VICI (Æneæ) omnium Cæsarum veriss. Imagines, ex antiq. numismatis desumptæ, addita perbrevi cujusq. Vitæ Descript. (lib. primus). *Venetiis*, 1554, in-4. fig.

Ce vol., dont l'impression est attribuée à P. Manuce, est fort rare.

— Ejusd. Imagines Augustarum, cum carum Vitis breviter enarratis. *Venetiis*, 1558, in-4.

Ce vol. est aussi fort rare. On en a tiré des exemplaires en grand papier.

VICQ-D'AZYR. Traité d'Anatomie et de Physiologie. *Paris*, Didot l'aîné, 1786, gr. in-fol. cont. 8 livraisons, avec fig. coloriées, 80 l.

Cet ouvrage est très-bien exécuté.

— Œuvres de Vicq-d'Azyr, recueillies et publiées avec des notes, par J. L. Moreau (de la Sarthe). *Paris*, 1805, 6 vol. in-8. et atlas, 40 liv.

— Eloges historiques du même, publiés avec des notes, par J. L. Moreau (de la Sarthe). *Paris*, 1805, 3 vol. in-8. 14 l.

Ces deux ouvrages sont bien imprimés.

VICTOIRES (les) de l'Empereur de la Chine, représentées en 16 pl. grav. à Paris en 1768, sous la direction de Cochin, d'après les dessins exécutés à Pékin, par ordre de l'emper. de la Chine. Vol. de 2 pieds de large sur 3 de haut.

On n'a tiré de ce Recueil qu'un petit nombre d'exemplaires qui furent distribués en présent, 4 à 500 l.

VICTORII (Pet.) Comment. in Aristotelis Libros viij de Republicâ, cum textu Aristotelis, gr. lat. *Florentiæ*, apud Juntas, 1576, in-fol.

Edition recherchée, 15 à 18 l.

— Ejusd. Comment. in tres Libros Aristotelis de Arte dicendi, cum textu gr. Aristotelis. *Florent.*, apud Juntas, 1579, in-fol. 20 l.

— Ejusd. Comment. in primum Libr. Aristotelis de Arte Poëtarum, cum textu Aristotelis, gr. lat. *Florent.*, apud Juntas, 1560, in-fol. 15 l.

L'édition de 1573 est également bonne.

— Ejusd. Commentarii in viij libros Aristotelis de optimo statu civitatis. *Florentiæ*, apud Juntas, 1576, in-fol. 12 l.

— Ejusd. Commentarii in x libros Aristotelis de Moribus ad Nicomachum. *Florentiæ*, apud Juntas, 1584, in-fol. 12 l.

— Ejusd. Comment. in Librum Demetrii Phalerei de Elocutione, cum textu gr. ab eodem Victorio lat. expresso. *Florentiæ*, apud Juntas, 1594, in-fol. 12 l.

— Ejusd. variarum Lectionum lib. xxxiiij. *Florent.*, apud Juntas, 1582, in-fol. 15 l.

Bonne édition, assez rare.

— Ejusd. Opera. *Florentiæ*, apud Juntas, 1586, in-fol. 18 l.

VICTORIS (Sex. Aur.) Historiæ romanæ Breviarium, cum interpr. et notis Annæ, Tanaquilli Fabri filiæ; ad usum Delphini. *Parisiis*, 1681, in-4. 6 à 8 l.

Ce volume entre dans la Collection des auteurs *ad usum Delphini.*

— Idem, cum notis Varior., ex edit. et cum annot. Sam. Pitisci. *Ultrajecti*, 1696, in-8. fig. 12 à 15 l.

Edition fort estimée. Elle se joint à la Collection des auteurs classiques dits *cum notis Variorum.*

— Idem, cum notis varior., cur. Jo.

Arntzenio. *Amst.* 1733; in-4. 18 à
21 liv.

Cette édition est la meilleure que nous ayons
de cet auteur.

— Idem, ex recens. G. F. Gruneri.
Erlangæ, 1787, in-8. 4 l.

— Idem, ex recens. G. F. Gruneri,
curâ F. X. Schœnberger. *Viennæ*,
1806, in-8. 4 l.

VIDÆ (Hierony.) Opera poëtica.
Romæ, 1527, et *Cremonæ*, 1535,
2 vol. in-4. *rare.*

Cette édition, la première de ce livre,
quoique moins ample que la suivante, est
néanmoins fort recherchée des curieux :
12 à 15 l.

— Eadem. *Cremonæ*, 1550, 2 tom.
1 vol. in-8. 18 l.

Cette édition renferme plusieurs pièces qui
ne se trouvent pas dans la précédente.

— Eadem, ex edit. Th. Tristram et
Ed. Owen. *Oxonii*, 1722 et seqq.
4 vol. gr. in-8. 36 à 48 l.

Belle édition, fort estimée. Elle est ornée
d'un grand nombre de vignettes et culs-
de-lampe.

— Eadem, curâ Jo. et Caj. Vulpiorum. *Patavii*, 1731, 2 vol. in-4.
12 l. — Gr. pap. 18 à 24 l.

— Eadem, cum Dialogis de Reip.
Dignitate, à Rich. Russel. *Lond.*
1752, 2 tom. 3 part. in-12. 9 à 12 l.

— Voy. BATTEUX. (Charl.)

VIE de l'amiral Gaspard de Coligny.
Leyde, Elzevir, 1643, in-12. *rare*,
18 à 24 l.

VIEILLOT. (L. P.) Histoire naturelle des Oiseaux de l'Amérique septentrionale, depuis Saint-Domingue jusqu'à la Baie d'Hudson.
Paris, 1807, 8 livraisons gr. in-fol.
pap. vélin, fig. noires, chaque 18 l.
— Pap. vélin, fig. impr. en couleur, 30 l.

Cette belle Collection n'est pas encore terminée.

VIEL. (Pier. le) Essai sur la peinture en mosaïque. *Paris*, 1768,
in-12. 7 l.

VIEN. (Pier.) La Danse des Morts
telle qu'on la voit dépeinte dans la
ville de Basle; avec des explicat.
en vers franç. trad. de l'allem. *Berlin*, 1698, ou *Basle*, 1744 ou 1756,
in-4. fig. 15 à 18 l.

VIETZ (F. B.) Icones Plantar. me-
dico-œconomico-technologicarum,
eum earum fructûs usùsque des-

criptione. *Vindob.* 1803, 12 vol.
in-4. 222 fig. color. 140 l.

VIEUSSENS (Raym.) Nevrogra-
phia universalis. *Lugd.* 1685, in-fol.
15 liv.

VIGELLI (Vet.) seu NIGELLII
Speculum stultorum, carmine hexa-
metro conscriptum. *Edit. vetus*,
litteris goth. impressa, *absque loci et anni indicat.* in-4.

Livre rare et singulier, 24 à 30 l.

— Idem. *Parisiis*, 1506, in-4. 15 l.

VIGENERE. (Blaise de) Traité des
Chiffres. *Paris*, 1586, in-4. 6 l.

— Traité des Comètes, ou Étoiles
chevelues apparaissantes extraordinairement au ciel, avec leurs causes
et effets. *Paris*, 1578, in-8. 6 l.

VIGERI (Fr.) de præcipuis græcæ
dictionis idiotismis liber, cum animadv. H. Hoogeveeni et J. C. Zeunii. *Lipsiæ*, 1801, 2 vol. in-8. 12 l.

VIGUIER. Eléments de la Langue
turque. *Constantinople*, 1790,
in-4. 12 l.

VIGNOLA. (Giac. Barozzio) Le
due Regole della prospettiva pratica. *Roma*, 1583, in-fol. fig. 7 l.

VIGNOLES. (des) Chronologie de
l'Histoire sainte. *Berlin*, 1738, ou
(titre renouvelé) 1761, 2 vol. in-4.
15 à 18 l.

VIGNOLII (Jo.) Dissertatio de Columnâ Imperator. Antonini Pii.
Romæ, 1705, in-4. 6 l.

VILALPANDUS. V. TORREBLANCA.

VILLANI. (Giov.) Istorie univ. de'
suoi tempi; ediz. nuov. corretta.
Fiorenza, 1587, in-4. 20 l.

Au rapport de Fontanini, Zeno et Haym,
cette édition doit être préférée à celle de
1559, 2 part. in-4, parce qu'elle
est beaucoup plus correcte.

— Istoria di Matteo Villani, che con-
tinua quella di Giovanni, suo fratello, e cont. ix lib. *In Venezia*,
1562, in-4. 15 l.

— Della Istoria di Matteo Villani li
tre ultimi libri; con una aggiunta
di Filip. Villani, suo figliuolo. *In
Venezia*, 1562, in-4.

Ces trois ouvrages forment le corps complet des Histoires de Jean et Matthieu
Villani. On les rassemble assez difficilement. Les éditions annoncées sont citées
par la Crusca comme les meilleures.

VILLANOVA (Arnaldi de) Expositio in regimen sanitatis salerni-

tanum. (*Lovanii*, circà 1480), in-4. goth.

Édition très-rare, imprimée à longues lignes, sans chiffres, réclames ui signatures.

VILLANOVANUS. Vid. SERVETUS.

VILLARET. Voy. VELLY.

VILLARMAYOR. (de) Colleccion dos Documentos, Estatutos è Memorias da Academia real da Historia portugueza, ordenada por el conde de Villarmayor, desde 1721-1733. *Lisboa*, 1721, 12 vol. in-fol. 60 liv.

VILLARS. Histoire naturelle des Plantes du Dauphiné. *Grenoble*, 1786-89, 3 tom. 4 vol. pet. in-4. avec 65 pl. 40 l. — Pap. fin, 60 l.

VILLARS. (Fr.) Voy. BOYVIN.

VILLEFORE. Voy. BOURGOIN.

VILLE-HARDOUIN. Voy. BYZANTINE.

VILLETTE :(le marq. de) ses Œuvres. *Lond.* (*Paris*), 1786, in-18. 6 liv.

Cet ouvrage est imprimé sur papier de guimauve, et renferme 20 épreuves ou espèces différentes de papiers fabriqués avec diverses plantes.

VILLIERS. Voy. ROUSSEVILLE.

VILLIFRANCHI. (Gio. Cosimo) Œnologia toscana, ossia Memoria soprà i vini toscani. *Firenze*, 1773, 2 vol. in-8. 15 l.

VILLOISON. (J. B. Casp. d'Ansse de) Anecdota græca, è reg. Parisiensi, et è Venetâ S. Marci Bibliothecis deprompta. *Venetiis*, 1781, 2 vol. in-4. 16 l. — Gr. pap. 24 à 30 l.—Très-grand papier, 36 à 45 l. On a tiré de ce Livre des exemplaires sur vélin.

— Epistola ad virum celebr. Lorry, de locis quibusdam Hippocratis. *Venetiis*, 1783, in-4.

— Epistolæ Vinarienses, in quibus multa græcorum scriptorum loca emendantur. *Tiguri*, 1783, in-4.

— Nova Versio græca Proverbiorum, etc. et selectorum Pentateuchi locorum, ex unico S. Marci biblioth. codice veneto nunc primùm eruta et notulis illustrata. *Argent.* 1784, in-8.

Il y a des exemplaires en grand papier.

VILLON : (F. Corbeuil, dit) son grand et petit Testament, son

Codicile, Jargon, etc. *Paris,* 1489, in-4. 12 l.

— Les Œuvres du même Villon. *Paris*, les Angeliers, sans date, in-16. *lettres rondes*, 9 l.

— Les mêmes. *Paris*, Galliot Dupré, 1532, in-16. *lettres rondes*, 8 l.

— Les mêmes, revues par Cl. Marot. *Paris*, Gall. Dupré, 1533, in-16. 6 liv.

—Les mêmes, revues de nouv. *Paris*, A. U. Coustelier, 1723, in-8. 4 l. Il existe de cette édition des exemplaires sur vélin.

VILLOTTE (Jac.) Dictionarium lat.-armenum. *Romæ*, 1714, in-fol. 18 à 24 l.

VINCE. A Treatise of practical astronomy. *Cambridge*, 1790, in-4. fig. 18 l.

— A complete System of Astronomy. *Cambridge*, 1797, 2 vol. gr. in-4. fig. 60 l.

VINCENT. (Jacq.) L'Histoire du chev. Palmerin d'Angleterre, fils du roi Dom Edoard, trad. du castillan en franç. par J. Vincent. *Lyon*, 1552 et 1553, 2 tom. 1 vol. in-fol. 15 l.

—Le même. *Paris*, 1574, 2 vol. in-8. 18 à 24 l.

Cette édition est la meilleure de ce roman.

VINCENT. (Will.) Voyage de Néarque des Bouches de l'Indus jusqu'à l'Euphrate, ou Journal de la Flotte d'Alexandre, trad. de l'angl. par J. Billecoq. *Paris*, an 8, 3 vol. in-8. fig. 15 l. — Pap. vélin, 21 l.

Cet ouvrage existe aussi en 1 vol. in-4.

VINCENTII Lirinensis (S.) et HILARII Arelatensis Opera, ex edit. Jo. Salinas. *Romæ*, 1731, in-4. 6 l.

VINCENTII Burgundi Bibliotheca mundi, seu Speculum quadruplex, id est, naturale, doctrinale, morale et historiale. *Argentorati*, per Jo. Mentellin, 1473, 10 vol. in-fol. On ne trouve presque toujours que des parties séparées de cette Collection.

VINCI. (Leonardo da) Trattato della Pittura, con la Vita del autore da R. Trichet du Fresne. *Parigi,* 1651, in-fol. fig. 20 l.

Belle édition d'un ouvrage fort estimé.

— Traité de la Peinture, trad. de l'italien en franç. par Rolland

Fréart, sieur de Chambray. *Paris*, 1651, in-fol. fig. 24 à 36 l.

L'édition italienne est préférée à cette édition française, parce que les épreuves des figures en sont beaucoup plus belles.

— Le même, avec la Vie de l'auteur. *Paris*, 1796, in-8. fig. 7 l.— Pap. vélin, 10 l.

— Le même, avec des notes par P. M. Gault de Saint-Germain. *Paris*, 1803, in-8. fig. 7 l.

— Collection de Têtes du célèbre Tableau de la Cène de L. de Vinci, peint à fresque sur les murs du réfectoire de Sainte-Marie-des-Graces à Milan, dessinée par Dutertre; précédée d'un abrégé de la vie de ce grand peintre, par P. M. Gault de Saint-Germain. *Paris*, 1808, in-fol. max. pap. vélin, 14 pl. 36 l.

Ouvrage magnifique.

VINEIS (Pet. de) Epistolarum liber, sub titulo sequenti, Querimonia Friderici II, imper., quà se à romano Pontif. et cardin. immeritò persecutum, et imperio dejectum esse ostendit, à doct. viro P. de Vineis ejusd. Cancellario. *Haganæ*, 1539, in-8.

Edition originale, très-recherchée, quoiqu'elle ne soit point entière, parce qu'elle renferme des passages qui ont été supprimés dans les réimpressions.

VINET. (Elie) Discours de l'antiquité de Bourdeaux et de Bourg-sur-Mer. *Bourdeaux*, 1574, in-4.

Bonne édition, 6 l.

— Hist. des Antiquités de Saintes et de Barbezieux. *Bourdeaux*, 1571, in-4. 6 l.

VINGBOONS: (Philip.) ses Œuvres d'Architecture, cont. les Dessins tant en plans qu'en élévations, des principaux Bâtimens de la ville d'Amsterdam, etc. *La Haye*, 1736, in-fol. fig. 20 l.

VINNII (Arn.) in IV Libros Institutionum imperialium Comment. *Amst.* Elzevir, 1665, in-4. 18 l.

Cette édition est fort bien exécutée.

VIRETI (Pet.) Opuscula varia. *Olivâ Rob. Stephani*, 1563, in-fol. 10 liv.

— La Physique papale, en Dialogues. *Genève*, 1552, in-8. 16 l.

— La Nécromance papale, en Dialo-

gues. *Genève*, 1553, in-8. rare, 18 liv.

On réunit ordinairement ces deux Traités ensemble.

— Disputations chrétiennes sur l'état des Trépassés, div. par Dialogues. *Genève*, 1554, in-8. rare, 10 l.

— Dialogues du Désordre qui est à présent au monde, et des causes d'icelui, et du moyen pour y remédier. *Genève*, 1545, 2 vol. in-8. 10 liv.

— Satyres chrétiennes de la Cuisine papale. *Lyon*, 1560, in-8. 27 l.

Petite pièce fort rare.

Il existe encore du même Pierre Viret plusieurs autres petits Traités dans le genre de ceux que nous venons de détailler, dont le prix est de 4 à 5 l. le volume.

VIRGILII MARONIS (Pub.) Opera, ex recens. et cum Præfat. Jo. Andreæ, Episc. Aleriensis. *Romæ*, Conr. Sweynheym et Arnoldus Pannartz (1469), in-fol. Prix arbitraire.

Cette édition, la première de ce poète célèbre, est de la plus grande rareté. Elle est imprimée à longues lignes, au nombre de 38 à la page, sans chiffres, signatures ni réclames. On présume qu'elle a dû paraître en 1468 ou au plus tard en 1469.

Vendu chez La Vallière, 4101 l.

— Eadem. *Absque ullâ indicatione*, in-fol. goth. Prix arbitraire.

Cette édition, aussi rare que la précédente, a été publiée vers 1470. Elle est exécutée à longues lignes, sans chiffres, signatures ni réclames.

— Eadem. *Venetiis*, per Vindelinum de Spira, 1470, in-fol.

Cette édition extrêmement rare, est imprimée à longues lignes, en caractères ronds, sans chiffres, signatures ni réclames. La totalité du vol. est de 161 feuillets.

Vendu, chez M. de Meyzieu, en 1779, exemplaire imprimé sur vélin, 2308 l.; chez M. Gouttard, en 1780, exemplaire sur vélin, 2270 l.; chez M. Crevenna, exemplaire également sur vélin, et de la plus belle conservation, 1925 flor. de Hollande.

— Eadem. *Romæ*, Conradus Sweynheym et Arn. Pannartz (1471), in-fol. *très-rare*.

Seconde édition faite à *Rome* par Sweynheym et Pannartz. D'après une liste des ouvrages imprimés par ces artistes, insérée dans une requête qu'ils présentèrent au pape Sixte IV, il est à présumer que

69

cette édition a dû être mise au jour dans le cours de l'année 1471.

— Eadem. *Absque ullâ indicatione*, in-fol.

Les uns attribuent cette belle édition à Adam Rot, et d'autres à un nommé Adam de Venise, lequel donna en 1471, une édition de Lactance. Les exemplaires en sont très-rares.

Vendu 44 l. chez Gaignat.

— Eadem. *Edit. præstans et nitida, absque loci et typogr. nomine, sed anno 1471 excusa*, in-fol.

Cette édition est aussi très-rare. On la croit imprimée à *Venise*, 120 l.

— Eadem. *Venetiis*, per Leonard. Achates, 1472, in-fol. *très-rare*, 150 liv.

— Eadem, cum Priapeiis. *Venetiis*, per Bartholomæum Cremonensem, 1472, in-fol.

Belle et très-rare édition, imprimée à longues lignes, en caractères ronds, sans chiffres, signatures ni réclames.

— Eadem ; accedit Maphæi Vegii Æneidos liber xiij. *Fivizani*, Jacobus, Baptista, Sacerdos, et Alexander, 1472, in-fol.

Peu de Bibliographes ont parlé de cette rare édition, laquelle est imprimée à longues lignes, au nombre de 41 à la page, sans chiffres, signatures ni réclames. La totalité du vol. est de 170 feuillets.

— Eadem. (*Argentinæ*, typis Mentelianis, circà 1470), in-fol.

Cette édition, qui porte avec elle des marques d'une haute antiquité, est extraordinairement rare. Elle est imprimée à longues lignes, au nombre de 32 à la page, sans chiffres, signatures ni réclames. On l'attribue à Mentel de Strasbourg, parce que les caractères qui ont servi à son impression, ont une parfaite ressemblance avec ceux du *Valerius Maximus*, exécuté par ce célèbre imprimeur. La totalité du volume est de 207 feuillets.

Vendu chez le duc de La Vallière, 760 l.

— Eadem. *Absque loci et typographi nomine*, 1472, in-fol. 280 l.

Les douze premiers feuillets de cette rare édition renferment la table des pièces contenues dans le volume, la Vie de Virgile, les arguments des Livres de l'Enéide, et quelques vers attribués à Virgile. Suit le texte, commençant par les Bucoliques, et finissant par les Catalectes. Les uns donnent l'impression de cette édition à Antoine Zarot, d'autres à Philippe de Lavagna, tous deux imprimeurs à Milan.

— Eadem. *Venetiis*, Leonardus Achates, 1473, in-fol. *très-rare*.

— Eadem. *Brixiæ*, Petro de Villa Jubente, 1473, in-fol.

Edition rare. Elle est exécutée à longues lignes, sans chiffres, signatures ni réclames.

— Eadem, cum aliis Opusculis. *Romæ*, Udalricus Gallus et Simon de Luca, 1473, in-fol. *rare*.

— Eadem, cum aliis Opusculis. *Mediolani*, per Philipp. de Lavagnia, 1474, in-fol. 60 à 80 l.

Edition rare, et imprimée avec de beaux caractères.

— Eadem. *Venetiis*, Nic. Jenson, 1475, in-fol.

Edition rare et recherchée des curieux.

— Eadem. *Mediolani*, Ant. Zarotus, 1475. in-fol. *rare*.

— Eadem. *Mutinæ*, J. Vurster de Campidonia, 1475, in-4. magno.

Cette édition est très-rare. C'est le premier ouvrage imprimé à Modène.

— Eadem. *Lovanii*, Joan. de Westfalia, 1475-76, 2 vol. pet. in-fol.

Les exemplaires qui nous sont restés de cette rare édition sont ordinairement en très-mauvais état.

— Eadem, cum Epistolâ Philip. Beroaldi et Vitâ Poëtæ. *Parisiis*, Ulricus Gering, 1478, pet. in-fol.

Edition fort rare et très-bien imprimée, 80 liv.

— Eadem, cum Comment. Mauri Servii Honorati. *Romæ*, Udalricus Gallus, absque anni indicat. in-fol.

Cette édition n'est recherchée que pour sa date : on la croit imprimée vers l'année 1470.

— Eadem, cum iisdem Servii Comment. (*Venetiis*), per Chr. Valdarfer, 1471, in-fol. *rare*, 60 à 80 l.

Cette édition a été réimprimée par le même artiste dans l'année 1471.

— Eadem, cum iisdem Comment. *Florentiæ*, B. Cenninus et Dominicus ejus filius, 1472, in-fol. *rare*.

Un des premiers livres imprimés à *Florence*.

— Eadem, cum iisdem Comment. *Venetiis*, per Jac. Rubenm Gallicum, 1475, in-fol. *rare*.

— Eadem, cum iisdem Comment. *Mediolani* (Ant. Zarotus), 1475, in-fol. *rare*.

— Eadem, cum iisdem Comment. *Venetiis*, per Ant. Bartholomæi impressorum discipulum, 1486, in-fol.

Vendu, exemplaire sur vélin, 1200 l. chez Loménie de Brienne.

—Eadem. *Venetiis*, Aldus, 1501, in-8. Prix arbitraire.

Il existe de cette rare édition des exemplaires sur vélin.

C'est dans ce livre que les Alde ont employé, pour la première fois, des caractères italiques.

—Eadem. *Venetiis*, Aldus, 1505, in-8.

Cette édition n'est pas moins rare que la précédente. Il en a été tiré des exemplaires sur vélin.

Les Alde nous ont encore donné 11 autres éditions de Virgile, savoir, en 1514, 1527, 1541 (il y a de celle-ci des exemplaires en grand papier), 1545 (il y a également de cette édition des exemplaires en grand papier), 1555, 1558 (première édition avec des notes marginales), 1560, 1563, 1576, 1580, 1585, in-8. Toutes ces éditions se rencontrent difficilement.

—Eadem. *Florentiæ*, Junta, 1520, in-8. 6 à 7 l.

—Eadem, cum Comment. Mauri Servii Honorati. *Parisiis*, Rob. Steph., 1532, in-fol. 15 l.

Édition fort estimée des savants.

—Eadem, cum Comment. Servii et Probi, ex edit. Alex. Velutelli. *Venetiis*, 1534, in-8. 8 l.

Jolie édition, recherchée pour la commodité de son format. Les exemplaires n'en sont pas communs.

—Eadem, cum iisdem Comment. ; acced. F. Planciades, Fulgentius de Continentiâ virgilianâ, et J. Philargyrii Comment. in Bucolica et Georgica. *Parisiis*, 1600, in-fol. 18 liv.

Édition assez recherchée et peu commune. Il en existe des exemplaires en grand papier.

—Eadem, cum scholiis et Indice Erythræi. *Venetiis*, 1539, 2 vol. in-8. 18 à 24 l.

Édition recherchée pour son *Index*, qui forme à lui seul un volume.

—Eadem, curis P. H. Sussanei emendata. *Parisiis*, Fezandat, 1541, in-4. 40 à 50 l.

Cette édition, exécutée en lettres italiques, est fort correcte.

—Eadem, cum annot. Theod. Pulmanni. *Antuerp.* Plantin, 1564, in-16. *lettres rondes*, 15 l.

Jolie édition, estimée et peu commune.

—Eadem, cum Comment. Frid. Taubmanni, ex edit. Chr. Taubmanni. *Witteb.* 1618, in-4. 10 l.

Bonne édition.

—Eadem, cum Comment. G. Valen-

tis Guellii. *Antuerp.* 1575, in-fol. 12 liv.

—Eadem, cum Comment. Jo. Lud. de la Cerda. *Lugd.* tom. I. 1619, tom. II. 1612, tom. III, 1617, 3 vol. in-fol.

On ne recherche cette édition qu'à cause des Commentaires de la Cerda, 30 à 40 l.

—Eadem, ex edit. Jac. Pontani. *Sedani*, Jannon, 1625 vel 1628, in-32. 18 à 24 l.

Cette jolie édition, imprimée en très-petits caractères, est fort correcte et peu commune.

—Eadem. *Lugd. Bat.* Elzevir, 1636, in-12. 24 à 40 l.

Il faut que les Fragments de la Lettre à Auguste, qui précèdent les Eglogues et la Dédicace de l'Enéide, page 92, soient imprimés en lettres rouges. C'est à cette marque qu'on distingue ordinairement l'édition originale des contrefactions qui en ont été faites.

—Eadem. *Parisiis*, et typ. reg. 1641, in-fol. 12 l. —Gr. pap. 24 l.

—Eadem, cum veter. omnium Comment. *Ex offic. Abr. Commelini*, 1646, in-4. 6 à 8 l.

—Eadem, cum notis Varior. *Lugd. Bat.* 1661, in-8.

Édition correcte.

—Eadem, ex edit. Jo. Ogilvii, cum sculpturis æneis, *Lond.* 1663, in-fol.

Cette belle édition est fort estimée : 40 à 50 liv.

Il faut que l'exemplaire renferme 102 planches, y compris le portrait d'Ogilvi et la figure en regard du titre imprimé ; plus, une carte géographique qui doit être placée à la tête du premier livre de l'Enéide.

—Eadem, ex recens. Nic. Heinsii Danielis filii. *Amst.* Elzevir, 1676, in-12. 10 l.

Cette édition a été tirée sur trois papiers différents, savoir : papier ordinaire, grand papier et très-grand papier. Un exemplaire de ce dernier format a été vendu 320 l. chez M. de Cotte.

—Eadem, cum notis Varior., ex recens. Jac. Emmenessii, cum Indice Erythræi. *Lugd. Bat.* 1680, 3 vol. in-8. fig. 50 à 60 l.

Bonne édition. Elle se joint à la Collection des *Variorum*.

—Eadem, cum interpr. et notis Car. Ruæi ; ad usum Delphini. *Parisiis*, 1682, in-4. 15 l.

Cette édition fait partie de la Collection des auteurs latins *ad usum Delphini*.

L'édition de *Paris*, 1722, à laquelle on

joint l'*Index* revu par de Leseau, imprimé en 1717, n'est pas moins bonne, et vaut le même prix.

— Eadem, ex edit. Nic. Heinsii. *Cantab.* Tonson, 1701, in-4. fig. 18 l.

—Eadem. *Lond.* Tonson, 1715, in-8. 8 à 9 l. — Gr. pap. 18 à 24 l.

—Eadem, cum notis Varior., ex récens. Pancratii Masvicii. *Leovardiæ*, 1717, 2 vol. in-4. fig.

Cette édition est fort estimée, 24 à 30 l. et en grand papier, 90 à 100 l.

Elle a été réimprimée à *Venise* en 1736, en 2 vol. in-4. 15 à 18 l.

—Antiq. Codicis Virgiliani Fragmenta et Picturæ, ex Biblioth. Vaticanâ, ad priscas imaginum formas à Pet. Sante Bartholi incisæ. *Romæ*, 1741, in-fol.

Édition recherchée pour les figures dont elle est ornée, 24 à 36 l.

— Ejusd. Virgilii Opera, è codice antiq. qui nunc Florentiæ in Biblioth. Mediceo-Laurentianâ asservatur, et bono publico typis descript., edit., P. F. Fogginio. *Florentiæ*, 1741, in-4. 9 l. — Gr. pap. 24 à 36 l.

Cette édition est exécutée en lettres capitales, qui représentent celles du manuscrit.

Il en a été tiré des exemplaires sur vélin.

— Eadem, ab Alex. Cuningamio. *Edimb.* 1743 vel 1752, 2 vol. in-12. 5 liv.

—Eadem, curâ et stud. Steph. Andr. Philippe. *Parisiis*, Coustelier, 1745, 3 vol. in-12. fig. 18 l.

Il y a des exemplaires en papier de Hollande, 24 à 30 l.

—Eadem, cum notis Varior., ex edit. Pet. Burmanni. *Amst.* 1746, 4 vol. in-4. 60 l. — Gr. pap. 100 l.

Bonne édition.

—Eadem. *Lond.* Knapton et Sandby, 1750, 2 vol. gr. in-8. fig. 30 l.

Il y a de cette jolie édition des exemplaires en grand papier qui sont fort recherchés. Elle a été réimprimée de format petit in-8. avec les mêmes planches.

— Eadem, cur. J. P. Millero. *Berolini*, 1753, in-12. 6 l.

Jolie édition.

— Eadem, à Jos. Warton, lat. et angl. *Lond.* 1753, 4 vol. in-8.

Belle édition, ornée de superbes figures, mais très-incorrecte. Elle a été réimprimée en 1778.

— Eadem. *Edimburgi*, Hamilton et

Balfour, 1755, 2 vol. in-12. 8 à 9 l. — Gr. pap. 30 à 36 l.

Édition réputée sans faute typographique.

— Eadem. *Birminghamiæ*, Jo. Baskerville, 1757, in-4. 80 l.

Cette belle et rare édition, exécutée moitié sur papier vélin, et moitié sur papier ordinaire, a été réimprimée dans le même format. On reconnaît la réimpression à la page 224, qui, par erreur, est cotée 424.

— Eadem, ex recens. P. Burmanni. *Glasguæ*, Foulis, 1758, in-8.

Belle édition, fort correcte.

— Eadem. *Birminghamiæ*, Jo. Baskerville, 1766, in-8. 10 l.

— Eadem, ab Ant. Ambrogi italico versu reddita. *Romæ*, 1763, 3 vol. in-fol. fig. 60 l.

On fait peu de cas de cette édition.

—Eadem, ex edit. Ch. Gottl. Heyne. *Lipsiæ*, 1767, 4 vol. in-8. 24 l. — Pap. fin, 40 l.

— Eadem. *Parisiis*, Barbou, 1754, 3 vol. in-12. 15 l. — Pap. fin, 24 l.

Réimprimé en 1767 et en 1790 en 2 vol. in-12.

—Eadem, curâ et stud. H. Justice de Ruffort. *Absque notâ edit. et anni*, 5 vol. in-8. 27 à 36 l.

Il existe des exemplaires où le texte est imprimé d'un seul côté de la page. Ils sont très-rares.

— Eadem, ex edit. Pet. Burmanni. *Glasguæ*, Foulis, 1778, 2 vol. in-fol. 9 à 12 l. — Gr. pap. 40 à 60 l.

—Eadem, ex recens. R. F. P. Brunck. *Argentorati*, 1785, gr. in-8. pap. vélin, 8 l.

— Eadem, curâ R. F. P. Brunck. *Argentorati*, 1789, in-4. pap. vélin, 18 à 24 l.

— Eadem, ex edit. C. G. Heyne. *Lipsiæ*, 1787-89, 4 vol. in-8. 30 l. — Pap. fin, avec fig. 48 l.

Bonne édition.

On en a tiré un exemplaire sur peau de vélin.

— Eadem. *Parisiis*, Didot natu major, 1791, pet. in-fol. pap. vélin, 36 à 40 l.

Cette édition n'a été tirée qu'à 100 exemplaires; plus, un sur peau de vélin.

— Eadem. *Parmæ*, Bodoni, 1793, 2 vol. gr. in-fol. 150 à 180 l.

Très-belle édition. Elle n'a été tirée qu'à 175 exemplaires, dont 25 sur papier vélin; plus, quelques-uns sur peau de vélin.

—Eadem, ex edit. Chr. Gottl. Heyne

Lond. 1793, 4 vol. gr. in-8. fig.
40 l. — Pap. vélin, 60 l.

On a tiré de cette belle édition 25 exemplaires de format grand in-4., divisés en 8 vol. Ces exemplaires sont très-chers, 250 à 300 l.

— Eadem. *Parmæ*, Bodoni, 1794, 2 vol. in-8. 15 l. — Gr. pap. 24 l.

— Eadem, cum annot. et Indice. *Oxonii*, 1795, 2 vol. in-8. 12 l. — Gr. pap. 24 l.

— Eadem, cum notis Gilb. Wakefield. *Lond.* 1796, 2 vol. in-12. pap. vélin, 12 l. — Gr. pap. in-8. 30 l.

Cette petite édition est très-joliment imprimée.

— Eadem, cur. Madlinger. *Berolini*, 1798, in-8. 6 l.

— Eadem. *Parisiis*, Didot natu major, 1798, gr. in-fol. papier vélin, fig. grav. d'après Gerard et Girodet, 450 l. — Fig. av. la lettre (100 exempl.) 6 à 700 l.

L'une des belles éditions in-fol. sorties des presses de M. Didot l'aîné. Elle n'a été tirée qu'à 250 exemplaires numérotés et signés.

— Eadem. *Lond.* Bensley, 1800, 2 vol. in-8. fig. pap. vélin, 36 l. — Gr. pap. 60 l.

— Eadem, ex edit. Chr. Gottl. Heyne. *Lipsiæ*, 1800, 6 vol. in-8. fig. 100 l. — Gr. pap. vélin, 250 à 300 l.

Fort belle édition.

— Eadem, interpr. et notis illustravit C. Ruæus. *Parisiis*, 1807, 3 vol. in-12. 7 l.

— Eadem, ex edit. Chr. Gottl. Heyne. *Lipsiæ*, 1803, 4 forts vol. in-8.

Réimpression de l'édition de 1800 ci-dessus.

— P. Virgilii Georgicorum lib. iv. Bucolicorum Eclogæ decem, cum angl. vers. J. Martyn; lat. angl. *Lond.* 1741-49, 2 vol. in-4. cum fig. vivis colorib. depictis.

Les exemplaires en grand papier sont rares.

— Virgilius collatione Scriptorum græcorum illustratus, operâ Fulvii Ursini, ex recens. L. C. Walckenaer. *Leovardiæ*, 1747, in-8. 8 l. — Gr. pap. 15 à 20 l.

— Catalecta Virgilii, et alior. poëtarum latinor. vet. Poëmatia, cum Comment. Jos. Scaligeri. *Lugd. Bat.* 1617, in-12. 5 à 6 l.

— Elegantes varior. Virgilio-Ovidio Centones de Opificio mundi, de Christo Deo, etc. Imaginibus R.

Sadeleri exornati. *Monachii*, 1617, in-8. fig. *rare*, 12 à 15 l.

Il faut examiner si toutes les figures se trouvent dans le volume.

— P. Virgilii Maronis Sibylla Capitolina, poëmation, interpretatione et notis illustratum à S. L. Oxonii, è Theatro Sheldoniano (*In Hollandiâ*), 1726, in-8. de 92 pages.

Quelques prétendus amateurs des *Variorum* ont eu la simplicité de faire entrer dans leur Collection ce livret, qui n'est qu'un mauvais centon sur les jésuites et sur la bulle *Unigenitus.* Nous ne citons cet ouvrage que pour détromper le public sur son compte.

— Vid. LUDEWIG. (F. A.)

— Les Œuvres de Virgile, transl. du lat. en rime franç. *Paris*, Gall. Dupré, 1529, in-fol. goth.

Exemplaire imprimé sur vélin, et orné de miniatures, 200 l.

— Les mêmes, trad. par Catrou. *Paris*, 1716, 6 vol. in-12. fig.

Nous ne citons cette traduction que pour faire remarquer qu'il en existe des exemplaires en grand papier, qui sont très-rares.

— Les mêmes, trad. en franç. avec le texte à côté et des remarq., par P. F. Guyot Desfontaines. *Paris*, 1743, 4 vol. in-8. fig. de Cochin, 24 l. — Gr. pap. 50 l.

— Les mêmes, et de la même trad. *Paris*, Plassan, 1796, 4 vol. gr. in-8. fig. 40 l. — Pap. vélin, 60 l. — Format. in-4. pap. vélin, fig. avant la lettre, 90 l.

— Les mêmes, trad. dite des quatre professeurs, avec le texte latin. *Paris*, 1750, 4 vol. in-12. 7 l.

— Les mêmes, trad. par René Binet. *Paris*, 1808, 4 vol. in-12. 10 l.

— Les mêmes, trad. en vers franç. par J. Delille et de Langeac. *Paris*, 1804-1806, 6 vol. in-18. pap. gr.-raisin, 21 l. — Pap. vélin, 50 l. — Pap. vélin, fig. de 5 vol. av. la lettre, 58 l. — 6 vol. in-8. gr.-raisin, 40 l. — Pap. vélin, 102 l. — Pap. vélin, fig. de 5 vol. avant la lettre, 114 l. — 6 vol. in-4. pap. vélin, 440 l. — Pap. vélin, fig. de 5 vol. av. la lettre, 600 l. Prix de l'éditeur.

Les Géorgiques et l'Enéide sont de la traduction de M. Delille; le reste est de M. de Langeac.

— Les Géorgiques de Virgile, trad.

en vers, franç. par Martin. *Rouen*, 1708, in-8. *très-rare.*

— Les mêmes, trad. en vers franç. par Jacq. Delille. *Paris*, 1770, in-8. fig. 8 l. — Gr. pap. 15 l.

— Les mêmes, et de la même trad. *Paris*, Didot l'aîné, 1783, gr. in-4. pap. fin, 20 l.

Belle édition.

— Les mêmes, et de la même trad. *Kell*, 1784, gr. in-8. 6 l. — Pap. fin, 9 l.

Il existe des exemplaires où le texte est rejeté à la fin du vol., et d'autres, beaucoup plus rares, où le texte est en regard de la traduction. Ces derniers, sur-tout en papier vélin, 15 à 18 L

— Les mêmes, et de la même trad. *Paris*, Didot le jeune, 1793, in-8. fig. 8 l. — Pap. vélin, 12 l.

— Les mêmes, trad. en franç. avec le texte lat. par J. F. Raux. *Paris*, 1802, in-8. 4 l.

— Les mêmes, trad. en vers franç. avec le texte lat. à côté, par A. Cournand. *Paris*, 1804, in-8. 3 l.

— Les Bucoliques de Virgile, etc. transl. du lat. en franç. par Guill. Michel, dit de Tours. *Paris*, 1516, in-4. goth.

Exemplaire imprimé sur vélin et décoré de miniatures.

— Les Bucoliques de Virgile, précéd. de plusieurs Idylles de Théocrite, de Bion et de Moschus, trad. en vers franç. par Firmin Didot. Gravé, fondu et imprimé par le trad. *Paris*, 1806, in-8. 4 l.

C'est dans cette édition qu'on a fait usage, pour la première fois, du caractère dit anglaise, gravé et fondu par M. Firmin Didot.

— L'Enéide de Virgile, transl. de lat. en franç. par Oct. de Saint-Gelais, et revue par J. d'Ivry. *Paris*, Vérard, 1509, in-fol. goth.

Il existe de cette édition des exemplaires imprimés sur vélin et enrichis de miniatures.

— L'Enéide, trad. en vers franç. par J. H. Gaston. *Paris*, 1803, 3 vol. in-8. 10 l.

— Didon, poëme en vers métriques hexamètres, div. en trois chants; trad. du quatrième de l'Enéide de Virgile, avec le commencement de 'Enéide, et les second, huitième et dixième Eglogues du même auteur,

le tout accomp. du texte lat. (par Turgot). 1778, in-4. de 108 pag.

Tiré à 12 exemplaires seulement.

— Le Opere di Virgilio lat., e comment. in ling. toscana volgare da G. Fabrini e Filip. Venuti. *In Venet.* 1581, in-fol. 10 l.

L'édition de *Venise*, 1604, n'est pas plus chère.

— L'Eneide di Virgilio del Commendatore Annibal Caro, in versi. *Venetia*, Giunti, 1581, in-4.

Edition estimée et peu commune, 12 l.

— La medesima, et della medesima traduzione, ediz. data in luce da G. Conti. *In Parigi*, 1760, 2 vol. gr. in-8. fig. 12 à 15 l.

Édition peu estimée.

— La medesima, trad. in versi ital. da Cl. Bondi. *Parma*, Bodoni, 1793, 2 vol. in-8. 10 l. — Pap. fort, 20 l.

— The Works of Virgil, transl., adorned with sculpture, and illustrated with annot. by J. Ogilby. *Lond.* 1668, in-fol. 20 à 30 l.

— The same, transl. by Dryden. *Lond.* 1709, 3 vol. in-8. 12 l.

— The same, transl. in to english prose, with the latine text. *Lond.* 1770, 2 vol. gr. in-8. fig. 12 à 15 l.

— The same, transl. in to english verse, by Dryden. *Lond.* 1772, 4 vol. in-12. fig. 12 l.

VIRGILII evangelisantis Christiados lib. xiij, ab Alex. Rosæo. *Roterod.* 1653, in-12. *rare*, 8 l.

VIRLOYS. (C. F. Roland de) Dictionnaire d'Architecture civile, militaire et navale, ancienne et moderne. *Paris*, 1770, 3 vol. in-4. fig. 24 l.

VIRULI (Caroli) Formulæ epistolares. *Lovanii*, Jo. Veldener, 1476, in-fol. *très-rare.*

Première édition. Elle est imprimée à longues lignes, au nombre de 40 à la page, sans chiffres, signatures ni réclames. La réimpression de *Louvain*, 1476, in-fol. est également très-rare.

VISCONTI. (Giambatt.) Il Museo Pio Clementino. *In Roma*, 1782, 7 vol. in-fol. fig. formâ atlant. 350 l.

VISCONTI. (Enn. Quir.) Osservazioni su due Musaici antichi istoriati. *In Parma*, Bodoni, 1789, in-4. fig. 12 l.

On a tiré de cet Ouvrage des exemplaires sur vélin.

— Iscrizioni greche triopee ora Borghesiane, con vers. ed osservaz. di E. Q. Visconti. *In Roma*, 1794, in-fol. fig. 15 l.

VITA (la) miracolosa della preciosa Vergine Maria e del suo unico fiolo Jesu Christo. *In Milano*, 1499, in-4. — Li Miraculi della gloriosa Vergine Maria. *Taurini*, 1496, in-4. *rare*, 60 à 80 l.

VITALIS (Salv.) Annales Sardiniæ. *Florent.* 1639, in-fol. 6 l.

VITALIS (Jani) Panormitani in Divos Archangelos Hymni. *Romæ*, 1516, in-8.
Exemplaire imprimé sur vélin.

VITE de' SS. Padri, volgarizzamento di esse, e Vite di alcuni santi scritte nel buon secolo della lingua toscana. *Firenze*, 1731-35, 4 vol. in-4. 40 l.
Edition citée par la Crusca.

VITELLIONIS et Alhazeni MAZANI Optica, ed. à Fred. Reisnero. *Basileæ*, 1572, in-fol. 18 à 24 l.
Ce livre est rare.

VITRUVII POLLIONIS (M.) de Architecturâ libri x, ex recogn. Jo. Sulp. Verulani. (*Romæ*, G. Herolt, circà 1486,) in-fol. *fort rare.*
Edition regardée comme la première de Vitruve.

— Iidem, cum aliis multis Opusculis. *Florentiæ*, 1496, in-fol. 24 l.

— Iidem, *Venetiis*, 1511, in-fol. fig. 15 liv.
Première édition de ce livre avec figures.

— Iidem, cum notis diversor., ex edit. Jo. de Laet. *Amst.* Elzevir, 1649, in-fol.
Edition fort estimée et peu commune, 30 à 36 liv.

— Iidem, ex edit. A. Rode. *Berolini*, 1800-1801, 2 vol. in-4. et 1 vol. in-fol. fig. 50 l.
Excellente édition. Le texte, sans les planches, 17 l.

— Iidem, ad optimas edit. collati. *Argentorati*, 1807, in-8. 6 l.

— Iidem, edente J. G. Schneider. *Lipsiæ*, 1807-1808, 4 vol. gr. in-8. 36 l. — Pet. in-4. pap. fin, 60 l.

— Les dix Livres de l'Architecture de Vitruve, trad. par Ch. Perrault. *Paris*, 1673, in-fol. fig. 50 l.
Cette édition est moins ample que la sui-

vante, mais les épreuves des figures en sont plus belles.

— Les mêmes, trad. en franç. avec des notes, par Ch. Perrault. *Paris*, 1684, in-fol. fig. 100 l.
Edition fort estimée.

— Libri x d'Architettura di Vitruvio, trad. di lat. in ling. volgare, e comment. da Ces. Cesarino Milanese. *Como*, 1521, in-fol. fig. 15 liv.
Edition estimée et assez rare.

— I medesimi, trad. e comment. da Dan. Barbaro. *In Vinegia*, 1556, in-fol. fig. 15 à 18 l.

— I medesimi, lat. ed ital., comment. da B. Galiani. *In Napoli*, 1758, gr. in-fol. fig. 36 l.
Belle édition.

— Los diez Libros de Architectura de Vitruvio Pollion, trad. del latin, y comentados por D. Jos. Ortiz y Sanz. *En Madrid*, 1787, très-gr. in-fol. fig.
Belle édition, peu commune en France.

VIVES (Lud.) Opera. *Basileæ*, 1555, 2 vol. in-fol. 24 l.

VIVIANI (Vinc.) de Solidis, opus conicum. *Florent.* 1701, in-fol. 15 liv.

— Quinto Libro degli Elementi di Euclide, ovvero scienza delle proporzioni. *Firenze*, 1674, in-4. 7 l.

— Discorso al G. Duca Cosimo III. intorno al difendersi da' riempimenti, e dalle corrosioni de' fiumi, applicato ad Arno in vicinanza della città di Firenze. *Firenze*, 1688, in-4. 5 l.
Ces deux ouvrages sont cités dans le Vocabulaire de la Crusca.

VIVIANI. Ero e Leandro. *Parma*, Bodoni, in-fol. pap. vélin, 20 l.
Cet ouvrage a aussi été imprimé par M. Bodoni de format in-4. et in-8. sur grand et petit papier.

VIZÉ: (J. Danneau de) son Théâtre. *Paris*, 1666 et suiv. 3 vol. in-16. 15 à 18 l.

ULACHI (Geras.) Thesaurus quadrilinguis, gr.-vulg., lat., ital. et gall. *Venetiis*, 1784, in-4. 18 l.

ULACQ. Vid. BRIGGIUS et NEPERUS.

ULITII (Jani) Venatio novantiqua *Lugd. Bat.* Elzevir, 1645 vel 1653, in-12. *rare*, 15 à 18 l.

ULLOA. (D. Aut. e D. G. Juan de)
Relacion historica del Viage a la
America meridionale. *En Madrid*,
1748, 5 vol. in-4. 60 à 72 l. — Gr.
pap. in-fol. 100 à 130 l.
— Voyage historique de l'Amérique
Méridionale, trad. de l'espagnol
en franç. *Amst.* 1752, 2 vol. in-4.
fig. 24 à 30 l.

ULLOA. (Alfonso) Voy. Castanheda.

ULPIANI Commentarioli in Olyn-
thiacas Philippicasq. Demosthenis
Orationes. Enarrationes in tredecim
Orationes Demosthenis. Harpocra-
tionis Lexicon x Rhetorum, gr.
Venetiis, Aldus, 1503, pet. in-fol.
L'édition de 1527 n'est ni aussi belle ni aussi
rare que celle-ci.

ULPIANI (Dom.) Fragmenta libri
sing. regularum, et incerti autoris
Collatio Legum Mosaïcar. et Rom.,
cum notis J. Cannegieter. *Lugd.
Batav.* 1774, in-4.
Vendu 18 l. chez M. de Villoison.

ULUG-BEIUS. Vid. Gravius.

VOCABOLARIO degli Accademici
della Crusca. *In Napoli*, 1746,
6 vol. in-fol. 80 à 96 l.
L'édition de *Florence*, 1729, 6 vol. in-fol,
vaut 50 à 60 l. et en grand pap. 80 à 96 l.
— Compendio del Vocabolario degli
Accademici della Crusca. *In Firenze*, 1739, 2 vol. in-4. 24 l.

VOCABULARIUS italico-germani-
cus. *Venetiis*, 1477, in-4. rare.
Cette édition a été réimprimée à *Bologne*
en 1479, in-4.

VOCABULARIUS, latinè et belgicè.
(*Lovanii*, Joannes de Westphalia,
1477), in-fol.

VOCABULARIUS latino-teutoni-
cus, seu Vocabularius ex quo. *In
Altavilla*, 1467, in-4.
Première édition très-rare et précieuse,
exécutée à longues lignes, au nombre de
35 à la page, sans chiffres, signatures ni
réclames.
Cet ouvrage a été réimprimé à *Elfeld* en
1469, in-fol. et en 1477, in-4.

VOELLIUS. Vid. Justellus.

VOET. Description et Figures enluminées de Scarabées et d'Insectes,
avec l'explicat. en holl., lat. et
franç. 2 part. 1 vol. in-4. 97 pl. color. 40 l.

VOET (J.) Commentarius ad Pan-
dectas. *Hagæ Comit.* 1698 - 1704,
2 vol. in-fol.

VOGT (Jo.) Catalogus historico-
crit. Librorum rariorum. *Francof.* 1793, in-8. 6 à 8 l. *Bonne édition.*
Ouvrage recherché à cause de plusieurs Notices intéressantes qu'on y trouve.

VOISENON : (Cl.-Henri de Fusée
de) ses Œuvres. *Paris*, 1781, 5
vol. in-8. 24 l.
— Romans et Contes de Voisenon.
Paris, Bleuet, 1798, 2 vol. in-18.
pap. vélin, fig. 10 à 12 l.

VOLCKAMERI (Jo. Georg.) Flora
Noribergensis. *Noribergæ*, 1718,
in-4. fig. 15 l.

VOLCYRE. (Nic. de) Hist. de la
glorieuse Victoire d'Antoine, duc
de Calabre et de Lorraine, sur les
Mécréans luthériens. *Paris*, 1526,
in-fol.
Il y a de ce livre des exemplaires imprimés
sur vélin et décorés de miniatures.

VOLNEY. Voyage en Syrie et en
Egypte, en 1783-85. *Paris*, an 7
(1799), 2 vol. in-8. fig. 9 à 12 l. —
Pap. vélin, 18 à 21 l.
Cette troisième édition est plus ample que
les deux premières.
— Les Ruines, ou Méditations sur
les Révolutions des empires. *Paris*,
an 7 (1799), in-8. fig. 5 l. — Pap.
vélin, 10 l.

VOLPI Padovano. (Gaet.) La Libreria de' Volpi, e la Stamperia
Cominiana, illustrate con utili e
curiose annotazioni. *Padova*, 1756,
in-8. 12 l.
Ce Catalogue se rencontre difficilement.

VOLTAIRE : (Fr. Marie Arouet de)
ses Œuvres complètes. *Genève*,
1768, 30 vol. in-4. fig. 150 à 160 l.
Cette édition est peu recherchée. On y joint
ordinairement la Correspondance de Voltaire en 15 vol. in-4. et les Œuvres de
Corneille, avec les Commentaires du
même Voltaire. *Genève*, 1774, 8 vol.
in-4. fig. Les 53 vol. réunis, 200 à 220 l.
— Les mêmes. *Kehl*, 1785, 70 vol.
in-8.
Cette édition, imprimée aux dépens de M.
de Beaumarchais, a été tirée sur cinq papiers différents, savoir : 1.º papier commun, 160 à 180 l. ; 2.º papier ordinaire
ou à la †, 240 à 260, et avec fig. 300 à

3a0 l. ; 3.º grand papier, ou à l'*, avec figures, 420 à 450 l. ; 4.º grand papier fin, avec figures, 480 à 550 l. ; 5.º très - grand papier vélin, avec figures, 650 à 750 l. et beaucoup plus quand les figures sont avant la lettre.

Le premier papier se vendait dans l'origine, 2 l. le vol. ; le second, 3 l. ; le troisième, 4 l. ; le quatrième, 6 l. ; et le cinquième, 9 liv.

On a tiré 60 exemplaires en papier bleu.

Les 108 gravures valent séparément 80 à 100 l. et avant la lettre, 3 à 400 l.

— Les mêmes. *Kehl*, 1785, 92 vol. in-12.

Cette édition a aussi été imprimée sur cinq sortes de papiers, savoir : 1.º sur papier commun, 160 l. ; 2.º sur papier ordinaire, ou à la †, 240 l. ; 3.º sur beau papier, ou à l'*, 250 à 280 l. ; 4.º sur grand papier fin, 300 à 340 l. ; 5.º et sur très-grand papier vélin, 5 à 600 l.

Ce dernier papier se vendait 6 l. le vol.

M. Renouard a fait graver, sur de nouveaux dessins de Moreau le jeune, une suite de 167 figures, pour aller avec toutes les éditions de Voltaire, imprimées de format in-12. et in-8. Cette collection se vend 200 l. et avant la lettre, 400 l.

— Les mêmes. (*Genève*), 1775, 41 vol. in-8. fig. 60 à 80 l.

Cette édition est connue sous le nom d'édition encadrée.

— Les mêmes, avec des notes, par Palissot. *Paris*, 1792-1800, 55 vol. in-8. 150 l.

Cette édition est peu recherchée, parce qu'elle a été mutilée.

— La Henriade, poëme, avec les variantes. 1746, 2 vol. pet. in-12. 12 l.

Cette petite édition est recherchée pour la note dite des *damnés*.

— La même. *Lond.* (*Paris*), 1768, gr. in-4. 12 l.

— La même. *Paris*, 1768, 2 vol. in-8. fig. d'Eisen, 15 l.

— La même. *Kehl*, 1789, gr. in-4. pap. vélin, fig. de Moreau le jeune, 18 l. — Fig. av. la lettre, 27 l.

Il y a des exemplaires sur vélin.

— La même, édition impr. pour l'éducation du Dauphin. *Paris*, Didot l'aîné, 1790, gr. in-4. pap. vélin, 25 l.

Cette belle édition n'a été tirée qu'à 250 exemplaires.

— La Pucelle, poëme en 21 chants. *Lond.* (*Genève*), 1774, in-8. 5 l.

Dernière édition revue par Voltaire.

Dict. Bibl. I.

— La même. *Kehl*, 1789, gr. in-4. pap. vélin, fig. de Moreau le jeune, 24 liv.

On a tiré de cette édition des exemplaires sur vélin.

— La même. *Paris*, Didot le jeune, 1797, 2 tom. 1 vol. gr. in-4. fig. de Monsiau et Marillier, 30 l.

On a tiré de cette belle édition six exemplaires sur grand papier vélin in-fol. avec les fig. avant la lettre et les eaux-fortes. De ces six exemplaires, quatre seulement renferment des notes et des variantes.

Il y a un exemplaire sur vélin.

— La même. *Paris*, Crapelet, 2 vol. gr. in-8. fig. de Monsiau, 18 l. — Pap. vélin, 30 à 36 l.

— Romans et Contes de Voltaire. *Bouillon*, 1778, 3 vol. in-8. fig. 15 à 18 l. — Pap. de Holl. *très-rare.*

VORAGINE (Jac. de) Legendæ Sanctorum. *Coloniæ*, per Conr. Winters de Hoemburch, 1470, in-fol. 30 l.

Édition rare et la première de ce livre.

— Eædem. (*Coloniæ*), per Conr. Winters de Hoemburch, 1476, in-fol. 24 l.

— Eædem. *Parisiis*, Ulricus Gering, Mart. Crantz et Mich. Friburger, absque notâ anni (circà 1477), in-fol. 24 l.

Ces trois éditions sont à-peu-près les seules recherchées de cet ouvrage, parce qu'on y trouve des passages qui ont été supprimés ou corrigés dans les éditions postérieures.

— Le Legende di tutti li sancti e le sancte, trad. in ling. volgare da Nic. de Manerbi. *In Venet.* N. Jenson, 1475, in-fol.

Cette édition, exécutée en lettres rondes, est fort rare.

— La grande Légende dorée de tous les Saints et Saintes du Paradis, transl. du lat. par J. Batallier. *Lyon*, Barth. Buyer, 1476, in-fol.

Première traduction française de cet ouvrage. Elle est extrêmement rare.

— La grande Légende dorée, en franç. *Paris*, Ant. Vérard, 1496, pet. in-fol. goth.

Exemplaire imprimé sur vélin.

— La Légende des Saints nouveaux, qui ne sont pas insérés dans la grande Légende, par Julien (Ma-

70

cho) et J. Batallier. *Lyon*, B. Buyer, 1477, in-fol. *rare*.

Cette Légende a été composée en quelque sorte pour faire suite à celle de Voragine.

VOSGIEN. Dictionnaire portatif géographique. *Paris*, 1802, in-8. 9 liv.

VOSMAER. (A.) Description de différens animaux qui se conservent dans la Ménagerie de S. A. S. le prince d'Orange. *Amst.* 1767, 31 cahiers in-4. fig. color.

VOSSII (Gerar. Joan.) de Theologiâ Gentili, sive de Origine et Progressu Idololatriæ lib. ix. *Amst.* 1668, 2 vol. in-fol. 9 à 12 l.

— Etymologicon Linguæ latinæ. *Amst.* 1662, in-fol. 6 à 9 l.

— Idem, stud. Alex. Sym. Mazochii. *Neapoli*, 1762, 2 vol. in-fol. 60 liv.

— Aristerchus, sive de Arte grammaticâ. *Amst.* 1662, 2 vol. in-4. 9 à 12 liv.

— Ejusd. Opera omnia. *Amst.* 1701, 6 vol. in-fol. 60 l. — Gr. pap. 80 à 96 l.

VOSSII (Is.) de Poëmatum cantu et viribus rythmi. *Oxonii*, 1673, in-8. 6 à 9 l. — Gr. pap. *très-rare*.

VOYAGE en Islande, par ordre de S. M. Danoise, trad. du danois par Gauthier Lapeyronie. *Paris*, 1802, 5 vol. in-8. et atlas in-4. 27 liv.

Il y a des exemplaires sur papier vélin.

VOYAGE dans les Indes Orientales, par les Missionnaires danois. *Lausanne*, 1772, 2 vol. in-8. 9 l.

VOYAGES faits en divers temps en Espagne, en Portugal, en Allemagne, etc. par M.*** *Amst.* 1700, in-12. fig. 6 l.

VOYAGES imaginaires, songes, visions et romans cabalistiques. *Paris*, 1787, 39 vol. in-8. fig. 100 l.

UPTONI (Nic.) de Studio militari lib. iv.; Jo. de Bado-Aureo Tract. de Armis, etc.; ex edit. et cum notis Ed. Bissæi. *Lond* 1654, in-fol. fig.

URFÉ. (Honoré d') Le Roman de l'Astrée, avec la Conclusion par Balth. Baro; édit. donnée par Sou-

chai. *Paris*, 1753, 10 vol. in-12. fig. 15 à 18 l.

Bonne édition.

URSATO. (Sertorio) Voy. ORSATO.

URSINI (Fulv.) Illustrium Imagines, ex antiq. marmoribus, numismat. et gemmis expressæ, quæ extant; cum comment. J. Fabri. *Antuerp.* 1606, in-4. 5 l.

USSERII (Jac.) Annales V. et N. Testamenti. *Genevæ*, 1722, in-fol. 10 l.

Cette édition est la meilleure et la plus ample de cet ouvrage.

— Antiquitates Ecclesiarum Britanicarum. *Lond.* 1687, in-fol. 12 l.

UTINO (Leon. de) Sermones quadragesimales de Legibus. *Venetiis*, Fr. de Hailbrun et N. de Franckfordia, 1473, in-fol. goth.

Edition très-rare et la première de ce livre. Elle est imprimée sur deux colonnes, sans chiffres, réclames ni signatures.

— Sermones aurei de Sanctis, per totum annum. *Venetiis*, Fr. de Hailbrun et N. de Franckfordia, 1473, in-fol.

Première édition très-rare, et exécutée sur deux colonnes.

VULPII (Joan. Ant.) Carminum lib. iij et Opuscula, adj. J. A. Vulpii antiquioris et Hier. ejus fratris Carminibus. *Patavii*, Cominus, 1725, in-4.

Les exemplaires en grand papier de l'édition de *Padoue*, 1742, in-8. sont très-rares.

W

WACHTERUS. (Jo. G.) Vid. VACHTERUS.

WADDINGI (Lucæ) Annales Ordinis Minorum. Edit. secunda, stud. Jos. Mar. Fonseca. *Romæ*, 1731 et seqq. 17 vol. in-fol.

Edition préférée à celle de *Lyon*, 1647, 8 vol. in-fol.

— Ejusd. Scriptores Ordinis Minorum. *Romæ*, 1650, in-fol.

Ouvrage estimé et peu commun, 12 l.

WAGEINSEILEI (Jo. Chr.) Tela ignea Satanæ, hoc est, Arcani et horribiles Judæorum adv. Christum Deum et christ. Religionem lib.

anecdoti. *Altdorfii*, 1681 , 2 vol.
in-4. *rare* , 15 à 18 l.

WAHL. (Ferd. Fr. , comte de) Recueil de Machines concernant l'élévation des eaux. *Munich* , 1716 , in-4. fig. 10 l.

WAHLIUS. (M.) Vid. VAHLIUS.

WAILLY. (de) Nouv. Vocabulaire. franç., 4.ᵉ édit. *Paris* , 1809 , in-8. 7 liv.

WAKEFIELD (Gilb.) Tragœdiarum græcarum Delectus. *Lond.* 1794 , 2 vol. pet. in-8. 12 l. — Gr. pap. 24 l.

— Sylva critica, sive in Autores sacros profanosque Commentarius philologicus. *Cantabrigiæ*, 1792, 4 part. 2 vol. in-8. 14 l.

WALCH. (S.) Recueil de 60 Portraits dess. par Fuessly, et grav. en manière noire , par S. Walch. *Kempton* , 1756, in-fol. (en allemand), 36 à 45 l.

WALCKENAER. (C. A.) Faune parisienne , ou Histoire abrégé des Insectes , d'après la méthode de Fabricius. *Paris* , 1802, 2 vol. in-8. 7 pl. 12 l.

WALDENFELS (Chr. Philip. de) selectæ Antiquitatis , lib. xij, de Gestis primævis , de Origine gentium nationumq. migrationibus , etc. *Norimb.* 1677, in-4. 7 l.

Livre curieux.

WALDENSIS (Th.) Doctrinale Antiquitatum Fidei Ecclesiæ catholicæ , ex edit. J. B. Rubei. *Venetiis* , 1571 , 3 vol. pet. in-fol. 20 liv.

Le véritable nom de l'auteur est *Thomas Netter.*

On préfère cette édition à celle de *Paris* , 1532 , 3 vol. in-fol. lettres gothiques.

WALDSTEIN et Pauli KITAIBEL (Fr. Comitis) Descriptiones et Icones Plantarum rariorum Hungariæ. *Viennæ* , 1802-1805, 2 vol. in-fol. atl. 200 pl. color.

WALKER. Historical Memoir on Italian Tragedy , from the earliest period tho the present time. *Lond.* 1799, in-4. pap. vélin , fig. 20 l.

WALL. (le vicomte de) Porte-feuille d'un jeune homme de 23 ans. *Paris*, Didot l'aîné, 1788 , in-8. *très-rare.*

Tiré à un petit nombre d'exemplaires.

WALLACE. (Rob.) Essai sur la différence du nombre des hommes dans les temps anciens et modernes, trad. de l'angl. par de Joncourt. *Lond.* (*Paris*), 1754 , in-12. 5 l.

WALLADIER. (Andr.) Parænèse royale sur les Cérémonies du sacre du très-chrétien Louis XIII , roi de France et de Navarre. *Paris*, 1611 , in-8. 18 à 24 l.

WALLEMBURCH (Adr. et Pet de) Tractatus generales de Controversiis fidei. *Colon. Agripp.* 1670 , 2 vol. in-fol. 24 à 30 l.

Cet Ouvrage est estimé et peu commun. On doit trouver à la fin du second volume un petit Traité , intitulé , *Regula fidei.* Cette partie manque assez souvent.

WALLIS (Jo.) Opera mathematica varia. *Oxonii* , 1695-99 , 3 vol. in-fol. 60 l.

— Grammatica Linguæ anglicanæ. *Oxonii* , 1695 , in-fol. 15 l.

WALLIS (J.) The nat. History and Antiquities of Northumberland and of the County of Durham. *Lond.* 1766, 2 vol. in-4. fig. 15 l.

WALPOLE'S. (Horace) Anecdotes of painting in England , with some account of the principal artists , and incidental notes on other arts ; collected by the Late G. Vertue. *Strawberry-Hill* , 1762-71 , 5 vol. in-4. fig.

Cet ouvrage est rare , 240 à 300 l. Il existe aussi en 5 vol. pet. in-8. 24 à 30 l.

— Essai sur l'Art des Jardins modernes , trad. en franç. avec le texte angl. à côté , par le duc de Nivernois. *Strawberry-Hill* , 1785 , in-4. 15 à 18 l.

Cet ouvrage n'a été tiré qu'à un petit nombre d'exemplaires.

— Catalogue of Engravers who have born , or resided in England. *Strawberry-Hill* , 1763 , in-4. 15 à 20 l.

— The Castle of Otranto , a gothic Story. *Parma*, Bodoni , 1791, in-4. fig. 12 l.

Il y a de cet ouvrage des exemplaires sur peau de vélin.

— The Life of Edward lord Herbert of Cherbury , written by himself and publ. by H. Walpole. *Strawberry-Hill* , 1764 , in-4. fig. 16 l.

Ce volume n'est pas commun.

WALSH (John) of the electric Property of the Torpedo. *Lond.* 1774, in-4. fig. 12 l.

WALTERI (J. G.) Observationes anatomicæ, cum Iconibus ad vivum expressis. *Berolini*, 1775, in-fol. 15 l.

WALTERUS (A. F.) Designatio Plantarum horti A. F. Walteri ; acced. novæ Plantar. Icones xxiv. *Lipsiæ*, 1729, in-4. pap. fort, 15 à 18 l.

WALTHER. (Wolfgang.) Hist. natur. des Quadrupèdes, représentés d'après nature. *Erlang*, 1775, in-4. fig. color. 40 l.

WALTHERI (Jo.) Lexicon diplomaticum, cum Præfat. Jo. Dav. Koëleri. *Gottingæ*, 1745-47, 2 part. 1 vol. in-fol. 40 l. — Gr. pap. 60 liv.

Livre fort estimé.

WALTON. (Brianus) Vid. BIBLIA polyglotta.

WARBURTON. Essai sur les Hiéroglyphes des Egyptiens, trad. de l'angl. par Léonard Desmalpeine. *Paris*, 1744, 2 vol. in-12. fig. 24 l. — Dissertations sur l'union de la religion, de la morale et de la politique (trad. par Est. de Silhouette.) *La Haye*, 1742, 2 vol. in-12. 7 à 8 liv.

WARD'S. (Sam.) Modern System of natural History. *Lond.* 1775, 12 vol. pet. in-12. fig. 40 à 50 l.

WARE : (James) Works, concerning Ireland, revised by W. Harris. *Dublin*, 1764, 2 vol. in-fol. fig. 18 liv.

WARTON. (Th.) History of English Poetry. *Lond.* 1773, 3 vol. in-4. 40 l.

WASERUS (Gasp.) de antiquis Nummis Hebræorum, Chaldæorum et Syrorum, quorum S. Biblia et Rabbinorum Scripta meminerunt. *Tiguri*, 1605, in-4. 8 l.

Peu commun.

WASSEBOURG. (Rich. de) Les Antiquités de la Gaule Belgique, Royaume de France, Austrasie et Lorraine, etc. *Paris*, 1549, in-fol. 24 à 30 l.

WATEAU. (Ant.) Figures de différents Caractères, de Paysages et d'Etudes, dessinées d'après nature. 3 vol. in-fol. 250 à 300 l.

— Œuvre d'Ant. Wateau, grav. d'après ses Tableaux et Dessins originaux, par les soins de Julienne. *Paris*, 2 vol. in-fol. gr. pap. 80 à 120 liv.

— Œuvre d'Ant. Wateau, en 639 pièces, 4 vol. in-fol. dont deux très-grands, 300 l.

WATELET. (Cl. Henri) L'Art de peindre, poëme. *Paris*, 1760, in-8. fig. 6 l. — Format in-4. 9 l.

Il y a du dernier format des exemplaires en papier fort.

— Dictionnaire des Arts de Peinture, Sculpture et Gravure. *Paris*, 1792, 5 vol. in-8. 18 à 24 l.

WATERLO. (Ant.) Recueil de Paysages, grav. par lui-même, 76 pièces in-fol. 24 l.

WATSON'S. (John) Memoirs of the ancient Earls of Warren and Surrey, and their Descendants to the present time. *Warrington*, 1782, 2 vol. gr. in-4. fig. 250 l.

Ce magnifique ouvrage est très-rare, n'ayant été tiré qu'à quinze exemplaires seulement, nombre égal aux chefs des familles illustres compagnons de Guillaume le conquérant.

WATSON'S. (Rob.) History of the Reign of Philippe the II, king of Spain. *Lond.* 1778, 2 vol. gr. in-4. 15 liv.

— The same. *Basil.* 1792, 3 vol. in-8. pap. fin, 12 l.

— History of the Reign of Philippe the III, king of Spain. *Lond.* 1773, gr. in-4. 10 l.

— The same. *Basil.* 1792, 2 vol. in-8. 10 l.

Cet ouvrage a été traduit en français par le comte de Mirabeau, en 4 vol. in-12.

WATTEL. Le Droit des Gens, ou Principes de la loi naturelle, appliqués à la conduite et aux affaires des nations, etc. *Amst.* 1775, 2 vol. in-4. 12 l.

WATTS. (Will.) Seats of the nobility and gentry, in a collection of the most interresting et picturesque Wiews. *Lond.* 1779, in-4. oblong.

— Picturesque Wiews of the principal Seats of the nobility and gentry,

in England and Wales. *Lond.*
Harrisson, in-4. obl.

Ces deux ouvrages sont très-bien exécutés.
On les réunit ordinairement ensemble,
250 à 300 l.

WEBER (Frid. Aug.) de Causis et
Signis morborum libri ij. *Heidelb.*
1786, 2 vol. in-8. 12 l.

WECCHIETTI (Hier.) Opus de
Anno primitivo ab exordio mundi,
ad annum Julianum accommodato,
et de sacrorum temporum Ratione
lib. viij. *Augustæ Vindelicorum,*
1621, gr. in-fol. *fort rare,* 40 à
50 liv.

On doit trouver après le titre de cet ouvrage un feuillet séparé, contenant la
pièce suivante : *Steph. Greif Compen-
diaria Enarratio super opus H. Wecchietti.* Ce feuillet manque à presque tous
les exemplaires.

WEGELII (H.) Animadversiones
nonnullæ de Œconomiâ et Moribus incolarum Lapponiæ Kimien-
sis. *Aboæ*, 1754, in-4. 7 à 9 l.

WEGELINI (Jo. Reinh.) Thesaurus
Rerum Suevicarum, seu Dissert.
selectæ de natalibus, migrationibus, bellis ac factis vetustiss. gentis Suevicæ. *Lidangiæ*, 1756, 4
vol. in-fol. 30 l.

WEIGEL (Jac.) Biblia sacra, æneis
tabulis repræsentata. *Francof.*
1697, 7 vol. in-8. 30 l.

WEIGEL (Chr.) Historiæ celebriores V. Testamenti, iconibus æneis
repræsentatæ. *Noribergæ*, 1708,
2 vol. in-fol. 60 l.

WEIMANNUS. Vid. DIETERICUS.

WEIROTTER : (F. E.) son Œuvre,
cont. divers paysages, dessinés d'a-
près nature, et grav. par lui-même,
en 205 pièces. In-fol. 40 à 60 l.

WEISMANN. Dict. allemand-lat.-
russe, avec une grammaire de la
langue russe en allemand. *St.-Pé-
tersbourg*, 1731, in-4. 15 l.

WELLERI (Jac.) Grammatica græca nova, cur. J. F. Fischerus. *Lipsiæ*, 1781, in-8. — Animadv. ad
J. Welleri Grammat. græcam, auct.
J. F. Fischero. *Lipsiæ*, 1798, 4
vol. in-8. 32 l.

WEMMERS (Jac.) Lexicon æthio-
picum. *Romæ*, 1638, in-4. 15 l.

WEPFERI (Jo. Jac.) Observationes
medico-practicæ de Affectibus Ca-

pitis internis et externis. *Tiguri,*
1745, in-4. 18 l.

WERBOCZ (Steph. de) Corpus Juris hungarici. *Tyrnaviæ*, 1751, 2
vol. in-fol.

Ce livre n'est pas commun, 30 l.

WERDENHAGEN (Jo. Ang. à) de
Rebus publicis Hanseaticis Tractatus. *Francof.* 1642, 2 vol. in-fol.
fig. 12 l.

WERLHOFII (Paul. Gottlieb.)
Opera medica, collegit et auxit J.
E. Wichmann. *Hannoveræ*, 1775,
2 vol. in-4. 20 l.

WERNERI (P. C. F.) Vermium
intestinalium præsertim Tæniæ humanæ brevis Expositio. *Lipsiæ*,
1782-88, 4 part. 1 vol. in-8. fig. en
noir et color. 9 l.

WESTENIUS. (J. J.) Vid. TESTA-
MENTUM. (Nov.)

WESTERHOVIUS. (Arn. Henr.)
Hiéroglyphes, ou Emblêmes des
Egyptiens, Chaldéens, etc. (en
holl.) *Amst.* 1735, in-4. fig. de
Romain de Hooge, 24 l.

WESTON. (Steph.) A Specimen
of the conformity of the European
languages with the oriental languages, especially the Persian. *Lond.*
1802, in-8. pap. vélin.

Vendu 45 l. chez M. Villoison.

WHAEL (Barth. G.) Grammatica
fœnnica. *Aboæ*, 1733, in-12. 9 l.

WHARTON (Henr.) Anglia sacra.
Lond. 1691, 2 vol. in-fol. 15 l.

On ne trouve pas facilement des exemplaires
de cet ouvrage.

WHELER. Voy. SPON.

WHITE. (Jos.) Institutes political
and military, written originally
in the mogol language, by the
great Timour; publ. by J. White,
persicè et lat. *Oxford*, 1783, in-4.
36 liv.

— Ægyptiaca, or Observations on
certain Antiquities of Egypt; in
two parts. *Oxford*, 1801, 2 vol.
in-4. 60 l.

Ce bel ouvrage est orné de figures.

WHITE. (John) Journal of a
Voyage to new South Wales. *Lond.*
1790, gr. in-4. fig. 24 l. — Fig.
color. 40 l.

WHITWORTH. An Account of
Russia as it was in the year 1710.

Strawberry - Hill, 1758, in-12.
15 à 18 l.

WICLEFI (Jo.) Dialogorum lib. iv.
1525 , in-4. 40 à 50 l.

Ce Livre est fort rare , parce qu'il a été supprimé par la Cour de Rome.

Il y a des exemplaires qui portent le titre
suivant : *Trialogorum lib. iv.*

La réimpression de *Francfort*, 1753, in-4.
est peu recherchée, et ne vaut pas plus
de 8 à 10 l.

— La petite Porte de Jean Wiclef.
(en angl.) *Nuremberg*, 1546, in-8.

Edition fort rare , et l'originale de ce livre.

WICQUEFORT.(Abrah. de) L'Am-
bassadeur et ses fonctions : édit.
augm. *La Haye*, 1724, 2 vol. in-4.
12 liv.

Bonne édition.

— Voy. OLÉARIUS.

WIDMANSTADIUS. (J. A.) Vid.
TESTAMENTUM. (Nov.)

WIEW (a comparative) of the ancients monuments of India, particularly those in the Island of Sal-
set near Bombay. *Londra* , 1785,
in-4. fig. 36 l.

WIEWS in Egypt from the original
drawings in the possession of sir
Rob. Ainslie, taken during his
embassy to Constantinople, by L.
Mayers, engraved by and under
direction of Th. Milton, with historical observat. and incidental illustr. of the manners and customs
of the natives of that country.
Lond. 1801, gr. in-fol. pap. vélin,
fig. color. 150 l.

Fort bel ouvrage.

WILDE (Jac. de) selecta Numismata antiq., ex museo ejusd. *Amst.*
1692 , in-4. fig. 10 l.

— Signa antiq., è museo Jac. de
Wilde, vet. poëtarum Carminibus illustrata. *Amst.* 1700, in-4.
fig. 6 l.

WILDE (Jer.) de Formicâ Liber.
Ambergæ, 1615 , in-8. 4 l.

WILDENOW (Car. Lud.) Historia Amaranthorum. *Turici*, 1790,
in-fol. fig. color. 20 l.

—Floræ Berolinensis Prodromus. *Berolini* , 1787 , in-8. fig. 7 l.

— Hortus Berolinensis. *Berolini*,
1806, in-fol. 6 fasciculi, fig. color.
120 liv.

WILKE'S (Benj.) the English Moths
and Butterflies , with the plants,

flowers and fruits whereon they
feed , etc. *Lond.* 1773, gr. in-4.
fig. color. 120 l.

WILKINS. (Ch.) The Bhaguat-
Geeta , or Dialogues of Kreeshna
and Arjoon. *Lond.* 1785, gr. in-4.
pap. vélin, 15 l.

— Le Bhaguat-Geeta, ou Dialogues
de Kreeshna et d'Arjoon , trad. de
samscrit en angl. et de l'angl. en
franç. par Parraud. *Paris*, 1787,
in-8. 5 l.

WILKINS (Dav.) Concilia Magnæ-
Britanniæ. *Lond.* 1737 , 4 vol. in-
fol. 24 à 30 l.

Bonne édition.

— Leges anglo-saxonicæ, ecclesiast.
et civiles , cum vers. lat. D. Wilkins. *Lond.* 1711 , in-fol. 24 l.

Ouvrage estimé et assez rare.

— Vide TESTAMENTUM. (Nov.)

WILLEMIN. Costumes civiles et
militaires des peuples de l'antiquité.
Paris, 1798, 2 vol. in-fol. pap.
vélin, avec 180 pl. 150 à 180 l.

— Monuments français inédits, dessinés, grav. et color. par Willemin,
avec l'explicat. par le même. *Paris*,
1806 , 2 vol. in-fol.

Il ne paraît encore de ce bel ouvrage que 6
livraisons ; chacune est de 12 l.

Il y a des exemplaires sur peau de vélin.

WILLIAM'S. Rise, progress and
present state of the northern go-
vernments. *Lond.* 1777 , 2 vol. in-4.
15 liv.

Cet ouvrage a été traduit en français sous le
titre d'*Histoire des gouvernements du
Nord*, 4 vol. in-12.

WILLUGHBEII (Fr.) Ornithologiæ lib. iij , ex recens. Jo. Raii.
Lond. 1676 , in-fol. fig. *rare* , 24 à
30 liv.

— De Historià Piscium , lib. iv , ex
edit. J. Raii. *Oxonii* , 1686 , in-fol.
fig. *rare* , 30 à 36 l.

Ces deux ouvrages sont estimés.

WILSON'S. (Henr.) Account of
the Pelew Islands. *Lond.* 1784 ,
gr. in-4. fig. 15 l.

— Relation des Iles Pelew, trad. de
l'angl. par Mirabeau. *Paris* , Didot le jeune, 1788 , in-4. ou 2 vol.
in-8. fig. 9 l.

WILSON'S. (J.) Missionary Voyage
to the southern Pacific Ocean, in
the years 1796-98. *Lond.* 1799, gr.
in-4. fig. 18 l.

WINCKELMANN. (Jean) Histoire de l'Art de l'antiquité, trad. de l'allem. par Hubert. *Leipsig*, 1781, 3 vol. in-4. fig. 36 l.

— La même, avec des notes de différents auteurs. *Paris*, 1803, 3 vol. in-4. 60 l.

— Storia delle Arte del disegno presso gli antichi, trad. del tedescho. *In Roma*, 1783, 3 vol. in-4. fig. 24 l.

L'édition de *Milan*, 1779, 2 vol. in-4. fig. vaut 12 à 15 l.

Cet Ouvrage a aussi été traduit en anglais.

— Monumenti antichi inediti, spiegati ed illustrati da G. Winckelmann. *In Roma*, 1767, 2 vol. in-fol. fig. 150 l.

— Monuments inédits de l'antiquité expliqués, par Winckelmann, gravés par David et M.lle Sibire, avec des explicat. franç. par A. F. Désodoards. *Paris*, 1808, 3 vol. in-4. cont. 226 monuments, impr. sur pap. de Holl. et coloriés,144 l.— Pap. vélin, 216 l. Prix de l'éditeur.

— Description des Pierres grav. du feu baron de Stosch. *Florence*, 1760, in-4. 18 à 24 l.

WINSLOW. (Jac. Benig.) Exposition anatomiq. de la structure du corps humain. *Paris*, 1732, in-4. fig. 10 l.

WINTERBOTHAM. An historical, geograph., commercial and philosoph. Wiew of the American United-States, and of the European Settlements in America and the West Indies. *Lond.* 1795, 4 vol. gr. in-8. fig. 40 l.

WINTERI (Georg. Sim.) Tractatio nova de Re equariâ, lat., germ., ital. et gallicè. *Nuremberg.* 1672, in-fol. fig. 20 l.

L'édition de 1703, in-fol. est moins chère, 12 à 15 l.

— Eques peritus, et Hippiater expertus, sive Artis equestris accuratiss. Institutio : opus lat. et germ. conscript. *Norimb.* 1678, 2 vol. in-fol. fig. 20 l.

Ces deux ouvrages de Winter sont fort estimés et assez rares.

WINTERTON. Vid. POETÆ minores græci.

WIRCKER (Nigaldi) Anglici Bardi Speculum Stultorum. *Parisiis*, 1601, in-4. rare, 8 l.

WIRSING. (Adam Louis) Recueil des principaux Oiseaux d'Allemagne, peints par M.lle Dietzschin. *Nuremberg*, 1772, 2 vol. in-4. fig. color. (en allem.) 40 à 50 l.

— Marmora et adfines aliquos Lapides coloribus suis exprimi curavit et edidit A. L. Wirsing. *Nuremb.* 1775, in-fol. 27 l.

WITHERING (Will.) and Jonath. STOKES. Botanical arrangement of British plants. *Birmingham*, 1787, 4 vol. in-8. 18 l.

WITSEN (Nic.) Noord en Oost Tartarye ofte Bondig Ontwerp van eenige dier Landen en Volken, welke voormaels bekent zyn geweest. *T'* *Amst.* 1705, in-fol.

Cette édition est décorée de belles figures en taille douce et de cartes géographiques, et est plus ample que celle de 1672, in-fol.

WITSII (Herm.) Miscellaneorum sacrorum lib. iv. *Amst.* 1695-1700, 2 vol. in-4. 10 l.

— Ægyptiaca, sive de Ægyptiacorum sacrorum cum Hebraicis Collatione lib. iij. *Amst.* 1683, in-4. 10 liv.

WITTMAN'S (Will.) Travels in Turkey, Asia Minor, Syria and across the desert in to Egypt, during the years 1799-1801. *Lond.* 1803, in-4. pap. vélin, cartes et fig. 36 liv.

WLSON, sieur de la Colombière. (Marc de) La Science héroïque. *Paris*, 1669, in-fol. 12 à 15 l.

WOIDE. (Car. God.) Vid. TESTAMENTUM. (Nov.)

WOLFART (Pet.) Historia natur. Hassiæ inferioris, quâ potiora et elegantiora hujus fossilia in lucem protrahuntur. *Casselis*, 1719, in-fol. fig. 10 à 12 l.

WOLFII (Jo. Christ.) Elementa Matheseos univ. *Genevæ*, 1732-41, 5 vol. in-4. fig. 27 l.

— Theologia naturalis. *Francofurti*, 1736, 8 vol. in-4. 24 l.

— Jus Naturæ. *Francof.* 1761, 8 vol. in-4. 24 l.

— Philosophia moralis, sive ethica. *Halæ*, 1750, 5 vol. in-4. 18 l.

WOLFII (Jac.) Curiosus Amuleto·

rum Scrutator, in quo de naturâ et attributis illorum. *Lipsiæ*, 1692, in-4. 6 à 9 l.

WOLFII (Jo. Chr.) Anecdota græca , sacra et profana, ex cod. MSS. exarata , cum vers. lat. et notis. *Hamb.* 1722-24 , 4 tom. 2 vol. in-8. 10 liv.

— Philosophumena quæ sub Origenis nomine circumferuntur , gr. lat. , ed. J. C. Wolfio. *Hamburgi*, 1706 , in-8. 8 l.

— Bibliotheca hebraïca , sive Notitia Auctorum Hebræorum. *Hamburgi*, 1715, 4 vol. in-4. 24 à 36 l.

— Mouumenta typographica , quæ hujus Artis originem et abusum exponunt. *Hamb.* 1740, 2 vol. in-8. 10 à 12 l.

— Vid. CARMINA novem illustr. Feminarum.

WOLFII (Jo.) Lectionum memorabilium et reconditarum Centenarii xvj ; cum indice Jo. J. Linsii , cognomine Hagendorn. *Lavingæ*, 1600 et 1608 , 2 vol. in-fol.
Peu commun. Vendu 80 l. chez M. Méon en 1803.

WOLKELII (Jo.) de verâ Religione lib. v. *Racoviæ*, 1630, in-4. 7 l.
Cette édition , l'originale de ce livre , est la meilleure.

WOLLASTON. (Will.) The Religion of nature. *Lond.* 1726, in-4. 6 liv.
Cet ouvrage a été traduit en français par Genest , sous le titre suivant : *Ebauches de la religion naturelle.* La Haye , 1726 , in-4. 5 l.

WOOD (Ant. A.) Historia et Antiquitates Universitatis Oxoniensis. *Oxonii*, 1674-1675 , 2 vol. in-fol. 10 à 12 l.

WOOD. (Rob.) Essay on the original genius and writings of Homer , with a comparative View of the ancient and present state of the Troad. *Lond.* 1775 , gr. in-4. cartes, 36 à 45 l.

— Voy. DAWKINS.

WOODVILLE'S. (Will.) Medical Botany. *Lond.* 1790-93 , 3 vol. in-4. avec 210 pl.

WORLIDGE. (T.) Collection choisie de dessins tirés de Pierres précieuses antiq. grav. dans le goût de Rembrandt. *Lond.* 1768 , 2 vol. gr. in-4. (en angl.) 250 l.
Cet ouvrage est magnifiquement exécuté.
Dans le premier tirage, les planches ne sont point numérotées. On recherche encore les exemplaires où la Méduse est double , cette belle pierre ayant été gravée sur deux modules différents.

WORMII (Olai) Fasti Danici, et Monumenta Danica. *Hafniæ*, 1643, 2 vol. in-fol. fig. 20 l.

— Danica Litteratura antiquiss. , vulgò gothica dicta, luci reddita operâ Ol. Wormii. *Hafniæ*, 1651 , in-fol. 15 l.

— Museum Wormianum , seu Historia Rerum rarior. tàm nat. quàm artificial. , in ædibus Olai Wormii. *Amst.* Elzevir , 1655, in-fol. fig. 12 liv.
Ouvrage curieux.

WOTTONI (Edw.) de Differentiis Animalium lib. x. *Parisiis* , Vascosan, 1552 , in-fol. 20 l.
Cet ouvrage est rare.

WOUVERMANS : (Philip.) son Œuvre en 97 pièces. *Paris*, 1737 , in-fol. 150 à 200 l.

WRIGHT. (Ed.) Some Observations made in travelling through France, Italy , etc. *Lond.* 1730 , 2 vol. in-4. fig. 15 l.

— The same. *Lond.* 1764 , 2 tom. 1 vol. in-4. fig. 15 l.

WUIDMESTADII (Jo. Alb.) Mahometis , Abdallæ filii , Theologia , Dialogo explicata. 1543 , in-4.
Petit vol. rare et recherché , 5 l.

WUITASSE (Car.) Theologia. *Parisiis* , 1718 et seqq. 15 vol. in-12. 18 liv.

WULFEN (Xaver.) Descriptiones quorumdam Capensium Insectorum. *Erlangæ*, 1786, in-4. fig. enlum.

— De Plumbo spathoso Carinthiaco ; ex germ. idiomate in lat. transtulit J. Eyerel. *Vindob.* 1791 , in-4. max. 21 fig. color. 30 l.

WULFF (Chr.) Flora Borussica. *Lipsiæ*, 1765 , in-8. fig. 8 l.

WUSSIN (Casp.) Diction. germanico-lat.-bohemicum ; bohemo-lat.-germanicum. *Pragæ* , 1729, 3 vol. in-4. fig. 18 l.

WYTTENBACH (D.) Selecta prineipum Historicorum, græcè, Herodoti, Thucydidis, Xenophontis, etc. illustres loci, cum annotat. *Amst.* 1808, in-8. 9 l. — Pap. fort, 14 liv.

L'édition de 1794 est moins ample.

— Vita Ruhnkenii. *Lugd. Bat.* et *Amst.* 1790, in-8. 6 l. — Papier fort, 12 l.

— Vid. PLUTARCHUS.

X

XENOPHONTIS Atheniensis Opera, gr. *Florentiæ*, apud Juntas, 1516, in-fol. 24 l.

Première édition grecque de cet auteur.

— Eadem, gr. *Florentiæ*, apud Juntas, 1527, in-fol. 24 l.

Seconde édition de Xénophon donnée par les Junte. Les exemplaires n'en sont pas communs.

— Eadem, gr., ex recogn. Aldi. *Venetiis*, Aldus, 1525, in-fol. 72 à 80 liv.

Edition fort estimée et assez rare.

— Eadem, ex recens. S. Castalionis, ed. Phil. Melanchthone, gr. *Basileæ*, 1540, 2 vol. in-8.

Edition recommandable par sa rareté.

— Eadem, gr. lat., cum annot. H. Stephani. *Parisiis*, H. Steph. 1561, in-fol. 18 à 24 l.

Edition très-correcte.

— Eadem, gr. lat., ab H. Stephano. *Parisiis*, H. Steph. 1581, in-fol. 15 à 18 l.

— Eadem, gr. lat., cur. Jo. Leunclavio. *Francof.* 1596, in-fol. 18 l.

— Eadem, gr. lat., ed. Jo. Leunclavio, cum notis et indice Æmilii Porti. *Parisiis*, ex typ. reg. 1625, in-fol.

Edition fort estimée; 45 l.

Les exemplaires en grand papier sont rares et fort chers, 250 à 300 l.

— Eadem, gr. lat., ex recens. et cum notis Edw. Wells. *Oxonii*, 1703, 5 vol. in-8. 100 à 120 l.

Edition estimée et peu commune.

Il en a été tiré des exemplaires en grand papier, mais ils sont extraordinairement rares, et on prétend que celui même de **Dict. Bibl. I.**

la Bibliothèque d'Oxford est incomplet d'un volume.

— Eadem, gr. lat., ex recens. Edw. Wells, cum notis Varior., curâ C. A. Thieme, cum præfat. J. A. Ernesti. *Lipsiæ*, 1763, 4 vol. in-8. 40 l. — Pap. fin, 45 à 50 l.

Cette réimpression de l'édition de Wells ne renfermant ni notes ni index, on y joint ordinairement pour la compléter, l'excellent *Lexicon Xenophonteum* de M. Sturz, en 4 vol. in-8.

— Eadem, gr. lat., cum comment. B. Weiske. *Lipsiæ*, 1798-1804, 6 vol. in-8. 42 l.

Edition estimée.

— Eadem, gr. lat. *Glasguæ*, Foulis, 1764, 13 vol. in-8. 50 à 72 l.

— Historia græca, gr. lat., cum animadv. S. F. N. Mori. *Lipsiæ*, 1778, in-8. 7 l. — Pap. fort, 15 l.

— Eadem, gr. edidit J. G. Schneider. *Lipsiæ*, 1791, in-8. 7 l. — Pap. fin, 10 l.

— De Cyri Institutione lib. viij, gr. lat., ex recens. Th. Hutchinson. *Oxonii*, 1727, in-4. 27 l.

Edition estimée.

— De Cyri Expeditione lib. vij, gr. lat., cum notis Varior., ed. Th. Hutchinson. *Oxonii*, 1735, in-4. 27 liv.

Edition estimée. Ce volume se joint ordinairement au précédent.

— De Cyri Institutione lib. viij', gr. lat., cum notis Th. Hutchinson. *Lond.* 1730, in-8. 12 l.

— Cyropædia, cum notis, et ex recens. Zeunii. *Lipsiæ*, 1780, in-8. 7 l. — Pap. fort, 15 l.

L'édition de la Cyropédie de Xénophon, publiée à *Leipsick* en 1784, in-8. par les soins de Morus, est également estimée.

— Eadem, lat., Fr. Philelpho interpr. *Romæ*, Arn. de Villa, 1474, in-4.

Edition très-rare, et imprimée à longues lignes, au nombre de 32 dans les pages entières.

— De Cyri Expeditione libri vij, gr. lat., cum notis Hutchinson. *Oxonii*, 1745, in-8. 9 l.

— Iidem, gr. lat., cum notis Hutchinson. *Glasguæ*, 1762, 4 vol. in-12.

Edition belle et correcte.

71

— Iidem, cum notis Hutchinson. *Lipsiæ*, 1775, in-8. 6 l.

Edition publiée par Morus.

— Iidem, ex recens. J. G. Schneider. *Lipsiæ*, 1806, in-8. 8 l.—Pap. fin, 10 liv.

— De Cyri minoris Expeditione Commentarii, gr., ex recens. J. C. Zeunii. *Lipsiæ*, 1785, in-8. 8 l. — Pap. fort, 12 l.

— De Cyri Disciplinâ lib. viij, ex recens. J. G. Schneider. *Lipsiæ*, 1800, in-8. 6 l. — Pap. fin, 14 l.

— Œconomicus, Apologia Socratis, etc., gr., cum notis Bachii et Zeunii. *Lipsiæ*, 1782, in-8. 5 l.   .

— Œconomicus, Convivium, Hiero, Agesilaus, recensuit J. G. Schneider. *Lipsiæ*, 1805, in-8. 5 l. — Pap. fin, 9 l.

Bonne édition.

— Memorabilium Socratis Dictorum lib. iv, gr. lat., cum notis Varior., ex recens. Bolton Simpson. *Oxonii*, 1749, in-8. 16 l. — Gr. pap. 48 l.

Bonne édition.

— Iidem, gr., à J. A. Ernesti, cum animadv. Dav. Ruhnkenii et L. C. Valckenarii. *Lipsiæ*, 1772, in-8.

— Iidem, ex recens. Ch. G. Schütz. *Halæ*, 1793, in-8. 3 l.

— Iidem, cum annotat. J. G. Schneider. *Lipsiæ*, 1801, in-8. 8 l.

— Iidem, cum animadv. G. Lange. *Halis*, 1806, in-8. 5 l.—Pap. fin, 6 liv.

— Opuscula politica, equestria et venatica, ex recens. J. C. Zeunii. *Lipsiæ*, 1778, in-8. 5 l.

— Omissa quæ et græca Gesta appellantur, gr. *Venetiis*, Aldus, 1503, in-fol.

— Xenophontis Opera quædam, à variis latinè versa. *Editio vetus*, *absque loco et anno*, in-fol. 12 l.

— Lexicon Xenophonteum. *Lipsiæ*, 1801, 4 vol. in-8. 66 l. — Pap. fin, 78 liv.

Ce Glossaire, rédigé par M. F. G. Sturz, est un chef-d'œuvre.

— La Ménagerie de Xénophon, les Règles de mariage de Plutarque à sa femme, trad. du grec en franç. par Et. de la Boëtie. *Paris*, 1571, in-8. 9 l.

— L'Economique de Xénophon, et le Projet de finance du même, trad. par Dumas. *Paris*, 1767, in-12. 4 l.

— Les Economiques de Xénophon, l'Apologie de Socrate, etc. trad. en franç. par J. B. Gail. *Paris*, 1795, in-8. 3 l.

— Les Républiques de Sparte et d'Athènes, trad. en franç. par J. B. Gail. *Paris*, 1795, in-12. pap. vélin, 3 l.

— Les Cynégétiques, ou Traité de la Chasse, trad. en franç. par J. B. Gail. *Paris*, 1801, in-12. pap. vél.

— Expédition de Cyrus dans l'Asie supérieure, ou la Retraite des dix mille, trad. du grec, par M. Larcher. *Paris*, 1778, 2 vol. in-12. 6 l. — Pap. de Holl. 24 l.

— La même, trad. du grec (par le comte de la Luzerne). *Paris*, 1786, 2 vol. in-12. 5 l.

— La Cyropédie, ou Histoire de Cyrus, trad. du grec par Dacier. *Paris*, 1777, 2 vol. in-12. 6 l.

— Œuvres diverses de Xénophon, trad. du grec en franç. par différents auteurs. *Amst.* 1745, 2 vol. in-12. 6 l.

— Xénophon grec, franç., lat., par J. B. Gail. *Paris*, 1808, 8 vol. in-4.

— Apologie de Socrate, d'après Platon et Xénophon, avec des remarq. et la trad. franç. par F. Thurot. *Paris*, Firmin Didot, 1806, in-8. 4 liv.

— Le Opere di Senofonte, trad. dal gr. da M. Ant. Gandini, con alcune annot. *In Venezia*, 1588, in-4.

Cette version est très-estimée, 15 l.

— Le stesse, colla vita del autore dal medesimo Gandini. *Verona*, 1736 e 1737, 3 vol. in-4.

On fait cas de cette édition. On en a tiré des exemplaires en grand papier.

— Senofonte della Vita di Cyro, trad. in lingua toscana, da J. Poggio. *In Firenze*, Giunti, 1521, in-8. 5 l.

XENOPHONTIS Ephesii, Ephesiacorum lib. v, de Amoribus Anthiæ et Abrocomæ, gr. lat., stud. Ant. Cocchii. *Lond.* 1726, in-4. 15 l. — Gr. pap. 30 l.

Iidem, gr. lat. , cum adnotat. Alois. Emeric de Locella. *Vindobonæ*, 1796, in-4. 15 l.

Cette édition est la meilleure que nous ayons de ce Roman.

-Les Amours d'Abrocome et d'Anthia', trad. eu franç. par Jourdan de Marseille. *Paris*, 1748, in-8. fig. 3 à 4 l.

—Senofonte Efesio degli Amori di Abrocome e Anzia lib. v, trad. dal gr. da A. M. Salviani. *Crisopoli*, Bodoni, 1794, pet. in-8. fig. 6 l.

XIMENES de Cisneros. (Fr.) Vid. Biblia Polyglotta.

XIMENES. (Leon.) Del vecchio e nuovo Gnomone Fiorentino, e delle osservaz. astronomiche, fisiche, etc. fatte nel verificarne la costruzione. *Firenze*, 1757, gr. in-4. fig. 18 l.

— Teoria e pratica delle resistenze de' solidi. *Pisa*, 1782, in-4. fig. 6 l.

XIMENO. (Vinc.) Escritores del Reyno de Valencia. *En Valencia*, 1747, in-fol. 6 l.

XISTI Cardin. et Papæ Opusculum de Sanguine Christi. *Romæ*, 1473, in-fol. 20 à 24 l.

Edition rare.

Y

Young: (Edw.) Works. *Dublin*, 1751, 2 vol. in-12. 7 l.

—The same. *Lond.* 1792, 3 vol. in-8. pap. vélin, 21 l.

—The same. *Lond.* 1802, 3 vol. in-8. fig. 21 l.

—Les Nuits et Œuvres d'Young, trad. de l'angl par Letourneur. *Paris*, 1769, 4 vol. in-8. 12 l.

YOUNG. (Arthur) Course of experimental Agriculture. *Lond.* 1770, 2 vol. in-4, 30 l.

—Farmer's Letters to the People of England. *Lond.* 1771, 2 vol. in-8. 15 l.

—Farmer's Guide in hiring and stocking farms. *Lond.* 1770, 2 vol. gr. in-8. 20 l.

— Political Aritmetic, containing observations on the present state of Great-Britain. *Lond.* 1774, in-8. 10 liv.

Cet ouvrage a été traduit en français par Fréville. *La Haye*, 1775, 2 vol. in-8.

— Rural Economy, or Essays on the practical parts of Husbandry. *Lond.* 1773, in-8. 7 l.

— Tour through the East of England. *Lond.* 1771, 4 vol. gr. in-8. fig. 40 l.

— Tour in Ireland in 1776-1779, with observations on the state of is kingdom. *Lond.* 1780, 2 vol. in-8. 20 l.

— Tour to the north of England. *Lond.* 1771, 4 vol. in-8. 33 l.

— Travels through France, Italy, etc. *Lond.* 1794, 2 vol. in-4. 48 l.

— Voyage en France en 1787-90, trad. de l'angl. par Fr. Soulès. *Paris*, 1793, 3 vol. in-8. fig. 15 l.

— Six weeks's Tour through the south of England. *Lond.* 1772, in-8. 7 l.

— Le Cultivateur Anglais, ou Œuvres choisies d'agriculture, etc. d'Arthur Young, trad. de l'angl. par Lamare, Benoist et Billecoq, avec des notes par Delalauze. *Paris*, an 9 (1801), 18 vol. in-8. fig. 60 à 72 l.

YRIARTE. (Th.) La Musica, poema. *En Madrid*, 1779, in-8. fig. 24 liv.

Première édition.

Ce Poëme a été réimprimé à *Madrid* en 1784, in-8. fig. 9 l.

YSAIE le Triste. Roman de ce nom. Voy. Roman.

(YSE). (Alex. d') Propositions et Moyens pour parvenir à la réunion des deux Religions en France. (*Paris*), 1677, in-4.

Ce livre est rare, parce qu'il a été supprimé avec soin, 7 l. et en grand papier, 12 à 15 liv.

YVER. (Jacq.) Le Printemps d'Hiver, cont. plusieurs Hist. discourues en une noble compagnie au château de Printemps. *Paris*, 1572, in-16.

Toutes les éditions de ce petit ouvrage sont également bonnes.

Z

ZABAGLIA. (Nic.) Castelli e Ponti, con alcune ingeniose practiche. *In Roma*, 1743, in-fol. atl. fig. 50 l.

ZACAGNII (Laur. Alex.) Collectanea Monumentorum vet. Ecclesiæ græcæ et latinæ. *Romæ*, 1698, in-4. 8 l.

ZACCHIÆ (Pauli) Quæstiones medico-Legales, ed. Jo. Dan. Horstio. *Lugd.* 1726, in-fol. 12 l.

L'édition de *Lyon*, 1674, in-fol. vaut à-peu-près le même prix.

ZACHARIE. Les quatre Parties du jour, trad. de l'allem. (par Capitaine.) *Paris*, 1769 ou 1781, in-8. fig. 5 l.

ZAHN (Jo.) Specula physico-mathematico-historica notabilium ac mirabilium Sciendorum et mundi mirabilis Œconomia. *Norimb.* 1696, 3 vol. in-fol. 24 à 30 l.

Cet ouvrage est rare et recherché.

—Oculus artificialis teledioptricus, sive telescopium. *Norimb.* 1702, in-fol. fig. 10 l.

ZALIKOGLOU. (Grég. G.) Dictionnaire de la langue française et de la langue grecque vulgaire. *Paris*, 1809, in-8.

ZALUSKI (And. Chr.) Epistolæ historico-familiares. *Brunsbergæ*, 1709 et 1711, 3 vol. in-fol. 12 à 15 l.

Ces Lettres renferment un grand nombre de faits très-intéressants sur l'Histoire de Pologne.

ZALUZANII à ZALUZANIIS (Adami) Methodi Rei herbariæ lib. iij. *Francof.* 1604, in-4. 8 l.

ZAMBECHARII (Fr.) Elegiarum Liber de Amoribus Chryseæ et Philoclerysi. *Parisiis*, 1598, in-4. 6 l.

ZAMBONUS (Jos.) Parnassi botanici Fragmenta. *Florent.* 1721, in-4. fig. 7 l.

ZAMORA (Casp. de) Concordantiæ Bibliorum latinorum. *Romæ*, 1627, in-fol. 15 l.

Cet ouvrage est fort estimé.

ZANCHII (Bas.) Poëmata varia. *Romæ*, 1550, in-8. 5 l.

ZANDRINI. (Bern.) Leggi et Fenomeni, regolazioni ed usi delle Aque correnti. *In Venez.* 1741, in-4. fig. 12 l.

ZANETTI (Ant. Mar.) Gemmæ antiq.; A. F. Gorius notis lat. illustravit; ital. eas notas reddidit H. F. Zanettius. *Venetiis*, 1750, in-fol. fig. 12 à 15 l.

—Pitture a fresco de' principali Maestri Veneziani. *Venezia*, 1760, in-fol. fig. gr. pap.

Il y a des exemplaires dont les figures sont coloriées.

ZANNICHELLI (Gian. Girol.) Historia delle Piante che nascono ne' lidi intorno a Veuezia. *Venezia*, 1735, in-fol. fig. 30 l. — Gr. pap. 50 liv.

ZANNONI. (Giac.) Istoria Botanica. *In Bologna*, 1675, in-fol. fig. 12 l.

— Historia Stirpium rariorum, ex edit. Cajet. Montii. *Bononiæ*, 1742, in-fol. 185 pl. 18 l.

ZANNONI. (J. A. B. Rizzi) Carte réduite de la Mer Méditerranée et de la Mer Noire. *Paris*, 1808, in-fol. 12 l.

ZANOTTI CAVAZZONI. (Giam. Pet.) Storia dell' Accademia Clementina di Bologna. *In Bologna*, 1739, 2 vol. in-4. fig. 24 l.

— Poesie di G. P. Zanotti Cavazzoni. *In Bologna*, 1741, 3 vol. gr. in-8. 10 liv.

ZANOTTI. (Eust.) La Meridiana del tempio di san Petronio, eseguita da Cassini e Guglielmini. *Bologna*, 1779, in-fol. fig. 10 l.

ZARATE. (Aug. de) Historia del Descubrimiento y Conquista del Peru. *En Sevilla*, 1577, in-fol. 9 liv.

— Histoire de la Conquête du Pérou, trad. de l'espagnol en franç. *Paris*, 1742, 2 vol. in-12. 5 l.

Alphonse de Ulloa a traduit cette Histoire de la Conquête du Pérou en italien, *Venise*, 1563, in-4.

ZARLINO : (Giuseppe) tutte le sue Opere soprà la Musica. *Venet.* 1602, 4 tom. 2 vol. in-fol. fig. 18 à 30 l.

Cette édition est la meilleure de ce Recueil.

ZAVÆ (Fr.) Orationes, Epistolæ et Carmina. *Cremonæ* , 1569, in-4. 15 à 18 l.

Ce livre est rare et recherché.

ZEISBERGER. (Dav.) Essay of a Delaware - Indian and english spelling-book for the use of the scools of the Christian-Indians on Muskingum river. *Philadelphia* , 1776 , in-8. 21 l.

ZELTNERI (Jo. Conr.) Centuria Correctorum in typographiis eruditorum. *Norimb.* 1716 , in-8. 4 l.

ZENO. (Apostolo) Poesie sacre-drammatiche. *Venezia* , 1744 , 10 vol. in-8. fig. 36 l. — Gr. pap. 72 l.
— Le stesse. *Orléans* , 1785 , 11 vol. in-8. 30 l.
— Lettere d'Apost. Zeno ; ediz. rivveduta da Don Jac. Morelli. *Venezia* , 1785 , 6 vol. in-8. 24 l.
— Giornale de' Letterati d'Italia. *Venezia* , 1710-40 , 40 vol. in-12. — Supplementi al Giornale suddetto. *Venez.* 1722-26 , 3 vol. in-12. 60 à 72 l.

ZENOBII Proverbia græca, gr. *Florent.* Junta, 1497, in-4.

Edition rarissime.

ZENOBII POP (Const.) De Metris, lib. duo. *Viennæ* , 1803 , in-8. 12 l.

Les exemplaires sur papier vélin sont très-rares.

ZENONIS (S.) Sermones, ex edit. P. et Hier. Ballerinii. *Veronæ* , 1739, in-4. 5 l.

{ **ZETZNERI**) (Laz.) Theatrum Chemicum. *Argentorati* , 1613 , 6 vol. in-8. fig. 20 l.

ZIEGENBACH (Barth.) Grammatica damulica, seu malabarica. *Halæ* , 1716 , in-4. 9 l.
— Vid. Biblia damulica.

ZIEGLERI (G.) Σιδηρούευδον Ecclesiasticum, sive Episcopus Miles, in vet. ecclesiâ invisus ; access. ejusd. Dissertatio de Tonsurâ Clericorum. *Witteberg.* 1718 , in-4. 12 liv.

ZILLETTI. Vid. Gregorius XIII.

ZIMMERMANN (Eberh. A. G.) Specimen Zoologiæ geograph., Quadrupedum domicilia et migrationes sistens. *Lugd. Bat.* 1777, in-4. fig. 18 liv.

ZIMMERMANN (Matth.) Florilegium philolog.-historicum ordine alph., cum præmissâ diatribâ de eleganti eruditione comparandâ. *Misenæ*, 1687, 2 tom. 1 vol. in-4. 8 l.

ZINN (Jo. Got.) Descript. anatomica Oculi humani. *Gottingæ* , 1755 , in-4. fig. 7 l.

ZINNANI. (Gius.) Delle Uova e de i Nidi degli Uccelli, con una Dissert. soprà varie specie di Cavallette. *In Venet.* 1737, in-4. 15 l.

Ce Livre est orné de fort belles figures.

ZIPPOLI. Voy. Lippi.

ZOEGA (G.) Numi Ægyptii imperatorii prostantes in museo Borgiano Velitris. *Romæ* , 1787, in-4. fig. 24 liv.
— De Origine et Usu Obeliscorum. *Romæ* , 1797, in-fol. atl. 80 l.

ZOHEIR (Caab.-ben-) Carmen panegyricum in laudem Muhammedis ; item Amralkeisi Moallakah , arab.-lat., cum schol. et vers. L. Warneri, edid. et notis illustr. G. J. Lette. *Lugd. Bat.* 1748 , in-4. 27 l.

ZONARÆ et **PHOTII** Lexica (græca) ex cod. manuscript. nunc primùm edita et observ. illustrata à J. A. N. Tittmann. *Lipsiæ* , 1808 , 3 vol. in-4. 78 l. — Pap. fin , 144 l.

ZONARAS. Voy. Byzantine.

ZONCA. (Vitt.) Novo Teatro di Macchine ed Edificj. *In Padoua* , 1607, in-fol. fig. 12 l.

L'édition de 1621 est également bonne.

ZORN (Jo.) Icones Plantarum medicinalium. *Norimb.* 1779-84 , 5 vol in-8. fig. (en allem. et en lat.)

Cet ouvrage renferme 500 pl. 150 à 180 l.

ZOSIMI Historiæ, gr. lat., cum notis. *Oxonii* , 1679 , in-8. 12 l.

On annexe à cette édition la réimpression qui en été faite en 1696 , à cause des remarques particulières de Cellarius qu'elle renferme, et qu'on ne trouve pas dans la première édition.

Ce volume entre dans la Collection des *Variorum*.

— Eædem , cum notis Varior., à Chr. Cellario, gr. lat. *Jenæ* , 1729 , in-8. 7 à 9 l.
— Eædem, gr. lat., cum notis crit. etc. J. F. Reitemeier, necnon animadv. Heyne. *Lipsiæ* , 1784 , in-8. 8 l. — Pap. fin , 12 l.

ZUINGLII (Huld.) Opera , cum Præ-

fat. apolog. Rodolph. Gualtheri.
Tiguri, 1581, 3 vol. in-fol. 30 à 40 l.
(ZWICKERI) (Dan.) Irenicum Irenicorum, seu Reconciliatoris Christianorum Norma triplex. 1658. —
Irenicomastix perpetuò victus et
constrictus, etc. ab eod. autore.

Amst. 1661. — Irenicomastix ite-
ratò victus et constrictus. 1667,
3 tom. 2 vol. in-8. 20 l.

Ce Livre n'est pas facile à trouver complet.
La troisième pièce est fort rare.

ZYPÆI (Fr.) Opera omnia. *Antuerp.*
1675, in-fol. 8 l.

FIN DU DICTIONNAIRE.

CATALOGUE
DES ÉDITIONS

IMPRIMÉES PAR LES ALDES.

1494.

1. Lascaris (Const.) Grammatica græca, cum interpr. lat., et cum aliis multis Opusculis. in-4.
« *Voy.* le Catalogue des éditions Aldines, « pag. 1 et 2. »
« Plusieurs de ces pièces portent la date de « 1495; mais elles doivent faire partie du vo-« lume de la Grammaire de Lascaris, qui, « sans cela, ne serait pas complet. »

1495.

2. Aristotelis Organon, cum præmissa Porphyrii Introductione, græcè. in-fol.
« Ce volume est le premier de l'Aristote des Aldes. »
3. Bembi (Pet.) de Ætna liber, sive Dialogus latinus. in-4.
4. Gazæ (Theod.) Grammatices libri iv; et ejusd. Opusculum de Mensibus; cum duobus Opusculis Apollonii et Herodiani. in-fol.
5. Theocriti Eclogæ xxx; cum aliis multis Opusculis. in-fol.
« Ce volume doit avoir deux parties, dont « la seconde contient les Poëmes d'Hésiode.»

1496.

6. Thesaurus Cornucopiæ et Horti Adonidis. in-fol.
« Ce volume est un recueil d'ouvrages de « différents auteurs. »

1497.

7. Aristotelis tria volumina, græcè. in-fol.
« Le premier volume de cette édition a « été indiqué ci-devant sous le n°. 2, et la « date de 1495. »
8. Dictionarium græcum copiosiss., secundùm ordinem alphabeti, cum interpr. lat., et aliis Opusculis. in-fol.
9. Horæ in laudem B. M. Virginis, secundùm consuetudinem Curiæ romanæ; septem Psalmi pœnitentiales, et alia, græcè. in-8.

Dict. Bibl. II. *Aldes.*

1497.

10. Hygini Poëticum Astronomicum.
« Édition dont l'existence est douteuse. »
11. Jamblichus de Mysteriis Ægyptiorum, Chaldæorum, Assyriorum; cum aliis multis Opusculis. in-fol.
12. Leoniceni (Nic.) Libellus de Epidemiâ quam Itali Morbum gallicum appellant. in-4.
13. Majoli (Laur.) Januensis Epifilides. in-4.
14. Manutii (Aldi) Grammatica græca. in-4.
« Il est probable que cet article est le « même que le suivant. »
15. Urbani (Fr.) Bellunensis, ordinis Minorum, Institutiones græcæ Grammatices. in-4.

1498.

16. Aristophanis Comœdiæ ix, scholiis illustratæ. in-fol.
17. Aristotelis volumen quintum et ultimum. in-fol.
18. Galeni Historia philosophica.
« Édition dont l'existence est très-dou-« teuse, à moins que ce ne soit le traité *de* « *Philosopho*, qui se trouve dans le second « volume de l'Aristote de 1497. »
19. Index Librorum græcorum, quos Aldus Manutius ad diem primam octobris 1498 excudit. in-fol.
« Feuille volante. »
20. Philo Judæus de Mundo.
« C'est encore probablement un des Trai-« tés compris dans le second volume de « l'Aristote. »
21. Politiani (Ang.) Opera varia. in-fol.
22. Reuchlini (Jo.) Phorcensis, ad Alexandrum VI Pont. Max. pro Philippo Bavariæ Duce Palatino Rheni, Sacri Rom. Imp. Electore, Oratio vij. Idus sextiles, anno M. II. D. Romæ habita. in-8.
« Petite pièce extrêmement rare. »
23. Theophrasti Historiæ Plantarum libri sex, Theodoro Gaza interprete. in-fol.
« Ce Traité se trouve dans le quatrième « volume de l'Aristote. »

1

24. Varro de Linguâ latinâ à Pomponio Læto et Rholandello emendatus. in-4.

1499.

25. Astronomi veteres, partim græci, partim latini, in unum corpus redacti. in-fol.
26. Dioscorides, et Nicandri Theriaca atque Alexipharmaca, græcè, cum scholiis gr. in-fol.
27. Epistolarum græcarum mille et septuaginta trium vol. quarum Auctores sunt quadraginta. in-4.
28. Hygini (C. Jul.) Astronomicon poëticum Fabio cuidam inscriptum.
« Ce doit être la même que l'édition de
« 1497, qui est très-douteuse. »
29. Perotti (Nic.) Cornucopia. Ejusd. Sypontini Libellus, quo Plinii Epistola ad Titum Vespasianum corrigitur, cum græco, quod in aliis non habetur. in-fol.
30. Poliphili Hypnerotomachia. in-fol.

1500.

31. Caterina (S.) da Siena, Epistole devotissime. in-fol.
32. Lucretii Cari (T.) libri sex nuper emendati, cum præfat. Aldi et Avancii. in-4.

1501.

33. Donati (Hier.) Venetorum Oratoris Oratio ad christianissimum Gallorum Regem. in-8.
34. Horatius, in-8.
35. Justiniani (Bern.) Oratoris Veneti Oratio ad Ludovicum XI Galliarum Regem. in-4.
36. Juvenalis et Persii Satyræ. in-8.
37. Manutii (Aldi) Rudimenta grammaticæ Linguæ latinæ; cum aliis Opusculis. in-4.
38. Martialis. in-8.
39. Petrarcha. (M. Fr.) Le Cose volgari. in-8.
40. Philostrati de Vitâ Apollonii Tyanei libri viij, gr.; iidem libri latinè, interpr. Alemanno Rinuccino Florentino; cum aliis Opusculis. in-fol.
41. Pici (Jo. Fr.) liber de Imaginatione. in-4.
42. Poetæ Christiani, Tomus primus. in-4.
43. Vallæ (Georg.) Placentini V. C. de expetendis et fugiendis rebus, opus. 2 vol. in-fol.
44. Virgilii Opera. in-8. *très-rare*.

1502.

45. Catullus, Tibullus, Propertius. in-8.
46. Ciceronis Epistolæ familiares. in-8.
47. Dante, le terze Rime. in-8.
48. Egnatii (B.) Oratio in laudem Benedicti Prauuli. in-8.
49. Herodoti Historiæ libri ix, græcè. in-fol.
50. Lucani Bellum civile. in-8.
51. Ovidii Metamorphoseon lib. xv. in-8.
52. Ovidii Nasonis Heroïdum Epistolæ. in-8.

53. Ovidii Nasonis Fastorum lib. vj. De Tristibus lib. v. De Ponto lib. iv. in-8.
54. Philostrati Vita Apollonii. in-fol.
« C'est probablement la traduction latine
« qui se joint à l'édition grecque de 1501. »
55. Poetæ Christiani Volumen alterum. in-4.
56. Pollucis (Julii) Onomasticon, seu Vocabularium. in-fol.
57. Sophoclis Tragœdiæ vij, gr.; cum comment. gr., et præfat. Aldi. in-8.
58. Statii Sylvarum lib. v; Thebaidos lib. xij, et Achilleidos lib. ij. in-8.
« Il faut prendre garde si le Traité de
« l'orthographe des mots grecs employés par
« Stace ne manque pas. »
59. Stephanus Byzantinus de Urbibus, græcè. in-fol.
60. Sulpicius Severus.
« C'est la vie de saint Martin, qui se trouve
« dans le second volume des Poètes chré-
« tiens. »
61. Thucydides, græcè. in-fol.
62. Valerius Maximus. in-8.
63. Vita (la) e Sito de' Zichi, chiamati Ciarcassi, Historia notabile (di G. Interiano Genovese.) in-8.
« Il y a de ce livre une autre édition de
« la même année, sous le nom d'Alde, en
« caractères gothiques; elle n'est pas moins
« rare que l'autre. »

1503.

64. Ammonii Hermæi Commentaria in librum peri-hermeneias; cum aliis Opusculis. Magentini archiepisc. Mitylenensis in eumdem Enarratio. in-fol.
65. Anthologia gr., sive Florilegium diversor. Epigrammatum, septem libris. in-8.
66. Aristotelis de Animalibus, græcè. in-fol.
« Cette édition, citée par Harwood, est
« imaginaire. »
67. Bessarionis, in Calumniatorem Platonis lib. iv; cum aliis tractatulis. in-fol.
68. Ciceronis Epistolæ ad familiares. in-8.
« M. Renouard ne parle pas de cette édi-
« tion. Il paraît qu'elle aura été faite pour
« les classes, et qu'elle aura péri entre les
« mains des écoliers, car elle est à peine
« connue. »
69. Euripidis Tragœdiæ xvij, græcè. 2 vol. in-8.
70. Gemisti (G.) Plethonis Historiæ. Herodiani Historiar. libri viij, et Enarrationes in Thucydidem, cum præf. Asulani, græcè. in-fol.
71. Index Librorum tam latinorum quam græcorum, quos Aldus Manutius ad diem 22 junii 1503 excudit. in-fol. de 4 pag.
72. Luciani Opera, græcè. in-fol.
73. Origenis Homeliæ in Genesim, in Exodum, in Leviticum, in Numeros, in Jesum Nave, in librum Judicum. in-fol.
74. Ovidii (Pub.) Series. In fine Tristium et de Ponto. in-8.
« C'est le troisième vol. de l'Ovide des
« Aldes. »

75. Ulpiani Commentarioli in Olynthiacas Philippicasque Demosthenis Orationes, cum Harpocrationis Lexico. in-fol.

« Cet article et le n°. suivant font partie du
« volume du n°. 70. »

76. Xenophontis quæ supersunt , et græca Gesta appellantur. in-fol.

1504.

77. Aristoteles de Animalibus, et Theophrastus de Plantis ; cum aliis tractatibus. in-fol.
78. Carteromachi (Scip.) Pistoriensis Oratio de laudibus Litterarum græcarum. in-8.
79. Cimbriaci PoetæEncomiastica ad Federicum Imp. et Maximilianum regem Roman. in-8.
80. Demosthenis Orationes duæ et sexaginta. Libanii Sophistæ in eas ipsas Orationes argumenta. Vita Demosthenis per Libanium et Plutarchum. in-fol. *rare.*

« M. Reiske croit qu'il y a eu deux éditions
« du Démosthène d'Alde sous cette même
« date , sans aucune différence , que dans la
« manière dont le nom d'Alde est disposé
« des deux côtés de l'ancre. »

81. Gregorii Nazianzeni diversa Poëmata , cum latinâ transl. in-4.

« C'est le troisième volume des Poëtes
« chrétiens. »

82. Homeri omnia, gr. , cum vitâ ejus ex Plutarcho , Herodoto et Dione. 2 vol. in-8.
83. Joannes Grammaticus Philoponus in posteriora resolutoria Aristotelis , gr. , cum præfat. Aldi data mense martio in-fol.
84. Petrarcha , (Messer Fr.) le Rime. in-8.

« Cette édition , dit M. Renouard , n'existe
« pas , et c'est probablement celle de 1514 ,
« annoncée ainsi par erreur. »

85. Philostratus de Vitâ Apollonii.

« Fait partie du Philostrate de 1501. »

86. Plinii Epistolæ. in-8.

« C'est vraisemblablement l'édition de
« 1508 ou 1518 , ainsi annoncée par erreur. »

87. Sallustius. in-8.

« C'est , dit M. Renouard , une contre-
« faction de Lyon. »

88. Thesaurus Cornucopiæ et Horti Adonidis, Varini Phavorini Camertis , altera editio. in-fol.

« M. Renouard prétend que cette édition
« n'a jamais existé. »

1505.

89. Adriani Card. S. Chrysogoni ad Ascanium Card. Venatio. in-8. *très-rare.*
90. Æsopi , Gabriæ et aliorum Fabulæ, gr. et lat. in-fol.
91. Augurelli (Jo. Aur.) Carmina. in-8.
92. Bembo, (Messer Pietro) gli Asolani. in-4.

« Il y a des exemplaires auxquels la dédi-
« cace manque : ils sont moins chers. »

93. Horæ B. M. V. , græcè. in-24.
94. Pontani Opera. in-8.

« C'est le premier volume des Poésies
« latines de Pontanus : l'autre est de 1518. »

« Ce premier volume a été réimprimé en
« 1513 et 1533 ; le second ne l'a pas été. »

95. Virgilius recusus. in-8.

« Aussi rare que l'édition de 1501. »

1507.

96. Aristotelis Mechanica.

« Cette édition n'existe pas , suivant M.
« Renouard. »

97. Euripidis Tragœdiæ , Hecuba et Iphigenia, ex vers. Erasmi , cum præfat. Aldi. in-8.
98. Petrarcha , le Rime. in-8.

« Edition chimérique , suivant M. Re-
« nouard. »

1508.

99. Aristotelis Poëtica , græcè. in-fol.
100. Aristotelis Rhetorica , græcè. in-fol.

« Ces deux ouvrages font partie de la col-
« lection des Rhéteurs grecs ; mais on les trouve
« quelquefois séparés. »

101. Erasmi Roterodami Adagiorum chiliades tres , ac Centuriæ fere totidem. in-fol.
102. Manutii (Aldi) Grammaticarum Institutionum libri iv. in-4.
103. Nonni Paraphrasis in Evangelium S. Joannis , græcè. in-8.
104. Plinii C. Secundi Epistolarum libri x ; ejusd. Panegyricus et de Viris illustribus ; cum aliis diversis tractatibus. in 8.
105. Rhetores antiqui græci. 2 vol. in-fol.

« C'est ici le premier volume des Rhéteurs
« grecs : le deuxième est de 1509. Ces deux
« volumes sont très-rares. »

1509.

106. Horatii Flacci Poëmata omnia , cum aliis Opusculis ad Horatium spectantibus. in-8.
107. Plutarchi Moralia , græcè. in-fol.
108. Rhetores græci veteres , volumen secundum. *Voy.* 1508.
109. Sallustii (C. Crispi) Opera, cum præfat. Aldi. in-8.

1510.

110. Ciceronis Rhetorica. in-4.
111. Martialis. in-8.

« M. Renouard regarde ces deux éditions
« comme imaginaires. »

1511.

112. Catullus , Tibullus , Propertius. in-8.

« M. Renouard révoque en doute cette
« édition. »

113. Historiæ Romanæ Scriptores, edente J. B. Egnatio. in-8.

« M. Renouard prétend que cette édition
« est celle de 1519, dont on a gratté la date. »

1512.

114. Chrysoloræ Erotemata , cum aliis Opusculis ejusd. argumenti. in-8.

115. Ciceronis (M. T.) Epistolæ familiares accuratiùs recognitæ. in-8.
116. Lascaris (Const.) Byzantini de octo partibus Oratiouis lib. j ; cum aliis ejusd. et aliorum tractatibus. in-4.
117. Martialis. in-8.
118. Valerius Maximus. in-8.
« M. Renouard assure que ces deux éditions « n'out jamais existé. »

1513.

119. Alexandri Aphrodisiensis in Topicâ Aristotelis Commentarii. in-fol.
120. Apollonii Rhodii Argonautica , cum scholiis, græcè. in-8.
« M. Renouard ne parle pas de cette édi- « tion , qui n'est citée que par Harvood. »
121. Aristoteles de Animalibus. Theophrasti Historia Plantarum. Alexandri Aphrodisiensis Problemata nusquàm impressa. in fol.
122. Cæsaris (Caii Julii)Commentariorum lib., cum quibusdam Opusculis ad eumdem autorem spectantibus. in-8.
123. Ciceronis (M. T.) Epistolarum ad Atticum , ad Brutum , ad Quintum Fratrem libri xx. in-8.
124. Isocratis et aliorum Oratorum græcorum Orationes. in-fol.
« Ce volume est le troisième des orateurs « grecs ci-après. »
125. Lycophronis Alexandra , græcè tantùm. in-8.
« C'est peut-être un double emploi du Ly- « cophron qui lait partie du volume de Pin- « dore , annoncé ci-après. M. Renouard ne « l'indique pas séparément. »
126. Perotti Cornucopia , cum præfat. Aldi. in-fol.
127. Pindari Olympia , Pythia , Nemea , Isthmia. Callimachi Hymni qui inveniuntur. Dionysius de Situ orbis. Lycophronis Alexandra , obscurum Poëma. in-8.
« Les éditions citées par Manni , d'un « Callimaque et d'un Denis , sous la date « de cette année , sont peut-être un double « emploi de ceux indiqués dans cet article.»
128. Platonis Opera, græcè. in-fol. (deux part.)
129. Pontani Opera poëtica. in-8.
« Réimpression du premier volume des Poésies latines de Pontanus , douné en 1503.
130. Rhetorum veterum Orationes, gr. , partes tres. in-fol.
131. Rhodigini (Cœlii) Lectiones antiquæ. in-fol.
« M. Renouard ne parle pas de cette édi- « tion : elle est citée par Volpi , nous ne « savons sur quelle autorité. »
132. Strozii poëtæ pater et filius , Partes duæ. in-8.

1514.

133. Athenæi Deipnosophistarum libri , cum præfat. Aldi. in-fol.
134. Ciceronis (M. T.) de Officiis. in-8.
« M. Renouard ne parle pas de celte édi- « tion des Offices de Cicéron. »

135. Ciceronis (M. T.) Opera rhetorica. in-4.
136. Hesychii Dictionarium,cum præfat. Aldi, in-fol.
137. Manutii (Aldi Pii) Institutiones grammaticæ. in-4.
138. Nonius Marcellus de variâ Significatione verborum. in-fol.
« M. Renouard ne parle pas de cette édi- « tion. »
139. Petrarcha , (Messer Fr.)le Opere. in-8.
140. Quintiliani Institutiones Oratoriæ. in-4.
141. Libri de Re rusticâ , Catonis , Varronis, Columellæ , Palladii , cum Georgii Alexandrini Enarrationibus. in-4.
142. Sanazzaro : l'Arcadia. in-8.
143. Snidas , græcè. in-fol.
144. Valerius Maximus , cum præfat. Aldi. in-8.
145. Virgilii Opera , cum præfat. Aldi. in-8.
« Edition estimée. »

1515.

146. Bembo , (M. Piet.) gli Asolani. in-8.
147. Catullus , Tibullus , Propertius. in-8.
148. Dante col Sito e forma dell' Inferno. in-8.
149. Erasmi (Desid.) Moria. in-8.
150. Gellii (Auli) Noctium Atticarum libri undeviginti , cum præfat. Egnatii et indicibus. in-8.
151. Lactantii Opera, cum Tertulliani Apologetico. in-8.
152. Lucanus. in-8.
153. Lucretius. in-8.
154. Manutii (Aldi) Grammatica græca. in-4.
155. Manutii (Aldi) Grammatica latina. in-4.
« M. Renouard ne parle pas de cette édition « prétendue de la Grammaire latine d'Alde. « N'y aurait-il pas confusion , comme il est « arrivé souvent , sur les deux grammaires , « de la part de l'auteur du Catalogue publié « à Florence ? »
156. Ovidii Heroides; Elegiæ de Arte Amandi; de Remedio Amoris ; de Nuce ; de Medicamine faciei. in-8.
« M. Renouard parle d'une contrefaction « de cette édition des Erotiques d'Ovide , « faite par les Juntes , à Florence en 1519.»

1516.

157. Bessarionis , in Calumniatorem Platonis libri iv ; cum aliis ejusd. autoris Opusculis. in-fol.
158. Egnatii (J. B.) Veneti de Cæsaribus libr. iij , à Dictatore Cæsare ad Constantinum Paleologum , hinc à Carolo Magno ad Maximilianum Cæsarem, et alia ejusd. Argumenti in quibus Histor. Augustæ Scriptores minores. in-8.
159. Gregorii (B.) Nazianzeni theologi Orationes sexdecim , græcè. in-8.
160. Jamblicus de Mysteriis Ægyptiorum , Chaldæorum , Assyriorum ; item : Mercurii Trimegisti Pimander et Asclepius , cum quibusdam Marsilii Ficini. in fol.

161. Luciani Opuscula ; Erasmo Roterodamo interprete. in-8.
162. Ovidii Metamorphoseon libri xv , cum annotationibus in omnia Ovidii Opera. in-8.
163. Pausaniæ Græciæ Descriptio, græcè, cum præfat. græcâ Marci Musuri. in-fol.
164. Ptolemæi (Cl.) Inerrantium Stellarum Significationes, per Nic. Leonicum è gr. translatæ ; Ovidii Fasti et alia. in-8.
165. Rhodigini (Cœl.) antiquæ Lectiones. in-fol.
166. Strabo de Situ Orbis, græcè. in-fol.
167. SuetoniusTranquillus. Sextus Aur.Victor. Eutropius. Paullus Diaconus. in-8.

1517.

168. Aristides , græcè. in-8.
« M. Renouard prétend que cette édition « n'a jamais existé. »
169. Ansonii Poëmata , cum præfat. Avantii, in-8.
170. Boccaccio, (Messer Giov.) il Decamerone. in-4.
« Edition qui n'a jamais existé , selon M. « Renouard. »
171. Chrysoloræ Erotemata , cum aliis multis Opusculis. in-8.
172. Ciceronis de Officiis , etc. in-8.
173. Homeri Opera omnia , græcè. 2 vol. in-8.
174. Macrobii Saturnalia et Somnium Scipionis. Censorinus de die Natali. in-8.
« Edition qui n'a jamais existé , selon M. « Renouard. »
175. Martialis. in-8.
176. Musæi Opusculum de Herone et Leandro. Orphei Argonautica, ejusd. Hymni. Orpheus de Lapidibus , græcè. in-8.
177. Oppiani de Piscibus libri v. Ejusd. de Venatione libri iv , gr. , cum interpret. Laureutii Lippi. in-8.
178. Poetarum diversorum vet. in Priapum Lusus. Virgilii Catalecta , etc. in-8.
179. Quinti Calabri derelictorum ab Homero libri xiv. in-8.
« M. Renouard ne parle point de cette « édition de Quintus-Calaber ; mais il in- « dique sous la date de cette année une édi- « tion du *Cornucopia Perotti* in - fol. « Comme il lui donne en même temps la « date de 1513 , il est à présumer que c'est « la même édition que celle que nous avons « annoncée sous la date de 1513. »
180. Senecæ Tragœdiæ , cum præfat. Hierony. Avantii. in-8.
181. Terentius, ex recogn. Fr. Asulani. in-8. *très-rare.*

1518.

182. Æschyli Tragœdiæ sex , cum præfat. Asulani. in-8.
183. Artemidori de Somniorum interpret. lib. v. De Insomniis , quod Synesii cujusd. nomine circumfertur , græcè. in-8.

184. Sacræ Scripturæ Veteris Novæque, omnia græcè. in-fol. *édition très-rare.*
185. Ciceronis Epistolæ ad Atticum. in-8.
« M. Renouard ne croit pas que cette « édition des Offices ait existé. »
186. Dioscorides , gr. , cum præfat. Asulani. in-4.
187. Erasmi quædam Opuscula. in-8.
188. Geographici Scriptores latini. in-8.
189. Isocrates de Regno administrando. in-8.
« Annonce fausse , suivant M. Renouard. « Cet article fait partie du n.° 187. »
190. Titus Livius. in-8.
« Il ne s'agit ici que du premier volume « du Tite-Live. Les autres seront annon- « cés ci-après , chacun sous leur date. Il « paraît qu'on a détaché de ce volume des « exemplaires du Florus et du Polybe latin , « qui se rencontrent quelquefois seuls , mais « qui doivent en faire partie. »
191. Plinii Epistolæ. Panegyricus Trajano,etc. De Viris illustribus. Suetonius de Claris Grammaticis et Rhetoribus. Julius Obsequens. in-8.
192. Pontani (Jo. Jov.) Poëmata. in-8.
« C'est ici le second volume des Poésies « latines de Pontanus. »
193. Pontani (Jo. Jov.) Opera omnia soluta oratione composita. in-8.
« C'est ici le premier volume des OEu- « vres en prose de Pontanus. »
194. Pomponius Mela ; Solinus ; Antonini Itinerarium ; Vibius et S. Victor. in-8.
« Cet article est un double emploi du n.° « 188 ci-dessus. »

1519.

195. Asconius Pædianus et Georgius Trapezuntius de Artificio Ciceronis. in-8.
« M. Renouard ne parle pas de cette édi- « tion séparée de l'Asconius; peut-être est-ce « un morceau de quelqu'un des volumes de « Cicéron. »
196. Cæsaris Commentaria. in-8.
197. Ciceronis (M. Tull.) Epistolæ ad Atticum, etc. in-8.
« M. Renouard rejette cette édition des « Epîtres à Atticus , et la suivante des Epî- « tres familières. »
198. Ciceronis (M. Tull.) Epistolæ ad familiares. in-8.
199. Ciceronis (M. Tull.) Officiorum lib. iij. in-8.
200. Ciceronis (M. Tull.) Orationum volumina tria. 3 vol. in-8.
201. Horatii (Q. Flacci) Poëmata omnia. in-8.
202. Livii (Titi) Patavini Decas tertia. in-8.
« C'est le second volume de Tite-Live. »
203. Plutarchi quæ vocantur Paralella , græcè. in-fol.
« M. Renouard , d'après M. Reiske, soup- « çonne deux éditions de la même année. »
204. Pontani (Jo. Jov.) Opera. in-8.
« C'est le second volume des ouvrages de « Pontanus en prose. »

205. Pontani centum Ptolemæi Sententiæ ad Syrum fratrem , et alia. in-8. mag.

« C'est le troisième volume des ouvrages « de Pontanus en prose. »

206. Scriptores Historiæ Augustæ , cum præfat. Egnatii. in-8.

207. Statii (Pap.) Silvarum lib. v. Achilleïdos lib. xij. Thebaïdos lib. ij , etc. in-8.

« C'est une réimpression de l'édition de « 1502. »

1520.

208. Alexandri Aphrodisiensis in priora analytica Aristotelis Commentaria , græcè. in-fol.

209. Alexandri Aphrodisiensis in Sophisticos Aristotelis Commentaria , græcè. in-fol.

210. Curtius. (Q.) in-8.

211. Erasmi Adagia. in-fol.

212. Livii (Titi) Patavini Decas quarta. in-8.

« C'est le troisième volume du Tite-Live « in-8. »

213. Livius. (Titus) in-fol.

— Polybii libri v de Rebus romanis , in lat. traducti à Nic. Perotto. in-fol.

« Cette partie est annoncée mal-à-propos « séparément par quelques Bibliographes « sous la date de 1521 : elle appartient in-« dubitablement au Tite-Live in-fol. de « 1520 »

1521.

214. Anthologia , seu Florilegium diversor. Epigrammatum in vij libros , græcè. in-8.

215. Apollonii Rhodii Argonautica , gr. , cum comment. et cum præfat. Asulani. in-8.

216. Apuleii (L.) Opera , cum quibusdam Alcinoi. in-8.

217. Ciceronis (M. T.) Epistolarum ad Atticum, ad Brutum, ad Quintum Fratrem lib. xx. in-8.

« Cette édition sert à compléter le Cicéron « d'Asola ; car celle de 1519 est certaine-« ment controuvée. »

218. Ciceronis (M. T.) rhetorica Opera omnia. in-4.

« C'est une copie de l'édition de 1514 ; « elle se réunit avec le Cicéron de 1519. »

219. Florus. (Lucius) in-8. *Sans date.*

« C'est une partie du premier volume du « Tite-Live in-8. , ou du cinquième volume « ci-après. »

220. Horæ B. Mariæ Virginis , græcè. in-24.

221. Liburnio , (Messer Nic.) le vulgari Elegantie. in-8.

« Edition suspecte. »

222. Livii (Titi) Librorum Epitome. Lucius Florus. Polybii Historiarum libri v. in-8.

« C'est le cinquième volume du Tite-Live « in-8. »

223. Livii (Titi) Historiarum libri. in-fol.

« Cet article est un double emploi du « Tite-Live in-fol. de 1519. »

224. Petrarcha , (Messer Fr.) le Rime. in-8.

225. Polybii Historia. in-fol.

« Ce ne peut être ici qu'une partie du « Tite-Live in-fol. , qui contient une traduc-« tion latine de Polybe. »

226. Polybius. in-8.

« C'est une partie du Tite-Live in-8. »

227. Quintiliani Institutiones Oratoriæ. in-4.

228. Quintus Calaber. Prætermissa ab Homero, græcè. in-8.

229. Sallustius , ex recogn. Fr. Asulani. in-8.

230. Scholia in Homerum; Porphyrii Homericæ Quæstiones; et de Nympharum Antro in Odysseâ, græcè. in-8.

« La première partie de ce volume est le « Didyme sur l'Iliade. Ces deux ouvrages « se trouvent quelquefois séparés , mais ils « doivent être réunis pour que le volume « soit complet. »

231. Scriptores Historiæ Augustæ , ab Egnatio. in-8.

« M. Renouard ne parle point de cette « édition des petits auteurs de l'Histoire « d'Auguste. Ce n'est probablement qu'une « répétition , faussement datée , de l'édition « annoncee précédemment sous la date de « 1519 , n.° 206 , ou peut-être un double « emploi de l'article suivant , sous un titre « mal copié. »

232. Suetonius (C.) Tranquillus. S. Aur. Victor. Eutropius. Paulus Diaconus. in-8.

233. Terentii Opera , cum præfat. Asulani. in-8.

1522.

234. Alcyonii (Pet.) medices legatus de Exilio. in-4.

« Clément cite une édition de ce Traité « in-8. ; mais il faut observer que les in-4. « des Aldes ont la forme de grands in-8. »

235. Asconii (Q.) Pædiani Expusitio in iv Orationes M. T. Ciceronis, cum aliis quibusdam. in-8.

236. Boccaccio , (M. Giov.) il Decamerone nuov. corretto , con tre Novelle aggiunte. in-4.

237. Budæus de Asse. in-4.

238. Justinus. Æmilii Probi de Vitâ excellentium Imperatorum liber. in-8.

239. Luciani Opera quædam. in-fol.

240. Nicandri Theriaca et Alexipharmaca , græcè. in-4.

241. Plauti Comœdiæ , cum præfat. Asulani. in-4.

242. Senecæ (Lucii Annæi) naturalium Quæstionum lib. vij. in-4.

« M. Renouard cite sous cette année une « édition des Epîtres familières de Cicéron , « omise dans le Catalogue de Florence. »

1523.

243. Ciceronis (M. T.) de Philosophiâ volumina duo. in-8.

« Ces deux volumes font partie du Ci-« céron d'Asola in-8. »

244. Claudiani (Cl.) Opera , ex recens. Fr. Asulani. in-8.

245. Herodianus , gr. et lat. in-8.

246. Manutii (Aldi Pii) Institutionum Gram-

maticarum libr. iv. Erasmi Roterodami
Opusculum de octo Orationis partibus. in-4.
247. Rhetores græci in lat. conversi. in-fol·
248. Scholia in Nicandri Theriaçâ, græcè.
in-4.
« Ces Scholies doivent se joindre au
« Nicandre de 1522. »
249. Silii Italici de Bello Punico lib.xvij. in-8.
250. Valerii (C.) Flacçi Argonautiça. Orphei
Argonautica. in-8.

1524.

251. Dictionarium græcum , cum interpret.
latinâ. in-fol.
252. Herodiani Historiarum lib. viij , gr. et
lat. , Aug. Politiano interpret. in-8.
253. Homeri Opera omnia, græcè , 2 vol. in-8.

1525.

254. Galeni Opera omnia , græcè. 5 vol. in-fol.
255. Gazæ (Theod.) Introductionis Grammaticæ lib. iv, et alia , cum Manuele Moschopulo , græcè. in-8.
256. Xenophontis omnia quæ extant , græcè.
in-fol.

1526.

257. Açtuarii (Jo.) Opera medica. *Parisiis* ,
in Bibliothecâ Aldinâ. in-8.
« M. Renouard ne parle pas de cette
« édition. »
258. Hippocratis Opera omnia , græcè. in-fol.
259. Perotti (Nic.) Cornucopiâ Linguæ latinæ. 1526 et 1527. in-fol.
« M. Renouard place cet article , ainsi
« que le suivant , en 1527. Ils portent en
« effet les deux dates. »
260. Philoponi (Jo.) in Aristotelem de generatione Animalium Commentaria , græcè.
in-fol.
261. Simplicii Commentaria in octo Aristotelis
lib. de Auscultatione. in-fol.
262. Simplicii Commentarii in iv Aristotelis
libros de Cœlo , græcè. in-fol.
263. Simplicii Commentaria in Aristotelis libros
Physicæ , græcè. in-fol.
« M. Renouard prétend que ce volume n'est
« pas d'Alde , et qu'il porte le nom des frères
« de Sabio. »

1527.

264. Aristidis Orationes , græcè.
« M. Renouard prétend que cette édition
« est apocryphe. »
265. Horatii Flacci (Q.) Poëmata omnia. in-8.
« Copie de 1519. »
266. Joannes Grammaticus in libros de Generatione et Interitu. Alexander Aphrodisius in
Meteorologicâ et de Mixtione. in-fol.
267. Prisciani Grammatici Cæsariensis Libri
omnes. in-4.
268. Sannazarii (Actii Synçeri) de Partu
Virginis , et alia. in-8.

269. Simplicii Commentaria in tres libros Aristotelis de Animâ , et alia multa , græcè.
in-fol.
270. Ulpiani Commentarioli in Demosthenis
Orationes , et alia , græcè. in-fol.
271. Virgilius. in-8.

1528.

272. Æginetæ (Pauli) Rei Medicæ lib. vij ,
græcè. in-fol.
273. Castiglione , (Conte Baldassar) il libro
del Cortegiano. in-fol.
274. Celsi de Medicinâ lib. viij , unâ cum
Sereno Sammonico. in-4.
275. Didymi , antiq. auctoris , Interpretatio
in Odysseam , græcè. in-8.
« C'est le second volume du Didyme de
« 1521. »
276. Homeri Ilias et Odyssea. 2 vol. in-8.
« M. Renouard assure que cette édition
« d'Homère n'a jamais existé. »
277. Macrobius in Somnium Scipionis. Saturnaliorum lib. vij. Censorinus de die Natali.
in-8.
278. Sannazarii (Actii Syn.) de Partu Virginis , et alia. in-8.

1529.

279. Censorinus de die Natali, cum notis Aldi.
in-8.
« Cette édition de Censorinus fait partie
« du volume du Macrobe de 1528. »
280. Recognitio Vet. Testamenti ad hebraïcam
veritatem per August. (Steuchum) Eugubinum. in-4.

1530. 1531. 1532.

« La mort d'Asola , arrivée dans cette
« année, 1529, fit cesser les travaux de
« l'imprimerie des Aldes jusqu'en 1533. M.
« Renouard cite cependant encore , en 1529 ,
« une édition de quelques poésies latines de
« Cotta et de Sannazar , sous la date du
« mois de décembre ; mais il assure qu'il
« ne l'a jamais vue , et qu'il ne la cite que
» d'après Panzer, qui lui-même a copié Maittaire. »

1533.

281. Cappella, (Galeazzo) l'Anthropologia. in-8.
282. Castiglione , (Conte Baldassar) il libro
del Cortegiano. in-8.
283. Ciceronis Epistolæ familiares, per Paulum
Manutium. in-8.
284. Ciceronis (M. T.) Opera rhetorica omnia.
in-4.
285. Livii (Titi) Patavini Decadis quintæ lib.
v. in-8.
« Ce volume est le quatrième du Tite-
« Live de 1518 , in-8. »

286. Livii (Titi) Opera omnia , quatuor volu-
minibus contenta. in-8.
 « Cet article et le résumé du Tite-Live
 « in-8. entier et double emploi. »
287. Ovidii Nasonis Opera omnia , ex recens.
And. Naugerii. 3 vol. in-8.
 « C'est une copie de l'édition de 1515 et
 « 1516. »
288. Petrarcha. (II) in-8.
289. Pontani Poëmata latina. in-8.
 « Ce n'est que la première partie réimpri-
 « mée. »
290. Sannazarii et aliorum Carmina. in-8.
291. Rusticæ (Rei) Scriptores , scilicet : Columella , Varro , Cato , et Palladius. in-4.
292. Themistii Opera , etc. in-fol.

1534.

293. Æginetæ (Pauli) Opera medica , græcè.
in-fol.
294. Ætii Amideni Libri medicinales primi
viij , græcè in-fol.
295. Joannis Grammatici in posteriora resolutoria Aristotelis Commentarium , et alia ,
græcè. in-fol.
296. Isocrates , Alcidamas , Gorgias et Arpo-
cration. in-fol.
297. Ovidii Metamorphoseon lib. in-8.
 « M. Renouard ne parle pas de cette
 « édition. »
298. Poetæ tres egregii nunc primùm in lucem
editi : Gratii de Venatione lib. j ; P. Ovidii
Nasonis Halieuticon ; M. Aur. Olymp. Nemesiani Cynegeticon lib. j ; et T. Calphurnii
Bucolica ; Adriani Card. Venatio. in-8.
299. Poetarum (diversorum) in Priapum Lusus.
in-8.
 « C'est une copie de l'édition de 1517. »
300 Sannazaro , l'Arcadia. in-8.
301. Sannazaro , Sonetti e Canzone. in-8.
302. Tacitus (Corn.) exactâ curâ recogn. et
emend. in-4.
302. * Themistii Opera , à Vict. Trincavello,
græcè. in-fol.
 « C'est un double emploi de l'édition an-
 « noncée ci-dessus , sous la date de 1533. »
303. Valerius Maximus , ex recognit. Pauli
Manutii. in-8.

1535.

304. Juvenalis et Persius. in-8.
305. Lactantii Opera omnia , cum Apologetico
Tertulliani. in-8.
306. Philoponi (Jo.) in Aristotelem de Auscultatione Commentaria , græcè. in-fol.
 « Ce volume , dit M. Renouard , est de
 « Zanetti , et non pas d'Alde. »
307. Plinii (C.) Secundi Naturalis Historiæ
secunda pars. in-8.
 « C'est le second volume et le premier
 « imprimé de Pline le naturaliste. »
308. Sannazarii Opera latina nuper edita. in-8.

1536.

309. Aristotelis Poëtica , græcè. Eadem , per
Alexandrum Paccium Patritium Florentinum in lat. conversa. in-8. *rare.*
310. Eustratii et aliorum Commentaria in lib.
Aristotelis de Moribus , græcè in-fol.
311. Gregorii Nazianzeni theologi Orationes
novem elegantissimæ. Gregorii Nysseni liber
de Homine , græcè. in-8.
312. Philoponi (Jo.) in priora Aristotelis
Commentaria , et alia. in-fol.
 « Ce second volume de Philoponus est de
 « Zanetti , comme celui annoncé sous la date
 « de 1535 ci-dessus. »
313. Plinii (C.) Secundi Naturalis Historiæ
prima pars. in-8.
 — Caii Plinii Secundi Naturalis Historiæ
tertia pars. In fronte 1535 , ad calcem vero
1536.
 « Ce sont le premier et le troisième volu-
 « mes de Pline le naturaliste : le deuxième
 « est de 1535 , comme nous l'avons ob-
 « servé. »
314. Vallæ (Laur.) Elegantiarum lib. vj. in-4.

1537.

315. Homeri Ilias et Odyssea. 2 vol. in-8.
 « Cette édition n'existe pas, dit M. Re-
 « nouard. On a vraisemblablement confondu
 « avec celle de Luc Ant. Giunta , de la
 « même année , à Venise. »

1538.

316. Index in C. Plinii Secundi Naturalis Historiæ libros locupletior et castigatior , quam
qui hactenùs impressi sunt. in-8.
 « Ce volume est très-rare Il est néces-
 « saire pour compléter le Pline de 1535 ,
 « auquel il manque très-souvent. »

1539.

317. Giovin (Paolo) e Andrea Cambini. Delle
Cose de' Turchi , con la Vita di Scanderbeg. in-8.
 « M. Renouard regarde cette édition
 « comme imaginaire , et il croit qu'il n'est
 « rien sorti des presses des Aldes dans le
 « courant de 1539 , qui est l'époque de la
 « dissolution de leur société avec les fils
 « d'Asola ; ou du moins les démêlés qu'ils
 « avaient dès-lors préparaient cette disso-
 « lution, et contribuaient à l'inaction de l'im-
 « primerie. »

1540.

318. Ciceronis Epistolæ ad Atticum , ad M.
Brutum , ad Quintum Fratrem , cum Pauli
Manutii scholiis. in-8.
319. Ciceronis (M. T.) Epistolæ ad familiares,
ex emendat. et cum scholiis Pauli Manutii.
in-8.

320. Ciceronis (**M. T.**) Orationes. 3 vol. in-8.
« Les tomes 2 et 3 sont de 1541. »
321. Machiavelli. (Nic.) Storie Fiorentine. in-8.
322. Machiavelli. (Nic.) Il Principe , con altre Opere del medesimo. in-8.
323. Machiavelli. (Nic.) Discorsi soprà la prima Deca di Tito Livio. in-8.
324. Machiavelli. (Nic.) L'Arte della Guerra. in-8.
« Il est très-difficile de réunir ces quatre « ouvrages. »
325. Plinii (C.) Secundi Naturalis Historiæ prima et secunda pars. 2 vol. in-8.
« Il n'existe que ces deux volumes sous « cette date. M. Renouard prétend que cette « édition n'est pas différente de celle de « 1535, et qu'on peut se servir indifférem- « ment de ces deux volumes pour compléter « le Pline. »

1541.

326. Castiglione. (Messer Baldassar) Il Cortigiano. in-8.
327. Cicerone, Epistole, familiari. in-8.
« M. Renouard omet cette édition. »
328. Ciceronis (M. T.) Officiorum libri tres; Cato Major ; Lælius ; etc. in-8.
329. Ciceronis (M. T.) Opera philosophica, cum scholiis Pauli Manutii separatim impressis. 2 vol. in-8.
« En réunissant ces différents volumes de « 1540 et 1541 , on peut former un Cicéron « complet , auquel il ne manquerait que les « ouvrages sur la Rhétorique , qu'on peut « suppléer avec l'édition de 1533 , ou avec « celle qu'en a donné Paul Manuce en 1546.»
330. Fortunio. (Messer Fr.) Regole grammaticali della Volgar lingua. in-8.
331. Giovio Paolo e Andr. Cambini , delle cose de' Turchi , con la vita di Scanderbeg. in-8.
« C'est la même édition indiquée sous la « date de 1539. »
332. Leone , medico hebreo, Dialoghi d'Amore. in-8.
333. Politiano, (Messer Ang.) Stanze. in-8.
334. Riccius (Barth.) de Imitatione. in-8.
335. Terentii Comœdiæ , diligentiùs emendatæ per Fr. Asulanum. in-8.
336. Viaggi (di Giosafat Barbaro , di Ambrogio Contarini , e di altri) fatti da Venezia alla Tana , in Persia , nell' India e in Constantinopoli. in-8.
« M Renouard regarde cette édition comme « imaginaire. »
337. Viaggio da Venezia a Constantinopoli , il quale contiene le cose de' Turchi , lib. iij. in-8.
« Ce Voyage fait partie du vol. précé- « dent , dont il n'en a été fait d'édition qu'en « 1543 et 1545. »
338. Virgilii Opera , cum Præfat. Aldi Manutii. in-8.

1542.

339. Barbari (Dan.) Commentationes in Porphyrium. in-4.
Dict. Bibl. II. *Aldes.*

340. Ciceronis (M. T.) Epistolæ ad Atticum. in-8.
« Cette édition , au besoin , peut servir «à compléter le Cicéron de 1540 et 1541. »
341. Ferrarii (Hier.) ad Paulum Manutium Emendationes in Philippicas Ciceronis. in-8.
342. Grimani (Marini) Cardin. Commentarii in Epistolas Pauli ad Romanos et ad Galatas. in-4.
343. Lettere Volgari di diversi nobilissimi uomini. in-8.
« C'est le premier volume de cette col- «lection, dont le troisième n'a paru qu'en « 1564. »
344. Speroni. (Sperone) I Dialoghi. in-8.
« M. Renouard cite dans cette année une « édition du Dictionnaire de Calepin , omise «dans le Catalogue de Florence. »

1543.

345. Aluno. (Messer Fr.) Le Ricchezze della Lingua Volgare. in-fol.
346. Ciceronis Epistolæ ad Familiares, diligentiùs, quam quæ hactenùs exierunt, emendatæ; cum Pauli Manutii scholiis. in-8.
347. Giraldi Cinthio da Ferrara , (Messer Giovanbatista) Orbecche , tragedia. in-8.
348. Lettere Volgari di diversi nobilissimi uomini ed eccellentissimi ingegni, libro primo. in-8.
« Cette édition n'est qu'une réimpression « de celle de 1542. »
349. Sanutus contra Lutherum. in 4.
350. Speroni. (M. Sperone) I Dialoghi. in-8.
« C'est une réimpression. »
351. Viaggi fatti da Venezia alla Tana, in Persia , in India ed in Constantinopoli, etc. , con una Prefat. di Ant. Manuzio. in-8.
« C'est la première édition de ce livre. Elle « est annoncée précédemment , par erreur du « Catalogue de Florence. »

1544.

352. Ciceronis (M. T.) Epistolæ ad Atticum. in-8.
353. Lettere Volgari di diversi nobilissimi uomini , libro primo. in-8.
354 Sforza , (Isabella) della vera tranquillità dell' animo. in-4. (réimpression).
355. Speroni . (M. Sperone) I Dialoghi. in-8. (réimpression.)
356. Terenzio l'Andria e l'Eunuco , trad. da Gio. Giustiniano. in-8.
« Cette édition est des frères Asola , et non « pas de Paul Manuce. »

1545.

357. Ammonii in Porphyrium Commentarius, græcè. in-8.
« M. Renouard prétend que c'est l'édition « de 1546, annoncée mal-à-propos de l'année « 1545. »
358. Appiano Alessandrino delle Guerre Civili

2

ed Esterne dei Romani, trad. da Aless.
Braccio. 3 vol. in-8.
359. Ariosto. (Lod.) Orlando Furioso. in-4.
rare.
360. Castiglione. (Baldassar) Il Cortigiano.
in-fol.
361. Ciccrone, le Epistole Famigliari, tradotte.
iu-8.
    « Cette traduction est de Guido Loglio
    « Reggiense, et non pas d'Alde le jeune,
    « comme quelques bibliographes l'ont cru. »
362. Ciceronis Epistolæ ad Familiares, cum
scholiis Pauli Manutii. in-8.
363. Ciceronis Olficiorum libri tres ; Cato
Major ; Lælius ; etc. in-8.
    « C'est une copie de l'édition de 1541. »
364. Fluminii (Marci Ant.) Explanatio in
Psalmos. in-8.
365. Fortunio. (Messer Fr.) Regole Grammaticali della volgar lingua. in-8.
366. Leoue, medico hebreo, Dialoghi d'A-
more. in-8.
367. Lettere Volgari di diversi nobilissimi
uomini ed eccellentissimi ingegni, scritte
in diverse materie, raccolte da P. Manuzio.
tomo secondo. in-8.
    « Le premier volume a été donné en 1542,
    « et le troisième en 1564. »
368. Parthenii (Bern.) pro linguâ Latinâ
Oratio. in-4.
369. Discorsi del Rev. Monsig. Fr. Patricii
Sanese Vescovo Gajetano soprà alle cose
appartenenti ad una città libera e famiglia
nobile, trad. in ling. toscana da Giov. Fab-
brini Fiorentino. in-8.
370. Poliphilo, la Hypnerotomachia, cioè Pugna
d'Amore in sogno, dove egli mostra che
tutto le cose humane non sono altro che
sogno. in-fol.
    « Edition bien inférieure à celle de 1499.»
371. Riccii (Barth.) de Imitatione libri tres.
in-8.
    « Copie de l'édition de 1541. »
372. Terentii Comœdiæ, ex recens. Guidi Lol-
gii. in-8.
373. Viaggi alla Tana, etc. in-8.
    « Copie de l'édition de 1543. »
374. Virgilius, in-8.

1546.

375. Abduensis (Ferd.) Oratio pro Jure Civili,
et Epigrammata. in-8.
376. Alciati (And.) Emblemata, cum fig. in-8.
377. Ammonii Hermeæ et Magentini iu librum
Aristotelis de Interpretatione Commentarius,
gracè. in-8.
    « Ces trois traités doivent être réunis eu
    « un même volume. »
378. Ammonii Hermeæ in Prædicamenta Aristotelis Commentarius, et Aristotelis Vita,
gracè. iu-8.
379. Ammonii Hermeæ in Voces Porphyrii
Commentarius, græcè. in-8.
380. Capicii (Scip.) de Principiis rerum libri
duo. De Vate maximo libri tres. in-8.

381. Ciceronis (M. T.) Epistolæ familiares,
cum scholiis. in-8.
382. Ciceronis (M. T.) Orationes, corrigente
Paulo Manutio Aldi Filio. in-8.
383. Ciceronis (M.T.) de Philosophiâ prima
pars et secunda. in-8.
384. Ciceronis (M. T.) omnia Rhetoricorum
Opera, corrigente Paulo Manutio. in-8.
    « Pour compléter le Cicéron de cette édi-
    « tion, il faut y joindre les Offices et les
    « Epîtres familières de 1545, et les Epîtres
    « à Atticus de 1548. Cette édition, après
    « tout, est moins bonne que celle de 1540. »
385. Commentaria doctiss. virorum in omnes
de Arte Rhetoricâ M. Tullii Ciceronis libros.
in-fol.
386. Folengi Commentaria in primam D. Joannis Epistolam, Jo. Bapt. Folengio Monacho
Mantuano auctore. in-8.
387. Ciceronis Defeusiones contrà Cælii Calca-
gnini Disquisitiones in ejus Olficia, per Jac.
Grifolum Luciuianensem. in-8.
388. Lacinii (Jani) Margarita pretiosa de
Thesauro ac pretiosissimo Philosophorum
Lapide. in-8. *rare*.
389. Lettere Volgari di diversi nobilissimi
uomini, etc. 2 vol. in-8. (réimpression).
    « M. Renouard n'annonce que le premier
    « volume de cette année. »
390. Liburnio. (Nic.) Le Occorenze umane.
in-8.
391. Machiavelli.(Nic.)Arte della Guerra. in-8.
392. Machiavelli. (Nic.)Il Principe. La Vita
di Castruccio Castracani da Lucca, etc. in-8.
393. Machiavelli (Nic.) Fiorentino. Discorsi
soprà la prima Deca di Tito Livio. in-8.
394. Machiavelli. (N.) Istorie Fiorentine. in-8.
    « Ces différents volumes sont assez diffi-
    « ciles à rassembler. Cette édition cependant
    « est moins belle que celle de 1540. »
395. Pedimontii (Fr. Philip.) Ecphrasis in
Horatium de Arte Poeticâ. in-4.
396. Petrarca, Rime. in-8.
397. Speroni. (M. Sperone) I Dialoghi. in-8.
398. Terentio, Commedie volgari, di nuovo
ricorette ed a miglior traduzione ridotte. in-8.
399. Vita di Marco Aurelio. in-8.

1547.

400. Asconii Pædiani Expositiones in quasdam
M. T. Ciceronis Orationes, ex emendat,
Pauli Manutii. in-8.
401. Castiglione. (M. Bald.) Il Cortigiano. in-8.
402. Cesare, (C. J.) Commentarii, trad. di lat.
in Volgar lingua, per Agost. Ortica della
Porta Genovese. in-8.
    « C'est la meilleure édition de cette traduc-
    « tion de César. »
403. Dolce. (M. Lod.) Didone, tragedia. in-8.
404. Georgii (Bern.) Epitome Principum Venc-
torum. iu-4.
405. Lucubrationes in Ciceronis Orationes.
in-fol.
406. Manutii (Pauli) in Epistolas Ciceronis
ad Atticum Commentarius. in-8.
407. Medici antiqui latini. iu-fol.

408. Mureti (M. Ant.) Commentarius in Epistolas Ciceronis ad Atticum. in-8.

1548.

409. Æschinis et Demosthenis Orationes, græcè. in-4.

« M. Renouard ne parle pas de cette « édition. »

410. Calepini (Ambr.) Dictionarium. in-fol.

411. Cicerone , le Epistole Famigliari , trad. secondo i sensi dell' autore , etc. in-8.

412. Ciceronis Epistolæ ad Atticum , ad Marcum Brutum , ad Quintam Fratrem multorum locorum correctione illustratæ. in-8.

413. Ciceronis Epistolæ ad Familiares , cum scholiis P. Manutii separatim impressis. in-8.

414. Ciceronis (M. T.) Officiorum libri iij ; De Senectute ; De Amicitiâ ; Paradoxa ; et Somnium Scipionis. in-8.

415. Lettere Volgari di diversi eccellenti Ingegni , etc. 2 vol. in-8. (réimpression.)

« M. Renouard place dans cette année une « édition de trois discours latins de Pierre « Pascali , emise dans le Catalogue de Flo- « rence. »

1549.

416. Acoluthia , sive Sylliturgica Lectoris , græcè. Venetiis , Turrisanus , cum signo Anchoræ.

« Il est possible que Paul Manuce ait im- « primé ce livre pour Turrisani. M. Re- « nouard ne le cite pas. »

417. Æschinis et Demosthenis Orationes quatuor inter se contrariæ. Apud Federicum Turrisanum , Venetiis , in-8. græcè. *rare.*

« Je serais tenté de croire que ce volume « est le même que celui annoncé en 1548 , « sous le n.º 409, quoique le format soit « différent , l'in-4. des Aldes ayant la forme « d'un grand in-8. »

418. Chrysoloræ Erotemata et alia. in-8.

419. Demosthenis Orationes in contrà Philippum , à Paulo Manutio latinitate donatæ. in-4.

420. Dolce , (Lod.) la Fabricia. in-8.

421. Dolce , (Lod.) la Giocasta. in-8.

422. Etymologicum magnum græcum. in-fol. avec le nom de Fed. Turrisani.

423. Leone, Hebreo , Dialoghi d'Amore. in-8. (réimpression.)

424. Lettere Volgari di diversi eccellenti Ingegni. Parte prima. in-8. (réimpression.)

425. Platonis , Thucydidis et Demosthenis Funebres Orationes , græcè. in-8. *Volume rare.*

426. Priscianensis (Fr.) Argumentorum Observationes in omnes Ciceronis Epistolas. in-8.

427. Thomaii (Camilli) Ravennatis rationalis Methodus ad curandos morbos internarum partium humani corporis. in-8.

1550.

428. Anthologia , sive Florilegium diversorum Epigrammatum , græcè. in-8.

429. Bembo. (M. Piet.) Lettere. in-8. Tom. secondo.

« Le premier volume de ces Lettres parut « à Rome en 1548 , in-4. Les troisième et « quatrième parurent à Venise en 1552 , chez « Gualtero Scolto. in-8. »

430. Calepini (Ambr.) Dictionarium. in-fol.

« Le titre porte l'ancre Aldine , et à la « fin est la marque de Gryphe. »

431. Ciceronis (M. T.) Opera Rhetorica omnia. in-8.

« C'est la même chose que l'édition de « 1546. »

432. Ciceronis Orationum tria volumina. in-8.

« Copie de 1546. »

433. Commedia del sacrificio degl' Intronati. in-8.

434. Gregorii Nysseni Orationes ij de pauperibus amandis. in-8.

435. Lettere Volgari di diversi Ingegni , parte seconda. in-8.

436. Lucretius de Rerum Naturâ. in-8.

« M. Renouard suspecte cette édition. »

437. Marini (Domitii) Veneti Philosophi physici Carmina. in-4.

438. Methodus ab Hippocrate , etc. in-8.

439. Olympiodori in Meteora Aristotelis Commentaria , græcè. in-fol.

« M. Renouard omet cette édition , et la « place dans l'année 1551. »

440. Pariseti (Lud.) Theopeiæ libri sex. in-8.

441. Speroni. (M. Sperone) I Dialoghi. in-8.

« M. Renouard cite sous cette année »

442. Joanis Baptistæ Camotii libri tres in primum Metaphysices Theophrasti , avec le nom de Fédéric Turrisani.

1551.

443. Aluuno. (Fr.) Ricchezze della lingua Volgare. in-fol.

444. Appiano Alessandrino. Le Guerre Civili ed Esterne dei Romani , trad. da Aless. Braccio. 3 vol. in-8.

« Presque copié sur l'édition de 1545. »

445. Aretino ,(Piet.) il Genesi , l' umanità di Cristo , i Salmi Penitenziali. in-4.

446. Aristotelis et Theophrasti Opera , græcè. in-8. Tomus primus et tomus secundus hoc anno prodiere in lucem ; tertius, 1553 ; quartus , quintus et sextus , anno 1552.

« Edition estimée rare. Elle porte le nom « de Fédéric Turrisani , avec lequel Paul « Manuce , son neveu , conservait encore « des liaisons. »

447. Bembi Card. Historiæ Venetæ lib. xij. in-fol.

448. Cicerone , le Epistole famigliari , trad. secondo i veri sensi dell' Autore , ristampate di nuovo. in-8.

449. Ciceronis Epistolæ ad Atticum , ad M. Brutum , ad Quintum Fratrem. in-8.
  « Edition copiée sur celle de 1548. »
450. Comitum (Natalis) de Venatione lib. iv. in-8.
451. Commentaria in omnes de Arte Rhetoriçâ Ciceronis libros. in-fol.
  « Edition copiée sur celle de 1546. »
452. Demosthenis Orationes quatuor. in-4.
453. Dionis Chrysostomi Orationes , græcè. in-8.
454. Fausti (Vict.) Veneti Orationes quinque. in-4.
455. Lettere Volgari di diversi eccellentissimi Ingegni , libri due. 2 vol. in-8.
456. Olympiodori Philos. Alexand. in Meteorâ Aristotelis Commentarii. Joannis Grammatici Philoponi Scholia in primum Meteororum Aristotelis, græcè et lat Venetiis , apud Aldi Filios , expensis Federici de Turrisanis , eorum avunculi , 1551. 2 vol. in-fol.

1552.

457. Adeodati Senensis Theologi Augustiniani Oratio habita in Concilio Tridentino. in-4.
458. Aretino. (Piet.) Vite di Maria Vergine , di S. Caterina , e di S. Tommaso d'Acquino. in-4.
459. Aristotelis et Theophrasti Opera , græcè. Venetiis , apud Aldi Filios , expensis Federici de Turrisanis, eorum avunculi , 1552, 3 vol. in-fol.
  « Ce sont les tomes 4 , 5 et 6. »
460. Calepini (Ambr.) Dictionarium. in-fol.
461. Cicerone , le Pistole Familiari. in-8.
462. Ciceronis Epistolæ Familiares. in-8.
463. Ciceronis de Officiis. in-8.
464. Ciceronis de Philosophiâ volumina duo , cum scholiis et conjecturis Pauli Manutii. in-8.
465. Fortunio. (M. Fr.) Regole Grammaticali della Volgar Lingua. in-8.
466. Horatius.
467. Leone, medico hebreo, Dialoghi d'Amore. in-8.
468. Lucubrationes doctissimorum virorum in omnes Ciceronis Orationes. in-fol.
469. Machiavelli. (Niccolò) Le Istorie. in-8.
470. Parisetti Junioris (Lud.) Regiensis de Divinâ in hominum benevolentiâ atque beneficentiâ , Orationes tres. in-8.
471. Speroni. (Sperone) I Dialoghi. in-8.
472. Virgilius.
  « M. Renouard ne parle pas de cette « édition ni de celle de l'Horace indiquée « ci-dessus. »

1553.

473. Æginetæ (Pauli) Opera , à Jo. Guinterio illustrata. Venetiis , apud Federicum Turrisanum , in-8.
474. Aristotelis et Theophrasti Opera , græcè. in-8. Volumen tertium.

475. Asconii (Quinti Pædiani) Commentarii , ex correctione et cum scholiis Pauli Manutii. in-8.
  « C'est le premier livre annoncé sous le « nom de Paul Manuce seul. »
476. Castiglione (Baldass.) e Cesare Gonzaga, Stanze Pastorali , con le Rime di Anton. Giacomo Corso. in-8.
477. Ciceronis (M. T.) Epistolæ ad Atticum , cum comment. Manutii. in-8.
478. Ciceronis (M. T.) omnia quæ ad artem Oratoriam pertinent. in-4.
479. Giraldi, (Gio. Bat.) l' Orbecche , tragedia. in-8.
480. Gregorii (J.) Nazianzeni Commentarius in Hexæmeron, interpr. P Fr. Zino. in-8.
481. Gregorii Nysseni Opuscula. in-8.
  « M. Renouard omet cet article. »
482. Grilaldi (Matth.) Mophæ Interpretationes in L. II. C. Commu. de Legâ et in L. verbis Legis de Verbor. significat. in-8.
483. Lettere Volgari di diversi Uomini nobilissimi , etc. 2 vol. in-8.
  « M. Renouard rejette cette édition. »
484. Manutii (Pauli) in Epistolas Ciceronis ad Atticum Commentarius. in-8.
485. Nores. In Epistolam Q. Horatii Flacci de Arte Poëticâ Jasonis de Nores Cyprii Interpretatio , etc. in-8.
486. Parisetti Junioris (Lud.) Epistolarum posteriorum libri tres. in-8.
487. Patrizi , (Fr.) il Sacro Regno. in-8.
488. Terentius , à P. Manutio emendatus. in-8.

1554.

489. Campegii (Thomæ) Opera varia. in-8.
  « M. Renouard dit qu'il ne connaît de « Campegi , en 1554 , que son traité *de Ce-* « *libatu Sacerdotum non abrogando.* Il « renvoie à l'édition de ses OEuvres en « 1555. »
490. Cattaneo , (Piet.) i quattro libri dell' Architettura. in-fol. fig.
491. Catullus et in eum Commentarii M. Antonii Mureti , cum ejus præfatione. in-8.
492. Cicerone , (M. T.) l' Epistole samigliari, trad. in-8.
493. Cicerone , (M. T.) Orazione a difesa di Milone , trad. da Jac. Bonfadio. in-8.
494. Ciceronis (M. T.) Epistolæ ad Atticum , à P. Manutio , in-8.
495. Ciceronis (M. T.) Epistolæ ad Familiares. in-8.
496. Ciceronis (M. T.) Orationum volumina III, cum correctioni us Pauli Manutii. in-8.
  « Si on veut former des recueils complets « du Cicéron des Aldes , il est bon , autant « que possible , de ne pas meler les éditions. « Celle-ci est très-inférieure aux précé- « dentes. »
  « C'est de cette année que le Catalogue « de Florence date la séparation de Paul « Manuce d'avec ses frères ; cependant , « avant cette époque , on trouve des livres « annoncés sous son nom seul ; mais c'est en

« 1554 qu'il paraît que l'imprimerie lui resta
« exclusivement. On voit encore cependant
« des livres, les années suivantes, porter le
« nom des fils d'Alde. »

497. Ciceronis (M. T.) Opera Rhetorica
omnia, corrigente Paulo Manutio. in-8.

498. Demosthenis Orationes. 3 vol. in-8.

« Édition rare, mais peu estimée. »

499. Egnatius de ExemplisVirorum Illustrium.
Parisiis, Aldus. in-8.

500. Eschine e Demostene Orazioni due. in-8.

501. Fumi (Barth.) Summa quæ Aurea Armilla
inscribitur. in-8.

502. Giovanni (S.) Crisostomo, della Providenza, etc. in-8.

503. Joannis (S.) Damasceni Orationes tres.
in-8.

504. Lauredani (Bernard.) Oratio in funere
M. Antonii Trivisiani Venetiarum Principis.
in-4.

505. Lettere Volgari di diversi nobilissimi
uomini libri due. in-8.

« M. Renouard ne croit pas que le tome
« second ait été imprimé en 1554. »

506. Liburnii (Nic.) Veneti Epithalamium
in nuptiis Fratrum clariss. Familiæ Quirinæ.
in-4.

507. Luisini (Fr.) Utinensis in librum Q.
Horatii Flacci de Arte Poëticâ Commentarius. in-4.

508. Poesie Volgari nuovamente stampate di
Lorenzo de' Medici. in-8.

509. Oribatii Sardiani Synopseos ad Eustathium
Filium lib. ix, Joanne Bapt. Rasario interprete. in-8.

510. Psellus in Physicam Aristotelis. in-fol.

511. Rapicii (Jovitæ) de Numero Oratorio,
et alia. in-fol.

512. Tractatus de nullitatibus processuum ac
sententiarum, à D. Sebastiano Vantio compositus. in-8.

« On trouve dans cette année et la suivante,
« des éditions faites à Paris avec l'ancre
« Aldine. Elles sont d'un Bernard Turrisani,
« fils d'André d'Asola, qui était venu fonder
« un établissement dans cette ville, où il
« conserva les marques de l'imprimerie Al-
« dine, comme son frère Fédéric avait fait
« à Venise. On peut réunir toutes ces pro-
« ductions différentes, si on veut compléter
« la collection entière de tout ce qui porte le
« signe des Aldes. »

« M. Renouard place dans cette année
« une édition des Cæsarum Icones d'Ænea
« Vico, omise dans le Catalogue de Flo-
« rence. »

1555.

513. Bembo, gli Asolani. in-8.

514. Campegius (Thomas) de Auctoritate
Romani Pontificis, et alia. in-8.

515. Cicerone, l'Epistole ad Attico, per Matteo
Senarega. in-8.

516. Ciceronis (M. T.) de Officiis, etc. in-8.

517. Ciceronis (M. T.) Opera Philosophica.
2 vol. in-8.

518. Demostene, Oratione contro la legge di
Lettine. in-8.

519. Horatius. M. Ant. Mureti et Aldi Manutii in eundem annotationes. in-8.

520. Livii (T.) Historiarum libri, ex emendat.
et cum scholiis Caroli Sigonii. in-fol.

521. Longini (Dionysii) de sublimi genere
dicendi, græcè. in-4.

522. Moschi, Bionis ac Theocriti Idyllia
aliquot, latinè reddita ab Henrico Stephano,
cum variis ejus carminibus. in-4.

523. Mureti (M. Ant.) Orationes tres de
Studio Litterarum. in-4.

524. Palladii, Evagrii et Theodoreti Episcopi
Historia Sanctorum quæ dicitur Lausiaca.
Parisiis, apud Bernard. Turrisanum, in
Aldinâ Bibliothecâ. in-4.

« M. Renouard omet cet article et le sui-
« vant. On peut les conserver pour la collect
« tion entière. »

525. Oribasius. Parisiis. in-8.

526. Ragazonii (Hieronymi) Commentarius in
Epistolas Ciceronis ad Familiares. in-8.

527. Sigonii (Caroli) Orationes iv de Elo-
quentiâ. in-4.

528. Sigonii (Caroli) Regum, Consulum,
Dictatorum ac Censorum Romanorum Fasti,
unâ cum triumphis et alia. in-fol.

529. Sigonii (Caroli) Scholia in Tit. Livium.
in-fol.

« Ces Scholies de Sigonius se trouvent dans
« le Tite Live annoncé sous le n°. 520 ci-
« dessus. »

530. Terentius, à Mureto emendatus. in-8.

531. Virgilius, à P. Manutio emendatus. in-8.

1556.

532. Actuarii Opera medica. Parisiis, apud
Bernardum Turrisanum, in Aldinâ Bibliothecâ. in-8.

« M. Renouard ne cite pas cette édition,
« ni les autres de Paris. »

533. Athenagora Ateniense Filosofo Cristiano,
della Resurrezione de' morti, trad. in ling.
ital. da Gir. Faleti. in-4.

« Cette traduction d'Athénagore est citée
« mal-à-propos en 1554, par le Catalogue de
« Florence. »

534. Cicerone, (M. T.) l' Epistole scritte a
M. Bruto, nuov. fatte volgari da Ott. Maggi.
in-8.

535. Ciceronis (M. T.) Epistolæ familiares,
cum scholiis P. Manutii. in-8.

« M. Renouard dit n'avoir jamais vu ce
« vol me. »

536. Cicerone, le Filippiche, fatte volgari da
Gir. Ragazzoni. in-4.

537. Epistolæ Clarorum Virorum selectæ de
quamplurimis optimæ. in-8.

« Ces Lettres furent réimprimées cette
« même année à Paris, par Bernard Tur-
« risani. »

538. Lettere volgari di diversi nobilissimi no-
mini. in-8. tomo secondo.

539. Manutii (Pauli) Commentarius in Orationem pro Sextio. in-8.

540. Manutii (Aldi Junioris) Ortographia , cum inscriptionibus antiquis. in-8.
« Cité mal-à-propos par Volpi. »
541. Manutio, Eleganze , etc. in-8.
« M. Renouard n'en parle pas. »
542. Manuzio , (Paolo) tre libri di Lettere Volgari. in 8.
543. Piccolomini (Arch.) Commentaria in Galenum. Parisiis. in-8.
« Non cité par M. Renouard, parce qu'il ne « l'a pas regardé, ainsi que les autres vo-« lumes de Paris , comme devant entrer « dans la collection des Aldes. »
544. Sambigucii (Gavini) in Hermathenam Bocchiam Interpretatio. in-4.
« L'auteur du Catalogue de Florence pré-« tend qu'Antoine Manuce se sépara de son « frère vers cette époque , et qu'il vint éta-« blir une imprimerie à Bologne. M. Re-« nouard n'est pas de cet avis, et ses raisons « paraissent plausibles. »
545. Sigonii ((Caroli) in Fastos Consulares ac Triumphos Romanos Commentarius. in-fol.
546. Taxaquetii (Mich. Th.) Hispani Oratio-nes duæ civiles. in-4.
547. Tomitani (Bern.) Clonicus , sive de Laudibus Reginaldi Poli Cardinalis. in-8.
548. Tomitani (Bern.) Corydon , sive de Venetorum Laudibus. in-8.

1557.

549. Castellani , (Ant.) Stanze in lode delle Gentili Donne di Faenza. in-4.
550. Cicerone , l'Epistole ad Attico , per Matt. Senarega. in-8.
« Edition citée sur la foi de Paitoni. »
551. Demostene, cinque Orazioni, ed una d'Es-chine. in-8.
552. Discussio theologica , etc. in-8.
« Article incertain. »
553. Faleti (Hier.) de Bello Sicambrico libri iv , et ejusd. alia Poëmata. in-4.
554. Lascaris (Const.) Grammatica græca. in-4.
555. Linacri (Th.) Britanni de emendatâ structurâ Latini Sermonis libri vj. in-8.
556. Manutii (Pauli) de Antiquitatibus Ro-manorum. in-fol.
557. Manutii (Pauli) Antiquitatum Roma-narum liber de Legibus. Parisiis , in typogr. Aldinâ , apud Bern. Turrisanum. in-8.
558. Manutii (Pauli) Commentarius in Epis-tolas Ciceronis ad Atticum. in-8.
559. Manutii (Pauli) Commentarius in Episto-las Ciceronis ad Brutum et ad Quintum Fra-trem. in-8.
560. Manutio , (Paolo) Degli Elementi , e di molti loro effetti. in-4.
561. Massolo , (Piet.) Sonetti morali. in-8.
562. Odoni. (Rinaldo) Discorso filosofico soprà l'Anima. in-4.
563. Pescara , (March. di) Pianto soprà la Passione di Cristo. in-8.
564. Riccius de Imitatione. Parisiis , in typogr. Aldinâ , apud Bern. Turrisanum. in-12.
« Non cité par M. Renouard. »

565. Sallustius , ex recens. Pauli Manutii. in-8.
566. Sigonii (Caroli) Emendationum libri duo. in-4.
567. Urbani Bolzani Grammaticæ græcæ Ins-titutiones. in-8.
568. Vergara de Linguâ latinâ. in-8.
« Article incertain. »

1558.

569. Æginetæ (Pauli) Opera , à Jo. Guinterio Andernaco comment. illustrata , cum anno-tationibus Jac. Goupyli. in-8.
570. Archimedis Opera nonnulla , ex vers. Fed. Commandini. in-fol.
« Article incertain. »
571. Bulticellæ Commentaria. in-fol.
572. Calepini (Ambr.) Dictionarium. in-fol.
573. Catullus , et in eum Commentarius M. Antonii Mureti , ab eodem correcti et scholiis illustrati ; Tibullus et Propertius. in-8.
574. Ciceronis (M. Tullii) Epistolæ ad Atti-cum , ad Brutum , ad Q. Fratrem , cum correctionibus Pauli Manutii. in-8.
575. Commandini Commentaria in Claudii Ptolomæi et Jordani Planispherium. in-4.
576. Descrizione dell' Impero e Rinunzia di Carlo V. in-4.
577. Discorso intorno alle cose della Guerra. in-4.
« Cet article et le précédent se trouvent « rangés dans le Catalogue que M. Renouard « a placé à la suite de l'année 1559 , des « livres publiés *in Academiâ Venetâ*. »
578. Faleti (Hier.) Orationes xij et Opera. in-fol.
579. Georgii (Bern.) Patricii Veneti Epi-taphia et Epigrammata aliquot. in-4.
580. Lauredani (Bern.) Commentarius in Ciceronis Orationem de Lege Agrariâ. in-4.
581. Livius (Titus), à Sigonio emendatus. in-fol.
« M. Renouard croit cette annonce un « double emploi de celle de 1555. »
582. Manutii (Aldi Pii) Grammaticæ Institu-tiones. in-8.
583. Manutii Epistolæ. in-8.
« Article incertain. »
584. Manutii Præfationes et Epistolæ. in-4.
« Article incertain. C'est peut-être l'édi-« tion indiquée *in Academiâ Venetâ* , ainsi « que la précédente. »
585. Nattæ de Locutione Oratio. in-4.
« Article incertain. »
586. Pacinus (Jac.) de tenui humore. in-8.
587. Syrianus. in-4.
« C'est une des éditions *in Academiâ Ve-« netâ*. »
588. Terentii Comœdiæ , cum notis Lambini. in-8.
« Non cité par M. Renouard. Peut-être « est-ce la même que le suivant »
589. Terentius , à M. Ant. Mureto emendatus, cujus scholia separatim impressa sub anno 1559. accedunt. in-8.

590. Toson (del) d'Oro. in-8.

« Article incertain. »

591. Zeno. Dei Commentarii del Viaggio in
Persia di M. Caterino Zeno lib. j. in-8.

« On trouve do ce Voyage et des Dialo-
« gues de Léon Hébreu , sous cette année ,
« des exemplaires avec le nom des héritiers
« d'Asola. »

1559.

592. Aristotelis nova Explanatio Topicorum.
In Venetâ Academiâ apud Aldum. in-fol.

593. Cæsaris (C. J.) Opera , cum correctionibus Pauli Manutii. in-8.

594. Calepini (Ambr.) Dictionarium latinum.
in-fol.

595. Cicerone , l' Epistole famigliari , trad.
in-8.

596. Ciceronis (M. T.) de Officiis. in-8.

597. Ciceronis (M. T.) Orationum Volumina
tria , cum correctionibus Pauli Manutii.
in-8.

598. Ciceronis Opera Rhetorica. in-8.

« Copié sur l'édition de 1554. »

599. Fausti (Vict.) Orationes quinque. in-4.

600. Horatius , cum M. Ant. Mureti scholiis
et Aldi Manutii annotat. in-8.

601. Manutii (Pauli) Antiquitatum romanarum , liber de Legibus. in-8.

602. Manutii (Pauli) in Orationem Ciceronis
pro P. S. Sextio Commentarius. in-8.

603. Manuzio. Eleganze insieme con la copia
della lingua toscana e latina, scelte da Aldo
Manutio. in-8.

604. Nattæ (Marci Ant.) de Deo libri xv.
in-fol.

505. Orationes Clarorum virorum , etc. in-4.

« C' volume est du nombre de ceux qui
« ont été donnés *in Academiâ Venetâ*. »

606. Plinii (C. Secundi) Naturalis Historiæ
libri triginta septem. in-fol.

« M. Renouard cite ici une édition du
« Roman de Méliadus en italien , mais
« imprimée par Joseph Guillaume Vicentino,
« pour Frédéric Turrisano , avec le signe de
« l'ancre. »

607. Rhodigini (Cœlii) Lectiones antiquæ.
in-8.

608. Terentius , cum scholiis M. Ant. Mureti.
in-8.

1560.

609. Cicerone , l' Epistole famigliari , trad. e
corrette da Aldo Manuzio. in-8.

610. Ciceronis de Philosophiâ , cum scholiis
Pauli Manutii. 2 vol. in-8.

611. Dionysius Halicarnasseus de Thucydidis
Historiâ. in-4.

612. Ferrari (Oct.) de Disciplinâ Encyclio
Liber. in-4.

613. Manutii (Pauli) Epistolarum libri iv ,
et Præ ationes. in-8.

« Edition plus ample que celle de 1558. »

614. Manutio , (M. Paolo) Lettere volgari
divise in quattro libri. in-8.

« Edition la plus ample. »

615. Meliadus , o gli egregi Fatti del gran Re
Meliadus. in-8.

« M. Renouard place cette édition en
« 1559 , comme nous l'avons observé. »

« Il manque dans le Catalogue de Flo-
« rence plusieurs des livres publiés *in Aca-
« demiâ Venetâ*, entr'autres le rare Cata-
« logue avec le sommaire des ouvrages que
« l'Académie se proposait de publier. »

616. Sallustii Crispi (C.) de Conjuratione
Catilinæ , et de Bello Jugurthino. Ejusd.
Orationes. in-8.

617. Scala (Pacis) de consilio Sapientis adhi-
bendo. in-4.

618. Sigonii (Car.) Orationes septem. in-4.

619. Terentii Comœdiæ , cum notis Mureti.
in-8.

620. Urbani Bolzani Bellunensis Grammaticæ
Institutiones ad græcam Linguam. in-8.

621. Vici Commentaria in Numismata imperatorum romanorum. in-8.

« M. Renouard cite en 1560, une édition
« latine des Epîtres familières de Cicéron ,
« et une édition de Virgile , omises dans
« le Catalogue de Florence. »

1561.

622. Cæsaris (C. J.) Commentarii , à Paulo
Manutio. in-8.

« C'est une copie de l'édition de 1559. »

623. Camilli (Jo.) de ordine ac methodo in
scientiâ servandâ , Disputatio. in-4.

624. Ciceronis Epistolæ ad Atticum , ad M.
Brutum , ad Quintum Fratrem , cum correct.
Pauli Manutii. in-8.

625. Ciceronis de Officiis. in-8.

626. Commentaria doctiss. Virorum in omnes
de Arte Rhetoricâ Ciceronis libros. in-fol.

627. Faventius. (Valerius) in-8.

« Edition incertaine. »

628. Gabucinius (Hieron.) de Morbo Comitiali.
in-4.

629. Horatius , cum scholiis Mureti , et annot.
Aldi Manutii. in-8.

630. Liber Præcum , seu Missale Mozarabum ,
litterulis rubro-nigris eleganter impressum.
in-8.

« M. Renouard parle de ce livre rarissime
« à la fin de la préface de son second vol. ;
« et il prétend que cet ouvrage n'est pas de
« l'imprimerie des Manuces. »

631. Manutii (Aldi Pii) Romani Grammaticarum Institutionum lib. iv. in-8.

632. Manutii (Pauli) Commentarius in Epistolas Ciceronis ad Atticum. in-8.

« C'est probablement un double emploi du
« n°. 624. »

633. Manutii (Pauli) Epistolæ et Præfationes.
in-8.

« Edition augmentée. »

634. Manuzio. (Aldo) Eleganze della Lingua
toscana e latina. in-8.

635. Orationes duæ , altera Jacobi Sadoleti ad
Carolum V ; altera Jo. Bapt. Campegii de
tuendâ Religione. in-4.

636. Ortographiæ ratio ab Aldo Manutio , Pauli F. collecta. in-8.
637. Pignæ (Jo. Bapt.) Oratio in funere Francisci II Galliarum Regis. in-4.
638. Terentius. in-8.

« Paul Manuce passa à Rome dans cette « année , et laissa le soin de l'imprimerie de « Venise à son fils Alde. C'est pour cette « raison que nous allons voir des ouvrages « publiés en même temps à Rome par le père, « et à Venise par le fils. »

1562.

639. Bernardi (Ant.) Institutio in Logicam. Romæ. in-4.
640. Catullus , Tibullus et Propertius , cum commentario et scholiis M. Ant. Mureti. in-8.

« Copié sur l'édition de 1558. »

641. Ciceronis (M. T.) Epistolæ ad familiares , ex recens. Pauli Manutii. in-8.
642. Ciceronis (M. T.) Opera philosophica. 2 vol. in-8.
643. Ciceronis Orationum Volumina III , cum correctionibus Pauli Manutii. in-8.
644. Curtii (Matthæi) Papiensis de Prandii et Cœnæ modo , libellus. Romæ. in-4.
645. Falopius , Gabriel. in-8.

« Non cité par M. Renouard. »

646. Gregorii (S.) Nysseni Liber de Virginitate , à Pet. Galésino conversus. Romæ. in-4.
647. Joannis Chrysostomi (S.) de Virginitate liber , à Julio Pogiano conversus. Romæ. in-4.
648. Manutii (Pauli) Commentarius in Epistolas Ciceronis ad Atticum. in-8.

« Non cité par M. Renouard. Peut-être « doit-il se réunir avec le suivant. »

649. Manutii (Pauli) Commentarii in Epistolas Ciceronis ad Brutum , et ad Quintum Fratrem. in-8.
650. Nattæ (M. Ant.) Volumina quædam nuper excusa in-fol.
651. Opuscula de Virginitate Sanctorum Doctorum Ambrosii , Hieronymi et Augustini. Romæ. in-4.
652. Polus (Reginaldus) de Concilio. Romæ. in-4.

« C'est le premier livre imprimé à Rome « par Paul Manuce. »

653 Ptolemæi (Cl.) liber de Analemmate , à Fed. Commandino Urbinate instauratus. Romæ. in-4.
654. Reformatio Angliæ , ex decretis Reginaldi Poli Cardinalis , Sedis Apostolicæ Legati , anno 1556. Romæ. in-4.

« Rare. »

655. Theodoreti Commentarius in Danielem prophetam, interpr. Jo. Bapt. Gabio. Romæ. in-fol.
656. Thomæ (Divi) Aquinatis Doctoris Angelici in librum B. Job Expositio. Romæ. in-4.
657. Vici. Ex libris xxiij. Commentariorum in vet. Imperatorum romanorum Numismata Æneæ Vici liber primus. in-4. fig.
658. Victorii (Mariani) de Sacramento Confessionis liber. Romæ. in-8.
659. L'Arte del predicare in tre libri, secondo i precetti retorici, composta dal Rev. Padre F. Luca Baglione dell' ordine de' Frati Minori Osservanti. In Vinegia , da Andr. Torresano. in-8.

1563.

660. Aristotelis Poëtica , græcè et latinè. in-8:

« Edition au moins douteuse , dit M. « Renouard. »

661. Asconii Pædiani Explanatio in Ciceronis Orationes, cum scholiis Pauli Manutii. in-8.
662. Calepini (Ambr.) Dictionarium latinum. in-fol.
663. Cicerone , l' Epistole familiari , trad. e corrette da Aldo Manuzio. in-8.
664. Ciceronis (M. T.) Epistolæ ad Atticum , cum comment. Pauli Manutii. in-8.
665. Ciceronis Epistolæ familiares , cum comment. Manutii. in-8.

« Non cité par M. Renouard. »

666. Cypriani (Divi Cæcilii) Opera. Romæ. in-fol.
667. Gregorii Nysseni Conciones quinque de Oratione Domini , et alia , à Petro Galesinio conversæ. Romæ. in-4.
668. Index Librorum qui in Aldinâ Officinâ ab anno MCDXCII ad annum MDLXIII. Venetiis impressi sunt. in-4.

« Très-rare. »

669. Manutio , (Aldo) Eleganze della Lingua latina. in-8.
670. Nogarolæ (Isottæ) Dialogus , quo utrum Adam vel Eva magis peccaverit quæstio continetur. in-4.
671. Sallustii Crispi (C.) Conjuratio Catilinæ, Bellum Jugurthinum , et alia , cum scholiis Aldi Manutii. in-8.

« On cite une édition de Rome de la « même année , mais douteuse ; ou c'est « peut-être la même avec une date et une « préface différentes. »

672. Terentius , à M. A. Mureto. in-8.
673. Theodoretus in Ezechielem et Danielem , etc. in-fol.

« Cette édition est la même que celle « annoncée en 1562. »

674. Theodoretus in Canticum. Romæ. in-fol.

« Non cité par M. Renouard. »

675. Vargas (Fr.) de Episcoporum jurisdictione et Pontificis Max. auctoritate responsum. Romæ. in-4.
676. Virgilius Maro (P.), Pauli Manutii adnotationes, etc. in-8.

1564.

677. Breviarium Romanum , ex decreto Sacrosancti Concilii Tridentini restitutum Pii IV. Pont. Max jussu editum. Romæ. in-fol.

678. Cæsaris (C. Julii) Opera , cum scholiis Jo. Mich. Bruti. in-8.

679. Calepini Dictionarium. in-fol.

680. Canones et Decreta Sacro-sancti OEcumenici et Generalis Concilii Tridentini. Romæ. in-fol.

« Edition originale et très-rare , sur-tout « lorsqu'elle est authentiquée par les signa- « tures du secrétaire et des notaires du « concile. »

« M. Renouard a donné des notes sûres et « très-soignées pour distinguer les éditions « multipliées de ce livre. »

681. Canones et Decreta Concilii Tridentini. in-8.

682. Canones et Decreta Sacro-sancti OEcumenici et Generalis Concilii Tridentini. Romæ. in-8.

683. Canones et Decreta Concilii Tridentini. Romæ. in-4.

684. Catullus. in-8.

« M. Renouard révoque en doute cette édi- « tion. »

685. Ciceronis Epistolæ ad Atticum. in-8.

686. Ciceronis de Officiis. in-8.

687. Ciceronis Opera rhetorica. 2 vol. in-8.

688. Eucherii Commentaria in Genesim et in libros Regum. Romæ. in-fol.

689. Flaminii (M. Ant.) in librum Psalmorum brevis Explanatio. in-8.

690. Hieronymi (D.) Stridoniensis Epistolarum alter tomus. Romæ. in-fol.

« C'est le tome 2 des OEuvres de ce « père. »

« M. Renouard annonce cette édition dans « l'année 1565 , qui est la date des tomes 1 « et 3. »

691. Horatius , cum M. Ant. Mureti scholiis, Jo. Mich. Bruti animadv. , et Aldi Manutii annotat. in-8.

692. Index librorum prohibitorum cum regulis confectis per Patres à Tridentinâ Synodo delectos , auctoritate SS. D. N. Pii IV Pont. Max. comprobatus. Romæ. in-4.

« Rare. »

693. Lettere Volgari di diversi nobilissimi uomini , libro primo , libro secondo , libro terzo. in-8.

694. Manutii (Aldi Pii) Romani Grammaticarum Institutionum libri iv. in-8.

695. Nattæ (M. A.) Opera. in-fol.

696. Valerii Palermi Orationes duæ , simulque Pastorale Carmen , quibus funera trium Fratrum Nogarolarum Comitum Veronensium deflecutur. in-4.

« Rare. »

697. Sallustius , cum scholiis A. Manutii. in-8.

« M. Renouard doute de cette édition. »

698. Salviani Episc. Massiliensis de vero Judicio et Providentiâ Dei , lib. viij , et alia. Romæ. in-fol.

« Edition rare. »

1565.

699. Angelomi Monachi Ord. S. Benedicti Annotationes in libros Regum, Romæ. in-fol.

Dict. Bibl. II. *Aldes.*

700. Bizzari (Pet.) varia Opuscula. in-8.

701. Cæsar. (Julius) Commentariorum libri omnes , etc. in-8.

« M. Renouard suspecte cette édition. »

702. Calepini Dictionarium. in-fol.

« Omis par M. Renouard. »

703. Canones et Decreta Sacro-sancti OEcumenici et Generalis Concilii Tridentini , etc. in-8.

704. Ciceronis (M. T.) Orationum Volumina iij. in-8.

« M. Renouard paroît douter de cette édi- « tion. »

705. Ciceronis de Philosophiâ prima et secunda pars , et alia , cum Manutii scholiis. in-8.

706. Cillenæi (Raph.) Orationes. in-4.

« Omis par M. Renouard , et douteux. »

707. Dolera Institutiones.

« Omis par M. Renouard , et douteux. »

708. Hieronymi (D.) Stridoniensis Epistolæ. Romæ. in-fol.

—Tertius tomus Epistolarum D. Hierony. Stridoniensis. in-fol.

« C'est le premier et le troisième volume « d'une édition des OEuvres de saint Jérôme. « Le second a été annoncé sous la date de « 1564. Les deux volumes suivants ne fu- « rent donnés qu'en 1571 , et les autres « en 1572. »

709. Hosii (Stanislai) Confessio Catholicæ fidei. Romæ. in-fol.

710. Manuzio. (Aldo) Eleganze insieme , con la copia della lingua toscana e latina. in-8.

711. Porzio. (Camillo) Congiura de' Baroni del Regno di Napoli. in-4.

712. Taurelli (Jac.) Fanestris exquisitior Patronymia. in-8.

713. Terentii (P.) Comœdiæ. in-8.

« Regardé comme douteux par M. Re- « nouard. »

714. Virgilius. in-8.

« Edition incertaine. »

1566.

715. Cæsaris (C. J.) Commentarii, cum scholiis Jo. Mich. Bruti. in-8.

716. Canones et Decreta Concilii Tridentini. in-8.

717. Catechismus ex decreto Concilii Tridentini ad Parochos. Romæ. in-fol.

718. Catechismus ex decreto Concilii Tridentini ad Parochos. Romæ. in-4.

« M. Renouard dit n'avoir pas vu cette « réimpression. »

719. Catechismo del Concilio di Trento , trad. dal Figliucci. Roma. in-8.

« Au lieu de cette traduction, M. Re- « nouard cite une réimpression du latin. « in-8. »

720. Catullus , cum comment. Achillis Statii Lusitani. in-8.

721. Cicerone. L' Epistole famigliari , trad. e corrette da Aldo Manuzio. in-8.

« Copie de l'édition de 1559. »

722. Constitutiones et Decreta condita in Pro-

3

vinciali Synodo Mediolanensi sub DD.
Carolo Borromæo. in-8.

723. Curtii (Matth.) Papiensis de Prandii ac
Cœnæ modo Libellus. Romæ. in-8.

724. Hieronymi (Divi) Epistolæ, cum comment. Mariani Victorii. Romæ. 4 tom. in-8.

725. Horatii Flacci (Q.) Opera. in-8.
« Copie de l'édition de 1561. »

726. Horatius Flaccus, (Q.) operâ Diony.
Lambini. in-4.

727. Livii (Titi) Historia romana, cum scholiis Caroli Sigonii. in-fol.

728. Manutius (Paul.) de Veterum Notarum
Explanatione. Accedit Ortographiæ ratio,
ab Aldo Manutio Pauli F. collecta. in-8.

729. Manuzio. (Aldo) Eleganze. in-8.
« Omis par M. Renouard. »

730. Terentius, à M. Antonio Mureto. in-8.

731. Urbani Bolzani Grammatica græca. in-8.

732. Victorii (Mariani) de Sacramento Confessionis liber. Romæ. in-8.

1567.

733. Canones et Decreta Concilii Tridentini.
in-8.
« Au lieu de cette édition du Concile, M.
« Renouard cite une seconde édition de
« la traduction italienne du Catéchisme,
« qu'il dit conforme à celle qui suit, mais
« in-8. »

734. Cataneo. (Piet.) Gli otto libri d' Architettura. in-fol.

735. Catechismo, cioè Istruzione secondo il
Decreto del Concilio di Trento a' Parochi,
trad. in lingua volgare da Alessio Figliucci.
in-4.

736. Catechismus ex Decreto Concilii Tridentini ad Parochos. Romæ. in-8.

737. Tibullus, cum commentario Achillis
Statii Lusitani. in-8.
« Le Catulle est de 1566. »

738. Ciceronis (M. T.) Epistolæ ad Atticum,
ad Brutum, ad Q. Fratrem. in-8.

739. Ciceronis de Officiis, à P. Manutio. in-8.
« M. Renouard cite ici une édition des
« Epîtres Familières, omise dans le Cata-
« logue de Florence. »

740. Lettere volgari di diversi nobiliss. Uomini, etc. libro primo, libro secondo, e
libro terzo (raccolte da Aldo il Giovane.)
3 vol. in-8.

741. Pieti (Lucæ) J. C. de Judiciaria form.
Capitolini Fori ad S. P. Q. R. libri ix.
Romæ. in-8.

742. Sallustii Opera, cum scholiis Aldi Manutii. in-8.
« Copié sur l'édition de Rome de 1563. »

1568.

743. Breviarium Romanum. Romæ. in-fol.

744. Canones et Decreta Concilii Tridentini.
in-8.

745. Catechismo romano, trad. dal Figliucci.
in-8.

746. Histoire de la Guerre en Italie. Paris,
in-8.

747. Manutii (Aldi) Grammatica. in-8.

748. Manutii (Pauli) Commentarius in Epistolas Ciceronis ad Atticum, index rerum et
verborum. Venetiis, Aldus Manutius Pauli
filius. in-8.
« L'auteur du Catalogue de Florence est
« tenté de regarder ce livre comme le pre-
« mier auquel Alde le jeune ait apposé son
« nom seul. »

1569.

749. Cæsaris (C. J.) Commentaria, cum
scholiis Henr. Glareani. in-8.
« Ce livre est annoncé *in Bibliothecâ
« Aldinâ*. M. Renouard croit avoir décou-
« vert que les livres qui portent cet énoncé
« ne sont pas des Mances, mais de frères
« Turresani, fils et héritiers de Fédéric. »

750. Canones et Decreta Concilii Tridentini.
in-8.

751. Caro: (Commendatore Annibale) Rime.
in-4.

752. Catechismo romano, trad. dal Figliucci.
in-8.

753. Cicerone. L' Epistole ad Attico, trad. dal
Senarega. in-8.

754. Ciceronis Orationum Volumina III,
cum correctionibus Pauli Manutii. in-8.

755. Ciceronis de Oratore, Orator, et de
claris Oratoribus, cum annotat. D. Lambini.
in-8.

756. Ciceronis Rhetoricorum ad Herennium
libri iv, cum notis D. Lambini. in-8.

757. Ciceronis (M. T.) Rhetorica omnia, cum
Pauli Manutii scholiis. 2 vol. in-8.
« M. Renouard, de cet article, en fait
« deux. »

758. Gregorio (S.) Nazianzeno: due Orationi,
trad. da Annibal Caro. in-4.

759. Manutii (Pauli) Antiquitatum romanarum liber de Legibus. in-8.

760. Manutii (Pauli) Epistolarum lib. viij,
et Præfationes. in-8.

761. Manuzio. (Aldo) Eleganze. in-8.
« Omis par M. Renouard. »
« Le même cite sous la date de cette an-
« née, une édition latine du Catéchisme
« du Concile de Trente, et une des Lettres
« missives des Ambassadeurs près de ce Con-
« cile, toutes deux omises dans le Catalogue
« de Florence. »

1570.

762. Breviarium romanum. Romæ. in-fol.
« Omis par M. Renouard. »

763. Bruti Epistolæ latinæ factæ, à Juliano
Scarpa. in-8.

764. Cæsaris (C. J.) Opera omnia. in-8.

765. Ciceronis Epistolæ ad Atticum, ad Bru-

tum , ad Q. Fratrem , cum correct. Pauli Manutii. in-8.

766. Ciceronis (M. T.) de Officiis. in-8.

767. Ciceronis Orationum Volumina III , cum correct. P. Manuti i et annotat. D. Lambini. in-8.

768. Clenardi (Nic.) Institutiones linguæ græcæ. in-8.

« Dans ce livre , Alde le jeune avertit « qu'on ne doit regarder comme sortant de « son imprimerie , que les livres qui por- « teront son nom et l'effigie de son grand- « père ; ce qui fait croire que son père lui « abandonna alors l'imprimerie , et que « d'autres imprimeurs contrefaisaient ses « livres. »

769. Commentaria in Epistolas Ciceronis ad Atticum. in-8.

770. Guidani (Nic.) Eustachia , Commedia. in-8.

771. Horatius , cum scholiis Mureti. in-8.

772. Manuzio. (Aldo) Eleganze della lingua latina e toscana. in-8.

773. Nattæ (Marci Ant.) Astensis de Deo libri xv. in-fol.

774. Nizolius (Marius) Thesaurus Ciceronianus. in-fol.

775. Nunnesius. Epitheta Ciceronis , collecta à P. Jo. Nuunesio Valentino. in-8.

776. Sannazarii (Jac.) Opera omnia , latinè scripta. in-8.

777. Terentii Comœdiæ , cum comment. Vincentii Cordati in Andriam et ejus Præfat. in-8.

1571.

778. Cæsaris (C. J.) Commentaria , cum scholiis Aldi Manutii. in-8.

779. Canizii (Pet.) Authoritatum S. Scripturæ et SS. Patrum quæ in Catechismo citantur , Volumina tria. in-4.

780. Catechismo del Concilio di Trento , trad. da Alessio Figliucci. in-8.

381. Ciceronis Epistolæ familiares dictæ , scholia Pauli Manutii nuper auctæ. in-8.

782. Hieronymi (D.) Opera , à Mar. Vict. Reatino. Tomus quartus , quintus et sextus. Romæ. in-fol.

783. Livius (Titus) , à Sigonio emendatus. in-fol.

784. Manutii (Pauli) Epistolarum libri x et Præfat. in-8.

785. Palacio (Pauli de) Enarrationes in Evangelium Matthæi. 2 vol. in-8.

786. Paterculus (P. Velleius) , ab Aldo Manutio emendatus et scholiis illustratus. in-8.

787. Quintianus. De Missæ Sacr. P. Vincentii Quintiani Patinæ et P. Tractatus. in-8.

788. Streinnii (Rich.) de Gentibus et Familiis Roman. in-4.

« C'est ici l'époque du dépérissement « de l'imprimerie des Aldes , qui , dans les « années suivantes , n'offre plus rien qui « soit digne de ses premiers temps. »

1572.

789. Caro : (Annibale) le Lettere , Volume primo. in-4.

« Le second volume n'a paru qu'en « 1575. »

790. Caro : (Commend. Annibale) Rime. in-4.

791. Ciceronis (M. T.) Epistolæ ad familiares , cum comment. P. Manutii. in-8.

792. Ciceronis (M. T.) Orationes in M. Antonium, cum comment. P. Manutii, in-4.

793. Cyllenii (Raph.) Angeli Orationes tres. in-8.

794. Hieronymi (D.) Tomus septimus , octavus et nonus. Romæ. in-fol.

795. Livii (Titi) Historia , à Sigonio emendata. in-fol.

796. Manutii (Pauli) Commentarius in Epistolas Ciceronis ad Atticum. in-8.

797. Manutio. (Aldo il Giovane) Discorso intorno all' Eccellenza delle Repubbliche. in-4.

798. Officium B. Mariæ Virginis. in-24.

799. Rubei (Hierony.) Historia Ravennatensis. in-fol.

« Rare. »

1573.

800. Calepini (Ambrosii) Dictionarium. in-fol.

801. Catechismo secondo il Concilio di Trento, trad. da Alessio Figliucci. in-8.

802. Cicerone. Le Lettere famigliari, trad. da Aldo Manunio. in-8.

803. Manutii (Pauli) Epistolarum libri xij , et præfationes. in-8.

804. Manuzio. Eleganze. in-8.

« Edition douteuse. »

805. Pætus (Lucas) de Mensuris et Ponderibus. in-fol.

806. Sallustius Crispus , cum scholiis. in-8.

1574.

807. Canones et Decreta Concilii Tridentini. in-8.

808. Caro : (Commend. Annibale) delle Lettere famigliari , Volume primo. in-4.

809. Manutii Scholia in Ciceronis Epistolas familiares. in-8.

810. Missale Romanum. in-4.

« Rare. »

1575.

811. Cæsaris (C. J.) Commentarii, ab Aldo Manutio emendati et scholiis illustrati. in-8.

812. Calepini (Ambr.) Dictionarium. in-fol.

813. Canones et Decreta Concilii Tridentini. in-8.

814. Caro : (Annib.) Lettere famigliari. in-4. Volume secondo.

« Le premier volume est de 1572. »

815. Catechismus ex Decreto Concilii Tridentini. in-8.

816. Catechismo ai Parochi , trad. dal P. Figliucci Domenicano. in-8.
817. Ciceronis (M. T.) Epistolæ familiares dictæ , cum Pauli Manutii interpret. in-8.
818. Ciofani (Herculis) Sulmonensis in P. Ovidii Nasonis Metamorphosin ex xvij antiq. libris observationes. in-8.
819. Epitome Ortographiæ Aldi Manutii. in-8.
820. Ferrarii (Octav.) de Sermonibus exotericis. in-4.
821. Locutioni cavate dalle Lettere di Cicerone per Aldo. in-8.
822. Mauutii (Aldi Pii) Grammaticarum Institutionum libri iv. in-8.
823. Manutii Epistolæ. in-8.
« Edition douteuse. »
824. Manuzio. (Aldo il Giovane) Eleganze della lingua italiana e latina. in-8.
825. Mureti (M. Ant.) Orationes xxiij. in-8.
826. Terentius , cum scholiis Mureti. in-8.
827. Ulloa. (Alfonso) Vita di Carlo V. Imperatore, in-4.

1576.

828. Bacci (Andr.) del Tevere e dell' uso e bontà dell' acque. in-4.
« Rare. »
829. Cæsaris (C. J.) Commentaria , etc. in-8.
830. Calepini (Ambr.) Dictionarium , cum additamentis P. Manutii. in-fol.
831. Clurantis (Pauli) Epitome in librum de Paschali Chronologiâ. in-4.
832. Ferrarius (Octav.) de Sermonibus exotericis. in-4.
« Omis par M. Renouard. »
833. Manutii (Aldi Pii) Senioris Grammaticarum Institutionum libri iv. in-8.
834. Manutii (Aldi) Commentarius in Q. Horatii Flacci librum de Arte Poëticâ. in-4.
835. Manutii (Aldi Junioris) de Quæsitis per epistolam libri iij. in-8.
836. Manutii (Aldi) de Togâ et Tunicâ Romanorum , etc. in-8.
837. Mureti (M. Ant.) Orationes xxiij. in-8.
838. Nizolius (Marius) Thesaurus Ciceronianus. in-fol.
839. Persio. (Ant.) Trattato dell' ingegno dell' uomo. in-8.
840. Rocca. (F. Angelo) Osservazioni intorno alle bellezze della lingua latina. in-8.
841. Virgilii (P.) Bucolica , Georgica et Æneis, operâ Jo. à Meyen Bergizomii Belgæ. in-8.

1577.

842. Calepini (Ambr.) Dictionarium , auctum à P. Manutio. in-fol.
843. Manutii (Pauli) Apophtegmata , etc. in-12.
834. Sallustius , cum scholiis Aldi Manutii. in-8.

1578.

845. Bellanda (F. Corn.) di Verona de' Minori. Viaggio spirituale. in-4.
846. Contareni (Gasp.) Cardinalis Opera. in-fol.
847. Flammæ (Gabr.) Oratio de optimi Pastoris Munere. in-4.
848. Manutii Adagia. in-4.
« Article douteux. »
849. Manutii Orationes. in-4.
« Article douteux. »
850. Manutii (Pauli) Aldi F. in M. T Cic. Orationes Commentarius. in-fol. Volumen primum.
« Les deux autres sont de 1579. »

1579.

851. Calepini (Ambr.) Dictionarium. in-fol.
« Omis par M. Renouard. »
852. Ciceronis (M. T.) Epistolæ familiares dictæ. in-fol.
853. Giustiniano , (B. Lorenzo) primo Patriarca di Venetia, del Dispregio del mondo. in-4.
854. Manutii (Pauli) in M. T. Cic. Orationes Commentarius. Volumen secundum et tertium. in-fol.
855. Oratio in funere B. Rotharii. in-4.
« Article douteux. »

1580.

856. Ciofani (Herculis) Scholia in Ovidii Halieuticon. in-8.
857. Manutii (Pauli) Epistolarum libri xij et Præfationes. in-8.
858. Manuzio. (Aldo) Eleganze della lingua latina. in-8.
859. Virgilii (P.) Buc., Geor., Æneis , doctiss. virorum notationib. illustrata , operâ et industriâ Jo. à Meyen Bergizomii Belgæ. in-8.

1581.

860. Ananiæ (Jo. Laur.) Tabernatis Theologi de Naturâ Dæmonum libri iv. in-8.
861. Censorini de Die Natali liber , ab Aldo Manutio Juniore emend. in-8.
862. Horæ B. M. V. in-8.
« Article douteux. »
863. Lippomani (Aloysii) de Vitis Sanctorum Tomi VI , à Laur. Surio emendati et aucti. in-fol.
864. Manutii (Pauli) Antiquitatum romanarum liber de Senatu. in-4.
865. Mocenici (Philip.) Universales Institutiones ad hominum perfectionem. in-fol.
866. Stefano. (Carlo) Agricoltura , e Casa di Villa. in-4.
867. Tasso. (Torquato) L'Aminta, in-8.

868. Tasso : (Torquato) Rime e Prose. in-8.
« Ce n'est que la première partie. »
« M. Renouard cite sous cette année une
« édition des Commentaires d'Alde Manuce,
« sur les Offices de Cicéron, imprimée par
« George Angeloni pour Alde le jeune. Il
« dit les éditions de cet imprimeur bonnes. »

1582.

869. Atanagi : (Dionigi) Lettere facete e piacevoli di diversi uomini illustri, scritte
sopra diverse materie, in due volumi. in-8.
870. Caro. (Annibale) Gli Straccioni. in-12.
871. Catechismus ex decreto Concilii Tridentini
ad Parochos. in-8. fig.
872. Catechismo ricavato dal decreto del Concilio di Trento, trad. in volgare per Alessio
Figliucci. in-8. fig.
873. Horatius.
« Article douteux. »
874. Huarte. (Giov.) Esame degl' ingegni
degl' uomini. in-8.
875. Manutii (Pauli) in M. T. Ciceronis
Epistolas ad T. Pomponium Atticum, M.
Junium Brutum et Q. Fratrem Commentarius. in-fol.
876. Manutii (Pauli) in M. T. Ciceronis
Epistolas, quæ Familiares vocantur, Commentaria. in-fol.
877. Manuzio. (Aldo) Locutioni di Cicerone.
in-8.
878. Tasso : (Torquato) Rime e Prose, parte
prima e seconda. in-12.

1583.

879. Audeberti (Germ;) Aurelii Venetiæ.
in-4.
880. Ciceronis (M. T.) Operum tomus unicus,
continens Epistolas familiares et in eas Pauli
Manutii Commentarium. in-fol.
« Omis par M. Renouard. »
881. Ciceronis (M. T.) Opera, Manutiorum
Commentariis illustrata, antiquæque lectioni
restituta. 10 vol. in-fol.
« Cette édition complète de Cicéron n'est
« qu'une réunion des divers volumes impri-
« més dans les années précédentes et dans
« celle-ci. Elle ne laisse pas cependant d'être
« recherchée lorsqu'elle est complète. »
882. Dictionarium latinum. in-fol.
« Edition douteuse. »
883. Manutii Junioris (Aldi) in M. T. Ciceronis de Philosophiâ volumen primum et
secundum Commentarius. in-fol.
884. Manutii Junioris (Aldi) in M. T. Ciceronis de Rhetoricâ volumen primum et secundum Commentarius. in-fol.
« Ces deux articles font partie de la col-
« lection précédente ; c'est pour cela qu'ils
« ne sont pas cités séparément par M. Re-
« nouard.
885. Ovidii (P.) Nasonis Heroïdes. in-8.
886. Tasso. (Torquato) L'Aminta. in-12.

887. Tasso. (Torquato) Il Forno, ovvero della
nobiltà Dialogo. in-12.
888. Tasso. (Torquato) Il Padre di famiglia.
in-12.
« Ces Opuscules du Tasse font partie du
« Recueil de ses OEuvres en deux volumes
« in-12. annoncé dans l'article suivant. »
889. Tasso : (Torquato) Rime e Prose figurate,
prima e seconda parte. in-12.
890. Tasso. (Torquato) Rinaldo innamorato,
con le figure, argomenti e allegorie a ciascun
canto. in-12.
« Compris aussi dans les deux volumes. »

1584.

891. Bellovisii (Armandi) Declaratio difficilium terminorum Theologiæ, Philosophiæ
atque Logicæ. in-8.
892. Frischlini (Nicod.) Quæstionum grammaticarum lib. viij. in-8.
893. Frischlini (Nicod.) Strigilis grammatica
qua grammatistarum quorumdam sordes arti
liberalissimæ aspersæ, deteguntur. in-8.
894. Manuzio. (Aldo) Il perfetto Gentiluomo.
in-4.

1585.

895. Brancatio. (Giul. Ces.) Disciplina e arte
militare nuova. in-fol.
896. Horatius. in-4.
« Omis par M. Renouard, ainsi que le
« suivant. »
897. Manutii (Pauli) Antiquitatum romanarum liber de Comitiis. Bononiæ. in-fol.
898. Manuzio. (Aldo) La Vita di Cosimo de'
Medici. in-fol.
« Cet article est de 1586. »
899. Manuzio il Giovane. (Aldo) Locuzioni
di Terenzio, ovvero modi famigliari di dire.
in-8.
900. Regio Francese. (Luigi) La Vicissitudine, e mutabile varietà delle cose nell'
universo, trad. dal Sig. Cavalier Hercole
Cato. in-4.
901 Tasso. (Torquato) Aggiunta alle rime e
prose, col suo ritratto. in-12.
902. Turco. (Carlo) Agnella, Commedia. in-8.
903. Turco. (Carlo) Asolano, Calestri, Tragedia. in-8.
904. Virgilii (P.) Opera, cum Pauli Manutii
notationibus et figuris. in-8.
« M. Renouard cite encore dans cette
« année 1585, *Scipii Gentilis Solymeidos*
« *libri duo priores ;* mais il dit n'avoir pas
« vu d'exemplaires de ce livre, ni de la Vie
« de Cosme de Medici, sous cette date. »

1586.

905. Bellovisii (Arm.) Declaratio terminorum
difficilium in Theologiâ et Philosophiâ. in-8.
906. Huarte. (Giov,) Esame degl' ingegni degl'
uomini. in-8.

907. Manuzio. (Aldo) Vita di Cosimo de' Medici, primo Gran Duca di Toscana. in-fol.

« Alde le jeune se transporta dans cette « année à Bologne, pour occuper la chaire de « Sigonius, et il y fit imprimer cet ouvrage, « avec quelques autres, comme les deux « suivants. Par cette absence d'Alde le jeune, « l'imprimerie de Venise, régie par Nicolas « Manassi, qui en devint probablement pro-« priétaire, se trouva réduite à très-peu de « chose et presqu'à la vente des livres restés » en fouds. »

908. Oratio habita in Academiâ Bononiensi ad Sixtum V. in-fol.

909. De Laudibus Vitæ rusticæ ode Horatii, epodon II. ab Aldo Manutio explicata. Bononiæ. in-4.

910. Manuzio il Giovane. (Aldo) Eleganze. in-16.

1587.

911. Bodino. (Giov.) La Demonomania degli Stregoni, tradotta da Ercole Cato. in-4.

912. Constitutiones et Privilegia Patriarchatus et Cleri Venetiarum. in-4.

913. Locutioni dell' Epistole di Cicerone, d'Aldo Manutio il Giovane. in-16.

914. Officium B. Mariæ Virginis reformatum, et Pii V jussu editum. in-12. fig.

« M. Renouard dit n'avoir pas vu ce li-« vre. »

1588.

915. Cæsaris (C. J.) Commentarii, ab Aldo Manutio scholiis illustrati, cum figuris. in-8.

916. Medicus Hebræus defensus. in-4.

917. Sallustii (Crispi) Conjuratio Catilinæ, etc. in-8.

918. Terentius, cum notis Mureti. in-8.

« Cet article est omis par M. Renouard, « qui cite en place *Lepidi Comici Vete-« ris Philodoxios, Fabula ex antiqui-« tate eruta ab Aldo Manutio. Lucæ,* « 1588 in-8. C'est une production d'Alde le « jeune, mais qui n'est pas d'impression « Aldine. »

919. Heroidum Epistolæ P. Ovidii Nasonis et Auli Sabini Responsiones, cum Guidonis Morilloni argumentis et scholiis. in-8.

1589.

920. Ananiæ (Jo. Laur.) Tabernatis Theologi de Naturâ Dæmonum libri iv. in-8.

921. Bobali (Sav.) Sardo: Rime amorose e pastorali e satire. in-4.

« Rare. »

922. Bodino Francese. (Giov.) Demonomania. in-4.

923. Cæsar, (J.) ab Aldo Manutio emendatus et notis illustratus. in-8.

« Non cité par M. Renouard. C'est peut-« être l'édition du même auteur de 1583. »

924. Caro. (Annib.) Commedia detta gli Straccioni. in-12.

925. Concilium Tridentinum. in-8.

926. Contareni Card. (Gasp.) de Republicâ et Magistratibus Venetorum. in-4.

927. Vito (Nic.) di Gozzi Raguseo. Discorsi della penitenza soprà i sette Salmi Penitentiali di David. in-8. fig.

928. Vito (Nic.) di Gozzi Raguseo. Governo della famiglia. in-8.

929. Huarte. (Giov.) Esame degl'ingegni degl' uomini per apprendere le scienze, trad. da Cammillo Cammilli. in-8.

930. Mesue. (Giov.) I libri dei Semplici purgativi e delle medicine composte, per M. Giacomo Rossetto. in-8.

931. Tasso. (Torquato) Aminta, favola boschereccia, figurata. in-12.

932. Vairi (Leon.) Beneventani de Fascino libri iij. in-8.

1590.

933. Biblia Sacra Latina, Sixti V. Romæ. in-fol.

« Très-rare. »

934. Discorso di Cosmographia in Dialogo. in-8.

935. Huarte. (Giov.) Esame degl'ingegni degl'uomini. in-8.

936. Manutii (Pauli) Epistolarum libri xij. in-8.

937. Manutii Junioris (Aldi) Epitome Ortographiæ. in-8.

938. Oracoli Politici, cioè Sentenze e Documenti nobili e illustri. in-8.

939. Pontani (Jac.) Progymnasmata ad usum scholarum humaniorum. in-8. Volumen primum.

940. Rocca (Ang.) da Camerino. Osservazioni intorno alle bellezze della lingua latina. in-8.

941. Tasso. (Torquato) Aminta, favola boschereccia, figurata. in-4.

942. Velseri (Marci) Matthæi F. Patricii Augustani Inscriptiones antiquæ Augustæ Vindelicorum. in-4.

1591.

943. Bellanda. (F. Corn.) Viaggio Spirituale. in-8.

944. Contareni. (Card. Gasp.) La Repubblica e Magistrati di Venetia. in-8.

945. Vito (Nicc.) di Gozzi Raguseo. Stato delle Repubbliche secondo la mente d'Aristotele. in-4.

946. Livii (Titi) Historiarum ab urbe condita Decades, cum Car. Sigonii scholiis. in-fol.

947. Manutii (Aldi) Junioris Ortographiæ ratio. in-8.

948. Nizolii (Marii) Thesaurus Ciceronianus. in-fol.

949. Stefano. (Carlo) Agricoltura, e Casa di Villa. in-4.

950. Streinnii (Ric.) de Gentibus et Familiis Romanorum. in-8.

951. Velseri (Marci) Matthæi F. Patricii Augustani Conversio et Passio SS. Martyrum Afræ, Hilariæ, Dignæ, Eunomiæ, Eutropiæ. in-4.

952. Velseri (Marci) Matthæi F. Patricii Augustani , Fragmenta tabulæ antiquæ , in quibus aliquot per romanas provincias itinera. in-4. fig.

1592.

953. Bodino. (Giov.) La Demonomania , trad. da Ercole Cato. in-4.
954. Calepini (Ambr.) Dictionarium , cum additamentis P. Manutii et Henrici Farnesii Eburonis in-fol.
955. Cato. (Cav. Ercole) Della Vicissitudine delle cose. in-4.
956. Ciceronis Epistolæ ad Familiares. in-8.
« Edition chimérique selon M. Renouard. »
957. Ciceronis (M. T.) de Officiis lib. iij. in-8.
958. Livii (Titi) Historiæ , cum scholiis Car. Sigonii. in-fol.
959. Manutii (Pauli) Antiquitatum Romanarum libri iv. de Civitate , de Senatu , de Comitiis , de Legibus. in-8.
960. Manutii (Pauli) Commentarius in Epistolas Ciceronis ad familiares. in-fol.
« Edition chimérique selon M. Renouard. »
961. Manuzio :(Aldo) Lettere. in-8.
« Omis par M. Renouard. »
962. Regio Francese. (Luigi) Della Vicissitudine delle cose nell' universo , trad. da Ercole Cato. in-4.
« Double emploi du n.º 955. »
« Le Catalogue de Florence omet ici la
« réimpression de la Bible de Sixte V ,
« édition précieuse , quoique moins rare que
« celle de 1590. »

1594.

963. Manuzio. (Aldo) Locuzioni dell' Epistole di Cicerone. in-8.
« M. Renouard cite encore de cette année
« une édition des Elégances d'Alde Manuce,
« et *Marci Velseri Rerum Augustanarum*
« *Vindelicarum libri*. in-fol. fig. Ces ar-
« ticles sont omis dans le Catalogue de Flo-
« rence , probablement parce qu'ils ne por-
« tent pas le nom d'Alde. »
« M. Renouard cite encore sous les an-
« nées 1596 et 1597 , quelques articles omis
« dans le Catalogue de Florence , comme ou-
« vrages insignifiants et de nulle valeur. »
« Alde le jeune mourut en 1597 , et en lui
« finit la famille des Manuces. »

1595.

964. Discorso di Cosmografia in dialogo , etc. in-8.
965. Pribevo. (Vinc.) Orazione dell' origine e successi degli Slavi , trad. da Belisario Malaspali. in-4.

ÉDITIONS SANS DATE.

1. Æsopi Fabulæ , græcè.
« Cité par Unger et Maittaire, qui n'in-
« diquent pas même le format. »
2. Alexandri Aphrodisiensis in Sophisticos Aristotelis Elenchos , Commentaria , græcè. in-fol.
« Supposé être l'édition de 1520. »
3. Benedicti (Alex.) Pæantii Diaria de Bello Carolino. Absque ullà notâ , in-4.
« La conformité des caractères avec ceux
« de l'Ætna de Bembo , fait croire que ce
« volume est d'Alde. »
4. Catullus , Tibullus , Propertius. in-8.
« Voyez la note sur le n.º 16. »
5. Clarantis (Pauli) Epitome in librum de paschalis Chronologiâ. in-4.
« Voyez le n.º 831. 1576. »
6. Dionis Chrysostomi Orationes xxx , cum præfatione Fed. Turrisani. Venet. apud Fed. Turrisanum , græcè. in-8.
« Rare. »
« Voyez le n.º 453. 1551. »
7. Flori (Lucii) Historia romana. in-8.
« C'est une partie détachée du Tite-Live
« in-8. de 1518 — 1521. »
8. Galeomachia , græcè. Absque ullo indicio , sed iisdem characteribus excusa quibus prodiit Musæus circà 1494. in-4. extat Vindobonæ in Bibl. Cæsarea.
« M. Renouard paraît suspecter cette édi-
« tion. »
9. Georgii (Bern.) Epistola ad Octavium Stephanium de Vitâ solitariâ et tranquillâ. (1537) in-4.
« M. Renouard n'est pas d'accord sur la
« date de 1537. »
10. Georgii (Bern.) Epitaphia aliquot et Epigrammata quæ dum Prætorem Patavii ageret, obiter composuit. (1558) in-4.
« Voyez le n.º 579. 1558. »
11. Homeri Ilias et Odyssea. 2 vol. in-8.
« Edition de 1504 selon M. Renouard. »
12. Horatius.
« Voyez le n.º 16. »
13. Juvenalis et Persii Satyræ , ex recogn. Aldi. in-8.
« Voyez le n.º 16. »
14. Lascaris (Constantini) Byzantini de octo partibus Orationis liber primus , et alia. in-8.
« M. Renouard prétend que cette édition ,
« moins complète que celle de 1512 , est de
« 1498 à 1503 , et ses raisons paraissent très-
« plausibles. Il cite en même temps une au-
« tre édition sans date de cette même gram-
« maire , aussi ample que celle de 1512 ,
« mais qu'il croit avoir été faite à Basle ,
« vers 1518 , et dont le latin , dit-il , est en
« caractères plus gros , marque qui peut ser-
« vir à la distinguer de l'édition d'Alde. »
15. Longolii (Christ.) Civis Romani perduellionis rei Defensiones duæ. in-8.
« M. Renouard soupçonne ces deux Dis-
« cours imprimés vers 1518 , lorsque Lon-

« gueil passa à Venise pour revenir en
« France. »
16. Lucanus. in-8.
  « Cette édition, ainsi que celles du Ca-
  « tulle, de l'Horace et du Juvénal, numé-
  « ros 4, 12 et 13, sont de Lyon, et contre-
  « faites sur les éditions d'Alde. »
17. Manutii (Aldi) Romani Institutionum
grammaticarum libri iv. in-8.
  « M. Renouard dit n'avoir pas vu ce vo-
  « lume. »
18. Manutii (Aldi) Monitum iu vulgus emis-
sum de libris quibusdam Lugduni ab alio
typographo pro Aldinis suppositis, in-folio
volanti.
19. Musæi Opusculum de Herone et Leandro,
quod in latinam linguam ad verbum transla-
tum est, gr. et lat. in-4.
  « On regarde ce rare volume comme le
  « premier qui soit sorti des presses d'Alde
  « l'Ancien, et on le croit de 1494. Voyez
  « la discussion de M. Renouard sur ce sujet.»
20. Nonni Panopolitæ Paraphrasis Evangelii
secundùm Joannem, græcè. in-4.
  « On regarde ce rare volume comme un
  « ouvrage non achevé. M. Renouard le croit
  « de 1501. »
21. Officium in honorem B. Virginis, cum
Psalmis Pœnitentialibus è latino in græcum,
forma minutissima, Decadyi cura. in-24.
  « M. Renouard soupçonne que c'est l'édi-
  « tion de 1505. »
22. Oribasii Sardiani Collectorum medicinalium libri xvij. Jo. Bapt. Rasario Novariensi
interprete. in-8.
  « Cité par Volpi et dans le Catalogue de
  « Crevenna. »
23. Petrarca. (M. Francesco) Le Cose Volgari.
in-8.
  « Omis par M. Renouard. Cependant le
  « témoignage de l'auteur du Catalogue de
  « Florence est trop circonstancié, pour dou-
  « ter de cette édition. »

24. Poëtarum (Diversorum veterum) in Priapum lusus. P. V. M. Catalecta. in-8.
  « M. Renouard croit que cette édition est
  « imaginaire, et que la note en a été prise
  « sur un exemplaire incomplet de l'édition
  « de 1517. »
25. Prudentius, Prosper, Joannes Damascenus, Cosmus Hierosolymitanus, Marcus
Episcopus, Theophanes. in-8.
  « Cette édition est omise par M. Re-
  « nouard; et, en effet, il y a lieu de croire
  « que c'est une contrefaction. »
26. Psalterium græcum, cui græca Justini
Decadyi ad suos populares epistola præfigi-
tur. in-4.
  « M. Renouard soupçonne cette édition de
  « 1497 ou 1498, puisqu'elle est indiquée,
  « dit-il, dans le Catalogue qu'Alde publia
  « en 1498. »
27. Quinti Calabri Derelictorum ab Homero
libri xiv. Tryphiodori Excidium Trojæ.
Coluthi Raptus Helenæ, græcè. Sine ullâ
notâ, cum signo Aldi in fronte et in fine.
  « On croit cette édition de 1521; mais
  « elle ne peut, dit M. Renouard, avoir paru
  « plus tard qu'en 1515, puisqu'elle se trouve
  « dans le Catalogue d'Alde de cette année. »
28. Scholia græca in Homerum, cum præfatione Asulani. in-8.
  « M. Renouard prétend que c'est d'après
  « des exemplaires incomplets de 1521, qu'on
  « aura annoncé cette édition prétendue sans
  « date. »
29. Sicci. De Origine pilæ majoris et cinguli
militaris quo flumina superantur, Nicolai
Sicci Carmen. in-8.
30. Specimen Editionis Bibliorum Sacrorum
Polyglottorum hebraïcè, græcè et latinè,
in-fol. magno volanti.
31. Strozii Poëmata. in-8.
  « Edition contrefaite selon M. Renouard. »

FIN DU CATALOGUE DES ALDES.

CATALOGUE

*Des Auteurs grecs, latins et français, imprimés
par les ELZEVIRS.*

In-12.

Augustini (S.) Confessionum libri. Lugd.
Bat. 1675, 1 vol.
Auli-Gellii Noctes Atticæ. Amst. 1651, 1 vol.
Barclaii (Jo.) Satyricon. Lugd. Bat. 1637,
1 vol.
— Ejusd. Argenis. Lugd. Bat. 1630, 1 vol.
Bassompierre : ses Mémoires. Cologne (Hollande), 1665, 3 vol.
Bassompierre : ses Ambassades. Cologne (Hollande), 1668, 2 vol.
Baudii (Dominici) Amores. Amst. 1638, 1 vol.
Boccacio. (Giov.) Il Decamerone. (Amst.)
1665, 1 vol.
Bonarelli. La Filli di Sciro, favola pastorale.
Amst. 1678, in-24. fig.
Buchanani (Georgii) Poëmata. Lugd. Batav.
1628, in-24.
Cæsaris (Caii Jul.) Commentarii. Lugd. Bat.
1635, 1 vol.
Celsi (Corn.) de Medicinâ libri viij. Lugd.
Bat. 1657, 1 vol.
Charron. (Pierre) De la Sagesse, trois livres.
Leyde, sans date, 1 vol.
— La même. Leyde, 1646, 1 vol.
— La même. Leyde, 1656, 1 vol.
— La même. Amst. 1662, 1 vol.
Ciceronis Opera. Lugd. Bat. 1642, 10 vol.
Claudiani (Cl.) Opera. Lugd. Bat. 1650, 1 vol.
Commines : (Philippe de) ses Mémoires.
Leyde, 1648, 1 vol.
Conciones et Orationes ex historicis latinis excerptæ. Amst. 1649, 1 vol.
— Idem opus. Amst. 1663 vel 1673, 1 vol.
Curtii Rufi (Quinti) Historiæ. Lugd. Batav.
1633, 1 vol.
Davidis Psalterium. Lugd. Bat. 1653, 1 vol.
Erasmi (Desiderii) Adagiorum Epitome. Amst.
1650, 1 vol.
Erasmi Colloquia. Lugd. Bat. 1636, 1 vol.
Flori (L. Annæi) Historia romana. Lugd.
Bat. 1638, 1 vol.
Grotii (Hug.) Opus de Veritate Religionis
Christianæ. Lugd. Bat. 1662, 1 vol.
Guarini. (Batt.) Il Pastor Fido. Amst. 1678,
in-24. fig.
Heinsii (Dan.) et Jo. Rutgersii Poëmata varia.
Lugd. Bat. 1653, 1 vol.
Hobbes (Th.) Elementa philosophica de Cive.

Dict. Bibl. II. *Elzev.*

Amst. 1647 vel 1650 vel 1660 vel 1669, 1 vol.
Hobbes. Le Corps politique, ou Eléments de
la loi morale et civile, trad. en franç. par
S. Sorbière. Leyde, 1652, 1 vol.
Horatii Flacci Opera. Lugd. Bat. 1629, 3 tom.
1 vol.
— Eadem. Amst. 1676, 1 vol.
Justini Historiarum ex Trogo Pompeio lib.
xliv. Lugd. Bat. 1640, 1 vcl.
Justiniani imperat. Institutionum lib. iv. Amst.
1676, in-24.
Kempis (Thomæ à) de Imitatione Jesu-Christi
lib. iv. Lugd. Bat. sine anno. 1 vol.
Laus Asini, edente D. Heinsio. Lugd. Batav.
1629, in-24.
Livii (Titi) Historiæ. Lugd. Bat. 1634, 3 vol.
vel 1645, 4 vol.
Eadem. Amst. 1678, 1 vol.
Lucain. La Pharsale, trad. du lat. en vers
franç. par Brébeuf. Leyde, 1658, 1 vol.
Mahomet. L'Alcoran, trad. en franç. par du
Ryer. La Haye, 1685, 1 vol.
Marino. (Giov. Batt.) L'Adone. In Amst.
1678, 4 vol. in-24. fig.
Menagii (Ægidii) Poëmata. Amst. 1663, 1 vol.
Moyne. (Pierre le) La Galerie des Femmes
fortes. Leyde, 1660, 1 vol.
Nostradamus : ses vraies Centuries et Prophéties. Amst. 1668, 1 vol.
Ovidii Nasonis (Publii) Opera. Lugd. Batav.
1629, 3 vol.
Owen (J.) Epigrammata. Lugd. Bat. 1647,
in-24.
Palæphatus de Incredibilibus, gr. lat. Amst.
1649, 1 vol.
Pascal. (Blaise) Les Provinciales. Cologne,
1657, 1 vol.
Paterculi (Velleii) Historia romana. Lugd.
Bat. 1639, 1 vol.
Péréfixe. (Hardouin de) Histoire de Henri-le-
Grand. Amst. 1661, 1 vol.
— La même. Amst. 1664, 1 vol.
Plinii Secundi Historiæ naturalis libri xxxvij.
Lugd. Bat. 1635, 3 vol.
Plinii Secundi Epistolæ. Lugd. Bat. 1640,
1 vol.
Prudentii Clementis (A.) Opera. Amst. 1667,
1 vol.

4

Polydori Vergilii de Inventoribus Rerum lib. Amst. 1671, 1 vol.

Rabelais : (Fr.) ses OEuvres. (Hollande), 1663, 2 vol.

Regnier : (Math.) ses Satires et autres OEuvres. Leyde, 1642 ou 1652, 1 vol.

Rochefoucauld : (de la) ses Mémoires sur les Brigues à la mort de Louis XIII, etc. Cologne, 1662, 1 vol.

Salerne. (Eschole de) 1651, 1 vol. *rare.*

Sallustii (Caii Crispi) Conjuratio Catilinæ et Bellum Jugurthinum. Lugd. Bat. 1634, 1 vol.

Senecæ (Lucii Annæi) Philosophi Opera. Lugd. Bat. 1640, 3 vol.

Senecæ (L. Ann.) Tragœdiæ. Amst. 1678, in-16.

Sulpicii Severi Historia sacra. Lugd. Batav. 1635, 1 vol.

Taciti (Corn.) Opera. Lugd. Bat. 1634 vel 1640, 1 vol.

Tasso. La Gerusalemme liberata. In Amst. 1678, 2 vol. in-24. fig.

— L'Aminta del med. In Amst. 1678, in-24. fig.

Terentii (Pub.) Comœdiæ sex. Lugd. Bat. 1635, 1 vol.

Testamentum (Novum) græcum. Lugd. Bat. 1624 vel 1633 vel 1641, 1 vol.

Vie de Gaspar de Coligny. Leyde, 1643, 1 vol.

Virgilii Maronis (Publii) Opera. Lugd. Bat. 1636, 1 vol.

— Eadem. Amst. 1676, 1 vol.

CATALOGUE

Des Auteurs classiques publiés par MAITTAIRE.

In-12.

CÆSAR. Lond. Jac. Tonson et Joannes Watts, 1716, 1 vol.

Catullus, Tibullus et Propertius. Ibid. 1715, 1 vol.

Curtius. Ibid. 1716, 1 vol.

Florus. Ibid. 1715, 1 vol.

Homerus. Ibid. 1723, 2 vol.

Horatius. Ibid. 1715, 1 vol.

Justinus. Ibid. 1713, 1 vol.

Juvenalis. Ibid. 1716, 1 vol.

Livius. (Titus) Ibid. 1722, 6 vol.

Lucanus. Ibid. 1719, 1 vol.

Lucretius. Ibid. 1713, 1 vol.

Martialis. Ibid. 1716, 1 vol.

Nepos. (Corn.) Ibid. 1715, 1 vol.

Ovidius. Ibid. 1715, 3 vol.

Paterculus. Ibid. 1713, 1 vol.

Phædrus. Ibid. 1713, 1 vol.

Plautus. Ibid. 1711, 2 vol.

Plinii Epistolæ et Paneg. Ibid. 1722, 1 vol.

Sallustius. Ibid. 1713, 1 vol.

Sophocles. Ibid. 1727, 2 vol.

Terentius. Ibid. 1713, 1 vol.

Testamentum græcum. (Nov.) Ibid. 1714-1715, 1 vol.

Virgilius. Ibid. 1715, 1 vol.

Toutes ces éditions sont recherchées à cause de la pureté du texte et des Index très-amples qui les accompagnent.

CATALOGUE

Des Auteurs classiques publiés à Padoue, par
COMINUS.

In-8. et in-4.

Boetius. Patavii, 1721-1744, in-8.
Catullus. Ibid. 1737 , in-4.
— Epithalamium , cum ital. vers. Parisotti.
  Ibid. 1731 , in-8.
Celsus. (Corn.) Ibid. 1722-1751 , 2 vol. in-8.
Cornelius Nepos. Ibid. 1720-21-27-31-33 ,
  in-8.
S. Gaudentii et alior. Sermones. Ibid. 1720,
  in-4.
Lucilius. Ibid. 1735 , in-8.
Lucretius. Ibid. 1721-1751 , in-8.
Macrobius. Ibid. 1736 , in-8.

Manilius. Ibid. 1743 , in-8.
Plautus. Ibid. 1722-1764, 2 vol. in-8.
Propertius. Ibid. 1755 , 2 vol. in-4.
Publius Syrus. Ibid. 1740, in-8.
Quintilianus. Ibid. 1736 , 2 vol. in-8.
Sallustius. Ibid. 1722 , in-8.
Tacitus , cum ital. vers. Davanzati. Ibid. 1755,
  in-4.
Tibullus. Ibid. 1749 , in-4.
Valerius Flaccus. Ibid. 1720 , in-8.
Virgilius. Ibid. 1738 , in-8.

Toutes ces éditions sont très-correctes, et là plupart enrichies d'excellentes notes.

CATALOGUE

Des Auteurs latins imprimés à Birmingham, par
BASKERVILLE.

In-4.

Catullus, Tibullus et Propertius. 1772,
  1 vol.
Juvenalis et Auli Persii Flacci Satyræ, 1761,
  1 vol.
Horatius Flaccus. 1770 , 1 vol.
Lucretius Carus. 1772 , 1 vol.
Novum Testamentum gr. 1763 , 1 vol.
Sallustius (C.) et L. Annæus Florus. 1773 ,
  1 vol.
Terentius. 1772 , 1 vol.
Virgilius. 1757 , 1 vol.

In-8.

Catullus , Tibullus et Propertius. 1772, 1 vol.
Horatius Flaccus. 1762, 1 vol.
Lucretius. 1773 , 1 vol.
Sallustius et Florus. 1774 , 1 vol.
Terentius. 1772 , 1 vol.
Virgilius. 1766 , 1 vol.

CATALOGUE

Des Auteurs latins imprimés à Londres, par BRINDLEY.

In-18.

Cæsar. 1744, 2 vol.
Catullus, Tibullus et Propertius. 1749, 1 vol.
Cornelius Nepos. 1744, 1 vol.
Curtius. (Quintus) 1746, 2 vol.
Horatius Flaccus. 1744, 1 vol.
Juvenalis (D. J.) et A. Persii Flacci Satyræ. 1744, 1 vol.
Lucanus. (Marc. Ann.) 1751, 2 vol.

Lucretius. 1749, 1 vol.
Ovidius. 1745, 5 vol.
Phædrus. 1750, 1 vol.
Sallustius Crispus. (Caius) 1744, 1 vol.
Tacitus. (Corn.) 1760, 4 vol.
Terentius. (Pub.) 1744, 1 vol.
Virgilius Maro. (Pub.) 1744, 1 vol.

CATALOGUE

Des Auteurs latins imprimés à Paris, par BARBOU.

in-12.

Amœnitates Poëticæ. 1757 vel 1779, 1 vol.
Cæsar. 1755, 2 vol.
Catullus, Tibullus et Propertius. 1754, 1 vol.
Ciceronis Opera. 1768, 14 vol.
Cornelius Nepos. 1767, 1 vol.
Curtius. (Quint.) 1757, 1 vol.
Desbillons (F. J.) Fabulæ Æsopicæ. 1778, 1 vol.
Erasmi Encomium Moriæ, Declamatio. 1777, 1 vol.
Eutropius. 1754, 1 vol.
Horatius Flaccus. 1763 vel 1775, 1 vol.
Justinus. 1770, 1 vol.
Juvenalis (Dec. Jun.) et Auli Persii Flacci Satyræ. 1747, 1 vol.
Kempis (Thomæ à) de Imitatione Christi lib. iv. 1758 vel 1788, 1 vol.
Livius. (Titus) 1775, 7 vol.
Lucanus. (Marc. Ann.) 1767, 1 vol.
Lucretius Carus. (Tit.) 1754, 1 vol.
Martialis. (M. Valer.) 1754, 2 vol.
Ovidius Naso. (Pub.) 1762, 3 vol.
Paterculus. (Velleius) 1777, 1 vol.

Phædrus. 1754, 1 vol.
— Idem. 1783, 1 vol.
Plautus. (Marc. Acc.) 1759, 3 vol.
Plinii (C.) Secundi Historia naturalis. 1779, 6 vol.
Plinii Secundi Epistolæ. 1769, 1 vol.
Rapini (Renati) Hortorum lib. iv. 1780, 1 vol.
Sarcotis et Caroli V imp. panegyris, Carmina. 1771, 1 vol.
Sarbievii (Matth. Casim.) Carmina. 1759, 1 vol.
Sallustius Crispus. 1774, 1 vol.
Selecta Senecæ Philosophi Opera. 1761, 1 vol.
Analyse des Traités des Bienfaits et de la Clémence de Sénèque, en lat. et en franç. (par Pouçol). 1776, 1 vol.
Tacitus. (Cornel.) 1760, 3 vol.
Terentius. 1753, 2 vol.
Novum Jesu-Christi Testamentum. 1767, 1 vol.
Vanierii (Jac.) Prædium Rusticum. 1774 vel 1786, 1 vol.
Virgilius Maro. 1754, 3 vol. vel 1767, 2 vol. vel 1790, 2 vol.

Cette Collection est fort estimée. Les éditions citées sont les meilleures : 350 l. et en papier fin, 600 l.

CATALOGUE

*Des Auteurs classiques français, imprimés à Paris,
par Fr.-Ambr. et Pierre DIDOT.*

In-4. papier vélin.

Bibliorum sacror. vulgatæ vers. Editio. 1785, 2 vol.
Boileau Despréaux : ses OEuvres. 1789, 2 vol.
Bossuet. Discours sur l'Histoire universelle. 1784, 1 vol.
Corneille : (Pierre) son Théâtre. 1795, 10 vol.
Fénélon. Les Aventures de Télémaque. 1783, 2 vol.
La Fontaine : ses Fables. 1788, 1 vol.
Malherbe : ses Poésies. 1797, 1 vol.
Massillon. Le petit Carême. 1789, 1 vol.
Molière : ses OEuvres. 1791, 6 vol.
Racine : ses OEuvres. 1783, 3 vol.
Rochefoucauld : (de la) ses Pensées et Maximes. 1796, 1 vol.
Rousseau : (J. B.) ses Odes, Cantates, etc. 1790, 1 vol.
Voltaire. La Henriade. 1790, 1 vol.
En tout 32 *vol. in-*4. 1500 *l.*

In-8. papier vélin.

Bibliorum sacror. vulgatæ vers. Edit. 1785; 8 vol.
Bossuet. Discours sur l'Hist. univers. 1786; 2 vol.
Fénélon. Les Aventures de Télémaque. 1784, 2 vol.
La Fontaine : ses Fables. 1789, 2 vol.
Racine : ses OEuvres. 1784, 3 vol.
En tout 17 *vol.* 280 à 340 *l.*

In-18. papier vélin.

Boileau : ses OEuvres. 1788, 3 vol.
Bossuet. Discours sur l'Histoire univers. 1784; 4 vol.
Fénélon. Les Aventures de Télémaque. 1783; 4 vol.
La Fontaine : ses Fables. 1787, 2 vol.
Racine : ses OEuvres. 1784, 5 vol.
En tout 18 *vol.* 150 *l.*

CATALOGUE

Des Editions Stéréotypes de MM. Pierre DIDOT et Firmin DIDOT.

		P. ORD.		FIN.		P. VÉL.		G. P. V.	
FORMAT IN-18.		fr.	c.	fr.	c.	fr.	c.	fr.	c.
La Fontaine , Fables ,	2 vol.	1	40	2	20	6	20	9	20
Les mêmes ,	1 vol.	0	85	0	0	0	0	0	0
— Contes ,	2 vol.	1	40	2	20	6	20	9	20
— Les Amours de Psyché ,	1 vol.	0	70	1	10	3	10	4	60
J. Racine ,	5 vol.	4	25	5	50	15	50	23	0
Idem , avec figures. Prix des fig.		2	0	2	0	4	0	4	0
J. B. Rousseau ,	2 vol.	1	70	2	20	6	20	9	20
Boileau ,	2 vol.	1	70	2	20	6	20	9	20
Télémaque ,	2 vol.	1	40	2	20	6	20	9	20
P. et Th. Corneille ,	4 vol.	3	40	4	40	12	40	18	40
— avec les Comment. de Voltaire ,	8 vol.	6	80	8	80	24	80	36	80
Molière ,	8 vol.	6	0	8	80	24	80	36	80
Malherbe ,	1 vol.	0	85	1	10	3	10	4	60
OEuvres de Clément Marot ,	1 vol.	0	0	1	10	3	10	4	60
Voltaire, Henriade ,	1 vol.	0	85	1	10	3	10	4	60
— Poëmes ,	1 vol.	0	85	1	10	3	10	4	60
— Epîtres ,	1 vol.	0	85	1	10	3	10	4	60
— Contes en vers ,	1 vol.	0	85	1	10	3	10	4	60
— Théâtre ,	12 vol.	10	20	13	20	37	20	55	20
Idem , avec fig. Prix des fig.		8	0	8	0	16	0	16	0
— Pucelle ,	1 vol.	0	85	1	10	3	10	4	60
— Romans ,	3 vol.	2	55	3	30	9	30	13	80
—Siècles de Louis XIV et de Louis XV,	5 vol.	4	25	5	50	15	50	23	0
— Charles XII ,	1 vol.	0	85	1	10	3	10	4	60
— Hist. de Russie , sous Pierre-le-Grand ,	2 vol.	1	70	2	20	6	20	9	20
— Essai sur les mœurs et l'esprit des nations ,	8 vol.	6	80	8	80	24	80	36	80
— Commentaires sur Corneille ,	4 vol.	3	40	4	40	12	40	18	40
— Diction. philosophique, *sous presse*,	12 vol.								
Regnard ,	5 vol.	4	25	5	50	15	50	23	0
Crébillon ,	3 vol.	2	55	3	30	9	30	13	80
Gresset ,	2 vol.	1	70	2	20	6	20	9	20
OEuvres choisies de Piron, *sous presse* ,	1 vol.								
OEuvres choisies de Destouches, *id.*	2 vol.								
Regnier , *id.*	1 vol.								
Observ. sur l'Hist. de France ,	1 vol.	1	20	2	20	4	0	0	0
Maximes de la Rochefoucauld ,	1 vol.	0	60	0	85	2	10	3	10
Pensées de Nicole ,	1 vol.	0	70	0	85	2	10	3	10
Caractères de la Bruyère et de Théophraste , *sous presse* ,	2 vol.								
Bossuet : Oraisons funèbres ,	1 vol.	0	85	1	10	3	10	4	60
— Histoire Universelle ,	2 vol.	1	70	2	20	6	20	9	20
Oraisons funèbres de Fléchier , etc.	2 vol.	1	70	2	20	6	20	9	20
Petit-Carême de Massillon ,	1 vol.	0	85	1	10	3	10	4	50
Montesquieu : De l'Esprit des Lois ,	5 vol.	4	25	5	50	15	50	23	0
— Grandeur des Romains ,	1 vol.	0	85	1	10	3	10	4	60

ÉDITIONS STÉRÉOTYPES.

		P. ORD.		FIN.		P. VÉL.		G. P. V.	
		fr.	c.	fr.	c.	fr.	c.	fr.	c.
— Lettres persannes,	2 vol.	1	70	2	20	6	20	9	20
— OEuvres mêlées, etc.	2 vol.	1	70	2	20	6	20	9	20
Vertot: Révolutions romaines,	4 vol.	3	40	4	40	12	40	18	40
— Révolutions de Suède,	2 vol.	1	70	2	20	6	20	9	20
— Révolutions de Portugal,	1 vol.	0	85	1	10	3	10	4	50
Conjuration des Espagnols contre Venise, par S.-Réal,	1 vol.	0	85	1	10	3	10	4	60
J. J. Rousseau: La Nouvelle Héloïse,	4 vol.	3	40	4	40	12	40	18	40
— Emile,	3 vol.	2	55	3	30	9	30	13	80
— Les Confessions,	4 vol.	3	40	4	40	12	40	18	40
Buffon: Matières générales, (*non stér.*)	24 vol.	0	0	50	40	0	0	0	0
— Quadrupèdes, *Id.*	14 vol.	0	0	29	40	0	0	0	0
— Oiseaux, *Id.*	18 vol.	0	0	37	80	0	0	0	0
— Ovipares et Serpents, *Id.*	4 vol.	0	0	8	40	0	0	0	0
— Poissons, *Id.*	14 vol.	0	0	29	40	0	0	0	0
— Cetacées, *Id.*	2 vol.	0	0	4	40	0	0	0	0
— *Id.* Les six parties réunies,	76 vol.	0	0	159	80	320	50	0	0
— *Id.* Avec les fig. coloriées,		0	0	289	10	449	0	0	0
OEuv. d'Helvétius, (*non stéréotype,*)	14 vol.	0	0	16	0	48	0	0	0
Virgilius,	1 vol.	0	85	1	10	3	10	4	60
Phædrus,	1 vol.	0	40	0	60	1	60	2	60
Cornelius Nepos,	1 vol.	0	50	0	85	2	10	3	10
Horatius,	1 vol.	0	85	1	10	3	10	4	60
Sallustius,	1 vol.	0	60	0	85	2	10	3	10
The Vicar of Wakefield,	1 vol.	0	85	1	10	3	10	4	60
Letters of Montague,	1 vol.	0	85	1	10	3	10	4	60
The Sentimental Journey,	1 vol.	0	85	1	10	3	10	4	60
Idem. Traduction de Paulin Crassous, (*non stéréotype*)	3 vol.	3	60	6	0	12	0	0	0
Fables by Gay and Moore,	1 vol.	0	85	1	10	3	10	4	60
Aminta di Tasso,	1 vol.	0	60	1	0	2	10	3	10
Montaigue, in-12.	4 vol.	8	50	16	50	32	50	0	0
Code Napoléon, in-18.	1 vol.	1	60	2	40	4	25	0	0
Idem, in-12.	1 vol.	2	50	3	25	5	25	0	0
Idem, in-8.	1 vol.	0	0	5	50	0	0	7	0
Code de Procéd. civile, in-18.	1 vol.	0	0	1	20	4	0	0	0
Idem, in-12.	1 vol.	0	0	2	50	0	0	0	0
Code de Commerce, in-18.	1 vol.	1	0	0	0	0	0	0	0
Idem, in-12, avec les Motifs,	1 vol.	2	50	0	0	0	0	0	0
Code Criminel, in-18.	1 vol.	1	0	0	0	0	0	0	
Idem, in-12, avec les Motifs,	1 vol.	2	50	0	0	0	0	0	

CATALOGUE

Des Editions stéréotypes de M. H. NICOLLE, d'après le procédé de M. HERHAN.

	In-18.	In-12. Pap. fin.	In-12. Pap. vél. satiné.
	fr. c.	fr. c.	fr. c.
OEuvres de Racine, 5 vol.	6 75	12 50	25
Les mêmes, avec 13 fig.	9	15	28
Chefs-d'œuvre de P. et de Th. Corneille, sans commentaires, 5 vol.	6 75	12 50	25
Les mêmes, avec les commentaires de Voltaire, 5 vol.	9 25	15	30
OEuvres de Crébillon, 3 vol.	3 30	6	12
Chefs-d'œuvre dramatiques de Voltaire, 4 vol.	5 40	10	20
Les mêmes, avec 12 fig.	8	13	23
OEuvres de Molière, 6 vol.	9 60	18	36
OEuvres de Regnard, 4 vol.	6 40	12	24
Théâtre des auteurs du second ordre, ou Recueil des tragédies et comédies restées au théâtre français, 8 vol.	14 40		
N. B. *Tous les mois, il paraît deux nouveaux volumes de cette collection. On vend chaque volume séparément.*			
Fables de La Fontaine, 1 vol.	1 35	3	6
Contes du même, 1 vol.	1 35	3	6
Psyché et Adonis du même, 1 vol.	1 35	3	
OEuvres diverses du même, 1 vol.	1 35	3	6
Théâtre du même, 1 vol.	1 35	3	6
Ces cinq vol. in-18. et in-12., forment la seule édition complète des OEuvres de La Fontaine.			
Le prix des 5 vol. sans fig. est de	6 75	15	30
Avec le portrait de La Fontaine et 8 fig. pour la Psyché,	9	18	33
OEuvres de Regnier, 1 vol.	1 10	2	4
OEuvres de Gresset, 1 vol.	1 35	3	6
OEuvres de Bernis, 2 vol.	2 20	4	8
OEuvres de Chaulieu et Poésies de La Fare, 1 vol.	1 10	2	4
OEuvres de Madame et de M.lle Deshoulières, 2 vol.	2 20	4	8
OEuvres de Bernard, 1 vol.	1 10	2	4
Caractères de la Bruyère et de Théophraste, 3 vol.	3 30		12
Gil Blas de Santillane, par Le Sage, 4 vol.	4 40		
Le même, avec 5 fig.		10	20
Le Diable Boiteux, par Le Sage, 2 vol.	2 20		
Le même, avec 4 fig.		5	10
Guzman d'Alfarache, par Le Sage, 2 vol.	2 70		
Le même, avec fig.		6	12
Le Bachelier de Salamanque, par Le Sage, 2 vol.	2 20		
Le même, avec fig.		5	10
Le Doyen de Killerine, par Prevost; 4 vol.	6		
Le même, avec 6 fig.		12	
Les Mémoires d'un homme de qualité, par Prevost, 4 vol.	6		
Les mêmes, avec 6 fig.		12	24
Cleveland (Histoire de), par Prevost, 6 vol.	10		

	In-18.		In-12. Pap. fin.		In-12. Pap. vél. satiné.	
	fr.	c.	fr.	c.	fr.	c.
La même , avec 8 fig.			20		36	
Boileau , 1 vol.	1	35	3		6	
OEuvres choisies de J. B. Rousseau ; 1 vol.	1	60	3		6	
Histoire des Révolutions de Rome , par de Vertot, in-12. 2 vol.			5	30		
Révolutions de Suède et de Portugal , 1 vol.			3			
Grandeur des Romains , 1 vol.			1	65		
La Henriade de Voltaire , 1 vol.	1	60	2	65		
Histoire de Charles XII , roi de Suède , par Voltaire , 1 vol.			2	65		
Histoire de l'Empire de Russie , sous Pierre-le-Grand , 1 vol.			2	65		
Siècles de Louis XIV et de Louis XV, par Voltaire , 3 vol.			7	95		
Poëmes et Discours en vers de Voltaire , 1 vol.			2	65		
Epîtres , Stances et Odes de Voltaire , 1 vol.			2	65		
Contes en vers et Satires de Voltaire , 1 vol.			2	65		
La Pucelle , 1 vol.			2	65		
Romans , 2 vol.			5	30		
(Sous presse) le Théâtre , 8 vol.			21	20		
Discours sur l'Histoire Universelle , par Bossuet, 4 vol. , et la Continuation du même ouvrage , depuis 801 jusqu'en 1661 , 6 vol.	8	10	15		30	
La Continuation se vend séparément , 2 vol.	3	20	6		12	
Abrégé du Génie du Christianisme , par Chateaubriand , 2 vol.			5		10	
Mœurs des Israélites et des Chrétiens , 1 vol.			2	65		

LIVRES DE CLASSE.

	In-18.		In-12. Pap. fin.		In-12. Pap. vél. satiné.	
Grammaire française , par Gueroult, in-12. parch. 1 vol.			1	25		
Méthode pour étudier la langue latine , par le même , in-12. parch. 1 vol.			1	50		
Epitome Historiæ sacræ , auct. C. F. Lhomond , in-18. parch. 1 vol.		90				
Appendix de Diis , in-18. parch. 1 vol.		90				
De Viris illustribus Romæ , auct. C. F. Lhomond, 1 gros vol. in-18. parch. 1 vol.	1	35				
Phædrus , parch. 1 vol.		75				
Cornelius Nepos , parch. 1 vol.		90				
C. Sallustius , parch. 1 vol.		90				
Quintus Curtius , parch. 1 vol.	1	25				
Selectæ è profanis historiæ Scriptoribus , 1 gr. vol. in-12. parch. 1 vol.			2	25		
Ovidii selectæ Fabulæ ex libris Metamorphoseon , in-12. parch. 1 vol.			1	25		
P. Virgilius , parch. 1 vol.	1	25				
Q. Horatius , parch. 1 vol.	1	25	3		6	
Q. Horatius , pap. vél. ord. in-12. 1 vol.			4			
Id. pap. vél. superfin ,					6	
Conciones , gros vol. in-12. parch. 1 vol.			2	25		
Catéchisme historique de Fleuri , 1 vol.			2			

LIVRES DE JURISPRUDENCE.

	In-18.		In-12. Pap. fin.		In-12. Pap. vél. satiné.	
D. Justiniani Institutiones , 1 vol.	1	75				
Le même Ouvrage , impr. en rouge et en noir, 2			6			
Le même , pap. vélin ,			12			

Dict. Bibl. II. *Stéréotyp.* 5

		In-18.		In-12. Pap. fin.		In-8.	
		fr.	c.	fr.	c.	fr.	c.
Code Napoléon ;	1 vol.	1	75	3			
Le même , in-8.	1 vol.					5	
Le même , pap. vélin ;						10	
Code de Procédure civile ,	2 vol.	1	25				
Le même , in-12.	1 vol.			1	80		
Le même , in-8. papier fin ,	1 vol.					3	
Le même , avec l'Exposé des motifs des conseil- lers d'Etat , etc.	2 vol.			4	50	6	
N. B. On joint à tous les formats du Code de Pro- cédure civile, la Taxe des Frais, etc. moyennant une augmentation de 25 centimes.							
Formulaire du Code de Procédure civile, par J. B. De Laporte ,	1 vol.	2	50	2	75	4	25
Taxe des frais et dépens pour le ressort de la Cour d'appel de Paris ,	1 vol.		40		50		75
Code de Commerce ,	1 vol.	1	25	1	80	2	50

ÉDITIONS STÉRÉOTYPES in-8.

		In-8. pap. fin.		In-8. pap. vél. satiné.	
		fr.	c.	fr.	c.
OEuvres de J. Racine , édit. de M. Petitot ,	5 vol.	25		45	
Les mêmes , avec 13 fig.		40		60	

OEUVRES DE VOLTAIRE in-8.

		In-8. pap. fin.		In-8. pap. vél. satiné.	
Histoire de Charles XII , etc. par Voltaire ,	1 vol.	5	25	7	50
La même , avec 2 fig.		7	25	9	50
Histoire de l'Empire de Russie , sous Pierre-le-Grand ,	1 vol.	5	25	7	50
Papier fin , avec 2 fig.		7	25	9	50
Siècles de Louis XIV et de Louis XV ,	3 vol.	15	75	22	50
Les mêmes , avec 18 portraits ,		33	75	50	50
La Henriade ,	1 vol.	5	25	7	50
La même , avec 11 fig.		16	25	18	50
(Sous presse) le Théâtre ,	8 vol.	42		60	
Le même , avec 45 fig.		87		102	
La Pucelle ,	1 vol.	5	25	7	50
La même , avec 22 fig.		27	25	29	50
Poëmes et Discours en vers de Voltaire ,	1 vol.	5	25	7	50
Epîtres , Stances et Odes de Voltaire ,	1 vol.	5	25	7	50
Contes en vers et Satires de Voltaire ,	1 vol.	5	25	7	50
Les mêmes , avec 6 fig.		11	25	13	50
Les Romans ,	2 vol.	10	50	15	
Les mêmes , avec 27 fig.		37	50	42	

ÉDITIONS STÉRÉOTYPES DU CATÉCHISME.

	In-12. beau pap. en parch.	Petit in-18. beau pap. cart.	Grand in-18. p. comm. en feuill.
	fr. c.	fr. c.	fr. c.
Catéchisme français,	1 vol. 70	40	20
Explication du Catéchisme,	1 vol. 3		

EDITIONS in-18. ET in-12. FAISANT SUITE AUX ÉDITIONS STÉRÉOTYPES.

	In-18.	In-12. pap. fin.	In-12. pap. vél. satiné.
	fr. c.	fr. c.	fr. c.
Les Provinciales, par B. Pascal,	2 vol. 2 70	6 40	9 40
Pensées de Pascal,	2 vol. 3	7 50	10
Oraisons funèbres de Bossuet,	2 vol. 2 50	6 40	10
Oraisons funèbres de Fléchier,	2 vol. 2 50	6 40	10
Oraisons funèbres, choisies de Bourdaloue, Mascaron, La Rue et Massillon,	1 vol. 1 50	3 75	5
Petit Carême de Massillon,	1 vol. 1 35		
Le même, in-12. avec portr.			5
Télémaque,	2 vol. 2 20	5	9 40
Morceaux choisis de Buffon,	1 vol. 1 80	4	6

CATALOGUE

Des Auteurs latins AD USUM DELPHINI.

In-4.

APULEIUS. (Lucius) Parisiis, 1688, 2 vol.
Aulus-Gellius. Parisiis, 1681, 1 vol.
Aurelius Victor. Parisiis, 1681., 1 vol.
Ausonius. Parisiis, 1730, 1 vol.
Boetius. Parisiis, 1680 vel 1695, 1 vol.
Cæsar. (Caius Julius) Lutetiæ Parisior. 1678, 1 vol.
Callimachus. Parisiis, 1675, 1 vol.
Catullus, Tibullus et Propertius. Parisiis, 1685, 3 part. 1 vol.
Ciceronis (Mar. Tull.) Libri Oratorii. Parisiis, 1687, 2 vol.
Ciceronis Orationes. Parisiis, 1684, 3 vol.
Ciceronis Epistolæ ad familiares. Parisiis, 1685, 1 vol.
Ciceronis Opera philosophica. Parisiis, 1689, 1 vol.
Claudianus. (Cl.) Parisiis, 1677, 1 vol.
Cornelius Nepos. Parisiis, 1675, 1 vol.
Curtius. (Quint.) Parisiis, 1678, 1 vol.

Danetii (Petri) Diction. Antiquitatum romanarum. Parisiis, 1698, 1 vol.
Dyctis Cretensis. Parisiis, 1680 vel Amst. 1702, 1 vol.
Eutropius. Parisiis, 1683 vel 1726, 1 vol.
Florus. (Luc. Ann.) Parisiis, 1674, 1 vol.
Horatius Flaccus. (Quintus) Parisiis, 1691, 2 vol.
Justinus. Parisiis, 1677, 1 vol.
Juvenalis (D. Jun.) et Aul. Persius. Lutetiæ Parisior. 1684, 1 vol.
Livius. (Titus) Parisiis, 1679 et ann. seqq. 5 tom. 6 vol.
Lucretius Carus. (Tit.) Parisiis, 1680, 1 vol.
Martialis. (Valerius) Parisiis, 1680, 1 vol.
Manilius. (Mar.) Parisiis, 1679, 1 vol.
Ovidius. (Pub.) Lugd. 1686 et 1689, 4 vol.
Panegyrici Veteres. Parisiis, 1676, 1 vol.
Paterculus. (Caius Vell.) Parisiis, 1675, 1 vol.
Phædrus. Parisiis, 1675, 1 vol.

Plautus. (M. A.) Parisiis , 1679 , 2 vol.
Plinius. (Caius) Parisiis , 1685 , 5 vol.
Pompeius Festus. (Sextus) Parisiis , 1681 , 1 vol.
— Idem. Amst. 1699, 1 vol.
Prudentius. (Aur.) Parisiis , 1687 , 1 vol.
Sallustius. (C. Crisp.) Parisiis , 1674 , 1 vol.
Statius. (Pub. Pap.) Parisiis , 1685 , 2 vol.

Suetonius Tranquillus. (Caius) Parisiis , 1684, 1 vol.
Tacitus. (Corn.) Parisiis , 1682 et ann. seqq. 4 vol.
Terentius. (Pub.) Parisiis , 1675 , 1 vol.
Valerius Maximus. Parisiis , 1679 , 1 vol.
Virgilius. (Pub.) Parisiis , 1682 vel 1726 , 2 vol.

Les articles les plus rares de cette collection sont :
Statii Opera. Parisiis, 1685, 2 *vol. Ciceronis Opera philosophica. Parisiis ,* 1689 , 1 *vol.*
Prudentii Opera. Parisiis , 1687, 1 *vol. Plauti Comœdiœ. Parisiis ,* 1679 , 2 *vol.*

CATALOGUE

Des Auteurs classiques CUM NOTIS DIVERSORUM.

In-4.

ÆLIANI varia Historia, gr. lat. Lugd. Bat. 1731 , 2 vol.
—De Natura Animalium , gr. lat. Lond. 1744, 2 vol.
Æschylus , gr. lat. Hagæ Comit. 1745 , 2 vol.
Anacreon , gr. lat. Traj. ad Rhen. 1732 , 1 vol.
Anthologia græca. Argentor. 1772-76 , 3 vol. tirés sur format in-4.
Anthologia latina. Amst. 1759-73 , 2 vol.
Antoninus (Marcus) de Rebus suis, gr. lat. Cantab. 1639 vel Lond. 1707 , 1 vol.
Apuleius. Lugd. Bat. 1786 , 1 vol.
Aristides , gr. lat. Oxonii , 1722-30 , 2 vol.
Aristophanes , gr. lat. Lugd. Bat. 1760 , 2 vol.
Celsus. Lugd. Bat. 1785 , 1 vol.
Cæsar. Lugd. Bat. 1737 , 1 vol.
Chariton , gr. lat. Amst. 1750 , 2 vol.
Catullus. Lond. 1684 , 1 vol.
— Idem. Patavii , 1737 , 1 vol.
Ciceronis Opera. Amst. 1661 , 2 vol.
— Eadem. Lugd. Bat. 1692 , 2 vol.
— Eadem. Amst. 1724 , 4 vol.
— Eadem. Parisiis , 1740 , 9 vol.
— Eadem. Genevæ , 1758 , 9 vol.
— Eadem. Oxonii , 1783 , 10 vol.
Claudianus. Amst. 1760 , 1 vol.
Corripus. Romæ , 1777 , 1 vol.
Curtius. (Q.) Lugd. Bat. 1724 , 2 vol.
Demosthenes Taylori, gr. lat. Cantab. 1747-48, 2 vol.
Diogenes Laërtius, gr. lat. Amst. 1692, 2 vol.
Ennius. Amst. 1707 , 1 vol.
Epictetus, gr. lat. Lond. 1739 ; 2 vol.
Euripides , gr. lat. Parisiis , 1602 , 1 vol.
— Idem , gr. lat. Oxonii , 1778 , 4 vol.

— Idem. Lipsiæ , 1778 , 3 vol.
— Hyppolitus , gr. lat. Lugd. Bat. 1768, 1 vol.
— Phœnissa , gr. lat. Franequeræ , 1755, 1 vol.
Flaccus. (Valer.) Lugd. Bat. 1724 , 1 vol.
Frontinus de Aquæductibus. Patavii , 1722 . 1 vol.
Gellius. (A.) Lugd. Bat. 1706 , 1 vol.
Hesiodus, gr. lat. Lugd. Bat. 1603 , 1 vol.
— Idem , gr. lat. Oxonii , 1737 , 1 vol.
Homerus , gr. lat. Lugd. Bat. 1656 , 2 vol.
— Idem , gr. lat. Cantab. 1711 , 2 vol.
— Idem , gr. lat. Lond. 1729-40 , 4 vol.
— Idem , gr. lat. Lond. 1740-54 , 2 vol.
Horapollus , gr. lat. Traj. ad Rhen. 1727 , 1 vol.
Horatius. Amst. 1713 , 1 vol.
— Idem. Lond. 1792 , 2 vol.
Hyginus et Polybius. Amst. 1660 , 1 vol.
Itineraria romanor. veter. Amst. 1735 , 1 vol.
Juvenalis. Ultraj. 1685 , 1 vol.
Juvenalis et Persius. Lugd. Bat. 1695 , 1 vol.
Latini Pac. Drepanii Panegyr. Amst. 1753 , 1 vol.
Livius. (T.) Parisiis , 1735 , 1 vol.
— Idem. Amst. 1738-46 , 7 vol.
Longinus, gr. lat. Traj. ad Rhen. 1694 , 1 vol.
— Idem , gr. lat. Oxonii , 1778 , 1 vol.
Lucanus. Lugd. Bat. 1728 , 2 vol.
— Idem. Lugd. Bat. 1740 , 1 vol.
— Idem. Strawberry-Hill , 1760 , 1 vol.
Lucianus , gr. lat. Amst. 1643-46 , 4 vol.
Lucretius. Lugd. Bat. 1725 , 2 vol.
— Idem. Lond 1796 , 3 vol.
Lysias , gr. lat. Lond. 1739 , 1 vol.
Manilius. Lond. 1739 , 1 vol.
Maximus Tyrius , gr. lat. Lond. 1740 , 1 vol.

Mela. (Pomponius) Lond. 1719, 1 vol.
Miscellanea græca, gr. lat. Lond. 1722, 1 vol.
Mulierum græcarum Fragmenta, gr. lat. Amst.
1735, 1 vol.
Musicæ antiquæ Scriptores, gr. lat. Lugd. Bat.
1652, 2 vol.
Mythographi latini. Lugd. Bat. 1742, 1 vol.
Orosius. (P.) Lugd. Bat. 1738 vel 1767, 1 vol.
Ovidius. Amst. 1727, 4 vol.
Petronius Arbiter. Amst. 1743, 2 vol.
Phalarides, gr. lat. Groning. 1777, 1 vol.
Phædrus. Amst. 1701, 1 vol.
— Idem. Lugd. Bat. 1727, 1 vol.
Phrynicus. Traj. ad Rhen. 1739, 1 vol.
Plinii Panegyricus. Amst. 1738, 1753, 1 vol.
— Epistolæ. Amst. 1734, 1 vol.
Plutarchi Vitæ et Apophtegmata, gr. lat. Lond.
1723-29, 6 vol.
— Moralia, gr. lat. Oxonii, 1795, 6 vol.
Poëtæ latini minores. Lugd. Bat. 1731, 2 vol.
— Venatici et Bucolici. Lugd. Bat. 1728,
1 vol.
Poëtriarum octo Fragmenta, gr. lat. Hamburgi,
1734, 1 vol.
Porphyrii Vita Pythagoræ, gr. lat. Amst. 1767,
1 vol.
— De Abstinentiâ, etc. gr. lat. Traj. ad Rhen.
1767, 1 vol.
Propertius. Amst. 1702, 1 vol.
— Idem. Patavii, 1755, 1 vol.
— Idem. Traj. ad Rhen. 1780, 1 vol.
Proverbia græca Mich. Apostolii, gr. lat. Lugd.
Bat. 1619, 1 vol.

Quintilianus. Lugd. Bat. 1720, 4 vol.
— Idem. Gœttingæ, 1738, 1 vol.
Rhetores antiqui latini. Argent. 1756, 1 vol.
Sallustius. Cantab. 1710, 1 vol.
— Idem. Lipsiæ, 1711 vel Venetiis, 1737,
1 vol.
— Idem. Amst. 1742, 2 vol.
Sapphus, gr. lat. Hamb. 1733, 1 vol.
Senecæ Tragœdiæ. Delphis, 1728, 1 vol.
Silius Italicus. Traj. ad Rhen. 1717, 1 vol.
Sophocles, gr. lat. Parisiis, 1781, 2 vol.
— Idem. Argentorati, 1786, 2 vol.
Statius. Cygneæ, 1664, 3 vol.
Suetonius. Leovardiæ, 1714, 1 vol.
— Idem. Amst. 1736, 2 vol.
Sulpitius Severus. Veronæ, 1741-54, 2 vol.
Sybillina Oracula, gr. lat. Amst. 1689, 2 vol.
Tacitus. Traj. ad Rhen. 1721, 2 vol.
— Idem. Parisiis, 1771, 4 vol.
— Idem. Edimburgi, 1796, 4 vol.
Terentius. Hagæ Comit. 1726, 2 vol.
— Idem. Amst. 1727, 1 vol.
Theocritus, gr. lat. Oxonii, 1770, 2 vol.
—cum Mosco et Bione, gr. lat. Commel. 1604,
1 vol.
Tibullus. Amst. 1708, 1 vol.
— Idem. Patavii, 1749, 1 vol.
Valerius Maximus. Lugd. Bat. 1726, 2 vol.
Victor. (Aur.) Amst. 1733, 1 vol.
Virgilius. Leovardiæ, 1717, 2 vol.
— Idem. Amst. 1746, 4 vol.
Xenophontis Cyrop. et Expedit. Cyri, gr. lat.
Oxonii, 1727-35, 2 vol.

CATALOGUE

Des Auteurs grecs et latins, anciens et modernes, avec des notes, et qui peuvent entrer dans la Collection des VARIORUM.

Nota. Les Editions dont l'intitulé est précédé d'un astérique, sont celles qui composent la Collection des *Variorum;* les autres peuvent y entrer.

In-8.

ABÆLARDI (Petri) et Hæloisæ Epistolæ.
Lond. 1718, 1 vol.
* Æliani (Claudii) Historiæ. Lugd. Bat. 1701,
2 vol.
— Eædem. Argent. 1713, 1 vol.

— Eædem. Lipsiæ, 1780, 2 vol.
— Eædem. Lipsiæ, 1794, 2 vol.
— Historia Animalium. Lipsiæ, 1784, 1 vol.
* Æschinis Socratici Dialogi tres, Amst. 1711,
1 vol.

— Eadem. Lond. 1795, 1 vol.
Blancardi (Nic.) Onomasticon Atticum.
Lugd. Bat. 1757, 1 vol.
* Boetii de Consolatione Philosophiæ libri v.
Lugd. Bat. 1671, 1 vol.
Bos (Lamberti) Ellipses græcæ. Norimb.
1763, 1 vol.
— Eædem. Halæ, 1765, 1 vol.
— Eædem. Lipsiæ, 1808, 1 vol.
— Antiquitates græcæ. Lipsiæ, 1767, in-12.
— Eædem. Lipsiæ, 1787, 1 vol.
* Cæsaris (Caii Julii) Opera. Amst. Elzevir,
1670, 1 vol.
* — Ejusd. Comment. Lugd. Bat. 1713, 1 vol.
fig.
— Iidem. Lipsiæ, 1780, 1 vol.
— Iidem. Lipsiæ, 1805, 1 vol.
Cæsaris Portus Iccius illustratus. Oxonii,
1694, 1 vol.
* Callimachi Opera. Ultrajecti, 1697, 2 vol.
— Eadem. Lugd. Bat. 1761, 2 vol.
* Carmina et Fragmenta Carminum familiæ
Cæsareæ. Coburgi, 1715, 1 vol.
* Catonis (Diony.) Disticha de Moribus ad Fi-
lium. Amst. 1754, 1 vol.
* — Idem Opus. Amst. 1759, 1 vol.
* — Historia critica Catoniana. Amst. 1759,
1 vol.
* Catulli, Tibulli et Propertii Opera. Traj.
ad Rhen. 1680, 1 vol.
Catulli Opera. Lipsiæ, 1788-1792, 2 vol.
Cebetis Thebani Tabula. Lond. 1720, 1 vol.
* Celsi (Aur. Corn) de Medicinâ libri octo.
Amst. 1713, 1 vol.
— Iidem. Patavii, 1722, 1 vol.
* — Iidem. Lugd. Bat. 1746, 1 vol.
— Iidem. Roterod. 1750, 1 vol.
— Iidem. Lipsiæ, 1766, 1 vol.
* Censorini liber de Die Natali. Cantabrigiæ,
1695, 1 vol.
* — Idem. Lugd. Bat. 1743, 1 vol.
— Idem. Norimb. 1805, 1 vol.
Charitonis Aphrodisiensis de Chœreâ et Calli-
rhoe Amatoriarum Narrationum libri viij.
Lipsiæ, 1783, 1 vol.
* Ciceronis (Marc. Tul.) Orationes. Amst.
1699, 3 tom. en 6 vol.
* — Ejusd. ad Quintum fratrem Dialogi tres
de Oratore. Cantabrig. 1732, 1 vol.
* — Iidem. Lond. 1746, 1 vol.
* — Iidem. Lond. 1771, 1 vol.
— Ejusd. Orationes Verrinæ. Erlang. 1784,
2 vol.
— Ejusd. Orationes pro S. Roscio Amerino,
etc. Magdeb. 1800, 3 vol.
— Ejusd. quæ vulgo feruntur Orationes iv:
post reditum in senatu, ad Quirites post
reditum, etc. Berolini, 1801, 1 vol.
— Ejusd. Orationes xiij selectæ. Lipsiæ, 1807,
1 vol.
* — Ejusd. Epistolæ ad Familiares. Amst.
Elzevir, 1677, 2 vol.
* — Eædem. Amst. 1693, 2 vol.
— Eædem. Cantabrigiæ, 1749, 2 vol.
— Eædem. Lipsiæ, 1771, 1 vol.
* — Ejusd. Epist. ad Atticum. Amst. 1684,
2 vol.

* — Ejusd. Epistolarum ad Quintum fratrem,
libri tres, et ad Brutum liber unus. Hagæ
Comitum, 1725, 1 vol.
— Ejusd. Epistolær. lib. xvj Lipsiæ, 1795,
2 vol.
* — Ejusd. de Officiis libri tres. Amst. 1688,
1 vol.
— Iidem. Oxonii, 1695, 1 vol.
* — Iidem. Lugd. Bat. 1710, 1 vol.
— Iidem. Oxonii, 1717, 1 vol.
— Iidem. Oxonii, 1729, 1 vol.
— Iidem. Lond. 1745, 1 vol.
* — Ejusd. Rhetoricorum ad Herennium libri
iv. Lugd. Bat. 1761, 1 vol.
* — Ejusd. Liber de claris Oratoribus. Oxonii,
1716, 1 vol.
* — Ejusd. Tusculanarum Disputationum li-
bri. v. Cantabrig. 1730, 1 vol.
— Iidem. Cantabrig. 1738, 1 vol.
* — Ejusd. De Naturâ Deorum libri tres. Can-
tabrig. 1733, 1 vol.
* — Iidem. Cantabrig. 1744, 1 vol.
— Iidem. Lipsiæ, 1796, 1 vol.
* — Ejusd. De Finibus Bonorum et Malorum
libri v. Cantabrig. 1728, 1 vol.
* — Iidem. Cantabrig. 1741, 1 vol.
— Iidem. Halis-Saxon. 1804, 1 vol.
* — Ejusd. De Divinatione et de Fato. Can-
tabrig. 1730, 1 vol.
— Iidem. Lipsiæ, 1793, 1 vol.
* — Ejusd. Academica. Cantabrig. 1725, 1 vol.
* — Eadem. Cantabrig. 1736, 1 vol.
* — Ejusd. De Legibus libri tres. Cantabrig.
1727, 1 vol.
* — Iidem. Cantabrig. 1745, 1 vol.
— Ejusd. Opera. Halæ, 1757, 6 vol.
— Eadem. Halis-Saxon. 1776-1777, 8 vol.
— Jac. Tunstall Epistolæ ad Conyers Middle-
ton, vitæ Ciceronis scriptorem, in quâ,
ex locis ejus operis quàm plurimis recens.
Ciceronis Epist. ad Atticum et Quintum fra-
trem desiderari ostenditur. Cantabrig. 1741,
1 vol.
— Jo. Aug. Ernesti Clavis Ciceroniana. Halæ,
1777, 1 vol.
Ciceronianum Lexicon græcum et latinum,
etc. Augustæ Taurin. 1743, 1 vol.
* Claudiani Opera quæ extant. Amst. Elzevir,
1665, 1 vol.
* — Eadem. Lipsiæ, 1759, 2 vol.
* Cœlii (Apicii) de Obsoniis et Condimentis,
sive Arte Coquinariâ libri x. Amst. 1709,
1 vol.
— Iidem. Bareuthiæ, 1791, 1 vol.
Collectio Poëtarum Elegiacorum, stylo et sa-
pore Catulliano. Viennæ, 1784-1789, 4 vol.
— Eadem. Vindob. 1790, 2 vol.
* Coluthi Raptus Helenæ. Leovardiæ, 1747,
1 vol.
* Cornelii Nepotis Vitæ excellentium Impera-
torum. Lugd. Bat. 1675, 1 vol.
* — Eædem. Lugd. Bat. 1734, 1 vol.
* — Eædem. Lugd. Bat. 1773, 1 vol.
— Eædem. Irenaci, 1747, 1 vol.
— Eædem. Erlangæ, 1800, 1 vol.
— Eædem. Lipsiæ, 1804, 1 vol.
— Eædem. Lipsiæ, 1806, 1 vol.

* Corpus Juris Civilis. Amst. Elzevir, 1664,
2 vol.
Cresconii Corripi Africani de Laudibus Jus-
tini Augusti minoris libri iv. Altdorfii,
1743, 1 vol.
* Curtii Ruffi (Quinti) Historiæ. Ultrajecti,
1685, 1 vol.
* — Eædem. Lugd. Bat. 1696, 1 vol. fig.
* — Eædem. Hagæ-Comitum, 1708, 2 vol. fig.
Demetrius, de Elocutione liber. Altenburgi,
1779, 1 vol.
* Demosthenis selectæ Orationes. Cantabrig.
1731, 1 vol.
— Eædem. Lond. 1764, 1 vol.
— Orationes Philippicæ. Dublinii, 1773, 2
vol.
— Oratio de Coronâ. Altenb. 1769, 1 vol.
— Oratio prò Pace. Lipsiæ, 1799, 1 vol.
* — Orationes de Republicâ. Lond. 1755, 2 vol.
* — Orationes duæ, unà Demosthenis contrà
Midiam, altera Lycurgi contrà Leocratem.
Cantabrig. 1743, 1 vol.
* Demosthenis et Æschinis de Falsâ Legatione,
et de Coronâ Sermones Cantabrig. 1769,
2 vol.
Demosthenis et Ælii Aristidæ Orationes ad-
versus Leptinem. Halæ, 1789, 1 vol.
Desbillons (Fr. Jos.) Fabulæ Æsopicæ. Man-
hemii, 1768-1792, 3 vol.
* Dictys Cretensis de Bello Trojano, et Dares
Phrygius de Bello et Excidio Trojæ. Amst.
1702, 1 vol.
Diodori Siculi Bibliotheca historica. Biponti
et Argent. 1795, 10 vol.
— Eadem. Halæ, 1800, 2 vol.
* Diogenis Laërtii de Vitis Philosophorum libri
x. Curiæ Regnitianæ, 1739, 2 vol.
Dionis Chrysostomi Orationes. Lipsiæ, 1784,
2 vol.
Dionysii Halicarnassensis Opera. Lipsiæ,
1774, 6 vol.
— Ejusd. de Structurâ Orationis liber. Lon-
dini, 1702, 1 vol.
— Ejusd. de priscis Scriptoribus Tractatus.
Lond. 1766, 1 vol.
— Ejusd. Archeologiæ Romanæ, quæ ritus
romanos explicat, Synopsis. Lipsiæ, 1786,
1 vol.
* Dionysii Geographia. Oxonii, 1704, 1 vol.
* Epictecti Enchiridion, necnon Cebetis Ta-
bula. Lugd. Bat. 1670, 1 vol.
* — Idem. Delphis, 1683, 1 vol.
— Idem. Oxonii, 1707, 1 vol.
— Idem. Oxonii, 1715, 1 vol.
* Idem. Delphis, 1723, 1 vol.
— Idem. Oxonii, 1739, 1 vol.
— Idem. Dresdæ, 1756, 1 vol.
— Idem. Varsoviæ, 1776, 1 vol.
— Idem. Lipsiæ, 1798, 1 vol.
— Idem. Lipsiæ, 1799, 5 vol.
* Erasmi (Desiderii) Stultitiæ Laus, Basileæ,
1676, 1 vol.
* — Ejusd. Colloquia. Lugd. Bat. 1664, 1
vol.
* — Eadem. Roterod. 1693, 1 vol.
* — Eadem. Delphis, 1729, 1 vol.
Euclidis Libri xv. Lipsiæ, 1769, 1 vol.

* Euripidis Tragœdiæ Medea et Phœnissæ.
Cantabrig. 1703, 1 vol.
* — Hecuba, Orestes et Phœnissæ. Cantabrig.
1726, 2 vol.
— Hecuba. Lipsiæ, 1800, 1 vol.
— Supplices Mulieres. Lond. 1775, 1 vol.
— Iphigenia in Aulide, Iphigenia in Tauris.
Lond. 1771, 1 vol.
— Orestes, Phœnissæ, Medea et Hecuba.
Lond. et Cantabrig. 1798-1802, 4 vol.
— Cyclops. Lipsiæ, 1799, 1 vol.
Eustathii de Ismeniæ et Ismenes Amoribus
lib. xj. Lut. Parisior. 1618, 1 vol.
— Iidem. Lipsiæ, 1792, 1 vol.
* Eutropii Breviarium Hist. romanæ. Oxenii,
1703, 1 vol.
* — Idem. Lugd. Bat. 1729, 1 vol.
* — Idem. Lugd. Bat. 1762, 1 vol.
— Idem. Lugd. Bat. 1793, 1 vol.
— Idem. Lipsiæ, 1796, 1 vol.
* Flori (L. Ann.) Epitome Rerum Romana-
rum. Amst. 1702, 1 vol.
* — Idem. Lugd. Bat. 1744, 1 vol.
* Frontini (Sexti Julii) Strategematicon libri
iv. Lugd. Bat. 1731, 1 vol.
— Iidem. Lipsiæ, 1772, 1 vol.
* — Iidem. Lugd. Bat. 1779, 1 vol.
* Geographiæ veteris Scriptores Græci Mino-
res. Oxonii, 1698, 4 vol.
* Geoponicorum, sive de Re Rusticâ libri xx.
Cantabrig. 1704, 1 vol.
— Iidem. Lipsiæ, 1781, 4 vol.
* Gregorius de Dialectis. Lugd. Bat. 1766, 1
vol.
* Grotii (Hug.) de Jure Belli ac Pacis libri
tres. Amst. 1712, 1 vol.
* — Iidem. Amst. 1720, 1 vol.
* — Iidem. Amst. 1735, 2 vol.
— Iidem. Lipsiæ, 1758, 2 vol.
Heliodori Æthiopicorum libri x. Lut. Parisior.
1619, 1 vol.
— Iidem. Lipsiæ, 1772, 1 vol.
— Iidem. Parisiis, 1804, 2 vol.
Hermogenis Ars Oratoria. Colon. Allobrog.
1614, 1 vol.
* Herodiani Historiarum libri viij. Oxonii,
1679 seu 1699 seu 1704, 1 vol.
— Iidem. Lipsiæ, 1789-92, 5 vol.
Herodotus. Lipsiæ, 1803, 3 vol.
* Hesiodi Ascræi Opera. Amst. 1701, 1 vol.
— Eadem. Lipsiæ, 1778, 1 vol.
* Hieroclis Philosophi Commentarius in aurea
Pythagoræ Carmina, etc. Cantabrig. 1709,
1 vol.
* — Idem. Lond. 1742, 1 vol.
* Hippocratis Coi Opera. Lugd. Bat. 1665, 2
vol.
— Ejusd. Aphorismi. Hagæ Comitum, 1767,
2 vol.
Homeri Opera. Lipsiæ, 1759, 5 vol.
— Eadem. Lipsiæ, 1802, 8 vol.
* — Hectoris Interitus : Carmen Homeri, sive
Iliadis liber xxij. Leovardiæ, 1747, 1 vol.
— Batrachomyomachia Lond. 1721, 1 vol.
* — Hymnus in Cererem. Lugd. Bat. 1782, 1
vol.
— Idem. Lugd. Bat. 1808, 1 vol.

— Clavis Homerica. Roterod. 1673, 1 vol.
— Eadem. Lond. 1758, 1 vol.
— Nova Clavis Homerica. Turici, 1761-68, 8 vol.
— Homerus hebraïzans, sive Comparatio Homeri cum scriptoribus sacris, auct. Zach. Bogan. Oxonii, 1658, 1 vol.
* Horatii Flacci (Quinti) Opera. Lugd. Bat. 1670, 1 vol.
* — Eadem. Amst. 1695, 1 vol.
— Eadem. Lond. 1701, 1 vol.
— Eadem. Hagæ Comitum, 1721, 2 vol.
— Eadem. Lipsiæ, 1764, 2 vol.
— Eadem. Lipsiæ, 1772, 1 vol.
— Eadem. Lipsiæ, 1777-1782, 2 vol.
— Eadem. Lipsiæ, 1800, 2 vol.
— Eadem. Parisiis, 1805, 1 vol.
— Eclogæ. Lipsiæ, 1802, 1 vol.
Hospitalii (Mich.) Carmina. Amst. 1732, 1 vol.
* Hygini quæ hodie extant. Hamb. 1674, 1 vol.
* Incerti Scriptoris græci Fabulæ aliquot Homericæ de Ulixis Erroribus ethicè explicatæ. Lugd. Bat. 1745, 1 vol.
Isocratis Opera. Lond. 1749, 1 vol.
Josephi (Flav.) Opera. Lipsiæ, 1782-1785, 3 vol.
* Julii Obsequentis quæ supersunt ex libro de Prodigiis. Lugd. Bat. 1720, 1 vol.
* Justini Historiæ. Amst. Elzevir, 1669, 1 vol.
* — Eædem. Lugd. Bat. 1701, 1 vol.
* — Eædem. Traj. ad Rhenum, 1708, 1 vol.
* — Eædem. Lugd. Bat. 1760, 1 vol.
— Eædem. Lignitiæ, 1806, 1 vol.
* Justini (S.) Apologia prima pro Christianis. Oxonii, 1700, 1 vol.
* — Apologia secunda, Oratio ad Græcos et Liber de Monarchiâ. Oxonii, 1703, 1 vol.
— Eædem. Cantabr. 1768, 1 vol.
* — Ejusd. cum Tryphone Judæo Dialogus. Londini, 1719, 1 vol.
* Juvenalis (D. J.) et Auli Persii Flacci Satyræ. Amst. 1684, 1 vol.
— Eædem. Lond. 1691, 1 vol.
Juvenalis Satyræ. Lipsiæ, 1801, 2 vol.
* Lactantii Firmiani (L, Cœc.) Opera. Lugd. Bat. 1660, 1 vol.
— Eadem. Oxonii, 1684, 1 vol.
— Eadem. Lipsiæ, 1739, 1 vol.
— Ejusd. Divinarum Institutionum lib. Cantabrig. 1718, 1 vol.
* — Ejusd Liber de Mortibus persecutorum. Traj. ad Rhen. 1692, 1 vol.
Lennep (J. D.) Etymologicum Linguæ græcæ. Ultraj. 1790, 2 vol.
— Analogia Linguæ græcæ. Traj. ad Rhen. 1805, 1 vol.
Leonidæ utriusque, Carmina. Lipsiæ, 1791, 1 vol.
* Livii(T.) Historiæ. Amst. Elzev. 1679, 3 vol.
— Eædem. Lipsiæ, 1769, 3 vol.
— Eædem. Lond. 1794, 8 vol. pap vélin.
— Eædem. Gothæ, 1796-1806, 4 vol.
— Eædem. Lipsiæ, 1801-1804, 5 vol.
* Longini (Dion.) Opera Oxonii, 1782, 1 vol.
* — Ejusd. de Sublimitate Commentarius.

Dict. Bibl. II, *Varior*

Oxonii, 1710, 1 vol.
— Idem. Oxonii, 1718, 1 vol.
* — Idem. Amst. 1733, 1 vol.]|
— Idem. Lond. 1743, 1 vol.
— Indices tres vocum ferè omnium quæ occurrunt in D. Longini Commentario de Sublimitate ; in Eunapii Libello de Vitis Philosophorum ; in Hieroclis Commentario in Pythagoræ aurea Carmina. Oxonii, 1772, 1 vol.
Longi Pastoralium de Daphnide et Chloen libri iv. Lipsiæ, 1777, 1 vol.
Lowth (Rob.) de sacrâ Poesi Hebræorum. Oxonii, 1775, 2 vol.
* Lucanus (M. A.) de Bello civili. Lugd. Bat. 1669, 1 vol.
* Luciani Samosatensis Opera. Amst. 1687, 2 vol.
— Eadem. Biponti, 1780-1792, 10 vol.
* Lucretii Cari (Titi) Opera. Oxon. 1695, 1 v.
* — Eadem. Lond. 1717, 1 vol.
Lycophronis Chalcidensis Alexandra, sive Cassandra. Lipsiæ, 1788, 1 vol.
Lycurgi contrà Leocratem Oratio. Lipsiæ, 1751, 1 vol.
Lysiæ Atheniensis Orationes. Cantabrig. 1740, 1 vol.
— Eædem. Lipsiæ, 1772, 2 vol.
* Macrobii (Aur. Theod.) Opera. Lugd. Bat. 1670, 1 vol.
* — Eadem. Lond. 1694, 1 vol.
— Eadem. Lipsiæ, 1774, 1 vol.
Manilii (Marci) Astronomicon. Argentorati, 1707, 1 vol.
* Martialis (Valerii) Epigrammata. Lugd. Bat. 1670, 1 vol.
* — Eadem. Amst. 1701, 1 vol. cum fig.
* Maximi Tyrii Dissertationes. Cantabrigiæ, 1703, 1 vol.
— Eadem. Lipsiæ, 1774, 2 vol.
* Melæ (Pomponii) de Situ Orbis libri tres. Lugd. Bat. 1722, 1 vol.
* — Iidem. Lugd. Batav. 1748, 1 tom, 2 vol.
— Iidem. Lipsiæ, 1807, 7 vol.
Meleagri quæ supersunt. Lipsiæ, 1789, 1 vol.
* Menandri et Philemonis Reliquiæ. Amst. 1709, 1 vol.
* — Emendationes in Menandri et Philemonis Reliquias, auctore Phileleuthero Lipsiensi. Cantabrig. 1713, 1 vol.
* — Philargyrii Cantabrigiensis Emendationes in Menandri et Philemonis Reliquias. Amst. 1711, 1 vol.
* — Infamia Emendationum in Menandri Reliquias, auctore Phileleuthero Lipsiensi. Lugd. Bat. 1710, in-12.
Menckenii (Joan. Burch.) de Charlataneriâ Eruditorum Declamationes ij. Amst. 1716, 1 vol.
— Eædem. Amst. 1747, 1 vol.
Metochitæ (Theod.) Anecdota nonnulla. Hafniæ, 1790, 1 vol.
* Minucii Felicis Octavius. Lugd. Bat. 1672, 1 vol.
— Idem. Cantabrig. 1707, 1 vol.

6

' — Idem. Lugd. Bat. 1709, : vol.
— Idem. Cantabrig. 1712 , 1 vol.
Mœridis Atticistæ Lexicon atticum. Lugd.
Bat. 1759 , 1 vol.
Mureti (M. A.) Opera. Lugd. Bat. 1789, 4 vol.
' Musæi Grammatici de Herone et Leandro
Carmen. Lugd. Bat. 1737 , 1 vol.
— Idem Opus. Leovardiæ , 1742 , 1 vol.
' My hographi latini. Amst. 1681 , 1 vol.
Nemesiani (M Aur. Olympii)Eclogæ iv , et
T. Calpurnii Eclogæ vij. Mitaviæ , 1774 ,
1 vol.
' Nemesii Philosophi de Naturâ Hominis liber
unus. Oxonii , 1671 , 1 vol.
Nicandri Alexipharmaca. Halæ , 1792 , 1 vol.
' Nonni Panopolitæ Dionysiaca. Hanoviæ ,
1605 , 1 vol.
' — Petri Cunæi Animadv. Liber in Nonni
Dionysiaca. Lugd. Bat. 1610, 1 vol.
' Oppiani de Venatione libri iv , et de Piscatu
libri v. Lugd. Bat. 1597 , 1 vol.
— Idem. Argentorati , 1776 , 1 vol.
— Idem. Argentorati , 1786 , 1 vol.
' Opuscula Mythologica , Physica et Ethica.
Amst. 1688 , 1 vol.
Oratorum græcorum quæ supersunt. Lipsiæ ,
1770-1775 , 12 vol.
' Orphei Argonautica. Traj. ad Rhen. 1689,
1 vol.
— Eadem. Lipsiæ , 1764 , 1 vol.
— Eadem. Jenæ , 1803 , 1 vol.
— Eadem. Lipsiæ , 1805 , 1 vol.
' Ovidii Nasonis (P.) Opera. Lugd. Bat. 1662,
3 vol. fig.
' — Eadem. Lugd. Bat. 1670 , 3 vol. fig.
' — Eadem. Lugd. Bat. 1683 , 3 vol. fig.
' — Eadem. Lugd. Bat. 1702 , 3 vol. fig.
— Eadem. Lipsiæ , 1758 , 4 vol.
— Eadem. Lipsiæ , 1773 , 4 vol.
— Eadem. Gottingæ , 1796 , 2 vol.
— Metamorphoseou libri. Lipsiæ 1804, 2 vol.
Palæphatus de Incredibilibus. Lipsiæ , 1761 ,
vel 1770, vel 1773, vel 1775 , vel 1777 , vel
1789 , 1 vol.
Panegyrici Veteres. Norimb. 1779-1780, 2 v.
' Paterculi (C. Vell.) Historia romana. Lugd.
Bat. 1719 , 1 vol.
' — Eadem. Lugd. Bat. 1744 , 1 vol.
' — Eadem. Roterod. 1756 , 1 vol.
' — Eadem. Lugd. Bat. 1779 , 2 vol.
— Eadem. Lipsiæ , 1800 , 1 vol.
Pausaniæ Græciæ Descriptio. Lipsiæ , 1794 ,
4 vol.
' Pedonis Albinovani Elegiæ tres et Fragmenta;
P. Cornelii Severi quæ supersunt. Amst.
1703 , 1 vol.
Persii (A. F.) Satyræ sex. Lipsiæ, 1766, 1 vol.
— Eædem. Norimb. 1803 , 1 vol.
' Pervigilium Veneris. Hag.e Comit. 1712, 1 v.
' Petronii Arbitri (Titi) Satyricon. Amst.
1669, 1 vol.
— Idem. Lipsiæ , 1781 , 1 vol.
' Phædri Fabulæ. Amst. 1667. 1 vol. fig.
' — Eædem. Amst. 1698 , 1 vol.
' — Eædem. Hagæ Comit. 1718, 1 vol.
' — Eædem. Lugd. Bat. 1745 , 1 vol.
' — Eædem. Lugd. Bat. 1778 , 1 vol.

— Eædem. Brunsvigæ , 1806 , 2 vol.
' Phalaridis Agrigentinorum tyranni Epistolæ.
Oxonii , 1718 , 1 vol.
Philæ Carmina græca. Lipsiæ , 1768 , 1 vol.
Philonis Judæi Opera. Erlangæ , 1785-92 ,
5 vol.
Phocylidis Carmina. Lipsiæ , 1751 , 1 vol.
Pindari Carmina. Gœtting. 1798, 3 vol. 5 part.
Platonis philosophi quæ extant. Biponti , 1781
1783 , 12 vol.
' — Dialogi v. Oxonii , 1745 , 1 vol.
' — Iidem. Oxonii , 1752 , 1 vol.
' — Dialogi iij. Oxonii , 1771 , 1 vol.
— Dialogi quatnor. Lipsiæ , 1583 , 1 vol.
— Dialogi selecti. Berolini , 1802-1806 , 3 vol.
— Phædo. Lipsiæ , 1744 , 1 vol.
' — De Republicâ, sive de Justo lib. Cantab.
1713 , 1 vol.
— Idem. Jenæ , 1804 , 1 vol.
— Idem. Erlang. 1805 , 1 vol.
' — Euthydemus et Gorgias. Oxonii , 1784 ,
1 vol.
' — Parmenides , sive de Ideis. Oxonii , 1728,
1 vol.
— Chrestomathia Platoniana. Turici , 1756 ,
1 vol.
' — Timæi Sophistæ Lexicon Vocum Plato-
nicarum. Lugd. Bat. 1789 , 1 vol.
' Plauti (M. A.) Comœdiæ. Amst. 1684, 2 vol.
— Eædem. Lipsiæ , 1760, 2 vol.
Plethonis Libellus de Fato ejusdemque et
Bessarionis Epistolæ amœbæ de eodem Argu-
mento. Lugd. Bat. 1722, 1 vol.
' Plinii secundi naturalis Historiæ lib. xxxvij.
Lugd. Bat. 1669, 3 vol.
— Iidem. Lipsiæ , 1778-1791 , 10 vol.
' Plinii (Caii) Panegyricus , liber Trajano
dictus. Lugd. Bat. 1675 , 1 vol.
' — Epistolæ. Lugd. Bat. 1669, 1 vol.
— Eædem. Lipsiæ , 1770 , 1 vol.
— Eædem. Lipsiæ , 1800 , 2 vol.
— Eædem. Lipsiæ , 1805 , 1 vol.
— Eædem. Lipsiæ , 1806 , 2 vol.
Plutarchi Chæronensis Opera. Lipsiæ , 1774-
1782 , 12 vol.
— Eadem. Tubingæ , 1791-1805 , 14 vol.
— Moralia. Oxonii , 1795 , 10 vol.
— de Iside et Osiride liber. Cantabrigiæ ,
1744 , 1 vol.
' — Liber de serâ Numinis vindictâ. Lugd. Bat.
1772 , 1 vol.
— Apophtegmata. Oxonii , 1768 , 1 vol.
— De puerorum Educatione liber. Lipsiæ ,
1749, 1 vol.
— De Educatione liberorum liber. Argent.
1775 , 1 vol.
— De vitiosâ verecundiâ Comment. Mosquæ ,
1777, 1 vol.
— Plutarchus de Superstitione , et Demosthe-
nis Oratio funeb. in laudem Atheniens.
Mosquæ , 1778 , 1 vol.
' Poetæ minores græci. Cantabr. 1652 , 1 vol.
Poetæ latini minores. Altenb. 1780-92 , 6 tom.
10 vol.
' Polyæni Strategematum libri viij. Lugd. Bat.
1691 , 1 vol.
— Iidem. Berolini , 1756 , 1 vol.

* Polybii Lycortæ Historiæ. Amst. 1670, 3 vol.
— Eædem. Lipsiæ , 1763 , 3 vol.
— Eædem. Lipsiæ , 1789 et seqq. 7 tom. 9 vol.
* Priapeia , sive diversor. Poëtarum in Priapum
Lusus. Patavii , 1664 , 1 vol.
Propertii (S. A.) Elegiæ. Lipsiæ, 1777, 1 vol.
— Eædem. Lipsiæ , 1803 , 2 vol.
* Quintiliani (Marci Fabii) Opera. Lugd. Bat.
1665 , 2 vol.
— Eadem. Lipsiæ, 1798-1805, 2 vol.
* Quinti Calabri Prætermissorum ab Homero
lib. xiv. Lugd. Bat. 1734, 1 vol.
* Rhetores selecti. Oxonii , 1676, 1 vol.
Rutilii (Cl.) Numatiani Galli Itinerarium.
Amst. 1687, in-12.
* Rutilii Lupi de Figuris Sententiarum et Elo-
cutionis libri duo. Lugd. Bat. 1768 , 1 vol.
* Sallustii Crispi (Caii) Opera. Amst. 1690 ,
1 vol.
* Sanctii (Fr.) Minerva , seu de Causis linguæ
latinæ Commentarius. Amst. 1733 , 1 vol.
* — Idem. Amst. 1754 , 1 vol.
* — Idem. Traj. ad Rhen. 1795 , 1 vol.
* Sancti (Severi) , id est , Endeleichi de Mor-
tibus boum Carmen. Lugd. Bat. 1745 , 1 v.
Sannazarii (Actii Sinceri) Opera. Amst. 1728,
1 vol.
Schaufelbergeri (Jo.) Nova Clavis Homerica.
Vid. Homerus.
* Scriptores antiqui Historiæ Poëticæ. Parisiis ,
1675, 1 vol.
* Scriptores sex Historiæ Augustæ. Lugd. Bat.
1671 , 2 vol.
* Scriptores de Re Militari veteres. Vesaliæ
Clivorum , 1670 , 1 vol. fig.
Scriptores Rei Rusticæ veteres latini. Lipsiæ,
1794-1797, 4 tom. en 9 vol.
* Sectani (Quinti) Satyræ. Amst. Elzevir ,
1700 , 2 vol.
* Sectani de totâ Græculorum hujus ætatis Lit-
teraturâ Sermones iv. Hagæ Comitum, 1752,
1 vol.
* Sectani (Lud. Sergardii , vulgò) Satyræ et
alia Opera. Lucæ , 1783 , 4 vol.
* Sedulii (Cœlii) Carminis Paschalis libri v.
Leovardiæ , 1761 , 1 vol.
* Senecæ Philosophi (L. A.) et M. A. Senecæ
Rhetoris Opera. Amst. Elzevir , 1672 , 3 v.
— Eadem. Lipsiæ , 1797-1801 , 3 vol.
* Senecæ (L. Annæi) Tragœdiæ. Amst. 1682 ,
1 vol.
* Senecæ (L. Ann.) et P. Syri Mimi singula-
res Sententiæ. Lugd. Bat. 1708 , 1 vol.
Silii Italici Punicorum libri xvij. Lipsiæ ,
1791-92 , 2 vol.
Sophoclis Tragœdiæ. Lond. 1746 , 3 vol.
— Eædem. Argent. 1786-89 , 4 vol.
— Eædem. Argent. 1788, 3 vol.
— Eædem. Etonæ , 1788 , 2 vol.
— Eædem. Oxonii , 1800 , 3 vol. pap. vélin.
— Eædem. Lipsiæ , 1803 , 4 vol.
— Eædem. Lipsiæ , 1806 , 2 vol.
— Electra. Lipsiæ , 1803 , 1 vol.
— OEdipus rex. Lipsiæ , 1790 , 1 vol.
— Idem. Berolini , 1807, 1 vol.
— Trachiniæ. Hildesiæ , 1801, 1 vol.
— Eædem. Lipsiæ , 1802 , 1 vol.

* Statii (Pub. Pap.) Sylvarum lib. v ; Thebaï-
dos lib xij ; Achilleïdos libri ij. Lugd. Bat.
1671 , 1 vol.
Stratonis , alioramque veterum Poëtarum græ-
corum Epigrammata. Altenburgi , 1764 ,
1 vol.
* Suetonii Tranquilli (C.) Opera. Traj. ad
Rhenum , 1690 , 2 vol. fig.
— Eadem. Lipsiæ , 1748, 1 vol.
— Eadem. Lugd. Bat. 1751 , 2 vol.
— Eadem. Lipsiæ , 1802 , 4 vol.
* Sulpicii Severi Opera. Amst. Elzevir, 1665,
1 vol.
— Eadem. Lipsiæ , 1709 , 1 vol.
* Taciti (Cornelii) Opera. Amst. Elzevir ,
1673 , 2 vol.
* — Eadem. Lugd. Bat. 1687 , 2 vol.
— Eadem. Lipsiæ , 1772, 2 vol.
— Eadem. Lipsiæ , 1801 , 2 vol. 4 part.
* Tatiani Oratio ad Græcos , Hermiæ Irrisio
gentilium philosophorum. Oxoniæ , 1700 , 1
vol.
Tatii (Achillis) de Clitophontis et Leucippes
Amoribus libri viij. Lipsiæ , 1776 , 1 vol.
* Terentii Afri (Pub.) Comœdiæ sex. Amst.
1686 , 1 vol.
— Eadem. Lipsiæ , 1774 , 2 vol.
— Eædem. Hafniæ , 1788 , 2 vol.
— Eædem. Halæ , 1794 , 1 vol.
— Tereutii Varronis Opera. Dordrechti , 1619,
2 vol.
* Tertulliani Apologeticus. Hagæ Comitum ,
1718 , 1 vol.
Themistoclis Epistolæ. Lipsiæ , 1710, vel
1722 , 1 vol.
* Theocriti quæ extant. Oxonii , 1699 , 1 vol.
— Ejusd. decem Idyllia. Lugd. Bat. 1773 :
1 vol.
— Ejusd. Reliquiæ. Lipsiæ , 1780 , 1 vol.
— Ejusd. Carmina. Lipsiæ , 1804 , 1 vol.
Theocriti , Bionis et Moschi Carmina Buco-
lica. Lugd. Bat. 1779 , 1 vol.
* Theophrasti Characteres ethici. Cantabrigiæ ,
1712 , 1 vol.
— Iidem. Traj. ad Rhenum , 1737, 1 vol.
Thucydidis de Bello Peloponesiaco libri viij.
Biponti , 1788-1789 , 6 vol.
Tibulli (Albii) Carminum libri tres. Lipsiæ ,
1777, 1 vol.
— Iidem. Lipsiæ , 1798 , 1 vol.
* Tryphiodori Ilii Excidium. Oxonii , 1741 ,
1 vol.
Tyrtæi quæ supersunt omnia. Altenburgi ,
1767, 1 vol.
Valerii Flacci Argonautica. Altenburgi , 1781,
1 vol.
* Valerius Maximus. Lugd. Bat. 1660 , vel
1670, 1 vol.
— Idem. Lipsiæ , 1782 , 1 vol.
* Vibius Sequester , de Fluminibus , Fontibus,
Lacubus , etc., quorum apud Poetas mentio
fit. Roterodami , 1711 , 1 vol.
— Idem. Argentorati , 1778 , 1 vol.
Vidæ (Marci Hierony.) Poëmata. Oxonii ,
1722 , 4 vol.
* Virgilii Maronis (Publii) Opera. Lugd. Bat.
1680 , 3 vol.

— Fadem. Lipsiæ, 1767, 4 vol.
— Eadem. Lipsiæ, 1787-89, 4 vol.
— Eadem Lond. 1793, 4 vol. fig.
— Eadem. Lipsæ, 1800, 6 vol. fig.
— Eadem. Lipsiæ, 1802, 4 vol.
* Virgilius collatione Scriptorum græcorum illustratus. Lovardiæ, 1747, 1 vol.
* Xenophontis Opera. Oxonii, 1703, 5 vol.
— Fadem. Lipsiæ, 1763, 4 vol.
— Eadem. Lipsiæ, 1798-1804, 6 vol.
— Historia græca. Lipsiæ, 1778, 1 vol.
— Eadem. Lipsiæ, 1791, 1 vol.
— Cyropædia. Lipsiæ, 1780, 1 vol.
— Eadem. Lipsiæ, 1784, 1 vol.
— De Cyri Minoris Expeditione Comment.

Lipsiæ, 1785, 1 vol.
— De Cyri Disciplinâ lib. viij. Lipsiæ, 1800, 1 vol.
— Opuscula politica, equestria et venatica. Lipsiæ, 1778, 1 vol.
— Memorabilium Socratis Dictorum libri iv. Oxonii, 1749, 1 vol.
— Iidem. Lipsiæ, 1801, 1 vol.
— OEconomicus, cum aliis Opusculis. Lipsiæ, 1782, 1 vol.
— Lexicon Xenophonteum Lipsiæ, 1801, 4 vol.
* Zosimi Historiæ. Oxonii, 1679, 1 vol.
— Eædem. Lipsiæ, 1784, 1 vol.

CATALOGUE

Des Editions citées dans le Vocabulaire de l'Académie de la Crusca.

ACCADEMICI della Crusca, Stacciata prima, cioè Difesa dell'Orlando Furioso dell'Ariosto con'ro il Dialogo dell' epica Poesia di Camillo Pellegrini. Firenze, 1584, in-8.

Agostino (Sant') Sermoni, trad. da frate Agost. da Scarperia. Firenze, 1731, in-4.

Alamanni (Luigi) Opere toscane. Venezia, 1542, 2 vol. in-8.

— La Coltivazione in versi sciolti. Parigi, Rob. Stefano, 1546, in-4.

— Girone il Cortese. Parigi, 1548, in-4.

— L'Avarchide. Firenze, 1570, in-4.

Albertano Giudice da Brescia, Trattati scritti in lingua latina dall' anno 1235 all'an. 1246, e trasl. nel volgar fiorent. Firenze, 1610, in-4.

Allacci (Leone) Poeti antichi, raccolti da Codici MSS. Napoli, 1661, in-8.

Allegri (Aless.) Lettere e Rime piacevoli. Part. Ia e IIa, Verona, 1605-1607. Parte IIIa, Firenze, 1608. Parte IVa, Verona, 1613, in-4.

— Lettere di Ser Poi Pedente nella Corte de' Donati. Bologna, 1613, in-4.

— Fantastica Visione di Pari da Pozzolatico moderno Poderajo in pian di Giullari. Lucca, 1613, in-4.

Ambra (Franc. d') i Bernardi, Commedia in versi. Firenze, 1564, in-8.

— Il Furto, commedia in prosa. Firenze, 1564, in-8.

— La stessa. Venezia, 1567, in-12.

— La Cofanaria, commedia in versi. Firenze, 1593, in-8.

Ammaestramenti degli antichi, raccolti e volg. da Bartol. da S. Concordio. Firenze, 1661, in-12.

— Gli stessi, col testo lat. di riscontro. Firenze, 1734, in-4.

Annotazioni e Discorsi sopra alcuni luoghi del Decamerone del Boccaccio. Firenze, 1574, in-4.

Apulejo, dell' Asino d'Oro, trad. di Agn. Firenzuola. Firenze, 1598, in-8.

— Lo stesso. Firenze, 1603, in-8.

Ariosto (Lod.) Orlando Furioso. Venezia, 1603, in-4.

— Commedie in versi. Firenze (Napoli), 1724, in-16.

— Rime. Venezia, 1552, in-8.

Aristotile l'Etica, e la Rettorica di M. Tullio, etc. Firenze, 1734, in-4.

— Trattato de' Governi, trad. da Bern. Segni. Firenze, 1549, in-4.

— Rettorica e Poetica, trad. dal med. Firenze, 1549, in-4.

— Etica, trad. dal med. Firenze, 1550, in-4.

— La stessa. Venezia, 1551, in-8.

Arrighetto, o sia Volgarizzamento d' un Trattato dell' Avversità della Fortuna d'Arrigo da Settimello, lat. ital. Firenze, 1730, in-4.

Barberino (Franc.) Documenti di amore. Roma, 1640, in-4.

Bardi (Giov., de' Conti di Vernio) Discorso del Ginoco del Calcio Fiorentino. Firenze, 1673, in-4.

— Lo stesso. Firenze, 1688, in-4.

Belcari (Feo) Rappresentazione di S. Gio. Battista, quando andò nel Deserto. Firenze, 1605, in-4.

Bellincioni (Bern.) Sonetti, Canzoni, Capitoli, etc. Milano, 1493, in-4.

Bembo (Card. Pietro) gli Asolani. Venezia, 1530, in-4.

— Prose. Firenze, 1549, in-4.

— Istoria viniziana volgarmente scritta. Venez. 1552, in-4.

— Rime, cioè Sonetti, Canzoni, Madrigali, etc. Venez. 1564, in-12.

— Lettere, con la Vita del Bembo. Venez. 1575, 2 vol. in-8.

Berni (Franc.) Orlando innamorato, composto già da M. M. Bojardo, e rifatto tutto di nuovo. Venez. 1541, in-4.

— Lo stesso, rifatto tutto di nuovo. Venez. 1545, in-4.

— Lo stesso Firenze (*Napoli*), 1725, in-4.

— Rime burlesche lib. primo. Fir. 1548, in-8.

— Libro secondo. Firenze, 1555, in-8.

— Le stesse, colla data di Londra, accresciute di un tomo terzo colla data di Firenze (*ma Napoli*), 1723, 3 vol. in-8.

— Catrina, atto scenico rusticale. Firenze, 1567, in-8.

Boccaccio (Giov.) il Decamerone, corretto da L. Salviati. Firenze, 1587, in-4.

— Lo stesso. Amst. (*Napoli*), 1718, 2 v. in-8.

— Ameto. Firenze, 1521, in-8.

— Fiammetta. Firenze, 1533, in-8.

— La stessa. Firenze, 1594, in-8.

— Amorosa Visione. Venez. 1558, in-8.

— Filocolo. Firenze, 1594, in-8.

— Il Corbaccio, ossia Laberinto d'amore. Firenze, 1594, in-8.

— Commento sopra la Commedia di Dante, con le annot. di A. M. Salvini. Firenze (*Napoli*), 1724, 2 vol. in-8.

Boezio della Consolazione filosofica, trad. da Maestro Alb. Fiorentino. Fir. 1735, in-4.

— Lo stesso, trad. da Bened. Varchi. Firenze, 1551, in-4.

Bonichi (Bindo da Siena) Rime antiche. Roma, 1642, in-fol.

Borghini (Raffaello) il Riposo, o Trattato della Pittura. Firenze, 1584, in-8.

— Lo stesso. Firenze, 1730, in-4.

Borghini (Vinc.) Discorsi. Firenze, 1584-85, 2 vol. in-4.

— Discorso intorno al modo del fare gli Alberi delle Famiglie nobili fiorentine. Firenze, 1602, in-4.

Buonarroti (Michelagnolo il vecchio) Rime, raccolte da Michelagnolo suo nipote. Firenze, 1623, in-4.

— Le stesse. Firenze, 1726, in-8.

Buonarroti (Michelagnolo il giovine) la Tancia. Firenze, 1612, in-4.

— La Fiera, commedia urbana, e la Tancia, commedia rusticale. Firenze, 1726, in-fol.

Burchiello (Domenico) Sonetti, e di Messer Antonio Alamanni. Firenze, 1552, in-8.

— Gli stessi, e quelli di M. Antonio Alamanni, e del Risoluto. Fiorenza, 1568, in-8.

Cantici Carnascialeschi. Fiorenza, 1559, in-8.

Caro (Annibale) Lettere familiari. Venez. 1581, 2 vol. in-4.

— Le stesse. Padova, 1725, 2 vol. in-8.

Casa (Giovanni della) Opere, Firenze, 1707, 3 vol. in-4.

Castiglione (Baldesar) il libro del Cortegiano. Venez. 1528, in-fol.

— Lo stesso. Venez. 1559, in-8.

Caterina (da Siena, Santa) Lettere. Venez. 1500, in-fol.

Cecchi (Giammaria) Commedie in prosa. Venez. 1550, in-12.

— Commedie in versi sciolti. Venez. 1585, in-8.

— Il Servigiale, commedia. Firenze, 1561, in-8.

— L'Esaltazione della Croce, con i suoi intermedj. Firenze, 1592, in-8.

Cellini (Benvenuto), due Trattati, uno dell' Orificeria, l'altro della Scultura. Firenze; 1731, in-4.

Compagni (Dino) Cronica Fiorentina dall' an. 1280 sino al 1312. Firenze, 1728, in-4.

Compagnia del Mantellaccio, con la Giunta nuov. stampata. Fiorenza, 1572, in-4.

Conti (Giusto de') la Bella Mano. Parigi, 1595, in-12.

— La stessa, con annot. Firenze, 1715, in-12.

Crescenzi (Piero de') Trattato dell' Agricoltura. Firenze, 1605, in-4.

Cronichette antiche di varj Scrittori del buon secolo della lingua toscana. Firenze, 1733, in-4.

Dante Alighieri, la Divina Commedia. Firenze, 1595, in-8.

— La stessa. Padova, 1727, 3 vol. in-8.

— Vita nuova, con xv Canzoni, e la Vita di Dante scritta da Giov. Boccaccio. Firenze, 1576, in-8.

— L'Amoroso Convivio. Venez. 1531, in-8.

Dati (Carlo) Vite de' Pittori antichi Firenze, 1667, in-4.

Davanzati (Bernardo) Scisma d'Inghilterra, etc. Firenze, 1638, in-4.

Demetrio Falereo della Locuzione, volgarizz. di P. Segni. Firenze, 1603, in-4.

Filicaja (Vincenzio) Poesie toscane. Firenze, 1707, in-4.

Fioretti (Carlo, da Vernio) Considerazioni intorno a un Discorso di Giulio Ottonelli da Fano sopra la Gerusalemme del Tasso. Firenze, 1586, in-8.

Fioretti di S. Francesco. Firenze, 1718, in-4.

Firenzuola (Agnolo) Prose. Firenze, 1552, in-8.

— Rime. Firenze, 1549 (*e non 1548, come nel Vocabolario*), in-8.

— I Lucidi, commedia in prosa. Firenze, 1549, in-8.

— La Trinuzia, commedia in prosa. Firenze, 1551, in-8.

— Opere, colla data di Firenze (*Napoli*), 1723, 3 vol. in-8.

Galilei (Galileo) Opere. Bologna, 1656, 2 vol. in-4.

— Le stesse. Firenze, 1718, 3 vol. in-4.

— Dialogo sopra i due Sistemi del Mondo Tolemaico e Copernicano. Firenze, 1632, in-4.

— Lettera a madama Cristina di Lorena. Aug. Treboc. 1636, in-4.

Gelli (Giovambattista) tutte le Lezioni fatte

da lui nell' Accademia fiorentina. Firenze, 1551, in-8.

— Lettura (Prima) sopra lo Inferno di Dante, letta nel Consolato di Guido Guidi, e Agnolo Borghini. Firenze, 1554, in-8.

— Lettura seconda nel Consolato d'Aguolo Borghini. Firenze, 1555, in-8.

---Lettura terza nel Consolato d'Ant. Landi. Firenze, 1555, in-8.

— Lettura quarta nel Consolato di Lelio Torelli. Firenze, 1558, in-8.

— Lettura quinta nel Consolato del Can. Francesco Cattani da Diacceto. Firenze, 1558, in-8.

— Lettura sesta nel Consolato di Lionardo Tanci. Firenze, 1561, in-8.

— Lettura settima nel Consolato di Maestro Tommaso Ferrini. Firenze, 1561, in-8.

— Capricci del Bottaio. Firenze, 1548, in-8.

— Gli stessi. Firenze, 1551, in-8.

— La Circe. Firenze, 1549, in-8.

— La Sporta, commedia in prosa. Firenze, 1550, in-8.

— La stessa. Firenze, 1602, in-8.

Giacomini (Lorenzo) Tebalducci-Malespini, Orazioni e Discorsi. Firenze, 1597, in-4.

Giambullari (Pierfranc.) il Gello, dell' Origine della Lingua fiorentina. Fiorenza, 1546, in-4.

— Lo stesso. Firenze, 1549, in-8.

--- Istoria d'Europa dall' ann. 800 fino al 913. Venez. 1566, in-4.

Ser Giovanni Fiorentino, il Pecorone. Milano, 1558, in-8.

Girolamo (Santo) Gradi Firenze, 1720, in-4

Grazzini (Anton Francesco, detto il Lasca) la Guerra de' Mostri. Firenze, 1584, in-4.

—La Gigantea, e la Nanea, con la Guerra de' Mostri. Firenze, 1612, in-12.

— La Gelosia, commedia in prosa. Firenze, 1551, in-8.

— La Spiritata, commedia in prosa. Firenze, 1561, in-8.

—Commedie sei in prosa. Venez'a, 1582, in-8.

Gregorio (S.) Dialoghi. Firenze, 1515, in-4.

—Morali, volgarizzati da Zanobi da Strata. Firenze, 1486, 2 vol. in-fol.

— Gli stessi. Roma, 1714, 1721, 1725, 1730, 4 vol. in-4.

— Omelie. Firenze, 1502, in-fol.

— Le stesse. Venezia, 1543, in-8.

Guicciardini (Francesco) Istoria d'Italia. Firenze, 1561, in-fol.

Guiducci (Mario) Discorso sopra le Comete. Firenze, 1619, in-4.

Guittone (Fra) d'Arezzo, Lettere. Roma, 1745, in-4.

Iacopone (Fra) da Todi, Poesie spirituali. Venezia, 1617, in-4.

Infarinato (Primo) Risposta all' Apologia di Torquato Tasso intorno all' Orlando Furioso, e alla Gerusalemme liberata. Firenze, 1585, in-8.

Infarinato (Secondo), Risposta al Libro intitolato : *Replica di Camillo Pellegrino, ec.* Firenze, 1588, in-8.

Isaac (Abate) Collazione, e Lettere del B.

Giovanni dalle Celle, e d'altri. Firenze, 1720, in-4.

Latini (Brunetto), il Tesoro, volgarizz. da Bono Giamboni. Venezia, 1533, in-8.

Lippi (Lorenzo) il Malmantile racquistato, poema di Perlone Zippoli. Firenze, 1688, in-4.

— Lo stesso. Firenze, 1731, 2 vol. in-4.

Macchiavelli (Niccolò) Opere. *Senza luogo e nome dello stampatore*, 1550, in-4.

— La Storia fiorentina. Firenze, 1532, in-4.

—[La Mandragola, commedia. Firenze, 1533, in-8.

— La Clizia, commedia. Firenze, 1537, in-8.

Maffei (Giovampietro) Istorie delle Indie orientali, trad. dal lat. in lingua toscana, da Fr. Serdonati. Firenze, 1589, in-4.

Malespini (Ricordano) Istoria fiorentina. Firenze, 1568, in-4.

— La stessa. Firenze, 1598, in-4.

— La stessa, coll' Aggiunta della Cronica di Giovanni Morelli. Firenze, 1718, in-4.

Martelli (Lodovico) Opere poetiche. Firenze, 1548, in-8.

Martelli (Vincenzio) Rime e Lettere. Firenze, 1563, in-4.

Medici (Lorenzino) l'Aridosio, commedia in prosa. Firenze, 1593 (*non* 1595, *come nel Vocabolario*), in-8.

Medici (Magnifico Lorenzo de') Poesie volgari. Venegia, 1554, in-8.

— Rime sacre, unitamente a quelle di Madonna Lugrezia sua Madre, e d'altri di sua famiglia, raccolte da Fr. Cionacci. Firenze, 1680, in-4.

— Canzoni a Ballo, insieme con quelle di Angelo Poliziano e di altri autori. Firenze, 1562, in-4.

— Le stesse, con la Nencia da Barberino, e la Beca di Dicomano. Firenze, 1568, in-4.

— Stanze alla Contadinesca in lode della Nencia, insieme colla Beca di Luigi Pulci. Firenze, 1622, in-4.

Menzini (Benedetto) Rime di varj generi Firenze, 1731-32, 4 vol. in-4.

— Satire. *Senza nota di luogo ed anno*, in-4.

Montemagno (Buonaccorso da, il Vecchio, e il Giovane) Prose e Rime. Firenze, 1718, in-12.

Neri (A.) Arte Vetraria. Firenze, 1612, in-4.

Novelle antiche cento. Bologna, 1525, in-4.

— Le stesse. Firenze, 1572, in-4.

Ottonajo (Giambattista) Canzoni, ovvero Mascherate Carnascialesche. Firenze, 1560, in-8.

Pandolfini (Agnolo) Trattato del Governo della famiglia. Firenze, 1734, in-4.

Passavanti (Iacopo) lo Specchio di vera Penitenza. Firenze, 1585, in-12.

— Lo stesso. Firenze, 1681, in-12.

— Lo stesso. Firenze, 1725, in-4.

Petrarca (Franc.) Canzoniere, e Trionfi ovvero Capitoli. Lione, 1574, in-8. picc.

— Lo stesso. Padova, 1722, in-8.

Pilli (Niccolò) Raccolta di Rime antiche. Roma, 1559, in-8.

Poliziano (Angelo) Stanze , incominciate per la Giostra del Magnifico Giuliano di Pietro de' Medici. Padova , 1728 , in-8. gr.

Prose antiche di Dante , Petrarca e Boccaccio. Fiorenza , 1547 ; in-4.

Prose di Dante Alighieri , e di Messer Gio. Boccaccio. Firenze , 1723 , in-4.

Prose fiorentine , raccolte dallo Smarrito. Firenze , 1661 , in-8. Parte prima.

— Le stesse. Firenze , 1716-45 , 17 vol. in-8.

Pulci (Luca) Ciriffo Calvaneo , e il Povero avveduto di Bernardo Giambullari , poema. Venezia , 1535 , in-4.

— Lo stesso. Firenze , 1572 , in-4.

Pulci (Luigi) il Morgante maggiore. Venezia , 1546 , in-4.

— Lo stesso. Firenze , 1606 , in-4.

— Lo stesso. Firenze (*Napoli*), 1732, in-4.

— Frottola. Firenze , 1600 , in-4.

Redi (Franc.) Esperienze intorno alla generazione degli Insetti. Firenze , 1688 , in-4.

— Osservazioni intorno agli animali viventi, che si trovano negli animali viventi. Firenze , 1684 , in-4.

— Esperienze intorno a diverse cose naturali. Firenze , 1671 , in-4.

— Le stesse. Firenze , 1686 , in-4.

— Osservazioni intorno alle Vipere. Firenze , 1664 , in-4.

— Lettera sopra alcune Opposizioni fatte alle sue Osservazioni intorno alle Vipere. Firenze , 1670 , in-4.

— Lettera intorno all' invenzione degli Occhiali scritta a Paolo Falconieri. Firenze , 1690 , in-4.

— Bacco in Toscana , Ditirambo. Firenze , 1685 , in-4.

— Sonetti. Firenze , 1702 , in-fol.

— Lettere familiari. Firenze , 1724 e 1727 , 2 vol. in-4.

— Consulti Medici. Firenze , 1726 e 1729 , 2 vol. in-4.

Ricettario fiorentino. Firenze , 1567 , in-fol.

— Lo stesso. Firenze , 1573 , in-fol.

— Lo stesso. Firenze , 1623 , in-fol.

--- Lo stesso. Firenze , 1670 , in-fol.

— Lo stesso. Firenze , 1696 , in-fol.

Rime antiche, o sia Raccolta di sonetti, canzoni ed altre Rime di div. Poeti antichi toscani. Firenze , 1527 , in-8.

Rinuccini (Ottavio) la Dafne, rappresentazione in versi Firenze , 1600 , in-4.

Rucellai (Giov.) le Api. Firenze , 1590 , in-8.

Sacchetti (Franco) Novelle. Firenze , 1724 , 2 vol. in-8.

Saggi di naturali Esperienze fatte in Firenze nell' Accademia del Cimento , descritti dal Sollevato. Firenze , 1666 o 1667 , in-fol.

— Gli stessi. Firenze , 1691 , in-fol.

Salviati (Cav. Lionardo) Avvertimenti della lingua sopra il Decamerone. Venezia e Firenze , 1584 e 1586 , 2 vol. in-4.

— Gli stessi. Napoli , 1712 , 2 vol. in-4.

— Il primo libro delle Orazioni nuovamente raccolte. Firenze , 1575 , in-4.

— Lezioni cinque dette nell' Accademia fiorentina. Firenze , 1575 , in-4.

— Il Granchio , commedia in versi. Firenze , 1566 , in-8.

— Il Granchio e la Spina , commedie , etc. Firenze , 1606 , in-8.

Salvini (Antonmaria) Discorsi accademici sopra alcuni dubbj proposti nell' Accademia degli Apatisti. Firenze, 1695, 1712 e 1733, 3 vol. in-4.

— Gli stessi. Parte prima. Firenze , 1725 , in-4.

— Prose toscane. Firenze , 1715 , in-4.

— Le stesse. Volume secondo. Firenze, 1735, in-4.

Sannazaro (Iac.) Arcadia. Padova, 1723 , in-4.

Segneri (P. Paolo) Prediche , o sia Quaresimale. Firenze , 1679 , in-fol.

— Il Cristiano istruito nella sua Legge. Firenze, 1686, 3 part. in-4.

— Opere. Venezia , 1712, 4 vol. in-4.

Segni (Agnolo) Lezioni quattro fatte nell' Accademia fiorentina sopra la poetica. Firenze , 1581 , in-8.

Segni (Bernardo) Storie fiorentine dall' anno 1527 al 1555. Augusta, 1723 , in-fol.

— Il Trattato sopra i libri dell' Anima d'Aristotile. Firenze , 1583 , in-4.

Seneca , volgarizzamento delle Pistole , e del Trattato della Providenza di Dio. Firenze, 1717 , in-4.

— I Libri de' Beneficj , trad. da Bened. Varchi. Firenze , 1554 , in-4.

— Gli stessi. Firenze , 1574 , in-8.

Soderini (Giovanvettorio) Trattato della Coltivazione delle Viti, etc. Firenze , 1600 , in-4.

— Lo stesso. Firenze , 1734 , in-4.

Sollecito (Vinc. Capponi) Parafrasi poetiche sopra i Salmi di David. Firenze , 1682 , in-8.

Speroni (Sperone) Dialoghi. Venezia , 1550, in-8.

Storia di Barlaam e Giosafat. Roma , 1734 , in-4.

Storie pistolesi, ovvero delle Cose avvenute in Toscana dal MCCC al MCCCXLVIII. Firenze , 1578 , in-4.

— Le stesse , col Diario del Monaldi. Firenze, 1733 , in-4.

Tacito (Cornelio) Opere , volgariz. da Bern. Davanzati, lav. ital. Fiorenza, 1637 , in-fol.

Tasso (Torquato) Opere. Firenze , 1724 , 6 vol. in-fol.

Tolomei (Claudio) Lettere. Venezia , 1559 , in-8.

Varchi (Benedetto) Storia fiorentina. Colonia , 1721 , in-fol.

— Lezioni dette nell' Accademia fiorentina. Fiorenza , 1590 , in-4.

— L'Ercolano , Dialogo nel quale si ragiona delle lingue , e in particolare della toscana e della fiorentina. Firenze , 1570 , in-4.

— Lo stesso. Firenze , 1730 , in-4.

— Sonetti. Firenze , 1555 e 1557 , 2 vol. in-8.

— Sonetti spirituali. Firenze , 1573 , in-4.

— La Suocera , commedia in prosa. Firenze , 1569 , in-8.

Velluti (Donato) Crouica di Firenze dall'
anno 1300 al 1370. Firenze , 1731 , in-4.

Vettori (Piero) Trattato delle lodi , e della
Coltivazione degli ulivi. Firenze , 1574,
in-4.

— Lo stesso. Firenze , 1718 , in-4.

Villani (Giov.) Storia. Firenze , 1587 , in-4.

Villani (Matteo) Storia che serve di Conti-
nuazione a quella di Giovanni suo fratello.
Venez. 1562 , in-4.

— La stessa. Firenze , 1581 , in-4.

Villani (Filippo) della Storia di Matteo Villani li tre ultimi libri. Firenze , 1577 , in-4.

Vite de' SS. Padri , volgarizzamento di esse,
e Vite di alcuni Santi scritte nel buon secolo
della lingua toscana. Firenze , 1731-35 , 4
vol. in-4.

Viviani (Vincenzio) Quinto libro degli Elementi di Euclide. Firenze , 1674 , in-4.

— Discorso al G. Duca Cosimo III. intorno
al difendersi da' riempimenti , e dalle corrosioni de' fiumi , applicato ad Arno in vicinanza della città di Firenze. Firenze, 1688,
in-4.

Urbano (opera di Giov. Boccaccio. Firenze ;
1598 , in-8.

FIN.

www.ingramcontent.com/pod-product-compliance
Lightning Source LLC
Chambersburg PA
CBHW071138270326
41929CB00012B/1790